U0934450

专利复审和无效审查决定汇编丛书

专利复审和无效审查决定汇编

（2009）

外观设计（第一卷）

国家知识产权局专利复审委员会　编

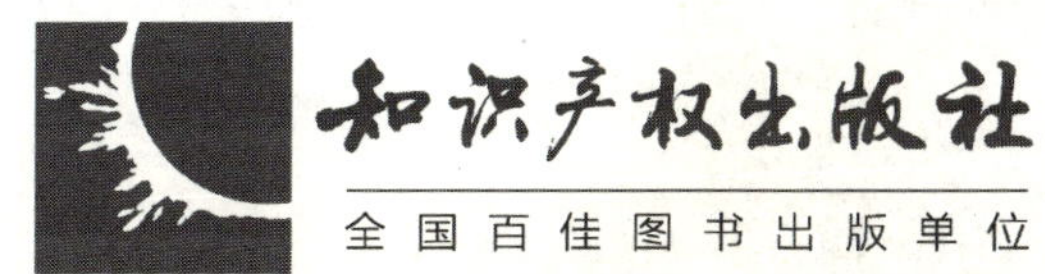

图书在版编目（CIP）数据

专利复审和无效审查决定汇编 . 2009. 外观设计/国家知识产权局专利复审委员会编 .—北京：知识产权出版社，2016. 6

ISBN 978-7-5130-1595-0

Ⅰ. ①专…　Ⅱ. ①国…　Ⅲ. ①专利权法—案例—中国　Ⅳ. ①D923. 425

中国版本图书馆 CIP 数据核字（2012）第 249542 号

内容提要

本书汇集了专利复审委员会 2009 年作出的外观设计专利复审和无效审查决定及相关审查决定和司法判决（根据法律规定需要保密的除外），比较全面地反映了专利复审委员会的审查工作和人民法院专利行政案件审理工作取得的进展，对专利工作者具有一定的借鉴和指导作用，也有利于当事人及广大公众对专利复审委员会的审查工作进行监督。

责任编辑：崔开丽　　**责任出版**：孙婷婷

封面设计：品　序

专利复审和无效审查决定汇编丛书

专利复审和无效审查决定汇编（2009）

外观设计（第一卷）

国家知识产权局专利复审委员会　编

出版发行：知识产权出版社有限责任公司　　**网　址**：http：//www. ipph. cn

社　址：北京市海淀区西外太平庄 55 号　　**邮　编**：100081

责编电话：010-82000860 转 8377　　**责编邮箱**：cui_kaili@ sina. com

发行电话：010-82000860 转 8101/8102　　**发行传真**：010-82000893/82005070/82000270

印　刷：北京中献拓方科技发展有限公司　　**经　销**：各大网上书店、新华书店及相关专业书店

开　本：880mm×1230mm　1/16　　**印　张**：222. 5

版　次：2016 年 6 月第 1 版　　**印　次**：2016 年 6 月第 1 次印刷

字　数：3696 千字　　**定　价**：900. 00 元（全 4 卷）

ISBN 978-7-5130-1595-0

本书编委会

前　言

随着经济全球化和我国国民经济的飞速发展，专利制度在经济活动中的作用和地位越来越突出，国民的专利意识也在不断增强。目前，我国专利申请总量超过 1170 万件，每年专利复审与无效宣告请求案件已超过 2 万件，2012 年达到 20261 件。作为专利复审和无效宣告请求案件审查的专属机构，专利复审委员会每年都要作出数以千计的审查决定。与之相应，人民法院每年要作出数百篇司法判决。每一篇审查决定和判决书都凝聚着审查员和审判人员的心血和智慧。通过审查员和审判人员结合具体案情的创作型劳动，生硬的法律条文变得鲜活和丰满，形成一笔宝贵的精神财富和公共资源，并不断有专利代理机构、专利代理人以及审查员希望专利复审委员会能够出版专利复审和无效审查决定，作为学习和工作时的重要参考资料。

除根据法律规定需要保密的外，《专利复审和无效审查决定汇编（2009）》汇集了专利复审委员会 2009 年作出的审查决定，包括针对相应审查决定的司法判决，以便读者了解审查决定的法律状态并对照阅读和分析。本汇编按照技术专业领域将分为 8 大册，共 28 分卷：机械（4 卷）、电学（5 卷）、通信（2 卷）、医药（4 卷）、化学（2 卷）、材料（4 卷）、光电（3 卷）、外观设计（4 卷）。因此，本汇编比较全面地反映了专利复审委员会的审查工作和人民法院专利行政案件审理工作取得的进展。

我们相信，本汇编对专利工作者具有一定的借鉴和指导作用，也有利于当事人及广大公众对专利复审委员会的审查工作进行监督。本汇编也将为推动专利复审委员会的发展，促进专利代理业务水平的提高，为《国家知识产权战略纲要》进一步实施尽微薄之力。

本书编委会

2013 年 8 月

目　　录

无效宣告请求审查决定

复审请求审查决定

001

木地板（2）

复审请求审查决定（第17806号）

决　　定　　号　第17806号
决　　定　　日　2009年7月3日
发明创造名称　木地板（2）
外观设计分类号　25-02
复 审 请 求 人　东莞市洪梅塞维纳地板厂
专 利 申 请 号　200630017444.2
申　　请　　日　2006年7月13日
合 议 组 组 长　徐清平
主　　审　　员　王　红
参　　审　　员　雷　婧

法　律　依　据　专利法第33条，专利法实施细则第27条第3款
决　定　要　点

复审请求人在申请专利时及补正提交的图片表达的产品外观设计，各视图投影关系不对应，不符合专利法实施细则第27条第3款的规定，在复审程序中提交的修改后的图片的外观设计与原始申请文件表示的外观设计存在显著差别，超出了原图片表示的范围，不符合专利法第33条的规定。

一、案由

本复审请求涉及国家知识产权局受理的申请号为200630017444.2的外观设计专利申请，其外观设计产品名称是“木地板（2）”，申请人是东莞市洪梅塞维纳地板厂，申请日是2006年7月13日。

经初步审查，国家知识产权局专利局外观设计审查部于2007年1月24日对上述专利申请（下称本申请）发出第一次补正通知书，指出申请人提交的各视图投影关系不对应，不符合审查指南的相关规定。2007年4月6日申请人针对上述补正通知书提交修改文本，各视图仍然投影关系不对应。原审查部门分别于2007年5月30日、2007年9月19日、2008年1月9日发出了第二次补正通知书、第三次补正通知书、第一次审查意见通知书，申请人分别于2007年8月14日、2007年12月4日、2008年3月24日提交了补正书和修改文本，原审查部门经审查认为上述补正未解决指出的缺陷，于2008年6月11日作出驳回决定，驳回的具体理由为：本申请“木地板（2）”的视图存在视图投影关系不对应的缺陷，审查员于2007年1月24日、2007年5月30日、2007年9月19日共发出三次补正通知书，申请人提交的补正文件都没有克服视图投影关系不对应的缺陷；审查员于2008年1月9日针对申请人补正中出现的超范围问题发出了第一次审查意见通知书，告知申请人补正超范围的具体

部位，并在其中具体提示了申请人原视图投影关系不对应的部位，该产品地板各组件都为三层组合的结构，三层组合有一定的凹凸关系，但是主视图与后视图、左视图与右视图、俯视图与仰视图的外轮廓都不对应，从提交的视图中无法确定该地板三层结构的具体结合情况；申请人于2008年3月24日提交了补正文件，但仍然没有克服投影关系不对的缺陷；本申请因不符合专利法实施细则第27条规定，依据专利法实施细则第44条应予驳回。

申请人（下称复审请求人）对上述驳回决定不服，于2008年9月24日向专利复审委员会提出复审请求，同时提交了修改文本，认为该修改文本已克服了驳回决定中所述投影关系不对应的缺陷。

经形式审查合格，专利复审委员会受理了该复审请求，于2008年12月5日向复审请求人发出《复审请求受理通知书》，同时向原审查部门发出《前置审查通知书》。

在《前置审查意见书》中，原审查部门坚持原驳回决定。认为2008年9月24日提交的修改文本依然未克服视图投影关系不对应缺陷，各组件的三层结构的凹凸关系从视图中依然无法正确判断出来，导致无法确定该地板的具体组合情况，不符合专利法实施细则第27条的规定。各组件主视图的表面纹样、组件2和组件3的长宽比例都与申请日提交的视图不一致，对外观设计视图的修改超出了申请日提交的视图所表示的范围，不符合专利法第33条。

专利复审委员会成立合议组对本案进行审理，并于2009年3月24日发出《复审通知书》，指出：对于复审请求人在提出复审请求时提交的修改文本，合议组认为，其各组件主视图的表面纹样以及组件2、组件3的长宽比例均与申请提交的视图存在显著差别，因此，复审请求日提交的上述修改文本，超出了原图片或照片表示的范围，不符合专利法第33条的规定。复审请求人在申请外观设计专利时提交的产品视图及其在初步审查阶段答复国家知识产权局专利局发出的第三次补正通知书时提交的产品视图均存在视图投影关系不对应的缺陷，均不能清楚地显示请求保护的对象，故复审请求人提交的有关视图不符合专利法实施细则第27条第3款的规定，根据专利法实施细则第44条的规定，应当予以驳回。

2009年5月12日复审请求人提交了意见陈述书和修改文本。复审请求人在意见陈述中说明：申请所保护的外观设计的产品的设计要点在于该产品的形状，因为木地板的表面纹样是由其选用的木材决定的，所以每一块木地板的纹样都不可能相同，所以申请所保护的外观设计产品不包含有表面纹样图案和色彩，并提交组件2、组件3六面视图。

在复审请求人陈述意见的基础上，合议组经合议，认为本案事实清楚，现依法作出本复审决定。

二、决定的理由

1. 关于专利法实施细则第27条第3款

专利法实施细则第27条第3款规定：“申请人应当就每件外观设计产品所需要保护的内容提交有关视图或者照片，清楚地显示请求保护的对象。”

复审请求人在申请外观设计专利时提交的产品视图及其在初步审查阶段答复国家知识产权局发出的三次补正通知书时提交的产品视图均存在视图投影关系不对应的缺陷，该产品地板各组件都为三层组合的结构，三层组合有一定的凹凸关系，但是主视图与后视图、左视图与右视图、俯视图与仰视图的外轮廓都不对应，从提交的视图中无法确定该地板三层结构的具体结合情况，均不能清楚地显示请求保护的对象，故复审请求人提交的有关视图不符合专利法实施细则第27条第3款规定的要求，根据专利法实施细则第44条的规定，应当予以驳回。

2. 关于专利法第33条

专利法第33条规定，申请人可以对其专利申请文件进行修改，但是，对外观设计专利申请文件的修改不得超出原图片或者照片表示的范围。

复审请求人于2008年9月24日在提出复审请求时提交了修改后的外观设计图片，包括组件1至组件3的六面正投影视图及3幅组合使用状态参考图，以克服驳回决定中指出的缺陷。对此修改文本，合议组认为，复审请求人提交的各组件主视图的表面纹样以及组件2、组件3的长宽比例均与申请日提交的视图所示外观设计存在显著差别，因此，复审请求人提交的上述修改文本，超出了原图片表示的范围，不符合专利法第33条的规定。复审请求人于2009年5月12日再次提交意见陈述和修改文本。对此修改文本，合议组认为，同前述理由，其仍超出了原图片表示的范围，不符合专利法第33条的规定。

综上，复审请求人在申请专利时及补正中提交的图片，均不符合专利法实施细则第27条第3款的规定，在复审请求审理过程中提交的修改文本超出原图片或者照片表示的范围，不符合专利法第33条的规定。

三、决定

维持国家知识产权局于2008年6月11日对200630017444.2号外观设计专利申请作出的驳回决定。

复审请求人对本决定不服的，可以根据专利法第41条第2款的规定，自收到本决定之日起三个月内向北京市第一中级人民法院起诉。

002

卡车驾驶室面板

复审请求审查决定（第 18671 号）

决　　定　　号　第 18671 号
决　　定　　日　2009 年 8 月 10 日
发明创造名称　卡车驾驶室面板
外观设计分类号　12-16
复 审 请 求 人　德国曼商用车辆股份公司
申　　请　　号　200730008440.2
申　　请　　日　2007 年 3 月 19 日
合 议 组 组 长　张雪飞
主　　审　　员　王　红
参　　审　　员　雷　婧

法　律　依　据　专利法实施细则第 2 条第 3 款
决　定　要　点

复审请求人提交的修改文本已表达本专利申请所示内容是完整、独立的部件产品。该产品应当成为外观设计专利保护的客体。

一、案由

本复审请求涉及国家知识产权局受理的申请号为 200730008440.2 的外观设计专利申请（下称本申请），其外观设计产品名称是“卡车驾驶室面板”，申请人是德国曼商用车辆股份公司，申请日是 2007 年 3 月 19 日，申请人声明享有在先申请号为 00597414 欧共体在先申请的优先权，在先申请日是 2006 年 9 月 19 日。

经初步审查，国家知识产权局初步审查部门于 2007 年 10 月 31 日发出了第一次审查意见通知书，指出本申请提交的视图所表示的内容并非完整产品，仅为整体产品的一部分，不符合专利法实施细则第 2 条第 3 款的规定。申请人于 2008 年 1 月 15 日提交的意见陈述书中指出：“本申请视图所示的内容是完整的产品，其可作为中间产品。例如，用于组装卡车或者用于替换卡车的相应部件。”由于从视图本身来看，图中所显示产品并非独立的部件，属于整体产品不能分割的部分设计，申请人所提交的意见陈述书并未消除审查员在审查意见通知书中指出的本申请不符合专利法实施细则第 2 条第 3 款规定的实质性缺陷，国家知识产权局初步审查部门于 2008 年 3 月 19 日以本申请不符合专利法实施细则第 2 条第 3 款的规定为由作出驳回决定。

申请人（下称复审请求人）对上述驳回决定不服，于 2008 年 7 月 3 日向专利复审委员会提出复审请求。复审请求人认为：本申请要求保护的对象是可以安装到卡车驾驶室上或者从其上拆下来的。复审请求人提交了如下附件以支持其观点：

附件1：使用参考图照片16页。

经形式审查符合规定，专利复审委员会于2008年7月31日依法受理了该复审请求，并将其转送至原审查部门进行前置审查，同时向复审请求人发出《复审请求受理通知书》。

原审查部门在前置审查意见书中认为，上述专利申请中视图表示的产品为整体产品的不能分割的部分设计，不符合专利法实施细则第2条第3款的规定。从申请人提交的新视图来看，并不能说明申请人在复审请求理由中用红线圈起的部分是独立的可拆卸的完整的产品。而根据原申请视图，可以看出申请人所要保护的面板不仅包括复审请求理由中用红线圈起的部分，而且还包括驾驶室其余黄色部分面板，如车窗刮水器下方。但是图中所显示的这些面板明显不完整，属于整体产品中的局部设计，故仍不符合专利法实施细则第2条第3款的规定，不能被授予专利权。因而坚持原驳回决定。

专利复审委员会成立合议组对本案进行审理。

合议组在2009年4月8日向复审请求人发出的《复审通知书》中指出，专利法实施细则第2条第3款规定："专利法所称外观设计，是指对产品的形状、图案或者其结合以及色彩与形状、图案的结合所作出的富有美感并适于工业应用的新设计。"复审请求人认为，本专利申请要求保护的对象是可以安装到卡车驾驶室上或者从其上拆下来，同时卡车驾驶室的整体照片作为参考图片。合议组认为，从复审请求人提交的参考图片及画有红线圈的图片来看，复审请求人所述的要求保护的对象仅为驾驶室前面板的部分设计。

2009年7月23日，复审请求人提交了意见陈述和修改后的外观设计文本及从卡车驾驶室上拆下的面板的照片。

合议组经合议，认为本案事实清楚，复审请求人已充分发表意见，现依法作出复审决定。

二、决定的理由

1. 关于审查文本

经审查，2009年7月23日的修改文本是为了消除复审通知书指出的缺陷而提交的，符合专利法实施细则第60条的规定，且该修改文本未超出原图片表示的范围，符合专利法第33条的规定，本复审决定针对的文本是复审请求人于2009年7月23日提交的外观设计图片。

2. 关于专利法实施细则第2条第3款

专利法实施细则第2条第3款规定，专利法所称外观设计，是指对产品的形状、图案或者其结合以及色彩与形状、图案的结合所作出的富有美感并适于工业应用的新设计。

2009年7月23日的修改文本中，复审请求人提交了卡车驾驶面板的单件产品的外观设计图片及从卡车驾驶室上拆下来的面板的照片，合议组认为：复审请求人提交的修改文本已表达本专利申请所示内容是完整、独立的部件产品。该产品应当成为外观设计专利保护的客体。其外观设计图片体现的是一件完整的部件产品的设计。

综上所述，依据2009年7月23日提交的外观设计图片。本申请已消除驳回决定中指出的本申请不符合专利法实施细则第2条第3款规定的缺陷。

三、决定

撤销国家知识产权局于2008年3月19日对200730008440.2号外观设计专利申请作出的驳回决定。

复审请求人对本决定不服的，可以根据专利法第41条第2款的规定，自收到本决定之日起三个月内向北京市第一中级人民法院起诉。

003

雷达测不到导弹

复审请求审查决定（第 19958 号）

决　　定　　号　第 19958 号
决　　定　　日　2009 年 10 月 10 日
发明创造名称　雷达测不到导弹
外观设计分类号　22-03
复 审 请 求 人　郑振勇
申　　请　　号　200630153598.4
申　　请　　日　2006 年 5 月 23 日
合 议 组 组 长　吴大章
主　　审　　员　雷　婧
参　　审　　员　王　红

法　律　依　据　专利法第 27 条，专利法实施细则第 28 条第 2 款、第 44 条第 2 款
决　定　要　点

复审请求人将本申请的申请文件修改为发明专利的申请文件，改变了专利申请的类型，不属于消除复审通知书指出的缺陷的修改，不符合专利法实施细则第 60 条第 1 款的规定；本申请的产品名称和简要说明不符合专利法及其实施细则的相关规定，根据专利法实施细则第 44 条第 2 款的规定，本专利申请应予以驳回。

一、案由

本复审请求涉及国家知识产权局受理的申请号为 200630153598.4 的外观设计专利申请（下称本申请），其使用外观设计的产品名称是“雷达测不到导弹”，申请人是郑振勇，申请日是 2006 年 5 月 23 日。

在国家知识产权局的初步审查过程中，针对本申请的申请文件存在使用该外观设计的产品名称、简要说明等缺陷，审查部门分别于 2006 年 12 月 20 日和 2007 年 6 月 27 日向申请人发出了补正通知书，申请人针对两次补正通知书进行的答复均未克服其中指出的缺陷，且答复第二次补正通知书时提交的修改文件超出了原申请文件的表示范围，故审查部门于 2007 年 10 月 31 日向申请人发出了第一次审查意见通知书，同时指出产品名称、简要说明的缺陷仍然存在。2007 年 12 月 31 日，申请人提交了补正文件，该文件克服了修改超范围的缺陷，但仍然未克服上述通知书中指出的产品名称和简要说明等缺陷，审查部门向申请人发出了第三次补正通知书，其中明确指出上述缺陷不符合专利法第 27 条和专利法实施细则第 28 条等规定，且告知申请人若再次答复仍未能克服上述缺陷，根据专利法实

施细则第 44 条的规定将驳回本申请。2008 年 8 月 16 日，申请人提交了补正文件，仍未克服上述通知书中指出的产品名称和简要说明等存在的缺陷。

2008 年 12 月 17 日，国家知识产权局初步审查部门以本申请不符合专利法第 27 条和专利法实施细则第 28 条第 2 款的规定为由，根据专利法实施细则第 44 条第 2 款的规定作出了驳回决定。驳回的理由为：本申请的产品名称描述技术效果，不符合专利法第 27 条的规定；简要说明语言描述产品结构和性能、不规范，不符合专利法实施细则第 28 条第 2 款的规定，申请人经多次补正仍未克服上述缺陷，因此，根据专利法实施细则第 44 条第 2 款的规定予以驳回。

申请人（下称复审请求人）对上述驳回决定不服，于 2009 年 3 月 12 日向国家知识产权局专利复审委员会提出复审请求，并提交了相关书面材料。

经形式审查合格，专利复审委员会依法受理了该复审请求，并于 2009 年 4 月 29 日向复审请求人发出复审请求受理通知书，同时向原审查部门发出前置审查通知书。

在前置审查程序中，国家知识产权局原审查部门坚持原驳回决定，其具体理由是：本申请的产品名称“雷达测不到导弹”描述技术效果，不符合专利法第 27 条的规定；简要说明语言描述产品结构和性能、不规范，不符合专利法实施细则第 28 条第 2 款的规定，因此，本申请不能授予专利权。

专利复审委员会成立合议组对本案进行审理，于 2009 年 7 月 17 日向复审请求人发出复审通知书，指出：复审请求人在请求日提交了复审请求书及相关书面材料，但未克服国家知识产权局 2008 年 12 月 17 日作出的驳回决定中指出的缺陷，本专利申请仍然存在如下缺陷：产品名称“雷达测不到导弹”是对技术效果的描述，不是使用本外观设计的产品的名称，不符合专利法第 27 条的规定；简要说明描述了产品的结构和性能，不符合专利法实施细则第 28 条第 2 款的规定。因此，根据专利法实施细则第 44 条第 2 款的规定，本专利申请应予以驳回。

2009 年 8 月 17 日，复审请求人针对复审通知书提交了修改文本，其中包括发明名称为“雷达测不到导弹”的发明专利请求书、发明专利设计图、发明专利说明书和权利要求书。

合议组经合议，认为本案事实清楚，可以作出复审请求审查决定。

二、决定的理由

1. 依据的文本

复审请求人在答复复审通知书时提交了修改文本，其中包括发明名称为“雷达测不到导弹”的发明专利请求书、发明专利设计图、发明专利说明书和权利要求书。合议组认为，复审请求人将本申请的申请文件修改为发明专利的申请文件，改变了专利申请的类型，不属于消除复审通知书指出的缺陷的修改，不符合专利法实施细则第 60 条第 1 款的规定。因此，本复审请求的审查决定以驳回决定所针对的文本作为审查基础。

2. 关于专利法第 27 条和专利法实施细则第 28 条第 2 款

专利法第 27 条规定：“申请外观设计专利的，应当提交请求书以及该外观设计的图片或者照片等文件，并且应当写明使用该外观设计的产品及其所属类别。”本申请的产品名称“雷达测不到导弹”是对技术效果的描述，不是使用本外观设计的产品的名称，不符合专利法第 27 条的规定；专利法实施细则第 28 条第 2 款规定：“外观设计的简要说明应当写明使用该外观设计的产品的设计要点、请求保护色彩、省略视图等情况。简要说明不得使用商业性宣传用语，也不能用来说明产品的性能。”本申请的简要说明描述了产品的结构和性能，不符合专利法实施细则第 28 条第 2 款的规定。

3. 结论

本申请的产品名称和简要说明不符合专利法及专利法实施细则的相关规定，根据专利法实施细则第 44 条第 2 款的规定，本专利申请应予以驳回。

三、决定

维持国家知识产权局于 2008 年 12 月 17 日对 200630153598.4 号外观设计专利申请作出的驳回决定。

复审请求人对本决定不服的，可以根据专利法第 41 条第 2 款的规定，自收到本决定之日起三个月内向北京市第一中级人民法院起诉。

无效宣告请求审查决定

001

餐椅（M07）

无效宣告请求审查决定（第12324号）

决　　定　　号　第12324号
决　　定　　日　2008年9月11日
发明创造名称　餐椅（M07）
外观设计分类号　06-01
无效宣告请求人　北京永迎家具有限公司
专　利　权　人　陈　新
专　　利　　号　200630189839.0
申　　请　　日　2006年11月30日
授　权　公　告　日　2007年8月29日
合　议　组　组　长　钱亦俊
主　　审　　员　周雷鸣
参　审　员　附　图　龙　安
附　　　　图　1页

法　律　依　据　专利法第23条
决　定　要　点

国家知识产权局专利复审委员会可以依职权核实国家知识产权局网站上下载的专利文件信息页和国家知识产权局出版的专利公报复印件的真实性。

对一般消费者来说，如果本专利与在先外观设计的形状存在多处差异，并且上述差异对产品的整体视觉效果具有显著的影响，则二者为不相同且不相近似的外观设计。

一、案由

本无效宣告请求涉及国家知识产权局于2007年8月29日授权公告的200630189839.0号外观设计专利（下称本专利），其名称为“餐椅（M07）”，其申请日为2006年11月30日，专利权人为陈新。

针对本专利，北京永迎家具有限公司（下称请求人）于2008年6月13日向专利复审委员会提出无效宣告请求，其理由是本专利与附件2，即200430032502.X号外观设计专利相近似，二者相同点为二者的主视图、右视图分别相同，中间均有一个四方形孔，其为本产品外观设计理念的灵魂之处，二者的左视图相同；二者不同点为本专利的主视图与右视图有横竖状条文，因此本专利与在先设计属于相近似的外观设计，不符合专利法第23条的规定，请求专利复审委员会宣告无效本专利无效。

与此同时，请求人其提交了如下附件：

附件1：法院应诉通知书复印件，共1页；

附件2：国家知识产权局网站上公开的200430032502. X号外观设计专利信息页黑白打印件，共1页。

经形式审查合格，国家知识产权局专利复审委员会（下称专利复审委员会）受理了该无效宣告请求，于2008年6月13日向双方当事人发出无效宣告请求受理通知书，并将无效宣告请求书及其附件清单中所列的副本转送专利权人，要求专利权人在指定期限内陈述意见。

在上述期限内，专利复审委员会未收到专利权人的意见陈述。

专利复审委员会依法成立合议组，并于2008年7月14日向双方当事人发出口头审理通知书，定于2008年8月28日在专利复审委员会对本案进行口头审理。

口头审理如期举行。仅请求人出席了口头审理，专利权人未出席口头审理。在口头审理中，（1）请求人对合议组成员没有回避请求；（2）请求人明确其无效理由为本专利相对于附件2不符合专利法第23条的规定。

专利复审委员会于2008年8月29日收到专利权人提交意见陈述。认为，本专利与在先设计相比较，二者主视图明显不同和不相近似。本专利靠背有9个方形，且中间方形是空心的，而在先设计仅中间一个方形且不是空心的。另外，二者其他视图也是不相同和不相近似的。

至此，本案事实已经清楚，双方当事人均陈述了意见，合议组可以作出审查决定。

二、决定的理由

基于请求人提出的无效宣告请求的理由及其提交的证据，合议组对本案进行了审理。请求人认为，本专利与在先公开的外观设计专利200430032502. X相近似，故本专利不符合专利法第23条的规定。

专利法第23条规定授予专利权的外观设计，应当同申请日以前在国内外出版物上公开发表过或者国内公开使用过的外观设计不相同和不相近似，并不得与他人在先取得的合法权利相冲突。

1. 证据认定

请求人提交的附件2为国家知识产权局网站上公开的200430032502. X中国外观设计专利信息页打印件，经过核实，合议组对附件2的真实性予以认可。附件2（下称在先设计）的公告日为2004年8月25日，早于本专利的申请日，可适用专利法第23条评述本专利的专利性。

2. 相近似性比较

本专利为餐椅的外观设计，没有要求保护色彩，从其视图可以看出，该餐椅为四条腿的、带有椅背的椅子，其中椅背与椅腿的高度以及椅座的进深基本相等；椅腿为上粗下细的柱状，由侧面图看，椅背向后倾斜，后侧两椅腿向外倾斜，前侧两椅腿与椅座呈大致90°角，主视图和后视图显示的椅背由三排、三列错列间隔的9个矩形拼接构成（详见本专利附图）。

在先设计公开了一种餐椅的外观设计，没有要求保护色彩，从其视图可以看出，该餐椅为四条腿、带有椅背的椅子，其中椅背的长度明显大于椅腿、椅子座的长度，椅背的最上部的中间部分突出于两边部分；主视图中椅背中间部分带有近似方形的框，框内带有斜纹；后视图中椅背中上部带有长方形框，框内有斜纹；由其视图可以看出，椅子的四条腿下部均为八字的撇状（详见在先设计附图）。

本专利与在先设计的外观设计属于同类产品，将本专利与在先设计公开的餐椅的外观设计进行对比，可以看出，二者的形状存在差别：（1）二者椅背高度、椅座长度、椅腿高度比例不同，在先设计的椅背高度明显较大；（2）二者的外围轮廓形状不同，本专利的外围轮廓线条为直线，而在先设计的外围轮廓为带有弧度的曲线；（3）二者的椅背设计不同，本专利椅背主视图、后视图均为9个矩形横竖排列构成，而在先设计的椅背仅中心部分有一正方形；（4）二者的椅腿形状不同，本专利四个椅腿的轮廓为直线形，并且椅腿与椅座角度也不同，两个后椅腿向外倾斜，而在先设计中四个椅腿的上部为直线、下部为八字的曲线，四个椅腿几乎都垂直于椅座。针对上述不同点，合议组认为，二者虽然属于同类产品，但是二者形状存在较大差异，对一般消费者而言，上述区别对产品外观设计的整体视觉效果具有显著的影响。并且本专利的整体线条给人以硬朗、简练的感觉，而在先设计的整体线条给人以圆润、古典美的感觉。因此，对一般消费者来说，本专利与在先设计的上述差别对于产品外观设计的整体视觉效果具有显著的影响，通过对二者外观设计的整体观察、综合判断，二者属于不相同也不相近似的外观设计。

综上，请求人提交的证据不能证明本专利不符合专利法第23条的规定。

三、决定

维持第200630189839.0号外观设计专利权有效。

当事人对本决定不服的，可以根据专利法第46条第2款的规定，自收到本决定之日起三个月内向北京市第一中级人民法院起诉。根据该款的规定，一方当事人起诉后，另一方当事人应当作为第三人参加诉讼。

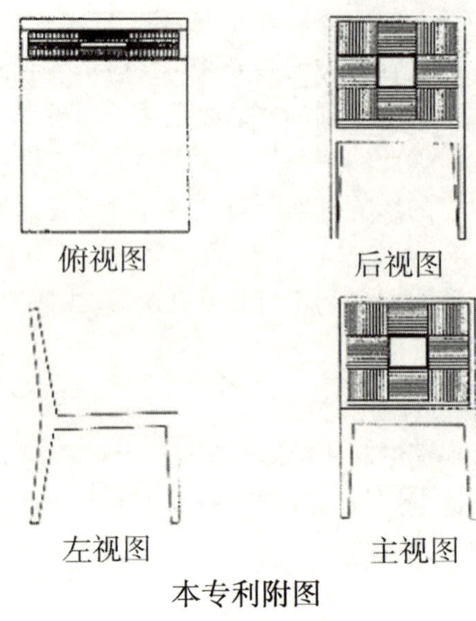

本专利附图

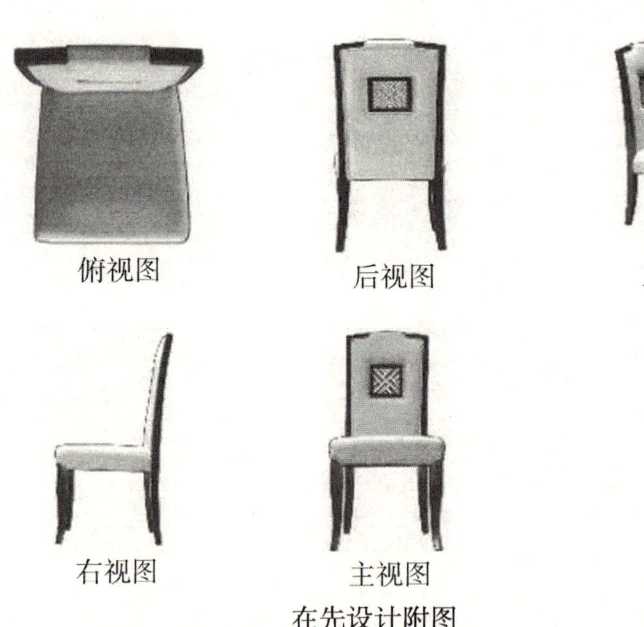

在先设计附图

002

装饰面板（树脂发花 C 型）

无效宣告请求审查决定（第 12357 号）

决　定　号 第 12357 号
决　定　日 2008 年 9 月 16 日
发明创造名称 装饰面板（树脂发花 C 型）
外观设计分类号 25-01
无效宣告请求人 蒋发兴
专 利 权 人 廖笑玲
专　利　号 200730064726.2
申　请　日 2007 年 8 月 16 日
授权公告日 2008 年 3 月 26 日
合议组组长 王霞军
主　审　员 周雷鸣
参　审　员 孙克良
附　　　图 1 页

法 律 依 据 专利法第 23 条
决 定 要 点
如果本专利与在先外观设计的图案明显不同，则两者仍不属于相同、相近似的外观设计。

一、案由

本无效宣告请求涉及国家知识产权局于 2008 年 3 月 26 日授权公告的 200730064726.2 号外观设计专利权（下称本专利），其名称为“装饰面板（树脂发花 C 型）”，其申请日为 2007 年 8 月 16 日，专利权人为廖笑玲。

蒋发兴（下称请求人）于 2008 年 6 月 13 日向专利复审委员会提交了无效宣告请求书及证据，提交的附件如下：

附件 1：本专利网络信息下载页，共 2 页；

附件 2：韩国专利 KR100605090 说明书，共 8 页；

附件 3：韩国专利 KR100605090 的说明书译文，共 12 页；

附件 4：韩国《GAGU》月刊家具指南 2007 年第 6 期封面封底、相关页的复印件，以及相关页中图片的照片，共 4 页；

附件 5：韩国《GAGU》月刊家具指南 2007 年第 6 期封面封底复印件的译文，共 4 页。

其中无效宣告请求的理由是：(1) 附件2公开了一种人造大理石及其制造方法，尤其是指由不饱和聚酯树脂与珍珠和蜡反应得到的具有各种表面外观和纯大理石的天然、典雅感觉的人造大理石及其制备方法，与本专利产品为同类产品。(2) 附件2中图2中可以看出由若干不规则形状组合而成，而本专利的主视图中亦由若干不规则形状组合而成，只是纹理较附件2中的稍细，当本专利的主视图被放大，则与证据2的图2一致。(3) 附件4的相关附页中公开了一种装饰面板，从桌子的下部分可以清楚地看出，该装饰面板的图案系由若干不规则形状组合而成，与本专利的主视图一致。因此本专利不符合专利法第23条的规定。

经形式审查合格，专利复审委员会受理了该无效宣告请求，于2008年6月13日向双方当事人发出无效宣告请求受理通知书，并将无效宣告请求书及其附件清单中所列的副本转送专利权人，要求专利权人在指定期限内陈述意见。

专利复审委员会依法成立合议组，并于2008年7月14日向双方当事人发出口头审理通知书，定于2008年8月27日在专利复审委员会举行口头审理。

专利权人于2008年7月27日提交了意见陈述书及其附件（200710145430.2号发明专利的权利要求书复印件2页），其主要意见是，专利权人的200710145430.2号发明专利与韩国专利申请之间存在本质区别，韩国专利图片看到花纹不均匀，花型不稳定，形似乌云彩状、人脑状、呈凸形，看不出层次感，也没有各层次的凹面反射；而200710145430.2号发明专利是由水溶性蜡与水、天纳水配制而成，本专利制作的装饰面板花状类似海底珊瑚，形状栩栩如生，具有明显的凹层次感，且各层次的凹面反射来自不同方向的自然光。

专利复审委员会于2008年8月7日发出转送文件通知书，将专利权人于2008年7月27日提交的文件的副本转送给请求人。

口头审理如期举行。请求人、专利权人均出席了口头审理。在口头审理中，(1) 双方当事人对合议组成员没有回避请求，对对方出庭人员的身份没有异议；(2) 请求人明确其无效理由为专利法第23的出版物公开，用附件2中图片2与本专利进行近似性对比，用附件4中的图片与本专利进行近似性对比，将附件3作为附件2的中文译文；(3) 专利权人认为，请求人未出示附件2、4的原件、对其真实性有异议，附件3与附件2不对应，对附件2的中文译文（附件3）有异议，附件4为域外证据，无公证、认证；(4) 请求人发表了意见，专利权人针对请求人指正的图片和无效宣告理由发表了意见。

至此，双方当事人已经充分地陈述了意见，本案事实已经清楚，合议组依法作出如下审查决定。

二、决定的理由

1. 无效宣告请求的理由和证据

无效宣告请求的理由是附件2中图2与本专利相同、相近似，附件4中的图片与本专利相近似，因此本专利不符合专利法第23条的规定。

附件3为200680001628.7号中国发明专利说明书，请求人将附件3作为附件2的中文译文，专利权人对其译文准确性有异议，但是没有在指定的期限内对译文有异议的部分提交中文译文。经过核实，合议组认为，附件2为附件3的优先权文件，两者文字部分在公开日期、公开号等信息上存在差异，两者的主题相同，两者附图公开的图案相同。

附件2为韩国专利KR100605090说明书，经过核实，合议组对附件2的真实性予以认可，附件2的公告日为2006年7月28日，早于本专利的申请日，由于外观设计产品的形状、图案、色彩这三个要素或者其结合是外观设计相同或者相近似判断的对象，说明书文字部分并非外观设计相同或者相近似判断的对象，并且无效宣告请求的理由是将附件2中图2公开的图案、形状与本专利进行对比，因此附件 2 中图 2 可以作为在先设计与本专利进行对比。

附件 4 为韩国杂志《GAGU》复印件，附件 4 为域外形成的证据，请求人没有提交或者出示该杂志的原件，并且请求人没有提交附件 4 的公证认证或者其他能够证明附件 4 真实性的证据，合议组无法确定其真实性，专利权人对附件 4 的真实性有异议，因此附件 4 不能与本专利进行相同、相近似对比。

附件 5 为附件 4 的中文译文，在附件 4 真实性无法确定的情况下，附件 5 也无法与本专利进行相同、相近似对比。

2. 本专利不符合专利法第 23 条的规定

专利法第 23 条规定授予专利权的外观设计，应当同申请日以前在国内外出版物上公开发表过或者国内公开使用过的外观设计不相同和不相近似，并不得与他人在先取得的合法权利相冲突。

本专利为装饰面板的外观设计，没有请求保护色彩，从其视图可以看出，该装饰面板为长方体形状，长度大于宽度，且两者均远大于其厚度；主视图、右视图和俯视图均为不规则几何形状组成，每个几何形状各不相同，几何形状的中心部分为带有近似圆形的斑点（详见本专利附图）。

附件 2 中图 2（下称在先设计）为一长方形平面图形，其图案由不规则的线条组成，其中部带有一条横向近似波浪的曲线，以及多条粗细不同的大致纵向的曲线，上述曲线组成的闭合图案的中间部分覆盖有非圆形的不规则的图案（详见附件 2 的附图 2）。

将本专利与在先设计进行对比，可以看出，（1）两者的形状不完全相同，本专利为立体长方形，在先设计为平面长方形；（2）两者的图案不同，本专利主视图公开均为不规则的多个几何形状组成，每个几何形状各不相同，几何形状中心部分为带有近似圆形的斑点；而在先设计为横向波浪状曲线，以及多条粗细不同的纵向曲线，上述曲线组成的闭合图案的中间部分覆盖有非圆形的不规则的图案。针对上述不同，合议组认为，由于两者的图案明显不同，对一般消费者而言，两者外观设计的整体视觉效果具有显著的影响，因此两者图案不属于相近似的外观设计。通过对二者外观设计的整体观察、综合判断，二者整体形状不相同、不相近似，因此二者不属于相同、相近似的外观设计，本专利符合专利法第 23 条的规定。

三、决定

维持第 200730064726.2 号外观设计专利有效。

当事人对本决定不服的，可以根据专利法第 46 条第 2 款的规定，自收到本决定之日起三个月内向北京市第一中级人民法院起诉。根据该款的规定，一方当事人起诉后，另一方当事人应当作为第三人参加诉讼。

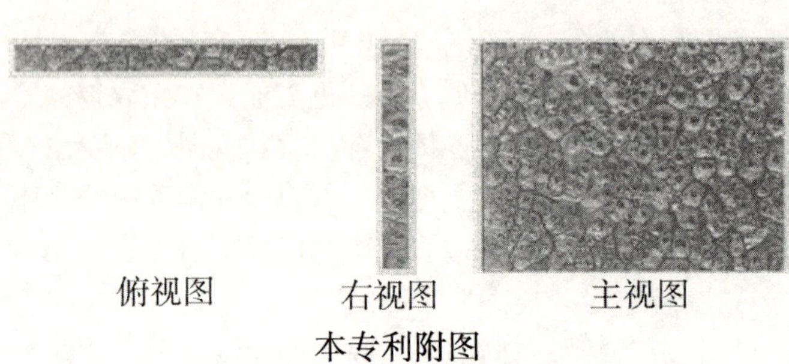

俯视图　　右视图　　主视图

本专利附图

在先设计附图

003

格栅灯（5T5-3）

无效宣告请求审查决定（第12399号）

决　定　号　第12399号
决　定　日　2008年10月21日
发明创造名称　格栅灯（5T5-3）
外观分类号　26-05
无效宣告请求人　百家丽（中国）照明电器有限公司
专　利　权　人　史　杰
专　利　号　200530082013.X
申　请　日　2005年4月8日
授权公告日　2005年12月14日
合议组组长　王霞军
主　审　员　李巍巍
参　审　员　张　凌
附　图　1页

法律依据　专利法第23条
决定要点

本专利与在先设计在使用状态时均为与房顶天花板镶嵌，故二者在边框折边上的差别相对于外观设计整体而言，属于在使用时视觉不易见到部位产生的局部变化，对整体视觉效果不具有显著的影响；而二者二管格栅设计或三管格栅设计的不同，只是数量上的差别，属于简单单元数量的增减。二者在整体形状、格栅部分等主要组成部分的具体设计和布局均是相同或者相近似的情况下，应属于相近似的外观设计。

一、案由

本无效宣告请求涉及2005年12月14日国家知识产权局授权公告的200530082013.X号外观设计专利，其产品名称是"格栅灯（5T5-3）"，申请日是2005年4月8日，专利权人是史杰。

针对上述外观设计专利权（下称本专利），百家丽（中国）照明电器有限公司（下称请求人）于2008年2月1日向专利复审委员会提出无效宣告请求，其理由是本专利权的授予不符合专利法第23条的规定。同时，请求人提交了如下附件作为证据：

附件1是00320621.1号外观设计著录项目及图片复印件共5页；

附件2是《2004-2005灯具产品目录-飞利浦照明》复印件共4页；

附件3是声称为飞利浦灯具产品照片复印件共1页；

附件4是本专利专利证书、著录项目和图片复印件共7页。

2008年2月29日，请求人提交了补充证据（编号续前）。

附件5是中国国家强制性产品认证证书复印件共4页。

经形式审查合格，专利复审委员会受理了该无效宣告请求，并于2008年3月13日将无效宣告请求书和证据的副本（含2008年2月29日提交的补充证据）转送给专利权人，限其在指定期限内答复。并告知专利权人如逾期不答复，不影响专利复审委员会的审理。

2008年3月28日，请求人再次提交补充证据（编号续前），请求人称在本专利申请日之前该"专利产品"已在市场上销售，因此本专利不符合专利法第23条的规定。

附件6是第0756300号增值税专用发票复印件共1页。

专利复审委员会于2008年4月24日收到专利权人的意见陈述书（其上无专利权人的手迹签字），专利权人认为，（1）附件1为"三管格栅灯盘"，外观为正方形，本专利为两只灯管，二者存在着明显差别；（2）附件2为产品目录复印件无法确认真实性，公开时间也无法确定，不是专利法意义的公开出版物，且与本专利完全不同；（3）附件3没有明确的公开时间，也无该产品投放市场的记录；（4）附件5中国国家强制性产品认证证书所认证的是产品，并没有说明该产品何时销售和使用，也不能证明与本专利是否相同或相近似。综上所述，请求人的无效宣告请求理由不成立，提交的证据也不能支持无效宣告请求的理由，应当维持本专利有效。

2008年7月7日，专利复审委员会向双方当事人发出合议组成员告知通知书，指出如对本案合议组人员有回避请求的，应于收到本通知之日起7天内提交书面请求书，逾期未答复，视为无回避请求。同时将专利权人提交的意见陈述转送给请求人。同日还向双方当事人发出口头审理通知书，定于2008年9月2日进行口头审理，并告知请求人期满未提交回执，并且不参加了口头审理的，其无效宣告请求视为撤回。专利权人不参加口头审理的，可以缺席审理。

2008年7月26日，请求人针对专利权人的意见陈述向专利复审委员会递交了意见陈述书，请求人仍坚持其原主张，并提交了如下附件作为证据（编号续前）：

附件7是《照明》2003-11创刊号总第1期首页及相关页复印件共2页。

2008年8月14日，请求人针对专利权人的意见陈述再次向专利复审委员会递交了意见陈述书（其上无意见陈述人或专利代理机构的签章），请求人仍坚持其原主张，并提交了如下附件作为证据（编号续前）：

附件8是南京电话号码升位时间的网站下载打印件共3页。

附件9是TBS278系列格栅灯设计图样、董事长任命函、江苏省扬州工商行政管理局企业登记资料查询表、江苏增值税专用发票第07056300号复印件共15页。

附件10是Lishting产品样本复印件共5页。

附件11是（2008）仪证民内字第2276号公证书及特约经销商证书复印件共9页。

口头审理如期举行，双方当事人均委托代理人参加了口头审理，双方当事人对对方参加口头审理人员的身份和资格没有异议，对合议组成员没有回避请求。在口头审理过程中，请求人当庭提交了附件2的原件，请求人认为，南京地区电话号码于2003年12月6日升位为8位数，因此，可以得出该产品目录的公开日期应在2003年12月31日前，附件3证明本专利申请日前已公开销售的事实，附件5证明该产品于2004年6月8日通过了国家认证，是可以生产销售，但未提交附件3和附件5的证据原件，将所提交的附件1和附件2与本专利相比较，二者为相近似外观设计。专利权人对附件2、附件3和附件5的真实性有异议，对附件1的真实性无异议，但认为与本专利相比较，二者格栅数量不同；按装方式不同（本专利为嵌入式，附件1为吸顶式）；卡槽结构等不同，故为不相同且不相近似的外观设计。双方当事人均在坚持原有观点的基础上详细阐述了自己的具体主张和理由。合议组当庭告知请求人提交的补充证据附件6~11均为新证据，且提交的日期超过了专利法实施细则第66条规定的期限，故本案对附件6~11不予考虑。

在以上审理的基础上，本案合议组经合议，认为本案事实清楚，依法作出本审查决定。

二、决定的理由

1. 法律依据

根据请求人提出的无效宣告请求的理由和提交的证据，本案合议组依据专利法第23条的规定对本案进行审理。

专利法第23条规定："授予专利权的外观设计，应当同申请日以前在国内外出版物上公开发表过或者国内公开使用过的外观设计不相同和不相近似，并不得与他人在先取得的合法权利相冲突。"

专利法实施细则第66条规定："在专利复审委员会受理无效宣告请求后，请求人可以在提出无效宣告请求之日起1个月内增加理由或者补充证据。逾期增加理由或者补充证据的，专利复审委员会可以不予考虑。"

2. 证据的认定

请求人提交的附件6是第0756300号增值税专用发票复印件；附件7是《照明》2003-11创刊号总第1期首页及相关页复印件；附件8是南京电话号码升位时间的网站下载打印件；附件9是TBS278系列格栅灯设计图样、董事长任命函、江苏省扬州工商行政管理局企业登记资料查询表、江苏增值税专用发票第07056300号复印件；附件10是Lishting产品样本复印件；附件11是（2008）仪征民内字第2276号公证书及特约经销商证书复印件，上述证据的提交日期均超过举证期限，根据专利法实施细则第66条的规定，本案不予考虑。

请求人提交的附件1是00320621.1号外观设计著录项目及其外观设计图片复印件，经合议组核实，该复印件所示内容属实，可确定其的真实性。使用外观设计产品名称为"格栅灯盘（JQT324-1）"（下称在先设计），专利授权公开（公告）号为CN3165483，授权公告日为2000年11月1日，早于本专利申请日（2005年4月8日），属于本专利申请日前在国内公开发表过的出版物，可作为判断本专利是否符合专利法第23条规定的证据。

本专利与在先设计均是格栅灯类产品，属于相同类别的产品，具有可比性。

3. 相同或相近似判断

本专利包括5幅视图，即主视图、后视图、右视图、俯视图、立体图，简要说明记载：左视图与右视图对称，省略左视图；省略仰视图。从各视图观察，本专利整体形状为长方形边框中加二管格栅组成，格栅之间为条形隔断设计，其边框的边沿为折边（详见本专利附图）。

在先设计包括6幅视图，即主视图、后视图、左视图、仰视图、A-A剖视图、B-B剖视图，简要说明记载：右视图与左视图相同，省略右视图。仰视图与俯视图相同，省略俯视图。从各视图观察，在先设计整体形状为长方形边框中加三管格栅组成，格栅之间分别为条形隔断设计（详见在先设计附图）。

将本专利与在先设计相比较，二者整体形状均为长方形边框中加格栅组成，在格栅之间均为条形隔断设计。二者不同点主要是，格栅的数量不同，本专利为二管设计，在先设计为三管设计；边框的边沿不同，本专利为折边，在先设计无折边。合议组认为：（1）虽然本专利与在先设计的边框边沿有差别，但在使用状态时均与房顶天花板镶嵌，该部位的差别相对于外观设计整体而言，属于在使用时视觉不易见到部位产生的局部变化，对整体视觉效果不具有显著的影响；（2）二管格栅与三管格栅只是数量上的不同，属于简单单元数量的增减。二者无论是整体形状还是格栅部分等主要组成部分的具体设计和布局均是相同或者相近似的，因此，二者应属于相近似的外观设计。

综上所述，本专利在申请日前已有与其相近似的外观设计在国内出版物上公开发表过，因此，不符合专利法第 23 条的规定。

鉴于由上述评述已得出本专利不符合专利法授权条件的结论，本决定对请求人提交的其他证据不再予以评述。

三、决定

宣告 200530082013. X 号外观设计专利权全部无效。

当事人对本决定不服的，可以根据专利法第 46 条第 2 款的规定，自收到本决定之日起三个月内向北京市第一中级人民法院起诉。根据该款的规定，一方当事人起诉后，另一方当事人应当作为第三人参加诉讼。

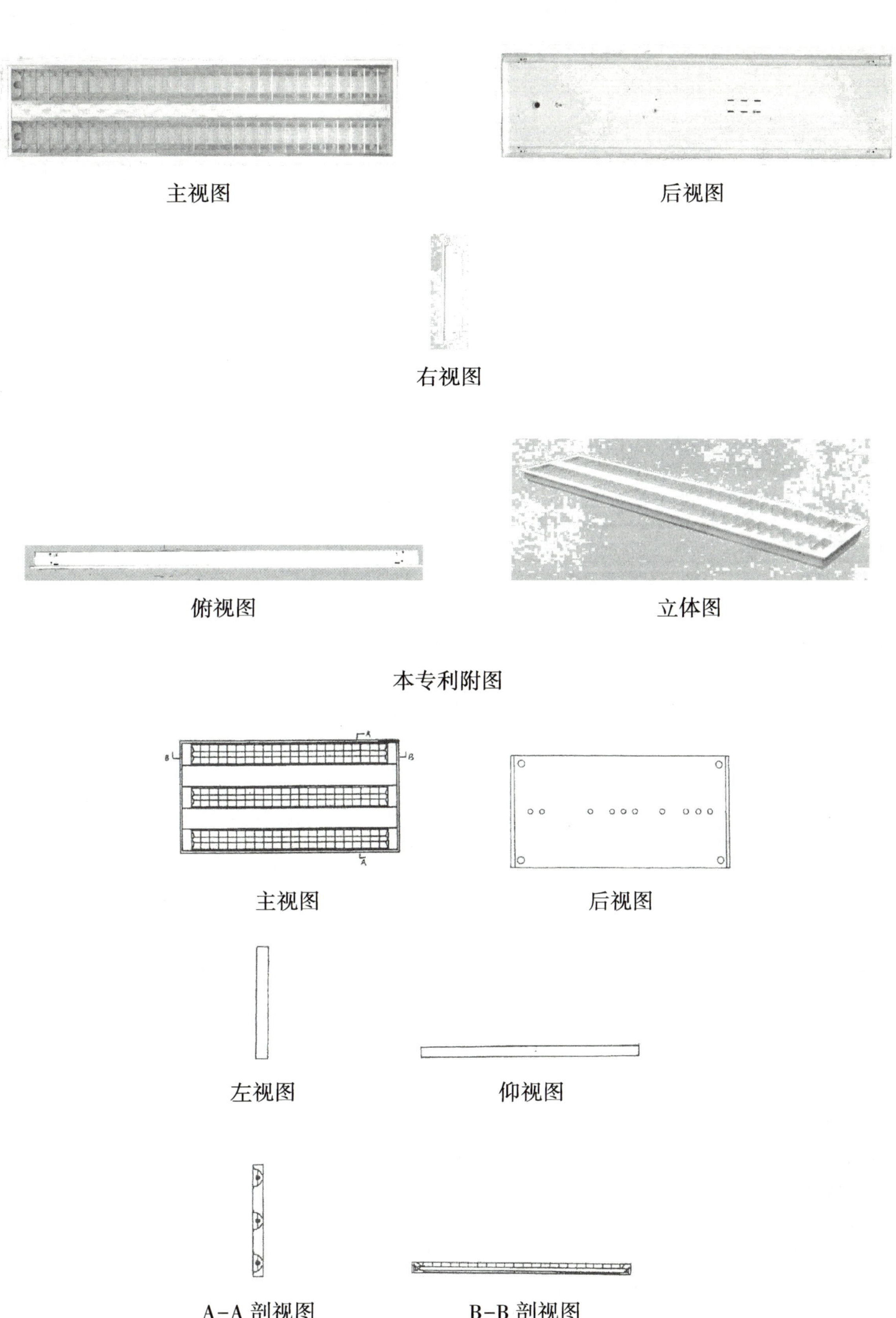

主视图　　后视图

右视图

俯视图　　立体图

本专利附图

主视图　　后视图

左视图　　仰视图

A-A 剖视图　　B-B 剖视图

在先设计附图

004

刀　架

无效宣告请求审查决定（第12409号）

决　　定　　号　第12409号
决　　定　　日　2008年10月24日
发明创造名称　刀架
外 观 分 类 号　07-99
无效宣告请求人　华夫化尼·兰尼奴
专　利　权　人　礼尚国际有限公司
专　　利　　号　200430050464.0
申　　请　　日　2004年5月24日
优　先　权　日　2004年4月21日
授 权 公 告 日　2005年1月26日
合 议 组 组 长　吴大章
主　　审　　员　钱亦俊
参　　审　　员　张　凌
附　　　　　图　1页

法 律 依 据　专利法第23条
决 定 要 点

就本专利和在先设计而言，产品视觉瞩目点在于刀架的整体形状，二者的外形轮廓及各部分视觉分割比例基本一致，其差别点主要在于刀孔的位置，应属于局部细微差别，不足以带来二者视觉上的显著差异，二者应属于相近似的外观设计。

一、案由

本无效宣告请求涉及的是国家知识产权局于2005年1月26日授权公告的，名称为“刀架”的外观设计专利（下称本专利），其申请号是200430050464.0，申请日是2004年5月24日，优先权日是2004年4月21日，专利权人是礼尚国际有限公司。

针对本专利权，华夫化尼·兰尼奴（下称请求人）于2008年3月26日向专利复审委员会提出无效宣告请求，其理由是：本专利在其申请日之前已由请求人在展览会中展出，且与在先公开的意大利出版物上公开的外观设计专利属于相近似的外观设计。因此，本专利不符合专利法第23条规定的授权条件，请求宣告本专利无效。与此同时，请求人提交了如下附件作为证据：

附件1：据称为展会目录部分页面（复印件）1页；

附件 2：据称为意大利法院的判决书副本（复印件）36 页；

附件 3：MODO 杂志 2003 年 4 月期部分页面（复印件）2 页；

附件 4：DDN 杂志（DESIGN DIFFUSION NEWS）2003 年 106 期部分页面（复印件）3 页。

2008 年 4 月 25 日请求人提交如下补充证据：（编号续前）：

附件 5：北京市求是公证处出具的“（2008）京求是内民证字”第 1318 号公证书一份共 10 页；

附件 6：MODO 杂志第 5 页相关段落中文译文 2 页；

附件 7：DNN 杂志第 71 页相关段落中文译文 2 页；

附件 8：上述附件 2 部分中文译文。

专利复审委员会经形式审查合格受理了该无效宣告请求，并于 2008 年 5 月 12 日将请求书及上述证据材料副本转送给专利权人，要求其在指定期限内答复。

针对上述无效宣告请求，专利权人未提交任何意见陈述。

2008 年 7 月 29 日，专利复审委员会向双方当事人发出口头审理通知书，通知当事人定于 2008 年 9 月 18 日在专利复审委员会对本案进行口头审理。

口头审理如期举行，仅请求人委托代理人参加了口头审理，请求人出示了上述附件 4 涉及的出版物原件，同时，声明放弃附件 2 意大利判决书。并针对证据的真实性、关联性和合法性以及在先设计与本专利的相近似性进行了详细陈述。

至此，合议组认为本案事实清楚，可以依法作出审查决定。

二、决定的理由

根据请求人提出的无效宣告请求的理由和证据，合议组对本案进行了审理。

请求人提出的无效宣告请求的理由是：本专利在其申请日之前已由请求人在展览会中展出，且与在先公开的意大利出版物上公开的外观设计专利属于相近似的外观设计。因此，本专利不符合专利法第 23 条规定的授权条件。

专利法第 23 条规定：“授予专利权的外观设计，应当同申请日以前在国内外出版物上公开发表过或者国内公开使用过的外观设计不相同和不相近似，并不得与他人在先取得的合法权利相冲突。”

请求人提交的附件 4 是 DDN 杂志（DESIGN DIFFUSION NEWS）2003 年 106 期部分页面（复印件）3 页，口头审理中请求人出示了上述证据 4 涉及的出版物原件。并且，根据其提交的附件 5——“（2008）京求是内民证字第 1318 号”公证书的记载，该证据在国家图书馆四楼基藏书刊阅览出纳台可办理复印。因此，合议组对其真实性予以认可。由于该证据是 2003 年的公开出版物的其中相关页面，其公开时间早于本专利优先权日，因此，该证据可适用专利法第 23 条评价本专利的专利性。

附件 4 第 71 页公开了一款带有产品图片的外观设计，请求人在附件 7 中提交了相关段落的中文译文；专利权人对其没有提出异议，合议组对其予以采信。据该译文可知该产品是一款趣味刀具架设计（下称在先设计），与本专利属于相同种类外观设计，可以进行相同相近似比较。

本专利刀架整体呈简化立人造型，立于椭圆盘上，身体后仰，腿和臂微曲。从头至腿共有六个纵向矩形刀孔，其中一个在头部，两个在胸部，一个在腹部，左右腿各一个（详见本专利附图）。

在先设计刀架整体呈简化立人造型，立于椭圆盘上，身体后仰，腿和臂微曲。从头至腿共有六个纵向矩形刀刀孔，其中两个在头部，胸部、腹部、左腿及右腿各一个（详见在先设计附图）。

将本专利与在先设计进行对比，二者主要相同点在于：二者的外形轮廓及各部分视觉分割比例基本一致。例如，简化人形的造型及下部圆盘，刀孔的数目。仔细观察二者有一些差别，例如刀孔的具体位置。从数目上讲，对比文件是在胸部一个孔，在头部两个孔，而本专利正好相反——头部一个刀孔、胸部两个刀孔。合议组认为，由于刀架整体造型极为近似，二者刀孔都是七个，且均分布在头部、胸部、腹部和左右腿上，位置的差异难以引起一般消费者视觉上的注意并被记忆，该差别应属于局部的细微差别，二者从整体上给一般消费者的视觉印象是基本相同的，因此，本专利与在先设计应属于相近似的外观设计，本专利不符合专利法第 23 条的规定。

鉴于已经得出上述结论，本决定对请求人提交的其他理由和证据不再进行评述。

三、决定

宣告 200430050464. 0 号外观设计专利权全部无效。

当事人对本决定不服的，可以根据专利法第 46 条第 2 款的规定，自收到本决定之日起三个月内向北京市第一中级人民法院起诉。根据该款的规定，一方当事人起诉后，另一方当事人应当作为第三人参加诉讼。

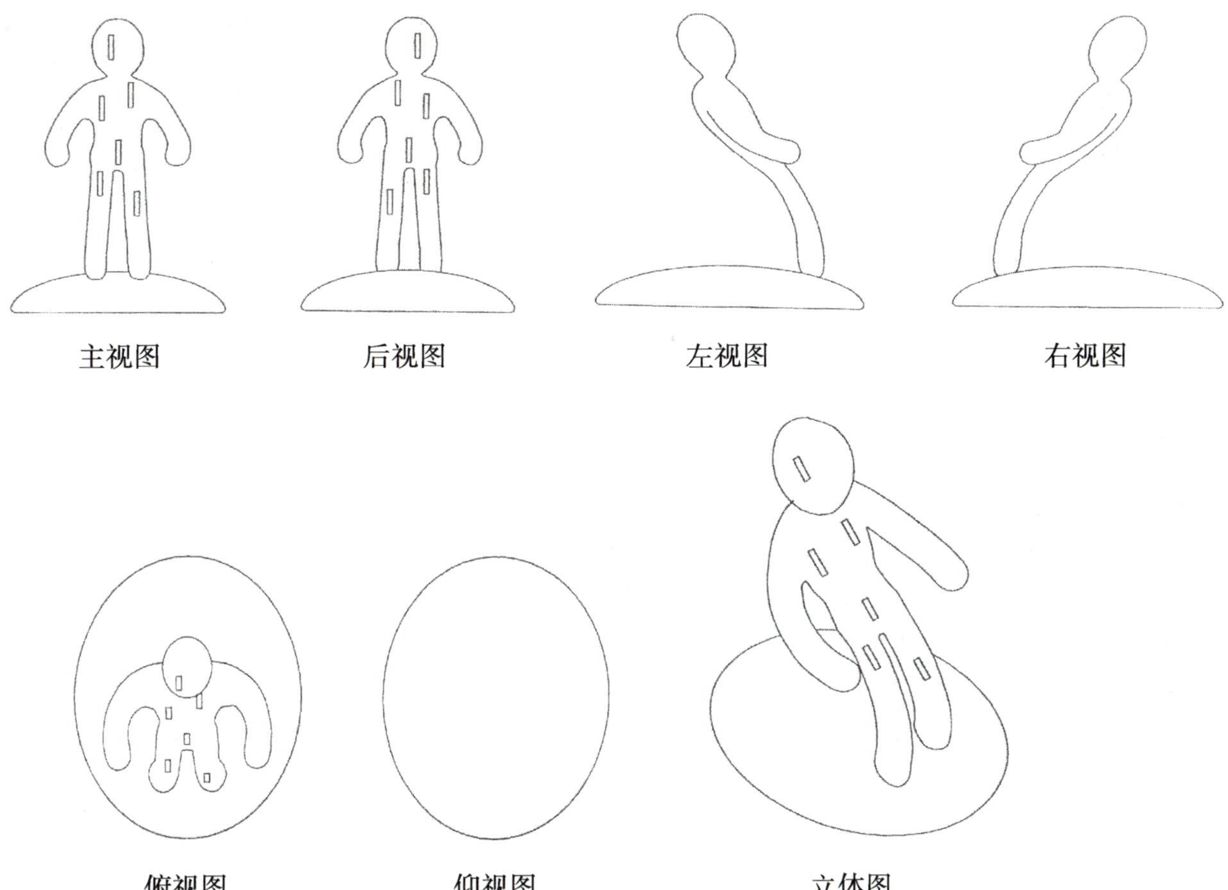

本专利附图

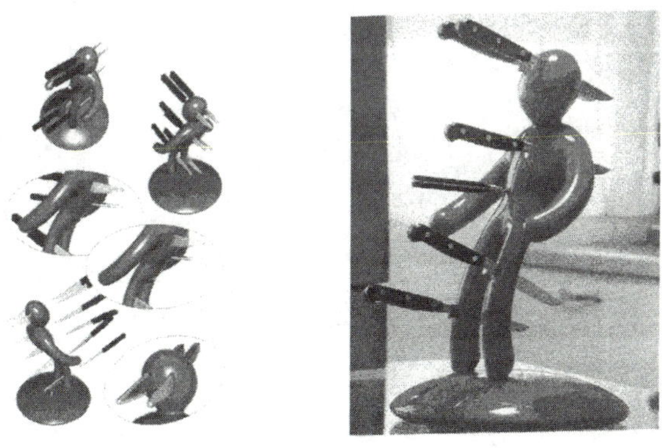

对比文件附图

005

移动闪存盘（2）

无效宣告请求审查决定（第12427号）

决　　定　　号　第12427号
决　　定　　日　2008年10月29日
发明创造名称　移动闪存盘（2）
外观设计分类号　14-02
无效宣告请求人　深圳易方数码科技股份有限公司
专　利　权　人　刘　伟，杨　霖
专　　利　　号　200430006471.0
申　　请　　日　2004年3月31日
授 权 公 告 日　2004年11月10日
合 议 组 组 长　吴大章
主　　审　　员　张　凌
参　　审　　员　王　红
附　　　　　图　1页

法　律　依　据　专利法第23条
决　定　要　点

专利权人对请求人提交的相关域外证据的真实性明确表示予以认可，根据审查指南的相关规定，对方当事人认可其真实性的域外证据在无效宣告程序中可不办理相关的公证认证手续，专利复审委员会应当对当事人明确认可的另一方当事人提交的证据予以确认，故合议组对上述证据予以采信。

一、案由

本无效宣告请求涉及国家知识产权局于2004年11月10日授权公告的、名称为“移动闪存盘（2）”的200430006471.0号外观设计专利，其申请日为2004年3月31日，专利权人为北京宇朔尚源科技有限公司，后经转让变更为刘伟和杨霖。

针对上述专利权（下称本专利），深圳易方数码科技股份有限公司（下称请求人）于2008年7月24日向专利复审委员会提出无效宣告请求，理由是本专利与在其申请日前已公开发表过的外观设计相近似，不符合专利法第23条的规定。请求人同时提交如下证据：

证据1-1：2003年9月《Computer & Communication》相关页复印件（共3页）；

证据2-1：2004年1月号《Computer Products》相关页复印件（共3页）。

请求人认为证据1和证据2的公开时间均早于本专利的申请日，其中所公开的外观设计在整体上与本专利具有相同的形状，其与本专利所存在的差别对整体视觉效果没有显著影响；本专利与上述在先设计相近似，因而本专利不符合专利法第23条的规定。

经形式审查合格后，专利复审委员会受理了上述无效宣告请求，并于2008年7月24日将无效宣告请求书及相关附件的副本转给专利权人，要求其在指定的期限内答复。

2008年8月25日，请求人针对上述无效宣告请求补充提交如下证据（编号续前）：

证据1-2：证据1的部分中文译文（共3页）；

证据2-2：证据2的部分中文译文（共3页）；

证据3：香港欧贸（中国）有限公司深圳代表处出具的证明复印件（共1页）；

证据4：香港欧贸（中国）有限公司深圳代表处的工商注册资料复印件（共1页）；

证据5：深圳亚资广告有限公司出具的证明复印件（共1页）；

证据6："Trade Media Limited"公司出具的证明复印件（共1页）；

证据7：深圳亚资广告有限公司的企业法人营业执照复印件。

2008年9月2日专利复审委员会向双方当事人发出口头审理通知书，定于2008年10月20日对本案进行口头审理，同时将请求人补充提交的上述证据转送专利权人。

2008年9月4日专利权人针对上述无效宣告请求提交了意见陈述。专利权人认为，证据1和证据2中所示的产品与本专利不属于相同或相近类别的产品，其中公开的外观设计无法与本专利进行整体对比；即便就其公开的部分与本专利进行对比，本专利与上述在先设计也存在显著区别，既不相同也不相近似，本专利符合专利法第23条的规定。

2008年9月19日专利复审委员会将专利权人的上述意见陈述转送请求人，告知其在口头审理时一并答复。

口头审理如期举行，专利权人杨霖及其代理人和请求人委托的代理人参加了口头审理。口头审理中请求人明确其无效宣告的理由为专利法第23条（在先公开发表），依据的证据为证据1和证据2，证据3~6仅用于证明证据1和证据2的来源，当庭提交了证据1~6的原件和加盖了深圳亚资广告有限公司公章的证据7的复印件。专利权人对证据1和证据2的真实性没有异议，对证据3~6的真实性有异议，认为其无法证明证据1和证据2的来源。关于相同相近似比较，双方当事人坚持其原有意见。

在上述审理的基础上，合议组经合议，认为本案事实清楚，依法作出本审查决定。

二、决定的理由

1. 法律依据

基于请求人提出无效宣告请求所依据的理由和证据，合议组对本专利是否符合专利法第23条的规定进行审查。

专利法第23条规定，授予专利权的外观设计，应当同申请日以前在国内外出版物上公开发表过或者国内公开使用过的外观设计不相同和不相近似，并不得与他人在先取得的合法权利相冲突。

2. 证据认定

请求人提交的是证据1和证据2分别是2003年9月《Computer & Communication》和2004年1月号《Computer Products》的相关页复印件，口头审理中请求人均提交了整本杂志原件。专利权人尽管对证据3~6的真实性有异议，认为其不能证明证据1和证据2的来源，但明确表示对证据1和证据2的真实性均无异议。根据审查指南的相关规定，对方当事人认可其真实性的域外证据在无效宣告程序中可不办理相关的公证认证手续，专利复审委员会应当对当事人明确认可的另一方当事人提交的证据予以确认，故本案合议组对证据1和证据2予以采信。证据1和证据2的公开时间分别为2003年9月和 2004 年 1 月，均早于本专利的申请日（2004 年 3 月 31 日），属于专利法第 23 条规定的公开出版物，适用本案。

请求人对于其第二次提交的证据 3~7 未在规定的期限内结合无效宣告的理由进行具体说明，上述证据与本案争议的实体法律事实也缺乏关联性，本案对其不予考虑。

3. 关于专利法第 23 条

专利权人主张依据证据 1 的译文，其中公开的产品不是 U 盘，与本专利不属于同类产品，而证据 2 的译文中未体现出所公开产品的名称，无法确定其是否与本专利属于同类产品。

对此，合议组认为，证据 1 中公开的存储设备的名称虽然与本专利并不相同，证据 2 虽未提及相应产品的名称，但上述证据中公开的产品明显是用于移动存储的装置，与本专利的用途相同，属于相同类别的产品，故将本专利与上述证据所示的外观设计（下称在先设计 1 和在先设计 2）进行如下相同相近似对比。

本专利所示闪存盘由外盖和存储体两部分组成，外盖大致呈拱形，上、下表面也呈拱形，后端与存储体连接处有一圆钮；存储体大致呈拱形，前端为伸出的长方形插头，后端为圆弧形（详见本专利附图）。

在先设计 1 所示 U 盘由外盖和存储体两部分组成，外盖大致呈长方形，上表面大致呈拱形，中间有一弧形凹口，后端与存储体连接处有一圆钮；存储体大致呈拱形，前端为伸出的长方形插头，后端为圆弧形（详见在先设计 1 附图）。

将本专利与在先设计 1 相比，两者的相同点是均由外盖和存储体组成，外盖与存储体连接处均有一圆钮，存储体均大致呈拱形，前端为伸出的长方形插头，后端为圆弧形。两者的区别在于本专利外盖大致为拱形，在先设计 1 大致为长方形；本专利存储体后部超出外盖后端，在先设计的存储体后部与其外盖后端基本平齐；在先设计外盖上表面有一弧形凹口，本专利则无。合议组认为，上述区别体现出两个外观设计在整体形状和各组成部分的相互位置和比例上均存在差异，其对整体视觉效果具有显著影响，因此本专利与在先设计 1 是不相同且不相近似的外观设计。

在先设计 2 所示 U 盘由外盖和存储体两部分组成，外盖上、下表面均呈长方形，后端与存储体连接处有一圆钮；存储体呈长方形，前端为伸出的长方形插头（详见在先设计 2 附图）。

将本专利与在先设计 2 相比，两者的相同点是均由外盖和存储体组成。两者的区别在于本专利外盖上、下表面大致呈拱形，在先设计为长方形；本专利存储体呈拱形，在先设计为长方形；本专利外盖与存储体连接处的圆钮较大，在先设计的较小。合议组认为，上述区别体现出两个外观设计的整体形状存在差异，其对整体视觉效果具有显著影响，因此本专利与在先设计 2 是不相同且不相近似的外观设计。

综上，本专利与证据 1 和证据 2 所示的在先设计均属于不相同且不相近似的外观设计，请求人提交的证据不能证明本专利不符合专利法第 23 条的规定，因此请求人无效宣告请求的理由不成立。

三、决定

维持 200430006471.0 号外观设计专利权有效。

当事人对本决定不服的，可以根据专利法第 46 条第 2 款的规定，自收到本决定之日起三个月内向北京市第一中级人民法院起诉。根据该款的规定，一方当事人起诉后，另一方当事人应当作为第三人参加诉讼。

主视图

后视图

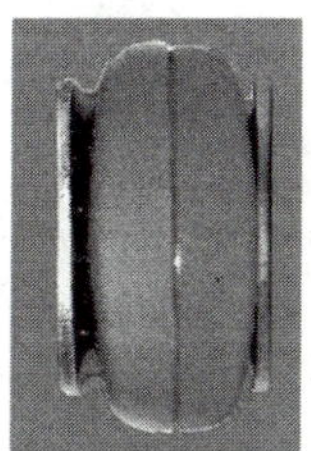
左视图

右视图

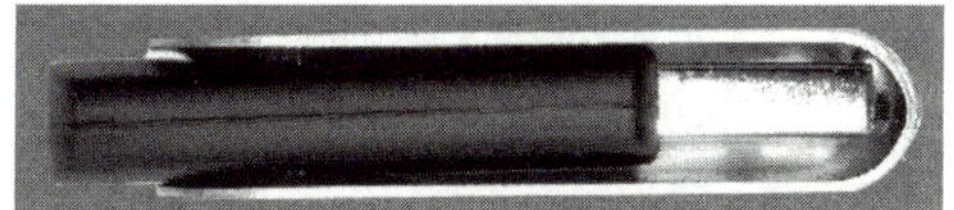
俯视图

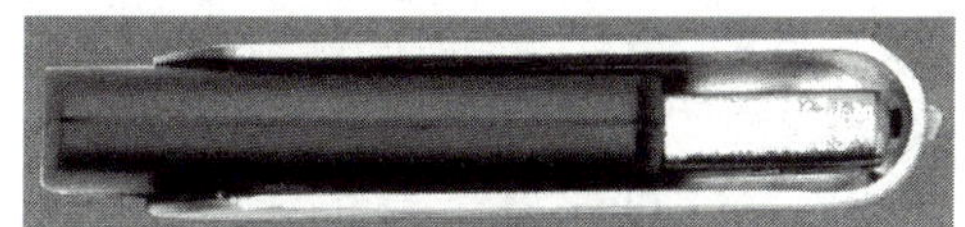
仰视图

使用状态参考图 1

使用状态参考图 2

本专利附图

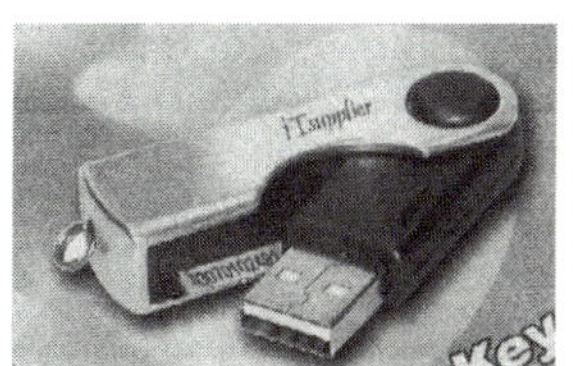
在先设计 1 附图

在先设计 2 附图

006

阳 光 房

无效宣告请求审查决定（第12432号）

决　定　号 第12432号
决　定　日 2008年10月29日
发明创造名称 阳光房
外观设计分类号 25-03
无效宣告请求人 上海阳毅新型门窗有限公司
专 利 权 人 上海百明实业有限公司
专　利　号 200530041246.5
申　请　日 2005年7月8日
授权公告日 2006年4月26日
合议组组长 张雪飞
主　审　员 李巍巍
参　审　员 王　红

法 律 依 据 专利法第23条
决 定 要 点
请求人未履行公证、认证手续的域外证据无法确认其真实性，因此，该证据不予以采信。

一、案由

本无效宣告请求涉及2006年4月26日国家知识产权局授权公告的200530041246.5号外观设计专利，其产品名称是“阳光房”，申请日是2005年7月8日，专利权人是上海百明实业有限公司。

针对上述外观设计专利权（下称本专利），上海阳毅新型门窗有限公司（下称请求人）于2008年7月2日向专利复审委员会提出无效宣告请求，其理由是本专利不符合专利法第23条的规定。请求人认为，本专利与其申请日以前在国内出版物上公开发表过的外观设计相同。同时，请求人提交了如下附件作为证据：

附件1：德国旭格国际集团的冬季花园阳光房宣传册复印件2页。

经形式审查合格，专利复审委员会受理了该无效宣告请求，并于2008年8月27日将无效宣告请求书和证据的副本转送给专利权人，限其在指定期限内答复。并告知专利权人如逾期不答复，不影响专利复审委员会的审理。

专利权人逾期未答复。

2008年9月12日，专利复审委员会向双方当事人发出合议组成员告知通知书，指出如对本案合议组人员有回避请求的，应于收到本通知之日起7天内提交书面请求书，逾期未答复，视为无回避请求。同日专利复审委员会还向双方当事人发出口头审理通知书，定于2008年10月22日对本案进行口头审理。

口头审理如期举行，双方当事人均委托了代理人参加口头审理，双方对对方参加口头审理人员的身份和资格没有异议，对合议组成员没有回避请求。口头审理中请求人当庭提交了附件1的整本原件，说明该证据是在国外印刷的，其上未记载公开时间，请求人与德国旭格国际集团有合作关系，该宣传册是由该德国公司提供的，其上第4页第5行的第2个图片所示的外观设计与本专利完全相同。专利权人对复印件与原件一致没有异议，但对其真实性有异议，并认为其上未记载出版者、公开出版日期和公开发表日期，不是专利法意义的公开出版物，但认可其上记载的建筑物产品与本专利完全相同。在口头审理时专利权人当庭出示反证（专利权人出版的产品宣传册）。由于专利权人提交的反证，超过了举证期限，合议组告知对该反证本案不予考虑。双方当事人均在坚持原有观点的基础上充分陈述了意见。

在以上审理的基础上，本案合议组经合议，认为本案事实清楚，依法作出本审查决定。

二、决定的理由

1. 法律依据

根据请求人提出的无效宣告请求的理由和提交的证据，本案合议组依据专利法第23条的规定对本案进行审理。

专利法第23条规定："授予专利权的外观设计，应当同申请日以前在国内外出版物上公开发表过或者国内公开使用过的外观设计不相同和不相近似，并不得与他人在先取得的合法权利相冲突。"

2. 证据的认定

请求人提交的附件1是德国旭格国际集团的冬季花园阳光房宣传册复印件2页，在口头审理时请求人提交了该附件的整本原件。但该附件中记载"德国印刷"字样，且请求人也说明其属于在国外印刷的证据，鉴于请求人未对附件1所示域外证据履行公证、认证手续，无法确定其真实性，在专利权人不予认可，且请求人又未提交有关证据佐证其可在国内通过公共渠道获得等情况下，合议组对该证据不予采信。

综上所述，请求人提交的证据不足以支持其无效请求的理由。

请求人有责任向专利复审委员会提交充分的证据，如果其提交的证据不足以支持其无效请求理由，应承担其主张不成立的后果。

三、决定

维持200530041246.5号外观设计专利权有效。

当事人对本决定不服的，可以根据专利法第46条第2款的规定，自收到本决定之日起三个月内向北京市第一中级人民法院起诉。根据该款的规定，一方当事人起诉后，另一方当事人应当作为第三人参加诉讼。

007

阳光房（双坡）

无效宣告请求审查决定（第12433号）

决　　定　　号　第12433号
决　　定　　日　2008年10月29日
发明创造名称　阳光房（双坡）
外观设计分类号　25-03
无效宣告请求人　上海阳毅新型门窗有限公司
专　利　权　人　上海百明实业有限公司
专　　利　　号　200530041245.0
申　　请　　日　2005年7月8日
授权公告日　2006年6月14日
合议组组长　张雪飞
主　　审　　员　李巍巍
参　　审　　员　王　红

法律依据　专利法第23条
决定要点
请求人未履行公证、认证手续的域外证据无法确认其真实性，因此，该证据不予以采信。

一、案由

本无效宣告请求涉及2006年6月14日国家知识产权局授权公告的200530041245.0号外观设计专利，其产品名称是"阳光房（双坡）"，申请日是2005年7月8日，专利权人是上海百明实业有限公司。

针对上述外观设计专利权（下称本专利），上海阳毅新型门窗有限公司（下称请求人）于2008年7月2日向专利复审委员会提出无效宣告请求，其理由是本专利不符合专利法第23条的规定。请求人认为，本专利与其申请日以前在国内出版物上公开发表过的外观设计相同。同时，请求人提交了如下附件作为证据：

附件1：德国旭格国际集团的冬季花园阳光房宣传册复印件2页。

经形式审查合格，专利复审委员会受理了该无效宣告请求，并于2008年8月27日将无效宣告请求书和证据的副本转送给专利权人，限其在指定期限内答复。并告知专利权人如逾期不答复，不影响专利复审委员会的审理。

专利权人逾期未答复。

2008 年 9 月 12 日，专利复审委员会向双方当事人发出合议组成员告知通知书，指出如对本案合议组人员有回避请求的，应于收到本通知之日起 7 天内提交书面请求书，逾期未答复，视为无回避请求。同日专利复审委员会还向双方当事人发出口头审理通知书，定于 2008 年 10 月 22 日对本案进行口头审理。

口头审理如期举行，双方当事人均委托了代理人参加口头审理，双方对对方参加口头审理人员的身份和资格没有异议，对合议组成员没有回避请求。口头审理中请求人当庭提交了附件 1 的整本原件，说明该证据是在国外印刷的，其上未记载公开时间，请求人与德国旭格国际集团有合作关系，该宣传册是由该德国公司提供的，其上第 4 页第 1 行的第 3 个图片所示的外观设计与本专利完全相同。专利权人对复印件与原件一致没有异议，但对其真实性有异议，并认为其上未记载出版者、公开出版日期和公开发表日期，不是专利法意义的公开出版物，但认可其上记载的建筑物产品与本专利完全相同。在口头审理时专利权人当庭出示反证（专利权人出版的产品宣传册）。由于专利权人提交的反证，超过了举证期限，合议组告知对该反证本案不予考虑。双方当事人均在坚持原有观点的基础上充分陈述了意见。

在以上审理的基础上，本案合议组经合议，认为本案事实清楚，依法作出本审查决定。

二、决定的理由

1. 法律依据

根据请求人提出的无效宣告请求的理由和提交的证据，本案合议组依据专利法第 23 条的规定对本案进行审理。

专利法第 23 条规定：“授予专利权的外观设计，应当同申请日以前在国内外出版物上公开发表过或者国内公开使用过的外观设计不相同和不相近似，并不得与他人在先取得的合法权利相冲突。”

2. 证据的认定

请求人提交的附件 1 是德国旭格国际集团的冬季花园阳光房宣传册复印件 2 页，在口头审理时请求人提交了该附件的整本原件。但该附件中记载“德国印刷”字样，且请求人也说明其属于在国外印刷的证据，鉴于请求人未对附件 1 所示域外证据履行公证、认证手续，无法确定其真实性，在专利权人不予认可，且请求人又未提交有关证据佐证其可在国内通过公共渠道获得等情况下，合议组对该证据不予采信。

综上所述，请求人提交的证据不足以支持其无效请求的理由。

请求人有责任向专利复审委员会提交充分的证据，如果其提交的证据不足以支持其无效请求理由，应承担其主张不成立的后果。

三、决定

维持 200530041245.0 号外观设计专利权有效。

当事人对本决定不服的，可以根据专利法第 46 条第 2 款的规定，自收到本决定之日起三个月内向北京市第一中级人民法院起诉。根据该款的规定，一方当事人起诉后，另一方当事人应当作为第三人参加诉讼。

008

阳光房（一侧）

无效宣告请求审查决定（第12434号）

决　　定　　号　第12434号
决　　定　　日　2008年10月29日
发明创造名称　阳光房（一侧）
外观设计分类号　25-03
无效宣告请求人　上海阳毅新型门窗有限公司
专　利　权　人　上海百明实业有限公司
专　　利　　号　200530041240.8
申　　请　　日　2005年7月8日
授权公告日　2006年4月26日
合议组组长　张雪飞
主　　审　　员　李巍巍
参　　审　　员　王　红

法　律　依　据　专利法第23条
决　定　要　点
请求人未履行公证、认证手续的域外证据无法确认其真实性，因此，该证据不予以采信。

一、案由

本无效宣告请求涉及2006年4月26日国家知识产权局授权公告的200530041240.8号外观设计专利，其产品名称是“阳光房（一侧）”，申请日是2005年7月8日，专利权人是上海百明实业有限公司。

针对上述外观设计专利权（下称本专利），上海阳毅新型门窗有限公司（下称请求人）于2008年7月2日向专利复审委员会提出无效宣告请求，其理由是本专利不符合专利法第23条的规定。请求人认为，本专利与其申请日以前在国内出版物上公开发表过的外观设计相同。同时，请求人提交了如下附件作为证据：

附件1：德国旭格国际集团的冬季花园阳光房宣传册复印件2页。

经形式审查合格，专利复审委员会受理了该无效宣告请求，并于2008年8月27日将无效宣告请求书和证据的副本转送给专利权人，限其在指定期限内答复。并告知专利权人如逾期不答复，不影响专利复审委员会的审理。

专利权人逾期未答复。

2008年9月12日，专利复审委员会向双方当事人发出合议组成员告知通知书，指出如对本案合议组人员有回避请求的，应于收到本通知之日起7天内提交书面请求书，逾期未答复，视为无回避请求。同日专利复审委员会还向双方当事人发出口头审理通知书，定于2008年10月22日对本案进行口头审理。

口头审理如期举行，双方当事人均委托了代理人参加口头审理，双方对对方参加口头审理人员的身份和资格没有异议，对合议组成员没有回避请求。口头审理中请求人当庭提交了附件1的整本原件，说明该证据是在国外印刷的，其上未记载公开时间，请求人与德国旭格国际集团有合作关系，该宣传册是由该德国公司提供的，其上第4页第3行的第2个图片的外观设计与本专利完全相同。专利权人对复印件与原件一致没有异议，但对其真实性有异议，并认为其上未记载出版者、公开出版日期和公开发表日期，不是专利法意义的公开出版物，但认可其上记载的建筑物产品与本专利完全相同。在口头审理时专利权人当庭出示反证（专利权人出版的产品宣传册）。由于专利权人提交的反证，超过了举证期限，合议组告知对该反证本案不予考虑。双方当事人均在坚持原有观点的基础上充分陈述了意见。

在以上审理的基础上，本案合议组经合议，认为本案事实清楚，依法作出本审查决定。

二、决定的理由

1. 法律依据

根据请求人提出的无效宣告请求的理由和提交的证据，本案合议组依据专利法第23条的规定对本案进行审理。

专利法第23条规定："授予专利权的外观设计，应当同申请日以前在国内外出版物上公开发表过或者国内公开使用过的外观设计不相同和不相近似，并不得与他人在先取得的合法权利相冲突。"

2. 证据的认定

请求人提交的附件1是德国旭格国际集团的冬季花园阳光房宣传册复印件2页，在口头审理时请求人提交了该附件的整本原件。但该附件中记载"德国印刷"字样，且请求人也说明其属于在国外印刷的证据，鉴于请求人未对附件1所示域外证据履行公证、认证手续，无法确定其真实性，在专利权人不予认可，且请求人又未提交有关证据佐证其可在国内通过公共渠道获得等情况下，合议组对该证据不予采信。

综上所述，请求人提交的证据不足以支持其无效请求的理由。

请求人有责任向专利复审委员会提交充分的证据，如果其提交的证据不足以支持其无效请求理由，应承担其主张不成立的后果。

三、决定

维持200530041240.8号外观设计专利权有效。

当事人对本决定不服的，可以根据专利法第46条第2款的规定，自收到本决定之日起三个月内向北京市第一中级人民法院起诉。根据该款的规定，一方当事人起诉后，另一方当事人应当作为第三人参加诉讼。

009

压缩机热保护器

无效宣告请求审查决定（第12453号）

决　　定　　号　第12453号
决　　定　　日　2008年10月31日
发明创造名称　压缩机热保护器
外观设计分类号　15-02
无效宣告请求人　杭州泛博电器有限公司
专　利　权　人　杭州星帅尔电器有限公司
专　　利　　号　00333944.0
申　　请　　日　2000年8月11日
授 权 公 告 日　2001年4月11日
合 议 组 组 长　张跃平
主　　审　　员　张　凌
参　　审　　员　周　佳
附　　　　　图　1页

法　律　依　据　专利法第23条，专利法实施细则第2条第3款
决　定　要　点

本专利的某些视图尽管存在错误之处，但是上述视图错误属于局部细微瑕疵，不足以导致无法确定产品的整体形状进而无法生产，即不会导致本专利不适于工业应用的后果，本专利并不违反专利法实施细则第2条第3款的规定。

一、案由

本无效宣告请求涉及国家知识产权局于2001年4月11日授权公告的、名称为“压缩机热保护器”的00333944.0号外观设计专利，其申请日为2000年8月11日，专利权人为杭州帅宝电器有限公司，后变更为杭州星帅尔电器有限公司。

针对上述专利权（下称本专利），杭州泛博电器有限公司（下称请求人）于2008年4月10日向专利复审委员会提出无效宣告请求，理由是本专利不符合专利法第23条、专利法实施细则第2条第3款的规定。请求人同时提交了如下附件作为证据：

附件1：公布号为1999-0020850的韩国专利申请说明书复印件（共7页）；

附件2：本专利公报复印件（共1页）。

请求人认为，本专利与附件1所示的外观设计相近似，因此本专利不符合专利法第23条的规定；

本专利的各个视图存在A-H等八处明显缺陷，不能完整、准确地表示外观设计产品，导致其不适于工业应用，因此本专利不符合专利法实施细则第2条第3款的规定。

经形式审查合格后，专利复审委员会受理了上述无效宣告请求，并于2008年4月30日将无效宣告请求书及相关附件的副本转给专利权人，要求其在指定期限内答复。

专利权人逾期未答复。

2008年4月29日，请求人补充提交了附件1的中文译文4页。

2008年8月14日专利复审委员会向双方当事人发出口头审理通知书，定于2008年10月6日举行口头审理，同时将请求人补充提交的上述附件转送专利权人。

口头审理如期举行，双方当事人的代理人参加了口头审理，双方对对方出庭人员的身份和资格无异议，对合议组成员无回避请求。请求人明确其无效宣告请求的理由为本专利不符合专利法第23条（在先公开发表）、专利法实施细则第2条第3款的规定，其中附件1用于证明本专利不符合专利法第23条的规定。专利权人对附件1的真实性无异议。关于本专利是否存在不符合专利法实施细则第2条第3款的缺陷，请求人坚持认为本专利的视图在对底壳向外伸出的大小凸台、底壳表面的台阶、设置在底壳表面的弹簧片的表达上存在多处明显的错误，未能完整、正确地表示外观设计产品，导致该产品不能通过工业生产得以实施，其不适于工业应用。专利权人承认本专利各视图在对底壳向外伸出的小凸台、底壳表面台阶的表达上存在不对应之处，但认为其均属于细微瑕疵，不影响该外观设计产品的实施。关于本专利与在先设计的相同相近似比较，双方当事人均坚持其原有意见。

在上述审理的基础上，合议组经合议，认为本案事实清楚，依法作出本审查决定。

二、决定的理由

1. 法律依据

基于请求人提出无效宣告请求所依据的理由和证据，合议组对本专利是否符合专利法第23条、专利法实施细则第2条第3款的规定进行审查。

专利法第23条规定，授予专利权的外观设计，应当同申请日以前在国内外出版物上公开发表过或者国内公开使用过的外观设计不相同和不相近似，并不得与他人在先取得的合法权利相冲突。

专利法实施细则第2条第3款规定，专利法所称外观设计，是指对产品的形状、图案或者其结合以及色彩与形状、图案的结合所作出的富有美感并适于工业应用的新设计。

2. 证据认定

请求人提交的附件1是公布号为1999-0020850的韩国专利申请说明书复印件及其中文译文，专利权人对该证据的真实性无异议，本案合议组对其予以采信。附件1的公开日为1999年6月25日，早于本专利的申请日（2000年8月11日），属于专利法第23条规定的公开出版物，适用本案。

3. 关于专利法实施细则第2条第3款

请求人认为：（1）从本专利的主视图看，底壳左侧向外伸出的凸台与底壳底部间为弧形过渡，在左、右视图中该处被表达为直角过渡；（2）从本专利的左视图、俯视图和仰视图看，底壳左侧向外伸出的凸台与底壳之间有一弧形过渡，在主视图中却表达为斜面过渡；（3）从本专利的主视图、俯视图和仰视图看，底壳底部向外伸出一小凸台，在右视图中却未表达出该凸台；（4）本专利左视图中底壳表面的一个台阶状平台在右视图和主视图中没有表达出来；（5）从本专利的主视图和俯视图看，底壳左侧向外伸出的凸台在高度方向上贯穿底壳的中部，在右视图中未表达出该处；（6）本专利的主视图和后视图对于弹簧片形状的表达不一致；由于本专利的视图存在上述多处错误，导致该外观设计产品不能通过工业生产得以实施，其不适于工业应用。因此本专利不符合专利法实施细则第2条第3款的规定。

对此，合议组认为：（1）从主视图看，本专利底壳左侧向外伸出的凸台与底壳底部之间仅有很小的过渡，无法确定该过渡一定为弧形，可以是直角过渡，从左、右视图来看本专利此处的表达为直角过渡结构，因此主视图所公开的信息与左、右视图并不存在明显的矛盾，请求人的第一点异议不能成立；（2）从左视图、俯视图和仰视图看，底壳左侧向外伸出的凸台与底壳之间有一弧形过渡，但主视图此处表达为两条投影线，主视图确实存在不当之处，但是在机械制图中这种表达方式也是可以接受的，而且综合其他三面视图公开的信息可以确定该部分的设计，不足以导致无法确定产品的整体形状和设计并进行生产的后果；（3）从主视图、俯视图和仰视图看，本专利底壳底部向外伸出一小凸台，其在右视图中没有表示出来，右视图的表达存在错误，但是这种视图的错误仅为局部细微瑕疵，综合其他三面视图公开的信息可以确定该部分的设计，不足以导致无法确定产品的整体形状和整体设计；（4）从左视图看，底壳表面的台阶有一个在右视图中没有表达出来，右视图的表达的确存在错误，但是综合左视图、主视图和俯视图公开的信息可以判断出该台阶在右视图中属于明显的漏画，因此根据上述三面视图公开内容仍可以确定该部分的设计，不足以导致无法确定产品的整体形状和整体设计；（5）从主视图、俯视图和仰视图看，底壳左侧向外伸出的凸台在高度方向上贯穿底壳的中部，在右视图中未表达出该处，右视图的表达存在错误，但是这种视图的错误仅为局部细微瑕疵，综合其他三面视图公开的信息可以确定该部分的设计，不足以导致无法确定产品的整体形状和整体设计；（6）从主视图看，本专利的弹簧片与两定位脚之间形成一个类似三角形的空间，在后视图中其被表达为类似弧形，这是因为后视图漏画了该弹簧片的片状结构。但这种视图错误属于局部细微瑕疵，而且根据其他视图公开的内容仍可以确定该部分的设计，不足以导致无法确定产品的整体形状和整体设计。

综上，本专利的某些视图虽存在错误之处，但是均为局部细微瑕疵，综合各个视图公开的信息可以确定其整体的设计。这种视图绘制准确程度上的错误尚不足以导致无法确定产品的整体形状进而无法生产，即不会导致本专利不适于工业应用的后果，因此，本专利并不违反专利法实施细则第 2 条第 3 款的规定。

4. 关于相同、相近似判断

本专利与附件 1（下称在先设计）均为用于压缩机的过载保护装置，二者属于相同类别的产品，可以进行相同、相近似性对比。

本专利所示所示保护器由底壳、定位脚、弹簧片和接线片组成。底壳表面布有若干台阶状平台，从主视图看，底壳后端向上折起形成两个梯形定位脚，定位脚与底壳连接使产品整体上呈近似“U”形，两个定位脚的顶部边角处，相对形成圆弧形槽口，“U”形底部中间位置即底壳表面设有一弹簧片，底壳右侧端的静触点座为一竖起的插片，从俯视图看，底壳右侧向前伸出一接线片，接线片上开有圆孔。从右视图、左视图和仰视图看，底壳底面上分别设有沉孔和连接件图案（详见本专利附图）。

在先设计所示保护器由底壳、定位脚、接线片组成。底壳上布有若干台阶，底壳后端向上折起形成两个梯形定位脚，定位脚与底壳连接使产品整体上呈近似“U”形，两个定位脚的顶部边角处，相对形成圆弧形槽口，底壳前端中间部位向前伸出一接线片，接线片上开有圆孔（详见在先设计附图）。

将本专利与在先设计相比，两者的主要相同点在于：产品的主体均为底壳部分，底壳后端均向上折起形成两个梯形的定位脚，底壳表面均设有若干台阶，底壳前端均伸出一连接片；底壳与定位脚的连接均使整体形成近似“U”形结构；定位脚的形状基本相同，均为内侧相对位置带有圆弧形槽口的梯形结构。两者的区别主要在于本专利底壳表面设有一弹簧片，并形成“凹”字形的图案，在先设计则无；本专利底壳右侧有一伸出的静触点座，在先设计则无；本专利的接线片位于底壳的右侧，而在先设计的接线片由底壳中部向前伸出，且其接线片向左右两侧延伸并插入底壳中。本专利与在先设计在上的上述区别明显对二者的整体视觉效果具有显著影响，使二者呈现整体不相近似的外观，因此本专利与在先设计不相同也不相近似。

因此，本专利与在先设计不相同也不相近似，请求人提交的证据不能证明本专利不符合专利法第23条的规定。

综上所述，请求人提交的证据均不能证明本专利不符合专利法第23条、专利法实施细则第2条第3款的规定，其无效宣告请求的理由不成立。

三、决定

维持00333944.0号外观设计专利权有效。

当事人对本决定不服的，可以根据专利法第46条第2款的规定，自收到本决定之日起三个月内向北京市第一中级人民法院起诉。根据该款的规定，一方当事人起诉后，另一方当事人应当作为第三人参加诉讼。

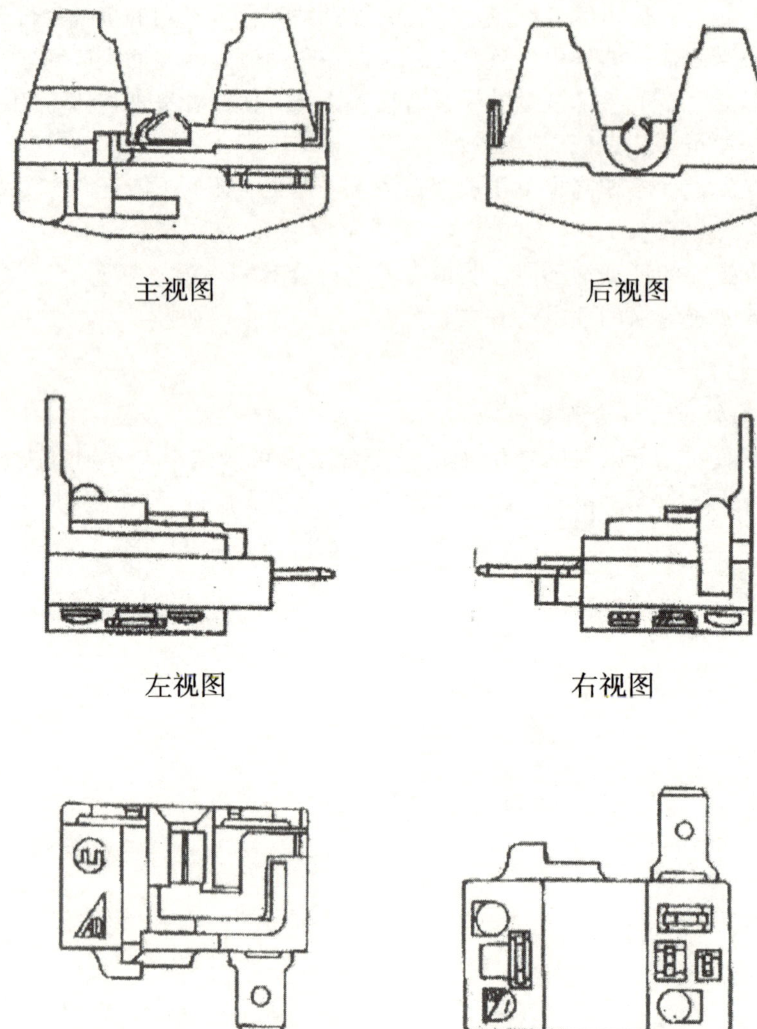

主视图　　后视图

左视图　　右视图

俯视图　　仰视图

本专利附图

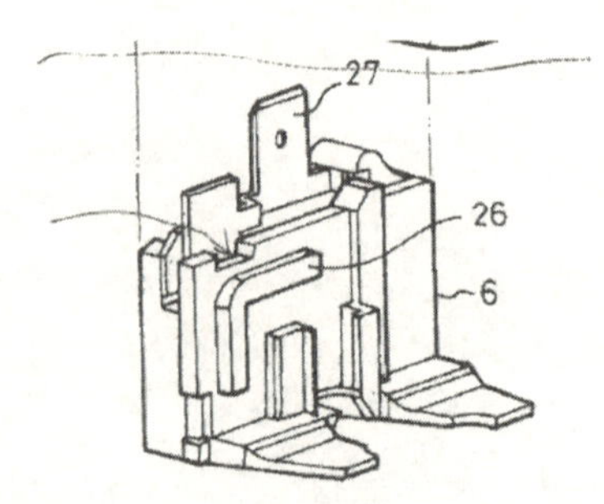

在先设计附图

北京市第一中级人民法院
行政判决书

（2009）一中行初字第133号

原告杭州泛博电器有限公司，住所地浙江省富阳市富春街道执中亭村栗园。

法定代表人郭观富，董事长。

委托代理人王国华，北京市中闻律师事务所律师。

被告国家知识产权局专利复审委员会，住所地北京市海淀区北四环西路9号银谷大厦10~12层。

法定代表人廖涛，副主任。

委托代理人张凌，女，国家知识产权局专利复审委员会审查员。

委托代理人田华，女，国家知识产权局专利复审委员会审查员。

第三人杭州星帅尔电器有限公司，住所地浙江省富阳市受降镇祝家村交界岭99号（2、3、4、5幢）。

法定代表人楼月根，董事长。

委托代理人陈红，女，杭州天欣专利事务所专利代理人。

委托代理人卢文成，男，杭州星帅尔电器有限公司总工程师。

原告杭州泛博电器有限公司因专利行政裁决一案，不服被告国家知识产权局专利复审委员会作出的无效宣告请求审查决定，向本院提起行政诉讼。本院受理后，依法组成合议庭，根据《中华人民共和国行政诉讼法》第二十七条，通知杭州星帅尔电器有限公司作为第三人参加诉讼。本院于2009年3月26日公开开庭审理了本案。原告的委托代理人王国华、被告的委托代理人张凌和田华到庭参加了诉讼。经本院合法传唤，第三人未到庭参加诉讼，仅向本院提交了书面意见。本案现已审理终结。

原告针对专利权人为第三人的名称为"压缩机热保护器"的第00333944.0号外观设计专利（以下简称本专利）向被告提出无效宣告请求。被告经审查于2008年10月31日作出第12453号无效宣告请求审查决定（以下简称无效决定）。被告认为：

（1）法律依据。

基于原告提出无效宣告请求所依据的理由和证据，被告对本专利是否符合《中华人民共和国专利法》（以下简称《专利法》）第二十三条、《中华人民共和国专利法实施细则》（以下简称《专利法实施细则》）第二条第三款的规定进行审查。

（2）证据认定。

原告提交的附件1是公布号为1999-0020850的韩国专利申请说明书复印件及其中文译文，第三人对该证据的真实性无异议，被告对其予以采信。附件1的公开日为1999年6月25日，早于本专利的申请日（2000年8月11日），属于《专利法》第二十三条规定的公开出版物，适用本案。

（3）关于《专利法实施细则》第二条第三款。

原告认为：①从本专利的主视图看，底壳左侧向外伸出的凸台与底壳底部间为弧形过渡，在左、右视图中该处被表达为直角过渡；②从本专利的左视图、俯视图和仰视图看，底壳左侧向外伸出的凸台与底壳之间有一弧形过渡，在主视图中却表达为斜面过渡；③从本专利的主视图、俯视图和仰视图看，底壳底部向外伸出一小凸台，在右视图中却未表达出该凸台；④本专利左视图中底壳表面的一个台阶状平台在右视图和主视图中没有表达出来；⑤从本专利的主视图和俯视图看，底壳左侧向外伸出的凸台在高度方向上贯穿底壳的中部，在右视图中未表达出该处；⑥本专利的主视图和后视图对于弹簧片形状的表达不一致；由于本专利的视图存在上述多处错误，导致该外观设计产品不能通过工业生产得以实施，其不适于工业应用。因此本专利不符合《专利法实施细则》第二条第三款的规定。

对此，被告认为：①从主视图看，本专利底壳左侧向外伸出的凸台与底壳底部之间仅有很小的过渡，无法确定该过渡一定为弧形，可以是直角过渡，从左、右视图来看本专利此处的表达为直角过渡结构，因此主视图所公开的信息与左、右视图并不存在明显的矛盾，原告的第一点异议不能成立；②从左视图、俯视图和仰视图看，底壳左侧向外伸出的凸台与底壳之间有一弧形过渡，但主视图此处表达为两条投影线，主视图确实存在不当之处，但是在机械制图中这种表达方式也是可以接受的，而且综合其他三面视图公开的信息可以确定该部分的设计，不足以导致无法确定产品的整体形状和设计并进行生产的后果；③从主视图、俯视图和仰视图看，本专利底壳底部向外伸出一小凸台，其在右视图中没有表示出来，右视图的表达存在错误，但是这种视图的错误仅为局部细微瑕疵，综合其他三面视图公开的信息可以确定该部分的设计，不足以导致无法确定产品的整体形状和整体设计；④从左视图看，底壳表面的台阶有一个在右视图中没有表达出来，右视图的表达的确存在错误，但是综合左视图、主视图和俯视图公开的信息可以判断出该台阶在右视图中属于明显的漏画，因此根据上述三面视图公开内容仍可以确定该部分的设计，不足以导致无法确定产品的整体形状和整体设计；⑤从主视图、俯视图和仰视图看，底壳左侧向外伸出的凸台在高度方向上贯穿底壳的中部，在右视图中未表达出该处，右视图的表达存在错误，但是这种视图的错误仅为局部细微瑕疵，综合其他三面视图公开的信息可以确定该部分的设计，不足以导致无法确定产品的整体形状和整体设计；⑥从主视图看，本专利的弹簧片与两定位脚之间形成一个类似三角形的空间，在后视图中其被表达为类似弧形，这是因为后视图漏画了该弹簧片的片状结构。但这种视图错误属于局部细微瑕疵，而且根据其他视图公开的内容仍可以确定该部分的设计，不足以导致无法确定产品的整体形状和整体设计。

综上，本专利的某些视图虽存在错误之处，但是均为局部细微瑕疵，综合各个视图公开的信息可以确定其整体的设计。这种视图绘制准确程度上的错误尚不足以导致无法确定产品的整体形状进而无法生产，即不会导致本专利不适于工业应用的后果，因此，本专利并不违反《专利法实施细则》第二条第三款的规定。

（4）关于相同、相近似判断。

本专利与附件 1（以下简称在先设计）均为用于压缩机的过载保护装置，二者属于相同类别的产品，可以进行相同、相近似性对比。

本专利所示保护器由底壳、定位脚、弹簧片和接线片组成。底壳表面布有若干台阶状平台，从主视图看，底壳后端向上折起形成两个梯形定位脚，定位脚与底壳连接使产品整体上呈近似“U”形，两个定位脚的顶部边角处，相对形成圆弧形槽口，“U”形底部中间位置即底壳表面设有一弹簧片，底壳右侧端的静触点座为一竖起的插片，从俯视图看，底壳右侧向前伸出一接线片，接线片上开有圆孔。从右视图、左视图和仰视图看，底壳底面上分别设有沉孔和连接件图案。

在先设计所示保护器由底壳、定位脚、接线片组成。底壳上布有若干台阶，底壳后端向上折起形成两个梯形定位脚，定位脚与底壳连接使产品整体上呈近似“U”形，两个定位脚的顶部边角处，相对形成圆弧形槽口，底壳前端中间部位向前伸出一接线片，接线片上开有圆孔。

将本专利与在先设计相比，两者的主要相同点在于：产品的主体均为底壳部分，底壳后端均向上折起形成两个梯形的定位脚，底壳表面均设有若干台阶，底壳前端均伸出一连接片；底壳与定位脚的连接均使整体形成近似“U”形结构；定位脚的形状基本相同，均为内侧相对位置带有圆弧形槽口的梯形结构。两者的区别主要在于本专利底壳表面设有一弹簧片，并形成“凹”字形的图案，在先设计则无；本专利底壳右侧有一伸出的静触点座，在先设计则无；本专利的接线片位于底壳的右侧，而在先设计的接线片由底壳中部向前伸出，且其接线片向左右两侧延伸并插入底壳中。本专利与在先设计的上述区别明显对二者的整体视觉效果具有显著影响，使二者呈现整体不相近似的外观，因此本专利与在先设计不相同也不相近似。

综上，本专利与在先设计不相同也不相近似，原告提交的证据不能证明本专利不符合《专利法》第二十三条的规定。

综上所述，原告提交的证据均不能证明本专利不符合《专利法》第二十三条、《专利法实施细则》第二条第三款的规定，其无效宣告请求的理由不成立。

被告根据《专利法》第二十三条、《专利法实施细则》第二条第三款的规定，维持本专利有效。

被告在法定期限内向本院提交了下列证据，证明被诉决定认定事实清楚，适用法律正确，程序合法：（1）本专利公报；（2）公布号为1999-0020850的韩国专利申请说明书及译文复印件（无效决定中的附件1、在先设计）；（3）口头审理记录表。

原告诉称：（1）被告关于“本专利的某些视图错误之处均是局部细微瑕疵，综合各视图公开的信息可以确定整体的设计，……且视图中的错误之处不会导致本专利不适于工业应用的后果”的认定错误；（2）被告关于本专利与在先设计不相近似的认定错误；（3）被告对原告提出的部分无效理由未予审理，违反了其应遵循的请求原则，属程序违法。原告请求法院判决撤销无效决定、判令被告重新作出审查决定。

原告向本院提交了专利无效宣告请求书附页，证明提出无效请求的内容。原告在本院庭审中明确，该证据与其在行政程序中向被告提交的证据相比，增加了部分手写内容。

被告辩称：其坚持无效决定中的认定理由，认为无效决定认定的事实清楚、适用法律正确、程序合法。被告请求法院判决维持无效决定。

第三人认为：（1）原告所提被告对原告提出的部分无效理由未予审查的理由属于其在行政程序中没有提出过的新理由，不属于本案的审理范围；（2）原告所提专家证人对于本案没有参考价值；（3）无效决定认定的事实清楚、适用法律和法规正确，结论正确，被告审查程序合法。第三人请求法院判决维持无效决定、驳回原告的诉讼请求。

第三人未向本院提交证据。

经庭审质证，原告对于被告提交证据（1）、（3）的关联性、合法性、真实性没有异议，对其证明作用持有异议，对被告提交的证据2中标注的字母不认可，原告对该证据的真实性和证明作用均持有异议；对于原告提交的证据，被告对原告在行政程序中提交过的证据没有异议，认为没有提交过的证据与本案无关。本院根据最高人民法院《关于行政诉讼证据若干问题的规定》，对当事人提交的证据认证如下：被告提交的证据符合关联性、合法性、真实性的要求，可以证明本专利、在先设计、口头审理以及被告审查程序等情况，均可以作为本案认定事实的依据；原告提交的证据中，打印部分的内容可以证明其在行政程序中提出的相关理由，可以作为认定事实的依据，因原告在行政程序中提交的请求书中没有手写部分的内容，故该部分内容与本案无关。

依据上述有效证据以及均无异议的当事人陈述，本院认定事实如下：

杭州帅宝电器有限公司于2000年8月11日向国家知识产权局申请“压缩机热保护器”的第00333944.0号外观设计专利（即本专利），2001年4月11日授权公告，专利权人为杭州帅宝电器有限公司，后变更为杭州星帅尔电器有限公司（即本案第三人）。

针对本专利，原告于2008年4月10日向被告提出无效宣告请求，理由是本专利不符合《专利法》第二十三条、《专利法实施细则》第二条第三款的规定。原告向被告提交如下附件作为证据：

附件1：公布号为1999-0020850的韩国专利申请说明书复印件（共7页）；

附件2：本专利公报复印件（共1页）。

经形式审查合格后，被告受理了上述无效宣告请求，并将无效宣告请求书及相关附件的副本转给第三人，要求其在指定期限内答复。第三人逾期未答复。

原告补充提交了附件1的中文译文。被告向原告和第三人发出了口头审理通知书，并将原告补充提交的附件转送第三人。

2008年10月6日，被告举行口头审理，原告和第三人的代理人参加了口头审理，双方对对方出庭人员的身份和资格无异议，对被告合议组成员无回避请求。原告明确其无效宣告请求的理由为本专利不符合《专利法》第二十三条（在先公开发表）、《专利法实施细则》第二条第三款的规定，其中附件1用于证明本专利不符合《专利法》第二十三条的规定。第三人对附件1的真实性无异议。关于本专利是否存在不符合《专利法实施细则》第二条第三款的缺陷，原告坚持认为本专利的视图在对底壳向外伸出的大小凸台、底壳表面的台阶、设置在底壳表面的弹簧片的表达上存在多处明显的错误，未能完整、正确地表示外观设计产品，导致该产品不能通过工业生产得以实施，其不适于工业应用，本专利附图存在的错误是a-h。第三人承认本专利各视图在对底壳向外伸出的小凸台、底壳表面台阶的表达上存在不对应之处，但认为其均属于细微瑕疵，不影响该外观设计产品的实施。关于本专利与在先设计的相同相近似比较，双方当事人均坚持其原有意见。

被告经审查后作出无效决定。原告不服无效决定，向本院提起行政诉讼。

另，原告在本院法庭审理中明确，对于无效决定书案由部分载明的事实、法律依据以及证据的认定没有异议。经原告申请、本院准许，装甲兵工程学院机械工程系讲师郭晓林作为专业人员出庭说明情况。

本院认为：根据《专利法》第四十六条第一款的规定，被告具有受理无效请求和作出无效决定的法定职权。对于当事人均无争议的事实，本院经审查对其合法性予以确认。经各方当事人确认，本案的争议焦点是：（1）被告对于原告无效宣告请求理由是否存在漏审情况；（2）本专利是否符合《专利法实施细则》第二条第三款的规定；（3）本专利是否符合《专利法》第二十三条的规定。

第一，关于被告的审查程序。

根据《审查指南》的规定，在无效宣告程序中，国家知识产权局专利复审委员会通常仅针对第三人提出的无效宣告请求的范围、理由和提交的证据进行审查，不承担全面审查专利有效性的义务。

本案中，根据原告提交的无效宣告请求书以及原告在行政程序的口头审理中明确的关于本专利附图a-h处错误，被告逐一进行了审查和评述，被告对于本案的审查程序合法。原告所提被告漏审的关于本专利附图a-h处错误以外的其他错误之处，因原告在行政程序中没有提出，故不属于本案的审理范围。

第二，关于《专利法实施细则》第二条第三款。

根据《专利法实施细则》第二条第三款的规定，《专利法》所称外观设计，是指对产品的形状、图案或者其结合以及色彩与形状、图案的结合所作出的富有美感并适于工业应用的新设计。

根据本专利主视图，本专利底壳左侧向外伸出的凸台与底壳底部之间仅有很小的过渡，无法确定该过渡一定为弧形，可以是直角过渡，从左、右视图来看本专利此处的表达为直角过渡结构，因此主视图所公开的信息与左、右视图并不存在明显的矛盾；从左视图、俯视图和仰视图看，底壳左侧向外伸出的凸台与底壳之间有一弧形过渡，但主视图此处表达为两条投影线，主视图确实存在不当之处，但是在机械制图中这种表达方式也是可以接受的，而且综合其他三面视图公开的信息可以确定该部分的设计，不足以导致无法确定产品的整体形状和设计并进行生产的后果；从主视图、俯视图和仰视图看，本专利底壳底部向外伸出一小凸台，其在右视图中没有表示出来，右视图的表达存在错误，但是这种视图的错误仅为局部细微瑕疵，综合其他三面视图公开的信息可以确定该部分的设计，不足以导致无法确定产品的整体形状和整体设计；从左视图看，底壳表面的台阶有一个在右视图中没有表达出来，右视图的表达的确存在错误，但是综合左视图、主视图和俯视图公开的信息可以判断出该台阶在右视图中属于明显的漏画，因此根据上述三面视图公开内容仍可以确定该部分的设计，不足以导致无法确定产品的整体形状和整体设计；从主视图、俯视图和仰视图看，底壳左侧向外伸出的凸台在高度方向上贯穿底壳的中部，在右视图中未表达出该处，右视图的表达存在错误，但是这种视图的错误仅为局部细微瑕疵，综合其他三面视图公开的信息可以确定该部分的设计，不足以导致无法确定产品的整体形状和整体设计；从主视图看，本专利的弹簧片与两定位脚之间形成一个类似三角形的空间，在后视图中其被表达为类似弧形，这是因为后视图漏画了该弹簧片的片状结构。但这种视图错误属于局部细微瑕疵，而且根据其他视图公开的内容仍可以确定该部分的设计，不足以导致无法确定产品的整体形状和整体设计。

本专利的部分视图虽存在错误之处，但是均为局部细微瑕疵，综合各个视图公开的信息可以确定其整体的设计。这种视图绘制准确程度上的错误尚不足以导致无法确定产品的整体形状进而无法生产，即不会导致本专利不适于工业应用的后果。因此，被告关于本专利并不违反《专利法实施细则》第二条第三款规定的认定合法，本院应予支持。

第三，关于《专利法》第二十三条。

根据《专利法》第二十三条的规定，授予专利权的外观设计，应当同申请日以前在国内外出版物上公开发表过或者国内公开使用过的外观设计不相同和不相近似，并不得与他人在先取得的合法权利相冲突。

本专利与在先设计均为用于压缩机的过载保护装置，二者属于相同类别的产品，可以进行相同、相近似性对比。

本专利所示保护器由底壳、定位脚、弹簧片和接线片组成。底壳表面布有若干台阶状平台，从主视图看，底壳后端向上折起形成两个梯形定位脚，定位脚与底壳连接使产品整体上呈近似“U”形，两个定位脚的顶部边角处，相对形成圆弧形槽口，“U”形底部中间位置即底壳表面设有一弹簧片，底壳右侧端的静触点座为一竖起的插片，从俯视图看，底壳右侧向前伸出一接线片，接线片上开有圆孔。从右视图、左视图和仰视图看，底壳底面上分别设有沉孔和连接件图案。

在先设计所示保护器由底壳、定位脚、接线片组成。底壳上布有若干台阶，底壳后端向上折起形成两个梯形定位脚，定位脚与底壳连接使产品整体上呈近似“U”形，两个定位脚的顶部边角处，相对形成圆弧形槽口，底壳前端中间部位向前伸出一接线片，接线片上开有圆孔。

将本专利与在先设计相比，两者的主要相同点在于：产品的主体均为底壳部分，底壳后端均向上折起形成两个梯形的定位脚，底壳表面均设有若干台阶，底壳前端均伸出一连接片；底壳与定位脚的连接均使整体形成近似“U”形结构；定位脚的形状基本相同，均为内侧相对位置带有圆弧形槽口的梯形结构。两者的区别主要在于本专利底壳表面设有一弹簧片，并形成“凹”字形的图案，在先设计则无；本专利底壳右侧有一伸出的静触点座，在先设计则无；本专利的接线片位于底壳的右侧，而在先设计的接线片由底壳中部向前伸出，且其接线片向左右两侧延伸并插入底壳中。本专利与在先设计的上述区别明显对二者的整体视觉效果具有显著影响，使二者呈现整体不相近似的外观，因此本专利与在先设计不相同也不相近似。被告关于本专利符合《专利法》第二十三条规定的认定合法，本院应予支持。

被告作出的无效决定认定的事实清楚，适用法律正确，程序合法，本院应予支持。原告的诉讼请求缺乏事实和法律依据，本院不予支持。据此，本院依照《中华人民共和国行政诉讼法》第五十四条第（一）项的规定，判决如下：

维持被告国家知识产权局专利复审委员会于二○○八年十月三十一日作出的第12453号无效宣告请求审查决定。

案件受理费100元，由原告杭州泛博电器有限公司负担（已交纳）。

如不服本判决，当事人可在本判决书送达之日起15日内，向本院递交上诉状，预交上诉费100元，并按对方当事人的人数提交副本，上诉于北京市高级人民法院。

审 判 长 齐 莹
代理审判员 乔 军
人民陪审员 杨 旭
二○○九年六月十九日
书 记 员 曹 炜

北京市高级人民法院
行政裁定书

（2009）高行终字第1312号

上诉人（一审原告）杭州泛博电器有限公司，住所地浙江省富阳市富春街道执中亭村栗园。

法定代表人郭峰，执行董事。

委托代理人王国华，北京市中闻律师事务所律师。

被上诉人（一审被告）国家知识产权局专利复审委员会，住所地北京市海淀区北四环西路9号银谷大厦10~12层。

法定代表人张茂于，副主任。

委托代理人张凌，女，国家知识产权局专利复审委员会审查员。

委托代理人曹铭书，女，国家知识产权局专利复审委员会审查员。

被上诉人（一审第三人）杭州星帅尔电器有限公司，住所地浙江省富阳市受降镇祝家村交界岭99号（2、3、4、5幢）。

法定代表人楼月根，董事长。

委托代理人陈红，女，杭州天欣专利事务所专利代理人。

上诉人杭州泛博电器有限公司因专利无效宣告请求审查决定一案，不服北京市第一中级人民法院（2009）一中行初字第133号行政判决，向本院提起上诉。在本院审理过程中，上诉人杭州泛博电器有限公司向本院提出撤回上诉的申请。

经审查，本院认为，上诉人杭州泛博电器有限公司申请撤回上诉，系其真实意思表示，且并未违反其他相关法律、法规的规定，故本院予以准许。依照《中华人民共和国行政诉讼法》第五十一条的规定，裁定如下：

准许上诉人杭州泛博电器有限公司撤回上诉。

二审案件受理费人民币 100 元，减半收取 50 元，由上诉人杭州泛博电器有限公司负担（已交纳）。

本裁定为终审裁定。

审 判 长 赵宇晖
审 判 员 朱世宽
代理审判员 胡华峰
二〇〇九年十一月二十五日
书 记 员 张 怡

010

电　烤　箱

无效宣告请求审查决定（第 12454 号）

决　　定　　号　第 12454 号
决　　定　　日　2008 年 10 月 31 日
发明创造名称　电烤箱
外观设计分类号　31-00
无效宣告请求人　瑞特国际机械制造（北京）有限公司
专　利　权　人　宣望月
专　　利　　号　200630145626.8
申　　请　　日　2006 年 9 月 19 日
授 权 公 告 日　2007 年 6 月 6 日
合 议 组 组 长　吴大章
主　　审　　员　张　凌
参　　审　　员　雷　婧
附　　　　　图　3 页

法　律　依　据　专利法第 23 条
决　定　要　点

由于网络信息发布的随意性和不稳定性，对网页内容的公证有时效性的限制，即仅可依据公证书确定公证当日网页公开的内容，而不能仅由公证日当天的网页内容推断出该网页在其他时间公开的内容也与其一致。

一、案由

本无效宣告请求涉及国家知识产权局于 2007 年 6 月 6 日授权公告的、名称为“电烤箱”的 200630145626.8 号外观设计专利，其申请日为 2006 年 9 月 19 日，专利权人为宣望月。

针对上述专利权（下称本专利），瑞特国际机械制造（北京）有限公司（下称请求人）于 2008 年 7 月 29 日向专利复审委员会提出无效宣告请求，理由是本专利与在其申请日前已公开发表过的外观设计相近似，不符合专利法第 23 条的规定。请求人同时提交如下附件作为证据：

附件 1：200520026591.6 号实用新型专利说明书复印件（共 15 页）；

附件 2：01323344.0 号外观设计专利著录项目信息及外观图片复印件（共 1 页）；

附件 3：本专利著录项目信息及外观图片复印件（共 2 页）。

请求人认为附件 1 和附件 2 的公开日均早于本专利的申请日，其外观设计的产品与本专利用途相同，属于相同类别的产品；附件 1 和附件 2 所示的外观设计都与本专利相近似，其与本专利所存在的差别不会对整体视觉效果产生显著影响，因而本专利不符合专利法第 23 条的规定。

经形式审查合格后，专利复审委员会受理了上述无效宣告请求，并于 2008 年 7 月 29 日将无效宣告请求书及相关附件的副本转给专利权人，要求其在指定的期限内答复。

2008 年 8 月 27 日，请求人针对上述无效宣告请求再次提交补充意见陈述和如下附件作为证据（编号续前）：

附件 4：盐城科利达机械有限公司公开有烤地瓜机图片的相关网页下载打印件（共 6 页）；

附件 5：沈阳基石东方机械有限公司公开有烤地瓜机图片的相关网页下载打印件（共 5 页）。

请求人认为，上述网页上均显示其最新更新日为 2005 年 12 月 7 日，说明其中公开的产品在本专利申请日前即已公开制造、生产和销售，成为现有技术；附件 4 和附件 5 中公开的产品与本专利属于相同类别的产品，其外观设计与本专利相同或相近似，因此本专利不符合专利法第 23 条的规定。

2008 年 8 月 29 日专利权人针对上述无效宣告请求提交了意见陈述。专利权人认为，本专利与附件 1 和附件 2 所示的外观设计不论在整体形状、烤箱前部面板的组成和布局上均存在显著差别，这些差别对外观设计的整体视觉效果产生了显著影响，其与上述在先设计既不相同也不相近似，本专利符合专利法第 23 条的规定。

2008 年 9 月 2 日专利复审委员会向双方当事人发出口头审理通知书，定于 2008 年 10 月 23 日对本案进行口头审理，同时将专利权人的上述意见陈述转送请求人，将请求人的补充意见及其证据转送专利权人。

2008 年 10 月 6 日，专利复审委员会收到专利权人针对请求人的补充意见和证据所提交的意见陈述。专利权人认为，附件 4 和附件 5 均是商业公司网站的网页，其制作具有很大的随意性，其内容的真实性和形成的时间难以确定；附件 4 的网站中并没有可以进入请求人所提交的网页的链接；附件 4 和附件 5 属于不同地域内不同公司的网页，但其网页设计、产品展示部分的文字及照片却基本相同，说明这两个网页的制作具有很大的随意性，其内容的真实性值得怀疑；专利权人按照附件 5 的网址打印的企业简介中显示沈阳基石东方机械有限公司的注册时间为 2006 年 6 月 8 日，因此该公司不可能在 2005 年 12 月 7 日生产、销售任何产品和制作公司网站和销售网页；不能依据“更新时间：2005 年 12 月 7 日”来确定附件 4 和附件 5 的公开时间，专利权人对附件 4 和附件 5 的内容的真实性、具体形成、公开时间不予认可。专利权人同时提交如下反证：

反证 1：盐城科利达机械有限公司网站相关网页下载打印件（共 2 页）；

反证 2：沈阳基石东方机械有限公司网站相关网页下载打印件（共 3 页）。

2008 年 10 月 7 日专利复审委员会将专利权人的上述意见陈述及其附件转送请求人，告知其在口头审理时一并答复。

口头审理如期举行，双方当事人的代理人参加了口头审理。请求人明确其无效理由为专利法第 23 条（在先公开发表），依据的证据为附件 1、附件 2、附件 4 和附件 5，当庭指定了附件 1 和附件 2 中用于对比的图片，将附件 4 和附件 5 由证明在先使用公开变更为证明在先出版物公开，当庭提交附件 4 和附件 5 相关公证书的原件，以 2005 年 12 月 7 日作为附件 4 和附件 5 的公开时间。专利权人对附件 1 和附件 2 的真实性无异议；对附件 4 和附件 5 的真实性和公开时间均有异议，认为不能将 2005 年 12 月 7 日视为公开时间，如果按照公证书，应以公证书制作的时间作为公开日，并坚持其原有答辩意见。关于相同相近似对比，双方坚持其原有意见。

在上述审理的基础上，合议组经合议，认为本案事实清楚，依法作出本审查决定。

二、决定的理由

1. 法律依据

基于请求人提出无效宣告请求所依据的理由和证据，合议组对本专利是否符合专利法第23条的规定进行审查。

专利法第23条规定：授予专利权的外观设计，应当同申请日以前在国内外出版物上公开发表过或者国内公开使用过的外观设计不相同和不相近似，并不得与他人在先取得的合法权利相冲突。

2. 证据和事实认定

请求人提交的附件1和附件2分别是200520026591.6号实用新型专利说明书复印件和01323344.0号外观设计专利著录项目信息及外观图形复印件。专利权人对上述附件的真实性均无异议，本案合议组对上述证据予以采信。上述附件的公开日分别为2006年8月9日和2002年3月27日，均早于本专利的申请日（2006年9月19日），属于专利法第23条规定的公开出版物，适用本案。

请求人提交的附件4和附件5分别是盐城科利达机械有限公司和沈阳基石东方机械有限公司公开有烤地瓜机图片的相关网页下载打印件，口头审理中请求人提交了上述附件的公证书原件，并以2005年12月7日作为公开的时间。专利权人对上述附件的真实性和公开时间均有异议。

鉴于专利权人对附件4和附件5公证书原件的真实性并未提出异议，合议组对上述公证书的原件予以采信。

根据附件4和附件5的公证书，北京市长安公证处于2008年8月25日登录网址www.j598.com/76.htm和www.js888.net/article_view.asp?id=76并对其网页内容做了证据保全公证。在附件4公证书和附件5公证书的第2页均公开了对比文件的图片，在其第1页均有“更新时间2005年12月7日”的记载。请求人据此认为上述对比文件在2005年12月7日即已公开，而专利权人对此提出异议。合议组认为，由于互联网记载信息的形式决定网页内容具有可编辑性，对同一网址下的网页可随时进行更新，即相同网址在不同时间内网页页面具有发生改变的可能性，所以对网页内容的公证有时效性的限制，即仅可依据公证书确定公证当日网页公开的内容，而不能仅由公证日当天的网页内容推断出在其他时间段内的该网页内容仍与其相一致，具体到本案而言，附件4和附件5的公证书仅可证明在2008年8月25日上述网页公开的内容，而不能证明在这之前上述网页的内容。其次，附件4和附件5中涉及的网站均是公司个体所有的对外宣传其自身及其产品的网站，而非具有一定公信力的公共销售平台，其网络信息的发布具有很大的随意性和不稳定性，上述对比文件的图片是否确在2005年12月7日公开及其在公开后是否进行过修改都无法确定；尤其是附件5，根据专利权人下载自同一网站的企业简介，沈阳基石东方机械有限公司的注册时间为2006年6月8日，而该公司的网站却至少在2005年12月7日即已运行并公开了对比文件的图片，这显然有违常识。综合以上分析，合议组认为，在没有其他证据支持的情况下，附件4和附件5的公证书仅可证明2008年8月25日相关网页所公开的内容，不足以证明在本专利的申请日前相关对比文件已被公开以及当时的外观设计产品状况，请求人提交的附件4和附件5均不足以证明在本专利的申请日前已有与之相近似的外观设计通过互联网被公开发表的事实。

3. 关于相同相近似判断

附件1公开的电烤箱和附件2公开的自动串烤炉，与本专利都是烘烤食品的电动机械设备，其与本专利的用途相同，属于相同类别的产品，故将本专利与上述附件所示的外观设计（下称在先设计1和在先设计2）进行如下相同相近似对比。

本专利所示外观设计为一长方体立柜，柜体正面顶部为长方形的电子显示屏，其下是长方形的观察窗，观察窗右侧为竖向排列的5个控制键，观察窗下方是两边装有把手的双折门，柜体底部是一个长方形的储物箱，储物箱上设有一个圆棍状的手柄（详见本专利附图）。

在先设计 1 为一长方体，柜体正面上部为一行横向排列的控制旋钮，控制旋钮下方为凸出的弧形手柄，弧形手柄下方为长方形的透视窗，柜体底部有一个长方形的储物箱，储物箱上设有一个弧形手柄（详见在先设计 1 附图）。

将本专利与在先设计 1 相比，两者的相同点是均为长方体，均有一个长方形的观察窗和一个长方形的储物箱。两者的区别在于本专利长方体高度与宽度的比例远大于在先设计 1 的高度与宽度的比例，即本专利是一个较高的立柜，而在先设计 1 的柜体比较低矮；本专利柜体正面除观察窗和储物箱外还有电子显示屏、双折门和竖向排列的控制键，在先设计 1 的控制旋钮为横向排列，并且没有显示屏和双折门的设置；在先设计的柜体上设有凸出的弧形手柄，本专利则无；本专利储物箱上的手柄呈圆棍状，在先设计 1 为弧形。合议组认为，上述区别体现出两个外观设计在整体形状和组成部分的设计上均存在明显差异，上述差别对整体的视觉效果具有显著影响，因此本专利与在先设计 1 是不相同且不相近似的外观设计。

在先设计 2 顶部为梯形，下部为长方体形，正面为一凸起的弧形玻璃窗，背面中部有一长方形的玻璃窗（详见在先设计 2 附图）。

将本专利与在先设计 2 相比，两者的区别在于本专利为一长方体，在先设计 2 则顶部呈梯形、下部呈长方体形；本专利正面为长方形的电子显示屏、观察窗、双折门和储物箱及竖向排列的控制键，在先设计 2 的正面为一凸起的弧形玻璃窗；在先设计 2 背面有一长方形的玻璃窗，本专利则无。合议组认为，上述区别体现出两个外观设计的整体形状和组成部分均存在明显的差异，上述差别对整体的视觉效果具有显著影响，因此本专利与在先设计 2 是不相同且不相近似的外观设计。

综上，本专利与附件 1 和附件 2 所示的在先设计均属于不相同且不相近似的外观设计；附件 4 和附件 5 不能证明在本专利的申请日前已有与之相近似的外观设计通过互联网被公开发表的事实；请求人提交的证据均不能证明本专利不符合专利法第 23 条的规定，因此请求人无效宣告请求的理由不成立。

鉴于以上已经得出请求人无效宣告请求的理由不成立的结论，本决定对专利权人提交的反证不再予以评述。

三、决定

维持 200630145626.8 号外观设计专利有效。

当事人对本决定不服的，可以根据专利法第 46 条第 2 款的规定，自收到本决定之日起三个月内向北京市第一中级人民法院起诉。根据该款的规定，一方当事人起诉后，另一方当事人应当作为第三人参加诉讼。

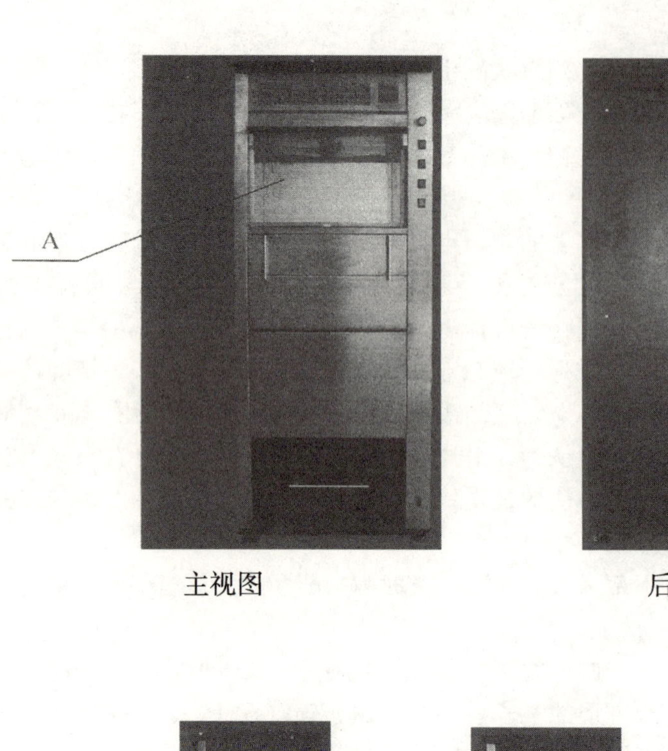

主视图　　后视图

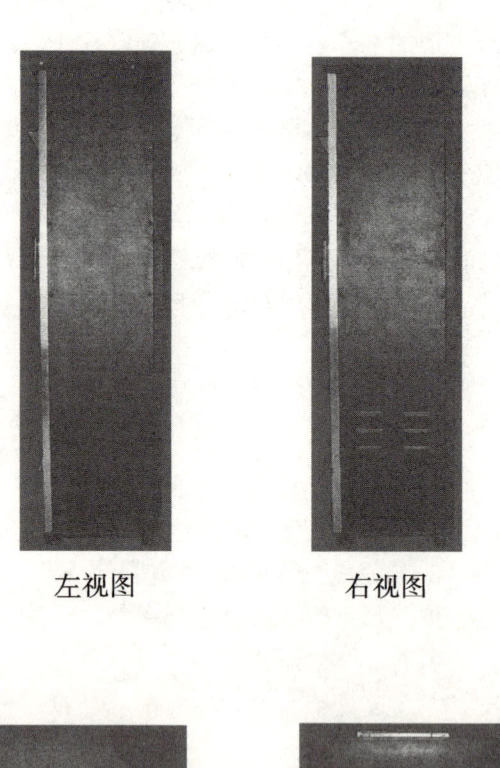

左视图　　右视图

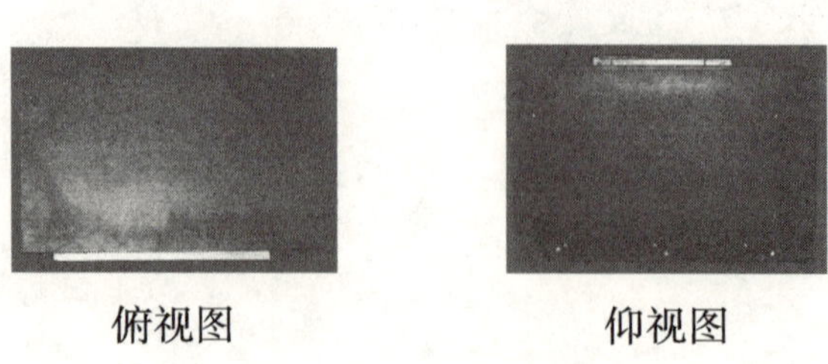

俯视图　　仰视图

本专利件图

立体图

使用状态参考图 1

使用状态参考图 2

使用状态参考图 3

本专利附图（续）

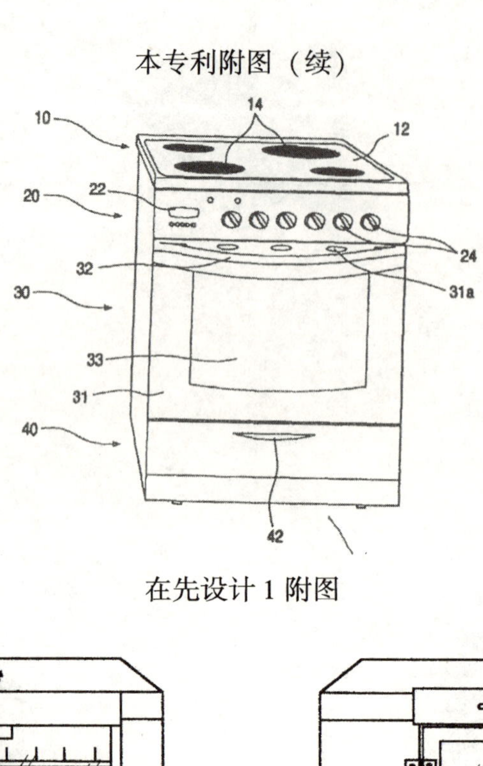

在先设计 1 附图

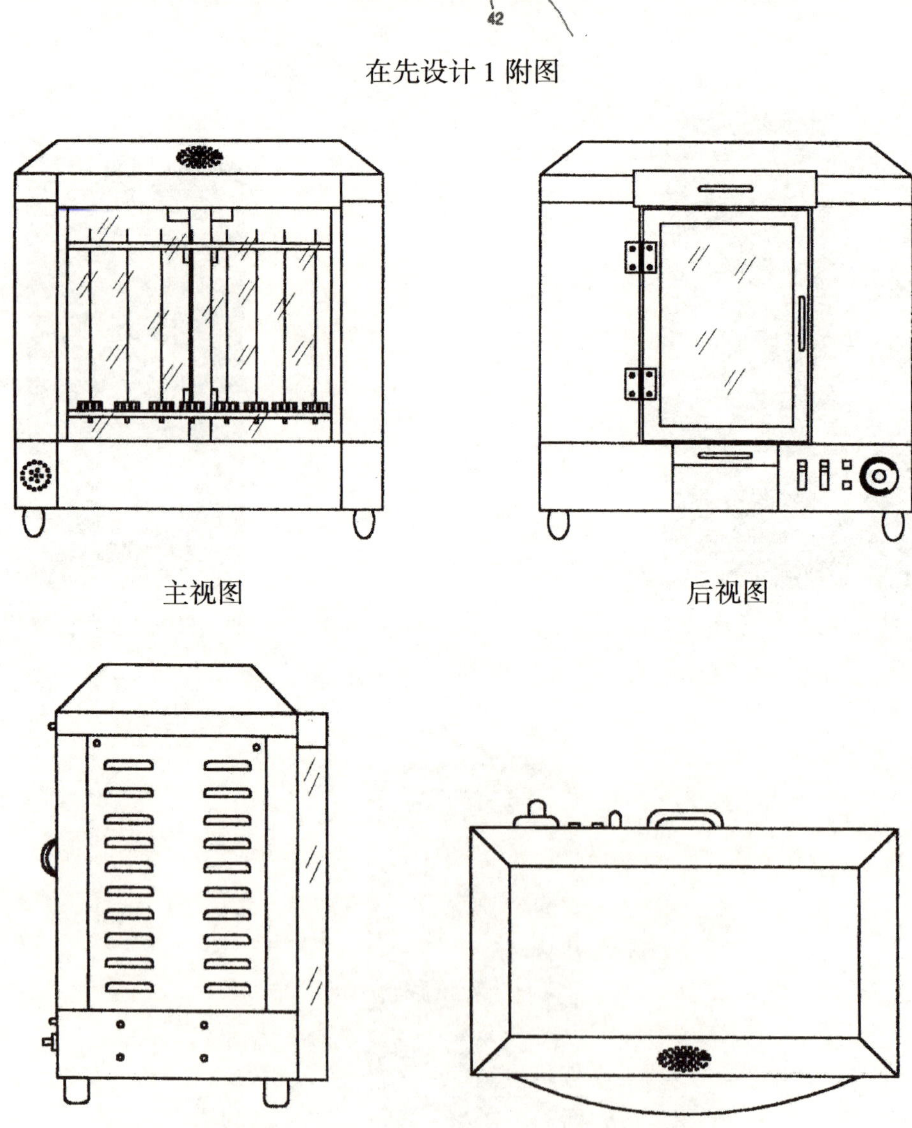

主视图

后视图

左视图

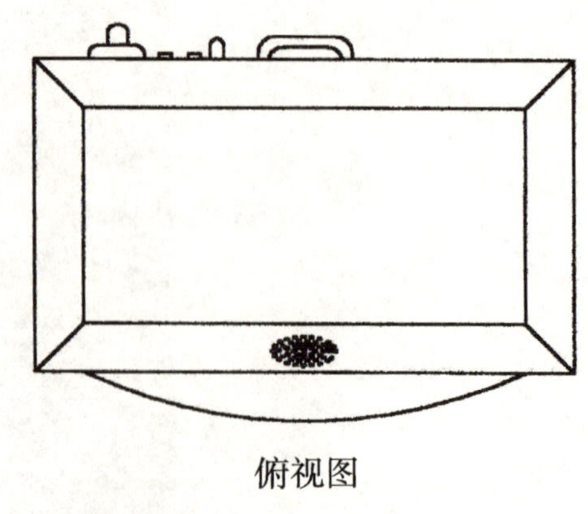

俯视图

在先设计 2 附图

011

鱼　　钩

无效宣告请求审查决定（第 12456 号）

决　　定　　号　第 12456 号
决　　定　　日　2008 年 10 月 29 日
发明创造名称　鱼钩
外观设计分类号　22-05
请　　求　　人　楼捍民
专　利　权　人　株式会社土肥富
专　　利　　号　200430104555. 8
申　　请　　日　2004 年 11 月 23 日
授权公告日　2005 年 8 月 10 日
合议组组长　吴大章
主　　审　　员　徐清平
参　　审　　员　张　凌
附　　　　图　1 页

法　律　依　据　专利法第 23 条
决　定　要　点

请求人提交的两项在先设计分别为鱼钩尖或钩柄部分的局部设计，其明显未表示出本专利所示鱼钩的整体设计，因此，将其分别与本专利对比明显不属于相同或相近似的外观设计。

一、案由

本无效宣告请求涉及的是国家知识产权局于 2005 年 8 月 10 日授权公告的 200430104555. 8 号外观设计专利，使用该外观设计的产品名称为“鱼钩”，申请日是 2004 年 11 月 23 日，专利权人是株式会社土肥富。

针对上述专利权（下称本专利），楼捍民（下称请求人）于 2007 年 11 月 30 日向专利复审委员会提出无效宣告请求，其依据的事实和理由是：无论从整体外观还是具体部位上看，本专利鱼钩外观设计较之已有的鱼钩并不具有新颖性；由证据 2~4 可见本专利鱼钩的钩尖部分明显无新颖性；倒钩已经是人类对鱼钩普遍采用的设计，鱼钩都普遍带有钩柄，可本专利的钩尖、钩柄不是其创新之处；本专利鱼钩钩柄上端的 U 字槽这一设计是来自于 2001 年 6 月 19 日已公开的株式会社藤原辰次商店的设计（见证据 5）；由专利权人鱼钩包装外部所示的“伊势尼”字样（见证据 6）可将其产品归类为伊势尼钩，而这种钩在长期的生产、使用过程中早已标准化，各个厂家生产的鱼钩外形、钩号基本一致，如是将这些公知设计包含在专利权人的权利范围内，对公众是不公平的；通过以上鱼钩具体部分和整体设计方面的分析可以看出，本专利属于公知设计，不是一项新设计，因此，本专利不符合专利法第23条和专利法实施细则第2条第3款的规定，应宣告无效。请求人同时提交了如下证据：

证据1：请求人称为专利权人的产品广告复印件2页；

证据2：请求人称为欧娜公司2004年的产品目录复印件2页；

证据3：太平洋钓具有限公司以阿修罗为商标的鱼钩广告复印件1页，请求人称其刊登于海峡文艺出版社2003年9月出版的《海峡钓鱼文丛》；

证据4：日本D2004-38400外观设计公报复印件9页；

证据5：申请人为株式会社藤原辰次商店、公开号为“特许公开2001-161218”的日本专利公开文本复印件1页；

证据6：请求人称为专利权人的鱼钩产品包装复印件1页；

证据7：本专利的部分视图复印件2页。

请求人分别于2008年2月4日、2008年4月22日补充了以下证据（编号续前）：

证据8：请求人称为欧娜公司1999年的产品目录中有关鱼钩钩尖的广告和其公证材料及其中译文复印件17页；

证据9：请求人称为欧娜公司网站首页有关鱼钩钩尖的图片广告复印件1页；

证据10：请求人称为欧娜公司在世界知识产权组织注册的、使用于证据8、9鱼钩钩尖的“Cutting Point”商标注册文件及其中译文复印件3页；

证据11：《日本钓具产品名鉴》1999年版相关页及其中译文复印件5页。

请求人同时补充了证据1、证据2、证据5所示证据的其他页面及中译文。

经补正后形式审查合格，专利复审委员会于2008年4月30日受理了该无效宣告请求，并将无效宣告请求书及其附件的副本转送给专利权人，通知其在指定期限内陈述意见。

2008年6月11日专利权人提交了意见陈述书，专利权人认为：（1）对于请求人在“专利无效宣告请求书”中所列出的本专利不符合专利法第23条和专利法实施细则第2条第3款规定的无效宣告请求理由，请求人未针对所述理由结合其提交的证据进行具体说明，而在意见陈述中所列的无效宣告请求理由不属于审查指南所规定的无效宣告请求理由的范围，故其理由不能成立。（2）在请求人提交的证据中：未针对证据1具体说明理由；证据2、证据4、证据5为外文证据，未提交中译文，应被视为未提交；证据3的发表日期无法确认，不能确定其所示产品为本专利的在先设计；证据5中的专利为发明专利，不能构成专利法第23条规定的在先外观设计；证据6所示产品包装不能证明本专利的整体设计与公知设计有何关联性；证据7为本专利本身的图片不能支持无效宣告请求理由；可见请求人提交的上述证据不能作为宣告本专利无效的证据。（3）对于请求人补充提交的证据，请求人未结合证据具体说明无效宣告请求理由，且超过了补充提交证据的期限，应不予考虑。

专利复审委员会成立合议组对本案进行审理，于2008年7月4日向请求人和专利权人发出口头审理通知书，定于2008年9月17日对本案进行口头审理。同时将上述专利权人的意见陈述转送给请求人。

口头审理如期举行，请求人和专利权人均委托代理人参加了审理。双方对对方参加口头审理人员的身份和资格无异议，对合议组成员无回避请求。请求人当庭放弃证据1、证据4、证据6、证据7，并放弃关于本专利不符合专利法实施细则第2条第3款规定的无效宣告请求理由。请求人认为：证据2可证明本专利在申请日之前已经在国外出版物上公开发表过，该证据所示鱼钩钩尖与本专利外观设计相近似；证据3所示出版物证明在本专利申请之前，与本专利相近似的外观设计已经存在，其中鱼钩钩尖与本专利外观设计相近似；证据5所示发明公报公开的鱼钩钩柄与本专利外观设计相近似；上述证据证明本专利已在出版物上在先公开发表过，因此本专利不符合专利法第23条的规定。请求人当庭提交了证据2、证据3的原件。专利权人认为：证据2不是公开出版物，且无公开日期，未经过相关公证认证，应不予采信；对证据3的原件的真实性以及在本专利申请日之前已公开发表无异议，但认为请求人提交的证据不完整；证据2、证据5均无中译文，应不予采纳；上述证据均没有反映完整的产品外观设计，不能作为与本专利进行对比的客体。合议组当庭告知请求人，其在提出无效对宣告请求之日起一个月后提交证据已超过审查指南规定的举证期限，合议组不予考虑。

经过上述审理，合议组经合议，认为本案事实清楚，依法作出本审查决定。

二、决定的理由

1. 审查范围

鉴于请求人已当庭放弃证据1、证据4、证据6、证据7，已放弃关于本专利不符合专利法实施细则第2条第3款规定的无效宣告请求理由，合议组对前述证据和无效宣告请求理由不再审理。

请求人补充提交的证据8~11为自提出无效宣告请求之日起一个月后提交的证据，根据专利法实施细则第66条和审查指南第四部分第三章第4.3.1节的相关规定，前述证据已超过举证期限且不属于审查指南所规定的可以考虑的例外情形，因此，合议组对前述证据不予考虑。

合议组认为，请求人已结合证据2、证据3、证据5具体说明了其主张的本专利不符合专利法第23条的规定的无效宣告请求理由，因此，合议组针对本无效宣告请求的审理范查范围是：本专利相对于证据2、证据3、证据5是否符合专利法第23条的规定。

2. 证据认定

请求人提交的证据2是其称为欧娜公司2004年的产品目录复印件，并当庭提交了其整本原件，请求人认可其为国外出版物。合议组认为，该证据作为国外出版物属于域外形成的证据，请求人未在规定期限内提交相关公证、认证材料，因此其真实性不能确认，该证据不能证明本专利不符合专利法第23条的规定。

请求人提交的证据3是太平洋钓具有限公司阿修罗商标广告复印件，请求人称其刊登于2003年9月出版的《海峡钓鱼文丛》，并当庭提交了该《海峡钓鱼文丛》整本原件。请求人虽在提出无效宣告请求当日未提交可表明其出版社和发行时间的封面和出版信息页，但在意见陈述中已说明其出版社和出版时间，且经核实与该出版物原件出版信息页记载的出版社和出版时间相符，故请求人在2008年2月4日补充用于证明出版社和发行时间的封面和出版信息页复印件不属新证据，合议组予以考虑。经核实上述复印件与原件内容一致，且专利权人对证据3的原件的真实性以及在本专利申请日之前已公开发表无异议，因此，合议组对该证据予以采信，其属于本专利申请日前的公开出版物，可适用专利法第23条的规定作为本案证据。

请求人提交的证据5是申请人为株式会社藤原辰次商店、公开号为“特许公开2001-161218”的日本专利公开文本复印件，请求人虽未在规定期限内提交中文译文，但在意见陈述中已说明其公开日为2001年6月19日及所涉及的产品为鱼钩钩柄，视为已对所使用部分提交了中文译文。经合议组核实，该专利文献内容属实，合议组对该证据予以采信，其在本专利申请日之前已公开发表，可适用专利法第23条的规定作为本案证据。

3. 外观设计相同或相近似判断

请求人指定的证据3中图片所示在先设计为鱼钩尖部分的设计（下称在先设计1）、证据5中附图所示在先设计为鱼钩钩柄部分的设计（下称在先设计2），根据审查指南关于外观设计相同或者相近似判断的“单独对比”方式规定，应当将在先设计1、在先设计2分别单独与本专利外观设计进行对比，而不能将该两项在先设计相结合与本专利进行对比。

合议组认为，在先设计 1、在先设计 2 仅分别表示了鱼钩尖或钩柄部分的局部设计（详见在先设计 1、在先设计 2 附图），而本专利为鱼钩的整体设计（详见本专利附图），即在先设计 1、在先设计 2 未表示出本专利所示鱼钩的整体设计，因此，将其分别与本专利对比明显不属于相同或相近似的外观设计。

综上所述，请求人提交的证据 2 的真实性不能确认，证据 3、证据 5 所示在先设计与本专利不属于相同或相近似的外观设计，因此，请求人以所述证据证明本专利不符合专利法第 23 条规定的无效宣告请求理由不能成立。

三、决定

维持 200430104555.8 号外观设计专利权有效。

当事人对本决定不服的，可以根据专利法第 46 条第 2 款的规定，自收到本决定之日起三个月内向北京市第一中级人民法院起诉。根据该款的规定，一方当事人起诉后，另一方当事人应当作为第三人参加诉讼。

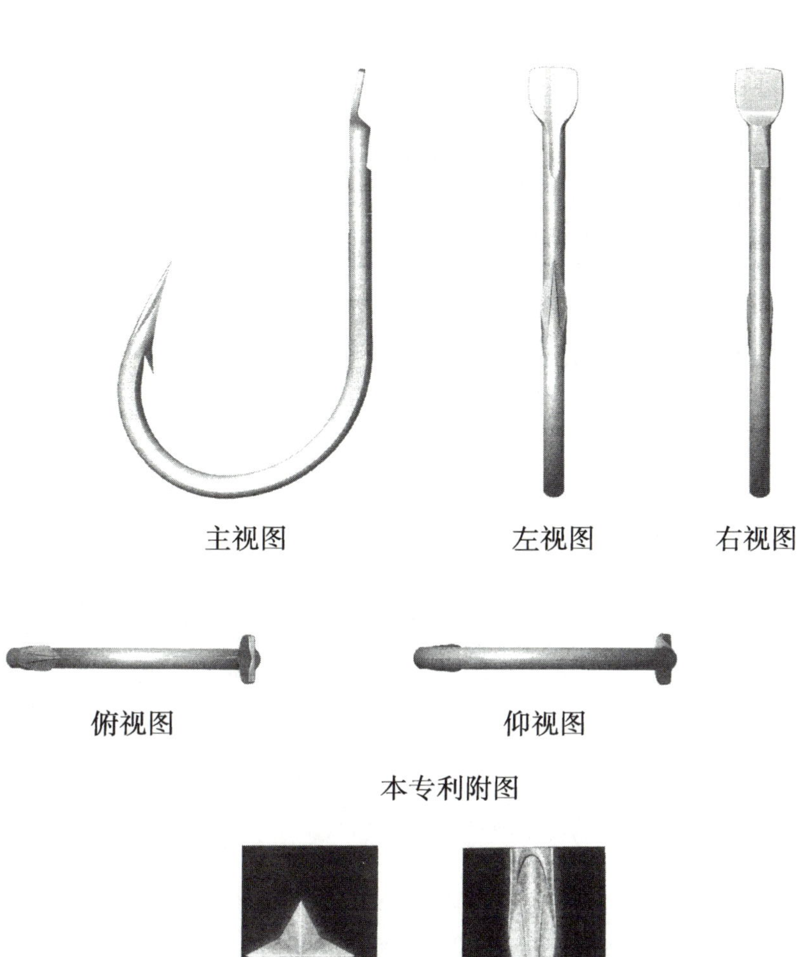

主视图　左视图　右视图

俯视图　仰视图

本专利附图

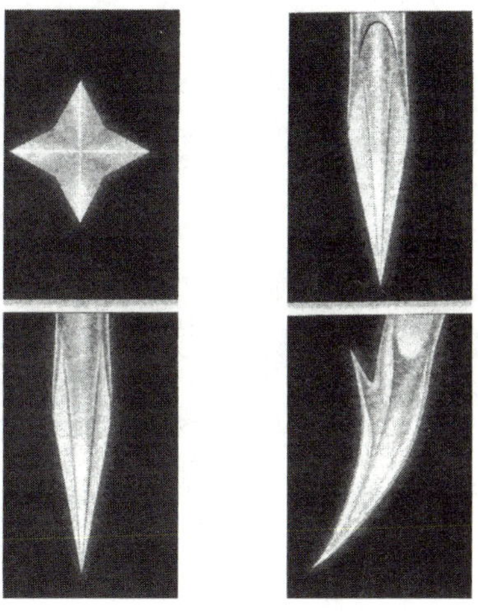

在先设计 1 附图

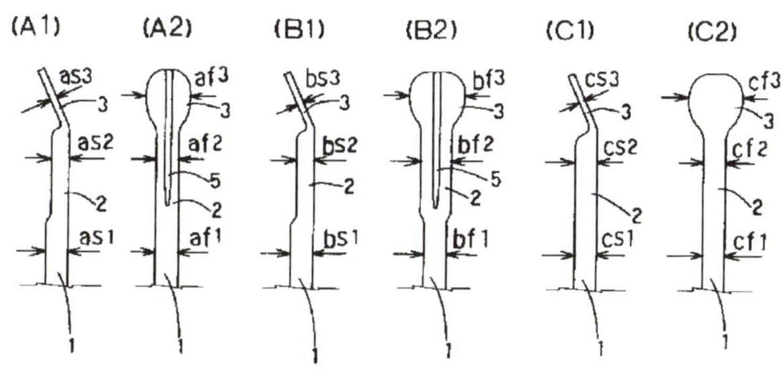

在先设计 2 附图

012

管道托码（UD型）

无效宣告请求审查决定（第12460号）

决　　定　　号　第12460号
决　　定　　日　2008年10月17日
发明创造名称　管道托码（UD型）
国 际 分 类 号　08-08
无效宣告请求人　佛山市顺德区启明工艺有限公司
专　利　权　人　广州兴杭塑胶制品有限公司
专　　利　　号　200330117799.5
申　　请　　日　2003年11月28日
授 权 公 告 日　2004年7月14日
合 议 组 组 长　田　华
主　　审　　员　郭鹏鹏
参　　审　　员　余心蕾
附　　　　　图　1页

法　律　依　据　专利法第23条
决　定　要　点

授予专利权的外观设计，应当同申请日以前在国内外出版物上公开发表过或者国内公开使用过的外观设计不相同和不相近似。

被比设计是由组装在一起使用的至少两个构件构成的产品的外观设计的，可以将与其在构件数量相对应的明显具有组装关系的构件结合起来作为一项在先设计与被比设计进行对比。

一、案由

本无效宣告请求涉及国家知识产权局于2004年7月14日授权公告的、名称为“管道托码（UD型）”的200330117799.5号外观设计专利（下称本专利），其申请日为2003年11月28日，专利权人为广州兴杭塑胶制品有限公司。

针对本专利，佛山市顺德区启明工艺有限公司（下称请求人）于2008年6月19日向专利复审委员会提出无效宣告请求，认为本专利不符合专利法第23条的规定。请求人提交了以下证据：

证据1：第01326557.1号中国外观设计专利，授权公告日为2001年12月12日。

请求人认为：在本专利申请日前，与本专利相同或相近似的管道托码已经在市场上普遍销售和公开使用，此外，本专利与证据1公开的在先设计相近似，因此不符合专利法第23条的规定。

经形式审查合格后，专利复审委员会受理了上述请求，于2008年7月10日向双方当事人发出无效宣告请求受理通知书，同时将无效宣告请求书及其附件清单中所列附件副本转送给专利权人，要求其在指定的期限内答复。

专利权人在指定期限内并未提交意见陈述。

请求人于2008年7月10日提交了补充意见以及相应的证据如下：

证据2：第02357925.0号中国外观设计专利，授权公告日为2003年7月2日；

证据3：第99240704.4号中国实用新型专利说明书，授权公告日为2001年8月15日。

请求人认为：被比设计产品属组合产品，由卡环和托码这两个主要构件构成，依据对比判断方法，被比设计与请求人提供的证据2和证据3所公开的“托码卡环”和“卡环式托码”结合起来作为一项设计进行对比，两者相近似，因此本专利不符合专利法第23条的规定。

专利复审委员会于2008年8月15日向双方当事人发出了口头审理通知书，定于2008年10月6日对本案进行口头审理，并随同该口头审理通知书将请求人于2008年7月10日提交的意见陈述书及相关附件的副本转送给专利权人。

口头审理如期举行，请求人参加了口头审理。专利权人未出席口头审理，也未针对请求人的补充意见及证据提交书面意见陈述。请求人对变更后的合议组成员无回避请求。请求人明确放弃使用证据1，明确无效宣告的理由为本专利不符合专利法第23条的规定，具体主张为，本专利名称为管道托码，是组装关系唯一的产品，与证据2和证据3中的产品组合而成的在先设计相近似。

至此，合议组认为本案事实清楚，可以作出审查决定。

二、决定的理由

1. 证据认定

请求人提交的证据2、3为专利文献，合议组经核实后认可其真实性，由于两份文件的公开日均在本专利的申请日之前，因此可以作为本专利申请日之前的在先设计。

2. 关于专利法第23条

专利法第23条规定，授予专利权的外观设计，应当同申请日以前在国内外出版物上公开发表过或者国内公开使用过的外观设计不相同和不相近似，并不得与他人在先取得的合法权利相冲突。

审查指南第四部分第五章第5.2节规定，被比设计是由组装在一起使用的至少两个构件构成的产品的外观设计的，可以将与其构件数量相对应的明显具有组装关系的构件结合起来作为一项在先设计与被比设计进行对比。

就本专利而言，结合本专利视图中的使用状态参考图，可以看出该外观设计所涉及的产品由托码和环绕覆盖托码侧边的卡环两个部件组成，托码和卡环相配合，用托码固定管路，借助外部卡环将托码固定在所需位置；由此可见，本专利是由托码和托码卡环两个部件组装在一起使用的产品的外观设计。

从本专利视图可以看出，该托码和卡环均由半圆部分和矩形部分共同形成整体倒“U”形形状，覆盖侧边的“U”形卡环在直边的近二分之一处形成一容纳螺栓的凸起，置于该凸起内的螺栓沿两直边向外延伸，螺母位于该延伸螺栓上与托码的底部卡紧；该“U”形托码的中间部位有一圆形中空，该圆形的直径约为整个托码纵向长度的三分之二；在该托码的纵向约二分之一处有两处从圆形中空的边缘延伸至托码直边的台阶状裂痕，两处裂痕以该圆形中空的纵向垂直直径为轴呈对称分布。

证据2公开了一种呈倒“U”形托码卡环，其在直边的近二分之一处形成一容纳螺栓的凸起，置于该凸起内的螺栓沿两直边向外延伸，两个延伸出的螺栓上分别有一螺母。证据3的说明书图1和图2公开了一种管道托码，由上下两个部分组成配合使用，其整体呈倒“U”形。证据3说明书具体公开了该托码外部由卡环、支、吊架固定在建筑物上（参见证据3说明书第1页第一自然段、倒数第二自然段），由此说明，该管道托码须与卡环配合，然后借助于支、吊架固定在建筑物上。可见，证据2和证据3公开了具有明显组装关系的产品，二者结合起来构成了一件包含托码和卡环的产品的在先设计。

将证据2公开的卡环与证据3公开的托码按照其使用方式组合后，该在先设计产品的整体形状同样是均由半圆部分和矩形部分共同形成整体倒“U”形形状，并且卡环在直边的近二分之一处有凸起以容纳螺栓，螺栓沿两直边向外延伸，螺母位于该延伸螺栓上；该“U”形托码的中间部位有一圆形中空，在该托码的纵向约二分之一处有两处从圆形中空的边缘延伸至托码直边的台阶状裂痕，两处裂痕分布在圆形中空的两侧，均呈左高右低状。

将本专利与证据2、3组合而成的在先设计对比可见，两者整体形状都呈中间有圆形中空的倒“U”形，该圆形中空两边缘二分之一处均有延伸至托码直边的台阶状裂痕，“U”形卡环覆盖托码外侧且在直边的近二分之一处形成凸起，并沿两直边向外延伸的螺栓上分别有一螺母。本专利与在先设计的不同之处在于：在先设计托码中间的圆形中空直径与托码整体厚度的比例小于本专利；该托码上的两处台阶状裂痕均为左高右低，而本专利的左侧裂痕呈左低右高。合议组认为：根据整体观察、综合判断的原则，本专利与在先设计的组成部件相同，各组成部件的整体形状及其位置关系相同，本专利与在先设计存在的上述区别属于局部细微差别，对整体视觉效果不产生显著影响，就一般消费者而言，二者的整体形状已形成了整体上相近似的视觉印象，因此，二者属于相近似的外观设计。

综上，本专利与在先设计相近似，不符合专利法第23条的规定。

三、决定

宣告200330117799.5号外观设计专利权全部无效。

当事人对本决定不服的，可以根据专利法第46条第2款的规定，自收到本决定之日起三个月内向北京市第一中级人民法院起诉。根据该款的规定，一方当事人起诉后，另一方当事人应当作为第三人参加诉讼。

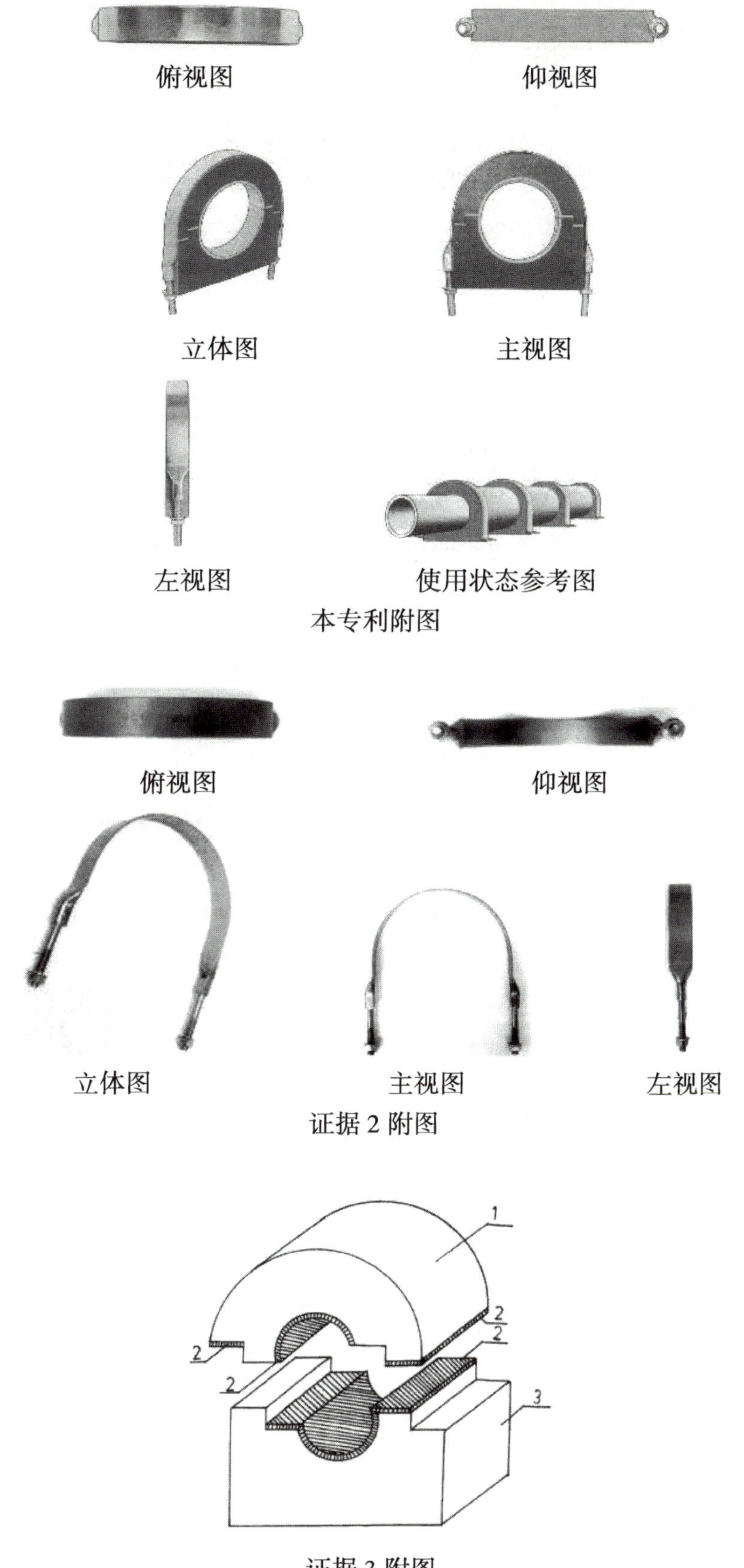

俯视图　仰视图

立体图　主视图

左视图　使用状态参考图

本专利附图

俯视图　仰视图

立体图　主视图　左视图

证据 2 附图

证据 3 附图

013

玻璃球（224面）

无效宣告请求审查决定（第12468号）

决　　定　　号 第12468号
决　　定　　日 2008年10月7日
发明创造名称 玻璃球（224面）
外观设计分类号 26-05
无 效 请 求 人 施华洛世奇（上海）贸易有限公司
专 利 权 人 吴　汉
专　　利　　号 200630079260.9
申　　请　　日 2006年11月15日
授 权 公 告 日 2007年9月26日
合 议 组 组 长 吴赤兵
主　　审　　员 张跃平
参　　审　　员 李巍巍
附　　　　　图 1页

法 律 依 据 专利法第23条
决 定 要 点

对于一般消费者而言，本专利与在先设计的玻璃球整体设计均为上下部向外突出，上部均比下部更向外突出，中部均近似为球状体，三角形面均为等腰或等边三角形，上述共同点对整体视觉效果具有显著影响，二者的差异仅属于局部细微差异，因此本专利与在先设计属于相近似的外观设计。

一、案由

本无效宣告请求涉及2007年9月26日国家知识产权局授权公告的200630079260.9号外观设计专利，其名称是“玻璃球（224面）”，申请日是2006年11月15日，专利权人是吴汉。

针对上述外观设计专利权（下称本专利），2008年4月22日施华洛世奇（上海）贸易有限公司（下称请求人）向专利复审委员会提出无效宣告请求，其理由是本专利不符合专利法第23条的规定。与此同时，请求人提交了专利号为99342529.1的外观设计专利著录项目及图片复印件1页作为证据。

请求人认为99342529.1号外观设计专利的公开日在本专利申请日之前，二者都属于同一类别产品的外观设计，而且均是由形状与图案构成的外观设计。将二者进行比较可知，本专利是由224个三角形平面连接组成两端向外突起的不规则球状结构，从整体上看可以分成三部分。玻璃球上部由16个等分的三角形平面连接而成，该16个等分三角形向上突起在顶端汇聚成一圆形平面，该部分整体上形成一近似正十六棱台状结构，并在玻璃球上端棱台状突起两侧有一贯穿孔；玻璃球中部由6排，其中每排32个等腰三角形平面连接而成，每排等腰三角形平面与其临近一排三角形平面通过等同底边相互连接，同一排三角形平面之间通过等同腰边相互连接，形成一近似球状结构；灯饰球下部同样由16个等分的三角形平面连接而成，该16个等分三角形平面向下突起汇聚成一点，形成一正十六棱锥状结构。99342529.1号外观设计专利也是由224个三角形平面连接而成，两端向外突起的不规则球状结构的外观设计，与本专利一样也是由上中下三部分构成，各部分形状与本专利几乎相同。虽然二者细节上存在一些差异，如玻璃球上端的棱台状突起两侧的贯通穿孔形状稍有不同等，但从整体上观察，二者的这些细微差别对整体视觉效果不具有显著影响，它们属于相近似的外观设计。

专利复审委员会根据无效宣告请求审查程序的规定受理了该无效宣告请求，并于2008年5月16日向双方当事人发出无效宣告请求受理通知书，同时将请求人无效宣告请求文件的副本转送专利权人。告知专利权人在收到本通知之日起一个月内对该无效宣告请求陈述意见。

专利权人于2008年6月14日向专利复审委员会提交了意见陈述书。专利权人认为本专利于证据所示外观设计既不相同也不相近似。证据所示玻璃球从整体上大体可分为三个部分，立体球状结构的上部由若干等腰梯形平面连接而成，且等腰梯形平面顶端汇聚于一平面，从而形成一非常规则的棱台状结构，棱台状结构的玻璃球附件上端两侧开设有贯穿通孔。立体球状结构中部由六排，每排32个等腰三角形平面连接而成一个规则的近似球状结构，球状结构中部呈等边三角形，从中部向上部、下部延伸逐渐变化成等腰三角形并分别与上部、下部结构相接。立体球状结构下部由16个等分三角形平面连接而成，三角形平面不断向下延伸，汇聚成一点形成一个正十六棱锥状结构。本专利球状结构整体上也是由三部分组成，且等腰三角形平面沿顶角方向汇聚成一点，呈棱锥状结构，且各等腰三角形平面呈外凸状，每两等腰三角形相接之处呈凹陷状结构，与证据所示相应部分有明显区别，此外在该部分的贯穿孔与证据相应孔形状不相同也不相近似。本专利在整体结构的中部由若干等腰三角形平面连接而成一个不规则的近似球状结构，该结构的主视图右侧呈突兀状，从立体图的中部突起的弧形也可以体现，而且各等腰三角形平面呈外凸状，每两个等腰三角形相接之处呈凹陷状结构，整体呈核桃状结构。整体结构的下部由多个等腰三角形平面连接而成，三角形平面不断向下延伸汇聚成一点，形成一个正十六棱锥状结构。将本专利与证据所示专利进行比较后可知，本专利整体结构不规则且结构内的各三角形平面成外凸状，每两个等腰三角形相接之处呈凹陷状结构，整体呈核桃状结构，而证据所示专利是规则的近似球状体结构，且各平面间交接成一直边，该直边呈外凸状，二者的这些明显区别特征导致它们属于既不相同也不相近似的外观设计。

专利复审委员会依法成立合议组对本案进行审理，于2008年7月3日向双方当事人发出合议组成员告知通知书，告知双方当事人如对合议组成员有回避请求，在收到本通知之日起7日内提交书面请求书。逾期未答复，视为无回避请求。

双方当事人在专利复审委员会指定的期限内对合议组成员没有提出回避请求。

至此，合议组认为，本案事实清楚，可以依法作出审查决定。

二、决定的理由

1. 法律依据

基于请求人提出的无效宣告请求的理由和证据，合议组依据专利法第23条的规定对本案进行审理。

专利法第23条规定："授予专利权的外观设计，应当同申请日以前在国内外出版物上公开发表过或者国内公开使用过的外观设计不相同和不相近似，并不得与他人在先取得的合法权利相冲突。"

2. 证据认定

请求人提交的证据是专利号为 99342529.1 的外观设计专利著录项目及图片复印件，经核实其真实性可被确认。该外观设计专利的名称为“灯具的玻璃附件”，其授权公告日为 2000 年 12 月 27 日，在本专利申请日（2006 年 11 月 15 日）之前，可以作为评价本专利是否符合专利法第 23 条的证据。

3. 相同和相近似比较

本专利公开了玻璃球（224 面）的主视图、立体图、俯视图和仰视图。从这些视图可知，本专利的玻璃球表面被切割打磨出若干三角形饰面。从整体上看本专利可分为三部分，即玻璃球上部、中部和下部。其中玻璃球上部和下部向外突起，中部形成近似球面状，突起的上部由 16 个等分的等腰三角形平面连接而成，等腰三角形顶角向上突起在顶端汇聚成一点，从主视图和立体图看，该部分外轮廓微微向外有一点弧度，该部分整体上形成一近似正十六棱锥状结构，并在玻璃球上端两侧对称有两个近似长方圆设计；玻璃球中部由 6 排等腰和等边三角形平面构成，其中每排有 32 个等腰三角形平面或等边三角形平面，每排等腰三角形或等边三角形平面与其临近一排三角形平面通过同底边相互连接，同一排三角形平面之间通过同腰边相互连接，形成一近似球状结构；玻璃球下部同样由 16 个等分的等腰三角形平面连接而成，等腰三角形顶角向下突起汇聚成一点，形成一正十六棱锥状结构（详见本专利附图）。

99342529.1 号外观设计专利（下称在先设计）公开了灯具的玻璃附件的主视图、左视图和立体图，简要说明为省略其他视图。从这些视图和简要说明可知，在先设计的灯具玻璃附件也被打磨分割成若干三角形饰面，从整体上看可分为三部分，即上部、中部和下部。其中玻璃附件上部和下部向外突起，中部形成近似球面状，突起的上部由 16 个等分的等腰三角形平面连接而成，等腰三角形顶角向上突起在顶端汇聚成一圆形平面，该部分整体上形成一近似正十六棱台状结构，并在灯饰球上端棱台突起两侧对称有两个近似花苞的设计；玻璃附件中部由 6 排等腰和等边三角形平面构成，其中每排有 32 个等腰三角形平面或等边三角形平面，每排等腰三角形或等边三角形平面与其临近一排三角形平面通过同底边相互连接，同一排三角形平面之间通过同腰边相互连接，形成一近似球状结构；玻璃附件下部同样由 16 个等分的等腰三角形平面连接而成，等腰三角形顶角向下突起汇聚成一点，形成一正十六棱锥状结构（详见在先设计附图）。

本专利和在先设计都是玻璃饰面球的外观设计，二者用途相同，属于类别相同的产品，可以进行相同和相近似比较。

将本专利与在先设计相比较可知，二者的相同点在于它们的表面均被打磨分割成若干三角形平面，二者从整体上看都分为三部分，即立体球上部、中部和下部。其中上部和下部向外突起，中部形成近似球面状。每部分的形状几乎相同。二者的区别在于立体球状结构上端一个为近似棱锥状，一个为棱台状，此外，顶部 16 等分等腰三角形边长不同。虽然专利权人强调本专利整体结构不规则且结构内的各三角形平面成外凸状，每两个等腰三角形相接之处呈凹陷状结构，而在先设计是规则的近似球状体结构，且各平面间交接成一直边，该直边呈外凸状，但合议组经过整体观察认为，从本专利各视图看，中部和下部的三角形平面基本上为平面，三角形相接处并非凹陷状结构，中部形状近似球状，对于一般消费者而言，二者整体设计均为上下部向外突出，上部均比下部更向外突出，中部均近似为球状体，三角形面均为等腰或等边三角形，上述共同点对整体视觉效果具有显著影响，上述区别点仅属于局部细微差异，因此本专利与在先设计属于相近似的外观设计。

综上所述，在本专利申请日之前已有与之相近似的外观设计公开发表，请求人提交的证据可以证明本专利不符合专利法第 23 条的规定。

三、决定

宣告 200630079260.9 号外观设计专利权无效。

当事人对本决定不服的，可以根据专利法第 46 条第 2 款的规定，自收到本决定之日起三个月内向北京市第一中级人民法院起诉。根据该款的规定，一方当事人起诉后，另一方当事人应当作为第三人参加诉讼。

主视图

俯视图

仰视图

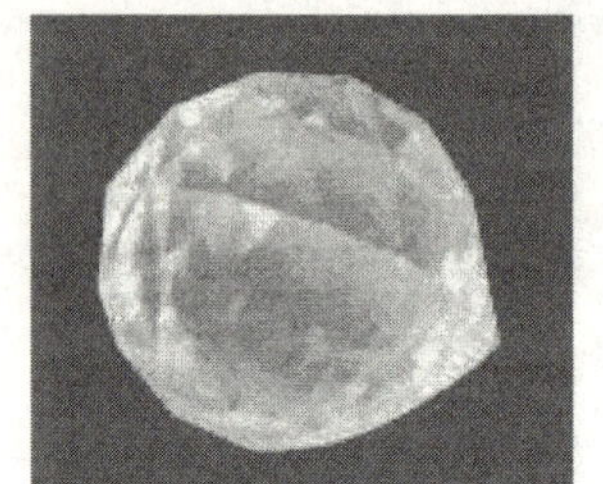
立体图

本专利附图

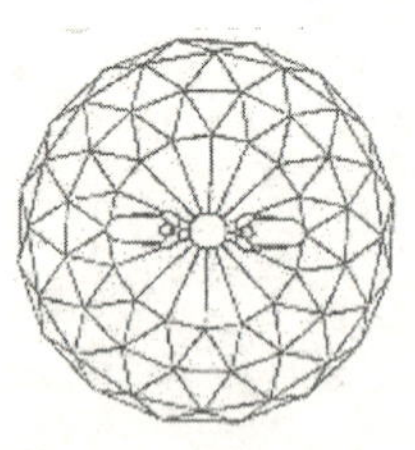
主视图

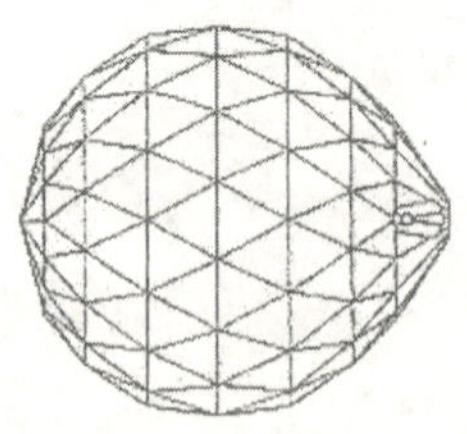
左视图

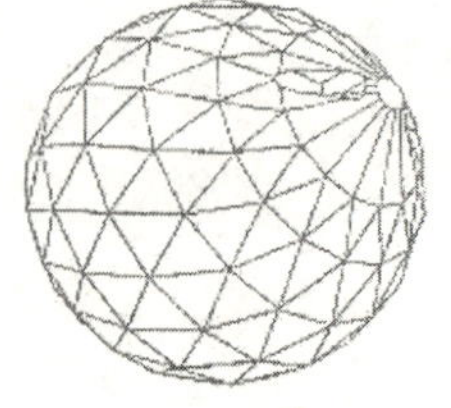
立体图

在先设计附图

014

广告用食品罩（六边形）

无效宣告请求审查决定（第 12469 号）

决　　定　　号　第 12469 号
决　　定　　日　2008 年 9 月 18 日
发明创造名称　广告用食品罩（六边形）
外观设计分类号　07-99
无 效 请 求 人　周兆详
专　利　权　人　林传银、陈锡汉
专　　利　　号　200730114601.6
申　　请　　日　2007 年 4 月 10 日
授 权 公 告 日　2008 年 1 月 16 日
合 议 组 组 长　吴赤兵
主　　审　　员　张跃平
参　　审　　员　李巍巍
附　　　　　图　2 页

法　律　依　据　专利法第 23 条、专利法实施细则第 13 条第 1 款
决　定　要　点

食品罩的形状和图案的变化都会带来整体视觉效果的明显变化，本专利与在先设计 1 和在先设计 2 单独对比均属于不相同也不相近似的外观设计。

一、案由

本无效宣告请求涉及 2008 年 1 月 16 日国家知识产权局授权公告的 200730114601.6 号外观设计专利，其名称是“广告用食品罩（六边形）”，申请日是 2007 年 4 月 10 日，专利权人是林传银、陈锡汉。

针对上述外观设计专利权（下称本专利），2008 年 5 月 7 日周兆详（下称请求人）向专利复审委员会提出无效宣告请求，其理由是本专利不符合专利法第 23 条和专利法实施细则第 13 条第 1 款的规定。与此同时，请求人提交了下列证据：

证据 1：专利号为 200730114287.1 的外观设计专利著录项目及图片复印件 1 页；

证据 2：专利号为 97306459.5 的外观设计专利著录项目及图片复印件 1 页。

请求人认为本专利与在其申请日前申请，申请日后公开的证据 1 中的在先设计均为食用罩的外观设计。将证据 1 和本专利进行比较后可知，二者的构造、罩面与花边均与本专利相同，其上的图案也

是相同的，唯一区别在于本专利罩面为六角形，而其另一专利为四角形，但该形状的变化并不能产生较大的区别，故两款专利应视为专利法实施细则第 13 条第 1 款所述的同样的专利。证据 2 公开日在本专利申请日之前，其为食品遮盖罩的外观设计，该在先设计的遮盖罩也是由骨架、罩面与花边三部分组成，骨架支撑起整个罩面，罩面呈伞状，由六个等边三角面构成，罩顶到罩边缘呈弧线形，在食用罩的边缘设有花边，该在先设计的整体形状与本专利是相似的，虽然本专利的花朵图案与该在先设计的花朵略有区别，但请求人认为图案不是本专利的主要保护范围，所以，本专利与证据 2 所示在先设计仍构成相近似的外观设计。

专利复审委员会根据无效宣告请求审查程序的规定受理了该无效宣告请求，并于 2007 年 5 月 22 日向双方当事人发出无效宣告请求受理通知书，同时将请求人无效宣告请求文件的副本转送专利权人。告知专利权人在收到本通知之日起一个月内对该无效宣告请求陈述意见。

专利权人于 2008 年 6 月 16 日向专利复审委员会提交了意见陈述书。专利权人认为本专利与证据 1 所示的外观设计属于不相同也不相近似的外观设计，本专利主要配给桌面形状为圆形的餐桌使用，而专利权人设计的证据 1 所示的食用罩主要配给桌面形状为方形的餐桌使用。本专利与证据 2 所示的食品遮盖罩属于不相同且不相近似的外观设计，证据 2 食品遮盖罩采用单一图案的不透明布料相缝合而成，其花朵图案十分突出，花朵图案显然是外观设计的一个主要组成部分，而本专利面罩以镂空可透视布和不可视布相间，以达到给人以清洁的观感和方便观察着那食品的视觉印象，因此，二者的美感完全不同，属于既不相同也不相近似的外观设计。与此同时，请求人提交了如下证据作为反证：

反证 1：本专利外观设计专利著录项目及图片复印件 1 页；

反证 2：自称专利权人制作的宣传画册复印件 3 页；

反证 3：自称请求人制作的宣传画册复印件 3 页。

专利复审委员会依法成立合议组对本案进行审理，于 2008 年 7 月 3 日向双方当事人发出口头审理通知书，定于 2008 年 8 月 28 日对本无效宣告请求进行口头审理，并将专利权人于 2008 年 6 月 16 日提交的意见陈述书转送请求人，告知其在口头审理中当庭陈述意见。若不参加口头审理，在收到本通知之日起一个月内答复，期满未答复的，视为当事人已得知转送文件中涉及的事实、理由和证据，并且未提出反对意见。

口头审理如期举行。请求人委托代理人出席口头审理，专利权人未出席口头审理。因请求人的出庭符合规定，故合议组按照规定的程序对本案进行口头审理。在口头审理过程中，请求人对合议组成员无回避请求。请求人明确以证据 1 证明本专利不符合专利法实施细则第 13 条第 1 款的规定，以证据 2 证明本专利不符合专利法第 23 条的规定。请求人认为本专利与证据 1 所示外观设计一个是六边形，一个是四边形，对于一般消费者而言难以产生明显区别，二者属于相近似的外观设计。认为本专利与证据 2 所示外观设计虽然图案有所区别，但图案不是本专利的主要保护内容，因此，二者属于相近似的外观设计。而且从专利权人提交的反证看，在这种食品广告罩上还要印制广告，印制广告后二者图案的差别就更微小了。请求人坚持其在意见陈述书中的所有观点。

至此，合议组认为，本案事实清楚，可以依法作出审查决定。

二、决定的理由

1. 法律依据

基于请求人提出的无效宣告请求的理由和证据，合议组依据专利法第 23 条和专利法实施细则第 13 条第 1 款的规定对本案进行审理。

专利法第 23 条规定：“授予专利权的外观设计，应当同申请日以前在国内外出版物上公开发表过或者国内公开使用过的外观设计不相同和不相近似，并不得与他人在先取得的合法权利相冲突。”

专利法实施细则第 13 条第 1 款规定：“同样的发明创造只能被授予一项专利。”

2. 证据认定

请求人提交的证据 1 是申请日为 2007 年 4 月 5 日、授权公告日为 2008 年 1 月 9 日、名称为“广告用食品罩（四边形）”的外观设计专利著录项目及图片复印件，经核实其真实性可被确认。该外观设计专利的申请日在本专利申请日（2007 年 4 月 10 日）之前，授权公告日在本专利申请日之后，其专利权人与本专利权人相同，可以作为评价本专利是否符合专利法实施细则第 13 条第 1 款的证据。

请求人提交的证据 2 是申请日为 1997 年 1 月 13 日、授权公告日为 1998 年 2 月 25 日、名称为“食品遮盖罩”的外观设计专利著录项目及图片复印件，经核实其真实性可被确认。该外观设计专利的授权公告日在本专利申请日（2007 年 4 月 10 日）之前，可以作为评价本专利是否符合专利法第 23 条的证据。

3. 相同和相近似比较

本专利公开了广告用食品罩（六边形）的六面视图。简要说明未请求保护色彩。从这些视图可知，本专利广告用食品罩（六边形）包括支撑架、罩面与花边三部分。支撑架支撑起整个罩面，罩面呈伞状，从俯仰视图看由六个等边三角面构成，从其他视图看，罩顶到罩边缘呈弧线形，在食用罩的边缘设有花边。本专利罩面的六个等边三角面由镂空带花朵图案的布料和普通布料交错缝合而成（详见本专利附图）。

证据 1 所示的广告用食品罩（四方形）（下称在先设计 1）公开了其六面视图。简要说明未请求保护色彩。从这些视图可知，在先设计 1 包括支撑架、罩面与花边三部分。支撑架支撑起整个罩面，罩面呈伞状，从俯仰视图看由四个三角面构成，从其他视图看，罩顶到罩边缘呈弧线形，在食用罩的边缘缝合有花边。在先设计 1 罩面的四个三角面由整体镂空带花朵图案的布料和主要由普通布料组成的布料交错缝合而成，其中的普通布料部分由顶角的镂空带图案布料和下方的普通布料构成（详见在先设计 1 附图）。

证据 2 所示的食品遮盖罩（下称在先设计 2）公开了主视图、右视图、俯视图和仰视图。简要说明中写明主视图和后视图对称，省略后视图，右视图和左视图对称，省略左视图。从附图及其简要说明可知，在先设计 2 的食品遮盖罩包括支撑架、罩面与花边三部分。支撑架支撑起整个罩面，罩面呈伞状，从俯仰视图看由六个等边三角面构成，从其他视图看，罩顶到罩边缘呈弧线形，在遮盖罩的边缘缝合有花边。在先设计 2 的遮盖罩面布料均是由不镂空的普通布料制成，从俯仰视图看，在罩面顶端设计有一组图案，在罩面底部四周设计有一圈图案（详见在先设计 2 附图）。

本专利和在先设计 1 都是食品罩的外观设计，二者用途相同，属于类别相同的产品，可以进行相同和相近似比较。

将本专利与在先设计 1 相比较可知，二者的相同点在于其均由支撑架、罩面与花边三部分组成，支撑架支撑起整个罩面，罩面呈伞状。二者的不同点在于本专利罩面由六个等边三角面构成，且六个等边三角面由镂空带花朵图案的布料和普通布料交错缝合而成，而在先设计 1 罩面由四个非等边三角面构成，而且在先设计 1 对应于本专利的普通布料部分是由顶部的镂空布料和下面的普通布料两部分构成。对于一般消费者而言，食品罩均包括支撑架和罩面，但食品罩形状及布料的排列设计存在的上述区别点对整体视觉具有显著影响，二者属于既不相同也不相近似的外观设计。

将本专利与在先设计 2 相比较可知，二者的相同点在于其均由支撑架、罩面与花边三部分组成，支撑架支撑起整个罩面，罩面呈伞状。二者的不同点在于本专利罩面的六个等边三角面由镂空带花朵图案的布料和普通布料交错缝合而成，而在先设计 2 罩面布料均是由不镂空的普通布料制成，且在罩面顶端设计有一组图案，在罩面底部四周设计有一圈图案。对于一般消费者而言，食品罩均包括支撑架和罩面，食品罩的形状和图案都会带来整体视觉效果的明显变化，本专利和在先设计 2 的罩面镂空与非镂空设计的变化以及其上图案的变化对整体视觉具有显著影响，二者属于既不相同也不相近似的外观设计。

综上所述，“同样的发明创造”对于外观设计而言，是指外观设计相同或者相近似，因请求人提交的证据 1 所示外观设计与本专利不属于同样的发明创造，故该证据不能证明本专利不符合专利法实施细则第 13 条第 1 款的规定。请求人提交的证据 2 所示外观设计与本专利既不相同也不相近似，故该证据不能证明本专利不符合专利法第 23 条的规定。

三、决定

维持 200730114601.6 号外观设计专利权有效。

当事人对本决定不服的，可以根据专利法第 46 条第 2 款的规定，自收到本决定之日起三个月内向北京市第一中级人民法院起诉。根据该款的规定，一方当事人起诉后，另一方当事人应当作为第三人参加诉讼。

主视图

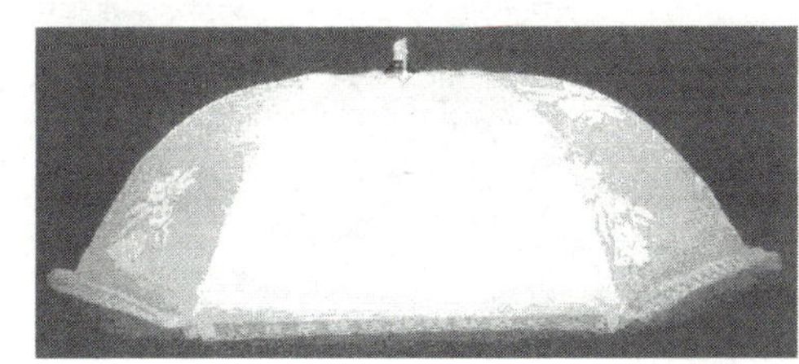

后视图

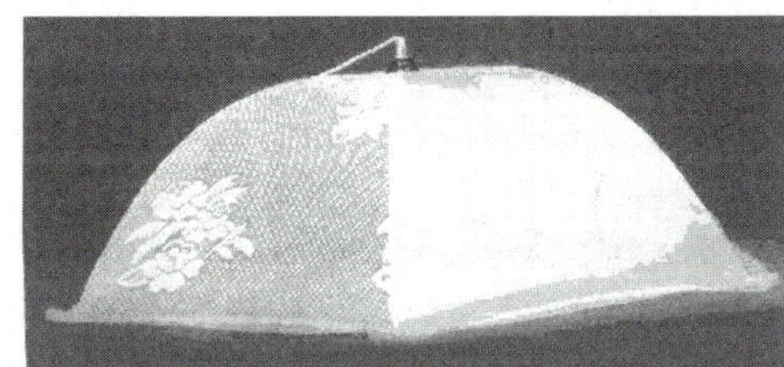

左视图

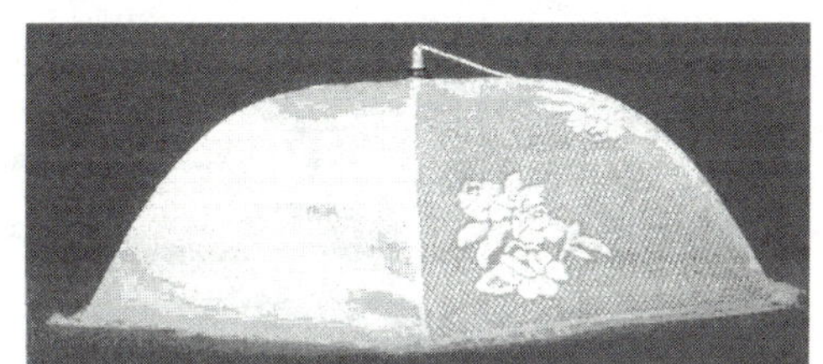

右视图

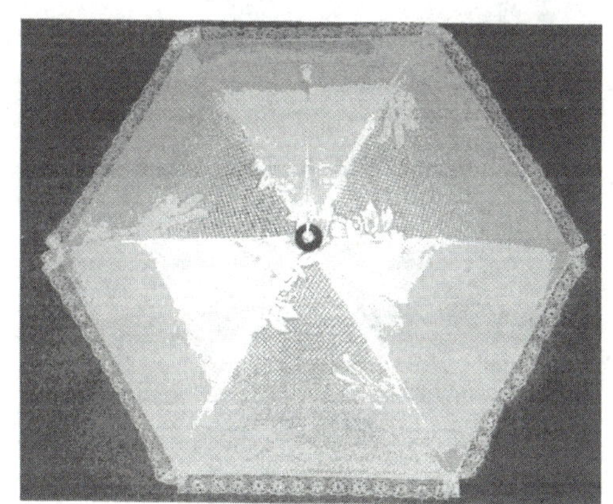

俯视图

仰视图

本专利附图

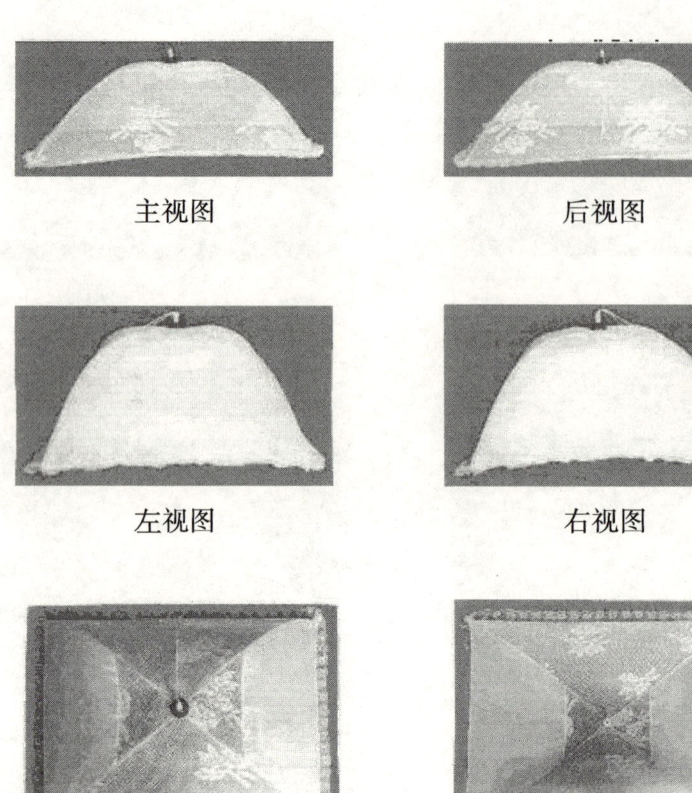

主视图　　后视图

左视图　　右视图

俯视图　　仰视图

在先设计 1 附图

主视图　　右视图

俯视图　　仰视图

在先设计 2 附图

015

车轮（旅行车系列）

无效宣告请求审查决定（第12470号）

决　　定　　号　第12470号
决　　定　　日　2008年10月7日
发明创造名称　车轮（旅行车系列）
外观设计分类号　08-08
无 效 请 求 人　彭炳权
专　利　权　人　江门市象牙五金制品有限公司
专　　利　　号　200430075004.3
申　　请　　日　2004年9月7日
授 权 公 告 日　2005年5月4日
合 议 组 组 长　吴赤兵
主　　审　　员　张跃平
参　　审　　员　李巍巍
附　　　　　图　1页

法　律　依　据　专利法第23条
决　定　要　点

本专利与在先设计的轮辐设计和轮胎表面设计几乎相同，二者唯一的不同在于本专利的主视图和后视图相同，而在先设计的主视图和后视图相对轮辐波浪旋转一定角度，合议组认为上述共同点对整体视觉效果具有显著影响，上述区别点属于不易被观察到的区别，不会对整体视觉效果产生显著影响，因此本专利与在先设计属于相近似的外观设计。

一、案由

本无效宣告请求涉及2005年5月4日国家知识产权局授权公告的200430075004.3号外观设计专利，其名称是“车轮（旅行车系列）”，申请日是2004年9月7日，专利权人是江门市象牙五金制品有限公司。

针对上述外观设计专利权（下称本专利），2008年2月5日彭炳权（下称请求人）向专利复审委员会提出无效宣告请求，其理由是本专利不符合专利法第23条的规定。与此同时，请求人提交了专利号为03324456.1的外观设计专利著录项目及图片复印件1页作为证据。

请求人认为03324456.1号外观设计专利的公开日为2003年10月29日，在本专利申请日之前，二者都属于同一类别产品的外观设计。将二者进行比较可知，本专利为圆形机构，包括轮毂和胎面两部分，轮毂中心为轮轴孔，在轮轴孔与胎面之间为旋转波浪状，共有五个起伏的波浪，波浪均为从轮毂中心向外扩张延伸，胎面为平行线纹。03324456.1 号外观设计专利也为圆形结构，包括轮毂和胎面两部分，轮毂中心为轮轴孔，在轮轴孔与胎面之间为旋转波浪状，共有五个起伏的波浪，波浪均为从轮毂中心向外扩张延伸，胎面为平行线纹。两者不同点是 03324456.1 号外观设计专利的后视图与主视图相比旋转相差 72°，而本专利的主视图与后视图相同。根据整体观察、综合判断的原则，二者属于相近似的外观设计。

专利复审委员会根据无效宣告请求审查程序的规定受理了该无效宣告请求，并于 2008 年 3 月 18 日向双方当事人发出无效宣告请求受理通知书，同时将请求人无效宣告请求文件的副本转送专利权人。告知专利权人在收到本通知之日起一个月内对该无效宣告请求陈述意见。

专利复审委员会依法成立合议组对本案进行审理，并于 2008 年 7 月 3 日向双方当事人发出合议组成员告知通知书，告知双方当事人如对合议组成员有回避请求，在收到本通知之日起 7 日内提交书面请求书。逾期未答复，视为无回避请求。

专利权人在专利复审委员会指定的答复期限内未提交意见陈述书。

请求人于 2008 年 7 月 22 日向专利复审委员会提交了补充意见，对无效宣告请求书中理由部分第 2 页第 6 行中的“两者不同点是对比文件的后视图与主视图相比旋转相差 72°”更正为“两者不同点是对比文件的后视图与主视图相比旋转相差 36°”。

合议组认为请求人提交的补充意见仅仅是对请求书中出现的明显错误进行更正，从请求人提交的本专利与对比专利视图中可以直观地看出后视图与主视图旋转角度差，因而该错误并不会影响专利权人的判断，因此，合议组没有将该补正意见转送专利权人。

双方当事人在专利复审委员会指定的期限内对合议组成员没有提出回避请求。

至此，合议组认为，本案事实清楚，可以依法作出审查决定。

二、决定的理由

1. 法律依据

基于请求人提出的无效宣告请求的理由和证据，合议组依据专利法第 23 条的规定对本案进行审理。

专利法第 23 条规定：“授予专利权的外观设计，应当同申请日以前在国内外出版物上公开发表过或者国内公开使用过的外观设计不相同和不相近似，并不得与他人在先取得的合法权利相冲突。”

2. 证据认定

请求人提交的证据是专利号为 03324456.1 的外观设计专利著录项目及图片复印件，经核实其真实性可被确认。该外观设计专利的名称为“手推车车轮”，其授权公告日为 2003 年 10 月 29 日，在本专利申请日（2004 年 9 月 7 日）之前，可以作为评价本专利是否符合专利法第 23 条的证据。

3. 相同和相近似比较

本专利公开了车轮（旅行车系列）的主视图和俯视图，简要说明：后视图与主视图相同，省略后视图；省略左视图、右视图和仰视图。从这些视图和简要说明可知，本专利的车轮包括轮毂和轮胎两部分，轮毂中心为轴承安装面及轮轴孔，轮圈与轮胎相连，在轮轴孔与轮圈之间为旋转波浪状轮辐，共有五个起伏的波浪，波浪均为从轮毂中心向外扩张延伸，轮胎侧面为一圈平面，轮胎顶面花纹为平行线纹（详见本专利附图）。

专利号为 03324456.1 的外观设计专利（下称在先设计）公开了手推车车轮的主视图、后视图、左视图、俯视图、立体图和使用状态参考图，简要说明：右视图与左视图相同，仰视图和俯视图相同，省略仰视图和右视图。从这些视图和简要说明可知，在先设计的手推车车轮包括轮毂和轮胎两部分，轮毂中心为轴承安装面及轮轴孔，轮圈与轮胎相连，在轮轴孔与轮圈之间为旋转波浪状轮辐，共有五个起伏的波浪，波浪均为从轮毂中心向外扩张延伸，轮胎侧面为一圈平面，轮胎顶面花纹为平行线纹（详见在先设计附图）。

本专利和在先设计都是车轮的外观设计，二者用途相同，属于类别相同的产品，可以进行相同和相近似比较。

将本专利与在先设计相比较可知，二者几乎属于相同的外观设计，尤其是轮辐均为五个起伏的旋转轮辐，轮胎侧面均为一圈平面，轮胎顶面花纹均为平行线纹，二者唯一的不同在于本专利的主视图和后视图相同，而在先设计的主视图和后视图相对轮辐波浪旋转一定角度，但合议组认为上述共同点对整体视觉效果具有显著影响，上述区别点属于不易被观察到的区别，不会对整体视觉效果产生显著影响，因此本专利与在先设计属于相近似的外观设计。

综上所述，在本专利申请日之前已有与之相近似的外观设计公开发表，请求人提交的证据可以证明本专利不符合专利法第 23 条的规定。

三、决定

宣告 200430075004.3 号外观设计专利权无效。

当事人对本决定不服的，可以根据专利法第 46 条第 2 款的规定，自收到本决定之日起三个月内向北京市第一中级人民法院起诉。根据该款的规定，一方当事人起诉后，另一方当事人应当作为第三人参加诉讼。

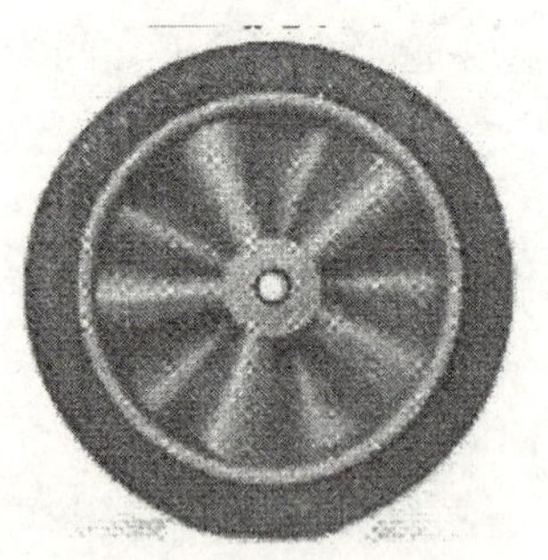

主视图

俯视图

本专利附图

主视图

后视图

左视图

俯视图

立体图

使用状态参考图

在先设计附图

016

水晶灯饰球（16等分224面）

无效宣告请求审查决定（第12471号）

决　　定　　号　第12471号
决　　定　　日　2008年10月7日
发明创造名称　水晶灯饰球（16等分224面）
外观设计分类号　26-05
无 效 请 求 人　施华洛世奇（上海）贸易有限公司
专　利　权　人　王红旗
专　　利　　号　200630161146.0
申　　请　　日　2006年12月22日
授 权 公 告 日　2007年10月10日
合 议 组 组 长　吴赤兵
主　　审　　员　张跃平
参　　审　　员　李巍巍
附　　　　　图　1页

法　律　依　据　专利法第23条
决　定　要　点

本专利与在先设计整体设计几乎相同，二者的区别仅属于局部细微差异，对整体视觉效果不会形成显著影响，本专利与在先设计属于相近似的外观设计。

一、案由

本无效宣告请求涉及2007年10月10日国家知识产权局授权公告的200630161146.0号外观设计专利，其名称是“水晶灯饰球（16等分224面）”，申请日是2006年12月22日，专利权人是王红旗。

针对上述外观设计专利权（下称本专利），2008年4月22日施华洛世奇（上海）贸易有限公司（下称请求人）向专利复审委员会提出无效宣告请求，其理由是本专利不符合专利法第23条的规定。与此同时，请求人提交了专利号为99342529.1的外观设计专利著录项目及图片复印件1页作为证据。

请求人认为99342529.1号外观设计专利的公开日在本专利申请日之前，二者都属于同一类别产品的外观设计，而且均是由形状与图案构成的外观设计，将二者进行比较可知，本专利是由224个三角形平面连接组成两端向外突起的不规则球状结构，从整体上看可以分成三部分，即灯饰球上部、中部和下部。灯饰球上部由16个等分的三角形平面连接而成，该16个等分三角形向上突起在顶端汇聚成一圆形平面，该部分整体上形成一近似正十六棱台状结构，并在灯饰球上端棱台状突起两侧有一贯穿孔；灯饰球中部由6排，其中每排32个等腰三角形平面连接而成，每排等腰三角形平面与其临近一排三角形平面通过等同底边相互连接，同一排三角形平面之间通过等同腰边相互连接，形成一近似球状结构。灯饰球下部同样由16个等分的三角形平面连接而成，该16个等分三角形平面向下突起汇聚成一点，形成一正十六棱锥状结构。99342529.1号外观设计专利也是由224个三角形平面连接而成，两端向外突起的不规则球状结构的外观设计，与本专利一样也是由上中下三部分构成，各部分形状与本专利几乎相同。虽然二者细节上存在一些差异，如二者上部正十六棱台的边长略有不同，突起两侧的贯穿孔形状稍有不同等，但从整体上观察，二者的细微差别对整体视觉效果不具有显著影响，它们属于相近似的外观设计。

专利复审委员会根据无效宣告请求审查程序的规定受理了该无效宣告请求，并于2008年5月16日向双方当事人发出无效宣告请求受理通知书，同时将请求人无效宣告请求文件的副本转送专利权人。告知专利权人在收到本通知之日起一个月内对该无效宣告请求陈述意见。

专利复审委员会依法成立合议组对本案进行审理，于2008年7月3日向双方当事人发出合议组成员告知通知书，告知双方当事人如对合议组成员有回避请求，在收到本通知之日起7日内提交书面请求书。逾期未答复，视为无回避请求。

专利权人在专利复审委员会指定的答复期限内未提交意见陈述书。

双方当事人在专利复审委员会指定的期限内对合议组成员没有提出回避请求。

至此，合议组认为，本案事实清楚，可以依法作出审查决定。

二、决定的理由

1. 法律依据

基于请求人提出的无效宣告请求的理由和证据，合议组依据专利法第23条的规定对本案进行审理。

专利法第23条规定：授予专利权的外观设计，应当同申请日以前在国内外出版物上公开发表过或者国内公开使用过的外观设计不相同和不相近似，并不得与他人在先取得的合法权利相冲突。

2. 证据认定

请求人提交的证据是专利号为99342529.1的外观设计专利著录项目及图片复印件，经核实其真实性可被确认。该外观设计专利的名称为“灯具的玻璃附件”，其授权公告日为2000年12月27日，在本专利申请日（2006年12月22日）之前，可以作为评价本专利是否符合专利法第23条的证据。

3. 相同和相近似比较

本专利公开了水晶灯饰球（16等分224面）的主视图、左视图、俯视图和仰视图。简要说明为：右视图与左视图对称，故省略右视图。后视图与主视图对称，故省略后视图。从这些视图和简要说明可知，本专利的水晶灯饰球表面被切割打磨出若干三角形饰面。从整体上看本专利可分为三部分，即水晶灯饰球上部、中部和下部。其中水晶灯饰球上部和下部向外突起，中部形成近似球面状，突起的上部由16个等分的等腰三角形平面连接而成，等腰三角形顶角向上突起在顶端汇聚成一圆形平面，该部分整体上形成一近似正十六棱台状结构，并在灯饰球上端棱台突起两侧对称设计有两个近似长方圆；水晶灯饰球中部由6排等腰和等边三角形平面构成，其中每排有32个等腰三角形平面或等边三角形平面，每排等腰三角形或等边三角形平面与其临近一排三角形平面通过同底边相互连接，同一排三角形平面之间通过同腰边相互连接，形成一近似球状结构；水晶灯饰球下部同样由16个等分的等腰三角形平面连接而成，等腰三角形顶角向下突起汇聚成一点，形成一正十六棱锥状结构（详见本专利附图）。

99342529.1 号外观设计专利（下称在先设计）公开了灯具的玻璃附件的主视图、左视图和立体图，简要说明为省略其他视图。从这些视图和简要说明可知，在先设计的灯具玻璃附件也被打磨分割成若干三角形饰面，从整体上看可分为三部分，即上部、中部和下部。其中玻璃附件上部和下部向外突起，中部形成近似球面状，突起的上部由 16 个等分的等腰三角形平面连接而成，等腰三角形顶角向上突起在顶端汇聚成一圆形平面，该部分整体上形成一近似正十六棱台状结构，并在灯饰球上端棱台突起两侧对称有两个近似花苞的设计；玻璃附件中部由 6 排等腰和等边三角形平面构成，其中每排有 32 个等腰三角形平面或等边三角形平面，每排等腰三角形或等边三角形平面与其临近一排三角形平面通过同底边相互连接，同一排三角形平面之间通过同腰边相互连接，形成一近似球状结构；玻璃附件下部同样由 16 个等分的等腰三角形平面连接而成，等腰三角形顶角向下突起汇聚成一点，形成一正十六棱锥状结构（详见在先设计附图）。

本专利和在先设计都是玻璃饰面球的外观设计，二者用途相同，属于类别相同的产品，可以进行相同和相近似比较。

将本专利与在先设计相比较可知，二者的相同点在于它们的表面均被打磨分割成若干三角形平面，二者从整体上看都分为三部分，即水晶灯饰球上部、中部和下部。其中上部和下部向外突起，中部形成近似球面状。每部分的形状几乎相同。二者的区别在于灯饰球上端棱台突起两侧的设计有所不同，本专利为近似长方圆形，而在先设计为近似花苞形，此外二者上部正十六棱台的边长略有不同。合议组认为，对于一般消费者而言，经过整体观察、综合判断，二者整体设计属于几乎相同的外观设计，上述区别仅属于局部细微差异，对整体视觉效果不会形成显著影响，本专利与在先设计属于相近似的外观设计。

综上所述，在本专利申请日之前已有与之相近似的外观设计公开发表，请求人提交的证据可以证明本专利不符合专利法第 23 条的规定。

三、决定

宣告 200630161146.0 号外观设计专利权无效。

当事人对本决定不服的，可以根据专利法第 46 条第 2 款的规定，自收到本决定之日起三个月内向北京市第一中级人民法院起诉。根据该款的规定，一方当事人起诉后，另一方当事人应当作为第三人参加诉讼。

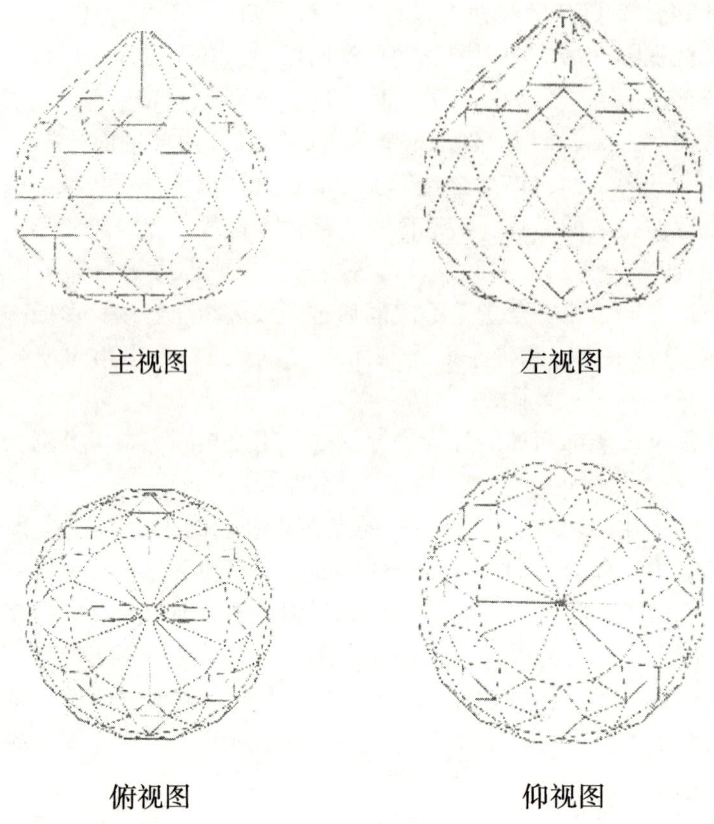

本专利附图

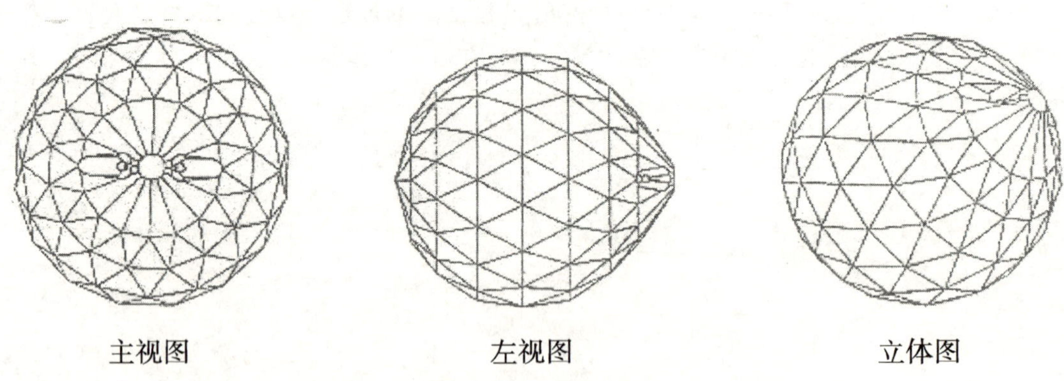

在先设计附图

017

瓶（5）

无效宣告请求审查决定（第12476号）

决　定　号 第12476号
决　定　日 2008年10月31日
发明创造名称 瓶（5）
外观设计分类号 09-01
无效宣告请求人 徐州市科源生物工程有限公司
专　利　权　人 唐怀琪
专　利　号 200530085611.2
申　请　日 2005年6月23日
授权公告日 2006年10月11日
合议组组长 钱亦俊
主　审　员 李巍巍
参　审　员 周　佳
附　　图 1页

法律依据 专利法第23条，专利法实施细则第13条第1款
决定要点

在使用状态下，包装瓶底部为不常见部位或不易关注的部位，瓶盖的内底面为不可见或不常见的部位，从整体观察，上述部位对包装瓶的整体视觉效果不具有显著影响；是否有环瓶盖一圈的纵向竖纹设计相对于整个包装瓶而言，应属于局部细微差别，对整体视觉效果不具有显著的影响，二者应属于相近似的外观设计。

一、案由

本无效宣告请求涉及2006年10月11日国家知识产权局授权公告的200530085611.2号外观设计专利，其产品名称是“瓶（5）”，申请日是2005年6月23日，专利权人是唐怀琪。

针对上述外观设计专利权（下称本专利），徐州市科源生物工程有限公司（下称请求人）于2008年7月10日向专利复审委员会提出无效宣告请求，其理由是本专利的授予不符合专利法第23条和专利法实施细则第13条第1款的规定。同时，请求人提交了如下附件作为证据：

附件1是中国穆斯林食品有限公司南京分公司的产品宣传页复印件1页；

附件2是200530085609.5号外观设计专利著录项目及外观设计图片复印件1页；

附件3是200530085607.6号外观设计专利著录项目及外观设计图片复印件1页。

请求人认为，附件1中左下方的芦荟汁、芦荟奶超市装的瓶子，瓶身上打印有出产日期为2002年2月7日，该日期在本专利的申请日之前，其与本专利相比，都是瓶子为长方体，正反两面光洁，用于贴瓶贴，瓶身上有凹凸不平的小点，瓶身两侧有凹进去的容量刻度数，瓶口为圆形，瓶盖上有竖纹，说明本专利在申请日之前已公开发表和公开使用过。因此，本专利不符合专利法第23条的规定。附件2和附件3是专利权人在同一天申请的完全相同的外观设计，只是名称不同而已，属于重复授权，因此，本专利不符合专利法实施细则第13条第1款的规定。

经形式审查合格，专利复审委员会受理了该无效宣告请求，并于2008年7月10日将无效宣告请求书和证据的副本转送给专利权人，限其在指定期限内答复。并告知专利权人如逾期不答复，不影响专利复审委员会的审理。

2008年8月7日，专利复审委员会向双方当事人发出合议组成员告知通知书，指出如对本案合议组人员有回避请求的，应于收到本通知之日起7天内提交书面请求书，逾期未答复，视为无回避请求。同时向双方当事人发出口头审理通知书，定于2008年10月7日进行口头审理。

2008年8月6日，请求人向专利复审委员会提交了意见陈述书，请求人认为99307828.1号外观设计可以证明本专利不符合专利法第23条的规定，同时提交了补充证据（编号续前）：

附件4是99307828.1号外观设计专利著录项目及外观设计图片复印件1页。

专利复审委员会于2008年8月20日将请求人提交的意见陈述及补充证据转送给专利权人，告知其在口头审理时一并答复，期满未答复的，视为其已得知转送文件中所涉及的事实、理由和证据，并且未提出反对意见。

针对请求人提出的无效宣告请求理由和提交的证据及请求人于2008年8月6日提交的意见陈述书和补充证据，专利权人均逾期未答复。

口头审理如期举行。请求人委托代理人参加了口头审理，请求人对合议组成员无回避请求。专利权人未参加口头审理也未提交书面意见，视为对合议组成员无回避请求。在口头审理中请求人放弃附件3作为本案的证据。请求人认为，附件1和附件4适用专利法第23条规定，证明在本专利申请日之前已公开发表和公开使用过与本专利相同的外观设计专利；附件2适用专利法实施细则第13条第一款规定，为重复授权，并首选附件4与本专利进行相近似比较，认为，其各视图与本专利完全一样，应当宣告本专利权全部无效。

在以上审理的基础上，本案合议组经合议，认为本案事实清楚，依法作出本审查决定。

二、决定的理由

1. 法律依据

请求人认为本专利不符合专利法第23条和专利法实施细则第13条第1款的规定。

专利法第23条规定："授予专利权的外观设计，应当同申请日以前在国内外出版物上公开发表过或者国内公开使用过的外观设计不相同和不相近似，并不得与他人在先取得的合法权利相冲突。"

专利法实施细则第13条第1款规定："同样的发明创造只能被授予一项专利。"

根据请求人提出的无效宣告请求的理由和提交的证据，本案合议组首先依据专利法第23条的规定对本案进行审理。

2. 证据的认定

请求人提交的附件4是99307828.1号外观设计著录项目及其外观设计图片复印件，经合议组核实，该复印件所示内容属实，可确定其真实性。其外观设计产品名称为"包装瓶"（下称在先设计），专利申请日为1999年5月26日，授权公告号为CN3129297，公开（公告）日为1999年12月1日，早于本专利申请日（2005年6月23日），可作为判断本专利是否符合专利法第23条规定的证据。

本专利与在先设计均为包装瓶的外观设计，属于相同类别的产品，具有可比性。

3. 相同和相近似判断

本专利包括主视图、左视图、立体图，简要说明记载：“（1）仰视图与俯视图无设计要点，省略仰视图与俯视图。（2）右视图与左视图相同，省略右视图。（3）后视图与主视图相同，省略后视图。”从各视图观察，本专利由瓶盖和瓶身两部分组成，整体形状大致呈矩形体，用于贴瓶贴正标和背标的两面光洁，瓶身相对的另两侧边各有一从瓶肩至接近瓶身下端的纵向弧形浅凹槽，其内标有容量刻度线，瓶肩大致呈圆台形，与圆柱形瓶盖连接（详见本专利附图）。

在先设计包括其他视图—主视图（瓶身、瓶盖各—幅视图）、其他视图—仰视图（瓶身、瓶盖各—幅视图）、其他视图—俯视图（瓶身、瓶盖各—幅视图）、其他视图—左视图（瓶身）、其他视图—立体图（瓶身）、使用状态图，简要说明记载：“（1）瓶身后视图与主视图相同，省略瓶身后视图；（2）瓶身右视图与左视图相同，省略瓶身右视图；（3）瓶盖后视图、左视图、右视图均与瓶盖主视图相同，省略瓶盖后视图、左视图、右视图；（4）A 部为刻度线。”从各视图观察，在先设计由瓶盖和瓶身两部分组成，整体形状大致呈矩形体，用于贴瓶贴正标和背标的两面光洁，瓶身相对的另两侧边各有一从瓶肩至接近瓶身下端的纵向弧形浅凹槽，其内标有容量刻度线，瓶肩大致呈圆台形，与圆柱形瓶盖连接，环瓶盖周边有一圈纵向竖纹设计（详见在先设计附图）。

将本专利与在先设计相比较，除本专利未显示瓶身和瓶盖的仰视面和俯视面，及环瓶盖的纵向竖纹不同外，其余设计均基本相同，合议组认为：在使用状态下，包装瓶的底部为不常见部位或不易关注的部位，瓶盖的内底面为不可见或不常见的部位，从整体观察，上述部位对包装瓶的整体视觉效果不具有显著影响；是否有环瓶盖一圈的纵向竖纹设计相对于整个包装瓶而言，应属于局部细微差别，因此，二者上述差别对整体视觉效果不具有显著的影响，二者易引起一般消费者视觉上的误认、混同，因此，二者应属于相近似的外观设计。

综上所述，在本专利申请日之前已有与其相近似的外观设计在出版物上公开发表过，本专利的授予不符合专利法第 23 条的规定。

鉴于上述认定已经得出本专利不符合专利法授权条件的结论，本决定对请求人提出的其他无效宣告理由和证据不再予以评述。

三、决定

宣告 200530085611.2 号外观设计专利权全部无效。

当事人对本决定不服的，可以根据专利法第 46 条第 2 款的规定，自收到本决定之日起三个月内向北京市第一中级人民法院起诉。根据该款的规定，一方当事人起诉后，另一方当事人应当作为第三人参加诉讼。

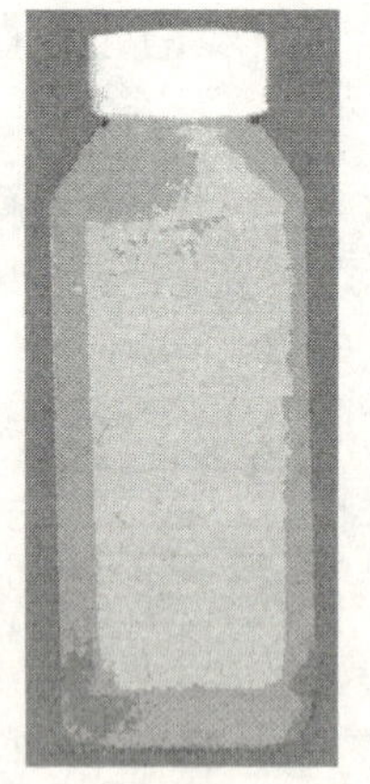

主视图

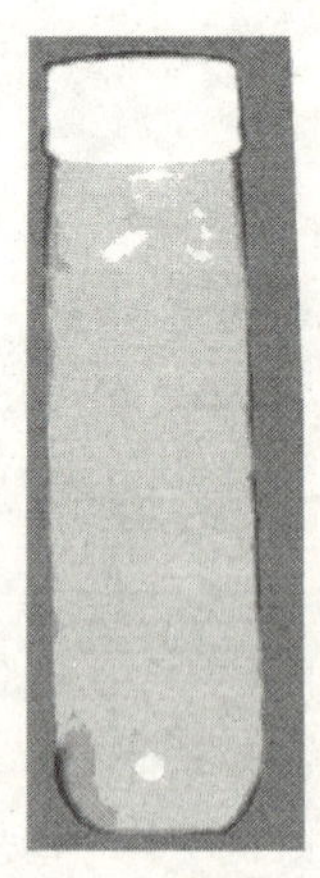

左视图

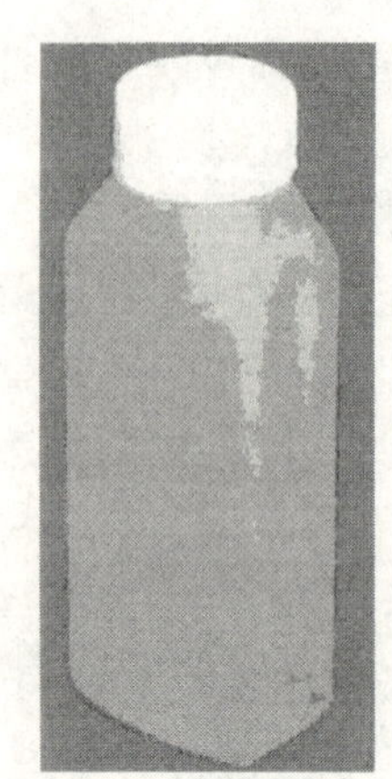

立体图

本专利附图

其他视图—主视图

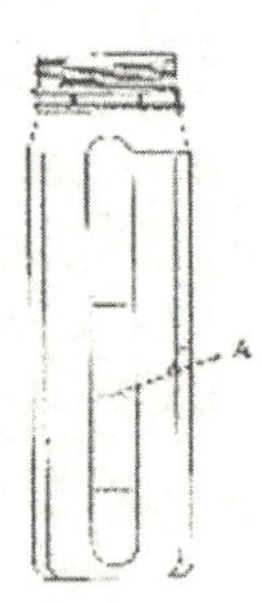

其他视图—左视图

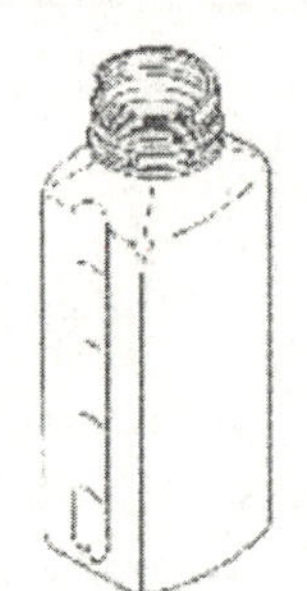

其他视图—立体图

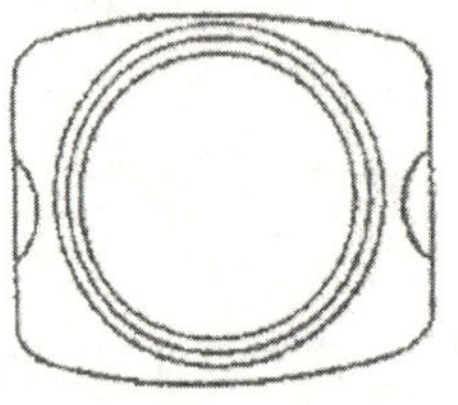

其他视图—俯视图

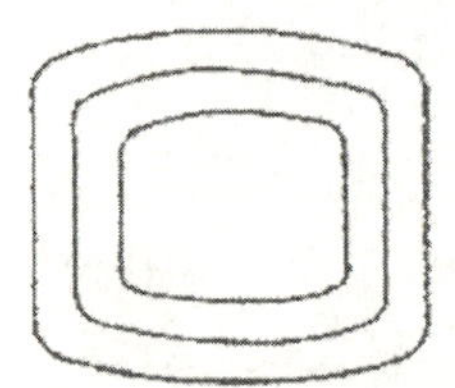

其他视图—仰视图

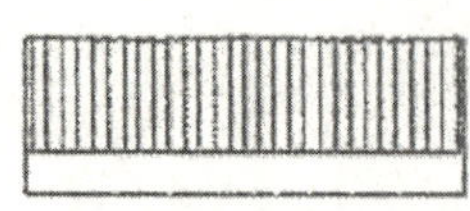

其他视图—主视图

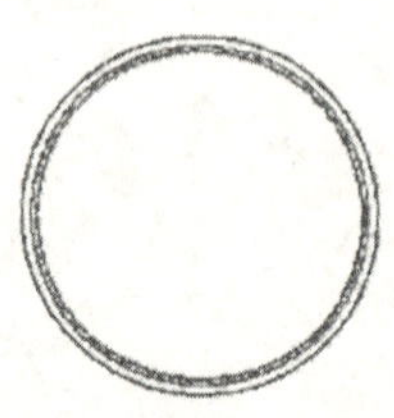

其他视图—仰视图

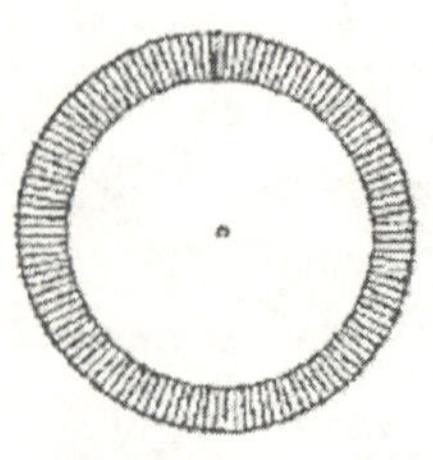

其他视图—俯视图

使用状态图

在先设计附图

018

包装瓶（鲜芦荟汁 3）

无效宣告请求审查决定（第 12477 号）

决　　定　　号　第 12477 号
决　　定　　日　2008 年 10 月 31 日
发明创造名称　包装瓶（鲜芦荟汁 3）
外观设计分类号　09-01
无效宣告请求人　徐州市科源生物工程有限公司
专　利　权　人　唐怀琪
专　　利　　号　200530085609.5
申　　请　　日　2005 年 6 月 23 日
授 权 公 告 日　2007 年 1 月 17 日
合 议 组 组 长　钱亦俊
主　　审　　员　李巍巍
参　　审　　员　周　佳
附　　　　　图　1 页

法　律　依　据　专利法第 23 条，专利法实施细则第 13 条第 1 款
决　定　要　点

在使用状态下，包装瓶底部为不常见部位或不易关注的部位，瓶盖的内底面为不可见或不常见的部位，从整体观察，该部位对包装瓶的整体视觉效果不具有显著影响；是否有环瓶盖一圈的纵向竖纹设计相对于整个包装瓶而言，应属于局部细微差别，对整体视觉效果不具有显著的影响，二者应属于相近似的外观设计。

一、案由

本无效宣告请求涉及 2007 年 1 月 17 日国家知识产权局授权公告的 200530085609.5 号外观设计专利，其产品名称是“包装瓶（鲜芦荟汁 3）”，申请日是 2005 年 6 月 23 日，专利权人是唐怀琪。

针对上述外观设计专利权（下称本专利），徐州市科源生物工程有限公司（下称请求人）于 2008 年 7 月 10 日向专利复审委员会提出无效宣告请求，其理由是本专利的授予不符合专利法第 23 条和专利法实施细则第 13 条第 1 款的规定。同时，请求人提交了如下附件作为证据：

附件 1：中国穆斯林食品有限公司南京分公司的产品宣传页复印件 1 页；

附件 2：200530085611.2 号外观设计专利著录项目及外观设计图片复印件 1 页；

附件 3：200530085607.6 号外观设计专利著录项目及外观设计图片复印件 1 页。

请求人认为，附件1中左下方的芦荟汁、芦荟奶超市装的瓶子，瓶身上打印有出产日期为2002年2月7日，该日期在本专利的申请日之前，其与本专利相比，都是瓶子为长方体，正反两面光洁，用于贴瓶贴，瓶身上有凹凸不平的小点，瓶身两侧有凹进去的容量刻度数，瓶口为圆形，瓶盖上有竖纹，说明本专利在申请日之前已公开发表和公开使用过。因此，本专利不符合专利法第23条的规定。附件2和附件3是专利权人在同一天申请的完全相同的外观设计，只是名称不同而已，属于重复授权，因此，本专利不符合专利法实施细则第13条第1款的规定。

经形式审查合格，专利复审委员会受理了该无效宣告请求，并于2008年7月10日将无效宣告请求书和证据的副本转送给专利权人，限其在指定期限内答复。并告知专利权人如逾期不答复，不影响专利复审委员会的审理。

2008年8月7日，专利复审委员会向双方当事人发出合议组成员告知通知书，指出如对本案合议组人员有回避请求的，应于收到本通知之日起7天内提交书面请求书，逾期未答复，视为无回避请求。同时向双方当事人发出口头审理通知书，定于2008年10月7日进行口头审理。

2008年8月6日，请求人向专利复审委员会提交了意见陈述书，请求人认为99307828.1号外观设计专利说明本专利不符合专利法第23条的规定，同时提交了补充证据（编号续前）：

附件4是99307828.1号外观设计专利著录项目及外观设计图片复印件1页。

专利复审委员会于2008年8月20日将请求人提交的意见陈述及补充证据转送给专利权人，告知其在口头审理时一并答复，期满未答复的，视为其已得知转送文件中所涉及的事实、理由和证据，并且未提出反对意见。

针对请求人提出的无效宣告请求理由和提交的证据及请求人于2008年8月6日提交的意见陈述书和补充证据，专利权人均逾期未答复。

口头审理如期举行。请求人委托代理人参加了口头审理，请求人对合议组成员无回避请求。专利权人未参加口头审理也未提交书面意见，视为对合议组成员无回避请求。在口头审理中请求人放弃附件3作为本案的证据。请求人认为，附件1和附件4适用专利法第23条规定，证明在本专利申请日之前已公开发表和公开使用过与本专利相同的外观设计专利；附件2适用专利法实施细则第13条第1款规定，为重复授权，并首选附件4与本专利进行相近似比较，认为，其各视图与本专利完全一样，应当宣告本专利权全部无效。

在以上审理的基础上，本案合议组经合议，认为本案事实清楚，依法作出本审查决定。

二、决定的理由

1. 法律依据

请求人认为本专利不符合专利法第23条和专利法实施细则第13条第1款的规定。

专利法第23条规定："授予专利权的外观设计，应当同申请日以前在国内外出版物上公开发表过或者国内公开使用过的外观设计不相同和不相近似，并不得与他人在先取得的合法权利相冲突。"

专利法实施细则第13条第1款规定："同样的发明创造只能被授予一项专利。"

根据请求人提出的无效宣告请求的理由和提交的证据，本案合议组首先依据专利法第23条的规定对本案进行审理。

2. 证据的认定

请求人提交的附件4是99307828.1号外观设计著录项目及其外观设计图片复印件，经合议组核实，该复印件所示内容属实，可确定其真实性。其外观设计产品名称为"包装瓶"（下称在先设计），专利申请日为1999年5月26日，授权公告号为CN3129297，公开（公告）日为1999年12月1日，早于本专利申请日（2005年6月23日），可作为判断本专利是否符合专利法第23条规定的证据。

本专利与在先设计均为包装瓶的外观设计，属于相同类别的产品，具有可比性。

3. 相同和相近似判断

本专利包括主视图、右视图、俯视图、立体图，简要说明记载：“（1）仰视图无设计要点，省略仰视图。（2）左视图与右视图相同，省略左视图。（3）省略后视图。”从各视图观察，本专利由瓶盖和瓶身两部分组成，整体形状大致呈矩形体，用于贴瓶贴正标和背标的两面光洁，瓶身相对的另两侧边各有一从瓶肩至接近瓶身下端的纵向弧形浅凹槽，其内标有容量刻度线，瓶肩大致呈圆台形，与圆柱形瓶盖连接（详见本专利附图）。

在先设计包括其他视图—主视图（瓶身、瓶盖各一幅视图）、其他视图—仰视图（瓶身、瓶盖各一幅视图）、其他视图—俯视图（瓶身、瓶盖各一幅视图）、其他视图—左视图（瓶身）、其他视图—立体图（瓶身）、使用状态图，简要说明记载：“（1）瓶身后视图与主视图相同，省略瓶身后视图；（2）瓶身右视图与左视图相同，省略瓶身右视图；（3）瓶盖后视图、左视图、右视图均与瓶盖主视图相同，省略瓶盖后视图、左视图、右视图；（4）A 部为刻度线。”从各视图观察，在先设计由瓶盖和瓶身两部分组成，整体形状大致呈矩形体，用于贴瓶贴正标和背标的两面光洁，瓶身相对的另两侧边各有一从瓶肩至接近瓶身下端的纵向弧形浅凹槽，其内标有容量刻度线，瓶肩大致呈圆台形，与圆柱形瓶盖连接，环瓶盖周边有一圈纵向竖纹设计（详见在先设计附图）。

将本专利与在先设计相比较，除本专利未显示瓶身和瓶盖的仰视面和俯视面，及环瓶盖的纵向竖纹不同外，其余设计均基本相同，合议组认为：在使用状态下，包装瓶的底部为不常见部位或不易关注的部位，瓶盖的内底面为可见或不常见的部位，从整体观察，上述部位对包装瓶的整体视觉效果不具有显著影响；是否有环瓶盖一圈的纵向竖纹设计相对于整个包装瓶而言，应属于局部细微差别，因此，二者上述差别对整体视觉效果不具有显著的影响，二者易引起一般消费者视觉上的误认、混同，因此，二者应属于相近似的外观设计。

综上所述，在本专利申请日之前已有与其相近似的外观设计在出版物上公开发表过，本专利的授予不符合专利法第 23 条的规定。

鉴于上述认定已经得出本专利不符合专利法授权条件的结论，本决定对请求人提出的其他无效宣告理由和证据不再予以评述。

三、决定

宣告 200530085609. 5 号外观设计专利权全部无效。

当事人对本决定不服的，可以根据专利法第 46 条第 2 款的规定，自收到本决定之日起三个月内向北京市第一中级人民法院起诉。根据该款的规定，一方当事人起诉后，另一方当事人应当作为第三人参加诉讼。

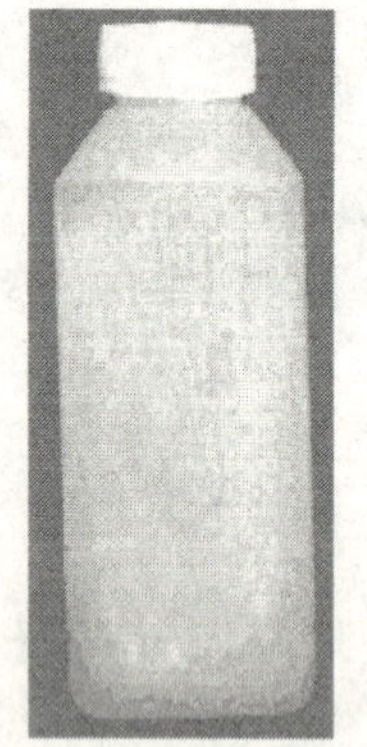

主视图

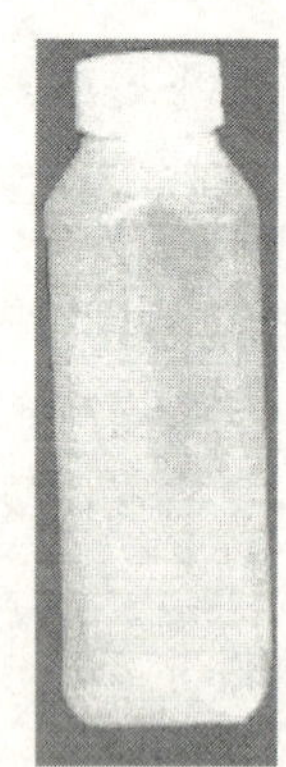

右视图

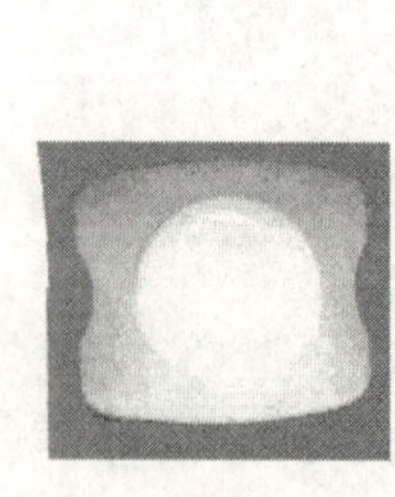

俯视图

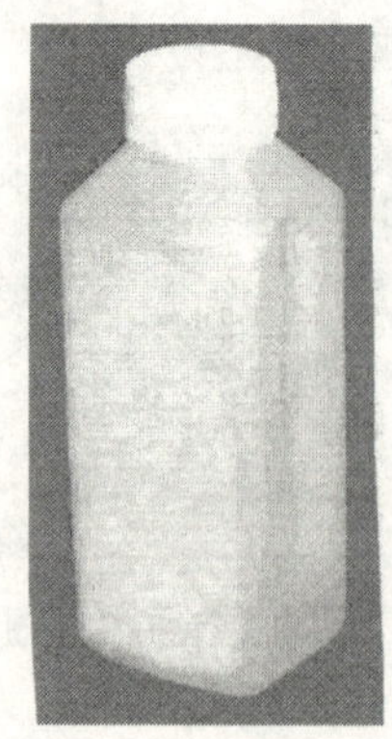

立体图

本专利附图

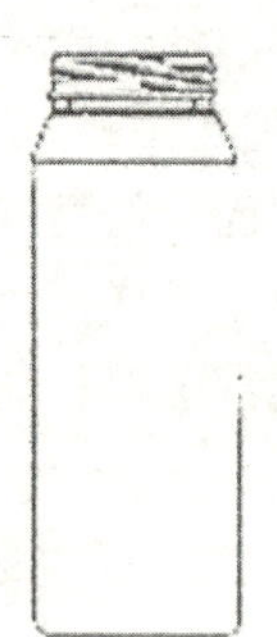

其他视图—主视图

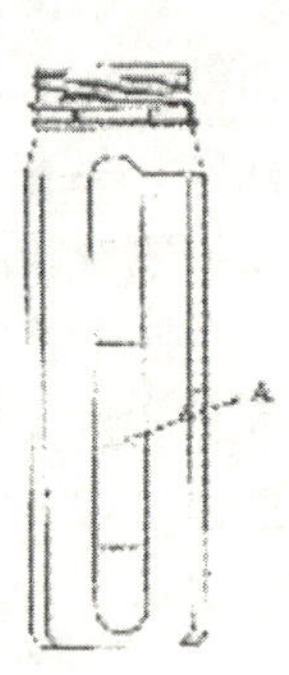

其他视图—左视图

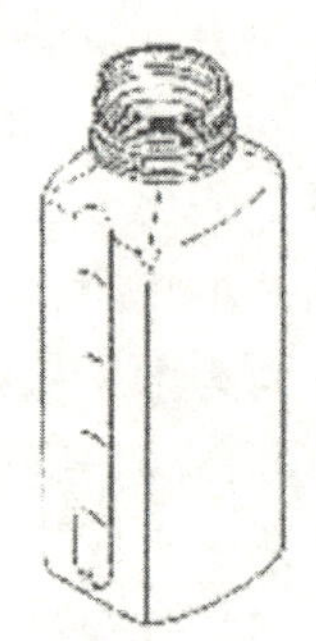

其他视图—立体图

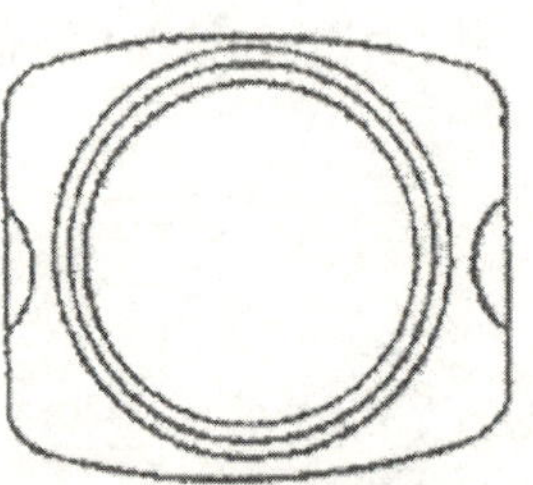

其他视图—俯视图

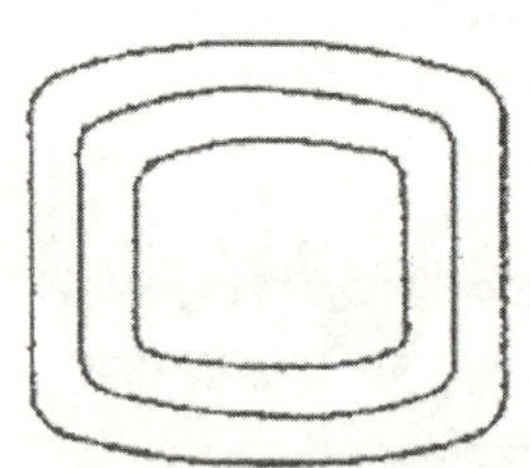

其他视图—仰视图

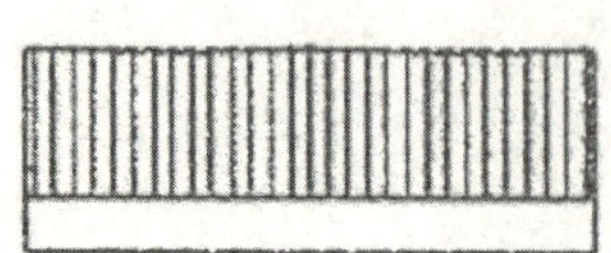

其他视图—主视图

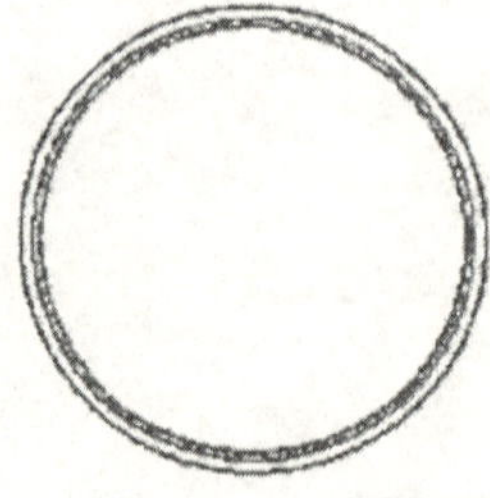

其他视图—仰视图

其他视图—俯视图

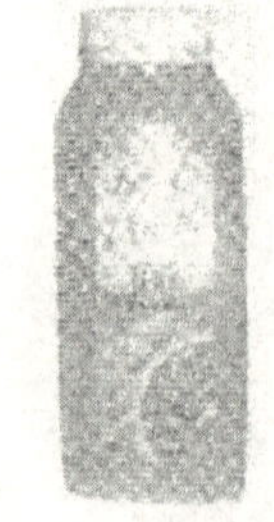

使用状态图

在先设计附图

019

酒　　瓶

无效宣告请求审查决定（第12478号）

决　　定　　号　第12478号
决　　定　　日　2008年11月3日
发明创造名称　酒瓶
外观设计分类号　09-01
无效宣告请求人　江苏洋河酒厂股份有限公司
专　利　权　人　邵以东
专　　利　　号　200630008882.2
申　　请　　日　2006年5月8日
授权公告日　2007年2月7日
合议组组长　王霞军
主　　审　　员　张雪飞
参　　审　　员　尹春霞
附　　　　　图　1页

法律依据　专利法第23条
决定要点
在外观设计相同和相近似的判断中，局部的细微差别和在使用过程中不易见到的部位产生的差别等均对整体视觉效果不具有显著的影响。

一、案由

本无效宣告请求涉及国家知识产权局于2007年2月7日授权公告的200630008882.2号外观设计专利，使用该外观设计的产品名称是“酒瓶”，其申请日是2006年5月8日，专利权人是邵以东。

针对上述外观设计专利权（下称本专利），江苏洋河酒厂股份有限公司（下称请求人）于2008年4月17日向专利复审委员会提出无效宣告请求，其理由是本专利不符合专利法第23条的规定，并提交了如下证据附件：

附件1是公开（公告）日为2004年11月3日的03368165.1号外观设计专利的著录项目及图片彩色打印件共1页，其公开（公告）号为CN3402093；

附件2是附件1所示专利的主视图彩色打印件1页；

附件3是本专利的主视图彩色打印件1页；

附件4是附件1所示专利的局部视图彩色打印件1页。

请求人认为本专利与附件1所示的在先设计在整体形状、布局和局部形状以及色彩的设计上均是相同或者相近似的，二者属于相近似的外观设计，应予宣告无效。

专利复审委员会根据无效宣告请求审查程序的规定受理了该无效宣告请求，并于2008年5月19日将请求人的无效宣告请求文件转送专利权人。

专利权人于2008年6月18日提交了意见陈述书，认为本专利是由专利权人独立设计完成的，其与请求人提交的在先设计在整体比例和局部形状的设计上均存在很大的差别，一般消费者不会混淆，因此二者不属于相同或者相近似的外观设计，应维持本专利有效。专利权人同时提交了如下证据附件：

反证1是本专利的著录项目及图片复印件共1页；

反证2是本专利的主视图复印件1页；

反证3是附件1所示专利的主视图复印件1页。

专利复审委员会于2008年7月4日向双方当事人发出口头审理通知书，定于2008年9月17日进行口头审理，同时将专利权人的意见陈述及反证转送请求人。

口头审理如期举行，请求人委托代理人出席，专利权人由本人出席；双方均对对方出庭人员的身份和资格无异议，对合议组成员均无回避请求。在口头审理中，请求人坚持其原有观点；专利权人对附件1所示专利的真实性无异议，针对相同和相近似的判断坚持原有观点，并当庭演示了本专利和附件1所示相关产品的实物（均不含瓶盖）。

在上述审理的基础上，合议组经合议，认为本案事实清楚，依法作出本审查决定。

二、决定的理由

基于请求人提出的无效宣告请求的理由，合议组依据专利法第23条的规定进行审理。

专利法第23条规定：“授予专利权的外观设计，应当同申请日以前在国内外出版物上公开发表过或者国内公开使用过的外观设计不相同和不相近似，并不得与他人在先取得的合法权利相冲突。”

请求人提交的证据是公开（公告）日为2004年11月3日的03368165.1号外观设计专利的著录项目及图片彩色打印件，其公开（公告）号为CN3402093；专利权人对其真实性无异议。经合议组核实，其内容真实，公开日期在本专利申请日以前，适用于专利法第23条的规定。

该03368165.1号外观设计专利权授予的是酒瓶的外观设计，其内公开了一款瓶身的外观设计（下称在先设计）。从图片上观察，在先设计中上部为近似球状，其上端为近似倒花瓣状的瓶颈，下部呈弧线逐渐内收，并接有侧面为近似梯形内收的多凹棱台座；瓶底中部有图案状的凸起；整体色彩为蓝色（详见在先设计附图）。

本专利同样是酒瓶瓶身的外观设计，要求保护色彩；其中上部为近似球状，其上端呈外弧线内收并接瓶口，下部呈弧线逐渐内收为圆柱形，并接有侧面为近似梯形内收的多凹棱台座；瓶底环绕文字状凸起；整体色彩为蓝色（详见本专利附图）。

合议组认为：本专利和在先设计均为瓶身的外观设计，用途相同，属于相同类别的产品，具有可比性。

将本专利与在先设计相比较，其主要的不同点为：二者在瓶颈、瓶底和瓶身下部内收弧线等处的设计不同，且在先设计未公开其瓶口处的设计。合议组认为：从整体视觉观察，由于本专利的瓶口相对于其整体瓶身而言明显属于局部的细微设计，因此在先设计未显示瓶口并不影响二者整体外观设计相同和相近似的判断；而瓶底属于此类产品中在使用过程中不易见到的部位，因此二者瓶底设计的不同对整体视觉效果不具有显著的影响；且二者虽然在瓶颈和瓶身下部内收的具体设计不同，但其均不足以改变二者极其相近似的整体瓶身的线条走向趋势，同时在基本相同的整体色彩的掩饰下，上述差别对整体视觉效果的影响更为弱化，不足以产生显著的影响；另外二者其他在局部上更为细微的差别明显不构成显著影响，不再一一赘述；因此，二者应属于相近似的外观设计。

综上所述，在本专利申请日以前已有与其相近似的外观设计在出版物上公开发表过，本专利不符合专利法第 23 条的规定。

三、决定

宣告 200630008882. 2 号外观设计专利权全部无效。

当事人对本决定不服的，可以根据专利法第 46 条第 2 款的规定，自收到本决定之日起三个月内向北京市第一中级人民法院起诉。根据该款的规定，一方当事人起诉后，另一方当事人应当作为第三人参加诉讼。

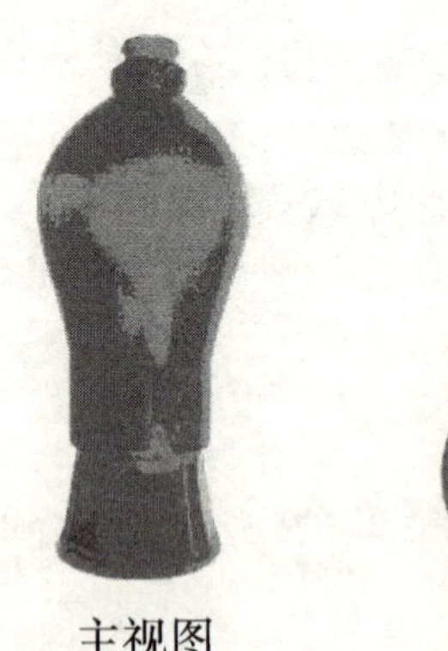

主视图

俯视图

仰视图

本专利附图

左视图

主视图

右视图

后视图

俯视图

仰视图

在先设计附图

020

后桥壳（小型卡车）

无效宣告请求审查决定（第 12504 号）

决　定　号　第 12504 号
决　定　日　2008 年 11 月 10 日
发明创造名称　后桥壳（小型卡车）
外观设计分类号　12-16
无效宣告请求人　威海双辉剑车桥制造有限公司
专　利　权　人　文登市东风车桥有限公司
专　利　号　200630150344.7
申　请　日　2006 年 10 月 19 日
授权公告日　2007 年 9 月 5 日
合议组组长　王霞军
主　审　员　张雪飞
参　审　员　尹春霞
附　图　1 页

法律依据　专利法实施细则第 2 条第 3 款，专利法第 23 条
决定要点
（1）美感是因人而异的主观感受，因此单凭个体的质疑不足以判定某项外观设计不富有美感。
（2）不属于惯常设计等应弱化考虑的视觉明显的差别对整体视觉效果具有显著的影响。

一、案由

本无效宣告请求涉及国家知识产权局于 2007 年 9 月 5 日授权公告的 200630150344.7 号外观设计专利，使用该外观设计的产品名称是“后桥壳（小型卡车）”，其申请日是 2006 年 10 月 19 日，专利权人是文登市东风车桥有限公司。

针对上述外观设计专利权（下称本专利），威海双辉剑车桥制造有限公司（下称请求人）于 2008 年 4 月 29 日向专利复审委员会提出无效宣告请求，其理由是本专利不符合专利法第 22 条、第 23 条和专利法实施细则第 2 条第 3 款、第 20 条第 1 款、第 21 条第 2 款的规定，应予宣告全部无效，并提交了如下证据附件：

附件 1 是“威知字［2008］第 1 号”《威海市知识产权局专利纠纷处理决定书》复印件 3 页；

附件 2 是清华大学出版社于 2004 年 4 月印刷出版的《汽车车桥设计》一书的封面、出版信息页、第 330 页和第 334 页复印件共 4 页。

请求人认为，通过附件1所示决定书中的相关记载可清晰判定本专利的外观设计要素，同时该决定书认定在此类商品中板簧支座的形状对一般消费者仅起次要识别作用，而附件2所示书籍中公开的相关外观设计与本专利除板簧支座外，其他主要外观设计要素均相同，因此二者属于相同的外观设计，本专利不符合专利法第23条的规定；另外，通过附件2所示书籍中的相关记载可知本专利产品使用于汽车底部，其外观形状仅取决于功能，没有任何美学上的考量，因此本专利不富有美感，不符合专利法实施细则第2条第3款的规定。

专利复审委员会根据无效宣告请求审查程序的规定受理了该无效宣告请求，并于2008年5月21日将请求人的无效宣告请求文件转送专利权人。

其后，请求人于2008年5月26日提交了意见陈述书，补充提交了本专利的著录项目及图片复印件共2页。

专利复审委员会于2008年7月4日向双方当事人发出口头审理通知书，定于2008年9月23日进行口头审理，同时将请求人补充提交的意见陈述书及附件转送专利权人。

针对请求人于无效宣告请求之日提出的理由和证据，专利权人于2008年7月7日提交了意见陈述书，结合图片说明本专利与附件2所示外观设计之间存在多处差别，所述差别对产品的整体视觉效果产生了显著的影响，因此二者既不相同也不相近似，本专利符合专利法第23条的规定；另外，本专利既非受功能唯一限定的特定形状，也非仅出于技术上的需要，而是考虑了美观的视觉感受，因此本专利也符合专利法实施细则第2条第3款的规定。基于上述，专利权人认为应维持本专利有效。

专利复审委员会于2008年8月5日将专利权人的意见陈述转送请求人。

请求人逾期未提交书面答复意见。

2008年9月23日口头审理如期举行，双方当事人均委托代理人出席；双方均对对方出庭人员的身份和资格无异议，对合议组成员均无回避请求。

在口头审理中，请求人明确无效请求理由仅为专利法第23条和专利法实施细则第2条第3款，其当庭提交了附件2所示书籍的完整原件，并坚持原有观点；专利权人对附件1和附件2的真实性无异议，对于相同和相近似的判断以及本专利是否富有美感等方面仍坚持原有观点。

在上述审理的基础上，合议组经合议，认为本案事实清楚，依法作出本审查决定。

二、决定的理由

基于请求人提出的无效宣告请求的理由，合议组依据专利法实施细则第2条第3款和专利法第23条的规定进行审理。

专利法实施细则第2条第3款规定：“专利法所称外观设计，是指对产品的形状、图案或者其结合以及色彩与形状、图案的结合所作出的富有美感并适于工业应用的新设计。”

专利法第23条规定：“授予专利权的外观设计，应当同申请日以前在国内外出版物上公开发表过或者国内公开使用过的外观设计不相同和不相近似，并不得与他人在先取得的合法权利相冲突。”

请求人认为本专利的外观设计取决于功能，而非美学上的考量，因此不富有美感，不符合专利法实施细则第2条第3款的规定。对此，合议组认为：根据专利法实施细则第2条第3款规定的外观设计的定义，其针对的是产品，而非美术作品、工艺品等纯美学作品，因此对于外观设计专利是否富有美感的评判标准不同于纯美学作品，况且无论是产品还是纯美学作品是否就可以带来美的主观视觉享受也是因人而异的，单凭个体的质疑不足以判定某项设计不富有美感，从本专利的图片上观察，本专利在保证功能的同时也采用了多种多样的基本形体的组合设计（详见本专利附图），因此合议组对请求人提出的本专利不富有美感的单纯个体观点不予支持。

请求人提交的附件1是“威知字［2008］第1号”《威海市知识产权局专利纠纷处理决定书》复

印件，附件 2 是清华大学出版社于 2004 年 4 月印刷出版的《汽车车桥设计》一书的封面、出版信息页、第 330 页和第 334 页复印件；请求人另补充提交了本专利的著录项目及图片复印件和附件 2 所示书籍的完整原件。专利权人对附件 1 和附件 2 的真实性无异议。

针对上述附件，合议组认为：基于双方当事人均认可的事实，能够认定附件 1 所示决定书和附件 2 所示书籍本身的真实性；但是附件 1 所示决定书中威海市知识产权局对于本专利外观设计要素的文字描述和其基于侵权判定标准作出的认定并不影响专利复审委员会本案合议组依据本专利的清晰图片和审查指南中规定的实质性授权判定标准进行的审查和认定；附件 2 所示书籍的公开日期在本专利申请日以前，适用于专利法第 23 条的规定，其上关于桥壳产品的相关文字记载可辅助说明此类产品的用途和使用环境；另外，本专利的著录项目及图片也可辅助说明本专利的相关信息。

在附件 2 所示书籍的第 334 页上公开了一款汽车桥壳（下称在先设计）的立体图。从图片上观察，在先设计的中部壳体为近似圆柱体，其一侧凸起约 1/4 球面；两侧桥壳为带有平切面的近似方圆效果的柱体；桥壳两端接有圆片状的法兰盘和近似圆台形的细长轴管；桥壳上两侧接有近似凸角方形的板簧支座（详见在先设计附图）。

本专利同样是汽车桥壳的外观设计，其中部壳体为近似圆柱体，其一侧呈近似扁圆柱形加弯月形的不规则凸起；两侧桥壳为近似方柱体；桥壳两端接有不完整圆片状的法兰盘和近似叠加圆柱体形的细长轴管；桥壳上两侧接有方形的板簧支座（详见本专利附图）。

合议组认为：本专利和在先设计均为汽车桥壳的外观设计，用途相同，属于相同类别的产品，具有可比性。

将本专利与在先设计相比较，其相同点为：二者各部分的基本组成、大小比例和布局相同。合议组认为：从整体视觉观察，虽然本专利和在先设计具有上述相同点，但是由于二者在中部壳体和两侧桥壳等主要组成部分的具体形状设计上差别明显，已足以对二者的整体视觉效果产生显著的影响，且二者在两侧的法兰盘、轴管和板簧支座等处的局部设计也有所区别，从一般消费者的角度上观察，足以对二者的整体外观设计进行区分，不会产生误认和混同，请求人又未能证明本专利相对于在先设计的上述设计变化属于应弱化考虑的惯常设计及基于功能唯一限定的特定形状的变化等情形，因此二者应属于不相同且不相近似的外观设计。

综上所述，请求人提出的无效请求理由均不能成立。

三、决定

维持 200630150344.7 号外观设计专利权有效。

当事人对本决定不服的，可以根据专利法第 46 条第 2 款的规定，自收到本决定之日起三个月内向北京市第一中级人民法院起诉。根据该款的规定，一方当事人起诉后，另一方当事人应当作为第三人参加诉讼。

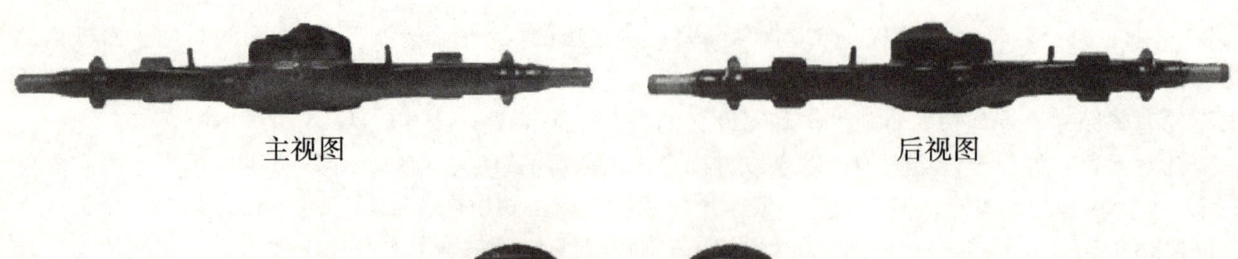

主视图　　后视图

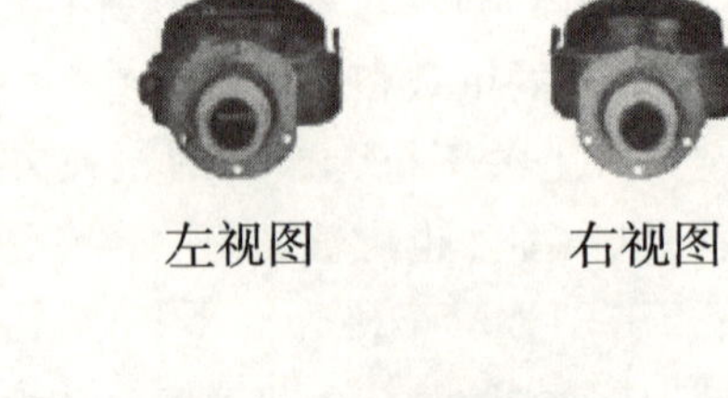

左视图　右视图

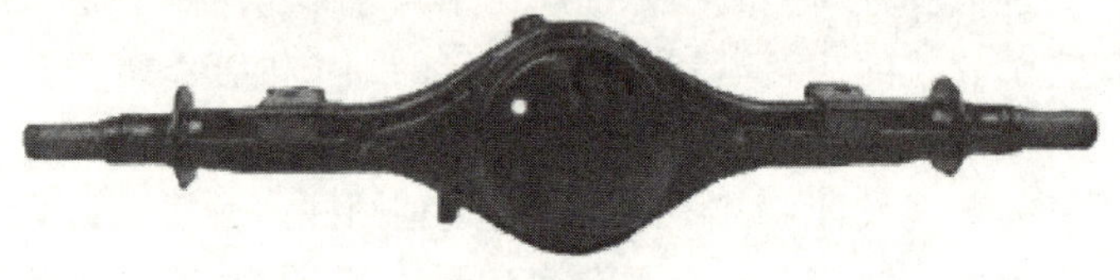

俯视图

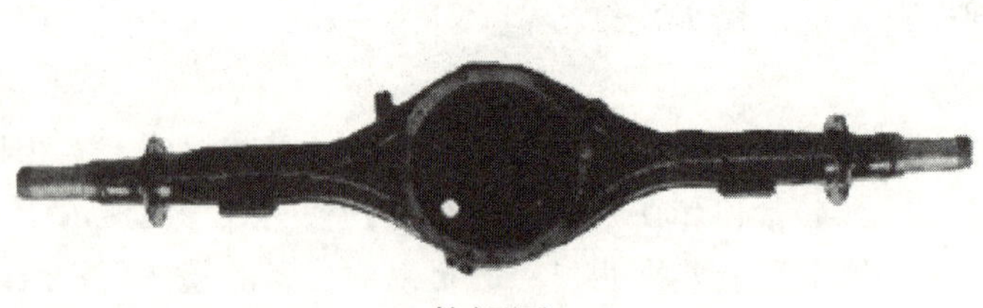

仰视图

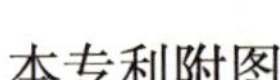

本专利附图

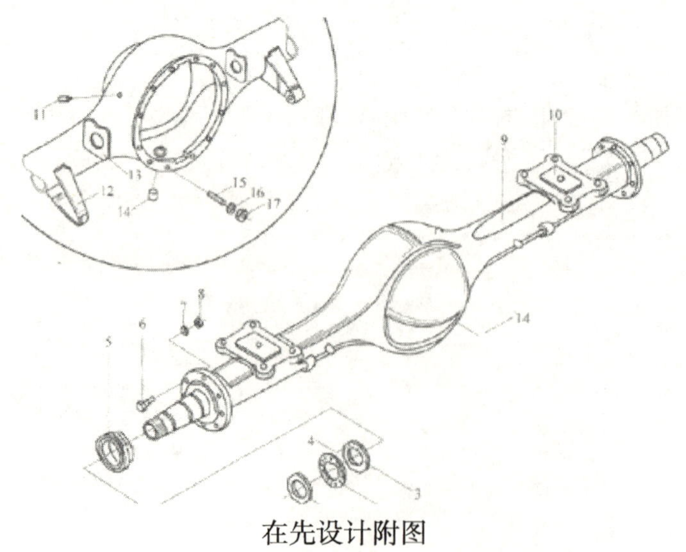

在先设计附图

021

杯（FH-305）

无效宣告请求审查决定（第12529号）

决　定　号　第12529号
决　定　日　2008年11月17日
发明创造名称　杯（FH-305）
外观设计分类号　07-01
无效宣告请求人　上海恒福茶叶有限公司
专　利　权　人　上海第一屋百货礼品有限公司
专　利　号　200430082589.1
申　请　日　2004年10月8日
授权公告日　2005年4月13日
合议组组长　钱亦俊
主　审　员　吴赤兵
参　审　员　李巍巍
附　　图　2页

法律依据　专利法第23条
决定要点

本专利与在先设计分别是盛水的杯子和放蜡烛的杯子，属于相近类别的产品，经比较，二者的差别对整体视觉效果具有显著的影响，故本专利与在先设计属于不相同和不相近似外观设计。

一、案由

本无效宣告请求涉及2005年4月13日国家知识产权局授权公告的200430082589.1号外观设计专利，其产品名称是"杯（FH-305）"，申请日是2004年10月8日，专利权人是上海第一屋百货礼品有限公司。

针对上述外观设计专利权（下称本专利），上海恒福茶叶有限公司（下称请求人）于2008年4月7日向专利复审委员会提出无效宣告请求，其理由是：本专利不符合专利法第22条第2款的规定。请求人认为，在本专利申请日以前已有相同的产品在国内公开生产、销售、使用，本专利不具有新颖性；并且在本专利申请日以前已有相同的外观设计专利被授予专利。与此同时，请求人提交了如下附件作为证据：

附件1：河间市华日玻璃工艺品有限公司生产证明1页（复印件）；

附件2：国家知识产权局网站下载的专利号为02314900.0的专利著录项目信息页及图片2页（复

印件)；

附件3：国家知识产权局网站下载的专利号为02314908.6的专利著录项目信息页及图片1页（复印件)。

专利复审委员会根据无效宣告请求审查程序的规定，于2008年5月22日受理了该无效宣告请求，并将无效宣告请求书和证据的副本转送给专利权人，限其在指定的期限内答复。并告知专利权人如逾期不答复，不影响专利复审委员会的审理。

专利复审委员会于2008年7月1日收到专利权人的意见陈述书，专利权人认为，请求人提交的附件1是一份没有个人签名的证明，并且只是一个孤证，不仅其真实性不能确定，而且也没有证明力。附件2、3是两份专利申请，其产品类别与本专利类别不同，没有可比性。

本案合议组于2008年7月10日将上述专利权人的意见陈述书转送请求人，并通知请求人对其提出的无效宣告请求的理由（法律条款）专利法第22条第2款和专利法实施细则第30条是针对发明专利和实用新型专利的，不是对外观设计专利的，请其对本案无效宣告请求理由（法律条款）进行变更。

请求人2008年8月6日向专利复审委员会提交了意见陈述书和无效宣告请求书（补正件)，请求人将本案无效宣告请求的理由变更为本专利不符合专利法第23条。

本案合议组于2008年9月11日向双方当事人发出《口头审理通知书》，定于2008年11月4日进行口头审理。并将2008年8月6日请求人提交的意见陈述书和无效宣告请求书（补正件）同时转送请求人。

口头审理如期举行，双方委托的代理人参加了审理，双方对对方参加口头审理人员的身份和资格没有异议，对合议组成员没有回避请求。在口头审理中，双方对本案无效宣告请求理由陈述了意见。请求人认为：附件1证明在本专利申请日以前，有相同的产品生产使用，附件2、3的外观设计与本专利相近似。请求人未能提交附件1的原件。专利权人认为：附件1没有原件，对其真实性、关联性均有异议，且该证明没有自然人签字，不能适用专利法第23条。专利权人对请求人提交的附件2、3的真实性没有异议，适用专利法第23条没有异议。请求人认为：本专利与附件2、3的外观设计虽然用途不同，但形状基本一样，本专利是空心的中间有不同层次的阴影，中间有夹层。专利权人认为：本专利是双层玻璃，中间是空心的；附件2、3的外观设计都是蜡烛用具，与本专利类别不同，用途不同，与本专利没有可比性；本专利与附件2、3外形有差异，中间空心的部分容易引起消费者的注意。双方均坚持自己的主张和观点。

在以上审理的基础上，本案合议组经合议，认为本案事实清楚，依法作出本审查决定。

二、决定的理由

1. 法律依据

根据请求人提出的无效宣告请求的理由和提交的证据，本案合议组依据专利法第23条的规定对本案进行审理。

专利法第23条规定：“授予专利权的外观设计，应当同申请日以前在国内外出版物上公开发表过或者国内公开使用过的外观设计不相同和不相近似，并不得与他人在先取得的合法权利相冲突。”

2. 证据认定

请求人提交的附件1，因未能提交原件，无法确定其真实性，合议组认为，该证据不能证明在本专利申请日以前生产了所述相关产品，因此，对附件1不予采信。

请求人提交的附件2、3分别是专利号02314900.0和02314908.6的外观设计专利公开信息文件，经合议组核实其内容与专利公报原件一致。附件2和附件3的公开日均是2003年1月1日（在本专利申请日以前），两证据适用专利法第 23 条的规定。

3. 相同和相近似的比较

附件 2、3 的外观设计分类号均是 26-99，附件 2 外观设计名称为："蜡烛杯（K）"（下称在先设计 1），附件 3 外观设计名称为："蜡烛杯（C）"（下称在先设计 2）。合议组认为，本专利与在先设计均是盛放物品的器皿，虽然两者类别不同，但二者属相近类别的产品，具有可比性。

本专利"杯"呈"鼓"形，其整体为透明玻璃，杯口直径大于杯底面直径，杯体的内外玻璃壁中间有空心夹层（详见本专利附图）。

在先设计 1 的"蜡烛杯"为"鼓"形，其表面为磨砂玻璃，杯口直径与杯底面直径相同，其杯体的玻璃壁为实体玻璃（详见在先设计 1 附图）。

在先设计 2 的"蜡烛杯"为"鼓"形，其整体为透明玻璃，杯口直径与杯底面直径相同，杯壁为实体玻璃（详见在先设计 2 附图）。

通过上述本专利和两个在先设计的描述，对本专利与在先设计 1 和在先设计 2 分别进行比较，合议组认为，本专利与两个在先设计的相近似之处在于：本专利"杯"与在先设计 1 和在先设计 2 的"蜡烛杯"（在先设计 1 为磨砂玻璃，在先设计 2 为透明玻璃，两者整体形状一样）的基本形状均为"鼓"形，本专利高度高一些，而两个在先设计扁一些。本专利与两个在先设计的不相同、不相近似之处在于：本专利杯口直径大于底面直径，两在先设计的杯口直径与杯底直径基本一样；本专利杯体玻璃壁有空心夹层，两在先设计玻璃壁为实体玻璃。通过整体观察、综合判断，本专利与在先设计 1、在先设计 2 区别明显，对本专利与两在先设计的整体视觉效果具有显著的影响，因此，本专利与在先设计 1 和在先设计 2 是不相同、不相近似的外观设计。

综上所述，本专利与其申请日前在国内出版物上公开发表在先设计不相同、不相近似，因此，本专利符合专利法第 23 条的规定。

三、决定

维持 200430082589.1 号外观设计专利权有效。

当事人对本决定不服的，可以根据专利法第 46 条第 2 款的规定，自收到本决定之日起三个月内向北京市第一中级人民法院起诉。根据该款的规定，一方当事人起诉后，另一方当事人应当作为第三人参加诉讼。

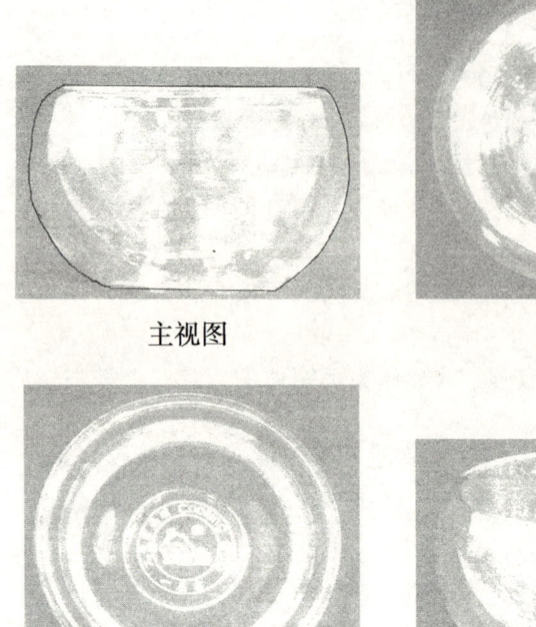

主视图　　仰视图

俯视图　　立体图

本专利附图

主视图

仰视图

俯视图

在先设计 1 附图

立体参考图

在先设计 1 附图（续）

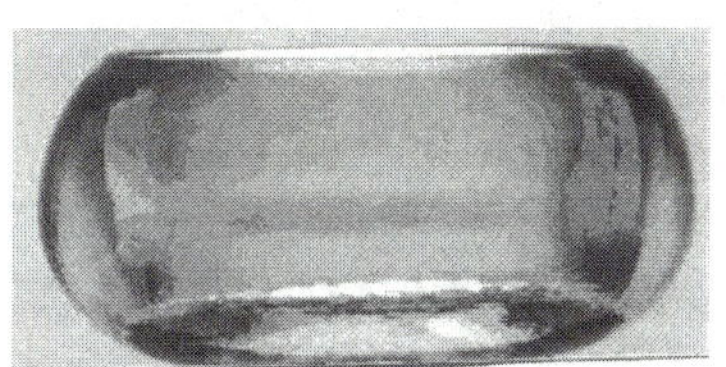

主视图

仰视图

俯视图

立体参考图

在先设计 2 附图

022

饮料瓶贴（芦荟）

无效宣告请求审查决定（第12531号）

决　定　号 第12531号
决　定　日 2008年10月4日
发明创造名称 饮料瓶贴（芦荟）
外观设计分类号 19-08
无效宣告请求人 徐州市科源生物工程有限公司
专　利　权　人 徐州华瑞芦荟制品有限公司
专　利　号 200630034932.4
申　请　日 2006年3月31日
授权公告日 2007年1月31日
合议组组长 钱亦俊
主　审　员 李巍巍
参　审　员 周　佳

法　律　依　据 专利法第23条，专利法实施细则第66条
决　定　要　点

在请求人所提交的证据均不能得到其他证据佐证，不能形成完整的证据链，无法确定其真实性，且专利权人对其证据的真实性、关联性均有异议的情况下，合议组对请求人所提交的证据不能予以采信。请求人应承担其主张不能的法律后果。

一、案由

本无效宣告请求涉及2007年1月31日国家知识产权局授权公告的200630034932.4号外观设计专利，其产品名称是“饮料瓶贴（芦荟）”，申请日是2006年3月31日，专利权人是徐州华瑞芦荟制品有限公司。

针对上述外观设计专利权（下称本专利），徐州市科源生物工程有限公司（下称请求人）于2008年7月10日向专利复审委员会提出无效宣告请求，其理由是本专利不符合专利法第23条的规定。同时，请求人提交了如下附件作为证据：

附件1是徐州华瑞芦荟制品有限公司的产品彩色照片共4张；

附件2是徐州市科源生物工程有限公司的产品彩色宣传页1张；

附件3是徐州市科源生物工程有限公司的瓶贴彩色照片共2张；

附件4是徐州市科源生物工程有限公司的瓶贴印刷胶片黑白照片共2张。

请求人认为，附件 1 是专利权人在本专利申请日之前公开使用的证据，瓶盖上标有专利权人的产品生产日期为 2006 年 3 月 3 日，在该产品的正标为一白色艺术体“鲜”字，其上是“华瑞芦荟”艺术字，其下是带花库拉索芦荟，右上角为质量安全标，左上角为绿色天使注册商标，底面为带水珠的墨绿色；背标底色为带水珠的墨绿色，右上角为质量安全标，中间为“华瑞芦荟”艺术体字，其上为带花库拉索芦荟，下面为产品文字说明，其底色为橙黄色，在该背标上还印有“徐州华瑞芦荟制品有限公司”字样。附件 2 是请求人在 2006 年 1 月印刷的产品页，与附件 1 正标不同的是“鲜”字上为“佳源芦荟”艺术字，左上角是佳源注册商标，附件 2 的瓶贴与本专利相近似。附件 3 和附件 4 进一步佐证附件 2 的印刷时间是在 2006 年 1 月。因此，本专利不符合专利法第 23 条的规定。

经形式审查合格，专利复审委员会受理了该无效宣告请求，并于 2008 年 7 月 10 日将无效宣告请求书和证据的副本转送给专利权人，限其在指定期限内答复。并告知专利权人如逾期不答复，不影响专利复审委员会的审理。

专利权人逾期未答复。

2008 年 8 月 7 日，专利复审委员会向双方当事人发出合议组成员告知通知书，指出如对本案合议组人员有回避请求的，应于收到本通知之日起 7 天内提交书面请求书，逾期未答复，视为无回避请求。同时还向双方当事人发出口头审理通知书，定于 2008 年 10 月 7 日进行口头审理。

口头审理如期举行。专利权人和请求人均委托代理人参加了口头审理。合议组当庭告知双方当事人参审员变更为周佳。双方当事人对对方出庭人员的资格和身份无异议，对变更后的合议组成员无回避请求。在口头审理时请求人当庭出示了附件 1 徐州华瑞芦荟制品有限公司产品彩色照片的实物，提交了印制附件 3 中所涉及的徐州市科源生物工程有限公司瓶贴的整版瓶贴和附件 4 中所称的印刷胶片，请求人认为，附件 1~4 均可单独使用；附件 1 照片中的原瓶的来源是专利权人产品的消费者提供的，并当庭宣读了该消费者的证词，以证明该证据真实、可靠，来源合法；附件 2 是请求人 2006 年 2 月印刷的产品宣传页，该产品宣传页在 2006 年 2 月份举办的全国烟酒饮料订货会上广泛散发，是公开出版物，瓶身上印有生产日期（2006 年 1 月 20 日），该瓶子上的瓶贴与本专利相近似；附件 3 是请求人的瓶贴照片，其上标有印刷日期为 2006 年 1 月 10 日，说明在本专利申请日之前已公开使用了与本专利相近似的瓶贴；附件 4 是请求人印刷瓶贴所用印刷胶片，说明在本专利申请日之前已公开使用了与本专利相近似的瓶贴，同时，附件 3 和附件 4 进一步佐证附件 2 中瓶贴的印刷时间是在 2006 年 1 月。因此，本专利不符合专利法第 23 条规定，应当宣告本专利权全部无效。专利权人对请求人提交的证据 1 的真实性、关联性有异议，认为：（1）其所示的瓶子是已使用过的产品瓶子，两者是可分离和可以调换的，二者没有关联性；（2）瓶盖上标注的生产日期是任何人可以在任何时间印制的，因此，瓶盖上的生产日期不能证明瓶装产品的生产日期；（3）请求人产品使用的瓶子、瓶盖与专利权人的瓶子、瓶盖形状相同，均是由一供应商供货，因此，存在瓶子或瓶盖互相替换的可能；（4）该瓶子是常用消费品，根据生活常识，已经使用过的饮料瓶没有特殊原因是不可能保存两年之久。专利权人对证据 2 的真实性有异议，认为：（1）证据 2 是请求人自己印制的产品广告单页，其印刷有一定的随意性，宣传页上的日期不能证明该宣传页真实印刷日期；（2）其内的两个瓶子上的日期不一致；（3）请求人提交的证据 3 和证据 4 版式与证据 2 所示宣传页不一致；（4）请求人提交的证据 3 和证据 4 注明，请求人产品生产日期标注在瓶盖上，而宣传页所示产品的生产日期却印在瓶身正前方，其与证据 3 和证据 4 相矛盾，进一步证明该宣传页不真实。由于该证据随意性极大，不能排他性地证明唯一事实。专利权人对证据 3、证据 4 与本案的关联性、真实性有异议，（1）证据 3、证据 4 是企业内部生产备件，既不能证明瓶贴被出版物公开，也不能证明瓶贴被销售使用公开，因此，与本案没有关联性；（2）证据 3、证据 4 是印刷底版，为电脑制版，底版上标注的时间是人为设定的，其随意性很大，因此，底版上标注的时间不能证明该底版制作的真实时间；（3）证据3瓶贴印有商品代码，而证据4底版上没有商品代码，因此，两者没有关联性。由于证据3、证据4的制作随意性极大，不能排他性地证明唯一事实，且与本案没有关联性。综上所述，请求人提交的证据都不能排他性地证明相关的事实，不能作为本案有效证据使用，应当维持本专利有效。口头审理中双方当事人均详细阐述了自己的具体主张和理由。在口头审理后双方当事人均提交了口头审理代理词。在以上审理的基础上，本案合议组经合议，认为本案事实清楚，依法作出本审查决定。

二、决定的理由

1. 法律依据

根据请求人提出的无效宣告请求的理由和提交的证据，本案合议组依据专利法第23条的规定对本案进行审理。

专利法第23条规定："授予专利权的外观设计，应当同申请日以前在国内外出版物上公开发表过或者国内公开使用过的外观设计不相同和不相近似，并不得与他人在先取得的合法权利相冲突。"

专利法实施细则第66条规定："在专利复审委员会受理无效宣告请求后，请求人可以在提出无效宣告请求之日起1个月内增加理由或者补充证据。逾期增加理由或者补充证据的，专利复审委员会可以不予考虑。"

2. 证据的认定

请求人提交的附件1是徐州华瑞芦荟制品有限公司的产品彩色照片共4张。请求人在口头审理时当庭出示了附件1照片中所示的原瓶实物，并宣读了该实物提供者的证言，证明本专利已经在申请日之前公开销售使用的事实。专利权人对附件1的真实性、关联性均有异议。合议组认为，请求人欲以饮料瓶瓶盖上打印的生产日期证明瓶贴的公开时间是在本专利申请日之前，而该日期是在瓶盖制成及饮料灌装后印制上去的，且该生产日期的印制有一定的随意性，在请求人未提交其他证据佐证附件1所示产品为本专利申请日之前已经公开使用的情况下，无法确定其真实性，请求人当庭宣读的证人证言未在专利法实施细则第66条规定的期限内提交，且该补充证据不属于专利复审委员会可以考虑的例外情形，因此，附件1和证人证言均不能作为本案认定事实的依据，本案不予采信。

请求人提交的附件2是徐州市科源生物工程有限公司的产品彩色宣传页1张，为双面印刷，在附件2背面右下角印有"2006年2月一版"字样。请求人称该宣传页的印刷时间为2006年1月，并曾在2006年2月份举办的全国烟酒饮料订货会上广泛散发过，且其上记载有"2006年2月一版"字样，同时，附件3、附件4可以佐证附件2中左侧瓶贴的印刷时间是在2006年1月。专利权人对附件2的真实性、关联性有异议。合议组认为，附件2为请求人自己企业产品的单页宣传页，其上无国家规定的出版刊号，为企业可自行印刷的产品宣传页，该证据的制作有一定的随意性。在没有其他客观形成的证据佐证其印刷和散发时间的情况下，无法确定其真实性，因此，附件2不能作为本案认定事实的依据，本案不予采信。

请求人提交的附件3是徐州市科源生物工程有限公司的瓶贴彩色照片共2张。附件4是徐州市科源生物工程有限公司的瓶贴印刷胶片黑白照片共2张。在口头审理时，请求人提交了附件3的整版瓶贴、附件4的印刷胶片各一张。在附件3整版瓶贴的右上方标有"CM K \ \ S10 \ 本地磁盘（e）星期二 \ 申佳 \ pb-500 副本 . eps Time：2006/01/10 13：04：04"，附件4印刷胶片的右上方标有"C \ \ S10 \ 本地磁盘（e）星期二 \ 申佳 \ pb-500 副本 . eps Time：2006/01/10 13：04：04"，请求人称该日期即为印刷日期（2006年1月10日）。专利权人对附件3和附件4的真实性、关联性均有异议。合议组认为，附件3瓶贴、附件4印制瓶贴胶片，该两份证据均为请求人企业内部生产流程中的中间产品，通过电脑完成制作，有一定的随意性，在请求人未提交印刷和使用过程中形成的客观证据予以佐证的情况下，不能认定附件 3 和附件 4 上的时间即为印刷使用时间，因此，附件 3 和附件 4 本身不足以作为认定事实的依据，本案不予采信。

合议组认为，在附件 2~4 均不予以采信的情况下，上述证据无法形成一个完整的证据链。

综上所述，请求人提交的附件 1~4 均不足以支持其无效宣告请求的理由。

请求人有责任向专利复审委员会提交充分的证据，如果其提交的证据均不足以支持其无效请求理由，应承担其举证不能的法律后果。

三、决定

维持 200630034932.4 号外观设计专利权有效。

当事人对本决定不服的，可以根据专利法第 46 条第 2 款的规定，自收到本决定之日起三个月内向北京市第一中级人民法院起诉。根据该款的规定，一方当事人起诉后，另一方当事人应当作为第三人参加诉讼。

023

托辊（甲带给料机专用）

无效宣告请求审查决定（第12547号）

决　定　号　第12547号
决　定　日　2008年11月18日
发明创造名称　托辊（甲带给料机专用）
外观设计分类号　15-99
无效宣告请求人　扬州凯思特液压阀门自控设备制造有限公司
专　利　权　人　孟凡英
专　利　号　200530094875.4
申　请　日　2005年9月30日
授权公告日　2006年9月20日
合议组组长　吴大章
主　审　员　张　凌
参　审　员　雷　婧
附　　　图　2页

法律依据　专利法第23条
决定要点

综合请求人提交的证据可知使用了与本专利相近似外观设计产品的机械设备在本专利的申请日前即已制造和销售，构成使用公开，本专利不符合专利法第23条的规定。

一、案由

本无效宣告请求涉及国家知识产权局于2006年9月20日授权公告的、名称为“托辊（甲带给料机专用）”的200530094875.4号外观设计专利，其申请日为2005年9月30日，专利权人为孟凡英。

针对上述专利权（下称本专利），扬州凯思特液压阀门自控设备制造有限公司（下称请求人）于2008年8月4日向专利复审委员会提出无效宣告请求，理由是本专利与在其申请日前公开使用过的外观设计相同，不符合专利法第23条的规定。请求人同时提交如下附件作为证据：

附件1：（2008）皖淮正公证字第4829号公证书原件（共8页）；

附件2：由淮南矿业集团张集煤矿绞车二队出具、经淮南矿业（集团）有限责任公司张集煤矿核实的证明复印件（共1页）。

请求人认为淮南矿业（集团）有限责任公司张集煤矿在2004年12月即已使用了专利权人担任董事长兼总工程师的兖州量子科技有限责任公司生产的甲带给料机（型号JDG7/F/S-1），该机械自投入使用后未更改过各零部件的结构，其中使用的托辊的外观设计与本专利相同，因此本专利不符合专利法第 23 条的规定。

经形式审查合格后，专利复审委员会受理了上述无效宣告请求，并于 2008 年 8 月 4 日将无效宣告请求书及相关附件的副本转给专利权人，要求其在指定的期限内答复。

2008 年 8 月 29 日，请求人补充提交意见陈述，并补充提交如下附件作为证据（编号续前）：

附件 3：（2008）皖淮正公证字第 7679 号公证书复印件（共 9 页）；

附件 4：（2008）皖淮正公证字第 7680 号公证书复印件（共 5 页）；

请求人认为，通过其补充提交的证据更加清楚地证明在本专利的申请日前已有与相同或相近似的托辊公开制造、销售和使用，因此本专利不符合专利法第 23 条的规定。

2008 年 9 月 1 日，请求人再次提交意见陈述，认为在本专利的申请日前已有与之相近似的外观设计在专利文件上公开，本专利不符合专利法的规定，并补充提交如下附件作为证据（编号续前）：

附件 5：02266643.5 号实用新型专利说明书复印件（共 5 页）。

2008 年 9 月 2 日，专利复审委员会向双方当事人发出口头审理通知书，定于 2008 年 11 月 3 日对本案进行口头审理。

2008 年 9 月 16 日，专利复审委员会将请求人补充提交的上述意见陈述及其附件副本转送专利权人。

2008 年 9 月 18 日，专利权人针对上述无效宣告请求提交意见陈述，认为甲带给料机的托辊为易损件，每隔几个月就需要更换一次，请求人的证据不能证明设备销售时的状态，请求人的理由不能成立。

2008 年 9 月 25 日，专利复审委员会将专利权人的上述意见陈述转送请求人。

口头审理如期举行，双方当事人的代理人参加了口头审理。请求人明确其无效宣告的理由为本专利不符合专利法第 23 条的规定，依据附件 1~4 证明在本专利的申请日前已有与之相同的外观设计公开制造和销售，依据附件 5 证明在本专利的申请日前已有与之相近似的外观设计在出版物上公开发表。请求人当庭出示了附件 1~4 的原件。专利权人对附件 1、附件 3 和附件 4 公证书的真实性无异议，但对其证明内容的真实性有异议，承认附件 4 可以证明兖州量子科技有限责任公司销售了甲带给料机，但认为无法证明销售时托辊的状态；对附件 2 的真实性有异议，认为其没有单位负责人的签字，不符合形式要件，也无证人到庭接受质证；对附件 5 的真实性没有异议。关于相同相近似判断，请求人坚持附件 1 中所示托辊与本专利相同，附件 5 中所示托辊与本专利相近似。专利权人认为附件 1 中没有完整显示出单独一件能够与本专利进行对比的产品或零件，各图片显示的部分或者不是托辊或者与本专利不相同且不相近似；本专利与附件 5 形状不同，二者不相同且不相近似。

在上述审理的基础上，合议组经合议，认为本案事实清楚，依法作出本审查决定。

二、决定的理由

1. 法律依据

基于请求人提出无效宣告请求所依据的理由和证据，合议组对本专利是否符合专利法第 23 条的规定进行审查。

专利法第 23 条规定，授予专利权的外观设计，应当同申请日以前在国内外出版物上公开发表过或者国内公开使用过的外观设计不相同和不相近似，并不得与他人在先取得的合法权利相冲突。

2. 证据和事实认定

请求人提交的附件 1 和附件 4 分别是（2008）皖淮正公证字第 4829 号公证书和（2008）皖淮正公证字第 7680 号公证书，专利权人对上述两份公证书的真实性无异议，合议组对上述公证书予以采信。

根据附件 1，安徽省淮南市正诚公证处应请求人的申请，于 2008 年 5 月 30 日到淮南矿业（集团）有限责任公司张集煤矿北区（原淮南矿业（集团）有限责任公司张北矿），对该处正在运转使用的由兖州市量子科技有限责任公司生产的甲带给料机及其相关配件的外观进行了拍照，以便保全证据。在公证处拍摄的照片中公开了该甲带给料机所使用的托辊的外观。该公证书中的工作记录同时确认，在被拍摄的甲带给料机的标牌上载有如下内容："专利号：99201790.4，型号 JDG/7/F/S-1，出厂编号 041215，出厂日期：2004 年 12 月，兖州市量子科技有限责任公司"。上述照片和工作记录是公证处对现场勘验的客观记录，合议组对其真实性予以确认，对上述证据予以采信。

在附件 4 中，安徽省淮南市正诚公证处确认其出具的 7680 号公证书中所附《物资购销合同》、《山东省济宁市工业企业销售统一发票》、《设备结算单》复印件与原件的内容相符。故，合议组对该公证书中上述合同和单据的真实性予以确认。根据上述合同可以确认，淮南矿业（集团）有限责任公司于 2004 年 9 月 8 日与兖州市量子科技有限责任公司签订了购买 5 台型号为 JDG/7/F/S-1 的甲带给煤机的合同，合同交货地点为淮南矿业（集团）有限责任公司张北矿井。根据上述发票和结算单可知，2004 年 12 月该合同被履行，淮南矿业（集团）有限责任公司张北矿收到了上述甲带给煤机。

请求人提交的附件 2 是由淮南矿业集团张集煤矿绞车二队出具、经淮南矿业（集团）有限责任公司张集煤矿核实的证明复印件，口头审理中其出示了该证明的原件。专利权人对该证据的真实性不予认可，认为其中缺少单位负责人的签字，并且相关证人也未出庭接受质证。根据该证明，淮南矿业（集团）有限责任公司张集煤矿确认其曾从兖州市量子科技有限责任公司购入型号为 JDG/7/F/S-1、专利号为 99201790.4 的甲带给煤机，并与 2004 年 12 月投入使用，至今对其零部件结构未作更改。

合议组认为，尽管附件 2 中缺乏相关单位负责人的签字，相关证人也未出庭接受质证，但是该证明的内容与附件 1 和附件 4 的相关内容一致，其真实性得到了附件 1 和附件 4 的佐证，故合议组对该证明予以采信。专利权人认为甲带给料机的托辊为易损件，每隔几个月就需要更换一次，证明中关于该机械各零部件结构未作更改的内容不真实。对此，合议组认为，甲带给料机是在矿山用于运送矿料的大型机械，其中的托辊需要与其他部件特别是胶带的规格和结构相配，托辊本身使用一段时间后可能需要更换，但是在整机的其他部件不作更改的情况下，其特定的形状和结构是不能轻易改变的；尽管专利权人主张很容易对托辊进行改变，但是并没有提供相关的证据证明，因此合议组对其主张不予支持。

结合附件 1、附件 2 和附件 4 可知，2004 年 9 月兖州市量子科技有限责任公司与淮南矿业（集团）有限责任公司签订了 JDG/7/F/S-1 型甲带给煤机的销售合同，该机械于 2004 年 12 月在淮南矿业（集团）有限责任公司张集煤矿北区投入使用，至今该机械的各零部件结构未做过更改，因此尽管附件 1 中的照片系在 2008 年 5 月 30 日拍摄，可以认为其中所显示的 JDG/7/F/S-1 型甲带给料机的托辊的结构和外观在 2004 年 12 月即已公开。

附件 1 中托辊的外观设计的公开时间早于本专利的申请日（2005 年 9 月 30 日），其可以作为评价本专利是否符合专利法第 23 条规定的证据。

3. 关于专利法第 23 条

附件 1 中所示甲带给料机的托辊（下称在先设计）与本专利属于相同类别的产品，故将二者进行如下相同相近似对比。

本专利所示托辊整体大致为圆柱形，两端有圆柱状的凸出，中间有环形的凹入（详见本专利附图）。

在先设计所示托辊整体大致为圆柱形，两端有大致为椭圆柱状的凸出，中间有环形的凹入（详见在先设计附图)。

将本专利与在先设计相比，两者的主要相同点为整体均大致为圆柱形，中间有环形的凹入。两者的区别主要在于本专利两端部的形状为圆柱状，在先设计为椭圆柱状。合议组认为，本专利与在先设计存在的上述区别为局部细微差异，其不足以对二者整体的视觉效果产生显著影响，本专利与在先设计的整体和主要局部的形状相同，已足以导致二者呈现整体相近似的视觉效果。因此，二者属于相近似的外观设计。

专利权人认为附件 1 中的图片不能完整显示出单独一件能够与本专利进行对比的产品或零件，使用其中多幅图片与本专利进行对比不符合单独对比的原则。对此，合议组认为，甲带给料机上并非只装有一个而是一组托辊，这些托辊与套在其外层的胶带相配合，起到支撑甲带的作用，由于这些托辊的结构和形状必须与外层胶带相配，因此它们的形状和结构应当是一致的，根据从不同角度对甲带给料机拍摄的照片综合确定其所显示的托辊的形状并无不妥之处，也不违反单一对比的原则。因此专利权人的主张不能成立。

综上所述，在本专利的申请日前已经有与之相近似的外观设计在国内公开使用过，本专利不符合专利法第 23 条的规定。

鉴于本专利与在先设计相比较已得出二者相近似的结论，故在本决定中对请求人提出的其他证据不再作出评述。

三、决定

宣告 200530094875.4 号外观设计专利全部无效。

当事人对本决定不服的，可以根据专利法第 46 条第 2 款的规定，自收到本决定之日起三个月内向北京市第一中级人民法院起诉。根据该款的规定，一方当事人起诉后，另一方当事人应当作为第三人参加诉讼。

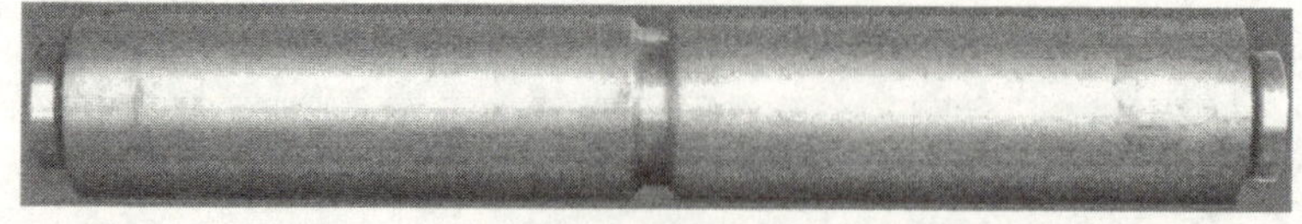

主视图

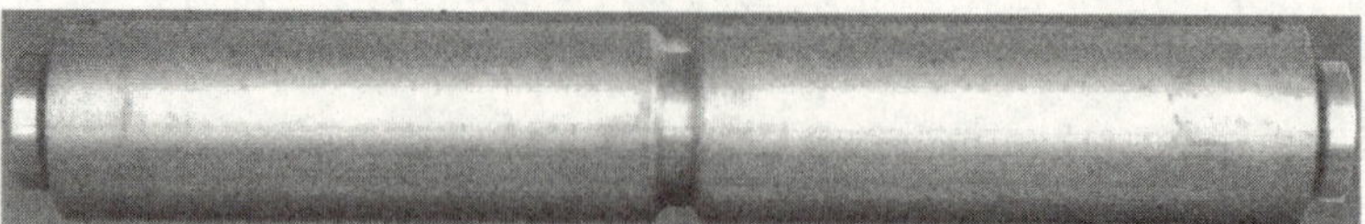

后视图

左视图

仰视图

本专利附图

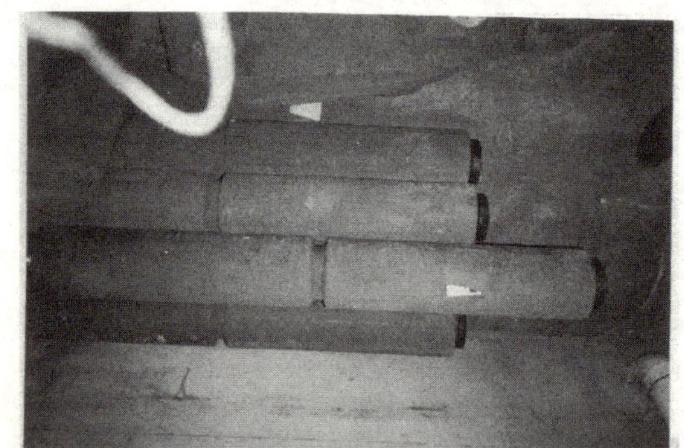

在先设计附图

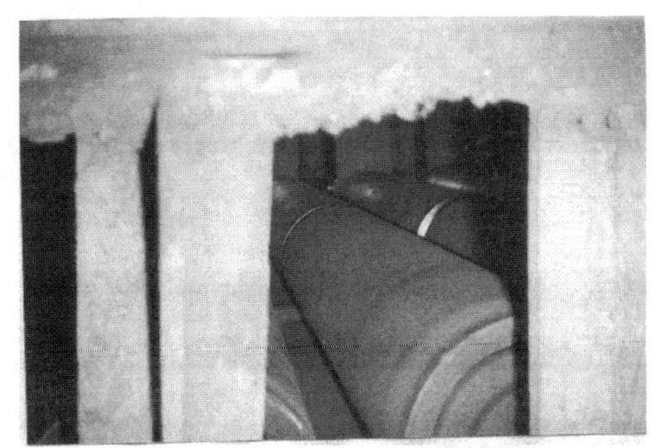

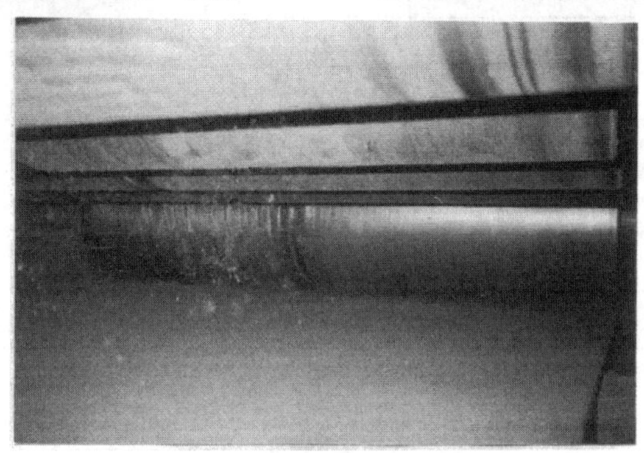

在先设计附图（续）

北京市第一中级人民法院
行政判决书

（2009）一中行初字第569号

原告孟凡英，男，1962年7月19日出生，汉族，兖州市量子科技有限责任公司总工程师，住该公司宿舍。

委托代理人巩同海，男，青岛发思特专利商标代理有限公司专利代理人。

委托代理人时惠平，山东小又小律师事务所律师。

被告国家知识产权局专利复审委员会，住所地北京市海淀区北四环西路9号银谷大厦10~12层。

法定代表人廖涛，副主任。

委托代理人张凌，女，国家知识产权局专利复审委员会审查员。

委托代理人隋璐，女，国家知识产权局专利复审委员会审查员。

第三人扬州凯斯特液压阀门自控设备制造有限公司，住所地江苏省扬州市荷花池西路荷花池小区152幢007室。

法定代表人汤顺宏，董事长。

委托代理人柏尚春，男，南京苏高专利商标事务所专利代理人。

原告孟凡英不服被告国家知识产权局专利复审委员会于2008年11月18日作出的第12547号无效宣告请求审查决定（以下简称第12547号决定），向本院提起行政诉讼，本院受理后，依法组成合议庭，于2009年4月22日公开开庭审理了本案。原告的委托代理人巩同海、时惠平，被告的委托代理人张凌、隋璐，第三人的委托代理人柏尚春到庭参加了诉讼。本案现已审理终结。

2008年11月18日，被告作出第12547号决定，认为在名称为“托辊（甲带给料机专用）”的200530094875.4号外观设计专利（以下简称本专利）的申请日前已经有与之相近似的外观设计在国内公开使用过，本专利不符合《中华人民共和国专利法》（以下简称《专利法》）第二十三条的规定，并据此决定宣告本专利全部无效。

被告在法定期限内向本院提交了以下证据，用以证明第12547号决定正确：

（1）本专利授权文本；

（2）（2008）皖淮正公证字第4829号公证书（以下简称附件1）；

（3）由淮南矿业集团张集煤矿绞车二队出具，经淮南矿业（集团）有限责任公司张集煤矿核实的证明（以下简称附件2）；

（4）（2008）皖淮正公证字第7680号公证书复印件（以下简称附件4）；

（5）口头审理记录。

原告诉称：（1）第12547号决定认定证据有误。附件1、附件2和附件4的结合不能排除附件1照片中显示的托辊的结构和外观在本专利的申请日之后才公开。附件2不是直接证据，且证人未出庭接受质证。该证据不能直接证明所称的2004年12月投入使用甲带给煤机“至今对其零部件结构未作更改”。附件1是公证书，该证据中的照片中还包含了“有关配件”的照片。该照片是在2008年5月30日拍摄。但在附件1中未对“有关配件”的结构和外观的公开时间，来源作出说明。附件4是公证书，该证据中未载明附件1中所称的“有关配件”及与其相关联的信息。（2）原告取得的证据可以证明，2005年10月13日淮南矿业（集团）有限责任公司就购买兖州市量子科技有限责任公司产品：托辊、主动滚筒、从动滚筒、耐磨阻燃环形带等签订物资购销合同。2005 年 11 月，该公司将附件 1 照片中显示的甲带给料机中中间没有凹槽的托辊、主动滚筒、从动滚筒更换成了中间带有凹槽的托辊、主动滚筒、从动滚筒，将平的胶带换成了耐磨阻燃环形带，防止了环形带的跑偏问题。因此，附件 1 中托辊的外观设计的公开时间为 2005 年 11 月，晚于本专利的申请日 2005 年 9 月 30 日，相对于本专利不属于在先设计，不能用其作为评价本专利是否符合《专利法》第二十三条的证据。原告请求法院判决撤销第 12547 号决定，判令被告重作，并判令被告承担本案的诉讼费用。

原告在法定期限内向本院提交了以下证据：

（1）（2008）皖淮求公证字第 5760 号公证书；

（2）淮南矿业集团张集煤矿 2008 年 12 月 12 日证明；

（3）2005 年 11 月 15 日，山东增值税专用发票（编号：07913806，记账联及附件）；

（4）2005 年 11 月 15 日，山东增值税专用发票（编号：07913807，记账联）。

以上证据用以证明 2005 年 10 月 13 日淮南矿业（集团）有限责任公司就购买兖州市量子科技有限责任公司产品：托辊、主动滚筒、从动滚筒、耐磨阻燃环形带等签订物资购销合同。2005 年 11 月，该公司将审查决定所使用的附件 1 照片中显示的甲带给料机中中间没有凹槽的托辊、主动滚筒、从动滚筒更换成了中间带有凹槽的托辊、主动滚筒、从动滚筒，将平的胶带换成了耐磨阻燃环形带，防止了环形带的跑偏问题。

被告辩称：（1）原告在诉讼阶段提交的证据与本案没有关联性。（2）甲带机托辊中部是否有凹槽取决于与之相配合的甲带，但就整体而言，甲带机的托辊整体都呈圆柱状，中部的凹槽对整体视觉效果不具有显著影响，坚持在第 12547 号决定中的所作的认定。第 12547 号决定认定事实清楚，适用法律法规正确、审理程序合法，审查结论正确，原告的诉讼理由不能成立，被告请求人民法院维持第 12547 号决定。

第三人述称：同意被告的意见，请求人民法院判决维持第 12547 号决定。

第三人在本院庭审过程中提交了以下证据，用以证明原告证据中单位公章是虚假的：

（1）安徽省淮南市正诚公证处出具的（2009）皖淮正公证字第 3267 号公证书；

（2）安徽省淮南市正诚公证处出具的（2009）皖淮正公证字第 3268 号公证书。

在庭审质证中，原告对被告证据的关联性没有异议，对证据 3 的真实性有异议。第三人对被告的证据没有异议。被告及第三人认为原告的证据在行政程序中没有提交，与本案没有关联性。原告认为第三人的证据超过举证期限不应采纳。被告对第三人的证据没有异议。

经审查，本院认为，被告的证据与第 12547 号决定有关，且符合证据合法性、真实性的要求，能够证明案件的相关事实，本院对上述证据予以采纳；原告的证据在行政程序中没有提交且无正当理由，不能作为评价第 12547 号决定合法性的证据，与本案没有关联性，本院不予采纳；第三人提交的证据已超出举证期限，根据最高人民法院《关于行政诉讼证据若干问题的规定》第七条的规定，本院不予采纳。

根据上述有效证据及各方当事人在庭审中无争议的陈述，本院确认如下事实：

2005 年 9 月 30 日，原告向中华人民共和国国家知识产权局申请名称为“托辊（甲带给料机专用）”的外观设计专利权，于 2006 年 9 月 20 日授权公告。2008 年 8 月 4 日，第三人以本专利与在其申请日前公开使用过的外观设计相同，不符合《专利法》第二十三条规定为由，向被告提出无效宣告请求，同时提交了附件 1 和附件 2 作为证据。被告受理了第三人的请求后，依法进行了转文。2008 年 8 月 29 日，第三人向被告提交了补充意见陈述，并补充提交（2008）皖淮正公证字第 7679 号公证书复印件（共 9 页，以下简称附件 3）和附件 4 作为证据。2008 年 9 月 1 日，第三人再次提交意见陈述，认为在本专利的申请日前已有与之相近似的外观设计在专利文件上公开，本专利不符合《专利法》的规定，并补充提交02266643.5号实用新型专利说明书复印件（共5页，以下简称附件5）。2008年9月2日，被告向原告及第三人发出口头审理通知书。2008年9月16日，被告将第三人补充提交的证据向原告进行了转文。2008年9月18日，原告针对上述无效宣告请求提交意见陈述，认为甲带给料机的托辊为易损件，每隔几个月就需要更换一次，第三人的证据不能证明设备销售时的状态，第三人的理由不能成立。

2008年11月3日，被告举行了口头审理。在口头审理过程中，第三人明确其无效宣告的理由为本专利不符合《专利法》第二十三条的规定，依据附件1~4证明在本专利的申请日前已有与之相同的外观设计公开制造和销售，依据附件5证明在本专利的申请日前已有与之相近似的外观设计在出版物上公开发表。第三人出示了附件1~4的原件。原告对附件1、附件3和附件4公证书的真实性无异议，但对其证明内容的真实性有异议，认可附件4可以证明兖州量子科技有限责任公司销售了甲带给料机，但认为无法证明销售时托辊的状态；对附件2的真实性有异议，认为其没有单位负责人的签字，不符合形式要件，也无证人到庭接受质证；对附件5的真实性没有异议。2008年11月18日，被告作出第12547号决定。该决定认为：

（1）法律依据。基于第三人提出无效宣告请求所依据的理由和证据，对本专利是否符合《专利法）》第二十三条的规定进行审查。

（2）证据和事实认定。第三人提交的附件1和附件4分别是（2008）皖淮正公证字第4829号公证书和（2008）皖淮正公证字第7680号公证书，原告对上述两份公证书的真实性无异议，被告对上述公证书予以采信。根据附件1，安徽省淮南市正诚公证处应请求人的申请，于2008年5月3O日到淮南矿业（集团）有限责任公司张集煤矿北区（原淮南矿业（集团）有限责任公司张北矿），对该处正在运转使用的由兖州市量子科技有限责任公司生产的甲带给料机及其相关配件的外观进行了拍照，以便保全证据。在公证处拍摄的照片中公开了该甲带给料机所使用的托辊的外观。该公证书中的工作记录同时确认，在被拍摄的甲带给料机的标牌上载有如下内容："专利号：99201790.4，型号JDG/7/F/S-1，出厂编号041215，出厂日期：2004年12月，兖州市量子科技有限责任公司"。上述照片和工作记录是公证处对现场勘验的客观记录，对其真实性予以确认，对上述证据予以采信。在附件4中，安徽省淮南市正诚公证处确认其出具的7680号公证书中所附《物资购销合同》、《山东省济宁市工业企业销售统一发票》、《设备结算单》复印件与原件的内容相符。故，对该公证书中上述合同和单据的真实性予以确认。根据上述合同可以确认，淮南矿业（集团）有限责任公司于2004年9月8日与兖州市量子科技有限责任公司签订了购买5台型号为JDG/7/F/S-1的甲带给煤机的合同，合同交货地点为淮南矿业（集团）有限责任公司张北矿井。根据上述发票和结算单可知，2004年12月该合同被履行，淮南矿业（集团）有限责任公司张北矿收到了上述甲带给煤机。附件2是由淮南矿业集团张集煤矿绞车二队出具、经淮南矿业（集团）有限责任公司张集煤矿核实的证明复印件，口头审理中其出示了该证明的原件。尽管附件2中缺乏相关单位负责人的签字，相关证人也未出庭接受质证，但是该证明的内容与附件1和附件4的相关内容一致，其真实性得到了附件1和附件4的佐证，故对该证明予以采信。原告认为甲带给料机的托辊为易损件，每隔几个月就需要更换一次，证明中关于该机械各零部件结构未作更改的内容不真实。对此，被告认为，甲带给料机是在矿山用于运送矿料的大型机械，其中的托辊需要与其他部件特别是胶带的规格和结构相配，托辊本身使用一段时间后可能需要更换，但是在整机的其他部件不作更改的情况下，其特定的形状和结构是不能轻易改变的；尽管专利权人主张很容易对托辊进行改变，但是并没有提供相关的证据证明，因此对其主张不予支持。结合附件1、附件2和附件4可知，2004年9月兖州市量子科技有限责任公司与淮南矿业（集团）有限责任公司签订了 JDG/7/F/S-1 型甲带给煤机的销售台同，该机械于 2004 年 12 月在淮南矿业（集团）有限责任公司张集煤矿北区投入使用，至今该机械的各零部件结构未作过更改，因此尽管附件 1 中的照片系在 2008 年 5 月 30 日拍摄，可以认为其中所显示的 JDG/7/F/S-1 型甲带给料机的托辊的结构和外观在 2004 年 12 月即已公开。附件 1 中托辊的外观设计的公开时间早于本专利的申请日（2005 年 9 月 30 日），其可以作为评价本专利是否符合《专利法》第二十三条的规定的证据。

（3）关于《专利法》第二十三条。附件 1 中所示甲带给料机的托辊（以下简称在先设计）与本专利属于相同类别的产品，故将二者进行如下相同相近似对比。本专利所示托辊整体大致为圆柱形，两端有圆柱状的凸出，中间有环形的凹入。在先设计所示托辊整体大致为圆柱形，两端有大致为椭圆柱状的凸出，中间有环形的凹入。将本专利与在先设计相比，两者的主要相同点为整体均大致为圆柱形，中间有环形的凹入。两者的区别主要在于本专利两端部的形状为圆柱状，在先设计为椭圆柱状。被告认为，本专利与在先设计存在的上述区别为局部细微差异，其不足以对二者整体的视觉效果产生显著影响，本专利与在先设计的整体和主要局部的形状相同，已足以导致二者呈现整体相近似的视觉效果。因此，二者属于相近似的外观设计。原告认为附件 1 中的图片不能完整显示出单独一件能够与本专利进行对比的产品或零件，使用其中多幅图片与本专利进行对比不符合单独对比的原则。被告认为，甲带给料机上并非只装有一个而是一组托辊，这些托辊与套在其外层的胶带相配合，起到支撑甲带的作用，由于这些托辊的结构和形状必须与外层胶带相配，因此它们的形状和结构应当是一致的，根据从不同角度对甲带给料机拍摄的照片综合确定其所显示的托辊的形状并无不妥之处，也不违反单一对比的原则。因此原告的主张不能成立。

基于上述理由，被告作出第 12547 号决定，宣告本专利全部无效。

原告对该决定不服，向本院提起行政诉讼。

在本院庭审中，原告及第三人对被告作出第 12547 号决定的行政程序的合法性没有异议。

本院认为：根据当事人无争议的陈述，本院经审查，对被告作出第 12547 号决定的行政程序的合法性予以确定。

本案中，附件 1 是对淮南矿业（集团）有限责任公司张集煤矿北区正在运转使用的甲带给料机及其配件的外观进行的公证；附件 2 是淮南矿业（集团）有限责任公司张集煤矿出具的证明；附件 4 是关于《物资销售合同》、销售发票、《设备结算单》的公证材料。根据附件 1、附件 2 和附件 4 公开的内容，能够形成证据链，证明型号为 JDG/7/F/S-1 甲带给料机的托辊的结构和外观在 2004 年 12 月已经公开，该托辊（以下简称在先设计）与本专利属于相同的产品，可以作为评价本专利是否符合《专利法》第二十三条规定的证据。原告认为第 12547 号决定认定证据错误的诉讼理由，缺乏证据支持，本院不予采纳。

《专利法》第二十三条规定："授予专利权的外观设计，应当同申请日以前在国内外出版物上公开发表过或者国内公开使用过的外观设计不相同和不相近似，并不得与他人在先取得的合法权利相冲突。"在判断本专利与在先设计是否相同或近似时，应当基于一般消费者的知识水平和认知能力进行评价。将本专利与在先设计相比较，二者的差别在于本专利两端部的形状为圆柱状，在先设计的两端为椭圆柱状，而该差别对于产品外观设计的整体视觉效果不具有显著的影响，故本专利与在先设计相近似。因此，第 12547 号决定认定本专利不符合《专利法》第二十三条的规定正确，本院予以支持。

综上，第 12547 号决定认定事实清楚，适用法律正确，程序合法，本院应予维持。原告要求撤销第 12547 号决定的诉讼请求缺乏事实和法律依据，本院不予支持。依照《中华人民共和国行政诉讼法》第五十四条第（一）项之规定，判决如下：

维持国家知识产权局专利复审委员会于二〇〇八年十一月十八日作出的第 12547 号无效宣告请求

审查决定。

案件受理费 100 元，由原告孟凡英负担（已交纳）。

如不服本判决，可于本判决书送达之日起 15 日内，向本院递交上诉状，按对方当事人的人数提交副本并预交上诉费，上诉于北京市高级人民法院。上诉人在接到人民法院预交诉讼费用的通知后七日内未预交又不提出缓交申请的，按自动撤回上诉处理。

审 判 长 饶亚东
审 判 员 李纪红
人民陪审员 胡永旭
二〇〇九年六月十六日
书 记 员 曹 玮

北京市高级人民法院
行政判决书

（2009）高行终字第 1081 号

上诉人（一审原告）孟凡英，男，1962 年 7 月 19 日出生，汉族，兖州市量子科技有限责任公司总工程师，住该公司宿舍。

委托代理人巩同海，男，青岛发思特专利商标代理有限公司专利代理人。

委托代理人盛振栋，男，1970 年 8 月 18 日出生，汉族，兖州市量子科技有限责任公司职员，住该公司宿舍。

被上诉人（一审被告）国家知识产权局专利复审委员会，住所地北京市海淀区北四环西路 9 号银谷大厦 10~12 层。

法定代表人张茂于，副主任。

委托代理人张凌，女，国家知识产权局专利复审委员会审查员。

委托代理人隋璐，女，国家知识产权局专利复审委员会审查员。

被上诉人（一审第三人）扬州凯思特机械制造有限公司，住所地江苏省扬州市荷花池西路荷花池小区 152 幢 007 室。

法定代表人汤顺宏，董事长。

委托代理人柏尚春，男，南京苏高专利商标事务所专利代理人。

上诉人孟凡英因专利无效宣告请求审查决定一案，不服北京市第一中级人民法院（2009）一中行初字第 569 号行政判决，向本院提起上诉，本院依法组成合议庭进行了审理。

本案现已审理终结。

2008 年 11 月 18 日，国家知识产权局专利复审委员会（以下简称专利复审委）作出第 12547 号无效宣告请求审查决定（以下简称第 12547 号决定），认为在名称为“托辊（甲带给料机专用）”的 200530094875.4 号外观设计专利（以下简称本专利）的申请日前已经有与之相近似的外观设计在国内公开使用过，本专利不符合《中华人民共和国专利法》（以下简称《专利法》）第二十三条的规定，宣告本专利全部无效。孟凡英不服第 12547 号决定，向北京市第一中级人民法院（以下简称一审法院）提起行政诉讼。

一审法院判决认定，本案附件 1、附件 2 和附件 4 公开的内容能够形成证据链，证明型号为 JDG/

7/F/S-1甲带给料机的托辊的结构和外观在2004年12月已经公开，该托辊与本专利属于相同的产品，可以作为评价本专利是否符合《专利法》第二十三条规定的在先设计证据。孟凡英认为第12547号决定认定证据错误的诉讼理由，缺乏证据支持，不予采纳。《专利法》第二十三条规定："授予专利权的外观设计，应当同申请日以前在国内外出版物上公开发表过或者国内公开使用过的外观设计不相同和不相近似，并不得与他人在先取得的合法权利相冲突。"在判断本专利与在先设计是否相同或近似时，应当基于一般消费者的知识水平和认知能力进行评价。将本专利与在先设计相比较，二者的差别在于本专利两端部的形状为圆柱状，在先设计的两端为椭圆柱状，而该差别对于产品外观设计的整体视觉效果不具有显著的影响，故本专利与在先设计相近似。因此，第12547号决定认定本专利不符合《专利法》第二十三条的规定正确，予以支持。综上，第12547号决定认定事实清楚，适用法律正确，程序合法，应予维持。孟凡英要求撤销第12547号决定的诉讼请求缺乏事实和法律依据，不予支持。依照《中华人民共和国行政诉讼法》第五十四条第（一）项之规定，判决维持第12547号决定。

孟凡英不服一审判决，向本院提起上诉。诉称：（1）一审法院未查清附件1中"有关配件"的来源及其公开时间，其公开的时间在本专利申请日以后的可能性及被更换的可能性均没有得到合理的排除。附件2和附件4均未载明该"有关配件"的内容、公开时间和来源。（2）其在诉讼中提供的证据1~4与本案有关联，可以作为评价第12547号决定不合法的证据，一审法院不予采纳缺乏法律依据。上述证据与附件1、2、4相互结合可以证明第12547号决定中作为评价本专利的在先设计附图的公开日期晚于本专利申请日。（3）一审判决认定本专利与在先设计相近似缺乏依据，适用法律错误。综上，请求二审法院判决撤销一审判决，并责令专利复审委重新作出无效宣告请求审查决定。

专利复审委答辩认为：（1）扬州凯思特机械制造有限公司（以下简称扬州凯思特公司）在专利无效审查程序中提交的附件1、2、4相关产品的结构和外观在本专利申请日前已经公开。（2）孟凡英提交的证据1~4未在行政程序中提交，与本案无关，不应予以考虑。（3）甲带机托辊中部是否有凹槽取决于与之相配的甲带，但就整体而言，甲带机的托辊整体都呈圆柱状，中部的凹槽对视觉效果不具有显著影响。综上，第12547号决定认定事实清楚、适用法律法规正确、审理程序合法，审查结论正确，请求二审法院判决驳回上诉，维持第12547号决定。

扬州凯思特公司未向本院提交书面答辩意见。

本案一审审理期间，专利复审委在法定期限内向一审法院提交了以下证据：（1）本专利授权文本；（2）（2008）皖淮正公证字第4829号公证书（即附件1）；（3）由淮南矿业集团张集煤矿绞车二队出具，经淮南矿业（集团）有限责任公司张集煤矿核实的证明（即附件2）；（4）（2008）皖淮正公证字第7680号公证书复印件（即附件4）；（5）口审记录。

孟凡英向一审法院提交了如下证据：（1）（2008）皖淮求公证字第5760号公证书；（2）淮南矿业集团张集煤矿2008年12月12日证明；（3）山东增值税专用发票（编号07913806，记账联及附件）；（4）山东增值税专用发票（编号07913807，记账联）。

扬州凯思特公司向一审法院提交了如下证据：（1）安徽省淮南市正诚公证处出具的（2009）皖淮正公证字第3267号公证书；（2）安徽省淮南市正诚公证处出具的（2009）皖淮正公证字第3268号公证书。

一审法院经审查认为，专利复审委提交的证据与第12547号决定有关联，且符合证据合法性、真实性的要求，能够证明案件的相关事实，予以采纳；孟凡英的证据在行政程序中没有提交且无正当理由，不能作为评价第12547号决定合法性的证据，与本案没有关联性，不予采纳；扬州凯思特公司提交的证据已超出举证期限，根据最高人民法院《关于行政诉讼证据若干问题的规定》第七条的规定，不予采纳。

上述证据均已随案移送本院，经审查核实，本院对一审法院认证意见予以认可，并据此认定本案如下事实：

本专利是名称为“托辊（甲带给料机专用）”的200530094875.4号外观设计专利权，其申请日为2005年9月30日，授权公告日为2006年9月20日，专利权人为孟凡英。

2008年8月4日，扬州凯思特液压阀门自控设备制造有限公司（已变更名称为扬州凯思特机械制造有限公司）以本专利与在其申请日前公开使用过的外观设计相同，不符合《专利法》第二十三条规定为由，向专利复审委提出无效宣告请求。扬州凯思特公司向专利复审委提交了如下证据：

附件1：（2008）皖淮正公证字第4829号公证书；

附件2：由淮南矿业集团张集煤矿绞车二队出具，经淮南矿业（集团）有限责任公司张集煤矿核实的证明；

附件3：（2008）皖淮正公证字第7679号公证书；

附件4：（2008）皖淮正公证字第7680号公证书；

附件5：02266643.5号实用新型专利说明书。

专利复审委受理该请求，并向孟凡英进行了转文；孟凡英向专利复审委提交了意见陈述。2008年11月3日，专利复审委举行了口头审理，扬州凯思特公司和孟凡英均参加了口头审理。专利复审委经审查于2008年11月18日作出第12547号决定认为：

第一，关于法律依据。基于扬州凯思特公司提出无效宣告请求所依据的理由和证据，对本专利是否符合《专利法》第二十三条的规定进行审查。

第二，关于证据和事实的认定。扬州凯思特公司提交的附件1和附件4分别是（2008）皖淮正公证字第4829号公证书和（2008）皖淮正公证字第7680号公证书，孟凡英对上述两份公证书的真实性无异议，对上述公证书予以采信。根据附件1，安徽省淮南市正诚公证处应扬州凯思特公司的申请，于2008年5月30日到淮南矿业（集团）有限责任公司张集煤矿北区（原淮南矿业（集团）有限责任公司张北矿），对该处正在运转使用的由兖州市量子科技有限责任公司生产的甲带给料机及其相关配件的外观进行了拍照，以便保全证据。在公证处拍摄的照片中公开了该甲带给料机所使用的托辊的外观。该公证书中的工作记录同时确认，在被拍摄的甲带给料机的标牌上载有如下内容：“专利号：99201790.4，型号JDG/7/F/S-1，出厂编号041215，出厂日期：2004年12月，兖州市量子科技有限责任公司”。上述照片和工作记录是公证处对现场勘验的客观记录，对其真实性予以确认，对上述证据予以采信。在附件4中，安徽省淮南市正诚公证处确认其出具的7680号公证书中所附《物资购销合同》、《山东省济宁市工业企业销售统一发票》、《设备结算单》复印件与原件的内容相符，对上述合同和单据的真实性予以确认。根据上述合同可以确认，淮南矿业（集团）有限责任公司于2004年9月8日与兖州市量子科技有限责任公司签订了购买5台型号为JDG/7/F/S-1的甲带给煤机的合同，合同交货地点为淮南矿业（集团）有限责任公司张北矿井。根据上述发票和结算单可知，2004年12月该合同被履行，淮南矿业（集团）有限责任公司张北矿收到了上述甲带给煤机。附件2是由淮南矿业集团张集煤矿绞车二队出具、经淮南矿业（集团）有限责任公司张集煤矿核实的证明，尽管附件2中缺乏相关单位负责人的签字，相关证人也未出庭接受质证，但是该证明的内容与附件1和附件4的相关内容一致，其真实性得到了附件1和附件4的佐证，故对该证明予以采信。孟凡英认为甲带给料机的托辊为易损件，每隔几个月就需要更换一次，上述证明中关于该机械各零部件结构未作更改的内容不真实。专利复审委认为，甲带给料机是在矿山用于运送矿料的大型机械，其中的托辊需要与其他部件特别是胶带的规格和结构相配，托辊本身使用一段时间后可能需要更换，但是在整机的其他部件不作更改的情况下，其特定的形状和结构是不能轻易改变的；尽管孟凡英主张很容易对托辊进行改变，但是并没有提供相关的证据证明，因此对其主张不予支持。结合附件1、附件2和附件4可知，2004年9月兖州市量子科技有限责任公司与淮南矿业（集团）有限责任公司签订了JDG/7/F/S-1型甲带给煤机的销售合同，该机械于2004年12月在淮南矿业（集团）有限责任公司张集煤矿北区投入使用，至今该机械的各零部件结构未作过更改，因此尽管附件1中的照片系在2008年5月30日拍摄，可以认为其中所显示的JDG/7/F/S-1型甲带给料机的托辊的结构和外观在2004年12月即已公开。附件1中托辊的外观设计的公开时间早于本专利的申请日（2005年9月30日），其可以作为评价本专利是否符合《专利法》第二十三条规定的证据。

第三，关于《专利法》第二十三条问题。附件1中所示甲带给料机的托辊（以下简称在先设计）与本专利属于相同类别的产品，故将二者进行如下相同相近似对比。本专利所示托辊整体大致为圆柱形，两端有圆柱状的凸出，中间有环形的凹入。在先设计所示托辊整体大致为圆柱形，两端有大致为椭圆柱状的凸出，中间有环形的凹入。将本专利与在先设计相比，两者的主要相同点为整体均大致为圆柱形，中间有环形的凹入。两者的区别主要在于本专利两端部的形状为圆柱状，在先设计为椭圆柱状。本专利与在先设计存在的上述区别为局部细微差异，其不足以对二者整体的视觉效果产生显著影响，本专利与在先设计的整体和主要局部的形状相同，已足以导致二者呈现整体相近似的视觉效果。因此，二者属于相近似的外观设计。孟凡英认为附件1中的图片不能完整显示出单独一件能够与本专利进行对比的产品或零件，使用其中多幅图片与本专利进行对比不符合单独对比的原则。专利复审委认为，甲带给料机上并非只装有一个而是一组托辊，这些托辊与套在其外层的胶带相配合，起到支撑甲带的作用，由于这些托辊的结构和形状必须与外层胶带相配，因此它们的形状和结构应当是一致的，根据从不同角度对甲带给料机拍摄的照片综合确定其所显示的托辊的形状并无不妥之处，也不违反单一对比的原则。

据此，专利复审委决定宣告本专利全部无效。孟凡英不服，向一审法院提起行政诉讼。在一审庭审中，孟凡英及扬州凯思特公司对专利复审委作出第12547号决定的行政程序的合法性没有异议。

本院认为，根据《专利法》第二十三条规定，授予专利权的外观设计，应当同申请日以前在国内外出版物上公开发表过或者国内公开使用过的外观设计不相同和不相近似，并不得与他人在先取得的合法权利相冲突。

本案中，附件1、附件2和附件4能够形成证据链，证明兖州市量子科技有限责任公司与淮南矿业（集团）有限责任公司于2004年9月签订了JDG/7/F/S-1型甲带给料机的销售合同，该机械于2004年12月在淮南矿业（集团）有限责任公司张集煤矿北区投入使用。孟凡英认为上述甲带给料机中的托辊原来并没有凹槽，后来才更换成有凹槽的托辊，该主张缺乏证据支持。因此，专利复审委以附件1中的产品作为在先设计，具有事实根据。

本专利与在先设计相比，二者的差别在于本专利两端部的形状为圆柱状，在先设计的两端为椭圆柱状，该差别对于产品外观设计整体视觉效果不具有显著的影响。因此，专利复审委认定本专利与在先设计相近似具有事实根据。

参照《审查指南》第四部分第三章第4.3.2节的规定，专利权人应当在专利复审委指定的答复期限内提交证据或者在口头审理辩论终结前补充证据；专利权人提交或者补充证据不符合上述期限规定或者未在上述期限内对所提交或者补充的证据具体说明的，专利复审委不予考虑。孟凡英在诉讼中提交的证据1~4未在行政程序中提交，根据《最高人民法院关于行政诉讼证据若干问题的规定》第五十九条的规定，一审法院对上述证据不予采纳正确。

综上，专利复审委作出的第12547号决定认定事实清楚、适用法律正确、符合法定程序，一审法院判决维持正确，本院应予维持。孟凡英的上诉请求缺乏事实及法律依据，本院不予支持。依据《中华人民共和国行政诉讼法》第六十一条第（一）项的规定，判决如下：

驳回上诉，维持一审判决。

二审案件受理费100元，由上诉人孟凡英负担（已交纳）。

本判决为终审判决。

审 判 长 朱世宽

审 判 员 赵字晖

代理审判员 胡华峰

二○○九年十二月十六日

书 记 员 果 然

024

摇 椅

无效宣告请求审查决定（第12549号）

决　　定　　号 第12549号
决　　定　　日 2008年11月11日
发明创造名称 摇椅
外观设计分类号 06-01
无 效 请 求 人 王雄焕
专　利　权　人 严剑波
专　　利　　号 200630156958.6
申　　请　　日 2006年11月10日
授 权 公 告 日 2007年9月12日
合 议 组 组 长 王霞军
主　　审　　员 雷　婧
参　　审　　员 张　凌
附　　　　　图 2页

法　律　依　据 专利法第9条
决　定　要　点

本专利与在先设计的差别属于产品局部的细微变化，对产品外观设计的整体视觉效果不具有显著影响，二者属于相近似的外观设计。

一、案由

本无效宣告请求涉及国家知识产权局于2007年9月12日授权公告的、专利号为200630156958.6的外观设计专利，其产品名称为“摇椅”，申请日为2006年11月10日，专利权人为严剑波。

针对上述外观设计专利权（下称本专利），王雄焕（下称请求人）于2008年7月8日向专利复审委员会提出无效宣告请求，其理由是：本专利与在其申请日前申请在后公开的附件1中所示的外观设计专利相同或相近似，不符合专利法第9条和专利法实施细则第13条第1款的规定。同时，请求人提交如下附件作为证据：

附件1：专利号为200630112066.6的中国外观设计专利公报复印件，共1页。

2008年7月11日，请求人向专利复审委员会补充提交意见陈述书，认为其在本专利申请日前已在中国大陆销售了与本专利相同或相近似的产品，故本专利不符合专利法第23条的规定。同时，请求人提交如下附件作为证据（编号续前）：

附件2：中化宁波（集团）有限公司的英文版产品样本复印件，共4页；

附件3：附件2的中文译文，共4页；

附件4：中化宁波（集团）有限公司的发票及其装船单复印件，共8页。

经形式审查合格，专利复审委员会依法受理了上述无效宣告请求，并于2008年8月27日将无效宣告请求书及相关文件的副本转送专利权人，通知其在指定的期限内答复。

专利权人逾期未答复。

专利复审委员会依法成立合议组对本案进行审理，并于2008年9月10日向双方当事人发出口头审理通知书，定于2008年11月4日进行口头审理。2008年9月27日，请求人向专利复审委员会提交口头审理回执，表示不能参加口头审理。

口头审理如期举行，双方当事人均未出庭参加口头审理。

至此，合议组认为本案事实清楚，可以依法作出审查决定。

二、决定的理由

1. 法律依据

基于请求人提出无效宣告请求的理由，合议组依据专利法第9条的规定进行审理。

专利法第9条规定："两个以上的申请人分别就同样的发明创造申请专利的，专利权授予最先申请的人。"

2. 证据的认定

附件1是专利号为200630112066.6的中国外观设计专利公报复印件，使用外观设计的产品名称为"摇椅"，申请日为2006年6月22日，授权公告日为2007年3月14日。经合议组核实，附件1内容与公报一致，其申请日在本专利的申请日（2006年11月10日）之前，属于在先申请在后公告的专利文献，可以作为评述本专利是否符合专利法第9条规定的证据。

3. 外观设计相同和相近似的对比

附件1中所示的外观设计（在先设计）与本专利的使用产品均为摇椅，二者用途相同，属于相同类别的产品，故可以就本专利与在先设计进行相同和相近似的对比。

本专利中的摇椅包括支撑部位与躺坐部位两部分，支撑部位由两圆形圈交叉构成，圆形圈的下部有胶套，呈曲面状的躺坐部位位于圆形圈交叉中心的正上方，其伸展方向与交叉点连线的方向相同（详见本专利附图）。

在先设计中的摇椅包括支撑部位与躺坐部位两部分，支撑部位由两圆形圈交叉构成，圆形圈的上部与下部均有胶套，呈曲面状的躺坐部位位于圆形圈交叉中心的正上方，其伸展方向与交叉点连线的方向相同（详见在先设计附图）。

将本专利与在先设计相比较，二者均由两圆形圈交叉构成的支撑部位与曲面状的躺坐部位组成，其中躺坐部位均位于圆形圈交叉中心的正上方且其伸展方向与交叉点连线的方向相同。二者的主要不同点在于在先设计的支撑部位（即圆形圈）的上部与下部均有胶套，而本专利仅在下部有胶套。合议组认为，二者的上述差别属于产品局部的细微变化，对产品外观设计的整体视觉效果不具有显著影响。因此，本专利与在先设计属于相近似的外观设计。

4. 结论

根据审查指南第一部分第三章6.5.1的规定："同样的发明创造"对外观设计而言是指两项外观设计相同或者相近似。本专利与在先设计相近似，即在本专利申请日以前已有同样的外观设计申请了专利，因此本专利不符合专利法第9条的规定。

鉴于已得出以上结论，本决定对请求人提出的其他无效宣告请求理由及其相关证据不再予以评述。

三、决定

宣告200630156958.6号外观设计专利权全部无效。

当事人对本决定不服的，可以根据专利法第46条第2款的规定，自收到本决定之日起三个月内向北京市第一中级人民法院起诉，根据该款规定，一方当事人起诉后，另一方当事人应当作为第三人参加诉讼。

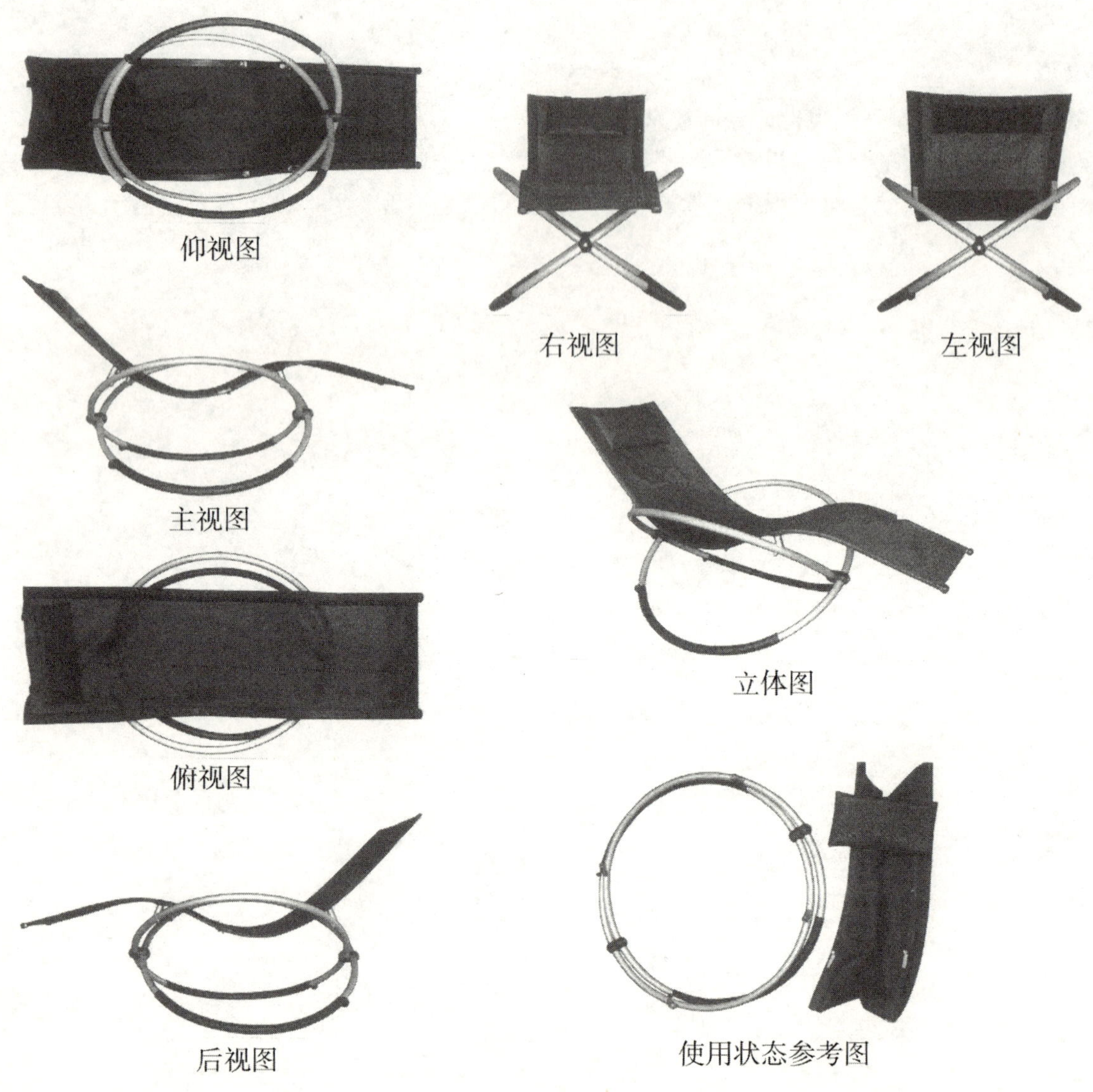

本专利附图

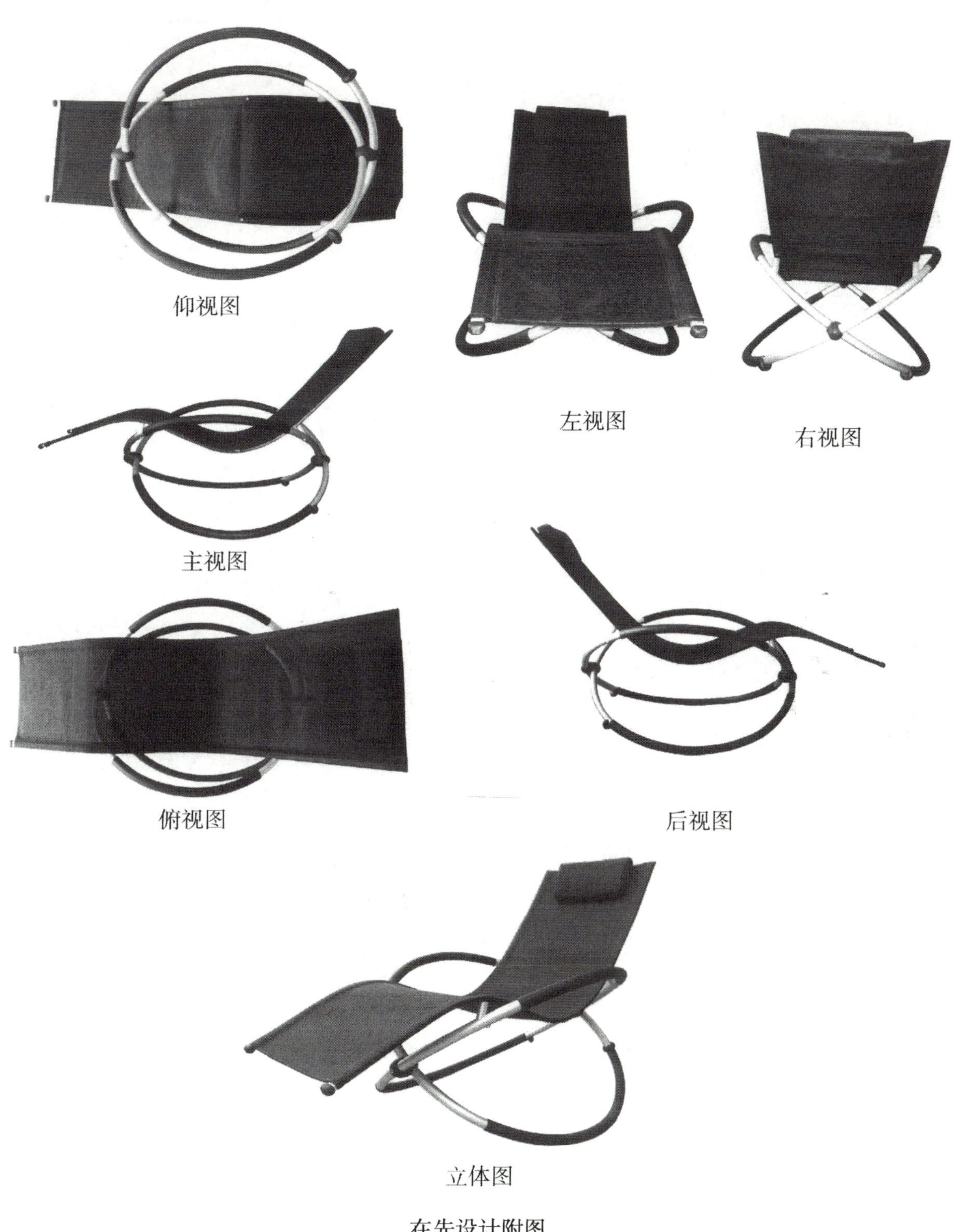

仰视图 左视图 右视图 主视图 俯视图 后视图 立体图

在先设计附图

025

云石胶铁罐

无效宣告请求审查决定（第 12550 号）

决　　定　　号　第 12550 号
决　　定　　日　2009 年 1 月 15 日
发明创造名称　云石胶铁罐
外观设计分类号　09-02
无效宣告请求人　武汉市科达云石护理材料有限公司
专　利　权　人　唐文华
专　　利　　号　200730145267.0
申　　请　　日　2007 年 4 月 29 日
授权公告日　2008 年 4 月 2 日
合议组组长　王霞军
主　　审　　员　尹春霞
参　　审　　员　雷　婧
附　　　　图　2 页

法　律　依　据　专利法第 23 条
决　定　要　点

相对其整体设计而言，两者的差别为局部细微差别，对于产品整体视觉效果不具有显著影响，本专利与在先设计属于相近似的外观设计。

一、案由

本无效宣告请求涉及国家知识产权局于 2008 年 4 月 2 日授权公告的 200730145267.0 号外观设计专利，使用该外观设计的产品名称是“云石胶铁罐”，其申请日是 2007 年 4 月 29 日，专利权人是唐文华。

针对上述外观设计专利权（下称本专利），武汉市科达云石护理材料有限公司（下称请求人）于 2008 年 6 月 3 日向专利复审委员会提出无效宣告请求，其理由是：本专利不符合专利法第 23 条、专利法实施细则第 2 条第 3 款、专利法实施细则第 13 条第 1 款的规定，应予宣告无效。请求人同时提交了如下附件作为证据：

附件 1：本专利著录项目及图片打印件 1 页；

附件 2：200430066000.9 号外观设计专利著录项目及图片打印件 1 页。

请求人认为：附件 2 与本专利的分类号相同，公开日在本专利的申请日之前，可以与本专利进行对比。对比附件 2 和本专利的形状、图案，及形状与图案的结合，可知本专利不是新设计，因此不符合专利法实施细则第2条第3款的规定，同时本专利与附件2的总体设计相近似，因此本专利不符合专利法第23条的规定，由于相近似的设计也属于相同的发明创造范围，因此本专利不符合专利法实施细则第13条第1款的规定，综上，应宣告本专利无效。

专利复审委员会经形式审查合格受理了该无效宣告请求，并于2008年8月27日将无效宣告请求书及其附件的副本转送专利权人，通知其在指定期限内陈述意见，专利权人在指定期限内未提交意见陈述。

专利复审委员会依法成立合议组对本案进行审理，并于2008年11月18日向双方当事人发出《无效宣告请求口头审理通知书》，定于2008年12月29日对本案进行口头审理。

口头审理如期举行，仅有请求人一方委托代理人出庭，专利权人未出席口头审理，合议组依法进行缺席审理。口头审理中，请求人放弃了本专利不符合专利法实施细则第13条第1款、专利法实施细则第2条第3款规定的理由，并当庭向合议组提交了附件2与本专利的实物作为参考。请求人认为附件2与本专利的整体形状基本相同，图案相近似，不同之处只是在主题区上的条块，本专利是细长椭圆形，附件2是扁长方形的，差别是细微的，对整体视觉效果不具有显著影响。

在上述审理的基础上，合议组经合议，认为本案事实清楚，依法作出本审查决定。

二、决定的理由

1. 法律依据

鉴于请求人在口头审理时明确表示放弃本专利不符合专利法实施细则第13条第1款、专利法实施细则第2条第3款的规定的理由，合议组基于请求人提出无效宣告请求所依据的其他事实和理由，对本专利是否符合专利法第23条的规定进行审查。

专利法第23条规定："授予专利权的外观设计，应当同申请日以前在国内外出版物上公开发表过或者国内公开使用过的外观设计不相同和不相近似，并不得与他人在先取得的合法权利相冲突。"

2. 证据认定

请求人提交的附件2是200430066000.9号外观设计专利著录项目及图片打印件，授权公告日是2005年7月27日，早于本专利申请日2007年4月29日，产品名称是"包装罐（大力士云石胶）"，专利权人是本案请求人（武汉市科达云石护理材料有限公司）。经合议组核实，其内容属实，属于在本专利申请日前公开的出版物，可以作为评价本专利是否符合专利法第23条规定的证据。

3. 相同和相近似对比

本专利为包装罐的外观设计，附件2也为包装罐的外观设计（下称在先设计），二者用途相同，属于相同类别的产品，具有可比性。

本专利整体呈圆柱状，圆柱体表面由多个不规则方框及方框内的文字组成图案。主视图为上下两个不规则方框，上部方框居中处为一椭圆形框，框内由文字"新本大力士"组成图案，椭圆形框上方为一行文字，下部方框内有若干行文字及字母（详见本专利附图）。

在先设计整体呈圆柱状，圆柱体表面由多个不规则方框及方框内的文字组成图案。主视图为上下两个不规则方框，上部方框居中处为一长条形框，框内由文字"大力士"组成图案，下部方框内有若干行文字及字母（详见在先设计附图）。

本专利未要求保护色彩，因此就本专利与在先设计的形状与图案的结合进行对比。本专利与在先设计的整体形状均为圆柱体，且两者相应视图的图案排布及文字的字型、大小均相似。两者的主要不同点为：本专利主视图居中处为椭圆形框，而在先设计为长条形框，框内的文字个数不同；其他文字的细小不同。合议组认为，二者整体形状相同，主要图案的设计和排列均相似，已呈现整体相近似的视觉效果，相对其整体设计而言，两者的差别为局部细微差别，对于产品整体视觉效果不具有显著影响。本专利与在先设计属于相近似的外观设计。

综上所述，在本专利申请日以前已有与其相近似的外观设计在出版物上公开发表过，本专利不符合专利法第 23 条的规定。

三、决定

宣告 200730145267.0 号外观设计专利权全部无效。

当事人对本决定不服的，可以根据专利法第 46 条第 2 款的规定，自收到本决定之日起三个月内向北京市第一中级人民法院起诉。根据该款的规定，一方当事人起诉后，另一方当事人应当作为第三人参加诉讼。

主视图

后视图

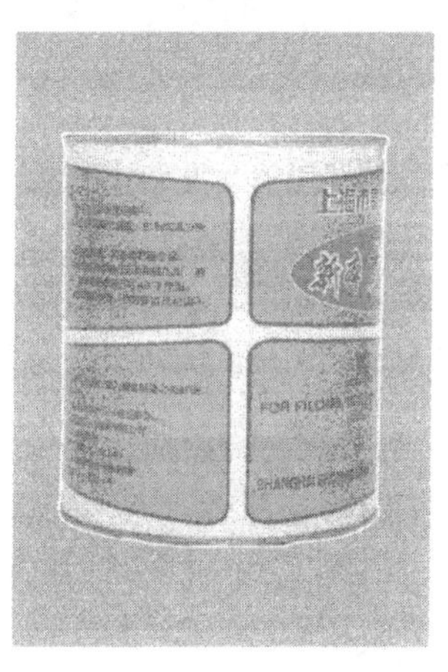

左视图

右视图

俯视图

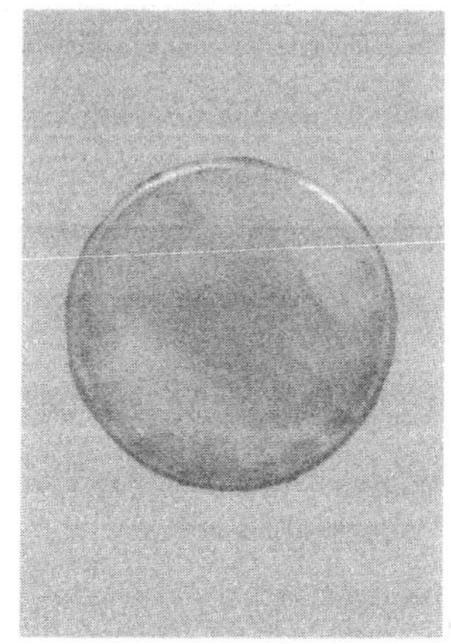

仰视图

本专利附图

立体图

本专利附图（续）

主视图

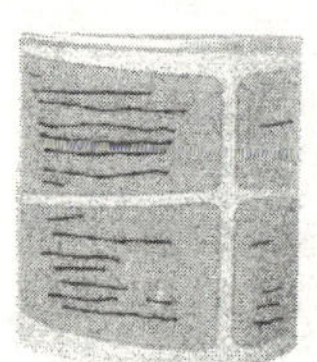

左视图

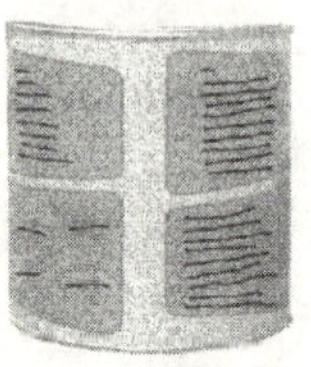

后视图

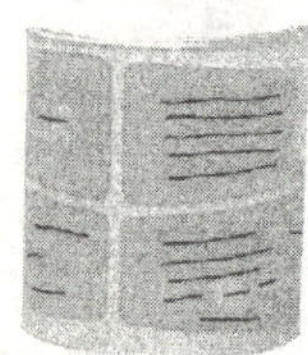

右视图

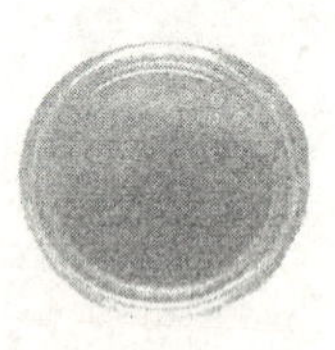

俯视图

立体图

在先设计附图

026

饮料包装袋（55）

无效宣告请求审查决定（第12564号）

决 定 号 第12564号
决 定 日 2008年11月11日
发明创造名称 饮料包装袋（55）
国际分类号 09-05
无效宣告请求人 常州市喜洋洋食品有限公司
专 利 权 人 李虎林
专 利 号 200530003040.3
申 请 日 2005年2月21日
授权公告日 2005年10月12日
合议组组长 吴赤兵
主 审 员 郭鹏鹏
参 审 员 朱明雅
附 图 1页

法 律 依 据 专利法第23条
决 定 要 点

在本专利申请日以前，已有与其相近似的外观设计在国内出版物上公开发表过，故本专利不符合专利法第23条的规定。

一、案由

本无效宣告请求涉及国家知识产权局于2005年10月12日授权公告的、名称为“饮料包装袋（55）”的200530003040.3号外观设计专利（下称本专利），其申请日为2005年2月21日，专利权人为李虎林。

针对本专利，常州市喜洋洋食品有限公司（下称请求人）于2008年8月3日向专利复审委员会提出无效宣告请求，认为本专利不符合专利法第23条的规定。请求人提交了以下附件：

附件1：第200430050300.8号中国外观设计专利，授权公告日2004年12月15日；

附件2：第200530003040.3号中国外观设计专利公报，授权公告日2005年10月12日（即涉案专利）。

请求人认为：证据1公开的包装袋与本专利相同和相近似，两者的主视图、后视图、左视图和右视图均相同或相近似，且附件1与本专利属于同类产品，分类号也相同，因此本专利不符合专利法第

23 条的规定。

经形式审查合格后，专利复审委员会受理了上述请求，于 2008 年 8 月 12 日向双方当事人发出无效宣告请求受理通知书，同时将无效宣告请求书及其附件清单中所列附件副本转送给专利权人，要求其在指定的期限内答复。

请求人于 2008 年 9 月 1 日提交了补充意见陈述，详细陈述了本专利与附件 1 相同相近似的理由，认为：本专利与附件 1 主视图相近似，其他视图均相同，且两者属于同类产品，两者整体形状和图案的相同和相近似足以使一般消费者相混淆。

专利复审委员会于 2008 年 9 月 18 日向双方当事人发出了口头审理通知书，定于 2008 年 10 月 20 日对本案进行口头审理，并随同该口头审理通知书，将请求人于 2008 年 9 月 1 日提交的意见陈述书及相关附件的副本转送给专利权人。

专利复审委员会于 9 月 22 日收到专利权人提交的意见陈述，认为：由于附件 1 和本专利均为专利权人自己享有，因而不构成与他人所公开的外观设计相同或近似。

口头审理如期举行，双方当事人均参加了口头审理，并对对方出席口头审理人员的身份和资格无异议，对合议组组成人员没有回避请求。请求人明确无效宣告请求的理由是本专利与证据 1 公开的在先设计相同相近似，不符合专利法第 23 条的规定。专利权人对请求人提交的附件 1 和附件 2 的真实性予以认可，并认为附件 1 的专利权人与本专利的专利权人为同一人，不存在权利相冲突的问题，且附件 1 与本专利整体上不相同。在此基础上，双方当事人就本专利与附件 1 是否相同或相近似进行了充分地陈述。

至此，合议组认为本案事实清楚，可以作出审查决定。

二、决定的理由

1. 证据认定

请求人提交的附件 1 和附件 2 为中国外观设计公报，专利权人对其真实性无异议，合议组经核实后对其真实性予以认可。其中附件 1 的授权公告日为 2004 年 12 月 15 日，早于本专利申请日 2005 年 2 月 21 日，该外观设计名称为“饮料包装袋（46）”（下称在先设计），因此附件 1 构成本专利的在先设计，可以与本专利进行相同或者相近似的比较。

2. 关于专利法第 23 条

专利法第 23 条规定：“授予专利权的外观设计，应当同申请日以前在国内外出版物上公开发表过或者国内公开使用过的外观设计不相同和不相近似，并不得与他人在先取得的合法权利相冲突。

本专利“饮料包装袋（55）”为长方体形状，不要求保护色彩。其主视图为长方形，由分别位于高度二分之一处和高度四分之三处的两条平行线将该长方形分为上中下三个部分，这两条平行线由左下向右上方向呈约 30°倾斜，由此分隔出的上部呈左宽右窄的直角梯形、中部呈左低右高的平行四边形、下部呈左窄右宽的直角梯形；在上方的直线的约左侧四分之一处，有一上方带有锯齿的椭圆形，椭圆形内有三个大写英文字母。主视图的下部，有橙类球形水果和杯子组成的图案，该图案包括两个完整的橙子和半个橙子围绕在一个盛有三分之二杯果汁的杯子紧贴并高低错落分布，并有水柱注入该杯中，有一由宽渐窄的带状图形自上述右下侧水果的底部向右上方延伸，该带状图形中均匀分布文字，该带状图形起点有一大小约为该水果十分之一的位于碗状物中的长鼻卡通造型。从后视图来看，本专利后视图被一条与底边垂直线和两条与底边平行的线将整个长方形分为六个部分，在右侧中间的部分有文字和布局为“田”字形的四幅小图；左下部分的上半部分布有若干行文字；右下部分的中间分布有几行文字，下角有一小人形环保标志。从右视图来看，本专利右视图呈窄长方形，被位于右侧四分之一和二分之一处的两条平行线分为三个部分，两条平行线左高右低呈约 30°倾斜。从左视图来看，本专利左视图呈窄长方形，被位于右侧四分之一和二分之一处的两条平行线分为三个部分，两条平行线左高右低呈约30°倾斜（详见本专利附图）。

在先设计也公开了一种长方体饮料包装袋，与本专利属于同类产品。附件1的主视图同样为长方形，由两条斜平行线将之分为三个部分，在上方的直线的约左侧四分之一处，有一上方带有锯齿的椭圆形，椭圆形内有三个大写英文字母，在最下方的部分内，由有两个完整的柠檬、半个柠檬和杯子组成的图案，水果和杯子紧贴并高低错落分布，并有水柱注入该玻璃杯中，有一由宽渐窄的带状图形自上述右下侧水果的底部向右上方延伸，该带状图形中均匀分布文字，起点处有一大小约为该水果十分之一的位于碗状物中的长鼻卡通造型。从后视图来看，也是由相对于底边的一条垂直线和两条与平行线将整个长方形分为六部分，在右侧中间的部分有文字和布局为“田”字形的四幅小图；左下部分上半部分布有若干行文字；右下部分的中间分布有几行文字，下角有一小人形环保标志。附件1右视图呈窄长方形，被位于右侧四分之一和二分之一处的两条平行线分为三个部分，两条平行线左高右低呈约30°倾斜；左视图也呈窄长方形，被位于右侧四分之一和二分之一处的两条平行线分为三个部分，两条平行线左高右低呈约30°倾斜（详见在先设计附图）。

本专利与在先设计相比，两者主视图都是由两条斜平行线分隔成三部分，三部分的形状和面积均相同，在该三部分内的相同位置分布有相同形状的图案，两者区别仅在于最下部分内的水果图案中的水果形状有所差别，且在先设计中还有叶片形状。

合议组认为：根据整体观察、综合判断的原则，本专利与在先设计盒体整体形状相同，后视图、左视图、右视图均相同，主视图中的各个部分形状、大小均相同，其中的各个图案位置、大小以及分布和在视图中所占比例均相同，前述图案中水果的细微区别以及有无叶片，并不能对整体视觉效果产生显著影响，所以本专利主视图与在先设计主视图相近似。

综上，本专利与在先设计相近似，不符合专利法第23条的规定。

三、决定

宣告200530003040.3号外观设计专利权全部无效。

当事人对本决定不服的，可以根据专利法第46条第2款的规定，自收到本决定之日起三个月内向北京市第一中级人民法院起诉。根据该款的规定，一方当事人起诉后，另一方当事人应当作为第三人参加诉讼。

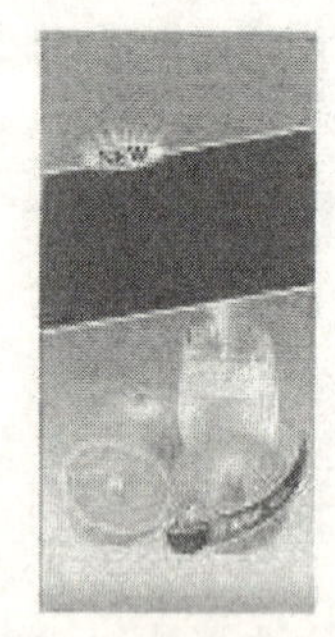

主视图

后视图

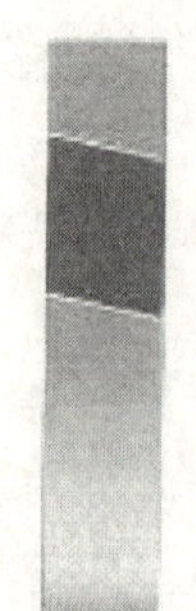

右视图

左视图

本专利附图

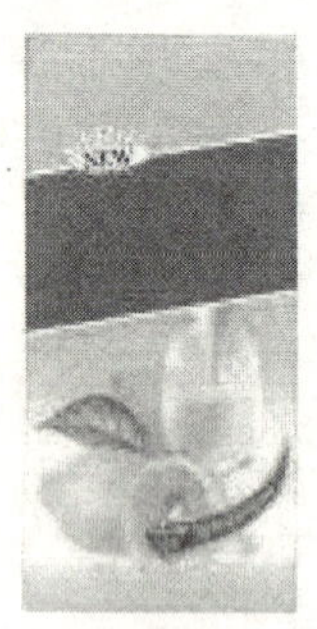

主视图

后视图

右视图

左视图

附件 1 附图

027

包　装　盒

无效宣告请求审查决定（第12566号）

决　　定　　号　第12566号
决　　定　　日　2008年11月5日
发明创造名称　包装盒
外观设计分类号　09-03
无效宣告请求人　蒙牛乳业（北京）有限责任公司
专　利　权　人　内蒙古伊利实业集团股份有限公司
专　　利　　号　200530118764.2
申　　请　　日　2005年8月18日
授权公告日　2006年11月1日
合议组组长　王霞军
主　　审　　员　钱亦俊
参　　审　　员　李巍巍
附　　　　　图　3页

法　律　依　据　专利法第23条
决　定　要　点

判断本专利与在先设计是否相同或相近似的重点在于产品的形状。鉴于本专利与在先设计在整体形状上基本相同，盒盖的凹进或略鼓不易使一般消费者识别并记忆，一般消费者视觉印象中始终留有这种整体近似于三角形的圆柱体包装盒的设计。二者的区别对于产品的整体视觉效果不具有显著的影响，因此本专利与在先设计属于相近似的外观设计，本专利不符合专利法第23条的规定。

一、案由

本无效宣告请求涉及国家知识产权局于2006年11月1日授权公告的、专利号为200530118764.2的外观设计专利（下称本专利），其产品名称为“包装盒”，申请日为2005年8月18日，专利权人是内蒙古伊利实业集团股份有限公司。

针对本专利，蒙牛乳业（北京）有限责任公司（下称请求人）于2007年10月10日向专利复审委员会提出无效宣告请求，其依据的事实和理由是：本专利与附件所示的本专利申请日以前日本授权公告的外观设计相近似。因此，本专利不符合专利法第23条的规定。请求人提交了如下附件作为证据：

附件1：1181628号日本意匠公报复印件共4页；

附件2：704219-1号日本意匠公报复印件共2页；

附件3：上述附件1翻译件共4页；

附件4：上述附件2翻译件共2页。

经形式审查合格，专利复审委员会受理了无效宣告请求，并于2007年12月27日将无效宣告请求书及其附件的副本转送给专利权人，要求其在指定期限内陈述意见。

针对上述无效宣告请求，专利权人于2008年2月25日提交意见陈述，请求对本案进行口头审理。

2008年8月6日，专利复审委员会向双方当事人发出口头审理通知书，定于2008年10月6日在专利复审委员会举行口头审理，并告知合议组组成成员。

口头审理如期举行，双方当事人均有代理人出席口头审理。专利权人对上述证据的真实性没有异议，但认为由于二者杯体的三角形设计属于惯常设计，在考虑惯常设计的情况下，本专利与证据1所示的外观设计应属于不相同也不相近似的外观设计；本专利与附件2的比例不同，也应属于不相同且不相近似的外观设计。为此，专利权人当庭提交带有两份反证的口头审理代理词。

至此，合议组认为本案事实清楚，依法作出本审查决定。

二、决定的理由

基于请求人提交的无效宣告请求的证据，专利复审委员会依据专利法第23条对本案进行了审查。

专利法第23条规定："授予专利权的外观设计，应当同申请日以前在国内外出版物上公开发表过或者国内公开使用过的外观设计不相同和不相近似，并不得与他人在先取得的合法权利相冲突。"

请求人提交的附件1是1181628号日本意匠公报复印件共4页，专利权人对其真实性予以认可，本案予以采信。其公开日为2003年8月11日，早于本专利的申请日（2005年8月18日），其外观设计产品名称是"包装用容器"，与本专利产品属于相同类别产品。故附件1可以用于评价本专利是否符合专利法第23条的规定。

本专利涉及一种"包装盒"的外观设计，包括盒盖（件1）和盒体（件2）两件，视图均包括主视图、后视图、左视图、右视图、俯视图和仰视图，还有一幅盒盖、盒体扣合状态下的使用状态参考图。本专利未要求保护色彩。从盖的六面视图观察，盖呈三角形扁圆柱状，下边略微外翻，侧面有两条棱，上棱有等距的缺口。棱下有等距的凹槽。盒体呈近似三角形圆柱状，由上至下略微内收。口部有外翻边，接近口部盒体略微变粗，两部分相交呈一阴影线。盒盖、盒体扣合时产品呈近似于三角形圆柱体。盖扣合在盒体上，环盖檐有两条凸起的棱，其中上棱有缺口。盖中部略向上鼓起（详见本专利附图）。请求人提交的附件1涉及一种"包装容器"的外观设计（下称在先设计），视图包括平面图、正视图、右侧面图、俯视图、A-A断面图和使用状态斜视图。从平面图、正视图、右侧面图、俯视图、A-A断面图看盒体，盒体呈三角形圆柱状，由上至下略微内收。口部有外翻边，接近口部盒体略微变粗，两部分相交呈一阴影线。从使用状态斜视图看，产品呈近似于三角形圆柱体。盖扣合在盒体上，环盖檐有凸起的棱，棱上有缺口。棱下有等距的凹槽。盖顶部略向下凹进（详见在先设计附图）。合议组认为，判断本专利与在先设计是否相同或相近似的重点在于产品的形状。比较二者形状可见，二者相同之处是：产品的整体形状，盒盖、盒体扣合状态下均呈近似三角形圆柱体。盒体、盒盖的视觉比例也大体相同。盒体形状基本相同。盒盖侧面都有带凹槽的棱。本专利与在先设计的主要区别在于，本专利盒盖顶部向下凹陷，而在先设计中部略向上鼓。鉴于本专利与在先设计在整体形状上基本相同，尤其是盒体基本相同的情况下，盒盖顶部的凹进或略鼓的形状特征不易被一般消费者识别并记忆，一般消费者视觉印象中始终留有这种整体近似于三角形的圆柱体的包装盒设计。从整体上来讲，二者在整体上容易引起一般消费者视觉上的混淆，即二者的区别对于产品的整体视觉效果不具有显著的影响。

专利权人在口头审理代理词中提出反证2件，用以证明本专利的三角形是惯常设计。合议组认为，根据审查指南第四部分第五章第3节判断原则（3）的规定，在综合考虑各种因素的情况下，若区别点仅在于局部细微变化，则其对整体视觉效果不足以产生显著影响。本案中，本专利和在先设计盒盖、盒体扣合状态下整体均呈近似三角形圆柱体状。由于整体产生了相近似的视觉印象，那么，无论这一整体形状是否属于惯常设计，都不影响得出二者整体相近似的结论，因此本专利与在先设计属于相近似的外观设计，本专利不符合专利法第23条的规定。

鉴于已经得出上述结论，本决定对请求人提交的其他证据不再作出评述。

三、决定

宣告200530118764.2号外观设计专利权全部无效。

当事人对本决定不服的，可以根据专利法第46条第2款的规定，自收到本决定之日起三个月内向北京市第一中级人民法院起诉。根据该款的规定，一方当事人起诉后，另一方当事人应当作为第三人参加诉讼。

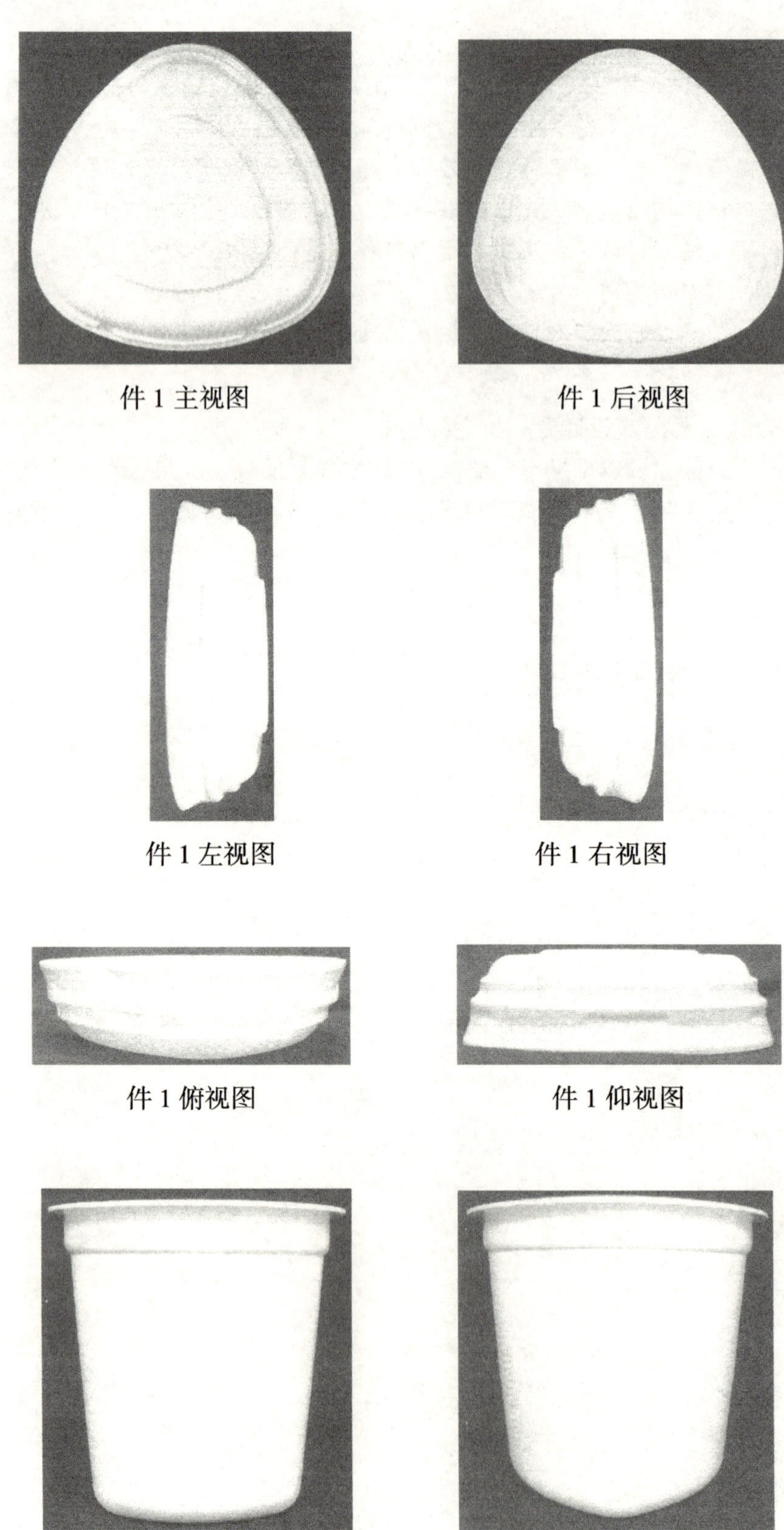
件 1 主视图
件 1 后视图
件 1 左视图
件 1 右视图
件 1 俯视图
件 1 仰视图
件 2 主视图
件 2 后视图

本专利附图 1

件 2 左视图

件 2 右视图

本专利附图 1（续）

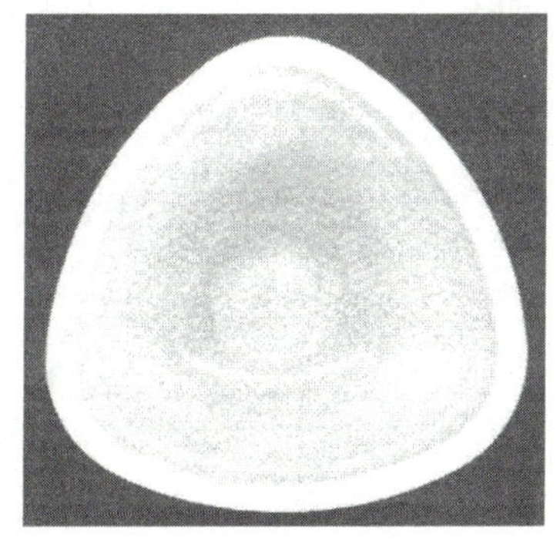

件 2 俯视图

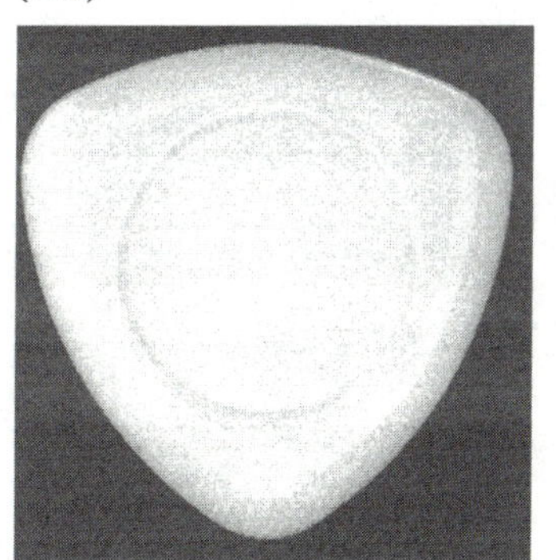

件 2 仰视图

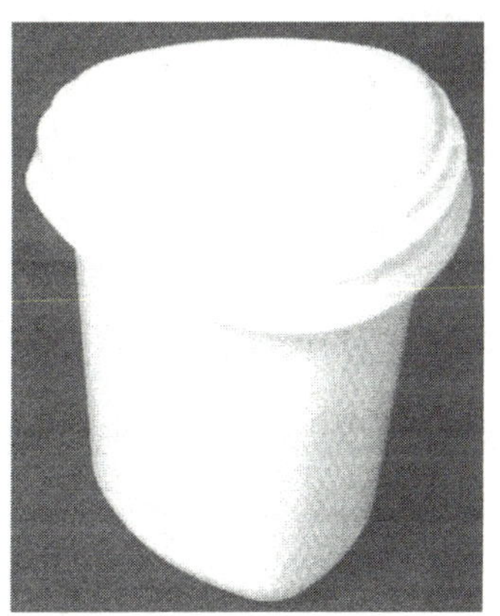

使用状态参考图

本专利附图 2

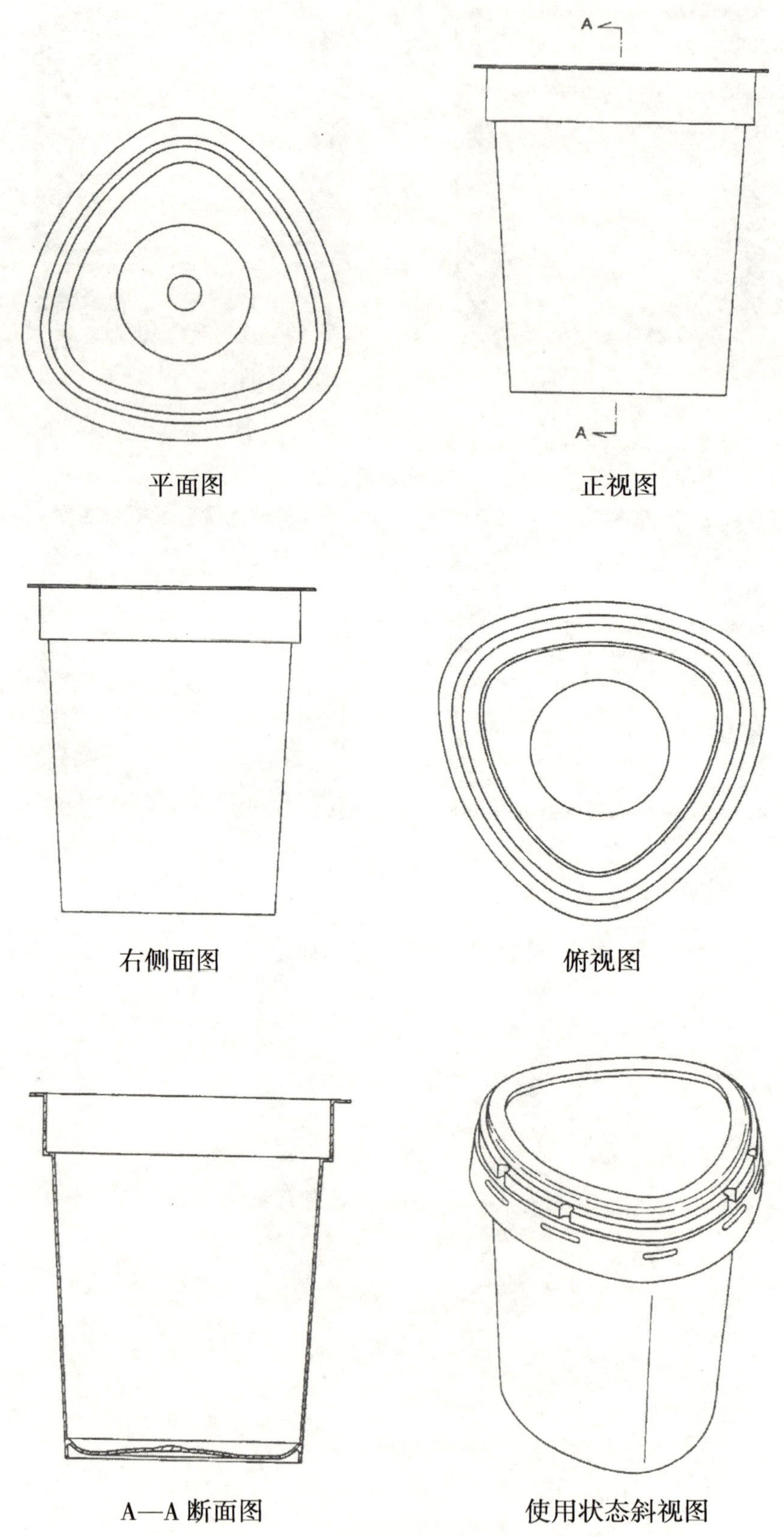

在先设计附图

028

配电柜门锁

无效宣告请求审查决定（第12567号）

决　　定　　号　第12567号
决　　定　　日　2008年10月28日
发明创造名称　配电柜门锁
外观设计分类号　08-07
无效宣告请求人　乐清市利达锁具有限公司，乐清市海鹰锁具有限公司，乐清市长江锁厂，乐清市华西成套锁具厂
专　利　权　人　温州市海坦磁力电器有限公司
专　　利　　号　99323456.9
申　　请　　日　1999年5月20日
授权公告日　2000年1月12日
合议组组长　王霞军
主　　审　　员　钱亦俊
参　　审　　员　雷　婧
附　　　　图　6页

法　律　依　据　专利法第23条，专利法实施细则第13条第1款、第64条第1款、第66条
决　定　要　点

就本专利和几个在先设计这类的锁具产品而言，产品视觉瞩目点在于形状，尤其是在最终使用过程中易见的锁体、锁体定位挡板和锁手把的设计形状。鉴于本专利与几个在先设计之间存在的不同点从整体上给一般消费者带来完全不同的视觉印象。本专利由自然曲线构成而在先设计均是由规则几何曲线和直线构成，由此带来视觉上显著差别。从整体观察综合判断的角度看，本专利与几个在先设计均应属于不相同且不相近似的外观设计。

一、案由

本无效宣告请求涉及国家知识产权局于2000年1月12日授权公告的、名称为“配电柜门锁”的外观设计专利（下称本专利），其申请号是99323456.9，申请日是1999年5月20日，专利权人是温州市海坦磁力电器有限公司。

针对本专利权，乐清市利达锁具有限公司（下称第一请求人）、乐清市海鹰锁具有限公司（下称第二请求人）、乐清市长江锁厂（下称第三请求人）、乐清市华西成套锁具厂（下称第四请求人）于2008年5月27日分别向专利复审委员会提出无效宣告请求，其理由是：证据1和证据2申请日均早

于本专利申请日，可以作为专利法第 23 条规定的出版物。对比本专利与证据 1 和证据 2 的技术特征，证据 1 和证据 2 与本专利相同。根据证据 1 和证据 2 的外观技术特征，本领域普通技术人员完全可以做出与本案专利相似的柜门锁。因此，本专利对本领域普通技术人员是显而易见的，不具有独特创造性。同时，本专利不符合专利法实施细则第 2 条第 3 款的规定，应予宣告无效。与此同时，请求人提交了如下附件作为证据：

附件 1：99322661.2 号外观设计专利授权公告文本；

附件 2：97303442.4 号外观设计专利授权公告文本；

附件 3：97303441.6 号外观设计专利授权公告文本。

专利复审委员会经形式审查合格受理了该无效宣告请求。于 2008 年 5 月 27 日将请求书及上述证据材料副本转送给专利权人，要求其在指定期限内答复。

针对上述无效宣告请求，2008 年 6 月 27 日，专利权人提交意见陈述认为：首先，外观设计专利的相近似比较应是用一项在先设计与被比设计进行单独比较，而不能将两项或两项以上在先设计结合起来与被比设计进行比较，请求人将证据 1 与证据 2 结合起来指出本外观设计不具有创造性应宣告本专利无效的理由明显不成立。其次，上述证据 1 不能适用专利法第 23 条的规定。再次，证据 2、证据 3 与本专利均不相同也不相近似。最后，关于本专利不符合专利法实施细则第 2 条第 3 款的规定，请求人没有提交证据也没有具体陈述理由，而本专利在申请日之前均无相同或相近似的设计公开。基于上述，请求驳回请求人的无效宣告请求。

2008 年 6 月 26 日，四个请求人分别提交补充意见陈述认为，下述附件 4~6 申请日均早于本专利申请日，可以作为专利法第 23 条规定的出版物。对比本专利与附件 1~4 的技术特征，附件 1~4 与本专利相同。附件 5、附件 6 的左视图与本专利的主视图相近似，也破坏了本专利的新颖性。根据附件 1~6 的外观技术特征，本领域普通技术人员完全可以做出与本案专利相近似的柜门锁。因此，本案专利不具有新颖性，不符合专利法第 23 条的规定。其次，由本专利的视图可见其形状全是普通几何图形结合，是不富有美感并适于工业应用的新设计，不符合专利法实施细则第 2 条第 3 款的规定。最后，本专利与附件 7 属于同样的发明创造，不符合专利法第 9 条的规定。请求宣告本专利无效。与此同时，请求人补充提交了如下附件（编号续前）：

附件 4：96310047.5 号外观设计专利授权公告文本；

附件 5：88300829.7 号外观设计专利授权公告文本；

附件 6：88300865.3 号外观设计专利授权公告文本；

附件 7：同附件 1。

2008 年 6 月 27 日第一请求人、第二请求人、第四请求人，2008 年 6 月 28 日第三请求人以相同理由再次提交补充意见。第一请求人、第三请求人认为下述“根据附件 8~59 的视图与本专利视图相近似”。本专利不符合专利法第 23 条的规定。并且，上述附件 7（附件 1）也证明本专利不符合专利法实施细则第 13 条第 1 款的规定。第二请求人、第四请求人认为，“根据附件 8~59 其外观技术特征视图于本案专利视图相似，其他视图也相似”。本专利不符合专利法第 9 条的规定。但并未针对这些附件具体陈述关于本专利不符合专利法第 23 条的理由。四个请求人中，仅第二请求人提交如下附件（编号续前）：

附件 8：98331737.2 号外观设计专利授权公告文本；

附件 9：98305997.7 号外观设计专利授权公告文本；

附件 10：98327686.2 号外观设计专利授权公告文本；

附件 11：98327685.4 号外观设计专利授权公告文本；

附件12：98316472.X号外观设计专利授权公告文本；
附件13：98300267.3号外观设计专利授权公告文本；
附件14：97326126.9号外观设计专利授权公告文本；
附件15：98306144.0号外观设计专利授权公告文本；
附件16：97331004.9号外观设计专利授权公告文本；
附件17：97330936.9号外观设计专利授权公告文本；
附件18：97330934.2号外观设计专利授权公告文本；
附件19：97330933.4号外观设计专利授权公告文本；
附件20：97330932.6号外观设计专利授权公告文本；
附件21：97330931.8号外观设计专利授权公告文本；
附件22：97330930.X号外观设计专利授权公告文本；
附件23：97330356.5号外观设计专利授权公告文本；
附件24：97330939.3号外观设计专利授权公告文本；
附件25：97330359.X号外观设计专利授权公告文本；
附件26：97330357.3号外观设计专利授权公告文本；
附件27：97329797.2号外观设计专利授权公告文本；
附件28：97326127.7号外观设计专利授权公告文本；
附件29：97324968.4号外观设计专利授权公告文本；
附件30：88300830号外观设计专利授权公告文本；
附件31：98327800.8号外观设计专利授权公告文本；
附件32：98329584.0号外观设计专利授权公告文本；
附件33：95301123.2号外观设计专利授权公告文本；
附件34：99306432.9号外观设计专利授权公告文本；
附件35：99330318.8号外观设计专利授权公告文本；
附件36：98329275.2号外观设计专利授权公告文本；
附件37：98333709.8号外观设计专利授权公告文本；
附件38：97321260.8号外观设计专利授权公告文本；
附件39：96311186.8号外观设计专利授权公告文本；
附件40：96317926.8号外观设计专利授权公告文本；
附件41：96303163.5号外观设计专利授权公告文本；
附件42：97309576.8号外观设计专利授权公告文本；
附件43：93302333.2号外观设计专利授权公告文本；
附件44：93303723.6号外观设计专利授权公告文本；
附件45：93304951.X号外观设计专利授权公告文本；
附件46：95304813.6号外观设计专利授权公告文本；
附件47：95303857.2号外观设计专利授权公告文本；
附件48：96309249.9号外观设计专利授权公告文本；
附件49：96309272.3号外观设计专利授权公告文本；
附件50：98318672.3号外观设计专利授权公告文本；
附件51：98324854.0号外观设计专利授权公告文本；

附件 52：98326015. X 号外观设计专利授权公告文本；

附件 53：98330478. 5 号外观设计专利授权公告文本；

附件 54：98330477. 7 号外观设计专利授权公告文本；

附件 55：98326656. 5 号外观设计专利授权公告文本；

附件 56：98333709. 8 号外观设计专利授权公告文本；

附件 57：98329275. 2 号外观设计专利授权公告文本；

附件 58：99328290. 3 号外观设计专利授权公告文本；

附件 59：98317645. 0 号外观设计专利授权公告文本。

2008 年 7 月 29 日，专利复审委员会向各方当事人发出口头审理通知书，告知各方定于 2008 年 9 月 24 日在专利复审委员会进行口头审理。同时，将各方的上述意见陈述及补充附件分别转送对方当事人，通知其在口头审理中答复。

口头审理如期举行，专利权人和四个请求人均派代理人出席了口头审理。请求人确认无效宣告请求的理由是：上述附件 1 的无效宣告请求理由由不符合专利法第 9 条和第 23 条规定变更为本专利不符合专利法实施细则第 13 条第 1 款的规定；附件 2、附件 3、附件 4 证明本专利不符合专利法第 23 条的规定。第三请求人放弃提交的补充附件。因附件 7 与附件 1 相同，故放弃附件 7。双方均认可本专利锁舌可拆卸，锁具的比较重点在形状，附件 5 与附件 6 的外观设计形状相同。合议组当庭告知请求人：第一，附件 8~59 因请求人在无效宣告请求提起 1 个月内未结合无效宣告请求的理由进行详细陈述，本案不予考虑；第二，请求人主张的“本专利是普通几何形状，不符合专利法实施细则第 2 条第 3 款的规定”，也因在规定举证期限内未具体陈述理由本案不予考虑。专利权人对请求人提交的附件的真实性没有异议，但认为附件所示在先设计与本专利形状均不相同且不相近似。各方当事人均坚持原有观点。

至此，本案事实清楚，可以依法作出审查决定。

二、决定的理由

基于请求人提出的无效宣告请求的理由和附件合议组对本案进行了审理。

1. 无效宣告请求的理由和法律依据

请求人提出的无效宣告请求的理由是：（1）附件 1 与本专利属于同样的发明创造，本专利不符合专利法实施细则第 13 条第 1 款的规定。（2）附件 2、附件 3、附件 4 证明本专利不符合专利法第 23 条的规定。附件 5、附件 6 的左视图与本专利的主视图相近似，也破坏了本专利的新颖性，证明本专利不符合专利法第 23 条的规定。并且附件 8~59 的视图与本专利视图相近似，本专利不符合专利法第 23 条的规定。（3）本专利也不符合专利法实施细则第 2 条第 3 款的规定。

专利法第 23 条规定：授予专利权的外观设计，应当同申请日以前在国内外出版物上公开发表过或者国内公开使用过的外观设计不相同和不相近似，并不得与他人在先取得的合法权利相冲突。

专利法实施细则第 13 条第 1 款规定：同样的发明创造只能被授予一项专利。

专利法实施细则第 64 条第 1 款规定：依照专利法第 45 条的规定，请求宣告专利权无效或者部分无效的，应当向专利复审委员会提交专利权无效宣告请求书和必要的证据一式两份。无效宣告请求书应当结合提交的所有证据，具体说明无效宣告请求的理由，并指明每项理由所依据的证据。

专利法实施细则第 66 条规定：在专利复审委员会受理无效宣告请求后，请求人可以在提出无效宣告请求之日起 1 个月内增加理由或者补充证据。逾期增加理由或者补充证据的，专利复审委员会可以不予考虑。

2. 本案审查范围及证据认定

第一请求人、第二请求人和第三请求人提交的附件8~59是无效宣告请求日起一个月内提交的补充证据；但此间三个请求人没有针对上述证据与本专利的相近似性进行一对一的比较分析（相同点、不同点），仅笼统地陈述各证据与本专利是相近似的。因此，上述证据属于没有详细陈述理由的证据，根据专利法实施细则第64条第1款及审查指南第四部分第3章第4.1节规定，本案对该证据不予考虑。第三请求人提交的上述证据属于专利法实施细则第66条规定的1个月以后提交的新证据，本案不予考虑。

请求人还主张：由本专利的视图可见其形状全是普通几何图形结合，是不富有美感并适于工业应用的新设计，不符合专利法实施细则第2条第3款的规定。合议组认为，针对该主张请求人陈述过于笼统，普通几何图形结合而成的外观设计不一定就不是新设计。请求人没有在提起无效宣告请求1个月内结合本专利提供进一步的分析，故该理由属于没有详细陈述理由的主张，根据专利法实施细则第64条第1款的规定及审查指南第四部分第3章第4.1节规定，本案对该主张不予考虑。

请求人提交的附件1是99322661.2号外观设计专利（下称在先设计1）授权公告文本，经核实，本案对其真实性予以认可。其申请日是1999年3月13日，授权公告日是2000年1月12日，申请人就是本专利权人。因此，该证据属于本专利申请日之前申请之后公开的外观设计专利，应适用专利法实施细则第13条第1款的规定评价本专利。

请求人提交的附件2是97303442.4号外观设计专利（下称在先设计2）授权公告文本；附件3是97303441.6号外观设计专利（下称在先设计3）授权公告文本；附件4是96310047.5号外观设计专利（下称在先设计4）授权公告文本；附件5是88300829.7号外观设计专利（下称在先设计5）授权公告文本；附件6是88300865.3号外观设计专利（下称在先设计6）授权公告文本。经核实属实，对其真实性予以认可。上述证据公开日分别是1998年3月18日、1998年5月20日、1997年5月14日、1989年3月10日、1989年6月25日，均在本专利申请日之前，应适用专利法第23条的规定评价本专利。

从图片观察，由于在先设计6与在先设计5形状是相同的，仅在简要说明中申明在先设计6要求保护巧克力色。由于本专利进设计形状设计，故可以仅就在先设计5和在先设计6的形状对本专利进行评述。基于此，本决定对在先设计5的分析判断适用于在先设计6。

3. 相近似性分析

（1）分析判断的原则、基准及方式。

审查指南第四部分第五章中“5.2单独对比”规定：“在相同或者相近似判断中，一般应当用一项在先设计与被比设计进行单独对比，而不能将两项或者两项以上在先设计结合起来与被比设计进行对比。”“5.5整体观察、综合判断”规定：“外观设计应当采用整体观察、综合判断的方式进行相同或者相近似判断。所谓整体观察、综合判断的方式是指由被比设计的整体来确定是否与在先设计相同或者相近似，而不从外观设计的部分或者局部出发得出与在先设计是否相同或者相近似的结论。”据此，合议组认为，外观设计相近似性比较应基于外观设计图片显示的产品外观设计，从整体观察，运用综合判断的方式，将本专利与几个在先设计分别进行一对一的比较，从而得出本专利与各在先设计是否相同或相近似的结论，而不是如请求人在无效宣告请求书中所主张的以某个设计的主要特征或将多个设计的局部特征相结合与本专利进行比较得出结论。产品各部分的组成相同与否，结构相同与否不是外观设计相同相近似判断的决定因素。因此，合议组将本专利与几个在先设计分别进行如下相近似性分析比较。

（2）本专利描述。

本专利是一款锁具的外观设计。一端至另一端依次由锁舌、锁体定位挡板、锁体及锁手把构成，其中锁舌呈弯折的片状矩形；锁体定位挡板类似片状六边螺母；锁体为圆柱状。本专利呈自然圆润流线型，两端弧度较大，内侧有凹陷沟槽，上端呈不规则球冠状，侧面自上而下渐薄至下部尾端已成片状，且向内钩翘。上端有部分可沿端点旋转移动的锁孔盖。从侧面观察，整个锁手把从锁孔部分到尾部逐渐变薄，至另一端尾部呈向内侧略弯折的钩状。内侧凹陷（详见本专利附图）。

（3）关于专利法实施细则第 13 条第 1 款规定的审查。

在先设计 1 也是一款锁具的外观设计。一端至另一端依次由锁体定位挡板、锁体及锁手把构成，其中锁体定位挡板类似片状圆形；锁体为长方体柱状。锁手把呈光滑的扁柱状，一端与锁体固定为一体，有部分可沿端点旋转移动的锁孔盖。从侧面观察，整个锁手把内侧上下两端线条略呈弧形（详见在先设计 1 附图）。

将本专利与先设计 1 进行对比，二者主要相同点在于：二者都有锁体定位挡板、锁体及锁手把及锁孔盖，且锁手把两端呈圆弧状。二者主要不同点在于：第一，锁体形状不同，本专利为圆柱状，而在先设计 1 为柱形块；第二，二者锁手把形状不同，本专利呈自然圆润流线型，两端弧度较大，内侧有凹陷沟槽，上端呈不规则曲面状，侧面自上而下渐薄至下部尾端已成片状，且向内钩翘。而在先设计 1 锁手把整体呈扁柱状，从主视图观察，上下两端为规则的圆弧状。从侧面观察，上下厚度无明显变化，且上端类似直角圆弧过渡，而非不规则曲面状。另外，在先设计 1 没有锁舌；本专利与在先设计 1 还有其他细微差别。合议组认为，对于锁具类的产品应以形状为判断要点，尤其是在最终使用过程中易见的锁体、锁体定位挡板和锁手把的设计形状。鉴于上述二者存在的不同点从整体上给一般消费者带来完全不同的视觉印象，本专利由自然曲线构成，而在先设计 1 是由规则几何曲线和直线构成，由此带来视觉上显著差别。从整体观察综合判断的角度看，本专利与在先设计 1 应属于不相同且不相近似的外观设计。

同样的发明创造对于外观设计而言是指两项外观设计相同或相近似。因此，本专利与在先设计 1 不属于同样的发明创造。

基于上述分析，请求人提交的证据不能证明本专利不符合专利法实施细则第 13 条第 1 款的规定。

（4）关于专利法第 23 条规定的审查。

在先设计 2 是一款柜门锁的外观设计。一端至另一端依次由锁舌、锁体定位挡板、锁体及锁手把构成，其中锁舌呈圆头平面片状；锁体定位挡板呈锥台体；锁体为柱状。锁手把呈光滑的片状，中部有突起的楞，与接近锁孔的部位呈类似“↑”状凸楞。从侧面观察，整个锁手把从锁孔部分到尾部逐渐变薄，至另一端尾部呈向内侧略弯折的曲线状（详见在先设计 2 附图）。

将本专利与先设计 2 进行对比，二者主要相同点在于：二者都有锁体定位挡板、锁体及锁手把及锁孔盖及锁舌，且锁手把两端呈圆弧状，下端尾部均向内侧钩翘。二者主要不同点在于：第一，锁体形状不同，本专利为圆柱状，而在先设计 2 为锥台状。第二，锁舌形状有差别，本专利为弯折的片状矩形，而在先设计 2 为圆弧形端点的平面片状。第三，尽管二者锁手把从侧面观察均为片状由上至下渐薄且向内侧钩翘，但二者锁手把形状不同，本专利呈自然圆润流线型，两端弧度较大，内侧有凹陷沟槽，上端呈不规则曲面状，侧面自上而下渐薄至下部尾端已成片状，且向内钩翘。而在先设计 2 锁手把整体呈片状，从主视图观察，中部有突起的楞，与接近锁孔的部位呈类似“↑”状凸楞。从侧面观察，整个锁手把从锁孔部分到尾部逐渐变薄，至另一端尾部呈向内侧略弯折的曲线状。但二者侧面厚度不同。第四，二者锁体定位版形状不同，本专利类似圆形，而在先设计 2 呈锥台状；另外，本专利有锁孔盖而在先设计 2 无此设计；本专利与在先设计 2 还有其他细微差别。合议组认为，对于锁具类的产品应以形状为判断要点，尤其是在最终使用过程中易见的锁体、锁体定位挡板和锁手把的设计形状。鉴于上述二者存在的不同点从整体上给一般消费者带来完全不同的视觉印象，本专利由自然曲线构成，而在先设计 2 是由规则几何曲线和直线构成，由此带来视觉上显著差别。从整体观察综合判断的角度看，本专利与在先设计 2 应属于不相同且不相近似的外观设计。

在先设计 3 是一款柜门锁的外观设计。一端至另一端依次由锁舌、锁体定位挡板、锁体及锁手把构成，其中锁舌呈片状圆头矩形；锁体定位挡板类似底面为矩形的锥台状；锁体为柱状。锁手把呈光滑的片状，中部有突起的楞，与接近锁孔的部位呈类似“↑”状凸楞。从侧面观察，整个锁手把较薄，至另一端尾部呈向内侧略弯折的曲线状（详见在先设计 3 附图）。

将本专利与先设计 3 进行对比，二者主要相同点在于：二者都有锁体定位挡板、锁体及锁手把及锁孔盖及锁舌，且锁手把两端呈圆弧状，下端尾部均向内侧钩翘。二者主要不同点在于：①锁体形状不同，本专利为柱状，而在先设计 3 为锥台状。②锁舌形状有差别，本专利为弯折的片状矩形，而在先设计 3 为圆弧形端点的平面片状。③尽管二者锁手把从侧面观察均为片状由上至下渐薄且向内侧钩翘，但二者锁手把形状不同，本专利呈自然圆润流线型，两端弧度较大，内侧有凹陷沟槽，上端呈不规则曲面状，侧面自上而下渐薄至下部尾端已成片状，且向内钩翘。而在先设计 3 锁手把整体呈片状，从主视图观察，中部有突起的楞，与接近锁孔的部位呈类似“↑”状凸楞。从侧面观察，整个锁手把从锁孔部分到尾部逐渐变薄，至另一端尾部呈向内侧略弯折的曲线状。但二者侧面厚度不同。④二者锁体定位版形状不同，本专利类似片状圆形，而在先设计 3 呈锥台状；另外，本专利有锁孔盖而在先设计 3 无此设计；本专利与在先设计 3 还有其他细微差别。合议组认为，对于锁具类的产品应以形状为判断要点，尤其是在最终使用过程中易见的锁体、锁体定位挡板和锁手把的设计形状。鉴于上述二者存在的上述不同点从整体上给一般消费者带来了完全不同的视觉印象，本专利由自然曲线构成，而在先设计 3 是由规则几何曲线和直线构成，由此带来视觉上显著差别。从整体观察综合判断的角度看，本专利与在先设计 3 应属于不相同且不相近似的外观设计。

在先设计 4 是一款柜门锁的外观设计。一端至另一端依次由锁体定位挡板、锁体及锁手把构成；锁体定位挡板类似圆形；锁体为柱状。锁手把呈光滑的片状，中部有突起的楞。从侧面观察，整个锁手把较薄，至另一端——尾部厚度变薄呈向内侧略弯折。靠近锁体部分有带圆孔的凸块（详见在先设计 4 附图）。

将本专利与先设计 4 进行对比，二者主要相同点在于：二者都有锁体定位挡板、锁体及锁手把及锁孔盖，且锁手把两端呈圆弧状，下端尾部均向内侧钩翘。二者主要不同点在于：①锁手把不同，在先设计 4 锁手把呈光滑的片状，中部有突起的楞。从侧面观察整个锁手把较薄，至另一端——尾部厚度变薄呈向内侧略弯折。而本专利呈自然圆润流线型，两端弧度较大，内侧有凹陷沟槽，上端呈不规则曲面状，侧面自上而下渐薄至下部尾端已成片状，且向内钩翘。而在先设计 4 锁手把整体呈片状，从主视图观察，中部有突起的楞。从侧面观察，整个锁手把从锁孔部分到尾部厚度基本无变化，至另一端——尾部厚度变薄呈向内侧略弯折。二者侧面厚度不同。②锁手把内侧与锁体相接处有带有圆孔的凸块设计。另外，本专利有锁舌而在先设计 4 无此设计；本专利与在先设计 4 还有其他细微差别。合议组认为，对于锁具类的产品应以形状为判断要点，尤其是在最终使用过程中易见的锁体、锁体定位挡板和锁手把的设计形状。鉴于上述二者存在的不同点从整体上给一般消费者带来完全不同的视觉印象，本专利由自然曲线构成，而在先设计 4 是由规则几何曲线和直线构成，由此带来视觉上显著差别。从整体观察综合判断的角度看，本专利与在先设计 4 应属于不相同且不相近似的外观设计。

在先设计 5 是一款门锁把手的外观设计。整体类似“7”形，水平方向为柱状，垂直方向呈扁的锥体。从侧面观察，整个锁手把内侧呈曲线（详见在先设计 5 附图）。

在先设计 6 产品形状同在先设计 5，简要说明要求保护巧克力色（详见在先设计 5 附图）。

将本专利与先设计 5（在先设计 6）的形状进行对比，二者主要相同点在于：从造型上看，二者都呈“7”形。但在先设计 5（在先设计 6）无定位挡板、锁体及锁舌的设计，仅将本专利锁手把与先设计 5（在先设计 6）进行比较可见其整体形状与本专利完全不同。在先设计 5（在先设计 6）是水平的圆柱体和垂直方向的锥体握柄构成，而本专利呈自然圆润流线型。两端弧度较大，内侧有凹陷沟槽。上端呈不规则曲面状，侧面自上而下渐薄至下部尾端已成片状，且向内钩翘。而在先设计 5（在先设计 6）锁手把整体呈片状，从主视图观察，中部有突起的楞。从侧面观察，整个锁手把从锁孔部分到尾部厚度基本无变化，至另一端——尾部厚度变薄呈向内侧略弯折；本专利与在先设计 5（在先设计 6）还有其他细微差别。这些不同点使得在先设计 5（在先设计 6）与本专利在整体造型上与本专利产生了显著差别。合议组认为，对于本专利与在先设计 5（在先设计 6）这类锁具产品应以形状为判断要点，鉴于上述二者存在的不同点从整体上给一般消费者带来完全不同的视觉印象。从整体观察综合判断的角度看，本专利与在先设计 5（在先设计 6）应属于不相同且不相近似的外观设计。

基于上述分析，请求人提交的证据均不能证明本专利不符合专利法第 23 条的规定。

4. 结论

综上所述，请求人提交的证据均不能支持其无效宣告请求的理由。即，既不能证明本专利不符合专利法第 23 条的规定，也不能证明本专利不符合专利法实施细则第 13 条第 1 款的规定。

三、决定

维持 99323456.9 号外观设计专利权有效。

当事人对本决定不服的，可以根据专利法第 46 条第 2 款的规定，自收到本决定之日起三个月内向北京市第一中级人民法院起诉。根据该款的规定，一方当事人起诉后，另一方当事人应当作为第三人参加诉讼。

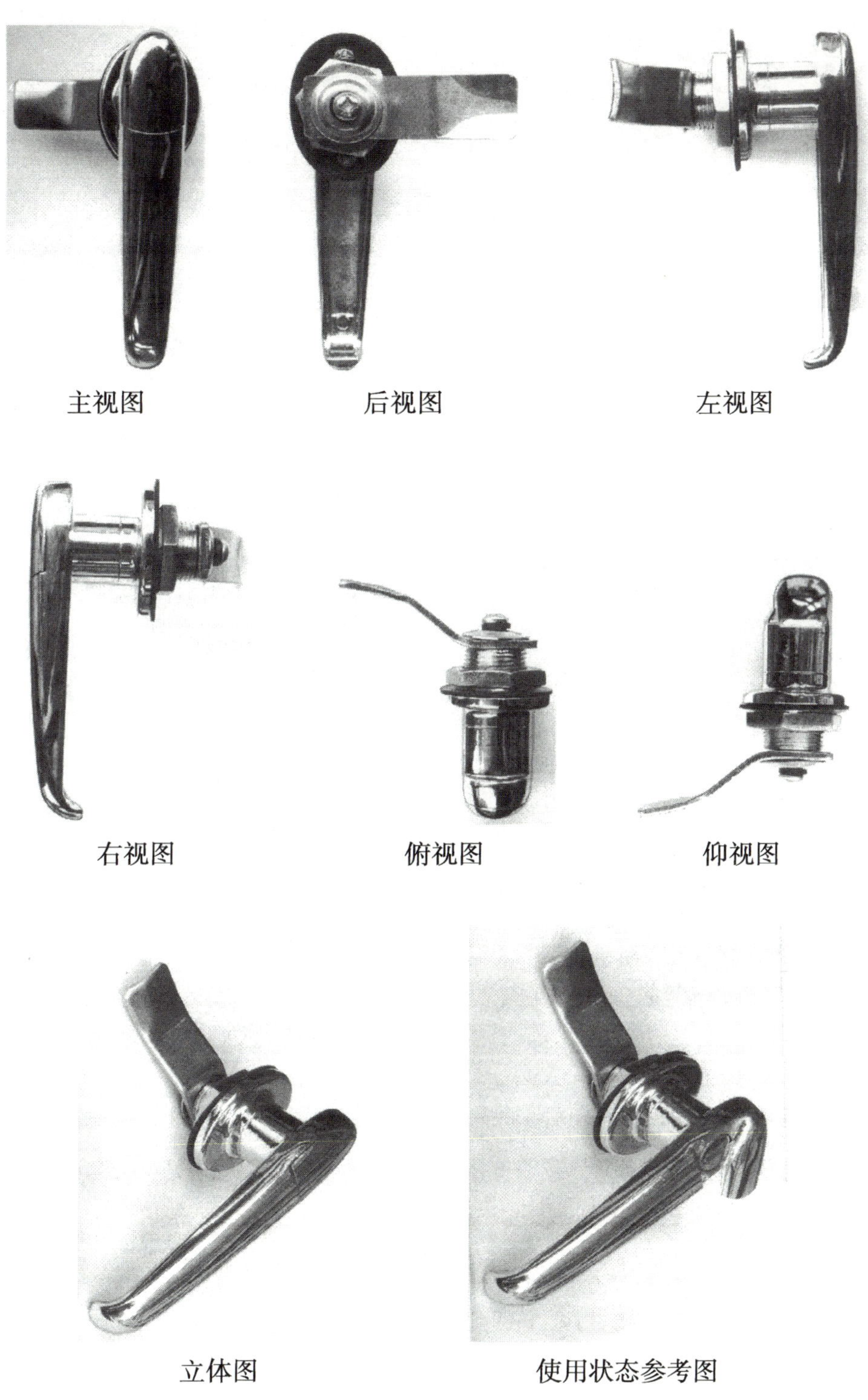

主视图　后视图　左视图

右视图　俯视图　仰视图

立体图　使用状态参考图

本专利附图

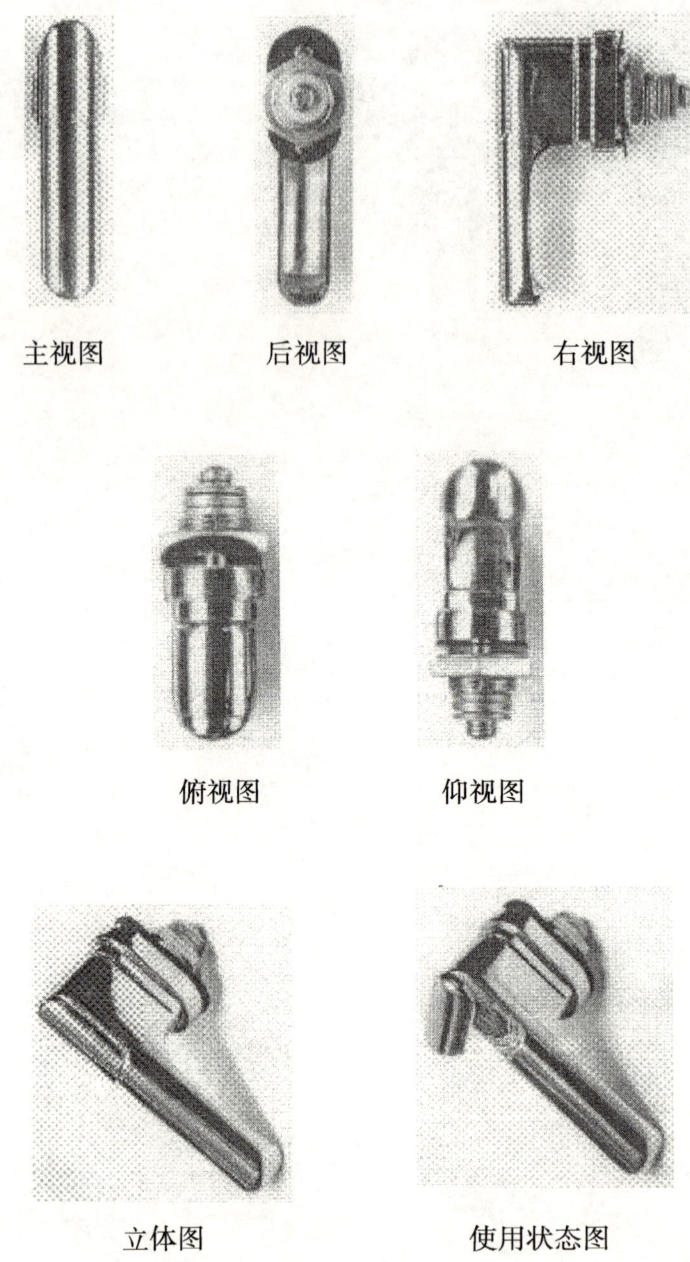

主视图　后视图　右视图

俯视图　仰视图

立体图　使用状态图

在先设计 1 附图

主视图

后视图

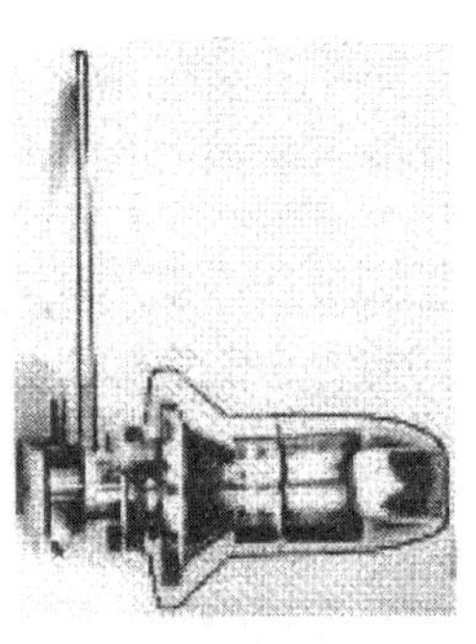

左视图

右视图

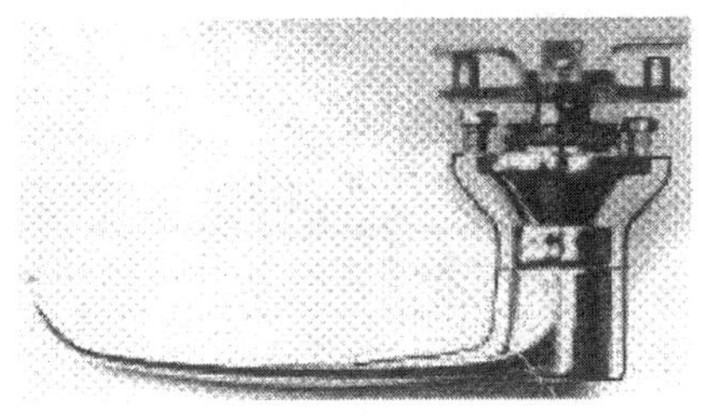

俯视图

仰视图

在先设计 2 附图

主视图

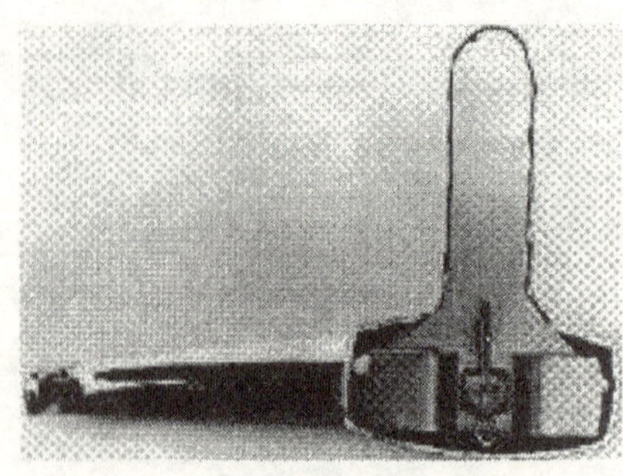

后视图

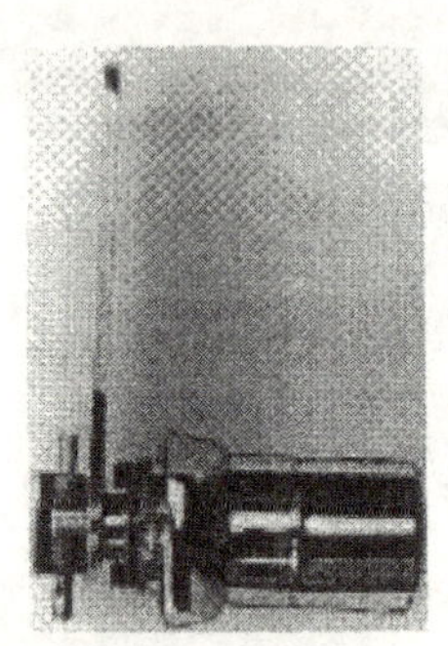

左视图

右视图

俯视图

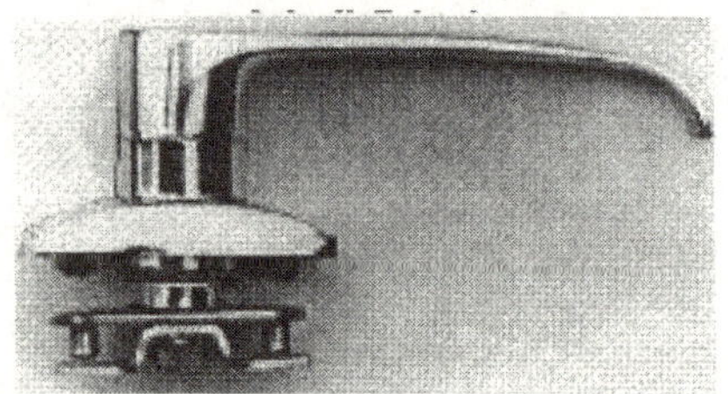

仰视图

在先设计 3 附图

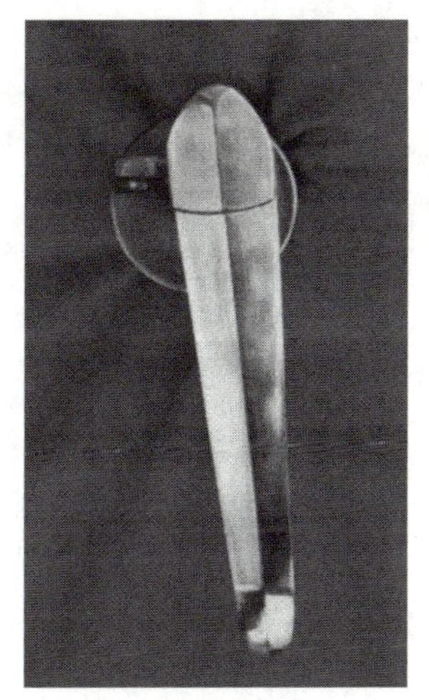
主视图

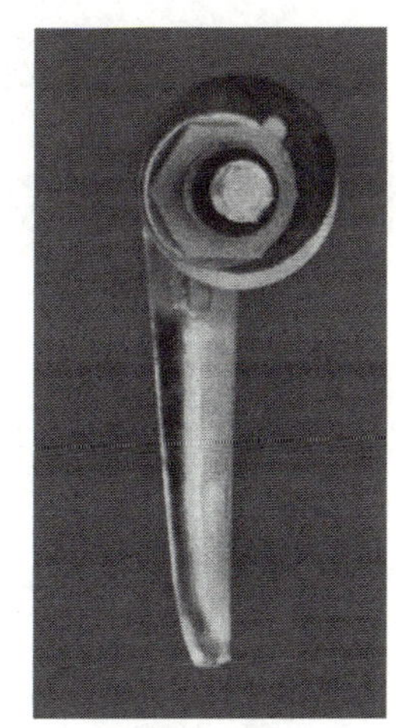
后视图

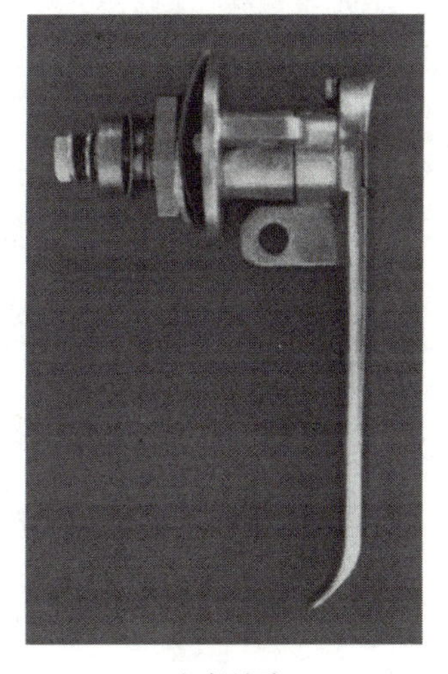
左视图

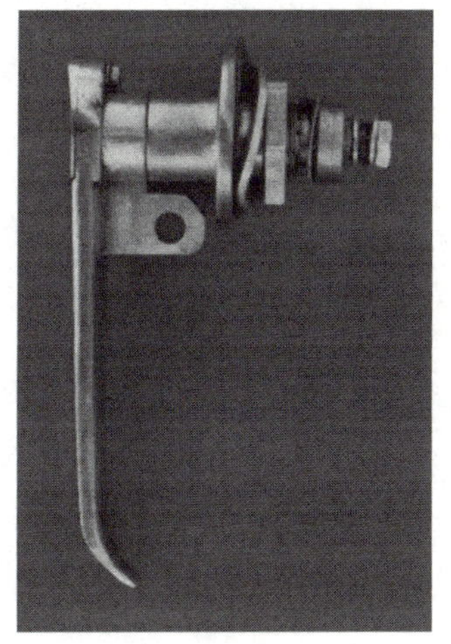
右视图

俯视图

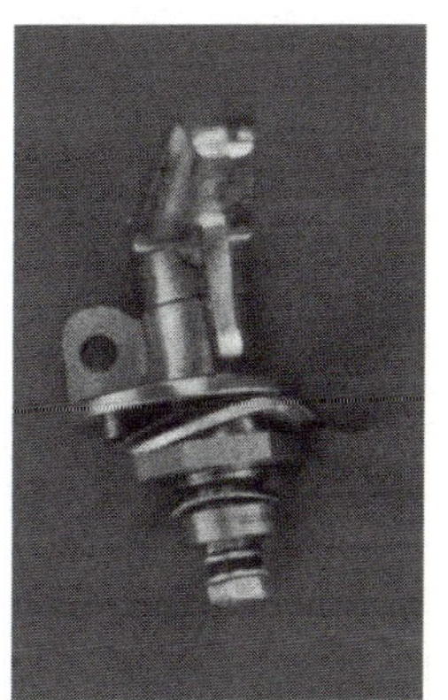
仰视图

在先设计 4 附图

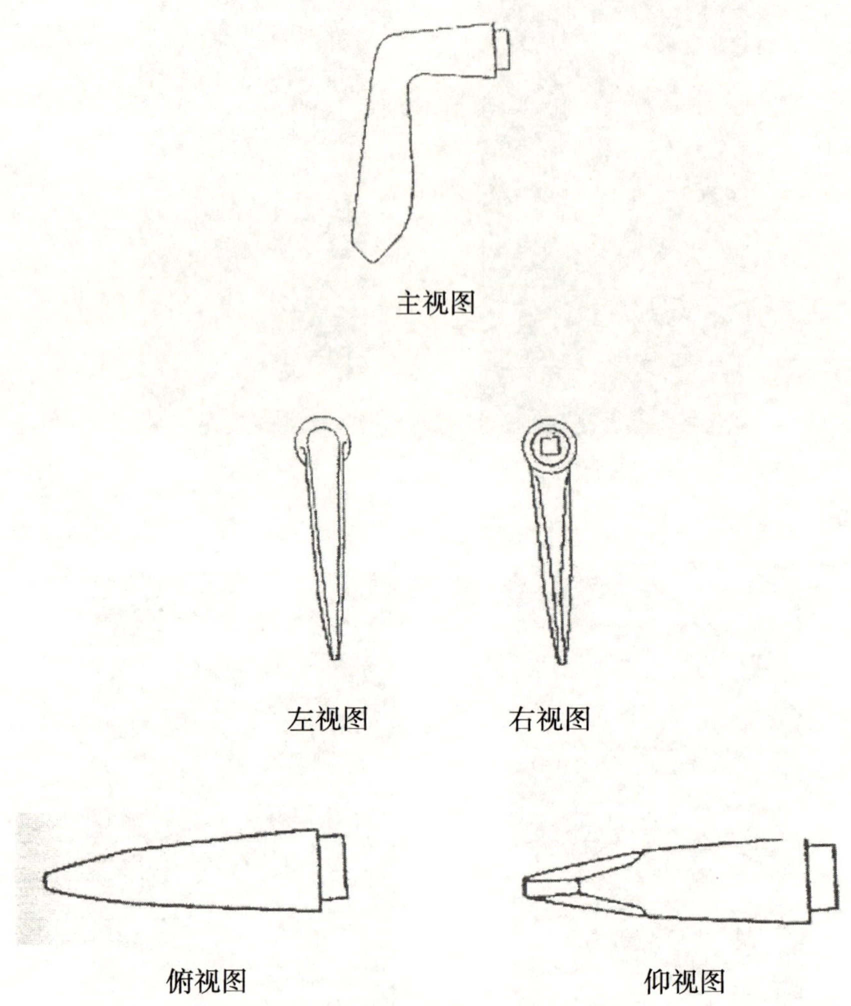

在先设计 5 附图

029

瓷砖（G）

无效宣告请求审查决定（第12580号）

决　　定　　号　第12580号
决　　定　　日　2008年10月28日
发明创造名称　瓷砖（G）
外观设计分类号　25-01
无效宣告请求人　陈立闽
专　利　权　人　吴祝祥
专　　利　　号　200630196229.3
申　　请　　日　2006年11月28日
授 权 公 告 日　2007年12月12日
合 议 组 组 长　王霞军
主　　审　　员　毕艳红
参　　审　　员　穆丽娟
附　　　　　图　1页

法　律　依　据　专利法第23条
决　定　要　点

本专利与在先设计整体形状及各组成部分及其形状相同，二者图案上的差异属于局部细微差异，对整体视觉效果不具有显著影响，二者构成相近似。

一、案由

本无效宣告请求涉及国家知识产权局于2007年12月12日授权公告的、专利号为200630196229.3号外观设计专利（下称本专利），其申请日是2006年11月28日、名称为“瓷砖（G）”，专利权人为吴祝祥。

针对本专利的专利权，陈立闽（下称请求人）于2008年4月17日向国家知识产权局专利复审委员会提出无效宣告请求，其无效理由为本专利不符合专利法第23条及专利法实施细则第13条第1款的规定。请求人提交了如下附件作为证据使用：

附件1：本专利公告文本的网络下载打印件共1页；

附件2：公告号为CN3509107号外观设计专利公告文本的网络下载打印件共1页，申请日为2005年6月8日，公告日为2006年2月22日，专利权人为陈立闽；

附件3：公告号为CN3591628号外观设计专利公告文本的网络下载打印件共1页，申请日为2006

年2月25日，公告日为2006年12月20日，专利权人为陈立闽；

附件4：公告号为CN3587171号外观设计专利公告文本的网络下载打印件共1页，申请日为2006年2月25日，公告日为2006年12月6日，专利权人为陈立闽；

附件5：公告号为CN3598595号外观设计专利公告文本的网络下载打印件共1页，申请日为2006年2月25日，公告日为2007年1月10日，专利权人为陈立闽；

附件6：公告号为CN3589379号外观设计专利公告文本的网络下载打印件共1页，申请日为2006年2月25日，公告日为2006年12月13日，专利权人为陈立闽。

在上述无效宣告请求书中，请求人指出：将本专利与附件2~6分别单独对比，结论是相同的，即所对比的两块瓷砖形状完全相同，均为一长方形，在构图上，二者均由七处排布相同、形状相同的单元体拼合而成一具有强烈立体视觉效果的阶梯图案，二者的区别仅在于单元体中条纹图案的微小差别，并不会使一般消费者产生视觉差。纵观本专利与附件2~6所示瓷砖的外观设计，无论在实际风格还是构图结构及视觉效果上均构成相近似，并且根据审查指南的规定，同样的外观设计指的是两项外观设计相同或相近似，因此本专利与附件2~6单独对比均属于同样的外观设计，根据专利法第23条及专利法实施细则第13条第1款的规定，本专利的专利权应被无效。

经形式审查合格，专利复审委员会受理了上述无效宣告请求，并于2008年6月20日向双方当事人发出了无效宣告请求受理通知书，同时将请求人提交的无效宣告请求书及其证据清单中所列附件的副本转给专利权人，并告知专利权人可在答复期限内提交意见陈述书。

专利权人在指定期限内未答复。

专利复审委员会依法成立合议组对本案进行审理，本案合议组于2008年8月25日向双方当事人发出口头审理通知书，定于2008年10月13日在专利复审委员会对本案进行口头审理。

由于工作原因，本案合议组成员变更，变更后的合议组于2008年9月19日向双方当事人重新发出口头审理通知书，定于2008年10月14日在福建省对本案进行口头审理。

口头审理如期举行，请求人委托代理人参加了口头审理，专利权人缺席。请求人对合议组成员变更无异议、对合议组成员无回避请求；请求人明确表示放弃附件3~6不再作为证据使用，并放弃附件3~6所对应的专利法实施细则第13条第1款的无效理由；请求人认为本专利与附件2相近似，明确其无效理由为本专利相对于附件2不符合专利法第23条的规定。

在上述审理的基础上，合议组认为本案事实已经清楚，故依法作出审查决定。

二、决定的理由

1. 法律依据

基于请求原则，合议组对请求人提出的本专利相对于附件2不符合专利法第23条的规定，对本案进行审理。

专利法第23条规定："授予专利权的外观设计，应当同申请日以前在国内外出版物上公开发表过或者国内公开使用过的外观设计不相同和不相近似，并不得与他人在先取得的合法权利相冲突。"

2. 证据认定

请求人在提出无效宣告请求时提交了附件2~6共五份附件作为证据使用，在口头审理过程中请求人明确表示放弃附件3~6作为证据使用，附件2为中国外观设计专利，专利权人在指定的答复期限内未对其真实性提出异议，经合议组核实，对附件2的真实性予以认可。并且，由于附件2的公告日期为2006年2月22日，在本专利申请日2006年11月28日之前，即附件2属于公开在先的专利文献，因此可以作为评价本专利是否符合专利法第23条的证据使用（下称附件2所示的外观设计为在先设计）。

3. 关于专利法第 23 条

本专利与在先设计均保护瓷砖，属于相同种类的产品，可以进行相同、相近似性比较。

本专利包括主视图，省略后视图。本专利的瓷砖为长方形，右上角与左下角对称、其形状均为三角形，图案均为竖直的、由凸粒构成的不连续直线；左上角与右下角对称，形状均近似正方形，图案均由多条水平直线构成；上述四部分所围的中间部分类似两级长方形台阶，两级台阶面上光滑无图案，两级台阶之间的竖直面为平行于台阶长边的直线（详见本专利附图）。

在先设计包括六幅视图，俯视图、立体图、主视图、左视图，省略后视图、仰视图及右视图。从主视图上看，在先设计的瓷砖为长方形，左上角与右下角对称，形状均近似正方形，其上均密布形状不规则的微小花纹；右上角与左下角对称，形状均为三角形，图案均由多条竖直线构成；上述四部分所围的中间部分类似两级长方形台阶，两个台阶面上的图案均由多条平行于台阶短边的直线构成，两个台阶面之间的竖直面上的图案由多条垂直于台阶面的直线构成（详见在先设计附图）。

将本专利与在先设计比较，二者的相同点在于二者整体上均为长方形，各个组成部分及各组成部分的形状相同，区别仅在于各组成部分上分布的图案存在细微差别，经整体观察、综合判断，二者产品的表面图案给一般消费者的整体视觉效果均为由右上角至左下角方向分布的两级长方形台阶，台阶的右下角为正方形。因此，本专利与在先设计整体图案构成相近似，二者属于相近似的外观设计。

综上所述，在本专利申请日前已有与其相近似的外观设计在出版物上公开发表过，本专利不符合专利法第 23 条的规定。

三、决定

宣告 200630196229.3 号外观设计专利权全部无效。

当事人对本决定不服的，可以根据专利法第 46 条第 2 款的规定，自收到本决定之日起三个月内向北京市第一中级人民法院起诉。根据该款的规定，一方当事人起诉后，另一方当事人应当作为第三人参加诉讼。

主视图

本专利附图

立体图　　　　左视图

俯视图

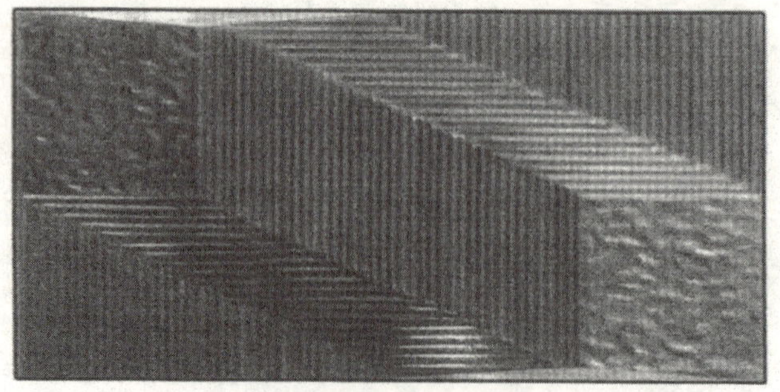

主视图

在先设计 1 附图

030

摩托车贴花（HJ125-7A/7C）

无效宣告请求审查决定（第 12582 号）

决　　定　　号　第 12582 号
决　　定　　日　2008 年 11 月 11 日
发明创造名称　摩托车贴花（HJ125-7A/7C）
外观设计分类号　19-08
无效宣告请求人　济南轻骑摩托车股份有限公司
专　利　权　人　江门市大长江集团有限公司
专　　利　　号　200530059477.9
申　　请　　日　2005 年 5 月 18 日
授 权 公 告 日　2006 年 4 月 5 日
合 议 组 组 长　徐清平
主　　审　　员　王霞军
参　　审　　员　周　佳
附　　　　　图　1 页

法　律　依　据　专利法第 23 条
决　定　要　点

本专利与在先设计贴花均为弯钩状设计，但本专利的贴花是由图案和色彩结合而成，而在先设计仅为图案，且二者图案设计也存在较大差别，从而导致二者的整体视觉效果明显不同，二者的差别对于产品外观设计的整体视觉具有显著的影响，属于不相同且不相近似的外观设计。

一、案由

本无效宣告请求案涉及国家知识产权局于 2006 年 4 月 5 日授权公告的，名称为“摩托车贴花（HJ125-7A/7C）”的外观设计专利（下称本专利），其申请号是 200530059477.9，申请日是 2005 年 5 月 18 日，专利权人是江门市大长江集团有限公司。

针对本专利权，济南轻骑摩托车股份有限公司（下称请求人）于 2008 年 7 月 21 日向专利复审委员会提出无效宣告请求，其理由是：在本专利申请日前已有与其相近似的产品在国内公开出版物上发表，因此，本专利不符合专利法第 23 条的规定。与此同时，请求人提交了如下附件作为证据：

附件 1：从网络下载的 200430027560.3 号外观设计专利著录项目和图片 1 页；

附件 2：从网络下载的 200330121312.0 号外观设计专利著录项目和图片 1 页；

附件 3：从网络下载的 200430071164.0 号外观设计专利著录项目和图片 1 页；

附件4：从网络下载的200430097348.4号外观设计专利著录项目和图片1页；

附件5：从网络下载的03325190.8号外观设计专利著录项目和图片1页；

附件6：从网络下载的200430052374.5号外观设计专利著录项目和图片1页；

附件7：从网络下载的本专利著录项目和图片1页。

经形式审查合格，专利复审委员会受理了此案，并于2008年7月21日将无效宣告请求书及相关材料副本转送给专利权人。

专利权人逾期未答复。

2008年8月22日专利复审委员会向双方当事人发出口头审理通知书，定于2008年10月22日进行口头审理。

口头审理如期举行，双方当事人均委托代理人参加。口头审理当庭请求人确认用附件1中的件1及附件2中的件2作为本专利的对比文件，附件3~6证明用弯钩图案作为摩托车贴花属于惯常设计。专利权人对附件1和附件2的真实性没有异议，但认为与本专利贴花图案不相同且不相近似。双方当事人各自坚持本方观点。

合议组认为本案事实清楚，可以依法作出审查决定。

二、决定的理由

1. 法律依据

基于请求人提出的无效宣告请求的理由，合议组依据专利法第23条的规定对本案进行审理。

专利法第23条规定："授予专利权的外观设计，应当同申请日以前在国内外出版物上公开发表过或者国内公开使用过的外观设计不相同和不相近似，并不得与他人在先取得的合法权利相冲突。"

2. 证据认定

请求人提交的附件1是国家知识产权局于2004年9月29日授权公告的、申请号是200430027560.3、产品名称为"摩托车贴花（JS125-4V）"的外观设计专利著录项目和图片。附件2是国家知识产权局于2004年6月23日授权公告的、申请号是200330121312.0、产品名称为"摩托车贴花（JC125-17B）"的外观设计专利著录项目和图片。经合议组核实，上述两篇专利文献内容属实，专利权人对真实性无异议，合议组对其真实性予以确认。两篇专利的公开日期均早于本专利的申请日，属于专利法第23条规定的出版物，所示两项外观设计专利请求保护的均为摩托车贴花，与本专利用途相同，属于相同类别的产品，可以与本专利进行相近似比较。

3. 相同和相近似比较

本专利包含3件摩托车贴花，并请求保护色彩。其中件1的贴花图案为弯钩形状，弯钩呈飘逸流线型，色彩主要由灰、黄、橙色及黑色线条组成，弯钩主体为黄色，钩体底边由黑色线条勾边，弯钩上边和尾部由灰色包围，弯钩前端和钩的下部有橙色勾划。件2与件1图案和色彩基本相同，仅图案整体比例缩小。件3是将件1的图案上下翻转180°并略作变化，色彩的组合与件1基本相同（详见本专利附图）。

附件1中的件1（下称在先设计1）图案为弯钩形状，未请求保护色彩。弯钩的整体图案由线条勾边，钩的前部由浅至深，中间位置设有一条弯钩，将箭头分为两部分（详见在先设计1附图）。

附件2中的件2（下称在先设计2）图案为弯钩形状，未请求保护色彩。弯钩的边沿由线条勾划，钩内以明暗变化组成图案，弯钩的底部和尾部由深色线条勾划，弯钩底部深色区域有一三角设计（详见在先设计2附图）。

将本专利与在先设计1进行比较，其相同点是整体设计均为弯钩形状。二者的不同点在于：本专利请求保护色彩，而在先设计1未请求保护色彩。本专利图案不仅有弯钩的设计，钩的周围还有其他颜色衬托，而在先设计 1 贴花仅为一个弯钩图案。合议组认为，虽然二者均为贴花的弯钩图案，但本专利的贴花是由图案和色彩组合而成，而在先设计 1 仅为图案，二者在图案上也存在着明显差别，本专利的弯钩底部较尖锐，而在先设计 1 底部较宽且由中部一分为二，本专利弯钩四周衬有渐变色块，在先设计 1 则无，从而导致二者的整体视觉效果差别明显，二者的差别对于产品外观设计的整体视觉有显著的影响，属于不相同且不相近似的外观设计。

将本专利与在先设计 2 进行比较，也存在着与在先设计 1 同样的情况，本专利保护的是图案和色彩的结合，而在先设计 2 仅为图案，同前所述，二者的整体视觉效果差别明显，其差别对于整体视觉效果具有显著的影响，属于不相同且不相近似的外观设计。

另外，请求人提交附件 3~6 证明弯钩图案属于摩托车贴花类产品的惯常设计。合议组认为，附件 3~6 为摩托车贴花的专利文献，是专利权人以弯钩图案为题材所作的摩托车贴花类产品的创新设计专利申请，并不能说明所示弯钩图案就是摩托车贴花的惯常设计，况且这些专利文献所示每个弯钩具体形状设计也存在较大差别，也不足以证明本专利所示弯钩状贴花设计为惯常设计。因此，请求人的主张不能成立。

综上所述，请求人提交的证据不能证明在本专利申请日前已有与本专利相近似的产品在出版物上公开发表过，据此证明本专利不符合专利法第 23 条的规定不能成立。

三、决定

维持 200530059477. 9 号外观设计专利权有效。

当事人对本决定不服的，可以根据专利法第 46 条第 2 款的规定，自收到本决定之日起三个月内向北京市第一中级人民法院起诉。根据该款的规定，一方当事人起诉后，另一方当事人应当作为第三人参加诉讼。

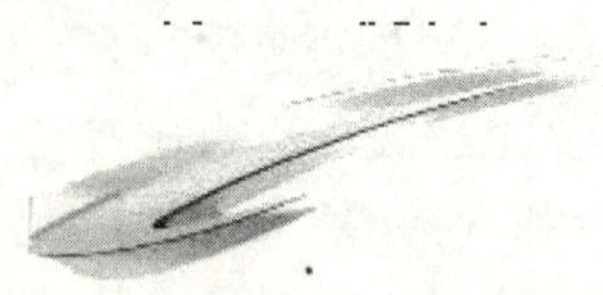

件 1 主视图

件 2 主视图

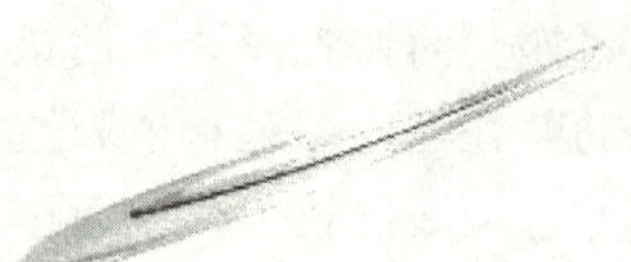

件 3 主视图

使用状态参考图

本专利附图

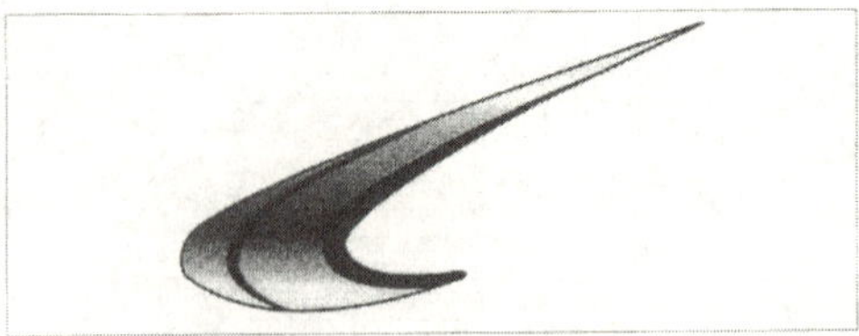

在先设计 1 附图

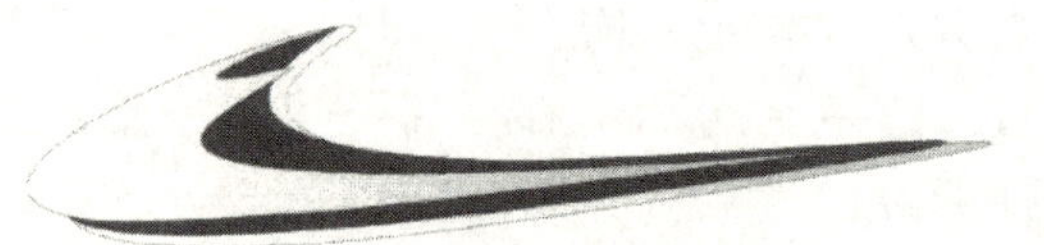

在先设计 2 附图

北京市第一中级人民法院
行政判决书

（2009）一中行初字第558号

原告济南轻骑摩托车股份有限公司，住所地山东省济南市和平路34号。

法定代表人吕红献，董事长。

委托代理人马连才，男，济南轻骑摩托车股份有限公司职员。

委托代理人卞欲飞，山东誉实律师事务所律师。

被告国家知识产权局专利复审委员会，住所地北京市海淀区北四环西路9号银谷大厦10~12层。

法定代表人廖涛，副主任。

委托代理人尹春霞，女，国家知识产权局专利复审委员会审查员。

委托代理人杨存吉，男，国家知识产权局专利复审委员会审查员。

第三人江门市大长江集团有限公司，住所地广东省江门市建达北路5号。

法定代表人王大威，董事长。

委托代理人李林辉，男，江门嘉权专利商标事务所有限公司职员。

委托代理人张清，江门嘉权专利商标事务所有限公司专利代理人。

原告济南轻骑摩托车股份有限公司（以下简称济南轻骑公司）不服被告国家知识产权局专利复审委员会（以下简称复审委）作出的第12582号无效宣告请求审查决定（以下简称无效决定），于2009年1月9日向本院提起行政诉讼。本院受理后，依法组成合议庭并依据《中华人民共和国行政诉讼法》第二十七条之规定通知江门市大长江集团有限公司（以下简称大长江公司）作为第三人参加诉讼。2009年4月1日，本院依法公开开庭审理了本案。原告的委托代理人马连才、卞欲飞，被告的委托代理人尹春霞、杨存吉，第三人的委托代理人李林辉、张清到庭参加了诉讼。本案现已审理终结。

2008年11月11日，被告复审委依据《中华人民共和国专利法》（以下简称《专利法》）第二十三条的规定，作出无效决定：维持200530059477.9号外观设计专利权（以下简称本专利）有效。被告认为：

（1）法律依据。

基于原告提出的无效宣告请求的理由，被告依据《专利法》第二十三条的规定对本案进行审理。

《专利法》第二十三条规定："授予专利权的外观设计，应当同申请日以前在国内外出版物上公开发表过或者国内公开使用过的外观设计不相同和不相近似，并不得与他人在先取得的合法权利相冲突。"

（2）证据认定。

原告提交的附件1是国家知识产权局于2004年9月29日授权公告的、申请号是200430027560.3、产品名称为"摩托车贴花（JS125-4V）"的外观设计专利著录项目和图片。附件2是国家知识产权局于2004年6月23日授权公告的、申请号是200330121312.0、产品名称为"摩托车贴花（JC125-17B）"的外观设计专利著录项目和图片。经被告核实，上述两篇专利文献内容属实，第三人对真实性无异议，被告对其真实性予以确认。两篇专利的公开日期均早于本专利的申请日，属于《专利法》第二十三条规定的出版物，所示两项外观设计专利请求保护的均为摩托车贴花，与本专利用途相同，属于相同类别的产品，可以与本专利进行相近似比较。

（3）相同和相近似比较。

本专利包含3件摩托车贴花，并请求保护色彩。其中件1的贴花图案为弯钩形状，弯钩呈飘逸流线型，色彩主要由灰、黄、橙色及黑色线条组成，弯钩主体为黄色，钩体底边由黑色线条勾边，弯钩上边和尾部由灰色包围，弯钩前端和钩的下部有橙色勾划。件2与件1图案和色彩基本相同，仅图案整体比例缩小。件3是将件1的图案上下翻转180度并略作变化，色彩的组合与件1基本相同。

附件1中的件1（以下称在先设计1）图案为弯钩形状，未请求保护色彩。弯钩的整体图案由线条勾边，钩的前部由浅至深，中间位置设有一条弯钩，将箭头分为两部分。

附件2中的件2（以下称在先设计2）图案为弯钩形状，未请求保护色彩。弯钩的边沿由线条勾划，钩内以明暗变化组成图案，弯钩的底部和尾部由深色线条勾划，弯钩底部深色区域有一三角设计。

将本专利与在先设计1进行比较，其相同点是整体设计均为弯钩形状。二者的不同点在于：本专利请求保护色彩，而在先设计1未请求保护色彩。本专利图案不仅有弯钩的设计，钩的周围还有其他颜色衬托，而在先设计1贴花仅为一个弯钩图案。被告认为，虽然二者均为贴花的弯钩图案，但本专利的贴花是由图案和色彩组合而成，而在先设计1仅为图案，二者在图案上也存在着明显差别，本专利的弯钩底部较尖锐，而在先设计1底部较宽且由中部一分为二，本专利弯钩四周衬有渐变色块，在先设计1则无，从而导致二者的整体视觉效果差别明显，二者的差别对于产品外观设计的整体视觉有显著的影响，属于不相同且不相近似的外观设计。

将本专利与在先设计2进行比较，也存在着与在先设计1同样的情况，本专利保护的是图案和色彩的结合，而在先设计2仅为图案，同前所述，二者的整体视觉效果差别明显，其差别对于整体视觉效果具有显著的影响，属于不相同且不相近似的外观设计。

另外，原告提交附件3~6证明弯钩图案属于摩托车贴花类产品的惯常设计。被告认为，附件3~6是以弯钩图案为题材所作的摩托车贴花类产品的创新设计专利申请文献，并不能说明所示弯钩图案就是摩托车贴花的惯常设计，况且这些专利申请文献所示每个弯钩具体形状设计也存在较大差别，也不足以证明本专利所示弯钩状贴花设计为惯常设计。因此，原告的主张不能成立。

综上，原告提交的证据不能证明在本专利申请日前已有与本专利相近似的产品在出版物上公开发表过，据此证明本专利不符合《专利法》第二十三条的规定不能成立，据此被告作出无效决定，维持本专利有效。

在法定举证期限内，被告向本院提交了以下证据的复印件：（1）本专利公告；（2）从网络下载的200430027560.3号外观设计专利著录项目和图片1页；（3）从网络下载的200330121312.0号外观设计专利著录项目和图片1页；（4）从网络下载的200430071164.0号外观设计专利著录项目和图片1页；（5）从网络下载的200430097348.4号外观设计专利著录项目和图片1页；（6）从网络下载的03325190.8号外观设计专利著录项目和图片1页；（7）从网络下载的200430052374.5号外观设计专利著录项目和图片1页；（8）口头审理记录。上述证据用以证明无效决定认定事实清楚、适用法律正确、审理程序合法。

原告济南轻骑公司诉称，摩托车产品贴花的色彩均为花花绿绿，没有特定区别特征，图案对一般消费者的视觉冲击更显著，但贴花图案的形状基本相同，均为流线型弯钩状，属于公知的外观设计，弯曲度、虚实线条等局部和细微的差别对一般消费者的视觉影响不大。本专利为一种摩托车贴花，与原告提交的在先设计1和在先设计2相比较，本专利与上述在先设计的图案、设计风格基本相同，都是流线型弯钩状，仅有局部和细微的差别，因此，本专利与上述在先设计近似，容易引起一般消费者的误认、混同。本专利不符合《专利法》第二十三条的规定，依法应当被宣告无效。综上，被告认定事实不清，作出的无效决定错误。据此，原告请求法院撤销被告作出的无效决定，并判令被告承担本案的全部诉讼费用。

原告未向本院提交证据材料。

被告辩称，无效决定以一般消费者为判断主体，运用整体观察、综合判断的原则，将本专利与在先设计1和在先设计2分别进行比较，分析了本专利与上述在先设计摩托车贴花的相同点和不同之处，认为其差异对整体视觉效果具有显著影响，得出本专利与上述在先设计不相同且不相近似的结论。综上，无效决定认定事实清楚、适用法律正确、审理程序合法、审查结论正确，原告的诉讼理由不能成立，被告请求法院驳回原告的诉讼请求，维持无效决定。

第三人大长江公司同意被告的答辩意见，请求法院维持无效决定。

第三人未向本院提交证据材料。

原告对被告提交的证据的关联性、合法性、真实性没有异议，但不同意其证明作用，认为一般消费者对摩托车贴花色彩的视觉效果不会太在意；第三人对被告提交的证据没有异议。

经庭审质证及合议庭评议，本院认为被告提交的证据与本案具有关联性，且合法、真实，能够作为认定本案事实的依据。

经审理查明，本案涉及的是国家知识产权局于2006年4月5日授权公告的，名称为“摩托车贴花（HJ125-7A/7C）”的外观设计专利，其申请号是200530059477.9，申请日是2005年5月18日，专利权人是大长江公司。

针对本专利，原告于2008年7月21日向被告提出无效宣告请求，其理由是：在本专利申请日前已有与其相近似的产品在国内公开出版物上发表，因此，本专利不符合《专利法》第二十三条的规定。与此同时，原告提交了如下附件作为证据：

附件1：从网络下载的200430027560.3号外观设计专利著录项目和图片1页；

附件2：从网络下载的200330121312.0号外观设计专利著录项目和图片1页；

附件3：从网络下载的200430071164.0号外观设计专利著录项目和图片1页；

附件4：从网络下载的200430097348.4号外观设计专利著录项目和图片1页；

附件5：从网络下载的03325190.8号外观设计专利著录项目和图片1页；

附件6：从网络下载的200430052374.5号外观设计专利著录项目和图片1页；

附件7：从网络下载的本专利著录项目和图片1页。

经形式审查合格，被告受理了此案，并于2008年7月21日将无效宣告请求书及相关材料副本转送给第三人。

第三人逾期未答复。

2008年8月22日被告向双方当事人发出口头审理通知书，定于2008年10月22日进行口头审理。

口头审理如期举行，双方当事人均委托代理人参加。口头审理当庭原告确认用附件1中的件1及附件2中的件2作为本专利的对比文件，附件3~6证明用弯钩图案作为摩托车贴花属于惯常设计。第三人对附件1和附件2的真实性没有异议，但认为与本专利贴花图案不相同且不相近似。双方当事人各自坚持本方观点。

经过审查，被告认为原告的无效理由不成立。因此，被告作出无效决定，维持本专利有效。原告不服该无效决定，诉至本院。

本院认为，经审查，无效决定的作出程序合法，且原告及第三人对无效决定第一部分“案由”、

第二部分“决定的理由”之“法律依据”及“证据认定”均明确表示没有异议，本案审查的重点在于：本专利是否与在先设计相同或相近似；弯钩图案是否属于摩托车贴花类产品的惯常设计。

一、本专利是否与在先设计相同或相近似

与本专利最接近的对比文件包括在先设计 1 和在先设计 2。将本专利与上述在先设计进行比较，其相同点是整体设计均为弯钩形状。本专利与上述在先设计的区别在于，本专利请求保护色彩，而上述在先设计均未请求保护色彩，本专利图案不仅与上述在先设计存在明显差别，其弯钩的周围还有其他颜色衬托，从而导致本专利与上述在先设计的整体视觉效果差异明显，被告认为本专利与上述在先设计相比较属于不相同且不相近似的外观设计正确，本院予以确认。

二、弯钩图案是否属于摩托车贴花类产品的惯常设计

原告在无效程序中提交附件 3~6 证明弯钩图案属于摩托车贴花类产品的惯常设计，但附件 3~6 是以弯钩图案为题材所作的摩托车贴花类产品的专利申请文献，并不能说明弯钩图案就是摩托车贴花的惯常设计，且上述文献所示之弯钩图案差异较大，也不足以证明弯钩图案为摩托车贴花的惯常设计，被告对此认定正确，本院予以确认。

被告据此作出维持本专利有效的决定合法，本院应予维持。原告认为本专利不符合《专利法》第二十三条规定的诉讼主张缺乏事实及法律依据，本院不予支持。

综上，无效决定认定事实清楚、适用法律正确、作出程序合法，本院应予维持。原告关于撤销无效决定的诉讼请求缺乏事实及法律依据，本院不予支持。据此，依照《中华人民共和国行政诉讼法》第五十四条第（一）项之规定，判决如下：

维持被告国家知识产权局专利复审委员会于二〇〇八年十一月十一日作出的第 12582 号无效宣告请求审查决定。

案件受理费 100 元，由原告济南轻骑摩托车股份有限公司负担（已交纳）。

如不服本判决，各方当事人可在本判决书送达之日起 15 日内向本院递交上诉状，并按对方当事人人数提交上诉状副本，上诉于北京市高级人民法院。上诉人在上诉期满后 7 日内未预交上诉案件受理费，又未提出免交或缓交申请的，按自动撤回上诉处理。

审　判　长　强刚华
代理审判员　石　磊
人民陪审员　史新章
二〇〇九年七月三日
书　记　员　张　莹

031

摩托车（HJ125K-2）

无效宣告请求审查决定（第12583号）

决　　定　　号　第12583号
决　　定　　日　2008年11月12日
发明创造名称　摩托车（HJ125K-2）
外观设计分类号　12-11
无效宣告请求人　济南轻骑摩托车股份有限公司
专　利　权　人　江门市大长江集团有限公司
专　　利　　号　200430093430. X
申　　请　　日　2004年11月19日
授权公告日　2005年7月13日
合议组组长　徐清平
主　　审　　员　王霞军
参　　审　　员　周　佳
附　　　　图　2页

法　律　依　据　专利法第23条
决　定　要　点

本专利与在先设计的摩托车在导流罩、油箱、坐垫、车身侧盖板及轮辋等部件形状上的差异比较明显，上述差别对整体视觉效果具有显著影响，二者属于不相同且不相近似的外观设计。

一、案由

本无效宣告请求案涉及国家知识产权局于2005年7月13日授权公告的、名称为“摩托车（HJ125K-2）”的外观设计专利（下称本专利），其申请号是200430093430. X，申请日是2004年11月19日，专利权人是江门市大长江集团有限公司。

针对本专利权，济南轻骑摩托车股份有限公司（下称请求人）于2008年7月21日向专利复审委员会提出无效宣告请求，其理由是：在本专利申请日前已有与其相近似的产品在国内公开出版物上发表，因此，本专利不符合专利法第23条的规定。与此同时，请求人提交了如下附件作为证据：

附件1：从网络下载的03317375. 3号外观设计专利著录项目和图片1页；

附件2：从网络下载的本专利著录项目和图片1页；

附件3：从网络下载的01335187. 7号外观设计专利著录项目和图片1页；

附件4：附件1与附件2产品各面视图的比较；

附件 5：附件 3 与附件 2 产品各面视图的比较。

请求人将本专利分别与附件 1 和附件 3 的各幅视图进行比较后认为，二者摩托车的整体设计风格、形状及主要部件均近似，仅在车轮辐条、发动机外侧散热孔等细微部位存在差别，这些部位不会给两者的整体外观带来显著的影响。二者属于相近似的外观设计。

经形式审查合格，专利复审委员会受理了此案，并于 2008 年 7 月 21 日将无效宣告请求书及相关材料副本转送给专利权人。

专利权人逾期未答复。

2008 年 8 月 22 日专利复审委员会向双方当事人发出口头审理通知书，定于 2008 年 10 月 22 日进行口头审理。

口头审理如期举行，双方当事人均委托代理人参加。口头审理当庭对请求人提交的证据进行了质证，专利权人对附件 1、附件 3 的真实性没有异议，但认为本专利与对比文件各部位形状均不相同，属于不相同且不相近似的外观设计。双方当事人将本专利与对比文件各部位进行了详细比较，各自坚持本方观点。

合议组认为本案事实清楚，可以依法作出审查决定。

二、决定的理由

1. 法律依据

基于请求人提出的无效宣告请求的理由，合议组依据专利法第 23 条的规定对本案进行审理。

专利法第 23 条规定："授予专利权的外观设计，应当同申请日以前在国内外出版物上公开发表过或者国内公开使用过的外观设计不相同和不相近似，并不得与他人在先取得的合法权利相冲突。"

2. 证据认定

请求人提交的附件 1 是国家知识产权局于 2004 年 1 月 14 日授权公告的、申请号是 03317375.3、产品名称为"摩托车（JD125-8）"的外观设计专利著录项目和图片。附件 3 是国家知识产权局于 2002 年 4 月 24 日授权公告的、申请号是 01335187.7、产品名称为"摩托车"的外观设计专利著录项目和图片。经合议组核实，上述两篇专利文献的内容属实，合议组对其真实性予以确认。两篇专利的公开日期均早于本专利的申请日，属于专利法第 23 条规定的出版物，所示两项外观设计专利保护的客体均为摩托车，与本专利用途相同，属于相同类别的产品，可以与本专利进行相近似比较。

3. 相近似比较

本专利公开了产品的 5 面正投影视图，简要说明记载省略仰视图。本专利为两轮跨骑式摩托车，主要由导流罩、前大灯、车把、油箱、坐垫、车尾灯、发动机、保险杠、车身侧盖板、消音器、车轮等零部件组成。如图所示，导流罩与前大灯为一体，整体形状前窄后宽近似于梯形，大灯形状近似于长方形，灯的上边与导流罩中间玻璃罩连接，连接部位为弯折造型，导流罩两侧各有一折角造型，导流罩两侧下部各有一长方形转向灯，车把的两侧各安有一反光镜，油箱为不规则体形状，前部似箭头形状向前凸出，后部有一折角向内凹进，方形油箱盖设在油箱背部，背部整体平直，边沿为折角，油箱的下部前端各有近似于梯形的保险杠，两段波浪式坐垫与油箱连接，坐垫下方的侧盖板整体形状近似三角形，由上浅下深图案构成，车的尾部上端有一近似梯形尾灯，尾灯表面为凹凸形状，车轮的轮辋均匀排列 5 组，每组 2 条，消音器呈圆柱状，车支架为一侧单腿支架（详见本专利附图）。

附件 1 公开了产品的 5 面正投影视图及 2 幅立体图，简要说明记载省略仰视图（下称在先设计 1）。在先设计 1 为两轮跨骑式摩托车，主要由导流罩、前大灯、车把、油箱、坐垫、车尾灯、发动机、保险杠、车身侧盖板、消音器、车轮等零部件组成。如图所示，导流罩与前大灯为一体，大灯形状近似于长方形，灯的上边与导流罩中间玻璃平直连接，导流罩两侧平滑，导流罩两侧下部各有一长方形转向灯，车把的两侧各安有一反光镜，油箱为不规则体柱状，前部似箭头形状向前凸出，油箱前宽后窄，圆形油箱盖设在油箱背部，背部略呈弧面，油箱的下部前端各有近似于方形的保险杠，坐垫与油箱连接，长方形坐垫表面平整，车的尾部上端有一近似长圆形尾灯，坐垫下方的侧盖板，整体形状为近似三角形，由上深下浅图案构成，车轮的轮辋设计成五星形状，消音器近似喇叭状，车支架为双腿支架（详见在先设计 1 附图）。

附件 2 公开了产品的 5 面正投影视图，简要说明记载省略仰视图（下称在先设计 2）。在先设计 2 为两轮跨骑式摩托车，主要由导流罩、前大灯、车把、油箱、坐垫、车尾灯、发动机、保险杠、车身侧盖板、消音器、车轮等零部件组成。如图所示，导流罩与前大灯连接，整体形状前窄后宽近似于梯形，大灯形状近似于半圆形状，车灯下部与导流罩形成一三角形凹进的造型，导流罩两侧中间位置设有斜坡状造型，导流罩两侧下部各有一长方形转向灯，车把的两侧各安有一反光镜，油箱为不规柱状，前部似箭头形状向前凸出，油箱前宽后窄，两侧呈平滑缩进，圆形油箱盖设在油箱背部，背部略平滑，坐垫与油箱连接长方形坐垫表面呈两段波浪形，车的尾部上端有一近似半圆形尾灯，坐垫下方的侧盖板整体形状为近似三角形，下面略向外凸出，车轮的轮辋均匀排列 3 组，每组 2 根，消音器呈圆柱状，车支架为一侧单腿支架（详见在先设计 2 附图）。

将本专利与在先设计 1 进行比较，二者均为两轮跨骑式摩托车，摩托车各零部件的连接关系及安装位置均相同，但各零部件的外观形状存在差别。二者的主要不同点在于：（1）导流罩和大灯的形状，虽然二者导流罩中间使用玻璃罩，导流罩的前部为大灯，但导流罩的外观形状有较大差别，本专利导流罩两侧有弯折造型，而在先设计 1 两侧平滑，本专利大灯略向外凸出，在先设计 1 大灯未凸出于导流罩，本专利大灯近似于长方形，与导流罩玻璃连接有一弯折，而在先设计 1 大灯为长方形，与导流罩玻璃平直连接；（2）油箱形状不同，本专利油箱边沿及后部均有棱角，而在先设计 1 油箱后部平滑；（3）本专利与在先设计 1 侧盖板的凹凸造型不同；（4）轮辋的形状不同，本专利均匀排列，在先设计 1 设计成五角星的形状；（5）坐垫的形状不同，本专利呈两段波浪式，在先设计 1 表面平整。合议组认为，虽然二者在各部件整体位置及比例关系上有一定程度相近之处，但在导流罩、油箱、坐垫、车身侧盖板及轮辋的差异比较明显，在其他零部件上也存在一些不同之处，对一般消费者而言二者上述区别对整体视觉效果具有显著影响，属于不相同且不相近似的外观设计。

将本专利与在先设计 2 进行比较，二者均为两轮跨骑式摩托车，摩托车各零部件的连接关系及安装位置均相同，但各零部件的外观形状存在差别。二者的主要不同点在于：（1）导流罩和大灯的形状，虽然二者导流罩中间使用玻璃罩，导流罩的前部为大灯，但导流罩的外观形状有较大差别，本专利导流罩两侧有弯折造型，而在先设计 2 两侧为斜坡形状，本专利大灯略向外凸出，在先设计 2 大灯凸出于导流罩，使大灯与导流罩的下面形成一三角形凹进造型，本专利大灯近似于长方形，与导流罩玻璃连接有一弯折，而在先设计 2 大灯呈半圆形状，与导流罩呈弧形连接；（2）油箱形状不同，本专利油箱边沿及后部均有棱角，而在先设计 2 油箱后部平滑缩进；（3）本专利与在先设计 2 侧盖板的凹凸造型不同；（4）尾灯的造型不同，本专利尾灯近似长方形，尾灯表面为凹凸形状，而在先设计 2 的尾灯近似半圆形尾灯。合议组认为，虽然二者各部件整体位置及比例关系上存在一定程度的相近之处，但在导流罩，油箱、坐垫、车身侧盖板差异比较明显，在其他零部件上也存在一些不同之处，对一般消费者而言二者上述区别对整体视觉效果具有显著影响，属于不相同且不相近似的外观设计。

请求人提交的附件 2 为本专利著录项目和图片，不能直接宣告本专利无效；附件 4 是附件 1 与本专利的各面视图的比较，附件 5 是附件 3 与本专利各面视图的比较，合议组已进行上述相同和相近似的比较，故不再评述。

综上所述，请求人提交的证据不能证明在本专利申请日前已有与本专利相近似的产品在出版物上公开发表过，本专利的授予符合专利法第 23 条的规定。

三、决定

维持 200430093430. X 号外观设计专利权有效。

当事人对本决定不服的，可以根据专利法第 46 条第 2 款的规定，自收到本决定之日起三个月内向北京市第一中级人民法院起诉。根据该款的规定，一方当事人起诉后，另一方当事人应当作为第三人参加诉讼。

主视图

左视图

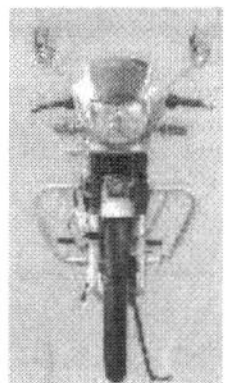

前视图

后视图

右视图

本专利附图

主视图

右视图

后视图

前视图

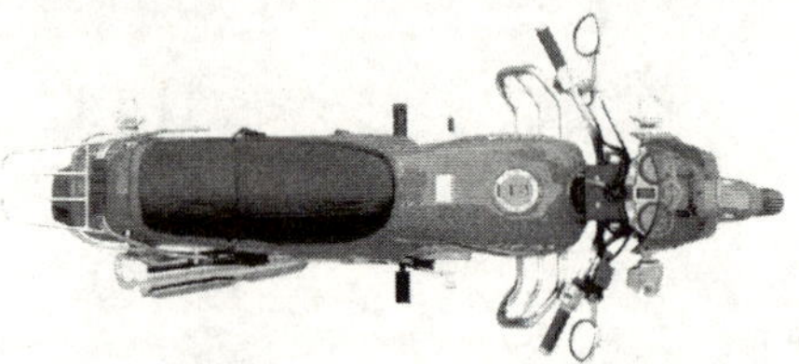

俯视图

立体图 1

立体图 2

在先设计 1 附图

前视图

后视图

左视图

右视图

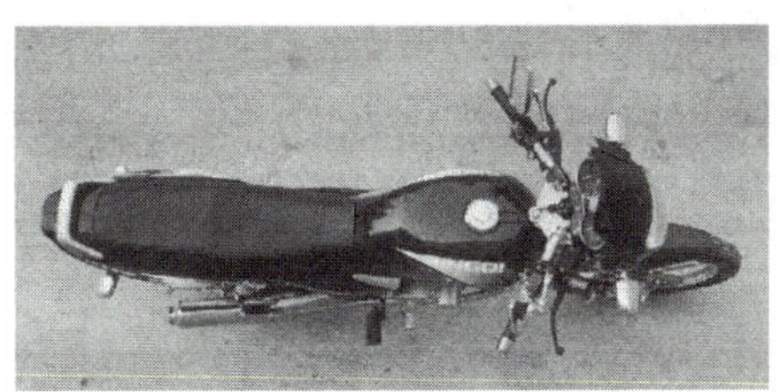

俯视图

在先设计 2 附图

北京市第一中级人民法院
行政判决书

（2009）一中行初字第559号

原告济南轻骑摩托车股份有限公司，住所地山东省济南市和平路34号。

法定代表人吕红献，董事长。

委托代理人马连才，男，济南轻骑摩托车股份有限公司职员。

委托代理人卞欲飞，山东誉实律师事务所律师。

被告国家知识产权局专利复审委员会，住所地北京市海淀区北四环西路9号银谷大厦10~12层。

法定代表人廖涛，副主任。

委托代理人尹春霞，女，国家知识产权局专利复审委员会审查员。

委托代理人杨存吉，男，国家知识产权局专利复审委员会审查员。

第三人江门市大长江集团有限公司，住所地广东省江门市建达北路5号。

法定代表人王大威，董事长。

委托代理人李林辉，男，江门嘉权专利商标事务所有限公司职员。

委托代理人张清，江门嘉权专利商标事务所有限公司专利代理人。

原告济南轻骑摩托车股份有限公司（以下简称济南轻骑公司）不服被告国家知识产权局专利复审委员会（以下简称复审委）作出的第12583号无效宣告请求审查决定（以下简称无效决定），于2009年1月9日向本院提起行政诉讼。本院受理后，依法组成合议庭并依据《中华人民共和国行政诉讼法》第二十七条之规定通知江门市大长江集团有限公司（以下简称大长江公司）作为第三人参加诉讼。2009年4月1日，本院依法公开开庭审理了本案。原告的委托代理人马连才、卞欲飞，被告的委托代理人尹春霞、杨存吉，第三人的委托代理人李林辉、张清到庭参加了诉讼。本案现已审理终结。

2008年11月12日，被告复审委依据《中华人民共和国专利法》（以下简称《专利法》）第二十三条的规定，作出无效决定：维持200430093430.X号外观设计专利权（以下简称本专利）有效。被告认为：

（1）法律依据。

基于原告提出的无效宣告请求的理由，被告依据《专利法》第二十三条的规定对本案进行审理。

《专利法》第二十三条规定："授予专利权的外观设计，应当同申请日以前在国内外出版物上公开发表过或者国内公开使用过的外观设计不相同和不相近似，并不得与他人在先取得的合法权利相冲突。"

（2）证据认定。

原告提交的附件1是国家知识产权局于2004年1月14日授权公告的、申请号是03317375.3、产品名称为"摩托车（JD125-8）"的外观设计专利著录项目和图片。附件3是国家知识产权局于2002年4月24日授权公告的、申请号是01335187.7、产品名称为"摩托车"的外观设计专利著录项目和图片。经被告核实，上述两篇专利文献的内容属实，被告对其真实性予以确认。两篇专利的公开日期均早于本专利的申请日，属于《专利法》第二十三条规定的出版物，所示两项外观设计专利保护的客体均为摩托车，与本专利用途相同，属于相同类别的产品，可以与本专利进行相近似比较。

（3）相近似比较。

本专利公开了产品的5面正投影视图，简要说明记载省略仰视图。本专利为两轮跨骑式摩托车，主要由导流罩、前大灯、车把、油箱、坐垫、车尾灯、发动机、保险杠、车身侧盖板、消音器、车轮等零部件组成。如图所示，导流罩与前大灯为一体，整体形状前窄后宽近似于梯形，大灯形状近似于长方形，灯的上边与导流罩中间玻璃罩连接，连接部位为弯折造型，导流罩两侧各有一折角造型，导流罩两侧下部各有一长方形转向灯，车把的两侧各安有一反光镜，油箱为不规则体形状，前部似箭头形状向前凸出，后部有一折角向内凹进，方形油箱盖设在油箱背部，背部整体平直，边沿为折角，油箱的下部前端各有近似于梯形的保险杠，两段波浪式坐垫与油箱连接，坐垫下方的侧盖板整体形状近似三角形，由上浅下深图案构成，车的尾部上端有一近似梯形尾灯，尾灯表面为凹凸形状，车轮的轮辋均匀排列5组，每组2条，消音器呈圆柱状，车支架为一侧单腿支架。

附件1公开了产品的5面正投影视图及2幅立体图，简要说明记载省略仰视图（以下称在先设计1）。在先设计1为两轮跨骑式摩托车，主要由导流罩、前大灯、车把、油箱、坐垫、车尾灯、发动机、保险杠、车身侧盖板、消音器、车轮等零部件组成。如图所示，导流罩与前大灯为一体，大灯形状近似于长方形，灯的上边与导流罩中间玻璃平直连接，导流罩两侧平滑，导流罩两侧下部各有一长方形转向灯，车把的两侧各安有一反光镜，油箱为不规则体柱状，前部似箭头形状向前凸出，油箱前宽后窄，圆形油箱盖设在油箱背部，背部略呈弧面，油箱的下部前端各有近似于方形的保险杠，坐垫与油箱连接，长方形坐垫表面平整，车的尾部上端有一近似长圆形尾灯，坐垫下方的侧盖板，整体形状为近似三角形，由上深下浅图案构成，车轮的轮辋设计成五星形状，消音器近似喇叭状，车支架为双腿支架。

附件3公开了产品的5面正投影视图，简要说明记载省略仰视图（以下称在先设计2）。在先设计2为两轮跨骑式摩托车，主要由导流罩、前大灯、车把、油箱、坐垫、车尾灯、发动机、保险杠、车身侧盖板、消音器、车轮等零部件组成。如图所示，导流罩与前大灯连接，整体形状前窄后宽近似于梯形，大灯形状近似于半圆形状，车灯下部与导流罩形成一三角形凹进的造型，导流罩两侧中间位置设有斜坡状造型，导流罩两侧下部各有一长方形转向灯，车把的两侧各安有一反光镜，油箱为不规则柱状，前部似箭头形状向前凸出，油箱前宽后窄，两侧呈平滑缩进，圆形油箱盖设在油箱背部，背部略平滑，坐垫与油箱连接长方形坐垫表面呈两段波浪形，车的尾部上端有一近似半圆形尾灯，坐垫下方的侧盖板整体形状为近似三角形，下面略向外凸出，车轮的轮辋均匀排列3组，每组2根，消音器呈圆柱状，车支架为一侧单腿支架。

将本专利与在先设计1进行比较，二者均为两轮跨骑式摩托车，摩托车各零部件的连接关系及安装位置均相同，但各零部件的外观形状存在差别。二者的主要不同点在于：（1）导流罩和大灯的形状，虽然二者导流罩中间使用玻璃罩，导流罩的前部为大灯，但导流罩的外观形状有较大差别，本专利导流罩两侧有弯折造型，而在先设计1两侧平滑，本专利大灯略向外凸出，在先设计1大灯未凸出于导流罩，本专利大灯近似于长方形，与导流罩玻璃连接有一弯折，而在先设计1大灯为长方形，与导流罩玻璃平直连接；（2）油箱形状不同，本专利油箱边沿及后部均有棱角，而在先设计1油箱后部平滑；（3）本专利与在先设计1侧盖板的凹凸造型不同；（4）轮辋的形状不同，本专利均匀排列，在先设计1设计成五角星的形状；（5）坐垫的形状不同，本专利呈两段波浪式，在先设计1表面平整。被告认为，虽然二者在各部件整体位置及比例关系上有一定程度相近之处，但在导流罩、油箱、坐垫、车身侧盖板及轮辋的差异比较明显，在其他零部件上也存在一些不同之处，对一般消费者而言二者上述区别对整体视觉效果具有显著影响，属于不相同且不相近似的外观设计。

将本专利与在先设计2进行比较，二者均为两轮跨骑式摩托车，摩托车各零部件的连接关系及安装位置均相同，但各零部件的外观形状存在差别。二者的主要不同点在于：（1）导流罩和大灯的形状，虽然二者导流罩中间使用玻璃罩，导流罩的前部为大灯，但导流罩的外观形状有较大差别，本专利导流罩两侧有弯折造型，而在先设计 2 两侧为斜坡形状，本专利大灯略向外凸出，在先设计 2 大灯凸出于导流罩，使大灯与导流罩的下面形成一三角形凹进造型，本专利大灯近似于长方形，与导流罩玻璃连接有一弯折，而在先设计 2 大灯呈半圆形状，与导流罩呈弧形连接；（2）油箱形状不同，本专利油箱边沿及后部均有棱角，而在先设计 2 油箱后部平滑缩进；（3）本专利与在先设计 2 侧盖板的凹凸造型不同；（4）尾灯的造型不同，本专利尾灯近似长方形，尾灯表面为凹凸形状，而在先设计 2 的尾灯近似半圆形尾灯。被告认为，虽然二者各部件整体位置及比例关系上存在一定程度的相近之处，但在导流罩、油箱、坐垫及车身侧盖板差异比较明显，在其他零部件上也存在一些不同之处，对一般消费者而言二者上述区别对整体视觉效果具有显著影响，属于不相同且不相近似的外观设计。

原告提交的附件 2 为本专利著录项目和图片，不能直接宣告本专利无效；附件 4 是附件 1 与本专利的各面视图的比较，附件 5 是附件 3 与本专利各面视图的比较，被告已进行了上述相同和相近似的比较，故不再评述。

综上，原告提交的证据不能证明在本专利申请日前已有与本专利相近似的产品在出版物上公开发表过，本专利的授予符合《专利法》第二十三条的规定，据此被告作出无效决定，维持本专利有效。

在法定举证期限内，被告向本院提交了以下证据的复印件：（1）本专利公告；（2）03317375. 3 号外观设计专利著录项目和图片 1 页；（3）01335187. 7 号外观设计专利著录项目和图片 1 页；（4）口头审理记录。上述证据用以证明无效决定认定事实清楚、适用法律正确、审理程序合法。

原告济南轻骑公司诉称，本专利为一种两轮跨骑式摩托车，与原告提交的在先设计 1 和在先设计 2 相比较，本专利与上述在先设计的整体设计风格、整体形状及主要部件均近似。本专利与上述在先设计虽然在局部地方如车轮辐条的形状、发动机外侧散热孔及后支腿等存在差异，但主要部件如导流罩、油箱、鞍座、发动机及车架相同，车轮和消音器基本相近似。本专利与上述在先设计局部和细微的差别对于产品外观设计的整体视觉效果不具有显著影响，因此，本专利与两种在先设计相近似，容易引起一般消费者的误认、混同。本专利不符合《专利法》第二十三条的规定，依法应当被宣告无效。综上，被告认定事实不清，作出的无效决定错误。据此，原告请求法院撤销被告作出的无效决定，并判令被告承担本案的全部诉讼费用。

原告未向本院提交证据材料。

被告辩称，无效决定以一般消费者为判断主体，运用整体观察、综合判断的原则，将本专利与在先设计 1 和在先设计 2 分别进行比较，分析了本专利与上述在先设计整体形状的相同点和不同之处，认为其差异对整体视觉效果具有显著影响，得出本专利与两种在先设计不相同且不相近似的结论。综上，无效决定认定事实清楚、适用法律正确、审理程序合法、审查结论正确，原告的诉讼理由不能成立，被告请求法院驳回原告的诉讼请求，维持无效决定。

第三人大长江公司同意被告的答辩意见，请求法院维持无效决定。

第三人未向本院提交证据材料。

原告对被告提交的证据的关联性、合法性、真实性没有异议，但不同意其证明作用；第三人对被告提交的证据没有异议。

经庭审质证及合议庭评议，本院认为被告提交的证据与本案具有关联性，且合法、真实，能够作为认定本案事实的依据。

经审理查明，本案涉及的是国家知识产权局于 2005 年 7 月 13 日授权公告的，名称为“摩托车（HJ125K-2）”的外观设计专利，其申请号是 200430093430. X，申请日是 2004 年 11 月 19 日，专利权人是大长江公司。

针对本专利，原告于2008年7月21日向被告提出无效宣告请求，其理由是：在本专利申请日前已有与其相近似的产品在国内公开出版物上发表，因此，本专利不符合《专利法》第二十三条的规定。与此同时，原告提交了如下附件作为证据：

附件1：从网络下载的03317375.3号外观设计专利著录项目和图片1页；

附件2：从网络下载的本专利著录项目和图片1页；

附件3：从网络下载的01335187.7号外观设计专利著录项目和图片1页；

附件4：附件1与附件2产品各面视图的比较；

附件5：附件3与附件2产品各面视图的比较。

原告将本专利分别与附件1和附件3的各幅视图进行比较后认为，二者摩托车的整体设计风格、形状及主要部件均近似，仅在车轮辐条、发动机外侧散热孔等细微部位存在差别，这些部位不会给二者的整体外观带来显著的影响。二者属于相近似的外观设计。

经形式审查合格，被告受理了此案，并于2008年7月21日将无效宣告请求书及相关材料副本转送给第三人。

第三人逾期未答复。

2008年8月22日复审委向双方当事人发出口头审理通知书，定于2008年10月22日进行口头审理。

口头审理如期举行，双方当事人均委托代理人参加。口头审理当庭对原告提交的证据进行了质证，第三人对附件1、附件3的真实性没有异议，但认为本专利与对比文件各部位形状均不相同，属于不相同且不相近似的外观设计。双方当事人将本专利与对比文件各部位进行了详细比较，各自坚持本方观点。

经过审查，被告认为原告的无效理由不成立。因此，被告作出无效决定，维持本专利有效。原告不服该无效决定，诉至本院。

本院认为，经审查，无效决定的作出程序合法，且原告及第三人对无效决定第一部分“案由”、第二部分“决定的理由”之“法律依据”及“证据认定”均明确表示没有异议，本案审查的重点为本专利是否与在先设计1、在先设计2相同或相近似。

将本专利与在先设计1进行比较，二者均为两轮跨骑式摩托车，摩托车各零部件的连接关系及安装位置均相同，但各零部件存在一定差异，尤其是导流罩、油箱、坐垫、车身侧盖板及轮辋的外观形状差异比较明显，对于一般消费者而言，本专利与在先设计1的上述区别对整体视觉效果具有显著影响，二者属于不相同且不相近似的外观设计。将本专利与在先设计2进行比较，二者均为两轮跨骑式摩托车，摩托车各零部件的连接关系及安装位置均相同，但各零部件存在一定差异，尤其是导流罩、油箱、坐垫及车身侧盖板的外观形状差异比较明显，对于一般消费者而言，本专利与在先设计2的上述区别对整体视觉效果具有显著影响，二者属于不相同且不相近似的外观设计。被告对此认定正确，本院予以确认。被告据此作出维持本专利有效的决定合法，本院应予维持。原告认为本专利不符合《专利法》第二十三条规定的诉讼主张缺乏事实及法律依据，本院不予支持。

综上，无效决定认定事实清楚、适用法律正确、作出程序合法，本院应予维持。原告关于撤销无效决定的诉讼请求缺乏事实及法律依据，本院不予支持。据此，依照《中华人民共和国行政诉讼法》第五十四条第（一）项之规定，判决如下：

维持被告国家知识产权局专利复审委员会于二〇〇八年十一月十二日作出的第12583号无效宣告请求审查决定。

案件受理费100元，由原告济南轻骑摩托车股份有限公司负担（已交纳）。

如不服本判决，各方当事人可在本判决书送达之日起15日内向本院递交上诉状，并按对方当事人人数提交上诉状副本，上诉于北京市高级人民法院。上诉人在上诉期满后7日内未预交上诉案件受理费，又未提出免交或缓交申请的，按自动撤回上诉处理。

审 判 长 强刚华

代理审判员 石 磊

人民陪审员 史新章

二○○九年七月三日

书 记 员 张 莹

032

摩托车轮辋（1）

无效宣告请求审查决定（第12584号）

决　　定　　号　第12584号
决　　定　　日　2008年11月11日
发明创造名称　摩托车轮辋（1）
外观设计分类号　12-16
无效宣告请求人　济南轻骑摩托车股份有限公司
专　利　权　人　江门市大长江集团有限公司
专　　利　　号　00323516.5
申　　请　　日　2000年7月12日
授　权　公　告　日　2001年5月23日
合　议　组　组　长　徐清平
主　　审　　员　王霞军
参　　审　　员　周　佳

法　律　依　据　专利法第23条
决　定　要　点

请求人提交的域外证据，未履行相关的公证、认证手续，专利权人对其真实性有异议，请求人的主张未得到证据的支持，因此，该证据不足以被采信。

一、案由

本无效宣告请求案涉及国家知识产权局于2001年5月23日授权公告的、名称为“摩托车轮辋（1）”的外观设计专利（下称本专利），其申请号是00323516.5，申请日是2000年7月12日，原专利权人是江门市大长江摩托车有限公司，后变更为江门市大长江集团有限公司。

针对本专利权，济南轻骑摩托车股份有限公司（下称请求人）于2008年7月21日向专利复审委员会提出无效宣告请求，其理由是：1994年5月在日本出版的名称为《年轻人的机器》杂志上公开了与本专利外观设计相近似的产品，因此，本专利不符合专利法第23条的规定。与此同时，请求人提交了如下附件作为证据：

附件1：1994年第5期日文版的名称为《年轻人的机器》杂志复印件4页。

经形式审查合格，专利复审委员会受理了此案，并于2008年7月21日将无效宣告请求书及相关材料副本转送给专利权人。

专利权人逾期未答复。

2008 年 8 月 22 日专利复审委员会向双方当事人发出口头审理通知书，定于 2008 年 10 月 22 日进行口头审理。

口头审理如期举行，双方当事人均委托代理人参加。口头审理当庭请求人提交了附件 1 所示日本杂志的原件，专利权人对其真实性有异议，认为附件 1 为域外证据，请求人没有办理相关的公证认证手续，该附件不能作为证据使用。请求人强调附件 1 虽然是在日本出版的，但在中国可以通过网络订购到此杂志，无须进行公证认证。请求人坚持本专利与附件 1 公开的轮辋形状相近似。

合议组认为本案事实清楚，可以依法作出审查决定。

二、决定的理由

1. 法律依据

基于请求人提出的无效宣告请求的理由，合议组依据专利法第 23 条的规定对本案进行审理。

专利法第 23 条规定："授予专利权的外观设计，应当同申请日以前在国内外出版物上公开发表过或者国内公开使用过的外观设计不相同和不相近似，并不得与他人在先取得的合法权利相冲突。"

2. 证据认定

请求人提交的附件 1 是在日本出版的名称为《年轻人的机器》的杂志复印件 4 页，口头审理中请求人提交了该杂志的整本原件，专利权人对其真实性有异议。根据审查指南针对域外证据的规定：在中华人民共和国领域外形成的证据，该证据应当经所在国公证机关予以证明，并经中华人民共和国驻该国使领馆予以认证。合议组认为，请求人在规定的期限内未针对该杂志履行相关的公证认证手续，合议组对该证据不予采信。虽然请求人在口头审理中一再强调该证据可以在国内取得，但未提供证据证明其能够从国内公共渠道获得，请求人的该主张不能成立。

综上所述，请求人的主张未得到证据的支持。本专利的授予符合专利法第 23 条的规定。

三、决定

维持 00323516.5 号外观设计专利权有效。

当事人对本决定不服的，可以根据专利法第 46 条第 2 款的规定，自收到本决定之日起三个月内向北京市第一中级人民法院起诉。根据该款的规定，一方当事人起诉后，另一方当事人应当作为第三人参加诉讼。

北京市第一中级人民法院
行政判决书

（2009）一中行初字第557号

原告济南轻骑摩托车股份有限公司，住所地山东省济南市和平路34号。

法定代表人吕红献，董事长。

委托代理人马连才，男，济南轻骑摩托车股份有限公司职员。

委托代理人卞欲飞，山东誉实律师事务所律师。

被告国家知识产权局专利复审委员会，住所地北京市海淀区北四环西路9号银谷大厦10~12层。

法定代表人廖涛，副主任。

委托代理人尹春霞，女，国家知识产权局专利复审委员会审查员。

委托代理人杨存吉，男，国家知识产权局专利复审委员会审查员。

第三人江门市大长江集团有限公司，住所地广东省江门市建达北路5号。

法定代表人王大威，董事长。

委托代理人李林辉，男，江门嘉权专利商标事务所有限公司职员。

委托代理人张清，江门嘉权专利商标事务所有限公司专利代理人。

原告济南轻骑摩托车股份有限公司（以下简称济南轻骑公司）不服被告国家知识产权局专利复审委员会（以下简称复审委）作出的第12584号无效宣告请求审查决定（以下简称无效决定），于2009年1月9日向本院提起行政诉讼。本院受理后，依法组成合议庭并依据《中华人民共和国行政诉讼法》第二十七条之规定通知江门市大长江集团有限公司（以下简称大长江公司）作为第三人参加诉讼。2009年4月1日，本院依法公开开庭审理了本案。原告的委托代理人马连才、卞欲飞，被告的委托代理人尹春霞、杨存吉，第三人的委托代理人李林辉、张清到庭参加了诉讼。本案现已审理终结。

2008年11月11日，被告复审委依据《中华人民共和国专利法》（以下简称《专利法》）第二十三条的规定，作出无效决定：维持00323516.5号外观设计专利权（以下简称本专利）有效。被告认为：

（1）法律依据。

基于原告提出的无效宣告请求的理由，被告依据《专利法》第二十三条的规定对本案进行审理。《专利法》第二十三条规定："授予专利权的外观设计，应当同申请日以前在国内外出版物上公开发表过或者国内公开使用过的外观设计不相同和不相近似，并不得与他人在先取得的合法权利相冲突。"

（2）证据认定。

原告提交的附件1是在日本出版的名称为《年轻人的机器》的杂志复印件4页，口头审理中原告提交了该杂志的整本原件，第三人对其真实性有异议。根据《审查指南》针对域外证据的规定：在中华人民共和国领域外形成的证据，该证据应当经所在国公证机关予以证明，并经中华人民共和国驻该国使领馆予以认证。被告认为，原告在规定的期限内未针对该杂志履行相关的公证认证手续，被告对该证据不予采信。虽然原告在口头审理中一再强调该证据可以在国内取得，但未提供证据证明其能够从国内公共渠道获得，原告的该主张不能成立。

综上，原告的主张未得到证据的支持。本专利的授予符合《专利法》第二十三条的规定，据此被告作出无效决定，维持本专利有效。

在法定举证期限内，被告向本院提交了以下证据的复印件：（1）本专利公告；（2）1994 年第 5 期日本出版的《年轻人的机器》杂志 4 页；（3）口头审理记录。上述证据用以证明无效决定认定事实清楚、适用法律正确、审理程序合法。

原告济南轻骑公司诉称，本专利为一种摩托车轮辋，与原告提交的在先设计相比较，两种外观设计整体风格、形状及主要部位均相似，局部和细微的差别对本专利的整体视觉效果未产生显著的影响，一般消费者易将本专利与在先设计误认或混同。因此，本专利不符合《专利法》第二十三条的规定，依法应当被宣告无效。综上，被告认定事实不清，作出的无效决定错误。据此，原告请求法院撤销被告作出的无效决定，并判令被告承担本案的全部诉讼费用。

原告未向本院提交证据材料。

被告辩称，原告在无效宣告程序中提交的证据为域外证据，根据《审查指南》针对域外证据的相关规定，原告在规定期限内未履行相关的公证认证手续，该证据不能作为评价本专利是否符合《专利法》第二十三条的证据使用。综上，无效决定认定事实清楚、适用法律正确、审理程序合法、审查结论正确，原告的诉讼理由不能成立，被告请求法院驳回原告的诉讼请求，维持无效决定。

第三人大长江公司同意被告的答辩意见，请求法院维持无效决定。

第三人未向本院提交证据材料。

原告对被告提交的证据的关联性、合法性、真实性没有异议，但不同意其证明作用；第三人对被告提交的证据没有异议。

经庭审质证及合议庭评议，本院认为被告提交的证据与本案具有关联性，且合法、真实，能够作为认定本案事实的依据。

经审理查明，本案涉及专利号为 00323516.5，名称为“摩托车轮辋（1）”的外观设计专利（即本专利），该专利申请日为 2000 年 7 月 12 日，授权公告日为 2001 年 5 月 23 日，专利权人为大长江公司。

针对本专利，原告于 2008 年 7 月 21 日向被告提出无效宣告请求，理由是 1994 年 5 月在日本出版的名称为《年轻人的机器》杂志上公开了与本专利外观设计相近似的产品，因此，本专利不符合《专利法》第二十三条的规定。原告同时提交了以下证据：附件 1：1994 年 5 月在日本出版的名称为《年轻人的机器》杂志复印件 4 页。

经形式审查合格后，被告受理了该无效宣告请求，并于 2008 年 7 月 21 日将原告提交的无效宣告请求书及所附证据的副本转送给第三人，要求其在指定期限内答复。第三人逾期未答复。

被告于 2008 年 8 月 22 日向双方当事人发出无效宣告请求口头审理通知书，定于 2008 年 10 月 22 日举行口头审理。

口头审理如期举行，双方当事人均委托代理人参加了口头审理。口头审理当庭原告提交了附件 1 所示日本杂志的原件，第三人对其真实性有异议，认为附件 1 为域外证据，原告没有办理相关的公证认证手续，附件 1 不能作为证据使用。原告强调附件 1 虽然是在日本出版的，但在中国可以通过网络订购到此杂志，无须进行公证认证。原告坚持本专利与附件 1 公开的轮辋形状相近似。

经过审查，被告认为原告的无效理由不成立。因此，被告作出无效决定，维持本专利有效。原告不服该无效决定，诉至本院。

本院认为，经审查，无效决定的作出程序合法，且原告及第三人对无效决定第一部分“案由”及第二部分“决定的理由”之“法律依据”明确表示没有异议，本案审查的重点在于对证据的认定，即原告针对本专利提出的无效宣告请求是否有证据支持。

参照《审查指南》第四部分第八章第2.2.2节的规定，在中华人民共和国领域外形成的域外证据，应当经所在国公证机关予以证明，并经中华人民共和国驻该国使领馆予以认证。本案中，原告在无效宣告程序中提交的证据是在日本国形成的域外证据，该证据未在规定期限内办理相关的公证认证手续，被告对该证据不予采信，并认为原告针对本专利提出的无效宣告请求没有证据支持正确。被告据此作出维持本专利有效的决定合法，本院应予维持。原告认为本专利不符合《专利法》第二十三条规定的诉讼主张缺乏事实及法律依据，本院不予支持。

综上，无效决定认定事实清楚、适用法律正确、作出程序合法，本院应予维持。原告关于撤销无效决定的诉讼请求缺乏事实及法律依据，本院不予支持。据此，依照《中华人民共和国行政诉讼法》第五十四条第（一）项之规定，判决如下：

维持被告国家知识产权局专利复审委员会于二〇〇八年十一月十一日作出的第12584号无效宣告请求审查决定。

案件受理费100元，由原告济南轻骑摩托车股份有限公司负担（已交纳）。

如不服本判决，各方当事人可在本判决书送达之日起15日内向本院递交上诉状，并按对方当事人人数提交上诉状副本，上诉于北京市高级人民法院。上诉人在上诉期满后7日内未预交上诉案件受理费，又未提出免交或缓交申请的，按自动撤回上诉处理。

审　判　长　强刚华
代理审判员　石　磊
人民陪审员　史新章
二〇〇九年七月三日
书　记　员　张　莹

033

手 提 袋

无效宣告请求审查决定（第12593号）

决　定　号　第12593号
决　定　日　2008年11月24日
发明创造名称　手提袋
国际分类号　03-01
无效宣告请求人　路易威登马利蒂
专利权人　王　军
专　利　号　02367907.7
申　请　日　2002年12月4日
授权公告日　2003年10月8日
合议组组长　刘颖杰
主　审　员　王琦琳
参　审　员　孙茂宇

法律依据　专利法第23条
决定要点

经二审法院终审判决，认定外观设计专利与在先的注册商标专用权相冲突时，该专利的授予不符合专利法第23条的规定。

一、案由

本无效宣告请求涉及国家知识产权局于2003年10月8日授权公告的、名称为“手提袋”的02367907.7号外观设计专利（下称本专利），其申请日是2002年12月4日，专利权人是王军。

针对上述专利权，路易威登马利蒂（下称请求人）于2008年1月14日向专利复审委员会提出无效宣告请求，其提交了如下附件作为证据：

证据1：02367907.7号外观设计专利网络下载信息页，共2页；

证据2：第241000号商标注册证、该商标的详细信息页以及该商标的核准续展注册证明复印件，共3页；

证据3：第241081号商标注册证、该商标的详细信息页以及该商标的核准续展注册证明复印件，共3页；

证据4：第1106237号商标注册证、该商标的详细信息页以及该商标的查询流程网络下载页复印件，共3页；

证据5：第1106302号商标注册证、该商标的详细信息页以及该商标的查询流程网络下载页复印件，共3页；

证据6：（2007）一中民初字第4873号中华人民共和国北京市第一中级人民法院民事判决书复印件，共6页。

结合上述证据，请求人认为：请求人对其文字“路易威登”和多款面料图案均进行了商标注册，而本专利申请在后，并且与请求人的在先注册商标专用权相冲突，不符合专利法第23条的规定；人民法院生效判决（证据6）也已认定本专利已构成与请求人上述四个注册商标的冲突。

经形式审查合格，专利复审委员会受理了上述无效宣告请求，并于2008年2月25日向双方当事人发出了无效宣告请求受理通知书，随同无效宣告请求受理通知书将专利权无效宣告请求书及其附件清单中所列附件副本转送给专利权人，要求其在指定的期限内答复。

专利权人于2008年3月25日向专利复审委员寄交了意见陈述书以及如下附件作为反证：

反证1：王军针对（2007）一中民初字第4873号民事判决书提起上诉之后，由答辩人路易威登马利蒂所作的民事答辩状复印件共7页；

反证2：北京市高级人民法院民三庭知识产权二审行政案件诉讼须知复印件，共4页；

反证3：卷号为2008年度高民终字第114号的北京市高级人民法院传票复印件，共1页。

结合上述反证，专利权人认为：反证1~3可以证明请求人的证据6尚未生效，该无效宣告理由应不予受理；由于商品用途、主要原料、生产部门、销售渠道、销售场所、消费对象都大相径庭，不会发生混淆，所以请求人依据知识产权法律取得的权利具有其独立性。专利权人没有收到法国路易威登马利蒂委托北京维澳专利代理有限公司实质有效的授权相关文件，对其代理资格有异议。

专利复审委员会于2008年4月8日收到请求人补充提交的意见陈述书，并提交了如下补充证据：

证据7：（2008）高民终字第114号中华人民共和国北京市高级人民法院民事判决书复印件共11页。

结合上述证据，请求人认为：证据7作为终审判决，再次认定了本专利与请求人的在先注册商标专用权相冲突的事实。

针对上述无效宣告请求，专利复审委员会依法成立合议组，并于2008年8月15日向双方当事人发出无效宣告请求口头审理通知书，定于2008年10月15日举行口头审理，随同无效宣告请求口头审理通知书，将请求人于2008年4月8日补充提交的意见陈述书以及证据7转送给专利权人，将专利权人于2008年3月25日提交的意见陈述书及其附件清单中所列附件副本共17页转送给请求人。

口头审理如期举行，请求人委托专利代理人廖满媛、公民代理顾珊、邓莹琦参加了口头审理，专利权人缺席口头审理。在口头审理中，请求人当庭明确其无效宣告的理由和范围是：本专利不符合专利法第23条的规定。请求人当庭出示了证据6、7的原件，经合议组核实证据6、7的复印件与原件相符，请求人明确表示仅使用证据6、7来证明本专利与在先权利相冲突，不符合专利法第23条的规定，放弃证据1~5。请求人认为：证据6的一审判决对事实问题进行了认定，说明请求人的四个商标的申请日均早于本专利，而且本专利与上述在先权利发生了冲突。证据7的终审判决可以进一步肯定一审法院的事实认定，说明本专利与请求人的商标专用权相冲突。

至此，合议组认为事实已经清楚，在此基础上，合议组经合议依法作出审查决定。

二、决定的理由

基于请求人提出的无效宣告请求的理由以及证据，合议组依据专利法第23条的规定对本案进行审理。

专利法第23条规定：“授予专利权的外观设计，应当同申请日以前在国内外出版物上公开发表过或者国内公开使用过的外观设计不相同和不相近似，并不得与他人在先取得的合法权利相冲突。”

专利法实施细则第65条第3款规定，以授予专利权的外观设计与他人在先取得的合法权利相冲突为理由请求宣告外观设计专利权无效，但是未提交生效的能够证明权利冲突的处理决定或者判决的，专利复审委员会不予受理。

请求人提交的证据6是（2007）一中民初字第4873号中华人民共和国北京市第一中级人民法院民事判决书的复印件，请求人于口实审理当庭出示了证据6的原件，专利权人并未对该证据的真实性表示异议，合议组经核实认为，该证据6的复印件与原件一致，其真实性可以确认，可以作为本案证据使用。

证据6中第4~5页作出如下认定：

《中华人民共和国专利法实施细则》第65条第3款规定，以授予专利权的外观设计与他人在先取得的合法权利相冲突为理由请求宣告外观设计专利权无效，但是未提交生效的能够证明权利冲突的处理决定或者判决的，专利复审委员会不予受理。从该规定可以看出，人民法院关于权利冲突的判决已经成为当事人以此为理由请求宣告外观设计专利权无效的前提条件。因此，人民法院应当遵循诚实信用、保护在先取得的合法权利的原则，为外观设计与在先取得的合法权利的冲突提供民事解决途径，以保障相关法律规定的贯彻实施，切实保护在先权利人的合法权益。鉴于无论专利权人是否将该外观设计专利实际使用，只要其与他人在先取得的合法权利相冲突，该专利就应被宣告无效，故人民法院可以对专利权人未投入实际使用的外观设计专利是否与他人在先取得的合法权利相冲突作出判决。

本案中，鉴于原告涉案四个商标的注册时间均早于被告专利申请时间，故相对于被告专利而言，原告涉案的四个注册商标专用权为在先权利。在此基础上，对被告外观设计专利权是否与原告在先注册商标权相冲突予以判断，鉴于商标是用以区分商品或服务来源的标识，故判断上述冲突是否存在的关键在于一般消费者是否会将被告该外观设计产品误认为是原告产品，从而对原告注册商标专用权造成损害。

鉴于被告外观设计专利产品为手提袋，原告核定使用商品为第18类旅行包、女用小手袋、购物袋等，二者属于同类商品，同时，被告外观设计中不仅含有与原告上述四个商标相同或相近似的标识，且上述标识为被告外观设计中最主要的设计要素，故本院认为该外观设计产品一旦投入使用足以使一般消费者误认为该产品为原告产品。据此，被告02367907.7号外观设计专利已构成与原告的上述四个注册商标的冲突。

由此可见，证据6中已经明确认定了本专利与请求人在先取得的注册商标专用权相冲突，但是证据6是中级人民法院民事判决书，其并非终审判决，而且专利权人在意见陈述中表示该其已针对证据6提起了上诉，故专利权人认为证据6并非生效判决。因此，本案争议的焦点在于证据6是否属于生效的判决。

在专利权人于2008年3月25日提交意见陈述书表示证据6并非生效判决之后，专利复审委员会于2008年4月8日收到了请求人补充提交的证据7，该证据7是（2008）高民终字第114号中华人民共和国北京市高级人民法院民事判决书的复印件，专利权人并未对该证据的真实性表示异议，请求人于口头审理当庭出示了证据7的原件，合议组经核实认为，该证据7的复印件与原件一致，其真实性可以确认。该证据7是上诉人（原审被告、本案专利权人）王军不服中华人民共和国北京市第一中级人民法院（2007）一中民初字第4873号民事判决（即证据6）而向中华人民共和国北京市高级人民法院提起的上诉后，由北京市高级人民法院作出的民事判决书，其中第10页作出如下认定：

“综上，原审判决认定事实清楚，适用法律正确，应予维持。本判决为终审判决。”

由此可见，证据7可以证明证据6属于生效的判决。

综上所述，本案合议组认为：本专利“手提袋”与请求人在先取得的注册商标专用权相冲突，因此，本专利不符合专利法第 23 条的规定。

请求人在口头审理中明确表示放弃证据 1~5，而专利权人在意见陈述书中所附的反证也仅是在证据 7 的判决产生之前，用于证明证据 6 处于何种状态的法律文书复印件，鉴于本次审查决定所依据的事实可由合法有效的法院终审判决（证据 7）加以证明，合议组对上述证据不再加以评述。

另外，专利权人在意见陈述中表示：专利权人没有收到法国路易威登马利蒂委托北京维澳专利代理有限公司实质有效的授权相关文件，对其代理资格有异议。对此，合议组认为：当事人委托代理人的手续是否合格应由专利复审委员会进行审查，请求人在提出无效宣告请求时已经向专利复审委员会提交了有委托人签名的专利权无效宣告程序授权委托书，请求人在参加口头审理时也提交了证明相关委托手续的证明文件，同时专利权人主动选择放弃了在口头审理期间对请求人代理资格发表意见的机会，因此，请求人在委托手续中已经尽到了其应履行的相应义务，在专利权人未有合理的质疑理由的情况下，对于专利权人的上述质疑，合议组不予支持。

三、决定

宣告 02367907.7 号外观设计专利权全部无效。

当事人对本决定不服的，可以根据专利法第 46 条第 2 款的规定，自收到本决定之日起三个月内向北京市第一中级人民法院起诉。根据该款的规定，一方当事人起诉后，另一方当事人应当作为当事人参加诉讼。

034

足 疗 机

无效宣告请求审查决定（第12600号）

决　　定　　号 第12600号
决　　定　　日 2008年11月19日
发明创造名称 足疗机
国 际 分 类 号 28-03
无效宣告请求人 上海意民医疗科技有限公司
专 利 权 人 吴仲生
专　　利　　号 200530025511.0
申　　请　　日 2005年4月30日
授 权 公 告 日 2006年1月11日
合 议 组 组 长 刘颖杰
主　　审　　员 佟仲明
参　　审　　员 谢有成
附　　　　图 2页

法 律 依 据 专利法第9条
决 定 要 点

"同样的发明创造"对于外观设计而言，是指外观设计相同或者相近似。本专利外观设计与在先设计属于同样的发明创造时，本外观设计专利权的授予不符合专利法第9条的规定。

一、案由

本无效宣告请求涉及中华人民共和国国家知识产权局于2006年1月11日授权公告的、名称为"足疗机"的外观设计专利（下称本外观设计专利），其申请号为200530025511.0，申请日是2005年4月30日，专利权人是吴仲生。

针对上述专利权，上海意民保健用品开发有限公司（后更名为上海意民医疗科技有限公司，下称请求人）于2008年1月21日向专利复审委员会提出无效宣告请求，其提交了如下附件：

附件1：本外观设计专利专利公报和网上下载的本外观设计专利外观图形；

附件2：200430084276.X号外观设计专利公报和网上下载的该外观专利图形，该专利的授权公告日为2005年5月25日；

附件3-1：2005年1月5日前客户定购III型足疗机的收据记账存根联等的复印件，共7页；

附件3-2：共包括5页内容，其中：

第 1 页为：朱国庆出具的书面证言复印件；

第 2 页为：意民保健系列产品质量保修单第二联复印件，两张上海市商业零售统一发票发票联复印件以及朱国庆身份证正反面复印件；

第 3 页为：李荣娣和伏洪洋出具的书面证言复印件；

第 4 页为：李荣娣及伏洪洋身份证正面的复印件，李荣娣及伏洪洋手持足疗机的照片复印件 1 张；

第 5 页为：意民保健系列产品质量保修单第二联复印件，两张上海市商业零售统一发票发票联复印件。

附件 4-1：第 1~2 页为请求人与福安市康姆龙电子有限公司、黄列辉、郭卫延、林勇、陈宝全之间的合作协议书的复印件；第 3 页为沪工商注名变核字第 01200409170228 号企业名称变更核准通知书复印件；

附件 4-2：网上下载的 200520095953.7 号实用新型专利公报和 200520095954.1 号实用新型专利公报，其专利权人均为黄列辉和吴仲生，申请日均为 2005 年 4 月 12 日，公告日均为 2006 年 8 月 2 日。

请求人无效宣告请求的理由为：本外观设计专利与附件 2 整体的外观形状、布局一致，尽管本外观设计专利将几个小按钮控制键略后挪，至隆起部分后，但这种细微变化不会影响整体视觉的相似。附件 2 为请求人的专利，请求人在提出申请后很快将自己的外观设计专利产品推向市场，附件 3-1、附件 3-2 可证明在本外观设计专利申请日以前，已经有附件 2 专利实施产品在中国公开销售和使用。根据附件 4-1 和附件 4-2 可以看出，本外观设计专利专利权人吴仲生有明显侵犯请求人在先专利权的故意。因此，综上所述，本外观设计专利不符合专利法第 23 条的规定，也不符合专利法第 9 条的规定。

经形式审查合格，专利复审委员会依法受理了上述无效宣告请求，并于 2008 年 2 月 13 日向双方当事人发出无效宣告请求受理通知书。同时，随同该无效宣告请求受理通知书将无效宣告请求书及其附件清单中所列附件的副本转送给专利权人，并告知专利权人应在收到该通知之日起一个月内对该无效宣告请求陈述意见，期满未答复的，不影响专利复审委员会审理。

针对上述无效宣告请求，专利权人于 2008 年 3 月 21 日提交了意见陈述书，并提交了网上下载的 02316898.6、200430084276.X 和 200530025511.0 号三件外观设计专利的外观图形（下称反证 1）。专利权人认为：从反证 1 中可以看出整体造型、面板轮廓和凹陷状双脚印的设计为通用设计，仅材料颜色不同，对整体视觉效果不具有显著特点。由于足疗机具有显著性的两个部位，按摩凸点和功能按键所在的位置存在明显不同，以及面板中部的视觉集中区域的设计装饰不同，故两者为不相近似的外观设计。

针对上述无效宣告请求，专利复审委员会依法成立合议组，并于 2008 年 7 月 4 日向双方当事人发出无效宣告请求口头审理通知书，告知双方当事人本案合议组定于 2008 年 9 月 17 日举行口头审理。随同该口头审理通知书，合议组将专利权人于 2008 年 3 月 21 日提交了意见陈述书及反证 1 转送给请求人。

2008 年 7 月 23 日，请求人提交了针对专利权人意见的意见陈述以及 02316898.6 号外观设计专利的图片复印件。请求人认为：（1）专利权人提出的 02316898.6 号外观设计专利与本外观设计专利以及附件 2 的外观设计专利存在明显区别，不能证明本外观设计专利与附件 2 不相似；（2）本外观设计专利只是对附件 2 所示的外观设计略加改动或稍加移位，但根据整体观察、综合判断，其仍与附件 2 所示的外观设计相近似；（3）本外观设计专利对左、右两脚形图形共设一边框又同时对各单个脚形图形外周各设较细的边框，都与附件 2 所示的外观设计专利相同。

口头审理如期举行，请求人委托了专利代理人汪瑜、公民代理人周福亨出席了口头审理，专利权人委托了公民代理缪增斌参加了口头审理；双方对合议组成员无回避请求。

请求人当庭出示了合作协议书的原件、附件 3~2 发票的原件，并表示有证人伏洪洋出庭作证，且有附件 2 的专利产品展示。请求人明确其无效理由、事实、证据为：本外观设计专利相对于附件 2~4 不符合专利法第 23 条的规定；本外观设计专利相对于附件 2 不符合专利法第 9 条的规定。

请求人请证人伏洪洋出庭做证，证人伏洪洋当庭表示附件 3-2 第 3 页的书面证言为其本人所写，证词中的签名为其本人与其妻子李荣娣分别签署的。证人伏洪洋表示其于 2004 年 7 月 29 日购买了请求人上海意民保健用品开发有限公司的一台 A 型足疗机，后于同年 12 月 16 日换购了一台新机型的 III 型足疗机，有保修卡和保修单。证人出示了一台足疗机的实物，并表示该出示的足疗机不是证言中所述的足疗机。

请求人表示：(1) 附件 2 中所示的产品与本外观设计专利中的相同相近似，其理由与请求书中的一致。(2) 证人出示的足疗机是从请求人公司拿来的，证人本人的那台已经用旧，因此没有带来。从产品名称可以看出证人所购买的产品与附件 2 中的相同，证人的证词证明了 2004 年年底，附件 2 中所示的产品已经销售并使用，即在本外观设计专利申请日之前已经有相近似的产品公开销售和使用。(3) 附件 4 证明专利权人故意避开合同的约定，其产品还是与请求人的产品相似。

专利权人则表示：(1) 对请求人提交的附件 3、附件 4 中有原件的部分的真实性无异议，对没有原件的部分的真实性有异议，对请求人提交的附件 2 的真实性未表示异议。(2) 专利权人提交的反证 1 中三个图的后部都相同，本外观设计专利与附件 2 中产品的功能键位置、里面轮廓、面板装置均不同，本外观设计专利正面按卡通人物设计。(3) 证人出具的实物与附件 4-2 中的不同，其实物与本外观设计专利也不同。(4) 专利权人与附件 4 中所列的康姆龙电子有限公司没有任何关系。

请求人对专利权人提交的反证 1 的真实性未表示异议。

至此，合议组认为本案事实清楚，现依法作出审查决定。

二、决定的理由

1. 关于专利法第 9 条

专利法第 9 条规定：两个以上的申请人分别就同样的发明创造申请专利的，专利权授予最先申请的人。

审查指南第四部分第七章第 1 节中规定，专利法第 9 条和专利法实施细则第 13 条第 1 款所述的“同样的发明创造”，对于外观设计而言，是指外观设计相同或者相近似。

请求人提交了附件 2 以证明本外观设计专利不符合专利法第 9 条的规定，该附件 2 是一份专利文献，专利权人对其真实性未提出异议，合议组经审查认为附件 2 的真实性可以确认，其可以作为本案证据使用。附件 2 的申请日为 2004 年 11 月 5 日，授权公告日为 2005 年 5 月 25 日，其是在本外观设计专利的申请日以前申请且在本外观设计专利的申请日之后公告的外观设计专利，构成本外观设计专利的在先设计。

专利权人提交了反证 1 来证明本外观设计专利符合专利法第 9 条的规定，该反证 1 是网上下载的 02316898. 6、200430084276. X 和 200530025511. 0 号三件外观设计专利的外观图形，请求人对其真实性未提出异议，合议组经审查认为反证 1 的真实性可以确认，其可以作为本案证据使用。

本外观设计专利的足疗机由立体图、后视图、右视图、主视图、左视图、俯视图和仰视图共 7 张附图来表示其外观设计。未要求保护色彩。从上述各视图可以得知，本外观设计专利的足疗机整体外形为上宽下窄的大致梯形，各条边略有弧度，面板部分为左右对称结构，其左右两侧各有一脚印形凹陷，脚印中部偏上内侧靠近中线处各有一乳突形凸起，脚印内散布许多细小凸起，两脚印之间为一类似瓶形形状，瓶形形状上部开口处有一榫形突起与之相接，瓶形下部中心线位置处略突起，突起上依次排列有多个6个小圆形和1个稍大圆形，中心线两侧靠近中下部略分别有一凹陷并于凹陷处上部有一略大的圆形图案。一双线组成的斜坡围绕该脚印与瓶形组成的图案，双线以外面板下部中线位置有一倒弧形图案，图案中间有一方形图案，方形左右两侧各排列有三个交叠的椭圆形图案。本外观设计专利足疗机上侧面具有长度自短至长再至短的竖条图案，底部四角有4个锥形凸起（具体参见附图）。

附件2中的对症取穴足疗机（III型）由后视图、右视图、主视图、左视图、俯视图和仰视图共6张附图来表示其外观设计。未要求保护色彩。从上述各视图可以得知，该足疗机整体外形为上宽下窄的大致梯形，各条边略有弧度，面板部分为左右对称结构，其左右两侧各有一脚印形凹陷，脚印偏上内侧靠近中线处各有一乳突形凸起，脚印内散布许多细小凸起，两脚印之间为一类似瓶形形状，瓶形形状上部开口处有一椭圆形图标，瓶形形状上部有一十字交叉线，瓶形下部中心线位置处依次排列有多个小圆形和1个稍大圆形，中心线两侧靠近中下部分别有一竖椭圆凹陷，且凹陷的上部和下部各有一略大的圆形图案。一双线组成的斜坡围绕该脚印与瓶形组成的图案。附件2的足疗机上侧面具有长度自短至长再至短的竖条图案，底部四角有4个锥形凸起（具体参见附图）。

由上述描述可知，本外观设计专利与附件2所不同的是，脚印中乳突状凸起的位置及中部瓶形形状瓶口部分以上以及瓶形形状上的凸凹和按钮排列。然而，合议组认为，上述区别点仅在于局部的细微变化，对整体视觉效果不足以产生显著的影响，一般消费者在视觉上容易将二者误认为同一种外观设计的产品，因此，二者属于相近似的外观设计。对于外观设计专利而言，同样的发明创造是指两项外观设计相同或者相近似，即，本外观设计专利与附件2属于同样的发明创造，并且附件2的专利权人与本外观设计专利的不同，附件2的申请日又早于本外观设计专利的申请日，因此，本外观设计专利不符合专利法第9条的规定。

专利权人认为其反证1表示出整体造型、面板轮廓和凹陷状双脚印设计为通用设计，而对于足疗机具有显著性的两个部位——按摩凸点和功能按键所在位置，以及面板中部的视觉集中区域的设计装饰，本外观设计专利与附件2中的外观设计并不相同，因此认为两者不相近似。

对此，合议组认为：首先，虽然专利权人提交的反证1中示出了三种不同足疗机的外观设计，但仅凭这三种外观设计尚不足以证明足疗机类产品的整体造型、面板轮廓和凹陷状双脚印设计为该类产品公认的惯常设计。其次，在外观设计是否相同或相近似的判断中需综合考虑多种因素，就本案而言，虽然本外观设计专利与附件2中所示的外观设计存在差别，但该差别属于仅在于局部的细微变化，而并非专利权人所认为的具有显著性的影响的部位，一般消费者在视觉上容易将二者误认为同一种外观设计的产品。因此对于专利权人的意见，合议组不予支持。

3. 关于请求人提出的其他无效理由

如上所述，由于本外观设计专利与附件2属于相同的发明创造，应予以宣告全部无效，因此合议组不再对请求人提出的其他无效理由和证据进行评述。

三、决定

宣告200530025511.0号实用外观设计专利全部无效。

当事人对本决定不服的，可以根据专利法第46条第2款的规定，自收到本决定之日起三个月内向北京市第一中级人民法院起诉。根据该款的规定，一方当事人起诉后，另一方当事人应当作为第三人参加诉讼。

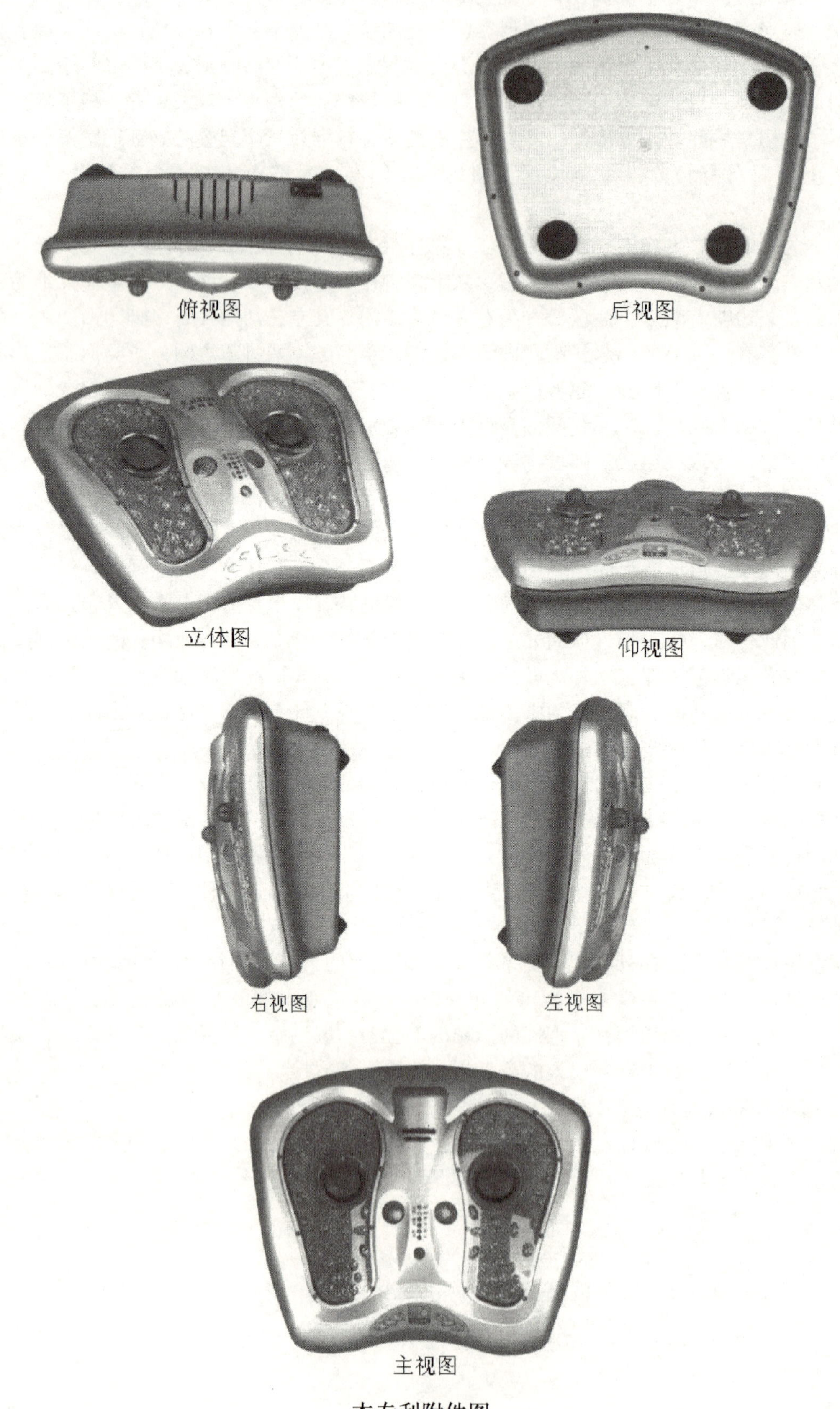

本专利附件图

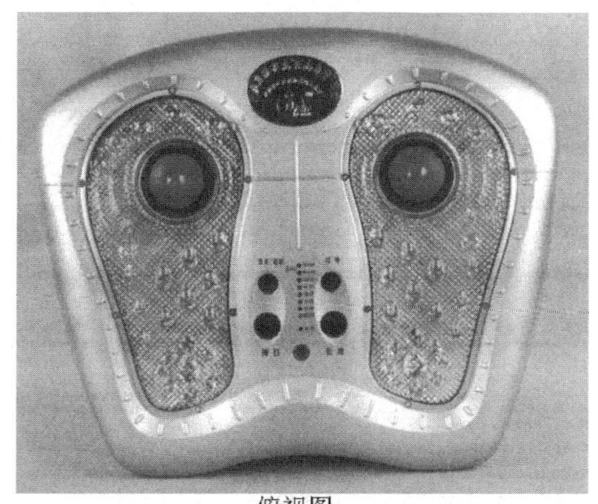
俯视图

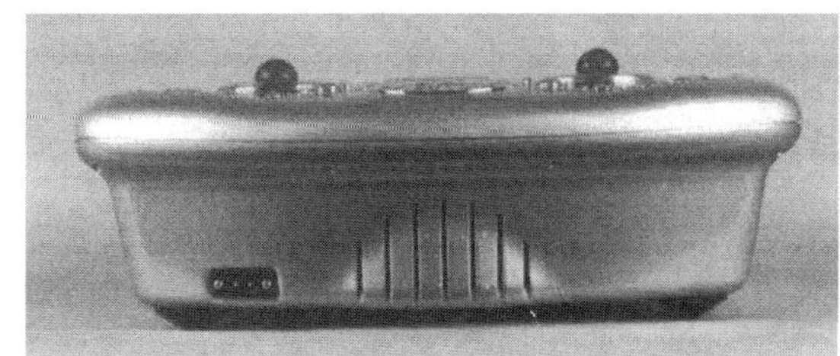
后视图

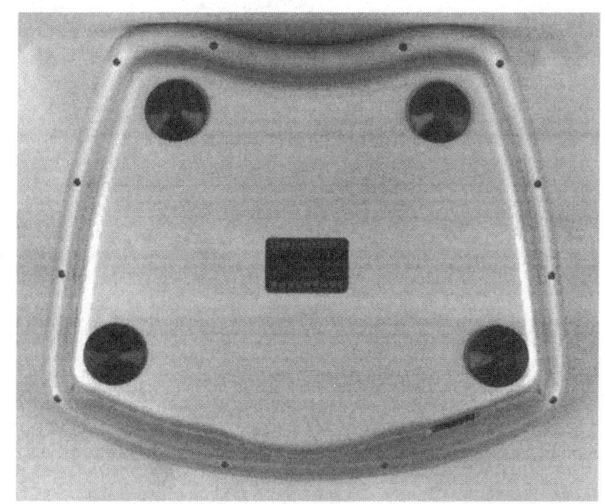
仰视图

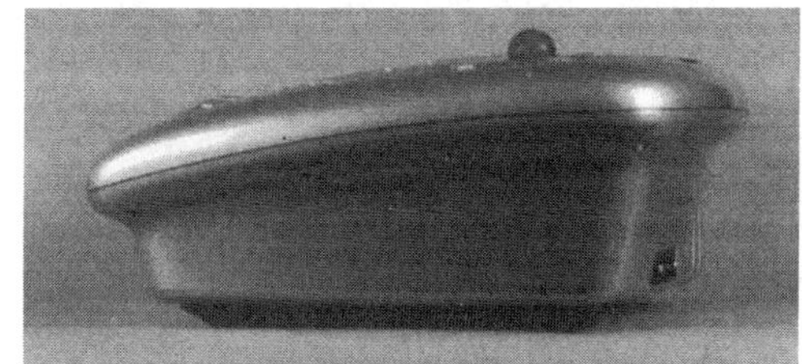
右视图

主视图

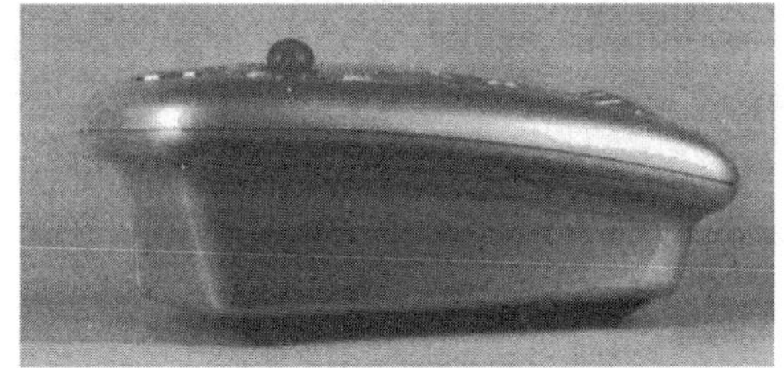
左视图

附件 2 附图

035

螺丝刀（B1）

无效宣告请求审查决定（第12612号）

决　　定　　号　第12612号
决　　定　　日　2008年11月21日
发明创造名称　螺丝刀（B1）
外观设计分类号　08-04
无效宣告请求人　上海赛拓五金工具有限公司
专　利　权　人　徐　洁
专　　利　　号　200630161727.4
申　　请　　日　2006年12月27日
授 权 公 告 日　2007年11月7日
合 议 组 组 长　吴大章
主　　审　　员　张　凌
参　　审　　员　李改平

法　律　依　据　专利法第23条
决　定　要　点

（1）请求人提交的证据是企业以宣传为目的、自行发放的产品目录，上述证据没有记载任何有关其印刷和发行的信息，也不属于定期出版的产品目录，请求人也未提供任何有关上述信息的佐证，合议组对上述证据的真实性和公开时间无法确认，故对其不予采信。

（2）无法与原件核对的复印件不能单独作为认定案件事实的依据。

一、案由

本无效宣告请求涉及国家知识产权局于2007年11月7日授权公告的、名称为"螺丝刀（B1）"的200630161727.4号外观设计专利，其申请日为2006年12月27日，专利权人为徐洁。

针对上述专利权（下称本专利），上海赛拓五金工具有限公司（下称请求人）于2008年5月23日向专利复审委员会提出无效宣告请求，理由是本专利与在其申请日前已公开发表或公开使用过的外观设计相近似，不符合专利法第23条的规定。请求人同时提交如下附件作为证据：

附件1：声称为杭州环宇工具有限公司2000年产品样本相关页复印件（共5页）；

附件2：声称为浙江省建德市远丰工具有限公司2002年产品样本相关页复印件（共3页）；

附件3：声称为浙江省建德市远丰工具有限公司2006年产品样本相关页复印件（共3页）；

附件4：请求人出具的发票、发票销货清单和转账凭证复印件（共3页）；

附件5：请求人出具的送货单复印件和相关产品图片彩色复印件（共2页）。

请求人认为附件1~3中公开了多款与本专利相同的外观设计；附件4和附件5则证明在本专利申请日前已有与之相同的外观设计产品在国内公开销售，因此本专利不符合专利法第23条的规定。

经形式审查合格后，专利复审委员会受理了上述无效宣告请求，并于2008年5月23日将无效宣告请求书及相关附件的副本转给专利权人，要求其在指定的期限内答复。

2008年6月29日专利权人针对上述无效宣告请求提交意见陈述书。专利权人对附件1至附件3的真实性、公开性和公开时间均有异议，认为其不能作为对比文件使用；附件4只能证明在本专利的申请日前销售过产品，但无法证明销售产品的形状及其与本专利之间是否存在联系，该证据与本案无关；对附件5送货单和图片的真实性均有异议，且上述二者之间没有关联性，附件5不应当作为证据使用；请求人的无效宣告理由不成立。专利权人同时提交如下反证：

反证1：《非公开出版的产品样本不能作为专利无效程序中的对比文件》一文的下载打印件（共2页）；

反证2：专利复审委员会WX2194号决定的下载打印件（共2页）；

反证3：专利复审委员会WX2209号决定的下载打印件（共2页）。

2008年8月22日专利复审委员会向双方当事人发出口头审理通知书，定于2008年11月4日对本案进行口头审理，同时将专利权人的上述意见陈述转送请求人。

口头审理如期举行，双方当事人的代理人参加了口头审理。请求人明确其无效宣告的理由为本专利不符合专利法第23条的规定，依据附件1和附件2证明在本专利的申请日前已有与之相同的外观设计公开发表，依据附件4证明2006年7月的销售事实，依据附件5证明2006年6月的销售事实，放弃附件3；请求人当庭出示附件1、附件2和附件4的原件，并出示了附件5图片中所示的产品样品一份。专利权人对附件1和附件2的真实性和公开时间、对附件5的真实性均有异议，对附件4的真实性无异议。关于相同、相近似对比，请求人坚持其原有意见；专利权人认为附件1、附件2均没有完整公开在先设计的确切内容，本专利与其中已公开的外观设计在形状上也存在较大的区别，附件4没有公开销售产品的具体图片，无法与本专利进行对比，附件5的公开时间不确定，不能与本专利进行对比。

在上述审理的基础上，合议组经合议，认为本案事实清楚，依法作出本审查决定。

二、决定的理由

1. 法律依据

基于请求人提出无效宣告请求所依据的理由和证据，合议组对本专利是否符合专利法第23条的规定进行审查。

专利法第23条规定，授予专利权的外观设计，应当同申请日以前在国内外出版物上公开发表过或者国内公开使用过的外观设计不相同和不相近似，并不得与他人在先取得的合法权利相冲突。

2. 证据和事实认定

在口头审理中，请求人已表示放弃附件3，因此本决定对该证据不再予以评述。

请求人提交的附件1和附件2分别是声称为杭州环宇工具有限公司2000年产品样本相关页和浙江省建德市远丰工具有限公司2002年产品样本相关页的复印件，口头审理中请求人提交了上述证据的整本原件，明确其公开时间分别是2000年和2002年。专利权人当庭核实附件1和附件2的原件与复印件一致，对上述附件的真实性和公开时间均有异议。

对此，合议组认为，附件1和附件2均是企业以宣传为目的、自行发放的产品目录，除了在附件1的书脊上标有“二〇〇〇年”、在附件2的封面上标有“2002增版本”的内容之外，没有记载任何关于其印刷和发行的信息，例如印刷单位、印刷时间和数量、公开散发的时间、方式和范围等，仅依据附件 1 和附件 2 也不能确认其属于定期出版的产品目录，请求人也未提供任何有关上述信息的佐证。鉴于专利权人对上述附件的真实性和公开时间均提出了异议，在无其他证据支持的情况下，合议组难以确认上述证据的真实性和公开时间，故对其不予采信。

请求人提交的附件 4 是源于其自身的发票、发票销货清单和转账凭证复印件，口头审理中其出示了上述证据的原件，专利权人对上述证据的真实性没有异议，合议组对其予以采信。根据附件 4，请求人曾在 2006 年 7 月向沃尔玛（中国）投资有限公司销售了名为“套装娃娃脸螺丝批”的产品，但是附件 4 未提供当时销售的该产品的图片，因此其没有提供可与本专利进行相同相近似对比的对象。请求人认为“套装娃娃脸螺丝批”是行业内对此类螺丝刀产品的通称，业内人士均知道这一名称对应的是哪类产品，附件 1 和附件 2 也可说明这一点。对此，合议组认为，附件 1 和附件 2 对请求人所指认的产品的称谓并不相同，请求人无法证明“套装娃娃脸螺丝批”是行业内的通称，尤其不能证明一般消费者根据其认知能力，仅凭该产品名称就能确定该产品的具体外观，因此请求人的主张不能成立。

附件 5 是源于请求人自身的送货单复印件和相关产品图片的彩色复印件，请求人没有提交原件，专利权人对其真实性不予认可。合议组认为，请求人没有提交附件 5 的原件，也没有提供其他佐证，该证据的真实性难以确认，相关复印件亦不能单独作为认定案件事实的依据，故对上述证据不予采信。

综上，请求人提交的证据均不能用来评价本专利是否符合专利法第 23 条的规定，因此请求人无效宣告的理由不成立。

三、决定

维持 200630161727.4 号外观设计专利有效。

当事人对本决定不服的，可以根据专利法第 46 条第 2 款的规定，自收到本决定之日起三个月内向北京市第一中级人民法院起诉。根据该款的规定，一方当事人起诉后，另一方当事人应当作为第三人参加诉讼。

036

双头充电剃须刀

无效宣告请求审查决定（第12641号）

决　　定　　号　第12641号
决　　定　　日　2008年11月28日
发明创造名称　双头充电剃须刀
分　　类　　号　28-03
无效宣告请求人　百灵公司
专　利　权　人　林振彪
专　　利　　号　200530037279.2
申　　请　　日　2005年5月31日
授 权 公 告 日　2006年2月8日
合 议 组 组 长　吴赤兵
主　　审　　员　哈雅坤
参　　审　　员　林　甦

法 律 依 据　专利法第23条
决 定 要 点

判断产品的外观设计是否相同或相近似应该遵循整体观察综合判断的基本原则。如果被比外观设计与在先设计之间存在的差别对产品的整体视觉效果没有显著影响，一般消费者容易将两者误认混淆，则两者相近似。

一、案由

本无效请求涉及国家知识产权局于2006年2月8日授权公告的、名称为“双头充电剃须刀”的第200530037279.2号外观设计专利（下称本专利），其申请日为2005年5月31日，专利权人为林振彪。

针对上述专利权，百灵公司（下称请求人）于2008年7月18日向专利复审委员会提出无效宣告请求，并提交了如下附件：

附件1：第99304452.2号中国外观设计专利公告文本；

附件2：第200530037279.2号中国外观设计专利公告文本（即本专利）。

请求人认为：本专利与附件1属于相同或相近似的外观设计，理由在于本专利与附件1的产品均为剃须刀，为相同类别的产品；并且将本专利与附件1的各个视图进行比较后可见，两者的整体形状基本相同，两者的各组成部分的形状、布局及大小比例等方面的设计均是相同或相近似的，两者的外观设计所存在的极少数区别之处属于局部的细微差别，极易导致一般消费者对两者的外观设计产生混淆。

经形式审查合格后，专利复审委员会受理了上述请求，于2008年8月1日向双方当事人发出了《无效宣告请求受理通知书》，并将《专利权无效宣告请求书》（共3页）及其附件清单中所列附件副本（共16页）转送给专利权人，要求其在指定的答复期限内。

专利权人在指定期限内未答复。

2008年9月1日，本案合议组向双方当事人发出口头审理通知书，拟定于2008年10月30日对该专利权的无效请求进行口头审理。

口头审理于2008年10月30日如期举行。专利权人未参加头审理，请求人的代理人单方出席了口头审理，合议组在请求人一方出庭的情况下就本案进行了审议厅调查。在口头审理过程中，合议组当庭告知请求人合议组成员的变更情况，请求人对合议组成员的变更无异议，对现任合议组成员无回避请求；请求人明确其无效理由为本专利不符合专利法第23条的规定，并且明确指出专利法第23条的相同或相近似性判断仅使用附件1；请求人通过将本专利与附件1的主视图、后视图、左视图、右视图、俯视图、仰视图进行详细对比后，认为本专利与附件1的刀头和手柄在整体形状上基本相同，各组成部分的比例和布局等方面是相同或相近似的，两者之间存在的极少数不同之处仅属于局部的细微差别，对整体的外观不会带来明显的改变，从而导致一般消费者对于两者的外观设计造成混淆，因此本专利与附件1属于相近似的外观设计。

鉴于专利权人未出席口头审理，因此本案合议组于口头审理当日向专利权人发出了合议组成员告知通知书，以告知专利权人合议组成员的变更情况，同时要求专利权人在收到该通知书之日起7日内进行答复，逾期未答复则视为无异议。

专利权人在指定期限内未对合议组成员告知通知书进行答复。

至此，合议组认为本案的事实清楚，可以作出审查决定。

二、决定的理由

1. 关于证据

请求人在提出无效宣告请求时所提交的附件1为第99304452.2号中国外观设计专利公告文本的复印件（共8页），经查证，合议组认可其真实性；并且附件1的外观设计名称为“剃须刀”，其申请日为1999年4月23日，授权公告日为1999年12月8日，均在本专利的申请日之前，经核实，合议组认定附件1（下称在先设计）属于本专利申请日之前的公开出版物，适用于与本专利进行相同和相近似性对比。

2. 关于专利法第23条以及外观设计的相同和相近似性

专利法第23条规定：“授予专利权的外观设计，应当同申请日以前的国内外出版物上公开发表过或者国内公开使用过的外观设计不相同和不相近似，并不得与他人在先取得的合法权利相冲突。”

判断产品的外观设计是否相同或相近似应该遵循整体观察综合判断的基本原则。如果被比外观设计与在先设计之间存在的差别对产品的整体视觉效果没有显著影响，一般消费者容易将两者误认混淆，则两者相近似。

将本专利与在先设计作如下相近似性对比：

本专利授权公告文本有7幅视图，即主视图、后视图、左视图、俯视图、仰视图、立体图以及使用状态参考图，其中使用状态参考图不属于外观设计专利的保护范围，故不予考虑。由上述各视图可知，本专利剃须刀包括刀头和手柄两部分。

（1）从主视图可见，剃须刀整体上呈长方形，刀头和手柄的连接处形成有向内的凹陷，刀头上部设有往复式网状剃刀，手柄正面的中部设有一个椭圆形开关推钮，在开关推钮的两侧设置有斜向分布的多排圆形凸点，在手柄柄身的中部从上到下设有两条竖直分隔线，将手柄纵向分割成宽度约 1∶2∶1 的三部分，在刀头的左右两侧设有向外的凸起；（2）从左视图可见，剃须刀整体轮廓为中间宽、上下两端窄的形状，刀头下半部分的接近于中间位置处设有一圆形凸点，手柄与刀头连接处的左侧固定设有一鬓刀，手柄右侧的中部可见椭圆形开关推钮的侧面呈矩形凸起状，手柄中部从上到下形成有两条竖直的线条，竖直线条两侧设有斜向分布的多排圆形凸点；（3）从俯视图和仰视图可见，刀头整体呈椭圆形、中间设有两排矩形剃刀，且上、下两侧均有一个凸起物；（4）从后视图可见，剃须刀整体上呈长方形，手柄背面的中部设有一个圆形点状区域，在手柄背面的柄身中部从上到下设有两条竖直分割线，将手柄背面纵向分割成宽度约 1∶2∶1 的三部分，竖直分割线两侧设置有斜向分布的多排圆形凸点（详见本专利附图）。

请求人提交的在先设计共有 7 幅视图，即主视图、仰视图、俯视图、左视图、右视图、后视图及立体图。由上述各视图可知，附件 1 的剃须刀同样包括刀头和手柄两部分。

（1）从主视图可见，剃须刀整体上呈长方形，刀头和手柄的连接处形成有向内的凹陷，刀头上部设有往复式网状剃刀，手柄正面的中部设有一个椭圆形开关按钮，在开关推钮的两侧设置有斜向分布的多排圆形凸点，在手柄柄身的中部从上到下设有两条竖直分隔线，将手柄纵向分割成宽度约 1∶2∶1 的三部分，在刀头的左右两侧设有向外的凸起，在手柄下部的中间位置设有一个小型显示屏，该显示屏下方设有一个圆形指示灯；（2）从左、右视图可见，剃须刀整体轮廓为中间宽、上下两端窄的形状，刀头下半部分的接近于中间位置处设有一圆形凸点，手柄侧面（左视图中为右侧，右视图中为左侧）的中部可见椭圆形开关推钮的侧面呈矩形向内凹陷状，手柄中部从上到下形成有两条竖直的线条，竖直线条两侧设有斜向分布的多排圆形凸点；（3）从俯视图和仰视图可见，刀头整体呈椭圆形、中间设有两排矩形剃刀，且上、下两侧均有一个凸起物；（4）从后视图可见，剃须刀整体上呈长方形，在手柄背面的柄身中部从上到下设有两条竖直分割线，将手柄背面纵向分割成宽度约 1∶2∶1 的三部分，竖直分割线两侧设置有斜向分布的多排圆形凸点（详见在先设计附图）。

经过比较可知，在先设计的“剃须刀”与本专利的“双头充电剃须刀”具有相同的用途，属于相同种类的产品。

两外观设计的相同之处在于：首先两者均由刀头和手柄两部分组成；其次，从正面看，剃须刀整体上均呈长方形，刀头和手柄的连接处均形成有向内的凹陷，刀头均含两个并排的往复式网状剃刀，手柄正面的中部均设有一个椭圆形开关按钮，在开关按钮的两侧均设置有斜向分布的多排圆形凸点，在手柄柄身的中部从上到下均设有两条竖直分割线，将手柄纵向分割成宽度约 1∶2∶1 的三部分；再次，从侧面看，剃须刀整体轮廓均为中间款、上下两端窄的形状，刀头下半部分的接近于中间位置处均设有一圆形凸点，手柄侧面的中部均可以看到椭圆形按钮的侧面呈矩形形状，手柄中部均形成有两条竖直的线条，竖直线条两侧均设有斜向分布的多排圆形凸点。

两者的区别在于：（1）在先设计的剃须刀正面的下部设有一小型显示屏，且显示屏下方设有一个圆形指示灯，而本专利没有；（2）本专利剃须刀的手柄与刀头连接处的左侧固定设有一鬓刀，而在先设计的鬓刀是内置于手柄上部的正面的，使用时可以弹出，而非固定设置。然而，对于第一个区别，在先设计的小型显示屏和圆形指示灯位于手柄下部，一般消费者在使用时通常是手握手柄中下部，故难以引起一般消费者的视觉注意，属于局部的细微差别，对于整体形状和整体视觉效果并不会产生显著影响；对于第二个区别，本专利中的鬓刀位于使用时相对不容易看到的部位，即剃须刀的背面，而且其有无是功能上的变化，因而不会构成对两外观设计之间整体形状和整体视觉效果的显著影响。

综上所述，本专利与在先设计的产品种类相同，形状相近似，整体视觉效果差异不大，一般消费者容易引起混淆，所以本专利与申请日之前已经公开的在先设计属于相近似的外观设计，故本专利不符合专利法第 23 条的规定。

基于以上事实和理由，本案合议组作出如下审查决定。

三、决定

宣告第 200530037279. 2 号外观设计专利权无效。

当事人对本决定不服的，可以根据专利法第 46 条第 2 款的规定，自收到本决定之日起三个月内向北京市第一中级人民法院起诉。根据该款的规定，一方当事人起诉后，另一方当事人应当作为第三人参加诉讼。

037

四轮拖拉机大罩壳

无效宣告请求审查决定（第12662号）

决　　定　　号　第12662号
决　　定　　日　2008年11月14日
发明创造名称　四轮拖拉机大罩壳
外观设计分类号　12-16
无 效 请 求 人　株式会社久保田
专　利　权　人　山东常林机械集团股份有限公司
专　　利　　号　200630184062.9
申　　请　　日　2006年11月10日
授 权 公 告 日　2007年10月24日
合 议 组 组 长　吴大章
主　　审　　员　雷　婧
参　　审　　员　张　凌
附　　　　　图　2页

法　律　依　据　专利法第23条
决　定　要　点

本专利与在先设计之间的区别属于产品局部的细微变化，对外观设计的整体视觉效果不具有显著影响，二者属于相近似的外观设计。

一、案由

本无效宣告请求涉及国家知识产权局于2007年10月24日授权公告的、专利号为200630184062.9的外观设计专利，其产品名称为“四轮拖拉机大罩壳”，申请日为2006年11月10日，专利权人为山东常林机械集团股份有限公司。

针对上述外观设计专利权（下称本专利），株式会社久保田（下称请求人）于2008年7月17日向专利复审委员会提出无效宣告请求，其理由是：本专利与在其申请日前公开出版的证据1~5中的外观设计均相近似，故本专利不符合专利法第23条的规定。同时，请求人提交了如下证据：

证据1：1122162号日本意匠公报复印件及其部分中文译文，共11页；

证据2：D498245号美国外观设计专利公报复印件及其部分中文译文，共6页；

证据3：声称为2003年7月公开的NEW KINGWEL商品说明的复印件，共6页；

证据4：声称为2004年6月公开的NEW KINGWEL BELTION商品说明的复印件，共6页；

证据 5：D498485 号美国外观设计专利公报复印件及其部分中文译文，共 7 页。

请求人认为，本专利与证据 2 中公开的拖拉机大罩壳在整体形状及部分部位的形状、划分层次上均基本相同，二者之间存在的差别为局部细微变化，不足以对整体视觉效果产生显著影响；证据 1、证据 3 及证据 4 也均在本专利申请日前公开了该拖拉机大罩壳的外观设计。

经形式审查合格，专利复审委员会依法受理了上述无效宣告请求，并于 2008 年 8 月 27 日将无效宣告请求书及相关文件的副本转送专利权人，通知其在指定的期限内答复。

专利权人逾期未答复。

专利复审委员会依法成立合议组对本案进行审理，并于 2008 年 9 月 10 日向双方当事人发出口头审理通知书，定于 2008 年 10 月 30 日进行口头审理。口头审理如期举行，双方当事人均委托代理人出庭，双方对对方出庭人员的身份及资格均无异议，对合议组成员也无回避请求。口头审理中，请求人当庭提交证据 3 与证据 4 的原件。专利权人对证据 1、证据 2 及证据 5 的真实性均无异议，但对证据 3 与证据 4 的真实性有异议，认为该两证据无中文译文且作为域外证据并未履行公证认证手续。对于相同和相近似的比较，请求人认为本专利与证据之间的区别均为局部细微差别，对产品整体视觉效果不具有显著影响；专利权人认为本专利与证据中的区别显著，为不相同且不相近似的外观设计。

至此，合议组认为本案事实清楚，可以依法作出审查决定。

二、决定的理由

1. 法律依据

基于请求人提出无效宣告请求的理由，合议组依据专利法第 23 条的规定进行审理。

专利法第 23 条规定："授予专利权的外观设计，应当同申请日以前在国内外出版物上公开发表过或者国内公开使用过的外观设计不相同和不相近似，并不得与他人在先取得的合法权利相冲突。"

2. 证据的认定

证据 2 是 D498245 号美国外观设计专利公报复印件及其部分中文译文，其权利要求为"所示农用拖拉机的外观设计"，公告日为 2004 年 11 月 9 日，专利权人对该证据的真实性无异议，且未表示对其中文译文有异议。经合议组核实，可以确认证据 2 的真实性，且公开日在本专利的申请日（2006 年 11 月 10 日）之前，因此可以作为评述本专利是否符合专利法第 23 条规定的证据。

3. 外观设计相同和相近似的对比

本专利为四轮拖拉机大罩壳的外观设计，证据 2 中的产品为一种农用拖拉机，其公开的图片中显示了该农用拖拉机大罩壳的外观设计（下称在先设计），可见本专利与在先设计用途相同，属于相同类别的产品，因此可以对二者进行相同和相近似对比。

本专利的图片包括主视图、俯视图、左视图和立体图，简要说明中写明"（1）因设计要点不涉及产品底面，故省略仰视图。（2）因设计要点不涉及产品右侧面，故省略右视图。（3）后视图与主视图对称，故省略后视图。"其所示产品整体外轮廓近似扁长方体，顶部中央偏后位置有一方形加油口盖；前侧面自上往下稍向前倾斜并有四道平行横梁及两道垂直竖梁构成的栅格；左右两侧面各有一近似梯形的通气孔面板（详见本专利附图）。在先设计中公开的产品整体外轮廓近似扁长方体，顶部中央前端有一凸出的标志物，上端偏后位置有一方形加油口盖；前侧面自上往下稍向前倾斜并有四道平行横梁及两道竖梁构成的栅格；左右两侧面各有一近似梯形的通气孔面板（详见在先设计附图）。

将本专利与在先设计进行比较，二者的整体外轮廓均近似扁长方体，顶部偏后位置均有一方形加油口盖，前侧面均自上往下稍向前倾斜且有四道平行横梁及两道竖梁构成的栅格，左右两侧面均各有一近似梯形的通气孔面板。二者的主要不同点在于：在先设计的顶部中央前端有一凸出的标志物，而本专利无此设计；本专利的加油口盖位于顶部后侧中央，而在先设计位置靠端面；本专利前侧面的栅格竖梁相互平行垂直于其横梁，而在先设计的栅格竖梁相互稍有不平行。合议组认为，对比上述相同点及不同点可知，本专利与在先设计的整体外轮廓形状相近似，而二者之间的不同点主要在于产品局部的设计变化，如加油口盖的位置及栅格竖梁结构的局部变化等。基于对此类产品外观设计状况的常识性了解，一般消费者可以对本专利与在先设计之间在形状上的差别具有一定的分辨力，但不会注意到如加油口盖的位置或者栅格竖梁结构等的细微变化，因此，本专利与在先设计之间上述的不同点对产品的整体视觉效果不具有显著影响，二者属于相近似的外观设计。

4. 结论

在本专利申请日以前已有与其相近似的外观设计在出版物上公开发表过，本专利不符合专利法第23条的规定。

鉴于通过上述比较已得出本专利不符合专利法所规定的授权条件的结论，本决定不再对请求人提出的其他证据予以评述。

三、决定

宣告200630184062.9号外观设计专利权全部无效。

当事人对本决定不服的，可以根据专利法第46条第2款的规定，自收到本决定之日起三个月内向北京市第一中级人民法院起诉，根据该款规定，一方当事人起诉后，另一方当事人应当作为第三人参加诉讼。

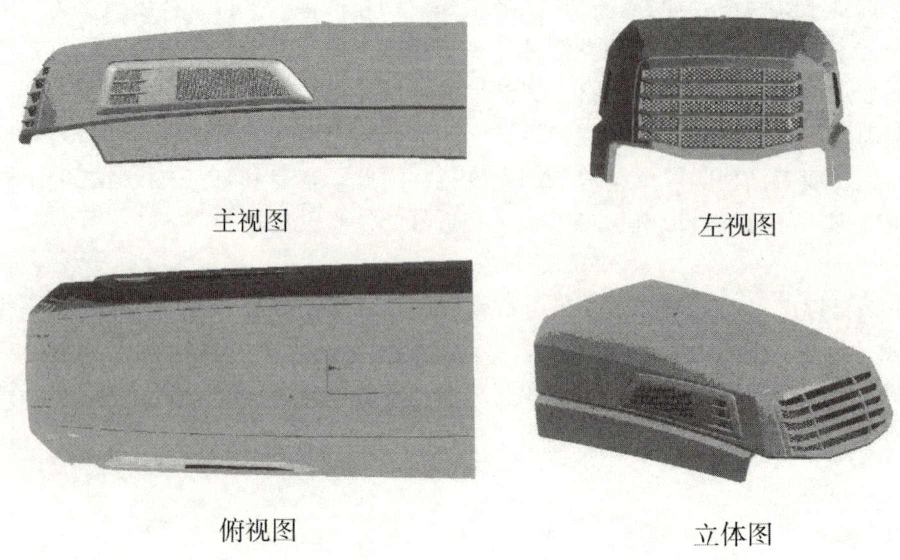

主视图　　左视图

俯视图　　立体图

本专利附图

在先设计附图 1

在先设计附图 2

038

四轮拖拉机

无效宣告请求审查决定（第12663号）

决　　定　　号　第12663号
决　　定　　日　2008年11月14日
发明创造名称　四轮拖拉机
外观设计分类号　12-09
无 效 请 求 人　株式会社久保田
专　利　权　人　山东常林机械集团股份有限公司
专　　利　　号　200630184066.7
申　　请　　日　2006年11月10日
授 权 公 告 日　2007年10月17日
合 议 组 组 长　吴大章
主　　审　　员　雷　婧
参　　审　　员　张　凌
附　　　　　图　4页

法 律 依 据　专利法第23条
决 定 要 点

对于四轮拖拉机而言，由于功能需要，其轮胎、发动机及驾驶席的框架结构基本一致，故其余设计对外观设计的整体视觉效果更具有显著影响；本专利与在先设计均在除拖拉机基本结构外的其余设计上存在差别，这些差别综合后对外观设计的整体视觉效果具有显著影响。

一、案由

本无效宣告请求涉及国家知识产权局于2007年10月17日授权公告的、专利号为200630184066.7的外观设计专利，其产品名称为“四轮拖拉机”，申请日为2006年11月10日，专利权人为山东常林机械集团股份有限公司。

针对上述外观设计专利权（下称本专利），株式会社久保田（下称请求人）于2008年7月17日向专利复审委员会提出无效宣告请求，其理由是：本专利与在其申请日前公开出版的证据1至证据5中的外观设计均相近似，故本专利不符合专利法第23条的规定。同时，请求人提交了如下证据：

证据1：1122162号日本意匠公报复印件及其部分中文译文，共11页；

证据2：D498245号美国外观设计专利公报复印件及其部分中文译文，共6页；

证据3：声称为2003年7月公开的NEW KINGWEL商品说明的复印件，共6页；

证据4：声称为2004年6月公开的NEW KINGWEL BELTION商品说明的复印件，共6页；

证据5：D498485号美国外观设计专利公报复印件及其部分中文译文，共7页。

请求人认为，本专利与证据1中公开的拖拉机与证据2中公开的拖拉机拆除机舱的状态，在整体形状乃至各个部件的形状和尺寸比例上均相近似，其间存在的差别均为局部细微变化，不足以对整体视觉效果产生显著影响；证据3与证据4也均在本专利申请日前公开了该拖拉机的外观设计。

经形式审查合格，专利复审委员会依法受理了上述无效宣告请求，并于2008年8月27日将无效宣告请求书及相关文件的副本转送专利权人，通知其在指定的期限内答复。

专利权人逾期未答复。

专利复审委员会依法成立合议组对本案进行审理，并于2008年9月10日向双方当事人发出口头审理通知书，定于2008年10月30日在专利复审委员会对本案进行口头审理。

口头审理如期举行，双方当事人均委托代理人出庭，双方对对方出庭人员的身份及资格均无异议，对合议组成员也无回避请求。口头审理中，请求人当庭提交证据3与证据4的原件。专利权人对证据1、证据2及证据5的真实性均无异议，但对证据3与证据4的真实性有异议，认为该两份证据无中文译文且作为域外证据并未履行公证认证手续。对于相同和相近似的比较，请求人认为拖拉机的驾驶舱为透明的可拆卸部件，证据2中的拖拉机以拆除驾驶舱后的机体与本专利进行对比；本专利与证据1、证据2之间的区别均为局部细微差别，对产品整体视觉效果不具有显著影响；请求人表示当庭不对证据3、证据4与本专利进行对比，证据5可用以说明拖拉机的设计要点。专利权人认为本专利与证据中所示的外观设计区别显著，为不相同且不相近似的外观设计。

至此，合议组认为本案事实清楚，可以依法作出审查决定。

二、决定的理由

1. 法律依据

基于请求人提出无效宣告请求的理由及其提交的证据，合议组依据专利法第23条的规定进行审理。

专利法第23条规定："授予专利权的外观设计，应当同申请日以前在国内外出版物上公开发表过或者国内公开使用过的外观设计不相同和不相近似，并不得与他人在先取得的合法权利相冲突。"

2. 证据的认定

证据1是1122162号日本意匠公报复印件及其部分中文译文，其名称为"农用拖拉机"，公告日为2001年9月25日；证据2是D498245号美国外观设计专利公报复印件及其部分中文译文，其权利要求为"所示农用拖拉机的外观设计"，公告日为2004年11月9日；证据5是D498485号美国外观设计专利公报复印件及其部分中文译文，其权利要求为"所示农用拖拉机前部的外观设计"，公告日为2004年11月16日。专利权人对上述证据的真实性无异议，且未表示对其中文译文有异议。经合议组核实，可以确认证据1、证据2及证据5的真实性，且公开日均在本专利的申请日（2006年11月10日）之前，因此，均可以作为评述本专利是否符合专利法第23条规定的证据。

证据3与证据4分别声称是2003年7月公开的NEW KINGWEL商品说明和2004年6月公开的NEW KINGWEL BELTION商品说明的复印件，请求人在口头审理当庭提交了该两份证据的原件，专利权人对其真实性均有异议。合议组认为，证据3与证据4均属于审查指南第四部分第八章2.2.2规定的域外证据，且均未履行公证认证手续，故而其真实性无法确认，而且请求人也未在举证期限内提交该两份证据的中文译文，根据审查指南第四部分第八章第2.2.1节的规定，"当事人提交外文证据的，应当提交中文译文，未在举证期限内提交中文译文的，该外文证据视为未提交"。综上所述，证据3与证据4视为未提交。

3. 外观设计相同和相近似的对比

证据 1、证据 2 中图片公开的均是农用拖拉机的外观设计（以下分别称作在先设计 1、在先设计 2），均与本专利中四轮拖拉机的用途相同，属于相同类别的产品，因此可以就本专利与在先设计 1、在先设计 2 进行相同和相近似对比；证据 5 中图片公开的虽然也是农用拖拉机的外观设计，但除拖拉机前部有具体形状的设计外，公开的其余部位均为拖拉机的大致结构，故合议组无法根据产品大致的结构图确定其具体的外观设计，因此无法将本专利与证据 5 中的外观设计进行相同和相近似的比较。

本专利中的四轮拖拉机由两较小前轮和两较大后轮与前轮间的近似长方体形的发动机和后轮间的驾驶席构成；发动机前端有一立方体固定装置，前侧面上方为横梁与竖梁交叉构成的栅格，栅格下方为延伸至两侧的、两端宽中间窄的前大灯，两侧面各有一近似梯形的通气孔面板，两侧靠后位置分别为上细下粗的管状排气装置和空气过滤装置，发动机后端与驾驶操作台相连；操作台下端两侧为方形的条状镂空踏板；驾驶席两侧、两后轮正上方为安装有长条弧形扶手的挡泥板（详见本专利附图）。

在先设计 1 中公开的四轮拖拉机由两较小前轮和两较大后轮与前轮间的近似长方体形的发动机和后轮间的驾驶席构成；发动机前侧面上方为由横梁构成的栅格，栅格下方为延伸至两侧的长方形前大灯，两侧面各有一近似梯形的通气孔面板，发动机后端与驾驶操作台相连；操作台下端两侧为方形框踏板；驾驶席两侧、两后轮正上方为安装有扶手的挡泥板，后侧有一“n”形立架（详见在先设计 1 附图）。

在先设计 2 中公开的的四轮拖拉机由两较小前轮和两较大后轮与前轮间的近似长方体形的发动机和后轮间的驾驶舱构成；发动机前侧面上方为横梁与竖梁交叉构成的栅格，栅格下方为延伸至两侧的长方形前大灯，两侧面各有一近似梯形的通气孔面板，发动机后端与驾驶舱相连；驾驶舱内操作台下端两侧为方形框踏板；驾驶舱透明呈立方体形且前上端装有两后视镜，驾驶席两侧、两后轮正上方为挡泥板（详见在先设计 2 附图）。

将本专利与在先设计 1 进行比较，二者均由两较小前轮和两较大后轮与前轮间的近似长方体形的发动机和后轮间的驾驶席构成，发动机前侧面均由栅格与延伸至两侧的前大灯构成，两侧面均各有一近似梯形的通气孔面板，操作台下端两侧均有踏板，驾驶席两侧、两后轮正上方均为安装有扶手的挡泥板。二者的主要不同点在于：本专利的发动机前端有一立方体固定装置，而在先设计 1 无此设计；本专利发动机前侧的栅格为横梁与竖梁交叉构成、前大灯两侧宽中间窄，而在先设计 1 的栅格均为横梁、前大灯基本呈长方形；本专利发动机两侧靠后位置分别为上细下粗的管状排气装置和空气过滤装置，而在先设计 1 无此设计；本专利操作台下端两侧的踏板为条状镂空的方形，而在先设计 1 的踏板为方形框；本专利驾驶席两侧的挡泥板较宽、其上的扶手较长，而在先设计 1 的挡泥板较窄、其上的扶手较短；在先设计 1 驾驶席后端有一“n”形立架，而本专利无此设计。合议组认为，从上述相同点与不同点的比较可知，本专利与在先设计 1 在产品框架结构上存在相近似，如前后轮、发动机及驾驶席等的设置，在具体局部部位如发动机的大罩壳的设计上也有相近似，但是，对于四轮拖拉机而言，由于功能需要，其轮胎、发动机及驾驶席的框架结构基本一致，故除拖拉机基本结构外的其余设计对外观设计的整体视觉效果更具有显著影响。就除拖拉机基本框架结构外的其余设计来看，本专利与在先设计 1 在发动机前端的凸出固定装置、发动机两侧的管状排气装置和空气过滤装置以及驾驶席后端的“n”形立架上均有明显差别。除上述明显差别外，本专利与在先设计 1 之间在发动机前侧的栅格和前大灯、操作台两侧的踏板以及驾驶席两侧的挡泥板等部位上也均有差别。一般消费者经过整体观察、综合判断可以看出，本专利与在先设计 1 的上述差别对产品外观设计的整体视觉效果具有显著影响，因此，本专利与在先设计 1 既不相同也不相近似。

将本专利与在先设计 2 进行比较，二者均由两较小前轮和两较大后轮与前轮间的近似长方体形的发动机和后轮间的驾驶席构成，发动机前侧面均由栅格与延伸至两侧的前大灯构成，两侧面均各有一近似梯形的通气孔面板，操作台下端两侧均有踏板，驾驶席两侧、两后轮正上方均有挡泥板。二者的主要不同点在于：本专利的发动机前端有一立方体固定装置，而在先设计 2 无此设计；本专利发动机前侧的前大灯两侧宽中间窄，而在先设计 2 的前大灯基本呈长方形；本专利发动机两侧靠后位置分别为上细下粗的管状排气装置和空气过滤装置，而在先设计 2 无此设计；本专利操作台下端两侧的踏板为条状镂空的方形，而在先设计 2 的踏板为方形框；本专利驾驶席两侧的挡泥板较宽、其上有扶手，而在先设计 1 的挡泥板较窄、未见其上扶手；本专利驾驶席为敞开式，而在先设计 2 为驾驶舱。合议组认为，从上述相同点与不同点的比较可知，本专利与在先设计 2 在产品框架结构上存在相近似，如前后轮、发动机及驾驶席等的设置，在具体局部部位如发动机的大罩壳的设计上也有相近似，但是，对于四轮拖拉机而言，由于功能需要，其轮胎、发动机及驾驶席的框架结构基本一致，故除拖拉机基本结构外的其余设计对外观设计的整体视觉效果更具有显著影响。就除拖拉机基本框架结构外的其余设计来看，本专利与在先设计 2 在发动机前端的凸出固定装置、发动机两侧的管状排气装置和空气过滤装置以及驾驶席（或驾驶舱）上均有明显差别。除上述明显差别外，本专利与在先设计 2 之间在发动机前侧的前大灯、操作台两侧的踏板以及驾驶席两侧的挡泥板等部位上也均有差别。一般消费者经过整体观察、综合判断可以看出，本专利与在先设计 2 的上述差别综合后对产品外观设计的整体视觉效果具有显著影响，因此，本专利与在先设计 2 既不相同也不相近似。

4. 结论

请求人提交的证据均不能证明本专利不符合专利法第 23 条的规定，不能支持其无效宣告请求的理由，故请求人无效宣告请求的主张不成立。

三、决定

维持 200630184066.7 号外观设计专利权有效。

当事人对本决定不服的，可以根据专利法第 46 条第 2 款的规定，自收到本决定之日起三个月内向北京市第一中级人民法院起诉，根据该款规定，一方当事人起诉后，另一方当事人应当作为第三人参加诉讼。

主视图

左视图

俯视图

右视图

本专利附图 1

后视图

立体图 1

立体图 2

本专利附图 2

在先设计 1 附图 1

在先设计 1 附图 2

在先设计 2 附图 1

在先设计 2 附图 2

039

淋浴喷头

无效宣告请求审查决定（第12666号）

决　　定　　号 第12666号
决　　定　　日 2008年12月8日
发明创造名称 淋浴喷头
分　　类　　号 23-02
无效宣告请求人 宣城市德思电子电器有限公司
专　利　权　人 蔡贤良
专　　利　　号 200630191025.0
申　　请　　日 2006年12月18日
授权公告日 2007年11月28日
合议组组长 张雪飞
主　　审　　员 龙　安
参　　审　　员 杜　宇

法　律　依　据 专利法第23条
决　定　要　点

附件1与本专利所示皆为淋浴喷头的外观设计，二者完全相同，可见在本专利申请日前已有与其相同的外观设计在出版物上公开发表过。

一、案由

本无效宣告请求涉及国家知识产权局于2007年11月28日授权公告的200630191025.0号外观设计专利（下称本专利），其名称为“淋浴喷头”、申请日为2006年12月18日，专利权人为蔡贤良。

针对本专利，宣城市德思电子电器有限公司（下称请求人）于2008年7月18日向国家知识产权局专利复审委员会提出宣告本专利权无效的请求，同时提交了如下证据：

附件1：000600523-0001号欧洲专利网络下载件，共7页。

请求人的理由为：本专利涉及的整体部件为淋浴喷头，该淋浴喷头由头部和握持部组成，头部呈圆柱状，头部的喷水板面上开设有喷水孔，喷水板的周边轮廓为圆形，握持部为直杆状，其与供水管连接的部位设置螺纹头，另一端与头部连接。附件1所涉及的外观设计名称为“淋浴喷头”，其图片中清楚地展示了淋浴喷头的头部和握持部的外观形状，头部呈圆柱状，头部的喷水板面上开设有喷水孔，喷水板的周边轮廓为圆形，握持部为直杆状，其与供水管连接的部位设置螺纹头，其另一端与头部连接。因附件1淋浴喷头头部以及握持部的形状均与本专利的外观设计相同，应当宣告本专利无效。

经形式审查合格后，专利复审委员会依法受理了上述无效宣告请求，并于2008年7月18日分别向请求人和专利权人发出无效宣告请求受理通知书，并将所述专利权无效宣告请求书及附件清单所列的附件副本转送给专利权人，要求其在指定期限内答复。同时专利复审委员会依法成立合议组，对本案进行审理。

专利复审委员会于2008年8月12日向双方当事人发出无效宣告请求口头审理通知书，定于2008年10月13日对所述无效宣告请求进行口头审理。

2008年8月18日，请求人再次向专利复审委员会提交附件1（共2页）及附件1的中文译文（共1页），其中附件1加盖有国家知识产权局专利检索咨询中心出具的“经确认此副本与原件相同”的副本认证专用章。

2008年8月28日，专利复审委员会将请求人于2008年8月18日提交的附件1及其译文转送给专利权人。

口头审理如期举行，双方当事人均委托代理人出席此次口头审理。双方当事人对对方出席人员的身份和资格没有异议，对合议组成员没有回避请求。请求人提出无效宣告请求时提交的附件1为000600523-0001号欧洲专利的网络下载件，于2008年8月18日提交的补充附件为加盖了“国家知识产权局专利检索咨询中心”印章的000600523-0001号欧洲专利（附件1）的复印件及附件1的翻译件。请求人当庭提交了加盖了“国家知识产权局专利检索咨询中心”印章的附件1，并明确其无效的理由：本专利相对于附件1不符合专利法第23条的规定。专利权人明确表示对附1的真实性没有异议。对附件件1中文译文的准确性没有异议。

至此，合议组认为此案事实已经清楚，可作出审查决定。

二、决定理由

1. 法律依据

基于请求人提出的无效宣告请求的理由和证据，合议组依据专利法第23条的规定对本案进行审理。

专利法第23条规定：授予专利权的外观设计，应当同申请日以前在国内外出版物上公开发表过或者国内公开使用过的外观设计不相同或不相近似，并不得与他人在先取得的合法权利相冲突。

2. 关于证据

附件1是设计号为000600523-0001的欧洲外观设计专利公告，请求人当庭提交了加盖“国家知识产权局专利检索咨询中心”红章的附件1，专利权人对其真实性没有异议，且合议组未发现附件1中存在能影响其真实性的瑕疵，因此合议组对附件1的真实性予以认可。附件1的公开日为2006年11月7日，早于本专利申请日（2006年12月18日），适用于专利法第23条的规定。

3. 相同和相近似比较

（1）本专利。

本专利涉及一种淋浴喷头的外观设计，其由喷水的头部和握持部组成。头部由三个竖直放置的扁平圆柱体构成，最上面的扁平柱体与握持部相连，中间的扁平柱体直径在三者中最大，其下方的扁平柱体外侧（喷水面板）均匀排设有大、中、小三种出水孔，该面板最外侧两圈为中等出水孔、向里为一圈大出水孔、最里面一圈为小出水孔。所述喷水面板外侧还设有可调节出水量的部件。握持部为直杆状，其一端与前述最上面的扁平柱体连接，另一端设置螺纹头与供水管相连接（具体参见本专利附图）。

（2）附件 1。

附件 1 中也公开了一种淋浴喷头的外观设计（下称在先设计），其同样由喷水的头部和握持部组成。头部由三个竖直放置的扁平圆柱体构成，最上面的扁平柱体与握持部相连，中间的扁平柱体直径在三者中最大，其下方的扁平柱体外侧（喷水面板）均匀排设有大、中、小三种出水孔，该面板最外侧两圈为中等出水孔、向里为一圈大出水孔、最里面一圈为小出水孔。所述喷水面板外侧还设有可调节出水量的部件。握持部为直杆状，其一端与前述最上面的扁平柱体连接，另一端设置螺纹头与供水管相连接（具体参见在先设计附件 1 附图）。

（3）本专利与在先设计比较、结论。

本专利与在先设计皆为淋浴喷头的外观设计，用途完全相同，可以进行相近似比较。由上述描述可知，本专利与在先设计的淋浴喷头都是由喷水的头部和握持部组成，头部由三个大小不一的扁平圆柱体构成，握持部与最上面的扁平柱体相连，喷水面板从外向里分别排布有两圈中等出水孔、一圈大出水孔和一圈小出水孔。从图片上观察，二者无论从整体构成还是局部设计皆完全一致，应属于相同的外观设计。

综上所述，在本专利申请日前已经有与其相同的外观设计在出版物上公开发表过，故本专利不符合专利法第 23 条的规定。

三、决定

宣告 200630191025. 0 号外观设计专利权全部无效。

当事人如对本决定不服，可以根据专利法第 46 条第 2 款的规定，自收到本决定之日起三个月内向北京市第一中级人民法院起诉。根据该款的规定，一方当事人起诉后，另一方当事人应当作为第三人参加诉讼。

040

淋浴器喷淋头

无效宣告请求审查决定（第12667号）

决　定　号　第12667号
决　定　日　2008年12月8日
发明创造名称　淋浴器喷淋头
分　类　号　23-02
无效宣告请求人　宣城市德思电子电器有限公司
专　利　权　人　蔡贤良
专　利　号　200630104097.7
申　请　日　2006年2月6日
授权公告日　2006年11月29日
合议组组长　张雪飞
主　审　员　龙　安
参　审　员　杜　宇

法　律　依　据　专利法第23条
决　定　要　点

在先设计与本专利所示淋浴喷头外观设计相比较，二者从整体结构到喷水板面的设计均存在明显的差别，两者既不相同也不相近似。

一、案由

本无效宣告请求涉及国家知识产权局于2006年11月29日授权公告的200630104097.7号外观设计专利（下称本专利），其名称为“淋浴器喷淋头”、申请日为2006年2月6日，其专利权人为蔡贤良。

针对本专利，宣城市德思电子电器有限公司（下称请求人）于2008年7月18日向国家知识产权局专利复审委员会提出宣告本专利权无效的请求，同时提交了如下证据：

附件1：200530052985.4号中国外观设计专利公告，公告日为2006年1月25日，网络下载件，共8页。

请求人的理由为：本专利涉及淋浴器喷淋头的整体部件，该喷淋头的头部为扁平的圆柱状，头部的喷水板面上开设有喷水孔，喷水板的周边轮廓为圆形，喷淋头与外部连接的一端设置螺纹头，且螺纹头位于喷淋头尾部的中心位置；附件1中喷淋头的头部为扁平的圆柱状，头部的喷水板面上开设有喷水孔，喷水板的周边轮廓为圆形，喷淋头与外部连接的一端设置螺纹头，且螺纹头位于喷淋头尾部的中心位置。由此可知，二者外观设计相近似，本专利不符合专利法第23条的规定。

经形式审查合格后，专利复审委员会依法受理了上述无效宣告请求，并于2008年7月18日分别向请求人和专利权人发出无效宣告请求受理通知书，并将所述专利权无效宣告请求书及附件清单所列附件的副本转送给专利权人，要求其在指定期限内答复。同时专利复审委员会依法成立合议组，对本案进行审理。

专利复审委员会于2008年8月11日向双方当事人发出无效宣告请求口头审理通知书，定于2008年10月13日对所述无效宣告请求进行口头审理。

2008年8月18日，请求人再次向专利复审委员会提交补充证据：

补充附件1：设计号为000319728-0005的欧洲外观设计专利公告页，公开日期为2007年10月4日，复印件，共8页；

补充附件2：附件1的中文译文，共2页；

补充附件3：设计号为000319728-0006的欧洲外观设计专利公告页，公告日期为2007年10月4日，复印件，共2页；

补充附件4：附件3的中文译文，共1页。

请求人并未结合上述补充证据陈述本专利不符合专利法第23条规定的具体理由。

2008年8月26日，专利复审委员会将请求人于2008年8月18日提交的补充附件1~4转交给专利权人。

口头审理如期举行，双方当事人均委托代理人出席此次口头审理。期间明确如下事项：双方当事人对对方出席人员的身份和资格没有异议，对合议组成员没有回避请求；请求人明确其无效理由为，本专利分别相对于附件1、补充附件1、补充附件3不符合专利法第23条的规定；合议组当庭告知双方当事人根据审查指南第四部分第三章第4.3.1节的规定，请求人于2008年8月18日补交的证据（补充附件1~4）合议组不予考虑；专利权人表示对附件1的真实性没有异议。

至此，合议组认为此案事实已经清楚，可作出审查决定。

二、决定理由

1. 法律依据

基于请求人提出的无效宣告请求的理由和证据，合议组依据专利法第23条的规定对本案进行审理。

专利法第23条规定："授予专利权的外观设计，应当同申请日以前在国内外出版物上公开发表过或者国内公开使用过的外观设计不相同或不相近似，并不得与他人在先取得的合法权利相冲突。"

2. 关于证据

附件1是专利号为200530052985.4的中国外观设计专利公告，专利权人对其真实性没有异议，并且合议组未发现附件1中存在能影响其真实性的瑕疵，因此合议组对附件1的真实性予以认可。附件1的公告日为2006年1月25日，早于本专利申请日（2006年2月6日），适用于专利法第23条的规定。

审查指南第四部分第三章第4.3.1节规定：请求人在提出无效宣告请求之日起一个月内补充证据的，应当在该期限内结合该证据具体说明相关的无效宣告理由，否则，专利复审委员会不予考虑。

依据上述规定，合议组对请求人提交的补充附件1~4不予考虑。

3. 相同和相近似比较

（1）本专利。

本专利涉及一种淋浴喷头，其整体呈一侧圆盘状（喷水板面）、向另一侧逐渐收缩至中间并连接有一柱状部件的立体结构。其中喷水板面从外缘向中心倾斜，该板面最外层与其半径一半处各有一个同心圆环，两圆环之间放射状分布有喷水孔，内侧圆环中有规律分布喷水孔（具体参见本专利附图）。

（2）附件1。

附件1中公开了一款淋浴喷头的外观设计（下称在先设计）。该喷头由圆盘状底部（无倾斜的平喷水板面）和三层柱状连接件两部分组成。所述喷水板面由多个同心圆环构成，出水孔均匀分布在所述同心圆环上（具体参见在先设计附件1附图）。

（3）本专利与在先设计比较、结论。

本专利与在先设计皆为淋浴喷头，用途完全相同，可以进行相近似比较。从上述描述可知，本专利与在先设计的区别主要体现在：①两者的整体结构不同，本专利为自圆盘柱体一侧向另一侧逐渐收缩至中间并连接有一柱状部件；在先设计中的喷头由圆盘柱体和三层柱状（比圆盘柱体半径小）部件组成。②两者在喷水盘面的倾斜度和喷水孔的分布上相差也很大，本专利中的喷水板面从外缘向中心倾斜，喷水孔以该板面半径一半处的圆环为界，均匀分布在该圆环两边；在先设计的喷水板面为平面设计，自该喷水板面外侧向里共五个半径不同的同心圆环，出水孔均匀分布在所述多个同心圆环上。所述两部分是普通消费者在购买或使用淋浴喷头这类产品时最易观察到的地方，本专利和在先设计因在上述两个引人注意的部分存在显著的不同而使消费者很容易将二者区分开来。因此，本专利与在先设计的外观设计不相同也不相近似。

综上所述，请求人的无效理由不成立，本专利符合专利法第23条的规定。

三、决定

维持200630104097.7号外观设计专利权有效。

当事人如对本决定不服，可以根据专利法第46条第2款的规定，自收到本决定之日起三个月内向北京市第一中级人民法院起诉。根据该款的规定，一方当事人起诉后，另一方当事人应当作为第三人参加诉讼。

041

包装瓶（忆丽贝萝）

无效宣告请求审查决定（第12677号）

决　定　号 第12677号
决　定　日 2008年12月8日
发明创造名称 包装瓶（忆丽贝萝）
外观设计分类号 09-05
无效请求人 陈焕华
专 利 权 人 蔡春益
专　利　号 200630073802.1
申　请　日 2006年9月20
授权公告日 2007年8月8日
合议组组长 徐清平
主　审　员 杜　宇
参　审　员 朱芳芳
附　　　图 1页

法律依据 专利法第23条
决定要点

本专利与在先设计的所示包装瓶的主体图案存在显著差别，两者在整体上存在明显的差异，一般消费者通过整体观察可以看出其对整体视觉效果具有显著影响，因此本专利与在先设计既不相同也不相近似。

一、案由

本无效宣告请求涉及申请日为2006年9月20日、授权公告日为2007年8月8日、名称为“包装瓶（忆丽贝萝）”、专利号为200630073802.1的外观设计专利（下称本专利），专利权人为蔡春益。

2008年6月2日，陈焕华（下称请求人）针对本专利向专利复审委员会提出无效宣告请求，理由是：本专利不符合专利法第23条的规定。该请求人同时提交了下列证据：

附件1：专利号为ZL200630073802.1的中国外观设计专利公告文本的复印件，共1页（本专利）；

附件2：专利号为ZL03361218.8的中国外观设计专利公告文本的复印件，授权公告日为：2004年3月10日，共1页；

附件3：许可人为石狮市东盛化妆品贸易有限公司，被许可使用人为陈焕华的商标许可使用合同书（2页）、商标使用许可合同备案通知书（1页）、第3037906号商标注册证（1页）和石狮市东盛化妆品贸易有限公司的企业法人营业执照（1页）的复印件，共5页；

附件4：广东省质量技术监督扣押决定书（南）质监扣字［2007］第1-144号的复印件，共4页；

附件5：广东省质量技术监督扣押决定书（南）质监扣字［2007］第1-142号的复印件，共4页；

附件6：康是美药妆店的定期宣传周刊的复印件，共12页。

请求人认为：附件2为与本专利类似的在申请日前已授权的专利，附件2从外型上和本专利极为相似；附件3证明“贝萝“已于2003年3月28日经国家商标局作为商标被核准注册，请求人拥有该商标的许可使用权，使用权为2006年10月10日到2012年10月9日，而本专利申请日为2006年9月20日，在本专利申请前，专利权人就侵犯了商标权，并将其使用在本专利的图案中，因外观专利中不涉及保护商标权，故将其划去，但可以证明本专利在申请前专利权人申请的外观专利上有该商标的标注；附件4和5证明了“贝萝”已作为注册商标受到保护，“佛山市南海里水佳欣美容化妆品厂”和“佛山市南海里水镇鹿眠村南大道2号一楼承租人”均因涉嫌存在假冒伪劣问题，其生产的多款“贝萝”及“忆丽贝萝”产品被佛山市海南区质量技术监督局扣押；附件6是康是美药妆店的定期宣传周刊，该周刊为免费形式，在该店的连锁机构里广泛派送，并定期编辑和更新，是普通大众接收和认可的定期期刊，附件6为该期刊在2006年8月9日至9月5日的推广刊，在该刊中第10页右上部显著位置直接刊登了本专利产品图，时间明显早于本专利的申请日2006年9月20日，即本专利在申请日以前已经有公开使用；综上所述，本专利同其申请日以前在国内外出版物上公开发表过或国内公开使用过的外观设计相近似，并与他人在先申请的商标权相冲突，因此本专利不符合专利法第23条的规定。

经形式审查合格后，专利复审委员会于2008年6月16日向双方当事人发出无效宣告请求受理通知书，并将上述无效宣告请求书及所附证据副本转送给专利权人，要求专利权人在一个月内陈述意见。

2008年7月29日，专利权人向专利复审委员会提交了意见陈述书，其认为：（1）附件2公开的包装瓶上的图案主体是若干樱花瓣，而本专利保护的包装瓶上的图案主体是双手微举的裸体女人，裸体女人背后是火焰状图案，顶部还设有辣椒图形，并置于云朵状框线内，附件2的在先设计与本专利不相近似；（2）本专利所涉及的商标文字等都已经划掉，并不存在侵犯商标权的情形。

2008年8月13日，合议组向双方当事人发出无效宣告请求口头审理通知书，定于2008年9月18日举行口头审理。

口头审理于2008年9月18日如期举行，专利权人未参加此次口头审理，请求人对合议组成员没有回避请求。请求人当庭明确其无效宣告理由为：本专利相对于附件2不符合专利法第23条的规定；附件3~5证明本专利与他人在先申请的商标权相冲突；附件6证明本专利保护的外观设计在申请日以前已在国内出版物上公开发表或在国内公开使用过，不符合专利法第23条的规定。请求人未提交附件3~6的原件。

经过上述审理程序，合议组认为本案事实已经清楚，可以作出审查决定。

二、决定的理由

1. 关于无效理由

根据请求人提出的无效宣告请求的范围、理由和提交的证据，本案合议组依据专利法第23条对本案进行审查。

2. 关于证据

附件2为中国外观设计专利公告文本，专利权人在其意见陈述书中没有对附件2的真实性提出异议，故合议组经核实其内容属实，对其真实性予以确认。附件2的授权公告日（2004年3月10日）早于本专利申请日（2006年9月20日），其与本专利的产品均为包装瓶，因此其可以与本专利进行专利法第23条规定的相同或相近似的比较。

请求人提交的附件3~6均为复印件，口头审理中，也未能提交上述附件的原件，合议组认为，仅凭复印件无法核实附件3~6的真实性，故合议组对附件3~6不予采信。

3. 关于专利法第23条

专利法第23条规定：授予专利权的外观设计，应当同申请日以前在国内外出版物上公开发表过或者国内公开使用过的外观设计不相同和不相近似，并不得与他人在先取得的合法权利相冲突。

本专利包括主视图、后视图、左视图、右视图、俯视图、仰视图，由各视图可知，本专利的包装瓶为一端呈圆柱体，另一端渐变为扁平状，其底部为瓶盖，主视图所示瓶身正面上从上至下的设计图案为：顶部设有辣椒图形以及“HOT”字样，并置于云朵状图案中，其下是双手微举的女性人体图案，其背后为类似火焰状线条图案；后视图所示瓶身背面由上至下排列有与正面顶部相同的图案、使用说明图样、若干行细小的文字及条形码（见本专利附图）。

附件2包括主视图、后视图、左视图、右视图、俯视图、仰视图，由各视图可知，包装瓶为一端呈圆柱体，另一端渐变为扁平状，其底部为瓶盖，主视图所示瓶身正面上从上至下的设计图案为：顶部设有飘荡的旗帜行图案，其内有山形图案，其下是若干樱花瓣图案；后视图所示瓶身背面由上至下排列有与正面顶部相同的图案、若干行细小的文字及条形码（见附件2附图）。

本专利与附件2的相同之处在于两者的包装瓶的整体形状类似。

本专利与附件2的区别在于：两者主视图所示的瓶身正面的顶部图案、中间图案以及背景图案都不相同；两者后视图所示的瓶身背面的顶部图案、中间图案也不相同。

合议组认为，本专利与在先所示包装瓶的形状为惯常设计，其图案设计为视觉上受关注的部分，特别是包装瓶的正面的图案设计会对包装瓶的整体觉效果会产生显著的影响。根据整体观察、综合判断的判断方式，本专利与附件2的正面主体图案存在显著差别，两者整体上存在明显的差异，一般消费者通过整体观察可以看出其对整体的视觉效果具有显著影响，因此本专利与附件2所示的包装瓶既不相同也不相近似，本专利相对于附件2符合专利法第23条的规定。

综上所述，请求人提交的证据不能证明本专利不符合专利法第23条的规定，其无效宣告理由不能成立。

三、决定

维持200630073802.1号外观设计专利权有效。

当事人对本决定不服的，可以根据专利法第46条第2款的规定，自收到本决定之日起三个月内向北京市第一中级人民法院起诉。根据该款的规定，一方当事人起诉后，另一方当事人应当作为第三人参加诉讼。

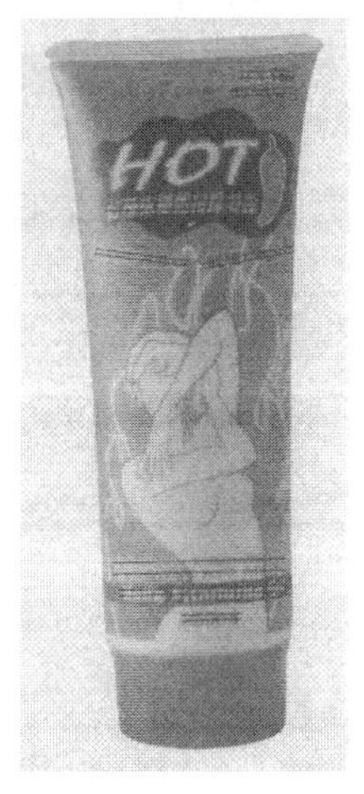

主视图

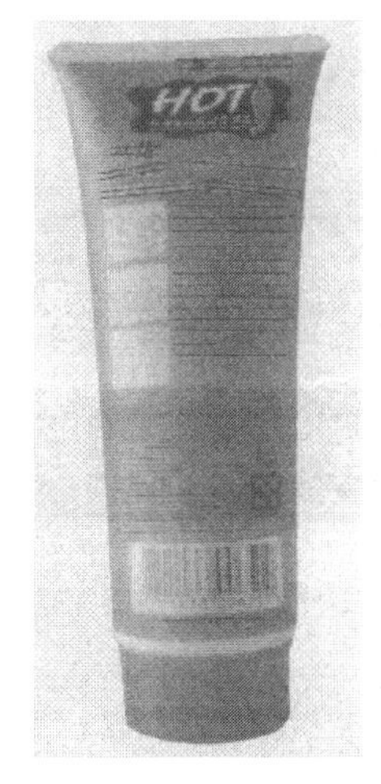

后视图

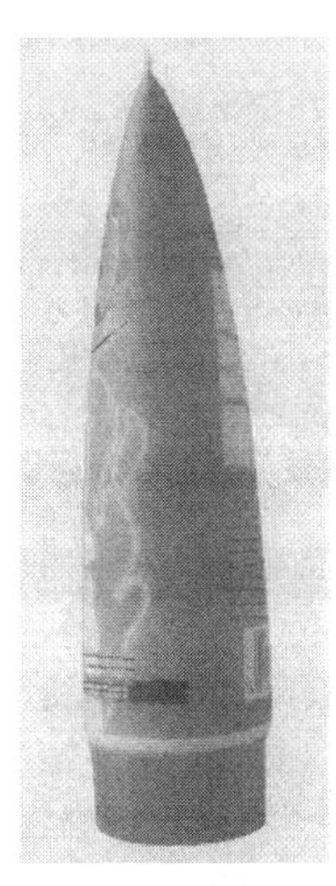

右视图

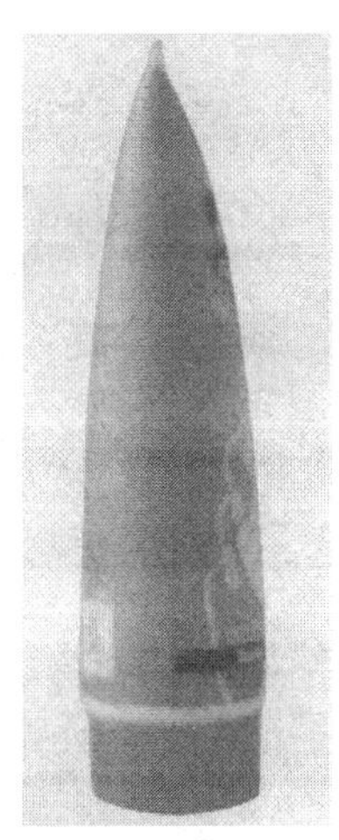

左视图

俯视图

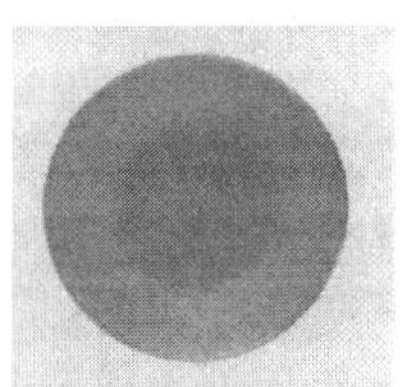

仰视图

本专利附图

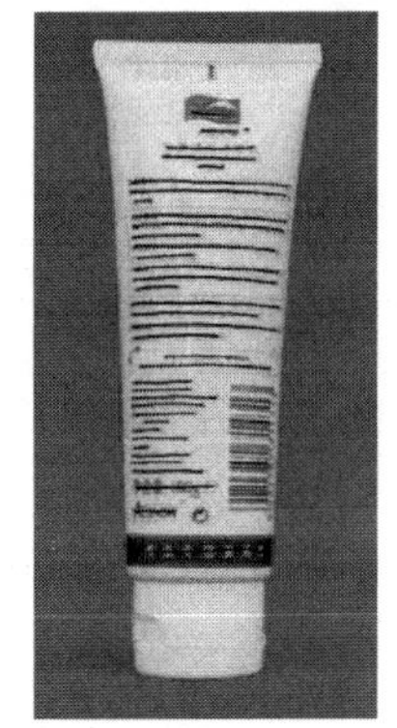

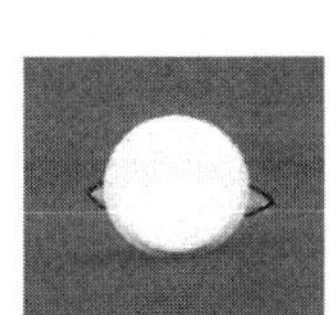

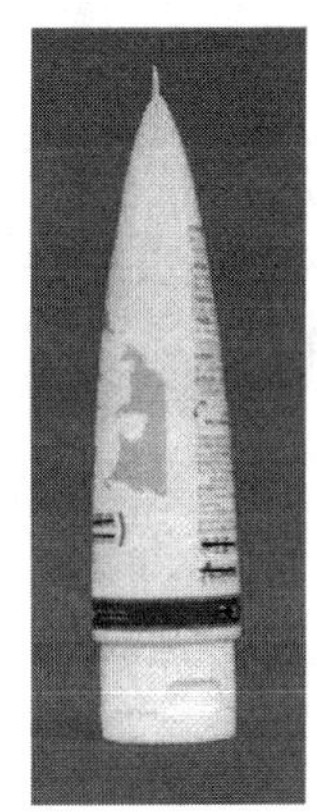

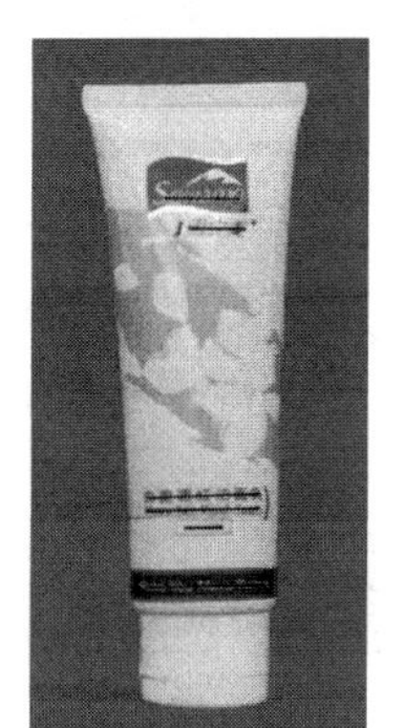

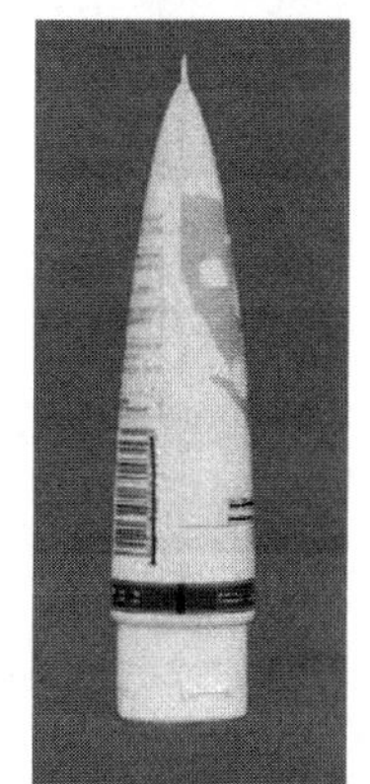

附件 2 附图

042

瓶装酒包装盒

无效宣告请求审查决定（第12683号）

决　　定　　号　第12683号
决　　定　　日　2008年12月4日
发明创造名称　瓶装酒包装盒
国 际 分 类 号　09-03
无 效 请 求 人　贵州省仁怀市茅台镇老字号酿酒厂
专 利 权 人　章娟英
申　　请　　号　200630164844.6
申　　请　　日　2006年12月25日
授 权 公 告 日　2007年12月12日
合 议 组 组 长　李韵美
主　　审　　员　汤　锷
参　　审　　员　袁丽颖
附　　　　　图　1页

法 律 依 据　专利法第23条
决 定 要 点

本专利与在先设计形状相似，图案的区别微乎其微，不足以对两者的整体视觉效果产生显著的影响。

一、案由

本无效宣告请求涉及中华人民共和国国家知识产权局于2007年12月12日授权公告的、名称为“瓶装酒包装盒”的外观设计专利权（下称本专利），其申请号是200630164844.6，申请日是2006年12月25日，专利权人是章娟英。

针对本专利权，贵州省怀仁市茅台镇老字号酿酒厂（下称请求人）于2008年6月19日向专利复审委员会提出无效宣告请求，认为本专利不符合专利法第23条的规定，同时请求人提交了如下附件：

附件1：仁怀市质量技术监督局于2008年6月11日出具的证明（共1页）；

附件2：加盖有仁怀市质量技术监督局红章的中国酒都仁怀质监网的网页以及其中图片的彩色打印件（共3页）；

附件3：加盖有“无锡市反正印务有限公司”红章的贵州省仁怀市茅台镇老字号酿酒厂“醉鬼”酒包装盒实物及其复印件各1份；

附件 4：加盖有仁怀市质量技术监督局红章的仁怀市质量技术监督局于 2006 年 12 月 20 日出具的协查函（共 1 页）；

附件 5：加盖有仁怀市质量技术监督局红章的贵州省仁怀市茅台镇南洋酒业有限公司于 2006 年 12 月 18 日出具的证明（共 1 页）。

请求人认为：（1）附件 1 证明贵州省仁怀市茅台镇老字号酿酒厂自 1999 年开始生产“醉鬼”白酒，并在贵州省仁怀市质量技术监督局办理了备案手续；（2）附件 2 中的“醉鬼”酒包装盒的主体外观设计为：最上为竖排“茅台镇创制”，中为竖排“酒鬼”大字，最下为“酒”字印章，背景为二人对酌古人饮酒图，附件 3 中的背景为一人斜卧的古人饮酒图；本专利主视图（后视图）与附件 2、3 基本相同，不符合专利法第 23 条的规定。

经形式审查合格，专利复审委员会依法受理了上述无效宣告请求，并于 2008 年 7 月 9 日向请求人和专利权人发出无效宣告请求受理通知书，同时将专利权无效宣告请求书及其附件清单中所列附件的副本转送给专利权人，并要求专利权人在指定的期限内陈述意见。

针对专利复审委员会于 2008 年 7 月 9 日发出的上述无效宣告请求受理通知书，专利权人于 2008 年 8 月 21 日提交了意见陈述书，专利权人认为：附件 1 是复印件，对其真实性有异议，从该复印件也看不出与本外观设计有什么关系，即没有关联性；附件 2 是复印件，对其真实性有异议，无法证明附件 2 在本专利申请日之前已经公开，附件 2 只有一面视图，无法知道其他视图的内容；从附件 3 看不出与本专利有任何关系，也看不出何时公开的，即没有任何关联性；对附件 4 的真实性有异议，附件 4 没有公开本专利的任何视图，看不出与本专利有任何关系；对附件 5 的真实性有异议，附件 5 没有公开本专利的任何视图，看不出与本专利有任何关系；本专利外观设计有六面视图，请求人提供的所有证据都是无效的证据，也没有公开上述的六面视图，特别是左、右视图有文字、条形码等图形，也没有公开俯视图、后视图的图形，因此，没有证据证明本专利的外观设计在申请日之前已经在国内公开使用过，本专利符合专利法第 23 条的规定。

专利复审委员会依法成立合议组对本案进行审理。

本案合议组于 2008 年 9 月 1 日向双方发出无效宣告请求口头审理通知书，定于 2008 年 9 月 23 日举行口头审理。随同口头审理通知书，将专利权人于 2008 年 8 月 21 日提交的意见陈述书转送给请求人。

口头审理如期举行，双方当事人均参加了口头审理。

在口头审理中：（1）请求人认为专利权人的代理人是前复审委员会工作人员，对本案审理的公正性有影响，因此对该代理人的身份有异议，对合议组成员没有回避请求；（2）请求人当庭明确其无效理由为：附件 1、2 结合证明本专利已被出版物公开；附件 3 证明本专利已被使用公开，本专利分别相对于附件 1、2 或附件 3 不符合专利法第 23 条的规定；（3）请求人当庭明确表示附件 4、5 仅供合议组参考，不作为证据使用；（4）专利权人明确对附件 1～3 的真实性有异议，认为附件 3 与本案无关。

至此，合议组认为本案事实已经清楚，可以作出审查决定。

二、决定的理由

1. 关于专利权人的代理人的身份

请求人认为专利权人的代理人是前复审委员会工作人员，对本案审理的公正性有影响，因此对该代理人的身份有异议。合议组认为，请求人的上述主张没有法律依据，不能成立。

2. 关于证据

请求人提交的附件 1 为仁怀市质量技术监督局于 2008 年 6 月 11 日出具的证明，其上加盖有仁怀市质量技术监督局的公章，其上载明："兹有贵州省仁怀市茅台镇老字号酿酒厂（生产许可证号：QS520015010035）生产的'沉泥香酒'于2001年3月、'醉鬼酒'于1999年6月在我局办理了登记备案手续。特此证明"。

请求人提交的附件2为加盖有仁怀市质量技术监督局红章的"中国酒都仁怀质监网"的网页打印件以及其中图片的彩色打印件，其上载有"贵州省仁怀市茅台镇老字号酿酒厂"、"发布时间：2005-8-23 13：08：20"等字样以及醉鬼酒的包装盒图片。

专利权人对附件1、2的真实性提出异议，但是并没有提供任何相反证据用以否认附件1、2的真实性。

经合议组核实，"中国酒都仁怀质监网"是贵州省仁怀市质量技术监督局的政府网站，通过附件2地址栏所示的地址，可以登录该网，其上所显示的信息与附件2内容一致。合议组认为：中国酒都仁怀质监网是一个政府机关的公开网站，政府机关网站上发布信息的审核机制较为严格，具有较高的公信度；同时，按照相关规定，酒类产品必须在所在地的相关部门进行登记备案后方可进行生产，仁怀市质量技术监督局正是具有该行政职能的政府机构，对酒类产品进行备案是其职权范围内的管辖事项；并且专利权人并未提供任何相反证据用以否认附件1、2的真实性。因此，合议组对附件1、2予以采信。

附件2上载有"发布时间：2005-8-23 13：08：20"的字样，专利权人对该公开时间提出异议，但没有提供任何相反的证据。合议组认为，网站信息的该发布时间可以认定为其公开时间，若另一方当事人对网站信息的公开时间有异议，应当举证加以证明。该公开时间在本专利的申请日之前，因此，附件2所记载的外观设计构成在本专利申请日前公开的外观设计（下称在先设计）。

3. 关于专利法第23条

专利法第23条规定：授予专利权的外观设计，应当同申请日以前在国内外出版物上公开发表过或者国内公开使用过的外观设计不相同和不相近似，并不得与他人在先取得的合法权利相冲突。

针对本申请而言，本专利请求保护一种瓶装酒包装盒，包括主视图、后视图、左视图、右视图、俯视图。其主视图上部为竖排字样"茅台镇创制"，该字样后面的背景为龙的图案，中部为竖排"醉鬼"字样，下部为篆体"酒"字印章，最下部为"贵州省仁怀市茅台镇南洋酒业有限公司"字样，共两排，背景为一人斜卧的古人醉卧图，颜色较浅（详见本专利附图）。

在先设计为一种瓶装酒包装盒，其主视图上部为竖排字样"茅台镇创制"，该字样后面的背景为龙的图案，中部为竖排"醉鬼"字样，下部为篆体"酒"字印章，最下部为"贵州省仁怀市茅台镇老字号酿酒厂制"字样，共两排，背景为二人对酌古人饮酒图（详见在先设计附图）。

本专利与在先设计两者的主视图中部最醒目的"醉鬼"字样、上部的字样"茅台镇创制"以及下部"酒"字印章等都完全相同，两者的整体形状相同，图案相似。两者的主要区别在于，本专利主视图的背景为一人斜卧的古人醉卧图，在先设计主视图的背景为二人对酌古人饮酒图。合议组认为：两者主视图背景部分的差异对于一般消费者而言属于极易忽略的次要部分，对前述包装盒主视图所形成的整体效果影响甚微。

专利权人认为两者的主要区别还在于：本专利有六面视图，而在先设计只有一面视图，无法知道其他视图的内容。对此，合议组认为：就在先设计这类酒瓶包装盒而言，除主视图外的其他视图属于该类产品使用状态下不会被一般消费者关注的部位，本专利除主视图外的其他视图的设计也不会对产品的整体视觉效果产生显著影响。综上所述，两者极相近似的包装盒主视图的设计决定了其相似的整体外观视觉效果。因此，应认定本专利与在先设计相近似，本专利不符合专利法第23条的规定。

鉴于上述评述已得出本专利不符合授权条件的结论，合议组对请求人提出的其他理由和证据不再予以评述。

根据上述的事实和理由，本案合议组依法作出以下决定。

三、决定

宣告 200630164844.6 号外观设计专利权全部无效。

当事人对本决定不服的，可以根据专利法第 46 条第 2 款的规定，自收到本决定之日起三个月内向北京市第一中级人民法院起诉。根据该款的规定，一方当事人起诉后，另一方当事人应当作为第三人参加诉讼。

本专利左视图

本专利右视图

本专利后视图

本专利主视图

本专利俯视图

在先设计附图

043

组合前照灯（6880）

无效宣告请求审查决定（第12685号）

决　定　号　第12685号
决　定　日　2008年12月11日
发明创造名称　组合前照灯（6880）
外观设计分类号　26-06
无效宣告请求人　丹阳东港灯具有限公司
专　利　权　人　王品朝
专　利　号　03314215.7
申　请　日　2003年1月13日
授权公告日　2003年8月27日
合议组组长　张跃平
主　审　员　张　莹
参　审　员　张媛媛
附　图　1页

法律依据　专利法第23条
决定要点

汽车组合前照灯属于车辆的配件产品，其背部设计在使用状态下不可见，并且本专利在背部上的设计变化对该组合前照灯的整体视觉也不会产生显著影响，因此，虽然在先设计未显示出相应的背部设计，但二者的这一差别对于外观设计的整体视觉效果不构成显著影响。

一、案由

本无效宣告请求涉及国家知识产权局于2003年8月27日授权公告的03314215.7号外观设计专利，其产品名称是“组合前照灯（6880）”，申请日是2003年1月13日，专利权人是王品朝。

针对上述外观设计专利权（下称本专利），2008年6月26日丹阳东港灯具有限公司（下称请求人）向专利复审委员会提出无效宣告请求，其理由是本专利不符合专利法第23条的规定。请求人认为：《汽车之友》1999年第9期公开了雷诺牌汽车外形，而附件2~4也证明雷诺牌汽车在国内公开使用的时间早于本专利申请日，本专利与雷诺牌汽车前照灯同属汽车组合前照灯产品，该产品外观涉及的要部为主视面，二者主视面的形状、图案高度相近似，属于相近似的外观设计，应予宣告无效。请求人同时提交了如下证据附件：

附件1是《汽车之友》1999年第9期的封面、第4页、第36页的复印件，共3页；

附件2是由江苏省丹阳市公证处出具的（2008）丹证民内字第1921号《公证书》原件以及与该公证书相粘连的所查阅并打印的浙B9D163轿车的资料《机动车登记系统——机动车单项查询详细信息》影印件3页，共5页；

附件3是由江苏省丹阳市公证处出具的（2008）丹证民内字第1922号《公证书》原件以及与该公证书相粘连的对浙B9D163轿车拍照的四张照片1页，共3页；

附件4是盖有“丹阳市公安局交通巡逻警察大队”章的《小型汽车浙B9D163车辆信息》表格复印件，1页。

专利复审委员会根据无效宣告请求审查程序的规定受理了该无效宣告请求，并于2008年7月30日向双方当事人发出《无效宣告请求受理通知书》，并将《专利权无效宣告请求书》及其附件清单中所列附件副本转送专利权人，要求其在指定的期限内答复，同时成立合议组对本无效宣告请求案进行审理。

专利复审委员会定于2008年9月23日进行口头审理。

口头审理如期举行，专利权人委托代理人出庭，请求人未提交回执，也未出席口头审理。合议组经过核实后确认，请求人确未收到本次口头审理通知书。专利权人当庭提交了针对无效宣告请求书的意见答复，其中认为：（1）关于证据，证据2~4所显示的牌照为B9D163雷诺小汽车不能证明是在本专利申请日前在国内公开使用过。该车是进口车辆，该车国内最早所有人取得该车的时间是2004年7月7日，在本专利申请日之后。（2）证据1与本专利在形状、正面外轮廓线、正面灯组布局这3处存在明显区别。

由于请求人未收到前次口头审理通知书，专利复审委员会又于2008年9月25日向双方当事人发出口头审理通知书和合议组成员告知通知书，定于2008年11月3日进行口头审理，并随该通知书将专利权人于2008年9月23日当庭提交的意见陈述书的复印件转交给请求人，同时将合议组成员告知双方当事人。

口头审理如期举行，双方均委托代理人出庭。

在口头审理中，双方当事人均对合议组成员无回避请求，对合议组现成员变更无异议，对对方出庭人员的资格均无异议。

请求人明确表示使用附件1作为出版物公开的证据，使用附件2~4的结合作为使用公开的证据。请求人当庭出示了附件1的原件和附件4的原件，合议组保留了附件1的扫描件。专利权人对上述证据的真实性无异议。

请求人在口头审理中表示：（1）对于附件1，由于本专利请求保护一种汽车组合前照灯，一般的视图对于消费者不可见，因此应当仅仅比较主视图，由于两者的轮廓线和分隔区域线的形状都非常接近，上部有一个小区域，左上有一个小灯，因此其他的差别属于细微差别，两者相近似。（2）对于附件2~4，附件2和附件4上记载了现牌照为“B9D163”汽车的出厂日期是2002年8月30日，初次登记时间是2002年9月30日，这说明配置了这种组合前照灯的汽车在2002年9月30日已经公开销售，附件3是附件2涉及的“B9D163”的组合前照灯的照片，其与附件1中的图片一致，从照片中可以清楚地看到，其组合前照灯与本专利相近似。

专利权人在口头审理中表示：（1）请求人以附件1证明出版物公开，但是：①附件1所示汽车前照灯是用于小轿车的，而本专利是用于大客车的，由于这两种车的头部形状不同，因此这两种前照灯的外部形状也不同，②本专利的汽车前照灯的轮廓线更加流畅美观，整体更加细长，③右上部和下部之间的比例不同，④附件1中两个类似双眼的大灯黏在一起，没有立体感，而本专利的双大灯之间分隔清楚。以上区别造成附件1与本专利有着明显区别，两者不相同也不相近似。（2）附件2中的初次登记时间是 2002 年 9 月 30 日，但是不能证明是国内初次登记日期还是国外初次登记日期，从附件 2 的附页中“变更日期”一项来看，该车最早使用时间应当是 2004 年 7 月 7 日，在其所有人“宁波保税区宇腾国际贸易有限公司”之前国内没有其他人使用的记录。此外，从附件 3 中的照片可以清楚地看到本专利和“B9D163”汽车的组合前照灯之间存在本专利与附件 1 所述的区别。

在针对上述无效宣告请求进行审理的基础上，合议组经合议，认为本案事实清楚，依法作出本审查决定。

二、决定的理由

1. 法律依据

专利法第 23 条规定：授予专利权的外观设计，应当同申请日以前在国内外出版物上公开发表过或者国内公开使用过的外观设计不相同和不相近似，并不得与他人在先取得的合法权利相冲突。

2. 证据认定

附件 1 是《汽车之友》1999 年第 9 期的封面、第 4 页、第 36 页的复印件，共 3 页，用来证明本专利与其申请日前在国内出版物上公开发表的外观设计相近似。请求人当庭出示了原件，专利权人对其真实性无异议，其真实性可以认定。因其公开日在本专利申请日之前，可以作为评价本专利是否符合专利法第 23 条规定的证据。

3. 相同和相似性比较

附件 1 中，封面、第 36 页中分别示出了雷诺新型 Scenic 汽车“941 BVE 92”号的右前视图和左前视图，从以上视图中可以较清楚地从该汽车前照灯的主视图方位看到该“941 BVE 92”号汽车上镶嵌了一对左右对称的组合前照灯（下称在先设计）。以上视图中分别示出了在先设计在该车右侧的镶嵌效果和在该车左侧的镶嵌效果。为了便于与本专利相比较，就其左侧车灯而言，从封面、第 36 页图片上观察，在先设计正面整体为近似凤眼形，其中左上部和右下部呈尖角状，下方并排设置有两个圆形灯，左上方角部设置有一小圆灯，灯罩内右上部也设有小圆灯，其他面视图不可见（详见附件 1 附图）。

本专利也是汽车前照灯的外观设计，正面为近似凤眼形，其中左上部与右下部呈尖角状，灯罩内下方并排设置有两个近似眼球状的圆形灯，左上部和右下部尖角区域各设置有一小圆灯，除左上部外，其他三个区域都有竖条图案，主体灯内有中间为五角星的形似方向盘的三叉星图案，并另有其他面视图（详见本专利附图）。

合议组认为：本专利和在先设计均为汽车前照灯的外观设计，用途相同，属于相同类别的产品，具有可比性。

将本专利和在先设计相比较，其相同点为：二者组合前照灯的整体外轮廓基本相同，都是近似凤眼形，各灯的区域分隔、灯腔内光源组件的布局、形状也一致。

两者主要区别在于：（1）由于附件 1 没有公开在先设计的其他视图，因此也就无法得知汽车前照灯的其他部件的内部结构；（2）本专利具有近似梯形的左上部的圆灯周围有散射状水滴图案，而其他三个区域都有竖条图案，主体灯内有中间为五角星的形似方向盘的三叉星图案，而附件 1 的灯底部的图案并不清晰可见；（3）本专利外轮廓的右下角有一个很小的弧度过渡，而附件 1 的右下角则形成一个锐角。

对此，合议组认为：针对区别（1），对于汽车前照灯而言，它属于车辆的配件产品，其背部设计在使用状态下不可见，由于前照灯在使用时镶嵌在车身表面，除正面外的其他部分均隐藏在车身内部，前照灯的正面是使用状态下较容易见到的部位，因此前照灯的正面会对整体视觉效果更具有显著影响，虽然在先设计未显示出相应的背部设计，但由于本专利组合前照灯背部设计对其整体视觉效果不会产生显著影响，因此在先设计未表现出的背部设计不会影响一般消费者对两者进行整体观察、综合判断，即两者的这一差别对于外观设计的整体视觉效果不构成显著影响。

针对区别（2），虽然本专利与在先设计相比还具有很多条纹、星形的图案，但是由于这些图案是设计在灯罩内部的底纹，因此在透过灯罩观察的条件下不能构成明显区别，对整体视觉效果不足以产生显著影响。

针对区别（3），这种区别是在组合前照灯右下角的局部细微变化，因此对整体视觉效果不足以产生显著影响。

对于专利权人在口头审理中提出的本专利与在先设计还存在以下区别：（1）所使用的车型不同而导致组合前照灯的形状不同；（2）长宽比例不同、右侧以及左下方的线条更加优美流畅；（3）灯组布局的上下比例、立体感等。合议组认为，以上区别虽然构成本专利与在先设计的区别，但是这些区别都是细微的，综合考虑整体设计来看，这些区别对于组合前照灯外观设计的整体视觉效果没有产生显著的影响。

基于以上理由，从整体观察，综合判断的角度考虑，两者的外观设计在整体上形成了相近似的视觉效果，应属于相近似的外观设计。

4. 结论

综上所述，本专利不符合专利法第 23 条的规定。

基于上述的比较分析已经得出本专利应予无效的结论，本案合议组对其他证据不再评述。

根据上述事实和理由，本案合议组依法作出以下决定。

三、决定

宣告 03314215. 7 号外观设计专利权无效。

当事人对本决定不服的，可以根据专利法第 46 条第 2 款的规定，自收到本决定之日起三个月内向北京市第一中级人民法院起诉。根据该款的规定，一方当事人起诉后，另一方当事人应当作为第三人参加诉讼。

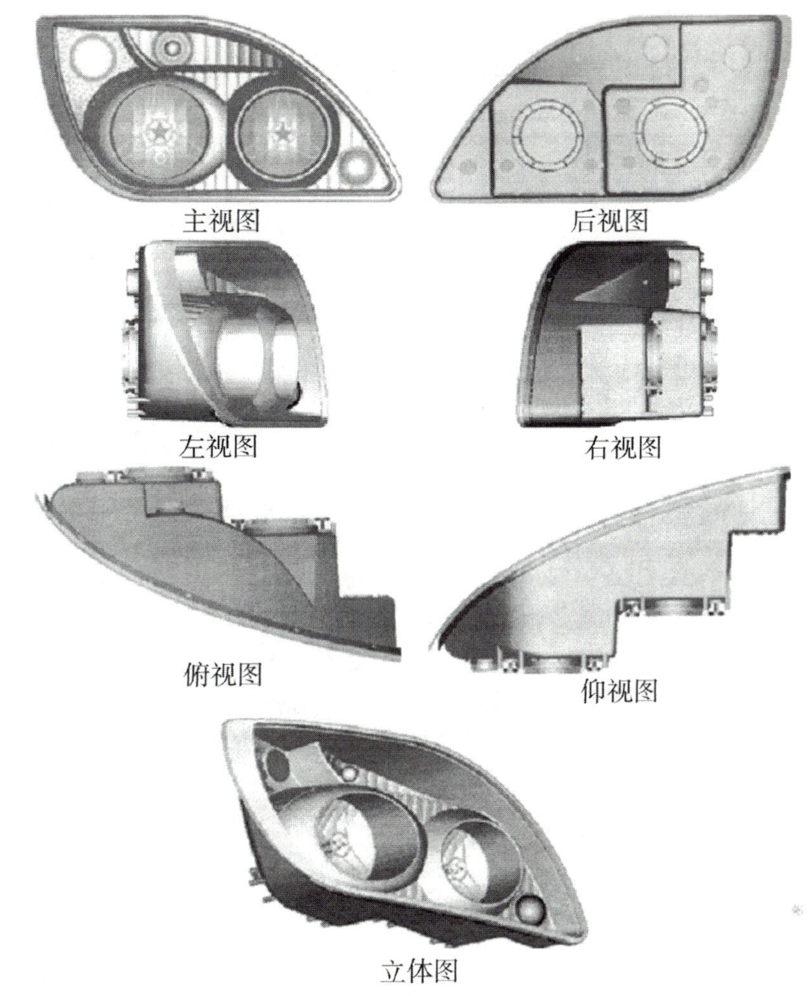

本专利附图

《汽车之友》封面

《汽车之友》第 36 页

在先设计附图

北京市第一中级人民法院
行政判决书

（2009）一中行初字第555号

原告王品朝，男，1955年10月27日出生，汉族，住江苏省常州市新北区孟河镇庙边村委李家埭37号。

委托代理人柏尚春，南京苏高专利商标事务所专利代理人。

被告国家知识产权局专利复审委员会，住所地北京市海淀区北四环西路9号银谷大厦10~12层。

法定代表人廖涛，副主任。

委托代理人张莹，国家知识产权局专利复审委员会审查员。

委托代理人朱茜，国家知识产权局专利复审委员会审查员。

第三人丹阳东港灯具有限公司，住所地江苏省丹阳市界牌镇。

法定代表人肖正清，总经理。

委托代理人毛依星，江苏致邦律师事务所律师。

原告王品朝不服被告国家知识产权局专利复审委员会（以下简称专利复审委员会）于2008年12月11日作出的第12685号无效宣告请求审查决定（以下简称第12685号决定），于法定期限内向本院提起行政诉讼。本院于2009年2月17日受理后，依法组成合议庭，并通知丹阳东港灯具有限公司（以下简称东港灯具公司）作为本案的第三人参加诉讼，于2009年4月28日公开开庭审理了本案。原告王品朝及其委托代理人柏尚春，被告专利复审委员会的委托代理人张莹、朱茜，第三人东港灯具公司委托代理人毛依星参加了诉讼。本案现已审理终结。

第12685号决定系被告专利复审委员会就第三人东港灯具公司针对原告王品朝拥有的第03314215.7号名称为“组合前照灯（6880）”的外观设计专利（以下简称本专利）提出的无效宣告请求而作出的。

专利复审委员会在该决定中认定：关于《中华人民共和国专利法》（以下简称《专利法》）第二十三条的无效理由。

本专利为汽车前照灯的外观设计，正面为近似凤眼形，其中左上部与右下部呈尖角状，灯罩内下方并排设置有两个近似眼球状的圆形灯，左上部和右下部尖角区域各设置有一小圆灯，除左上部外，其他三个区域都有竖条图案，主体灯内有中间为五角星的形似方向盘的三叉星图案，并另有其他面视图。

附件1中，封面、第36页中分别示出了雷诺新型Scenic汽车“941 BVE 92”号的右前视图和左前视图，从以上视图中可以较清楚地从该汽车前照灯的主视图方位看到该“941 BVE 92”号汽车上镶嵌了一对左右对称的组合前照灯。以上视图中分别示出了附件1在该车右侧的镶嵌效果和在该车左侧的镶嵌效果。为了便于与本专利相比较，就其左侧车灯而言，从封面、第36页图片上观察，附件1正面整体为近似凤眼形，其中左上部和右下部呈尖角状，下方并排设置有两个圆形灯，左上方角部设置有一小圆灯，灯罩内右上部也设有小圆灯，其他面视图不可见。

将本专利和附件1相比较，其相同点为：二者组合前照灯的整体外轮廓基本相同，都是近似凤眼形，各灯的区域分隔、灯腔内光源组件的布局、形状也一致。

两者主要区别在于：（1）附件1没有公开在先设计的其他视图，因此也就无法得知汽车前照灯的其他部件的内部结构；（2）本专利具有近似梯形的左上部的圆灯周围有散射状水滴图案，而其他三个区域都有竖条图案，主体灯内有中间为五角星的形似方向盘的三叉星图案，而附件1的灯底部的图案并不清晰可见；（3）本专利外轮廓的右下角有一个很小的弧度过渡，而附件1的右下角则形成一个锐角。

针对区别（1），对于汽车前照灯而言，它属于车辆的配件产品，其背部设计在使用状态下不可见，由于前照灯在使用时镶嵌在车身表面，除正面外的其他部分均隐藏在车身内部，前照灯的正面是使用状态下较容易见到的部位，因此前照灯的正面会对整体视觉效果更具有显著影响。虽然附件1未显示出相应的背部设计，但由于本专利组合前照灯背部设计对其整体视觉效果不会产生显著影响，因此附件1未表现出的背部设计不会影响一般消费者对两者进行整体观察、综合判断，即两者的这一差别对于外观设计的整体视觉效果不构成显著影响。

针对区别（2），虽然本专利与附件1相比还具有很多条纹、星形的图案，但是由于这些图案是设计在灯罩内部的底纹，因此在透过灯罩观察的条件下不能构成明显区别，对整体视觉效果不足以产生显著影响。

针对区别（3），这种区别是在组合前照灯右下角的局部细微变化，因此对整体视觉效果不足以产生显著影响。

原告认为本专利与附件1还存在以下区别：（1）所使用的车型不同而导致组合前照灯的形状不同；（2）长宽比例不同、右侧以及左下方的线条更加优美流畅；（3）灯组布局的上下比例，立体感等，专利复审委员会认为，以上区别虽然构成本专利与附件1的区别，但是这些区别都是细微的，综合考虑整体设计来看，这些区别对于组合前照灯外观设计的整体视觉效果没有产生显著的影响。

综上所述，专利复审委员会作出第12685号决定，宣告本专利权全部无效。

原告王品朝不服第12685号决定，在法定期限内向本院提起行政诉讼，其诉称，第12685号决定关于本专利不符合《专利法》第二十三条的认定错误。本专利的外观设计与附件1既不相同，也不近似：

第一，两者所用的车型完全不同，附件1使用在小型车辆上，而本专利产品使用在中巴车和大型客车上，小型车车头是斜线型（又称子弹头型），而中巴车和大型客车基本都是平头型，二者之间是截然不同的，两者的消费群体完全不同，销售的场所和渠道也不同，因此两者之间不具有可比性。

第二，两者的轮廓线存在明显区别，本专利近似丹凤眼形，其左上角上挑，而附件1为近似菱形，区别如下：（1）两者长宽比例明显不同；（2）在右侧，附件1的右侧轮廓线几乎成直线，其上端通过小圆弧与成直线的上方轮廓线连接，下端与底部轮廓成尖角连接，而本专利的右侧轮廓线与上方轮廓线呈整体弧线光滑过渡；（3）在左侧，附件1左侧几乎成垂直状，上下圆弧过渡，本专利的左侧与底部通过大圆弧过渡，使左下方部位线条流畅、光滑、优美，左上角微微上挑，更显尖挑、优美。

第三，两者的灯源布局不同，区别在于：（1）上下比例不同，附件1的远、近光大灯部位和上面的转向灯部位几乎是一样高度，本专利的转向灯部位细长，只占据灯面的很小部位，二大灯部位占据正面的主要部位；（2）附件1大灯的两个主要功能远近光混连在一起，呈平面状，无立体感，本专利大灯的两个主要功能远近光通过两个球状独立衬托突显，犹如金鱼的眼睛，具有较强的立体感；（3）附件1各灯之间没有明显的分界，而本专利灯具的各功能之间界限清楚。

第四，原告诉第三人专利侵权诉讼中，法院认定第三人利用附件1提出的公知设计抗辩不成立，由此证明本专利与附件1不近似。

综上所述，第12685号无效决定中事实认定错误，请求法院予以撤销。

被告专利复审委员会坚持第12685号决定的意见，并针对原告王品朝的起诉理由辩称：（1）本专利没有相关文字说明对所用车型进行限定，且从该设计本身也不能得出本专利产品使用在平头型的中巴车和大型客车上，而不能用于子弹头型的小型车辆这样的结论；（2）本专利与附件1左上角成尖角形，但无明显上挑，其左上角和右下角两处的区别是局部的细微变化，两者的长宽比例没有明显不同，对整体视觉效果不足以产生显著影响；（3）附件1的大灯区高度也稍高于转向灯区的高度，两个主视图之间的区别不大，各灯分割区内的细小差异属于次要部分设计，大灯的形状和立体位置在主视图中很难区分；（4）无锡市中级人民法院与江苏省高级人民法院在判决书中认定的被控侵权产品的整体外观与附件1不相同相近似与被诉决定中对本专利和附件1给出两者相近似的结论并不矛盾。综上，第12685号决定认定事实清楚、适用法律正确、审理程序合法，原告的诉讼理由不能成立，请求法院驳回原告的诉讼请求，维持第12685号决定。

第三人东港灯具公司述称：被告作出的第12685号决定对有关事实的认定是正确的，该决定正确合法，请求法院依法予以维持。

本院经审理查明如下事实：

本专利涉及的是国家知识产权局于2003年8月27日授权公告的、名称为“组合前照灯（6880）”的外观设计专利，该专利的申请日为2003年1月13日，申请号为03314215.7，专利权人为王品朝。本专利授权公报有7幅视图，即6面视图及立体图（见附图1），由视图显示可知，该组合前照灯主视图整体外观近似菱形，其左上部和右下部成尖角状，灯罩内上方设置有一灯，下方并排设置有两个近似眼球状的圆形灯，左上部设置有一小圆灯，左上部的圆灯周围有散射状水滴图案，而其他三个区域都有竖条图案。

针对本专利，第三人东港灯具公司于2008年6月26日向专利复审委员会以本专利不符合《专利法》第二十三条为由提出无效宣告请求并提交证据附件1：1999年第9期《汽车之友》，该期刊的封面、第4页、第36页显示的在先设计的汽车车灯左前照灯正面视图整体造型近似菱形，其左上角及右下角成尖角状，灯内布局的主体部分以中间较窄隔离带为界将车灯分为上下两部分，上半部分为一近似楔形区域，中间置有一灯，下半部分并排设置远、近光灯，两部分形成的夹角区域的左上部有一小灯，其他面视图不可见（见附图2）。

2008年11月3日，专利复审委员会对本案进行了口头审理，并于2008年12月11日作出第12685号决定。

以上事实有本专利授权公告文本、第12685号决定、附件1及当事人陈述等证据在案佐证。

本院认为：

《专利法》第二十三条规定，授予专利权的外观设计，应当同申请日以前在国内外出版物上公开发表过或者国内公开使用过的外观设计不相同和不相近似，并不得与他人在先取得的合法权利相冲突。本案中，附件1的公开日早于本专利的申请日，且二者属于同一类别产品，可以用于评判本专利是否符合《专利法》第二十三条的规定。根据各方当事人的主张，本案的争议焦点在于本专利与附件1是否相近似。

在判断外观设计是否相近似时，首先要确定判断主体。不同的判断主体，由于对被比设计产品的知识水平和认知能力存在差异，在判断两项外观设计是否相近似时，可能得出不同的结论。根据《审查指南》的规定，在判断外观设计是否相近似时，应当基于被比设计产品的一般消费者的知识水平和认知能力进行评价。这里所述的“一般消费者”是具体的，不同类别的被比设计产品具有不同的消费者群体。本案被比设计产品是组合前照灯，其属于车辆的配件产品，其一般消费者主要是专门从事汽车制造、销售、购买、安装及维修的人员，他们对于前照灯的外观有着常识性的了解，对于不同外观的车灯有相应的认知能力。如果车灯的一般消费者经过对比，本专利与附件 1 的差别对于产品的整体视觉效果具有显著的影响，则二者既不相同，也不相近似。

一、原告认为本专利的外观设计与附件 1 所使用的车型完全不同。本院认为，本专利的发明名称、图片中均未限定该前照组合灯所适用的车型，本专利也没有相关文字说明对其所用车型进行限定，因此不能从该设计本身得出本专利产品使用在平头型中巴车和大型客车上，而不能用于子弹头型的小型车辆的结论，据此，原告的上述主张缺乏事实和法律依据，本院不予支持。

二、原告认为本专利的外观设计与附件 1 的轮廓线存在明显区别，本专利近似丹凤眼形，而附件 1 为近似菱形，并且两者长宽比例明显不同，在左、右侧的轮廓线也明显不同。本院认为，本专利和附件 1 的车灯整体外观呈近似菱形，并且灯的布局相同，本专利与附件 1 左上角皆成尖角形，本专利左上角上挑，附件 1 无明显上挑，但是两个外观设计的左上角的区别是局部的细微变化，在灯的布局及整体外观相近似的情况下，上述区别整体视觉效果不足以产生显著影响，据此，原告的上述主张缺乏事实和法律依据，本院不予支持。

三、原告认为两者的灯源布局存在明显区别，附件 1 的大灯区与转向灯几乎是同样高度，而本专利两者高度明显不同，本专利的远、近光灯有较强立体感，本专利各灯区域界限明显。本院认为，附件 1 的大灯区域稍高于转向灯区域的高度，并且两者的长宽比例也没有明显区别，在两者的主视图上差别不大，而各灯区域划分的细小差异属于次要部分设计，原告所称的大灯的形状和立体视觉效果在其主视图中很难区分，据此，原告的上述主张缺乏事实和法律依据，本院不予支持。

四、原告认为在其诉第三人专利侵权诉讼中，无锡市中级人民法院和江苏省高级人民法院均认定第三人利用附件 1 提出的公知设计抗辩不能成立，因此本专利也应当与附件 1 不相近似。本院认为，无锡市中级人民法院和江苏省高级人民法院在判决书中仅给出“公知技术抗辩不成立”的结论，即被控侵权产品的整体外观与附件 1 不相同、不相近似，这与被告作出的第 12685 号决定中本专利和附件 1 相近似的结论并不矛盾，据此，原告的上述主张缺乏事实和法律依据，本院不予支持。

综上，被告专利复审委员会作出的第 12685 号决定审查程序合法，认定事实清楚，适用法律正确，本院依法予以维持。原告的诉讼请求缺乏事实与法律依据，本院不予支持。根据《中华人民共和国行政诉讼法》第五十四条第（一）项之规定，本院判决如下：

维持被告国家知识产权局专利复审委员会作出的第 12685 号无效宣告请求审查决定。

案件受理费 100 元，由原告王品朝负担（已交纳）。

如不服本判决，各方当事人可在本判决书送达之日起 15 日内，向本院提交上诉状及其副本，并交纳上诉案件受理费 100 元，上诉于北京市高级人民法院。

审 判 长 姜 颖

审 判 员 苏 杭

人民陪审员 刘世昌

二〇〇九年六月十九日

书 记 员 袁 伟

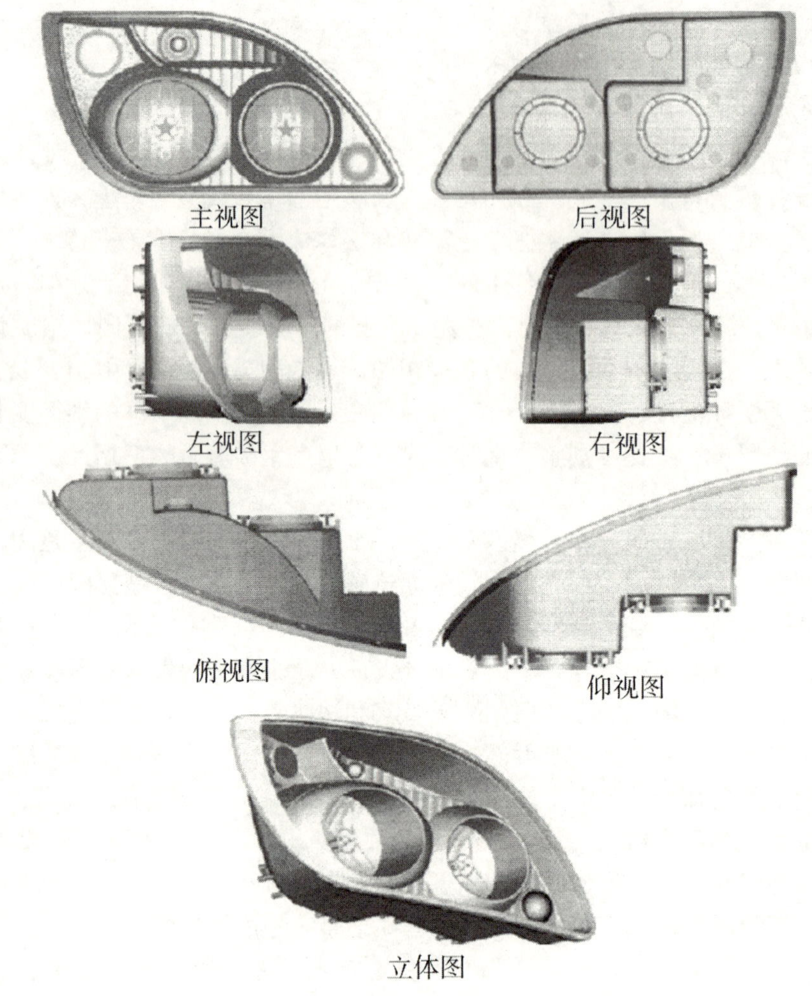

本专利附图

《汽车之友》封面

《汽车之友》第 36 页

附图 2

北京市高级人民法院
行政判决书

（2009）高行终字第 1092 号

上诉人（原审原告）王品朝，男，汉族，1955 年 10 月 27 日出生，住江苏省常州市新北区孟河镇庙边村委李家埭 37 号。

委托代理人卫爱民，北京市当代律师事务所律师。

委托代理人刘英，北京市当代律师事务所律师。

被上诉人（原审被告）国家知识产权局专利复审委员会，住所地北京市海淀区北四环西路 9 号银谷大厦 10~12 层。

法定代表人张茂于，副主任。

委托代理人张莹，该委员会审查员。

委托代理人王婧，该委员会审查员。

原审第三人丹阳东港灯具有限公司，住所地江苏省丹阳市界牌镇东头港村。

法定代表人肖正清，总经理。

委托代理人毛依星，江苏致邦律师事务所律师。

上诉人王品朝因外观设计专利权无效行政纠纷一案，不服北京市第一中级人民法院（2009）一中行初字第 555 号行政判决，向本院提起上诉。本院 2009 年 8 月 12 日受理后，依法组成合议庭，于 2009 年 11 月 2 日公开开庭进行了审理。上诉人王品朝及其委托代理人卫爱民，被上诉人国家知识产权局专利复审委员会（以下简称专利复审委员会）的委托代理人张莹、王婧，原审第三人丹阳东港灯具有限公司（以下简称东港灯具公司）的委托代理人毛依星到庭参加了诉讼。本案现已审理终结。

北京市第一中级人民法院认定，王品朝是名称为“组合前照灯（6880）”外观设计专利（以下简称本专利）的专利权人。东港灯具公司于 2008 年 6 月 26 日向专利复审委员会提出宣告本专利权无效的请求。专利复审委员会经审查，于 2008 年 12 月 11 日作出第 12685 号无效宣告请求审查决定（以下简称第 12685 号无效决定），宣告本专利权无效。

北京市第一中级人民法院认为，本案的争议焦点在于本专利与附件 1 是否相近似。本案被比设计产品是组合前照灯，其属于车辆的配件产品，其一般消费者主要是专门从事汽车制造、销售、购买、安装及维修的人员。一般消费者经过对比，本专利与附件 1 的差别对于产品的整体视觉效果具有显著的影响，则二者既不相同，也不相近似。

本专利的发明名称、图片中均未限定该前照组合灯所适用的车型，也没有相关文字说明对其所用车型进行限定，因此不能得出本专利产品使用在平头型中巴车和大型客车上，而不能用于子弹头型的小型车辆的结论。

本专利和附件 1 的车灯整体外观呈近似菱形，并且灯的布局相同，本专利与附件 1 左上角皆成尖角形，本专利左上角上挑，附件 1 无明显上挑，但是两个外观设计的左上角的区别是局部的细微变化，在灯的布局及整体外观相近似的情况下，上述区别整体视觉效果不足以产生显著影响。

附件 1 的大灯区域稍高于转向灯区域的高度，并且两者的长宽比例也没有明显区别，在两者的主视图上差别不大，而各灯区域划分的细小差异属于次要部分设计，大灯的形状和立体视觉效果在其主视图中很难区分。

无锡市中级人民法院和江苏省高级人民法院在判决书中仅给出“公知技术抗辩不成立”的结论，即被控侵权产品的整体外观与附件1不相同、不相近似，这与第12685号无效决定认定本专利和附件1相近似的结论并不矛盾。

北京市第一中级人民法院依据《中华人民共和国行政诉讼法》第五十四条第（一）项的规定，判决：维持专利复审委员会作出的第12685号无效决定。

王品朝不服一审判决，向本院提起上诉。理由是：一审判决和第12685号无效决定仅以本专利的主视图与在先设计进行比较的基础，主张认定本专利的保护范围的做法是错误的。一审判决和第12685号无效决定未正确审视本专利，对于本专利与在先设计能产生显著视觉影响的明显区别未予认定，从而得出本专利与在先设计未相近似设计的结论是错误的。对本专利与在先设计的整体观察可以看出，本专利与在先设计的区别对于产品外观设计的整体视觉效果具有显著的影响，因此本专利与在先设计相比既不相同，又不相近似，符合专利法的授权条件。请求撤销一审判决和专利复审委员会第12685号无效决定；判令专利复审委员会承担本案的一、二审诉讼费用。专利复审委员会、东港灯具公司服从一审判决。

经审理查明，本专利名称为“组合前照灯（6880）”，专利号是03314215.7，专利权人是王品朝。本专利申请日为2003年1月13日，授权公告日为2003年8月27日。本专利包括7幅视图，即主视图、后视图、左视图、右视图、俯视图、仰视图和立体图（见本判决书附图1）。

2008年6月26日，东港灯具公司向专利复审委员会提出宣告本专利权无效的请求，其理由是：本专利不符合《专利法》第二十三条的规定，并向专利复审委员会提交了证据，其中，附件1是1999年第9期《汽车之友》，该期刊的封面、第4页、第36页显示的在先设计的汽车车灯左前照灯正面视图整体造型近似菱形，其左上角及右下角成尖角状，灯内布局的主体部分以中间较窄隔离带为界将车灯分为上下两部分，上半部分为一近似楔形区域，中间置有一灯，下半部分并排设置远、近光灯，两部分形成的夹角区域的左上部有一小灯，其他面视图不可见（见本判决书附图2）。

2008年11月3日，专利复审委员会就东港灯具公司针对本专利权提出的无效宣告请求进行口头审理。2008年12月11日，专利复审委员会作出第12685号无效决定，宣告本专利权无效。专利复审委员会认为：本专利为汽车前照灯的外观设计，正面为近似凤眼形，其中左上部与右下部呈尖角状，灯罩内下方并排设置有两个近似眼球状的圆形灯，左上部和右下部尖角区域各设置有一小圆灯，除左上部外，其他三个区域都有竖条图案，主体灯内有中间为五角星的形似方向盘的三叉星图案，并另有其他面视图。

附件1中，封面、第36页中分别示出了雷诺新型Scenic汽车“941 BVE 92”号的右前视图和左前视图，从以上视图中可以较清楚地从该汽车前照灯的主视图方位看到该“941BVE 92”号汽车上镶嵌了一对左右对称的组合前照灯。以上视图中分别示出了附件1在该车右侧的镶嵌效果和在该车左侧的镶嵌效果。为了便于与本专利相比较，就其左侧车灯而言，从封面、第36页图片上观察，附件1正面整体为近似凤眼形，其中左上部和右下部呈尖角状，下方并排设置有两个圆形灯，左上方角部设置有一小圆灯，灯罩内右上部也设有小圆灯，其他面视图不可见。

将本专利和附件1相比较，其相同点为：二者组合前照灯的整体外轮廓基本相同，都是近似凤眼形，各灯的区域分隔、灯腔内光源组件的布局、形状也一致。

两者主要区别在于：（1）附件1没有公开在先设计的其他视图，因此也就无法得知汽车前照灯的其他部件的内部结构；（2）本专利具有近似梯形的左上部的圆灯周围有散射状水滴图案，而其他三个区域都有竖条图案，主体灯内有中间为五角星的形似方向盘的三叉星图案，而附件1的灯底部的图案并不清晰可见；（3）本专利外轮廓的右下角有一个很小的弧度过渡，而附件1的右下角则形成一个锐角。

针对区别（1），对于汽车前照灯而言，它属于车辆的配件产品，其背部设计在使用状态下不可见，由于前照灯在使用时镶嵌在车身表面，除正面外的其他部分均隐藏在车身内部，前照灯的正面是使用状态下较容易见到的部位，因此前照灯的正面会对整体视觉效果更具有显著影响。虽然附件 1 未显示出相应的背部设计，但由于本专利组合前照灯背部设计对其整体视觉效果不会产生显著影响，因此附件 1 未表现出的背部设计不会影响一般消费者对两者进行整体观察、综合判断，即两者的这一差别对于外观设计的整体视觉效果不构成显著影响。

针对区别（2），虽然本专利与附件 1 相比还具有很多条纹、星形的图案，但是由于这些图案是设计在灯罩内部的底纹，因此在透过灯罩观察的条件下不能构成明显区别，对整体视觉效果不足以产生显著影响。

针对区别（3），这种区别是在组合前照灯右下角的局部细微变化，因此对整体视觉效果不足以产生显著影响。

王品朝认为本专利与附件 1 还存在以下区别：（1）所使用的车型不同而导致组合前照灯的形状不同；（2）长宽比例不同、右侧以及左下方的线条更加优美流畅；（3）灯组布局的上下比例、立体感等，专利复审委员会认为，以上区别虽然构成本专利与附件 1 的区别，但是这些区别都是细微的，综合考虑整体设计来看，这些区别对于组合前照灯外观设计的整体视觉效果没有产生显著的影响。

基于上述理由，专利复审委员会作出了第 12685 号无效决定。

王品朝不服专利复审委员会作出的第 12685 号无效决定，在法定期限内向一审法院提起诉讼。

本院认为，授予专利权的外观设计，应当同申请日以前在国内外出版物上公开发表过的外观设计不相同和不相近似。

判断外观设计是否构成近似，应当以一般消费者的观察能力为标准，而不应以该外观设计专利所属领域的设计人员的观察能力为标准。一般消费者是指该外观设计专利同类产品或者类似产品物理效用的享用者。

作为车灯产品，其物理效用的享用者是汽车的购买、使用者。因此，车灯的一般消费者对车灯的可见部分最为关注，而车灯的背面形状在使用状态下处于不可见部位，一般消费者不会予以关注，其对外观设计的整体视觉效果不构成显著的影响。

本专利是一种组合前照灯，其主视图整体外观近似菱形，其左上部和右下部成尖角状，灯罩内上方设置有一灯，下方并排设置有两个近似眼球状的圆形灯，左上部设置有一小圆灯，左上部的圆灯周围有散射状水滴图案，而其他三个区域都有竖条图案。

附件 1 中可以较清楚地从显示的汽车前照灯的主视图方位看到该汽车上镶嵌了一对左右对称的组合前照灯。以其左侧车灯观察，正面整体为近似凤眼形，其中左上部和右下部呈尖角状，下方并排设置有两个圆形灯，左上方角部设置有一小圆灯，灯罩内右上部也设有小圆灯。其他部分不可见。

将本专利与附件 1 相比较时，应以本专利的视图与附件 1 进行对比。经过对比，本专利和附件 1 的车灯整体外观呈近似菱形，并且灯的布局相同，本专利与附件 1 左上角皆成尖角形，本专利左上角上挑，附件 1 无明显上挑。附件 1 的大灯区域稍高于转向灯区域的高度，两者的长宽比例略有区别。上述区别中，两者左上角的区别是局部的细微变化，在灯的布局及整体外观相近似的情况下，上述区别整体视觉效果不足以产生显著影响。大灯与转向灯区域的差别并不明显，且各灯区域划分的细小差异属于次要部分设计。因此，从一般消费者的角度，采取整体观察、综合判断的方法对本专利和附件 1 进行观察，尽管本专利与附件 1 存在区别，但这些区别属于细微的差别，不能使一般消费者产生不同的视觉效果，本专利与附件 1 属于相近似的外观设计。

王品朝的上诉理由不能成立，其上诉请求本院不予支持。综上，一审判决认定事实清楚，适用法律正确。依据《中华人民共和国行政诉讼法》第六十一条第（一）项的规定，判决如下：

驳回上诉，维持原判。

一审案件受理费100元，由王品朝负担（已交纳）；二审案件受理费100元，由王品朝负担（已交纳）。

本判决为终审判决。

审 判 长 刘 辉

代理审判员 岑宏宇

代理审判员 焦 彦

二〇〇九年十一月十六日

书 记 员 耿巍巍

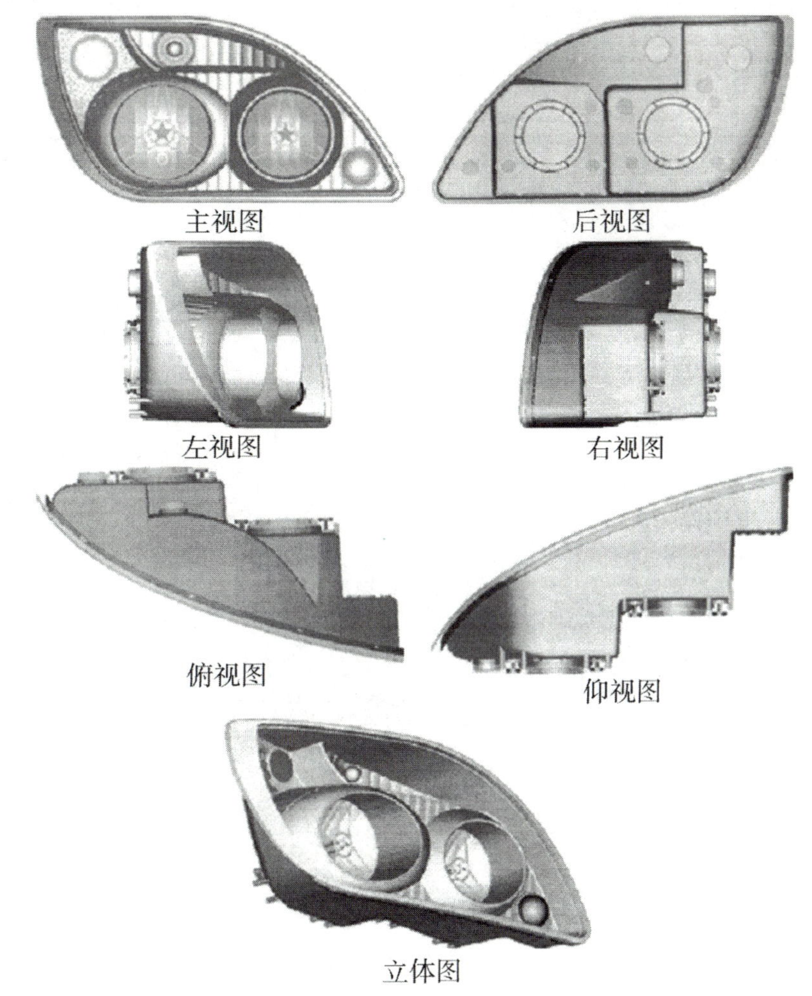

本专利附图

《汽车之友》封面

《汽车之友》第 36 页

附图 2

044

卫生棺（3）

无效宣告请求审查决定（第12692号）

决　　定　　号　第12692号
决　　定　　日　2008年12月5日
发明创造名称　卫生棺（3）
外 观 分 类 号　99-00
无效宣告请求人　莱州新亚通金属制造有限公司
专 利 权 人　薛惕忠
专　　利　　号　200330111620.5
申　　请　　日　2003年10月29日
授权公告日　2004年6月2日
合议组组长　刘颖杰
主　审　员　宋　瑞
参　审　员　赵　鑫
附　　　　图　1页

法 律 依 据　专利法第23条
决 定 要 点

如果在先设计与被比外观设计的总体设计相同，其区别仅在于一些惯常设计的功能部件和细微的区别，这些区别不会给外观设计的整体视觉效果造成显著的影响。

一、案由

本无效宣告请求涉及国家知识产权局于2004年6月2日授权公告的、专利号为200330111620.5、名称为“卫生棺（3）”的外观设计专利权（下称本专利），申请日为2003年10月29日，专利权人为薛惕忠。

针对上述专利权，莱州新亚通金属制造有限公司（下称请求人）于2008年4月9日向专利复审委员会提出无效宣告请求（案件编号为6W07929），认为本专利不符合专利法第23条的规定，提交了作为证据使用的如下附件：

附件1：US6151762A号美国专利文件首页的复印件，其公开日期为2000年11月28日。

结合上述附件，请求人认为本专利与附件1的摘要附图相同，不符合专利法第23条的规定。

经形式审查合格，专利复审委员会依法受理了请求人的无效宣告请求，并于2008年4月9日向请求人及专利权人发出无效宣告请求受理通知书，并将无效宣告请求书及其附件清单中所列附件的副本转送给专利权人，要求专利权人在指定的期限内陈述意见，并告知其期满未答复不影响专利复审委员会审理。

专利权人逾期未答复。

请求人于2008年5月8日向专利复审委员再次提交了意见陈述书，同时作为证据补充提交了附件1的中文译文和如下附件（编号续前）：

附件2：US6223404B1号美国专利文件的复印件及其部分内容的中文译文；其公开日期为2001年5月1日；

附件3：US6324736B1号美国专利文件的复印件及其部分内容的中文译文，其公开日期为2001年12月4日；

附件4：两页外文棺木图片的复印件及其中文译文。

在此基础上，专利复审委员会依法成立合议组，对上述无效宣告请求进行审理。

本案合议组于2008年9月17日向双方当事人发出无效宣告请求口头审理通知书，定于2008年11月18日对本案举行口头审理，并将请求人于2008年5月8日补充提交的意见陈述书及其附件清单中所列附件的副本转送给专利权人。

口头审理如期举行，双方均出席了口头审理。在口头审理中，请求人明确其无效宣告请求的理由为本专利分别相对于附件1、2、3不符合专利法第23条的规定，同时明确表示放弃附件4作为证据使用。专利权人表示对附件1~3的真实性无异议，对证据1~3中文译文的准确性无异议。

关于附件1与本专利的对比，请求人认为：附件1摘要附图是卫生棺的外观形状，附件1公开了棺盖、棺体及下面的棺底，整个是长方体形状，在上表面也能看到中间高两边低的弧形形状，两侧形成三角形，棺体上部有突出的台阶，台阶和棺盖下表面结合，棺底向外突出与棺体结合部分形成台阶，四角也是直角形，附件1的摘要附图的整体形状与本专利是相近似的。专利权人认为：本专利与附件1区别体现在：附件1棺盖有一个棱，本专利有三个棱过渡，形成往下陷的弧形，本专利棺材本体上部（右视图）有两个对称的圆孔，本专利右视图可以看出底座过渡棱与证据1不同，本专利的工艺复杂。请求人认为：附件1过渡棺盖也分为三部分过渡，只是浅一些，应从外观设计整体视觉效果观察，附件1与本专利相似，对于普通消费者来说不会由于过渡程度不同而区别。请求人认为：两侧孔为功能性特征，起锁紧作用的，是本领域公知的，不影响整体外观形状，消费者只看卫生棺的形状，不影响近似性的判断；附件1也有连接部位，附件1图上也能看出有过渡，与本专利近似，过渡的多少、高低等不影响整体外观设计的判断。专利权人认为：国外一般用一个孔用于锁紧，本专利为了实现对称，有两个孔，保证对称性；附件1过渡带有圆弧，和本专利不同。请求人认为：一个孔或两个孔不影响外观设计对消费者的视觉感知。

关于附件2与本专利的对比，请求人认为：使用附件2附图1进行比对，附件2公开了三部分，棺盖、棺体、棺底，棺盖也是打开，棺盖、棺体、棺底都是长方体的，棺盖是弧形的，两端有向上的三角形，棺体上部也形成一个台阶，棺底相对于棺体形成过渡，四个角都是直角。专利权人认为：附件2和附件1与本专利的区别一致。

关于附件3与本专利的对比，请求人认为：使用附件3附图1即摘要附图进行比对，附件3公开棺盖的过渡及棺体与棺底之间的过渡，附件3公开内容与附件1、2相似。专利权人认为：附件3棺盖过渡与本专利棺盖过渡不同，本专利俯视图可以看出是一个平台，附件3是通过不断的改变棱，附件3底座过渡部分与本专利不同。

同时，请求人认为：附件1~3中的拉杆是可拆卸的功能件。专利权人认为：本专利保护的是棺材本体的图片，如何使用是另外的概念，本专利与附件1~3的区别很大，特别是外部有多种不同的饰物与本专利不同。双方均表示已充分发表了意见，没有新的意见需要补充。口头审理到此结束。

至此，合议组认为本案事实清楚，现依法作出审查决定。

二、决定的理由

1. 关于证据和现有技术

请求人提交的附件 1 为外观设计专利文献，专利权人对附件 1 的真实性及其中文译文的准确性无异议，经合议组审查核实，认为附件 1 可以作为本案证据使用。同时由于附件 1 的公开日期为 2000 年 11 月 28 日，在本专利的申请日前，因此附件 1 构成了本专利的在先设计，可以用于评述本专利是否符合专利法第 23 条的规定。

2. 关于专利法第 23 条

专利法第 23 条规定，授予专利权的外观设计，应当同申请日以前在国内外出版物上公开发表过或者国内公开使用过的外观设计不相同和不相近似，并不得与他人在先取得的合法权利相冲突。

请求人认为本专利与附件 1 摘要附图中的外观设计相近似，不符合专利法第 23 条的规定。专利权人本专利与附件 1 存在区别，属于不相同也不相近似的外观设计。

合议组将本专利与附件 1 进行对比，结果如下：

本专利以三面视图（主视图、俯视图、右视图）和使用状态图的形式表示了一种卫生棺的外观。从图片上可见：本专利的卫生棺分成棺盖、棺体和底座三部分构成，整体为长方体形状。从本专利简要说明和使用状态图中可知，卫生棺棺盖在长度方向上分为两段，可分别打开，棺盖与棺体间有密封条。该卫生棺的棺盖自下而上尺寸分段渐缩，从右视图观察，棺盖侧面大致呈向上的三角形，从主视图观察，棺盖侧面大致呈正梯形。该卫生棺的棺体总体为长方体形状，棺体上部形成一个长宽尺寸略微放大的长方体台阶，其长宽尺寸比棺盖尺寸略小，从右视图中可以看到，在上述台阶的两侧分别有一个圆孔。棺底总体为长方体形状，棺底上部与棺体相连的部分自下而上尺寸分段渐缩。棺盖、棺体、棺底的四个角均为直角（详见本专利附图）。

附件 1 以立体图的形式表示了一种卫生棺的外观，由于卫生棺为对称设计，从立体图能够了解卫生棺的主要外观设计情况。从附件 1 摘要附图上可见：本专利的卫生棺分成棺盖、棺体和底座三部分构成，整体为长方体形状。卫生棺棺盖在长度方向上分为两段，可分别打开。该卫生棺的棺盖自下而上尺寸分段渐缩，从右视图观察，棺盖侧面大致呈向上的三角形，从主视图观察，棺盖侧面大致呈正梯形。该卫生棺的棺体总体为长方体形状，棺体上部形成一个长宽尺寸略微放大的长方体台阶，其长宽尺寸比棺盖尺寸略小。棺体四周有拉杆件，棺底总体为长方体形状，棺底上部与棺体相连的部分自下而上尺寸分段渐缩。棺盖、棺体、棺底的四个角均为直角（详见附件 1 附图）。

将本专利与附件 1 中的相应视图相比较，合议组认为本专利的卫生棺与附件 1 摘要附图中的卫生棺为同类产品，二者由棺盖、棺体、棺底所构成的外形轮廓相同；棺盖和棺底具有相似的过渡尺寸设计，外观设计的主体造型即所有的醒目明显的设计部位均相同。两者的区别在于：（1）本专利右视图中卫生棺棺体上部台阶两侧各有一个小圆孔而附件 1 中没有，附件 1 中棺体四周有拉杆而本专利中没有；（2）本专利棺盖的各过渡部分与附件 1 中的相应过渡部分的具体尺寸比例分配略有不同，本专利棺底分三段过渡，附件 1 中棺底的明显过渡部分为两段。合议组认为：区别（1）中所述圆孔为锁紧孔，且尺寸很小，区别（1）中的所述拉杆为可拆卸的功能部件，也属于卫生棺的常规配件，因此上述区别（1）均属于本领域的惯常设计功能部件，不会对卫生棺整体视觉效果产生显著的影响；区别（2）属于局部的细微变化，由于上述过渡部分都属于卫生棺表面的浅表过渡，给人的总体感觉是卫生棺棺盖和棺底有层叠效果，而其中过渡尺寸的细微改变对卫生棺的整体视觉效果不足以产生显著影响，本专利外观设计和附件 1 的在先设计在总体视觉效果上容易导致一般消费者的误认、混同，因此本专利与附件 1 中所公开的卫生棺属于相近似的外观设计，本专利不符合专利法第 23 条的规定。

综上所述，由于本专利相对于附件 1 不符合专利法第 23 条的规定，因此在本决定中不再对请求人提出的使用附件 2、3 的其他比对方式进行评述。

三、决定

宣告 200330111620.5 号外观设计专利权全部无效。

当事人对本决定不服的，可以根据专利法第 46 条第 2 款的规定，自收到本决定之日起三个月内向北京市第一中级人民法院起诉。根据该款的规定，一方当事人起诉后，另一方当事人应当作为第三人参加诉讼。

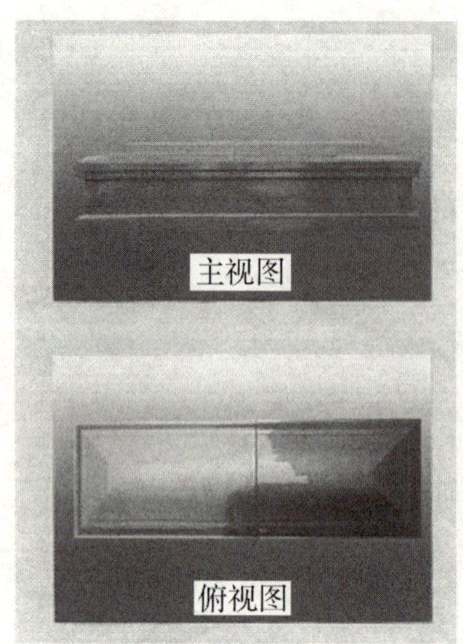

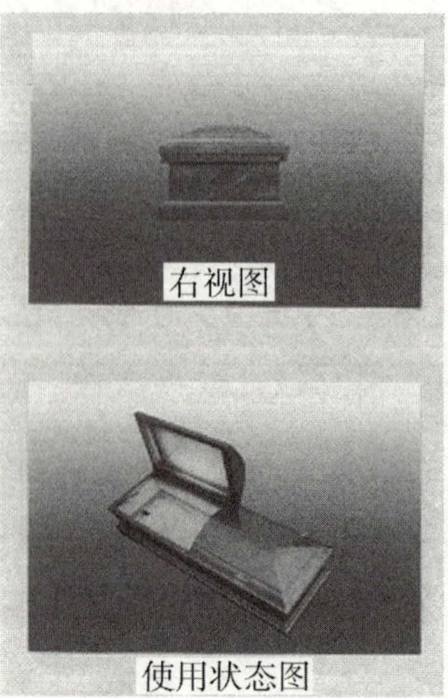

本专利附图

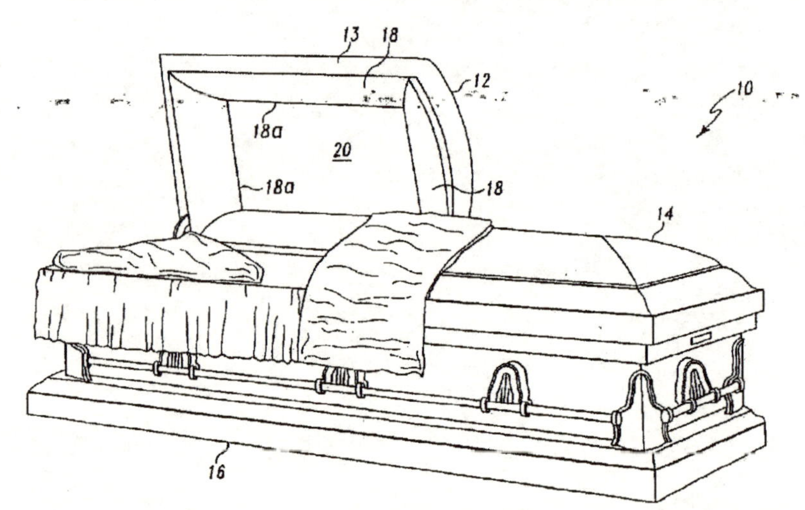

附件 1 附图

045

手表（XJ-709）

无效宣告请求审查决定（第12693号）

决　定　号　第12693号
决　定　日　2008年11月21日
发明创造名称　手表（XJ-709）
外观设计分类号　10-02
无效宣告请求人　石狮市龙盛塑胶电子有限公司
专 利 权 人　李仁续
专　利　号　200530080116.2
申　请　日　2005年1月15日
授权公告日　2005年10月19日
合议组组长　张雪飞
主　审　员　张　凌
参　审　员　周　佳

法律依据　专利法第23条
决定要点

请求人提交印刷合同和送货单用于证明相关产品宣传册的公开时间，但是印刷合同的签订时间并不意味着相关宣传册的实际公开时间；企业自行制作的送货单也不同于国家统一印制的发票，其具有一定的随意性；在无发票或者公开散发等其他证据佐证的情况下，仅凭上述证据不足以认定相关产品宣传册的公开时间。

一、案由

根据北京市中级人民法院（2007）一中行初字第1194号判决，专利复审委员会重新成立合议组，依法对本案进行审查。本案涉及国家知识产权局于2005年10月19日授权公告的、名称为“手表（XJ-709）”的外观设计专利（下称本专利），其专利号是200530080116.2，申请日是2005年1月15日，专利权人是李仁续。

针对本专利，石狮市龙盛塑胶电子有限公司（下称请求人）于2006年8月30日向专利复审委员会提出无效宣告请求，理由是在本专利申请日前已有与本专利相近似的手表在国内公开发表，因此本专利不符合专利法第23条的规定。请求人同时提交如下附件作为证据：

附件1：石狮市龙盛塑胶电子有限公司（请求人）与石狮市源兴彩印有限公司签订的合同复印件2页；

附件2：第0001201号《源兴彩印（商标）厂送货单》客户联复印件1页；

附件3：页码为33~34页的产品样页复印件2页，该样页上端标有“LSH SPORT WATCH”字样。

请求人认为附件3中所公开的电子表的款式与本专利相近似，附件1和附件2则证明附件3中所公开的电子表在本专利的申请日前公开出版印刷，因此本专利不符合专利法第23条的规定。

经形式审查合格后，专利复审委员会受理了该无效宣告请求，并于2006年8月31日将请求人的无效宣告请求书及附件转送专利权人，要求其在指定的期限内陈述意见。

专利权人于2006年10月1日提交了意见陈述书，认为请求人提交的附件1、2上均无可与本专利进行对比的图片，附件3的来源和印刷时间不明，因此本专利应予维持。

专利复审委员会于2007年1月16日向双方当事人发出口头审理通知书，定于2007年3月7日对本案进行口头审理。

口头审理如期举行，双方当事人均委托代理人出庭。合议组当庭将专利权人于2006年10月1日提交的意见陈述书及附件转送给请求人。请求人当庭提交了附件1、2的原件，同时出示了与附件3产品样页对应的产品样册（下称LSH广告图册），该样册封面有“LSH SPORT WATCH”字样。请求人认为附件3为附件1所涉产品样册中的一页，并明确以附件3中型号为M-709的手表图片作为在先设计与本专利进行比较。专利权人认为请求人提交的合同与送货单中印刷品的数量不一致，对附件1、2的真实性不予认可，认为附件3与附件1、2不能对应，不具有关联性，附件3中型号为M-709的手表图片与本专利的外观设计不相同也不相近似。

在上述审理的基础上，专利复审委员会认为本案事实清楚，于2007年7月3日作出宣告本专利全部无效的第10247号审查决定，并于2007年7月16日寄交双方当事人。

专利权人不服上述第10247号审查决定，向北京市第一中级人民法院提起诉讼。经审理，北京市第一中级人民法院作出“（2007）一中行初字第1194号行政判决书”，认为专利复审委员会在其在先做出的第9724号决定中已经认定请求人提交的附件1~3尚不足以证明公众可在本专利申请日以前通过获得该《LSH广告图册》而得知其内记载的相关产品的信息，即其不足以证明相关产品的外观设计在本专利申请日以前公开的事实，并且该结论被北京市第一中级人民法院做出的“（2007）一中行初字第896号行政判决书”的生效判决予以维持，现却在其第10247号决定中又重新确定上述证据为有效证据并据此撤销涉案专利属于主要证据不足；并判决撤销第10247号审查决定。

2008年10月8日专利复审委员会向双方当事人发出口头审理通知书，定于2008年11月17日对本案进行口头审理。

2008年10月23日专利权人请求人提交口头审理回执，表示其不能参加口头审理。

2008年10月28日请求人提交口头审理回执，表示其不能参加口头审理。

2008年11月17日，由于双方当事人均未参加口头审理，口头审理未能举行。

在上述审理的基础上，本合议组经合议，认为本案事实清楚，依法作出本审查决定。

二、决定的理由

1. 法律依据

基于请求人提出无效宣告请求所依据的理由和证据，合议组对本专利是否符合专利法第23条的规定进行审查。

专利法第23条规定，授予专利权的外观设计，应当同申请日以前在国内外出版物上公开发表过或者国内公开使用过的外观设计不相同和不相近似，并不得与他人在先取得的合法权利相冲突。

2. 证据和事实认定

请求人提交的附件1~3是请求人与石狮市源兴彩印有限公司签订的合同复印件、第0001201号《源兴彩印（商标）厂送货单》复印件和页码为33~34页的产品样页复印件，该样页上端标有“LSH SPORT WATCH”字样；并提交了附件1、附件2的原件以及与附件3产品样页对应的整本产品样册（即《LSH广告图册》）。针对上述证据，合议组认为：虽然上述单张产品宣传样页上显示手写体签字的确认日期为2005年1月5日，但在与其对应的《LSH广告图册》上没有记载任何关于其印刷、出版和发行的信息，尽管相关印刷合同的签订日期为2005年1月6日，但是该合同的签订日期并不能证明根据该合同印制的印刷物已同时处于公开状态。虽然合同中写明的《LSH广告图册》的交货期为2005年1月15日前，注明品名为《LSH广告图册》的送货单的实际开具日期为2005年1月12日，但合议组认为，因送货单不同于国家统一印制的发票，其制作具有一定的随意性，在无发票或者公开散发等其他证据佐证的情况下，这些现有的证据尚不足以证明公众可在本专利申请日以前通过获得该《LSH广告图册》而得知其内记载的相关产品的信息，因此请求人提交的附件1~3不足以证明相关产品的外观设计在本专利申请日以前公开发表的事实。

综上所述，请求人提交的证据均不能证明本专利不符合专利法第23条的规定，其无效宣告的理由不成立。

三、决定

维持200530080116.2号外观设计专利权有效。

当事人对本决定不服的，可以根据专利法第46条第2款的规定，自收到本决定之日起三个月内向北京市第一中级人民法院起诉。根据该款的规定，一方当事人起诉后，另一方当事人应当作为第三人参加诉讼。

046

免提可视门铃（ZS-008）

无效宣告请求审查决定（第12702号）

决　　定　　号　第12702号
决　　定　　日　2008年12月11日
发明创造名称　免提可视门铃（ZS-008）
外观设计分类号　14-03
无效宣告请求人　深圳市视得安罗格朗电子股份有限公司
专　利　权　人　祝亚军
专　　利　　号　200630154091.0
申　　请　　日　2006年10月24日
授 权 公 告 日　2007年8月29日
合 议 组 组 长　陈迎春
主　　审　　员　刘　畅
参　　审　　员　陈　力
附　　　　　图　2页

法　律　依　据　专利法第9条
决　定　要　点

如果两项外观设计专利的区别仅在于局部的细微变化，且该区别在整体设计中所占比例很小，则其变化不足以对整体视觉效果产生显著影响，二者属于相近似的外观设计。

一、案由

本无效宣告请求案涉及国家知识产权局于2007年8月29日授权公告的、名称为“免提可视门铃（ZS-008）”的外观设计专利（下称本专利），其申请号是200630154091.0，申请日是2006年10月24日，专利权人是祝亚军。

针对上述专利权，深圳市视得安罗格朗电子股份有限公司（下称请求人）于2008年5月21日向专利复审委员会提出无效宣告请求，理由是：其所提交的附件2的申请日在本专利的申请日之前，但公开日在本专利的申请日之后，且二者属于同样的外观设计，因此本专利不符合专利法第9条及专利法实施细则第13条第1款的规定。请求人提交的附件如下：

附件1：专利号为ZL200630019206.5的外观设计专利证书复印件1页；

附件2：在国家知识产权局网站上检索到的公告号为CN3623872的外观设计公开文本的网页打印件1页，其申请日为2006年5月11日，公告日为2007年3月21日，专利权人为深圳市视得安科技实业股份有限公司。

经形式审查合格，专利复审委员会依法受理了上述无效宣告请求，并于2008年6月4日向双方当事人发出无效宣告请求受理通知书，随同受理通知书将无效宣告请求书及其附件清单中所列附件的副本转送给专利权人，要求其在收到该通知之日起一个月内对该无效宣告请求陈述意见，并告知专利权人期满未答复的，不影响专利复审委员会审理。

专利权人逾期未答复。

针对上述无效宣告请求，专利复审委员会依法成立合议组进行审理。本案合议组于2008年8月4日向双方当事人发出无效宣告请求口头审理通知书，告知本案定于2008年9月18日进行口头审理。

口头审理如期举行，请求人委托深圳市中知专利商标代理有限公司的专利代理人林虹出席了本次口头审理，专利权人缺席此次口头审理。

在口头审理中，请求人明确其无效宣告请求的理由为：本专利相对于附件2不符合专利法第9条的有关规定，请求人当庭还明确放弃关于本专利不符合专利法实施细则第13条第1款有关规定的无效理由。

请求人当庭指出，附件2的申请日为2006年5月11日，授权公告日为2007年3月21日，而本专利的申请日为2006年10月24日，因而可以看出附件2的申请日在本专利的申请日之前，但公开日在本专利的申请日之后，适用于专利法第9条的规定。此外，附件2与本专利是同类别的产品，两者的外观设计要素相同，从主视图看，二者整体性状均为矩形，且二者的显示屏和按键的形状、位置也相同，此外，附件2左、右、俯、仰视图也分别与本专利的左、右、俯、仰视图相同，因为可视门铃是挂在墙壁上使用的，后视图为不常见的部位，无设计要点。请求人当庭还出示了本专利与附件2的产品实物。综上所述，请求人认为本专利不符合专利法第9条的规定，应予以无效。口头审理到此结束。

至此，合议组认为本案事实已清楚，现依法作出审查决定。

二、决定的理由

专利法第9条规定：两个以上的申请人分别就同样的发明创造申请专利的，专利权授予最先申请的人。

审查指南第一部分第三章第6.5.1节规定：在判断是否构成专利法第9条和专利法实施细则第13条第1款所述的“同样的发明创造”时，应当以表示在两件外观设计专利申请或专利的图片或者照片中的外观设计产品为准。同样的外观设计是指两项外观设计相同或者相近似。外观设计相同或者相近似的判断原则，适用本指南第四部分第五章的规定。

审查指南第四部分第五章第4节规定：使用时容易看到部位的设计变化相对于不容易看到或者看不到部分的设计变化，通常对整体视觉效果更具有显著的影响；在综合考虑各种因素的情况下，若区别点仅在于局部的细微变化，则其对整体视觉效果不足以产生显著影响。

1. 关于证据

请求人使用附件2作为证据来证明本专利不符合专利法第9条的有关规定。附件2是在国家知识产权局网站上检索到的公告号为CN3623872的外观设计公开文本的网页打印件，专利权人未对附件2的真实性提出异议，附件2的专利权人与本专利的专利权人不同，且申请日在本专利的申请日之前，公开日在本专利的申请日之后。合议组经核实后对附件2的真实性予以认可，其可以作为评述本专利是否符合专利法第9条的有关规定的证据使用。

2. 关于本专利是否符合专利法第9条的规定

本专利的外观设计共包括主视图、后视图、俯视图、仰视图、左视图、右视图共六幅视图，不要求保护色彩。从主视图看，该免提可视门铃的外壳呈矩形，其中在矩形外壳中部设有矩形的的显示屏，在显示屏右侧为按钮区，该按钮区由上至下依次设有两排指示灯（每排四个）、五排按钮（每排三个）、并排放置的两个指示灯、整体形状为近似矩形的多个按钮，在屏幕及按钮区的外围有近似于矩形的边框，在该边框的右上角有整体性状近似为圆形的多个扬声器孔；从后视图看，该免提可视门铃的背面呈与主视图中外壳形状大小均一致的矩形，在该背面上设有多个螺丝钉，以及可放置支架的安装槽；从俯视图、仰视图、左视图及右视图看，该免提可视门铃的上、下、左、右各面均呈扁平长条的矩形。详见本决定附图“本专利”。

附件 2 公开了一种可视对讲分机的外观设计专利，其包括俯视图、仰视图、左视图、右视图及主视图共五幅视图。从主视图看，该免提可视门铃的外壳呈矩形，其中在矩形外壳中部设有矩形的显示屏，在显示屏右侧为按钮区，该按钮区由上至下依次设有两排指示灯（每排四个）、五排按钮（每排三个）、并排放置的两个指示灯、整体形状为近似矩形的多个按钮，在屏幕及按钮区的外围有近似于矩形的边框，在该边框的右上角有整体形状近似为圆形的多个扬声器孔，其中在边框的左上方及右下方均有文字，在边框内显示屏的左侧有产品商标；从俯视图、仰视图、左视图及右视图看，该免提可视门铃的上、下、左、右各面均呈扁平长条的矩形。详见本决定附图“附件 2”。

附件 2 与本专利属于同一类别的产品，将附件 2 与本专利的外观设计相比较可以看出，二者的区别在于：（1）本专利的免提可视门铃的正面没有设置文字及商标，而附件 2 中的产品正面设置有文字及商标。（2）附件 2 没有公开产品的背面外观设计。合议组经审查后认为：（1）二者产品正面的显示屏、边框、按钮及扬声器的形状、比例及设置位置均完全相同，此外，二者的上、下、左、右四面的形状及比例也大致相同，虽然附件 2 中的产品正面面板上设置有文字及商标，但是由于文字及商标在整个产品面板上所占的比例非常小，相比较显示屏、按钮、扬声器等部分而言，文字及商标属于不容易被一般消费者注意的部位，且在整体设计中所占比例很小，因而这种局部的细微变化对于产品的整体外观视觉效果不具有显著的影响。（2）由于免提可视门铃通常放置在居室大门入口处的墙壁上，因而该产品的背面属于一般消费者在使用状态下难以看到的部位，因而相对于该产品的其他各面而言，背面的设计对于产品的整体外观视觉效果不具有显著的影响。综上所述，本专利与附件 2 属于相近似的外观设计，根据审查指南第一部分第三章第 6.5.1 节的相关规定，两者属于同样的发明创造，且附件 2 为他人在本专利申请日前提交的外观设计专利，因而本专利不符合专利法第 9 条的有关规定。

三、决定

宣告 200630154091.0 号外观设计专利权全部无效。

当事人对本决定不服的，可以根据专利法第 46 条第 2 款的规定，自收到本决定之日起三个月内向北京市第一中级人民法院起诉。根据该款的规定，一方当事人起诉后，另一方当事人应当作为当事人参加诉讼。

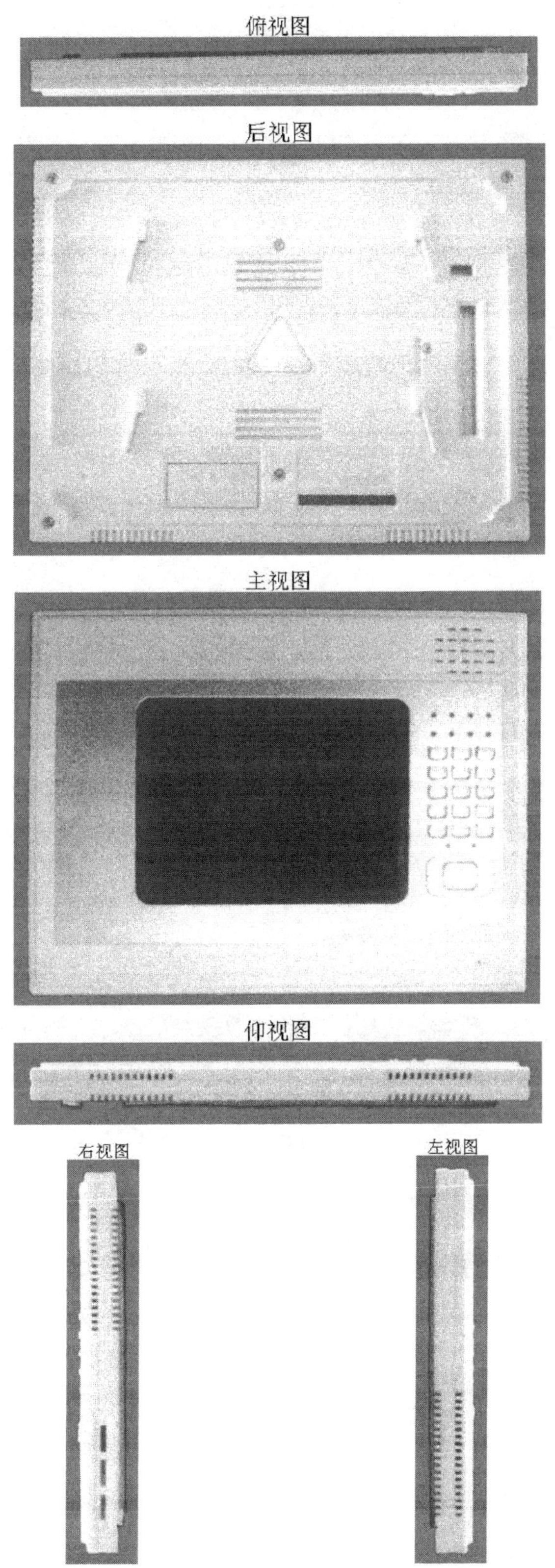

本专利附图

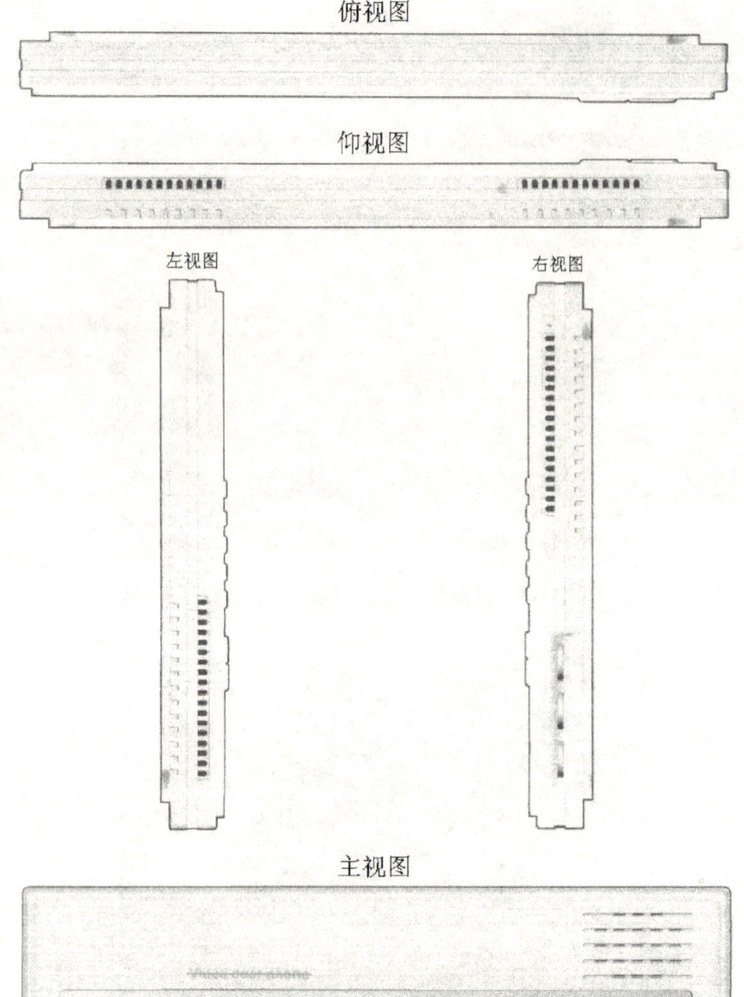

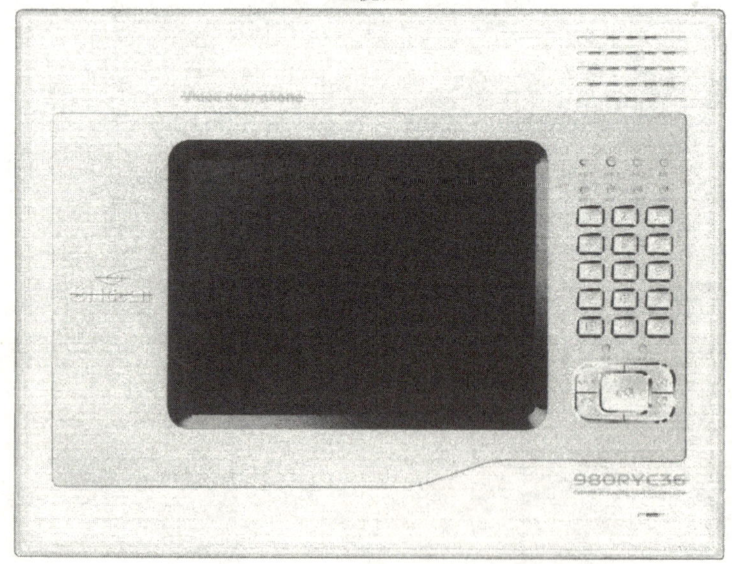

附件 2 附图

047

电饼铛（AR120-32）

无效宣告请求审查决定（第12706号）

决　定　号　第12706号
决　定　日　2008年11月21日
发明创造名称　电饼铛（AR120-32）
外观设计分类号　07-02
无效宣告请求人　程高浪，永康市点金工贸有限公司，永康市星泰工贸有限公司
专 利 权 人　林亮
专　利　号　200730321514.8
申　请　日　2007年9月21日
授权公告日　2008年7月30日
合议组组长　钱亦俊
主　审　员　尹春霞
参　审　员　李巍巍
附　　　图　2页

法律依据　专利法第23条
决定要点

本专利与在先设计的整体构成、各部分形状及在整体中所占比例均基本相同，其差别为局部细微变化，不会对整体视觉效果产生显著影响，二者应属于相近似的外观设计。

一、案由

本无效宣告请求涉及国家知识产权局于2008年7月30日授权公告的200730321514.8号外观设计专利，使用该外观设计的产品名称是“电饼铛（AR120-32）”，其申请日是2007年9月21日，专利权人是林亮。

针对上述外观设计专利权（下称本专利），程高浪（下称请求人1）、永康市点金工贸有限公司（下称请求人2）、永康市星泰工贸有限公司（下称请求人3）于2008年8月26日分别向专利复审委员会提出无效宣告请求，其依据的事实和理由是：本专利不符合专利法第5条及第23条的规定，本专利应予宣告无效。请求人同时提交了如下附件作为证据：

附件1：本专利公报复印件1页；

附件2：中华人民共和国香港特别行政区区旗区徽使用暂行办法复印件2页；

附件3：200530022075.1号外观设计专利公报复印件1页；

附件4：200530022149.6号外观设计专利公报复印件1页。

上述请求人均认为：本专利在主视图的显著部位设香港特别行政区区旗、区徽的紫荆花图案，明显违反了专利法第5条的规定，即对违反国家法律、社会公德或者妨害公共利益的发明创造，不应授予专利权。同时，本专利与附件3、附件4所示外观设计相近似，且公开日均在本专利申请日之前，本专利不符合专利法第23条的规定，本专利应予宣告无效。

专利复审委员会经形式审查合格分别受理了上述无效宣告请求，并于2008年8月26日分别将无效宣告请求书及其附件的副本转送专利权人，通知其在指定期限内陈述意见。

专利权人于2008年10月6日针对请求人1、请求人2提出的无效宣告请求提交意见陈述。专利权人认为：本专利与附件3所示外观设计有三点区别，即把手与圆盘状壳体连接部分的角度不同、支撑点的高度不同、突起乳钉个数及上的图案不同，二者具有明显区别，不足以使普通消费者构成误认和误购。同时本专利的紫荆花图案有别于香港特别行政区的区徽。综上，应维持本专利有效。

专利复审委员会依法成立合议组对本案进行审理，并于2008年10月9日向请求人1、请求人2、请求人3及专利权人发出《合议组成员告知通知书》，请求人1、请求人2、请求人3及专利权人在指定期限内均未对合议组成员提出回避请求。

在上述审理的基础上，合议组经合议，认为本案事实清楚，依法作出本审查决定。鉴于请求人1、请求人2、请求人3提出的无效宣告请求的理由相同，提交的证据相同，将上述无效宣告请求合并审理。

二、决定的理由

1. 法律依据

请求1、请求人2、请求人3认为本专利不符合专利法第5条及第23条的规定。

专利法第5条规定：对违反国家法律、社会公德或者妨害公共利益的发明创造，不授予专利权。

专利法第23条规定：授予专利权的外观设计，应当同申请日以前在国内外出版物上公开发表过或者国内公开使用过的外观设计不相同和不相近似，并不得与他人在先取得的合法权利相冲突。

根据上述请求人提交的证据，合议组首先依据专利法第23条的规定进行审理。

2. 证据认定

请求人1、请求人2、请求人3提交的附件3是200530022075.1号外观设计专利公报复印件。经合议组核实，该附件所示内容真实，其产品名称是“电饼铛（05悬浮式）”，授权公告日是2006年7月19日，早于本专利的申请日2007年9月21日，属于在本专利申请日之前公开的外观设计，可以作为评价本专利是否符合专利法第23条的规定的证据，适用于本案。

3. 相同和相近似对比

本专利与附件3（下称在先设计）均公开了“电饼铛”的外观设计，二者具有相同的用途，属于同一类别的产品，具有可比性，故对二者的外观设计作如下对比：

本专利包括主视图、左视图、右视图、俯视图、仰视图、立体图。从立体图观察，本专利由上下铛体组成；从主视图观察，其铛体大致呈圆形，下方设有手柄，上部有一类似三角形的凸台，凸台的外围设有若干小突起，凸台正下方有一紫荆花图案；从左、右视图观察，下饼铛与上饼铛形状相同，厚度比上饼铛略厚，下部左右两侧各有一支撑脚（详见本专利附图）。

在先设计包括主视图、后视图、左视图、右视图、俯视图、仰视图。从主视图观察，其铛体大致呈圆形，下方设有手柄，上部有一类似三角形的凸台，凸台的外围设有若干小突起；从左、右视图观察，下饼铛与上饼铛形状相同，厚度比上饼铛略厚，下部左右两侧各有一支撑脚（详见在先设计附图）。

将本专利与在先设计相比较，二者均由上饼铛与下饼铛两部分组成，各部分的相对位置、形状及在整体中所占比例大小均相似。两者不同之处主要在于：本专利凸台正下方有一紫荆花图案，在先设计为小突起设计；把手两侧的连接件形状不相同，本专利把手两侧的连接件大致呈平行状态，在先设计把手两侧的连接件有一定夹角。对此合议组认为，在二者整体构成、各部分形状及比例等均基本相同的情况下，对于其整体而言，此两处为局部细微变化，不会对整体视觉效果产生显著影响，因此二者应属于相近似的外观设计。

综上所述，在本专利申请日以前已有与其相近似的外观设计在出版物上公开发表过，本专利不符合专利法第 23 条的规定。

鉴于已经得出两者相近似的结论，合议组对请求 1、请求人 2、请求人 3 提出的其他理由及证据不再进行评述。

三、决定

宣告 200730321514. 8 号外观设计专利权全部无效。

当事人对本决定不服的，可以根据专利法第 46 条第 2 款的规定，自收到本决定之日起三个月内向北京市第一中级人民法院起诉。根据该款的规定，一方当事人起诉后，另一方当事人应当作为第三人参加诉讼。

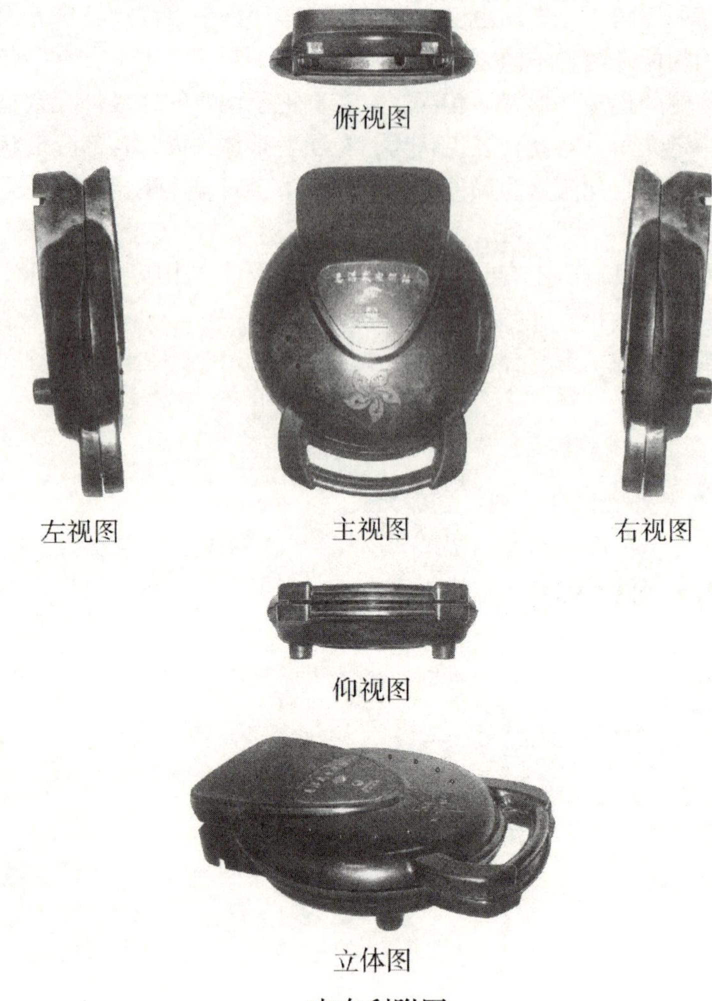

本专利附图

主视图

俯视图

后视图

仰视图

右视图

左视图

在先设计附图

048

扑克包装盒（Z. G. YNo. 9811）

无效宣告请求审查决定（第 12707 号）

决 定 号 第 12707 号
决 定 日 2008 年 11 月 14 日
发明创造名称 扑克包装盒（Z. G. YNo. 9811）
外观设计分类号 03-01
无效宣告请求人 包海福，吴洪根
专 利 权 人 章国英
专 利 号 200730145290. X
申 请 日 2007 年 4 月 30 日
授权公告日 2008 年 3 月 26 日
合议组组长 王霞军
主 审 员 尹春霞
参 审 员 周 佳
附 图 2 页

法律依据 专利法第 9 条
决定要点

本专利与在先设计的差别为局部细微差别，对于产品整体视觉效果不具有显著影响，二者应属于相近似的外观设计。

一、案由

本无效宣告请求涉及国家知识产权局于 2008 年 3 月 26 日授权公告的 200730145290. X 号外观设计专利，使用该外观设计的产品名称是“扑克包装盒（Z. G. YNo. 9811）”，其申请日是 2007 年 4 月 30 日，专利权人是章国英。

针对上述外观设计专利权（下称本专利），包海福、吴洪根（下称请求人）于 2008 年 6 月 25 日向专利复审委员会提出无效宣告请求，其依据的事实和理由是：本专利与附件 1 所示外观设计的相近似，本专利不符合专利法第 23 条及专利法实施细则第 2 条第 3 款的规定。同时请求人认为根据专利法第 9 条的规定，两个以上的申请人分别就同样的发明创造申请专利的，专利权授予最先申请的人，而附件 1 所示专利的申请日在本专利的申请日之前，属于申请在先，本专利应予宣告无效。请求人同时提交了如下附件作为证据：

附件 1：200730002705. 8 号外观设计专利著录项目及图片复印件共 7 页。

专利复审委员会经形式审查合格受理了该无效宣告请求，并于2008年9月1日将无效宣告请求书及其附件的副本转送专利权人，通知其在指定期限内陈述意见。专利权人逾期未提交答复意见。

专利复审委员会依法成立合议组对本案进行审理，并于2008年9月23日向双方当事人发出《无效宣告请求口头审理通知书》，定于2008年11月11日对本案进行口头审理。

口头审理如期举行，仅有请求人一方委托代理人出庭，专利权人未出席口头审理，合议组依法进行缺席审理。请求人对合议组成员无回避请求，专利权人也未对合议组成员提出书面回避请求。请求人在口头审理中明确无效宣告请求的理由为本专利不符合专利法第9条的规定。对于相同和相近似比较，请求人认为，附件1的主视图、左视图、右视图与本专利完全相同，后视图、俯视图、仰视图与本专利相近似，区别仅是本专利的后视图多了个条码，俯视图及仰视图上的字母与本专利不同，但都是在视觉不被关注的位置。

在上述审理的基础上，合议组经合议，认为本案事实清楚，依法作出本审查决定。

二、决定的理由

1. 法律依据

基于请求人提出的无效宣告请求的理由，合议组依据专利法第9条的规定对本案进行审理。

专利法第9条规定：两个以上的申请人分别就同样的发明创造申请专利的，专利权授予最先申请的人。

2. 证据认定

请求人提交的附件1是200730002705.8号外观设计专利著录项目及图片复印件，经合议组核实，该附件所示内容真实，其使用该外观设计的产品名称是“包装盒（1）”，申请日是2007年1月30日，授权公告日是2007年12月19日，本专利的申请日2007年4月30日，因此附件1所示外观设计属于他人申请在先，公开在后的外观设计（下称在先设计），可以作为评价本专利是否符合专利法第9条的证据。

3. 相同和相近似比较

在先设计与本专利都是扑克牌包装盒的外观设计，二者用途相同，属于相同类别的产品，具有可比性，故对二者的外观设计作如下对比：

本专利公开了主视图、后视图、左视图、右视图、俯视图、仰视图。整体形状为扁立方体。主视图的上半部分图案是一卷发女人的上半身像，披头纱，右手持一朵花，左上角是两红心及类似“A”的图案，下半部分图案与上半部分图案呈中心对称；后视图的上半部分的图案与主视图的上半部分图案相同，下半部分由若干排横向俄文字母及条形码组成图案；左视图及右视图由间隔大致相等的图形组成图案；俯视图及仰视图由字母及数字组成图案（详见本专利附图）。

在先设计公开了主视图、后视图、左视图、右视图、俯视图、仰视图。整体形状为扁立方体。主视图的上半部分图案是一卷发女人的上半身像，披头纱，右手持一朵花，左上角是两红心及类似“A”的图案，下半部分图案与上半部分图案呈中心对称；后视图的上半部分的图案与主视图的上半部分图案相同，下半部分由若干排横向俄文字母组成图案；左视图及右视图由间隔大致相等的图形组成图案；俯视图及仰视图由字母及数字组成图案（详见在先设计附图）。

将本专利与在先设计相比较，两者的整体形状均为扁立方体，两者的形状相同。两者相应视图的图案及排布均相似，其中相应主视图、左视图、右视图的图案完全相同。两者的不同点为：本专利后视图除有若干排横向俄文字母图案外，下方有条形码设计，在先设计无条形码设计，同时在俄文字母图案上方有一圆形图案设计；俯视图、仰视图的图案略不同，本专利的俯视图、仰视图的图案均为“Z. G. YNo. 9811”，在先设计的俯视图、仰视图的图案均为“W. L. G No. 9811”。对此合议组认为，对于扑克牌包装盒这类产品而言，扁立方体的盒体形状为该类产品的公认的惯常设计，则包装盒的图案设计变化通常对整体视觉效果更具有显著影响，二者主视图、左视图、右视图的图案完全相同，其余视图的主体图案设计也基本相同，仅在字母排列、内容上略有差别，相对其整体设计而言，二者的上述差别为局部细微差别，对于产品整体视觉效果不具有显著影响。因此本专利与在先设计应属于相近似的外观设计。

审查指南第四部分第七章规定，同样的发明创造对于外观设计而言是指外观设计相同或者相近似。综上所述，在本专利申请日以前已有他人就同样的外观设计申请了专利，并在之后被授予专利权，因此本专利权的授予不符合专利法第 9 条的规定。

三、决定

宣告 200730145290. X 号外观设计专利权全部无效。

当事人对本决定不服的，可以根据专利法第 46 条第 2 款的规定，自收到本决定之日起三个月内向北京市第一中级人民法院起诉。根据该款的规定，一方当事人起诉后，另一方当事人应当作为第三人参加诉讼。

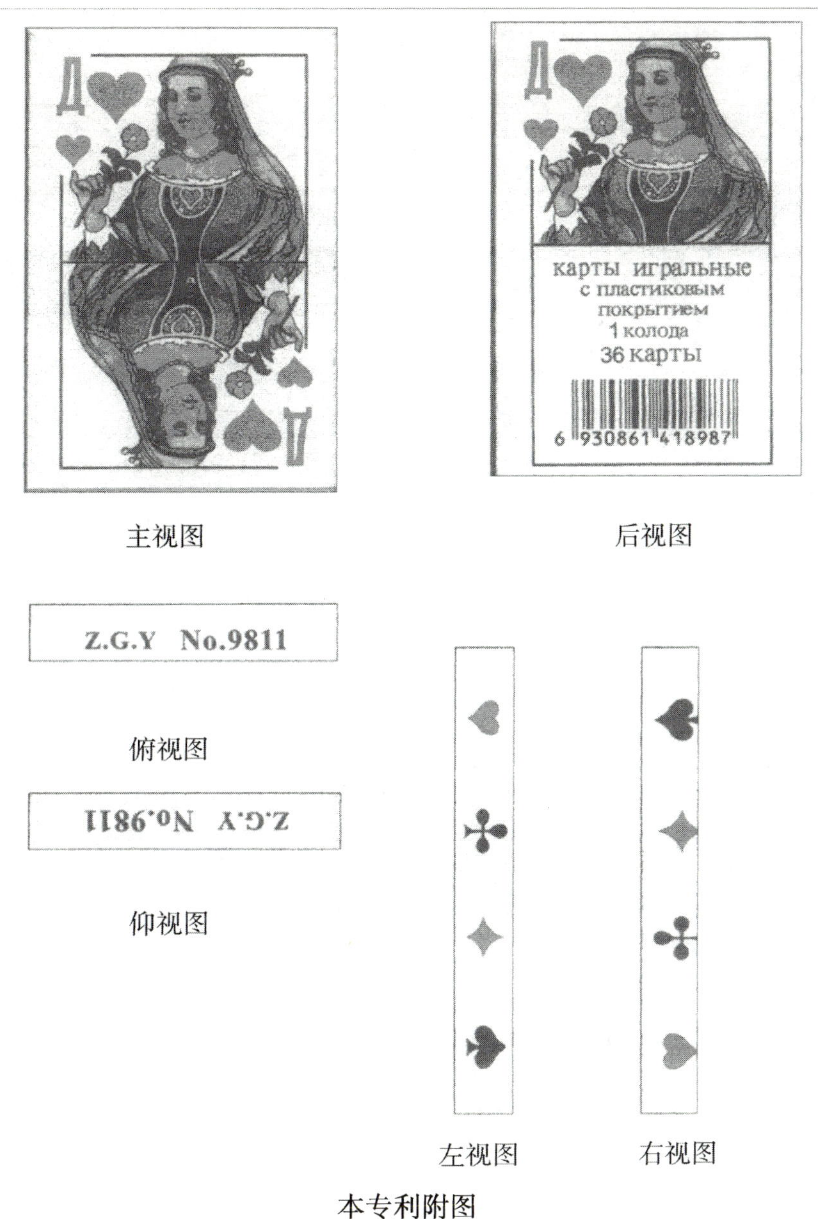

主视图　后视图　俯视图　仰视图　左视图　右视图

本专利附图

Д
карты игральные
с пла стик ов ым
покрытием
1 колода
36 карты
W.L.D No:9811
主视图
左视图
后视图
右视图
俯视图
仰视图

在先设计附图

049

快速 F 夹

无效宣告请求审查决定（第 12716 号）

决　定　号　第 12716 号
决　定　日　2008 年 11 月 13 日
发明创造名称　快速 F 夹
国际分类号　08-05
无效请求人　慈溪市三北工量具实业有限公司
专利权人　张孔力
专　利　号　01343426.8
申　请　日　2001 年 7 月 26 日
授权公告日　2002 年 2 月 13 日
合议组组长　钱亦骏
主　审　员　吴大章
参　审　员　张　凌
附　　　图　2 页

法律依据　专利法第 23 条
决定要点

（1）基于专利复审委员会已生效的无效宣告审查决定认定的销售事实，合议组依据新证据认定了所销售的产品的外观设计。

（2）请求人提交的证据足以证明与本专利相近似的外观设计在本专利申请日之前已经公开使用，本专利不符合专利法第 23 条的规定。

一、案由

本无效宣告请求涉及国家知识产权局于 2002 年 2 月 13 日授权公告的第 01343426.8 号外观设计专利权（下称本专利），使用本专利的产品名称为“快速 F 夹”，其申请日为 2001 年 7 月 26 日，专利权人为张孔力。本无效宣告请求是慈溪市三北工量具实业有限公司（下称请求人）继前次针对本专利提出的无效宣告请求审理结案后又于 2006 年 11 月 26 日提出的无效宣告请求。

（一）关于前次无效宣告请求

请求人曾经于 2005 年 5 月 9 日针对本专利向专利复审委员会提出无效宣告请求，其理由是本专利不符合专利法第 23 条的规定。请求人称，请求人于 2001 年 3 月 30 日就“快速棘轮尼龙夹”与浙江万达出口有限公司签订了产品购销合同，并于本专利申请日之前交货，请求人与浙江万达进出口有限公司因上述产品的质量问题发生纠纷，诉至法院，由此证明，与本专利的外观设计相同的产品已经在申请日之前的公开销售。请求人随无效宣告请求书提交了下列证据：

证据1：浙江万达进出口有限公司诉慈溪市三北工量具实业有限公司购销合同纠纷的起诉状及其证据清单，复印件，2页；

证据2. 编号为GR033001的物资购买合同复印件，1页；

证据3. 外商分别于2002年4月10日和5月22日发出的传真件及译文，复印件共4页；

证据4. 万达公司于2002年4月22日发出的传真复印件1页；

证据5. 杭州市萧山区人民法院（2004）萧民二初字第0019号民事判决书复印件3页；

证据6. 杭州市中级人民法院（2004）杭民二终字第220号民事调解书复印件2页；

证据7. 杭州市中级人民法院档案室出具的案卷资料复印件2页；

证据8. 慈溪市三北工量具实业有限公司于2001年6月4日和2001年6月15日的交货清单2份复印件2页。

专利复审委员会经审理后做出了第8184号审查决定，认定上述销售行为已经发生，但没有认定合同中销售的“快速棘轮尼龙夹”就是证据7中记载的产品。专利复审委员会认为没有证据能够表明所销售的“快速棘轮尼龙夹”的外观，从而不能证明销售的所述“快速棘轮尼龙夹”的外观设计与本专利的外观设计相同和相近似。因而，第8184号审查决定维持本专利权有效。

专利复审委员会在第8184号审查决定中指出：（1）证据7上有“杭州市中级人民法院档案室”印章，并在印章下记载“此件复制于（2004）杭民二终字第220号案卷”，并且记载“于2004年3月29日提交”，因此可以确认证据7属于（2004）杭民二终字第220号案件当事人在二审调解期间提交的证据，但不能确定证据7是哪一方当事人提交的证据；（2）虽然上面有“有质量问题的被告产品 陈生有”的文字并有产品图片，但由于证据7是复印件，并不能确定在杭州市中级人民法院档案室（2004）杭民终字第220号案卷中保存的该证据是否为复印件，进而无法与其原件进行核对，以证明二者相符；（3）一审判决书（证据5）和二审调解书（证据6）均没有认定证据7所示产品就是证据1~6和8中销售合同的产品，而一审原告浙江万达进出口有限公司和“陈生有”均没有对该证据予以确认，陈生有本人也没有出庭进行说明，故无法确认所述证言是否为“陈生有”所出具，以及该证言内容本身的真实性；并且也无其他证据可以佐证该证言的真实性；（3）该销售合同纠纷诉讼案件的证据7上面“杭州市中级人民法院档案室”印章只能证明证据7复制于（2004）杭民终字第220号诉讼案卷，显然不能证明证据7中所述产品就是销售合同所称产品。

请求人不服专利复审委员会作出的第8184号无效宣告请求审查决定书，向北京市第一中级人民法院提起行政诉讼，2007年12月18日，北京市第一中级人民法院作出（2006）一中行初字第925号行政判决书，该判决书认定：“第8184号决定认定事实清楚，适用法律正确，程序合法，应予维持”。

请求人不服北京市第一中级人民法院作出的上述行政判决书，向北京市高级人民法院提起上诉。2008年6月2日，北京市高级人民法院作出（2008）高行终字第257号行政判决书，维持原判。

（二）关于本无效宣告请求

请求人提出的请求宣告本专利无效的理由和主张的事实与上述前次无效宣告请求的相同，即本专利不符合专利法第23条的规定，请求人于2001年3月30日就“快速棘轮尼龙夹”与浙江万达进出口有限公司签订了产品购销合同，并于本专利申请日之前交货，所述“快速棘轮尼龙夹”的外观设计与本专利相同，请求人与浙江万达进出口有限公司因上述产品的质量问题发生纠纷，诉至法院。因此与本专利的外观设计相同的产品已经在申请日之前的公开销售。作为支持其无效宣告理由的证据，请求人再次提交了原证据 1 至证据 8，即本次无效宣告请求的附件 1 至附件 8，并提交了新证据（下称附件 9）。本次提交的附件 7（杭州市中级人民法院档案室出具的案卷资料复印件 2 页）在页面上增加了新的文字说明："复印自（2004）杭民二终字第 220 号案卷，存档的为原件"。附件 9 是杭州市萧山区公证处出具的（2006）杭萧证字第 3779 号公证书的复印件 5 页。

经形式审查合格专利复审委员会受理了该无效宣告请求，并于 2006 年 12 月 29 日将无效宣告请求书及其附件的副本转送给专利权人，要求其在指定期限内陈述意见。专利复审委员会逾期未收到专利权人的意见陈述。

专利复审委员会依法组成合议组，于 2008 年 9 月 3 日向双方当事人发出《无效宣告请求口头审理通知书》，定于 2008 年 10 月 9 日进行口头审理。

口头审理如期举行。请求人委托代理人出席口头审理。专利权人没有出席口头审理。在口头审理当中涉及的主要内容如下：

（1）请求人提交了附件 1~9 的原件，结合证据具体说明了无效宣告的理由。

（2）在附件 7 上签名的陈生有作为证人出庭作证，就浙江万达进出口有限公司和请求人之前的产品质量纠纷过程做了陈述，证人说明自己是浙江万达进出口有限公司的法律顾问，在涉及上述质量纠纷的二审过程中，将有问题的产品进行拍照并将照片提交至二审法院。

至此，合议组认为本案的事实清楚，可以作出审查决定。

二、决定的理由

1. 法律依据

专利法第 23 条规定，授予专利权的外观设计，应当同申请日以前在国内外出版物上公开发表过或者国内公开使用过的外观设计不相同和不相近似，并不得与他人在先取得的合法权利相冲突。

2. 事实认定

基于（2008）高行终字第 257 号行政判决书及专利复审委员会已生效的第 8184 号无效宣告审查决定认定的事实，本专利申请日之前，请求人向浙江万达进出口有限公司销售了一类产品，产品的中文名称为"快速棘轮尼龙夹"或"快速棘轮夹"；产品的英文名称为"quick ratchet bar clamps"或"ratchet bar clamps"；产品的商品代号为"32081"、"32045"、"32057"、"32047"、"32067"和"32078"，合议组对请求人补充的证据与该事实的关联性进行了审查。

附件 7 是杭州市高级人民法院档案室出具的材料，其中包括 4 张产品照片，在照片的右侧盖有"杭州市中级人民法院档案室"红色印章，并有"复制于（2004）杭民二终字第 220 号案卷，存档的为原件"的字样。照片下方有"有质量问题的被告产品陈生有"的字样。

附件 9 是杭州市萧山区公证处出具的（2006）杭萧证字第 3779 号公证书。在该公证书中，附有 1 份证明和 4 张产品照片，所述 4 张产品照片与附件 7 中的照片一致。在所述证明中有这样的记载："在二审庭审过程中证人为配合法庭查清事实，向法庭提供了快速棘轮尼龙夹原件的照片，照片由证人的特别授权代理人陈生有签名确认"。在该证明的下方盖有"浙江万达进出口有限公司"红色印章，并有法定代表人孔万明的签字。公证书记载的内容："兹证明浙江万达进出口有限公司法定代表人孔万明于二○○六年七月四日来到本处，在我的面前，在前面的《证明》上签名、盖章。"

针对上述证据，专利权人始终未提交任何意见陈述，也未提交相关证据证明其不真实，亦不出席口头审理。合议组认为，附件 7 是国家权力机关出具的书证，附件 9 是经过公证的书证，合议组对附件 7 和附件 9 予以采纳。在上述已经生效的第 8184 号无效宣告请求审查决定认定的事实的基础上，依据附件 7 和附件 9，合议组认为：附件 7 中图片所示产品即为销售合同所述产品"快速棘轮尼龙夹"（下称在先设计）。

3. 相同和相近似比较

本专利要求保护一种快速夹外观设计，其由夹杆、固定夹钳和活动夹钳组成。夹杆呈杆状；固定夹钳大体为三角形，其一端通过螺丝固定于夹杆，固定夹钳中部设有一个类似三角形的通孔；活动夹钳分为三部分，与杆相连的中间部分呈方形，与固定夹钳相对应的一端大体为三角形，该三角形中部有一个椭圆形的通孔，活动夹钳另一端有两个手柄，上手柄上下边缘为弧形，下边缘的形状接近一个半圆；下手柄大体呈长方形，其下边缘形状为便于手指用力的弯曲形状（参见本专利附图）。

在先设计由夹杆、固定夹钳和活动夹钳组成。夹杆呈杆状；固定夹钳大体为三角形，其一端通过螺丝固定于夹杆，固定夹钳中部设有一个类似三角形的通孔；活动夹钳分为三部分，与杆相连的中间部分呈方形，与固定夹钳相对应的一端大体为三角形，该三角形中部有两个三角形的通孔，活动夹钳另一端有两个手柄，上手柄上边缘为弧形，下边缘呈一直线；下手柄大体呈长方形，其下边缘形状为便于手指用力的弯曲形状（参见本专利附图）。

将本专利外观设计与在先设计相比较，二者的主要组成部分相同和基本形状相同，它们均由夹杆、固定夹钳和活动夹钳组成。夹杆呈扁片形杆状；固定夹钳大体为三角形，其一端通过螺丝固定于夹杆，活动夹钳分为三部分，与固定夹钳相对应的一端大体为三角形，中部大至呈方形，活动夹钳另一端有两个手柄；两者的主要不同之处包括：（1）本专利活动夹钳上的通孔呈椭圆形，在先设计的为两个三角形；（2）本专利上手柄上下边缘为弧形，下边缘的形状接近一个半圆，下手柄大体呈长方形；在先设计上手柄上边缘为弧形，下边缘呈一直线；下手柄大体呈长方形。合议组认为：本专利与在先设计的上述差别都属于局部的细微差别，一般消费者施以普通注意力很难识别并记忆这些差别，它们对外观设计的整体视觉效果产生的影响不够显著，两者属于相近似的外观设计。

综上所述，请求人提交的证据证明本专利和申请日之前公开使用的外观设计相近似，本专利不符合专利法第 23 条的规定。

鉴于已经得出本专利不符合专利法第 23 条的规定的结论，本决定对请求人提交的其他证据不再一一进行评述。

三、决定

宣告第 01343426. 8 号外观设计专利权全部无效。

当事人对本决定不服的，可以根据专利法第 46 条第 2 款的规定，自收到本决定之日起三个月内向北京市第一中级人民法院起诉。根据该款的规定，一方当事人起诉后，另一方当事人应当作为第三人参加诉讼。

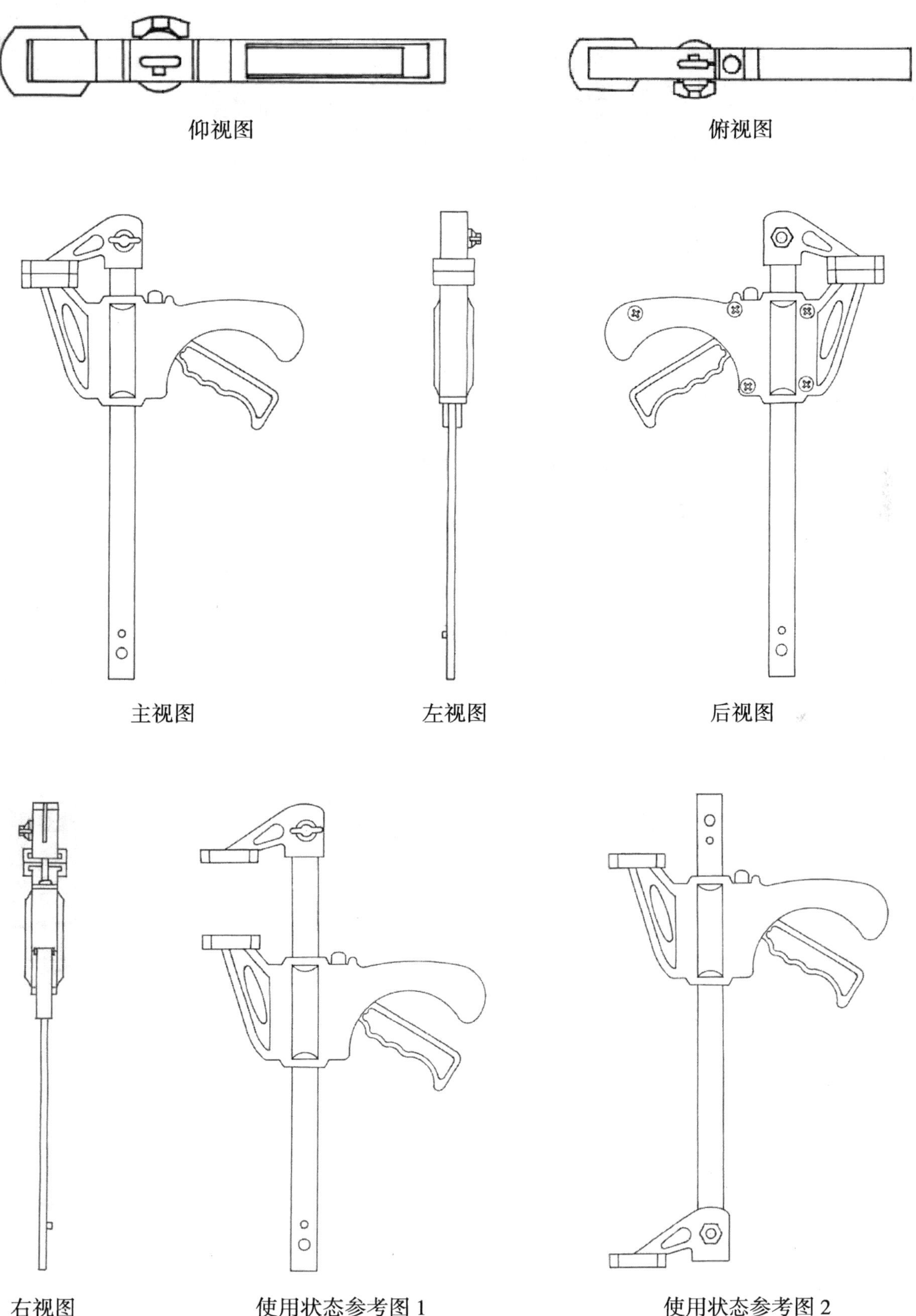
仰视图
俯视图
主视图
左视图
后视图
右视图
使用状态参考图 1
使用状态参考图 2

本专利附图

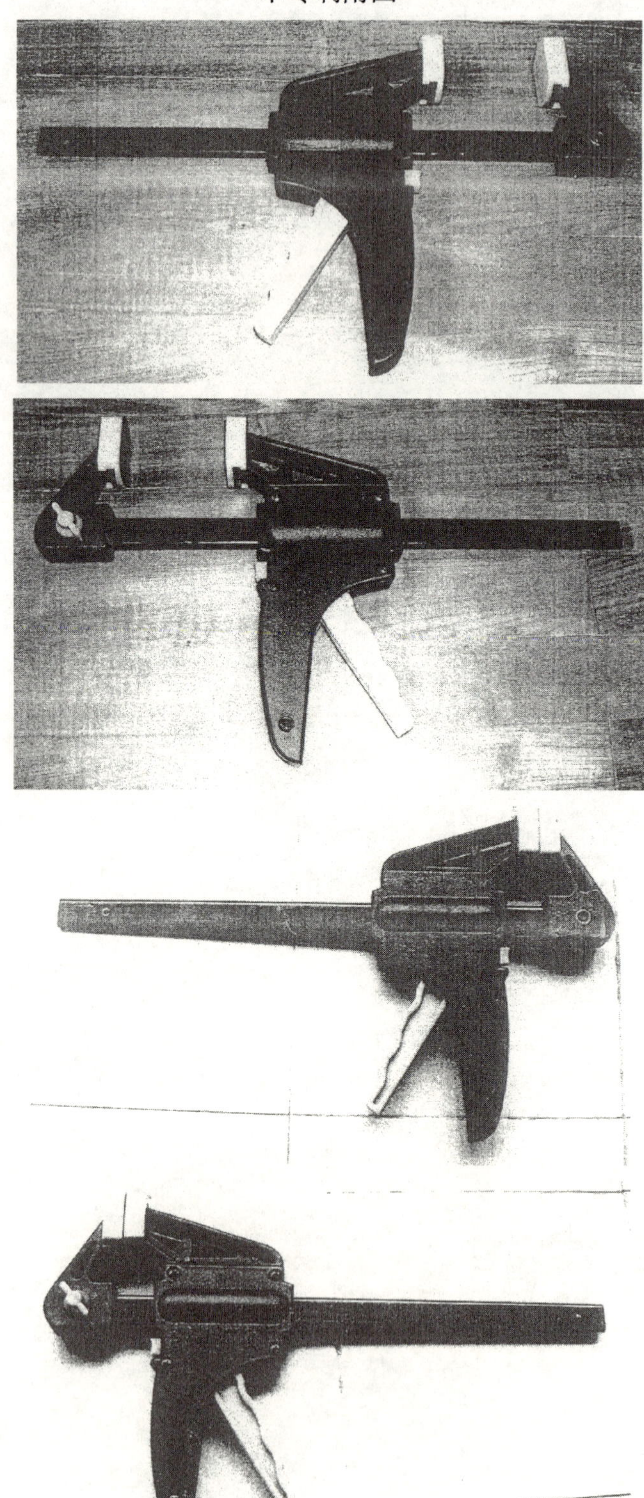

在先设计附图

北京市第一中级人民法院
行政判决书

（2009）一中行初字第 871 号

原告张孔力，男，1966 年 1 月 30 日出生，汉族，慈溪市天元工具有限公司职员，户籍所在地浙江省慈溪市天元镇元甲村头甲 1 组 50 号。

委托代理人余长江，男，北京君尚知识产权代理事务所专利代理人。

被告国家知识产权局专利复审委员会，住所地北京市海淀区北四环西路 9 号银谷大厦。

法定代表人张茂于，副主任。

委托代理人吴大章，男，国家知识产权局专利复审委员会审查员。

委托代理人余心蕾，女，国家知识产权局专利复审委员会审查员。

第三人慈溪市三北工量具实业有限公司，住浙江省慈溪市观海卫镇洞桥村。

法定表人顾新君，总经理。

委托代理人魏亮，男，汉族，慈溪市三北工量具实业有限公司职员，住杭州市西湖区友谊新村 5 幢 14 号 404 室。

原告张孔力不服被告国家知识产权局专利复审委员会作出的第 12716 号无效宣告请求审查决定（以下简称被诉决定），于 2009 年 3 月 17 日向本院提起行政诉讼。本院受理后，依法组成合议庭，于 2009 年 5 月 11 日公开开庭审理了本案。原告的委托代理人余长江，被告的委托代理人余心蕾、吴大章，第三人的委托代理人魏亮到庭参加了诉讼。本案现已审理终结。

2008 年 11 月 13 日，被告针对第三人提出的无效宣告请求作出被诉决定，依据《中华人民共和国专利法》（以下简称《专利法》）第二十三条的规定作出被诉决定，宣告第 01343426. 8 号外观设计专利权（以下简称本专利）全部无效。

被诉决定的理由为：

（1）事实认定。

基于北京市高级人民法院（2008）高行终字第 257 号行政判决书及被告作出的已生效的第 8184 号无效宣告审查决定（以下简称第 8184 号决定）认定的事实，本专利申请日之前，第三人向浙江万达进出口有限公司（以下简称万达公司）销售了一类产品，产品的中文名称为“快速棘轮尼龙夹”或“快速棘轮夹”；产品的英文名称为“quick ratchet bar clamps”或“ratchet bar clamps”；产品的商品代号为“32081”、“32045”、“32057”、“32047”、“32067”和“32078”，被告对第三人补充的证据与该事实的关联性进行了审查。

附件 7 是杭州市高级人民法院档案室出具的材料（以下简称证据 7），其中包括 4 张产品照片，在照片的右侧盖有“杭州市中级人民法院档案室”红色印章，并有“复制于（2004）杭民二终字第 220 号案卷，存档的为原件”的字样。照片下方有“有质量问题的被告产品陈生有”的字样。

附件 9 是杭州市萧山区公证处出具的（2006）杭萧证字第 3779 号公证书（以下简称证据 9）。在该公证书中，附有 1 份证明和 4 张产品照片，所述 4 张产品照片与附件 7 中的照片一致。在所述证明中有这样的记载：“在二审庭审过程中证人为配合法庭查清事实，向法庭提供了快速棘轮尼龙夹原件的照片，照片由证人的特别授权代理人陈生有签名确认。”在该证明的下方盖有“浙江万达进出口有限公司（以下简称万达公司）”红色印章，并有法定代表人孔万明的签字。公证书记载的内容：“兹证明浙江万达进出口有限公司法定代表人孔万明于二〇〇六年七月四日来到本处，在我的面前，在前面的《证明》上签名、盖章”。

针对上述证据，原告始终未提交任何意见陈述，也未提交相关证据证明其不真实，亦不出席口头审理。被告认为，证据7是国家权力机关出具的书证，证据9是经过公证的书证，被告对证据7和9予以采纳。在上述已经生效的第8184号决定认定的事实的基础上，依据证据7和9，被告认为：证据7中图片所示产品即为销售合同所述产品“快速棘轮尼龙夹”。

（2）相同和相近似比较。

本专利要求保护一种快速夹外观设计，其由夹杆、固定夹钳和活动夹钳组成。夹杆呈杆状；固定夹钳大体为三角形，其一端通过螺丝固定于夹杆，固定夹钳中部设有一个类似三角形的通孔；活动夹钳分为三部分，与杆相连的中间部分呈方形，与固定夹钳相对应的一端大体为三角形，该三角形中部有一个椭圆形的通孔，活动夹钳另一端有两个手柄，上手柄上下边缘为弧形，下边缘的形状接近一个半圆；下手柄大体呈长方形，其下边缘形状为便于手指用力的弯曲形状（参见本专利附图）。

证据7所示产品由夹杆、固定夹钳和活动夹钳组成。夹杆呈杆状；固定夹钳大体为三角形，其一端通过螺丝固定于夹杆，固定夹钳中部设有一个类似三角形的通孔；活动夹钳分为三部分，与杆相连的中间部分呈方形，与固定夹钳相对应的一端大体为三角形，该三角形中部有两个三角形的通孔，活动夹钳另一端有两个手柄，上手柄上边缘为弧形，下边缘呈一直线；下手柄大体呈长方形，其下边缘形状为便于手指用力的弯曲形状（参见本专利附图）。

将本专利外观设计与证据7所示产品相比较，二者的主要组成部分相同和基本形状相同，它们均由夹杆、固定夹钳和活动夹钳组成。夹杆呈扁片形杆状；固定夹钳大体为三角形，其一端通过螺丝固定于夹杆，活动夹钳分为三部分，与固定夹钳相对应的一端大体为三角形，中部大至呈方形，活动夹钳另一端有两个手柄；两者的主要不同之处包括：①本专利活动夹钳上的通孔呈椭圆形，在先设计的为两个三角形；②本专利上手柄上下边缘为弧形，下边缘的形状接近一个半圆，下手柄大体呈长方形；在先设计上手柄上边缘为弧形，下边缘呈一直线；下手柄大体呈长方形。被告认为：本专利与证据7所示产品的上述差别都属于局部的细微差别，一般消费者施以普通注意力很难识别并记忆这些差别，它们对外观设计的整体视觉效果产生的影响不够显著，两者属于相近似的外观设计。

综上所述，第三人提交的证据证明本专利和申请日之前公开使用的外观设计相近似，本专利不符合《专利法》第二十三条的规定。

被告在法定举证期限内向本院提交了被诉决定及下列证据的复印件：

（1）证据7；（2）证据9；（3）口头审理记录表。被告同时提交了第8184号决定及北京市高级人民法院（2008）高行终字第257号行政判决书。以上证据用以证明被诉决定认定事实清楚，适用法律正确，审理程序合法。

原告诉称：第一，被告作出被诉决定时在认定事实上存在重大错误，导致错误审查结论。（1）被告错误认定了陈生有证词的效力。陈生有作为万达公司的代理人，在该公司与第三人的货物买卖纠纷二审程序中向法庭提交了所谓涉案问题产品的照片。在本次无效宣告请求中，陈生有作证时表述在二审时对产品进行拍照并由其提交给杭州市中级法院。但陈生有作为诉讼代理人，不是第三人和万达公司货物买卖双方，其对问题产品的认识来源于其委托人，所以陈生有本身不能认定该照片涉及产品是第三人与万达公司货物买卖纠纷所涉及的产品。被告在口头审理中没有询问任何证人如何证明照片涉及产品是第三人与万达公司货物买卖纠纷涉及产品的一致性，就直接认定照片所涉产品就是第三人与万达公司货物买卖纠纷涉及的产品。从以下方面，也可以明显看出陈生有证词与事实不符的结论：①在第三人前五次对本案专利提出的专利无效请求中，从来没有提到第三人已经销售过外观相同或近似的产品；②陈生有提交的问题产品照片出现在第三人与万达公司诉讼纠纷的二审程序中缺乏合理性。③问题产品的照片如何形成存在重大疑问。（2）被告错误地认定公证书所涉内容的真实性。第三人在无效程序中提交的公证书只具有形式上的效力，但公证书的内容是一段证人证言，公证书只是记录了万达公司法定代表人陈述的证言内容，但没有作出该证言是否具有真实性的结论，因此，该公证书的效力只是相当于一份证人证言，在没有对证人进行质证的情况下，不能作为证据采纳。第二，被告对证据的认定违反了证据必须经过质证的程序性规定。被告仅凭借第三人提交的万达公司法定代表人陈述的证言，在该证人没有到庭质证的情况下就认定该公证书所涉证言的真实性，违反了证据必须经过质证的原则。第三，被告在错误认定事实的基础上，其适用法律错误，审查结论错误。综上，原告请求本院判决撤销被诉决定。

原告在法定举证期限以内向本院提交了被诉决定及下列证据的复印件：（1）W62814 号无效宣告请求文件；（2）W63176 号无效宣告请求文件；（3）W64150 号、W64080 号、W64473 号无效宣告请求审查决定及行政判决书；（4）第 8184 号决定及其行政判决书；（5）本案无效宣告请求文件；（6）本案无效宣告请求口头审理记录表。以上证据用以证明被诉决定认定事实及结论错误。

被告辩称其坚持被诉决定中的认定意见，认为证据 7 所示产品与本专利属于相近似的外观设计，被诉决定认定事实清楚、适用法律正确、审理程序合法，其请求本院判决维持被诉决定。

第三人述称其同意被诉决定并请求本院判决维持被诉决定。

第三人在庭审中表示没有证据向法庭提交。

经庭审质证，原告对被告证据 1、2 的真实性、关联性有异议，对证据 3 的关联性没有异议，不同意被告证据的证明作用，第三人对被告的证据没有异议。被告对原告证据 1~4 的关联性不予认可，对原告证据 5、6 的关联性、合法性、真实性不持异议，但不同意其证明作用。本院认为，被告提交的全部证据和原告证据 5、6 可以证明本案的相关事实，与本案具备关联性，且合法、真实，本院予以采纳；原告证据 1~4 系与本专利有关的其他无效宣告请求中涉及的材料，并非被诉决定审理时的相关依据，故原告证据 1~4 与本案被诉决定的合法性审查不具备关联性，本院不予采纳。

根据上述确认的有效证据和庭审中各方当事人无争议的陈述，本院认定如下事实：

本专利的产品名称为“快速 F 夹”，其申请日为 2001 年 7 月 26 日，授权公告日为 2002 年 2 月 13 日，专利权人为本案原告。本无效宣告请求是第三人继前次针对本专利提出的无效宣告请求审理结案后又于 2006 年 11 月 26 日提出的无效宣告请求。

第三人曾经于 2005 年 5 月 9 日针对本专利向被告提出无效宣告请求，其理由为本专利不符合《专利法》第二十三条的规定。第三人称，第三人于 2001 年 3 月 30 日就“快速棘轮尼龙夹”与万达公司签订了产品购销合同，并于本专利申请日之前交货，第三人与万达公司因上述产品的质量问题发生纠纷，诉至法院。因此，与本专利的外观设计相同的产品已经在申请日之前的公开销售。第三人随无效宣告请求书提交了 8 份证据。

被告经审理后作出了第 8184 号决定，认定上述销售行为已经发生，但没有认定合同中销售的“快速棘轮尼龙夹”就是证据 7 中记载的产品。被告认为没有证据能够表明所销售的“快速棘轮尼龙夹”的外观，从而不能证明销售的所述“快速棘轮尼龙夹”的外观设计与本专利的外观设计相同和相近似。因而，第 8184 号决定维持本专利权有效。

被告在第 8184 号决定中指出：（1）证据 7 上有“杭州市中级人民法院档案室”印章，并在印章下记载“此件复制于（2004）杭民二终字第 220 号案卷”，并且记载“于 2004 年 3 月 29 日提交”，因此可以确认证据 7 属于（2004）杭民二终字第 220 号案件当事人在二审调解期间提交的证据，但不能确定证据 7 是哪一方当事人提交的证据；（2）虽然上面有“有质量问题的被告产品陈生有”的文字并有产品图片，但由于证据7是复印件，并不能确定在杭州市中级人民法院档案室（2004）杭民终字第220号案卷中保存的该证据是否为复印件，进而无法与其原件进行核对，以证明二者相符；（3）一审判决书（证据5）和二审调解书（证据6）均没有认定证据7所示产品就是证据1~6和8中销售合同的产品，而该民事案件的一审原告万达公司和陈生有均没有对该证据予以确认，陈生有本人也没有出庭进行说明，故无法确认所述证言是否为陈生有所出具，也无法证明该证言内容本身的真实性；并且也无其他证据可以佐证该证言的真实性；（4）该销售合同纠纷诉讼案件的证据7上面“杭州市中级人民法院档案室”印章只能证明证据7复制于（2004）杭民终字第220号诉讼案卷，显然不能证明证据7中所述产品就是销售合同所称产品。

第三人不服第8184号决定，向本院提起行政诉讼，2007年12月18日，本院作出（2006）一中行初字第925号行政判决书，该判决书认定维持了第8184号决定。

第三人不服本院作出的上述行政判决书，向北京市高级人民法院提起上诉。2008年6月2日，北京市高级人民法院作出（2008）高行终字第257号行政判决书，维持原判。

第三人于2006年11月26日再次向被告提出针对本专利的无效宣告请求，其理由和主张的事实与上述前次无效宣告请求的相同，即本专利不符合《专利法》第二十三条的规定，第三人于2001年3月30日就“快速棘轮尼龙夹”与万达公司签订了产品购销合同，并于本专利申请日之前交货，所述“快速棘轮尼龙夹”的外观设计与本专利相同，第三人与万达公司因上述产品的质量问题发生纠纷，诉至法院。因此与本专利的外观设计相同的产品已经在申请日之前公开销售。作为支持其无效宣告理由的证据，第三人再次提交了原证据1~8，并提交了新证据（即本案中前述的证据9）。本次提交的证据7在页面上增加了新的文字说明：“复印自（2004）杭民二终字第220号案卷，存档的为原件”。证据9是杭州市萧山区公证处出具的（2006）杭萧证字第3779号公证书的复印件5页。

经形式审查合格被告受理了该无效宣告请求，并于2006年12月29日将无效宣告请求书及其附件的副本转送给原告，要求其在指定期限内陈述意见。被告逾期未收到原告的意见陈述。

被告依法组成合议组，于2008年9月3日向双方当事人发出《无效宣告请求口头审理通知书》，定于2008年10月9日进行口头审理。

口头审理如期举行。第三人委托代理人出席口头审理。原告没有出席口头审理。在口头审理当中涉及的主要内容如下：

（1）第三人提交了证据1~9的原件，结合证据具体说明了无效宣告的理由。

（2）在证据7上签名的陈生有作为证人出庭作证，就万达公司和第三人之前的产品质量纠纷过程做了陈述，证人说明自己是万达公司的法律顾问，在涉及上述质量纠纷的二审过程中，将有问题的产品进行拍照并将照片提交至二审法院。

被告经过审查作出被诉决定，宣告本专利全部无效。原告不服该决定，向本院提起行政诉讼。

另查明，第三人在本案行政程序中提交的证据情况如下：

证据1为万达公司于2003年11月29日向杭州市中级人民法院提起民事诉讼的起诉状和证据材料清单，其内容为万达公司因其与第三人签订的“快速棘轮尼龙夹”产品购销合同发生产品质量纠纷而提起行政诉讼，同时附有相关证据清单。

证据2为万达公司与第三人于2001年3月30日签订的产品购销合同，内容为万达公司向第三人订购一批名称为“快速棘轮尼龙夹”的产品。

证据3为外商分别于2002年4月10日和5月22日向万达公司发出的传真件及其中文译文，其内容为因万达公司向外商出口的“快速尼轮棘轮夹”出现质量问题，外商向万达公司要求退货；

证据4为万达公司发出的传真件，其内容为因外商退货，万达公司向第三人要求赔偿。

证据5为杭州市萧山区人民法院（2004）萧民二初字第0019号民事判决书，其内容为该法院于2004年1月31日作出一审判决，由第三人向万达公司退还部分合同货款。

证据6为杭州市中级人民法院于2004年3月29日作出的（2004）杭民二终字第220号民事调解书，其内容为第三人与万达公司就购销合同的产品质量纠纷达成调解。

证据7为一组共4张照片，该证据的内容显示为该组照片来源于杭州市中级人民法院（2004）杭民二终字第220号卷宗，其由陈生有于2004年3月29日向杭州市中级人民法院提供。

证据8为第三人于2001年6月4日、2001年6月15日向第三人发货的交货清单，其内容为第三人将“快速尼轮棘轮夹”产品交给万达公司。

证据9为杭州市萧山区公证处于2006年7月4日出具的公证书，该公证书公证的内容为万达公司的法定代表人孔万明出具的一份证人证言，该证言证明内容为：第三人与万达公司因“快速棘轮尼龙夹”产品购销合同发生产品质量纠纷而引发民事诉讼，万达公司的委托代理人陈生有在该民事诉讼的二审审理过程中向杭州市中级人民法院提供了在先设计的照片，该照片由陈生有签名确认，并证明在先设计与合同标的物“快速棘轮尼龙夹”完全一致。

以上证据1~6及证据8均未附有“快速尼轮棘轮夹”的图片或照片，也没有对该产品的外形特征进行任何描述。

本案庭审中，原告和第三人对于被诉决定中的案由部分表示无异议，原告认可证据7中所示产品与本专利属于相近似的外观设计。

本院认为，对于各方当事人针对被诉决定明确表示无争议的内容，经审查，本院对其合法性予以确认。

《专利法》第二十三条规定，授予专利权的外观设计，应当同申请日以前在国内外出版物上公开发表过或者国内公开使用过的外观设计不相同和不相近似，并不得与他人在先取得的合法权利相冲突。

《审查指南》第四部分第一章第11. 3节举证责任规定，请求宣告专利权无效的当事人对其主张负有举证责任，需要提供证据的，应当提供能充分支持其主张的证据，即请求人应当提供证据证明授予专利权的外观设计同申请日以前在国内外出版物上公开发表过或者国内公开使用过的外观设计相同或相近似。

本案涉及的焦点问题为：第三人在无效请求程序中提交的证据能否形成完整证据链证明证据7照片中所示产品系第三人与万达公司购销合同中涉及的“快速棘轮尼龙夹”。本院认为，证据1~6及证据8可以证明第三人与万达公司签订了“快速尼轮棘轮夹”产品的购销合同，双方因合同产品质量问题引发民事诉讼，后该民事诉讼在二审法院以调解结案的事实。但上述证据均未附有“快速尼龙棘轮夹”产品的照片或图片，也未对该产品的外形特征进行任何描述，因此证据1~6及证据8无法证明“快速尼龙棘轮夹”产品的具体形状。证据7仅能证明陈生有于2004年3月29日向杭州市中级人民法院提供了的附图，并认为该附图所示图片的产品系万达公司与第三人于2001年3月30日所签销售合同的产品。证据9系万达公司法定代表人于2006年10月4日作出的关于上述证据7提交情况的证言。但仅凭陈生有及万达公司法定代表人的陈述，不足以认定证据7、9所附图片的产品已在本专利申请日2001年7月26日之前公开销售。被诉决定关于“证据7中图片所示产品即为销售合同所述产品‘快速棘轮尼龙夹’”的认定不符合上述《审查指南》中的相关规定，其认定事实依据不足，应予撤销。原告提出的被诉决定的认定证据不足的诉讼主张具有事实依据，本院予以支持。据此，依据《中华人民共和国行政诉讼法》第五十四条第（二）项第1目之规定，判决如下：

撤销被告国家知识产权局专利复审委员会于二〇〇八年十一月十三日作出的第12716号无效宣告

请求审查决定。

案件受理费 100 元，由被告国家知识产权局专利复审委员会负担（于本判决生效后七日内缴纳）。

如不服本判决，可在本判决书送达之日起 15 日内，向本院递交上诉状，并按对方当事人人数提出副本，预交上诉案件受理费 100 元，上诉于北京市高级人民法院。上诉人在上诉期满后 7 日内未预交上诉案件受理费又不提出缓交申请的，按自动撤回上诉处理。

审 判 长 张 杰
代理审判员 龙 非
代理审判员 殷 悦
二〇〇九年十一月四日
书 记 员 董 伟

050

带卫生坐垫的座便器盖（A）

无效宣告请求审查决定（第12737号）

决　　定　　号　第12737号
决　　定　　日　2008年12月22日
发明创造名称　带卫生坐垫的座便器盖（A）
外观设计分类号　23-02
无 效 请 求 人　厦门卫鹰科技有限公司
专　利　权　人　霍景泉
专　　利　　号　200630024662.9
申　　请　　日　2006年4月29日
授 权 公 告 日　2007年4月18日
合 议 组 组 长　徐清平
主　　审　　员　刘丽伟
参　　审　　员　林　静

法 律 依 据　专利法第9条、第23条
决 定 要 点

对于单纯形状的外观设计，如果将被比外观设计与对比文件的外观设计进行单独对比，二者在形状上存在差别，且该差别按照一般消费者的眼光来看对于产品外观设计的整体视觉效果具有显著的影响，则被比外观设计与该对比文件的外观设计既不相同，也不相近似。

一、案由

本无效宣告请求涉及中华人民共和国国家知识产权局于2007年4月18日授权公告的、名称为“带卫生坐垫的座便器盖（A）”的外观设计专利权（下称本专利），其专利号是200630024662.9，申请日是2006年4月29日，专利权人是霍景泉。

针对本专利权，厦门卫鹰科技有限公司（下称请求人）于2008年8月4日向专利复审委员会提出无效宣告请求，理由是本专利不符合专利法第9条和第23条的规定，同时请求人提交了如下附件：

附件1：公告号CN3634944D的外观设计专利公报（本专利）复印件，共1页；

附件2：申请日为2005年12月30日、授权公告日为2007年1月3日、公告号CN3595981D的外观设计专利公报复印件，共1页；

附件3：申请日为2004年10月14日、授权公告日为2005年10月19日、公告号CN3482188D的外观设计专利公报复印件，共2页；

附件 4：本专利在其申请日前已销售公开的证据，包括：

附件 4-1：佛山市标迪科技发展有限公司 2005 年授权福建厦门威鹰设计装修工程有限公司的“特许授权经销证书”复印件，共 1 页；

附件 4-2：编号为“佛核变通内字【2005】第 0500115579 号”的“核准变更登记通知书”复印件，共 1 页；

附件 4-3：佛山市标迪科技发展有限公司与福建厦门威鹰设计装修工程有限公司于 2005 年 4 月 1 日签订的“2005 年度区域销售合同书”（合同编号：BD 总 20050501001）的复印件，共 5 页；

附件 4-4：南海市南庄标迪洁具有限公司于 2005 年授权厦门威鹰设计装修工程有限公司的“特许授权经销证书”复印件，共 1 页；

附件 4-5：佛山市南庄标迪洁具有限公司与福建厦门威鹰设计装修工程有限公司于 2004 年 3 月 8 日签订的“标迪洁具有限公司转转垫总销售协议”复印件，共 1 页；

附件 4-6：“标迪公司产品价格体系”（附件 4-6①）复印件 1 页及“标迪转转垫零部件价格体系”（附件 4-6②）复印件 1 页，共 2 页；

附件 4-7：载有佛山市标迪洁具有限公司银行账户信息的复印件（附件 4-7①）1 页、第 0246891 和 0246889 号建设银行电汇凭证（附件 4-7②）复印件 1 页以及银行卡存款和取款业务回单（附件 4-7③）复印件 1 页，共 3 页；

附件 4-8：No. 024500 号送货单（附件 4-8①）和 No. 024543 号送货单（附件 4-8②）的复印件，共 2 页；

附件 4-9：厦门机场发展股份有限公司与厦门威鹰设计装修工程有限公司于 2005 年 2 月 3 日签订的“试用协议”复印件，共 1 页；

附件 4-10：厦门机场发展股份有限公司于 2005 年 4 月 15 日与厦门威鹰设计装修工程有限公司签订的“购销合同”（合同编号：XADC-05-55）复印件，共 4 页；

附件 4-11：“产品送货验收单”复印件，共 1 页；

附件 4-12：厦门机场发展股份有限公司 2005 年 4 月 28 日给厦门威鹰设计装修工程有限公司汇款的“中国工商银行进账单”复印件，共 1 页；

附件 4-13：厦门威鹰设计装修工程有限公司与厦门国际航空港股份有限公司于 2005 年 12 月 7 日签订的终止合同编号为 XADC-05-55 的购销合同的“协议书”复印件，共 1 页；

附件 4-14：盖有“佛山市标迪科技发展有限公司”公章的“关于厦门机场‘标迪’转转垫使用问题的报告”复印件，共 1 页；

附件 4-15：No. 1001440000125735 号“提（送）货单”复印件，共 1 页；

附件 4-16：“民事起诉状”复印件，共 1 页。

请求人认为：（1）附件 2 所示的卫生座便器盖与本专利属于同一类产品，其盖板和机座分别与本专利的盖板和机座相近似，且其申请日为 2005 年 12 月 30 日、授权公告日为 2007 年 1 月 3 日，因此，附件 2 构成了本专利的抵触申请，根据专利法第 9 条禁止重复授权的规定，本专利不具备授予外观设计专利申请的授权条件；（2）附件 3 所示的座便器盖与本专利属于同一类产品，其机座和坐垫分别与本专利的机座和坐垫相近似，且其公告日为 2005 年 10 月 19 日，因此，本专利的外观设计在其申请日前已经被附件 3 所公开而丧失新颖性，不符合专利法第 23 条的规定；（3）附件 4 证明佛山市标迪科技发展有限公司和南海市南庄标迪洁具有限公司分别将其产品“标迪转转垫”授权给福建厦门威鹰设计装修工程有限公司代理销售，且在所签订的总经销协议中表明标迪转转垫是国家专利产品，因此，该标迪转转垫即为本专利产品，可见，本专利的外观设计产品在其申请日前已销售公开，不符合专利法第23条的规定。

经形式审查合格，专利复审委员会依法受理了上述无效宣告请求，并于2008年9月2日向请求人和专利权人发出无效宣告请求受理通知书，同时将专利权无效宣告请求书及其附件清单中所列附件的副本转送给专利权人，并要求专利权人在指定的期限内陈述意见。

专利权人在上述指定期限内未陈述意见。

专利复审委员会依法成立合议组对本案进行审理。

本案合议组于2008年10月28日向双方当事人发出无效宣告请求口头审理通知书，定于2008年11月17日举行口头审理。

口头审理如期举行，专利权人未出席本次口头审理，请求人对合议组成员没有回避请求，对合议组变更没有异议。

在口头审理中，明确了如下事项：（1）请求人当庭未提交附件4中的附件4-2、附件4-4、附件4-7①、附件4-12、附件4-16的原件，并明确表示放弃以附件4-4作为本案的证据，请求人当庭提交了附件4中其他附件的原件；（2）请求人当庭明确其无效宣告理由为：本专利相对于附件2不符合专利法第9条的规定，相对于附件3不符合专利法第23条的规定，附件4证明在本专利申请日之前其外观设计产品已公开销售，因此本专利相对于附件4不符合专利法第23条的规定。

本案合议组于2008年11月28日向专利权人发出合议组成员告知通知书，并要求其在指定期限内进行答复，逾期不答复视为对合议组成员变更无异议。专利权人逾期未答复。

至此，合议组认为本案事实已经清楚，可以依法作出审查决定。

二、决定的理由

1. 关于法律依据

根据请求人提出的无效宣告请求的理由和提交的附件，本案合议组依据专利法第9条和专利法第23条对本案进行审理。

专利法第9条规定："两个以上的申请日分别就同样的发明创造申请专利的，专利权授予最先申请的人。"

专利法第23条规定："授予专利权的外观设计，应当同申请日以前在国内外出版物上公开发表过或者国内公开使用过的外观设计不相同或不相近似，并不得与他人在先取得的合法权利相冲突。"

2. 关于证据

由于附件2和3均为专利文献，经核实，其内容属实，因此，合议组对附件2和附件3予以采信，其中附件2的申请日在本专利的申请日之前、授权公告日在本专利的授权公告日之后，附件3的授权公告日在本专利的申请日之前，因此，附件2（下称在先设计1）和附件3（下称在先设计2）可以分别适用专利法第9条、第23条作为本案的证据。

由于请求人未能提供附件4中的附件4-2、附件4-4、附件4-7①、附件4-12、附件4-16的原件，也没有其他证据能够证明附件4-2、附件4-4、附件4-7①、附件4-12、附件4-16的真实性，合议组无法核实上述附件的真实性，并且，请求人明确表示放弃使用附件4-4，因此，合议组对附件4-2、附件4-4、附件4-7①、附件4-12、附件4-16不予采信。

请求人提供了附件4中的附件4-1、4-3、4-5、4-6、4-7②、4-7③、4-8至4-11、4-13至4-15的原件，经合议组核实上述附件的原件与复印件的内容一致，并且也未发现影响上述附件真实性的瑕疵，因此，附件4-1、4-3、4-5、4-6、4-7②、4-7③、4-8至4-11、4-13至4-15可以作为本案的证据使用。

请求人欲以上述附件4证明本专利在其申请日以前已经公开销售，但是，附件4-1、4-3、4-5、

4-6、4-7②、4-7③、4-8至4-11、4-13至4-15仅可以证明：在本专利的申请日以前，佛山市标迪科技发展有限公司和南海市南庄标迪洁具有限公司分别将其产品“标迪转转垫”授权给福建厦门威鹰设计装修工程有限公司代理销售。在所有上述附件中，既没有“标迪转转垫”的外观设计照片或图片，也没有任何文字说明“标迪转转垫”的产品外观，因此，不能证明被授权销售的“标迪转转垫”即为本专利的外观设计产品或者为与本专利的外观设计相同或相近似的产品。由此，合议组无法认定附件4-1、4-3、4-5、4-6、4-7②、4-7③、4-8至4-11、4-13至4-15与本专利的关联性，因此，对本专利相对于附件4不符合专利法第23条规定的无效宣告理由不再评述。

3. 相似性判断

本专利与在先设计1和在先设计2都是座便器盖的外观设计，用途相同，属于同一类别的产品，因此可以进行相同或相近似的比较。

本专利的外观设计是带卫生坐垫的座便器盖，由坐垫、盖板和连接坐垫与盖板的座体组成。其中，坐垫为“U”形；座体大体为半圆柱体；盖板为一端平直、另一端为椭圆的半椭圆形，其平直端以两侧伸出部分与座体相连。从右视图上看，盖板外表面为椭圆端向上翘起的平面（详见本专利附图）。

在先设计1所示的外观设计是卫生座便器盖，由坐垫、盖板和连接坐垫与盖板的座体组成。其中，坐垫为“U”形；座体大体为倒圆角的长方体；盖板为一端平直、另一端为椭圆的半椭圆形，其平直端以两侧伸出部分与座体相连。从仰视图和左、右视图上看，盖板外表面为中部向上拱起的弧面，并在椭圆端下弯（详见在先设计1附图）。

在先设计2所示的外观设计为座便器盖，由坐垫、盖板和连接坐垫与盖板的座体组成。其中，坐垫为“U”形；座体大体为一面呈弧面的三角柱体；盖板为一端平直、另一端为椭圆的半椭圆形，盖板平直端与座体连接的部分弯曲延伸并覆盖部分座体，且弯曲延伸部分的两侧向外扩展使其宽度大于平直端的宽度，盖板弯曲延伸部分与座体自然过渡连接（详见在先设计2附图）。

将本专利与在先设计1相比可知，二者的相同点是：座便器盖都由坐垫、盖板和连接坐垫与盖板的座体组成。其中，坐垫为“U”形；盖板为一端平直、另一端为椭圆的半椭圆形，平直端以两侧伸出部分与座体相连。其不同点是：本专利的座体大体为半圆柱体，盖板外表面为一端向上翘起的平面；而在先设计1的座体大体为倒圆角的长方体，盖板外表面为中部向上拱起的弧面，并在椭圆端下弯。合议组认为：从整体观察，座便器盖通常由坐垫、盖板和座体三部分构成，并且盖板是座便器盖的主体部分，容易被一般消费者关注，同时，二者所示的座便器盖在盖板打开或盖上状态时其座体也是易见部位。因此，上述盖板和座体的设计明显差别对产品的整体视觉效果具有显著影响，本专利与在先设计1既不相同，也不相近似，不属于专利法第9条规定的相同的发明创造，请求人以此主张本专利不符合专利法第9条的无效宣告理由不能成立。

将本专利与在先设计2相比可知，二者的相同点是：座便器盖都由坐垫、盖板和连接坐垫与盖板的座体组成。其中，坐垫为“U”形；盖板为一端平直、另一端为椭圆的半椭圆形。其不同点是：本专利的座体大体为半圆柱体，在先设计2的座体大体为一面呈弧面的三角柱体；本专利的盖板平直端以两侧伸出部分与座体连接，在先设计2的盖板平直端与座体连接的部分弯曲延伸并覆盖部分座体，且弯曲延伸部分的两侧向外扩展使其宽度大于平直端的宽度，盖板弯曲延伸部分与座体自然过渡连接；根据一般消费者的常识可知，当将盖板盖在坐垫上时，本专利的一部分座体是可见的，在先设计2由于盖板平直端弯曲延伸覆盖了部分座体，而使盖板盖在坐垫上时，座体被覆盖而部分不可见。合议组认为：盖板是座便器盖的主体部分，其设计是一般消费者通常所关注的，并且，在先设计2的座体在打开盖板的状态下为易见部位，而本专利的座体在打开或盖上盖板的状态下均为易见部位。因此，上述盖板和座体的设计明显差别对产品的整体视觉效果具有显著影响，本专利与在先设计 2 既不相同，也不相近似，请求人以此主张本专利不符合专利法第 23 条的无效宣告理由不能成立。

基于以上事实和理由，合议组依法作出如下审查决定。

三、决定

维持 200630024662. 9 号外观设计专利权有效。

当事人对本决定不服的，可以根据专利法第 46 条第 2 款的规定，自收到本决定之日起三个月内向北京市第一中级人民法院起诉。根据该款的规定，一方当事人起诉后，另一方当事人应当作为第三人参加诉讼。

北京市第一中级人民法院
行政判决书

（2009）一中行初字第 470 号

原告厦门卫鹰科技有限公司，住所地福建省厦门市湖里区尚忠社 298 号第二、三层。

法定代表人戴毓青，总经理。

委托代理人邵志诚，厦门卫鹰科技有限公司职员。

委托代理人黄一敏，厦门原创专利事务所专利代理人。

被告国家知识产权局专利复审委员会，住所地北京市海淀区北四环西路 9 号银谷大厦。

法定代表人廖涛，副主任。

委托代理人刘丽伟，国家知识产权局专利复审委员会审查员。

委托代理人程强，国家知识产权局专利复审委员会审查员。

第三人霍景泉，男，汉族，住广东省佛山市禅城区南庄镇上元白屋新村 291 号。

原告厦门卫鹰科技有限公司不服被告国家知识产权局专利复审委员会作出的第 12737 号无效宣告请求审查决定（以下简称被诉决定），向本院提起行政诉讼。本院受理后，依法组成合议庭，向被告送达了起诉状副本及应诉通知书，并依照《中华人民共和国行政诉讼法》第二十七条之规定，通知霍景泉作为本案第三人参加诉讼。本院于 2009 年 3 月 24 日公开开庭审理了本案。原告委托代理人邵志诚、黄一敏，被告的委托代理人刘丽伟、程强到庭参加了诉讼。第三人经合法传唤未到庭参加诉讼。本案现已审理终结。

被告于 2008 年 12 月 22 日依照《中华人民共和国专利法》（以下简称《专利法》）第九条、第二十三条、第四十六条第一款的规定作出被诉决定：维持 200630024662. 9 号外观设计专利权（以下简称本专利）有效。

被告为证明被诉决定的合法性，在法定举证期限内向本院提供了以下证据：（1）公告号 CN3634944D 的外观设计专利公报（同被诉决定中附件 1，即本专利）；（2）公告号 CN3595981D 的外观设计专利公报（同被诉决定中附件 2，即在先设计 1）；（3）公告号 CN3482188D 的外观设计专利公报（同被诉决定中附件 3，即在先设计 2）；（4）原告在无效宣告请求审查程序中向被告提交的用于证明本专利在其申请日前已销售公开的系列证据（同被诉决定中附件 4）。

本院向被告调取了如下证据：（5）口头审理记录表。

原告诉称：第一，被告对原告提交的用以证明本专利在其申请日前已公开销售的系列证据附件4认定错误。被告不考虑产品流通过程中不可能附有外观设计图的实际情况，简单认定该系列证据与本专利不具有关联性是错误的。系列证据中附件4-16是第三人诉原告侵权的“民事起诉状”，在无效宣告请求审查程序的口头审理中，原告将其原件向被告提交过，但被诉决定却以未提交原件而不予采信。附件4-16结合附件4中的其他证据足以证明本专利在申请日前已公开销售。第二，第三人在无效宣告请求审查程序中既不书面陈述意见，也不参加口头审理，变相剥夺了原告通过口头审理中询问第三人以查清事实的权利。被告应当适用最高人民法院《关于民事经济审判方式改革问题的若干规定》中相关“对方当事人认可或不予反驳的，可以确认其证明力”的证据规则，认定原告提交的系列证据附件4。第三，被告关于相近似的判断是错误的：（1）本专利的座体不是半圆柱体，而是倒圆角的长方体；（2）本专利未展现盖板外表面，被告认定本专利盖板外表面为椭圆端向上翘起的平面缺乏依据；（3）本专利未披露盖板盖上时的视图，被诉决定认为盖板盖上时座体是易见部位的判断没有事实依据；（4）本专利在盖板打开时，座体应不是易见部位，本专利盖板内表面亦没有任何设计，因此，只有坐垫是要部，而本专利坐垫与在先设计1、在先设计2相同，没有新颖性；（5）本专利在盖板盖下时，易见部位是盖板的外表面而不是座体，而本专利对盖板外表面没有披露；（6）被诉决定认为盖板是主体部分，而在近似判断中却将座体作为要部，自相矛盾；（7）被诉决定认定盖板盖在坐垫上时，本专利只有一部分是可见的，同时又认定座体在打开和盖上盖板的状态下均为易见部分，自相矛盾。在盖板盖上时，座体被大部分覆盖，不可能是易见部分；（8）在先设计的座体为倒圆角的长方体，与本专利相近似，盖板为一端平直，一端为椭圆的半椭圆形，与本专利相近似，坐垫为“U”形，因此，本专利和在先设计1相近似；（9）在先设计2的坐垫为“U”形，与本专利相近似，座体为弧面长方柱，与本专利相近似，盖板为一端平直，一端为椭圆的半椭圆形，与本专利相近似，因此，本专利与在先设计2相近似。基于以上诉讼理由，原告请求法院撤销被诉决定，判令被告承担诉讼费用。

原告未向本院提供证据。

被告辩称：被诉决定认定事实清楚，适用法律正确，程序合法，原告的诉讼理由不能成立，请求法院驳回原告诉讼请求，维持被诉决定。理由如下：第一，原告在口审中未提供附件4中的部分证据的原件，对这部分证据不予采信并无不当。第二，附件4不能证明所销售的产品即为本专利的产品，不能认定附件4与本专利的关联性。第三，被告根据证据本身的情况认定其证明力，具有事实和法律依据。第四，关于相近似的判断坚持被诉决定的认定。

第三人述称：原告不存在使用在先的任何事实，第三人在诉原告民事侵权的起诉状中所提及的《委托贴牌生产协议》中涉及的专利并非本专利。没有任何证据显示“标迪转转垫”与本专利的外观有直接联系。原告诉讼理由不能成立，被诉决定认定事实清楚，适用法律正确，请求法院驳回原告诉讼请求。

第三人未向本院提供证据。

经庭审质证，本院审查认为，被告提供的证据及本院向被告调取的证据与本案均具有关联性、且真实合法，均为有效证据。根据以上证据及各方当事人在庭审中无争议的陈述，本院对本案事实作出如下认定：

本专利为中华人民共和国国家知识产权局（以下简称国知局）于2007年4月18日授权公告的、名称为“带卫生坐垫的座便器盖（A）”的外观设计专利权，申请日是2006年4月29日，专利权人是霍景泉（即本案第三人）。

针对本专利，原告于2008年8月4日向被告提出无效宣告请求，理由是本专利不符合《专利法》

第九条和第二十三条的规定，同时原告提交了如下附件：

附件1：公告号CN3634944D的外观设计专利公报（本专利）复印件，共1页；

附件2：申请日为2005年12月30日、授权公告日为2007年1月3日、公告号CN3595981D的外观设计专利公报复印件，共1页；

附件3：申请日为2004年10月14日、授权公告日为2005年10月19日、公告号CN3482188D的外观设计专利公报复印件，共2页；

附件4：本专利在其申请日前已销售公开的证据，包括：

附件4-1：佛山市标迪科技发展有限公司2005年授权福建厦门威鹰设计装修工程有限公司的“特许授权经销证书”复印件，共1页；

附件4-2：编号为“佛核变通内字（2005）第0500115579号”的“核准变更登记通知书”复印件，共1页；

附件4-3：佛山市标迪科技发展有限公司与福建厦门威鹰设计装修工程有限公司于2005年4月1日签订的“2005年度区域销售合同书”（合同编号：BD总20050501001）的复印件，共5页；

附件4-4：南海市南庄标迪洁具有限公司于2005年授权厦门威鹰设计装修工程有限公司的“特许授权经销证书”复印件，共1页；

附件4-5：佛山市南庄标迪洁具有限公司与福建厦门威鹰设计装修工程有限公司于2004年3月8日签订的“标迪洁具有限公司转转垫总销售协议”复印件，共1页；

附件4-6：“标迪公司产品价格体系”（附件4-6①复印件1页及“标迪转转垫零部件价格体系”（附件4-6②复印件1页，共2页；

附件4-7：载有佛山市标迪洁具有限公司银行账户信息的复印件（附件4-7①）1页、第0246891和0246889号建设银行电汇凭证（附件4-7②）复印件1页以及银行卡存款和取款业务回单（附件4-7③）复印件1页，共3页；

附件4-8：No.024500号送货单（附件4-8①）和No.024543号送货单（附件4-8②）的复印件，共2页；

附件4-9：厦门机场发展股份有限公司与厦门威鹰设计装修工程有限公司于2005年2月3日签订的“试用协议”复印件，共1页；

附件4-10：厦门机场发展股份有限公司于2005年4月15日与厦门威鹰设计装修工程有限公司签订的“购销合同”（合同编号：XADC-05-55）复印件，共4页；

附件4-11：“产品送货验收单”复印件，共1页；

附件4-12：厦门机场发展股份有限公司2005年4月28日给厦门威鹰设计装修工程有限公司汇款的“中国工商银行进账单”复印件，共1页；

附件4-13：厦门威鹰设计装修工程有限公司与厦门国际航空港股份有限公司于2005年12月7日签订的终止合同编号为XADC-05-55的购销合同的“协议书”复印件，共1页；

附件4-14：盖有“佛山市标迪科技发展有限公司”公章的“关于厦门机场‘标迪’转转垫使用问题的报告”复印件，共1页；

附件4-15：No.1001440000125735号“提（送）货单”复印件，共1页；

附件4-16：“民事起诉状”复印件，共1页。

原告认为：（1）附件2所示的卫生座便器盖与本专利属于同一类产品，其盖板和机座分别与本专利的盖板和机座相近似，且其申请日为2005年12月30日、授权公告日为2007年1月3日，因此，附件2构成了本专利的抵触申请，根据《专利法》第九条禁止重复授权的规定，本专利不具备授予外观设计专利申请的授权条件；（2）附件3所示的座便器盖与本专利属于同一类产品，其机座和坐垫分别与本专利的机座和坐垫相近似，且其公告日为2005年10月19日，因此，本专利的外观设计在其申请日前已经被附件3所公开而丧失新颖性，不符合《专利法》第二十三条的规定；（3）附件4证明佛山市标迪科技发展有限公司和南海市南庄标迪洁具有限公司分别将其产品“标迪转转垫”授权给福建厦门威鹰设计装修工程有限公司代理销售，且在所签订的总经销协议中表明标迪转转垫是国家专利产品，因此，该标迪转转垫即为本专利产品，可见，本专利的外观设计产品在其申请日前已销售公开，不符合《专利法》第二十三条的规定。

经形式审查合格，被告受理了上述无效宣告请求，并于2008年9月2日向原告和第三人发出无效宣告请求受理通知书，同时将专利权无效宣告请求书及其附件清单中所列附件的副本转送给第三人，并要求第三人在指定的期限内陈述意见。

第三人在上述指定期限内未陈述意见。

被告成立合议组对本案进行了审理。被告于2008年10月28日向双方当事人发出无效宣告请求口头审理通知书，定于2008年11月17日举行口头审理。口头审理如期举行，第三人未出席本次口头审理，原告对合议组成员没有回避请求，对合议组变更没有异议。

在口头审理中，明确了如下事项：（1）原告当庭未提交附件4中的附件4-2、附件4-4、附件4-7①、附件4-12、附件4-16的原件，并明确表示放弃以附件4-4作为本案的证据，原告当庭提交了附件4中其他附件的原件；（2）原告当庭明确其无效宣告理由为：本专利相对于附件2不符合《专利法》第九条的规定，相对于附件3不符合《专利法》第二十三条的规定，附件4证明在本专利申请日之前其外观设计产品已公开销售，因此本专利相对于附件4不符合《专利法》第二十三条的规定。

被告于2008年11月28日向第三人发出合议组成员告知通知书，并要求其在指定期限内进行答复，逾期不答复视为对合议组成员变更无异议。专利权人逾期未答复。

经过上述审理程序，被告作出被诉决定。理由如下：

（1）关于法律依据。

根据原告提出的无效宣告请求的理由和提交的附件，被告依据《专利法》第九条、第二十三条对本案进行审理。

《专利法》第九条规定：两个以上的申请日分别就同样的发明创造申请专利的，专利权授予最先申请的人。

《专利法》第二十三条规定：授予专利权的外观设计，应当同申请日以前在国内外出版物上公开发表过或者国内公开使用过的外观设计不相同或不相近似，并不得与他人在先取得的合法权利相冲突。

（2）关于证据。

由于附件2和3均为专利文献，经核实，其内容属实，因此，被告对附件2和附件3予以采信，其中附件2的申请日在本专利的申请日之前、授权公告日在本专利的授权公告日之后，附件3的授权公告日在本专利的申请日之前，因此，附件2和附件3可以分别适用《专利法》第九条、第二十三条作为本案的证据。

由于原告未能提供附件4中的附件4-2、附件4-4、附件4-7①、附件4-12、附件4-16的原件，也没有其他证据能够证明附件4-2、附件4-4、附件4-7①、附件4-12、附件4-16的真实性，被告无法核实上述附件的真实性，并且，原告明确表示放弃使用附件4-4，因此，被告对附件4-2、附件4-4、附件4-7①、附件4-12、附件4-16不予采信。

原告提供了附件 4 中的附件 4-1、4-3、4-5、4-6、4-7②、4-7③、4-8 至 4-11、4-13 至 4-15 的原件，经被告核实上述附件的原件与复印件的内容一致，并且也未发现影响上述附件真实性的瑕疵，因此，附件 4-1、4-3、4-5、4-6、4-7②、4-7③、4-8 至 4-11、4-13 至 4-15 可以作为本案的证据使用。

原告欲以上述附件 4 证明本专利在其申清日以前已经公开销售，但是，附件 4-1、4-3、4-5、4-6、4-7②、4-7③、4-8 至 4-11、4-13 至 4-15 仅可以证明：在本专利的申请日以前，佛山市标迪科技发展有限公司和南海市南庄标迪洁具有限公司分别将其产品"标迪转转垫"授权给福建厦门威鹰设计装修工程有限公司代理销售。在所有上述附件中，既没有"标迪转转垫"的外观设计照片或图片，也没有任何文字说明"标迪转转垫"的产品外观，因此，不能证明被授权销售的"标迪转转垫"即为本专利的外观设计产品或者为与本专利的外观设计相同或相近似的产品。由此，被告无法认定附件 4-1、4-3、4-5、4-6、4-7②、4-7③、4-8 至 4-11、4-13 至 4-15 与本专利的关联性，因此，对本专利相对于附件 4 不符合《专利法》第二十三条规定的无效宣告理由不再评述。

3. 相似性判断

本专利与在先设计 1（即附件 2）和在先设计 2（即附件 3）都是座便器盖的外观设计，用途相同，属于同一类别的产品，因此可以进行相同或相近似的比较。

本专利的外观设计是带卫生坐垫的座便器盖，由坐垫、盖板和连接坐垫与盖板的座体组成。其中，坐垫为"U"形；座体大体为半圆柱体；盖板为一端平直、另一端为椭圆的半椭圆形，其平直端以两侧伸出部分与座体相连。从右视图上看，盖板外表面为椭圆端向上翘起的平面。

在先设计 1 所示的外观设计是卫生座便器盖，由坐垫、盖板和连接坐垫与盖板的座体组成。其中，坐垫为"U"形；座体大体为倒圆角的长方体；盖板为一端平直、另一端为椭圆的半椭圆形，其平直端以两侧伸出部分与座体相连。从仰视图和左、右视图上看，盖板外表面为中部向上拱起的弧面，并在椭圆端下弯。

在先设计 2 所示的外观设计为座便器盖，由坐垫、盖板和连接坐垫与盖板的座体组成。其中，坐垫为"U"形；座体大体为一面呈弧面的三角柱体；盖板为一端平直、另一端为椭圆的半椭圆形，盖板平直端与座体连接的部分弯曲延伸并覆盖部分座体，且弯曲延伸部分的两侧向外扩展使其宽度大于平直端的宽度，盖板弯曲延伸部分与座体自然过渡连接。

将本专利与在先设计 1 相比可知，二者的相同点是：座便器盖都由坐垫、盖板和连接坐垫与盖板的座体组成。其中，坐垫为"U"形；盖板为一端平直、另一端为椭圆的半椭圆形，平直端以两侧伸出部分与座体相连。其不同点是：本专利的座体大体为半圆柱体，盖板外表面为一端向上翘起的平面；而在先设计 1 的座体大体为倒圆角的长方体，盖板外表面为中部向上拱起的弧面，并在椭圆端下弯。被告认为：从整体观察，座便器盖通常由坐垫、盖板和座体三部分构成，并且盖板是座便器盖的主体部分，容易被一般消费者关注，同时，二者所示的座便器盖在盖板打开或盖上状态时其座体也是易见部位。因此，上述盖板和座体的设计明显差别对产品的整体视觉效果具有显著影响，本专利与在先设计 1 既不相同，也不相近似，不属于《专利法》第九条规定的相同的发明创造，原告以此主张本专利不符合《专利法》第九条的无效宣告理由不能成立。

将本专利与在先设计 2 相比可知，二者的相同点是：座便器盖都由坐垫、盖板和连接坐垫与盖板的座体组成。其中，坐垫为"U"形；盖板为一端平直、另一端为椭圆的半椭圆形。其不同点是：本专利的座体大体为半圆柱体，在先设计 2 的座体大体为一面呈弧面的三角柱体；本专利的盖板平直端以两侧伸出部分与座体连接，在先设计 2 的盖板平直端与座体连接的部分弯曲延伸并覆盖部分座体，且弯曲延伸部分的两侧向外扩展使其宽度大于平直端的宽度，盖板弯曲延伸部分与座体自然过渡连接；根据一般消费者的常识可知，当将盖板盖在坐垫上时，本专利的一部分座体是可见的，在先设计2由于盖板平直端弯曲延伸覆盖了部分座体，而使盖板盖在坐垫上时，座体被覆盖而部分不可见。被告认为：盖板是座便器盖的主体部分，其设计是一般消费者通常所关注的，并且，在先设计2的座体在打开盖板的状态下为易见部位，而本专利的座体在打开或盖上盖板的状态下均为易见部位。因此，上述盖板和座体的设计明显差别对产品的整体视觉效果具有显著影响，本专利与在先设计2既不相同，也不相近似，原告以此主张本专利不符合《专利法》第二十三条的无效宣告理由不能成立。

本院认为：根据《专利法》第九条的规定，两个以上的申请人分别就同样的发明创造申请专利的，专利权授予最先申请的人。根据《专利法》第二十三条的规定，授予专利权的外观设计，应当同申请日以前在国内外出版物上公开发表过或者国内公开使用过的外观设计不相同和不相近似，并不得与他人在先取得的合法权利相冲突。

本案中，附件2的申请日在本专利的申请日之前、附件3的授权公告日在本专利的申请日之前，均为在先设计，与本专利都是座便器盖的外观设计，用途相同，属于同一类别的产品，可以进行相同或相近似的比较。将本专利与附件2相比，本专利的座体大体为半圆柱体，盖板外表面为一端向上翘起的平面，而附件2的座体大体为倒圆角的长方体，盖板外表面为中部向上拱起的弧面，并在椭圆端下弯。上述盖板和座体的设计明显差别对产品的整体视觉效果具有显著影响，本专利与附件2既不相同，也不相近似，被告认为原告以此主张本专利不符合《专利法》第九条的无效宣告理由不能成立并无不当。本专利与附件3相比，本专利的座体大体为半圆柱体，附件3的座体大体为一面呈弧面的三角柱体，本专利的盖板平直端以两侧伸出部分与座体连接，附件3的盖板平直端与座体连接的部分弯曲延伸并覆盖部分座体，且弯曲延伸部分的两侧向外扩展使其宽度大于平直端的宽度，盖板弯曲延伸部分与座体自然过渡连接。上述盖板和座体的设计明显差别对产品的整体视觉效果具有显著影响，本专利与附件3既不相同，也不相近似，被告认为原告以此主张本专利不符合《专利法》第二十三条的无效宣告理由不能成立并无不当。被告对本专利及对比文件的描述符合视图的客观反映，原告认为本专利不是半圆柱体，而是倒圆角的长方体，本专利盖板外表面椭圆端并非向上翘起的平面缺乏根据。被告根据本专利的视图认定本专利盖板盖上时座体是易见部位符合一般常识，且与只有一部分可见的认定并不矛盾。本专利与附件2、附件3相比，尽管在座便器的构成，坐垫的形状等方面存在相同点，但在盖板和座体的设计明显不同，整体视觉效果不同，原告认为本专利和附件2、附件3相近似的诉讼主张缺乏根据，本院不予支持。

本案中，原告在行政程序中未能向被告提供附件4中的附件4-2、附件4-4、附件4-7①、附件4-12、附件4-16的原件，并明确表示放弃使用附件4-4，被告对以上证据不予采信并无不当。原告主张其在口头审理中提交过附件4-16缺乏证据支持，其主张本院不予支持。附件4中既没有“标迪转转垫”的外观设计照片或图片，也没有文字说明“标迪转转垫”的产品外观，无法证明“标迪转转垫”即为本专利的外观设计产品或者为与本专利的外观设计相同或相近似的产品。原告认为附件4足以证明本专利在申请日前已公开销售缺乏根据，原告认为第三人在行政程序中不书面陈述意见不参加口审，即应确认原告附件4证明力的诉讼观点亦缺乏根据，其主张本院不予支持。

综上，被诉决定认定事实清楚，适用法律正确，审查程序合法，本院应予维持。原告的诉讼理由不能成立，其请求本院不予支持。据此，依照《中华人民共和国行政诉讼法》第五十四条第（一）项之规定，判决如下：

维持被告国家知识产权局专利复审委员会作出的第12737号无效宣告请求审查决定。

本案案件受理费 100 元，由原告厦门卫鹰科技有限公司负担（已交纳）。

如不服本判决，可在本判决书送达之日起 15 日内，向本院递交上诉状，并按对方当事人的人数提出副本，预交上诉案件受理费 100 元，上诉于北京市高级人民法院。

审 判 长　吴　月
审 判 员　刘景文
代理审判员　毛天鹏
二〇〇九年十月十日
书 记 员　郎莉萍

051

玻璃（流金岁月）

无效宣告请求审查决定（第12745号）

决　定　号 第12745号
决　定　日 2008年12月8日
发明创造名称 玻璃（流金岁月）
外观设计分类号 25-01
无效宣告请求人 福州建东玻璃有限公司
专　利　权　人 上海恒昊玻璃技术有限公司
专　利　号 03334840.5
申　请　日 2003年1月7日
授权公告日 2003年8月13日
合议组组长 王霞军
主　审　员 尹春霞
参　审　员 周　佳
附　图 1页

法律依据 专利法实施细则第2条第3款，专利法第23条
决定要点

从本专利公开的视图及简要说明可以认定，本专利是不限定边界的平面玻璃的图案设计，可以推导出确定的平面玻璃产品。同时不能从附件1所公开的纺织面料的图案说明本专利的图案已在玻璃生产领域被广泛使用。

本专利与附件1公开的外观设计用途不相同，不具有可比性。

一、案由

本无效宣告请求涉及国家知识产权局于2003年8月13日授权公告的03334840.5号外观设计专利，使用该外观设计的产品名称是“玻璃（流金岁月）”，其申请日是2003年1月7日，原专利权人是李金钟，后变更为上海恒昊玻璃技术有限公司。

针对上述外观设计专利权（下称本专利），福州建东玻璃有限公司（下称请求人）于2008年7月18日向专利复审委员会提出无效宣告请求，其依据的事实和理由是：本专利不符合专利法第23条及专利法实施细则第2条第3款的规定，应予宣告无效。请求人同时提交了如下附件作为证据：

附件1：2000年第五期《中国轻纺面料花样图集（五）》杂志的封面页、出版信息页及相关内页的复印件，共5页。

请求人认为：（1）本专利只有主视图，外观设计的侧面及后面不确定，同时本专利在简要说明中载明“无限定边界”，因此是一种形状及图案不特定的外观设计专利产品。同时本专利仅仅是众多不规则十字交叉在一起的痕线的图案在玻璃产品上的应用，从公知常识及附件1可知这种图案早已被应用在各种装饰领域。因此本专利不是一种适于工业应用的新设计，不符合专利法实施细则第2条第3款的规定；（2）本专利是以玻璃材料为载体的图案设计，而这种图案设计早已公开且为公知常识，因此本专利不符合专利法第23条的规定。

专利复审委员会经形式审查合格受理了该无效宣告请求，并于2008年7月18日将无效宣告请求书及其附件的副本转送专利权人，通知其在指定期限内陈述意见。

2008年9月3日专利复审委员会收到专利权人提交的意见陈述书。专利权人认为：本专利“玻璃（流金岁月）”与轻纺面料图案是不同类别的外观设计，二者不具有可比性，应维持本专利有效。

专利复审委员会依法成立合议组对本案进行审理，并于2008年9月22日向双方当事人发出《无效宣告请求口头审理通知书》，定于2008年11月10日进行口头审理。同时随口头审理通知书将专利权人提交的意见陈述书转送请求人，通知其在口头审理当庭陈述意见或在收到所述文件之日起一个月内陈述意见。

口头审理如期举行，双方均委托代理人出席口头审理，均对对方出庭人员的资格无异议，对合议组成员也无回避请求。在口头审理中，请求人当庭提交了附件1的原件，在坚持原有主张的基础上，结合附件1相关页所示的图案，请求人认为本专利不属于外观设计保护的客体，玻璃单元去掉图案就是一个方格，没有任何的设计要点，而这种图案是本领域中司空见惯的图案，不属于新的设计，同时本专利的外轮廓不确定，不适于工业应用。专利权人认为外观设计以表示在图片或照片中的外观设计产品为准，本专利授权公报的照片是平面的，一面视图足以表示本专利，其他视图不受保护。

在上述审理的基础上，合议组经合议，认为本案事实清楚，依法作出本审查决定。

二、决定的理由

1. 法律依据

基于请求人提出无效宣告请求所依据的事实和理由，合议组对本专利是否符合专利法第23条及专利法实施细则第2条第3款的规定进行审查。专利法第23条规定：“授予专利权的外观设计，应当同申请日以前在国内外出版物上公开发表过或者国内公开使用过的外观设计不相同和不相近似，并不得与他人在先取得的合法权利相冲突。”

专利法实施细则第2条第3款规定：“专利法所称外观设计，是指对产品的形状、图案或者其结合以及色彩与形状、图案的结合所作出的富有美感并适于工业应用的新设计。”

2. 关于专利法实施细则第2条第3款

本专利产品名称为“玻璃（流金岁月）”，其公开了一幅主视图，简要说明载明：“（1）本图案无限定边界；（2）省略其他视图。”（详见本专利附图）。请求人认为本专利只有主视图，其侧面及后面因为没有表明而不确定，因此不是一种形状及图案确定、唯一的产品，同时结合附件1说明本专利所使用的图案早已公开，不是新设计，因此本专利不符合专利法实施细则第2条第3款的规定。对此，合议组认为：审查指南第一部分第三章4.3节规定的“平面产品的单元图案两方连续或四方连续等而无限定边界的情况”可以在简要说明中写明。从本专利公开的视图及简要说明可以认定，本专利是不限定边界的平面玻璃的图案设计，就单纯图案的外观设计而言，其应提交单元图案的设计内容，本专利的主视图已清晰显示了该单元图案，并且在简要说明中写明了省略视图的原因，符合审查指南中有关视图提交规范的规定，其保护范围确定，可以推导出确定的平面玻璃产品。同时不能从附件1所公开的纺织面料的图案说明本专利的图案已在玻璃生产领域被广泛使用，因此请求人的主张合议组不予采信。

3. 关于专利法第 23 条

请求人提交的附件 1 是 2000 年第五期《中国轻纺面料花样图集（五）》杂志的封面页、出版信息页及相关内页的复印件，并在口头审理中提交了附件 1 的原件，专利权人对附件 1 的真实性无异议。合议组经核实，该杂志的原件完整，所提交的复印件与原件中的相应页一致，该杂志的出版信息页记载有刊号、出版者等信息，合议组对附件 1 的真实性及公开性予以认定，出版时间为 2000 年 1 月，在本专利的申请日（2003 年 1 月 7 日）之前，因此附件 1 属于专利法第 23 条所规定的公开出版物，适用于本案。

4. 相同与相近似比较

本专利是玻璃的外观设计，附件 1 的第 462 页右侧公开了一款编号为“3802”的纺织面料的外观设计，二者产品的用途不同，属于类别不相同也不相近似的产品，不具有可比性，本决定不再对二者是否相同或相近似进行评述。

综上所述，请求人提交的证据不能支持其无效宣告请求的理由，因此不能证明本专利不符合专利法实施细则第 2 条第 3 款及专利法第 23 条的规定。

三、决定

维持 03334840. 5 号外观设计专利权有效。

当事人对本决定不服的，可以根据专利法第 46 条第 2 款的规定，自收到本决定之日起三个月内向北京市第一中级人民法院起诉。根据该款的规定，一方当事人起诉后，另一方当事人应当作为第三人参加诉讼。

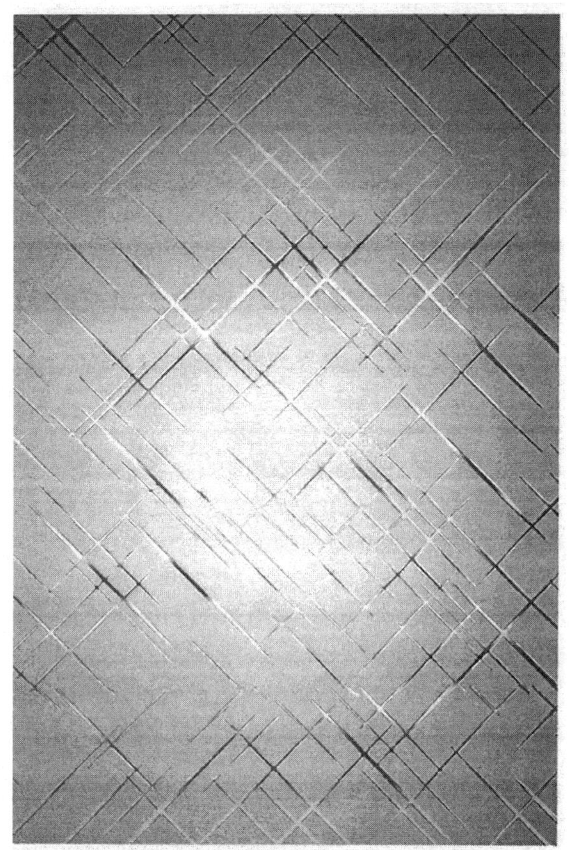

主视图

本专利附图

北京市第一中级人民法院
行政裁定书

（2009）一中行初字第1862号

原告福州建东玻璃有限公司，住所地福建省福州市台江区广达路378号主楼地下室03店面。

法定代表人黄建东，总经理。

被告国家知识产权局专利复审委员会，住所地北京市海淀区北四环西路9号银谷大厦。

法定代表人张茂于，副主任。

委托代理人尹春霞，国家知识产权局专利复审委员会审查员。

委托代理人柴爱军，国家知识产权局专利复审委员会审查员。

第三人上海恒昊玻璃技术有限公司，住所地上海市长宁区新华路365弄6号4号楼2B。

法定代表人李金钟，总经理。

委托代理人李丹丹，女，汉族，上海恒昊玻璃技术有限公司，住河南省通许县大岗李乡大岗游村76号。

原告福州建东玻璃有限公司（以下简称建东公司）不服被告国家知识产权局专利复审委员会（以下简称专利复审委员会）于2008年12月24日作出的第12745号无效宣告请求审查决定，于法定期限内向本院提起行政诉讼。本院于2009年7月24日受理本案后，依法组成合议庭，并通知上海恒昊玻璃技术有限公司作为本案第三人参加诉讼。本院于2009年8月27日和2009年9月7日以邮寄方式向建东公司送达传票，通知其本院将于2009年9月17日15时公开开庭审理本案。建东公司分别于2009年8月31日17时和2009年9月9日17时签收了上述传票。但建东公司未提出任何理由，未按本院传票指定的时间到庭参加诉讼。

本院认为，原告建东公司经本院合法传唤，无正当理由未到庭参加诉讼，根据有关规定应当按视为撤回起诉处理。依照《最高人民法院关于执行<中华人民共和国行政诉讼法>若干问题的解释》第四十九条的规定，本院裁定如下：

本案按原告福州建东玻璃有限公司撤回对被告国家知识产权局专利复审委员会的起诉处理。

案件受理费100元，由原告福州建东玻璃有限公司负担（已交纳）。

审 判 长 姜 颖
代理审判员 佟 姝
代理审判员 毛天鹏
二〇〇九年九月十八日
书 记 员 王东勇

052

玻璃（福满堂）

无效宣告请求审查决定（第12746号）

决　　定　　号　第12746号
决　　定　　日　2008年11月26日
发明创造名称　玻璃（福满堂）
外观设计分类号　25-01
无效宣告请求人　福州建东玻璃有限公司
专　利　权　人　上海恒昊玻璃技术有限公司
专　　利　　号　03334830.8
申　　请　　日　2003年1月7日
授权公告日　2003年8月13日
合议组组长　王霞军
主　　审　　员　尹春霞
参　　审　　员　周　佳
附　　　　　图　1页

法　律　依　据　专利法实施细则第2条第3款，专利法第23条
决　定　要　点

从本专利公开的视图及简要说明可以认定，本专利是不限定边界的平面玻璃的图案设计，可以推导出确定的平面玻璃产品。同时不能从附件1所公开的纺织面料的图案说明本专利的图案已在玻璃生产领域被广泛使用。

本专利与附件1公开的外观设计用途不相同，不具有可比性。

一、案由

本无效宣告请求涉及国家知识产权局于2003年8月13日授权公告的03334830.8号外观设计专利，使用该外观设计的产品名称是“玻璃（福满堂）”，其申请日是2003年1月7日，原专利权人是李金钟，后变更为上海恒昊玻璃技术有限公司。

针对上述外观设计专利权（下称本专利），福州建东玻璃有限公司（下称请求人）于2008年7月18日向专利复审委员会提出无效宣告请求，其依据的事实和理由是：本专利不符合专利法第23条及专利法实施细则第2条第3款的规定，应予宣告无效。请求人同时提交了如下附件作为证据：

附件1：2002年第七期《中国轻纺面料花样图集（七）》杂志的封面页、出版信息页及相关内页的复印件，共4页。

请求人认为：（1）本专利只有主视图，外观设计的侧面及后面不确定，同时本专利在简要说明中载明“无限定边界”，因此是一种形状及图案不特定的外观设计专利产品。同时本专利是由不同字体的“福”字组成的中华传统的吉祥图案，从公知常识及附件1可知这种吉祥图案早已被应用在各种装饰领域。因此本专利不是一种适于工业应用的新设计，不符合专利法实施细则第2条第3款的规定；（2）本专利是以玻璃材料为载体的图案设计，而这种图案设计早已公开几百上千年，因此本专利不符合专利法第23条的规定。

专利复审委员会经形式审查合格受理了该无效宣告请求，并于2008年7月18日将无效宣告请求书及其附件的副本转送专利权人，通知其在指定期限内陈述意见。

2008年9月3日专利复审委员会收到专利权人提交的意见陈述书。专利权人认为：本专利“玻璃（福满堂）”与轻纺面料图案是不同类别的外观设计，二者不具有可比性，应维持本专利有效。

专利复审委员会依法成立合议组对本案进行审理，并于2008年10月7日向双方当事人发出《无效宣告请求口头审理通知书》，定于2008年11月10日进行口头审理。同时随口头审理通知书将专利权人提交的意见陈述书转送请求人，通知其在口头审理当庭陈述意见或在收到所述文件之日起一个月内陈述意见。

口头审理如期举行，双方均委托代理人出席口头审理，均对对方出庭人员的资格无异议，对合议组成员也无回避请求。在口头审理中，请求人当庭提交了附件1的原件，在坚持原有主张的基础上，结合附件1相关页所示的图案，请求人认为本专利不属于外观设计保护的客体，玻璃单元去掉图案就是一个方格，没有任何的设计要点，而这种图案是本领域中司空见惯的图案，不属于新的设计，同时本专利的外轮廓不确定，不适于工业应用。专利权人认为外观设计以表示在图片或照片中的外观设计产品为准，本专利授权公报的照片是平面的，一面视图足以表示本专利，其他视图不受保护。

在上述审理的基础上，合议组经合议，认为本案事实清楚，依法作出本审查决定。

二、决定的理由

1. 法律依据

基于请求人提出无效宣告请求所依据的事实和理由，合议组对本专利是否符合专利法第23条及专利法实施细则第2条第3款的规定进行审查。

专利法第23条规定：“授予专利权的外观设计，应当同申请日以前在国内外出版物上公开发表过或者国内公开使用过的外观设计不相同和不相近似，并不得与他人在先取得的合法权利相冲突。”

专利法实施细则第2条第3款规定：“专利法所称外观设计，是指对产品的形状、图案或者其结合以及色彩与形状、图案的结合所作出的富有美感并适于工业应用的新设计。”

2. 关于专利法实施细则第2条第3款

本专利产品名称为“玻璃（福满堂）”，其公开了一幅主视图，简要说明载明：“1. 本图案无限定边界；2. 省略其他视图。”（详见本专利附图）。请求人认为本专利只有主视图，其侧面及后面因为没有表明而不确定，因此不是一种形状及图案确定、唯一的产品，同时结合附件1说明本专利所使用的图案（百福图）为中华传统的吉祥图案，早已公开，不是新设计，因此本专利不符合专利法实施细则第2条第3款的规定。对此，合议组认为：审查指南第一部分第三章4.3节规定的“平面产品的单元图案两方连续或四方连续等而无限定边界的情况”可以在简要说明中写明。从本专利公开的视图及简要说明可以认定，本专利是不限定边界的平面玻璃的图案设计，就单纯图案的外观设计而言，其应提交单元图案的设计内容，本专利的主视图已清晰显示了该单元图案，并且在简要说明中写明了省略视图的原因，符合审查指南中有关视图提交规范的规定，其保护范围确定，可以推导出确定的平面玻璃产品。同时不能从附件1所公开的纺织面料的图案说明本专利的图案已在玻璃生产领域被广泛使用，因此请求人的主张合议组不予采信。

3. 关于专利法第 23 条

请求人提交的附件 1 是 2002 年第七期《中国轻纺面料花样图集（七）》杂志的封面页、出版信息页及相关内页的复印件，并在口头审理中提交了附件 1 的原件，专利权人对附件 1 的真实性无异议。合议组经核实，该杂志的原件完整，所提交的复印件与原件中的相应页一致，该杂志的出版信息页记载有刊号、出版者等信息，合议组对附件 1 的真实性及公开性予以认定，出版时间为 2002 年 3 月，在本专利的申请日（2003 年 1 月 7 日）之前，因此附件 1 属于专利法第 23 条所规定的公开出版物，适用于本案。

4. 相同与相近似比较

本专利是玻璃的外观设计，附件 1 的第 260 页右侧公开了一款编号为“2280MLF \ H1SX33A（1：2. 5P）”的纺织面料的外观设计，二者产品的用途不同，产品类别不相同也不相近似，不具有可比性，本决定不再对二者是否相同或相近似进行评述。

综上所述，请求人提交的证据不能支持其无效宣告请求的理由，因此不能证明本专利不符合专利法实施细则第 2 条第 3 款及专利法第 23 条的规定。

三、决定

维持 03334830. 8 号外观设计专利权有效。

当事人对本决定不服的，可以根据专利法第 46 条第 2 款的规定，自收到本决定之日起三个月内向北京市第一中级人民法院起诉。根据该款的规定，一方当事人起诉后，另一方当事人应当作为第三人参加诉讼。

主视图

本专利附图

北京市第一中级人民法院
行政裁定书

（2009）一中行初字第 1595 号

原告福州建东玻璃有限公司，住所地福建省福州市台江区广达路 378 号主楼地下室 03 店面。

法定代表人黄建东。

被告国家知识产权局专利复审委员会，住所地北京市海淀区北四环西路 9 号银谷大厦。

法定代表人张茂于，副主任。

委托代理人尹春霞，女，国家知识产权局专利复审委员会审查员。

委托代理人解静，女，国家知识产权局专利复审委员会审查员。

第三人上海恒昊玻璃技术有限公司，住所地上海市长宁区新华路 365 弄 6 号 4 号楼 2B。

法定代表人李金钟，董事长。

委托代理人刘志伟，男，汉族，住郑州市中原区陇海西路 169 号附 3 号。

原告福州建东玻璃有限公司不服被告国家知识产权局专利复审委员会作出的第 12746 号无效宣告请求审查决定，向本院提起诉讼。本院受理后，依法组成合议庭，在法定期限内向被告送达了起诉书副本及应诉通知书，并依照《中华人民共和国行政诉讼法》第二十七条的规定，通知上海恒昊玻璃技术有限公司作为第三人参加诉讼。在审理期间，本院先后二次依法传唤原告出庭参加诉讼，原告均未到庭。

本院认为，原告经本院二次合法传唤，无正当理由拒不到庭，应视为其申请撤回起诉。依照《中华人民共和国行政诉讼法》第四十八条、第五十一条的规定，裁定如下：

准许原告福州建东玻璃有限公司撤回起诉。

案件受理费 100 元，由原告福州建东玻璃有限公司负担（已交纳）。

审 判 长　梁　菲
代理审判员　何君慧
代理审判员　贾志刚
二〇〇九年十一月六日
书 记 员　曾　谦

053

遥控灯（FLS08701-12G3）

无效宣告请求审查决定（第12747号）

决 定 号 第12747号
决 定 日 2008年12月8日
发明创造名称 遥控灯（FLS08701-12G3）
外观设计分类号 26-05
无效宣告请求人 中山市伊丽斯照明电器有限公司
专 利 权 人 徐 广
专 利 号 200530075006.7
申 请 日 2005年10月27日
授 权 公 告 日 2006年9月27日
合 议 组 组 长 王霞军
主 审 员 尹春霞
参 审 员 李改平

法 律 依 据 专利法第23条
决 定 要 点

请求人提交的证据不足以证明与本专利相同或者相近似的外观设计在本专利申请日前已公开使用的事实，故请求人据此提出本专利不符合专利法第23条的无效宣告请求的理由不成立。

一、案由

本无效宣告请求涉及国家知识产权局于2006年9月27日授权公告的第200530075006.7号外观设计专利，其名称为“遥控灯（FLS08701-12G3）”，申请日为2005年10月27日，专利权人为徐广。

针对上述外观设计专利（下称本专利），中山市伊丽斯照明电器有限公司（下称请求人）于2008年7月3日向专利复审委员会提出无效宣告请求，认为本专利不符合专利法第23条的规定，同时请求人提交了下列附件作为证据：

附件1：韩国《since1998VOL28号》封面页、第25页、第71页、第208页的复印件共5页；

附件2：韩国《VOL21号2003、12—2004、3》封面页、第60页、第400页的复印件共3页；

附件3：韩国《VOL22号1998、11、24—2004、7、24》第727页的复印件共3页；

附件4：韩国《VOL24号1998、11、24—2005、5、15》封面页、封底页、第264页、第522页、第330页的复印件共5页；

附件5：韩国《since1998VOL27号1998、11、24—2006、11、21》封面页、第33页、第273页、

第 321 页的复印件共 4 页；

附件 6：韩国《LIGHTING PLAZA 第 3 期》封面页，第 255 页、第 330 页的复印件共 5 页；

附件 7：韩国《2005-2006 TOTAL LIGHTING COLLECTION》封面页、第 65 页、第 392 页的复印件共 3 页；

附件 8：韩国《LIGHTING PLAZA 第 4 期》封面页、封底页、第 547 页的复印件共 3 页；

附件 9：韩国《LIGHTING PLAZA 第 5 期》封面页、封底页、第 355 页的复印件共 3 页；

附件 10："OPPLE" 2005 整体家居照明系列英文宣传图册封面页、第 12 页的复印件共 3 页；

附件 11："美的照明" 2007 产品手册封面页、第 15 页的复印件共 2 页；

附件 12："华泰照明" 2006 产品综合折页复印件共 3 页；

附件 13："欧特朗" 2005 照明宣传册封面页、第 24 页的复印件共 2 页；

附件 14："松普" 2005 照明宣传册封面页、图片页的复印件共 3 页；

附件 15："欧威仕" 2006 照明宣传册图片页复印件共 1 页；

附件 16：大丰 2007 年新上市吸顶灯宣传册封面页、图片页的复印件共 2 页；

附件 17：亮迪 2006 家居照明宣传册封面页、图片页的复印件共 2 页；

附件 18："曼佳美" 光源价目表封面页、图片页的复印件共 2 页；

附件 19：中山古镇名光亮品照明电器厂铝材灯世家宣传册封面页、图片页的复印件共 2 页；

附件 20：中山古镇东君照明电器厂现代顶灯宣传册封面页、图片页的复印件共 2 页；

附件 21：中山市横栏镇帝特灯饰制造厂 2007 产品画册封面页、图片页的复印件共 4 页。

请求人认为：本专利的基本外观结构是大圆套小圆，即就是"碟形灯"，是这类产品的基本形状，市场上已经使用多年。同时本专利在附件 1~9 中的相关页已经公开发表过了，且与附件 10~21 中十二个厂家生产的吸顶灯相同或者相近似。综上，本专利不符合专利法第 23 条的规定。

经形式审查合格，专利复审委员会依法受理了上述无效宣告请求，并于 2008 年 8 月 28 日向请求人和专利权人发出无效宣告请求受理通知书，同时将专利权无效宣告请求书及其附件清单中所列附件的副本转送给专利权人，并要求专利权人在指定的期限内陈述意见。专利权人逾期未提交意见陈述。

2008 年 8 月 8 日请求人补充提交附件，2008 年 9 月 14 日请求人补充提交翻译报告。

专利复审委员会依法成立合议组，于 2008 年 9 月 25 日向双方当事人发出无效宣告请求口头审理通知书，定于 2008 年 10 月 21 日举行口头审理。同时随口头审理通知书将请求人于 2008 年 8 月 8 日及 2008 年 9 月 14 日提交的附件及翻译报告转送专利权人，要求其在口头审理当庭或在收到所述文件之日起一个月内答复。

口头审理如期进行，双方当事人均委托代理人出席口头审理。双方当事人对对方出庭人员的身份、资格无异议，对合议组成员无回避请求。合议组当庭告知请求人由于其提交的中文译文时间超过审查指南规定的期限，该外文证据视为未提交。请求人当庭提交了附件 1~20 的原件，未提交附件 21 的原件，同时声明放弃附件 12，对于相同与相近似判断，坚持认为本专利与附件中公开的外观设计相同或相近似。专利权人对附件 1~9 的真实性有异议，认为附件 1~9 全部为域外证据，没有履行相关公证认证手续，且中文译文是在无效宣告请求 1 个月之后提出的，不能作为证据使用。对附件 10~21 的真实性均有异议，同时认为附件 10~21 的公开时间不能确认，其上所公开产品与本专利不相同也不相近似。

在上述审理的基础上，合议组认为本案事实已经调查清楚，可以依法作出审查决定。

二、决定的理由

1. 法律依据

基于请求人提出无效宣告请求所依据的事实和理由，合议组对本专利是否符合专利法第 23 条的规定进行审查。

专利法第 23 条规定：授予专利权的外观设计，应当同申请日以前在国内外出版物上公开发表过或者国内公开使用过的外观设计不相同和不相近似，并不得与他人在先取得的合法权利相冲突。

2. 证据认定

请求人提交的附件 1~9 均是韩国杂志的封面页及相关页，请求人未在规定期限内提交以上附件的中文译文，故附件 1~9 视为未提交，不能作为评述本专利是否符合专利法第 23 条规定的证据。

请求人提交的附件 10 是“OPPLE”2005 整体家居照明系列英文宣传图册封面页、第 12 页的复印件，由于请求人未在规定期限内提交该附件的中文译文，故附件 10 视为未提交，不能作为评述本专利是否符合专利法第 23 条规定的证据。

请求人提交的附件 11 为“美的照明”2007 产品手册封面页、第 15 页的复印件，附件 13 为“欧特朗”2005 照明宣传册封面页、第 24 页的复印件，附件 14 为“松普”2005 照明宣传册封面页、图片页的复印件，附件 15 为“欧威仕”2006 照明宣传册图片页复印件，请求人当庭提交了以上附件的原件，专利权人对其真实性有异议。合议组经核实后，认为以上附件均为产品宣传册，产品宣传册上没有任何厂家印刷的时间信息，仅在蓝章上盖有时间信息，其真实性及公开时间均无法确认。因此附件 11、附件 13~15 不能作为评述本专利是否符合专利法第 23 条规定的证据。

请求人提交的附件 16 为大丰 2007 年新上市吸顶灯宣传册封面页、图片页的复印件，附件 17 为亮迪 2006 家居照明宣传册封面页、图片页的复印件。请求人当庭提交了以上附件的原件，专利权人对其真实性有异议，认可 2007 年为其公开时间。合议组经核实，认为以上附件均为产品宣传册，其中文字记载的时间均为 2007 年，产品宣传册上没有任何厂家印刷的时间信息，其真实性无法确认，且公开时间在本专利申请日之后，因此，不能作为评述本专利是否符合专利法第 23 条规定的证据。

请求人提交的附件 18 为“曼佳美”光源价目表封面页、图片页的复印件，附件 19 为中山古镇名光良品照明电器厂铝材灯世家宣传册封面页、图片页的复印件，附件 20 为中山古镇东君照明电器厂现代顶灯宣传册封面页、图片页的复印件。请求人当庭提交了以上附件的原件，专利权人对上述产品宣传图册的真实性均有异议。合议组经核实后，认为虽然原件与复印件相一致，但原件上均无出版者、出版刊号、出版日期等信息，或者仅在蓝章上盖有时间信息，因此上述附件的真实性及公开性均不能认定，不能作为评述本专利是否符合专利法第 23 条规定的证据。

请求人未提交附件 21 的原件，故其真实性无法确定，因此不能作为评述本专利是否符合专利法第 23 条规定的证据。

综上所述，请求人提交的所有证据都不能作为评述本专利是否符合专利法第 23 条规定的证据，请求人的主张不能得到证据的支持，其提出的本专利权的授予不符合专利法第 23 条的规定的理由不成立。

三、决定

维持第 200530075006.7 号外观设计专利权有效。

当事人对本决定不服的，可以根据专利法第 46 条第 2 款的规定，自收到本决定之日起三个月内向北京市第一中级人民法院起诉。根据该款的规定，一方当事人起诉后，另一方当事人应当作为第三人参加诉讼。

054

遥控灯（FLS08701-12G3）

无效宣告请求审查决定（第 12748 号）

决　　定　　号　第 12748 号
决　　定　　日　2008 年 11 月 25 日
发明创造名称　遥控灯（FLS08701-12G3）
外观设计分类号　26-05
无效宣告请求人　李　雪
专　利　权　人　徐　广
专　　利　　号　200530075006.7
申　　请　　日　2005 年 10 月 27 日
授 权 公 告 日　2006 年 9 月 27 日
合 议 组 组 长　王霞军
主　　审　　员　尹春霞
参　　审　　员　李改平

法　律　依　据　专利法第 23 条
决　定　要　点

请求人提交的证据不足以证明与本专利相同或者相近似的外观设计在本专利申请日前已公开使用的事实，故请求人据此提出本专利不符合专利法第 23 条的无效宣告请求的理由不成立。

一、案由

本无效宣告请求涉及国家知识产权局于 2006 年 9 月 27 日授权公告的第 200530075006.7 号外观设计专利，其名称为“遥控灯（FLS08701-12G3）”，申请日为 2005 年 10 月 27 日，专利权人为徐广。

针对上述外观设计专利（下称本专利），李雪（下称请求人）于 2008 年 6 月 5 日向专利复审委员会提出无效宣告请求，认为本专利不符合专利法第 23 条的规定，同时请求人提交了下列附件作为证据：

附件 1：韩国《since1998VOL28 号》封面页、第 25 页、第 71 页、第 208 页的复印件共 5 页；

附件 2：韩国《VOL21 号 2003、12—2004、3》封面页、第 60 页、第 400 页的复印件共 3 页；

附件 3：韩国《VOL22 号 1998、11、24—2004、7、24》第 727 页的复印件共 3 页；

附件 4：韩国《VOL24 号 1998、11、24—2005、5、15》封面页、封底页、第 264 页、第 522 页、第 330 页的复印件共 5 页；

附件 5：韩国《since1998VOL27 号 1998、11、24—2006、11、21》封面页、第 33 页、第 273 页、

第 321 页的复印件共 4 页；

附件 6：韩国《LIGHTING PLAZA 第 3 期》封面页，第 255 页、第 330 页的复印件共 5 页；

附件 7：韩国《2005-2006 TOTAL LIGHTING COLLECTION》封面页、第 65 页、第 392 页的复印件共 3 页；

附件 8：韩国《LIGHTING PLAZA 第 4 期》封面页、封底页、第 547 页的复印件共 3 页；

附件 9：韩国《LIGHTING PLAZA 第 5 期》封面页、封底页、第 355 页的复印件共 3 页；

附件 10："OPPLE" 2005 整体家居照明系列英文宣传图册封面页、第 12 页的复印件共 3 页；

附件 11："美的照明" 2007 产品手册封面页、第 15 页的复印件共 2 页；

附件 12："华泰照明" 2006 产品综合折页复印件共 3 页；

附件 13："欧特朗" 2005 照明宣传册封面页、第 24 页的复印件共 2 页；

附件 14："松普" 2005 照明宣传册封面页、图片页的复印件共 3 页；

附件 15："欧威仕" 2006 照明宣传册图片页复印件共 1 页；

附件 16：大丰 2007 年新上市吸顶灯宣传册封面页、图片页的复印件共 2 页；

附件 17：亮迪 2006 家居照明宣传册封面页、图片页的复印件共 2 页；

附件 18："曼佳美" 光源价目表封面页、图片页的复印件共 2 页；

附件 19：中山古镇名光亮品照明电器厂铝材灯世家宣传册封面页、图片页的复印件共 2 页；

附件 20：中山古镇东君照明电器厂现代顶灯宣传册封面页、图片页的复印件共 2 页；

附件 21：中山市横栏镇帝特灯饰制造厂 2007 产品画册封面页、图片页的复印件共 4 页。

请求人认为：本专利的基本外观结构是大圆套小圆，即就是"碟形灯"，是这类产品的基本形状，市场上已经使用多年。同时本专利在附件 1~9 中的相关页中已经公开发表过了，且与附件 10~21 中十二个厂家生产的吸顶灯相同或者相近似。综上，本专利不符合专利法第 23 条的规定。

经形式审查合格，专利复审委员会依法受理了上述无效宣告请求，并于 2008 年 7 月 24 日向请求人和专利权人发出无效宣告请求受理通知书，同时将专利权无效宣告请求书及其附件清单中所列附件的副本转送给专利权人，并要求专利权人在指定的期限内陈述意见。

专利复审委员会依法成立合议组，于 2008 年 8 月 22 日向双方当事人发出无效宣告请求口头审理通知书，定于 2008 年 10 月 21 日举行口头审理。

专利权人于 2008 年 8 月 26 日提交了意见陈述，认为：（1）请求人提交的对比文件不能作为判断本专利是否符合专利法第 23 条的规定的判断客体；（2）本专利未在申请日前在国内外出版物上公开发表过或在国内公开使用过；（3）本专利没有与他人在先取得的合法权利相冲突。因此请求专利复审委员会驳回无效宣告请求，维持本专利有效。

专利复审委员会于 2008 年 9 月 25 日将专利权人的意见陈述书转送请求人，要求其在口头审理当庭或在收到所述文件之日起一个月内答复。

请求人于 2008 年 9 月 1 日提交相关附件的翻译报告，专利复审委员会于 2008 年 9 月 25 日转送给专利权人，要求其在口头审理当庭或在收到所述文件之日起一个月内答复。

口头审理如期进行，双方当事人均委托代理人出席口头审理。双方当事人对对方出庭人员的身份、资格无异议，对合议组成员无回避请求。合议组当庭告知请求人由于其提交的中文译文时间超过审查指南规定的期限，该外文证据视为未提交。请求人当庭提交了附件 1~20 的原件，未提交附件 21 的原件，同时声明放弃附件 12，对于相同与相近似判断，坚持认为本专利与附件中公开的外观设计相同或相近似。专利权人对附件 1~9 的真实性有异议，认为附件 1~9 全部为域外证据，没有履行相关公证认证手续，且中文译文是在无效宣告请求 1 个月之后提出的，不能作为证据使用。对附件 10~

21 的真实性均有异议，同时认为附件 10~21 的公开时间不能确认，其上所公开产品与本专利不相同也不相近似。

在上述审理的基础上，合议组认为本案事实已经调查清楚，可以依法作出审查决定。

二、决定的理由

1. 法律依据

基于请求人提出无效宣告请求所依据的事实和理由，合议组对本专利是否符合专利法第 23 条的规定进行审查。

专利法第 23 条规定："授予专利权的外观设计，应当同申请日以前在国内外出版物上公开发表过或者国内公开使用过的外观设计不相同和不相近似，并不得与他人在先取得的合法权利相冲突。"

2. 证据认定

请求人提交的附件 1~9 均是韩国杂志的封面页及相关页，请求人未在规定期限内提交以上附件的中文译文，故附件 1~9 视为未提交，不能作为评述本专利是否符合专利法第 23 条规定的证据。

请求人提交的附件 10 是"OPPLE" 2005 整体家居照明系列英文宣传图册封面页、第 12 页的复印件，由于请求人未在规定期限内提交该附件的中文译文，故附件 10 视为未提交，不能作为评述本专利是否符合专利法第 23 条规定的证据。

请求人提交的附件 11 为"美的照明" 2007 产品手册封面页、第 15 页的复印件，附件 13 为"欧特朗" 2005 照明宣传册封面页、第 24 页的复印件，附件 14 为"松普" 2005 照明宣传册封面页、图片页的复印件，附件 15 为"欧威仕" 2006 照明宣传册图片页复印件，请求人当庭提交了以上附件的原件，专利权人对其真实性有异议。合议组经核实后，认为以上附件均为产品宣传册，产品宣传册上没有任何厂家印刷的时间信息，仅在蓝章上盖有时间信息，其真实性及公开时间均无法确认。因此附件 11、附件 13~15 不能作为评述本专利是否符合专利法第 23 条规定的证据。

请求人提交的附件 16 为大丰 2007 年新上市吸顶灯宣传册封面页、图片页的复印件，附件 17 为亮迪 2006 家居照明宣传册封面页、图片页的复印件。请求人当庭提交了以上附件的原件，专利权人对其真实性有异议，认可 2007 年为其公开时间。合议组经核实，认为以上附件均为产品宣传册，其中文字记载的时间均为 2007 年，产品宣传册上没有任何厂家印刷的时间信息，其真实性无法确认，且公开时间在本专利申请日之后，因此，不能作为评述本专利是否符合专利法第 23 条规定的证据。

请求人提交的附件 18 为"曼佳美"光源价目表封面页、图片页的复印件，附件 19 为中山古镇名光良品照明电器厂铝材灯世家宣传册封面页、图片页的复印件，附件 20 为中山古镇东君照明电器厂现代顶灯宣传册封面页、图片页的复印件。请求人当庭提交了以上附件的原件，专利权人对上述产品宣传图册的真实性均有异议。合议组经核实后，认为虽然原件与复印件相一致，但原件上无出版者、出版刊号、出版日期等信息，或者仅在蓝章上盖有时间信息，因此上述附件的真实性及公开性均不能认定，不能作为评述本专利是否符合专利法第 23 条规定的证据。

请求人未提交附件 21 的原件，故其真实性无法确定，因此不能作为评述本专利是否符合专利法第 23 条规定的证据。

综上所述，请求人提交的所有证据都不能作为评述本专利是否符合专利法第 23 条规定的证据，请求人的主张不能得到证据的支持，其提出的本专利权的授予不符合专利法第 23 条的规定的理由不成立。

三、决定

维持第 200530075006.7 号外观设计专利权有效。

当事人对本决定不服的，可以根据专利法第 46 条第 2 款的规定，自收到本决定之日起三个月内向北京市第一中级人民法院起诉。根据该款的规定，一方当事人起诉后，另一方当事人应当作为第三人参加诉讼。

055

摄像头外壳（Q仔）

无效宣告请求审查决定（第12756号）

决　　定　　号　第12756号
决　　定　　日　2008年9月10日
发明创造名称　摄像头外壳（Q仔）
外观设计分类号　16-03
无效宣告请求人　腾讯科技（深圳）有限公司
专　利　权　人　张思诺
专　　利　　号　200430043777.3
申　　请　　日　2004年6月25日
授　权　公　告　日　2005年1月5号
合　议　组　组　长　郭健国
主　　审　　员　王强之
参　　审　　员　李巍巍

法　律　依　据　专利法第23条
决　定　要　点

请求人应当提供能够支持其专利权无效宣告请求的证据，如果其未能提交，请求人应当承担举证不能的法律后果。

一、案由

本无效宣告请求涉及2005年1月5日国家知识产权局授权公告的200430043777.3号外观设计专利（下称本专利），其产品名称为“摄像头外壳（Q仔）”，申请日是2004年6月25日，专利权是人张思诺。

针对上述外观设计专利，腾讯科技（深圳）有限公司于2007年9月28日向专利复审委员会提出无效宣告请求，请求人认为本专利与在先设计为同一类别的产品，且二者形状和图案相近似，因此不符合专利法第23条的规定。并提交了如下附件作为证据：

附件1：专利号为200430038649.X的外观设计专利证书复印件，共1页。

经形式审查合格后，专利复审委员会受理了上述请求，于2008年1月28日发出了无效宣告请求受理通知书，并将请求人提交的无效宣告请求书及其附件副本转送给专利权人，要求其在指定期限内陈述意见，并告知专利权人如逾期未答复，不影响专利复审委员会的审理。专利权人没有在规定的期限内答复。

本案合议组于2008年4月8日向无效宣告请求人和专利权人分别发出了无效宣告请求口头审理知通知书，定于2008年5月14日口头审理。

请求人于2008年4月25日寄交《无效宣告请求口头审理通知书回执》，表示参加口头审理。双方在规定的期限内均未对合议组成员提出回避请求。

口头审理如期举行，双方当事人及其代理人均未出席本次口头审理。

经过上述审查，合议组经合议，认为本案事实清楚，依法作出本审查决定。

二、决定理由

1. 法律依据

根据请求人提出的无效宣告请求的理由和提交的证据，本案合议组依据专利法第23条的规定对本案进行审理。

专利法第23条规定："授予专利权的外观设计，应当同申请日以前在国内外出版物上公开发表过或者国内公开使用过的外观设计不相同和不相近似，并不得与他人在先取得的合法权利相冲突。"

2. 证据认定

请求人提交的附件1是专利号为200430038649.X的外观设计专利证书复印件，未提交该外观设计专利的图片或照片，且请求人也未在提出无效宣告请求之日起一个月内提交补充证据，因其未提交原件，专利复审委员会合议组对其真实性无法核实，合议组无法通过该附件与本专利外观设计的图片或照片对二者是否相同或相近似做出判定。请求人应当提交能够支持其专利权无效宣告请求的证据，如果未能提交，请求人应当承担举证不能的法律后果。因此，本案中附件1不能证明本专利不符合专利法第23条的规定。

请求人应当提供能够支持其专利权无效宣告请求的证据，如果其未能提交，请求人应当承担举证不能的法律后果。

三、决定

维持200430043777.3号外观设计专利权有效。

当事人对本决定不服的，可以根据专利法第46条第2款的规定，自收到本决定之日起三个月内向北京市第一中级人民法院起诉。根据该款的规定，一方当事人起诉后，另一方当事人应当作为第三人参加诉讼。

056

太阳能集热器

无效宣告请求审查决定（第 12770 号）

决　　定　　号 第 12770 号
决　　定　　日 2008 年 11 月 28 日
发明创造名称 太阳能集热器
国 际 分 类 号 23-03
无 效 请 求 人 江苏太阳雨太阳能有限公司
专　利　权　人 李培申
申　　请　　号 01317233.6
申　　请　　日 2001 年 1 月 18 日
授 权 公 告 日 2001 年 8 月 22 日
合 议 组 组 长 朱文广
主　　审　　员 王　博
参　　审　　员 王　琳
附　　　　　图 1 页

法　律　依　据 专利法第 23 条
决　定　要　点

如果根据在先设计图片或者照片已经公开的内容即可推定出产品其他部分或者其他变化状态的外观设计的，则该其他部分或者其他变化状态的外观设计也被视为已经公开。

一、案由

本无效宣告请求涉及中华人民共和国国家知识产权局于 2001 年 8 月 22 日授权公告的、名称为“太阳能集热器”的外观设计专利权（下称本专利），其专利号是 01317233.6，申请日是 2001 年 1 月 18 日，专利权人是李培申。

针对本专利权，江苏太阳雨太阳能有限公司（下称请求人）于 2008 年 6 月 10 日向专利复审委员会提出无效宣告请求，认为本专利不符合专利法第 23 条及专利法实施细则第 2 条第 3 款的规定，同时请求人提交了如下附件：

附件 1：公告日为 2000 年 12 月 13 日、公告号为 CN3169749、专利号为 00315317.7 的外观设计专利的公告文本，共 7 页；

附件 2：公告日为 1998 年 12 月 30 日、公告号为 CN3097232、专利号为 97317477.3 的外观设计专利的公告文本，共 8 页；

附件 3：公告日为 2000 年 4 月 19 日、公告号为 CN3146231、专利号为 99325075.0 的外观设计专利的公告文本，共 6 页；

附件 4：授权公告日为 2000 年 2 月 2 日、授权公告号为 CN2362063Y、专利号为 99219545.4 的中国实用新型专利说明书扉页、附图第 1 页，共 2 页；

附件 5：《太阳能》杂志 1998 年出版的第 4 期封面图，复印件共 1 页；

附件 6：《太阳能》杂志 1997 年出版的第 2 期封面页、封二页，复印件共 2 页。

请求人认为：附件 1~6 与本专利相比都是相同或相近似的设计，因此本专利不符合专利法第 23 条的规定，同时也不符合专利法实施细则第 2 条第 3 款的规定，不属于新的设计。

经形式审查合格，专利复审委员会依法受理了上述无效宣告请求，并于 2008 年 7 月 8 日向请求人和专利权人发出无效宣告请求受理通知书，同时将专利权无效宣告请求书及其附件清单中所列附件的副本转送给专利权人，并要求专利权人在指定的期限内陈述意见。

2008 年 7 月 8 日，请求人提交了补充意见陈述书，补充提交了如下附件：

附件 7：《太阳能》杂志 1999 年出版的第 4 期彩插页，复印件共 1 页。

请求人认为，附件 7 公开了与本专利完全相同的外观设计，本专利不符合专利法第 23 条的规定。

2008 年 8 月 8 日，专利权人提交了意见陈述书，认为本专利的圆柱形集热器筒体和位于筒体中心点的进出水口在同一水平面的独特设计打破了传统太阳能集热器的外观，与在先设计既不相同也不类似。此外，专利权人还提交了如下证据：

证据 1：中国农村能源行业协会太阳能热利用专业委员会出具的关于太阳能集热器定义的说明，复印件共 1 页。

专利复审委员会依法成立合议组对本案进行审理。

本案合议组于 2008 年 8 月 28 日向双方当事人发出无效宣告请求口头审理通知书，定于 2008 年 9 月 22 日举行口头审理。随同本通知书，将请求人于 2008 年 7 月 8 日提交的意见陈述书及其附件副本转送给专利权人，将专利权人于 2008 年 8 月 8 日提交的意见陈述书及其附件副本转送给请求人。

因故，合议组发生变更，变更后的合议组于 2008 年 9 月 12 日向双方当事人再次发出无效宣告请求口头审理通知书，将口头审理改定于 2008 年 10 月 14 日举行。

口头审理如期举行，双方当事人均参加了口头审理。

在口头审理中，（1）请求人当庭提交附件 8（中华全国工商业联合会新能源商会出具的说明原件，共 1 页）、附件 9（中国农村能源行业协会太阳能热利用专业委员会出具的关于太阳能术语定义的说明原件，共 1 页），合议组当庭将其副本转送给专利权人。（2）请求人当庭出示附件 5~7 的原件。专利权人认可附件 1~6 的真实性，认为附件 7 在举证期限内没有提交版权页，属于超期证据。专利权人经核实确认附件 7 来自《太阳能》1999 年第 4 期，与请求人在提交该证据时陈述的证据来源相同。专利权人认为附件 8、9 属于超期证据。请求人认为，附件 8、9 不是用来对比，只是用来说明概念。在此基础上，请求人将附件 1~7 分别与本专利进行了对比，合议组就此进行了调查，充分听取了双方当事人的意见。

至此，合议组认为本案事实已经清楚，可以作出审查决定。

二、决定的理由

1. 关于证据

请求人提交的证据包括附件 3、7，专利权人对附件 3、7 的真实性没有异议，合议组经审查予以确认，同时由于附件 3、7 为公开出版物，且其公开日期在本专利的申请日前，因此可以将其作为对比文件用于判断本专利是否符合专利法第 23 条的规定。虽然专利权人主张附件 7 在举证期限内没有提交版权页，属于举证超期的证据，但合议组认为请求人在提出附件7时已说明附件7的来源，专利权人在口头审理中又核实确认附件7来自《太阳能》1999年第4期，即与请求人在提交该证据时陈述的证据来源相同，因此，合议组认为附件7可以接受。

2. 关于专利法第23条

专利法第23条规定：授予专利权的外观设计，应当同申请日以前在国内外出版物上公开发表过或者国内公开使用过的外观设计不相同和不相近似，并不得与他人在先取得的合法权利相冲突。

如果根据在先设计图片或者照片已经公开的内容即可推定出产品其他部分或者其他变化状态的外观设计的，则该其他部分或者其他变化状态的外观设计也被视为已经公开。

本专利的授权公告文本的太阳能集热器共有4幅视图，即主视图、俯视图、左视图、后视图，其简要说明中说明右视图与左视图相同，仰视图与俯视图对称。从其视图上看，本专利所示的集热器主体为一圆筒形，该圆筒形的两端壁与筒壁之间为圆弧过渡，筒壁上沿筒体的轴向有一排圆孔，筒壁在靠近两端壁的部位在整个圆周上各有一个略突出于筒壁的环状部分，两端壁的中心分设有进出水口。

附件3公开了一种太阳能热水器，与本专利属于同一类别的产品。附件3包括5幅视图，即主视图、俯视图、左视图、右视图、后视图，其简要说明中说明仰视图无设计要点，故省略。附件3中示出了太阳能水箱与集热管及安装支架连接在一起的整体，从中可看出水箱为一圆筒形，该圆筒形的两端壁与筒壁之间为圆弧过渡，筒壁上沿筒体的轴向与一排集热管相连，筒壁靠近两端壁部位在整个圆周上各有一个略突出于筒壁的环状部分，一侧端壁上有突出的圆形端盖，另一侧端壁上进出水口上下排列。根据集热管与水箱的连接方式可以推断该筒壁上沿筒体的轴向有一排圆孔。

将本专利的太阳能集热器与附件3进行对比，两者的区别仅在于本专利的进出水口在两端分别设置于圆心处，而附件3中的进出水口设于同侧，且另一侧的端壁上有突出的圆形端盖。但是本专利进出水口位于主体的侧面且相对于整体结构很小，因此与附件3的外形差异很小，不会受到一般消费者的关注。因此，本专利属于与附件3相近似的外观设计。

附件7公开了一种太阳能热水器，与本专利属于同一类别的产品。附件7为一幅实物照片，其第2幅图（从上至下）中可见圆筒形水箱，水箱的一侧端壁中心连有水管，另一侧端壁不可见。水箱的筒壁在沿筒体的轴向上与一排集热管相连。根据集热管与水箱的连接方式可以推断该筒壁上沿筒体的轴向有一排圆孔。根据水箱的一侧端壁与管子的连接方式以及水箱有进水管必然有出水管的结构，可以推断水箱的另一侧端壁的中心也连接有水管。

将本专利的太阳能集热器与附件7中的水箱进行对比，两者的区别仅在于本专利在筒壁靠近两端壁的部位在整个圆周上各有一个略突出于筒壁的环状部分。但是本专利的这一结构位于主体的两侧且相对于整体结构很小，属于局部的细微变化，不会受到一般消费者的关注。因此，本专利属于与附件7相近似的外观设计。

专利权人在口头审理中认为：（1）本专利与附件3、7的领域不同，根据证据1，本专利的太阳能集热器是供热系统中的一部分，是整个供暖工程中的一部分，它不储存水，只起传输热能的作用，本专利还设置其他大型储水箱。本专利的一般消费者是建筑商，与普通消费者不同，销售地点也不同，不会造成误认。（2）附件3的集热管接口在下部，本专利在中部，附件3的一侧端壁上还有突起。（3）附件7中图示很小，不好辨认，部件之间是否存在连接关系和如何连接的看不出来，且端壁上的孔位于下部，其他各面看不见图案设计，无法判断。

对此，合议组认为：（1）本专利的名称为太阳能集热器，根据证据1，其功能就是集中所收集的热水，因此其本身就可以直接作为水箱供应热水，而如果需要水量较大则可增加集热管数量并增设储水箱，因此本专利的产品既可以用于大型的商用设备也可以用于小型的家用设备，而附件3、7分别是用于小型和大型设备中的热水器，因此，本专利与附件 3、7 属于同一类别的产品的外观设计。(2) 本专利的集热管接口虽然表示在中部，但由于该产品是圆筒形结构，本专利的这种表示仅取决于其圆筒的观察角度，若将其略转动一个角度，则接口不会位于主视图的中心。附件 3 中的端壁上的突起很小且位于使用时不容易看到的部位，是否存在该结构不会受到一般消费者的关注。(3) 附件 7 虽然图示较小，但并不影响其对太阳能水箱外形的公开。附件 7 中明显可见端壁上的水管接口位于中心，而且即使本专利中的水管接口的设置与附件 7 存在差别，这样的差别也是很微小的且位于使用时不容易看到的部位，不会受到一般消费者的关注。至于其另一侧端壁不可见的情况，合议组认为根据已经公开的内容，结合水箱的常见结构可以推定另一侧端壁的结构与这一侧的相同。因此，专利权人的这些主张都不能成立。

鉴于本专利不符合专利法第 23 条的规定，应予无效，合议组对请求人的其他无效理由和证据不再予以评价。

根据上述的事实和理由，本案合议组依法作出以下决定。

三、决定

宣告 01317233.6 号外观设计专利权全部无效。

当事人对本决定不服的，可以根据专利法第 46 条第 2 款的规定，自收到本决定之日起三个月内向北京市第一中级人民法院起诉。根据该款的规定，一方当事人起诉后，另一方当事人应当作为第三人参加诉讼。

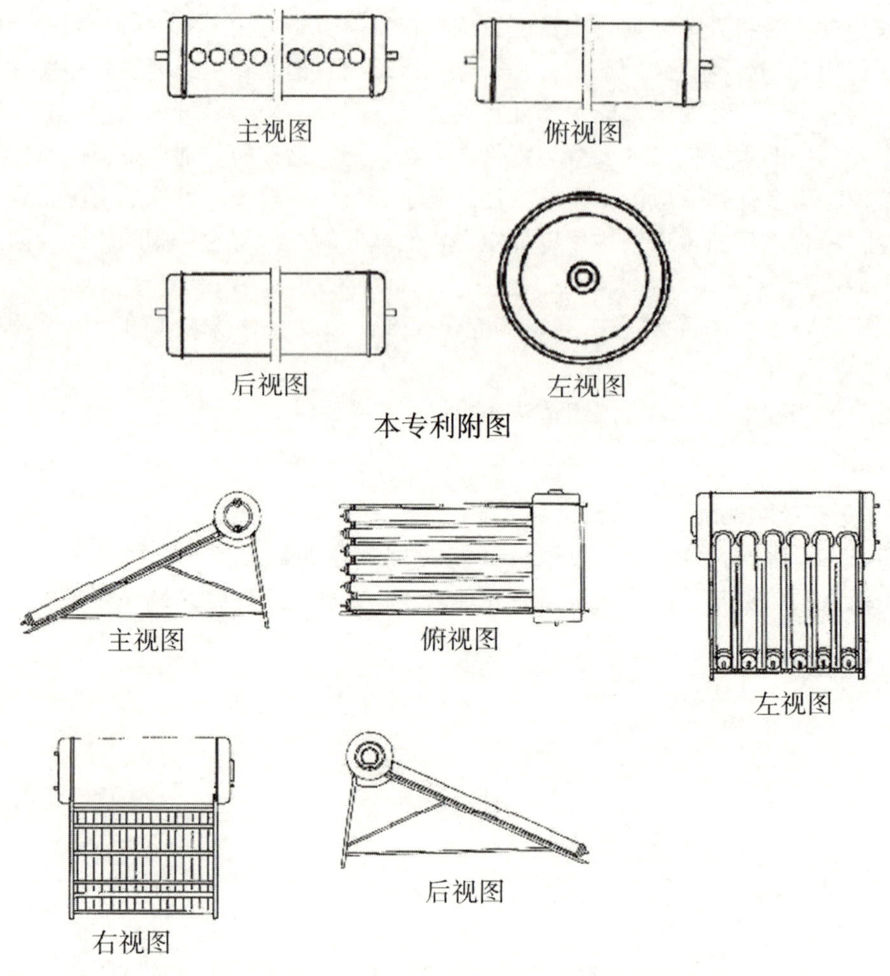

本专利附图

附件 3 附图

附件 7 附图

057

展示柜（SNACK400 STN）

无效宣告请求审查决定（第12772号）

决　　定　　号　第12772号
决　　定　　日　2008年12月2日
发明创造名称　展示柜（SNACK400 STN）
外观设计分类号　20-02
无效宣告请求人　孙雅申
专　利　权　人　方正亚洲有限公司，玛丽亚·阿德莱德·卡萨尼
专　　利　　号　200630145450.6
申　　请　　日　2006年11月24日
授 权 公 告 日　2007年10月3日
合 议 组 组 长　吴赤兵
主　　审　　员　刘路尧
参　　审　　员　张　巍

法　律　依　据　专利法第23条
决　定　要　点

请求人没有提出能够导致本专利外观设计在其申请日以前在国内公开使用过的证据，因此其提出的关于本专利不符合专利法第23条中应当同申请日以前在国内公开使用过的外观设计不相同和不相近似的规定的主张不能成立。

一、案由

本无效宣告请求涉及国家知识产权局于2007年10月3日授权公告的、名称为“展示柜（SNACK 400 STN）”的第200630145450.6号外观设计专利（下称本专利），其申请日为2006年11月24日，专利权人为方正亚洲有限公司，共同专利权人为帕迪尼·马尔科、玛丽亚·阿德莱德·卡萨尼，后变更专利权人为方正亚洲有限公司，共同专利权人为玛丽亚·阿德莱德·卡萨尼。

针对上述外观设计专利权，孙雅申（下称请求人）于2008年4月17日向专利复审委员会提出无效宣告请求，并随该无效宣告请求书提交如下附件作为证据：

附件1：请求人声称的意大利佛卡责任有限公司提供的声明及其相关文件复印件，共32页，其中包括如下文件：

佛卡责任有限公司出具的声明英文复印件及其中文译文，共3页；

利米尼市工商部出具的关于佛卡责任有限公司的普通科注册证明英文复印件及其中文译文，共

6 页；

利米尼市公证员江安东尼奥·彭尼诺出具的关于摄于佛卡责任有限公司内照片的证明英文复印件及其中文译文，以及请求人声称的上述证明所附照片复印件，共 3 页；

与方正亚洲有限公司相关单据（订单、发票、提单、原产地证、电汇底单等）英文复印件及其中文译文，共 11 页；

利米尼市公证员江安东尼奥·彭尼诺出具的复印件与原件相符的证明英文复印件及其中文译文，共 2 页；

第 1 行标有“ORIGINAL”字样的页复印件及其中文译文，共 2 页；

页眉处标有“Sep. 17 2004 04：43PM P1”字样的页复印件及其中文译文，共 2 页；

页眉处标有“Sep. 07 2004 03：48PM P2”字样的页复印件及其中文译文，共 2 页；

页眉处标有“Sep. 07 2004 03：49PM P3”字样的页复印件及其中文译文，共 2 页；

附件 2：请求人声称的莱州市电冰柜厂发出产品销售追综存档单复印件，共 3 页；

附件 3：请求人声称的振华国际货运有限公司青岛分公司（嘉宏航运有限公司）的进仓通知、青岛远洋大亚货运有限公司理货单的复印件，共 3 页；

附件 4：中华人民共和国海关出口货物报关单（出口收汇专用）复印件，共 1 页；

附件 5：（2008）莱州证民字第 3 号公证书（包含照片 1 页）复印件，共 5 页，公证日期为 2008 年 1 月 4 日；

附件 6：“Witness Statement”复印件，共 2 页。

请求人认为：在本专利申请日前，专利权人之一方正亚洲有限公司与莱州宏泰电器有限公司有购销合作关系，莱州宏泰电器有限公司通过设计、生产完成的产品“展示柜（SNACK 400STN）”出售给方正亚洲有限公司转销到意大利等国内外各地，本专利与莱州宏泰电器的产品的外观设计是相同或相似的，故本专利不符合专利法第 23 条中应当同申请日以前在国内公开使用过的外观设计不相同和不相近似的规定。

经形式审查合格后，专利复审委员会受理了该无效宣告请求，并于 2008 年 4 月 30 日向双方当事人发出无效宣告请求受理通知书，并随上述无效宣告请求受理通知书将请求人提交的无效宣告请求书及其附件清单中所列附件副本转送专利权人，要求其在指定期限内对该无效宣告请求陈述意见。

请求人又于 2008 年 5 月 19 日向专利复审委员会提交了意见陈述书及如下附件作为证据：

附件 7：青岛益达设备有限公司的企业法人营业执照（副本）复印件、青岛益达设备有限公司出具的关于 Marco Pardini 先生是该公司总裁的证明的中文文件和英文文件的复印件、Marco Pardini 的护照复印件及其中文译文、附件 6 及其“见证声明”中文译文，共 8 页；

附件 8：请求人声称的关于方正亚洲有限公司从莱州宏泰电器有限公司购买产品的相关文件复印件及其中文译文，共 21 页。

专利权人于 2008 年 6 月 12 日向专利复审委员会提交了意见陈述书及如下附件作为证据：

附件 A：莱州市宏泰电器有限公司与方正亚洲有限公司的协议书复印件，共 4 页。

专利权人认为：方正亚洲有限公司与莱州宏泰电器有限公司系委托加工关系，不是国内公开使用；附件 3、4 证明宏泰电器生产的产品出口，不是国内公开使用；附件 5 是本专利申请日后形成的公证书，仅由宏泰电器口述说明 2006 年前生产和参展，无法证明申请日前公开使用；附件 1、6 未经公证认证，不予认定，即使该附件真实有效，也仅能说明本专利产品在国外销售，不能证明在国内公开使用。

在此基础上，专利复审委员会依法成立合议组，对本案进行审查。合议组于 2008 年 6 月 30 日向双方当事人发出口头审理通知书，定于 2008 年 7 月 23 日对本案进行口头审理，并随上述口头审理通知书将请求人于 2008 年 5 月 19 日提交的意见陈述书及其附件清单中所列附件的副本转送给专利权人，同时将专利权人于 2008 年 6 月 12 日提交的意见陈述书及其附件清单中所列附件的副本转送给请求人。

口头审理如期举行，双方当事人均出席了口头审理。在口头审理中，双方当事人对合议组成员变更无异议，对合议组成员无回避请求，双方当事人对对方出庭人员身份无异议。请求人当庭提交了如下文件：

附件 1 中佛卡责任有限公司出具的声明英文原件，附有中华人民共和国驻米兰总领事馆认证，共 1 页；

附件 1 中利米尼市工商部出具的关于佛卡责任有限公司的普通科注册证明英文原件，附有中华人民共和国驻米兰总领事馆认证，共 3 页；

请求人声称的附件 1 中利米尼市公证员江安东尼奥·彭尼诺出具的关于摄于佛卡责任有限公司内照片的证明所附照片的原件，实际为复印件，共 1 页；

附件 1 中利米尼市公证员江安东尼奥·彭尼诺出具的关于摄于佛卡责任有限公司内照片的证明英文原件，附有中华人民共和国驻米兰总领事馆认证，用订书钉与请求人声称的该证明所附照片装订在一起，共 1 页；

请求人声称的附件 1 中与方正亚洲有限公司相关单据（订单、发票、提单、原产地证等）英文的原件，实际为复印件，共 5 页；

附件 1 中利米尼市公证员江安东尼奥·彭尼诺出具的复印件与原件相符的证明英文原件，附有中华人民共和国驻米兰总领事馆认证，用订书钉与附件 1 中上述与方正亚洲有限公司相关单据（订单、发票、提单、原产地证等）装订在一起，共 1 页；

请求人声称的附件 1 中第 1 行标有“ORIGINAL”字样的页的原件，实际为复印件，其上盖有“莱州市宏泰电器有限公司”红章，共 1 页；

请求人声称的附件 1 中页眉处标有“APR. 16 2001 05：38 P1”字样的页的原件，实际为复印件，其上盖有“莱州市宏泰电器有限公司”红章，共 1 页；

请求人声称的附件 1 中页眉处标有“APR. 16 2001 05：39 P2”字样的页的原件，实际为复印件，其上盖有“莱州市宏泰电器有限公司”红章，共 1 页；

请求人声称的附件 1 中页眉处标有“Sep. 07 2004 03：49PM P3”字样的页的原件，实际为复印件，其上盖有“莱州市宏泰电器有限公司”红章，共 1 页；

请求人声称的附件 2、3、4 的原件，实际为复印件，其上盖有“莱州市宏泰电器有限公司”红章，共 7 页；

附件 5 公证书的原件，共 1 册；

附件 6 的原件，共 2 页，其中第 2 页上有“Marco Pardini”签字；

附件 7 中青岛益达设备有限公司出具的关于 Marco Pardini 先生是该公司总裁的证明的英文文件原件，共 1 页；

请求人声称的附件 7 中青岛益达设备有限公司的企业法人营业执照（副本）的原件，实际为复印件，其上盖有“青岛益达设备有限公司”红章，共 1 页；

请求人声称的附件 8 中关于方正亚洲有限公司从莱州宏泰电器有限公司购买产品的相关文件中英文文件和提货单的原件，实际为复印件，其上盖有“莱州市宏泰电器有限公司”红章，共 13 页。

合议组当庭核实了请求人当庭提交的上述文件与请求人在提出无效宣告请求时及其于 2008 年 5

月 19 日提交的附件的一致性，专利权人对两者的一致性无异议。

专利权人当庭提交了补充证据，即附件 B：（2008）青市中证民字第 004665 号公证书的原件，共 1 册。

口头审理中出具附件 7 中“见证声明”的证人 Marco Pardini 出庭，证人认为附件 7 中“见证声明”记载的日期 2006 年 11 月是其申请专利的日期。请求人认为：当庭提交的文件均为原件；附件 1 中佛卡责任有限公司出具的声明、附件 A 的协议书、附件 8 中日期为 2006 年 1 月 23 日的页中标有“SNACK400STN”、附件 7 的“见证声明”可以证明本专利产品在国内销售；附件 1 中证明所附照片、附件 5 中公证书所附照片与本专利相近似。专利权人认为：附件 1 中关于摄于佛卡责任有限公司内照片的证明所附照片是装订的，不能看出与该证明是一致的，附件 1 中声明“编号为 SNACK400TN 的货物由莱州宏泰电器有限公司（…）于 2004 年通过方正亚洲有限公司（…）所购买”的内容与请求人提出莱州宏泰电器有限公司将产品“展示柜（SNACK400STN）”出售给方正亚洲有限公司转销到意大利等国内外各地的主张矛盾；请求人提交的盖有“莱州市宏泰电器有限公司”红章的证据均为复印件，无法证明是原件，不认可其真实性；附件 8 中日期为 2006 年 1 月 23 日的页中标有“SNACK400STN”不能确认是本专利产品；附件 7 的“见证声明”不能佐证；本专利与上述附件所提供的照片后视图后板不一样。在此基础上双方当事人充分陈述了意见。

至此，合议组认为本案事实已经清楚，可以依法作出无效宣告请求审查决定。

二、决定的理由

关于专利法第 23 条

专利法第 23 条规定，授予专利权的外观设计，应当同申请日以前在国内外出版物上公开发表过或者国内公开使用过的外观设计不相同和不相近似，并不得与他人在先取得的合法权利相冲突。

本案中，请求人于 2008 年 4 月 17 日向专利复审委员会提出无效宣告请求，随后又于 2008 年 5 月 19 日向专利复审委员会补充提交了附件 9、10。根据专利法实施细则第 6 条的规定，专利法和专利法实施细则规定的各种期限的第一日不计算在期限内。期限以年或者月计算的，以其最后一月的相应日为期限届满日；该月无相应日的，以该月最后一日为期限届满日；期限届满日是法定节假日的，以节假日后的第一个工作日为期限届满日。由于 2008 年 5 月 17、18 日为法定节假日，故本案中请求人提出无效宣告请求之日起一个月内补充证据的期限届满日应当为 2008 年 5 月 19 日，因此，合议组对请求人补充提交的附件 9、10 予以接受。

对于附件 1，其中：（1）佛卡责任有限公司出具的声明；（2）利米尼市工商部出具的关于佛卡责任有限公司的普通科注册证明；（3）利米尼市公证员江安东尼奥·彭尼诺出具的关于摄于佛卡责任有限公司内照片的证明；（4）利米尼市公证员江安东尼奥·彭尼诺出具的复印件与原件相符的证明，上述证据经中华人民共和国驻所在国领事馆认证，属于符合审查指南第四部分第八章第 2.2.2 节规定的域外证据，但上述 4 份证据仅公开了（1）中编号为 SNACK400STN 的货物的文字内容，但没有公开编号为 SNACK400STN 的货物的图片或照片，不能与本专利外观设计进行比较，故合议组对上述 4 份证据与本专利的关联性不予认可；（5）请求人声称的照片为（3）所附照片原件，但由于其实际为复印件，并且仅用订书钉与（3）装订在一起，专利权人对其真实性不予认可，故合议组对其真实性不予认可；（6）请求人声称的与方正亚洲有限公司相关单据（订单、发票、提单、原产地证、电汇底单等），其中第 1 行标有“ORIGINAL”字样的页、页眉处标有“Sep. 17 2004 04：43PM P1”字样的页、页眉处标有“Sep. 07 2004 03：48PM P2”字样的页、页眉处标有“Sep. 07 2004 03：49PM P3”字样的页，上述 4 页盖有“莱州市宏泰电器有限公司”红章，其他 5 页用订书钉与（4）装订在一起，上述相关单据中标明“发票 1141/2004”内容的页、标明“订单号 1141/2004”内容的页中表格仅公开了“SNACK 400 TN S”的文字内容，没有公开与“SNACK 400 TN S”内容相关的图片或照片，不能与本专利外观设计进行比较，故合议组对上述相关单据与本专利的关联性不予认可。

对于附件2，请求人声称的莱州市电冰柜厂发出产品销售追综存档单，其上盖有“莱州市宏泰电器有限公司”红章。请求人认为上述证据与本专利可以由上述合同中表格内“SNACK 400 TN”的文字内容相关联，但合议组认为根据附件1和附件2公开的内容来看，“SNACK 400 TN”和“SNACK 400 STN”两种型号产品是不同的，并且上述证据没有公开可以与本专利进行比较的外观设计，故合议组对附件2与本专利的关联性不予认可。

对于附件3，请求人声称的振华国际货运有限公司青岛分公司（嘉宏航运有限公司）的进仓通知、青岛远洋大亚货运有限公司理货单，其上盖有“莱州市宏泰电器有限公司”红章；对于附件4，中华人民共和国海关出口货物报关单（出口收汇专用），其上盖有“莱州市宏泰电器有限公司”红章。请求人认为附件3中“提单号：140400235370”和附件4中“提运单号：140400235370”的内容，与附件1中（6）中名称为“远东航运公司”的页中“提单号140400235370”的内容可以相互印证，从而证明“SNACK 400 TN S”对应的货物在国内使用公开的事实。如前所述，由于附件1中（6）仅公开了“SNACK 400 TN S”的文字内容，但没有公开与“SNACK 400 TN S”内容相关的图片或照片，不能与本专利外观设计进行比较，请求人也没有主张附件3、4中有其他可与本专利相关联的内容，故合议组对附件3、4与本专利的关联性不予认可。

对于附件5，（2008）莱州证民字第3号公证书（包含照片），合议组认为：根据公证书中“申请人莱州市宏泰电器有限公司的委托代理人冯仕文于二〇〇八年一月三日来我处称：……冯仕文……于二〇〇八年一月四日一起来到……青岛益达设备有限公司，对存放于该公司的部分不锈钢冷柜（展示柜）进行勘验、拍照并保全证据……”的记载，可以证明冯仕文出具过相关内容的证人证言以及冯仕文等人于2008年1月4日对存放于青岛益达设备有限公司的部分不锈钢冷柜（展示柜）进行勘验、拍照并保全证据的事实，专利权人对公证书的真实性无异议，故合议组对公证书内容的真实性予以认可，但该公证书仅能证明冯仕文出具过相关内容的证人证言，进行勘验、拍照并保全证据的日期在本专利申请日之后。在没有其他证据佐证的情形下，仅凭公证书不能认定所述证人证言的真实性，故合议组对附件5所证明的事实不予采信。

对于附件6、7，Marco Pardini的“见证声明”，是Marco Pardini出具的证人证言，Marco Pardini作为证人出庭作证，专利权人认为Marco Pardini作为本专利的原共同专利权人参加对本专利的无效宣告请求属于与专利权人有不利关系的证人，合议组在核实本案案卷后对专利权人的上述主张予以采信，并认为：Marco Pardini作为与专利权人有不利关系的证人，出具的证人证言属于与一方当事人有不利关系的证人所作的对该当事人不利的证言，其证言不能单独用来证明与其有利害关系的事实，其中：

事实1：“见证声明”证明自2003年以来，方正亚洲有限公司已经从莱州市宏泰电器有限公司订购本专利产品的事实。对于该事实，由于仅有证人证言可以证明，没有其他证据佐证，并且专利权人不认可上述事实，故合议组对其证言不予采信；

事实2：“见证声明”证明莱州市宏泰电器有限公司已经开始在2006年11月生产本专利产品。对于该事实，由于证人出庭质证时认为2006年11月是其申请专利的日期，与见证声明中上述内容相矛盾，故合议组对其证言不予采信；

事实3：“见证声明”佐证公证文件所示的产品储存在青岛益达设备有限公司的库房里的事实；

事实4：“见证声明”佐证公证文件所示的本专利产品参加了北京、上海和广州的展览会的事实；

事实5：“见证声明”佐证公证文件所示的本专利产品销售给FORCAR SRL的事实。

对于上述事实，如前所述，合议组对证人提及的公证文件所证明的事实不予采信，故合议组对其证言不予采信。

事实6："见证声明"证明方正亚洲有限公司申请本专利的事实。对于该事实，由于与请求人主张的有关本专利已经公开使用的事实无关联，故合议组对其证言不予采信；此外，附件7中青岛益达设备有限公司的企业法人营业执照（副本）、青岛益达设备有限公司出具的关于Marco Pardini先生是该公司总裁的证明与请求人主张的有关本专利已经公开使用的事实无关联，故合议组对附件6、7不予采信。

对于附件8：请求人声称的关于方正亚洲有限公司从莱州宏泰电器有限公司购买产品的相关文件，上述证据中表格仅公开了"SNACK400STN"的文字内容，但没有公开与"SNACK400STN"内容相关的图片或照片，不能与本专利外观设计进行比较，故合议组对附件8与本专利的关联性不予认可。

对于附件A，专利权人提交的协议书，该协议书本身没有公开可以与本专利进行比较的外观设计，合议组根据专利权人对该协议书的意见陈述也不能得到上述外观设计，故合议组对请求人关于附件A的协议书可以证明本专利产品在国内销售的主张不予支持。

综上所述，请求人提交的附件1~8和专利权人提交的附件A均不能支持请求人关于本专利不符合专利法第23条中应当同申请日以前在国内公开使用过的外观计不相同和不相近似的规定的主张。

根据以上事实和理由，合议组作出如下无效宣告请求审查决定。

三、决定

维持第200630145450.6号外观设计专利权有效。

当事人对本决定不服的，可以根据专利法第46条第2款的规定，自收到本决定之日起三个月内向北京市第一中级人民法院起诉。根据该款的规定，一方当事人起诉后，另一方当事人应当作为第三人参加诉讼。

北京市第一中级人民法院
行政裁定书

（2007）（2009）一中行初字第1093号

原告孙雅申，男，1968年5月3日出生，汉族，律师，住中华人民共和国北京市海淀区西土城路25号教工。

被告中华人民共和国国家知识产权局专利复审委员会，住所地中华人民共和国北京市海淀区北四环西路9号银谷大厦。

法定代表人廖涛，副主任。

委托代理人刘路尧，男，中华人民共和国国家知识产权局专利复审委员会审查员。

委托代理人田华，女，中华人民共和国国家知识产权局专利复审委员会审查员。

第三人方正亚洲有限公司，住所地香港湾仔告士打道181号中怡大厦10楼1001室。

法定代表人玛丽亚·阿德莱德·卡萨尼（CASSANI MARIAADELAIDE），董事长。

委托代理人邵守刚，清泰律师事务所律师。

委托代理人金风华，清泰律师事务所律师。

第三人玛丽亚·阿德莱德·卡萨尼（CASSANI MARIA ADELAIDE），女，1945年9月26日出生，持意大利护照（YAO158841）。

委托代理人邵守刚，清泰律师事务所律师。

原告孙雅申不服被告中华人民共和国国家知识产权局专利复审委员会作出的第12772号无效宣告请求审查决定，向本院提起行政诉讼。本院受理后，依法组成合议庭对本案进行了审理。并依照《中华人民共和国行政诉讼法》第二十七条之规定，通知方正亚洲有限公司、玛丽亚·阿德莱德·卡萨尼（CASSANI MARIA ADELAIDE）作为本案第三人参加诉讼。在审理过程中，原告向本院提出撤诉申请。

本院经审查认为，该申请确系原告的真实意思表示，且符合法律规定，应予准许。据此，依照《中华人民共和国行政诉讼法》第五十一条，裁定如下：

准许孙雅申撤回起诉。

本案案件受理费人民币100元，减半收取50元，由原告孙雅申负担（已交纳）。

审 判 长　吴　月
代理审判员　毛天鹏
人民陪审员　张燕宾
二〇〇九年十二月十五日
书 记 员　郎莉萍

058

展示柜（GN3150TN）

无效宣告请求审查决定（第 12773 号）

决　定　号　第 12773 号
决　定　日　2008 年 12 月 2 日
发明创造名称　展示柜（GN3150TN）
外观设计分类号　20-02
无效宣告请求人　孙雅申
专　利　权　人　方正亚洲有限公司，玛丽亚·阿德莱德·卡萨尼
专　利　号　200630145470.3
申　请　日　2006 年 11 月 24 日
授权公告日　2007 年 10 月 3 日
合议组组长　吴赤兵
主　审　员　刘路尧
参　审　员　张　巍
附　　　图　1 页

法律依据　专利法第 23 条
决定要点

展示柜产品的前面板部分中局部的变化不足以对产品的整体视觉效果产生显著的影响，并且其侧板部分和背板部分属于不容易看到的设计变化。根据整体观察、综合考虑的原则，本专利相对于在先设计的上述变化对产品的整体视觉效果不具有显著的影响，故两者属于相近似的外观设计。

一、案由

本无效宣告请求涉及国家知识产权局于 2007 年 10 月 3 日授权公告的、使用该外观设计的产品名称为“展示柜（GN3150TN）”的第 200630145470.3 号外观设计专利（下称本专利），其申请日为 2006 年 11 月 24 日，专利权人为方正亚洲有限公司，共同专利权人为帕迪尼·马尔科、玛丽亚·阿德莱德·卡萨尼，后变更专利权人为方正亚洲有限公司，共同专利权人为玛丽亚·阿德莱德·卡萨尼。

针对上述外观设计专利权，孙雅申（下称请求人）于 2008 年 4 月 17 日向专利复审委员会提出无效宣告请求，并随该无效宣告请求书提交如下附件作为证据：

附件 1：请求人声称的四川湾区康莱士检测有限公司合同（合同登记编号：SBS-CE-04052802，制订日期：2004 年 5 月 28 日）及相关文件（包括该公司的企业法人营业执照、外商投资企业税务登记证、中华人民共和国组织机构代码证）复印件，以及与该公司相关的外商投资企业基本情况（设

立）和年检情况打印件，共 11 页；

附件 2：CE 标准符合性证明书（出证日期：2004 年 6 月 30 日，型号：PA2100TN，PZ2600TN，PA3100TN，PZ3600TN，U-GN2100TN，U-GN3100TN，U-GN4100TN）的中文文件和英文文件复印件，EMC 测量和测试报告（型号：GN3100TN）的中文文件复印件，名称为“LVD MEASUREMENT AND TEST REPORT”（标有“Model：GN3100TN”字样）的英文文件附被测设备（型号：GN3100TN）照片及中文译文的复印件，CE 标准符合性证明书（出证日期：2004 年 6 月 30 日，型号：GN3100BT，GN2100BTM，GN4100BTZ1.2）的中文文件和英文文件复印件，LVD 测量和测试报告（型号：GN3100BT）的中文文件和英文文件附被测设备（型号：GN3100BT）照片及中文译文的复印件，共 16 页；

附件 3：请求人声称的专利权人方正亚洲有限公司参加“第七届青岛国际酒店用品及设备博览会”、“2006 青岛国际清洁清洗及洗涤设备技术博览会”和“2006 青岛国际烘烤工业及烘培原辅料博览会”的展会宣传册封面及封底复印件，封面上标有“展会时间：2006 年 6 月 2 日-5 日”字样，共 2 页；

附件 4：（2008）莱州证民字第 3 号公证书（包含照片 1 页）复印件，共 5 页，公证日期为 2008 年 1 月 4 日；

附件 5：“Witness Statement”复印件，共 2 页。

请求人认为：在本专利申请日前，专利权人之一方正亚洲有限公司与莱州宏泰电器有限公司有购销合作关系，莱州宏泰电器有限公司通过设计、生产完成的产品“展示柜（GN3150TN）”出售给方正亚洲有限公司转销到意大利等国内外各地，本专利与莱州宏泰电器的产品的外观设计是相同或相似的，故本专利不符合专利法第 23 条中应当同申请日以前在国内公开使用过的外观设计不相同和不相近似的规定。

经形式审查合格后，专利复审委员会受理了该无效宣告请求，并于 2008 年 4 月 30 日向双方当事人发出无效宣告请求受理通知书，并随上述无效宣告请求受理通知书将请求人提交的无效宣告请求书及其附件清单中所列附件副本转送专利权人，要求其在指定期限内对该无效宣告请求陈述意见。

请求人又于 2008 年 5 月 19 日向专利复审委员会提交了意见陈述书及如下附件作为证据：

附件 6：青岛益达设备有限公司的企业法人营业执照（副本）复印件、青岛益达设备有限公司出具的关于 Marco Pardini 先生是该公司总裁的证明的中文文件和英文文件的复印件、Marco Pardini 的护照复印件及其中文译文、附件 4 及其“见证声明”中文译文，共 8 页；

附件 7：请求人声称的关于方正亚洲有限公司从莱州宏泰电器有限公司购买产品的相关文件复印件及其中文译文，共 21 页。

专利权人于 2008 年 6 月 12 日向专利复审委员会提交了意见陈述书及如下附件作为证据：

附件 A：莱州市宏泰电器有限公司与方正亚洲有限公司的协议书复印件，共 4 页。

专利权人认为：附件 1、2 证明宏泰电器生产的产品根据出口标准检测，都在特定关系人之间进行，不构成使用公开；附件 3 没有产品介绍，不能证明本专利产品参展；附件 4 是本专利申请日后形成的公证书，仅由宏泰电器口述说明 2006 年前生产和参展，无法证明申请日前公开使用；附件 5 未经公证认证，不予认定，即使该附件真实有效，也仅能说明本专利产品在国外销售，不能证明在国内公开使用。

在此基础上，专利复审委员会依法成立合议组，对本案进行审查。合议组于 2008 年 6 月 30 日向双方当事人发出口头审理通知书，定于 2008 年 7 月 23 日对本案进行口头审理，并随上述口头审理通知书将请求人于 2008 年 5 月 19 日提交的意见陈述书及其附件清单中所列附件的副本转送给专利权人，同时将专利权人于2008年6月12日提交的意见陈述书及其附件清单中所列附件的副本转送给请求人。

口头审理如期举行，双方当事人均出席了口头审理。在口头审理中，双方当事人对合议组成员变更无异议，对合议组成员无回避请求，双方当事人对对方出庭人员身份无异议。请求人当庭提交了如下文件：

请求人声称的附件1中四川湾区康莱士检测有限公司合同的原件，实际为打印件，其上盖有“莱州市宏泰电器有限公司”骑缝红章，共3页，以及上述复印件的再次复印件，其上盖有“莱州市宏泰电器有限公司”红章，共3页；

请求人声称的附件1中四川湾区康莱士检测有限公司的企业法人营业执照、外商投资企业税务登记证、中华人民共和国组织机构代码证的原件，实际为复印件，其上盖有“莱州市宏泰电器有限公司”红章，共6页；

请求人声称的附件1中四川湾区康莱士检测有限公司的外商投资企业基本情况（设立）和年检情况的原件，实际为复印件，其上盖有“四川省工商局经济信息中心微机档案查询专用章（仅供参考）”红章及骑缝红章，共2页；

附件2中LVD测量和测试报告（型号：GN3100BT）附被测设备（型号：GN3100BT）照片的英文文件原件，共1册；

附件3为展会宣传册的原件，共1册；

附件4为公证书的原件，共1册；

附件5的原件，其中第2页上有“Marco Pardini”签字，共2页；

附件6中青岛益达设备有限公司出具的关于Marco Pardini先生是该公司总裁的证明的英文文件原件，共1页；

请求人声称的附件6青岛益达设备有限公司的企业法人营业执照（副本）的原件，实际为复印件，其上盖有“青岛益达设备有限公司”红章，共1页；

请求人声称的附件7中关于方正亚洲有限公司从莱州宏泰电器有限公司购买产品的相关文件中英文文件和提货单的原件，实际为复印件，其上盖有“莱州市宏泰电器有限公司”红章，共13页。

合议组当庭核实了请求人当庭提交的上述文件与请求人在提出无效宣告请求时及规定期限内提交的附件的一致性，专利权人对两者的一致性无异议。

专利权人当庭提交了补充证据，即附件B：（2008）青市中证民字第004665号公证书的原件，共1册。

口头审理中出具附件6“见证声明”的证人Marco Pardini出庭，证人认为附件6中“见证声明”记载的日期2006年11月是其申请专利的日期。请求人认为：当庭提交的文件均为原件；附件A的协议书、附件7中日期为2006年10月24日的页、日期为2006年1月23日的页、日期为2005年3月12日的页中标有“GN3100”、附件6的“见证声明”可以证明本专利产品在国内销售；附件2中LVD测量和测试报告（型号：GN3100BT）附被测设备（型号：GN3100BT）照片、附件4中公证书所附照片与本专利相近似。专利权人认为：请求人提交的盖有“莱州市宏泰电器有限公司”红章的证据均为复印件，无法证明是原件，不认可其真实性；附件2认证不能证明国内公开使用；附件3不是公开出版物，没有出版时间和出版者；附件7中日期为2006年10月24日的页、2006年1月23日的页、日期为2005年3月12日的页中标有“GN3100”字样不能确认是本专利产品；附件6的“见证声明”不能佐证；本专利与上述附件所提供的照片面板不同。在此基础上双方当事人充分陈述了意见。

至此，合议组认为本案事实已经清楚，可以依法作出无效宣告请求审查决定。

二、决定的理由

1. 关于证据

本案中，请求人于2008年4月17日向专利复审委员会提出无效宣告请求，随后又于2008年5月19日向专利复审委员会补充提交了附件6、7。根据专利法实施细则第6条的规定，专利法和专利法实施细则规定的各种期限的第一日不计算在期限内。期限以年或者月计算的，以其最后一月的相应日为期限届满日；该月无相应日的，以该月最后一日为期限届满日；期限届满日是法定节假日的，以节假日后的第一个工作日为期限届满日。由于2008年5月17、18日为法定节假日，故本案中请求人提出无效宣告请求之日起一个月内补充证据的期限届满日应当为2008年5月19日，因此，合议组对请求人补充提交的附件6、7予以接受。

附件3是宣传册，其封页上记载有“第七届青岛国际酒店用品及设备博览会”、“2006青岛国际清洁清洗及洗涤设备技术博览会”和“2006青岛国际烘烤工业及烘培原辅料博览会”的内容，封页和封底上记载有方正亚洲有限公司的广告宣传内容，封底最下方还记载有方正亚洲有限公司的联系方式。根据该宣传册的内容可以得知，专利权人方正亚洲有限公司在宣传册上做广告并附有其联系方式，其目的在于向所述博览会的参展者进行广告宣传，专利权人未否认曾在宣传册上做广告的事实，在无相反证据足以推翻其真实性的情况下，合议组对附件3的真实性予以认可。该宣传册的封页上记载有“主办机构：山东省旅游局……”、“展览地址：青岛国际会展中心”的内容，并且该宣传册的主要内容为参展企业名录明细，由此可知，所述博览会是在国内举办的面向社会公众的展会，在无相反证据足以推翻上述事实的情况下，合议组对该宣传册的内容由于所述博览会的举行而散发给社会公众的事实予以认定。由于该宣传册的封页上记载了展览时间“2006年6月2日-5日”，在无相反证据足以推翻上述展览时间的情况下，合议组对该宣传册最迟于2006年6月5日公开的事实予以认定。对于专利权人认为附件3没有产品介绍，不能证明本专利产品参展的意见，合议组认为：如前所述，附件3宣传册的散发使得所述图片已经被公开，而所述图片示出的产品是否参展的事实与本案无关，故对专利权人的意见不予支持。

2. 关于外观设计的相同或相近似性判断

专利法第23条规定：“授予专利权的外观设计，应当同申请日以前在国内外出版物上公开发表过或者国内公开使用过的外观设计不相同和不相近似，并不得与他人在先取得的合法权利相冲突。”

附件3宣传册的封底右下角的图片所示无遮挡的展示柜（下称在先设计）与本专利用途相同，属于相同种类的产品，可以进行外观设计相近似性的对比。

本专利图示有主视图、后视图、左视图，简要说明省略其他视图。如图所示，本专利所示的展示柜整体呈六面长方体，从主视图可以看出，其前面板部分从左至右均匀分为具有一个面板的第一部分、具有三个等分面板的第二部分、具有两个等分面板的第三部分和具有栅格的第四部分，柜下有柜脚（详见本专利附图）。

在先设计所示的展示柜仅示出了前面板部分和较少的上面板部分，但可以确认其整体呈六面长方体，从图片可以看出，其前面板部分从左至右均匀分为具有两个等分面板的第一部分、具有三个等分面板的第二部分、具有一个面板的第三部分和具有栅格的第四部分，柜下有柜脚（详见在先设计附图）。

将本专利与在先设计进行比较，两者的整体形状、柜脚、前面板部分的分隔比例以及前面板部分的第二部分、第四部分基本相同，两者的不同之处在于：本专利的前面板部分的第一部分具有一个面板、第三部分具有两个等分面板，并且本专利的后视图示出了展示柜的侧板部分和背板部分，在先设计的前面板部分的第一部分具有两个等分面板、第三部分具有一个面板，所述图片未示出展示柜的侧板部分和背板部分。对此，合议组认为：虽然本专利与在先设计中前面板部分的第一部分、第三部分有所不同，但是，上述两部分位置的变化不足以对产品的整体视觉效果产生显著的影响，并且本专利中侧板部分和背板部分属于不容易看到的设计变化。根据整体观察、综合考虑的原则，本专利相对于在先设计的上述变化对产品的整体视觉效果不具有显著的影响，因此基于上述分析判断，两者应当属于相近似的外观设计。

综上所述，在本专利申请日前已经有与其相近似的外观设计在国内公开使用过，因此本专利不符合专利法第 23 条的规定。

由于已经根据上述证据评述了本专利不符合专利法第 23 条的规定，故合议组对请求人提交的其他证据不再作出评述。

根据以上事实和理由，合议组作出如下无效宣告请求审查决定。

三、决定

宣告第 200630145470.3 号外观设计专利权全部无效。

当事人对本决定不服的，可以根据专利法第 46 条第 2 款的规定，自收到本决定之日起三个月内向北京市第一中级人民法院起诉。根据该款的规定，一方当事人起诉后，另一方当事人应当作为第三人参加诉讼。

主视图

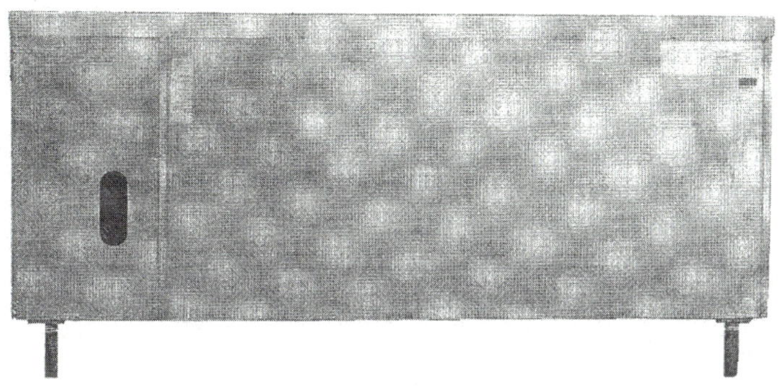

后视图

左视图

本专利附图

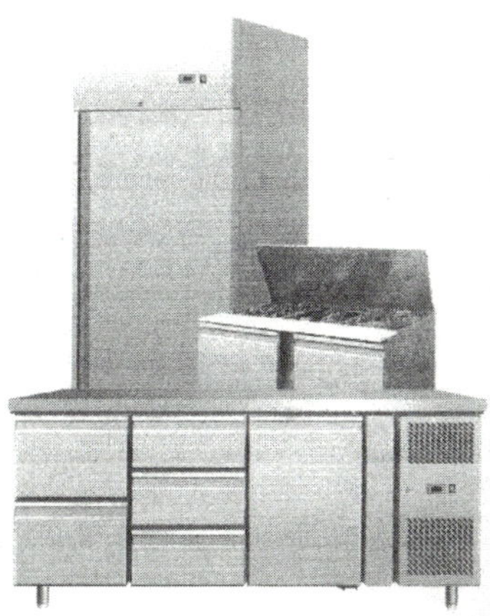

在先设计附图

059

翻盖手机（A505）

无效宣告请求审查决定（第12775号）

决　　定　　号　第12775号
决　　定　　日　2008年12月14日
发明创造名称　翻盖手机（A505）
外观设计分类号　14-03
无效宣告请求人　深圳市和信通讯技术有限公司
专　利　权　人　英华达（南京）科技有限公司
专　　利　　号　200730072083.6
申　　请　　日　2007年1月12日
授 权 公 告 日　2007年12月19日
合 议 组 组 长　钱亦俊
主　　审　　员　王霞军
参　　审　　员　周　佳
附　　　　　图　4页

法　律　依　据　专利法第23条
决　定　要　点

一般消费者在购买翻盖式手机时，不但对于合盖状态下手机的各个部位都会仔细观察，而且会考虑翻盖后内部的设计。本专利与四个在先设计相比较，尽管某些在先设计与本专利翻盖后的内部设计有相似之处，但合盖状态下的整体差异明显，二者整体形状的差别导致二者产品的整体视觉效果明显不同，对于产品外观设计的整体视觉效果具有显著的影响，属于不相同且不相近似的外观设计。

一、案由

本无效宣告请求案涉及的是国家知识产权局于2007年12月19日授权公告的，名称为“翻盖手机（A505）”的外观设计专利（下称本专利），其申请号是200730072083.6，申请日是2007年1月12日，专利权人是英华达（南京）科技有限公司。

针对本专利权，深圳市和信通讯技术有限公司（下称请求人）于2008年8月19日向专利复审委员会提出无效宣告请求，其理由是：在本专利申请日前已有与其相近似的外设计在国内公开出版物上发表，因此，本专利不符合专利法第23条的规定。与此同时，请求人提交了如下附件作为证据：

附件1：200530029579.6号外观设计专利公报复印件1页；

附件2：200530062202.0号外观设计专利公报复印件1页；

附件 3：网络下载的摩托罗拉 V3 手机照片及网页信息，共 5 页；

附件 4：网络下载的摩托罗拉 W375 手机照片及网页信息，共 7 页；

附件 5：网络下载的本专利著录项目和图片 1 页。

请求人认为，本专利与附件 1 和附件 2 均为翻盖手机，外形均为上端水平下端圆弧形的矩形，手机上盖为矩形，手机上盖的中央有一显示屏，其不同仅在于，附件 1 和附件 2 机盖上部有一矩形摄像头，中间的显示屏为正方形且周边有黑色装饰框，本专利的显示屏为上下窄左右宽的矩形。在翻开状态下，本专利与附件 1 的上盖中央均为正方形的显示屏，下方机身上部为按键区，按键区包括上方的圆形控制键及下方的数字键，数字键区有中部下凹的曲线，本专利中圆形控制键位于按键区的最上方，而附件 1 的圆形控制键上方左右各有一个按键，在整体设计风格和布局基本相同的情况下，本专利与附件 1 的后视图、俯视图、仰视图、左右视图上基本一致，属于相近似的外观设计。本专利与附件 2 的后视图、俯视图、仰视图、左视图、右视图均基本上一致。附件 3 和附件 4 的证据来源于新浪网、网易及摩托罗拉官方中文网站，可以证明证据的真实性和所示产品的上市日期。本专利与附件 3 相比较区别仅在于 V3 的上部还有一矩形摄像头，中间的显示屏为方形且周边有黑色装饰框，本专利的显示屏为上下窄左右宽的矩形，由于摄像头仅占 V3 手机正面的较小部分。在翻开状态下，二者区别仅在于本专利中圆形控制键位于按键区的最上方，而附件 3 的 V3 手机圆形控制键左右两侧各有一个按键。V3 侧视图与本专利右视图基本相同。本专利与附件 4 的 W375 手机仅在上盖上方连接部位有区别。本专利上盖上方具有向上突出连接部，本专利翻开状态主视图相比较，二者区别在于本专利中数字键区有中部下凹的曲线，而 W375 手机各数字键间为直线，附件 4 公开的 W375 左右侧视图和后视图与本专利左右视图、后视图基本相同。本专利与上述附件所示外观设计的区别不能带来视觉效果上的显著影响，均极为近似，请求宣告本专利无效。

经形式审查合格，专利复审委员会受理了此案，并于 2008 年 8 月 19 日将无效宣告请求书及相关材料副本转送给专利权人。

2008 年 9 月 28 日专利复审委员会收到专利权人的意见陈述书，专利权人将本专利分别与四篇对比文件产品进行了详细对比，列举了二者各视图的不同之处。专利权人强调：本专利与对比文件在手机上端连接部位的形状，手机盖的形状，显示屏的大小及显示屏四周的装饰框均有明显的区别，翻盖状态下，功能键的位置排列也存在明显的不同，请求维持本专利权有效。

2008 年 10 月 8 日专利复审委员会向双方当事人发出口头审理通知书，定于 2008 年 11 月 26 日进行口头审理。

口头审理如期举行，双方当事人均委托代理人参加。口头审理中请求人提交了附件 3 和附件 4 网络证据的公证书，合议组当庭将公证书原件转送专利权人。专利权人对附件 1 和附件 2 两篇对比文件的真实性没有异议，对于附件 3 和附件 4 公证书本身的真实性没有异议，但认为公证书不能证明其所示产品的公开销售时间就是网站上所标注的产品上市日期。请求人当庭演示了在互联网上搜索附件 3 及附件 4 所示产品的路径及过程。双方当事人还将本专利分别与四篇对比文件产品的相同部分和不相同点进行了详细的比较，均各自坚持原有观点。

合议组认为本案事实清楚，可以依法作出审查决定。

二、决定的理由

1. 法律依据

基于请求人提出的无效宣告请求的理由，合议组依据专利法第 23 条的规定对本案进行审理。

专利法第 23 条规定："授予专利权的外观设计，应当同申请日以前在国内外出版物上公开发表过或者国内公开使用过的外观设计不相同和不相近似，并不得与他人在先取得的合法权利相冲突。"

2. 证据认定

请求人提交的附件1是国家知识产权局于2006年9月20日授权公告的、申请号是200530029579.6、产品名称为“手机（AV100）”的外观设计专利公报复印件。附件2是国家知识产权局于2006年8月9日授权公告的、申请号是200530062202.0、产品名称为“手机（T6013）”的外观设计专利公报复印件。经合议组核实，上述两篇专利文献内容属实，专利权人对其真实性无异议，合议组予以确认。两篇专利文献的公开日期均早于本专利的申请日，属于专利法第23条规定的出版物，所示两项外观设计专利请求保护的均为手机，与本专利用途相同，属于相同类别的产品，可以与本专利进行相近似比较。

请求人提交的附件3是从新浪网站下载的摩托罗拉V3手机照片及网页信息5页，其中一张照片上标注“摩托罗拉V3（2004年09月上市）的字样；附件4是一组摩托罗拉W375手机的照片，其中3张是从摩托罗拉官方网站上下载，1张从网易网站下载，1张从中关村在线网站上下载。2张从新浪网站下载、从网易和中关村在线网站下载的照片旁分别标有“上市时间：2006”和“上市日期：2006年”字样。口头审理当庭请求人提交了附件3和附件4网络证据的公证书，该公证书是由北京市方圆公证处出具，公证事项为保全证据，公证内容是从新浪网站搜索摩托罗拉V3手机照片，从网易和摩托罗拉中文官方网站搜索摩托罗拉W375手机照片的过程并打印了相关页。合议组认为，通过请求人提交公证书中所证事实及当庭演示的情况，可证明摩托罗拉V3和摩托罗拉W375两款新手机在网站上公开的时间早于在本专利申请日前，虽然专利权人对公证书内容的真实性持有异议，但没有提交反证证明摩托罗拉V3和W375两款手机不是在该时间上市的，也未提交反证证明上述网站发表的上市时间可以随意更改。因此，合议组确认，摩托罗拉V3和W375两款型号的手机在国内网站上公开的时间均早于本专利的申请日，可以作为评价本专利是否符合专利法第23条的证据使用。上述两款手机与本专利用途相同，属于相同类别的产品，可以与本专利进行相近似比较。

3. 相同和相近似比较

本专利公报公开了产品六面视图、翻开状态主视图和翻开状态立体图。本专利为翻盖式手机，在闭合状态下，手机的整体形状近似于矩形，四角略呈圆弧过渡，两个底角略往里收缩；机盖近似于矩形，机盖表面略带弧度，上端呈凸字形与机座连接，机盖中部为纵向的长方形显示屏，显示屏四周为窄的边框，屏内下端设有一方形镜头，显示屏的上方有一行字母，机盖扣合后机体表面平整；手机背面长方形电池盖扣入机体内，手机的右侧下部有一方形按键。手机在翻盖状态下可见，上盖有方形显示屏，显示屏四周为方框，机座上部中间位置设有圆形功能键，两侧上下各排列一行按键，在功能键下部排列着数字键（详见本专利附图）。

附件1专利公报公开一款手机的六面视图、两幅变化状态参考图、打开状态主视图和使用状态参考图（下称在先设计1）。在先设计1为翻盖手机，在闭合状态下，手机的整体形状近似于矩形，两个底角略呈弧线过渡；机盖近似于矩形，机盖与机座由圆轴连接，机盖中部为横向的长方形显示屏，在机盖顶部中间位置设有一梯形镜头，显示屏的下方有一行字母，机盖扣合在机座内使机体表面平整；手机背面长方形电池盖扣合在机体上，手机的右侧下部有一方形按键。手机在翻盖状态下可见，上盖为长方形显示屏，显示屏四周为方框，机身上部两侧各有一按键，按键下方中间位置设为圆形功能键，两侧上下各排列一行按键，在功能键下部排列着数字键，机座下端中间位置有若干条音孔（详见在先设计1附图）。

将本专利与在先设计1比较，主要相同点为二者均为翻盖手机，手机的整体形状近似于矩形，机盖表面有显示屏和照相镜头，机盖扣合后与机体表面平整。二者的主要不同之处在于：本专利手机四角呈弧形过渡，机体表面略带弧度，而在先设计1手机机体表面平整；本专利显示屏为纵向设计，而在先设计 1 显示屏为横向设计，显示屏四周的边框宽度不同，本专利细窄，而在先设计 1 边框较宽；本专利照相机镜头设在机盖显示屏内，而在先设计 1 照相机镜头设在机盖的顶端；机盖打开状态下，机盖与机座的连接形状不同，本专利机盖与机座只有中间的轴连接，而在先设计 1 机盖与机座的轴贯穿机体。合议组认为，一般消费者在购买手机时都会对手机的任何部位进行仔细观察。虽然本专利与在先设计 1 手机均为翻盖式，整体形状呈矩形，但是二者显示屏位置的设计，照相镜头摆放位置，以及本专利整体四角形状及机盖表面略带弧度的设计都是一般消费者在购买时所要考虑的问题，对一般消费者而言二者上述区别对整体视觉效果具有显著影响，属于不相同且不相近似的外观设计。

附件 2 专利公报公开一款手机的六面视图及三幅使用状态参考图（下称在先设计 2）。在先设计 2 为翻盖手机，在闭合状态下，手机的整体形状近似于矩形，两个底角略往内收缩带弧度；机盖近似于矩形，机盖与机座为轴体连接，机盖中部为方形显示屏，显示屏的两侧及下部为较宽的边框，在机盖顶部中间位置设有一方形镜头，机盖扣后与机体表面平整；手机背面长方形电池盖扣合在机体上，手机的左、右侧中上部有一长方形按键。手机在翻盖状态下可见，上盖为长方形显示屏，显示屏四周为方框，机身上部为圆形功能键，功能键两侧各有排列一行按键，在功能键下部排列着数字键，机座下端中间位置有若干条通音孔（详见在先设计 2 附图）。

将本专利与在先设计 2 比较，主要相同点为二者均为翻盖手机，手机的整体形状近似于矩形，机盖表面有显示屏和照相镜头，机盖扣合后与机体表面平整。二者的主要不同之处在于：本专利手机四角呈弧形过渡，机体表面略带弧度，而在先设计 2 手机机体表面平整；本专利显示屏为纵向设计，而在先设计 2 显示屏为横向设计，显示屏四周的边框宽度不同，本专利细窄，而在先设计 2 边框较宽；本专利照相机镜头设在机盖显示屏内，而在先设计 2 照相机镜头设在机盖的顶端；机盖打开状态下，机盖与机座的连接形状不同，本专利机盖与机座只有中间的轴连接，而在先设计 2 机盖与机座的轴贯穿机体。合议组认为，一般消费者在购买手机时都会对手机的任何部位进行仔细观察。虽然本专利与在先设计 2 手机均为翻盖式，整体形状呈矩形，但是二者显示屏位置的设计，照相镜头摆放位置，以及本专利整体四角形状及机盖表面略带弧度的设计都是一般消费者在购买时所要考虑的问题，对一般消费者而言二者上述区别对整体视觉效果具有显著影响，属于不相同且不相近似的外观设计。

附件 3 为摩托罗拉 V3 手机照片（下称在先设计 3），在先设计 3 为翻盖手机，在闭合状态下，手机的整体形状近似于矩形，底边略带弧线；机盖近似于矩形，机盖与机座为轴体连接，机盖中部为方形显示屏，显示屏的两侧为较宽的边框，在机盖顶部中间位置设有一梯形镜头，显示屏下方为摩托罗拉标识，机盖扣后与机体表面平整；手机的左、右两侧均有长方形按键；手机在翻盖状态下可见，上盖为长方形显示屏，显示屏四周为方框，机身上部两侧各有一按键，按键下方中间位置设为圆形功能键，两侧上下各排列一行按键，在功能键下部排列着数字键，机座下端中间位置有若干条音孔（详见在先设计 3 附图）。

将本专利与在先设计 3 比较，主要相同点为二者均为翻盖手机，手机的整体形状近似于矩形，机盖表面有显示屏和照相镜头，机盖扣合后与机体表面平整。二者的主要不同之处在于：本专利手机四角呈弧形过渡，机体表面略带弧度，而在先设计 3 手机机体表面平整，底边略带弧度；本专利显示屏为纵向设计，而在先设计 3 显示屏为横向设计，显示屏四周的边框宽度不同，本专利细窄，而在先设计 3 两侧边框较宽；本专利照相机镜头设在机盖显示屏内，而在先设计 3 照相机镜头设在机盖的顶端；机盖打开状态下，机盖与机座的连接形状不同，本专利机盖与机座只有中间的轴连接，而在先设计 2 机盖与机座的轴贯穿机体。合议组认为，一般消费者在购买手机时都会对手机的任何部位进行仔细观察。虽然本专利与在先设计 2 手机均为翻盖式，整体形状呈矩形，但是二者显示屏位置的设计，照像镜头摆放位置，以及本专利整体四角形状及机盖表面略带弧度的设计都是一般消费者在购买时所要考虑的问题，对一般消费者而言二者上述区别对整体视觉效果具有显著影响，属于不相同且不相近似的外观设计。

附件4为摩托罗拉W375手机照片（下称在先设计4），在先设计4为翻盖手机，在闭合状态下，手机的整体形状近似于矩形，两个底角略向内缩进；机盖近似于矩形，机盖与机座由圆轴连接，机盖中部为纵向的长方形显示屏，显示屏占了机盖大部分，机盖扣合在机座内使机体表面平整；手机的左侧中部为一长方形按键；手机在翻盖状态下可见，上盖为长方形显示屏，显示屏四周为方框，机身上部两侧各有一按键，按键下方中间位置设为圆形功能键，两侧上下各排列一行按键，在功能键下部排列着数字键，机座下端中间位置有一条通音孔（详见在先设计4附图）。

将本专利与在先设计4比较，主要相同点为二者均为翻盖手机，手机的整体形状近似于矩形，机盖表面有显示屏，机盖扣合后与机体表面平整。二者的主要不同之处在于：本专利手机四角呈弧形过渡，机体表面略带弧度，而在先设计4手机机体表面平整；本专利显示屏占机盖三分之一，而在先设计4显示屏占机盖二分之一，本专利显示屏四周有边框，而在先设计4显示屏四周无边框设计；机盖打开状态下，机盖与机座的连接形状不同，本专利机盖与机座只有中间的轴连接，而在先设计1机盖与机座的轴贯穿机体。合议组认为，一般消费者在购买手机时都会对手机的任何部位进行仔细观察。虽然本专利与在先设计4手机均为翻盖式，整体形状呈矩形，但是二者显示屏大小差别，照相镜头摆放位置，以及本专利整体四角形状及机盖表面略带弧度的设计都是一般消费者在购买时所要考虑的问题，对一般消费者而言，二者上述区别对整体视觉效果具有显著影响，属于不相同且不相近似的外观设计。

综上所述，请求人提交的证据不能证明在本专利申请日前已有与本专利相近似的外观设计在出版物上公开发表过，据此证明本专利不符合专利法第23条规定的主张不能成立。

三、决定

维持200730072083.6号外观设计专利权有效。

当事人对本决定不服的，可以根据专利法第46条第2款的规定，自收到本决定之日起三个月内向北京市第一中级人民法院起诉。根据该款的规定，一方当事人起诉后，另一方当事人应当作为第三人参加诉讼。

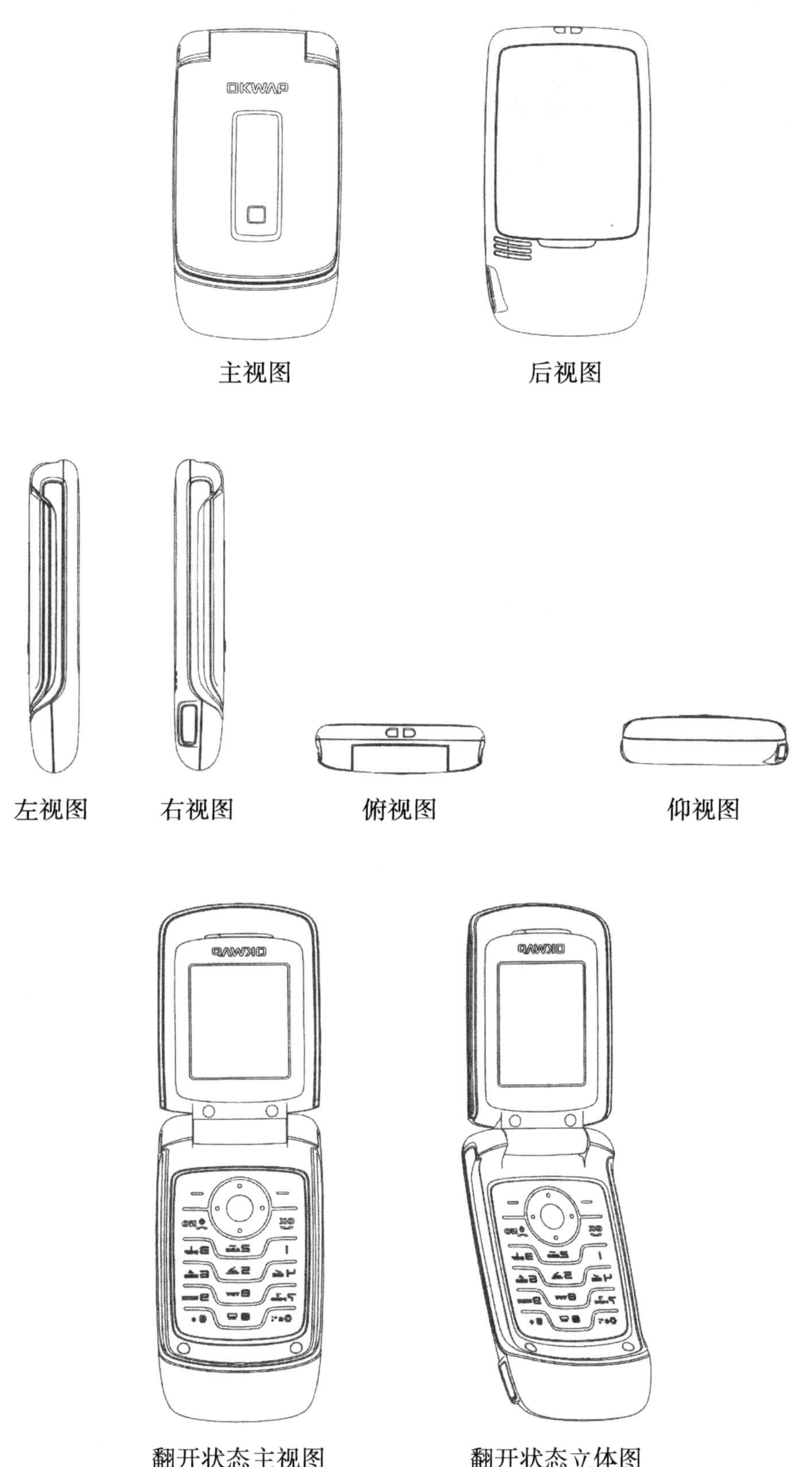

主视图　后视图

左视图　右视图　俯视图　仰视图

翻开状态主视图　翻开状态立体图

本专利附图

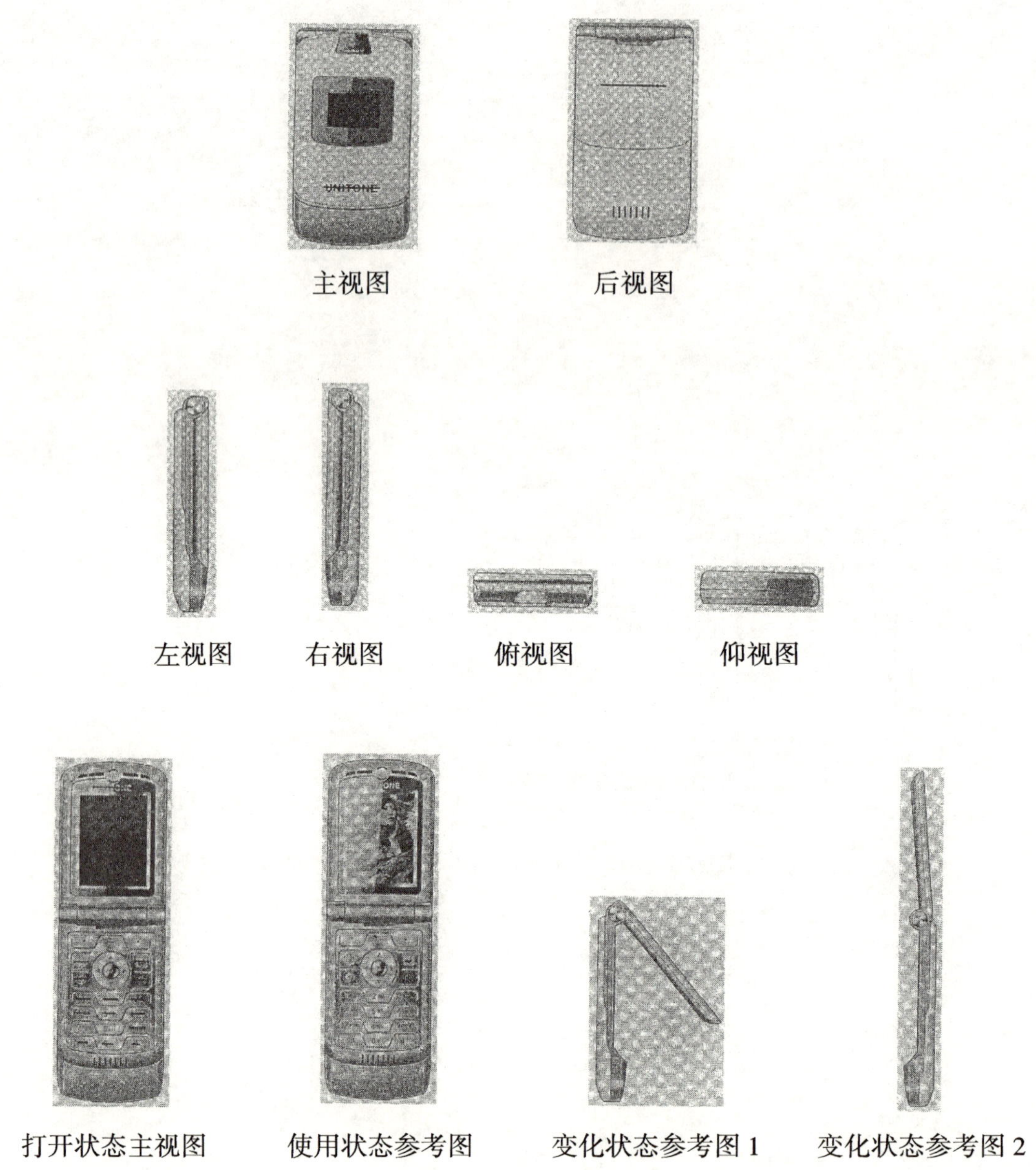

主视图　后视图

左视图　右视图　俯视图　仰视图

打开状态主视图　使用状态参考图　变化状态参考图 1　变化状态参考图 2

在先设计 1 附图

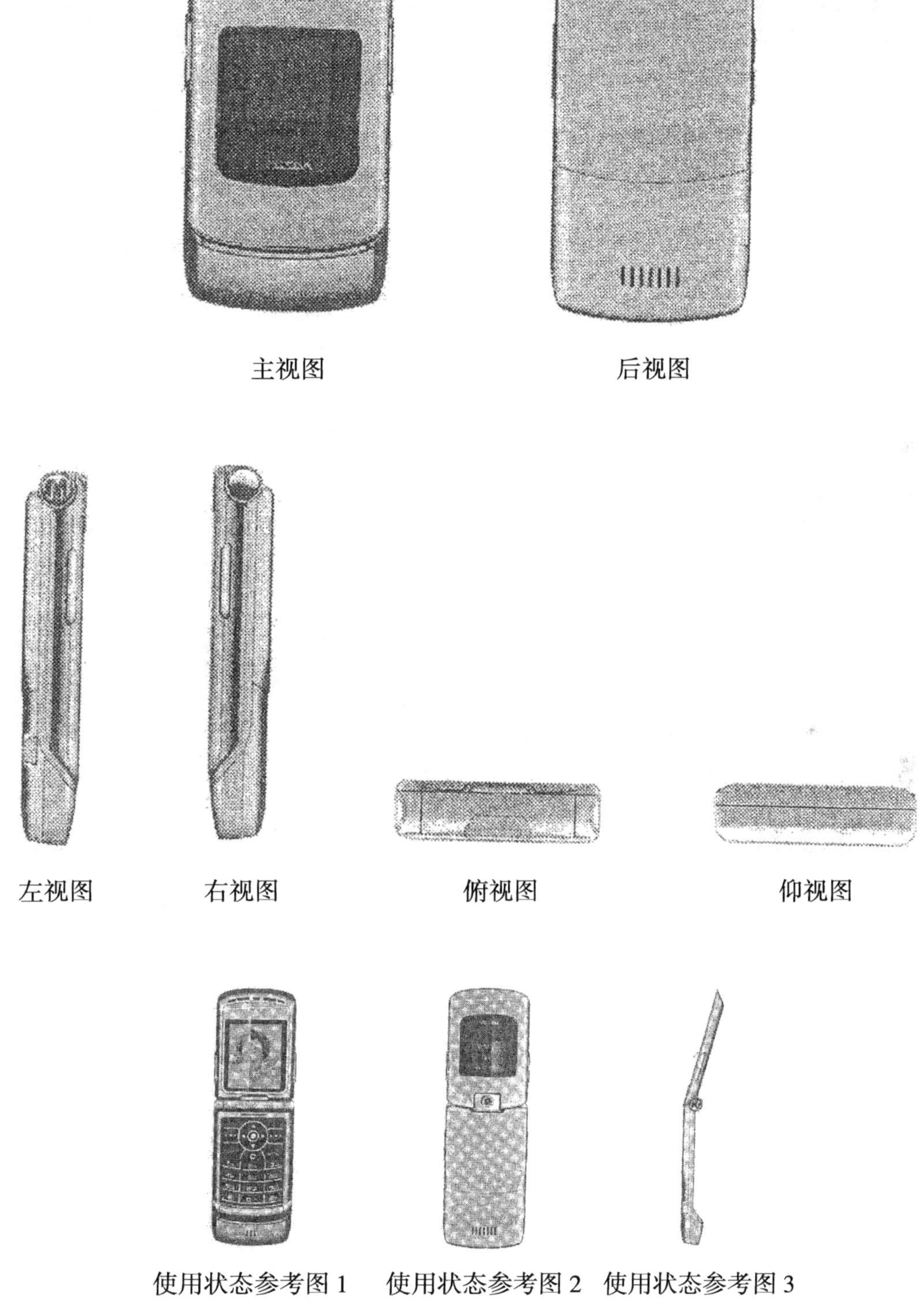

主视图　后视图

左视图　右视图　俯视图　仰视图

使用状态参考图 1　使用状态参考图 2　使用状态参考图 3

在先设计 2 附图

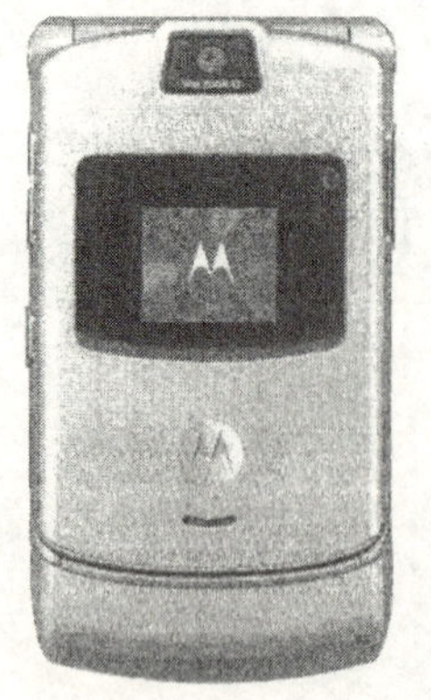
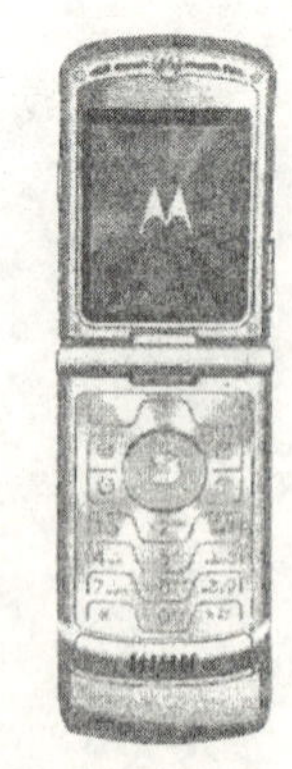
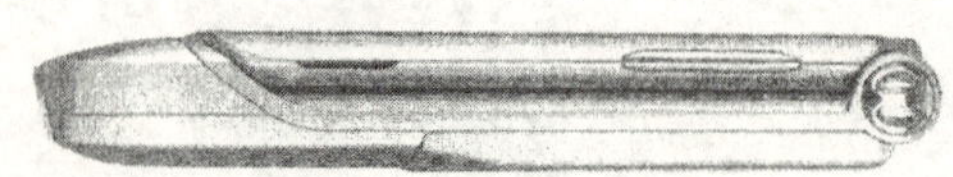

在先设计 3 附图

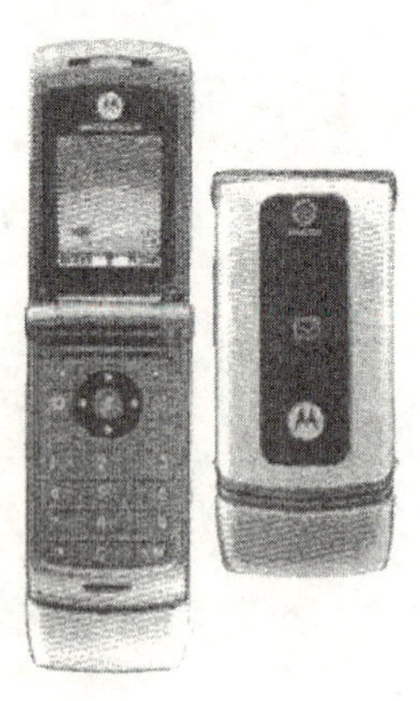

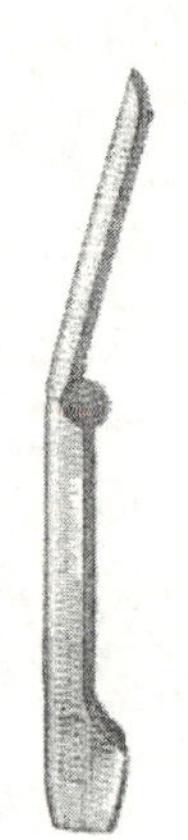

在先设计 4 附图

北京市第一中级人民法院
行政判决书

（2009）一中行初字第485号

原告深圳市和信通讯技术有限公司，住所地广东省深圳市罗湖区红桂路2068号红桂大厦四层中段416室。

法定代表人常成，副总经理。

委托代理人赵博伟，北京市隆安律师事务所律师。

被告国家知识产权局专利复审委员会，住所地北京市海淀区北四环西路9号。

法定代表人廖涛，副主任。

委托代理人王霞军，女，国家知识产权局专利复审委员会审查员。

委托代理人隋璐，女，国家知识产权局专利复审委员会审查员。

第三人英华达（南京）科技有限公司，住所地江苏省南京市江宁经济开发区将军大道133号。

法定代表人张景嵩，董事长。

原告深圳市和信通讯技术有限公司因专利行政决定一案，于2009年1月23日向本院提起行政诉讼。本院受理后，依法组成合议庭，并依据《中华人民共和国行政诉讼法》第二十七条的规定，通知英华达（南京）科技有限公司作为本案第三人参加诉讼，于2009年4月8日公开开庭审理了本案。原告的委托代理人赵博伟，被告的委托代理人王霞军、隋璐到庭参加了诉讼。第三人经本院依法通知，明确表示不参加本案诉讼。本案现已审理终结。

2008年12月14日，被告经审查后作出第12775号无效宣告请求审查决定（以下简称被诉决定），依据《中华人民共和国专利法》（以下简称《专利法》）第二十三条的规定，维持200730072083.6号外观设计专利权（以下简称本专利）有效。

在法定期限内，被告向本院提交了以下证据的复印件：

（1）200530029579.6号外观设计专利公报（即被诉决定中的附件1），共1页；（2）200530062202.0号外观设计专利公报（即被诉决定中的附件2），共1页；（3）网络下载的摩托罗拉V3手机照片及网页信息（即被诉决定中的附件3），共5页；（4）网络下载的摩托罗拉W375手机照片及网页信息（即被诉决定中的附件4），共7页；（5）本专利公报；（6）口头审理记录，上述证据用于证明被诉决定认定事实清楚，适用法律正确，审理程序合法。

原告诉称：

第一，被诉决定错误认定本专利含摄像头设计。

被诉决定认为本专利位于机盖屏幕下方的小方框为摄像头，但第三人在无效程序中从未主张该小方框为摄像头，且从专利文件图片本身也根本无法看出该设计为摄像头。即使考虑第三人在口头审理中当庭演示的产品实物，该产品中的小方框仅为突出的金属小方块，并非摄像头。

因此，被诉决定有关本专利“屏内下端设有一方形镜头”的认定没有事实依据，决定所认定的“本专利照相机镜头设在机盖显示屏内，而在先设计1、2、3照相机镜头设在机盖的顶端”的区别根本不存在，被诉决定基于上述错误事实认为本专利与在先设计不相近似的结论明显缺乏事实依据。

第二，被诉决定错误认定本专利机盖略带弧度。

根据本专利的图片，无法看出其机体表面略带弧度，本专利与在先设计的机体表面设计基本一致，被诉决定认定事实错误。

第三，被诉决定关于本专利手机四角呈弧形过渡与在先设计不同的认定错误。

在先设计 1~4 中各手机的四角同样为弧形圆滑过渡，与本专利区别仅在于弧度大小稍有不同，并且由于所述区别均为于视觉疏于关注的部位，且差异甚小，故不能对整体视觉效果带来显著影响。

第四，本专利采用的连接方式为手机领域的惯常设计，其余不同仅是细微的局部差别，且惯常设计本身不能对整体视觉效果带来显著影响。

第五，关于本专利与原告提交的在先设计 1~4 的比较。

（1）与在先设计 1 的比较。

本专利与在先设计 1 均涉及翻盖手机，对于一般消费者而言，在使用翻盖手机时主要关注手机的正面以及翻盖打开状态下的键盘以及屏幕设置，故本专利与在先设计 1 及在先设计 2 在主视图、打开状态下的视图中的相近似性对整体视觉效果更具有显著影响。由于手机侧面、顶面主要设置的是功能性的接口、按键等，消费者对其外观基本上不会特别关注，因此本专利以及在先设计 1 左视图、右视图的差异对整体视觉效果的影响很小，而俯视图以及仰视图更加难于为消费者关注，故影响更小。由于消费者在使用手机时基本上不会关注手机背面，因此后视图的差异对整体视觉效果没有影响。

将在先设计 1 与本专利的打开状态进行比较可以发现，二者打开状态下视图的各构成要素（键盘设置，屏幕的形状和比例）基本上完全一致，二者除局部的细微差别外极其近似，并且由于所述差别基本上都位于手机的边角地带，很难为一般消费者注意，故不能对整体视觉效果带来显著影响。

将二者的主视图进行比较，二者外形均为长方形，主视图上可以看见上翻盖以及机身底部，二者上翻盖的位置以及上翻盖在主视图中所占的比例关系基本上完全一致，二者设计风格基本上完全一致。二者的差别仅仅体现在：①在先设计 1 主视图顶部还设计有摄像头；②本专利主视图左、右上方有一定的连接部。③面板中部的显示屏不一样，本专利的为纵向的长方形，在先设计 1 的为横向的长方形；

关于区别①，原告认为在先设计 1 作为本专利申请日之前公开的现有设计，其仅仅是在面板上附加了一个摄像头，在先设计 1 客观上已经公开了不包含摄像头的外观设计，因此在判断是否近似时区别①应当不予考虑。关于区别②，原告认为在先设计 1 的主视图的左、右两个顶角也设计有连接部，只是所述连接部相对于本专利的连接部稍微小一些，由于所述细微区别位于主视图的角落，这种区别不能对整体视觉效果带来显著影响。关于区别③，原告认为将在先设计 1 与本专利主视图中的显示屏比较可以发现，二者均为长方形，均位于主视图中央，只是长度方向不一致，对于一般消费者以及手机厂商而言，为了使得翻盖手机便于消费者使用（易于观察时间、来电信息等），翻盖手机的翻盖的中央都设计有长方形的显示屏（老式的手机有个别例外），因此主视图中央的长方形显示屏是翻盖手机领域的惯常设计，二者在显示屏上的区别不能给整体视觉效果带来显著影响，也不能使得本专利体现出任何的创新之处。

综上所述，由于本专利与在先设计 1 的打开状态及主视图基本相同，被诉决定列举的仅为局部细微差别，一般消费者在比较了二者的打开状态图、主视图这两个最主要的视图之后，很容易将二者混淆，因此根据整体观察综合判断原则，二者属于相近似的外观设计，应当宣告本专利无效。

（2）与在先设计 2、3 的比较。

在先设计 2、3 与在先设计 1 基本相同，基于与在先设计 1 基本相同的理由，在先设计 2、3 也与本专利构成相近似。

（3）与在先设计 4 的比较。

在先设计 4 涉及摩托罗拉公司生产的 W375 手机，将在先设计 4-1、4-4、4-5、4-6 中的 W375

手机正面与本专利主视图比较，二者均包括上部的翻盖、翻盖中央纵向延伸的长方形显示屏、下部的机身，二者外形基本上完全一致，设计风格完全一致。并且在先设计 4-1 公开的 W375 手机正面的显示屏上的三个标识仅在通电状态下才显现。在此基础上，原告认为，二者主要区别仅仅在于：①本专利主视图左、右上方有一定的连接部。②面板中部的显示屏不完全一样，本专利的显示屏相对主视图整体而言显得更小一些。对于区别①，原告认为，W375 手机正面的左右两个顶端也可以看到突出的连接部，只是本专利中的连接部显得更为肥厚笨拙，由于连接部位于手机顶部，并且在手机主视图中所占的比例很小，因此区别 1 属于局部的细微差别，不能对整体视觉效果带来显著影响。关于区别②，原告认为在主视图整体布局基本一致的情况下，并且考虑中央的长方形显示屏是翻盖手机领域的常见设计，所述尺寸的区别不能对整体视觉效果带来显著的影响。原告认为，一般消费者在比较本专利的主视图以及 W375 手机正面后，很难注意到上述的区别，并且极易将二者混淆，因此二者主视图相近似。将翻开状态的 W375 手机图片（在先设计 4-1）与本专利翻开状态比较，二者均包括上翻盖、机身，上翻盖的内显示屏完全相同，键盘上部均包括圆形按键区以及各数字键，各数字键的布局完全相同。将二者比较可以发现，二者各主要构图要素基本一致，形状基本相同，二者区别仅在于本专利中数字键区的中间一排按键的下方有中部下凹的曲线，而 W375 各数字键间为直线。原告认为，在整体结构、布局基本上相同的情况下，上述区别仅为局部的细微差别，并且也很难被消费者注意，故所述区别不能对整体视觉效果带来显著影响。

关于被诉决定认定本专利与在先设计 4 存在的各项区别，原告认为均不能对整体视觉效果带来显著影响，具体理由在前文中已有详细论述。

基于上述理由，在先设计 4 公开的 W375 手机与本专利相近似，本专利不符合《专利法》第二十三条的规定。

另外，原告认为本专利与在先设计 1 以及在先设计 3 公开的 V3 手机的打开状态基本上完全相同，仅在主视图中存在矩形显示屏延伸方向不一致的区别。本专利与在先设计 4 公开的摩托罗拉公司的 W375 手机的主视图基本相同，仅在打开状态下可以观察到 W375 手机的按键区与本专利存在细微区别。因此，第三人实质上仅仅是将 W375 手机的主视图以及 V3 手机的打开状态图分别稍作改动后申请了本专利，其专利实质上是一种拼凑外观设计，第三人并没有付出任何创新性的劳动，也没有为技术的进步作出任何实质性贡献。

综上，原告认为，本专利与 4 个在先设计近似，被诉决定认定事实错误，故要求撤销被诉决定。

原告未向本院提交证据。

被告辩称：

被告在决定中运用整体观察，综合判断的原则，以一般消费者作为判断主体，将本专利与 4 篇在先设计分别进行比较，分析了本专利与在先设计整体形状的相同点与不同之处，认为其差异对整体效果具有显著的影响，得出二者不相同且不相近似的结论。被告在被诉决定中已经做了清楚阐述，在此不再一一赘述。被诉决定认定事实清楚、适用法律、法规正确、审理程序合法，原告的诉讼理由不能成立。故请求驳回原告的诉讼请求，维持被诉决定。

第三人述称：

本专利在外观上与被告提交的在先设计 1~4 有本质的区别，根本不近似，本专利符合《专利法》第二十三条的规定，故请求维持本专利有效。

第三人未向本院提交证据。

原告对被告所提交证据的关联性、合法性和真实性均无异议，但不同意其证明作用。

经庭审质证，本院认为被告提交的证据能够作为其认定相关事实的依据，本院予以采纳。

根据上述经本院采纳的证据以及各方当事人无争议的相关陈述，本院认定如下事实：

本专利为2007年12月19日授权公告的，名称为“翻盖手机（A505）”的外观设计专利，其申请号是200730072083.6，申请日是2007年1月12日，专利权人是本案第三人英华达（南京）科技有限公司。

针对本专利权，原告于2008年8月19日向被告提出无效宣告请求，其理由是：在本专利申请日前已有与其相近似的外设计在国内公开出版物上发表，因此本专利不符合《专利法》第二十三条的规定。与此同时，原告提交了如下附件作为证据：

附件1：200530029579.6号外观设计专利公报复印件1页；

附件2：200530062202.0号外观设计专利公报复印件1页；

附件3：网络下载的摩托罗拉V3手机照片及网页信息，共5页；

附件4：网络下载的摩托罗拉W375手机照片及网页信息，共7页；

附件5：网络下载的本专利著录项目和图片1页。

原告认为，本专利与附件1和附件2均为翻盖手机，外形均为上端水平下端圆弧形的矩形，手机上盖为矩形，手机上盖的中央有一显示屏，其不同仅在于，附件1和附件2机盖上部有一矩形摄像头，中间的显示屏为正方形且周边有黑色装饰框，本专利的显示屏为上下窄左右宽的矩形。在翻开状态下，本专利与附件1的上盖中央均为正方形的显示屏，下方机身上部为按键区，按键区包括上方的圆形控制键及下方的数字键，数字键区有中部下凹的曲线，本专利中圆形控制键位于按键区的最上方，而附件1的圆形控制键上方左右各有一个按键，在整体设计风格和布局基本相同的情况下，本专利与附件1的后视图、俯视图、仰视图、左右视图上基本一致，属于相近似的外观设计。本专利与附件2的后视图、俯视图、仰视图、左视图、右视图均基本上一致。附件3和附件4的证据来源于新浪网、网易及摩托罗拉官方中文网站，可以证明证据的真实性和所示产品的上市日期。本专利与附件3相比较区别仅在于V3的上部还有一矩形摄像头，中间的显示屏为方形且周边有黑色装饰框，本专利的显示屏为上下窄左右宽的矩形，由于摄像头仅占V3手机正面的较小部分。在翻开状态下，二者区别仅在于本专利中圆形控制键位于按键区的最上方，而附件3的V3手机圆形控制键左右两侧各有一个按键。V3侧视图与本专利右视图基本相同。本专利与附件4的W375手机仅在上盖上方连接部位有区别。本专利上盖上方具有向上突出连接部，本专利翻开状态主视图相比较，二者区别在于本专利中数字键区有中部下凹的曲线，而W375手机各数字键间为直线，附件4公开的W375左右侧视图和后视图与本专利左右视图、后视图基本相同。本专利与上述附件所示外观设计的区别不能带来视觉效果上的显著影响，均极为近似，请求宣告本专利无效。

被告受理了此案，并于2008年8月19日将无效宣告请求书及相关材料副本转送给第三人。

2008年9月28日，被告收到第三人的意见陈述书，第三人将本专利分别与4篇对比文件产品进行了详细对比，列举了本专利与各视图的不同之处。第三人强调：本专利与对比文件在手机上端连接部位的形状，手机盖的形状，显示屏的大小及显示屏四周的装饰框均有明显的区别，翻盖状态下，功能键的位置排列也存在明显的不同，请求维持本专利权有效。

2008年10月8日，被告向双方当事人发出口头审理通知书，定于2008年11月26日进行口头审理。

口头审理如期举行，双方当事人均委托代理人参加。口头审理中，原告提交了附件3和附件4网络证据的公证书，被告当庭将公证书原件转送第三人。第三人对附件1和附件2两篇对比文件的真实性没有异议，对于附件3和附件4公证书本身的真实性没有异议，但认为公证书不能证明其所示产品的公开销售时间就是网站上所标注的产品上市日期。原告当庭演示了在互联网上搜索附件3及附件4

所示产品的路径及过程。双方当事人还将本专利分别与4篇对比文件产品的相同部分和不相同点进行了详细的比较，均各自坚持原有观点。

被告认为本案事实清楚，故作出如下决定：

（1）法律依据。

基于原告提出的无效宣告请求的理由，被告依据《专利法》第二十三条的规定对本案进行审理。

（2）证据认定。

原告提交的附件1是国家知识产权局于2006年9月20日授权公告的、申请号是200530029579.6、产品名称为“手机（AV100）”的外观设计专利公报复印件。附件2是国家知识产权局于2006年8月9日授权公告的、申请号是200530062202.0、产品名称为“手机（T6013）”的外观设计专利公报复印件。经被告核实，上述两篇专利文献内容属实，第三人对其真实性无异议，被告予以确认。两篇专利文献的公开日期均早于本专利的申请日，属于《专利法》第二十三条规定的出版物，所示两项外观设计专利请求保护的均为手机，与本专利用途相同，属于相同类别的产品，可以与本专利进行相近似比较。

原告提交的附件3是从新浪网站下载的摩托罗拉V3手机照片及网页信息5页，其中一张照片上标注“摩托罗拉V3（2004年09月上市）的字样；附件4是一组摩托罗拉W375手机的照片，其中3张是从摩托罗拉官方网站上下载，1张从网易网站下载，1张从中关村在线网站上下载。2张从新浪网站下载、从网易和中关村在线网站下载的照片旁分别标有“上市时间：2006”和“上市日期：2006年”字样。口头审理当庭原告提交了附件3和附件4网络证据的公证书，该公证书是由北京市方圆公证处出具，公证事项为保全证据，公证内容是从新浪网站搜索摩托罗拉V3手机照片，从网易和摩托罗拉中文官方网站搜索摩托罗拉W375手机照片的过程并打印了相关页。被告认为，通过原告提交公证书中所证事实及当庭演示的情况，可证明摩托罗拉V3和摩托罗拉W375两款新手机在网站上公开的时间早于在本专利申请日前，虽然第三人对公证书内容的真实性持有异议，但没有提交反证证明摩托罗拉V3和W375两款手机不是在该时间上市的，也未提交反证证明上述网站发表的上市时间可以随意更改。因此，被告确认，摩托罗拉V3和W375两款型号的手机在国内网站上公开的时间均早于本专利的申请日，可以作为评价本专利是否符合《专利法》第二十三条的证据使用。上述两款手机与本专利用途相同，属于相同类别的产品，可以与本专利进行相近似比较。

（3）相同和相近似比较。

本专利公报公开了产品六面视图、翻开状态主视图和翻开状态立体图。本专利为翻盖式手机，在闭合状态下，手机的整体形状近似于矩形，四角略呈圆弧过渡，两个底角略往里收缩；机盖近似于矩形，机盖表面略带弧度，上端呈凸字形与机座连接，机盖中部为纵向的长方形显示屏，显示屏四周为窄的边框，屏内下端设有一方形镜头，显示屏的上方有一行字母，机盖扣合后机体表面平整；手机背面长方形电池盖扣入机体内，手机的右侧下部有一方形按键。手机在翻盖状态下可见，上盖有方形显示屏，显示屏四周为方框，机座上部中间位置设有圆形功能键，两侧上下各排列一行按键，在功能键下部排列着数字键（详见本专利附图）。

附件1专利公报公开一款手机的六面视图、两幅变化状态参考图、打开状态主视图和使用状态参考图（下称在先设计1）。在先设计1为翻盖手机，在闭合状态下，手机的整体形状近似于矩形，两个底角略呈弧线过渡；机盖近似于矩形，机盖与机座由圆轴连接，机盖中部为横向的长方形显示屏，在机盖顶部中间位置设有一梯形镜头，显示屏的下方有一行字母，机盖扣合在机座内使机体表面平整；手机背面长方形电池盖扣合在机体上，手机的右侧下部有一方形按键。手机在翻盖状态下可见，上盖为长方形显示屏，显示屏四周为方框，机身上部两侧各有一按键，按键下方中间位置设为圆形功能键，两侧上下各排列一行按键，在功能键下部排列着数字键，机座下端中间位置有若干条音孔（详见在先设计1附图）。

将本专利与在先设计1比较，主要相同点为二者均为翻盖手机，手机的整体形状近似于矩形，机盖表面有显示屏和照相镜头，机盖扣合后与机体表面平整。二者的主要不同之处在于：本专利手机四角呈弧形过渡，机体表面略带弧度，而在先设计1手机机体表面平整；本专利显示屏为纵向设计，而在先设计1显示屏为横向设计，显示屏四周的边框宽度不同，本专利细窄，而在先设计1边框较宽；本专利照相机镜头设在机盖显示屏内，而在先设计1照相机镜头设在机盖的顶端；机盖打开状态下，机盖与机座的连接形状不同，本专利机盖与机座只有中间的轴连接，而在先设计1机盖与机座的轴贯穿机体。被告认为，一般消费者在购买手机时都会对手机的任何部位进行仔细观察。虽然本专利与在先设计1手机均为翻盖式，整体形状呈矩形，但是二者显示屏位置的设计，照相镜头摆放位置，以及本专利整体四角形状及机盖表面略带弧度的设计都是一般消费者在购买时所要考虑的问题，对一般消费者而言二者上述区别对整体视觉效果具有显著影响，属于不相同且不相近似的外观设计。

附件2专利公报公开一款手机的六面视图及三幅使用状态参考图（下称在先设计2）。在先设计2为翻盖手机，在闭合状态下，手机的整体形状近似于矩形，两个底角略往内收缩带弧度；机盖近似于矩形，机盖与机座为轴体连接，机盖中部为方形显示屏，显示屏的两侧及下部为较宽的边框，在机盖顶部中间位置设有一方形镜头，机盖扣后与机体表面平整；手机背面长方形电池盖扣合在机体上，手机的左、右侧中上部有一长方形按键。手机在翻盖状态下可见，上盖为长方形显示屏，显示屏四周为方框，机身上部为圆形功能键，功能键两侧各有排列一行按键，在功能键下部排列着数字键，机座下端中间位置有若干条通音孔（详见在先设计2附图）。

将本专利与在先设计2比较，主要相同点为二者均为翻盖手机，手机的整体形状近似于矩形，机盖表面有显示屏和照相镜头，机盖扣合后与机体表面平整。二者的主要不同之处在于：本专利手机四角呈弧形过渡，机体表面略带弧度，而在先设计2手机机体表面平整；本专利显示屏为纵向设计，而在先设计2显示屏为横向设计，显示屏四周的边框宽度不同，本专利细窄，而在先设计2边框较宽；本专利照相机镜头设在机盖显示屏内，而在先设计2照相机镜头设在机盖的顶端；机盖打开状态下，机盖与机座的连接形状不同，本专利机盖与机座只有中间的轴连接，而在先设计2机盖与机座的轴贯穿机体。被告认为，一般消费者在购买手机时都会对手机的任何部位进行仔细观察。虽然本专利与在先设计2手机均为翻盖式，整体形状呈矩形，但是二者显示屏位置的设计，照相镜头摆放位置，以及本专利整体四角形状及机盖表面略带弧度的设计都是一般消费者在购买时所要考虑的问题，对一般消费者而言二者上述区别对整体视觉效果具有显著影响，属于不相同且不相近似的外观设计。

附件3为摩托罗拉V3手机照片（下称在先设计3），在先设计3为翻盖手机，在闭合状态下，手机的整体形状近似于矩形，底边略带弧线；机盖近似于矩形，机盖与机座为轴体连接，机盖中部为方形显示屏，显示屏的两侧为较宽的边框，在机盖顶部中间位置设有一梯形镜头，显示屏下方为摩托罗拉标识，机盖扣后与机体表面平整；手机的左、右两侧均有长方形按键；手机在翻盖状态下可见，上盖为长方形显示屏，显示屏四周为方框，机身上部两侧各有一按键，按键下方中间位置设为圆形功能键，两侧上下各排列一行按键，在功能键下部排列着数字键，机座下端中间位置有若干条音孔（详见在先设计3附图）。

将本专利与在先设计3比较，主要相同点为二者均为翻盖手机，手机的整体形状近似于矩形，机盖表面有显示屏和照相镜头，机盖扣合后与机体表面平整。二者的主要不同之处在于：本专利手机四角呈弧形过渡，机体表面略带弧度，而在先设计3手机机体表面平整，底边略带弧度；本专利显示屏为纵向设计，而在先设计3显示屏为横向设计，显示屏四周的边框宽度不同，本专利细窄，而在先设计 3 两侧边框较宽；本专利照相机镜头设在机盖显示屏内，而在先设计 3 照相机镜头设在机盖的顶端；机盖打开状态下，机盖与机座的连接形状不同，本专利机盖与机座只有中间的轴连接，而在先设计 2 机盖与机座的轴贯穿机体。被告认为，一般消费者在购买手机时都会对手机的任何部位进行仔细观察。虽然本专利与在先设计 2 手机均为翻盖式，整体形状呈矩形，但是二者显示屏位置的设计，照相镜头摆放位置，以及本专利整体四角形状及机盖表面略带弧度的设计都是一般消费者在购买时所要考虑的问题，对一般消费者而言二者上述区别对整体视觉效果具有显著影响，属于不相同且不相近似的外观设计。

附件 4 为摩托罗拉 W375 手机照片（下称在先设计 4），在先设计 4 为翻盖手机，在闭合状态下，手机的整体形状近似于矩形，两个底角略向内缩进；机盖近似于矩形，机盖与机座由圆轴连接，机盖中部为纵向的长方形显示屏，显示屏占了机盖大部分，机盖扣合在机座内使机体表面平整；手机的左侧中部为一长方形按键；手机在翻盖状态下可见，上盖为长方形显示屏，显示屏四周为方框，机身上部两侧各有一按键，按键下方中间位置设为圆形功能键，两侧上下各排列一行按键，在功能键下部排列着数字键，机座下端中间位置有一条通音孔（详见在先设计 4 附图）。

将本专利与在先设计 4 比较，主要相同点为二者均为翻盖手机，手机的整体形状近似于矩形，机盖表面有显示屏，机盖扣合后与机体表面平整。二者的主要不同之处在于：本专利手机四角呈弧形过渡，机体表面略带弧度，而在先设计 4 手机机体表面平整；本专利显示屏占机盖三分之一，而在先设计 4 显示屏占机盖二分之一，本专利显示屏四周有边框，而在先设计 4 显示屏四周无边框设计；机盖打开状态下，机盖与机座的连接形状不同，本专利机盖与机座只有中间的轴连接，而在先设计 1 机盖与机座的轴贯穿机体。被告认为，一般消费者在购买手机时都会对手机的任何部位进行仔细观察。虽然本专利与在先设计 4 手机均为翻盖式，整体形状呈矩形，但是二者显示屏大小差别，照相镜头摆放位置，以及本专利整体四角形状及机盖表面略带弧度的设计都是一般消费者在购买时所要考虑的问题，对一般消费者而言二者上述区别对整体视觉效果具有显著影响，属于不相同且不相近似的外观设计。

综上所述，被告认为，原告提交的证据不能证明在本专利申请日前已有与本专利相近似的外观设计在出版物上公开发表过，其证明本专利不符合《专利法》第二十三条规定的主张不能成立。

据此，被告作出被诉决定。原告不服，诉至本院。

在本院审理过程中，原告明确表示对被诉决定的作出程序、证据认定及法律适用没有异议。

本院认为，经审理，被诉决定的审查程序、证据认定合法，各方当事人对此亦无异议，本院予以确认。本案的审查重点在于本专利是否符合《专利法》第二十三条的规定。

《专利法》第二十三条规定：“授予专利权的外观设计，应当同申请日以前在国内外出版物上公开发表过或者国内公开使用过的外观设计不相同和不相近似，并不得与他人在先取得的合法权利相冲突。”

本专利与在先设计 1 相比较，二者的主要不同之处在于：本专利为无摄像头设计，在先设计 1 为有摄像头设计；本专利手机四角呈弧形过渡，机体表面略带弧度，而在先设计 1 手机机体表面平整；本专利显示屏为纵向设计，而在先设计 1 显示屏为横向设计，本专利显示屏四周的边框细窄，而在先设计 1 边框较宽；机盖打开状态下，机盖与机座的连接形状不同，本专利机盖与机座只有中间的轴连接，而在先设计 1 机盖与机座的轴贯穿机体。鉴于上述区别对二者整体视觉效果具有显著影响，故被诉决定关于本专利与在先设计 1 属于不相同且不相近似的外观设计的认定正确，本院应予支持。

本专利与在先设计 2 相比较，二者的主要不同之处在于：本专利为无摄像头设计，在先设计 2 为有摄像头设计；本专利手机四角呈弧形过渡，机体表面略带弧度，而在先设计 2 手机机体表面平整；

本专利显示屏为纵向设计，而在先设计2显示屏为横向设计，本专利显示屏四周的边框细窄，而在先设计2边框较宽；机盖打开状态下，机盖与机座的连接形状不同，本专利机盖与机座只有中间的轴连接，而在先设计2机盖与机座的轴贯穿机体。鉴于上述区别对二者整体视觉效果具有显著影响，故被诉决定关于本专利与在先设计2属于不相同且不相近似的外观设计的认定正确，本院应予支持。

本专利与在先设计3相比较，二者的主要不同之处在于：本专利为无摄像头设计，在先设计3为有摄像头设计；本专利手机四角呈弧形过渡，机体表面略带弧度，而在先设计3手机机体表面平整，底边略带弧度；本专利显示屏为纵向设计，而在先设计3显示屏为横向设计，本专利显示屏四周的边框细窄，而在先设计3两侧边框较宽；机盖打开状态下，机盖与机座的连接形状不同，本专利机盖与机座只有中间的轴连接，而在先设计3机盖与机座的轴贯穿机体。鉴于上述区别对二者整体视觉效果具有显著影响，故被诉决定关于本专利与在先设计3属于不相同且不相近似的外观设计的认定正确，本院应予支持。

本专利与在先设计4相比较，二者的主要不同之处在于：本专利为无摄像头设计，在先设计4为有摄像头设计；本专利手机四角呈弧形过渡，机体表面略带弧度，而在先设计4手机机体表面平整；本专利显示屏占机盖三分之一，而在先设计4显示屏占机盖二分之一；本专利显示屏四周有边框，而在先设计4显示屏四周无边框；机盖打开状态下，机盖与机座的连接形状不同，本专利机盖与机座只有中间的轴连接，而在先设计1机盖与机座的轴贯穿机体。鉴于上述区别对二者整体视觉效果具有显著影响，故被诉决定关于本专利与在先设计4属于不相同且不相近似的外观设计的认定正确，木院应予支持。

虽然，被诉决定关于本专利长方形显示屏内下端设有一方形镜头的事实认定有误，但本案查明的这一实际情况只能证明本专利与4个在先设计的区别更加明显，证明被诉决定关于本专利与4个在先设计属于不相同且不相近似的外观设计的认定结果是正确的。

综上，原告要求撤销被诉决定的诉讼请求缺乏事实和法律依据，本院不予支持。据此，依照最高人民法院《关于执行〈中华人民共和国行政诉讼法〉若干问题的解释》第五十六条第（四）项之规定，判决如下：

驳回原告深圳市和信通讯技术有限公司的诉讼请求。

案件受理费100元，由原告深圳市和信通讯技术有限公司负担（已交纳）。

如不服本判决，各方当事人可在本判决书送达之日起15日内，向本院递交上诉状，并按对方当事人的人数提出副本，上诉于北京市高级人民法院。上诉人在上诉期满后7日内未预交上诉案件受理费又不提出缓交申请的，按自动撤回上诉处理。

审　判　长　强刚华
代理审判员　司品华
代理审判员　石　磊
二〇〇九年八月十四日
书　记　员　张　琳

060

手捏电筒（掌中宝）

无效宣告请求审查决定（第12778号）

决　　定　　号　第12778号
决　　定　　日　2008年12月11日
发明创造名称　手捏电筒（掌中宝）
外观设计分类号　26-02
无效请求人　王虎俊
专利权人　吴建军
专　　利　　号　200630151451.1
申　　请　　日　2006年5月10日
授权公告日　2007年5月30日
合议组组长　徐清平
主　　审　　员　雷　婧
参　　审　　员　张　凌
附　　　　图　2页

法律依据　专利法第9条
决定要点

在先设计右侧面的长条形部件可收入产品内部，为状态可变化的部件，其与本专利相应部件无实质差异，二者其他不同点属于局部细微的设计变化，对外观设计的整体视觉效果不具有显著影响，本专利与在先设计属于相近似的外观设计。

一、案由

本无效宣告请求涉及国家知识产权局于2007年5月30日授权公告的、专利号为200630151451.1的外观设计专利，其产品名称为“手捏电筒（掌中宝）”，申请日为2006年5月10日，专利权人为吴建军。

针对上述外观设计专利权（下称本专利），王虎俊（下称请求人）于2008年7月24日向专利复审委员会提出无效宣告请求，其理由是：本专利与在其申请日前公开的附件1中的外观设计专利相同或相近似，不符合专利法第9条、第23条以及专利法实施细则第13条第1款的规定。同时，请求人提交了如下附件作为证据：

附件1：专利号为200530022150.4的中国外观设计专利的著录项目及图片复印件、该图片的修改件，共2页。

请求人认为，附件1中专利属于变化状态产品的外观设计，根据其提供的附件1第2页，即手压部分压在手电筒里的状态图可见，本专利与附件1中所示外观设计之间除本专利中未表现灯泡的设计等细微差别外，二者几乎没有差别，故二者属于相同或者相近似的外观设计。

经形式审查合格，专利复审委员会依法受理了上述无效宣告请求，并于2008年8月28日将无效宣告请求书及相关文件的副本转送专利权人，通知其在指定的期限内答复。

2008年9月26日，专利权人向专利复审委员会提交了意见陈述书，认为请求人提交的附件1第2页不是专利公告的文本，且所示专利中并未说明其为变化状态产品，故应认定附件1中专利产品只有一种状态，附件1第2页不能作为参考依据；其次，专利权人还认为二者的形状、图案、色彩等完全不同，二者不相同也不相近似。

专利复审委员会依法成立合议组对本案进行审理，于2008年9月27日向双方当事人发出口头审理通知书，定于2008年11月10日进行口头审理，并于2008年10月24日将专利权人的意见陈述书转送请求人，通知其在指定的期限内答复。

口头审理如期举行，仅有请求人一方委托代理人出庭，专利权人未出席口头审理，合议组对本无效宣告请求依法进行缺席审理。口头审理中，请求人当庭放弃以专利法第23条和专利法实施细则第13条第1款作为本无效宣告请求的理由，坚持其原有其他观点，并说明附件1第2页虽然不是公告文本，但其是根据公报文本中的使用状态参考图作出的，用以更好地显示附件1所示专利的使用状态。

至此，合议组认为本案事实清楚，可以依法作出审查决定。

二、决定的理由

1. 法律依据

鉴于请求人在口头审理时明确表示放弃以专利法第23条和专利法实施细则第13条第1款作为本无效宣告请求的理由，合议组基于其提出的其他无效宣告请求的理由，依据专利法第9条的规定进行审理。

专利法第9条规定："两个以上的申请人分别就同样的发明创造申请专利的，专利权授予最先申请的人。"

2. 证据的认定

附件1是专利号为200530022150.4的中国外观设计专利的著录项目及图片复印件及该图片的修改件，使用外观设计的产品名称为"手电筒（手压式自充电）"，申请日为2005年11月29日，授权公告日为2007年1月24日，专利权人为何永新。经合议组核实，附件1中的著录项目及专利图片内容与公报一致，合议组对其真实性予以确认；其图片的修改件为请求人在专利公告文本基础上整理修改的图片，并不是公告的原图片，合议组不予采信。附件1第1页所示专利的申请日在本专利的申请日（2006年5月10日）之前，属于他人在先申请在后公告的专利文献，可以作为评述本专利是否符合专利法第9条规定的证据。

3. 外观设计相同和相近似的对比

附件1第1页中所示的外观设计（下称在先设计）与本专利的使用产品均为手电筒，二者用途相同，属于相同类别的产品，故可以就本专利与在先设计进行相同和相近似的对比。

本专利中产品整体形状呈流线型，左右两侧中间稍向里凹进，正面及背面下方各有一纵向的椭圆形，顶部灯头的外轮廓呈椭圆形，右侧面有一长条形部件，左侧面有两个长方形横条纹部件及一个正方形横条纹部件（详见本专利附图）。

在先设计中产品整体形状呈流线型，左右两侧中间稍向里凹进，正面下方有一纵向的椭圆形，顶部灯头的外轮廓呈椭圆形，右侧面有一向外凸出的长条形部件，左侧面有两个长方形横条纹部件；在使用状态参考图中，产品右侧面向外凸出的长条形部件可收入产品内部（详见在先设计附图）。

将本专利与在先设计相比较，二者产品整体形状均呈流线型，左右两侧中间均稍向里凹进，正面下方均有一纵向的椭圆形，顶部灯头的外轮廓均呈椭圆形，右侧面均有一长条形部件，左侧面均有两个长方形横条纹部件。二者的主要不同点在于：本专利正面和背面下方均有椭圆形，且右侧面的长条形部件未凸出，而从在先设计的图片中仅看到产品正面下方的椭圆形，且右侧面的长条形部件向外凸出；本专利左侧面共有三个横条纹的部件，而在先设计仅有两个；本专利的灯头未显示其内的灯泡，在先设计中有所显示。对于二者上述的不同点，合议组认为，虽然在先设计未在简要说明中写明其产品为状态可变化的产品，但由其使用状态参考图可知，在先设计右侧面的长条形部件可收入产品内部，其为状态可变化的部件，故本专利与在先设计在该部件的状态或形状上不存在实质上的差别；二者在产品背面下方、左侧面及灯头部分的差异对于产品整体而言仅属于局部细微的设计变化，其对外观设计的整体视觉效果不具有显著影响。因此，本专利与在先设计属于相近似的外观设计。

4. 结论

对于外观设计专利而言，同样的发明创造是指两项外观设计相同或者相近似。在本专利申请日以前已有与其相近似的外观设计申请了专利并获得授权，故本专利不符合专利法第 9 条的规定。

三、决定

宣告 200630151451. 1 号外观设计专利权全部无效。

当事人对本决定不服的，可以根据专利法第 46 条第 2 款的规定，自收到本决定之日起三个月内向北京市第一中级人民法院起诉，根据该款规定，一方当事人起诉后，另一方当事人应当作为第三人参加诉讼。

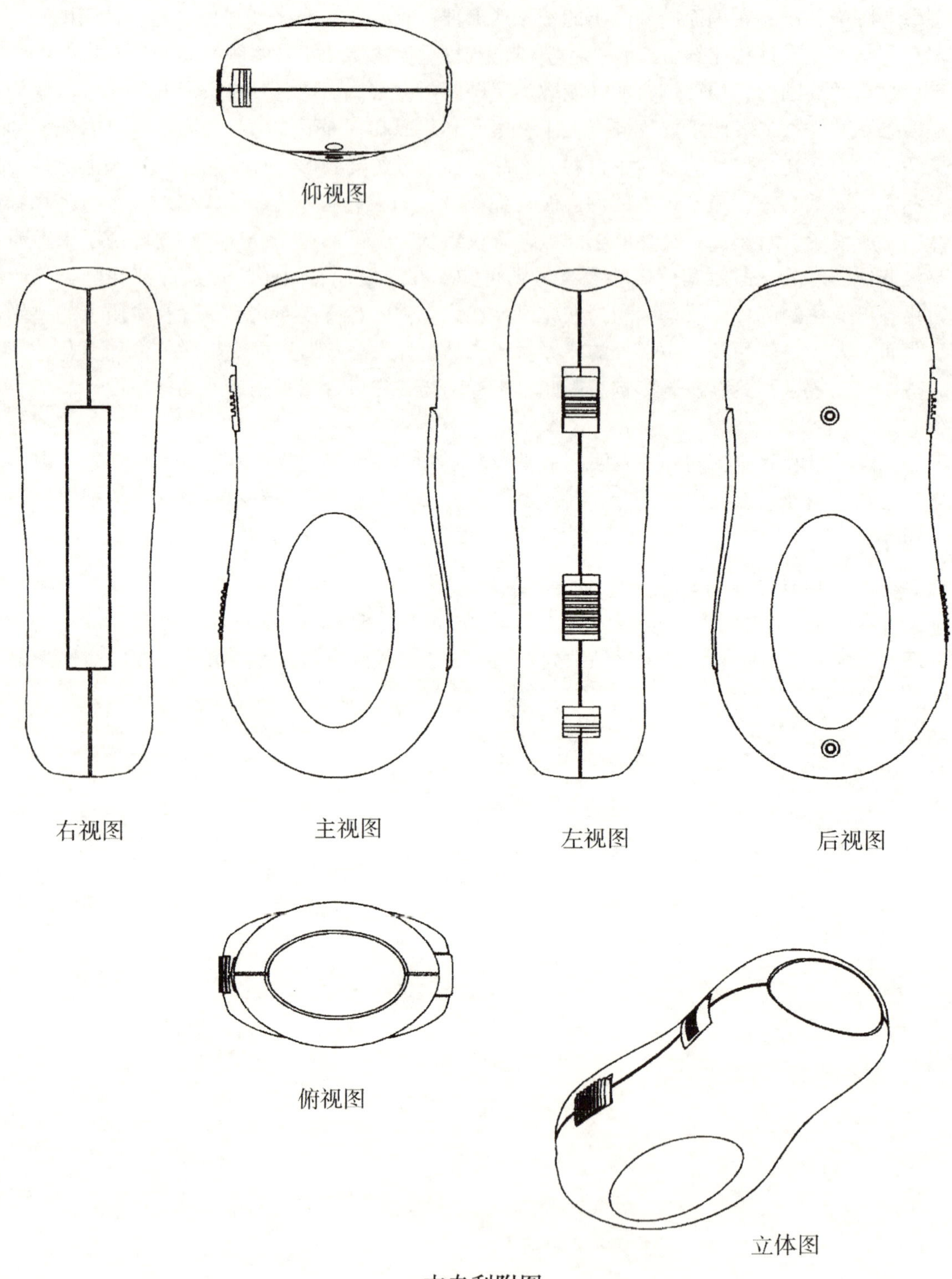

本专利附图

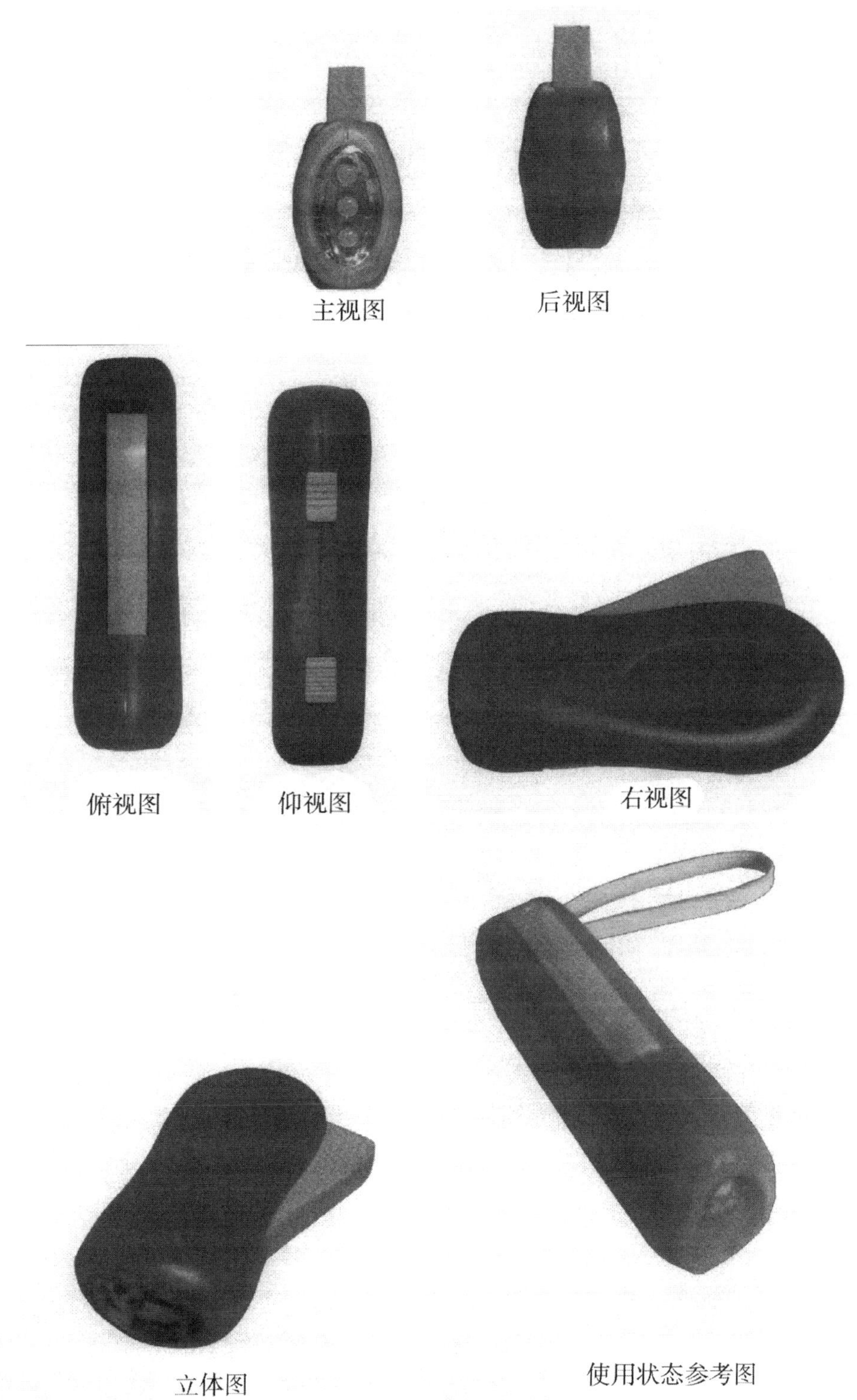

在先设计附图

061

太阳能手电筒

无效宣告请求审查决定（第12779号）

决　　定　　号　第12779号
决　　定　　日　2008年12月11日
发明创造名称　太阳能手电筒
外观设计分类号　26-02
无效请求人　吴建军
专 利 权 人　黄昆明
专　　利　　号　200730118699.2
申　　请　　日　2007年5月31日
授权公告日　2008年4月30日
合议组组长　徐清平
主　审　员　雷　婧
参　审　员　张　凌
附　　　　图　2页

法律依据　专利法第23条
决定要点

本专利与在先设计所示产品整体形状及各部分形状、比例、位置关系均基本相同，二者之间的差别属于局部细微的设计变化，对外观设计的整体视觉效果无显著影响，故二者属于相近似的外观设计。

一、案由

本无效宣告请求涉及国家知识产权局于2008年4月30日授权公告的、专利号为200730118699.2的外观设计专利，其产品名称为“太阳能手电筒”，申请日为2007年5月31日，专利权人为黄昆明。

针对上述外观设计专利权（下称本专利），吴建军（下称请求人）于2008年6月29日向专利复审委员会提出无效宣告请求，其理由是：本专利与在其申请日前公开的附件1中外观设计专利相同或相近似，不符合专利法第23条的规定。同时，请求人提交了如下附件作为证据：

附件1：专利号为200630127515.4的中国外观设计专利的著录项目及图片复印件，共1页。

请求人认为，通过本专利与附件1中产品的各视图比较可得出，二者整体形状以及对应部件的比例完全相同，外轮廓线条完全相同，且二者用途相同，故二者属于相同或相近似的外观设计。

经形式审查合格，专利复审委员会依法受理了上述无效宣告请求，并于2008年8月28日将无效宣告请求书及相关文件的副本转送专利权人，通知其在指定的期限内答复。

专利权人逾期未答复。

专利复审委员会依法成立合议组对本案进行审理，并于2008年9月27日向双方当事人发出口头审理通知书，定于2008年11月10日进行口头审理。

口头审理如期举行，仅有请求人一方委托代理人出庭，专利权人未出席口头审理，合议组对本无效宣告请求依法进行缺席审理。口头审理中，请求人坚持其原有观点。

至此，合议组认为本案事实清楚，可以依法作出审查决定。

二、决定的理由

1. 法律依据

基于请求人提出无效宣告请求的理由，合议组依据专利法第23条的规定进行审理。

专利法第23条规定："授予专利权的外观设计，应当同申请日以前在国内外出版物上公开发表过或者国内公开使用过的外观设计不相同和不相近似，并不得与他人在先取得的合法权利相冲突。"

2. 证据的认定

附件1是专利号为200630127515.4的中国外观设计专利的著录项目及图片复印件，使用外观设计的产品名称为"手电筒（SB-3077宝盾型）"，申请日为2006年8月6日，授权公告日为2007年5月9日。经合议组核实，附件1内容与公报一致，其公开日在本专利的申请日（2007年5月31日）之前，可以作为评述本专利是否符合专利法第23条规定的证据。

3. 外观设计相同和相近似的对比

附件1中所示的外观设计（下称在先设计）的使用产品为手电筒，与使用本专利的产品"太阳能手电筒"的用途相同，属于相同类别的产品，故可以就本专利与在先设计进行相同和相近似的对比。

本专利中产品整体近似长方形，其下端收缩呈圆弧形，上端为透明灯头；产品正面上部有一纵向椭圆形按键，中部为带横条纹的长方形框，正面及背面下部均有一圆形凹进（详见本专利附图）。

在先设计中产品整体近似长方形，其下端收缩呈圆弧形，上端为透明灯头；产品正面上部有一纵向椭圆形按键，中部为带横条纹的长方形框，正面及背面下部均有一圆形凹进（详见在先设计附图）。

将本专利与在先设计相比较，二者产品整体均近似长方形，其下端均收缩呈圆弧形，上端均为透明灯头；产品正面上部均有一纵向椭圆形按键，中部均为带横条纹的长方形框，正面及背面下部均有一圆形凹进。二者的主要不同点在于：从外观设计图片的内容看，在先设计中部长方形框中央有一条竖线，而本专利无此竖线。合议组认为，本专利与在先设计所示产品整体形状及各部分形状、比例、位置关系均基本相同，二者的上述差别属于局部细微的设计变化，对外观设计的整体视觉效果无显著影响，故二者属于相近似的外观设计。

4. 结论

在本专利申请日以前已有与其相近似的外观设计在出版物上公开发表过，本专利不符合专利法第23条的规定。

三、决定

宣告200730118699.2号外观设计专利权全部无效。

当事人对本决定不服的，可以根据专利法第46条第2款的规定，自收到本决定之日起三个月内向北京市第一中级人民法院起诉，根据该款规定，一方当事人起诉后，另一方当事人应当作为第三人参加诉讼。

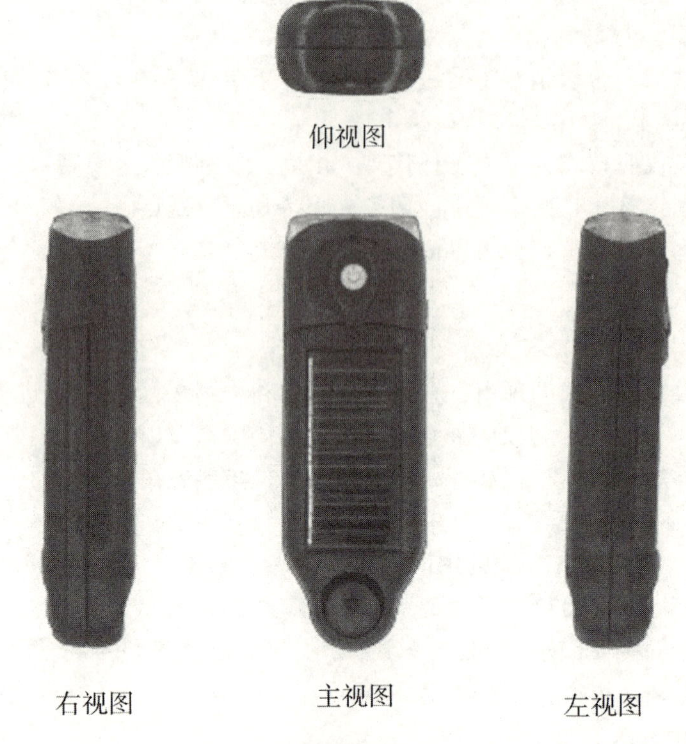

仰视图

右视图　主视图　左视图

俯视图

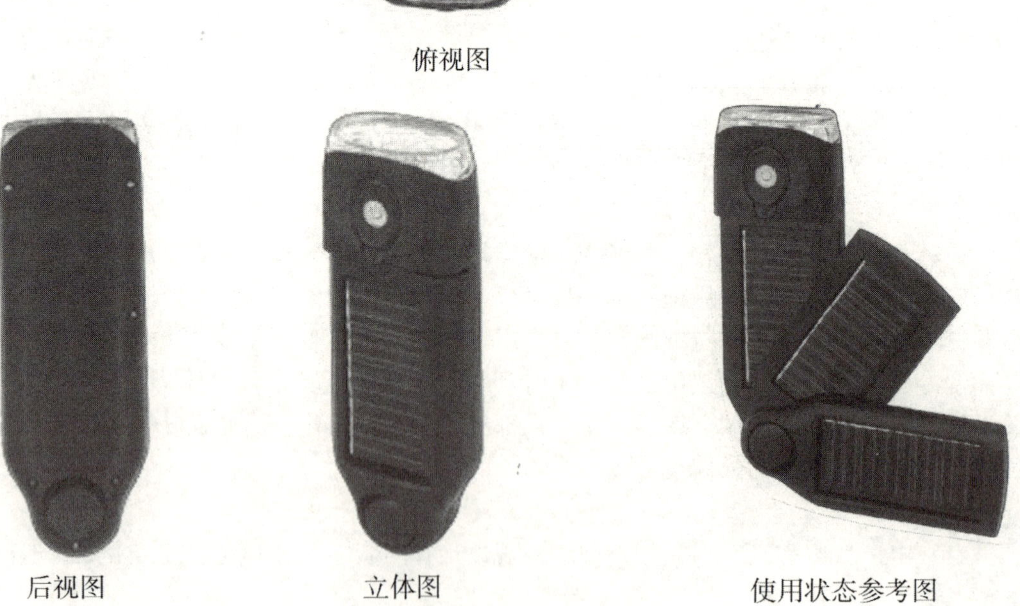

后视图　立体图　使用状态参考图

本专利附图

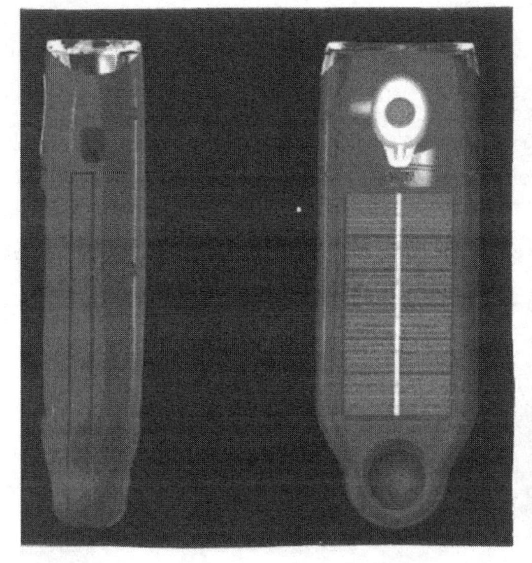

右视图　　主视图

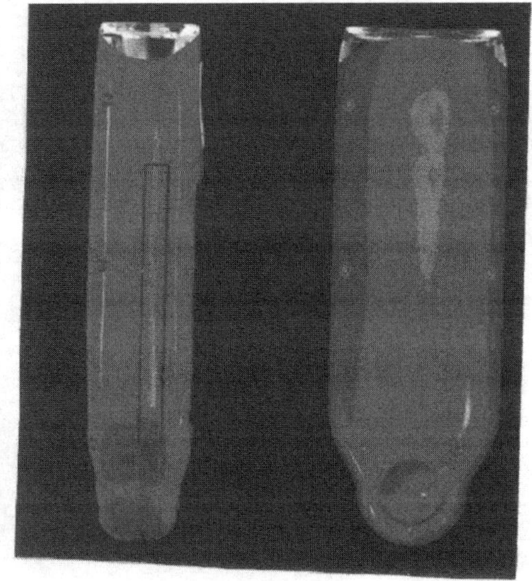

左视图　　后视图

仰视图

俯视图

在先设计附图

062

笔记本电脑折叠桌

无效宣告请求审查决定（第12780号）

决　　定　　号　第12780号
决　　定　　日　2008年10月28日
发明创造名称　笔记本电脑折叠桌
外观设计分类号　06-03
无效宣告请求人　深圳市冠军箱包有限公司
专　利　权　人　王群璞
专　　利　　号　200730132687.5
申　　请　　日　2007年4月13日
授权公告日　2008年1月23日
合议组组长　吴赤兵
主　　审　　员　张　霞
参　　审　　员　雷连虹
附　　　　　图　3页

法　律　依　据　专利法第23条
决　定　要　点

如在先设计与被比外观设计的区别足以使一般消费者认为对该产品的整体视觉效果有显著的影响，则在先设计与被比外观设计既不相同也不相近似。

一、案由

本无效宣告请求涉及国家知识产权局于2008年1月23日授权公告的、名称为“笔记本电脑折叠桌”的200730132687.5号外观设计专利（下称本专利），其申请日是2007年4月13日，专利权人是王群璞。

针对本专利，深圳市冠军箱包有限公司（下称请求人）于2008年5月28日向专利复审委员会提出无效宣告请求，理由是本专利不符合专利法第23条的规定，并提交了如下附件作为证据：

附件1：专利号为6019050的美国专利文献及全文译文，其授权公告日为2000年2月1日。

请求人认为：附件1所示外观设计与本专利属于相同类别的产品，二者整体相似，局部细微差别不具有显著的影响，且附件1在本专利申请日之前就已公开，因此，本专利不符合专利法第23条的规定，应予以宣告无效。

经形式审查合格，专利复审委员会受理了该无效宣告请求，于2008年7月24日向双方当事人发出了无效宣告请求受理通知书，并将无效宣告请求书及其附件副本转给了专利权人。

专利复审委员会依法成立合议组对本案进行审理，本案合议组于2008年8月11日向双方当事人发出了口头审理通知书，定于2008年10月14日在专利复审委员会举行口头审理。

2008年8月22日专利权人针对无效宣告请求书提交意见陈述，认为：附件1所示的外观设计的桌腿构件构成的形状不同，本专利为“⊿”形，附件1为“A”形，且附件1所示的外观设计与本专利的桌腿的支撑位置不同，上述差异构成了整体形状的明显差异，本专利与附件1所示的外观设计完全不相同或相近似。并且，本专利桌腿与桌面连接形状、桌面形状、桌腿形状均与附件1所示的外观设计存在差异，因此，本专利符合专利法第23条的规定，请求人提出的无效宣告请求应予以驳回。

专利复审委员会于2008年9月2日发出了转送文件通知书，随通知书将专利权人于2008年8月22日提交的意见陈述书转给了请求人。

口头审理如期举行，双方当事人均参加了口头审理。在口头审理过程中，双方当事人对合议组成员无回避请求，对合议组成员变更无异议，对对方出庭人员身份无异议。专利权人对附件1的真实性没有异议。针对相近似性判断，双方均各自坚持原有观点。专利权人当庭演示了物证。

在上述审理的基础上，合议组认为本案事实已经清楚，依法作出本无效宣告请求审查决定。

二、决定的理由

1. 法律依据

专利法第23条规定：“授予专利权的外观设计，应当同申请日以前在国内外出版物上公开发表过或者国内公开使用过的外观设计不相同和不相近似，并不得与他人在先取得的合法权利相冲突。”

2. 证据认定

请求人提交的附件1是专利号为6019050的美国专利文献，专利权人对其真实性没有异议，该专利的授权公告日为2000年2月1日，早于本专利的申请日，属于专利法第23条所规定的公开出版物，适用于本案。附件1公开了一款桌子的外观设计（下称在先设计），与本专利所示的笔记本电脑折叠桌的外观设计用途相同，二者属于相同种类的产品，具有可比性。

3. 相近似性比较

本专利图示有六面视图和七幅使用状态图。如图所示，本专利由桌面和桌腿构成，桌面大体为一厚度均匀具有倒角的长方形面板，桌面上部两角分设有压条，桌面下边缘设有挡条，挡条上安装有挡块，桌面下方靠近面板中部的位置安装有横梁，横梁上安装有锁紧连接机构，锁紧连接机构有椭圆形旋钮，两条桌腿分别安装在横梁两侧，桌腿包括三个支撑杆，前支撑杆为具有卡夹型缩紧机构的可伸缩的圆形套管，前支撑杆通过连接机构与圆柱形水平支撑杆相连，水平支撑杆的开放端安装有保护套，具有关节件的后支撑杆通过套环与前支撑杆和水平支撑杆相连，三支撑杆彼此相连大体形成“⊿”形（详见本专利附图）。

在先设计为一款桌子，从其图2、4、8、17可以看出，在先设计由桌面和桌腿构成，桌面为一长方形面板，面板左右两侧边厚度不均，面板下边缘具有凸起的挡条，桌面下方靠近面板下边缘的位置安装有横梁，横梁上安装有锁紧连接机构，锁紧连接机构有圆形旋钮，两条桌腿分别安装在横梁两侧，桌腿包括三个支撑杆，前支撑杆为具有按压型缩紧机构的可伸缩的方形套管，前支撑杆通过销钉与U形水平支撑杆相连，后支撑杆通过销钉与前支撑杆和水平支撑杆相连，三支撑杆彼此相连大体形成“A”字形（详见在先设计附图）。

将本专利与在先设计相比较，二者桌体整体构成均由具有挡条的桌面和由三条支撑杆构成的桌腿组成，二者存在以下区别：（1）桌面的整体形状不同，本专利的桌面大体为一厚度均匀具有倒角的长方形面板，在先设计桌面为一长方形面板，面板左右两侧边厚度不均；（2）桌面上的细部构造不同，本专利桌面上部两角分设有压条，挡条上安装有挡块，在先设计无此构造；（3）横梁的位置和锁紧连接机构的旋钮形状不同，本专利的横梁安装在桌面下方靠近面板中部的位置，旋钮为椭圆形，在先设计的横梁安装在桌面下方靠近面板下边缘的位置，旋钮为圆形；（4）支撑杆的形状不同，本专利的前支撑杆为具有卡夹型缩紧机构的可伸缩的圆形套管，在先设计的前支撑杆为具有按压型缩紧机构的可伸缩的方形套管；（5）支撑杆之间的连接结构不同，本专利的前支撑杆通过连接机构与圆柱形水平支撑杆相连，水平支撑杆的开放端安装有保护套，具有关节件的后支撑杆通过套环与前支撑杆和水平支撑杆相连，三支撑杆彼此相连大体形成“⊿”形，在先设计的前支撑杆通过销钉与U形水平支撑杆相连，后支撑杆通过销钉与前支撑杆和水平支撑杆相连，三支撑杆彼此相连大体形成“A”字形。合议组认为，从整体观察综合判断的角度看，虽然本专利同在先设计的桌体构成部件基本相同，但二者在桌面、桌腿与横梁等部位设计存在差别较大，因而从整体观察综合判断的角度看，本专利与在先设计已产生了显著的视觉差别。因此，本专利与在先设计应属于不相同且不相近似的外观设计，本专利相对于请求人提交的证据而言符合专利法第23条的规定。

三、决定

维持200730132687.5号外观设计专利权有效。

当事人对本决定不服的，可以根据专利法第46条第2款的规定，自收到本决定之日起三个月内向北京市第一中级人民法院起诉。根据该款的规定，一方当事人起诉后，另一方当事人应当作为第三人参加诉讼。

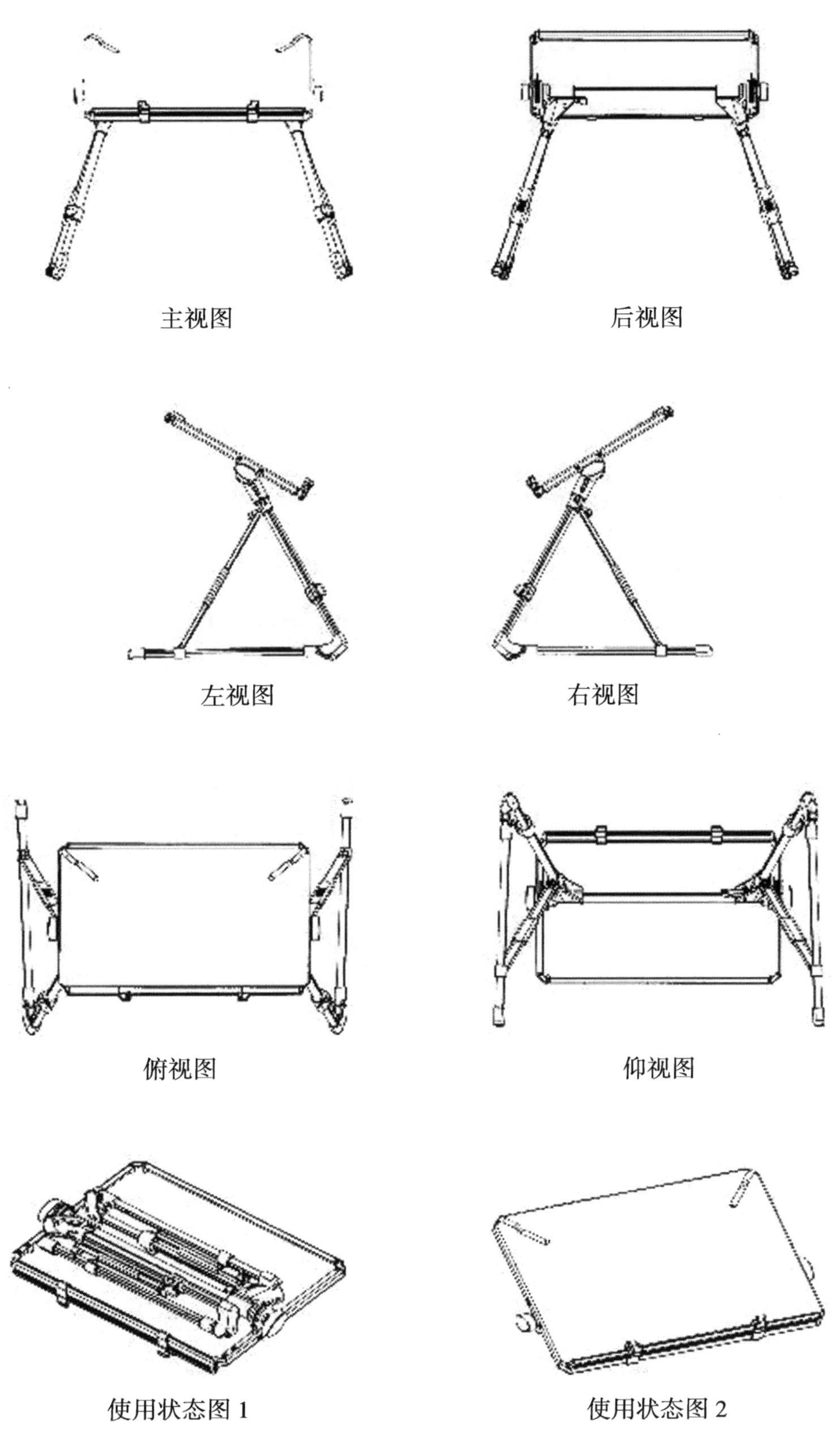

本专利附图

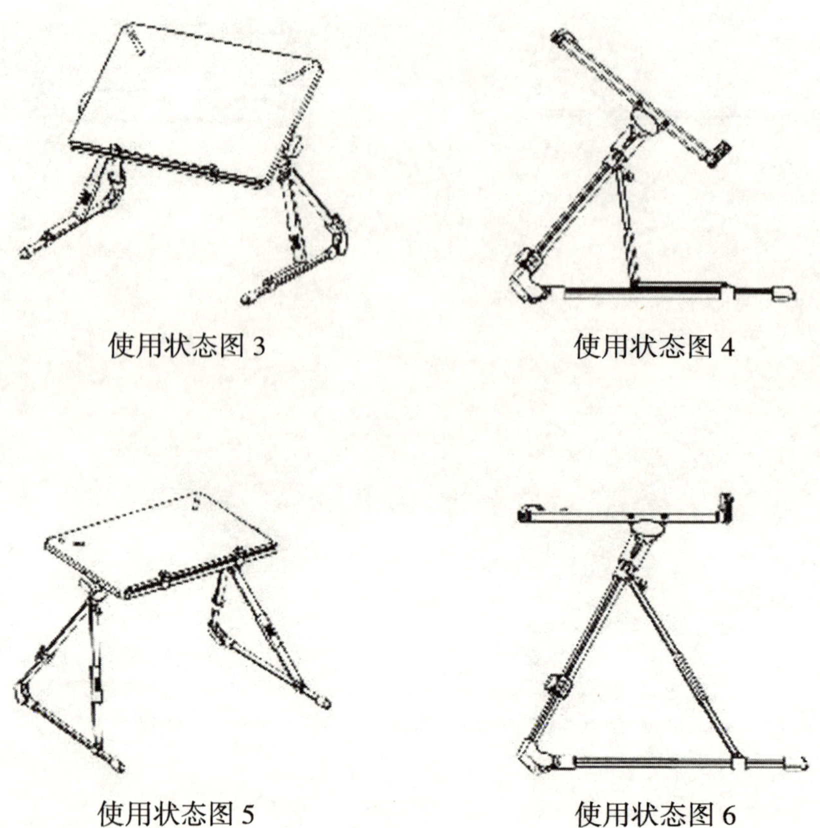

使用状态图 3

使用状态图 4

使用状态图 5

使用状态图 6

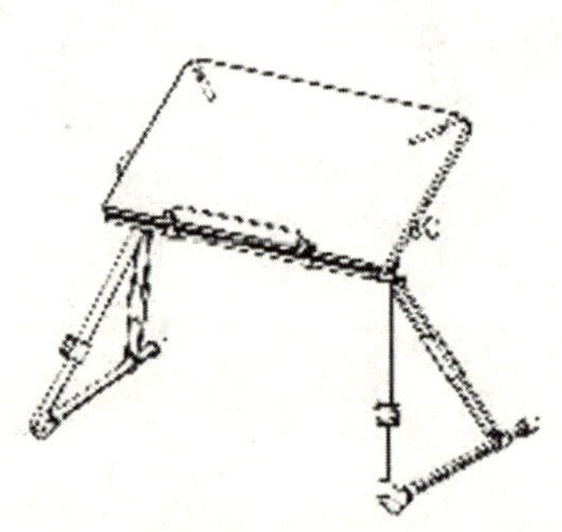

使用状态图 7

本专利附图

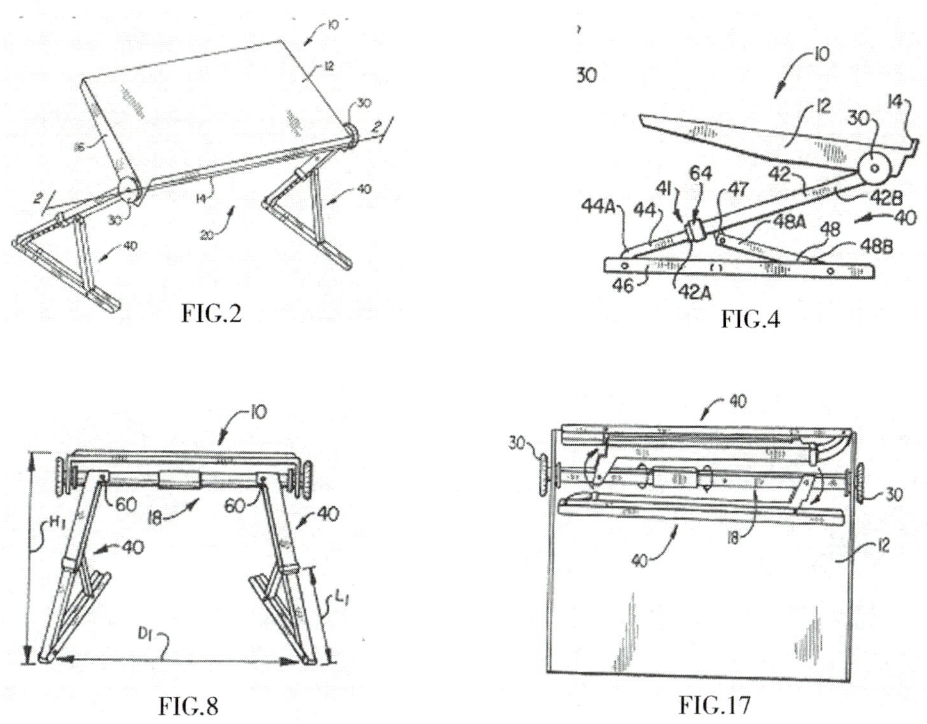

FIG.2 FIG.4

FIG.8 FIG.17

在先设计附图

北京市第一中级人民法院
行政判决书

（2009）一中行初字第 1267 号

原告深圳市冠军箱包有限公司，住所地广东省深圳市龙岗区坪山街道沙湖居委龙勤路 13 号。

法定代表人吴丽娜，董事长。

委托代理人汤喜友，广东力诠律师事务所律师。

委托代理人张宗建，男，深圳市冠军箱包有限公司行政经理。

被告国家知识产权局专利复审委员会，住所地北京市海淀区北四环西路 9 号银谷大厦 10~12 层。

法定代表人张茂于，副主任。

委托代理人张霞，女，国家知识产权局专利复审委员会审查员。

委托代理人郭鹏鹏，男，国家知识产权局专利复审委员会审查员。

第三人王群璞，男，1949 年 6 月 23 日出生，汉族，住吉林省吉林市昌邑区江湾路江沿胡同 8-3-46 号。

原告深圳市冠军箱包有限公司不服被告国家知识产权局专利复审委员会作出的第 12780 号无效宣告请求审查决定（以下简称被诉决定），向本院提起行政诉讼。本院受理后，依法组成合议庭，并于 2009 年 9 月 3 日公开开庭审理了本案。原告的委托代理人汤喜友、张宗建，被告的委托代理人张霞、郭鹏鹏，第三人王群璞到庭参加了诉讼。本案现已审理终结。

2008 年 10 月 28 日，被告作出被诉决定，维持专利权人为第三人、名称为“笔记本电脑折叠桌”的 200730132687.5 号外观设计专利（以下简称本专利）有效。

为证明被诉行政行为合法，被告在法定举证期限内向本院提交了以下证据：（1）被诉决定中的附件 1，即在先设计：专利号为 US6019050A 的美国专利文献及全文译文，其授权公告日为 2000 年 2 月 1 日；（2）本专利。用于证明被诉决定认定事实清楚，程序合法，适用法律正确。

原告诉称：（1）本专利与附件 1 相比，桌面整体形状虽略有区别，但只是细微的改动，无须创造性劳动。被诉决定认为本专利桌面大体为一厚度均匀具有倒角的长方形面板，在先设计为一长方形面板，面板左右两侧边厚度不均。也就是说两者均为长方形面板，只不过有无倒角，厚度是否均匀的区别，而这样的改动，均是生活中的常识，无须创造性劳动所得，不构成实质性区别。（2）本专利与附件 1 相比，桌面细部结构虽略有区别，但只是细微的改动，无须创造性劳动。被诉决定认为本专利桌面上部两分设压条，挡条上安装有挡块。这样的改动，均是生活中的常识，纯属常规设计的添加，无须创造性劳动所得，不构成实质性区别。（3）本专利与附件 1 相比，横梁的位置和锁紧连接机构的旋钮形状不同，但只是细微的改动，无须创造性劳动。被诉决定认为本专利的横梁安装在桌面下方靠近面板中部的位置，旋钮为椭圆形，附件 1 的横梁安装在桌面下方靠近面板下边缘的位置，旋钮为圆形。也就是说两者均为有横梁和锁紧连接机构，只不过横梁位置和锁紧连接机构略有变化。本专利外观设计移动了连接位置，改变了锁紧机构形状，而这样的改动，均是生活中的常识，无须创造性劳动所得，不构成实质性区别。（4）本专利与附件 1 相比，支撑杆的形状虽略有区别，但只是细微的改动，无须创造性劳动。被诉决定认为本专利的前支撑杆为具有卡夹型缩紧机构的可伸缩的圆形套管，附件 1 的前支撑杆为具有按压型缩紧机构的可伸缩方形套管。也就是说两者只不过形状的区别，圆形和方形的不同而已，而这样的改动，完全是生活常识，无须创造性劳动所得，不构成实质性区别。(5) 本专利与附件1相比，支撑杆之间的连接结构不同，但只是细微的改动，无须创造性劳动。被诉决定认为本专利的前支撑杆通过连接机构与圆柱形水平支撑杆相连，水平支撑杆的开放端安装有保护套，具有关节件的后支撑杆通过套环与前支撑杆和水平支撑杆相连，三支撑杆彼此相连大体形成形，在先设计的前支撑杆通过销钉与“U”形水平支撑杆相连，后支撑杆通过销钉与前支撑杆和水平支撑杆相连，三支撑杆彼此相连大体形成“A”字形。其实客观地说，两者均为形成了“A”字形，只不过“A”的两条边伸出来的长短有细微区别而已。本专利这样的改动，均是生活中的常识，无须创造性劳动所得，不构成实质性区别。综上，请求法院判决撤销被诉决定。

原告未向本院提交证据。

被告辩称：坚持被诉决定中关于本专利与在先设计的区别认定，从整体观察综合判断的角度，本专利与在先设计已经产生了显著的视觉差别，两者应属于不相同且不相近似的外观设计，请求人民法院判决维持被诉决定。

第三人陈述意见：(1) 原告具有恶意，多次以合作的理由和借口与第三人接触，套取本专利及其他相关专利的技术细节和市场分析情报，并生产了大量的侵权产品，原告提起诉讼不过是试图延缓、逃避其侵权仿冒的法律责任。(2) 原告的起诉没有实质性的理由和根据，没有提到与《中华人民共和国专利法》(以下简称《专利法》) 相关的事实及判断方法的依据，与《专利法》及《中华人民共和国专利法实施细则》相悖，于法无据。请求人民法院判决维持被诉决定。

第三人未向本院提交证据。

经庭审质证，被告证据与审查被诉决定的合法性具有关联，且符合真实性、合法性要求，能够作为被诉决定所依据的事实及审查程序的依据，本院均予以确认。

根据确认的有效证据及当事人无争议的事实陈述，本院确定事实如下：

2008年1月23日，国家知识产权局授权公告了本专利，本专利申请日是2007年4月13日。

2008年5月28日，原告针对本专利向被告提出无效宣告请求，理由是本专利不符合《专利法》第二十三条的规定，并提交了附件1作为证据。

经形式审查合格，被告受理了该无效宣告请求，于2008年7月24日向双方当事人发出了无效宣告请求受理通知书，并将无效宣告请求书及其附件副本转给了第三人。2008年8月11日被告向双方当事人发出了口头审理通知书。

2008年8月22日，第三人针对无效宣告请求书提交意见陈述，认为：附件1所示的外观设计的桌腿构件构成的形状不同，本专利为“△”形，附件1为“A”形，且附件1所示的外观设计与本专利的桌腿的支撑位置不同，上述差异构成了整体形状的明显差异，本专利与附件1所示的外观设计完全不相同或相近似。并且，本专利桌腿与桌面连接形状、桌面形状、桌腿形状均与附件1所示的外观设计存在差异，因此，本专利符合《专利法》第二十三条的规定。2008年9月2日被告发出了转送文件通知书，随通知书将第三人的上述意见陈述书转给了原告。

2008年10月14日口头审理如期举行，双方当事人均参加了口头审理。在口头审理过程中，双方当事人对合议组成员无回避请求，对合议组成员变更无异议，对对方出庭人员身份无异议。第三人对附件1的真实性没有异议。针对相近似性判断，双方均各自坚持原有观点。第三人当庭演示了物证。

被告经审查认为，附件1的授权公告日为2000年2月1日，早于本专利的申请日，属于专利法第23条所规定的公开出版物，第三人对其真实性没有异议，附件1适用于本案。附件1公开了一款桌子的外观设计（下称在先设计），与本专利所示的笔记本电脑折叠桌的外观设计用途相同，二者属于相同种类的产品，具有可比性。

本专利图示有六面视图和七幅使用状态图。如图所示，本专利由桌面和桌腿构成，桌面大体为一厚度均匀具有倒角的长方形面板，桌面上部两角分设有压条，桌面下边缘设有挡条，挡条上安装有挡块，桌面下方靠近面板中部的位置安装有横梁，横梁上安装有锁紧连接机构，锁紧连接机构有椭圆形旋钮，两条桌腿分别安装在横梁两侧，桌腿包括三个支撑杆，前支撑杆为具有卡夹型缩紧机构的可伸缩的圆形套管，前支撑杆通过连接机构与圆柱形水平支撑杆相连，水平支撑杆的开放端安装有保护套，具有关节件的后支撑杆通过套环与前支撑杆和水平支撑杆相连，三支撑杆彼此相连大体形成形（详见本专利附图）。

在先设计为一款桌子，从其图2、4、8、17可以看出，在先设计由桌面和桌腿构成，桌面为一长方形面板，面板左右两侧边厚度不均，面板下边缘具有凸起的挡条，桌面下方靠近面板下边缘的位置安装有横梁，横梁上安装有锁紧连接机构，锁紧连接机构有圆形旋钮，两条桌腿分别安装在横梁两侧，桌腿包括三个支撑杆，前支撑杆为具有按压型缩紧机构的可伸缩的方形套管，前支撑杆通过销钉与U形水平支撑杆相连，后支撑杆通过销钉与前支撑杆和水平支撑杆相连，三支撑杆彼此相连大体形成“A”字形（详见在先设计附图）。

将本专利与在先设计相比较，二者桌体整体构成均由具有挡条的桌面和由三条支撑杆构成的桌腿组成，二者存在以下区别：（1）桌面的整体形状不同，本专利的桌面大体为一厚度均匀具有倒角的长方形面板，在先设计桌面为一长方形面板，面板左右两侧边厚度不均；（2）桌面上的细部构造不同，本专利桌面上部两角分设有压条，挡条上安装有挡块，在先设计无此构造；（3）横梁的位置和锁紧连接机构的旋钮形状不同，本专利的横梁安装在桌面下方靠近面板中部的位置，旋钮为椭圆形，在先设计的横梁安装在桌面下方靠近面板下边缘的位置，旋钮为圆形；（4）支撑杆的形状不同，本专利的前支撑杆为具有卡夹型缩紧机构的可伸缩的圆形套管，在先设计的前支撑杆为具有按压型缩紧机构的可伸缩的方形套管；（5）支撑杆之间的连接结构不同，本专利的前支撑杆通过连接机构与圆柱形水平支撑杆相连，水平支撑杆的开放端安装有保护套，具有关节件的后支撑杆通过套环与前支撑杆和水平支撑杆相连，三支撑杆彼此相连大体形成形，在先设计的前支撑杆通过销钉与U形水平支撑杆相连，后支撑杆通过销钉与前支撑杆和水平支撑杆相连，三支撑杆彼此相连大体形成“A”字形。被告认为，从整体观察综合判断的角度看，虽然本专利同在先设计的桌体构成部件基本相同，但二者在桌面、桌腿与横梁等部位设计存在差别较大，因而从整体观察综合判断的角度看，本专利与在先设计已产生了显著的视觉差别。因此，本专利与在先设计应属于不相同且不相近似的外观设计。

据此，被告作出被诉决定。原告不服，诉至本院。

本案开庭审理中，原告、第三人明确表示对被诉决定中的以下内容无异议：（1）行政程序；（2）被诉决定“案由”部分记载的内容；（3）证据的认定。

本院认为：原告、第三人针对被诉决定明确表示无异议的部分，经本院审查，对其合法性予以确认。根据原告的起诉意见、被告的答辩意见及第三人的意见陈述，并经当事人确认，本案焦点是本专利和附件1是否属于相近似的外观设计。

《专利法》第二十三条规定：“授予专利权的外观设计，应当同申请日以前在国内外出版物上公开发表过或者国内公开使用过的外观设计不相同和不相近似，并不得与他人在先取得的合法权利相冲突。”

本案中，本专利与在先设计属于相同种类的产品。被告通过对二者的整体观察，对本专利和在先设计的外观采取综合判断的方式进行相同和相近似的判断是正确的。经过对二者外观设计的全部进行比对，虽然二者桌体均由具有挡条的桌面和三条支撑杆构成的桌腿组成。但由于本专利与在先设计在桌面、桌腿、横梁等必要的部位设计均存在区别，对相关消费者足以产生显著的视觉差异，不易将二者混淆，因此本专利与在先设计不相近似。被告在被诉决定中的相关认定事实依据充分，本院应予支持。原告所主张的本专利与在先设计相近似的理由缺乏充分的事实依据，本院不予支持。

综上，被诉决定认定事实清楚，适用法律正确，行政程序合法，本院应予维持。原告的诉讼理由缺乏事实及法律依据，其诉讼请求本院不予支持。依照《中华人民共和国行政诉讼法》第五十四条第（一）项之规定，判决如下：

维持被告国家知识产权局专利复审委员会于二〇〇八年十月二十八日作出的第12780号无效宣告请求审查决定。

案件受理费100元，由原告深圳市冠军箱包有限公司负担（已交纳）。

如不服本判决，原告深圳市冠军箱包有限公司、被告国家知识产权局专利复审委员会、第三人王群璞可在判决书送达之日起15日内，向本院递交上诉状，并按对方当事人的人数提出副本，预交上诉案件受理费100元，上诉于北京市高级人民法院。上诉人在上诉期满后7日内未预交，又不提出缓交申请的，按自动撤回上诉处理。

审　判　长　梁　菲

代理审判员　贾志刚

代理审判员　何君慧

二〇一〇年一月二十一日

书　记　员　曾　谦

063

双杆毛巾架（20）

无效宣告请求审查决定（第 12785 号）

决　　定　　号　第 12785 号
决　　定　　日　2008 年 12 月 15 日
发明创造名称　双杆毛巾架（20）
外观设计分类号　23-02
无效宣告请求人　佛山市顺德区杜拉格斯中暖卫浴科技有限公司，九牧集团有限公司
专　利　权　人　俞光
专　　利　　号　200530106574.9
申　　请　　日　2005 年 5 月 8 日
授 权 公 告 日　2006 年 5 月 3 日
合 议 组 组 长　刘　犟
主　　审　　员　徐伟锋
参　　审　　员　宋晓晖

法　律　依　据　专利法第 9 条、第 23 条
决　定　要　点

如果一般消费者通过将被比设计与在先设计的整体观察比较后可以看出，二者的差别对于被比设计的整体视觉效果具有显著的影响，一般消费者不会将被比设计与在先设计误认、混同，则被比设计与在先设计不相近似或相同；否则，两者相同或相近似。

一、案由

本无效宣告请求涉及中华人民共和国国家知识产权局于 2006 年 5 月 3 日授权公告的、名称为“双杆毛巾架（20）”的外观设计专利权（下称本专利），其申请号是 200530106574.9，申请日是 2005 年 5 月 8 日，专利权人是俞光。

针对上述专利权，佛山市顺德区杜拉格斯中暖卫浴科技有限公司（下称第一请求人）于 2008 年 6 月 24 日向专利复审委员会提出无效宣告请求，其提交的附件如下：

附件 1：杭州高得高洁具有限公司 2005/2006 产品图册，封面页、第 1、70 页、封底页复印件共 4 页；

附件 2：授权公告号为 CN3345713、公告日为 2004 年 1 月 7 日的中国外观设计专利说明书，共 8 页；

附件 3：授权公告号为 CN3462799、公告日为 2005 年 7 月 20 日的中国外观设计专利说明书，共

6 页；

附件 4：授权公告号为 CN3480951、公告日为 2005 年 10 月 12 日的中国外观设计专利说明书，共 8 页；

附件 5：授权公告号为 CN3314259、公告日为 2003 年 8 月 13 日的中国外观设计专利说明书，共 8 页。

第一请求人认为：本专利的外观设计与附件 1、2、5 的外观设计相比，两者在整体上观察是近似的，因此不符合专利法第 23 条的规定，本专利的外观设计与附件 3、4 的外观设计相比，两者在整体上观察是近似的，由于附件 3、4 公告日在本专利的申请日之后，因此本专利不符合专利法实施细则第 13 条第 1 款的规定。

经形式审查合格，专利复审委员会依法受理了上述无效宣告请求，并于 2008 年 6 月 24 日向第一请求人及专利权人发出无效宣告请求受理通知书，同时将专利权无效宣告请求书及其附件清单中所列附件的副本转送给专利权人，并要求专利权人在指定的期限内陈述意见。

专利权人于 2008 年 7 月 11 日向专利复审委员会提交了意见陈述书，其中专利权人认为附件 1 的公开日晚于本专利的申请日，不是在先设计不能评价本专利；附件 2~5 的设计均与本专利不相同且不相近似，本专利符合专利法第 23 条和专利法实施细则第 13 条第 1 款的规定。

专利复审委员会依法成立合议组，对本案进行审查。

专利复审委员会本案合议组于 2008 年 8 月 5 日向双方发出无效宣告请求口头审理通知书，定于 2008 年 10 月 13 日举行口头审理。随同口头审理通知书，将专利权人于 2008 年 7 月 11 日提交的意见陈述书副本转送给第一请求人。因故，合议组于 2008 年 9 月 26 日再次发出口头审理通知书，决定取消原定 2008 年 10 月 13 日的口头审理，并重新确定新的口头审理日期为 2008 年 11 月 18 日。

针对上述专利权，九牧集团有限公司（下称第二请求人）于 2008 年 6 月 26 日向专利复审委员会提出无效宣告请求，其提交的附件如下：

证据 1：授权公告号为 CN3462799D、公告日为 2005 年 7 月 20 日的中国外观设计专利说明书，共 1 页；

证据 2：授权公告号为 CN3480951D、公告日为 2005 年 10 月 12 日的中国外观设计专利说明书，共 1 页；

证据 3：授权公告号为 CN3436267D、公告日为 2005 年 3 月 30 日的中国外观设计专利说明书，共 1 页。

第二请求人认为，证据 1 和 2 均是申请日在本专利申请日之前，授权公告日在本专利申请日之后的中国外观设计专利，由于证据 1 和 2 的外观设计与本专利的外观设计相同或相近似，所以不符合专利法实施细则第 13 条第 1 款的规定；证据 3 的授权公告日早于本专利的申请日，因此本专利不符合专利法第 23 条的规定。

经形式审查合格，专利复审委员会依法受理了上述无效宣告请求，并于 2008 年 7 月 25 日向第二请求人及专利权人发出无效宣告请求受理通知书，同时将专利权无效宣告请求书及其附件清单中所列附件的副本转送给专利权人，并要求专利权人在指定的期限内陈述意见。

专利人在答复期限内并未陈述意见。

专利复审委员会依法成立合议组，对本案进行审查。

专利复审委员会本案合议组于 2008 年 8 月 21 日向双方发出无效宣告请求口头审理通知书，定于 2008 年 10 月 13 日举行口头审理。因故，合议组于 2008 年 9 月 26 日再次发出口头审理通知书，决定取消原定 2008 年 10 月 13 日的口头审理，并重新确定新的口审日期为 2008 年 11 月 18 日。

2008年10月13日，第一请求人、第二请求人及专利权人均来到专利复审委员会，且均声称并未收到专利复审委员会发出的变更口头审理时间的通知。专利复审委员会决定于当日举行口头审理，并取消定于2008年11月18日举行的口头审理。

在口头审理中，第一请求人当庭提交了附件1~3更为清晰的副本，合议组当庭将其转送给专利权人。

在口头审理开始阶段，第一请求人说明其无效范围、理由及证据使用方式为：本专利相对于附件1、2、5不符合专利法第23条的规定，相对于附件3、4不符合专利法实施细则13条第1款的规定。专利权人对附件1的真实性没有异议，但是认为附件1中展示的2005/2006年的产品目录，按照审查指南的规定，公开日期应当是2006年12月31日，因此附件1的公开日期晚于本专利的申请日；对于附件2~5的真实性没有异议。关于本专利相对于附件3、4不符合专利法实施细则第13条第1款规定的无效理由，该无效理由属于第一请求人提出的无效理由与其提交的证据明显不对应的情形，合议组告知了第一请求人相关法律规定的含义。第一请求人明确要求将该无效理由变更为本专利相对于附件3、4不符合专利法第9条的规定。因此第一请求人明确其无效范围、理由及证据使用方式为：本专利根据附件1、2、5不符合专利法第23条的规定，根据附件3、4不符合专利法第9条的规定。

第二请求人明确其无效范围、理由和证据使用方式为本专利依据证据3不符合专利法第23条，依据证据1、2不符合专利法第9条的规定。专利权人对证据1~3的真实性没有异议。

至此，合议组认为本案事实已经清楚，可以作出审查决定。

二、决定的理由

1. 法律依据

专利法第23条规定，授予专利权的外观设计，应当同申请日以前在国内外出版物上公开发表过或者国内公开使用过的外观设计不相同和不相近似，并不得与他人在先取得的合法权利相冲突。

专利法第9条规定，两个以上的申请人分别就同样的发明创造申请专利的，专利权授予最先申请的人。

2. 关于证据和在先设计

第一请求人提交的附件1是杭州高得高洁具有限公司2005/2006产品图册，在附件1中尽管封面页印刷有“2005/2006”字样，还印刷有2002~2005年期间的杭州高得高洁具有限公司获得的荣誉称号和资格，但是“2005/2006”字样仅仅表明附件1中的产品是杭州高得高洁具有限公司2005~2006年可以提供的产品，并不能独立的表明附件1的公开时间，至于附件1中的2002~2005年期间杭州高得高洁具有限公司获得的荣誉称号和资格仅仅表明该企业曾经获得的荣誉与附件1的公开时间没有关联，因此附件1中的这些信息不足以证明附件1的公开时间早于本专利的申请日，同时第一请求人也没有其他证据能够佐证附件1的公开时间早于本专利的申请日，因此附件1不能作为本专利的在先设计被使用，不能够用于评价本专利是否符合专利法第23条。

第一请求人和第二请求人分别提交的附件2~5和证据1~3均为中国外观设计专利，专利权人对其真实性没有异议，合议组经核实认可其真实性，因此附件2~5和证据1~3可以作为本案的证据使用。由于附件2、5和证据3的公告日早于本专利的申请日，因此可以作为本专利的在先设计；由于附件3、4和证据1、2的申请日早于本专利的申请日，但是公告日晚于本专利的申请日，因此附件3、4和证据1、2只能用于评价本专利是否符合专利法第9条的规定。

3. 关于专利法第23条

本专利表示了一种双杆毛巾架的外观，其由主挂杆、副挂杆和底座组成，主挂杆是“U”形扁平杆，主挂杆在“U”形底部折弯处有圆弧过渡，副挂杆是圆形直杆，底座部分由较大的正方形台体主底座以及较小的长方形台体副底座组成，副底座位于主底座中心；主挂杆插入副底座中心位置，副挂杆与主挂杆“U”形两边连接并且与两个主底座中心位置点的连线平行，在左视图中主挂杆与副底座等高。

（1）关于附件2。

附件2是一种双层毛巾杆（7636）的外观设计，其具有椭圆形底座，圆形截面的“U”形主挂杆，较小的圆形副挂杆连接“U”形主挂杆的两边，主挂杆在底座上部与底座连接，底座下部还有一个半球形突起。

合议组采用整体观察综合判断的方法，对本专利各视图进行观察得出的整体与附件2记载的毛巾杆各视图进行一一观察，得出的整体印象进行对比，合议组认为本专利的设计与附件2的在先设计至少存在如下差别：本专利具有附件2所不具有的副底座；本专利的主挂杆为扁平形的“U”形杆，而附件2的主挂杆为圆形截面的“U”形杆；本专利的主挂杆在底座中心位置连接，而附件2的主挂杆在底座的上部连接并且底座上还有一个半球形突起。

上述三个差别使得一般消费者从整体上可以得出本专利的毛巾杆外观设计更为硬朗、俊逸，而附件2的毛巾杆则更为圆润、秀美，因此本专利与附件2所示的毛巾杆具有不同的美感，上述三个差别使得本专利在整体上与附件2的在先设计存在显著的区别，由此导致一般消费者不会将本专利与附件2的在先设计误认、混同，因此，本专利的设计与附件2的设计不相同或相似，本专利相对于附件2符合专利法第23条的规定。

（2）关于附件5。

附件5的外观设计是一种双层毛巾架（3636/48），包括圆形底座、主挂杆和圆形副挂杆，主挂杆与底座在底座中心处连接，主挂杆由三根圆形杆以90°连接形成“U”形，连接处没有圆弧过渡，副挂杆与主挂杆“U”形的两边连接。

合议组采用整体观察综合判断的方法，对本专利各视图进行观察得出的整体与附件5记载的毛巾架各视图进行一一观察，得出的整体印象进行对比，合议组认为本专利的设计与附件5的在先设计至少存在如下差别：本专利具有附件5所不具有的副底座；本专利的主挂杆为扁平形的“U”形杆，而附件5的主挂杆为圆形截面的“U”形杆；本专利的主挂杆的“U”形底部有圆弧过渡，而附件5的主挂杆“U”形底部以90°连接无圆弧过渡。

这三个差别使得本专利在整体上与附件5的在先设计存在显著区别，由此导致一般消费者不会将本专利与附件5的在先设计误认、混同，因此，本专利的设计与附件5的设计不相同或相似，本专利相对于附件5符合专利法第23条的规定。

（3）关于证据3。

证据3是一种卫浴配件支架头，包括方形底座，底座中心处有一长方体支架，支架远离底座处有一用于容纳毛巾杆的方形槽，证据3的设计在使用状态时可以在方形槽内插入方形毛巾杆形成单杆毛巾架。本专利的外观设计特征如前所述。

合议组采用整体观察综合判断的方法，对本专利各视图进行观察得出的整体与证据3记载的毛巾架各视图进行一一观察，得出的整体印象进行对比，合议组认为本专利的设计与证据3的在先设计至少存在如下差别：证据3没有本专利的副底座；本专利是双杆毛巾架而证据3仅仅单杆毛巾架；证据3的支架与毛巾杆构成“U”形的连接处没有圆弧过渡，并且支架突出于毛巾杆，而本专利则具有在“U”形底部的圆弧过渡。这两个差别使得本专利在整体上与证据3的在先设计存在显著区别，由此导致一般消费者不会将本专利与证据3的在先设计误认、混同，因此，本专利的设计与证据3的设计不相同或相似，本专利相对于证据3符合专利法第23条的规定。

4. 关于专利法第 9 条

第一请求人提交的附件 3、4 与第二请求人提交的证据 1、2 完全相同，并且第一请求人与第二请求人基于附件 3、4 与证据 1、2 的无效范围、理由和证据使用方式也完全相同，因此，本决定以依据附件 3 或 4 的无效范围、理由和证据使用方式进行评述，对证据 1、2 的意见与附件 3、4 相同。

（1）关于附件 3（证据 1）。

附件 3（证据 1）是一种卫浴挂件（123120），包括底座、副底座、支架杆和两条相同的毛巾横杆，方形底座中心处设置有方形副底座，副底座中心处设置有支架杆，从左视图看副底座的高度大于毛巾支架杆的高度，两条支架杆相互平行，在支架杆的两端之间连接有平行的毛巾横杆，支架杆的外端超出最外端的毛巾横杆，支架杆与毛巾横杆 90°连接并且无圆弧过渡。本专利的外观设计特征如前所述。

合议组采用整体观察综合判断的方法，对本专利各视图进行观察得出的整体与附件 3 记载的毛巾架各视图进行一一观察，得出的整体印象进行对比，合议组认为本专利的设计与附件 3 的在先设计至少存在如下差别：附件 3 的两条毛巾挂杆相同，而本专利为较大的扁平“U”形主挂杆和较小的圆形副挂杆；附件 3 的挂杆支架远离底座的一端超出最外端的毛巾挂杆并且连接处无圆弧过渡，本专利的主挂杆呈“U”形有圆弧过渡；附件 3 的副底座的高度大于毛巾支架杆的高度，本专利的主挂杆的高度与副底座相同。这三个差别使得本专利在整体上与附件 3 的在先设计存在显著区别，由此导致一般消费者不会将本专利与附件 3 的在先设计误认、混同，因此，本专利的设计与附件 3（证据 1）的设计不相同或相似，本专利相对于附件 3（证据 1）符合专利法第 9 条的规定。

第一、二请求人认为，本专利最吸引消费者的就是底座与挂杆连接的设计，这一点与附件 3 是完全一样的。对此，合议组认为，首先，挂杆和底座的设计仅仅是双层毛巾架设计的一个部分，在视觉效果上并不必然决定毛巾架的整体视觉效果；其次，本专利的底座与挂杆的连接与附件 3 底座与毛巾支架杆的连接也不相同，本专利的副底座的高度与主挂杆的高度相同，而附件 3 副底座的高度大于毛巾支架杆的高度。因此，第一、二请求人的主张不成立。

（2）关于附件 4（证据 2）。

附件 4（证据 2）的外观设计是一种双档毛巾杆（2936），包括方形底座、圆形主挂杆和圆形副挂杆，主挂杆与底座在底座中心处连接，主挂杆有三根圆形杆以 90°连接形成“U”形，连接处没有圆弧过渡，副挂杆与主挂杆“U”形的两边连接。本专利的外观设计特征如前所述。

合议组采用整体观察综合判断的方法，对本专利各视图进行观察得出的整体与附件 4 记载的毛巾架各视图进行一一观察，得出的整体印象进行对比，合议组认为本专利的设计与附件 4 的在先设计至少存在如下差别：本专利具有附件 4 所不具有的副底座；本专利的主挂杆为扁平形的“U”形杆，而附件 4 的主挂杆为圆形截面的“U”形杆；本专利的主挂杆的“U”形底部有圆弧过渡，而附件 4 的主挂杆“U”形底部以 90°连接无圆弧过渡。这三个差别使得本专利在整体上与附件 4 的在先设计存在显著区别，由此导致一般消费者不会将本专利与附件 4 的在先设计误认、混同，因此，本专利的设计与附件 4（证据 2）的设计不相同或相似，本专利相对于附件 4（证据 2）符合专利法第 9 条的规定。

第一请求人、第二请求人认为本专利的圆弧过渡非常小不明显。对此合议组认为，本专利的圆弧过渡在使得扁平形的主挂杆在“U”形底边与左右两边之间形成一定的弧度，而在附件 4 中三条相同截面的圆形杆 90°对接形成的主挂杆，两者在视觉上有显著差异。因此，第一请求人、第二请求人的主张不成立，本专利相对于附件 4（证据 2）符合专利法第 9 条的规定。

根据上述的事实和理由，本案合议组依法作出以下决定。

三、决定

维持200530106574.9号外观设计专利权有效。

当事人对本决定不服的，可以根据专利法第46条第2款的规定，自收到本决定之日起三个月内向北京市第一中级人民法院起诉。根据该款的规定，一方当事人起诉后，另一方当事人应当作为第三人参加诉讼。

064

手电筒（6）

无效宣告请求审查决定（第12787号）

决　定　号　第12787号
决　定　日　2008年12月26日
发明创造名称　手电筒（6）
外观设计分类号　26－02
无效宣告请求人　潮州市金源电筒有限公司
专 利 权 人　广州市电筒工业公司
专　利　号　200630175359.9
申　请　日　2006年12月1日
授权公告日　2007年11月7日
合议组组长　张　凌
主　审　员　王霞军
参　审　员　雷　婧
附　　图　2页

法律依据　专利法第23条
决定要点

本专利与在先设计手电筒的反光板和聚光碗形状的差异比较明显，上述差别对整体视觉效果具有显著影响，二者属于不相同且不相近似的外观设计。

一、案由

本无效宣告请求案涉及国家知识产权局于2007年11月7日授权公告的，名称为“手电筒（6）”的外观设计专利（下称本专利），其申请号是200630175359.9，申请日是2006年12月1日，专利权人是广州市电筒工业公司。

针对本专利权，潮州市金源电筒有限公司（下称请求人）于2008年7月12日向专利复审委员会提出无效宣告请求，其理由是：在本专利申请日前已有与其相近似的产品在国内公开出版物上发表，因此，本专利不符合专利法第23条的规定。与此同时，请求人提交了如下附件作为证据：

附件1：本专利证书及公报复印件2页；

附件2：96321168.4号外观设计专利著录项目和图片复印件2页；

附件3：请求人的企业法人营业执照复印件1页。

请求人将本专利与附件2进行比较后认为，二者的区别仅在于中间位置图案，本专利为凹形竖沟，附件 2 为直纹，但认为手电筒的中间位置是供使用时手掌把握，不属于设计的要点，不容易给一般消费者留下深刻的视觉印象。一般消费者购买和使用本专利时很容易与附件 2 产品相混淆。二者属于相近似的外观设计。

经形式审查合格，专利复审委员会受理了此案，并于 2008 年 8 月 28 日将无效宣告请求书及相关材料副本转送给专利权人。

2008 年 10 月 8 日专利复审委员会向双方当事人发出口头审理通知书，定于 2008 年 12 月 1 日进行口头审理。

2008 年 10 月 10 日专利权人进行了意见陈述，专利权人认为两者产品相比较既不相同也不相近似。

口头审理如期举行，双方当事人均委托代理人参加，双方当事人对合议组成员的变更无异议，口头审理当庭双方当事人均提交了本专利和附件 2 产品的实物，专利权人对附件 2 专利文献的真实性没有异议。双方当事人对本专利与附件 2 产品的外观形状是否相同或相近似充分发表了意见，专利权人认为：电筒公认的惯常设计包含灯头、筒身和尾盖三个部分。圆柱形筒身为该类产品公认的惯常设计，因此筒身上的纹路变化对于整体视觉效果更具有显著的影响，本专利筒身的纹路为沿筒身径向方向延伸的凹纹线，凹纹线宽与凹纹线间距宽度比例小于 1∶50；对比文件中筒身上虽然也有纹路，其纹路是沿筒身横向分布的双环形凹纹线，双环形凹纹线内、外宽度比例约为 1∶2。本专利和对比文件虽均为八角形，但本专利外观设计所示产品灯头内部形状为带圆形纹路的反光板内品字形分布三个聚光碗，每个聚光碗底部安置一颗 LED 灯，对比文件灯头内部形状为一个聚光碗，聚光碗底部安置一个白炽灯珠。请求人坚持原有观点。

在上述审理的基础上，合议组认为本案事实清楚，可以依法作出审查决定。

二、决定的理由

1. 法律依据

基于请求人提出的无效宣告请求的理由，合议组依据专利法第 23 条的规定对本案进行审理。

专利法第 23 条规定："授予专利权的外观设计，应当同申请日以前在国内外出版物上公开发表过或者国内公开使用过的外观设计不相同和不相近似，并不得与他人在先取得的合法权利相冲突。"

2. 证据认定

请求人提交的附件 1 是本专利证书和公报，附件 3 是请求人的营业执照，上述两份附件不属于评价本专利是否符合专利法第 23 条规定的证据。

请求人提交的附件 2 是国家知识产权局于 1997 年 11 月 12 日授权公告的、申请号是 96321168.4、产品名称为"手电筒"的外观设计专利著录项目和图片，专利权人对其真实性无异议。经合议组核实，其真实性可以确认。该专利的公开日期早于本专利的申请日，属于专利法第 23 条规定的出版物。在先专利公开了一款手电筒的外观形状，与本专利用途相同，属于相同类别的产品，可以与本专利进行相同和相近似比较。

3. 相同和相近似比较

本专利所示手电筒由灯头、筒身和后盖三部分组成。灯头外轮廓为八角形，灯罩为带纹路的圆形反光板，三个聚光碗呈品字形分布在灯罩内，聚光碗的底部各安置有一灯；灯头与筒身呈喇叭状过渡，圆柱状筒身表面为等分竖凹条纹，筒身与灯头长度比例近似为 1∶1，筒身上安置推拉式开关；圆形后盖为阶梯状（详见本专利附图）。

附件 2 所示在先设计手电筒由灯头、筒身和后盖三部分组成。灯头外轮廓为八角形，灯罩为圆形透明玻璃，灯罩内为聚光碗，聚光碗的底部安置一灯；灯头与筒身呈喇叭状过渡，圆柱状筒身表面为均匀等分凸凹相间的横条纹，筒身与灯头长度比例近似为 2∶1，筒身上端安置推拉式开关；圆形后盖为阶梯状（详见在先设计附图）。

将本专利与在先设计进行比较，二者的灯头外轮廓均为八角形，筒身为圆柱状，后盖呈阶梯形状，二者的主要不同点：本专利灯罩上的反光板带有条纹，并由三个聚光碗组成，而在先设计灯罩反光板为透明玻璃，内为一个聚光碗；本专利筒身表面的为竖条凹槽，而在先设计为筒身表面为横向凸凹相间的直纹，二者筒身和灯头的比例也不相同。合议组认为，虽然二者在灯头外轮廓和后盖形状上有一定程度相同之处，但灯罩上的反光板和聚光碗的差异比较明显，对一般消费者而言二者上述区别对整体视觉效果具有显著影响，因此，本专利与在先设计属于不相同且不相近似的外观设计。

综上所述，请求人提交的证据不能证明在本专利申请日前已有与本专利相同或相近似的外观设计在出版物上公开发表过，即不能证明本专利不符合专利法第 23 条的规定。

三、决定

维持 200630175359.9 号外观设计专利权有效。

当事人对本决定不服的，可以根据专利法第 46 条第 2 款的规定，自收到本决定之日起三个月内向北京市第一中级人民法院起诉。根据该款的规定，一方当事人起诉后，另一方当事人应当作为第三人参加诉讼。

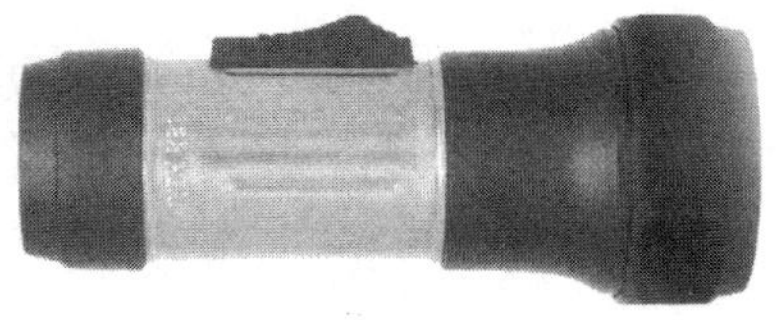
主视图

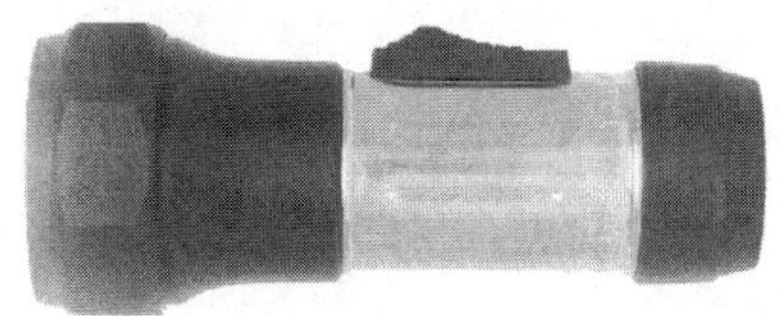
后视图

左视图

右视图

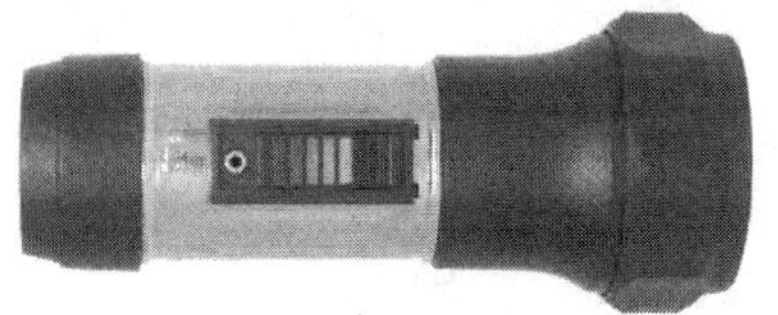
俯视图

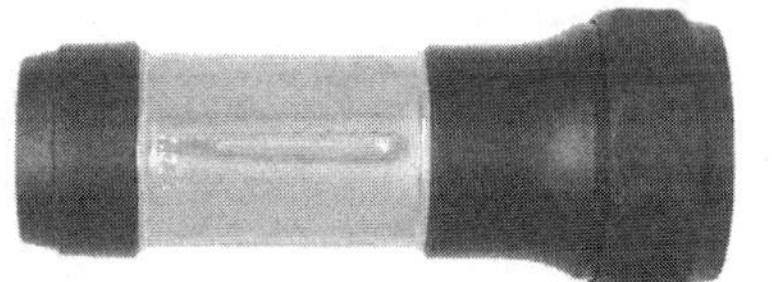
仰视图

立体图

本专利附图

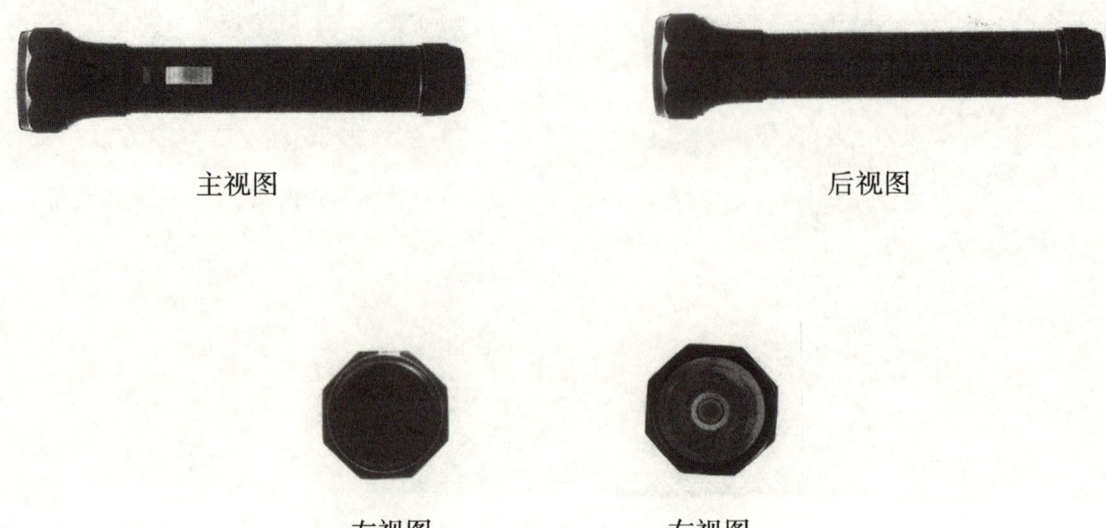

主视图　后视图

左视图　右视图

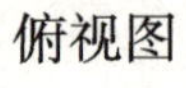

俯视图

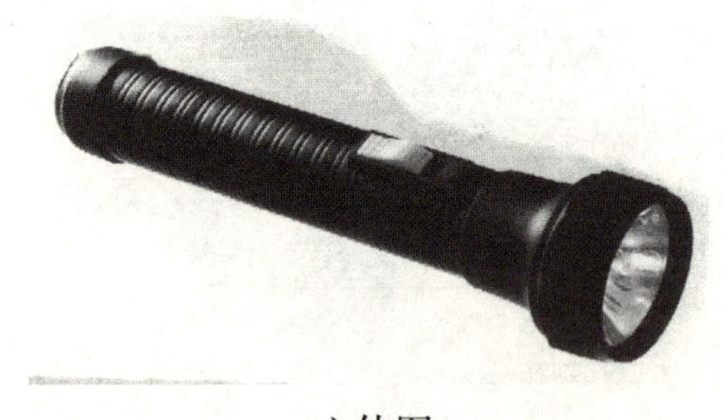

立体图

在先设计附图

北京市第一中级人民法院
行政判决书

（2009）一中行初字第1069号

原告潮州市金源电筒有限公司，住所地广东省潮州市潮州大道北站西路D5-9-11号地块。

法定代表人李立群，经理。

委托代理人张丽纯，北京市京都律师事务所律师。

被告国家知识产权局专利复审委员会，住所地北京市海淀区北四环西路9号银谷大厦。

法人代表廖涛，副主任。

委托代理人王霞军，国家知识产权局专利复审委员会审查员。

委托代理人齐宏涛，国家知识产权局专利复审委员会审查员。

第三人广州市电筒工业公司，住所地广东省广州市荔湾区西华路134号。

法定代表人余锦文，总经理。

委托代理人代月强，广州国智知识产权代理服务有限公司职员。

委托代理人高全龙，广州国智知识产权代理服务有限公司职员。

原告潮州市金源电筒有限公司不服被告国家知识产权局专利复审委员会作出的第12787号无效宣告请求审查决定（以下简称被诉决定），于2009年4月9日向本院提起行政诉讼。本院受理后，依法组成合议庭，向被告送达了起诉状副本及应诉通知书，并依照《中华人民共和国行政诉讼法》第二十七条之规定，通知广州市电筒工业公司作为本案第三人参加诉讼。本院于2009年6月30日对本案公开开庭进行了审理。原告的委托代理人张丽纯，被告的委托代理人王霞军、齐宏涛，第三人的委托代理人代月强、高全龙到庭参加了诉讼。本案现已审理终结。

2008年12月26日，被告根据《中华人民共和国专利法》（以下简称《专利法》）第二十三条作出被诉决定，维持第三人名称为“手电筒（6）”的200630175359.9号外观设计专利权（以下简称本专利）有效。

被告为证明被诉决定的合法性，在法定举证期限内向本院提供了作出该决定的证据复印件：（1）本专利公报；（2）96321168.4号外观设计专利著录项目和图片（被诉决定中的附件2）；（3）口头审理记录。

原告诉称：第一，被诉决定的审理程序违法，可能影响审查结论的正确性。《审查指南》第四部分第四章第4节规定：在口头审理进行前，合议组应当将当事人提交的有关文件转送给对方。被诉决定称：“2008年10月10日第三人进行了意见陈述，第三人认为两者产品相比较既不相同也不相近似。”但被告并未依据《审查指南》的上述规定将第三人的上述文件转送原告，而第三人的上述意见陈述却被被诉决定所采纳。因此，被告作出被诉决定违反法定程序。第二，被诉决定中关于“虽然二者在灯头外轮廓和后盖形状上有一定程度相同之处，但灯罩上的反光板和聚光碗的差异比较明显，对一般消费者而言上述区别对整体视觉效果具有显著影响”的认定，事实不清、适用法律法规错误。（1）被告未根据手电筒类产品的使用情况，对这类产品的外观进行整体观察作出相同、相近似判断，适用法律法规有误。（2）被诉决定没有考虑本专利与在先设计手电筒的反光板和聚光碗的差异在整体设计中所占的比例很小（仅占本专利7幅视图中的一幅），属认定事实不清。本专利包括7幅视图，即主视图、仰视图、俯视图、后视图、立体图、左视图、右视图。其中的主视图、仰视图、俯视图、后视图、立体图、左视图已被原告提供的附件 2 中的 6 幅视图（主视图、仰视图、俯视图、后视图、立体图、左视图）所涵盖。（3）被诉决定没有考虑本专利的反光板和聚光碗与附件 2 的设计差异，仅属于整体设计思路和效果不变情况下的局部细微变化。本专利的右视图与附件 2 的右视图的外观轮廓均呈八角形设计，并无差异。（4）本专利聚光碗的组成数量不同，对整体视觉效果不足以产生显著影响。三个聚光碗组成品字形、五个聚光碗组成梅花形为惯常的排列顺序，对整体视觉效果不足以产生显著影响。

综上，被诉决定认定事实不清，适用法律法规错误，审理程序违法，审查结论错误。因此，请求撤销被诉决定，判令被告对该案重新作出审查决定。

原告在指定期限内未向本院提交证据。

被告辩称：原告与第三人在被告举行的口头审理中，将本专利与在先设计是否相同或相近似进行了充分意见陈述。被告在此基础上作出无效宣告审查决定。被告在被诉决定中运用整体观察，综合判断的原则，以一般消费者作为判断主体，将本专利与在先设计分别进行比较，分析了本专利与在先设计整体形状的相同点与不同之处，认为其差异对整体效果具有显著的影响，得出二者不相同且不相近似的结论。被诉决定认定事实清楚，适用法律正确，程序合法，原告在起诉状中所述事实和理由不能成立。因此，请求维持被诉决定，驳回原告的诉讼请求。

第三人同意被告的诉讼意见，请求维持被诉决定。

第三人在指定期限内未向本院提交证据。

经庭审质证，本院审查认为：被告证据 1~3 与本案被诉决定的合法性审查有关且合法、各方当事人对其真实性亦无异议，均为有效证据，本院予以采纳。

根据以上证据及各方当事人在庭审中无争议的陈述，本院对本案事实作出如下认定：

中华人民共和国国家知识产权局（以下简称国知局）于 2007 年 11 月 7 日授权公告了本专利。该专利的申请日为 2006 年 12 月 1 日，专利权人是本案第三人。

2008 年 7 月 12 日，原告针对本专利，向被告提出无效宣告请求，其理由是：在本专利申请日前已有与其相近似的产品在国内公开出版物上发表，因此，本专利不符合《专利法》第二十三条的规定。原告同时向被告提交了如下附件作为证据：

附件 1：本专利证书及公报复印件 2 页；

附件 2：96321168. 4 号外观设计专利著录项目和图片复印件 2 页；

附件 3：原告的企业法人营业执照复印件 1 页。

原告将本专利与附件 2 进行比较后认为，二者的区别仅在于中间位置图案，本专利为凹形竖沟，附件 2 为直纹，但认为手电筒的中间位置是供使用时手掌把握，不属于设计的要点，不容易给一般消费者留下深刻的视觉印象。一般消费者购买和使用本专利时很容易与附件 2 产品相混淆。二者属于相近似的外观设计。

被告受理此案后，将原告的无效宣告请求书及相关材料副本转送给第三人。并向双方当事人发出口头审理通知书，定于 2008 年 12 月 1 日对此案进行口头审理。

2008 年 10 月 10 日第三人进行了意见陈述，其认为两者产品相比较既不相同也不相近似。被告将第三人的意见陈述书副本转送给原告。

口头审理如期举行，双方当事人均委托代理人参加，口头审理中第三人表示其已收到原告的无效宣告请求书及附件，原告亦表示其已收到第三人的意见陈述书，双方当事人均提交了本专利和附件 2 产品的实物，第三人对附件 2 专利文献的真实性没有异议。双方当事人对本专利与附件 2 产品的外观形状是否相同或相近似发表了意见。

被告经审查认为：原告提交的附件1是本专利证书和公报，附件3是其营业执照，上述两份附件不属于评价本专利是否符合《专利法》第二十三条规定的证据。原告提交的附件2是国知局于1997年11月12日授权公告的、申请号是96321168. 4、产品名称为“手电筒”的外观设计专利著录项目和图片，第三人对其真实性无异议。经被告核实，其真实性可以确认。该专利的公开日期早于本专利的申请日，属于《专利法》第二十三条规定的出版物。在先专利公开了一款手电筒的外观形状，与本专利用途相同，属于相同类别的产品，可以与本专利进行相同和相近似比较。

本专利所示手电筒由灯头、筒身和后盖三部分组成。灯头外轮廓为八角形，灯罩为带纹路的圆形反光板，三个聚光碗呈品字形分布在灯罩内，聚光碗的底部各安置有一灯；灯头与筒身呈喇叭状过渡，圆柱状筒身表面为等分竖凹条纹，筒身与灯头长度比例近似为1∶1，筒身上安置推拉式开关；圆形后盖为阶梯状（详见本专利附图）。

附件2所示在先设计手电筒由灯头、筒身和后盖三部分组成。灯头外轮廓为八角形，灯罩为圆形透明玻璃，灯罩内为聚光碗，聚光碗的底部安置一灯；灯头与筒身呈喇叭状过渡，圆柱状筒身表面为均匀等分凸凹相间的横条纹，筒身与灯头长度比例近似为2∶1，筒身上端安置推拉式开关；圆形后盖为阶梯状（详见在先设计附图）。

将本专利与在先设计进行比较，二者的灯头外轮廓均为八角形，筒身为圆柱状，后盖呈阶梯形状，二者的主要不同点为：本专利灯罩上的反光板带有条纹，并由三个聚光碗组成，而在先设计灯罩反光板为透明玻璃，内为一个聚光碗；本专利筒身表面的为竖条凹槽，而在先设计为筒身表面为横向凸凹相间的直纹，二者筒身和灯头的比例也不相同。被告认为，虽然二者在灯头外轮廓和后盖形状上有一定程度相同之处，但灯罩上的反光板和聚光碗的差异比较明显，对一般消费者而言二者上述区别对整体视觉效果具有显著影响，因此，本专利与在先设计属于不相同且不相近似的外观设计。原告提交的证据不能证明本专利不符合《专利法》第二十三条的规定。因此，被告作出维持本专利权有效的被诉决定。

本院认为，根据《审查指南》第四部分第四章第4节的规定：在口头审理进行前，被告应当将当事人提交的有关文件转送给对方。原告称：被告未依据该规定在口头审理前，将第三人提交的意见陈述书转送原告，被诉决定的作出程序违法。由于原告在无效请求审查程序的口头审理中明确表示其已收到第三人的意见陈述书，原告在本诉讼中对此予以否认，在无证据予以佐证的情况下，原告关于被诉决定的作出程序违法的诉讼主张不能成立。

《专利法》第二十三条规定：“授予专利权的外观设计，应当同申请日以前在国内外出版物上公开发表过或者国内公开使用过的外观设计不相同和不相近似，并不得与他人在先取得的合法权利相冲突。”本案中，原告在行政程序中向被告提交的附件2公开了一款手电筒的外观形状，该手电筒与本专利产品用途相同，属于相同类别的产品，因此，附件2公开的手电筒外观可以与本专利进行相同和相近似比较。

本专利和附件2均包含灯头、筒身和尾盖三个主要部分。虽然本专利与附件2在灯头外轮廓、后盖形状及推拉开关等方面有一定程度相同之处，但本专利灯罩的反光板带有条纹，并由三个聚光碗组成，而附件2灯罩的反光板为透明玻璃，内为一个聚光碗；本专利筒身表面为竖条凹槽，而附件2的筒身表面为横向凸凹相间的直纹，二者筒身和灯头的比例也不相同。二者的上述区别对整体视觉效果具有显著影响，因此，本院认同被告在被诉决定中关于本专利与在先设计属于不相同且不相近似的外观设计的认定意见，并认为被诉决定维持本专利权有效是正确的。原告的诉讼理由根据不足，其撤销被诉决定等请求本院应予驳回。据此，依照最高人民法院《关于执行<中华人民共和国行政诉讼法>若干问题的解释》第五十六条第（四）项之规定，判决如下：

驳回原告潮州市金源电筒有限公司的诉讼请求。

案件受理费人民币100元，由原告潮州市金源电筒有限公司负担（已交纳）。

如不服本判决，各方当事人可在本判决书送达之日起15日内，向本院递交上诉状，并按照对方当事人的人数提出副本，预交上诉案件受理费人民币100元，上诉于北京市高级人民法院。

审 判 长 吴 月

审 判 员 刘景文

代理审判员 毛天鹏

二〇〇九年十月十五日

书 记 员 汪 明

065

型材（保温外平开窗 564-3）

无效宣告请求审查决定（第 12788 号）

决　定　号　第 12788 号
决　定　日　2008 年 12 月 29 日
发明创造名称　型材（保温外平开窗 564-3）
外观设计分类号　25-01
无效宣告请求人　泰州市宇马铝业有限公司
专 利 权 人　郭　涛
专　利　号　200630124797.2
申　请　日　2006 年 7 月 31 日
授权公告日　2007 年 8 月 8 日
合议组组长　王霞军
主　审　员　张　凌
参　审　员　雷　婧

法 律 依 据　专利法第 23 条
决 定 要 点

尽管请求人提交了相关单位出具的关于其何时从何处获得相关产品宣传资料的证明用以佐证上述产品宣传资料的真实性和公开时间，但是在专利权人提交的由工商行政管理机关出具的书面证明中已明确发行上述产品宣传资料的企业在上述宣传资料声称的公开时间之前既已注销，合议组对请求人提交的上述证据的真实性和公开时间无法确认，故对其不予采信。

一、案由

本无效宣告请求涉及国家知识产权局于 2007 年 8 月 8 日授权公告的、名称为"型材（保温外平开窗 564-3）"的 200630124797.2 号外观设计专利，其申请日为 2006 年 7 月 31 日，专利权人为郭涛。

针对上述专利权（下称本专利），泰州市宇马铝业有限公司（下称请求人）于 2008 年 8 月 11 日向专利复审委员会提出无效宣告请求，理由是本专利与在其申请日前已公开发表过的外观设计相近似，不符合专利法第 23 条的规定。请求人同时提交了如下附件作为证据：

附件 1：本专利著录项目及其外观图片的下载打印件（共 5 页）；

附件 2：声称为"宇马铝业"型材产品目录第三版的相关页复印件（共 3 页）；

附件 3：声称为"宇马铝业"型材产品目录第四版的相关页复印件（共 5 页）；

请求人认为附件2和附件3的公开日均早于本专利的申请日，并且本专利全部6款组件的外观设计已被上述附件所公开，因此本专利不符合专利法第23条的规定。

经形式审查合格后，专利复审委员会受理了上述无效宣告请求，并于2008年8月11日将无效宣告请求书及相关附件的副本转给专利权人，要求其在指定的期限内答复。

2008年9月3日，请求人针对上述无效宣告请求补充提交了意见陈述及如下附件（编号续前）：

附件4：北京市方正公证处出具的（2008）京方正内经证字第07945号公证书原件一本，其内容为《北京和平铝型材公司2004补充版》和《三河和平铝材厂有限公司2005版》产品宣传资料复印件及北京金缔世纪家园塑钢门窗有限公司出具的证明的复印件一份；

附件5：北京市方正公证处出具的（2008）京方正内经证字第07947号公证书原件一本，其内容为《北京和平铝型材公司2004补充版》和《北京和平铝型材公司2003版》产品宣传资料复印件及北京吉生工贸有限公司出具的证明的复印件一份；

附件6：北京市方正公证处出具的（2008）京方正内经证字第07946号公证书原件一本，其内容为《北京和平铝型材公司2004补充版》和《三河和平铝材厂有限公司2005版》产品宣传资料复印件及北京创意达门窗有限公司出具的证明的复印件一份。

请求人认为上述三份公证书可证明其中涉及的《北京和平铝型材公司2004补充版》和《三河和平铝材厂有限公司2005版》两本宣传册的公开日均早于本专利的申请日，本专利全部6款组件的外观设计已被上述宣传册所公开，本专利不符合专利法第23条的规定。

2008年9月23日专利复审委员会向双方当事人发出口头审理通知书，定于2008年11月6日对本案进行口头审理，同时将请求人的上述意见陈述及其附件转送专利权人，并告知其可在口头审理时一并陈述意见。

2008年9月25日专利权人针对上述无效宣告请求提交意见陈述书，认为请求人主张的无效宣告的事实和理由不成立。

2008年9月28日专利复审委员会将专利权人的上述意见陈述转送请求人，告知其可在口头审理时一并陈述意见。

2008年10月24日专利复审委员会收到专利权人针对上述无效宣告请求再次提交的意见陈述，其同时提交如下反证：

反证1：三河和平铝材厂有限公司出具的证明复印件（共1页）。

专利权人认为从其提供的反证可知请求人提交的三份公证书中所涉及的证人证言均是虚假的，“宇马铝业”型材产品目录第四版不属于正规出版物，请求人主张的无效宣告的事实和理由缺乏事实和法律依据，不能成立。专利权人同时提出“调查取证申请书”和“鉴定申请书”，请求专利复审委员会向北京市丰台区工商局调取北京和平铝型材公司的注销登记材料及委托有权鉴定机构对《北京和平铝型材公司2003版》、《北京和平铝型材公司2004补充版》和《三河和平铝材厂有限公司2005版》宣传册进行鉴定，确定其是否属于出版物的范围。

口头审理如期举行，双方当事人的代理人参加了口头审理。专利复审委员会当庭向请求人转送了专利权人的上述意见陈述及其附件，并告知请求人可以选择当庭答复。专利复审委员会当庭通知专利权人对其调查取证申请和鉴定申请不予支持。请求人明确其无效宣告的理由为本专利不符合专利法第23条（在先公开发表）的规定，依据的证据为附件4~6，放弃附件2和附件3，当庭出示附件4~6所涉及的《北京和平铝型材公司2003版》、《北京和平铝型材公司2004补充版》和《三河和平铝材厂有限公司2005版》宣传册原件3本。证人张艳、常云飞分别代表北京金缔世纪家园塑钢门窗有限公司和北京吉生工贸有限公司出庭接受质证。专利权人认为附件4~6仅证明了相关宣传册的取证过程，不能证明上述宣传册的真实性；张艳的证言随意性和不确定性很大，其内容不具有真实性，常云飞的证言与公证书中的证明内容不符，其证言不应被采信。专利权人依据反证1证明三河和平铝材厂有限公司并未印刷和发行过上述宣传图册，当庭提交北京市丰台区工商行政管理局出具的关于“北京和平铝型材公司”企业注销证明原件（下称反证2）一份，以证明附件4和附件5中的证言是虚假的。请求人认为专利权人是三河和平铝材厂有限公司的法定代表人，对该公司出具的证明应不予采信；对反证2的真实性没有异议，但认为其与本案无关。关于相同、相近似对比，请求人坚持其原有意见；专利权人认为本专利与上述在先设计不同。

在上述审理的基础上，合议组经合议，认为本案事实清楚，依法作出本审查决定。

二、决定的理由

1. 法律依据

基于请求人提出无效宣告请求所依据的理由和证据，合议组对本专利是否符合专利法第23条的规定进行审查。

专利法第23条规定，授予专利权的外观设计，应当同申请日以前在国内外出版物上公开发表过或者国内公开使用过的外观设计不相同和不相近似，并不得与他人在先取得的合法权利相冲突。

2. 证据和事实认定

在口头审理中，请求人已表示放弃附件2和附件3，因此本决定对上述证据不再予以评述。

对于专利权人提出的鉴定申请，合议组认为，专利法意义上的出版物是指记载有技术或设计内容的独立存在的传播媒体，其与国家出版、印刷的管理机关的相关规定中所述的“出版物”不是同一个概念，一份证据材料是否属于专利法意义上的公开出版物属于由合议组根据专利法和审查指南的相关规定进行裁量的范围，无须根据《新闻出版署出版物鉴定规则》进行鉴定，因此对专利权人的该请求不予支持，并已在口头审理时对其进行了告知。

对于专利权人提出的调取证据请求，由于其已获得了相关证据并在口头审理时表示撤回该请求，本决定对此不再作出评述。

请求人提交的附件4~6是北京市方正公证处出具的（2008）京方正内经证字第07945-07947号公证书原件三本，上述公证书对请求人的委托人自北京金缔世纪家园塑钢门窗有限公司、北京吉生工贸有限公司和北京创意达门窗有限公司获得《北京和平铝型材公司2003版》、《北京和平铝型材公司2004补充版》和《三河和平铝材厂有限公司2005版》三本产品宣传资料的过程进行了客观的陈述，并分别附具了上述宣传资料的复印件以及上述单位出具的证明的复印件三份。口头审理中请求人出示了上述产品宣传资料的原件三本，以各宣传册封底左上角标有的“2003版”、“2004补充版”和“2005版”字样作为其各自的公开时间，并以上述单位的证明佐证上述宣传资料的真实性和公开性。对此专利权人出示了反证1和反证2以否定上述宣传资料和单位证明的真实性。

由于请求人并未结合《北京和平铝型材公司2003版》与本专利进行相同、相近似对比，即并未结合该证据具体说明无效宣告的理由，合议组对其不予考虑。关于《北京和平铝型材公司2004补充版》，合议组认为，专利权人提交的反证2是北京市丰台区工商行政管理局在其权限范围内出具的书面证明，请求人对该证明的真实性亦无异议，合议组对该证据的真实性予以确认并对其予以采信。根据该证明，北京和平铝型材公司在1996年12月12日既已注销；请求人提交的《北京和平铝型材公司2004补充版》除在封面和封底标有“北京和平铝型材公司”的字样外，本身再无其他关于其印刷和发行者的信息，在无相反证据证明的情况下，该宣传资料应是北京和平铝型材公司为宣传自身及其产品而发行的宣传品；北京金缔世纪家园塑钢门窗有限公司、北京吉生工贸有限公司和北京创意达门窗有限公司在其出具的证明中以及相关证人在出庭接受质证时都声称从北京和平铝型材公司的销售点获得上述宣传材料；综合以上情况，如上述宣传册确像请求人所主张那样在2004年公开，或者如上述证言和证明所指在2004年或2005年才得到，则其显然与反证2所反映的事实相违背，因此合议组对上述宣传资料的真实性表示质疑，对其不予采信。对于请求人提交的《三河和平铝材厂有限公司2005版》产品宣传资料，在专利权人提交的反证1中三河和平铝材厂有限公司明确否认其曾印刷和发行该产品宣传资料；北京金缔世纪家园塑钢门窗有限公司出具证明和其法人代表张艳出庭接受质证时以及北京创意达门窗有限公司出具的证明都声称其从北京和平铝型材公司的销售点获得该宣传材料，这与专利权人提交的反证2所反映的事实恰相违背；基于以上情况，合议组对该宣传材料的真实性无法确认，对其不予采信。

请求人主张专利权人提交的反证1是专利权人担任法人代表的企业出具的证明，应对其不予采信；专利权人提交的反证2与本案无关。对此，合议组认为，从上面的评述中可以看出专利权人提交的反证2与本案的待证事实之间有密切的联系，请求人关于反证2的主张不能成立；出具反证1的单位与专利权人确存在利害关系，但是综合考虑请求人提交的单位证明和证人证言与专利权人提交的反证2所反映的事实之间的矛盾以及请求人应主要承担证明三河和平铝材厂有限公司确实印刷和发行了《三河和平铝材厂有限公司2005版》产品宣传资料的举证责任，合议组认为请求人仅凭北京金缔世纪家园塑钢门窗有限公司和北京创意达门窗有限公司的证明及其对反证1的质疑尚不足以证明《三河和平铝材厂有限公司2005版》产品宣传资料的真实性或推翻专利权人的主张并导致举证责任的转移，因此请求人仍应承担其证据不被采信带来的不利后果。

综上，请求人提交的证据均不能用来评价本专利是否符合专利法第23条的规定，因此请求人无效宣告的理由不成立。

三、决定

维持200630124797.2号外观设计专利有效。

当事人对本决定不服的，可以根据专利法第46条第2款的规定，自收到本决定之日起三个月内向北京市第一中级人民法院起诉。根据该款的规定，一方当事人起诉后，另一方当事人应当作为第三人参加诉讼。

北京市第一中级人民法院
行政判决书

（2009）一中行初字第 874 号

原告泰州市宇马铝业有限公司，住所地江苏省姜堰市大泗镇河北村。

法定代表人杨德富，董事长。

委托代理人张文祎，男，1972 年 8 月 19 日出生，北京正理专利代理有限公司职员，住北京市海淀区学院南路 39 号。

委托代理人白海佳，男，1972 年 4 月 20 日出生，北京正理专利代理有限公司职员，住北京市昌平区小汤山镇富来宫小区 F 座。

被告国家知识产权局专利复审委员会，住所地北京市海淀区北四环西路 9 号银谷大厦 10~12 层。

法定代表人廖涛，副主任。

委托代理人张凌，国家知识产权局专利复审委员会审查员。

委托代理人曹铭书，国家知识产权局专利复审委员会审查员。

第三人郭涛，男，汉族，1960 年 2 月 12 日出生，住北京市朝阳区幸福村中路锦绣园 1 楼 1306 号。

委托代理人邢晋飞，北京李晓光律师事务所律师。

委托代理人李新兵，男，1970 年 9 月 25 日出生，三河和平铝材厂有限公司工程师，住北京市通州区玉桥北里 43 号楼。

原告泰州市宇马铝业有限公司（以下简称宇马公司）因不服被告国家知识产权局专利复审委员会（以下简称专利复审委员会）的第 12788 号无效宣告请求审查决定（以下简称第 12788 号决定），于法定期限内向本院提起行政诉讼。本院于 2009 年 3 月 18 日受理后，依法组成合议庭，并通知第 12788 号决定的相对方郭涛作为第三人参加本案诉讼，于 2009 年 6 月 16 日公开开庭进行了审理。原告宇马公司的委托代理人张文祎、白海佳，被告专利复审委员会的委托代理人张凌、曹铭书，第三人郭涛的委托代理人邢晋飞到庭参加了诉讼。本案现已审理终结。

第 12788 号决定系专利复审委员会针对宇马公司就郭涛拥有的名称为“型材（保温外平开窗 564-3）”的第 200630124797. 2 号外观设计专利（以下简称本专利）所提出的无效宣告请求作出的。第 12788 号决定中认为：第一，由于宇马公司并未结合《北京和平 2003 版》（以下简称《北京和平 2003 版》）与本专利进行相同、相近似对比，即并未结合该证据具体说明无效宣告的理由，对其不予考虑。第二，关于《北京和平铝型材公司 2004 补充版》（以下简称《北京和平 2004 版》），郭涛提交的反证 2 是北京市丰台区工商行政管理局在其权限范围内出具的书面证明，宇马公司对该证明的真实性亦无异议，对反证 2 的真实性予以确认并对其予以采信。根据该证明，北京和平铝型材公司在 1996 年 12 月 12 日即已注销；宇马公司提交的《北京和平 2004 版》产品宣传资料除在封面和封底标有“北京和平铝型材公司”的字样外，本身再无其他关于其印刷和发行者的信息，在无相反证据证明的情况下，该宣传资料应是北京和平铝型材公司为宣传自身及其产品而发行的宣传品；北京金缔世纪家园塑钢门窗有限公司（以下简称金缔公司）、北京吉生工贸有限公司（以下简称吉生公司）和北京创意达门窗有限公司（以下简称创意达公司）在其出具的证明中以及相关证人在出庭接受质证时都声称从北京和平铝型材公司的销售点获得该宣传材料；综合以上情况，如该宣传册确像宇马公司所主张那样的在2004年公开，或者如上述证言和证明所指在2004年或2005年才得到，则其显然与反证2所反映的事实相违背，因此对该宣传资料的真实性表示质疑，对其不予采信。第三，关于《三河和平铝材厂有限公司2005版》（以下简称《三河和平2005版》），在郭涛提交的反证1中三河和平铝材厂有限公司明确否认其曾印刷和发行该产品宣传资料；金缔公司出具证明和其法人代表张艳出庭接受质证时以及创意达公司出具的证明都声称其从北京和平铝型材公司的销售点获得该宣传材料，这与反证2所反映的事实恰相违背；基于以上情况，对该宣传材料的真实性无法确认，对其不予采信。宇马公司主张反证1是郭涛担任法人代表的企业出具的证明，应对其不予采信；反证2与本案无关，对此专利复审委员会认为，从上面的评述中可以看出反证2与本案的待证事实之间有密切的联系，宇马公司关于反证2的主张不能成立；出具反证1的单位与郭涛确存在利害关系，但综合考虑宇马公司提交的单位证明和证人证言与反证2所反映的事实之间的矛盾，以及宇马公司应主要承担证明三河和平铝材厂有限公司确实印刷和发行了《三河和平2005版》产品宣传资料的举证责任，宇马公司仅凭金缔公司和创意达公司的证明及其对反证1的质疑尚不足以证明《三河和平2005版》产品宣传资料的真实性或推翻郭涛的主张并导致举证责任的转移，因此宇马公司仍应承担其证据不被采信带来的不利后果。综上，宇马公司的证据均不能用来评价本专利是否符合《中华人民共和国〈专利法〉》（以下简称《专利法》）第二十三条的规定，因此，无效宣告的理由不成立。

据此，专利复审委员会于2008年12月29日作出第12788号决定，维持本专利权有效。

原告宇马公司不服第12788号决定，在法定期限内向本院提起行政诉讼称：第一，被告违反法定程序。（1）2008年9月28日专利复审委员会发出"转送文件通知书"，列明转送的是2008年9月25日专利权人提交的意见陈述书及其所附附件，然而，在该转送文件通知书后只附有一张郭涛"对W608273无效宣告请求的意见陈述"，而没有其他的附件。（2）被告在口头审理前，并未将第三人郭涛提交的反证1和反证2转送原告，而是在口头审理过程中，当庭提供两项反证给原告，被告没有给原告合理期限提出意见或举证的机会。第二，被告作出的无效宣告审查决定认定事实不清，适用法律、法规错误。（1）关于《北京和平2004版》的认定是错误的，其原因在于：①宣传册的名称往往是一个简称，这是商业惯例。②第12788号决定中认为"北京和平铝型材公司2004补充版除封面和封底标有'北京和平铝型材公司'的字样外，本身再无其他关于其印刷和发行者的信息"。这与证据明显不符，北京市方正公证处出具的（2008）京方正内经证字第07946号公证书中的《北京和平2004版》的封面上，不仅有"北京和平铝型材公司"的字样，图册封面还粘贴有"北京和平铝型材有限责任公司-亦庄分公司"字样的不干胶条，而且，图册封面还印有"和平铝材PEACE"的字样和图标。③"和平铝材"作为一个由许多公司形成的商号在消费者中具有广泛的知名度，其中仅一个宣传册内所列公司名称的注销，并不能得出证人证言"与专利权人提交的反证2所反映的事实恰相矛盾"的事实。④宣传册的真实性可以根据其本身的内容予以确认，其中有具体时间内容的文件可以从侧面证明本证据的真实性。（2）关于《三河和平2005版》的认定是错误的，其原因在于：①宣传册的名称往往只是一个统称，这从《三河和平2005版》封面右上角"和平铝业集团"和封面内页的企业概况的描述就可以得知，和平铝业集团下属很多分公司，虽然公司名称不同，但都隶属于和平铝业集团。②有关证人声称证据是"从北京和平铝型材公司的销售点取得"，恰恰从侧面证实了证据的真实性。③宣传材料的真实性可以根据其本身的内容予以确认，其中有具体时间内容的文件证明了该图册的真实性。④关于反证1的证明力和真实性。第三人郭涛就是三河和平铝材厂有限公司的员工，三河和平铝材厂有限公司与第三人存在利害关系，反证1不能单独作为定案依据；而且反证1开头和结尾还特意强调该公司在2006年7月31日之前没有在任何出版物上公开发表过上述宣传册，本专利的申请日是2006年7月31日，这证明三河和平铝材厂有限公司是刻意出具此证明，因此，反证

1没有证明力且真实性令人质疑。第三，对反证2的真实性有质疑。反证2是北京市丰台区工商行政管理局出具的关于“北京和平铝型材公司”企业注销证明原件，由于第三人郭涛是当庭提交的，原告无法核实该反证2的真实性，所以，原告当庭只对北京市丰台区工商行政管理局公章的真实性没有质疑，但在原告提供的补充证据1~11的基础上，原告对反证2的真实性有质疑。综上所述，被告专利复审委员会作出的第12788号决定认定事实不清、适用法律不当，请求法院予以撤销。

被告专利复审委员会答辩称：（1）宇马公司于2008年9月3日补充提交意见陈述，专利复审委员会于2008年9月23日发出“口头审理通知书”将上述意见陈述转送郭涛，郭涛于2008年10月24日针对宇马公司的补充意见陈述提交答复意见和反证1，在2008年11月6日举行的口头审理中郭涛当庭提交反证2，由于口头审理日期临近，专利复审委员会对于郭涛在2008年10月24日提交的反证2未再次转文，而是直接在口头审理中向原告开示上述证据，反证1和反证2的提交期限并未超出《审查指南》规定的举证期限。宇马公司也针对上述证据充分发表了意见，因此不存在专利复审委员会没有给其机会陈述意见的情形；而根据《审查指南》的规定，请求人的举证期限仅限于无效宣告请求之日起一个月内，因此宇马公司关于专利复审委员会没有给其机会陈述意见和举证的主张不能成立。（2）原告补充提交的11份证据在无效程序中均未出示过，对其应不予考虑。综上所述，专利复审委员会作出的第12788号决定认定事实清楚、适用法律法规正确、审理程序合法，审查结论正确，宇马公司的诉讼理由不能成立，请求法院依法驳回原告诉讼请求，维持第12788号决定。

第三人郭涛当庭提交书面意见陈述，表示同意被告的意见，请求法院维持第12788号决定。

本院经审理查明：

本专利是名称为“型材（保温外平开窗564-3）”的第200630124797.2号外观设计专利，包括全部6款组件，其申请日为2006年7月31日，授权公告日为2007年8月8日，专利权人为郭涛。

针对本专利，宇马公司于2008年8月11日向专利复审委员会提出无效宣告请求，提交附件1~3作为证据，理由是本专利与在其申请日前已公开发表过的外观设计相近似，不符合《专利法》第二十三条的规定。

经形式审查合格后，专利复审委员会受理了上述无效宣告请求，并于2008年8月11日将无效宣告请求书及相关附件的副本转给郭涛。

2008年9月3日，宇马公司补充提交了意见陈述及附件4~6：

附件4：北京市方正公证处出具的（2008）京方正内经证字第07945号公证书，其内容为《北京和平2004版》和《三河和平2005版》产品宣传资料复印件及金缔公司出具的证明的复印件一份；

附件5：北京市方正公证处出具的（2008）京方正内经证字第07947号公证书，其内容为《北京和平2004版》和《北京和平2003版》产品宣传资料复印件及吉生公司出具的证明的复印件一份；

附件6：北京市方正公证处出具的（2008）京方正内经证字第07946号公证书，其内容为《北京和平2004版》和《三河和平2005版》产品宣传资料复印件及创意达公司出具的证明的复印件一份。

宇马公司认为《北京和平2004版》和《三河和平2005版》两本产品宣传资料的公开日均早于本专利的申请日，本专利全部6款组件的外观设计已被上述宣传册所公开，本专利不符合《专利法》第二十三条的规定。

2008年9月23日专利复审委员会将上述补充意见陈述及其附件转送郭涛。

2008年9月25日郭涛针对上述无效宣告请求提交意见陈述书，认为宇马公司主张的无效宣告的事实和理由不成立。2008年9月28日专利复审委员会将上述郭涛提交的意见陈述转送宇马公司。2008年10月24日专利复审委员会收到郭涛再次提交的意见陈述，同时提交反证1：三河和平铝材厂有限公司出具的证明复印件。

2008年11月6日举行口头审理，专利复审委员会当庭向宇马公司转送了郭涛于2008年10月24日提交的意见陈述及反证1，宇马公司明确其无效宣告理由为本专利不符合《专利法》第二十三条的规定，依据的证据为附件4~6所涉及的《北京和平2003版》、《北京和平2004版》和《三河和平2005版》宣传册，证人张艳、常云飞分别代表金缔公司和吉生公司出庭接受质证，郭涛当庭提交北京市丰台区工商行政管理局出具的关于“北京和平铝型材公司”企业注销证明原件（即反证2），宇马公司对反证2的真实性没有异议。

专利复审委员会于2008年12月29日作出第12788号决定，维持本专利权有效。

本院另查明，2008年9月25日郭涛仅提交了意见陈述书，而没有提交附件，故2008年9月28日专利复审委员会仅向宇马公司转送了该意见陈述书，宇马公司主张专利复审委员会未同时转送附件没有事实根据。

又查明，2008年9月23日专利复审委员会向郭涛转送了宇马公司提交的意见陈述及其附件，根据《审查指南》的相关规定，专利权人的答复期限是自收到通知书之日起1个月，且答复期限以推定收到日起计算，推定收到日为发出文件之日起满15日，因此，郭涛的举证期限在2008年11月6日之后，也就是说反证1和反证2的提交时间均没有超过举证期限。

以上事实有本专利著录项目及其外观图片的下载打印件、第12788号决定、附件4~6、反证1和反证2、开庭笔录及各方当事人陈述等在案佐证。

本院认为：

根据各方当事人的诉辩主张，本案的争议焦点在于：

一、对于反证1和反证2，专利复审委员会是否给予宇马公司陈述意见和举证的机会

《审查指南》第四部分第一章第2.5节规定，在作出审查决定之前，应当给予审查决定对其不利的当事人针对审查决定所依据的理由、证据和认定的事实陈述意见的机会，即审查决定对其不利的当事人已经通过通知书、转送文件或者口头审理被告知过审查决定所依据的理由、证据和认定的事实，并且具有陈述意见的机会。

根据查明的事实，反证1和反证2的提交时间没有超过举证期限，并当庭核实过原件，宇马公司对反证1的真实性存疑，但对反证2的真实性没有异议，由此可见，专利复审委员会在作出审查决定之前，已经在口头审理中告知并给予宇马公司对反证2予以质证和陈述意见的机会。因此，专利复审委员会作出第12788号决定符合听证原则，宇马公司所主张的对于反证1和反证2专利复审委员会没有给陈述意见和举证的机会没有事实和法律根据，本院不予支持，原告以此为由主张被告违反法定程序不能成立。

二、关于《北京和平2004版》和《三河和平2005版》的真实性

《北京和平2004版》产品宣传资料在封面和封底显著位置均标有“北京和平铝型材公司”的字样，虽然在封面右上角还标有“和平铝材PEACE”的字样和图标，封面还粘贴有“北京和平铝型材有限责任公司-亦庄分公司”字样的不干胶条，但没有证据证明“和平铝材”、“北京和平铝型材有限责任公司”或“北京和平铝型材有限责任公司-亦庄分公司”与“北京和平铝型材公司”有何关系，并且，也没有证据证明“和平铝材”是“北京和平铝型材公司”的简称或者商号。因此，在无关于该宣传资料印刷和发行者的其他信息的情况下，该宣传资料应当是由北京和平铝型材公司为宣传自身及其产品而印刷发行的宣传册。

《三河和平2005版》产品宣传资料在封面和封底显著位置均标有“三河和平铝材厂有限公司”的字样，虽然在封面右上角还标有“和平铝业集团”，原告主张三河和平铝材厂有限公司是和平铝业集团铝型材的生产厂，但没有证据证明，本院不予支持。

附件 4 中金缔公司出具的证明称《北京和平 2004 版》和《三河和平 2005 版》宣传资料于 2005 年从北京和平铝型材公司的销售点取得，附件 5 中吉生公司出具的证明称《北京和平 2004 版》宣传资料于 2004 年从北京和平铝型材公司的销售点取得，附件 6 中创意达公司出具的证明称《北京和平 2004 版》和《三河和平 2005 版》宣传资料于 2005 年从北京和平铝型材公司的销售点取得，并且在无效阶段口头审理中相关证人张艳和常云飞出庭接受质证时均声称上述两本宣传资料从北京和平铝型材公司的销售点获得。

反证 2 是北京市丰台区工商行政管理局出具的关于"北京和平铝型材公司"企业注销的书面证明原件，原告在口头审理中对其真实性予以确认。原告在本案诉讼中针对反证 2 提交的补充证据 1~11 系在无效宣告请求审查阶段没有提交的证据，原告提交的这 11 份证据并不能推翻反证 2 的证明力。根据反证 2 载明的事实，北京和平铝型材公司于 1996 年 12 月 12 日经核准予以注销，即于 1996 年 12 月 12 日之后北京和平铝型材公司已消亡。

如果《北京和平 2004 版》产品宣传资料公开在 2004 年、《三河和平 2005 版》产品宣传资料公开在 2005 年，且于 2004 年或者 2005 年从北京和平铝型材公司销售点获得，那么《北京和平 2004 版》产品宣传资料的公开时间和获得时间、《三河和平 2005 版》产品宣传资料的获得时间与反证 2 所证明的北京和平铝型材公司主体消亡时间相差悬殊。因此，对《北京和平 2004 版》和《三河和平 2005 版》产品宣传资料的真实性及其公开时间本院不予认可，专利复审委员会不采信该宣传资料并无不当。

综上所述，专利复审委员会作出的第 12788 号决定认定事实清楚，适用法律正确，审理程序合法，依法应当予以维持。原告宇马公司的诉讼理由不能成立，其诉讼请求本院不予支持。依照《中华人民共和国行政诉讼法》第五十四条第（一）项的规定，本院判决如下：

维持被告国家知识产权局专利复审委员会作出的第 12788 号无效宣告请求审查决定。

案件受理费 100 元，由原告泰州市宇马铝业有限公司负担（已交纳）。

如不服本判决，各方当事人可在本判决书送达之日起 15 日内，向本院提交上诉状并交纳上诉案件受理费 100 元，上诉于北京市高级人民法院。

审 判 长 赵 静
代理审判员 姜庶伟
人民陪审员 郝志国
二〇〇九年八月二十七日
书 记 员 高晓旭

066

保温内平开门型材（M565-2）

无效宣告请求审查决定（第12789号）

决 定 号 第12789号
决 定 日 2008年12月29日
发明创造名称 保温内平开门型材（M565-2）
外观设计分类号 25-01
无效宣告请求人 泰州市宇马铝业有限公司
专 利 权 人 郭涛
专 利 号 200630128559.9
申 请 日 2006年7月31日
授权公告日 2007年6月27日
合议组组长 王霞军
主 审 员 张 凌
参 审 员 雷 婧

法 律 依 据 专利法第23条
决 定 要 点

尽管请求人提交了相关单位出具的关于其何时从何处获得相关产品宣传资料的证明用以佐证上述产品宣传资料的真实性和公开时间，但是在专利权人提交的由工商行政管理机关出具的书面证明中已明确发行上述产品宣传资料的企业在上述宣传资料声称的公开时间之前即已注销，合议组对请求人提交的上述证据的真实性和公开时间无法确认，故对其不予采信。

一、案由

本无效宣告请求涉及国家知识产权局于2007年6月27日授权公告的、名称为“保温内平开门型材（M565-2）”的200630128559.9号外观设计专利，其申请日为2006年7月31日，专利权人为郭涛。

针对上述专利权（下称本专利），泰州市宇马铝业有限公司（下称请求人）于2008年8月11日向专利复审委员会提出无效宣告请求，理由是本专利与在其申请日前已公开发表过的外观设计相近似，不符合专利法第23条的规定。请求人同时提交了如下附件作为证据：

附件1：本专利著录项目及其外观图片的下载打印件（共6页）；

附件2：声称为“宇马铝业”型材产品目录第四版的相关页复印件（共6页）；

请求人认为附件2的公开日早于本专利的申请日，并且本专利全部9款组件的外观设计已被附件

2 所公开，因此本专利不符合专利法第 23 条的规定。

经形式审查合格后，专利复审委员会受理了上述无效宣告请求，并于 2008 年 8 月 11 日将无效宣告请求书及相关附件的副本转给专利权人，要求其在指定的期限内答复。

2008 年 9 月 3 日，请求人针对上述无效宣告请求补充提交了意见陈述及如下附件（编号续前）：

附件 3：北京市方正公证处出具的（2008）京方正内经证字第 07945 号公证书原件一本，其内容为《北京和平铝型材公司 2004 补充版》和《三河和平铝材厂有限公司 2005 版》产品宣传资料复印件及北京金缔世纪家园塑钢门窗有限公司出具的证明的复印件一份；

附件 4：北京市方正公证处出具的（2008）京方正内经证字第 07947 号公证书原件一本，其内容为《北京和平铝型材公司 2004 补充版》和《北京和平铝型材公司 2003 版》产品宣传资料复印件及北京吉生工贸有限公司出具的证明的复印件一份；

附件 5：北京市方正公证处出具的（2008）京方正内经证字第 07946 号公证书原件一本，其内容为《北京和平铝型材公司 2004 补充版》和《三河和平铝材厂有限公司 2005 版》产品宣传资料复印件及北京创意达门窗有限公司出具的证明的复印件一份。

请求人认为上述三份公证书可证明其中涉及的《北京和平铝型材公司 2004 补充版》和《三河和平铝材厂有限公司 2005 版》两本产品宣传资料的公开日均早于本专利的申请日，本专利全部 9 款组件的外观设计已被上述宣传册所公开，本专利不符合专利法第 23 条的规定。

2008 年 9 月 23 日专利复审委员会向双方当事人发出口头审理通知书，定于 2008 年 11 月 6 日对本案进行口头审理，同时将请求人的上述意见陈述及其附件转送专利权人，并告知其可在口头审理时一并陈述意见。

2008 年 9 月 25 日专利权人针对上述无效宣告请求提交意见陈述书，认为请求人主张的无效宣告的事实和理由不成立。

2008 年 9 月 28 日专利复审委员会将专利权人的上述意见陈述转送请求人，告知其可在口头审理时一并陈述意见。

2008 年 10 月 24 日专利复审委员会收到专利权人针对上述无效宣告请求再次提交的意见陈述，同时提交如下反证：

反证 1：三河和平铝材厂有限公司出具的证明复印件（共 1 页）。

专利权人认为从其提供的反证可知请求人提交的三份公证书中所涉及的证人证言均是虚假的，“宇马铝业”型材产品目录第四版不属于正规出版物，请求人主张的无效宣告的事实和理由缺乏事实和法律依据，不能成立。专利权人同时提出“调查取证申请书”和“鉴定申请书”，请求专利复审委员会向北京市丰台区工商局调取北京和平铝型材公司的注销登记材料及委托有权鉴定机构对《北京和平铝型材公司 2003 版》、《北京和平铝型材公司 2004 补充版》和《三河和平铝材厂有限公司 2005 版》进行鉴定，确定其是否属于出版物的范围。

口头审理如期举行，双方当事人的代理人参加了口头审理。专利复审委员会当庭向请求人转送了专利权人的上述意见陈述及其附件，并告知请求人可以选择当庭答复。专利复审委员会当庭通知专利权人对其调查取证申请和鉴定申请不予支持。请求人明确其无效宣告的理由为本专利不符合专利法第 23 条（在先公开发表）的规定，依据的证据为附件 3~5，放弃附件 2，当庭出示附件 3~5 所涉及的《北京和平铝型材公司 2003 版》、《北京和平铝型材公司 2004 补充版》和《三河和平铝材厂有限公司 2005 版》宣传册原件 3 本。证人张艳、常云飞分别代表北京金缔世纪家园塑钢门窗有限公司和北京吉生工贸有限公司出庭接受质证。专利权人认为附件 3~5 仅证明了相关宣传册的取证过程，不能证明上述宣传册的真实性；张艳的证言随意性和不确定性很大，其内容不具有真实性，常云飞的证言与公证书中的证明内容不符，其证言不应被采信。专利权人依据反证1证明三河和平铝材厂有限公司并未印刷和发行过上述宣传图册，当庭提交北京市丰台区工商行政管理局出具的关于“北京和平铝型材公司”企业注销证明原件（下称反证2）一份以证明附件3和附件4中的证言是虚假的。请求人认为专利权人是三河和平铝材厂有限公司的法定代表人，对该公司出具的证明应不予采信；对反证2的真实性没有异议，但认为其与本案无关。关于相同、相近似对比，请求人坚持其原有意见；专利权人认为本专利与上述在先设计不同。

在上述审理的基础上，合议组经合议，认为本案事实清楚，依法作出本审查决定。

二、决定的理由

1. 法律依据

基于请求人提出无效宣告请求所依据的理由和证据，合议组对本专利是否符合专利法第23条的规定进行审查。

专利法第23条规定：“授予专利权的外观设计，应当同申请日以前在国内外出版物上公开发表过或者国内公开使用过的外观设计不相同和不相近似，并不得与他人在先取得的合法权利相冲突。”

2. 证据和事实认定

在口头审理中，请求人已表示放弃附件2，因此本决定对该证据不再予以评述。

对于专利权人提出的鉴定申请，合议组认为，专利法意义上的出版物是指记载有技术或设计内容的独立存在的传播媒体，其与国家出版、印刷的管理机关的相关规定中所述的“出版物”不是同一个概念，一份证据材料是否属于专利法意义上的公开出版物属于由合议组根据专利法和审查指南的相关规定进行裁量的范围，无须根据《新闻出版署出版物鉴定规则》进行鉴定，因此对专利权人的该请求不予支持，并已在口头审理时对其进行了告知。

对于专利权人提出的调取证据请求，由于其已获得了相关证据并在口头审理时表示撤回该请求，本决定对此不再作出评述。

请求人提交的附件3~5是北京市方正公证处出具的（2008）京方正内经证字第07945-07947号公证书原件三本，上述公证书对请求人的委托人自北京金缔世纪家园塑钢门窗有限公司、北京吉生工贸有限公司和北京创意达门窗有限公司获得《北京和平铝型材公司2003版》、《北京和平铝型材公司2004补充版》和《三河和平铝材厂有限公司2005版》产品宣传资料的过程进行了客观的陈述，并分别附具了上述宣传资料的复印件以及上述单位出具的证明的复印件三份。口头审理中请求人出示了上述产品宣传资料的原件三本，以各宣传册封底左上角标有的“2003版”、“2004补充版”和“2005版”字样作为其各自的公开时间，并以上述单位的证明佐证上述宣传资料的真实性和公开性。对此专利权人出示了反证1和反证2以否定上述宣传资料和单位证明的真实性。

由于请求人并未结合《北京和平铝型材公司2003版》与本专利进行相同、相近似对比，即并未结合该证据具体说明无效宣告的理由，合议组对其不予考虑。关于《北京和平铝型材公司2004补充版》，合议组认为，专利权人提交的反证2是北京市丰台区工商行政管理局在其权限范围内出具的书面证明，请求人对该证明的真实性亦无异议，合议组对该证据的真实性予以确认并对其予以采信。根据该证明，北京和平铝型材公司在1996年12月12日即已注销；请求人提交的《北京和平铝型材公司2004补充版》产品宣传资料除在封面和封底标有“北京和平铝型材公司”的字样外，本身再无其他关于其印刷和发行者的信息，在无相反证据证明的情况下，该宣传资料应是北京和平铝型材公司为宣传自身及其产品而发行的宣传品；北京金缔世纪家园塑钢门窗有限公司、北京吉生工贸有限公司和北京创意达门窗有限公司在其出具的证明中以及相关证人在出庭接受质证时都声称从北京和平铝型材公司的销售点获得该宣传材料；综合以上情况，如该宣传册确像请求人所主张那样在2004年公开，或者如上述证言和证明所指在2004年或2005年才得到，则其显然与反证2所反映的事实相违背，因此合议组对该宣传资料的真实性表示质疑，对其不予采信。对于请求人提交的《三河和平铝材厂有限公司2005版》，在专利权人提交的反证1中三河和平铝材厂有限公司明确否认其曾印刷和发行该产品宣传资料；北京金缔世纪家园塑钢门窗有限公司出具证明和其法人代表张艳出庭接受质证时以及北京创意达门窗有限公司出具的证明都声称其从北京和平铝型材公司的销售点获得该宣传材料，这与专利权人提交的反证2所反映的事实恰相违背；基于以上情况，合议组对该宣传材料的真实性无法确认，对其不予采信。

请求人主张专利权人提交的反证1是专利权人担任法人代表的企业出具的证明，应对其不予采信；专利权人提交的反证2与本案无关。对此，合议组认为，从上面的评述中可以看出专利权人提交的反证2与本案的待证事实之间有密切的联系，请求人关于反证2的主张不能成立；出具反证1的单位与专利权人确存在利害关系，但是综合考虑请求人提交的单位证明和证人证言与专利权人提交的反证2所反映的事实之间的矛盾以及请求人应主要承担证明三河和平铝材厂有限公司确实印刷和发行了《三河和平铝材厂有限公司2005版》产品宣传资料的举证责任，合议组认为请求人仅凭北京金缔世纪家园塑钢门窗有限公司和北京创意达门窗有限公司的证明及其对反证1的质疑尚不足以证明《三河和平铝材厂有限公司2005版》产品宣传资料的真实性或推翻专利权人的主张并导致举证责任的转移，因此请求人仍应承担其证据不被采信带来的不利后果。

综上，请求人提交的证据均不能用来评价本专利是否符合专利法第23条的规定，因此请求人无效宣告的理由不成立。

三、决定

维持200630128559.9号外观设计专利有效。

当事人对本决定不服的，可以根据专利法第46条第2款的规定，自收到本决定之日起三个月内向北京市第一中级人民法院起诉。根据该款的规定，一方当事人起诉后，另一方当事人应当作为第三人参加诉讼。

北京市第一中级人民法院
行政判决书

(2009) 一中行初字第873号

原告泰州市宇马铝业有限公司，住所地江苏省姜堰市大泗镇河北村。

法定代表人杨德富，董事长。

委托代理人张文祎，男，1972年8月19日出生，北京正理专利代理有限公司职员，住北京市海淀区学院南路39号。

委托代理人白海佳，男，1972年4月20日出生，北京正理专利代理有限公司职员，住北京市昌平区小汤山镇富来宫小区F座。

被告国家知识产权局专利复审委员会，住所地北京市海淀区北四环西路9号银谷大厦10~12层。

法定代表人廖涛，副主任。

委托代理人张凌，国家知识产权局专利复审委员会审查员。

委托代理人曹铭书，国家知识产权局专利复审委员会审查员。

第三人郭涛，男，汉族，1960 年 2 月 12 日出生，住北京市朝阳区幸福村中路锦绣园 1 楼 1306 号。

委托代理人邢晋飞，北京李晓光律师事务所律师。

委托代理人李新兵，男，1970 年 9 月 25 日出生，三河和平铝材厂有限公司工程师，住北京市通州区玉桥北里 43 号楼。

原告泰州市宇马铝业有限公司（以下简称宇马公司）因不服被告国家知识产权局专利复审委员会（以下简称专利复审委员会）的第 12789 号无效宣告请求审查决定（以下简称第 12789 号决定），于法定期限内向本院提起行政诉讼。本院于 2009 年 3 月 18 日受理后，依法组成合议庭，并通知第 12789 号决定的相对方郭涛作为第三人参加本案诉讼，于 2009 年 6 月 16 日公开开庭进行了审理。原告宇马公司的委托代理人张文祎、白海佳，被告专利复审委员会的委托代理人张凌、曹铭书，第三人郭涛的委托代理人邢晋飞到庭参加了诉讼。本案现已审理终结。

第 12789 号决定系专利复审委员会针对宇马公司就郭涛拥有的名称为“保温内平开门型材（M565-2）”的第 200630128559.9 号外观设计专利（以下简称本专利）所提出的无效宣告请求作出的。第 12789 号决定中认为：第一，由于宇马公司并未结合《北京和平铝型材公司 2003 版》（以下简称《北京和平 2003 版》）与本专利进行相同、相近似对比，即并未结合该证据具体说明无效宣告的理由，对其不予考虑。第二，关于《北京和平铝型材公司 2004 补充版》（以下简称《北京和平 2004 版》），郭涛提交的反证 2 是北京市丰台区工商行政管理局在其权限范围内出具的书面证明，宇马公司对该证明的真实性亦无异议，对反证 2 的真实性予以确认并对其予以采信。根据该证明，北京和平铝型材公司在 1996 年 12 月 12 日即已注销；宇马公司提交的《北京和平 2004 版》产品宣传资料除在封面和封底标有“北京和平铝型材公司”的字样外，本身再无其他关于其印刷和发行者的信息，在无相反证据证明的情况下，该宣传资料应是北京和平铝型材公司为宣传自身及其产品而发行的宣传品；北京金缔世纪家园塑钢门窗有限公司（以下简称金缔公司）、北京吉生工贸有限公司（以下简称吉生公司）和北京创意达门窗有限公司（以下简称创意达公司）在其出具的证明中以及相关证人在出庭接受质证时都声称从北京和平铝型材公司的销售点获得该宣传材料；综合以上情况，如该宣传册确像宇马公司所主张那样在 2004 年公开，或者如上述证言和证明所指在 2004 年或 2005 年才得到，则其显然与反证 2 所反映的事实相违背，因此对该宣传资料的真实性表示质疑，对其不予采信。第三，关于《三河和平铝材厂有限公司 2005 版》（以下简称《三河和平 2005 版》），在郭涛提交的反证 1 中三河和平铝材厂有限公司明确否认其曾印刷和发行该产品宣传资料；金缔公司出具证明和其法人代表张艳出庭接受质证时以及创意达公司出具的证明都声称其从北京和平铝型材公司的销售点获得该宣传材料，这与反证 2 所反映的事实恰相违背；基于以上情况，对该宣传材料的真实性无法确认，对其不予采信。宇马公司主张反证 1 是郭涛担任法人代表的企业出具的证明，应对其不予采信；反证 2 与本案无关，对此专利复审委员会认为，从上面的评述中可以看出反证 2 与本案的待证事实之间有密切的联系，宇马公司关于反证 2 的主张不能成立；出具反证 1 的单位与郭涛确存在利害关系，但综合考虑宇马公司提交的单位证明和证人证言与反证 2 所反映的事实之间的矛盾，以及宇马公司应主要承担证明三河和平铝材厂有限公司确实印刷和发行了《三河和平 2005 版》产品宣传资料的举证责任，宇马公司仅凭金缔公司和创意达公司的证明及其对反证 1 的质疑尚不足以证明《三河和平 2005 版》产品宣传资料的真实性或推翻郭涛的主张并导致举证责任的转移，因此宇马公司仍应承担其证据不被采信带来的不利后果。综上，宇马公司的证据均不能用来评价本专利是否符合《中华人民共和国专利法》（以下简称《专利法》）第二十三条的规定，因此，无效宣告的理由不成立。

据此，专利复审委员会于 2008 年 12 月 29 日作出第 12789 号决定，维持本专利权有效。

原告宇马公司不服第12789号决定，在法定期限内向本院提起行政诉讼称：第一，被告违反法定程序。(1) 2008年9月28日专利复审委员会发出“转送文件通知书”，列明转送的是2008年9月25日专利权人提交的意见陈述书及其所附附件，然而，在该转送文件通知书后只附有一张郭涛“对W608272无效宣告请求的意见陈述”，而没有其他的附件。(2) 被告在口头审理前，并未将第三人郭涛提交的反证1和反证2转送原告，而是在口头审理过程中，当庭提供两项反证给原告，被告没有给原告合理期限提出意见或举证的机会。第二，被告作出的无效宣告审查决定认定事实不清，适用法律、法规错误。(1) 关于《北京和平2004版》的认定是错误的，其原因在于：①宣传册的名称往往是一个简称，这是商业惯例。②第12789号决定中认为“北京和平铝型材公司2004补充版除封面和封底标有‘北京和平铝型材公司’的字样外，本身再无其他关于其印刷和发行者的信息”。这与证据明显不符，北京市方正公证处出具的（2008）京方正内经证字第07946号公证书中的《北京和平2004版》的封面上，不仅有“北京和平铝型材公司”的字样，图册封面还粘贴有“北京和平铝型材有限责任公司-亦庄分公司”字样的不干胶条，而且，图册封面还印有“和平铝材PEACE”的字样和图标。③“和平铝材”作为一个由许多公司形成的商号在消费者中具有广泛的知名度，其中仅一个宣传册内所列公司名称的注销，并不能得出证人证言“与专利权人提交的反证2所反映的事实恰相矛盾”的事实。④宣传册的真实性可以根据其本身的内容予以确认，其中有具体时间内容的文件可以从侧面证明本证据的真实性。(2) 关于《三河和平2005版》的认定是错误的，其原因在于：①宣传册的名称往往只是一个统称，这从《三河和平2005版》封面右上角“和平铝业集团”和封面内页的企业概况的描述就可以得知，和平铝业集团下属很多分公司，虽然公司名称不同，但都隶属于和平铝业集团。②有关证人声称证据是“从北京和平铝型材公司的销售点取得”，恰恰从侧面证实了证据的真实性。③宣传材料的真实性可以根据其本身的内容予以确认，其中有具体时间内容的文件证明了该图册的真实性。④关于反证1的证明力和真实性。第三人郭涛就是三河和平铝材厂有限公司的员工，三河和平铝材厂有限公司与第三人存在利害关系，反证1不能单独作为定案依据；而且反证1开头和结尾还特意强调该公司在2006年7月31日之前没有在任何出版物上公开发表过上述宣传册，本专利的申请日是2006年7月31日，这证明三河和平铝材厂有限公司是刻意出具此证明，因此，反证1没有证明力且真实性令人质疑。第三，对反证2的真实性有质疑。反证2是北京市丰台区工商行政管理局出具的关于“北京和平铝型材公司”企业注销证明原件，由于第三人郭涛是当庭提交的，原告无法核实该反证2的真实性，所以，原告当庭只对北京市丰台区工商行政管理局公章的真实性没有质疑，但在原告提供的补充证据1~11的基础上，原告对反证2的真实性有质疑。综上所述，被告专利复审委员会作出的第12789号决定认定事实不清、适用法律不当，请求法院予以撤销。

被告专利复审委员会答辩称：(1) 宇马公司于2008年9月3日补充提交意见陈述，专利复审委员会于2008年9月23日发出“口头审理通知书”将上述意见陈述转送郭涛，郭涛于2008年10月24日针对宇马公司的补充意见陈述提交答复意见和反证1，在2008年11月6日举行的口头审理中郭涛当庭提交反证2，由于口头审理日期临近，专利复审委员会对于郭涛在2008年10月24日提交的反证2未再次转文，而是直接在口头审理中向原告开示上述证据，反证1和反证2的提交期限并未超出《审查指南》规定的举证期限。宇马公司也针对上述证据充分发表了意见，因此不存在专利复审委员会没有给其机会陈述意见的情形；而根据《审查指南》的规定，请求人的举证期限仅限于无效宣告请求之日起一个月内，因此宇马公司关于专利复审委员会没有给其机会陈述意见和举证的主张不能成立。(2) 原告补充提交的11份证据在无效程序中均未出示过，对其应不予考虑。综上所述，专利复审委员会作出的第12789号决定认定事实清楚、适用法律法规正确、审理程序合法，审查结论正确，宇马公司的诉讼理由不能成立，请求法院依法驳回原告的诉讼请求，维持第12789号决定。

第三人郭涛当庭提交书面意见陈述，表示同意被告的意见，请求法院维持第12789号决定。

本院经审理查明：

本专利是名称为“保温内平开门型材（M565-2）”的第200630128559.9号外观设计专利，包括全部9款组件，其申请日为2006年7月31日，授权公告日为2007年6月27日，专利权人为郭涛。

针对本专利，宇马公司于2008年8月11日向专利复审委员会提出无效宣告请求，提交附件1和附件2作为证据，理由是本专利与在其申请日前已公开发表过的外观设计相近似，不符合《专利法》第二十三条的规定。

经形式审查合格后，专利复审委员会受理了上述无效宣告请求，并于2008年8月11日将无效宣告请求书及相关附件的副本转给郭涛。

2008年9月3日，宇马公司补充提交了意见陈述及附件3~5：

附件3：北京市方正公证处出具的（2008）京方正内经证字第07945号公证书，其内容为《北京和平2004版》和《三河和平2005版》产品宣传资料复印件及金缔公司出具的证明的复印件一份；

附件4：北京市方正公证处出具的（2008）京方正内经证字第07947号公证书，其内容为《北京和平2004版》和《北京和平2003版》产品宣传资料复印件及吉生公司出具的证明的复印件一份；

附件5：北京市方正公证处出具的（2008）京方正内经证字第07946号公证书，其内容为《北京和平2004版》和《三河和平2005版》产品宣传资料复印件及创意达公司出具的证明的复印件一份。

宇马公司认为《北京和平2004版》和《三河和平2005版》两本产品宣传资料的公开日均早于本专利的申请日，本专利全部9款组件的外观设计已被上述宣传册所公开，本专利不符合《专利法》第二十三条的规定。

2008年9月23日专利复审委员会将上述补充意见陈述及其附件转送郭涛。

2008年9月25日郭涛针对上述无效宣告请求提交意见陈述书，认为宇马公司主张的无效宣告的事实和理由不成立。2008年9月28日专利复审委员会将上述郭涛提交的意见陈述转送宇马公司。2008年10月24日专利复审委员会收到郭涛再次提交的意见陈述，同时提交如下反证1：三河和平铝材厂有限公司出具的证明复印件。

2008年11月6日举行口头审理，专利复审委员会当庭向宇马公司转送了郭涛于2008年10月24日提交的意见陈述及反证1，宇马公司明确其无效宣告理由为本专利不符合《专利法》第二十三条的规定，依据的证据为附件3~5所涉及的《北京和平2003版》、《北京和平2004版》和《三河和平2005版》宣传册，证人张艳、常云飞分别代表金缔公司和吉生公司出庭接受质证，郭涛当庭提交北京市丰台区工商行政管理局出具的关于“北京和平铝型材公司”企业注销证明原件（即反证2），宇马公司对反证2的真实性没有异议。

专利复审委员会于2008年12月29日作出第12789号决定，维持本专利权有效。

本院经审理查明，2008年9月25日郭涛仅提交了意见陈述书，而没有提交附件，故2008年9月28日专利复审委员会仅向宇马公司转送了该意见陈述书，宇马公司主张专利复审委员会未同时转送附件没有事实根据。

另查明，2008年9月23日专利复审委员会向郭涛转送了宇马公司提交的意见陈述及其附件，根据《审查指南》的相关规定，专利权人的答复期限是自收到通知书之日起一个月，且答复期限以推定收到日起计算，推定收到日为发出文件之日起满15日，因此，郭涛的举证期限在2008年11月6日之后，也就是说反证1和反证2的提交时间均没有超过举证期限。

以上事实有本专利著录项目及其外观图片的下载打印件、第12789号决定、附件3~5、反证1和反证2、开庭笔录及各方当事人陈述等在案佐证。

本院认为：

根据各方当事人的诉辩主张，本案的争议焦点在于：

一、对于反证1和反证2，专利复审委员会是否给予宇马公司陈述意见和举证的机会

《审查指南》第四部分第一章第2.5节的规定，在作出审查决定之前，应当给予审查决定对其不利的当事人针对审查决定所依据的理由、证据和认定的事实陈述意见的机会，即审查决定对其不利的当事人已经通过通知书、转送文件或者口头审理被告知过审查决定所依据的理由、证据和认定的事实，并且具有陈述意见的机会。

根据查明的事实，反证1和反证2的提交时间没有超过举证期限，并当庭核实过原件，宇马公司对反证1的真实性存疑，但对反证2的真实性没有异议，由此可见，专利复审委员会在作出审查决定之前，已经在口头审理中告知并给予宇马公司对反证2予以质证和陈述意见的机会。因此，专利复审委员会作出第12789号决定符合听证原则，宇马公司所主张的对于反证1和反证2专利复审委员会没有给陈述意见和举证的机会没有事实和法律根据，本院不予支持，原告以此为由主张被告违反法定程序不能成立。

二、关于《北京和平2004版》和《三河和平2005版》的真实性

《北京和平2004版》产品宣传资料在封面和封底显著位置均标有“北京和平铝型材公司”的字样，虽然在封面右上角还标有“和平铝材PEACE”的字样和图标，封面还粘贴有“北京和平铝型材有限责任公司-亦庄分公司”字样的不干胶条，但没有证据证明“和平铝材”、“北京和平铝型材有限责任公司”或“北京和平铝型材有限责任公司-亦庄分公司”与“北京和平铝型材公司”有何关系，并且，也没有证据证明“和平铝材”是“北京和平铝型材公司”的简称或者商号。因此，在无关于该宣传资料印刷和发行者的其他信息的情况下，该宣传资料应当是由北京和平铝型材公司为宣传自身及其产品而印刷发行的宣传册。

《三河和平2005版》产品宣传资料在封面和封底显著位置均标有“三河和平铝材厂有限公司”的字样，虽然在封面右上角还标有“和平铝业集团”，原告主张三河和平铝材厂有限公司是和平铝业集团铝型材的生产厂，但没有证据证明，本院不予支持。

附件3中金缔公司出具的证明称《北京和平2004版》和《三河和平2005版》宣传资料于2005年从北京和平铝型材公司的销售点取得，附件4中吉生公司出具的证明称《北京和平2004版》宣传资料于2004年从北京和平铝型材公司的销售点取得，附件5中创意达公司出具的证明称《北京和平2004版》和《三河和平2005版》宣传资料于2005年从北京和平铝型材公司的销售点取得，并且在无效阶段口头审理中相关证人张艳和常云飞出庭接受质证时均声称上述两本宣传资料从北京和平铝型材公司的销售点获得。

反证2是北京市丰台区工商行政管理局出具的关于“北京和平铝型材公司”企业注销的书面证明原件，原告在口头审理中对其真实性予以确认。原告在本案诉讼中针对反证2提交的补充证据1~11系在无效宣告请求审查阶段没有提交的证据，原告提交的这11份证据并不能推翻反证2的证明力。根据反证2载明的事实，北京和平铝型材公司于1996年12月12日经核准予以注销，即于1996年12月12日之后北京和平铝型材公司已消亡。

如果《北京和平2004版》产品宣传资料公开在2004年、《三河和平2005版》产品宣传资料公开在2005年，且于2004年或者2005年从北京和平铝型材公司销售点获得，那么《北京和平2004版》产品宣传资料的公开时间和获得时间、《三河和平2005版》产品宣传资料的获得时间与反证2所证明的北京和平铝型材公司主体消亡时间相差悬殊。因此，原告在无证据证明北京和平铝型材公司于1996年12月12日至2005年仍存在的情况下，对《北京和平2004版》和《三河和平2005版》产

品宣传资料的真实性及其公开时间本院不予认可，专利复审委员会不采信该宣传资料并无不当。

综上所述，专利复审委员会作出的第12789号决定认定事实清楚，适用法律正确，审理程序合法，依法应当予以维持。原告宇马公司的诉讼理由不能成立，其诉讼请求本院不予支持。依照《中华人民共和国行政诉讼法》第五十四条第（一）项的规定，本院判决如下：

维持被告国家知识产权局专利复审委员会作出的第12789号无效宣告请求审查决定。

案件受理费100元，由原告泰州市宇马铝业有限公司负担（已交纳）。

如不服本判决，各方当事人可在本判决书送达之日起15日内，向本院提交上诉状并交纳上诉案件受理费100元，上诉于北京市高级人民法院。

审 判 长 赵 静
代理审判员 姜庶伟
人民陪审员 郝志国
二〇〇九年八月二十四日
书 记 员 高晓旭

067

按　摩　器

无效宣告请求审查决定（第12790号）

决　定　号　第12790号
决　定　日　2009年1月4日
发明创造名称　按摩器
外观设计分类号　28-03
无效宣告请求人　宁波华茂进出口有限公司
专　利　权　人　杨骏
专　利　号　200530121205.7
申　请　日　2005年8月25日
授权公告日　2006年8月23日
合议组组长　王霞军
主　审　员　张　凌
参　审　员　尹春霞

法　律　依　据　专利法第23条
决　定　要　点

专利复审委员会对请求人在其提出无效宣告请求之日起一个月后增加的无效宣告理由不予考虑。

请求人仅提交一份某单位声称已在本专利的申请日前生产相关外观设计产品的证明和一份未标注日期的另一单位的产品宣传页证明在先使用公开，但未说明上述证据之间的关联，也没有提交任何证明实际销售的佐证，上述证据无论单独使用还是相结合均不能证明在本专利的申请日前已有与之相近似的外观设计产品在国内公开制造和销售。

一、案由

本无效宣告请求涉及国家知识产权局于2006年8月23日授权公告的名称为“按摩器”的200530121205.7号外观设计专利，其申请日为2005年8月25日，原专利权人为任奇峰，后经转让变更为杨骏。

针对上述专利权（下称本专利），宁波华茂进出口有限公司（下称请求人）于2008年8月7日向专利复审委员会提出无效宣告请求，理由是本专利与在其申请日前已公开发表过和在国内公开使用过的外观设计相近似，不符合专利法第23条的规定。请求人同时提交了如下附件作为证据：

附件1：本专利专利登记簿副本复印件（共1页）；

附件2：宁海县城关益凯塑料厂出具的证明复印件（共1页）；

附件 3-1：声称为公司样本的复印件（共 1 页）；

附件 3-2：公司样本的中文译文（共 1 页）；

附件 4-1：美国 550914 号外观设计专利文献复印件（共 6 页）；

附件 4-2：美国 550914 号外观设计专利文献的中文译文（共 1 页）；

附件 5：200630137423.4 号外观设计专利公报复印件及其下载打印件（共 4 页）。

请求人认为附件 2 和附件 3 可以证明与本专利相近似的外观设计产品在本专利的申请日前已经在中国公开制造和销售；附件 4 和附件 5 均公开了与本专利相近似的外观设计，因而本专利不符合专利法第 23 条的规定。

经形式审查合格后，专利复审委员会受理了上述无效宣告请求，并于 2008 年 9 月 2 日将无效宣告请求书及相关附件的副本转给专利权人，要求其在指定的期限内答复。

2008 年 9 月 18 日专利复审委员会向双方当事人发出口头审理通知书，定于 2008 年 11 月 6 日对本案进行口头审理。

2008 年 10 月 9 日专利权人向专利复审委员会提出请求，表示其并未收到关于上述无效宣告请求的受理通知书、请求书和相关证据，请求专利复审委员会推迟进行口头审理，并给其重新邮寄上述案件材料。

2008 年 10 月 15 日，请求人提交了附件 2 和附件 3-1 的原件各 1 份供专利权人质证。

2008 年 10 月 27 日，基于专利权人的请求，专利复审委员会向专利权人重新转送了上述案件材料。

2008 年 10 月 28 日，专利复审委员会再次向双方当事人发出口头审理通知书，定于 2008 年 12 月 4 日对本案进行口头审理。

2008 年 11 月 7 日，请求人提交口头审理回执，表示其不能参加口头审理。

2008 年 11 月 11 日，专利权人针对上述无效宣告请求提交了意见陈述，对附件 2 和附件 3 的真实性提出异议，认为其不能证明在先公开使用的事实；附件 4 和附件 5 的公开日均晚于本专利的申请日，认为其不能作为证明本专利不符合专利法第 23 条的规定的证据。

2008 年 11 月 20 日专利复审委员会将专利权人的上述意见陈述转送请求人，告知其在口头审理时一并陈述意见，如不参加口头审理则在收到上述文件之日起一个月内答复。

口头审理如期举行，专利权人的代理人出席了口头审理，请求人未参加口头审理。专利权人当庭核实了请求人提交的附件 2 和附件 3-1 的原件，但是对附件 2 和附件 3 的真实性表示异议，认为附件 3 中的样本没有发行日期，其所示图片与本专利也不相近似；附件 4 的公开日晚于本专利的申请日，附件 5 的申请日和公开日均晚于本专利的申请日，不能作为评价本专利是否符合专利法第 23 条的规定的对比文件。

2008 年 12 月 5 日，请求人提交针对专利权人 2008 年 11 月 11 日的答复提交意见陈述，认为其已提供了附件 2 和附件 3 的原件，附件 4 和附件 5 表明本专利仅仅是一种按摩器的手柄无法完成按摩功能，因此其不符合专利法第 2 条第 3 款的规定。

在上述审理的基础上，合议组经合议，认为本案事实清楚，依法作出本审查决定。

二、决定的理由

1. 法律依据

请求人以本专利不符合专利法第 23 条的规定提起无效宣告请求，而后又在其 2008 年 12 月 5 日提交的意见陈述中提出本专利不符合专利法第 2 条第 3 款的规定。合议组认为，首先，专利法第 2 条并非专利法实施细则第 64 条中规定的无效条款，其本身也只有一款的规定，因此请求人不能据此请求无效本专利；其次，即便请求人在此处为笔误，实则要引用专利法实施细则第 2 条第 3 款，由于此时距其提出无效宣告请求之日早已超过了一个月，合议组对该超期提出的无效理由不予考虑，因此合议组仅对本专利是否符合专利法第 23 条的规定进行审查。

专利法第 23 条规定，授予专利权的外观设计，应当同申请日以前在国内外出版物上公开发表过或者国内公开使用过的外观设计不相同和不相近似，并不得与他人在先取得的合法权利相冲突。

2. 证据和事实认定

请求人提交的附件 2 和附件 3 分别是宁海县城关益凯塑料厂出具的证明和声称为公司样本的宣传单页及其中文译文，专利权人对上述证据的真实性均有异议。

合议组认为，请求人使用附件 2 和附件 3 证明在本专利的申请日前已有与之相近似的外观设计产品在国内公开制造和销售的事实，但是附件 2 仅为宁海县城关益凯塑料厂的证明，其声称已自 2005 年 6 月起生产相关外观设计产品的声明和相应的产品图片，该证据既缺乏负责人的签字或签章，该单位也未派员出庭接受质证；附件 3 仅为一份没有任何日期标注的产品宣传单页，请求人对其上载有的“宁波天涯国际贸易有限公司”与附件 2 的出证单位之间是否存在关联以及附件 2 和附件 3 之间是否存在关联均无任何说明；附件 2 和附件 3 均缺乏诸如销售发票之类可证明实际销售行为的证据的佐证，故附件 2 和附件 3 无论单独使用还是相结合均不能证明在本专利的申请日前已有与之相近似的外观设计产品在国内公开制造和销售。

请求人提交的附件 4 和附件 5 分别是美国 550914 号外观设计专利文献复印件及其中文译文和 200630137423. 4 号外观设计专利公报复印件及其下载打印件，其中附件 4 的申请日为 2006 年 3 月 6 日、公开日为 2007 年 9 月 11 日均晚于本专利的申请日（2005 年 8 月 25 日）；附件 5 的申请日为 2006 年 8 月 30 日、公开日为 2007 年 1 月 10 日，也均晚于本专利的申请日，因此上述证据均不能适用专利法第 23 条的规定，不适用于本案。

综上，请求人提交的证据均不能证明本专利不符合专利法第 23 条的规定，请求人无效宣告请求的理由不成立。

三、决定

维持 200530121205. 7 号外观设计专利有效。

当事人对本决定不服的，可以根据专利法第 46 条第 2 款的规定，自收到本决定之日起三个月内向北京市第一中级人民法院起诉。根据该款的规定，一方当事人起诉后，另一方当事人应当作为第三人参加诉讼。

068

显像管插座（GZS10-2-AD-A）

无效宣告请求审查决定（第12793号）

决　　定　　号　第12793号
决　　定　　日　2008年12月16日
发明创造名称　显像管插座（GZS10-2-AD-A）
外观设计分类号　14-03
无效宣告请求人　浙江阳康电子有限公司
专　利　权　人　陈宣华
专　　利　　号　200530068671.3
申　　请　　日　2005年8月31日
授权公告日　2006年10月25日
合议组组长　吴大章
主　　审　　员　张雪飞
参　　审　　员　张　凌
附　　　　图　1页

法　律　依　据　专利法第23条
决　定　要　点

在外观设计相同和相近似的判断中，仅以产品的外观作为判断的对象，基于产品的功能、技术性能等方面产生的差别对整体视觉效果不具有显著的影响；本案请求人提交的附件1所示在先公开的外观设计与本专利相近似，本专利不符合专利法第23条的规定。

一、案由

本无效宣告请求涉及国家知识产权局于2006年10月25日授权公告的200530068671.3号外观设计专利，使用该外观设计的产品名称是"显像管插座（GZS10-2-AD-A）"，其申请日是2005年8月31日，专利权人原为深圳市亚力泰科技发展有限公司，后变更为陈宣华。

针对上述外观设计专利权（下称本专利），浙江阳康电子有限公司（下称请求人）于2008年5月6日向专利复审委员会提出无效宣告请求，其理由是本专利不符合专利法实施细则第2条第3款和专利法第23条的规定，并提交了如下证据附件：

附件1是授权公告日为2004年7月7日的200330103260.4号外观设计专利公报复印件1页，其授权公告号为CN3377543D；

附件2是本专利公报复印件1页。

请求人认为本专利外观设计与附件 1 所示在先公开的外观设计相近似，应予宣告无效。

专利复审委员会根据无效宣告请求审查程序的规定受理了该无效宣告请求，并于 2008 年 5 月 6 日将请求人的无效宣告请求文件转送专利权人。

其后，请求人于 2008 年 6 月 5 日提交了意见陈述书，补充如下证据附件：

补充附件 1 是中国质量认证中心作出的“CQC03001004168”号《产品认证证书》复印件 1 页；

补充附件 2 是上海市电子仪表标准计量测试所作出的“Z003-2005035”号《CQC 产品认证试验报告》复印件 10 页；

补充附件 3 是上海市电子仪表标准计量测试所作出的《变更确认表》复印件 1 页；

补充附件 4 是中国质量认证中心作出的“CQC03001004168”号《产品认证证书》复印件 1 页；

补充附件 5 是中国质量认证中心作出的“01341”号《批准印刷/模压标志通知书》复印件 2 页；

补充附件 6 是上海市质量监督检验技术研究院作出的《变更确认表》复印件 1 页；

补充附件 7 是上海市质量监督检验技术研究院作出的《CQC 标志认证试验报告》复印件 11 页；

补充附件 8 是中国质量认证中心作出的“CQC03001004168”号《产品认证证书》复印件 1 页；

补充附件 9 是创维集团有限公司出具的《证明》复印件 2 页；

补充附件 10 是创维集团有限公司签章的采购文件复印件 9 页；

补充附件 11 是温州市科学技术情报研究所翻译部签章的中文译文复印件 1 页；

补充附件 12 是创维集团有限公司出具的《证明》复印件 2 页；

补充附件 13 是创维集团有限公司签章的采购文件复印件 6 页；

补充附件 14 是温州市科学技术情报研究所翻译部签章的中文译文复印件 1 页；

补充附件 15 是创维集团有限公司签章的采购清单复印件 1 页。

请求人认为，补充附件 1~11 能够证明请求人在本专利申请日以前就已公开制造和销售与本专利外观设计相近似的产品，而且创维集团有限公司也在本专利申请日以前使用了上述产品，另外补充附件 12~15 能够证明专利权人的相关企业在本专利申请日以前销售过与本专利外观设计相同的产品，因此本专利不符合专利法第 23 条的规定。

针对请求人于无效请求之日提出的理由和证据，专利权人逾期未提交书面答复意见。

专利复审委员会于 2008 年 7 月 4 日向双方当事人发出口头审理通知书，定于 2008 年 9 月 24 日进行口头审理，同时将请求人补充提交的意见陈述及附件转送专利权人。

专利权人逾期未提交书面答复意见。

2008 年 9 月 24 日口头审理如期举行，双方当事人均委托代理人出席；双方均对对方出庭人员的身份和资格无异议，对合议组成员均无回避请求。

在口头审理中，请求人声明放弃专利法实施细则第 2 条第 3 款作为无效请求的理由，针对专利法第 23 条的理由和证据仍坚持原有观点，其当庭出示了补充附件 2、补充附件 3 和补充附件 5~8 的原件，提交了补充附件 9~15 的原件，并同时提交了一张《浙江增值税专用发票》作为补充证据；合议组告知请求人其当庭补充提交的票据超出了法定的举证期限，本案不予考虑。

专利权人认可附件 1、补充附件 1~8、补充附件 14 和补充附件 15 的真实性，质疑补充附件 9~13 的真实性，且质疑补充附件 1、补充附件 3~8 的关联性，并认为请求人所指定的外观设计均与本专利不相同且不相近似，应维持本专利有效。

在上述审理的基础上，合议组经合议，认为本案事实清楚，依法作出本审查决定。

二、决定的理由

基于请求人提出的无效宣告请求的理由和证据，合议组依据专利法第 23 条的规定进行审理。

专利法第 23 条规定：“授予专利权的外观设计，应当同申请日以前在国内外出版物上公开发表过或者国内公开使用过的外观设计不相同和不相近似，并不得与他人在先取得的合法权利相冲突。”

请求人提交的附件 1 是授权公告日为 2004 年 7 月 7 日的 200330103260.4 号外观设计专利公报复印件，其授权公告号为 CN3377543D；专利权人对其真实性无异议。经合议组核实，其内容真实，公开日期在本专利申请日以前，适用于专利法第 23 条的规定。

该 200330103260.4 号外观设计专利权公开了一款显像管插座的外观设计（下称在先设计）。从图片上观察，在先设计的整体形状为近似倒“8”字形，主要由多个圆柱体叠加、组合而成；下部一侧接有圆柱形的凸出部；前部有多个圆形设计；后部规则排列针状插脚；详见在先设计附图。本专利也是显像管插座的外观设计，其整体形状为近似倒“8”字形，主要由多个圆柱体叠加、排列而成；下部一侧接有阶梯柱状的凸出部，另一侧呈条状凸起；前部有多个圆形设计；后部规则排列针状插脚；详见本专利附图。

合议组认为：本专利和在先设计均为显像管插座的外观设计，用途相同，属于相同类别的产品，具有可比性。

将本专利与在先设计相比较，其不同点为：本专利在下部一侧多了一个条状凸起及相应的后部插脚，且二者其他的一些局部的具体形状设计不同。合议组认为：根据审查指南的规定，在外观设计相同和相近似的判断中，仅以产品的外观作为判断的对象，基于产品的功能、技术性能等方面产生的差别对整体视觉效果不具有显著的影响；因此，虽然本专利下部特有的条状凸起设计可能会导致不同的使用功能，但是从整体外观设计形状的角度上观察，其仅属于局部的细节变化，不足以对二者的整体形状产生显著的视觉影响，同时二者其他的一些局部的具体形状设计的不同相对于整体形状而言也明显属于局部细微差别，均不足以改变二者的整体视觉印象，因此二者应属于相近似的外观设计。

综上所述，在本专利申请日以前已有与其相近似的外观设计在出版物上公开发表过，本专利不符合专利法第 23 条的规定。

鉴于由上述认定已得出本专利不符合专利法所规定的授权条件的结论，本决定对请求人提出的其他理由和证据不再予以评述。

三、决定

宣告 200530068671.3 号外观设计专利权全部无效。

当事人对本决定不服的，可以根据专利法第 46 条第 2 款的规定，自收到本决定之日起三个月内向北京市第一中级人民法院起诉。根据该款的规定，一方当事人起诉后，另一方当事人应当作为第三人参加诉讼。

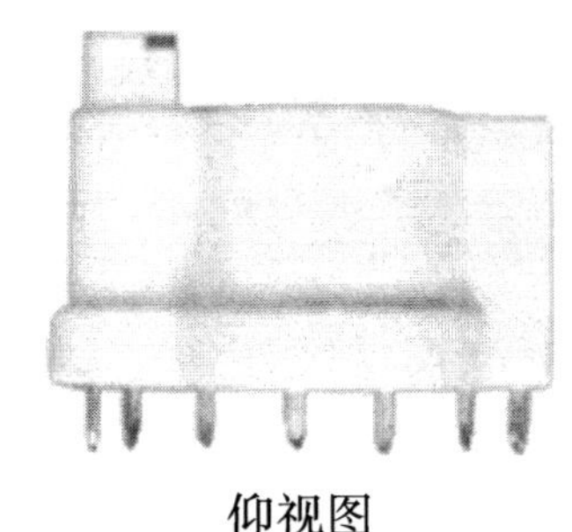
仰视图

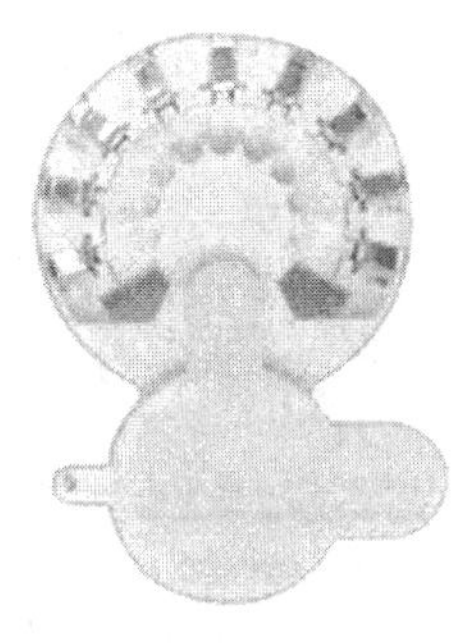
后视图

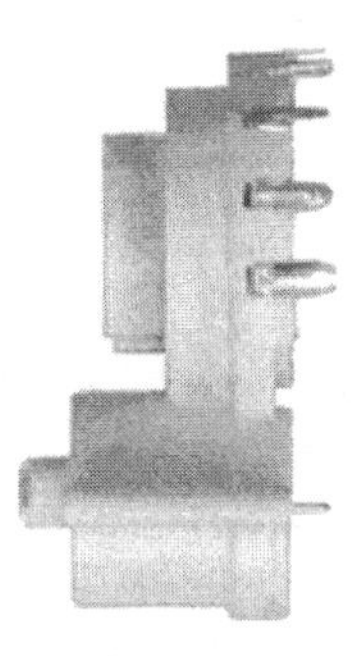
右视图

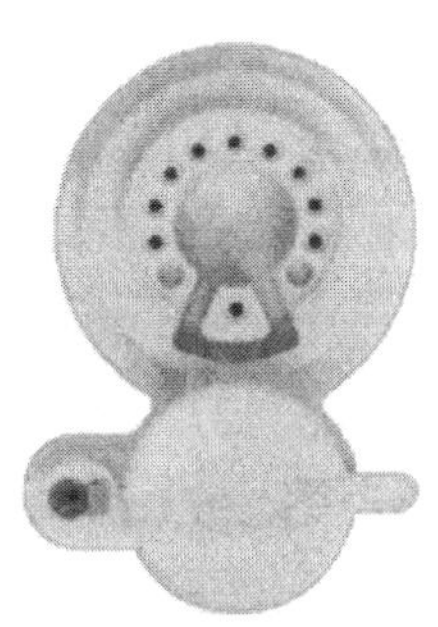
主视图

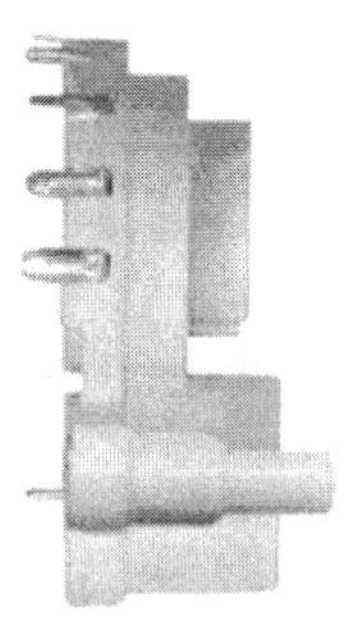
左视图

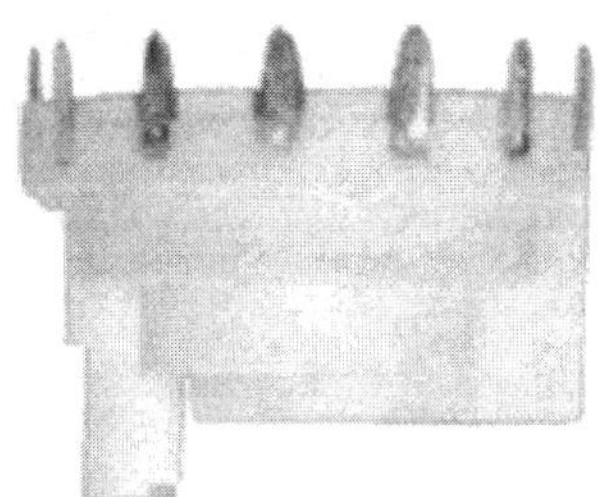
俯视图

本专利附图

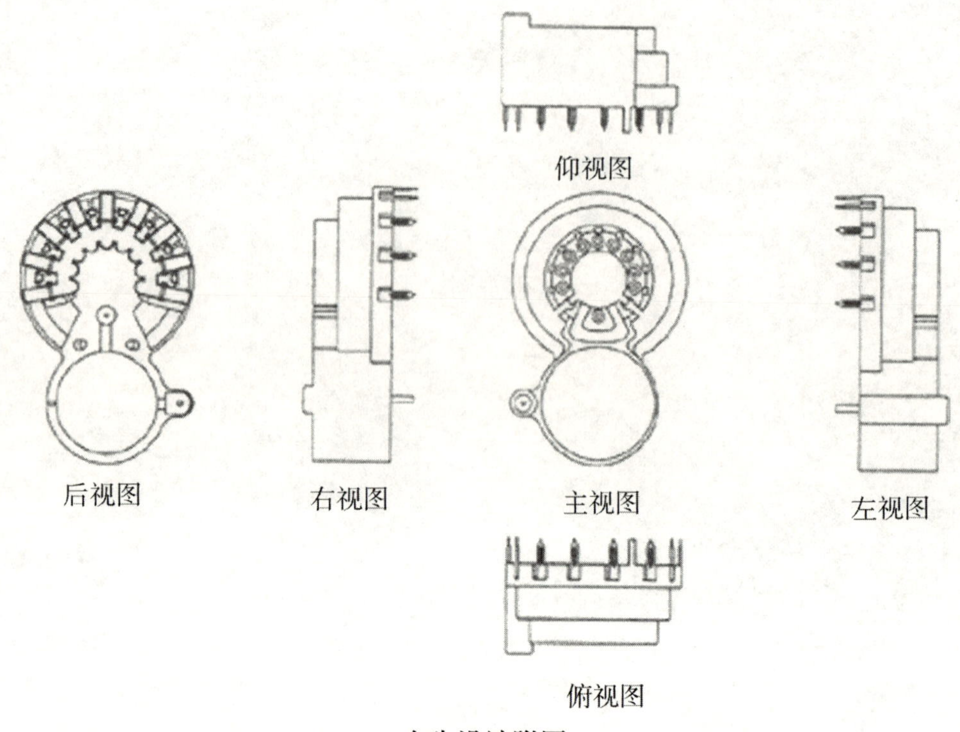

在先设计附图

069

汽车驾驶室前照灯

无效宣告请求审查决定（第 12794 号）

决　　定　　号　第 12794 号
决　　定　　日　2008 年 12 月 24 日
发明创造名称　汽车驾驶室前照灯
外观设计分类号　26-06
无效宣告请求人　五十铃自动车株式会社
专　利　权　人　重庆长安跨越车辆有限公司
专　　利　　号　200630012931.X
申　　请　　日　2006 年 11 月 27 日
授 权 公 告 日　2007 年 10 月 17 日
合 议 组 组 长　吴赤兵
主　　审　　员　张雪飞
参　　审　　员　李改平
附　　　　　图　2 页

法　律　依　据　专利法第 23 条
决　定　要　点

在外观设计相同和相近似的判断中，基于产品的功能、技术性能等方面产生的差别和使用时看不到部位的设计变化等均对整体视觉效果不具有显著的影响。

请求人提交的在先设计与本专利相近似，本专利不符合专利法第 23 条的规定。

一、案由

本无效宣告请求涉及国家知识产权局于 2007 年 10 月 17 日授权公告的 200630012931.X 号外观设计专利，使用该外观设计的产品名称是“汽车驾驶室前照灯”，其申请日是 2006 年 11 月 27 日，专利权人是重庆长安跨越车辆有限公司。

针对上述外观设计专利权（下称本专利），五十铃自动车株式会社（下称请求人）于 2008 年 7 月 23 日向专利复审委员会提出无效宣告请求，其理由是本专利不符合专利法第 23 条的规定，并提交了如下证据附件：

附件 1 是本专利的公开文本复印件 2 页；

附件 2 是授权公告日为 2004 年 8 月 4 日的 200330124456.1 号外观设计专利公报复印件 1 页，其授权公告号为 CN3384117D。

请求人认为本专利与附件2所示在先公开的外观设计相近似，应予宣告无效。

专利复审委员会根据无效宣告请求审查程序的规定受理了该无效宣告请求，并于2008年8月28日将请求人的无效宣告请求文件转送专利权人。

专利权人于2008年10月10日提交了意见陈述书，其分析了本专利与附件2所示外观设计在各个视图上存在的异同点，认为二者从整体视觉上有显著的区别，属于不相同且不相近似的外观设计，应维持本专利有效。

专利复审委员会于2008年10月16日向双方当事人发出口头审理通知书，定于2008年11月27日进行口头审理；并于2008年10月20日将专利权人的意见陈述转送请求人。

请求人逾期未提交书面答复意见。

口头审理如期举行，双方当事人均委托代理人出席；双方均对对方出庭人员的身份和资格无异议，对合议组成员均无回避请求。

在口头审理中，请求人坚持原有观点，认为虽然本专利和附件2所示外观设计存在一些差别，但其差别或属于在产品安装使用后不可见的部位产生的，或是细微的差别，均不足以构成显著的影响，因此二者相近似。

专利权人也坚持原有观点，其对附件2的真实性无异议，但认为本专利是可独立存在的汽车前照灯产品，其后部所示的安装部分从牢固和匹配的角度上考虑是很重要的部分，应具有显著的影响，且此类产品的边框设计是公知公用、大同小异的，设计要点在于前照灯组中各灯的形状和组合方式，从本专利和附件2所示外观设计的可视部分观察，二者具有明显区别，应不相同且不相近似。专利权人当庭演示了相关外观设计产品的实物，并提交了一些车型图片作为参考材料。

口头审理结束后，专利复审委员会于2008年12月5日收到了专利权人提交的意见陈述书，其结合图示仍坚持原有观点。

在上述审理的基础上，合议组经合议，认为本案事实清楚，依法作出本审查决定。

二、决定的理由

基于请求人提出的无效宣告请求的理由和证据，合议组依据专利法第23条的规定进行审理。

专利法第23条规定：授予专利权的外观设计，应当同申请日以前在国内外出版物上公开发表过或者国内公开使用过的外观设计不相同和不相近似，并不得与他人在先取得的合法权利相冲突。

请求人提交的附件2是授权公告日为2004年8月4日的200330124456.1号外观设计专利公报复印件，其授权公告号为CN3384117D；专利权人对其真实性无异议。经合议组核实，其内容真实，公开日期在本专利申请日以前，适用于专利法第23条的规定。

在该200330124456.1号外观设计专利公报中公开了一款汽车前照灯组的外观设计（下称在先设计）。从图片上观察，在先设计为车辆右侧的前照灯组，其整体形状为近似弧面弯曲的梯形，正面包括一个带有弧线的不规则四边形的前大灯、两个竖向排列的近似护膝状的转向灯和前位灯，后面是安装部分，前大灯一侧向外凸出近似矩形的安装板（详见在先设计附图）。

本专利是车辆左侧的前照灯组，其整体形状为近似弧面弯曲的梯形，正面包括一个带有弧线的不规则四边形的前大灯、一个近似三角形的夹缝小灯面、两个竖向排列的近似护膝状的转向灯和前位灯，后面是安装部分（详见本专利附图）。

合议组认为：本专利和在先设计均为汽车前照灯组的外观设计，用途相同，属于相同类别的产品，具有可比性。

将本专利与在先设计相比较，其主要的不同点为：安装部分的形状不同，尤其体现在本专利没有在先设计所示的安装板；且本专利在灯组正面夹缝处多了灯面设计。合议组认为：根据审查指南的规定，在外观设计相同和相近似的判断中，仅以产品的外观作为判断的对象，基于产品的功能、技术性能等方面产生的差别对整体视觉效果不具有显著的影响；对于汽车车灯一类的产品而言，虽然其属于相对独立的零部件产品，但是由于在实际使用过程中其后部隐藏于车身之内，因此从单纯外观设计的角度上考虑，一般情况下车灯后部匹配、安装等功能部位的设计变化既不被一般消费者所关注，也不会含有引人注目的外观设计元素，因此基于后部的设计变化产生的差别对车灯的整体视觉效果不具有显著的影响；综合二者的差别，从整体视觉观察，有无安装板的差别同样属于仅体现安装的牢固程度而在实际使用中看不到部位的设计变化，且相对于在先设计而言，本专利是简化设计，因此有无安装板的差别不足以对二者的整体外观设计产生显著的视觉影响，同时本专利的夹缝小灯面设计对于整体外观设计而言属于局部细微的设计变化，不足以改变整体前照灯组的组合视觉效果；二者其他更为细微的具体设计变化均明显属于局部细微差别，不具有显著的影响；二者无论是整体灯组的组合设计还是各灯的具体形状设计等均是相同或者极其相近似的，应属于相近似的外观设计。

综上所述，在本专利申请日以前已有与其相近似的外观设计在出版物上公开发表过，本专利不符合专利法第 23 条的规定。

三、决定

宣告 200630012931. X 号外观设计专利权全部无效。

当事人对本决定不服的，可以根据专利法第 46 条第 2 款的规定，自收到本决定之日起三个月内向北京市第一中级人民法院起诉。根据该款的规定，一方当事人起诉后，另一方当事人应当作为第三人参加诉讼。

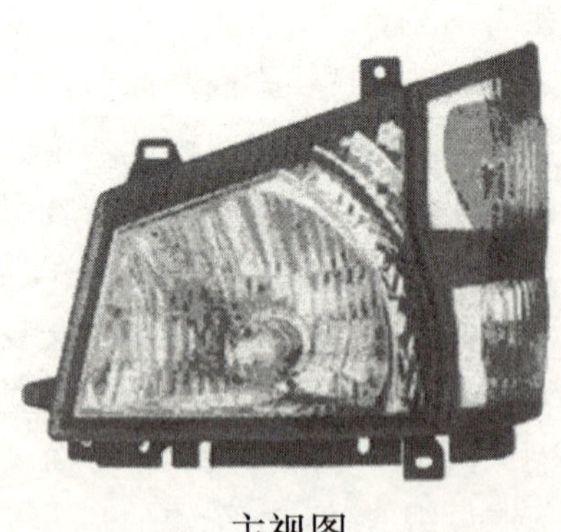

主视图

后视图

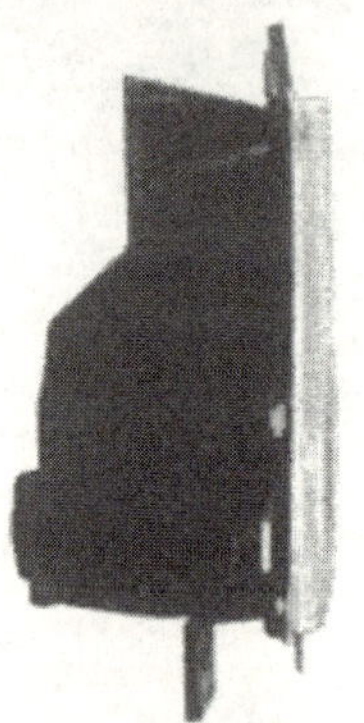

左视图

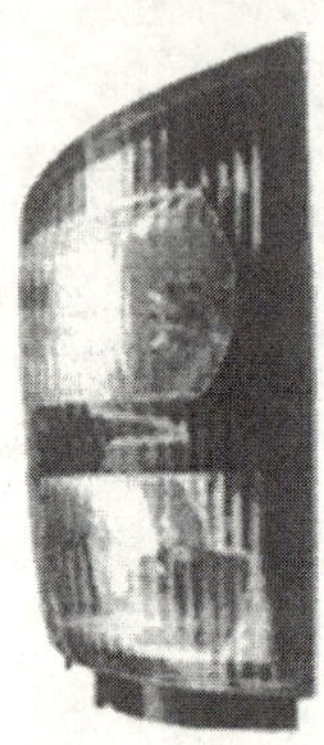

右视图

俯视图

仰视图

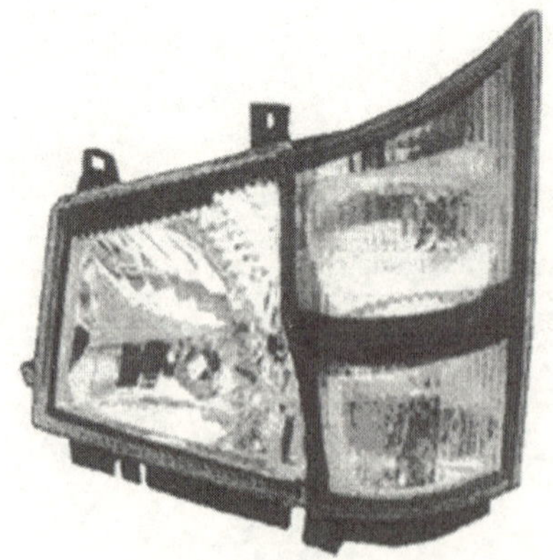

立体图

本专利附图

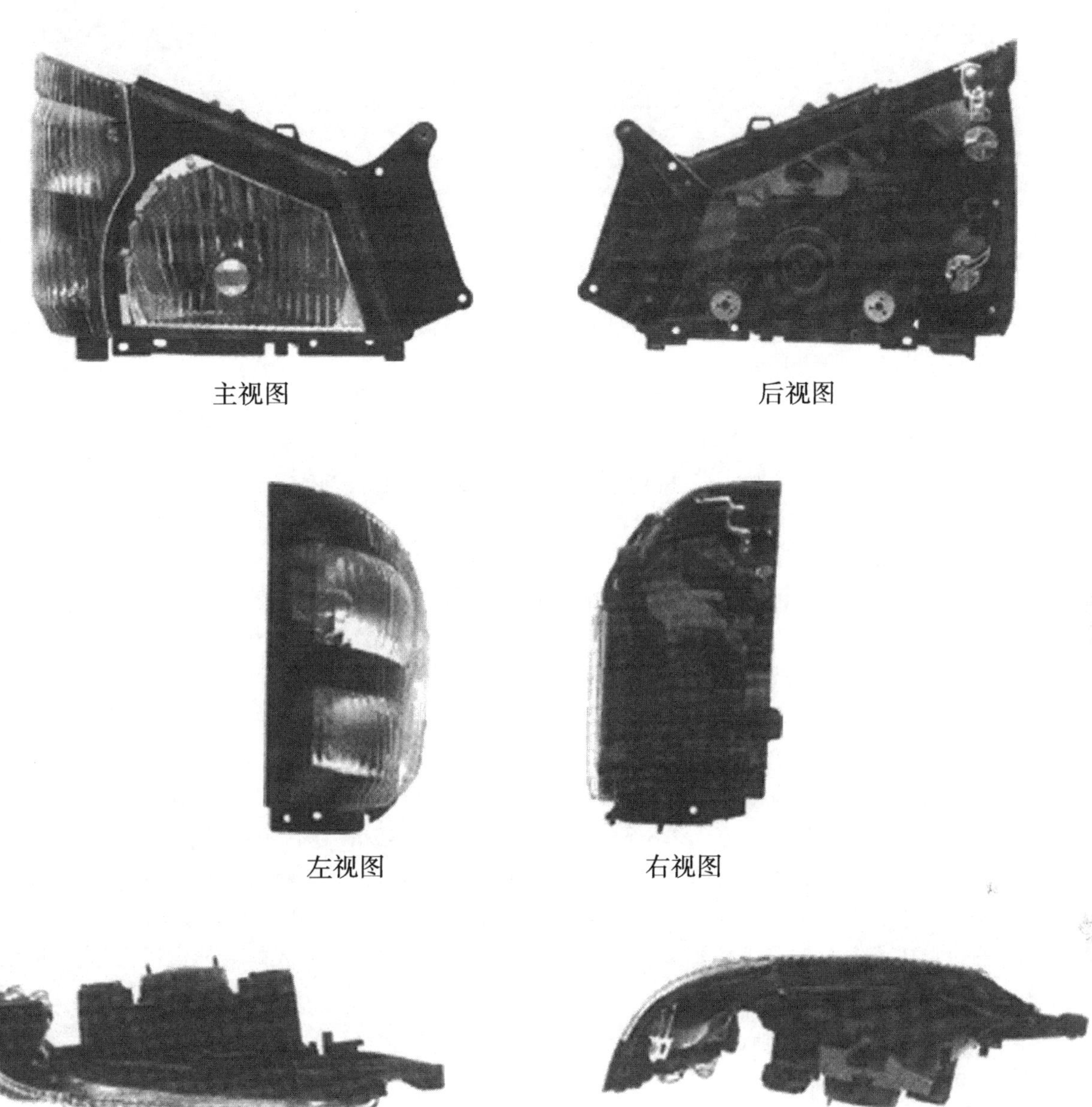

主视图　　后视图

左视图　　右视图

俯视图　　仰视图

在先设计附图

北京市第一中级人民法院
行政判决书

（2009）一中行初字第1105号

原告重庆长安跨越车辆有限公司，住所地中华人民共和国重庆市江北区港城工业园区C片区。

法定表人王重生，董事长。

委托代理人谭士战，男，重庆长安跨越车辆有限公司副总经理。

委托代理人郭云，女，重庆市前沿专利事务所专利代理人。

被告中华人民共和国国家知识产权局专利复审委员，住所地中华人民共和国北京市海淀区北四环西路9号银谷大厦10~12层。

法定代表人张茂于，副主任。

委托代理人李巍巍，女，中华人民共和国国家知识产权局专利复审委员审查员。

委托代理人程强，男，中华人民共和国国家知识产权局专利复审委员审查员。

第三人五十铃自动车株式会社，住所地日本国东京都品川南大井6丁目26番1号。

法定代表人细井行，董事长。

委托代理人陈桢，男，中科专利商标代理有限公司职员。

原告重庆长安跨越车辆有限公司不服被告中华人民共和国国家知识产权局专利复审委员会作出的第12794号无效宣告请求审查决定（以下简称被诉决定），向本院提起行政诉讼。本院于2009年4月14日受理后，依法组成合议庭，依照《中华人民共和国行政诉讼法》第二十七条的规定，通知无效宣告请求人五十铃自动车株式会社作为本案第三人参加诉讼，并于2009年11月3日公开开庭审理了本案。原告的委托代理人谭士战、郭云，被告的委托代理人程强，第三人的委托代理人陈桢到庭参加了诉讼。本案现已审理终结。

2008年12月24日，被告针对第三人提出的宣告200630012931.X号、名称为“汽车驾驶室前照灯”的外观设计专利权（以下简称本专利）无效的请求，作出被诉决定，依据《中华人民共和国专利法》（以下简称《专利法》）第二十三条的规定，宣告本专利全部无效，主要理由如下：

在200330124456.1号外观设计专利公报中公开了一款汽车前照灯组的外观设计（以下简称在先设计）。从图片上观察，在先设计为车辆右侧的前照灯组，其整体形状为近似弧面弯曲的梯形，正面包括一个带有弧线的不规则四边形的前大灯、两个竖向排列的近似护膝状的转向灯和前位灯，后面是安装部分，前大灯一侧向外凸出近似矩形的安装板。

本专利是车辆左侧的前照灯组，其整体形状为近似弧面弯曲的梯形，正面包括一个带有弧线的不规则四边形的前大灯、一个近似三角形的夹缝小灯面、两个竖向排列的近似护膝状的转向灯和前位灯，后面是安装部分。

将本专利与在先设计相比较，其主要的不同点为：安装部分的形状不同，尤其体现在本专利没有在先设计所示的安装板；且本专利在灯组正面夹缝处多了灯面设计。对于汽车车灯一类的产品而言，虽然其属于相对独立的零部件产品，但是由于在实际使用过程中其后部隐藏于车身之内，一般情况下车灯后部匹配、安装等功能部位的设计变化既不被一般消费者所关注，也不会含有引人注目的外观设计元素，因此基于后部的设计变化及有无安装板的差别，不足以对二者的整体外观设计产生显著的视觉影响；同时本专利的夹缝小灯面设计对于整体外观设计而言属于局部细微的设计变化，不足以改变整体前照灯组的组合视觉效果；二者其他更为细微的具体设计变化均明显属于局部细微差别，不具有显著的影响；二者应属于相近似的外观设计。本专利不符合《专利法》第二十三条的规定。

被告在法定期限内向本院提交了本专利及在先设计的专利公报，用以证明被诉决定认定事实清楚、适用法律正确。原告诉称，本专利与在先设计不相同也不相近似，主要理由如下：（1）本专利前大灯右上角设计的近似三角形的小灯面不是在夹缝中，它位于车灯最显眼的位置，清晰可见，透过前面的透明物可看见小灯面中有弧形波纹，小灯面与面前大灯汇和形成右上角延至灯座顶边的梯形大灯面，改变了前大灯的形状，并且使前大灯占整个车灯正面的面积明显增大。同时，本专利两个竖向排列的护膝状的转向灯和前位灯与在先设计也存在显著区别。常见载重汽车均是前大灯在正前面，转向灯和前位灯在转弯处，整体形状为近似弧面弯曲的梯形，因此“汽车前照灯”中各灯的分布是公知公用的，本专利新设计的三角形小灯面和把转向灯及前位灯设计成三层色度变化的侧灯组容易被一般消费者所关注，对车灯的整体视觉效果具有显著影响。（2）汽车车灯是一个独立的产品，其使用不仅仅是安装在车上使用，它还包括展示和销售，当车灯放在贮柜里展示或者单独销售时，车灯的整个形状是可见的。二者的外表形状有显著区别，最容易被观察到的是本专利的外轮廓无安装板，这一特定设计对于一般消费者能够产生引人瞩目的视觉效果，二者的后面部分也不相近似。（3）在先设计没有提供所述外观产品安装在车上的使用状态参考图，不能毫无疑义地确定其产品安装在车上以后，矩形安装板能否全部隐藏于车内，也不能毫无疑义地确定在先设计与本专利产品安装在车上以后的可视外轮廓的形状一定相同或相近似。综上，本专利符合《专利法》第二十三条的规定。请求法院判决撤销被诉决定，并责令被告重新作出具体行政行为。

原告于法定期限内亦向本院提交了本专利及在先设计的专利公报，同时还提交了常见载重汽车图片，用以证明本专利和在先设计相比不相近似。

被告辩称：第三人提供的证据已经充分证明在本专利申请日之前，已有相近似的外观设计公开发表过，本专利不符合《专利法》第二十三条的规定，被诉决定审理程序合法、认定事实清楚、适用法律正确，原告的诉讼理由不能成立，请求法院驳回其诉讼请求，维持被诉决定。

第三人陈述意见认为：本专利的三角形小灯位于大灯和转向灯的夹缝中，整体面积很小，其内部的所谓“弧状波纹”更加细小，因此，属于“局部细微的设计”；本专利的授权文本中没有关于要求保护色彩的内容，原告所述的本专利有三层色度的变化是不存在的；虽然在一些设计中有大灯、转向灯和前位灯，但并不能就此认为它们的形状及部局都是惯常设计，原告的该部分观点也是不能成立的；对于汽车灯类产品，大灯、转向灯和前位灯相对于安装部件，通常对整体视觉效果更具有显著的影响；从在先设计的视图中可以看到用于安装的连接部件，即使没有使用状态的参考图，也很容易判断安装后的可视外轮廓。综上，原告的各项理由不能成立，被诉决定认定事实清楚，结论正确，请求法院予以维持。第三人未向本院提交证据。

在庭审质证中，原、被告对本专利及在先设计的专利公报的关联性、真实性、合法性均不持异议，但不同意对方的证明作用，此外，被告认为原告提交的常见载重汽车图片与本案没有关联性，第三人同意被告的举证及其对原告证据的质证意见。经审查，本院认为原告提交的常见载重汽车图片与本案没有关联性，对其余证据予以确认。

根据以上证据及当事人无争议的陈述，本院认定事实如下：

本专利的申请日是2006年11月27日，授权公告是2007年10月17日，专利权人是原告。2008年7月23日，第三人以本专利不符合《专利法》第二十三条规定为由，向被告提出无效宣告请求，并提交了本专利及在先设计的专利公报作为证据，其中在先设计的授权公告日为2004年8月4日。

被告受理后，依照法定程序进行了文件转送，原告亦提交了意见陈述书，分析了本专利与在先设计在各个视图上存在的异同点，认为二者从整体视觉上有显著的区别，属于不相同且不相近似的外观设计，应维持本专利有效。被告再次转文后，于 2008 年 11 月 27 日进行口头审理，原告及第三人均坚持各自观点。口头审理结束后，原告再次向被告提交了意见陈述书。2008 年 12 月 24 日，被告经审查后作出被诉决定，并于 2009 年 1 月 14 日以邮寄方式向原告及第三人送达。原告在法定期限内向本院提起行政诉讼。

庭审中，原告及第三人对被告的审查程序不持异议。

本院认为：根据原告及第三人无争议的陈述，经审查，本院对被告作出被诉决定的程序的合法性予以确认。

《专利法》第二十三条规定：授予专利权的外观设计，应当同申请日以前在国内外出版物上公开发表过或者国内公开使用过的外观设计不相同和不相近似，并不得与他人在先取得的合法权利相冲突。根据《审查指南》第四部分第五章的相关规定，在判断外观设计是否相同和相近似时，应当基于被比设计产品的一般消费者的知识水平和认知能力，以整体观察、综合判断的方式进行评价，以二者的差别对于产品外观设计的整体视觉效果是否具有显著影响作为判断原则，通常情况下，使用时容易看到部位的设计变化相对于不容易看到或者看不到部位的设计变化，对整体视觉效果更具有显著的影响。

本案中，将本专利与在先设计的图片进行对比，被诉决定对两外观设计的描述和主要不同点的认定是准确的。首先，关于安装部分不同的问题，虽然汽车车灯是一个独立的产品，在展示和销售时，作为车灯组成部分的安装部件及车灯的后部均可以被看见，但在实际使用时，这些部位是不容易被看到或看不到的，被告认定其设计变化对汽车车灯的整体视觉效果不具有显著的影响正确；关于本专利灯组正面增加了小灯面设计的问题，从本专利主视图可以看出，三角形小灯面位于前大灯右上角且面积较小，相对于由前大灯和两个竖向排列的转向灯、前位灯组成的灯组正面，被诉决定认定其在灯组正面的夹缝处且属于局部细微的设计变化也是正确的。由于二者上述的主要差别及其他局部细微差别对整体视觉效果不具有显著影响，被诉决定认定二者属于相近似的外观设计，本专利不符合《专利法》第二十三条规定的结论正确。

综上，被诉决定认定事实清楚，程序合法，适用法律正确，本院应予维持。原告的诉讼理由缺乏事实及法律依据，其诉讼请求本院不予支持。依照《专利法》第二十三条、《中华人民共和国行政诉讼法》第五十四条第（一）项，判决如下：

维持中华人民共和国国家知识产权局专利复审委员会于二〇〇八年十二月二十四日作出的第 12794 号无效宣告请求审查决定。

案件受理费人民币 100 元，由原告重庆长安跨越车辆有限公司负担（已交纳）。

如不服本判决，原告重庆长安跨越车辆有限公司、被告国家知识产权局专利复审委员会可在判决书送达之日起 15 日内，第三人五十铃自动车株式会社可在判决书送达之日起 30 日内向本院递交上诉状，并按对方当事人的人数提出副本，上诉于中华人民共和国北京市高级人民法院。上诉人于上诉期满 7 日内未预交上诉费又未提出缓交申请的，视为自动撤回上诉。

审 判 长　张　杰

代理审判员　何君慧

代理审判员　张靓卿

二〇〇九年十二月十八日

书 记 员　张　涵

070

包装纸（凤凰沱茶）

无效宣告请求审查决定（第12795号）

决　　定　　号　第12795号
决　　定　　日　2008年12月25日
发明创造名称　包装纸（凤凰沱茶）
外观设计分类号　05-06
无效宣告请求人　云南南涧凤凰生态茶厂
专　利　权　人　云南南涧茶厂
专　　利　　号　200430028182.0
申　　请　　日　2004年3月22日
授　权　公　告　日　2004年10月27日
合　议　组　组　长　张　凌
主　　审　　员　王　红
参　　审　　员　周　佳
附　　　　图　1页

法　律　依　据　专利法第23条
决　定　要　点

本专利与在先设计的不同之处仅在于细微的局部图案的变化，但二者在图案及其布局上的相似已使二者呈现整体相近似的视觉效果，上述局部细微差别不会对整体视觉效果产生显著影响，因此，二者属于相近似的外观设计，本专利不符合专利法第23条的规定。

一、案由

本无效宣告请求涉及国家知识产权局于2004年10月27日授权公告的200430028182.0号外观设计专利，使用该外观设计的产品名称为"包装纸（凤凰沱茶）"，申请日是2004年3月22日，原专利权人是林丽君，后变更为云南南涧茶厂。

针对上述专利权（下称本专利），云南南涧凤凰生态茶厂（下称请求人）于2008年7月8日向专利复审委员会提出无效宣告请求，其依据的事实和理由是：本专利在其申请日前，已有与其相近似的外观设计在出版物上公开发表过，因此，本专利不符合专利法第23条的规定。请求人同时提交了如下附件作为证据：

附件1：本专利的网上公开图片及著录项目复印件1页；

附件2：德宏民族出版社出版发行的《南涧年鉴》封面及相关内页复印件2页；

附件3：五行图书出版有限公司出版的第六期《茶艺普洱壶艺》版权信息页及相关内页复印件2页；

附件4：五行图书出版有限公司出版的第九期《茶艺普洱壶艺》版权信息页及相关内页复印件7页。

请求人认为，附件2~4上所公开的在先设计与本专利在构图上是一致的，以两只凤凰组成的主要特征是极其相近似的。

专利复审委员会经形式审查合格后受理了该无效宣告请求，并于2008年7月30日将请求人提交的无效宣告请求文件转送专利权人。

专利权人于2008年8月25日提交了意见陈述书，认为请求人提交的证据与本专利不相同，因此本专利符合专利法的有关规定。

专利复审委员会于2008年10月17日将专利权人提交的意见陈述及附件转送请求人，同时向双方当事人发出口头审理通知书，定于2008年11月17日进行口头审理。

口头审理如期举行，双方当事人均委托代理人出庭，双方均对对方出庭人员的身份和资格无异议，对合议组成员无回避请求对其变更无异议。在口头审理中，请求人当庭提交了附件2~4的原件，指出附件2所示杂志是由南涧地方编委会编辑，于2003年7月出版，附件3和附件4的杂志在国内有发行商。专利权人认为请求人在提出无效宣告请求时没有提交附件2的版权信息页；附件3和附件4的复印件与原件一致，由于该证据是域外证据，故对其真实性难以确认。在相近似性判断方面，请求人坚持其原有观点，专利权人认为附件2~4中所示的外观设计与本专利有明显区别，均不构成相同或者相近似。

在上述审理的基础上，合议组经合议，认为本案事实清楚，依法作出本审查决定。

二、决定的理由

1. 法律依据

基于请求人提出的无效宣告请求的理由，合议组依据专利法第23条的规定对本案进行审理。

专利法第23条规定：“授予专利权的外观设计，应当同申请日以前在国内外出版物上公开发表过或者国内公开使用过的外观设计不相同和不相近似，并不得与他人在先取得的合法权利相冲突。”

2. 证据认定

请求人提交的附件3是五行图书出版有限公司出版的第六期《茶艺普洱壶艺》版权信息页及相关内页复印件。请求人在口头审理中提交了该份杂志的整本原件。专利权人认为附件3的复印件与原件一致，但附件3所示杂志为域外证据，对其真实性不予认可。合议组认为：附件3的版权信息页上记载了其出版日期为2003年5月20日（本专利申请日之前），其国际杂志书码为ISSN01683-1780，由“五行图书出版有限公司”发行，其公司地址位于中国台湾，同时记载“全国各大书局及茶行经销点代销处均售”，并刊登了北京、上海、广州、云南等经销点名称。因此根据其版权信息内容可知，附件3所示杂志属于由国内公众渠道可以获得的出版物。虽然专利权人对其真实性提出质疑，但是未提交任何相反证据加以推翻，因此合议组对该份杂志的真实性予以认定，该份杂志的公开日早于本专利的申请日（2004年3月22日），属于专利法第23条所规定公开出版物，适用于本案。

3. 相同和相近似判断

附件3所示杂志中第66页公开了一款包裹“沱茶”状态下的包装纸的外观设计（下称在先设计）。其与本专利均为茶叶包装纸，用途相同，属于相同类别的产品，可以进行外观设计相同和相近似比较。

本专利为一平面产品，整体形状为正方形，中间有一个圆圈，圈内有两只凤凰，都是尾巴朝上，头朝下，且头与头、尾与尾相对，构成一个圆形。在两只凤凰构成的圆形上方有稍大的环状文字，两只凤凰构成的圆形下方有稍小的环状文字。在两只凤凰的中间有一图案（详见本专利附图）。在先设计为包裹茶叶状态下的包装纸，其中间有一个圆圈，圈内有两只凤凰，都是尾巴朝上，头朝下，且头与头、尾与尾相对，又构成一个圆形。在两只凤凰的构成的圆形上方有稍大的环状文字，两只凤凰构成的圆形下方有稍小的环状文字。在两只凤凰的中间有一商标的图案（详见在先设计附图）。

将本专利与在先设计相比较，两者的主要相同点为圆形图案的布局、文字排列位置、对称设计的凤凰图案基本相同。其主要的不同点为：本专利为正方形，在先设计的形状未示出。凤凰图案上方和下方的文字略有差别；凤凰图案中间的图案不同，本专利为近似三角形，在先设计为近似圆形；凤凰图案的颈首部略有差别。合议组认为，从整体观察，本专利与在先设计的凤凰图案设计、主要图案组成部分的排列布局已形成了相近似的视觉效果，上述差别均属于局部细微的变化，对整体视觉效果不构成显著影响，因此本专利与在先设计属于相近似的外观设计。

4. 结论

综上所述，在本专利申请日以前已有与其相近似的外观设计在出版物上公开发表过，本专利不符合专利法第 23 条的规定。

鉴于由上述已得出本专利不符合专利法所规定的授权条件的结论，本决定对请求人提出的其他证据不再予以评述。

三、决定

宣告 200430028182. 0 号外观设计专利权全部无效。

当事人对本决定不服的，可以根据专利法第 46 条第 2 款的规定，自收到本决定之日起三个月内向北京市第一中级人民法院起诉。根据该款的规定，一方当事人起诉后，另一方当事人应当作为第三人参加诉讼。

主视图

使用状态参考图

本专利附图

在先设计附图

071

户外广告视频播放器（球型）

无效宣告请求审查决定（第12796号）

决　　定　　号　第12796号
决　　定　　日　2009年1月8日
发明创造名称　户外广告视频播放器（球型）
外观设计分类号　14-01
请　　求　　人　汇泰集团有限公司
专　利　权　人　扣喜阳
专　　利　　号　200630305905.6
申　　请　　日　2006年12月13日
授　权　公　告　日　2007年6月13日
合　议　组　组　长　张雪飞
主　　审　　员　徐清平
参　　审　　员　周　佳
附　　　　　图　1页

法　律　依　据　专利法第23条
决　定　要　点

在先设计均未清楚显示可与本专利户外广告视频播放器的球幕、底座及其进出门相对应的形状设计，而上述部分形成了本专利的整体视觉效果，在先设计在所述部分均未清楚显示的情况下，不能认定其与本专利相同或相近似。

请求人的无效宣告请求理由不能成立，应维持本专利有效。

一、案由

本无效宣告请求涉及国家知识产权局于2007年6月13日授权公告的200630305905.6号外观设计专利，使用该外观设计的产品名称为“户外广告视频播放器（球型）”，申请日是2006年12月13日，专利权人是扣喜阳。

针对上述专利权（下称本专利），汇泰集团有限公司（下称请求人）于2007年9月20日向专利复审委员会提出无效宣告请求，其依据的事实和理由是：请求人提交的附件1~5所示报纸中香港媒体对2003年8月18日由香港旅游局举办的“香江明珠激光汇演”作了报道，这些报纸公开发表的“明珠”外观造型与本专利主视图和立体图完全相同，虽然公开的照片因远距离拍摄而看不出门孔设计，但属一般消费者不易关注的细节特征，报纸所示照片虽仅反映一个视图，但根据一般常识球体形状是相互对称的，一般消费者可以联想到其他视图，因此本专利全部设计特征已被附件1~5照片所示产品全部公开；附件6~9可证明请求人与专利权人所属公司在本专利申请日前签订了“星幻明珠”买卖合同，之后双方签订终止协议，专利权人在合同尚未终止时使用和抄袭了请求人的技术和产品外观设计并申请了本专利。因此，本专利不符合专利法第23条的规定。请求人提交的作为证据的附件如下：

附件1：2003年8月18日香港《太阳报》相关版面复印件1页；

附件2：2003年8月18日香港《文汇报》相关版面复印件1页；

附件3：2003年8月18日香港《大公报》相关版面复印件2页；

附件4：2003年8月18日《中国日报》香港版相关版面复印件2页；

附件5：2003年8月18日香港《明报》相关版面复印件1页；

附件6：2005年7月25日请求人与上海米蓝达广告有限公司签订的《“星幻明珠”买卖合同》复印件9页；

附件7：2006年6月8日请求人与上海米蓝达广告有限公司签订的《关于“星幻明珠”买卖合同和技术服务协议书的补充协议书》复印件4页；

附件8：2007年4月27日请求人与上海米蓝达广告有限公司签订的《终止协议》复印件2页；

附件9：请求人提供的“星幻明珠”技术规格文件复印件3页。

专利复审委员会经形式审查合格受理了该无效宣告请求，并于2007年11月13日将无效宣告请求书及其附件的副本转送给专利权人，通知其在指定期限内陈述意见。

2007年10月24日请求人补充提交了盖有“上海图书馆上海科学技术情报研究所文献服务部”印章的附件2、附件3、附件5所示报纸的复印件，以证明所述报纸为上海图书馆馆藏报纸。

2008年3月28日专利权人提交了意见陈述书，专利权人认为：请求人提交的报纸上图片仅摄有“明珠”，并不能说明该明珠为一大型球体，也不能证明其功能为户外广告视频播放器，将“明珠”照片与本专利对比，前者未反映出本专利的32片球幕，也不能体现其分为底座和球幕两个部分，二者在外观和结构上存在实质区别；且请求人未提交任何证据证明其对于户外广告视频播放器或“明珠”享有任何技术或外观设计权利，也就无从说起专利权人使用和抄袭了其技术和产品外观设计；因此本专利符合专利法第23条的规定。专利权人同时提交了相关产品立体图和尺寸示意图。专利复审委员会成立合议组对本案进行审理，于2008年4月1日向请求人和专利权人发出口头审理通知书，定于2008年5月14日对本案进行口头审理，同时将请求人2007年10月24日补充提交的证据转送给专利权人，又于2008年4月3日将专利权人提交的意见陈述转送给请求人。

口头审理如期举行，请求人和专利权人均委托代理人参加了审理，双方对对方参加口头审理人员的身份和资格无异议，对合议组成员无回避请求。请求人当庭提交了盖有“上海图书馆上海科学技术情报研究所文献服务部”印章原迹的附件2、附件3、附件5所示报纸复印件，并提交了附件6、附件8的原件；其认为附件1~5分别可单独证明与本专利相同或相近似的外观设计在其申请日之前已经公开发表过，附件6~9可证明在本专利申请日之前，专利权人可以得到涉案专利产品，亦即附件1~5、附件9图片所示产品，这些证据相结合可证明所述产品在先公开使用的事实；据此可证明本专利不符合专利法第23条的规定。专利权人对附件1~8的真实性无异议，对附件9的真实性有异议。双方对请求人在提交的证据中所指定的对比设计与本专利是否相同或相近似详细陈述了意见，坚持各自观点。

在双方当事人意见陈述及口头审理的基础上，合议组经合议，认为本案事实清楚，依法作出本审查决定。

二、决定的理由

1. 无效宣告请求理由和相关法律规定

基于请求人提出无效宣告请求所依据的事实和理由，合议组对本专利是否符合专利法第 23 条的规定进行审查。

专利法第 23 条规定："授予专利权的外观设计，应当同申请日以前在国内外出版物上公开发表过或者国内公开使用过的外观设计不相同和不相近似，并不得与他人在先取得的合法权利相冲突。"

2. 证据及事实认定

请求人提交的附件 1 至附件 5 分别是 2003 年 8 月 18 日香港《太阳报》、香港《文汇报》、香港《大公报》、《中国日报》香港版、香港《明报》相关版面复印件，并提交了盖有"上海图书馆上海科学技术情报研究所文献服务部"印章原迹的附件 2、附件 3、附件 5 所示报纸复印件，专利权人对附件 1~5 的真实性均无异议。合议组认为，上述证据均为公开出版的报纸复印件，在专利权人对其真实性无异议的情况下，合议组予以采信；其出版时间均在本专利申请日之前，即属于本专利申请日前的公开出版物，可适用专利法第 23 条的规定作为本案证据。

请求人提交的附件 6 是 2005 年 7 月 25 日请求人与上海米蓝达广告有限公司签订的《"星幻明珠"买卖合同》复印件，附件 7 是 2006 年 6 月 8 日请求人与上海米蓝达广告有限公司签订的《关于"星幻明珠"买卖合同和技术服务协议书的补充协议书》复印件，附件 8 是 2007 年 4 月 27 日请求人与上海米蓝达广告有限公司签订的《终止协议》复印件，附件 9 是请求人提供的"星幻明珠"技术规格文件复印件，专利权人对附件 6~8 的真实性无异议。合议组认为，在专利权人对附件 6~8 的真实性无异议的情况下，对附件 6~8 的真实性予以确认，其内容涉及有关"星幻明珠"产品的购买协议，可证明对所述产品的销售事实，但在附件 6~8 中均无表示所述产品的附图，即使在附件 6 中涉及"星幻明珠"产品的内容及规格记载，也不足以表明所述产品确定的外观设计，即附件 6~8 不能证明所销售产品的具体外观设计；附件 9 所示"星幻明珠"技术规格文件虽有附图，但不能表明其属于附件 6~8 所示协议的附件，请求人也未充分证明其与附件 6~8 的关联性，故对请求人认为附件6~8 所涉及产品即为附件 9 附图所示产品的主张不予支持；同理，请求人也未充分证明附件 1~5 所示报纸与附件 6~8 的关联性，故对请求人认为附件 6~8 所涉及产品即为附件 1~5 所示报纸刊载的产品的主张亦不予支持。因此，将附件 6~8 与附件 9 相结合或者分别与附件 1~5 相结合，不能证明所销售产品的具体外观设计，即不能认定所销售产品是否具有与本专利相同或相近似的外观设计，请求人以所述证据证明本专利与在先公开使用的外观设计相同或相近似而不符合专利法第 23 条规定的无效宣告请求理由不能成立。

3. 外观设计对比

本专利所示户外广告视频播放器由球幕和底座两部分连成一体，其球幕部分由均分的若干片组成球体，底座为上小下大的圆台形并在正面和背面设有进出门（详见本专利附图）。在请求人指定的附件 1~5 照片所示在先设计中，均显示有类似圆形设计，但由于所示报纸图片不清晰以及仅分别由一面视图表示，均未清楚显示本专利所示圆台形底座以及进出门等相应设计，且受照片高光及投影因素等影响，也难以认定请求人所称"球幕"的本来设计（详见附件 1~5 附图）。合议组认为，由于在先设计未清楚显示可与本专利球幕、底座及其进出门相对应的形状设计，而上述部分形成了本专利的整体视觉效果，在先设计在所述部分均未清楚显示的情况下，不能认定其与本专利相同或相近似。

综上所述，请求人提交的证据均不足以证明在本专利申请日之前已有相同或相近似的外观设计在出版物上公开发表过或于国内公开使用过，其据此证明本专利不符合专利法第 23 条的无效宣告请求理由不能成立。

三、决定

维持 200630305905.6 号外观设计专利权有效。

当事人对本决定不服的，可以根据专利法第 46 条第 2 款的规定，自收到本决定之日起三个月内向北京市第一中级人民法院起诉。根据该款的规定，一方当事人起诉后，另一方当事人应当作为第三人参加诉讼。

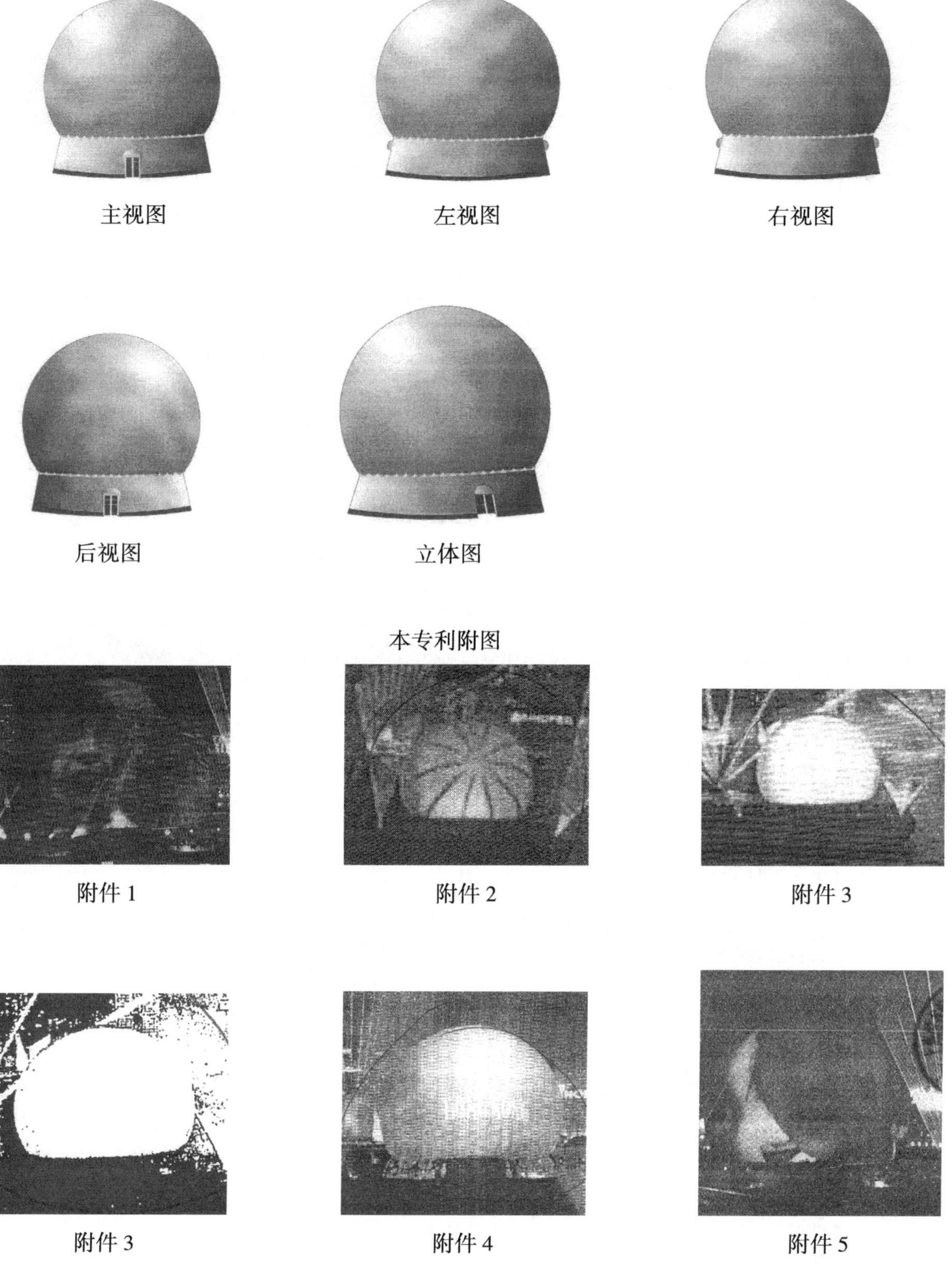

主视图　左视图　右视图

后视图　立体图

本专利附图

附件1　附件2　附件3

附件3　附件4　附件5

在先设计附图

072

密封盖外盖

无效宣告请求审查决定（第12797号）

决　　定　　号　第12797号
决　　定　　日　2008年12月23日
发明创造名称　密封盖外盖
外观设计分类号　09-07
无效宣告请求人　江苏金扬子包装科技有限公司
专　利　权　人　北京奥星恒迅包装科技有限公司
专　　利　　号　200430080543.6
申　　请　　日　2004年9月10日
授 权 公 告 日　2005年5月11日
合 议 组 组 长　吴大章
主　　审　　员　张　凌
参　　审　　员　李改平
附　　　　　图　2页

法　律　依　据　专利法第23条
决　定　要　点

本专利与在先设计的整体形状相同、基本结构相近似，呈现整体相近似的视觉效果，因此本专利与在先设计相近似。

一、案由

本无效宣告请求涉及国家知识产权局于2005年5月11日授权公告的、名称为"密封盖外盖"的200430080543.6号外观设计专利，其申请日为2004年9月10日，专利权人为北京奥星恒迅包装科技有限公司。

针对上述专利权（下称本专利），江苏金扬子包装科技有限公司（下称请求人）于2008年6月4日向专利复审委员会提出无效宣告请求，理由是本专利与在其申请日前已公开发表过的外观设计相近似，不符合专利法第23条的规定。请求人同时提交了如下附件作为证据：

附件1：德国DE4109455（A1）专利文献复印件（共6页）；

附件2：中国01266142.2号实用新型专利说明书复印件（共12页）；

附件3：日本2001-187110号专利公报复印件（共8页）。

请求人认为附件1~3的公开日均早于本专利的申请日，本专利所保护的设计内容在上述附件中均被完全公开，本专利没有新颖性，因此不符合专利法第 23 条的规定。

经形式审查合格后，专利复审委员会受理了上述无效宣告请求，并于 2008 年 6 月 13 日将无效宣告请求书及相关附件的副本转给专利权人，要求其在指定期限内答复。

专利权人在规定的期限内未陈述意见。

2008 年 8 月 22 日专利复审委员会向双方当事人发出口头审理通知书，定于 2008 年 11 月 5 日举行口头审理。

口头审理如期举行，双方当事人的代理人参加了口头审理。请求人明确其无效宣告的理由为专利法第 23 条（在先公开发表），依据的证据为附件 1~3；在专利权人表示附件 1 和附件 3 未提交中文译文相应附件应视为未提交后，请求人表示放弃附件 1 和附件 3；关于相同相近似对比，请求人坚持原有意见。专利权人对附件 2 的真实性及其在本专利申请日前公开无异议，但认为附件 2 相对本专利的外盖顶面多出一个拉环，而外盖的顶面部位是该类产品在使用时的操作部位也是最容易引起消费者注意的部位，因此对视觉效果有显著的影响。

在上述审理的基础上，合议组经合议，认为本案事实清楚，依法作出本审查决定。

二、决定的理由

1. 法律依据

基于请求人提出无效宣告请求所依据的理由和证据，合议组对本专利是否符合专利法第 23 条的规定进行审查。

专利法第 23 条规定，授予专利权的外观设计，应当同申请日以前在国内外出版物上公开发表过或者国内公开使用过的外观设计不相同和不相近似，并不得与他人在先取得的合法权利相冲突。

2. 证据认定

鉴于请求人已在口头审理中明确表示放弃附件 1 和附件 3，本决定对其不再予以评述。

请求人提交的附件 2 是中国 01266142. 2 号实用新型专利说明书复印件，专利权人对其真实性无异议，故合议组对该证据的真实性予以确认，对该证据予以采信。01266142. 2 号实用新型专利的名称为“密封盖”，授权公告日为 2002 年 8 月 28 日，其公开日早于本专利的申请日（2004 年 9 月 10 日），属于专利法第 23 条规定的出版物，适用本案。

3. 关于相同、相近似的对比

本专利与附件 2（下称在先设计）均涉及密封盖外盖，二者属于相同类别的产品，可以进行相同、相近似性对比。

本专利所示密封盖外盖为一两层的圆台，其下层圆台的直径大于上层圆台，上层圆台的顶面有一环形的凹入，顶面的中心有一个圆形，该外盖的截面呈“凸”形（详见本专利附图）。

在先设计所示密封盖的外盖为一两层的圆台，其下层圆台的直径大于上层圆台，上层圆台的顶面有一环形的凹入，其上设有一个拉环，该外盖的截面呈“凸”形（详见在先设计附图）。

将本专利与在先设计相比，二者的主要相同点是均为两层的圆台，下层圆台的直径大于上层圆台，上层圆台的顶面有一环形的凹入，外盖的截面呈“凸”形。二者的区别主要在于本专利顶面中心有一个圆形，在先设计则无；在先设计顶面设有一个拉环，而本专利则无。合议组认为，本专利与在先设计的整体形状相同，基本结构相似，二者在顶面存在的不同只是由于选择了不同的密封方式而导致的；专利权人主张外盖的顶面部位是该类产品在使用时的操作部位也是最容易引起消费者注意的部位，但是否在顶面上设置拉环系根据不同的密闭方式对相应的功能部件所做的选择，对整体视觉效果没有显著影响，本专利与在先设计在整体形状上的相同和结构上的相似已使二者产生整体相近似的视觉效果，二者属于相近似的外观设计。

综上，在本专利的申请日前已经有与之相近似的外观设计在出版物上公开发表过，本专利不符合专利法第 23 条的规定。

三、决定

宣告 200430080543.6 号外观设计专利权全部无效。

当事人对本决定不服的，可以根据专利法第 46 条第 2 款的规定，自收到本决定之日起三个月内向北京市第一中级人民法院起诉。根据该款的规定，一方当事人起诉后，另一方当事人应当作为第三人参加诉讼。

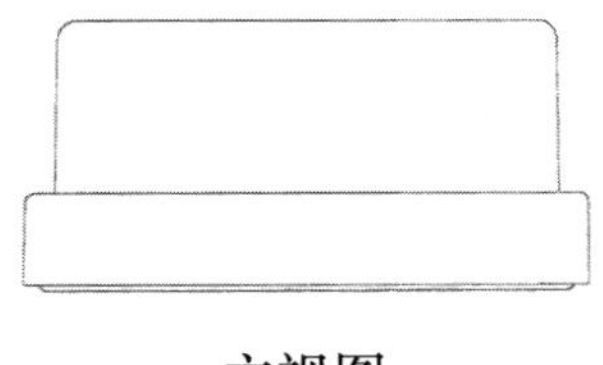

主视图

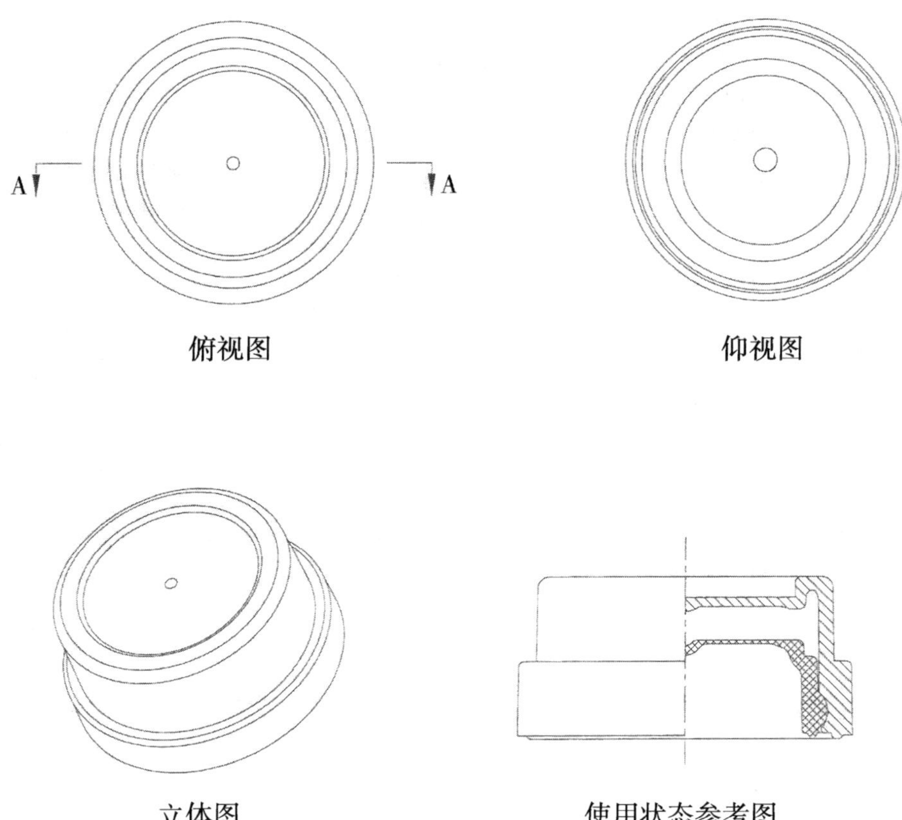

俯视图　　仰视图

立体图　　使用状态参考图

A-A 剖视图

本专利附图

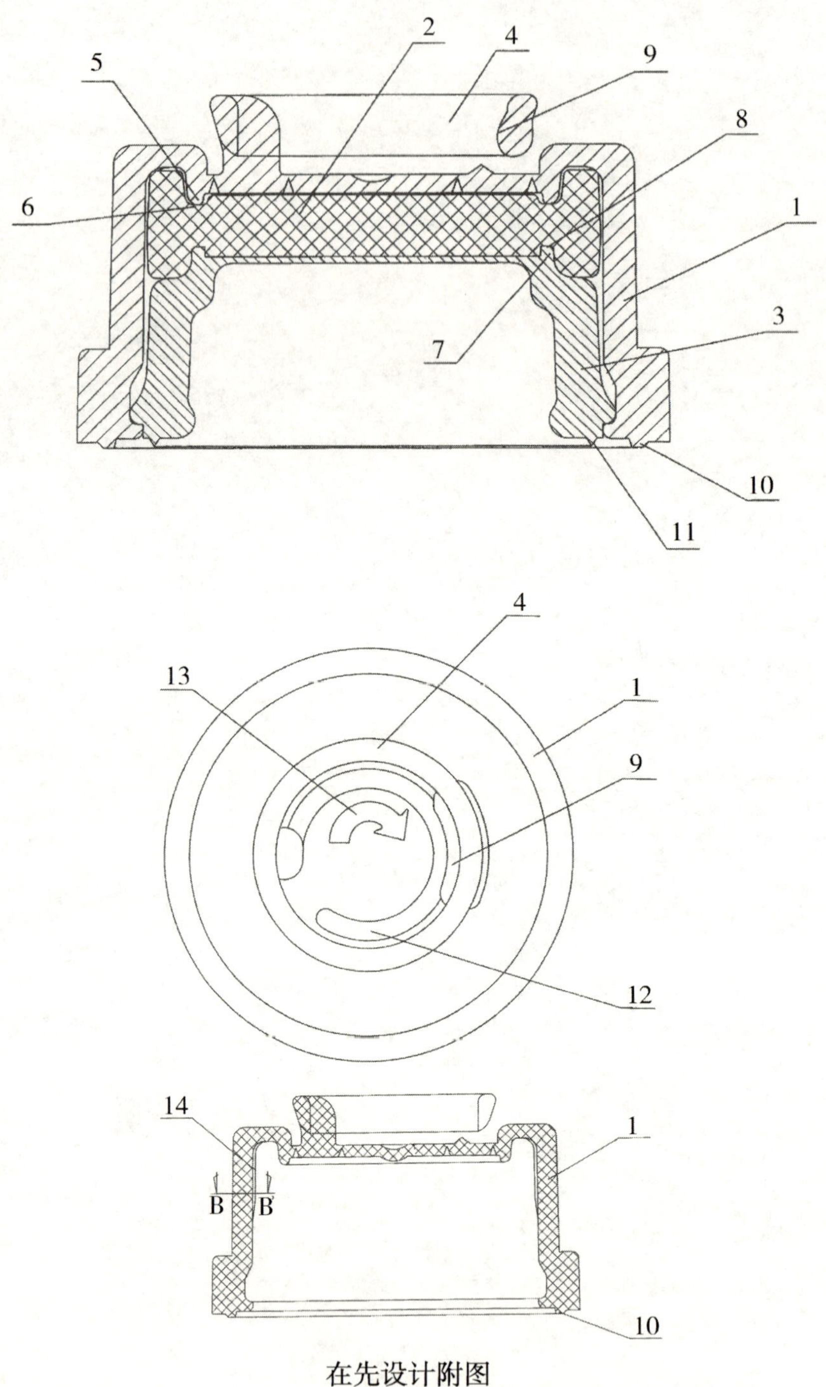

在先设计附图

073

喷　漆　枪

无效宣告请求审查决定（第 12798 号）

决　　定　　号　第 12798 号
决　　定　　日　2008 年 12 月 18 日
发明创造名称　喷漆枪
外观设计分类号　08-05
无效宣告请求人　浙江奥利达气动工具股份有限公司
专　利　权　人　萨塔两合公司
专　　利　　号　200630002876.6
申　　请　　日　2006 年 1 月 28 日
授 权 公 告 日　2007 年 5 月 2 日
合 议 组 组 长　吴大章
主　　审　　员　尹春霞
参　　审　　员　雷　婧
附　　　　　图　2 页

法　律　依　据　专利法第 23 条
决　定　要　点

本专利与在先设计的差别对于其整体而言为局部细微变化，不足以对整体视觉效果产生显著影响。由于二者的整体造型、各组成部分在整体中的相对位置及形状基本相同，已形成了相近似的整体视觉印象，极易引起一般消费者视觉上的混淆、误认，因此，二者应属于相近似的外观设计。

一、案由

本无效宣告请求涉及国家知识产权局于 2007 年 5 月 2 日授权公告的 200630002876.6 号外观设计专利，使用该外观设计的产品名称是“喷漆枪”，其申请日是 2006 年 1 月 28 日，优先权日是 2005 年 7 月 28 日，专利权人原为萨塔喷涂技术有限公司，后变更为萨塔两合公司。

针对上述外观设计专利权（下称本专利），浙江奥利达气动工具股份有限公司（下称请求人）于 2008 年 8 月 15 日向专利复审委员会提出无效宣告请求，其依据的事实和理由是：本专利不符合专利法第 23 条及专利法实施细则第 13 条第 1 款的规定，应予宣告无效。请求人同时提交了如下附件作为证据：

附件 1：200630148697.3 号外观设计专利著录项目及图片复印件 5 页；

附件 2：200630148698.8 号外观设计专利著录项目及图片复印件 7 页；

附件 3：97325216.2 号外观设计专利著录项目及图片复印件 8 页；

附件 4：本专利著录项目及图片复印件 5 页。

请求人认为：附件 1、附件 2 的申请日与本专利的申请日相同，其所示外观设计与本专利完全相同，属于同样的发明创造，因此本专利不符合专利法实施细则第 13 条的规定。同时附件 3 在本专利申请日前公开发表，且所示外观设计与本专利从整体外观设计上一致，不同点仅在于局部的细微变化，二者应属于相近似的外观设计，因此本专利不符合专利法第 23 条的规定。

专利复审委员会经形式审查合格后受理了该无效宣告请求，并于 2008 年 8 月 15 日将无效宣告请求受理通知书及其附件的副本转送专利权人，通知其在指定期限内陈述意见，并告知专利权人如逾期不答复，不影响专利复审委员会的审理。

专利复审委员会于 2008 年 9 月 22 日向双方当事人发出无效宣告请求口头审理通知书，定于 2008 年 11 月 3 日进行口头审理。

专利权人于 2008 年 10 月 6 日针对专利复审委员会于 2008 年 8 月 15 日发出的无效宣告请求受理通知书提交了意见陈述书。专利权人认为：（1）本专利与附件 1 及附件 2 所示的外观设计产品存在区别，属于不相同的外观设计。同时结合反证 1，本专利与附件 1 及附件 2 属于专利权人的关联设计，申请日相同，并且要求了同一项优先权，专利法实施细则第 13 条关于重复授权的规定不适用关联设计的情形，因此本专利符合专利法实施细则第 13 条的规定；（2）本专利与附件 3 相比存在多处差异，特别是本专利的枪体较长，喷嘴部分较短、呈水平状，手柄是弧线形的，而附件 3 枪体较宽，喷嘴部分较长、向下倾斜，手柄是直线形的，因此二者属于既不相同，也不相近似的外观设计，本专利符合专利法第 23 条的规定。综上，应维持本专利有效。专利权人同时提交了如下附件作为反证：

反证 1：行政判决书（2006）高行终字第 470 号。

口头审理如期举行，双方当事人均委托代理人出庭，均对对方出庭人员的身份和资格无异议，对合议组成员无回避请求。

口头审理中，请求人认为本专利与附件 1 及附件 2 于同一日提出申请，且本专利与附件 1 及附件 2 属于同样的发明创造，有细微的差别，不符合专利法实施细则第 13 条的规定，本专利应被宣告无效。本专利与附件 3 都是枪形的设计，区别点仅仅是细微的变化，对整体视觉效果不具有显著影响，不符合专利法第 23 条的规定，本专利应被宣告无效。专利权人认为本专利与附件 1 及附件 2 不属于同样的发明创造，同时本专利与附件 1 及附件 2 属于关联设计，不属于重复授权，而且法律对关联设计没有明确规定，应当认定本专利与附件 1 及附件 2 均有效，并表明其提交的反证只作为参考。结合本专利与附件 3 的对比图，专利权人认为本专利与附件 3 区别明显，消费者不会混淆两个产品。合议组当庭将专利权人于 2008 年 10 月 6 日提交的意见陈述书及附件转送请求人，同时告知专利权人同样的发明创造对外观设计而言是指两项外观设计相同或相近似，由于本专利与附件 1 及附件 2 均相似，若要维持本专利有效，应放弃附件 1 及附件 2 的专利权。合议组告知双方当事人应于 2008 年 11 月 25 日前将意见陈述提交专利复审委员会。

2008 年 11 月 21 日专利权人提交意见陈述书，认为本专利与附件 1 及附件 2 存在区别，单一的外观设计专利权不能有效维护专利权人的权利，防止他人仿冒其外观设计，因此专利权人不放弃本专利、附件 1 及附件 2 中的任何一项外观设计专利权。

2008 年 11 月 24 日请求人针对口头审理的内容及当庭收到的专利权人的答辩意见提交意见陈述书。对比本专利与附件 3 各视图，请求人认为其外形均为手枪形状，仅有微小、局部的区别，根据整体观察，综合判断，本专利与附件 3 是相近似的外观设计。

在双方当事人意见陈述及口头审理的基础上，合议组经合议，认为本案事实清楚，依法作出本审查决定。

二、决定的理由

1. 法律依据

基于请求人提出无效宣告请求所依据的事实和理由，合议组首先对本专利是否符合专利法第 23 条的规定进行审查。

专利法第 23 条规定："授予专利权的外观设计，应当同申请日以前在国内外出版物上公开发表过或者国内公开使用过的外观设计不相同和不相近似，并不得与他人在先取得的合法权利相冲突。"

2. 证据认定

请求人提交的附件 3 是专利号为 97325216.2 的外观设计专利著录项目及图片复印件，授权公告日是 1999 年 2 月 10 日，早于本专利申请日（2006 年 1 月 28 日）及优先权日（2005 年 7 月 28 日），产品名称是"喷枪"，经合议组核实，其内容属实，属于在本专利优先权日前公开的出版物，可以作为评价本专利是否符合专利法第 23 条规定的证据。

3. 相同与相近似对比

附件 3 公开了一款"喷枪"的设计（下称在先设计），本专利公开了一款"喷漆枪"的外观设计，二者具有相同的用途，属于同一类别的产品，具有可比性，故对二者的外观设计作如下对比：

本专利包括主视图、后视图、右视图与立体图。从整体观察，本专利由枪体、扳手、喷嘴及手柄组成。从主视图观察：枪体上端设置吊钩，紧邻吊钩一侧为外接口，左侧末端为两平行帽状旋钮；手柄下端设置螺纹接头，手柄左侧设置防滑纹；扳手上端与枪体吊钩相连，中部与枪体相连，向下延伸至手柄中部，末端略向喷嘴部弯曲；喷嘴整体呈圆柱状，末端上下各设置两楔形突起。从后视图观察，枪体中部有一调节旋钮（详见本专利附图）。

在先设计包括主视图、后视图、左视图、右视图、俯视图、仰视图与立体图。从整体观察，在先设计由枪体、扳手、喷嘴及手柄组成。从后视图观察：枪体上端设置吊钩，紧邻吊钩一侧为外接口，左侧末端为两平行旋钮；手柄下端设置螺纹接头，手柄左侧设置防滑纹；扳手上端与枪体吊钩相连，向下延伸至手柄中部，末端略向喷嘴部弯曲；喷嘴整体呈圆柱状，末端上下各设置两楔形突起（详见在先设计附图）。

将本专利与在先设计相比较，二者的相同点为：组成结构基本相同，均由枪体、扳手、喷嘴及手柄组成；各组成部分的形状基本相同。两者的主要不同点为：本专利的枪体中部至喷嘴的距离较短，而在先设计较长；枪体一侧的旋钮形状不同，本专利呈帽状，在先设计为圆柱状；本专利的扳手与枪体有两连接点，在先设计只在上端与吊钩有一个连接点。合议组认为：根据整体观察，综合判断的原则，上述差别对于其整体而言为局部细微变化，不足以对整体视觉效果产生显著影响。由于二者的整体造型、各组成部分在整体中的相对位置及形状基本相同，已形成了相近似的整体视觉印象，极易引起一般消费者视觉上的混淆、误认，因此，二者属于相近似的外观设计。

综上所述，在本专利优先权日以前已有与其相近似的外观设计在出版物上公开发表过，本专利的授予不符合专利法第 23 条的规定。

鉴于已经得出本专利不符合专利法第 23 条的规定的结论，合议组对请求人提出的其他无效宣告理由及相关证据不再进行评述。

三、决定

宣告 200630002876.6 号外观设计专利权全部无效。

当事人对本决定不服的，可以根据专利法第 46 条第 2 款的规定，自收到本决定之日起三个月内向北京市第一中级人民法院起诉。根据该款的规定，一方当事人起诉后，另一方当事人应当作为第三人参加诉讼。

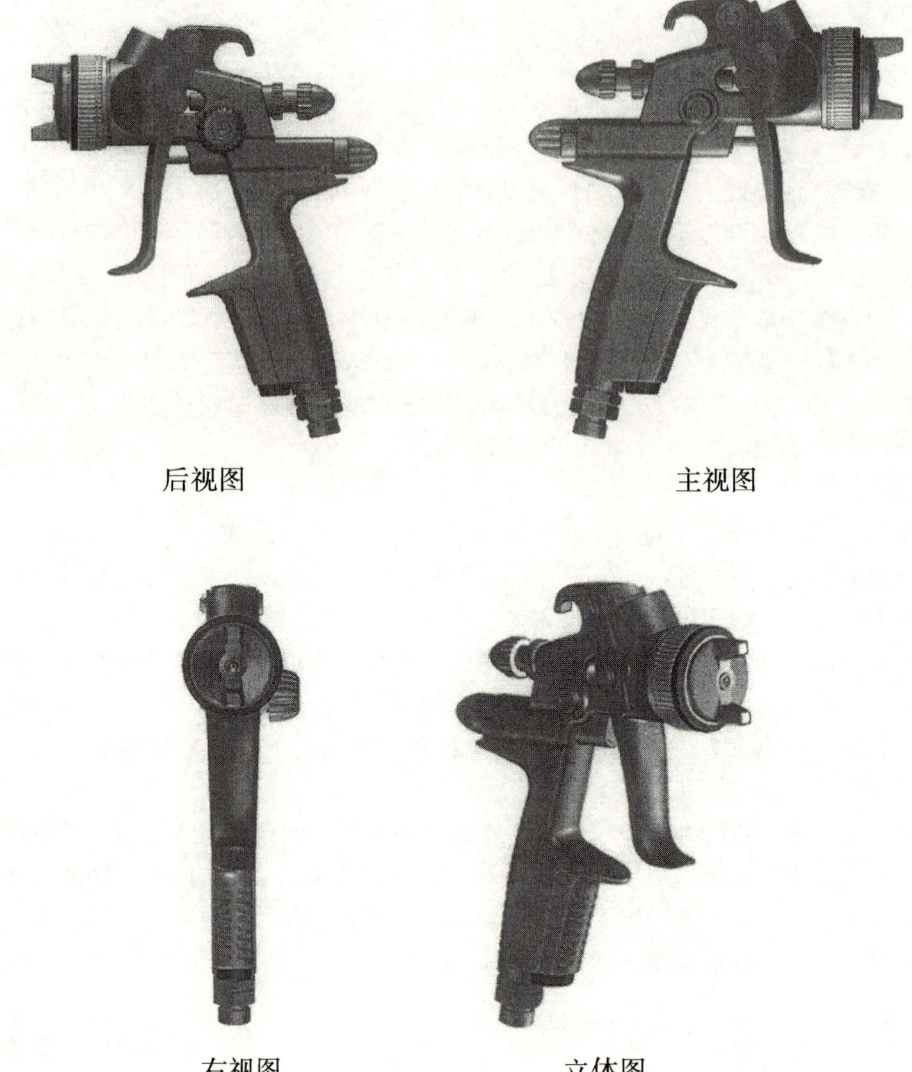

后视图 主视图

右视图 立体图

本专利附图

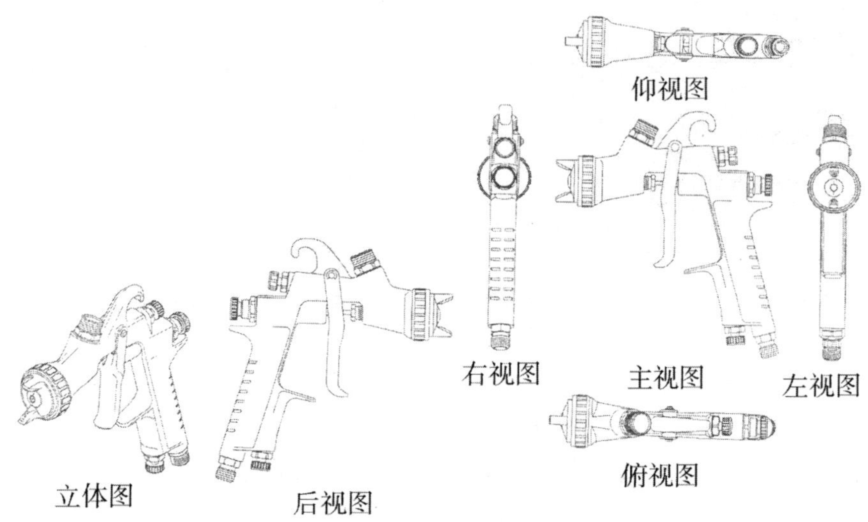

在先设计附图

北京市第一中级人民法院
行政判决书

（2009）一中行初字第1677号

原告萨塔两合公司（SATAGmbH&Co. KG），住所地德意志联邦共和国科恩韦斯特海姆（Kornwestheim）。

法定代表人阿伯特·克鲁斯（AlbrechtKruse），执行董事。

委托代理人顾缨，中原信达知识产权代理有限责任公司专利代理人。

委托代理人徐钦澄，女，1979年3月3日出生，中原信达知识产权代理有限责任公司法律部职员，住上海市黄浦区九江路230号415室。

被告中华人民共和国国家知识产权局专利复审委员会，住所地中华人民共和国北京市海淀区北四环西路9号银谷大厦10~12层。

法定代表人张茂于，副主任。

委托代理人尹春霞，中华人民共和国国家知识产权局专利复审委员会审查员。

委托代理人杨存吉，中华人民共和国国家知识产权局专利复审委员会审查员。

第三人浙江奥利达气动工具股份有限公司，住所地中华人民共和国浙江省温岭市箬横镇常乐工业区。

法定代表人林帮法，总经理。

委托代理人杜守西，台州市南方商标专利事务所专利代理人。

委托代理人徐云瑞，北京瑞成兴业知识产权代理事务所专利代理人。

原告萨塔两合公司不服被告中华人民共和国国家知识产权局专利复审委员会（以下简称专利复审委员会）作出的第12798号无效宣告请求审查决定（以下简称第12798号决定），于法定期限内向本院提起诉讼本院于2009年7月6日受理本案后，依法组成合议庭，并依法通知浙江奥利达气动工具股份有限公司（以下简称奥利达公司）作为第三人参加诉讼，于2009年9月4日公开开庭进行了审理。原告萨塔两合公司的委托代理人顾缨、徐钦澄，被告专利复审委员会的委托代理人尹春霞、杨存吉，第三人奥利达公司的委托代理人徐云瑞到庭参加诉讼。本案现已审理终结。

专利复审委员会2008年12月18日作出的第12798号决定是针对奥利达公司对萨塔两合公司享有的200630002876.6号、名称为“喷漆枪”的外观设计专利（以下简称本专利）所提出的无效宣告请求作出的。

专利复审委员会在第12798号决定中认为：将本专利与在先设计（附件3：97325216.2号名称为“喷枪”的外观设计专利）比对，二者相同点为，组成结构基本相同，均由枪体、扳手、喷嘴及手柄组成，各组成部分的形状基本相同。二者的主要不同点为以下几点。（1）本专利的枪体中部至喷嘴的距离较短，而在先设计较长；（2）枪体一侧的旋钮形状不同，本专利呈帽状，在先设计为圆柱状；（3）本专利的扳手与枪体有两连接点，在先设计只在上端与吊钩有一个连接点。专利复审委员会认为，根据整体观察，综合判断的原则，上述差别对于其整体而言为局部细微变化，不足以对整体视觉效果产生显著影响。由于二者的整体造型、各组成部分在整体中的相对位置及形状基本相同，已形成了相近似的整体视觉印象，极易引起一般消费者视觉上的混淆、误认，因此。二者属于相近似的外观设计。决定：宣告200630002876.6号外观设计专利权全部无效。

原告萨塔两合公司不服，起诉称：我公司认为，通过将本专利与在先设计比对分析可见，二者枪体、扳手、喷嘴及手柄形状均各不相同，不相近似。本专利枪体较长，而在先设计枪体较宽；本专利手柄是弧线形，而在先设计手柄是直线形；本专利喷嘴部分较短，呈水平状，而在先设计喷嘴部分较长，向下倾斜，向前伸出。然而这些区别并未在决定中提及，除了这些主体部分之外，其他各组成部件的形状也都存在很大差异。因此，我公司认为二者之间的差别已远远超过一般消费者所理解的"细微变化"，对外观设计的整体视觉效果产生了显著影响。且二者设计风格不同。本专利结果紧凑、线条圆滑、造型小巧，而在先设计线条刚劲有力、造型大气。二者迎合了不同消费者的喜好。对产品形状差别有一定了解的一般消费者而言，不可能不注意二者之间设计风格上的变化枪形结构经过长期使用，设计必然受到结构限制。尽管如此，一般消费者仍然可以很容易地观察到各组成部分在整体相对位置上的变化。综上，本专利符合《中华人民共和国专利法》（以下简称《专利法》）第二十三条之规定，请求法院撤销第 12798 号决定。

被告专利复审委员会坚持其决定意见，认为第 12798 号决定认定事实清楚、适用法律正确、程序合法，请求驳回原告的诉讼请求，维持第 12798 号决定

第三人奥利达公司同意第 12798 号决定，未提交书面陈述。

经审理查明：

2006 年 1 月 28 日，萨塔两合公司申请了名称为"喷漆枪"外观设计专利（即本专利，见判决后附图），专利号为 200630002876.6，2007 年 5 月 2 日获得授权，优先权日为 2005 年 7 月 28 日，专利权人为萨塔两合公司。

2008 年 8 月 15 日，奥利达公司以本专利不符合《专利法》第二十三条之规定为由，向专利复审委员会提出无效宣告请求，同时提交了其中附件 3，申请日为 1997 年 9 月 29 日，专利号为 97325216.2，名称为"喷枪"的外观设计专利（即在先设计，见判决后附图）著录项目及图片复印件。

萨塔两合公司认为将上述本专利与在先设计比对后，可见还存在本专利枪体较长，而在先设计枪体较宽；本专利手柄是弧线形，而在先设计手柄是直线形；本专利喷嘴部分较短，呈水平状，而在先设计喷嘴部分较长，向下倾斜，向前伸出的区别。专利复审委员会认为，萨塔两合公司所称区别已经被归纳到决定中所认定的区别中。奥利达公司认为，萨塔两合公司所称的上述区别点属于更为细微的差异，专利复审委员会根据整体观察，综合判断的评审规则，认定被比外观设计整体均由枪体、扳手、喷嘴及手柄组成，各组成部分的形状基本相同，所述差异属于细微差异，不足以影响整体视觉效果，故而构成近似，该判定正确。

上述事实有第 12798 号决定、本专利及在先设计，以及当事人陈述等证据在案佐证。

本院认为：

根据本专利与在先设计比对情况，应当指出，专利复审委员会并未指出在枪体方面，本专利枪体较长，而在先设计枪体较宽；在手柄方面，本专利手柄是弧线形，而在先设计手柄是直线形这一区别，萨塔两合公司提出的本专利喷嘴部分较短，呈水平状，而在先设计喷嘴部分较长，向下倾斜，向前伸出的两项区别已被专利复审委员会归纳到第 12798 号决定中认定的 1 项区别中，属于对同一问题的不同表述。本院认为，枪体是宽，还是窄；手柄为弧线形，还是直线形，也属于细微差异，专利复审委员会当予以指出，但就基本事实而言，专利复审委员会由此判定本专利与在先设计所述区别相对于该产品整体形状而言，属于局部细微变化，不足以对整体视觉效果产生显著影响，该判定并无不当，本院仍予确认。

综上所述，本专利不符合《专利法》第二十三条之规定。专利复审委员会作出的第 12798 号决定

认定事实清楚，适用法律正确，程序合法，依照《中华人民共和国行政诉讼法》第五十四条第（一）项之规定，本院判决如下：

维持被告中华人民共和国国家知识产权局专利复审委员会作出的第 12798 号无效宣告请求审查决定。

案件受理费人民币 100 元，由原告萨塔两合公司负担（已交纳）。

如不服本判决，萨塔两合公司可于本判决书送达之日起 30 日内，中华人民共和国国家知识产权局专利复审委员、浙江奥利达气动工具股份有限公司可于本判决书送达之日起 15 日内，向本院递交上诉状，并按对方当事人人数提交上诉状副本，同时交纳上诉案件受理费人民币 100 元，上诉于中华人民共和国北京市高级人民法院。

审 判 长 任 进

代理审判员 邢 军

人民陪审员 牛艳玲

二〇〇九年九月十五日

书 记 员 朱 平

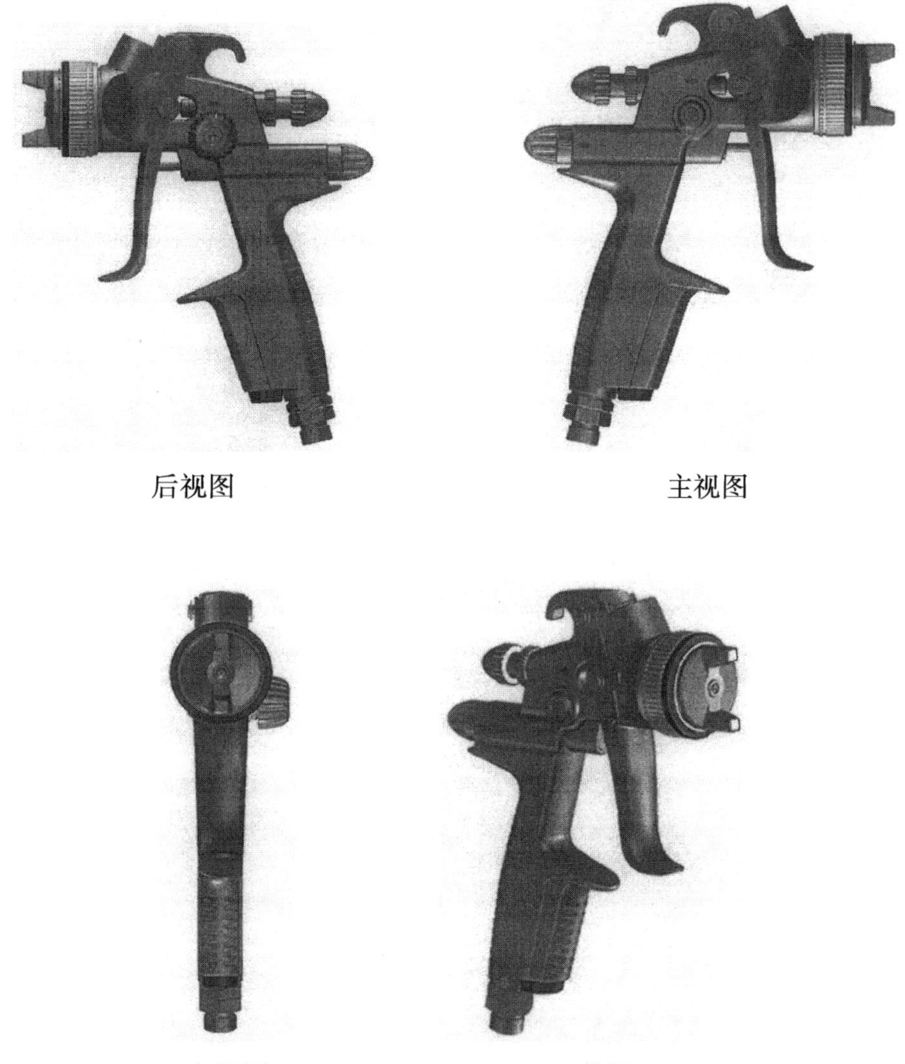

后视图　　主视图

右视图　　立体图

本专利附图

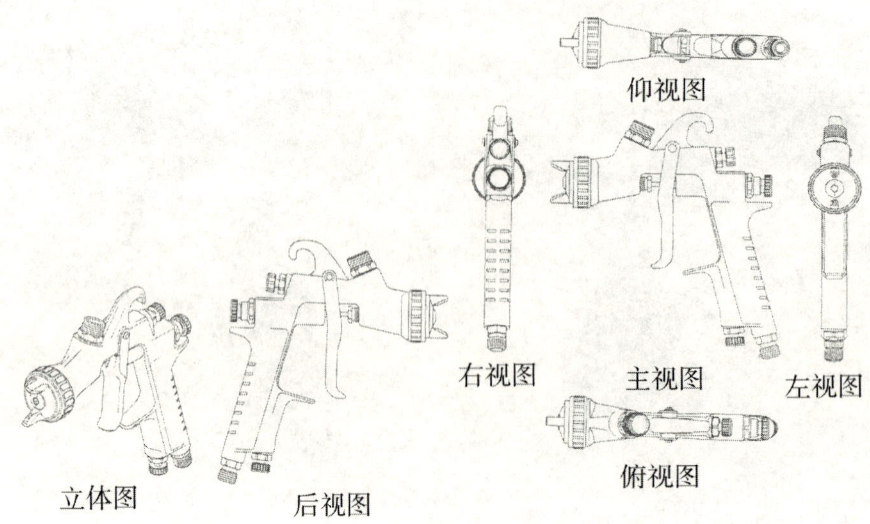

在先设计附图

北京市高级人民法院
行政判决书

（2009）高行终字第1425号

上诉人（原审原告）萨塔两合公司（SATAGmbH&Co. KG），住所地德意志联邦共和国科恩韦斯特海姆（Kornwestheim）。

法定代表人阿伯特·克鲁斯（AlbrechtKruse），执行董事。

委托代理人顾缨，女，汉族，1972年5月28日出生，中原信达知识产权代理有限责任公司专利代理人，住中华人民共和国北京市东城区中华路4号。

委托代理人徐钦澄，女，汉族，1979年3月3日出生，中原信达知识产权代理有限责任公司法律部职员，住中华人民共和国上海市黄浦区九江路230号415室。

被上诉人（原审被告）中华人民共和国国家知识产权局专利复审委员会，住所地中华人民共和国北京市海淀区北四环西路9号银谷大厦10~12层。

法定代表人张茂于，副主任。

委托代理人沙柏青，该委员会审查员。

委托代理人杨存吉，该委员会审查员。

原审第三人浙江奥利达气动工具股份有限公司，住所地中华人民共和国浙江省温岭市箬横镇常乐工业区。

法定代表人林帮法，总经理。

委托代理人杜守西，男，汉族，1946年3月25日出生，台州市南方商标专利事务所专利代理人，住中华人民共和国北京市蓑衣胡同33号。

委托代理人徐云瑞，男，汉族，1940年2月27日出生，北京瑞成兴业知识产权代理事务所专利代理人，住中华人民共和国北京市朝阳区北四环东路116楼东1704号。

上诉人萨塔两合公司因外观设计专利权无效行政纠纷一案，不服中华人民共和国北京市第一中级人民法院（以下简称北京市第一中级人民法院）（2009）一中行初字第1677号行政判决，向本院提起上诉。本院2009年11月23日受理本案后，依法组成合议庭，于2009年12月9日公开开庭进行了审理。上诉人萨塔两合公司的委托代理人顾缨，被上诉人中华人民共和国国家知识产权局专利复审委员会（以下简称专利复审委员会）的委托代理人沙柏青、杨存吉，原审第三人浙江奥利达气动工具股份有限公司（以下简称奥利达公司）的委托代理人徐云瑞到庭参加诉讼。本案现已审理终结。

北京市第一中级人民法院认定，本案涉及萨塔两合公司名称为“喷漆枪”的外观设计专利（以下简称本专利）。2008年8月15日，奥利达公司以本专利不符合《专利法》第二十三条之规定为由，向专利复审委员会提出无效宣告请求。2008年12月18日，专利复审委员会作出第12798号无效宣告请求审查决定（以下简称第12798号决定），宣告本专利权无效。

北京市第一中级人民法院认为，专利复审委员会并未指出在枪体方面，本专利枪体较长，而在先设计枪体较宽；在手柄方面，本专利手柄是弧线形，而在先设计手柄是直线形这一区别，萨塔两合公司提出的本专利喷嘴部分较短，呈水平状，而在先设计喷嘴部分较长，向下倾斜，向前伸出的两项区别已被专利复审委员会归纳到第12798号决定中认定的1项区别中，属于对同一问题的不同表述。枪体是宽，还是窄；手柄为弧线形，还是直线形，也属于细微差异，专利复审委员会当予以指出，但就基本事实而言，专利复审委员会由此判定本专利与在先设计所述区别相对于该产品整体形状而言，属于局部细微变化，不足以对整体视觉效果产生显著影响，该判定并无不当。

北京市第一中级人民法院依照《中华人民共和国行政诉讼法》第五十四条第（一）项之规定，判决：维持专利复审委员会作出的第12798号决定。

上诉人萨塔两合公司不服原审判决，向本院提起上诉，请求依法改判或撤销原审判决，撤销专利复审委员会作出的第12798号决定。其理由为：通过将本专利与在先设计比对分析可见，二者几乎每个部位的形状都不相同，这些差别已经远远超出一般消费者所理解的“细微变化”，对外观设计的整体视觉效果已经产生显著影响，二者设计风格不同。此外，由于枪体各部件的位置相对固定，设计空间存在局限性，一般消费者仍然可以很容易地观察到各组成部分在整体相对位置上的变化。综上，本专利符合《专利法》第二十三条之规定。专利复审委员会、奥利达公司服从原审判决。

经审理查明：2006年1月28日，萨塔两合公司申请了名称为“喷漆枪”外观设计专利（即本专利，见本判决书附图1），专利号为200630002876.6，2007年5月2日获得授权，优先权日为2005年7月28日，专利权人为萨塔两合公司。

2008年8月15日，奥利达公司以本专利不符合《专利法》第二十三条之规定为由，向专利复审委员会提出无效宣告请求，同时提交了附件3作为对比文件。附件3是申请日为1997年9月29日，专利号为97325216.2，名称为“喷枪”的外观设计专利（即在先设计，见本判决书附图2）著录项目及图片复印件。

萨塔两合公司认为将本专利与在先设计比对后，可见还存在本专利枪体较长，而在先设计枪体较宽；本专利手柄是弧线形，而在先设计手柄是直线形；本专利喷嘴部分较短，呈水平状，而在先设计喷嘴部分较长，向下倾斜，向前伸出的区别。专利复审委员会认为，萨塔两合公司所称区别已经被归纳到决定所认定的区别中。奥利达公司认为，萨塔两合公司所称的上述区别点属于更为细微的差异，专利复审委员会根据整体观察，综合判断的评审规则，认定被比外观设计整体均由枪体、扳手、喷嘴及手柄组成，各组成部分的形状基本相同，所述差异属于细微差异，不足以影响整体视觉效果，故而构成近似，该判定正确。

2008年12月18日，专利复审委员会作出第12798号决定。专利复审委员会在该决定中认为：

将本专利与在先设计比对，二者相同点为，组成结构基本相同，均由枪体、扳手、喷嘴及手柄组成，各组成部分的形状基本相同。二者的主要不同点为，（1）本专利的枪体中部至喷嘴的距离较短，而在先设计较长；（2）枪体一侧的旋钮形状不同，本专利呈帽状，在先设计为圆柱状；（3）本专利的扳手与枪体有两连接点，在先设计只在上端与吊钩有一个连接点。根据整体观察，综合判断的原则，上述差别对于其整体而言为局部细微变化，不足以对整体视觉效果产生显著影响。由于二者的整体造型、各组成部分在整体中的相对位置及形状基本相同，已形成了相近似的整体视觉印象，极易引起一般消费者视觉上的混淆、误认，因此。二者属于相近似的外观设计。专利复审委员会据此宣告本专利权全部无效。

上述事实有第12798号决定、本专利及在先设计，以及当事人陈述等证据在案佐证。

本院认为，根据《专利法》第二十三条的规定，授予专利权的外观设计，应当同申请日以前在国内外出版物上公开发表过或者国内公开使用过的外观设计不相同和不相近似。在无效程序中，如果外观设计专利与在先设计的差别从整体而言属于局部细微变化，不足以对整体视觉效果产生显著影响，容易导致一般消费者的混淆、误认的，则授权的外观设计与在先设计相近似。

经比对，本专利与在先设计组成结构基本相同，均由枪体、扳手、喷嘴及手柄组成，各组成部分基本相同。两者主要的不同点在于：（1）本专利的枪体中部至喷嘴的距离较短，而在先设计较长；

(2) 枪体一侧的旋钮形状不同，本专利呈帽状，在先设计为圆柱状；(3) 在手柄方面，本专利手柄是弧线形，而在先设计手柄是直线形。根据整体观察，综合判断的原则，上述差别对于其整体而言为局部细微变化，不足以对整体视觉效果产生显著影响。由于二者的整体造型、各组成部分在整体中的相对位置及形状基本相同，已形成了相近似的整体视觉印象，极易引起一般消费者视觉上的混淆、误认，因此，二者属于相近似的外观设计。萨塔两合公司关于本专利与在先设计不相近似的上诉主张不能成立，本院不予支持。

在进行对比时应当关注本专利与在先设计之间的主要区别，对于非经直接比对难以发现的细微区别在对比时可以不予考虑。萨塔两合公司认为本专利与在先设计在手柄、扳柄、吊钩、上接口、鼻状凸起等方面存在区别，但上述区别并非主要区别，专利复审委员会对此未予考虑并无不当。

综上，原审判决及第 12798 号决定认定事实清楚，适用法律正确，应予维持。萨塔两合公司的上诉主张不能成立。依据《中华人民共和国行政诉讼法》第六十一条第（一）项之规定，判决如下：

驳回上诉，维持原判。

一审案件受理费人民币 100 元，由萨塔两合公司负担（已交纳）；二审案件受理费人民币 100 元，由萨塔两合公司负担（已交纳）。

本判决为终审判决。

审　判　长　刘　辉
代理审判员　岑宏宇
代理审判员　焦　彦
二〇〇九年十二月十六日
书　记　员　陈　明

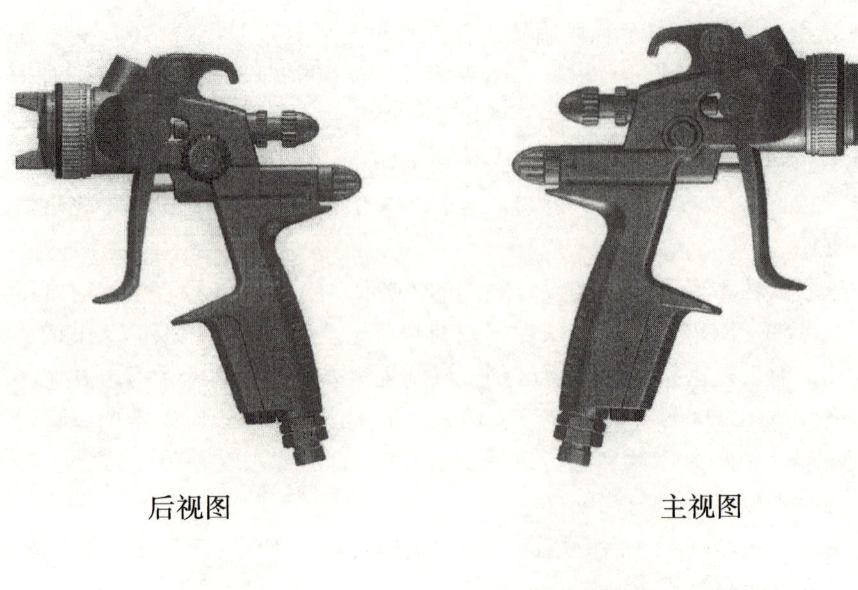

后视图　　主视图

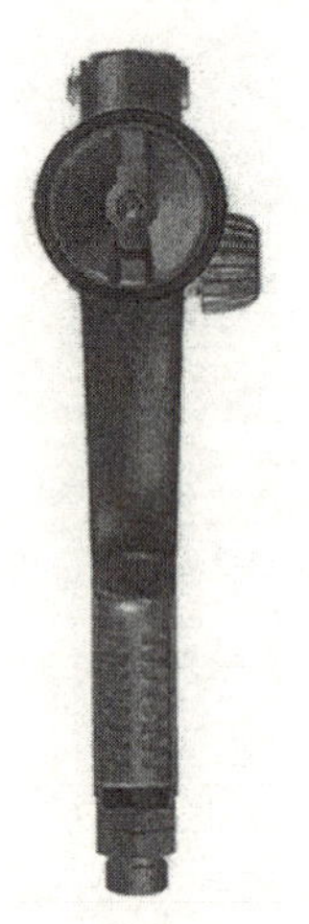

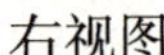

右视图

立体图

本专利附图

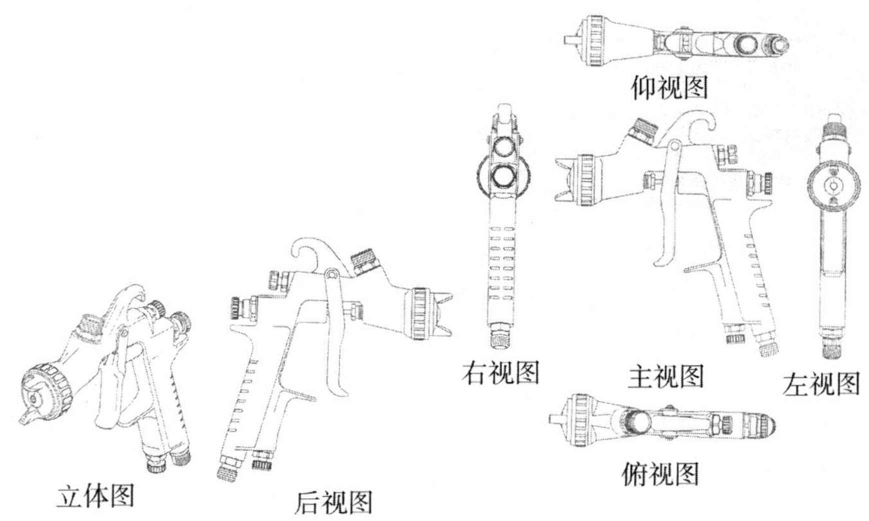

在先设计附图

074

宠物拾便器

无效宣告请求审查决定（第12800号）

决　　定　　号　第12800号
决　　定　　日　2009年1月12日
发明创造名称　宠物拾便器
外观设计分类号　30-99
无效宣告请求人　绍兴波波宠物用品厂
专　利　权　人　蔡　彬
专　　利　　号　200630159065.7
申　　请　　日　2006年11月23日
授权公告日　2007年9月26日
合议组组长　张雪飞
主　　审　　员　王　红
参　　审　　员　雷　婧
附　　　　　图　2页

法律依据　专利法第23条
决定要点

本专利与在先设计的差别对外观设计整体视觉效果明显具有显著影响，二者属于不相同也不相近似的外观设计。

一、案由

本无效宣告请求涉及国家知识产权局于2007年9月26日授权公告的、专利号为200630159065.7的外观设计专利，其产品名称为“宠物拾便器”，申请日为2006年11月23日，专利权人为蔡彬。

针对上述外观设计专利权（下称本专利），绍兴波波宠物用品厂（下称请求人）于2008年8月27日向专利复审委员会提出无效宣告请求，其理由是本专利与在其申请日前公开的Des.429040号美国外观设计专利相近似，因此不符合专利法第23条的规定，应予宣告无效。同时，请求人提交了如下附件作为证据：

附件1：专利号为Des.429040的美国外观设计专利公报复印件及其中文译文共5页。

请求人认为，本专利与附件1中所示的外观设计均为夹持状的宠物拾便器，且其两侧面也均呈板状，尽管二者之间存在细微的差别，但在整体观察、综合判断的原则下仍然可以认定为相近似的外观设计。

经形式审查合格，专利复审委员会依法受理了上述无效宣告请求，并于2008年9月11日将无效宣告请求书及相关文件的副本转送专利权人，通知其在指定的期限内答复。

2008年10月16日，专利权人向专利复审委员会提交了意见陈述书，认为本专利与附件1中所示的外观设计不相同也不相近似，本专利的产品形如手提包，手提环居中，拾便器部分对称设置为夹形开合，并挂设一放塑料袋的挂件，附件1中的夹持器为手柄状，尾端有挂钩，夹持盒呈矩形，且不对称，二者具有明显区别，属于不相同也不相近似的外观设计。应维持本专利有效。

专利复审委员会依法成立合议组对本案进行审理，于2008年10月17日向双方当事人发出口头审理通知书，定于2008年11月19日进行口头审理，并于2008年10月29日将专利权人提交的意见陈述书转送请求人，通知其在指定的期限内答复。

请求人逾期未提交书面的意见陈述。

口头审理如期举行，双方当事人均委托代理人出席口头审理，双方对对方出庭人员的身份和资格均无异议，对合议组成员也无回避请求。在口头审理中，请求人以附件1证明本专利不符合专利法第23条的规定。专利权人对附件1真实性无异议。双方各自坚持原有意见。

在双方当事人意见陈述及口头审理的基础上，合议组经合议，认为本案事实清楚，依法作出本审查决定。

二、决定的理由

1. 法律依据

基于请求人提出无效宣告请求的理由，合议组依据专利法第23条的规定进行审理。

专利法第23条规定："授予专利权的外观设计，应当同申请日以前在国内外出版物上公开发表过或者国内公开使用过的外观设计不相同和不相近似，并不得与他人在先取得的合法权利相冲突。"

2. 证据的认定

请求人提交的附件1是Des. 429040号的美国专利公报复印件及其中文译文，其公开日期为2000年8月1日，产品名称为"动物粪便收集与夹持器"；专利权人对其真实性无异议。经合议组核实，其内容真实，所示内容为本专利申请日前在美国专利公报上公开发表的外观设计，可以作为评述本专利是否符合专利法第23条规定的证据。

3. 外观设计相同和相近似的对比

附件1所示外观设计与本专利均为动物用拾便器的外观设计，具有相同的用途，属于相同类别的产品，因此可以就本专利与附件1中公开的外观设计（下称在先设计）进行相同和相近似对比。

本专利包括主视图、后视图、左视图、俯视图、仰视图、立体图和打开状态参考图，简要说明记载右视图与左视图对称，省略右视图。其所示外观设计整体近似手提包形，由一长方框形的手提环与梯形夹便器连接构成，二侧板呈圆弧的梯形，一侧板上有近似骨头形的容器（详见本专利附图）。

在先设计公开了六面正投影视图和立体图，其所示外观设计为单杆夹便器，由长条状手柄和一长方体夹便器组成（详见在先设计附图）。

将本专利与在先设计相比较，二者的整体形状以及各部件的具体形状均明显不同，本专利整体近似手提包形，由一长方框形的手提环与梯形夹便器连接构成，而在先设计1主要由长条状手柄和一长方体夹便器组成。合议组认为，本专利与在先设计的上述差别对外观设计整体视觉效果明显具有显著的影响，二者应属于不相同也不相近似的外观设计。

4. 结论

本专利与请求人提交的证据中所示的外观设计不相同也不相近似，因此请求人据此提出本专利不符合专利法第23条的理由不能成立。

三、决定

维持 200630159065.7 号外观设计专利权有效。

当事人对本决定不服的，可以根据专利法第 46 条第 2 款的规定，自收到本决定之日起三个月内向北京市第一中级人民法院起诉，根据该款规定，一方当事人起诉后，另一方当事人应当作为第三人参加诉讼。

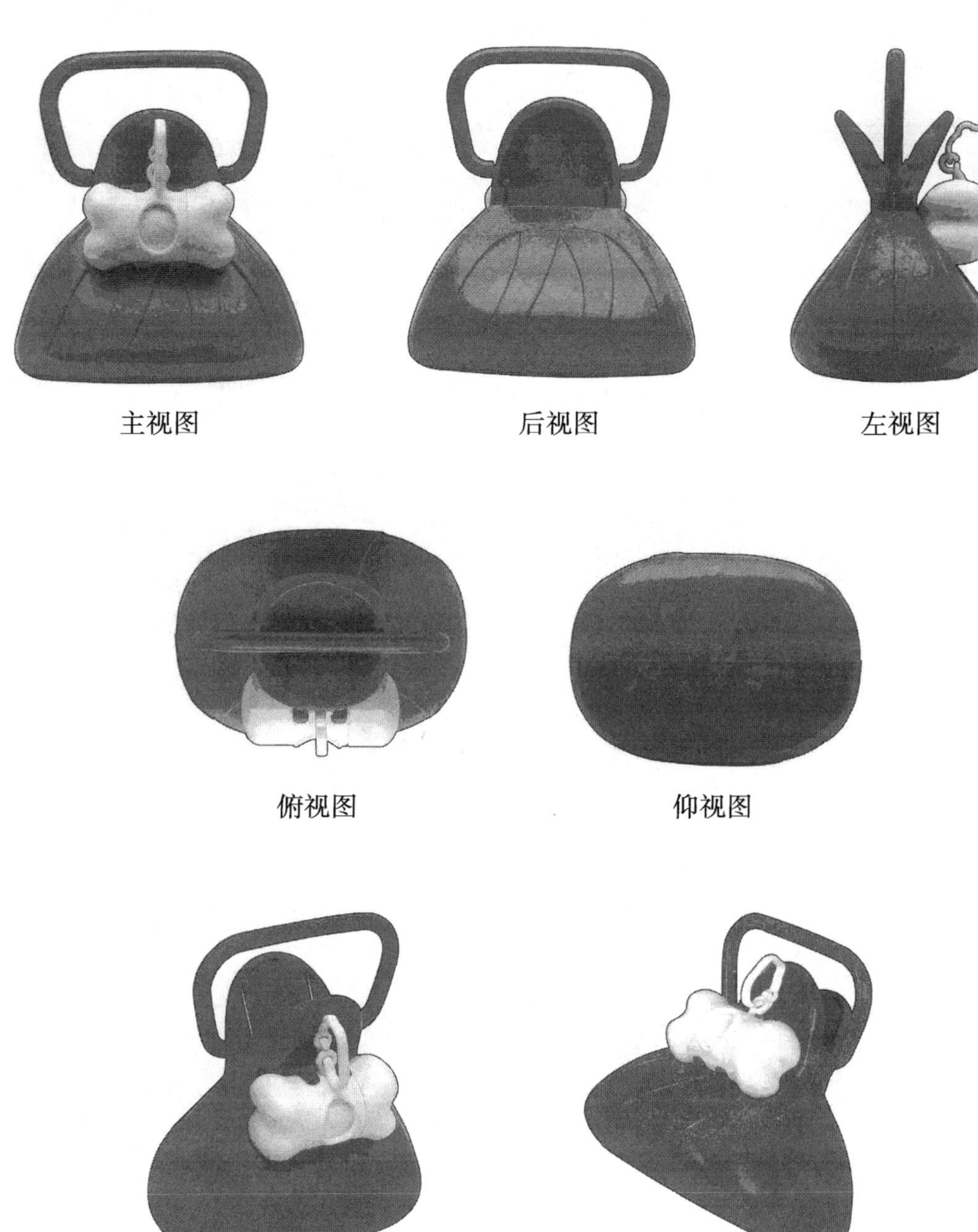

主视图　后视图　左视图

俯视图　仰视图

立体图　打开状态参考图

本专利附图

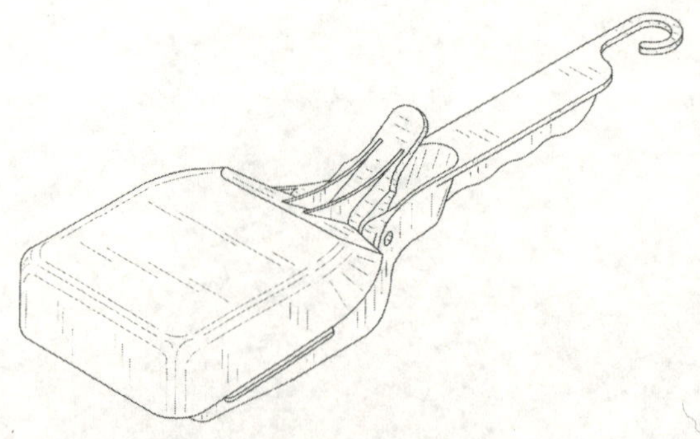

FIG. 1

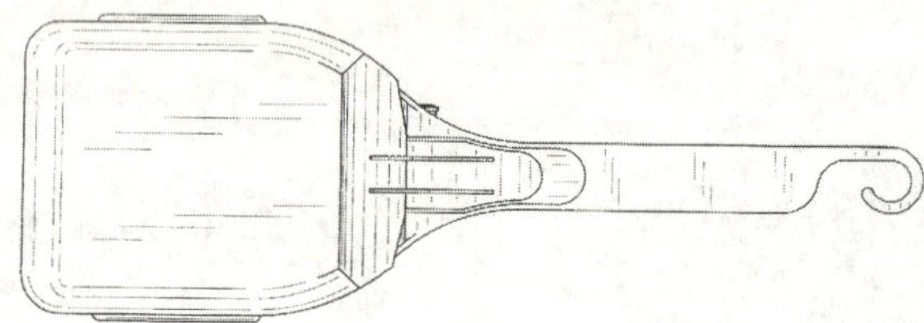

FIG. 2

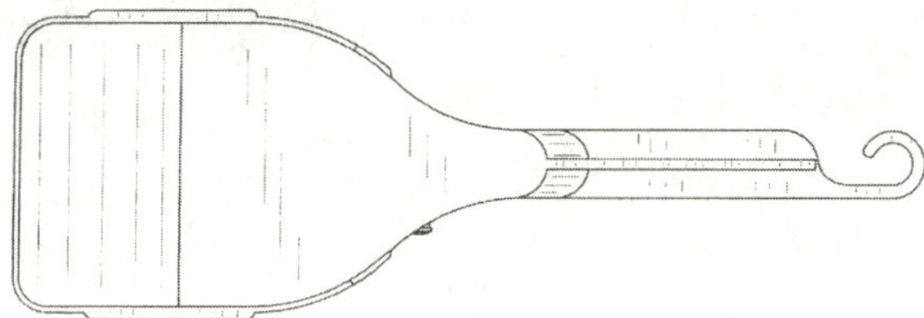

FIG. 3

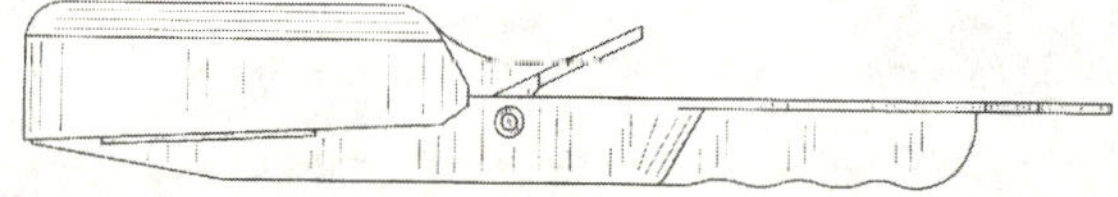

FIG. 4

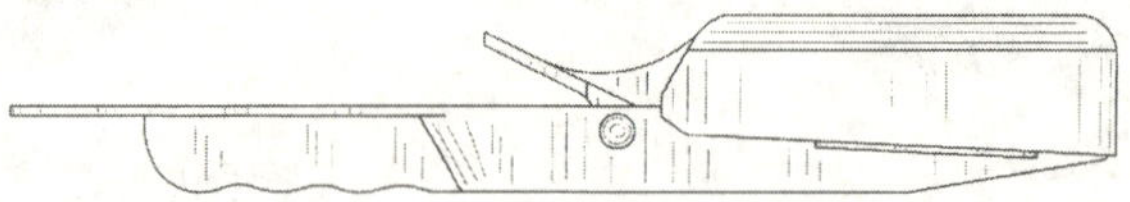

FIG. 5

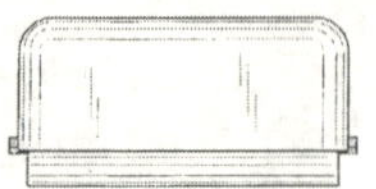

FIG. 6

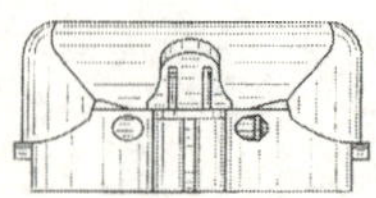

FIG. 7

在先设计附图

075

双层玻璃杯

无效宣告请求审查决定（第12804号）

决　　定　　号　第12804号
决　　定　　日　2008年12月24日
发明创造名称　双层玻璃杯
外观设计分类号　07-01
无效宣告请求人　广州市恒福茶叶有限公司
专　利　权　人　Pi-设计股份公司
专　　利　　号　200430099794.9
申　　请　　日　2004年10月15日
授 权 公 告 日　2005年7月13日
合 议 组 组 长　王霞军
主　　审　　员　袁丽颖
参　　审　　员　丛　森
附　　　　　图　1页

法　律　依　据　专利法第23条
决　定　要　点

对于单纯形状的外观设计，如果将被比外观设计与在先设计进行单独对比，二者在形状上存在差别，且该差别按照一般消费者的眼光来看对于产品外观设计的整体视觉效果具有显著的影响，则被比外观设计与在先设计既不相同，也不相近似。

一、案由

本无效宣告请求涉及国家知识产权局于2005年7月13日授权公告的、专利号为200430099794.9、名称为“双层玻璃杯”的外观设计专利（下称本专利），其申请日为2004年10月15日，专利权人为Pi-设计股份公司。

针对本专利，广州市恒福茶叶有限公司（下称请求人）于2008年9月2日向专利复审委员会提出无效宣告请求，并提交以下附件作为证据使用；附件1：专利号为89302266.7、名称为“双层工艺玻璃杯”的外观设计专利在国家知识产权局网站上的公开页面打印件1页，该专利申请日为1989年11月18日、公告日为1990年12月5日；附件2：专利号为02325516.1、名称为玻璃杯（GC-10234BS）的外观设计专利在国家知识产权局网站上的公开页面打印件1页，该专利申请日为2002年5月1日、公告日为2002年10月23日。

请求人提出的无效理由是本专利不符合专利法第23条的规定，具体理由为附件1包括了本专利中的全部必要外观特征，与附件1相比，本专利不具有新颖性和创造性。附件2公开了本专利的绝大部分特征，它和附件1结合完全覆盖了本专利外观设计全部技术特征，因此本专利不具有创造性。

经形式审查合格，专利复审委员会于2008年9月2日受理该无效宣告请求，向双方当事人发出无效宣告请求受理通知书，并将请求人提交的专利权无效宣告请求书及其附件清单中所列附件副本转送专利权人，告知专利权人在收到该通知书之日起一个月内对该无效宣告请求陈述意见。

2008年10月17日，专利权人提交了意见陈述书，主要意见为：（1）对本专利与请求人提出的证据进行相同和相近似判断时，应基于四项原则，第一，本外观设计专利属于单纯形状的产品形状设计，因此在外观设计各要素中，被比的是形状；第二，必须从本产品的一般消费者的知识水平和认知能力出发，进行对比；第三，在先设计应与本外观设计有相同或近似的洛迦诺分类号；第四，单独对比。（2）根据前面的原则，附件1与本专利的外观设计相比，不相同也不相近似。（3）附件2与本专利的外观设计相比，不相同也不相近似。

专利复审委员会依法成立合议组对本案进行审理。

2008年10月22日，专利复审委员会本案合议组向双方当事人发出了无效宣告请求口头审理通知书，定于2008年11月25日在专利复审委员会进行口头审理。

2008年10月27日专利复审委员会本案合议组向请求人发出转送文件通知书，转送专利权人于2008年10月17日提交的意见陈述书。

2008年11月25日，口头审理如期举行，双方当事人均出席了口头审理。双方当事人对合议组成员无回避请求，对对方出庭人员的身份和资格无异议，对合议组成员的变更无异议。在口头审理过程中，合议组对请求人提出的无效理由和事实进行了调查，并充分听取了双方当事人的陈述：（1）请求人当庭明确其无效理由为本专利相对于附件1和附件2不符合专利法第23的规定，与申请日以前在国内外出版物上公开发表过的外观设计相近似。（2）专利权人当庭明确表示对附件1和2的真实性没有异议。

合议组经合议认为本案事实已经清楚，可以依法作出审查决定。

二、决定的理由

1. 本决定所针对的无效理由

基于请求人提出的无效理由，合议组依据专利法第23条对本案进行审理。

2. 证据认定

请求人提交的附件1和附件2的公告日均在本专利的申请日之前，因此附件1、2均可以作为评述本专利是否符合专利法第23条的在先设计。

3. 关于专利法第23条

专利法第23条规定授予专利权的外观设计，应当同申请日以前在国内外出版物上公开发表过或者国内公开使用过的外观设计不相同和不相近似，并不得与他人在先取得的合法权利相冲突。

本专利外观设计请求保护双层玻璃杯，未要求保护色彩，属于单纯形状的外观设计专利，因此仅以在先设计的形状设计与本专利进行相同和相近似的判断。

对于单纯形状的外观设计，如果将被比外观设计与在先设计进行单独对比，二者在形状上存在差别，且该差别按照一般消费者的眼光来看对于产品外观设计的整体视觉效果具有显著的影响，则被比外观设计与在先设计既不相同，也不相近似。

本专利外观设计与附件1、2的外观设计属于相同种类产品。现将附件1、2与本专利进行如下相近似性比较分析：

本专利外观设计请求保护双层玻璃杯，公报公开了产品的立体图、主视图、后视图、右视图、左视图、俯视图、仰视图。通过图片观察可以看出，本专利玻璃杯的高度略大于杯体最大横截面的直径，杯底和杯体是一体的，杯口的直径略微大于杯底的直径，整个杯体是圆台状、透明的，通过透明部分可视内层杯体的形状，即杯子由内外两层组成，两层之间有较大的间隙且基本平行，直至接近杯口部分呈弧形过渡逐渐合并在一起（详见本专利附图）。

附件1的外观设计（以下称在先设计1）涉及一种“双层工艺玻璃杯”，公报公开了产品的剖视图、俯视图和主视图，简要说明中记载玻璃杯的两层之间可放置一些花草鱼虫等工艺品或盛装一些比重不同的彩色液体，以达到赏心悦目之效果，玻璃杯的外层杯底与杯体之间采用粘合或螺纹连接。从在先设计1的图片上可以观察到，在先设计1的杯体为细长形的圆台状。剖视图显示杯体为双层结构，外层杯底与杯体之间可呈分离状，内层杯体和外层杯体之间的间隙从杯口至杯底逐渐加大（详见在先设计1附图）。

附件2的外观设计（以下称在先设计2）涉及一种玻璃杯，公报公开了产品6面视图。可以从图片上观察到，在先设计2的玻璃杯的杯口直径明显大于杯底直径，整体形状为圆台状。杯体表面有圆形图案设计（详见在先设计2的附图）。

将本专利与在先设计1的形状进行比较，可以看出两者的区别在于：（1）在先设计1的玻璃杯比本专利的玻璃杯细长；（2）在先设计1的玻璃杯内层与外层之间的间隙从杯口至杯底逐渐加大，而本专利的玻璃杯两层之间有较大的间隙且基本平行，直至接近杯口部分呈弧形过渡逐渐合并在一起；（3）在先设计1剖视图显示的内层杯体的形状与本专利透明部分以内的内层杯体形状的杯口部分形状不同。基于上述判断，合议组认为本专利与在先设计1虽然杯体形状均为圆台状，但二者的杯体与杯口的长宽比例、内层杯体的形状存在明显区别，对一般消费者而言，二者的区别对整体视觉效果具有显著的影响，因此二者属于既不相同也不相近似的外观设计。

将本专利与在先设计2的形状进行比较，可以看出两者的区别在于：（1）先设计2是单层玻璃杯，而本专利的玻璃杯的双层结构能被清楚看到；（2）在先设计2的玻璃杯的杯口直径明显大于杯底直径，而本专利的玻璃杯的杯口的直径略微大于杯底的直径。基于上述判断，合议组认为，本专利与在先设计2二者的区别对整体视觉效果具有显著的影响，属于既不相同也不相近似的外观设计。

综上所述，本专利与在先设计1、2属于既不相同也不相近似的外观设计，符合专利法第23条的规定。

三、决定

维持第200430099794.9号外观设计专利权继续有效。

当事人对本决定不服的，可以根据专利法第46条第2款的规定，自收到本决定之日起三个月内向北京市第一中级人民法院起诉。根据该款的规定，一方当事人起诉后，另一方当事人应当作为第三人参加诉讼。

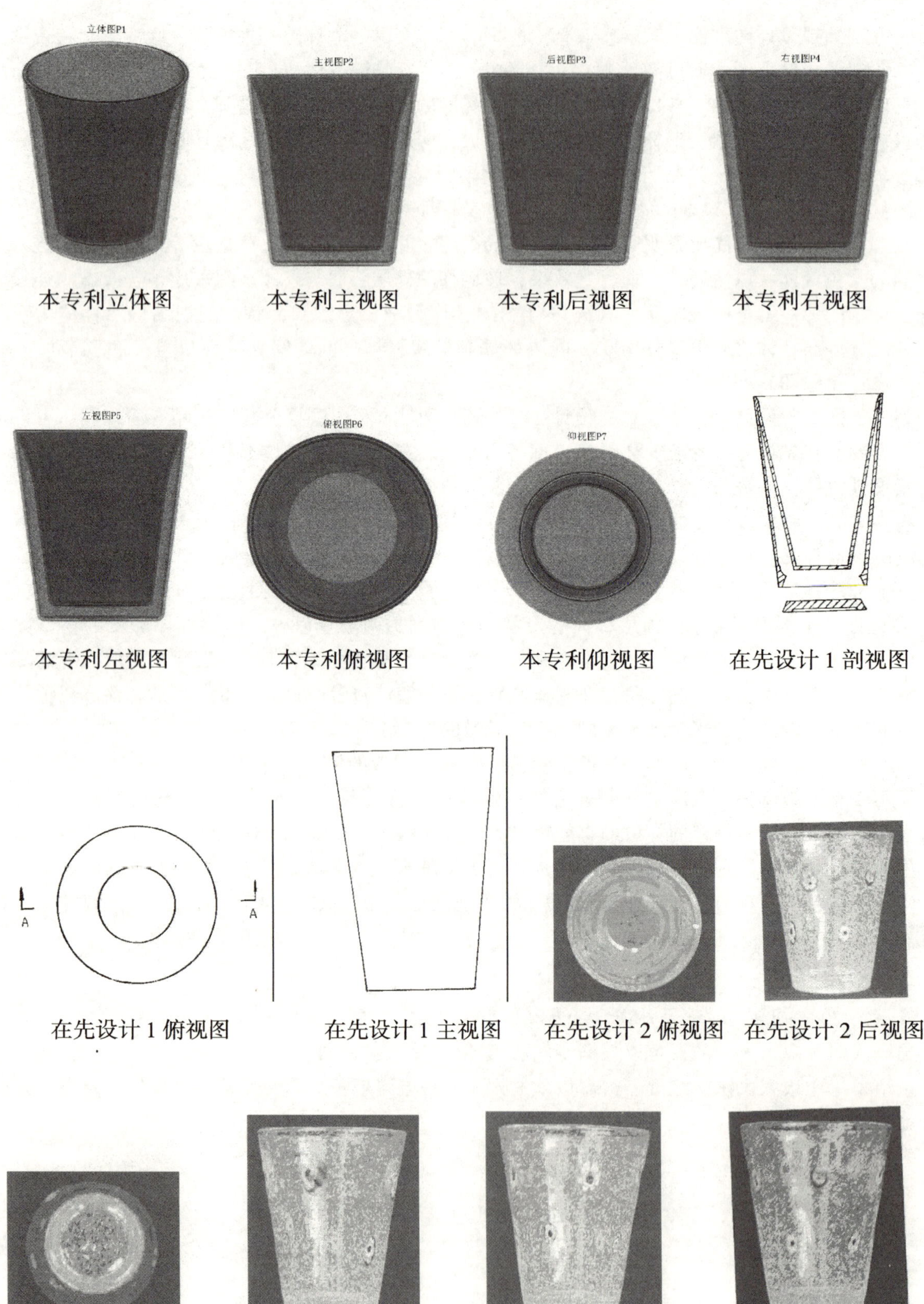

本专利立体图　本专利主视图　本专利后视图　本专利右视图

本专利左视图　本专利俯视图　本专利仰视图　在先设计 1 剖视图

在先设计 1 俯视图　在先设计 1 主视图　在先设计 2 俯视图　在先设计 2 后视图

在先设计 2 仰视图　在先设计 2 右视图　在先设计 2 主视图　在先设计 2 左视图

076

遥控灯（FLS 0870101-12G3）

无效宣告请求审查决定（第12808号）

决　　定　　号　第12808号
决　　定　　日　2008年12月18日
发明创造名称　遥控灯（FLS 0870101-12G3）
外观设计分类　26-05
无效请求人　李俊杰
专　利　权　人　徐　广
专　　利　　号　200630064309.3
申　　请　　日　2006年6月21日
授权公告日　2007年5月30日
合议组组长　杨存吉
主　　审　　员　隋　璐
参　　审　　员　王　婧
附　　　　　图　2页

法　律　依　据　专利法第23条
决　定　要　点

请求人提交的证据不足以证明与本专利相同或者相近似的外观设计在本专利申请日前已公开的事实，故请求人据此提出本专利不符合专利法第23条的无效宣告请求的理由不成立。

一、案由

本无效宣告请求涉及国家知识产权局于2007年5月30日授权公告的第200630064309.3号外观设计专利，其名称为“遥控灯（FLS0870101-12G3）”，申请日为2006年6月21日，专利权人为徐广。

针对上述外观设计专利（下称本专利），李俊杰（下称请求人）于2008年6月16日向专利复审委员会提出无效宣告请求，认为本专利不符合专利法第23条的规定，同时请求人提交了下列附件：

证据1：请求人声称的其经营的中山市古镇米克照明电器厂与中山市小榄镇日新塑料灯饰配件厂签订的模具加工协议及开模图纸的复印件，共7页；

证据2：中山市古镇米克照明电器厂的个体工商户执照、请求人的身份证复印件、灯具照片，共4页；

证据3：请求人声称的发往常州市武进区邹区大友照明灯饰经营部的发货单、常州市武进区邹区大友照明灯饰经营部营业执照的复印件，共2页；

证据4："OPPLE"整体家居照明系列宣传图册封面页第12页的复印件，共2页；

证据5："美的照明"产品手册封面页第15页的复印件，共2页；

证据6："华泰照明"产品综合折页的复印件，共3页；

证据7："欧特朗"照明宣传册封面页、第24页的复印件，共2页；

证据8："松普"照明宣传册封面页、图片页的复印件，共3页；

证据9："欧威仕"照明宣传册图片页的复印件，共1页；

证据10：大丰2007年新上市吸顶灯宣传册封面页、图片页的复印件，共2页；

证据11：亮迪家居照明宣传册封面页、图片页的复印件，共2页；

证据12："曼佳美"光源价目表封面页、第2页的复印件，共2页；

证据13：中山古镇名光良品照明电器厂"铝材灯世家"宣传册封面页、图片页的复印件，共2页；

证据14：中山古镇东君照明电器厂"现代顶灯"宣传册封面页、图片页的复印件，共2页。

请求人认为：证据1和2证明本专利所涉及的产品在2005年3月已经开模生产；证据3证明本专利所涉及的吸顶灯在2005年5月已经公开销售；本专利所涉及的产品与证据4第12页图片MX586-Y83（HSSL-A）和MX586-Y83（HSSLY）中的吸顶灯、与证据5第15页图片"仿金属银白系列"的吸顶灯、与证据6图片"仿金属银白系列"的吸顶灯、与证据7第24页图片OTL-55-25明目（木纹）的吸顶灯、与证据9图片"6060/L"和"6060/M"的吸顶灯、与证据10图片"DFJ95W"的吸顶灯、与证据11的图片"映月II"和"银湖圆月"的灯、与证据12第2页图片"G╳0107i"和"G╳0107"的吸顶灯、与证据13第14页图片8004○505的吸顶灯（碟形灯）以及与证据14中图片"方片2"的吸顶灯相同或相近似；证据8中图片"感应吸顶灯"与本专利所涉及的灯外形相同，也是大圆套小圆中心家射灯的结构，其外形也相近似；综上所述本专利不符合专利法第23条的规定。

经形式审查合格，专利复审委员会依法受理了上述无效宣告请求，并于2008年6月16日向请求人和专利权人发出无效宣告请求受理通知书，同时将专利权无效宣告请求书及其附件清单中所列附件的副本转送给专利权人，并要求专利权人在指定的期限内陈述意见。

2008年7月3日，无效请求人提交了意见陈述，补充提交了下述附件：

附件1：《LIGHTING NEWS》VOL28，封面页、第25页的复印件；

附件2：《LIGHTING NEWS》VOL28，第71页的复印件；

附件3：《LIGHTING NEWS》VOL28，第208页的复印件；

附件4：《LIGHTING NEWS》VOL21，封面页、第60页的复印件；

附件5：《LIGHTING NEWS》VOL21，第400页的复印件；

附件6：《LIGHTING NEWS》VOL22，封面页、第727页的复印件；

附件7：《LIGHTING NEWS》VOL24，封面页、第264、第330页的复印件；

附件8：《LIGHTING NEWS》VOL27，封面页、第33页的复印件；

附件9：《LIGHTING NEWS》VOL27，封面页、第273、321页的复印件；

附件10：《LIGHTING PLAZA》VOL3，封面页、第255、330、406页的复印件；

附件11：《TOTAL LIGHTING COLLECTION》2005-2006，封面页、第65、392页的复印件；

附件12：《LIGHTING PLAZA》VOL4，封面页、第547页的复印件；

附件13：《LIGHTING PLAZA》VOL5，封面页、第355页的复印件；

附件14：《TOSHIBA AKARI》97-98，封面页、第106、107页的复印件；

附件 15：《LIGHTING MODE》2001-2002，封面页、第 146 页、230、231 页的复印件。

专利复审委员会依法成立合议组，于 2008 年 7 月 21 日向双方当事人发出无效宣告请求口头审理通知书，定于 2008 年 9 月 9 日举行口头审理，随口头审理通知书将请求人 2008 年 7 月 3 日提交的意见陈述及证据转送给专利权人。

专利权人于 2008 年 8 月 5 日提交了意见陈述。

口头审理如期进行，双方当事人均出席了口头审理。双方当事人对对方出庭人员的身份、资格无异议，对合议组成员无回避请求。口头审理中，请求人确认其 2008 年 7 月 3 日提交的外文证据附件 1～15的中文译文提交时间为 2008 年 9 月 1 日，合议组当庭告知请求人由于其提交的中文译文时间超过审查指南规定的期限，该外文证据视为未提交，因此，对请求人 2008 年 7 月 3 日提交的附件 1～15 不予审理。请求人明确其无效理由为本专利授权不符合专利法第 23 条的规定。请求人放弃了将证据 6、13 作为证据使用。请求人提交了证据 4～14 的原件，出示了证据 1 及证据 3 中发货单的原件。请求人认为证据 1～3 证明了请求人在 2005 年已经生产了和本专利相近似的产品并已经在市场上销售，证据 4、5、7～11、12、14 证明了本专利申请日前与本专利相同、相近似的产品在国内市场上已经普遍生产、销售。请求人声称证据 4、5、7～11、12、14 均为古镇博览会上获得，证据 4、5、7～11、14 的公开时间为请求人在 4、5、7～11、14 上盖的蓝章上所示时间，证据 12 公开的公开时间为产品宣传册上所印时间。专利权人认可证据 1～3 复印件与原件相一致，但对模具加工协议、发货单、图纸的真实性有异议，照片的拍摄时间无法核实，无法证明其公开性，无法证明模具加工协议、发货单、图纸、照片与本案具有关联性；专利权人认可证据 4、5～11、14 的真实性，不认可证据 4、7～9、11、14 公开时间，认为证据上蓝章无法证明其公开时间，认为证据 5、10 的公开时间在本专利申请日后；专利权人认可证据 12 的真实性及公开时间，专利权人认为请求人提交的所有证据中的产品与本专利既不相同也不相似。

合议组于 2008 年 9 月 10 日将专利权人于 2008 年 8 月 5 日提交的意见陈述转送给请求人，并要求专利权人在指定的期限内陈述意见。

专利权人期满未答复。

在上述工作的基础上，合议组认为本案事实已经调查清楚，可以依法作出审查决定。

二、决定的理由

1. 法律依据

专利法第 23 条规定：“授予专利权的外观设计，应当同申请日以前在国内外出版物上公开发表过或者国内公开使用过的外观设计不相同和不相近似，并不得与他人在先取得的合法权利相冲突。”

2. 关于证据

证据 1 为请求人声称的其经营的甲方中山市古镇米克照明电器厂与乙方中山市小榄镇日新塑料灯饰配件厂签订的模具加工协议及开模图纸，证据 2 为中山市古镇米克照明电器厂的个体工商户执照、请求人的身份证复印件，灯具照片。合议组认为：在模具加工协议中，乙方中山市小榄镇日新塑料灯饰配件厂为社会公众中特定的人，其得到开模图纸并不说明社会公众中的非特定人想得到该开模图纸就能够得到，向特定人提供图纸不视为“为公众所知”，因此，甲乙双方签订模具加工协议和甲方提供开模图纸不能认定是专利法意义上的“使用公开”。证据 2 为请求人的个体工商户执照、身份证复印件，灯具照片，其中个体工商户执照、身份证复印件证明了中山市古镇米克照明电器厂为请求人所经营；证据 2 中照片本身没有记载任何时间信息，也没有证据证明其确系本专利申请日之前形成的。因此，证据 1、2 不能作为评述本专利是否符合专利法第 23 条规定的证据。

证据 3 为请求人声称的发往常州市武进区邹区大友照明灯饰经营部的发货单，常州市武进区邹区大友照明灯饰经营部经营者郑大友的营业执照。发货单为请求人的单方行为，在无其他相关证据佐证的情况下，无法证明发货单的真实性。因此，证据3不能作为评述本专利是否符合专利法第23条规定的证据。

证据4、7~9、11、14均为产品宣传册，专利权人认可其真实性，但不认可其公开时间。合议组经核实后认可其真实性，合议组认为产品宣传册上没有任何厂家印刷的时间信息，虽然产品宣传册封面上有印有时间的蓝章，但请求人在口头审理中承认是其在收到手册时盖的，不是产品宣传册自身印有的时间，合议组认为根据现有的证据无法确认这些宣传册的公开时间。因此，证据4、7~9、11、14不能作为评述本专利是否符合专利法第23条规定的证据。

证据5、10亦为产品宣传册，其中文字记载的时间均为2007年，专利权人认可2007年为其公开时间。合议组经核实，认可其真实性及公开时间，其公开时间在本专利申请日后，因此，不能作为评述本专利是否符合专利法第23条规定的证据。

证据12亦为产品宣传图册，专利权人认可其真实性及上记载的公开时间2004年。合议组经核实后，亦认可其真实性及公开时间。证据12可以作为评述本专利是否符合专利法第23条规定的证据。

请求人2008年7月3日提交的外文证据附件1~15，其中文译文提交时间为2008年9月1日，超过审查指南第四部分第三章第4.3.1节规定的外文证据中文译文提交的期限，根据审查指南第四部分第八章第2.2.1节的规定，该外文证据视为未提交，不能作为认定事实的依据。

3. 关于专利法第23条

本专利为一种遥控灯的外观设计，包括四面视图和一幅立体图。该遥控灯有圆形的边框，中部有圆形的灯骨，灯骨中间装有一个射灯，圆形的灯骨凸出于圆形的灯框，形成阶梯形，灯框大于灯骨，类似“大圆套小圆”，其后部的灯壳也是圆形的并向外凸出呈阶梯形（详见本专利附图）。

证据12中（下称对比文件）GX0107i、GX0107均为蝶形灯，各包括一幅立体图。这些蝶形灯均为圆形边框，中部有圆形的灯骨，圆形的灯骨凸出于圆形的灯框，形成阶梯形，灯框和灯骨大小相同（详见对比文件附图）。

对比文件中所示产品与本专利产品相比，属于相同种类的产品，可以进行如下相同和相近似的比较。

本专利与对比文件所示产品的外观相比，其相同点在于：两者均为圆形边框，中部有圆形的灯骨，圆形的灯骨凸出于圆形的灯框，形成阶梯形。

本专利与对比文件所示产品的外观相比，其区别点主要在于：（1）本专利灯具的边框大于灯骨，类似大圆套小圆的结构，对比文件灯具的灯框和灯骨大小相同；（2）本专利灯具的灯骨中间装有射灯，对比文件灯具没有射灯。

通过上述对比可以看出，两者的区别对于产品外观设计的整体视觉效果具有显著的影响，两者属于不相近似的外观设计。

综上所述，请求人提交的所有证据都不能证明在本专利申请日前已有与其相同或相近似的外观设计在先公开的事实，故请求人的主张不能成立。

三、决定

维持第200630064309.3号外观设计专利权有效。

当事人对本决定不服的，可以根据专利法第46条第2款的规定，自收到本决定之日起三个月内向北京市第一中级人民法院起诉。根据该款的规定，一方当事人起诉后，另一方当事人应当作为第三人参加诉讼。

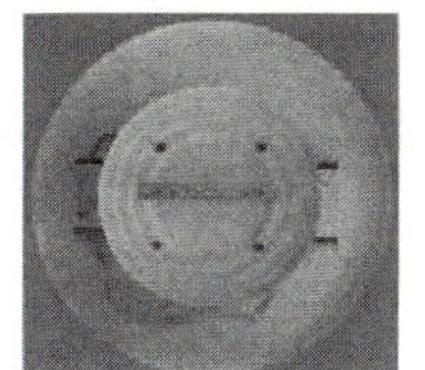
后视图

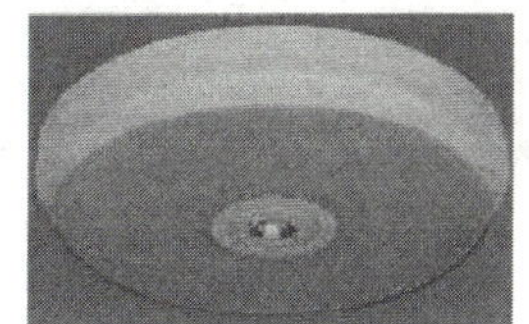
立体图

仰视图

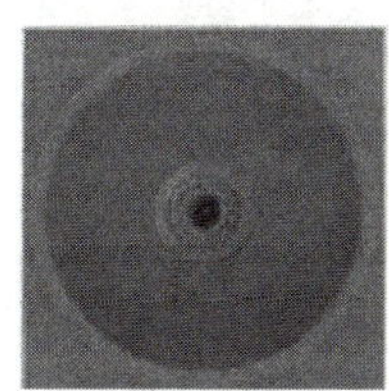
主视图

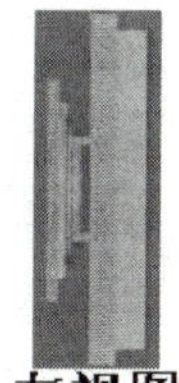
左视图

本专利附图

对比文件附图

077

变压器（3.3kV）

无效宣告请求审查决定（第12810号）

决　　定　　号　第12810号
决　　定　　日　2008年12月23日
发明创造名称　变压器（3.3kV）
外观设计分类号　13-02
无效宣告请求人　徐建新
专　利　权　人　宁波优睿工贸有限公司
专　　利　　号　200630112940.6
申　　请　　日　2006年7月12日
授权公告日　2007年4月11日
合议组组长　吴大章
主　　审　　员　张雪飞
参　　审　　员　李改平

法　律　依　据　专利法第23条
决　定　要　点

请求人提交的相关证据证明的是国内进出口企业先接受国外的订单、再委托国内企业生产并专供、而后出口的行为，销售过程的各环节均是单链对应的关系，因此相关产品并不处于国内的公众想得知就能够得知的状态，从而不能证明国内使用公开的事实。

请求人提出无效宣告请求的理由不能成立，应维持本专利有效。

一、案由

本无效宣告请求涉及国家知识产权局于2007年4月11日授权公告的200630112940.6号外观设计专利，使用该外观设计的产品名称是“变压器（3.3kV）”，其申请日是2006年7月12日，专利权人是宁波优睿工贸有限公司。

针对上述外观设计专利权（下称本专利），徐建新（下称请求人）于2008年4月16日向专利复审委员会提出无效宣告请求，其理由是本专利不符合专利法第23条的规定，并提交了如下证据附件：

附件1是合同号为CWE06/1039CX的变压器产品出口商检资料复印件9页；

附件2是合同号为CWE06/1040CX的变压器产品出口商检资料复印件9页；

附件3是合同号为CWE06/1039CX的变压器产品的增值税专用发票记账联复印件4页；

附件4是合同号为CWE06/1040CX的变压器产品的增值税专用发票记账联复印件3页；

附件5是浙江省杭州市东方公证处作出的“（2007）浙杭东证字第018630号”《公证书》原件1份，内附电子信息打印页复印件50页、电子信息彩印件9页和保全证据（光盘）1份，公证内容为所附电子信息的浏览、保存和打印等过程与实际情况相符，相关文件已刻录至所附光盘；

附件6是合同号为CWE05/0508BB的变压器产品出口商检资料复印件8页。

请求人认为，附件1、附件3、附件5中电子信息打印页第15~27页及相关图片结合和附件2、附件4和附件5中电子信息打印页第15~27页及相关图片结合均可分别证明上虞市新业电子电器厂和上虞市荣鑫电器有限公司在本专利申请日以前已制造并委托上海爱联国际贸易有限公司代理出口销售过与本专利外观设计相同的产品，附件5中电子信息打印页第30~41页和附件6结合也可证明与本专利外观设计相同的产品在其申请日以前公开制造、销售的事实，附件5中电子信息打印页第42~50页可间接证明上述事实，因此应宣告本专利无效。

专利复审委员会根据无效宣告请求审查程序的规定受理了该无效宣告请求，并于2008年6月2日将请求人的无效宣告请求文件转送专利权人。

其后，专利复审委员会于2008年7月4日向双方当事人发出口头审理通知书，定于2008年9月22日进行口头审理。

针对请求人提出的无效宣告请求，专利权人于2008年7月10日提交了意见陈述书，认为附件1、附件3和附件5的组合中，附件1和附件3的真实性有待认定，附件5公证过程的真实性无异议，但质疑公证书中文件内容的真实性，且证据间没有关联性，结合后也没有证明力；专利权人对其他证据或者证据组合的具体意见基本同上，认为请求人提交的证据不充分，应维持本专利有效。

专利复审委员会于2008年8月5日将专利权人的意见陈述书转送请求人，告知其可在口头审理中答复或者限期提交书面答复意见。

请求人逾期未提交书面答复意见。

2008年9月22日口头审理如期举行，请求人一方由当事人和委托代理人出席，专利权人一方委托代理人出席；双方均对对方出庭人员的身份和资格无异议，对合议组成员均无回避请求。

在口头审理中，请求人坚持原有观点，其当庭出示了绍兴出入境检验检疫局上虞办事处出具的附件1、附件2和附件6的认证件以及附件3、附件4的原件，并说明证据所示的上虞市新业电子电器厂和上虞市荣鑫电器有限公司均是其本人公司，证据涉及的销售过程均是上海爱联国际贸易有限公司先接受英国的订单，取得样品后委托请求人公司制造，制造的产品专供上海爱联国际贸易有限公司，其间经过了请求人对于产品的修改，而后由上海爱联国际贸易有限公司出口销售。

专利权人对附件1、附件2和附件6的真实性不持异议；其质疑附件3和附件4的真实性，认为发票上未盖有公章；质疑附件5中电子信息的真实性，认为其时间、内容均可随意修改；其他仍坚持原有观点。

针对上述质疑，请求人认为附件3、附件4所示发票为公司留存的记账联，其上本无公章，而附件5所示电子信息来源于网络邮箱服务器，是不可更改的，如果专利权人有异议，应提交反证。

在相同和相近似的判断方面，请求人坚持原有观点，专利权人认为请求人在证据中指定的外观设计仅反映了局部特征，无法与本专利进行对比。

在上述审理的基础上，合议组经合议，认为本案事实清楚，依法作出本审查决定。

二、决定的理由

基于请求人提出的无效宣告请求的理由和证据，合议组依据专利法第23条的规定进行审理。

专利法第23条规定：授予专利权的外观设计，应当同申请日以前在国内外出版物上公开发表过或者国内公开使用过的外观设计不相同和不相近似，并不得与他人在先取得的合法权利相冲突。

请求人提交的附件1是合同号为CWE06/1039CX的变压器产品出口商检资料认证件；附件2是合同号为CWE06/1040CX的变压器产品出口商检资料认证件；附件3是合同号为CWE06/1039CX的变压器产品的增值税专用发票记账联；附件4是合同号为CWE06/1040CX的变压器产品的增值税专用发票记账联；附件5是浙江省杭州市东方公证处作出的“（2007）浙杭东证字第018630号”《公证书》原件，内附电子信息打印页复印件、电子信息彩印件和保全证据（光盘），公证内容为所附电子信息的浏览、保存和打印等过程与实际情况相符，相关文件已刻录至所附光盘；附件6是合同号为CWE05/0508BB的变压器产品出口商检资料认证件。

针对上述附件，合议组认为：附件1、附件2和附件6经过了绍兴出入境检验检疫局上虞办事处的认证，来源真实可靠，且专利权人对附件1、附件2和附件6的真实性不持异议，因此能够认定附件1、附件2和附件6的真实性；虽然专利权人基于无公章而质疑附件3和附件4的真实性，但是其为企业留存的正规增值税专用发票的记账联原件，在无其他相反证据足以推翻的情况下，合议组对其真实性予以认定；附件5所示公证书本身的真实性已为专利权人所认可，合议组亦予以认定。

但是，无论是附件1、附件3和附件5的证据组合，还是附件2、附件4和附件5的证据组合，以及附件5和附件6的证据组合，其均分别证明的是国内进出口企业（上海爱联国际贸易有限公司）先接受国外的订单、再委托国内企业（上虞市新业电子电器厂和上虞市荣鑫电器有限公司）生产并专供、而后出口的行为，请求人在口头审理中说明上述两家国内公司均是自家企业，且其原先不做变压器产品，上述三笔业务涉及的产品均专供上海爱联国际贸易有限公司，由此可见，上述三笔业务的销售过程中各环节均是单链对应的关系，相关产品并未处于国内的公众想得知就能够得知的状态，因此均不能证明国内使用公开的事实。

另外，针对附件5内附的电子信息，由于其证明事实的依据是私人的电子邮件往来，而其内容并不处于国内的公众想得知就能够得知的状态，因此也不足以证明国内使用公开的事实。

综上所述，请求人提交的证据或者证据组合均不能支持其无效宣告请求的理由，其无效宣告请求的理由不成立。

三、决定

维持200630112940.6号外观设计专利权有效。

当事人对本决定不服的，可以根据专利法第46条第2款的规定，自收到本决定之日起三个月内向北京市第一中级人民法院起诉。根据该款的规定，一方当事人起诉后，另一方当事人应当作为第三人参加诉讼。

078

自锁式隐藏面板

无效宣告请求审查决定（第12827号）

决　　定　　号　第12827号
决　　定　　日　2009年1月19日
发明创造名称　自锁式隐藏面板
外观设计分类号　13-03
无效宣告请求人　北京金灿视讯科技有限公司
专　利　权　人　广州市奥威亚电子科技有限公司
专　　利　　号　200530056690.4
申　　请　　日　2005年4月15日
授 权 公 告 日　2006年3月1日
合 议 组 组 长　王霞军
主　　审　　员　张　凌
参　　审　　员　李巍巍
附　　　　　图　3页

法　律　依　据　专利法第23条
决　定　要　点

本专利与在先设计在各组成部分的零件形状和相互位置上均存在差异，其对整体视觉效果具有显著影响，因此二者不相同且不相近似。

一、案由

本无效宣告请求涉及国家知识产权局于2006年3月1日授权公告的、名称为“自锁式隐藏面板”的200530056690.4号外观设计专利，其申请日为2005年4月15日，专利权人为广州市奥威亚电子科技有限公司。

针对上述专利权（下称本专利），北京金灿视讯科技有限公司（下称请求人）于2008年9月8日向专利复审委员会提出无效宣告请求，理由是本专利与在其申请日前已公开发表过的外观设计相近似，不符合专利法第23条的规定。请求人同时提交了如下附件作为证据：

附件1：本专利著录项目及其外观图片下载打印件（共1页）；

附件2：US6802577号美国实用新型专利文献复印件及其中文译文（共17页）。

请求人认为附件2的公开时间早于本专利的申请日，其中所公开的外观设计与本专利结构相同、形状相近似，二者属于相近似的外观设计，因而本专利不符合专利法第23条的规定。

经形式审查合格后，专利复审委员会受理了上述无效宣告请求，并于2008年10月6日将无效宣告请求书及相关附件的副本转给专利权人，要求其在指定的期限内答复。

2008年9月28日，专利复审委员会收到请求人针对上述无效宣告请求补充提交的意见陈述，其再次提交附件1、附件2及其全部中文译文作为证据。请求人认为，将本专利的右视图做镜像后，与在先设计的附图2所示的外部形状和结构完全相同，二者弹簧杆的固定方式和位置、限位块和卡合装置的联结固定方式及位置也相同，本专利与在先设计属于相近似的外观设计。

2008年11月3日，专利复审委员会向双方当事人发出口头审理通知书，定于2009年1月6日对本案进行口头审理，同时将请求人补充提交的意见陈述及上述证据转送专利权人。

2008年11月21日，专利权人针对上述无效宣告请求提交了意见陈述。专利权人认为，附件2中的附图1是产品的分解示意图，附图6、附图7和附图8都是部分零件的示意图，不能反映产品的整体外观设计，不能与本专利进行对比；将附件2的附图2和附图5与本专利进行比较，二者在弹簧杆和卡合装置、半封闭内框和支架的形状上存在明显的不同，上述区别对整体视觉效果具有显著影响，本专利与附件2所示的在先设计既不相同也不相近似；本专利符合专利法第23条的规定。

2008年12月1日专利复审委员会将专利权人的上述意见陈述转送请求人，告知其在口头审理时一并答复。

口头审理如期举行，请求人委托的代理人参加了口头审理，专利权人未参加口头审理。口头审理中请求人明确其无效宣告的理由为专利法第23条（在先公开发表），依据的证据为附件2，并指定以其中附图1~5作为对比图片，附图6~8仅供参考；关于相同相近似对比，请求人坚持其原有意见。

在上述审理的基础上，合议组经合议，认为本案事实清楚，依法作出本审查决定。

二、决定的理由

1. 法律依据

基于请求人提出无效宣告请求所依据的理由和证据，合议组对本专利是否符合专利法第23条的规定进行审查。

专利法第23条规定，授予专利权的外观设计，应当同申请日以前在国内外出版物上公开发表过或者国内公开使用过的外观设计不相同和不相近似，并不得与他人在先取得的合法权利相冲突。

2. 证据认定

请求人提交的附件2是US6802577号美国实用新型专利文献复印件及其中文译文，专利权人未对该证据的真实性和译文的准确性提出异议。该专利的申请日为2002年10月21日，名称为“隐藏在桌面内的电子设备的半封闭内框系统”，本案合议组经核实，对该证据予以采信。附件2的公开时间为2004年10月12日，早于本专利的申请日（2005年4月15日），属于专利法第23条规定的公开出版物，适用本案。

3. 关于专利法第23条

附件2中公开的隐藏在桌面内的电子设备的半封闭内框系统，与本专利都是设置于办公家具表面用于插接电子设备的装置，二者的用途相同，属于相同类别的产品，故将本专利与上述证据附图中所示的外观设计（下称在先设计）进行如下相同相近似对比。

本专利所示自锁式隐藏面板，由面板、面板框、支架和半封闭内框组成，其中面板置于面板框内，二者均为长方形；面板底面固定有一个半封闭的内框，其由长方形的下框板和两个梯形的侧框板构成，该下框板上有若干个插孔；面板框底面固定有一大致呈U形的支架，其上固定一柱状的弹簧杆，支架底面还固定有一锁装置，支架内框形成类似W的形状，支架两侧外框上设有若干斜槽（详见本专利附图）。

在先设计由面板、面板框、支架和半封闭内框组成，其中面板置于面板框内，二者均为长方形；面板底面固定有一个半封闭的内框，其由“凹”形的下框板和两个梯形的侧框板构成；面板框底面固定有一大致呈“U”形的支架，支架上固定的弹簧杆和锁装置均位于支架内部，仅与半封闭内框相连的端部可见，支架内框形成类似梯形的形状，支架两侧外框上设有若干斜槽（详见在先设计附图）。

将本专利与在先设计相比，两者的相同点是均由面板、面板框、支架和半封闭内框组成，其中面板置于面板框内，二者均为长方形。两者的区别在于本专利半封闭内框的下框板为长方形，在先设计为“凹”形；本专利半封闭内框的下框板上有若干个插孔，在先设计则无；本专利支架上固定的弹簧杆和锁装置是可见的，在先设计支架上固定的弹簧杆和锁装置的可见部分仅为其与半封闭内框相连的端部；本专利支架内框形成类似“W”的形状，而在先设计为类似梯形。合议组认为，上述区别体现出两个外观设计在各组成部分的零件形状和相互位置上均存在差异，其对整体视觉效果具有显著影响，因此本专利与在先设计不相同且不相近似。

综上，本专利与附件 2 所示的在先设计不相同且不相近似，请求人提交的证据不能证明本专利不符合专利法第 23 条的规定，因此请求人无效宣告请求的理由不成立。

三、决定

维持 200530056690. 4 号外观设计专利权有效。

当事人对本决定不服的，可以根据专利法第 46 条第 2 款的规定，自收到本决定之日起三个月内向北京市第一中级人民法院起诉。根据该款的规定，一方当事人起诉后，另一方当事人应当作为第三人参加诉讼。

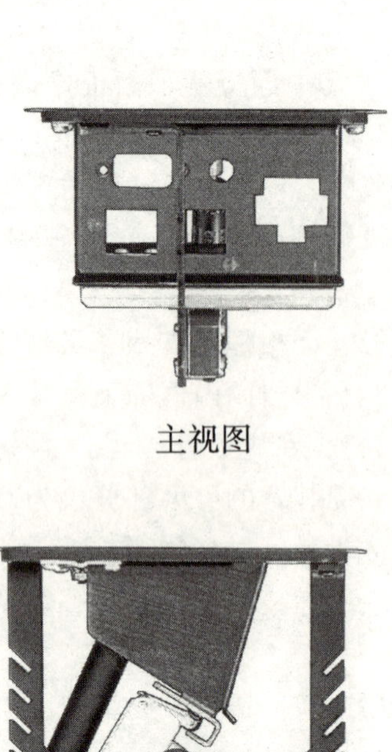

主视图

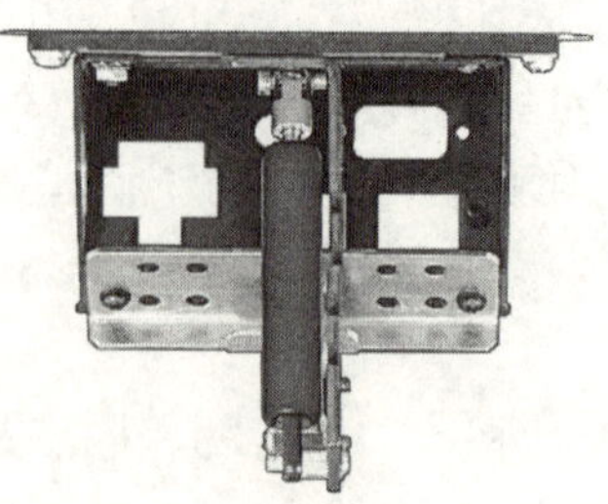

后视图

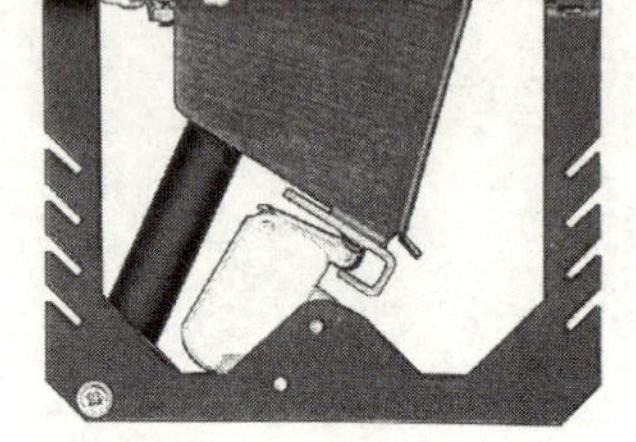

左视图

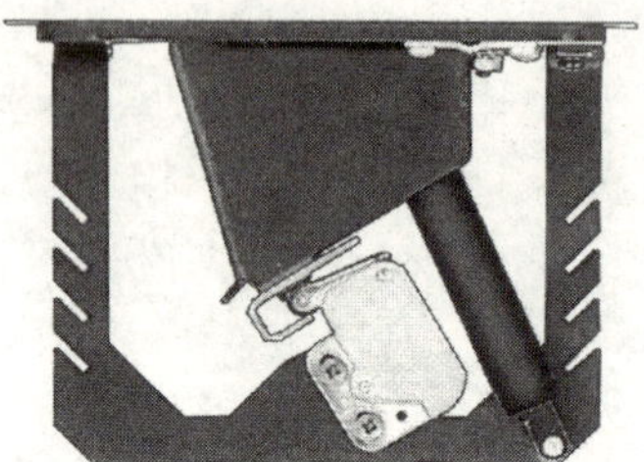

右视图

俯视图

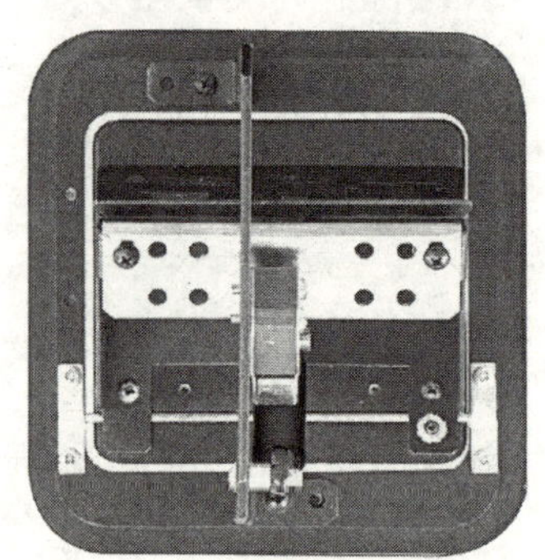

仰视图

立体图

使用状态参考图

本专利附图

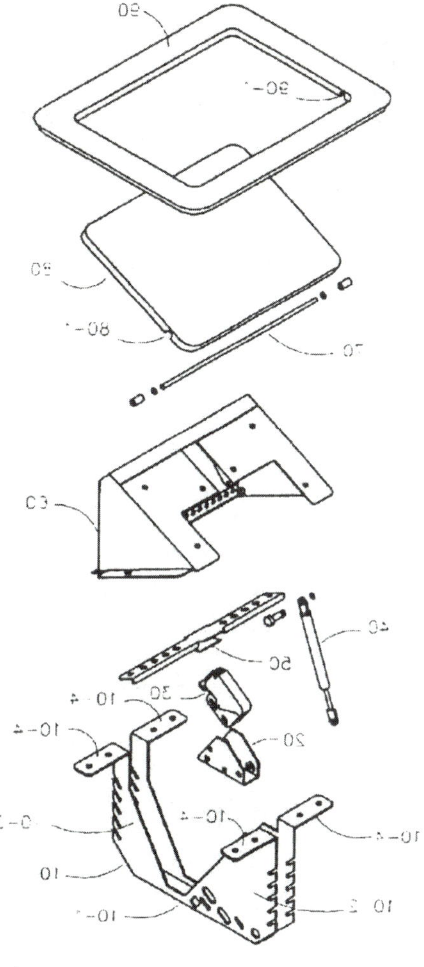

图 1

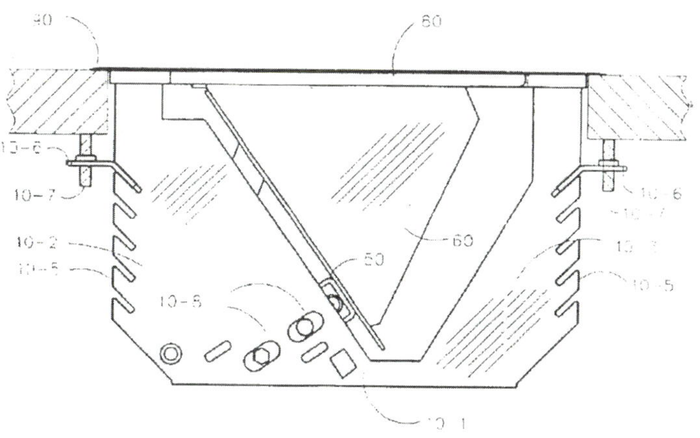

图 2

在先设计附图

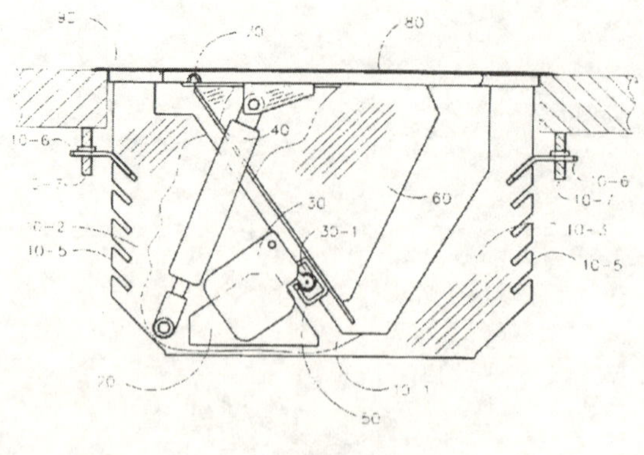

图 3

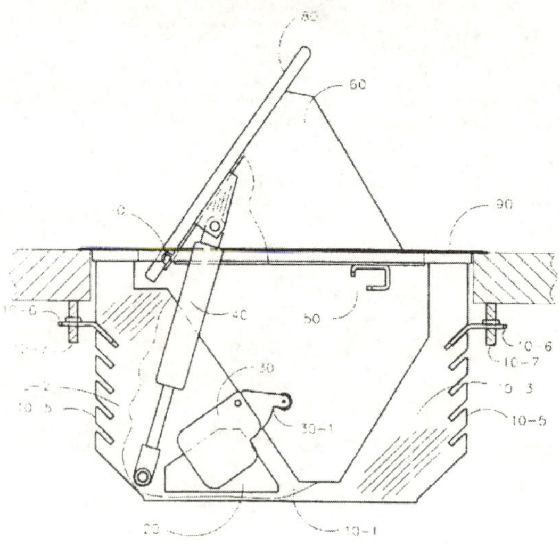

图 4

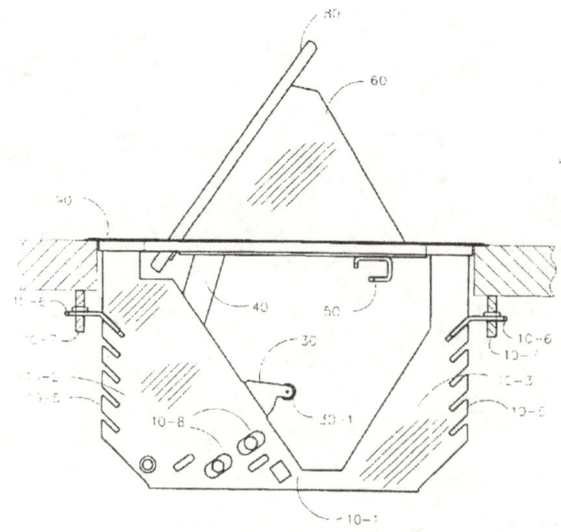

图 5

在先设计附图（续）

079

电子秤（SA）

无效宣告请求审查决定（第 12835 号）

决　　定　　号　第 12835 号
决　　定　　日　2008 年 12 月 24 日
发明创造名称　电子秤（SA）
外观设计分类号　10-04-S0083
无效宣告请求人　莆田市上得利电子仪器有限公司
专　利　权　人　上海英展机电企业有限公司
专　　利　　号　00346216.1
申　　请　　日　2000 年 12 月 5 日
授权公告日　2001 年 6 月 13 日
合议组组长　吴赤兵
主　　审　　员　刘　微
参　　审　　员　唐向阳
附　　　　　图　4 页

法　律　依　据　专利法第 23 条
决　定　要　点

如果一般消费者经过对本专利设计与现有设计的整体观察可以看出，二者的差别对于产品外观设计的整体视觉效果不具有显著的影响，本专利的设计与现有设计相近似不足以使二者在整体视觉效果上产生显著的影响，则本专利外观设计与现有设计属于相近似的外观设计。

一、案由

本无效宣告请求涉及国家知识产权局于 2001 年 6 月 13 日授权公告、申请日为 2000 年 12 月 5 日、名称为“电子秤（SA）”的第 00346216.1 号外观设计专利（下称本专利），专利权人为上海英展机电企业有限公司（下称专利权人）。

2008 年 8 月 8 日，莆田市上得利电子仪器有限公司（下称请求人）针对该专利权向国家知识产权局专利复审委员会提出无效宣告请求，其理由是本专利不符合专利法第 23 条的规定。

请求人提交了下列附件：

附件 1：中国专利第 99334491.7 号，名称为电子秤（GL），公开日为 2000 年 7 月 19 日，复印件 1 页；

附件 2：上海唐王英展机电企业有限公司“英展”牌电子秤实物照片，复印件两页共 6 幅图。

请求人认为，附件1公开日早于本专利的申请日，该专利产品与本申请同类，结构基本一致，整体印象是相类似的，前面板主要功能区和后面板显示区的设计手段、布局、各功能区所占的位置、以及感官印象均一致。附件2为一款实物照片，该实物产品1997年10月已经上市销售，该实物具备了本专利的全部的设计要点，前面板和后面板的功能布局和造型为完全相同，只是前面板两角为方角结构，以及前面板下沿为直边设计，这些细小的差异难以被普通消费者所察觉，二者相类似。

经形式审查合格后，专利复审委员会受理了该无效宣告请求案，并于2008年9月11日向双方当事人发出了《无效宣告请求受理通知书》，并将《专利权无效宣告请求书》及其他有关文件的副本转送给专利权人，要求其在指定的期限内答复，同时成立合议组对本无效请求案进行审理。

2008年9月7日，请求人向国家知识产权局专利复审委员会提交了补充意见陈述书，并提交了以下附件作为证据使用。

附件3：《衡器》杂志，1999年第1期，封面及广告插页复印件共4页；

附件4：《衡器》杂志，2000年第1期，封面及广告插页复印件共3页；

附件5：上海图书馆检索复印资料的发票复印件共1页。

2008年10月9日，专利权人上海英展机电企业有限公司针对该无效宣告请求陈述了意见。专利权人认为：附件1中的产品与本专利存在多处不同，它们的面板、按钮、秤体、秤盘设计的风格不同，局部的部件整体的设计均不同，从整体来看它们更是不相同或不相近似的工业设计。附件2中的实物与本专利产品中前面板上下盖结合部、秤体的上下盖侧面的连接部、秤盘和秤体的整体外观比例、开关及充电接口位置、充电指示灯位置、称体前后面板斜面倾斜角度存在不同。二者的整体产品是不相同和不相近似的。

2008年10月17日，合议组向双方当事人发出了《无效宣告请求口头审理通知书》，拟定于2008年11月11日就该无效宣告请求进行口头审理。并将专利权人于2008年10月9日提交的意见陈述书转送给请求人，将请求人于2008年9月7日补充提交的意见陈述书转送给专利权人，要求其在口头审理时答复。

2008年11月11日，口头审理如期举行。双方当事人的代理人参加了口头审理，在口头审理过程中明确以下事实：（1）双方当事人对合议组成员及书记员没有回避请求。（2）双方当事人对对方出席人员身份没有异议。（3）请求人当庭明确其无效理由为：本专利不符合专利法第23条的规定。（4）请求人当庭提交附件2的实物，附件3、附件4的盖有图书馆红章的复印件，附件5的原件，专利权人当庭明确表示对附件1~5以及附件2实物的真实性没有异议。（5）请求人认为附件1与本专利相同，附件2、附件3或附件4中使用的图片与本专利相近似。专利权人认为附件1、附件2、附件3或附件4中使用的图片与本专利既不相同也不相近似。

经过上述审理程序，合议组认为本案事实已经清楚，可以作出审查决定。

二、决定的理由

专利法第23条规定：授予专利权的外观设计，应当同申请日以前在国内外出版物上公开发表过或者国内公开使用过的外观设计不相同和不相近似，并不得与他人在先取得的合法权利相冲突。

专利权人对请求人提交的附件1~5及附件2的实物的真实性均无异议，附件2第1页第3幅图显示出厂日期为1997年，从该款产品的出厂日期到本专利的申请日2000年12月5日相距3年之久，根据电子称行业的情况，厂家生产一批产品后，尽快将其推向市场销售是有利的，储存3年不仅要花费大量的保管费用、而且产品也会变旧、折损，因此生产出来三年都不卖的可能性微乎其微。因此，合议组内心确认附件2中示出的该款产品在本专利的申请日之前已经处于公开的状态，合议组对附件1~5及附件2的实物予以采信。这些附件中所示图片均为“电子计价称”或“电子计数秤”，与本专利属于相同种类的物品，与本专利具有可比性。下面将附件 2 结合附件 2 的实物与本专利进行比较分析：

本专利电子秤由前面板、后面板、秤盘、秤体和秤脚五部分构成。前面板分为左右两部分，左边按“-=”方式排列三个显示屏，左边显示屏下方设有拇指状水平泡、“ρ”形图标，前面板右边为长方形按键盘；后面板从左到右沿直线依次排列三个显示屏，最右边有“ρ”形图标和指示灯；秤盘为长方形；秤体由上盖和下盖组成，从俯视图和仰视图看，上下盖结合部在前面板和后面板处均为坡度不同的缓斜面。从仰视图和俯视图看，上下盖结合部为弧线，从中央向上升高，下面显示秤脚（参见本专利视图）。

附件 2 所示外观设计（下称在先设计）也是一款电子秤（有 6 幅图片），由前面板、后面板、秤盘、秤体和秤脚五部分构成。从其第 1、2、5、6 幅图看前面板分为左右两部分，左边按“-=”方式排列三个显示屏，左边显示屏下方设有拇指状水平泡、“ρ”形图标和指示灯，前面板右边为长方形按键盘；从其第 4 幅图看后面板从左到右沿直线依次排列三个显示屏，秤盘为长方形；从其第 1、2、4、5 幅图看秤体由上盖和下盖组成；从其第 2、4、5 幅图看，上下盖结合部在前面板和后面板处均为坡度不同的缓斜面，上下盖结合部为两条直线断构成的梯形折线；从其第 2 第 5 幅图看下面显示秤脚（参见在先设计附图）。

经比较，二者存在的主要相同点是：二者均为电子秤，均由前面板、后面板、秤盘、秤体和秤脚组成，前面板均分为两部分，左边为显示屏，右边为键盘，且三个显示屏的排列方式相同，显示屏下方均设有拇指状水平泡、“ρ”形图标和指示灯，后面板有三个显示屏，秤盘为长方形，上下盖结合部在前面板、后面板处为坡度不同的缓斜面状。二者存在的主要不同点是：（1）本专利上下盖侧面连接部为弧线，而附件 1 上下盖侧面连接部为梯形折线；（2）本专利的后面板有“ρ”形图标，后面板的显示屏为圆角矩形，在先设计所示的电子称的后面板没有“ρ”形图标，后面板的显示屏为直角矩形；（3）本专利的上盖正面与侧面间为小圆角过渡，在先设计的电子称的上盖正面与侧面间为直角。针对上述不同点，合议组认为：上下盖侧面连接部为弧线、电子称的后面板设有“ρ”形图标和后面板的显示屏为圆角矩形的设计，在使用时是不容易被消费者看到的，而且后面板设有“ρ”形图标和后面板的显示屏为圆角矩形的设计属于局部的细微变化，上述的设计变化，对整体视觉效果没有显著的影响；将矩形的直角设计成小圆角过渡仅仅是局部的细微变化，小圆角过渡的尺寸很小，对整体视觉效果不足以产生显著影响，一般消费者经过对本专利产品与在先设计所示产品的整体观察可以看出，二者的差别对于产品外观设计的整体视觉效果不具有显著的影响，本专利外观设计与在先设计属于相近似的外观设计。

对于专利权人在意见陈述书中的意见，合议组认为，专利权人用专利产品与在先设计中的产品进行比对并由此所得出的例如，秤盘和秤体的整体外观比例、充电指示灯位置、称体前后面板斜面倾斜角度存在的不同不能作为本专利与现有设计不相近似的依据。正确的比对基础应该是本专利授权文本的各视图与在先设计及在先设计所示的产品的比对，本案合议组认为根据本专利授权文本的各视图与在先设计及在先设计所示的产品相比较并不能确定存在专利权人所称的上述不同。

根据以上事实和理由，本案合议组作出如下审查决定。

三、决定

宣告第 00346216.1 号外观设计专利权全部无效。

当事人对本决定不服的，可以根据专利法第 46 条第 2 款的规定，自收到本决定之日起三个月内向北京市第一中级人民法院起诉。根据该款规定，一方当事人起诉后，另一方当事人应当作为第三人参加诉讼。

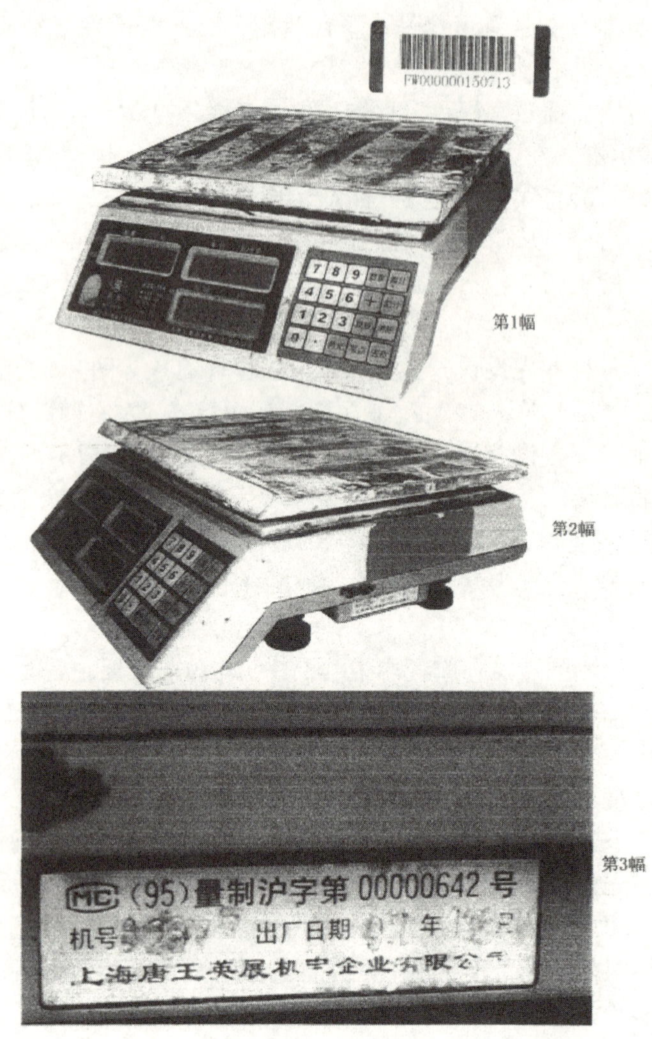

在先设计附图

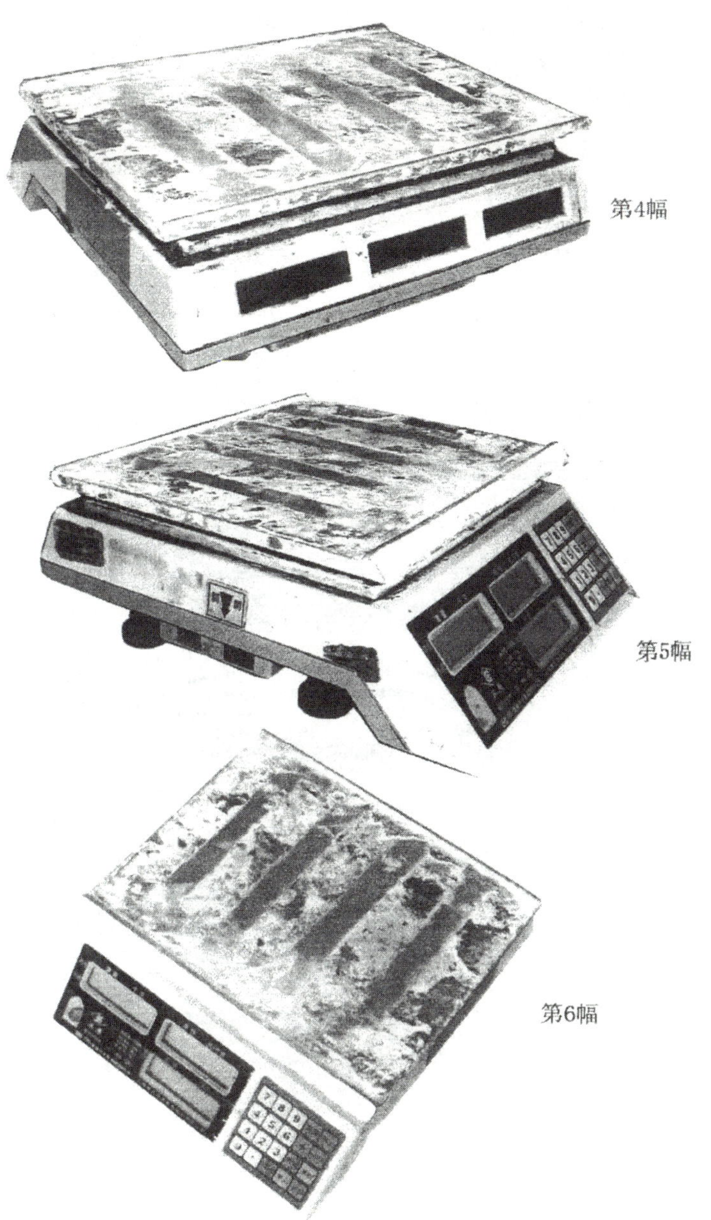

在先设计附图（续）

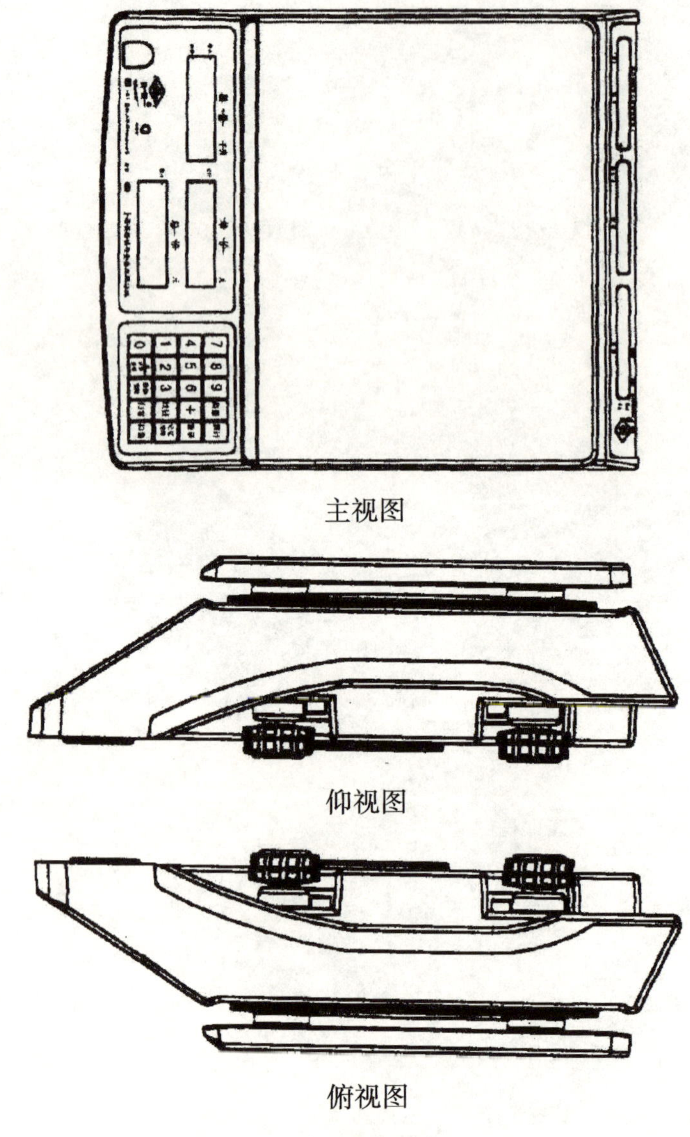

主视图

仰视图

俯视图

本专利附图

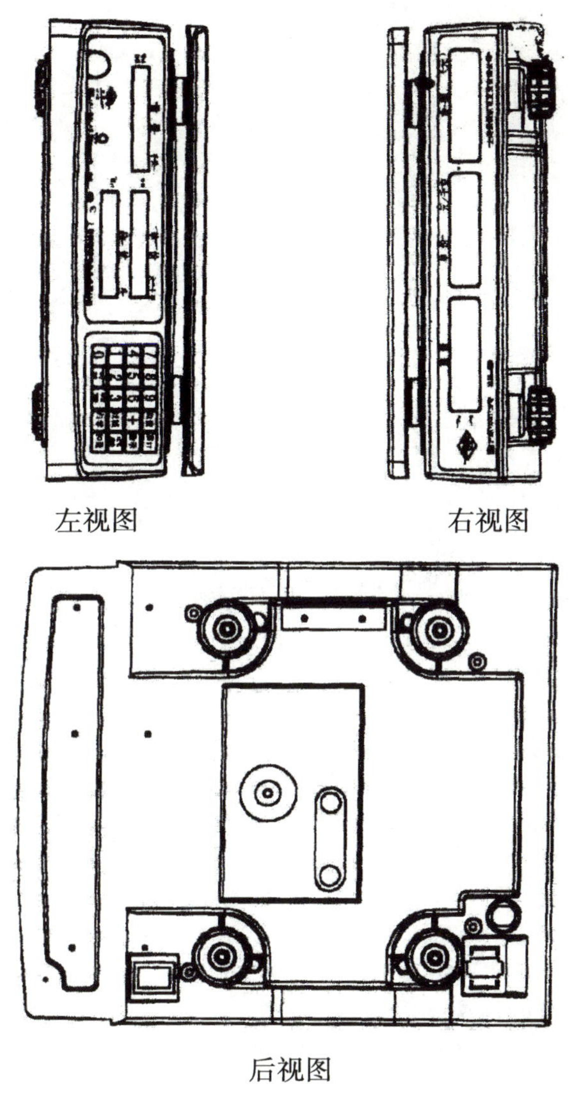

左视图

右视图

后视图

本专利附图（续）

080

包　装　箱

无效宣告请求审查决定（第 12837 号）

决　　定　　号　第 12837 号
决　　定　　日　2009 年 1 月 15 日
发明创造名称　包装箱
外观设计分类号　09-03
无效宣告请求人　武汉市科达云石护理材料有限公司
专　利　权　人　唐文华
专　　利　　号　200730145266.6
申　　请　　日　2007 年 4 月 29 日
授 权 公 告 日　2008 年 5 月 21 日
合 议 组 组 长　王霞军
主　　审　　员　尹春霞
参　　审　　员　雷　婧
附　　　　　图　1 页

法 律 依 据　专利法第 23 条
决 定 要 点

相对其整体设计而言，两者的差别为局部细微差别，对于产品整体视觉效果不具有显著影响，本专利与在先设计属于相近似的外观设计。

一、案由

本无效宣告请求涉及国家知识产权局于 2008 年 5 月 21 日授权公告的 200730145266.6 号外观设计专利，使用该外观设计的产品名称是“包装箱”，其申请日是 2007 年 4 月 29 日，专利权人是唐文华。

针对上述外观设计专利权（下称本专利），武汉市科达云石护理材料有限公司（下称请求人）于 2008 年 8 月 19 日向专利复审委员会提出无效宣告请求，其依据的事实和理由是：本专利与在其申请日以前国内出版物上公开的外观设计相近似，因此本专利不符合专利法第 23 条的规定，应予宣告无效。请求人同时提交了如下附件作为证据：

附件 1：200430065999.5 号外观设计专利公报复印件 1 页；

附件 2：本专利公报复印件 1 页。

请求人认为：本专利与附件 1 都是包装箱的外观设计，属于同一类产品，同时二者的整体形状基本相同，图案相近似。二者的差别属于局部细微差别，对于产品的整体视觉效果不具有显著影响，因此本专利不符合专利法第 23 条的规定。

专利复审委员会经形式审查合格受理了该无效宣告请求，并于 2008 年 10 月 6 日将无效宣告请求书及其附件的副本转送专利权人，通知其在指定期限内陈述意见，专利权人在指定期限内未提交意见陈述。

专利复审委员会依法成立合议组对本案进行审理，并于 2008 年 12 月 4 日向双方当事人发出《无效宣告请求口头审理通知书》，定于 2008 年 12 月 29 日对本案进行口头审理。

口头审理如期举行，仅有请求人一方委托代理人出庭，专利权人未出席口头审理，合议组依法进行缺席审理。口头审理中，请求人当庭向合议组提交了附件 1 与本专利的实物作为参考。对于相近似判断，请求人认为附件 1 与本专利属于同类产品，且公开日早于本专利的申请日，可以作为在先设计与本专利进行比较。同时请求人认为二者的形状基本相同，图案整体布局和各部分的图案设计，包括主题区的布置，以及大小比例都是近似的，仅有一些细微的差别，对整体视觉效果不具有显著影响。

在上述审理的基础上，合议组经合议，认为本案事实清楚，依法作出本审查决定。

二、决定的理由

1. 法律依据

基于请求人提出无效宣告请求所依据的事实和理由，合议组对本专利是否符合专利法第 23 条的规定进行审查。

专利法第 23 条规定："授予专利权的外观设计，应当同申请日以前在国内外出版物上公开发表过或者国内公开使用过的外观设计不相同和不相近似，并不得与他人在先取得的合法权利相冲突。"

2. 证据认定

请求人提交的附件 1 是 200430065999. 5 号外观设计专利公报复印件，授权公告日是 2005 年 6 月 1 日，早于本专利申请日 2007 年 4 月 29 日，产品名称是"包装箱（大力士云石胶）"，专利权人是本案请求人（武汉市科达云石护理材料有限公司）。经合议组核实，其内容属实，属于在本专利申请日前公开的出版物，可以作为评价本专利是否符合专利法第 23 条规定的证据。

3. 相同和相近似对比

本专利为包装箱的外观设计，附件 1 也为包装箱的外观设计（下称在先设计），二者用途相同，属于相同类别的产品，具有可比性。

本专利包括主视图、左视图、俯视图、仰视图、立体图。简要说明载明：后视图与主视图相同，省略后视图；右视图与左视图相同，省略右视图。其所示产品整体呈立方体形；从主视图观察，其不同色彩将包装盒的背景分为左中右三个区域，左右两个区域呈窄长条状，中间为方形，在主视图居中处为一椭圆形框，框内标有"新本大力士"的文字，椭圆形框上下排布多行文字；左视图由若干文字排列组成；俯视图及仰视图的图案均竖向由不同色彩分为左中右三个区域，其中俯视图上有文字（详见本专利附图）。

在先设计包括主视图、左视图、俯视图、立体图。简要说明载明：后视图与主视图相同，故省略后视图；右视图与左视图相同，故省略右视图；仰视图与俯视图相同，故省略仰视图。其所示产品整体呈立方体形；从主视图观察，其深浅色彩将包装盒的背景分为左中右三个区域，左右两个区域呈窄长条状，中间为方形，在主视图居中处为一长条形框，框内标有"大力士"的文字，长条形框上下排布多行文字；左视图由若干文字排列组成；俯视图的图案竖向分为左中右三个区域（详见在先设计附图）。

本专利未要求保护色彩，因此就本专利与在先设计的形状与图案的结合进行对比。本专利与在先设计的整体形状均为立方体，且二者相应视图的图案排布及文字的字型、大小均相似。两者的主要不同点为：本专利主视图居中处为椭圆形框，而在先设计为长条形框，框内的文字个数不同；其他文字的细小不同。合议组认为，二者整体形状相同，主要图案的设计和排列均相似，已呈现整体相近似的视觉效果，相对其整体设计而言，两者的上述差别为局部细微差别，对于产品整体视觉效果不具有显著影响。本专利与在先设计属于相近似的外观设计。

综上所述，在本专利申请日以前已有与其相近似的外观设计在出版物上公开发表过，本专利不符合专利法第 23 条的规定。

三、决定

宣告 200730145266.6 号外观设计专利权全部无效。

当事人对本决定不服的，可以根据专利法第 46 条第 2 款的规定，自收到本决定之日起三个月内向北京市第一中级人民法院起诉。根据该款的规定，一方当事人起诉后，另一方当事人应当作为第三人参加诉讼。

主视图

俯视图

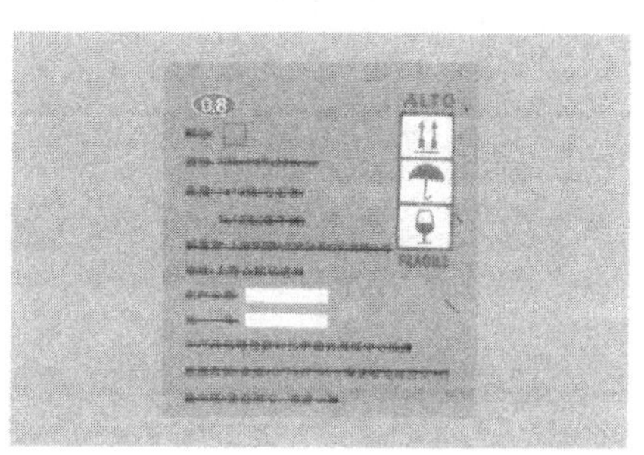

左视图

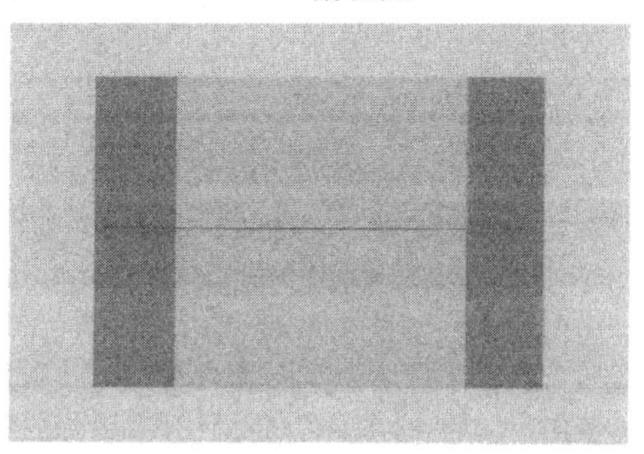

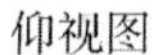

仰视图

立体图

本专利附图

主视图

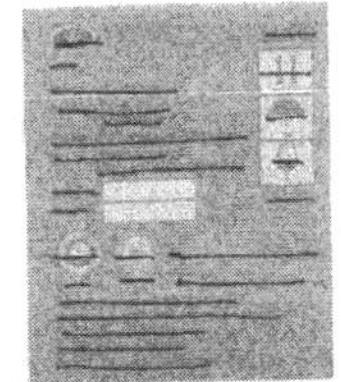

左视图

俯视图

立体图

在先设计附图

081

包装杯（力宝精）

无效宣告请求审查决定（第12841号）

决　　定　　号　第12841号
决　　定　　日　2009年1月16日
发明创造名称　包装杯（力宝精）
外观设计分类号　09-03
无效宣告请求人　陈素霞
专　利　权　人　罗勋智
专　　利　　号　200730109060.8
申　　请　　日　2007年6月18日
授权公告日　2008年5月7日
合议组组长　吴大章
主　　审　　员　穆丽娟
参　　审　　员　王金珠
附　　　　　图　2页

法　律　依　据　专利法第9条
决　定　要　点
本专利与在先设计的区别均属于细微差别，对整体效果不会产生显著影响，因此在先设计与本专利构成相近似，属于同样的发明创造。

一、案由

本无效宣告请求涉及国家知识产权局于2008年5月7日授权公告的、名称为"包装杯（力宝精）"的200730109060.8号外观设计专利（下称本专利），其申请日为2007年6月18日，专利权人为罗勋智。

针对上述专利权，陈素霞（下称请求人）于2008年6月2日向专利复审委员会提出了无效宣告请求，请求人所提交的证据如下：

证据1：专利号为ZL200730108981.2，申请日为2007年6月5日，授权公告日为2008年5月14日的外观设计授权公告文本的网络打印件共1页。

在无效宣告请求书中，请求人认为：本专利与证据1是同一类别产品，并且形状相同，图案相似，二者的细微差别对整体效果不具有显著影响，因此二者构成相近似，属于同样的外观设计，故应依据专利法第9条和专利法实施细则第13条第1款的规定，将专利权授予在先申请的证据1，同时应将本专利无效。

经形式审查合格，专利复审委员会受理了上述请求，并于2008年6月16日向双方当事人发出无效宣告请求受理通知书，并将无效宣告请求书及其附件的副本转送专利权人。

专利复审委员会依法成立合议组对上述无效宣告请求进行审查。

专利权人于2008年7月28日寄交了意见陈述书，认为：本专利与证据1分类、形状和图案均不同，并且本专利保护色彩，此外，本专利是专利权人独立设计的，不与他人在先取得的合法权利相冲突，故应当维持本专利权有效。

本案合议组于2008年8月7日向双方当事人发出口头审理通知书，定于2008年9月17日举行口头审理。

本案口头审理如期举行，请求人出席口头审理，专利权人未出席口头审理。在口头审理过程中明确了如下事项：

请求人明确其无效的理由为：依据专利法第9条以及专利法实施细则第13条第1款请求宣告本专利无效，请求人认为本专利与证据1中公开的产品属于同类产品，并且形状、图形相似，色彩不是主要因素，区别不是很大的区别点，因此二者构成相近似。

专利复审委员会由于工作需要，对合议组成员进行了变更，并于2008年9月17日口头审理结束后向双方当事人发出了合议组成员告知通知书，告知双方当事人如对变更后的合议组成员有回避请求，于收到该通知之日起7日内提交书面的请求书，逾期未答复，视为无回避请求。

期满合议组未收到双方当事人的书面请求书。

在上述工作的基础上，合议组认为本案事实已经清楚，可以依法作出审查决定。

二、决定的理由

1. 法律依据

请求人提出的无效宣告理由为，依据专利法第9条和专利法实施细则第13条第1款请求宣告本专利无效。审查指南第四部分第七章第3.2节规定：如果申请在先的专利权属于他人申请在先公开在后的在先设计的，专利复审委员会可以依据专利法第9条的规定进行审查。因此，合议组依据专利法第9条对本案进行审查。

专利法第9条规定，两个以上的申请人分别就同样的发明创造申请专利的，专利权授予最先申请的人。

2. 关于证据

合议组未发现证据1中存在能影响其真实性的瑕疵，因此合议组对证据1的真实性予以认可。同时合议组认为，证据1申请日为2007年6月5日，早于本专利的申请日2007年6月18日，同时证据1授权公告日为2008年5月14日，晚于本专利的申请日，因此证据1相对于本专利属于申请在先公开在后的在先设计（证据1下称在先设计）。

3. 关于专利法第9条

审查指南第四部分第七章第1节规定：专利法第9条和专利法实施细则第13条第1款所述的“同样的发明创造”，对于外观设计而言，是指外观设计相同或者相近似。

本专利请求保护一种包装杯，在先设计1保护一种饮料瓶，虽然名称略有区别，但是属于相同种类的产品，可以进行相同、相近似性比较。

本专利包括7幅视图，即主视图、后视图、左视图、右视图、仰视图、俯视图以及使用状态参考图，本专利请求保护色彩。本专利的包装杯为上口的直径大于底部直径的无盖杯状物，上口为一圈外翻的近似圆弧状杯沿；杯体由上至下大约八分之一处为一个环形台阶，台阶上方的杯体直径大于台阶下方的杯体直径；杯体由上至下大约六分之一处到距杯体底部大约十五分之一处为橙色标贴，其他部分杯体、杯盖以及底部均为白色；标贴部分由上至下大约四分之一处的杯体正面和背面相应部位均有一个两头红色公牛以牛角相对的搏斗图案；公牛图案下方大约标贴部分的二分之一处均有四个大写英文字母“LEBO”，颜色为蓝紫色；英文字母下方大约标贴部分的五分之三处均有三个宋体汉字“力宝精”，颜色为蓝紫色；标贴部分靠近下边的部位有一个约占整个标贴部分十分之一宽度的蓝紫色带状装饰条；杯体底部自中心向外大约三分之二处有一个环状台阶（详见本专利附图）。

在先设计包括6幅视图，即主视图、后视图、左视图、右视图、仰视图、俯视图。在先设计的饮料瓶为上口的直径大于底部直径的无盖杯状物，上口为一圈外翻的近似圆弧状杯沿；杯体由上至下大约八分之一处为一个环形台阶，台阶上方的杯体直径大于台阶下方的杯体直径；杯体由上至下大约六分之一处到距杯体底部大约十五分之一处为标贴；标贴部分由上至下大约四分之一处的杯体正面和背面相应部位均有一个两头犀牛以牛角相对的搏斗图案；犀牛图案下方大约标贴部分的二分之一处均有四个大写英文字母“LEBO”；英文字母下方大约标贴部分的五分之三处均有三个宋体汉字“力宝精”；标贴部分靠近下边的部位有一个约占整个标贴部分十分之一宽度的带状装饰条；杯体底部自中心向外大约三分之二处有一个环状台阶，靠近底部中心的部分较低；杯盖的装饰图案与杯体相一致，为由上至下的犀牛搏斗图案、英文字母“LEBO”、宋体汉字“力宝精”构成（详见在先设计附图）。

将本专利与在先设计比较，二者的相同点在于：（1）二者均为上口的直径大于底部直径的无盖杯状物，且为一圈外翻的近似圆弧状杯沿；（2）二者在杯体由上至下大约八分之一处均为一个环形台阶，台阶上方的杯体直径大于台阶下方的杯体直径；（3）二者的杯体由上至下大约六分之一处到距杯体底部大约十五分之一处均为标贴；（4）二者的标贴部分由上至下大约四分之一处的杯体正面和背面相应部位均有一个两头牛以牛角相对的搏斗图案；犀牛图案下方大约标贴部分的二分之一处均有四个大写英文字母“LEBO”；英文字母下方大约标贴部分的五分之三处均有三个宋体汉字“力宝精”；标贴部分靠近下边的部位均有一个约占整个标贴部分十分之一宽度的带状装饰条；（5）二者杯体底部自中心向外大约三分之二处均有一个环状台阶，靠近底部中心的部分均较低。二者的不同点在于：（1）本专利的动物搏斗图案为公牛，而在先设计为犀牛；（2）本专利请求保护色彩，而在先设计没有要求保护色彩；（3）在先设计具有图案与杯体相一致的杯盖，而本专利没有杯盖。

对于上述不同点，合议组认为：（1）本专利和在先设计的标贴中均有以角相对的动物搏斗图案，虽然分别为公牛和犀牛，但是二者的区别并不明显，视觉效果非常相似；（2）虽然本专利要求保护色彩，而在先设计没有要求保护色彩，但是本专利的杯体为白色，为常见颜色，并且本专利的标贴颜色为单色，因此对整体视觉效果不会产生显著影响；（3）虽然在先设计具有杯盖，而本专利没有杯盖，但是在先设计的杯盖图案与杯体图案设计一致，并且杯盖对整个杯子的视觉效果影响并不显著。综上所述，上述三点区别均属于细微差别，对整体效果不会产生显著影响，因此在先设计与本专利构成相近似，属于同样的发明创造，而同时在先设计相对本专利申请在先公开在后，因此，依据专利法第9条的相关规定，应该将本专利宣告无效。

三、决定

宣告200730109060.8号外观设计专利权全部无效。

当事人对本决定不服的，可以根据专利法第46条第2款的规定，自收到本决定之日起三个月内向北京市第一中级人民法院起诉。根据该款的规定，一方当事人起诉后，另一方当事人应当作为第三人参加诉讼。

主视图

后视图

左视图

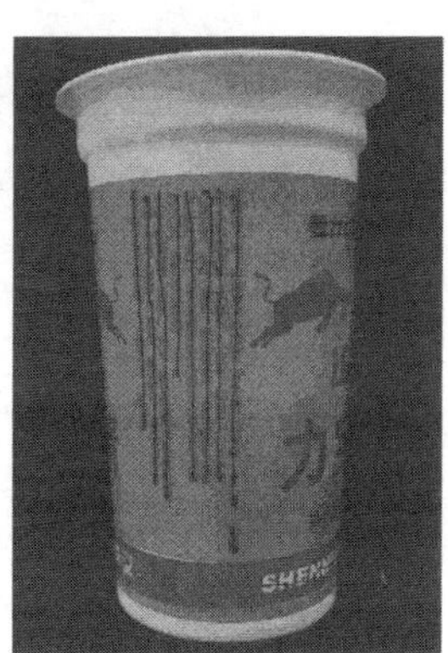

右视图

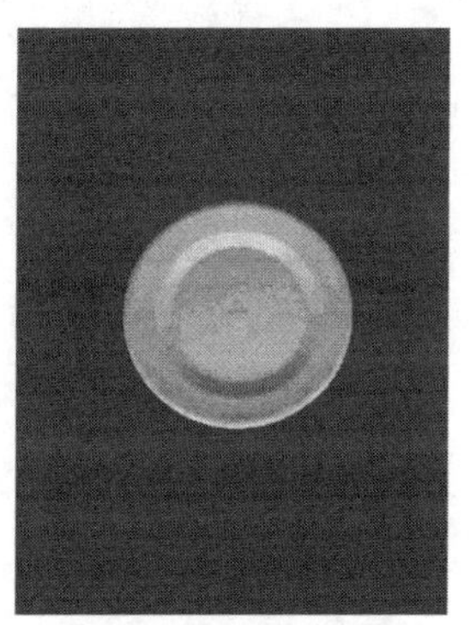
仰视图

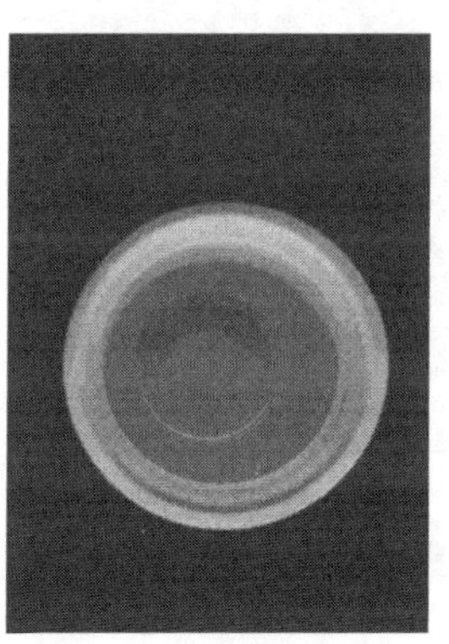
俯视图

使用状态参考图

本专利附图

俯视图 P1

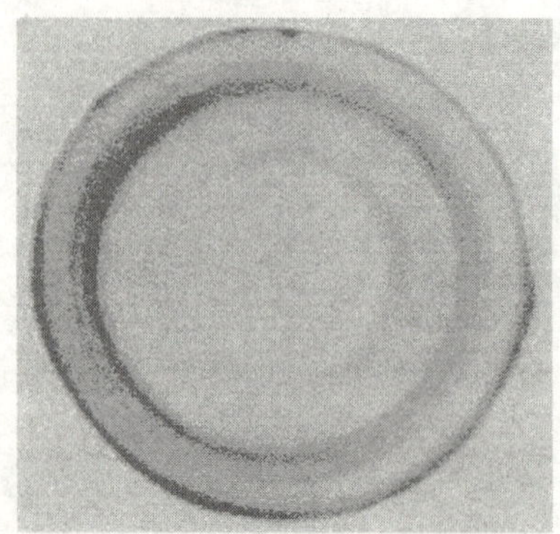

仰视图 P1

后视图 P2

右视图 P1

主视图 P1

左视图 P2

在先设计附图

082

电脑编织横机

无效宣告请求审查决定（第 12843 号）

决　　定　　号 第 12843 号
决　　定　　日 2008 年 12 月 19 日
发明创造名称 电脑编织横机
外观设计分类号 15-06
无效宣告请求人 绍兴市越发机械制造有限公司
专　利　权　人 孙平范
专　　利　　号 200530126377.3
申　　请　　日 2005 年 11 月 21 日
授　权　公　告　日 2006 年 10 月 18 日
合　议　组　组　长 王霞军
主　　审　　员 张雪飞
参　　审　　员 周　佳
附　　　　图 3 页

法　律　依　据 专利法第 9 条、第 23 条，专利法实施细则第 13 条第 1 款
决　定　要　点

对于在香港形成的证据，在未履行相关的证明手续、又无其他国内公共渠道或者证据进行核实或者证明、且对方当事人又质疑其真实性的情况下，该证据的真实性不能被认定。

请求人提出的无效请求理由均不能成立，应维持本专利有效。

一、案由

本无效宣告请求涉及国家知识产权局于 2006 年 10 月 18 日授权公告的 200530126377.3 号外观设计专利，使用该外观设计的产品名称是“电脑编织横机”，其申请日是 2005 年 11 月 21 日，专利权人是孙平范。

针对上述外观设计专利权（下称本专利），绍兴市越发机械制造有限公司（下称请求人）于 2008 年 7 月 18 日向专利复审委员会提出无效宣告请求，其理由是本专利不符合专利法第 23 条和专利法实施细则第 13 条第 1 款的规定，并提交了如下证据附件：

附件 1 是雅式出版有限公司出版的《上海国际纺织工业展 2003 展览时报》的封面和广告页复印件共 2 页；

附件 2 是公开（公告）日为 2006 年 4 月 19 日的 200530008332.6 号外观设计专利的著录项目及

图片复印件共 2 页，其申请日为 2005 年 4 月 6 日，申请（专利权）人为株式会社岛精机制作所，公开（公告）号为 CN3520907。

请求人认为，本专利与附件 1 所示在先公开的外观设计相同或者相近似，不符合专利法第 23 条的规定；且其与附件 2 所示在先提出申请并后被授予专利权的外观设计相近似，二者属于同样的发明创造，本专利不符合专利法实施细则第 13 条第 1 款的规定；因此应宣告本专利全部无效。

专利复审委员会根据无效宣告请求审查程序的规定受理了该无效宣告请求，并于 2008 年 8 月 28 日将请求人的无效宣告请求文件转送专利权人。

请求人另于 2008 年 8 月 18 日提交了意见陈述书，补充提交了如下证据附件：(编号续前)

附件 3 是公开（公告）日为 2006 年 2 月 8 日的 200530084031. 1 号外观设计专利的著录项目及图片复印件共 2 页，其申请日为 2005 年 5 月 27 日，申请人为张家港合众机械有限公司，公开（公告）号为 CN3504866；

附件 4 是公开（公告）日为 2004 年 3 月 24 日的 03347087. 1 号外观设计专利的著录项目及图片复印件共 2 页，其公开（公告）号为 CN3358764；

附件 5 是公开（公告）日为 2005 年 2 月 23 日的 200430068441. 2 号外观设计专利的著录项目及图片复印件共 2 页，其公开（公告）号为 CN3428171。

请求人认为本专利与附件 3 至附件 5 所示在先公开的外观设计均分别构成相同或者相近似，本专利不符合专利法第 23 条的规定。

针对请求人于无效宣告请求之日提出的理由和证据，专利权人于 2008 年 10 月 6 日提交了意见陈述书，认为请求人提交的附件 1 的真实性有待质证，对附件 2 无异议，但其上所示的外观设计与本专利不相同且不相近似，因此请求人的无效请求理由不能成立，应维持本专利有效。

专利复审委员会于 2008 年 10 月 6 日向双方当事人发出口头审理通知书，定于 2008 年 11 月 27 日进行口头审理；并分别于 2008 年 10 月 20 日和 2008 年 11 月 27 日口头审理开始前将专利权人的意见陈述和请求人的意见陈述及补充证据转送对方当事人。

口头审理如期举行，双方当事人均委托代理人出席，双方均对对方出席人员的身份无异议，对合议组成员均无回避请求。

在口头审理中，请求人声明针对附件 3 将专利法第 23 条的无效请求理由变更为专利法第 9 条，对于其他理由和证据仍坚持原有观点；其当庭提交了附件 1 的原件，明确以附件 1 证明出版物公开及相关的展出公开的事实。

专利权人质疑附件 1 的真实性和公开性，认为其属于域外证据，应履行相应的公证认证手续，且其上未显示刊号，也不能确定公开时间；其对附件 2 ~ 5 的真实性无异议。针对庭前转送的文件和请求人当庭变更的无效请求理由，专利权人声明不再需要书面答复期限，以当庭陈述为准。

在相同和相近似的判断方面，经过双方当事人充分的比较、判断，请求人坚持认为证据中所示的外观设计均与本专利相近似，并认为整体机形是常规设计，不影响整体相近似性；而专利权人认为均不相同且不相近似，应维持本专利有效。

在上述审理的基础上，合议组经合议，认为本案事实清楚，依法作出本审查决定。

二、决定的理由

基于请求人提出的无效请求理由和证据，合议组依据专利法第 9 条、第 23 条和专利法实施细则第 13 条第 1 款的规定对本案进行审理。

专利法第 9 条规定：两个以上的申请人分别就同样的发明创造申请专利的，专利权授予最先申请的人。

专利法第 23 条规定：授予专利权的外观设计，应当同申请日以前在国内外出版物上公开发表过或者国内公开使用过的外观设计不相同和不相近似，并不得与他人在先取得的合法权利相冲突。

专利法实施细则第 13 条第 1 款规定：同样的发明创造只能被授予一项专利。

请求人提交的附件 1 是雅式出版有限公司出版的《上海国际纺织工业展 2003 展览时报》的封面和广告页复印件，并在口头审理中提交了整本原件；请求人以附件 1 作为适用专利法第 23 条的证据。专利权人质疑其真实性。

针对附件 1，合议组认为：虽然请求人提交了证据原件，但其上记载雅式出版有限公司的地址在香港，因此其应属于在香港形成的证据，根据审查指南第四部分第八章第 2.2.2 节的规定，在请求人未履行相关的证明手续、又无其他国内公共渠道或者证据进行核实或者证明、且对方当事人又质疑其真实性的情况下，该证据的真实性不能被认定，同时亦不能支持请求人提出的公开展出的主张。

请求人提交的附件 2 是公开（公告）日为 2006 年 4 月 19 日的 200530008332.6 号外观设计专利的著录项目及图片复印件，其申请日为 2005 年 4 月 6 日，申请（专利权）人为株式会社岛精机制作所，公开（公告）号为 CN3520907；附件 3 是公开（公告）日为 2006 年 2 月 8 日的 200530084031.1 号外观设计专利的著录项目及图片复印件，其申请日为 2005 年 5 月 27 日，申请人为张家港合众机械有限公司，公开（公告）号为 CN3504866；附件 4 是公开（公告）日为 2004 年 3 月 24 日的 03347087.1 号外观设计专利的著录项目及图片复印件，其公开（公告）号为 CN3358764；附件 5 是公开（公告）日为 2005 年 2 月 23 日的 200430068441.2 号外观设计专利的著录项目及图片复印件，其公开（公告）号为 CN3428171；请求人以附件 2 作为适用专利法实施细则第 13 条第 1 款的证据，以附件 3 作为适用专利法第 9 条的证据，以附件 4 和附件 5 作为适用专利法第 23 条的证据。专利权人对附件 2~5 的真实性无异议。

针对上述附件，合议组认为：专利权人对真实性均无异议，经合议组核实，上述附件内容真实，均系国家知识产权局授予的外观设计专利，其中附件 2 可适用于专利法实施细则第 13 条第 1 款，附件 3 适用于专利法第 9 条，附件 4 和附件 5 均适用于专利法第 23 条。

请求人提交的附件 2 所示外观设计专利授予的是一款横机的外观设计（下称在先设计 1），附件 3 所示外观设计专利授予的是一款电脑横编机的外观设计（下称在先设计 2），附件 4 和附件 5 所示外观设计专利均分别公开了电脑针织横编机的外观设计（下称在先设计 3 和在先设计 4）；本专利是电脑编织横机的外观设计。合议组认为：本专利和在先设计 1~4 均属于编织横机的外观设计，用途相同，均属于相同类别的产品，均具有可比性。

从图片上观察，在先设计 1 主要由上部梭架、中部近似横卧的不规则五棱柱状的机身和下部柜状的机斗、侧箱等部分组成，另有外设电控系统等部件（详见在先设计 1 附图）。

在先设计 2 主要由上部梭架、中部近似鹰首状柱体的机身和下部柜状的机斗、侧箱等部分组成（详见在先设计 2 附图）。

在先设计 3 和在先设计 4 均主要由上部近似横卧的不规则五棱柱状的机身和下部柜状的机斗、侧箱等部分组成（详见在先设计 3 和在先设计 4 附图）。

本专利主要由上部近似横卧的弧面梯形柱状的机身和下部柜状的机斗、侧箱等部分组成。（详见本专利附图）

将在先设计 1 与本专利相比较，合议组认为：从整体观察，由于二者各主要组成部分的具体形状设计均明显不同，足以对二者的整体外观设计产生显著的视觉影响，因此二者应属于不相同且不相近似的外观设计，根据审查指南第四部分第七章第 1 节的规定，二者不属于同样的发明创造。

将在先设计 2 与本专利相比较，合议组认为：从整体观察，由于二者各主要组成部分的具体形状设计均明显不同，足以对二者的整体外观设计产生显著的视觉影响，因此二者应属于不相同且不相近似的外观设计，根据审查指南第四部分第七章第1节的规定，二者不属于同样的发明创造。

将在先设计3与本专利相比较，合议组认为：从整体观察，由于二者各主要组成部分的具体形状设计均明显不同，足以对二者的整体外观设计产生显著的视觉影响，因此二者应属于不相同且不相近似的外观设计。

将在先设计4与本专利相比较，合议组认为：从整体观察，由于二者各主要组成部分的具体形状设计均明显不同，足以对二者的整体外观设计产生显著的视觉影响，因此二者应属于不相同且不相近似的外观设计。

针对请求人提出的“整体机形是常规设计、不影响整体相近似性”的主张，合议组认为：本专利和在先设计作为同样是编织横机类的产品，虽然其各组成部分在完成基本功能的设定上有共同之处，但是在各部分具体形状的设计上却不是唯一的，而请求人并未举证说明本专利相对于在先设计有明显差别的部分属于应弱化考虑的由功能唯一限定的设计，也无法认定相关设计属于公认的惯常设计等情形，因此合议组对请求人的上述主张不予支持。

综上所述，请求人提交的证据均不能支持其无效宣告请求的理由，其无效请求理由不成立。

三、决定

维持200530126377.3号外观设计专利权有效。

当事人对本决定不服的，可以根据专利法第46条第2款的规定，自收到本决定之日起三个月内向北京市第一中级人民法院起诉。根据该款的规定，一方当事人起诉后，另一方当事人应当作为第三人参加诉讼。

主视图

后视图

左视图

右视图

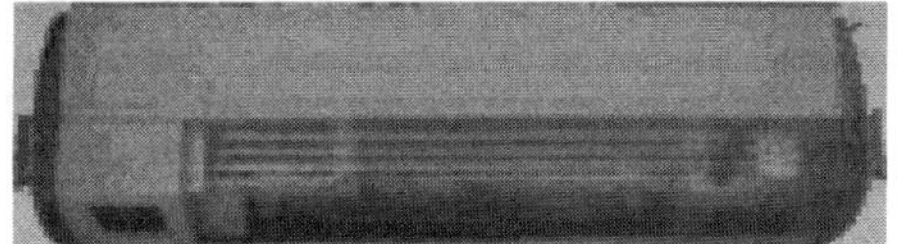
俯视图

本专利附图

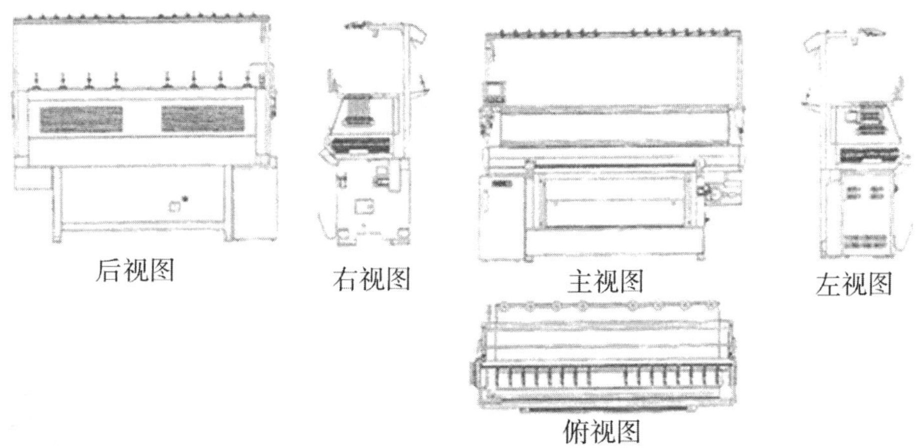

在先设计 1 附图

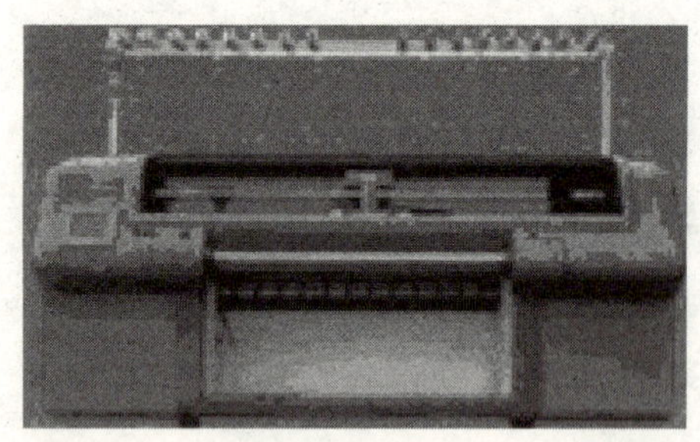

主视图

后视图

左视图

右视图

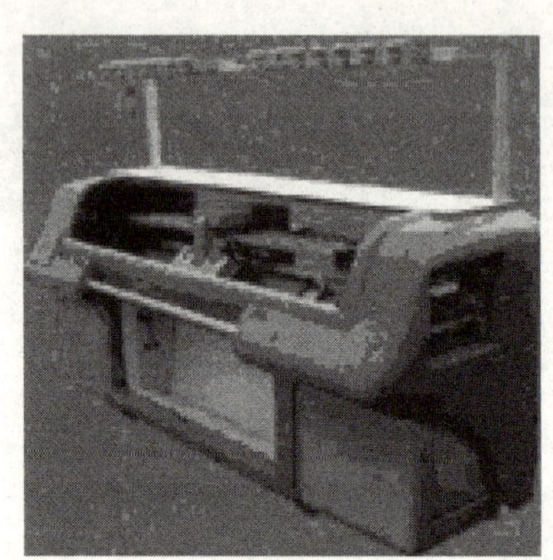

立体图

在先设计 2 附图

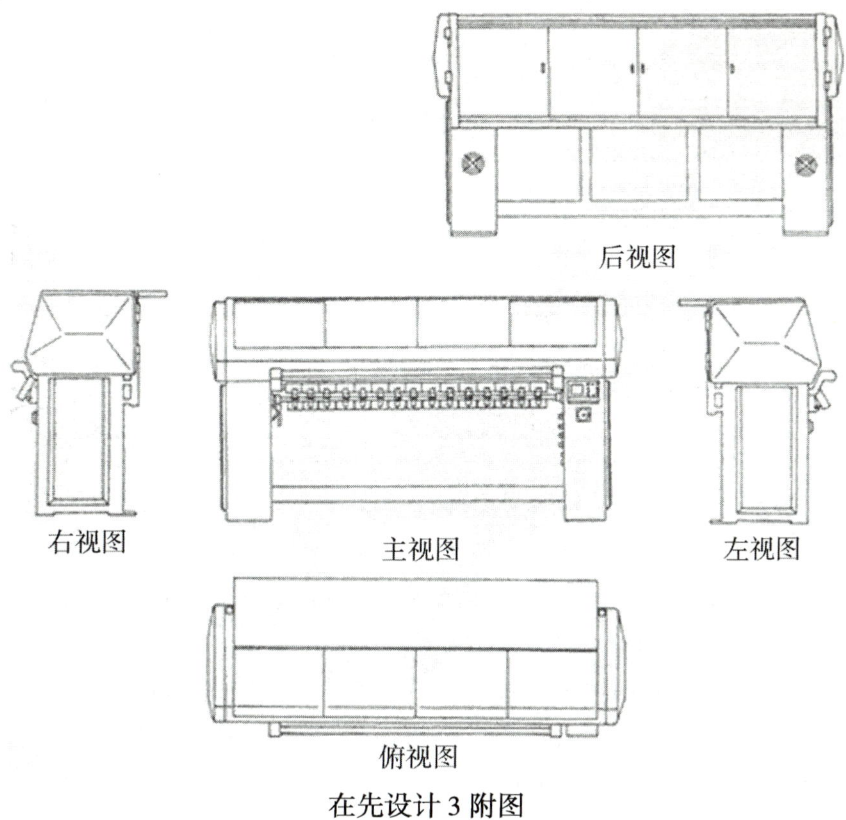

在先设计 3 附图

图中 A 所指为透明区域.

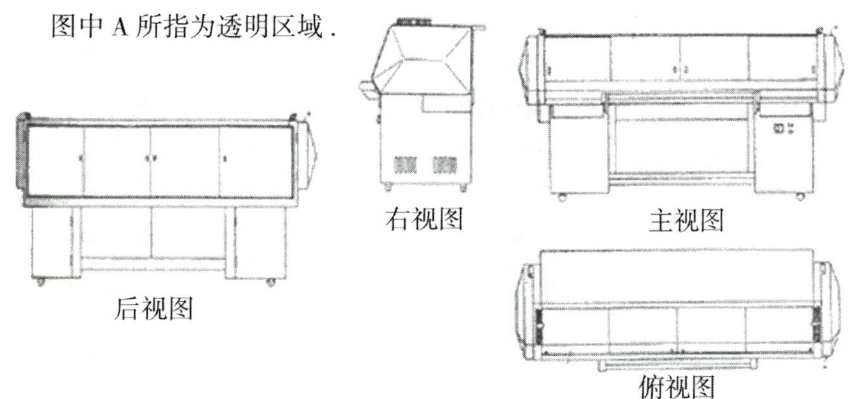

在先设计 4 附图

北京市第一中级人民法院
行政判决书

（2009）一中行初字第1350号

原告绍兴市越发机械制造有限公司，住所地浙江省绍兴市越城区东浦镇工业园区。

法定代表人钱福海，总经理。

委托代理人吴继道，男，温州瓯越专利代理有限公司专利代理人。

被告国家知识产权局专利复审委员会，住所地北京市海淀区北四环西路9号银谷大厦10~12层。

法定代表人张茂于，副主任。

委托代理人解静，女，国家知识产权局专利复审委员会审查员。

委托代理人齐洪涛，男，国家知识产权局专利复审委员会审查员。

第三人孙平范，男，1969年10月16日出生，汉族，宁波裕人针织机械有限公司总经理，户籍所在地浙江省慈溪市浒山街道三洞桥孙家。

委托代理人朱枫，男，杭州之江专利事务所专利代理人。

原告绍兴市越发机械制造有限公司不服被告国家知识产权局专利复审委员会作出的第12843号无效宣告请求审查决定，于2009年5月14日向本院提起行政诉讼。本院受理后，依法组成合议庭，根据《中华人民共和国行政诉讼法》第二十七条的规定，依法通知孙平范作为本案第三人参加诉讼，并于2009年11月24日公开开庭审理了本案。原告的委托代理人吴继道，被告的委托代理人解静、齐洪涛以及第三人的委托代理人朱枫到庭参加了诉讼。本案现已审理终结。

被告针对原告的无效宣告请求，于2008年12月19日作出第12843号无效宣告请求审查决定（以下简称被诉决定），认为：1. 附件1的真实性不能被认定，同时亦不能支持原告提出的公开展出的主张；2. 200530126377.3号外观设计专利（以下简称本专利）与附件2~5属于不相同且不相近似的外观设计，也不属于同样的发明创造。结论为维持本专利有效。

被告在法定举证期限内，向本院提交了如下证据：（1）口审记录表附页；（2）原告在无效程序中提交的附件1；（3）原告在无效程序中提交的附件2~5；（4）本专利；上述证据证明被诉决定认定的事实清楚，适用法律正确，程序合法。

原告诉称：（1）被告对附件1的真实性不予认可错误；（2）被告对附件2~5的认定均存在错误，导致事实认定有误。原告请求撤销被诉决定，责令被告重新作出无效宣告请求审查决定并由被告承担本案诉讼费用。原告在法定举证期限内未向本院提交证据。

被告认为被诉决定认定的事实清楚，适用法律正确，程序合法，其请求法院维持被诉决定。

第三人同意被告的意见，其请求法院维持被诉决定。第三人亦未在法定举证期限内向本院提交证据。

经庭审质证，原告对被告提交的证据的关联性、合法性及真实性均无异议，不同意证明作用；第三人对被告提交的证据无异议。本院根据《最高人民法院关于行政诉讼证据若干问题的规定》，对证据认证如下：被告提交的证据符合证据的关联性、合法性、真实性的要求，可以证明本专利、在先设计以及口审程序的相关情况，可以作为本案认定事实的依据。

根据上述有效证据以及当事人无争议的陈述，本院经审理查明：

第三人孙平范于2005年11月21日申请了名为“电脑编织横机”的200530126377.3号外观设计

专利（即本专利），其授权公告日为2006年10月18日。

2008年7月18日，原告针对本专利向被告提出无效宣告请求，其理由是本专利不符合《中华人民共和国专利法》（2000年修订，以下简称《专利法》）第二十三条和《中华人民共和国专利法专利法实施细则》（以下简称《专利法实施细则》）第十三条第一款的规定，并提交了如下证据附件：

附件1：雅式出版有限公司出版的《上海国际纺织工业展2003展览时报》的封面和广告页复印件共2页；

附件2：公开（公告）日为2006年4月19日的200530008332.6号外观设计专利的著录项目及图片复印件共2页，其申请日为2005年4月6日，申请（专利权）人为株式会社岛精机制作所，公开（公告）号为CN3520907。

原告认为，本专利与附件1所示在先公开的外观设计相同或者相近似，不符合《专利法》第二十三条的规定；且其与附件2所示在先提出申请并后被授予专利权的外观设计相近似，二者属于同样的发明创造，本专利不符合《专利法实施细则》第十三条第一款的规定；因此应宣告本专利全部无效。

被告受理了该无效宣告请求，并将原告的无效宣告请求文件转送第三人。

原告另于2008年8月18日提交了意见陈述书，补充提交了如下证据附件：（编号续前）

附件3：公开（公告）日为2006年2月8日的200530084031.1号外观设计专利的著录项目及图片复印件共2页，其申请日为2005年5月27日，申请人为张家港合众机械有限公司，公开（公告）号为CN3504866；

附件4：公开（公告）日为2004年3月24日的03347087.1号外观设计专利的著录项目及图片复印件共2页，其公开（公告）号为CN3358764；

附件5：公开（公告）日为2005年2月23日的200430068441.2号外观设计专利的著录项目及图片复印件共2页，其公开（公告）号为CN3428171。

原告认为本专利与附件3~5所示在先公开的外观设计均分别构成相同或者相近似，本专利不符合《专利法》第二十三条的规定。

针对原告的上述理由和证据，第三人于2008年10月6日提交了意见陈述书，认为原告提交的附件1的真实性有待质证，对附件2无异议，但其上所示的外观设计与本专利不相同且不相近似，因此原告的无效请求理由不能成立，应维持本专利有效。

被告将第三人的意见陈述和原告的意见陈述及补充证据转送对方当事人，并于2008年11月27日进行了口头审理。在口头审理中，原告声明针对附件3将《专利法》第二十三条的无效请求理由变更为《专利法》第九条，对于其他理由和证据仍坚持原有观点；其当庭提交了附件1的原件，明确以附件1证明出版物公开及相关的展出公开的事实。原告坚持认为证据中所示的外观设计均与本专利相近似，并认为整体机形是常规设计，不影响整体相近似性。

第三人质疑附件1的真实性和公开性，认为其属于域外证据，应履行相应的公证认证手续，且其上未显示刊号，也不能确定公开时间；其对附件2~5的真实性无异议。第三人认为证据中所示的外观设计与本专利均不相同且不相近似，应维持本专利有效。

被告经审查，作出被诉无效决定，维持本专利有效。原告不服被诉决定，在法定期限内向本院提起诉讼。

原告及第三人在本院庭审中确认，其对被诉决定案由部分记载的事实、被告的审查程序及法律适用没有异议。

本院认为，本案争议焦点问题是：（1）被告对于附件1不予采纳是否合法；（2）本专利相对于在先设计是否属于相同或近似的外观设计。

一、关于附件1

参照《审查指南》第四部分第八章第2.2.2节的规定，当事人向专利复审委员会提供的证据是在香港、澳门、台湾地区形成的，应当履行相关的证明手续。但是在以下三种情况下，对上述两类证据，当事人可以在无效宣告程序中不办理相关的证明手续：（1）该证据是能够从除香港、澳门、台湾地区外的国内公共渠道获得的，如从专利局获得的国外专利文件，或者从公共图书馆获得的国外文献资料。（2）有其他证据足以证明该证据真实性的。（3）对方当事人认可该证据的真实性的。

本案中附件1系《上海国际纺织工业展2003展览时报》，出版机构是位于香港特别行政区的雅式出版有限公司。参照《审查指南》的上述规定，原告对于该证据，应当提供相应的证明手续。虽然原告在口审程序中提交了附件1的原件，但其并未提交上述证明手续，亦无证据证明附件1可以通过除香港、澳门、台湾地区外的国内公共渠道获得，或者有其他证据足以证明该证据真实性。在第三人明确对附件1的真实性不予认可的情况下，被告对附件1的真实性不予认定符合《审查指南》的规定。

二、本专利与在先设计是否属于相同或者近似的外观设计

《专利法》第九条规定，“两个以上的申请人分别就同样的发明创造申请专利的，专利权授予最先申请的人”。《专利法实施细则》第十三条第一款规定，“同样的发明创造只能被授予一项专利”。《专利法》第二十三条规定，“授予专利权的外观设计，应当同申请日以前在国内外出版物上公开发表过或者国内公开使用过的外观设计不相同和不相近似，并不得与他人在先取得的合法权利相冲突”。

本专利主要由上部近似横卧的弧面梯形柱状的机身、下部柜状的机斗以及侧箱等部分组成；显示屏位于机身左侧；侧箱在机斗左右两侧对称分布（详见本专利附图）。

在先设计1（附件2）主要由上部梭架、中部近似横卧的不规则五棱柱状的机身和下部柜状的机斗、侧箱等部分组成，另有外设电控系统等部件（详见在先设计1附图）。

本专利与在先设计1相比，本专利的机身面向使用者一侧呈弧面，而在先设计1呈直面；本专利有两个侧箱且左右对称，在先设计1只有一个侧箱；本专利的显示屏镶嵌于机身左部，而在先设计1的显示屏突出于机身。本院认为，从整体观察，二者整体视觉效果明显不同，被告认定两者不属于同样的发明创造正确。原告当庭认可上述差异存在，但其关于上述差异属于细微差别，对两者的整体外观不产生实质影响的主张依据不足，本院不予采信。

在先设计2（附件3）主要由上部梭架、中部近似鹰首状柱体的机身和下部柜状的机斗、侧箱等部分组成（详见在先设计2附图）。

本专利与在先设计2相比，本专利的机身面向使用者一侧呈较为平滑的弧面，弧面向外凸出；对比文件2的机身面向使用者一侧为略微内凹的不明显弧形，接近于直线。两者的外观效果明显不同，因此被告认定二者不相同且不相近似，不属于同样的发明创造正确。

在先设计3（附件4）和在先设计4（附件5）均主要由上部近似横卧的不规则五棱柱状的机身和下部柜状的机斗、侧箱等部分组成（详见在先设计3和在先设计4附图）。

本专利与在先设计3相比，本专利的机身面向使用者一侧呈较为平滑弧面，弧面向外凸出，而在先设计3的机身面向使用者一侧呈无弧度的斜面；本专利上部机身没有外罩，而在先设计3的机身有外罩；本专利的显示屏位于上部机身左端，而在先设计3的显示屏位于下部右侧箱；本专利下部的侧箱较宽，而附件在先设计3的侧箱较窄；本专利上部机身的最外端与下部机斗、侧箱距离较大，而在先设计3的上部机身最外端与下部机斗、侧箱基本齐平。

本专利与在先设计4相比，本专利上部机身没有外罩，而在先设计4有外罩；本专利的显示屏位

于机身左端，而在先设计 4 没有显示屏。

因此，将本专利与在先设计 3、4 相比，各主要组成部分的具体形状设计均明显不同，足以对二者的整体外观设计产生显著的视觉影响，被告认定二者属于不相同且不相近似的外观设计正确。

针对原告提出的“整体机形是常规设计、不影响整体相近似性”的主张，本院认为，本专利和在先设计作为同样是编织横机类的产品，虽然其各组成部分在完成基本功能的设定上有共同之处，但是在各部分具体形状的设计上却不是唯一的，而原告并未举证说明本专利相对于在先设计有明显差别的部分属于应弱化考虑的由功能唯一限定的设计，也无法认定相关设计属于公认的惯常设计等情形。对此点理由，本院不予支持。

综上，被告作出的被诉决定认定的事实清楚，审查程序合法，审查结论正确，本院应予支持。原告关于撤销被诉决定的诉讼请求缺乏事实和法律依据，本院不予支持。据此，本院依照《中华人民共和国行政诉讼法》第五十四条第（一）项的规定，判决如下：

维持被告国家知识产权局专利复审委员会于二〇〇八年十二月十九日作出的第 12843 号无效宣告请求审查决定。案件受理费 100 元，由原告绍兴市越发机械制造有限公司负担（已交纳）。

如不服本判决，当事人可在本判决书送达之日起 15 日内，向本院递交上诉状，并按对方当事人的人数提交副本，预交上诉案件受理费 100 元，上诉于北京市高级人民法院。

审 判 长　齐　莹
审 判 员　乔　军
代理审判员　何君慧
二〇一〇年一月十四日
书 记 员　曹　炜

主视图

后视图

左视图

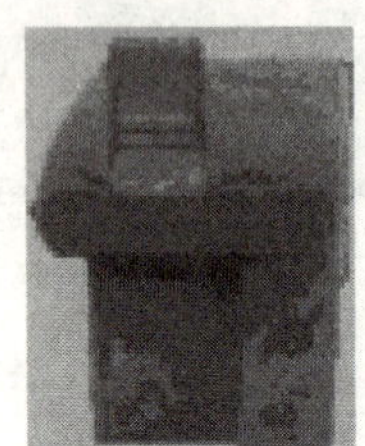

右视图

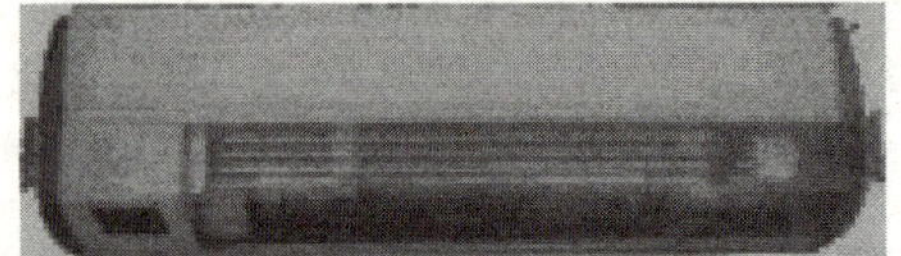

俯视图

本专利附图

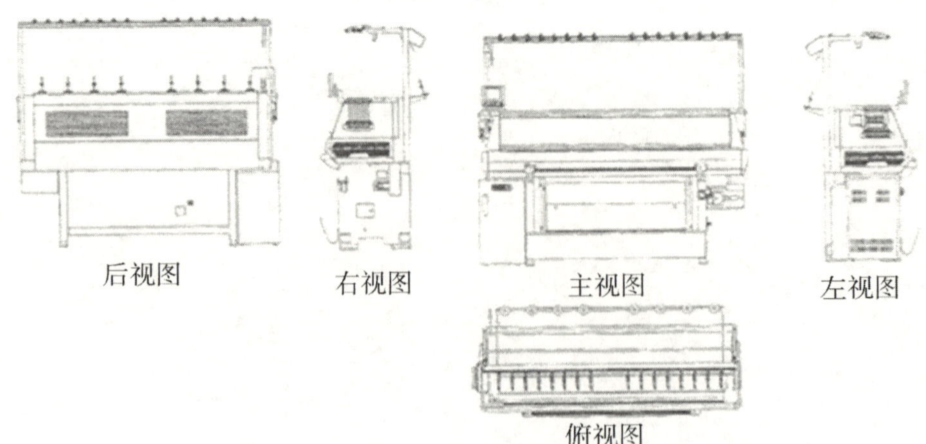

在先设计 1 附图

主视图

后视图

左视图

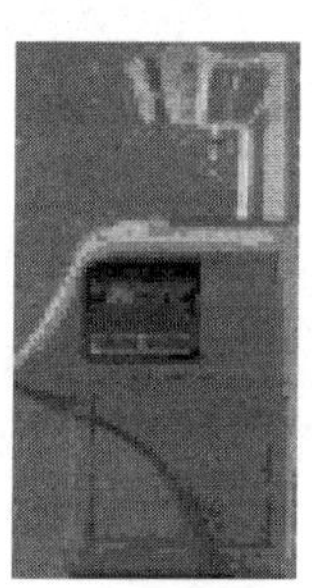

右视图

立体图

在先设计 2 附图

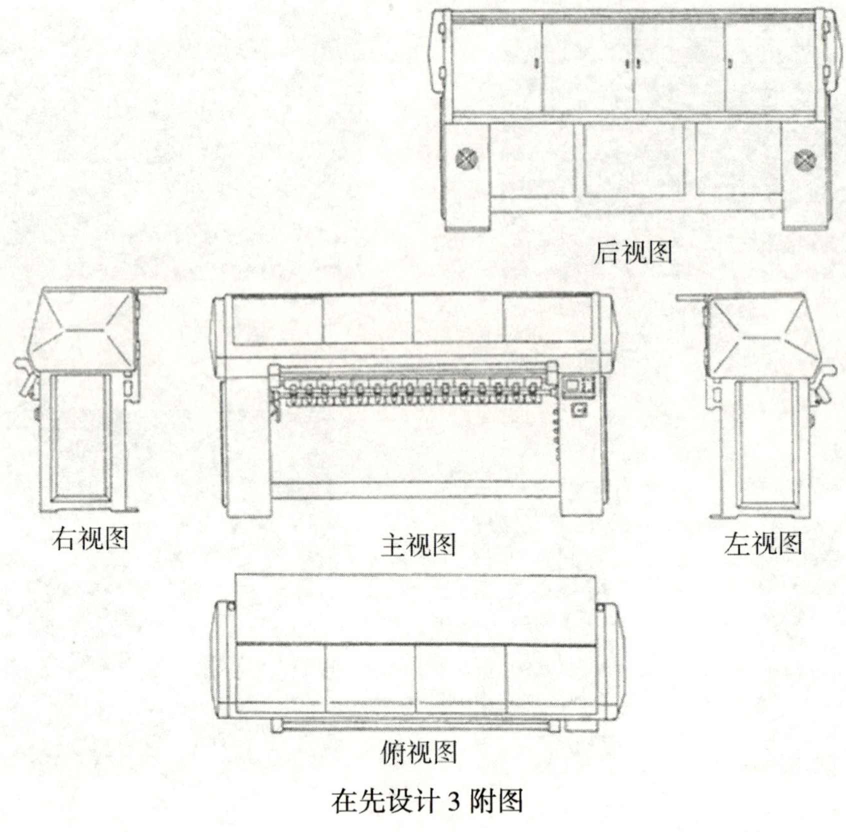

在先设计 3 附图

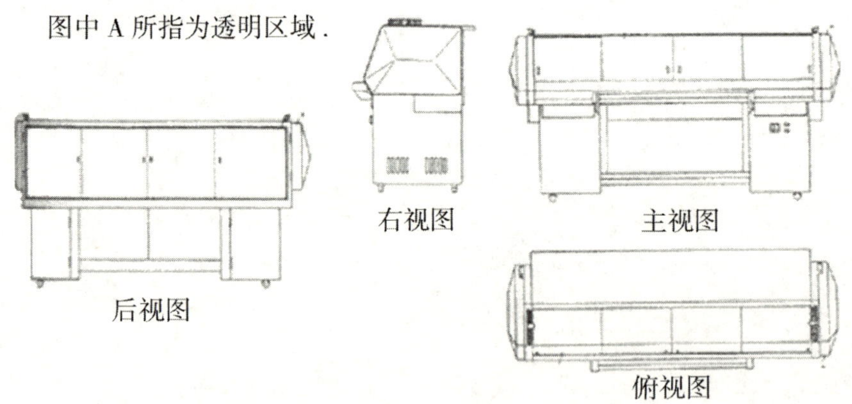

在先设计 4 附图

083

装饰玻璃（二）

无效宣告请求审查决定（第12848号）

决　　定　　号　第12848号
决　　定　　日　2008年12月2日
发明创造名称　装饰玻璃（二）
外观设计分类号　05-06
无效宣告请求人　李和平
专　利　权　人　上海翔实玻璃有限公司
申　　请　　号　200330107181.0
申　　请　　日　2003年10月21日
授权公告日　2004年5月19日
合议组组长　张跃平
主　　审　　员　吴大章
参　　审　　员　张　凌
附　　　　　图　5页

法　律　依　据　专利法第23条
决　定　要　点

本专利的一个表面由均匀排布的透明和半透明的条形凹槽相互间隔构成，而在先设计装饰玻璃为平面产品，本专利和在先设计的该不同点对视觉效果具有显著影响。因此，本专利和在先设计属于不相同且不相近似的外观设计。

一、案由

本无效宣告请求涉及的是2004年5月19日国家知识产权局授权公告的200330107181.0号外观设计专利（下称本专利），使用本专利的产品名称是“装饰玻璃（二）”，申请日是2003年10月21日，原专利权人是上海翔实装饰玻璃有限公司，后变更为上海翔实玻璃有限公司。

针对本专利，2007年11月2日，李和平（下称请求人），向专利复审委员会提出无效宣告请求，其主要理由是，本专利不符合专利法第23条和专利法实施细则第2条第3款的规定。请求人认为，本专利和申请日之前公开发表的出版物上记载的外观设计相近似。请求人随无效宣告请求书提交了下列证据：

附件1：96308282.5号中国外观设计专利网页彩色下载件3页，该下载件记载了该专利的著录项目和图片；

附件2：2003年3月出版的《玻璃艺术》2003年第2期的彩色复印件5页，所述复印件复印自封面、第3、40、50页和第57页；

附件3：左上角有“油墨专家”字样的广告页的彩色复印件4页；

附件4：2001年10月1日出版的《装饰玻璃实用图案宝典》上册的彩色复印件5页，所述复印件复印自封面、封2、第11、15页和封底。

请求人认为，本专利和附件1中记载的外观设计非常相似；与附件2中第40页的上图、第50页的下图和第57页的右图相似；与附件3第3页的图案相似，与附件4中第11页记载的图案C06图、C07，第15页记载的图案D20相近似。请求人同时认为，本专利的条纹图案是该产品公认的惯常设计，并非新设计。

专利复审委员会于2007年12月24日受理了该无效宣告请求，并将请求人的无效宣告请求文件的副本转送专利权人，要求其在指定的期限内答复。专利复审委员会逾期未收到专利权人的答复意见。

专利复审委员会于2008年7月1日向双方当事人发出口头审理通知书，定于2008年7月29日进行口头审理。

口头审理如期举行，双方均委托代理人参加了口头审理。双方对合议组成员无回避请求，对对方出庭人员身份资格无异议。

请求人明确表示将专利法实施细则第2条第3款的无效宣告理由变更为专利法第23条。

请求人提交了附件1~4的原件。专利权人仅认可附件1的真实性，对其余证据的真实性均提出异议。专利权人认为：附件2和附件4的原件都已经拆散，因而不能证明其真实性；附件3没有刊号和出版时间。

专利权人认为，上述附件中记载的相关设计都是平面的，而本专利是凹凸面的，凹凸面会导致不同的光感。请求人认为，专利权人所述形状与实用新型有关系，不是主要特征，对视觉效果没有影响，效果不明显，本专利和附件1、附件2的相关页、附件3的相关页以及附件4的相关页中公开的外观设计都是宽窄相间的条纹图案。

2008年8月1日，请求人提交了对口头审理意见的补充意见，认为木专利的左视图是一平面，而不是口头审理中所述的凹凸面。

合议组经合议，认为本案事实清楚，依法作出本审查决定。

二、决定的理由

1. 法律依据

基于请求人提出的无效宣告请求的理由，合议组依据专利法第23条对本案进行审理。

专利法第23条规定：“授予专利权的外观设计，应当同申请日以前在国内外出版物上公开发表过或者国内公开使用过的外观设计不相同和不相近似，并不得与他人在先取得的合法权利相冲突。”

2. 证据认定

请求人提交的附件1是96308282.5中国外观设计专利网页彩色下载件3页，该下载件记载了该专利的著录项目和图片。经合议组核实，其内容属实。该网页记载的授权公告日是1997年12月17日，该证据确系在本专利申请日前公开的出版物，适用于专利法第23条的规定。附件1公开了一种“玻璃”的外观设计（下称在先设计1），与本专利属于相同类别的产品，可以进行相近似性对比。

附件2是2003年第2期《玻璃艺术》，请求人提交了其原件，从出版信息页可知，该证据由中国玻璃艺术网主办，出版日期是2003年3月。请求人提交的原件已被拆散，专利权人据此提出了该证据不真实的异议，但没有提交反证。经合议组审查，该证据原件各页的页边大小尺寸一致，装订痕迹一致，各页记载的内容相互衔接连贯。因此，合议组对该证据的真实性予以认可。该证据属于本专利申请日之前的公开出版物，在40、50页上刊登了使用装饰玻璃的居室图片（下称在先设计2、在先设计3），在第57页上刊登了装饰玻璃的图片（下称在先设计4）。该证据证明上述记载了装饰玻璃的图片在申请日之前已经公开发表，故附件2可以作为判断本专利权的授予是否符合专利法第23条规定的依据。

附件3是左上角有“油墨专家”字样的彩色广告页。专利权人质疑该证据的真实性。合议组认为，此类广告页的制作具有极大的随意性，该证据单独不能作为认定事实的依据。

附件4是出版物《装饰玻璃实用图案宝典》上册，从出版信息页可知，该证据由李明圣编著，出版日期是2001年10月1日。请求人提交的原件已被拆散，专利权人据此提出了该证据不真实的异议，但没有提交反证。经合议组审查，该证据原件各页的页边大小尺寸一致，装订痕迹一致，各页记载的内容相互衔接连贯。因此，合议组对该证据的真实性予以认可。该证据属于本专利申请日之前的公开出版物，在11、15页上刊登了装饰玻璃的图片（下称在先设计5、在先设计6和在先设计7）。该证据证明上述记载了装饰玻璃的图片在申请日之前已经公开发表，故附件4可以作为判断本专利权的授予是否符合专利法第23条规定的依据。

3. 相同和相近似比较

本专利授权公告文件有3幅视图，即主视图，左视图和俯视图。从视图可知，本专利有两个表面，其中的一个表面是平面，另一个表面由均匀排布的透明和半透明的条形凹槽相互间隔构成，每个条形凹槽的曲率相等（详见本专利附图）。

（1）在先设计1共有2幅视图，即主视图和后视图。由视图可知，在先设计1为平面形状的产品，由均布的透明和不透明的条形相互间隔构成（详见在先设计1附图）。

将本专利和在先设计1相比较可知，二者的相同之处在于都由条形组成，二者的主要不同之处在于，在先设计是平面产品，两个表面都是平面，而本专利的一个表面由均匀排布的透明和半透明的条形凹槽相互间隔构成。合议组认为，由于玻璃表面反射光线，本专利连续排列的透明和半透明的条形曲面凹槽的形状和在先设计的平面条纹状反射光线的视觉效果明显不同，对二者的整体视觉效果具有显著影响。合议组据此判定，本专利与在先设计既不相同也不相近似。

（2）附件2的40、50页上刊登的使用装饰玻璃的居室图片（在先设计2、在先设计3），在第57页上刊登了装饰玻璃的图片（在先设计4）。从图片可知，先设计2、在先设计3和在先设计4都是平面产品，都由透明和半透明的条形组成（详见在先设计2、在先设计3和在先设计4的附图）。

将本专利和上述在先设计分别进行比较，它们的相同之处在于都由条形组成，本专利和上述在先设计的主要不同之处在于，在先设计是平面产品，两个表面都是平面，而本专利的一个表面由均匀排布的透明和半透明的条形凹槽相互间隔构成。合议组认为，本专利连续排列的透明和半透明的条形曲面凹槽形状和在先设计平面条纹状的视觉效果明显不同，对二者整体视觉效果具有显著影响。合议组据此判定，本专利与上述在先设计2、在先设计3和在先设计4都既不相同也不相近似。

（3）附件4在11、15页上刊登了装饰玻璃的图片（在先设计5、在先设计6和在先设计7）。从图片可知，先设计5、在先设计6和在先设计7都是平面产品，都有透明和半透明的条形，这些条形在长度延伸方向上被相交线条断开，构成图案（详见在先设计5、在先设计6和在先设计7附图）。

本专利和在先设计5、在先设计6和在先设计7分别进行比较，它们的相同点仅在于都具有条形；本专利和上述在先设计的主要不同之处在于，（1）在先设计的条形在长度延伸方向上被相交线条断开，构成图案，本专利的条形在长度方向上无限延伸；（2）在先设计是平面产品，两个表面都是平面，而本专利的一个表面由均匀排布的透明和半透明的条形凹槽相互间隔构成。合议组认为，本专利和上述在先设计的不同点对视觉效果具有显著影响。因此，合议组据认为，本专利与在先设计 5、在先设计 6 和在先设计 7 单独对比均属于既不相同也不相近似的外观设计。

综上所述，合议组认为，本专利与申请日前公开发表的外观设计既不相同也不相近似，请求人提交的证据不能证明本专利权的授予不符合专利法第 23 条的规定。

三、决定

维持 200330107181. 0 号外观设计专利权有效。

当事人对本决定不服的，可以根据专利法第 46 条第 2 款的规定，自收到本决定之日起三个月内向北京市第一中级人民法院起诉。根据该款的规定，一方当事人起诉后，另一方当事人应当作为第三人参加诉讼。

主视图

左视图

俯视图

本专利附图

主视图

后视图

在先设计 1 附图

在先设计 2 附图

在先设计 3 附图

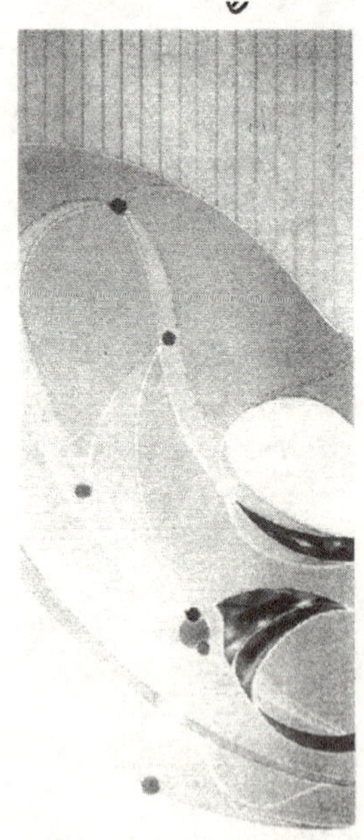

在先设计 4 附图

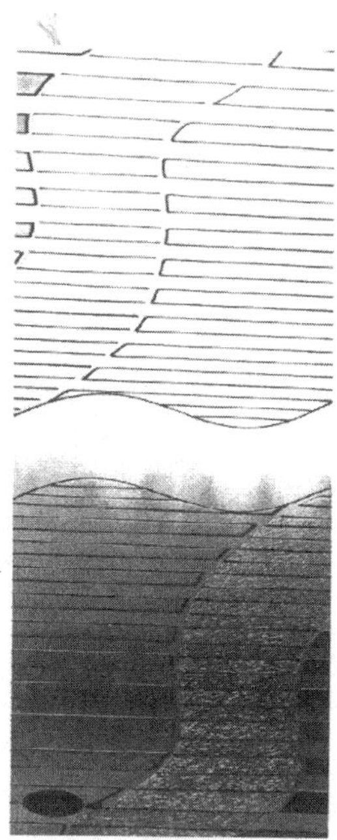

在先设计 5 附图

在先设计 6 附图

在先设计 7 附图

084

轨道式防坠落装置（SLT-JI）

无效宣告请求审查决定（第12853号）

决　定　号　第12853号
决　定　日　2008年11月12日
发明创造名称　轨道式防坠落装置（SLT-JI）
外观设计分类号　08-08
无效宣告请求人　张　辉
专　利　权　人　深圳市视聆通电力设备有限公司
专　利　号　200730133826.6
申　请　日　2007年5月24日
授权公告日　2008年4月16日
合议组组长　吴大章
主　审　员　尹春霞
参　审　员　李改平
附　图　2页

法律依据　专利法第9条
决定要点

本专利套件1与在先设计的组成结构相同、整体造型相同、各组成部分的形状基本相同，已形成了相近似的整体视觉印象，极易引起一般消费者视觉上的混淆、误认，因此，本专利套件1与在先设计应属于相近似的外观设计。

本专利套件2是市售配套产品，不具备专利法第23条规定的专利性。

一、案由

本无效宣告请求涉及国家知识产权局于2008年4月16日授权公告的200730133826.6号外观设计专利，使用该外观设计的产品名称是“轨道式防坠落装置（SLT-JI）”，其申请日是2007年5月24日，专利权人是深圳市视聆通电力设备有限公司。

针对上述外观设计专利权（下称本专利），张辉（下称请求人）于2008年7月8日向专利复审委员会提出无效宣告请求，其理由是本专利不符合专利法第9条及第23条的规定，应宣告本专利无效。请求人同时提交了如下附件作为证据：

附件1：200730106811.0号外观设计专利著录项目及图片复印件共2页；

附件2：2006年第8期《电力安全技术》杂志封面、目录页及相关页复印件共3页；

附件3：2004年第4期《电力安全技术》杂志封面、目录页及相关页复印件共3页；

附件4：《电力安全技术》第2卷第3期杂志封面、目录页及相关页复印件共3页；

附件5：本专利的著录项目及图片复印件共2页。

请求人认为：附件1所示外观设计产品与本专利套件1的用途相同，属于同一类别的产品，且外观形状完全相同，附件2~4所示外观设计产品与本专利套件2的用途相同，属于同一类别的产品，且外观形状完全相同，因此本专利不符合专利法第9条及第23条的规定，应宣告本专利无效。

专利复审委员会经形式审查合格后受理了该无效宣告请求，并于2008年7月30日将请求人的无效宣告请求文件转送专利权人，通知其在指定期限内陈述意见。

专利复审委员会依法成立合议组对本案进行审理，并于2008年8月22日向双方当事人发出无效宣告请求口头审理通知书，定于2008年10月16日对本案进行口头审理。

专利权人于2008年9月12日提交了意见陈述书，专利权人认为：本专利的套件1与附件1所示的外观设计属于同一类产品，但有明显不同。同时专利权人结合两件专利的各视图，具体说明二者的不同，认为本专利的套件1与附件1所示的外观设计不相近似。对于套件2，专利权人认为套件2是市售配套产品，不是专利权人自行设计的，不具备专利法第23条规定的专利性，放弃套件2的专利权，保留套件1的专利权。

专利复审委员会于2008年9月23日将专利权人的意见陈述书转送请求人，通知其在口审当庭或在收到所述文件之日一个月内陈述意见。

专利权人于2008年9月27日补充提交意见陈述，说明其于2008年9月12日提交的意见陈述书中有个别文字打印错误，将2008年9月27日提交的意见陈述替换2008年9月12日提交的意见陈述。

口头审理如期举行，双方当事人均委托代理人出庭，均对对方出庭人员的身份和资格无异议，对合议组成员也无回避请求。

口头审理中，请求人当庭表示放弃本专利不符合专利法第23条的规定的理由，同时放弃附件2、附件3、附件4作为证据。请求人对于本专利的套件1与附件1所示外观设计的相近似判断坚持原有观点。专利权人结合实物说明二者的比例是有差别的，从整体效果看是不相近似的。请求人认为专利权人提交的两个实物与本无效宣告请求没有联系，从整体的视觉效果看，一般消费者会忽略这些差别。请求人针对专利权人于2008年9月12日提交的意见陈述书当庭提交了意见陈述书，合议组当庭转给专利权人，并告知专利权人在15天内提交意见陈述，专利权人在指定期限内未提交意见陈述。

在双方当事人意见陈述及口头审理的基础上，合议组经合议，认为本案事实清楚，依法作出本审查决定。

二、决定的理由

1. 法律依据

基于请求人提出的无效宣告请求的理由，合议组依据专利法第9条的规定对本案进行审理。

专利法第9条规定：“两个以上的申请人分别就同样的发明创造申请专利的，专利权授予最先申请的人。”

2. 证据认定

请求人提交的附件1是200730106811.0号外观设计专利的著录项目及图片复印件，其申请日是2007年3月29日，公告日是2008年1月16日，使用该外观设计的产品名称是防坠器。经合议组核实其内容属实，为他人申请在先，公开在后的外观设计，可以作为评价本专利是否符合专利法第9条的证据。

请求人在口审时当庭表示放弃附件2、附件3、附件4作为证据，因此合议组对以上附件不予评述。

3. 外观设计对比

本专利为防坠落装置的外观设计，附件1也为防坠落装置的外观设计（下称在先设计），二者用途相同，属于相同类别的产品，具有可比性。

本专利公开了套件1各视图。从套件1立体图观察，套件1由上部的两个拐臂、下部的护板架及连接两个拐臂的连接板架组成。从套件1主视图观察，护板架大致呈不等腰梯形形状，梯形的下边框中部向内凹进，上部两角呈圆形，四角各分布一圆形销轴眼，在上部两个销轴眼之间有一内凹矩形框，框内由若干字母组成图案，矩形框下部有两调节钮，两调节钮之间是一横向箭头图案；上部的两个拐臂向左倾斜，下端嵌入护板架内与护板架上部的两个销轴眼连接，拐臂上部由两个销轴眼与连接板架；连接板架呈不规则形状，最上边略呈弧形，中部为一圆形通孔（详见本专利附图）。

在先设计公开了主视图、后视图、左视图、右视图、俯视图、仰视图。从主视图观察，护板架大致呈不等腰梯形形状，梯形的下边框中部向内凹进，上部两角呈圆形，四角各分布一圆形销轴眼，在上部两个销轴眼之间偏右侧有一横向的箭头图案，中部由上至下有细小图案，图案被细实线涂覆，靠近下部两销轴眼上方各有一调节钮；上部的两个拐臂向左倾斜，下端嵌入护板架内与护板架上部的两个销轴眼连接，拐臂上部由两个销轴眼与连接板架；连接板架呈不规则形状，最上边略呈弧形，中部为一圆形通孔，通孔上方左右两侧有细小图案，图案被细实线涂覆（详见在先设计附图）。

将本专利的套件1与在先设计相比较，二者的相同点为：结构相同，均由上部的两个拐臂、下部的护板架及连接两个拐臂的连接板架组成，各组成部分的形状基本相同。两者的不同点为：本专利套件1的连接板架上无图案，在先设计有图案；本专利护板架右上部的圆角直径略大，在先设计在同一部位的圆角直径略小；本专利护板架的上部两个销轴眼的直径与下部两个销轴眼的直径大致相同，在先设计的上部两个销轴眼的直径比下部两个销轴眼的直径略小；本专利护板架在上部两个销轴眼之间有一内凹矩形框，框内由若干字母组成图案，在先设计无此设计。对上述不同点，合议组认为，相对其整体设计而言，两者的以上差别为局部细微差别，对于产品整体视觉效果不具有显著影响。由于二者的组成结构相同、整体造型相同、各组成部分的形状基本相同，已形成了相近似的整体视觉印象，极易引起一般消费者视觉上的混淆、误认，因此，本专利套件1与在先设计应属于相近似的外观设计。

由于专利权人在意见陈述书中已说明本专利的套件2是市售配套产品，不是专利权人自行设计的，当申请专利时，专利权人认为由防坠器和安全绳连接安全环组成的是完整的防坠落装置产品，就将专利申请要求完整的防坠落装置。合议组认为专利权人自己承认套件2在本专利申请日之前已经公开使用，因此本专利套件2不具备专利法第23条规定的专利性。

同样的发明创造对于外观设计而言是指外观设计相同或者相近似。上述已经说明在本专利申请日以前已有他人就同样的外观设计申请了专利，并在之后被授予专利权，因此本专利权的授予不符合专利法第9条的规定。

三、决定

宣告200730133826.6号外观设计专利权全部无效。

当事人对本决定不服的，可以根据专利法第46条第2款的规定，自收到本决定之日起三个月内向北京市第一中级人民法院起诉。根据该款的规定，一方当事人起诉后，另一方当事人应当作为第三人参加诉讼。

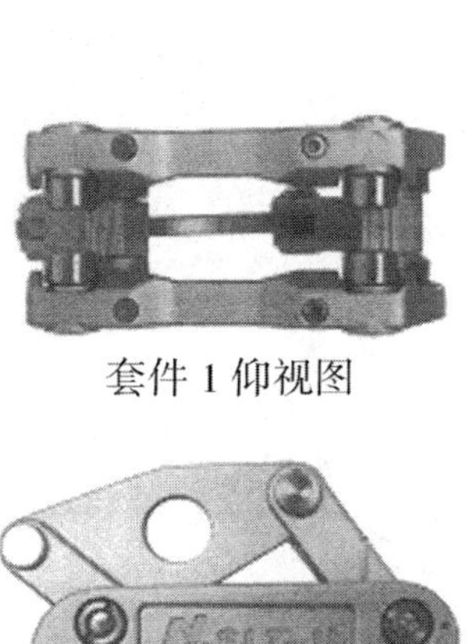

套件 1 仰视图

套件 1 右视图

套件 1 左视图

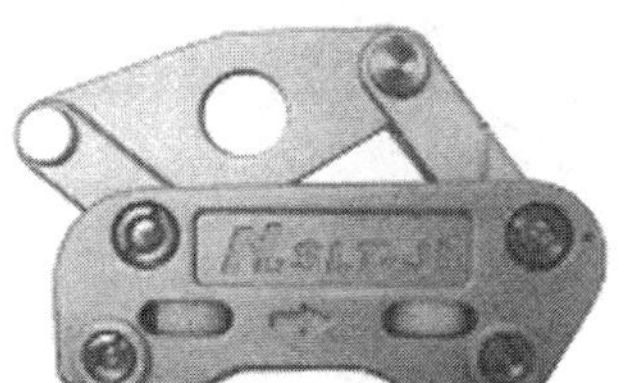

套件 1 主视图

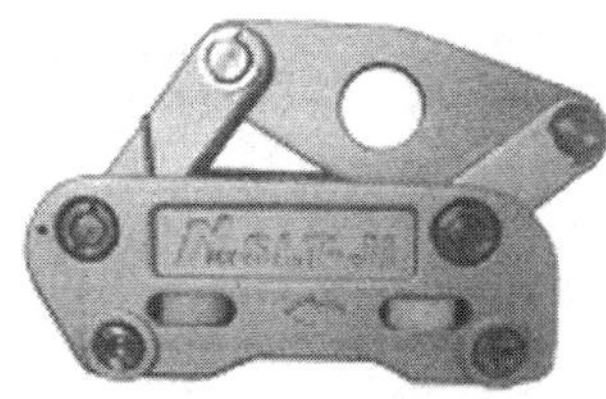

套件 1 后视图

套件 1 俯视图

套件 1 立体图

组合使用状态参考图

套件 2 仰视图

套件 2 右视图

套件 2 左视图

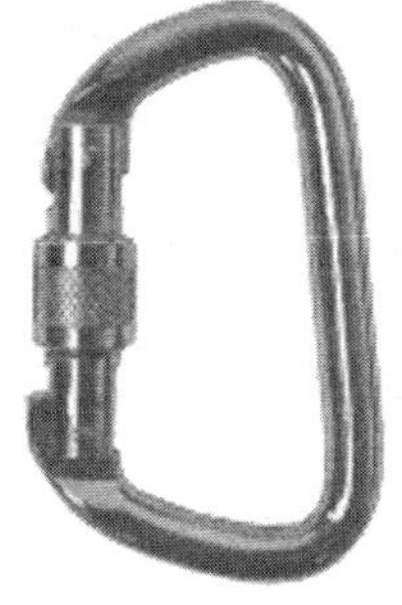

套件 2 主视图

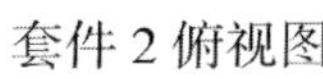

套件 2 俯视图

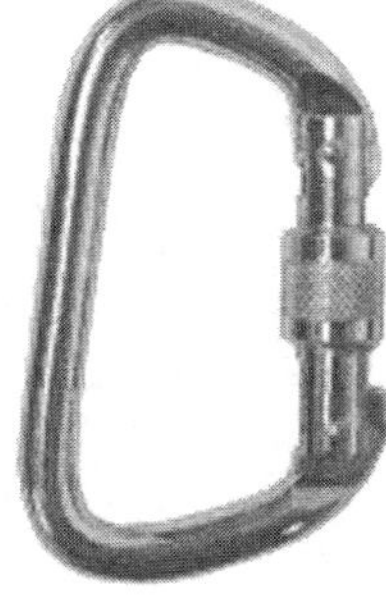

套件 2 后视图

套件 2 立体图

本专利附图

仰视图

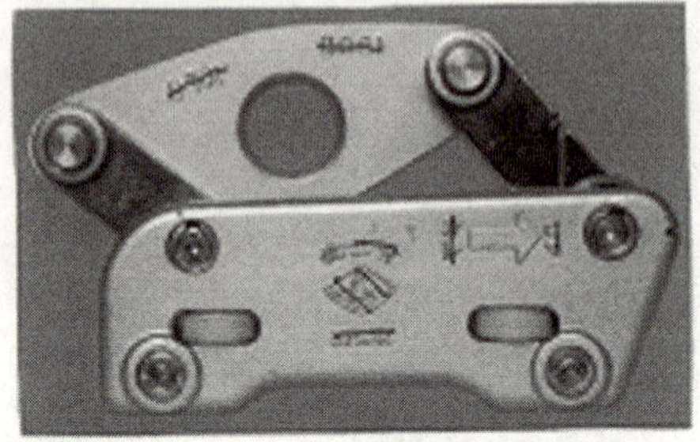

主视图

左视图

俯视图

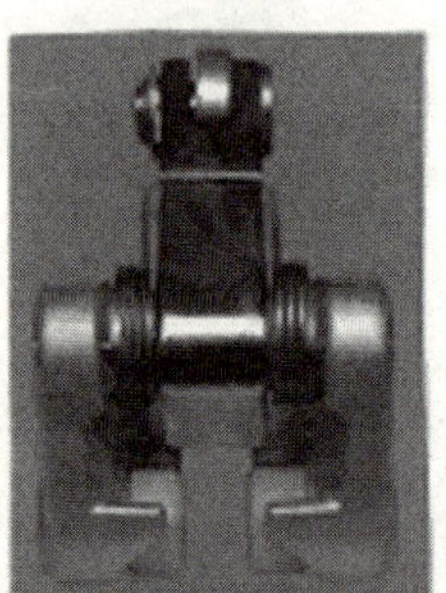

右视图

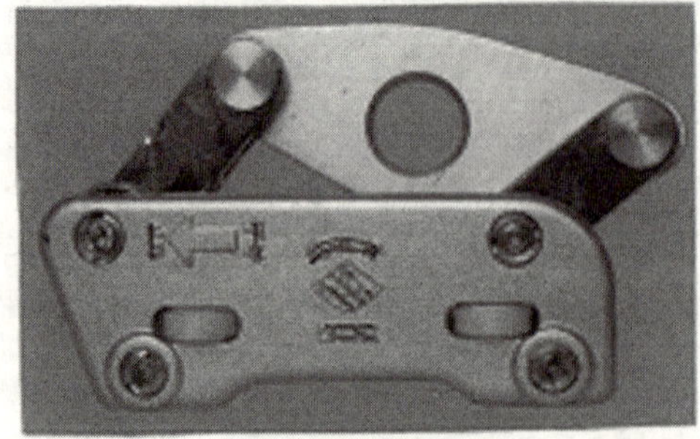

后视图

在先设计附图

085

蜡烛（15）

无效宣告请求审查决定（第12856号）

决　定　号　第12856号
决　定　日　2009年1月15日
发明创造名称　蜡烛（15）
外观设计分类号　26-04
无效宣告请求人　山东省夏津县金明珠蜡烛有限公司
专　利　权　人　德州日月蜡制品有限公司
专　利　号　200730153509.0
申　请　日　2007年8月14日
授权公告日　2008年4月9日
合议组组长　钱亦俊
主　审　员　王霞军
参　审　员　张　凌

法　律　依　据　专利法第23条
决　定　要　点

请求人提交的证据其真实性没有得到确认，且各证据之间不能形成完整的证明体系，因此不能证明与本专利形状相同或相近似的蜡烛在本专利申请日前已在国内外公开发表或在国内展览会上公开展示。

一、案由

本无效宣告请求案涉及的是国家知识产权局于2008年4月9日授权公告的，名称为“蜡烛（15）”的外观设计专利（下称本专利），其申请号是200730153509.0，申请日是2007年8月14日，专利权人是德州日月蜡制品有限公司。

针对本专利权，山东省夏津县金明珠蜡烛有限公司（下称请求人）于2008年7月13日向专利复审委员会提出无效宣告请求，其理由是：临邑县外贸进出口有限公司于2002年委托山东画报出版社印刷与该本专利相似产品的宣传页，并公开散发；2007年请求人在第101届中国进出口商品交易会上公开展览了该产品，因此，本专利不符合专利法第23条的规定。与此同时，请求人提交了如下附件作为证据：

附件1：临邑县外贸进出口有限公司产品宣传页原件1份；

附件2：山东画报出版社出具的证明复印件1页；

附件 3：00948571 号发票复印件 1 张；

附件 4：企业法人开业登记申请、临邑县外贸公司工艺品厂的报告、临邑县荣泰工艺品有限公司章程复印件共 21 页；

附件 5：声称在展览会上拍摄的照片复印件 2 页。

经形式审查合格，专利复审委员会受理了此案，并于 2008 年 8 月 28 日将无效宣告请求书及相关材料副本转送给专利权人。

2008 年 10 月 8 日专利复审委员会向双方当事人发出口头审理通知书，定于 2008 年 12 月 1 日进行口头审理。

专利复审委员会于 2008 年 10 月 13 日收到专利权人的意见陈述，专利权人认为，附件 1 产品宣传页不是正式出版物，其上没印有任何表示印刷出版时间的文字；附件 2 无法证明附件 1 产品宣传页的印刷日期；附件 3 的发票不能证明就是印刷附件 1 产品宣传页的；附件 5 的照片是生产厂家自行拍摄，公开日期不能以照片上所印的年月而定。专利权人认为请求人提交的证据所显示的产品外观形状与本专利不相同也不相近似。

口头审理如期举行，双方当事人均委托代理人参加。口头审理中请求人明确附件 1~3 为一组证据，证明 2002 年临邑县外贸公司已经公开生产水果蜡烛，附件 4 证明附件 1 临邑县外贸公司的身份，附件 5 证明水果蜡烛已经公开生产，并且在展销会上公开展览。请求人当庭提交了附件 2 和附件 5 的原件。专利权人对除附件 4 以外的证据真实性均有异议，并坚持意见陈述书中的观点，各方当事人坚持原有主张。

合议组认为本案事实清楚，可以依法作出审查决定。

二、决定的理由

1. 法律依据

基于请求人提出的无效宣告请求的理由，合议组依据专利法第 23 条的规定对本案进行审理。

专利法第 23 条规定：“授予专利权的外观设计，应当同申请日以前在国内外出版物上公开发表过或者国内公开使用过的外观设计不相同和不相近似，并不得与他人在先取得的合法权利相冲突。”

2. 证据认定

请求人提交的附件 1 是临邑县外贸进出口有限公司产品宣传页，附件 2 是山东画报出版社出具的证明，证明内容是：本社于 2002 年 6 月给临邑县外贸进出口有限公司下属单位临邑县荣泰工艺品有限公司印制商品宣传画册 5000 份；附件 3 是 00948571 号发票联复印件，货物名称为“画册”，请求人称上述三份附件为一组证据，通过发票开具的时间印证产品宣传页的公开日期早于本专利申请日。经核实，附件 1 产品宣传页上没有印制日期，不能确定其公开时间。附件 2 证明上只盖有山东画报出版社的印章，没有自然人签字，也没有证人到庭接受质证，合议组认为没有经过质证的证据不能单独作为定案依据。附件 3 发票为复印件，请求人未能提供该发票的原件，专利权人对其真实性有异议，合议组无法确认该发票的真实性。另外，仅凭发票货物名称“画册”字样还不能确定该发票就是印制附件 1 的产品宣传册所开具的发票。合议组认为，请求人提交的附件 1~3 证据之间没有形成完整的证明体系，不能证明附件 1 产品宣传册的印制时间及公开方式，请求人的主张未得到证据的支持。

请求人提交的附件 4 为企业法人开业登记申请、临邑县外贸公司工艺品厂关于申请独立核算的报告和临邑县荣泰工艺品有限公司章程的复印件，请求人未提交附件 4 的原件，专利权人对其真实性没有异议。经核实，附件 4 是关于成立临邑荣泰工艺品有限公司的有关事宜，与本案无关联性，因此，合议组不对附件 4 进行评述。

请求人提交的附件 5 为 3 张照片，请求人自称是在本专利申请日前举办的展览会上所拍摄。合议

组认为，照片上虽然有日期显示，但众所周知，照相机上的日期是可以随时调整的，请求人未提交其他佐证，因此仅凭3张照片不能证明与本专利相近似的产品在申请日前的展览会公开展销。

综上所述，请求人提交的证据不能证明在本专利申请日前已有与本专利相近似的产品在出版物上公开发表过和在展览会上公开展销，据此证明本专利不符合专利法第23条的规定不能成立。

三、决定

维持200730153509.0号外观设计专利权有效。

当事人对本决定不服的，可以根据专利法第46条第2款的规定，自收到本决定之日起三个月内向北京市第一中级人民法院起诉。根据该款的规定，一方当事人起诉后，另一方当事人应当作为第三人参加诉讼。

086

蜡烛（05）

无效宣告请求审查决定（第12857号）

决　　定　　号　第12857号
决　　定　　日　2009年1月13日
发明创造名称　蜡烛（05）
外观设计分类号　26-04
无效宣告请求人　山东省夏津县金明珠蜡烛有限公司
专　利　权　人　德州日月蜡制品有限公司
专　　利　　号　200730152497.X
申　　请　　日　2007年8月14日
授权公告日　2008年4月9日
合议组组长　钱亦俊
主　　审　　员　王霞军
参　　审　　员　张　凌

法　律　依　据　专利法第23条
决　定　要　点

请求人提交的证据其真实性没有得到确认，且各证据之间不能形成完整的证明体系，因此不能证明与本专利形状相同或相近似的蜡烛在本专利申请日前已在国内外公开发表或在国内展览会上公开展示。

一、案由

本无效宣告请求案涉及的是国家知识产权局于2008年4月9日授权公告的，名称为“蜡烛（05）”的外观设计专利（下称本专利），其申请号是200730152497.X，申请日是2007年8月14日，专利权人是德州日月蜡制品有限公司。

针对本专利权，山东省夏津县金明珠蜡烛有限公司（下称请求人）于2008年7月13日向专利复审委员会提出无效宣告请求，其理由是：临邑县外贸进出口有限公司于2002年委托山东画报出版社印刷与该本专利相似产品的宣传页，并公开散发；2007年请求人在第101届中国进出口商品交易会上公开展览了该产品，因此，本专利不符合专利法第23条的规定。与此同时，请求人提交了如下附件作为证据：

附件1：临邑县外贸进出口有限公司产品宣传页原件1份；

附件2：山东画报出版社出具的证明复印件1页；

附件 3：00948571 号发票复印件 1 张；

附件 4：企业法人开业登记申请、临邑县外贸公司工艺品厂的报告、临邑县荣泰工艺品有限公司章程复印件共 21 页；

附件 5：声称在展览会上拍摄的照片复印件 2 页。

经形式审查合格，专利复审委员会受理了此案，并于 2008 年 7 月 21 日将无效宣告请求书及相关材料副本转送给专利权人。

2008 年 10 月 8 日专利复审委员会向双方当事人发出口头审理通知书，定于 2008 年 12 月 1 日进行口头审理。

专利复审委员会于 2008 年 10 月 13 日收到专利权人的意见陈述，专利权人认为，附件 1 产品宣传页不是正式出版物，其上没印有任何表示印刷出版时间的文字；附件 2 无法证明附件 1 产品宣传页的印刷日期；附件 3 的发票不能证明就是印刷附件 1 产品宣传页的；附件 5 的照片是生产厂家自行拍摄，公开日期不能以照片上所印的年月而定。专利权人认为请求人提交的证据所显示的产品外观形状与本专利不相同也不相近似。

口头审理如期举行，双方当事人均委托代理人参加。口头审理中请求人明确附件 1~3 为一组证据，证明 2002 年临邑县外贸公司已经公开生产水果蜡烛，附件 4 证明附件 1 临邑县外贸公司的身份，附件 5 证明水果蜡烛已经公开生产，并且在展销会上公开展览。请求人当庭提交了附件 2 和附件 5 的原件。专利权人对除附件 4 以外的证据真实性均有异议，并坚持意见陈述书中的观点，各方当事人坚持原有主张。

合议组认为本案事实清楚，可以依法作出审查决定。

二、决定的理由

1. 法律依据

基于请求人提出的无效宣告请求的理由，合议组依据专利法第 23 条的规定对本案进行审理。

专利法第 23 条规定："授予专利权的外观设计，应当同申请日以前在国内外出版物上公开发表过或者国内公开使用过的外观设计不相同和不相近似，并不得与他人在先取得的合法权利相冲突。"

2. 证据认定

请求人提交的附件 1 是临邑县外贸进出口有限公司产品宣传页，附件 2 是山东画报出版社出具的证明，证明内容是：本社于 2002 年 6 月给临邑县外贸进出口有限公司下属单位临邑县荣泰工艺品有限公司印制商品宣传画册 5000 份；附件 3 是 00948571 号发票联复印件，货物名称为"画册"，请求人称上述三份附件为一组证据，通过发票开具的时间印证产品宣传页的公开日期早于本专利申请日。经核实，附件 1 产品宣传页上没有印制日期，不能确定其公开时间。附件 2 证明上只盖有山东画报出版社的印章，没有自然人签字，也没有证人到庭接受质证，合议组认为没有经过质证的证据不能单独作为定案依据。附件 3 发票为复印件，请求人未能提供该发票的原件，专利权人对其真实性有异议，合议组无法确认该发票的真实性。另外，仅凭发票货物名称"画册"字样还不能确定该发票就是印制附件 1 的产品宣传册所开具的发票。合议组认为，请求人提交的附件 1~3 证据之间没有形成完整的证明体系，不能证明附件 1 产品宣传册的印制时间及公开方式，请求人的主张未得到证据的支持。

请求人提交的附件 4 为企业法人开业登记申请、临邑县外贸公司工艺品厂关于申请独立核算的报告和临邑县荣泰工艺品有限公司章程的复印件，请求人未提交附件 4 的原件，专利权人对其真实性没有异议。经核实，附件 4 是关于成立临邑荣泰工艺品有限公司的有关事宜，与本案无关联性，因此，合议组不对附件 4 进行评述。

请求人提交的附件 5 为 3 张照片，请求人自称是在本专利申请日前举办的展览会上所拍摄。合议

组认为，照片上虽然有日期显示，但众所周知，照相机上的日期是可以随时调整的，请求人未提交其他佐证，因此仅凭3张照片不能证明与本专利相近似的产品在申请日前的展览会公开展销。

综上所述，请求人提交的证据不能证明在本专利申请日前已有与本专利相近似的产品在出版物上公开发表过和在展览会上公开展销，据此证明本专利不符合专利法第23条的规定不能成立。

三、决定

维持200730152497.X号外观设计专利权有效。

当事人对本决定不服的，可以根据专利法第46条第2款的规定，自收到本决定之日起三个月内向北京市第一中级人民法院起诉。根据该款的规定，一方当事人起诉后，另一方当事人应当作为第三人参加诉讼。

087

蜡烛（08）

无效宣告请求审查决定（第12858号）

决　　定　　号　第12858号
决　　定　　日　2009年1月15日
发明创造名称　蜡烛（08）
外观设计分类号　26-04
无效宣告请求人　山东省夏津县金明珠蜡烛有限公司
专　利　权　人　德州日月蜡制品有限公司
专　　利　　号　200730152500.8
申　　请　　日　2007年8月14日
授 权 公 告 日　2008年4月9日
合 议 组 组 长　钱亦俊
主　　审　　员　王霞军
参　　审　　员　张　凌

法　律　依　据　专利法第23条
决　定　要　点

请求人提交的证据其真实性没有得到确认，且各证据之间不能形成完整的证明体系，因此不能证明与本专利形状相同或相近似的蜡烛在本专利申请日前已在国内外公开发表或在国内展览会上公开展示。

一、案由

本无效宣告请求案涉及的是国家知识产权局于2008年4月9日授权公告的，名称为“蜡烛（08）”的外观设计专利（下称本专利），其申请号是200730152500.8，申请日是2007年8月14日，专利权人是德州日月蜡制品有限公司。

针对本专利权，山东省夏津县金明珠蜡烛有限公司（下称请求人）于2008年7月13日向专利复审委员会提出无效宣告请求，其理由是：临邑县外贸进出口有限公司于2002年委托山东画报出版社印刷与该本专利相似产品的宣传页，并公开散发；2007年请求人在第101届中国进出口商品交易会上公开展览了该产品，因此，本专利不符合专利法第23条的规定。与此同时，请求人提交了如下附件作为证据：

附件1：临邑县外贸进出口有限公司产品宣传页原件1份；

附件2：山东画报出版社出具的证明复印件1页；

附件 3：00948571 号发票复印件 1 张；

附件 4：企业法人开业登记申请、临邑县外贸公司工艺品厂的报告、临邑县荣泰工艺品有限公司章程复印件共 21 页；

附件 5：声称在展览会上拍摄的照片复印件 2 页。

经形式审查合格，专利复审委员会受理了此案，并于 2008 年 8 月 28 日将无效宣告请求书及相关材料副本转送给专利权人。

2008 年 10 月 8 日专利复审委员会向双方当事人发出口头审理通知书，定于 2008 年 12 月 1 日进行口头审理。

专利复审委员会于 2008 年 10 月 13 日收到专利权人的意见陈述，专利权人认为，附件 1 产品宣传页不是正式出版物，其上没印有任何表示印刷出版时间的文字；附件 2 无法证明附件 1 产品宣传页的印刷日期；附件 3 的发票不能证明就是印刷附件 1 产品宣传页的；附件 5 的照片是生产厂家自行拍摄，公开日期不能以照片上所印的年月而定。专利权人认为请求人提交的证据所显示的产品外观形状与本专利不相同也不相近似。

口头审理如期举行，双方当事人均委托代理人参加。口头审理中请求人明确附件 1～3 为一组证据，证明 2002 年临邑县外贸公司已经公开生产水果蜡烛，附件 4 证明附件 1 临邑县外贸公司的身份，附件 5 证明水果蜡烛已经公开生产，并且在展销会上公开展览。请求人当庭提交了附件 2 和附件 5 的原件。专利权人对除附件 4 以外的证据真实性均有异议，并坚持意见陈述书中的观点，各方当事人坚持原有主张。

合议组认为本案事实清楚，可以依法作出审查决定。

二、决定的理由

1. 法律依据

基于请求人提出的无效宣告请求的理由，合议组依据专利法第 23 条的规定对本案进行审理。

专利法第 23 条规定："授予专利权的外观设计，应当同申请日以前在国内外出版物上公开发表过或者国内公开使用过的外观设计不相同和不相近似，并不得与他人在先取得的合法权利相冲突。"

2. 证据认定

请求人提交的附件 1 是临邑县外贸进出口有限公司产品宣传页，附件 2 是山东画报出版社出具的证明，证明内容是：本社于 2002 年 6 月给临邑县外贸进出口有限公司下属单位临邑县荣泰工艺品有限公司印制商品宣传画册 5000 份；附件 3 是 00948571 号发票联复印件，货物名称为"画册"，请求人称上述三份附件为一组证据，通过发票开具的时间印证产品宣传页的公开日期早于本专利申请日。经核实，附件 1 产品宣传页上没有印制日期，不能确定其公开时间。附件 2 证明上只盖有山东画报出版社的印章，没有自然人签字，也没有证人到庭接受质证，合议组认为没有经过质证的证据不能单独作为定案依据。附件 3 发票为复印件，请求人未能提供该发票的原件，专利权人对其真实性有异议，合议组无法确认该发票的真实性。另外，仅凭发票货物名称"画册"字样还不能确定该发票就是印制附件 1 的产品宣传册所开具的发票。合议组认为，请求人提交的附件 1～3 证据之间没有形成完整的证明体系，不能证明附件 1 产品宣传册的印制时间及公开方式，请求人的主张未得到证据的支持。

请求人提交的附件 4 为企业法人开业登记申请、临邑县外贸公司工艺品厂关于申请独立核算的报告和临邑县荣泰工艺品有限公司章程的复印件，请求人未提交附件 4 的原件，专利权人对其真实性没有异议。经核实，附件 4 是关于成立临邑荣泰工艺品有限公司的有关事宜，与本案无关联性，因此，合议组不对附件 4 进行评述。

请求人提交的附件 5 为 3 张照片，请求人自称是在本专利申请日前举办的展览会上所拍摄。合议

组认为，照片上虽然有日期显示，但众所周知，照相机上的日期是可以随时调整的，请求人未提交其他佐证，因此仅凭3张照片不能证明与本专利相近似的产品在申请日前的展览会公开展销。

综上所述，请求人提交的证据不能证明在本专利申请日前已有与本专利相近似的产品在出版物上公开发表过和在展览会上公开展销，据此证明本专利不符合专利法第23条的规定不能成立。

三、决定

维持200730152500.8号外观设计专利权有效。

当事人对本决定不服的，可以根据专利法第46条第2款的规定，自收到本决定之日起三个月内向北京市第一中级人民法院起诉。根据该款的规定，一方当事人起诉后，另一方当事人应当作为第三人参加诉讼。

088

火花塞包装盒

无效宣告请求审查决定（第12859号）

决　　定　　号　第12859号
决　　定　　日　2009年1月20日
发明创造名称　火花塞包装盒
外观设计分类号　09-03
无效宣告请求人　卢卡斯工业有限公司
专　利　权　人　华迪敏
专　　利　　号　200530129656.5
申　　请　　日　2005年9月21日
授 权 公 告 日　2006年8月30日
合 议 组 组 长　王霞军
主　　审　　员　张雪飞
参　　审　　员　张　凌
附　　　　　图　1页

法　律　依　据　专利法第23条
决　定　要　点

对于知名的大型信息资源推广网站的运营商，企业本身性质决定了其对以服务换取的广告资料并不具有默示的保密义务，在未明示其具有保密义务的情况下，能够认定自其获取广告资料之日起，该资料即已处于公众想得知就能够得知的状态。

一、案由

本无效宣告请求涉及国家知识产权局于2006年8月30日授权公告的200530129656.5号外观设计专利，使用该外观设计的产品名称是“火花塞包装盒”，其申请日是2005年9月21日，专利权人是华迪敏。

针对上述外观设计专利权（下称本专利），卢卡斯工业有限公司（下称请求人）于2008年2月28日向专利复审委员会提出无效宣告请求，其理由是本专利不符合专利法第23条的规定，并提交了本专利的公告文本复印件和如下证据附件：

证据1：授权公告日为2002年2月27日的01323929.5号外观设计专利的公告文本复印件1页，其授权公告号为CN3224811D；

证据2：授权公告日为2004年5月12日的03363532.3号外观设计专利的公告文本复印件1页，

其授权公告号为 CN3367284D；

证据 3：国家工商行政管理总局商标评审委员会审理的关于第 1526923 号注册商标的撤销注册复审案件的相关材料复印件 50 页。

请求人认为，本专利与证据 1 和证据 2 所示在先公开的外观设计均分别属于相近似的外观设计，且本专利所示外观设计在其申请日以前已在证据 3 中涉及的出版物上公开发表过和在国内公开使用过，应予宣告无效。

其后，请求人于 2008 年 3 月 28 日提交了意见陈述书，补充提交了如下证据附件：（编号续前）

证据 3（替换原证据 3）是国家工商行政管理总局商标评审委员会审理的关于第 1526923 号注册商标的撤销注册复审案件的相关材料复印件 48 页，其中依次包括：

（1）《评审案件证据交换通知书》复印件 1 页。

（2）《证据目录》复印件 1 页。

（3）华迪敏的身份证复印件 1 页。

（4）法定代表人为华立敏的慈溪市飞驰电器有限公司的《企业法人营业执照（副本）》复印件 1 页。

（5）法定代表人为华迪敏的宁波埃索火花塞有限公司的《企业法人营业执照（副本）》复印件 1 页。

（6）法定代表人为华迪敏的浙江普尔曼汽车部件有限公司的《企业法人营业执照（副本）》复印件 1 页。

（7）《转让申请受理通知书》复印件 1 页。

（8）宁波市产品质量监督检验所第 QPJ20050024 号《检验报告》复印件 2 页。

（9）浙江普尔曼汽车部件有限公司与阿里巴巴（中国）网络技术有限公司签订的《阿里巴巴服务合同》复印件 1 页。

（10）汽摩配行业第二期《行业光盘手册》复印件 2 页。

（11）浙江普尔曼汽车部件有限公司的广告展板照片复印件 1 页。

（12）《商标评审申请材料目录》复印件 1 页。

（13）答辩人为华迪敏的《撤销注册复审答辩书》复印件 3 页。

（14）华迪敏委托宁波标典商标代理有限公司的《商标评审代理委托书》复印件 1 页。

（15）华迪敏的身份证复印件 1 页。

（16）《证据目录》复印件 1 页。

（17）注册人为浙江省慈溪市飞驰电器有限公司的《国际域名注册证书》复印件 1 页。

（18）注册人为宁波埃索火花塞有限公司的《国际域名注册证书》复印件 1 页。

（19）本专利的专利证书及公告文本复印件共 4 页。

（20）《“卢卡斯 LUCAS”商标使用答辩书》复印件 2 页。

（21）《商标使用证据及材料清单》复印件 1 页。

（22）《第 97 届广交会招展展区参展申请表》复印件 1 页。

（23）《第 97 届广交会通知（2005 春交会）》复印件 1 页。

（24）供需协议复印件 1 页。

（25）《浙江省宁波市服务业统一发票发票联》复印件 1 页。

（26）《慈溪汽车配件》复印件 3 页。

（27）内容同（9）。

（28）内容同（10）。

（29）内容同（11）。

（30）《58届汽配会现场广告项目》复印件1页。

（31）宁波埃索火花塞有限公司及浙江普尔曼汽车部件有限公司的产品宣传页复印件1页。

（32）产品质量抽验单复印件2页。

（33）慈溪市飞驰电器有限公司与华迪敏签订的关于第1526923号注册商标的《注册商标转让合同》复印件2页。

（34）内容同（8）的第1页。

（35）“卢卡斯LUCAS”产品包装复印件1页；

证据4是北京市长安公证处作出的“（2008）京长安内经证字第2112号”公证书复印件，内附1996年第16期《汽车与配件周刊》复印件88页及其封面照片复印件1页，公证内容为所附文件系对国家图书馆馆藏刊物原件查阅、复制、拍照所得，与原件相符；

证据5是北京市长安公证处作出的“（2008）京长安内经证字第2113号”公证书复印件，内附1999年第41期《汽车与配件周刊》复印件75页及其部分内页照片复印件2页，公证内容为所附文件系对国家图书馆馆藏刊物原件查阅、复制、拍照所得，与原件相符；

证据6是北京市长安公证处作出的“（2008）京长安内经证字第2114号”公证书复印件，内附2001年第10期《汽车与配件周刊》复印件56页及其封二照片复印件2页，公证内容为所附文件系对国家图书馆馆藏刊物原件查阅、复制、拍照所得，与原件相符；

证据7是“cnesso. en. alibaba. com”网页打印件2页；

证据8是《送货单》及产品照片复印件共3页；

证据9是经中国委托公证人、香港律师曾文兴公证的声明书及其附件复印件共21页；

证据10是“LUCAS”产品包装照片彩印件1页；

证据11是北京市长安公证处作出的“（2008）京长安内经证字第2198号”公证书复印件，内附网页打印件208页，公证内容为所附文件为公证现场操作实时打印所得。

请求人针对原提交的证据1和证据2坚持原有观点，并说明证据3系专利权人在国家工商行政管理总局商标评审委员会审理的“关于第1526923号注册商标三年不使用”的撤销注册复审案件中提交的答辩材料，其中的证据3（25）及证据3（26）、证据3（27）及证据3（28）、证据3（29）及证据3（30）、证据3（35）等证据或者证据组合均能够证明在本专利申请日以前已有与其相同的外观设计在国内公开使用过和在网站及其他出版物上公开发表过，且证据8、证据9、证据10等证据均能够证明在本专利申请日以前已有与其相同或者相近似的外观设计在国内公开使用过，证据4、证据5、证据6、证据7、证据11等证据均能够证明在本专利申请日以前已有与其相同或者相近似的外观设计在网站和其他出版物上公开发表过，因此本专利不符合专利法第23条的规定，应予宣告全部无效。另外，请求人请求专利复审委员会向国家工商行政管理总局商标评审委员会调查和收集证据3所示的证据材料，并就一份境外证据的公证认证手续申请延期举证。

经形式审查合格，专利复审委员会受理了该无效宣告请求，并于2008年4月10日将请求人的无效宣告请求文件和补充提交的意见陈述及证据转送专利权人。

专利权人于2008年5月23日提交了意见陈述书，认为本专利与证据1和证据2所示外观设计均不相同且不相近似，并进行了详细的对比分析；同时专利权人声明，在本专利申请日以前没有任何人公开使用过本专利产品，也没有任何网站和出版物公开发表过本专利产品，请求人提出的证据均不能支持其主张，应维持本专利有效。

专利复审委员会于2008年7月4日向双方当事人发出口头审理通知书，定于2008年9月25日进行口头审理，同时将专利权人的意见陈述转送请求人。

口头审理如期举行，双方当事人均委托代理人出席；双方均对对方出庭人员的身份和资格无异议，对合议组成员均无回避请求。

在口头审理中，请求人坚持原有主张，当庭提交了证据4、证据5、证据6、证据8中《送货单》、证据9和证据11的原件，其说明已自行通过律师事务所在国家工商行政管理总局商标评审委员会处就证据3所示证据材料进行了公证，并当庭提交了北京市长安公证处作出的“（2008）京长安内经证字第9850号”公证书原件（内附照片40张，公证内容为所附照片系在国家工商行政管理总局商标局办公处调阅第1526923号注册商标的《商标档案》拍照所得，与实际情况相符，下称证据12）；同时请求人说明原先申请延期提交的证据实为已履行了公证认证手续的证据9。另外，请求人补充认为本专利侵犯了其在先合法取得的商标权，并当庭提交了《公证书》、《证明》、《商标的详细信息》、《商标注册证明》、《核准续展注册证明》、《注册商标变更证明》、《商标注册证》和《民事判决书》等证据材料。

合议组当庭将证据12所示公证书的副本转送专利权人，并告知请求人，其当庭补充提出的“与在先权利相冲突”的理由及相关证据超出了举证期限，本案不予考虑。

专利权人首先质疑请求人于2008年3月28日提交意见陈述的日期，认为该次意见陈述的提交日期应为专利复审委员会收文章显示的“2008年3月31日”，因而超出了举证期限，其当庭核实寄出的邮戳日（2008年3月28日）后，认为需要庭后进一步核实。

针对证据本身，专利权人认可证据1和证据2的真实性，质疑证据3、证据4、证据5、证据6、证据7、证据8和证据9中证明内容的真实性，质疑证据4、证据5和证据6的合法性，质疑证据7的证明力和证据8的案件关联性，质疑证据10所示产品包装和证据11中网页图片的在先公开性；并认为证据12所示证据材料照片的公证件不是证据3中相应材料复印件的原件，其属于超期提交的新证据，应不予考虑；另外，专利权人认为不能证明证据3（26）所示宣传册和证据3（28）所示阿里巴巴光盘手册的公开时间，不能证明相关产品的公开使用时间，不能证明证据3（27）所示网络服务合同的履行时间，也不能唯一地证明证据3（27）所示网络服务合同履行的就是本专利图片，且证据3（29）所示广告展板照片的拍摄日期和证据3（30）所示展会的展出日期均在本专利申请日以后，因此均不能支持请求人提出的相关产品在先公开的主张。对于证据3所示相关材料是否源于专利权人向国家工商行政管理总局商标评审委员会提交的案件材料一项，专利权人表示不清楚。

在相同和相近似的判断方面，请求人坚持原有观点；专利权人认为请求人在证据中指定的外观设计或与本专利不相同且不相近似，或因超期指明应不予考虑，或因图片不清晰而无法对比。

由于当庭转送证据12及口头审理出现的其他事项，合议组当庭告知专利权人可在指定期限内提交进一步的书面意见，亦可同期针对其质疑的请求人意见陈述的提交日期发表意见。

口头审理结束后，专利权人于2008年10月7日提交了意见陈述书，对于请求人提出的证据本身仍坚持原有观点，针对请求人2008年3月28日意见陈述的提交日期，专利权人认为，经过查询，请求人是以京城邮政特快专递（EMS）的方式提交的，该次意见陈述于2008年3月28日由中国速递服务公司通过北京市北京站邮政局收寄，而后于2008年3月29日由中国速递服务公司的牡丹园营运部投寄，国家知识产权局于2008年3月31日收到，由于该次意见陈述并不是通过邮局邮寄的，而中国速递服务公司又属于速递公司，根据专利法第28条、专利法实施细则第5条第1款和审查指南第五部分第三章第2.3.1节的规定，应以收到日期2008年3月31日作为提交日期，因此，该次意见陈述及补充证据的提交超出了自提出无效宣告请求之日起1个月的举证期限，根据专利法实施细则第66

条和审查指南第四部分第三章第4.2节、第4.3节的规定，本案应不予考虑。专利权人同时提交了25个反证附件，用以说明中国速递服务公司的性质、业务、资费等信息和上述意见陈述的邮件查询情况及关于邮政、快递等业务的相关规范。

请求人于2008年10月21日提交了口头审理代理意见，坚持其原有观点。

在上述审理的基础上，合议组经合议，认为本案事实清楚，依法作出本审查决定。

二、决定的理由

（1）基于请求人提出的无效宣告请求的理由和证据，合议组依据专利法第23条的规定进行审理。

专利法第23条规定："授予专利权的外观设计，应当同申请日以前在国内外出版物上公开发表过或者国内公开使用过的外观设计不相同和不相近似，并不得与他人在先取得的合法权利相冲突。"

（2）针对请求人于2008年3月28日提交的意见陈述及补充证据，专利权人质疑其提交日期的认定，认为应以2008年3月31日的收到日期为准，从而超出了举证期限，并以专利法第28条、专利法实施细则第5条第1款和审查指南第五部分第三章第2.3.1节的规定为依据，同时提交了25个反证附件。

对此，合议组认为：专利法第28条规定，国务院专利行政部门收到专利申请文件之日为申请日，如果申请文件是邮寄的，以寄出的邮戳日为申请日，同时审查指南第五部分第三章2.3.1节的相关规定也是以如何确定申请日为前提的，因此专利法第28条和审查指南第五部分第三章2.3.1节的规定对于本案无效宣告请求程序中涉及意见陈述提交日期的认定并不具有直接对应的规范作用。

专利法实施细则第5条第1款规定：向国务院专利行政部门邮寄的各种文件，以寄出的邮戳日为递交日；邮戳日不清晰的，除当事人能够提出证明外，以国务院专利行政部门收到日为递交日。据此，由于请求人提交的意见陈述及补充证据通过北京站邮政局收寄，并清晰地盖有正规的2008年3月28日的邮戳，因此其提交日期应确定为2008年3月28日，未超出自无效宣告请求之日（2008年2月28日）起1个月的举证期限，本案应予考虑，故合议组对专利权人的上述质疑不予支持。

（3）请求人提交的证据3是国家工商行政管理总局商标评审委员会审理的关于第1526923号注册商标的撤销注册复审案件的相关材料复印件，并在口头审理中提交了证据12（北京市长安公证处作出的"（2008）京长安内经证字第9850号"公证书原件，内附照片40张，公证内容为所附照片系在国家工商行政管理总局商标局办公处调阅第1526923号注册商标的《商标档案》拍照所得，与实际情况相符）。专利权人认为证据12所示证据材料照片的公证件不是证据3中相应材料复印件的原件，属于超期提交的新证据，应不予考虑。

对此，合议组认为：虽然证据12所示材料是以照片的形式出现，但相关照片是经公证机关翻拍于国家行政机关的档案材料所得，能够证明其照片所示证据材料的来源真实、合法，而相关照片的内容与其对应的证据3所示材料复印件的内容一致，因此，根据审查指南第四部分第三章4.3.1节（2）的规定，证据12应属于在口头审理辩论终结前提交的用于完善证据法定形式的公证书类证据，本案应予考虑，故合议组对专利权人的上述主张不予支持。

（4）请求人在口头审理中补充认为本专利侵犯了其在先合法取得的商标权，并当庭提交了相关的证据材料。

对此，合议组认为：专利法实施细则第66条规定，在专利复审委员会受理无效宣告请求后，请求人可以在提出无效宣告请求之日起1个月内增加理由或者补充证据。逾期增加理由或者补充证据的，专利复审委员会可以不予考虑。据此，由于请求人补充提出的上述理由和证据超出了举证期限，且不属于审查指南第四部分第三章第4.3节规定的例外情形，因此本案对请求人在口头审理中提出的上述理由和证据不予考虑。

（5）请求人于 2008 年 3 月 28 日请求专利复审委员会向国家工商行政管理总局商标评审委员会调查和收集证据 3 所示的证据材料。对此，合议组认为：由于请求人已自行通过律师事务所取证获取了相应的公证文件（即证据 12），因此上述证据不属于当事人及其代理人确因客观原因不能自行收集的证据，专利复审委员会无主动调查收集证据的必要，故专利复审委员会不再直接向国家工商行政管理总局商标评审委员会调查收集有关证据。

（6）在请求人提交的证据 3 中，证据 3（5）是法定代表人为华迪敏的宁波埃索火花塞有限公司的《企业法人营业执照（副本）》复印件，证据 3（6）是法定代表人为华迪敏的浙江普尔曼汽车部件有限公司的《企业法人营业执照（副本）》复印件，证据 3（13）是答辩人为华迪敏的《撤销注册复审答辩书》复印件，证据 3（27）（内容同证据 3（9））是浙江普尔曼汽车部件有限公司与阿里巴巴（中国）网络技术有限公司签订的《阿里巴巴服务合同》复印件，证据 3（28）（内容同证据 3（10））是汽摩配行业第二期《行业光盘手册》复印件；请求人在口头审理中提交了上述部分证据的公证件（证据 12）。

针对上述证据，合议组认为：证据 12 所示公证书证明证据 3（5）、证据 3（6）、证据 3（27）和证据 3（28）等证据材料均来源于国家行政机关的《商标档案》，由于公证文书具有法定的证明效力，因此在无相反证据足以推翻的情况下，能够认定上述证据 3（5）、证据 3（6）、证据 3（27）和证据 3（28）等证据材料的来源真实、合法；且证据 3（5）和证据 3（6）所示《企业法人营业执照（副本）》上记载法定代表人即为专利权人，证据 3（13）所示《撤销注册复审答辩书》中也记载其是由专利权人为维护其第 1526923 号注册商标而提交至国家工商行政管理总局商标评审委员会的答辩书，对此作为同一主体的专利权人并未予以明确否认，仅以“不清楚”来隐晦上述材料的原始出处，因此结合证据 3（5）、证据 3（6）、和证据 3（13）中的具体内容以及案件审理的具体情况，在无相反证据对抗的情况下，合议组认定专利权人应是宁波埃索火花塞有限公司和浙江普尔曼汽车部件有限公司的法定代表人，也是向国家工商行政管理总局商标评审委员会提交上述《撤销注册复审答辩书》的答辩人；同时通过证据 12 所示公证书的内附照片可知，证据 3（27）所示《阿里巴巴服务合同》和证据 3（28）所示汽摩配行业第二期《行业光盘手册》均在《商标档案》中存有原件，因此在无相反证据足以推翻的情况下，合议组对证据 3（27）和证据 3（28）的真实性予以认定。

在证据 3（27）所示《阿里巴巴服务合同》中明确记载，该合同的签订时间为 2005 年 8 月 3 日，签订双方为浙江普尔曼汽车部件有限公司（甲方）和阿里巴巴（中国）网络技术有限公司（乙方），并有甲方授权代表华迪敏的签字，其内容涉及乙方对甲方的火花塞产品进行为期 12 个月的网络推广服务，并在附注中记载：“甲方有权免费获得汽摩配行业第二期《行业光盘手册》‘1/2 版插页广告’推广服务一次，甲方须按本合同规定付清全额合同金额，并在 2005 年 8 月 25 日前列齐全部合格制作资料，否则视为甲方自动放弃该服务。”据此，合议组认定阿里巴巴（中国）网络技术有限公司最迟应在 2005 年 8 月 25 日即已获取了浙江普尔曼汽车部件有限公司的全部相关广告的推广资料。

在证据 3（28）所示汽摩配行业第二期《行业光盘手册》中含有宁波埃索火花塞有限公司的火花塞产品插页广告，由于宁波埃索火花塞有限公司和浙江普尔曼汽车部件有限公司的法定代表人均为华迪敏，且在答辩人为华迪敏的《撤销注册复审答辩书》中第三、8 部分也明确记载“该书面广告实际印刷时，以宁波埃索火花塞有限公司名义出现”等字样，因此基于上述信息的高度吻合，在无相反证据足以推翻的情况下，合议组认定证据 3（28）所示汽摩配行业第二期《行业光盘手册》中含有的宁波埃索火花塞有限公司的火花塞产品插页广告即为证据 3（27）所示《阿里巴巴服务合同》中附注所记载的“汽摩配行业第二期《行业光盘手册》1/2 版插页广告”，即能够认定在本专利申请日以前

（2005 年 8 月 25 日）阿里巴巴（中国）网络技术有限公司已获取了证据 3（28）所示汽摩配行业第二期《行业光盘手册》中相关的火花塞产品资料。由于阿里巴巴（中国）网络技术有限公司属于知名的大型信息资源推广网站的运营商，无论是企业本身性质还是本案涉及的服务合同中均未体现其应具有明示或者默示的保密义务，因此自其因提供服务而换取相关产品广告资料之日起，该资料即已处于公众想得知就能够得知的状态，即本案请求人提交的证据 3（28）中所涉及的相关火花塞产品广告资料在本专利申请日（2005 年 9 月 21 日）以前已构成了法律意义上的使用公开。

（7）在上述证据 3（28）中所示的相关火花塞产品广告资料中公开了一款“PSB7E6”型火花塞包装盒（下称在先设计）的立体图。从图片上观察，在先设计的整体形状为扁长方体（长>宽>>高）；正面以绿色为背景色，以密布放射状扭纹为背景图案，左上角有白色“LUCAS”字样，右下部有火花塞图样；其他面的具体设计不可见（详见在先设计附图）。

本专利同样是火花塞包装盒的外观设计，其整体形状为扁长方体（长>宽>>高）；正面以绿色为背景色，以密布放射状扭纹为背景图案，左上角有白色“LUCAS”字样，右下部有火花塞图样；其他面另有文字和细小图案设计。详见本专利附图。

合议组认为：本专利和在先设计均为火花塞包装盒的外观设计，用途相同，属于相同类别的产品，具有可比性。

将本专利与在先设计相比较，其主要的不同点为：在先设计未显示侧面和背面的具体设计。合议组认为：从整体视觉观察，由于本专利和在先设计均属于长>宽>>高的扁状盒体，且本专利的侧面设计仅为正面背景图案的简单延续以及文字和细小图案等设计，其背面具体设计又与正面相同，因此二者正面的具体设计决定了二者的整体视觉效果，故在先设计未显示侧面和背面的具体设计并不足以对二者的整体视觉效果产生显著的影响；基于二者正面基本相同的图案设计、布局设计和色彩搭配设计，足以导致一般消费者对二者产生同样的视觉效果，因此二者应属于相近似的外观设计。

（8）针对专利权人提出的请求人在口头审理中当庭指明对比图片并发表进一步意见的做法应属于超期举证的质疑，合议组认为：请求人当庭指明的对比图片均是其原有意见中与文字论述相对应的图片，其进一步指明的意义仅是在原提交附件所示图片的基础上去除明显无关或者无实际意义的图片，并非当庭增加对比图片，因此合议组对专利权人的上述质疑不予支持。

（9）综上所述，在本专利申请日以前已有与其相近似的外观设计在国内公开使用过，本专利不符合专利法第 23 条的规定。

（10）鉴于由上述认定已得出本专利不符合专利法所规定的授权条件的结论，本决定对请求人提出的其他理由和证据不再予以评述。

三、决定

宣告 200530129656.5 号外观设计专利权全部无效。

当事人对本决定不服的，可以根据专利法第 46 条第 2 款的规定，自收到本决定之日起三个月内向北京市第一中级人民法院起诉。根据该款的规定，一方当事人起诉后，另一方当事人应当作为第三人参加诉讼。

主视图

左视图

俯视图

仰视图

立体图

本专利附图

在先设计附图

北京市第一中级人民法院
行政判决书

（2009）一中行初字第 1329 号

原告华迪敏，男，1963 年 4 月 2 日出生，汉族，宁波卢卡斯机械有限公司董事长，户籍所在地中华人民共和国浙江省慈溪市浒山街道金山新村 167 号楼 304 室。

委托代理人郑朝才，男，厦门市财富商标事务所有限公司专利代理人。

委托代理人李阳，女，厦门市财富商标事务所有限公司专利代理人。

被告中华人民共和国国家知识产权局专利复审委员会，住所地中华人民共和国北京市海淀区北四环西路 9 号银谷大厦 10～12 层。

法定代表人张茂于，副主任。

委托代理人张雪飞，男，中华人民共和国国家知识产权局专利复审委员会审查员。

委托代理人王婧，女，中华人民共和国国家知识产权局专利复审委员会审查员。

第三人卢卡斯工业有限公司，住所地大不列颠及北爱尔兰联合王国英格兰西米德兰兹，索里，斯特拉特福德路 B904AX。

法定代表人保罗·艾蒙、简·派格，授权代表。

委托代理人安晓地，北京市安伦律师事务所律师。

委托代理人刘良勇，北京市安伦律师事务所律师。

原告华迪敏不服被告中华人民共和国国家知识产权局专利复审委员会作出的第 12859 号无效宣告请求审查决定，于 2009 年 5 月 19 日向本院提起行政诉讼。本院受理后，依法组成合议庭，根据《中华人民共和国行政诉讼法》第 27 条的规定，依法通知卢卡斯工业有限公司作为本案第三人参加诉讼，并于 2009 年 10 月 19 日公开开庭审理了本案。原告的委托代理人郑朝才，被告的委托代理人王婧，第三人的委托代理人安晓地、刘良勇到庭参加了诉讼。本案现已审理终结。

被告中华人民共和国国家知识产权局专利复审委员会于 2009 年 1 月 20 日作出 12859 号无效宣告请求审查决定（以下简称无效决定），宣告 200530129656.5 号外观设计专利权（以下简称本专利）全部无效。

被告在法定举证期限内向本院提交了如下证据：（1）本专利外观设计公报；（2）第三人在无效程序中提交的证据 3（5）、证据 3（6）、证据 3（13）、证据 3（27）、证据 3（28）；（3）（2008）京长安内经证字第 9850 号公证书原件（无效阶段证据 12）；（4）第三人提交补充意见陈述的快递封皮复印件；（5）口头审理记录表。上述证据用于证明无效决定认定的事实清楚，适用法律正确，程序合法。

原告诉称：（1）第三人补充提出的理由和证据已超过法定举证期限，属于超期提交的证据，被告应不予考虑；（2）被告仅凭一份《阿里巴巴服务合同》即认定本专利在申请日以前已构成法律意义上的使用公开错误；（3）本专利与广告资料中公开的火花塞包装盒并不属于相近似的外观设计。原告请求法院撤销无效决定，并责令被告重新作出无效决定。

原告在法定举证期限内向本院提交如下证据：（1）外观设计专利证书，证明原告是专利权人；（2）邮寄无效决定的信封，证明原告在法定期限内向人民法院起诉；（3）《情况说明》，证明汽摩配行业第二期《行业光盘手册》（以下简称光盘手册）制作完成的时间是 2006 年 2 月 14 日，而最早开始推广的时间是2006年4月广交会，在此之前本专利并不处于公众想得知就能够得知的状态。原告当庭明确证据3未在行政程序中向被告提交。

被告辩称：无效决定认定的事实清楚，适用法律正确，程序合法。被告坚持无效决定的理由，请求法院判决维持无效决定。

第三人辩称：（1）第三人补充提出的理由和证据的时间没有超过举证期限；（2）被告认定事实清楚正确；（3）本专利与光盘手册中公开的火花塞盒属于相近似的外观设计。第三人请求法院判决维持无效决定，其在法定期限内未向本院提交证据。

经庭审质证，原告对于被告提交证据1~5的关联性、合法性和真实性均无异议，不同意上述证据的证明作用；第三人对被告提交的证据无异议。被告认为原告证据3不具有关联性，对原告提交的其他证据无异议；第三人同意被告对原告证据的质证意见。

本院根据《最高人民法院关于行政诉讼证据若干问题的规定》，对证据认证如下：被告提交的证据及原告提交的证据1、2均符合证据的关联性、合法性、真实性的要求，可以证明本专利及在先设计的内容、被告的审查程序、原告的起诉时间等相关情况，可以作为本案认定事实的依据；原告提交的证据3无正当理由未在行政程序中提交，该证据不能作为认定无效决定合法性的依据，本院不予采纳。

根据上述有效证据以及当事人无争议的陈述，本院经审理查明：

原告华迪敏于2005年9月21日向中华人民共和国国家知识产权局（以下简称国家知识产权局）申请名为“火花塞包装盒”的外观设计专利，该专利的授权公告日为2006年8月30日，授权公告号为200530129656.5号。

第三人卢卡斯工业有限公司针对上述外观设计专利权，于2008年2月28日向被告提出无效宣告请求，其理由是本专利不符合《中华人民共和国专利法》（2000年修订，以下简称《专利法》）第二十三条的规定，并提交了本专利的公告文本复印件和如下证据附件：

证据1：授权公告日为2002年2月27日的01323929.5号外观设计专利的公告文本复印件1页，其授权公告号为CN3224811D；

证据2：授权公告日为2004年5月12日的03363532.3号外观设计专利的公告文本复印件1页，其授权公告号为CN3367284D；

证据3：国家工商行政管理总局商标评审委员会审理的关于第1526923号注册商标的撤销注册复审案件的相关材料复印件50页。

第三人认为，本专利与证据1和证据2所示在先公开的外观设计均分别属于相近似的外观设计，且本专利所示外观设计在其申请日以前已在证据3中涉及的出版物上公开发表过和在国内公开使用过，应予宣告无效。

其后，第三人于2008年3月28日提交了意见陈述书，补充提交了如下证据附件：（编号续前）

证据3（替换原证据3）：国家工商行政管理总局商标评审委员会审理的关于第1526923号注册商标的撤销注册复审案件的相关材料复印件48页，其中依次包括：

（1）《评审案件证据交换通知书》复印件1页，

（2）《证据目录》复印件1页，

（3）华迪敏的身份证复印件1页，

（4）法定代表人为华立敏的慈溪市飞驰电器有限公司的《企业法人营业执照（副本）》复印件1页，

（5）法定代表人为华迪敏的宁波埃索火花塞有限公司的《企业法人营业执照（副本）》复印件

1 页，

（6）法定代表人为华迪敏的浙江普尔曼汽车部件有限公司的《企业法人营业执照（副本）》复印件 1 页，

（7）《转让申请受理通知书》复印件 1 页，

（8）宁波市产品质量监督检验所第 QPJ20050024 号《检验报告》复印件 2 页，

（9）浙江普尔曼汽车部件有限公司与阿里巴巴（中国）网络技术有限公司签订的《阿里巴巴服务合同》复印件 1 页，

（10）汽摩配行业第二期《行业光盘手册》复印件 2 页，

（11）浙江普尔曼汽车部件有限公司的广告展板照片复印件 1 页，

（12）《商标评审申请材料目录》复印件 1 页，

（13）答辩人为华迪敏的《撤销注册复审答辩书》复印件 3 页，

（14）华迪敏委托宁波标典商标代理有限公司的《商标评审代理委托书》复印件 1 页，

（15）华迪敏的身份证复印件 1 页，

（16）《证据目录》复印件 1 页，

（17）注册人为浙江省慈溪市飞驰电器有限公司的《国际域名注册证书》复印件 1 页，

（18）注册人为宁波埃索火花塞有限公司的《国际域名注册证书》复印件 1 页，

（19）本专利的专利证书及公告文本复印件共 4 页，

（20）《“卢卡斯 LUCAS”商标使用答辩书》复印件 2 页，

（21）《商标使用证据及材料清单》复印件 1 页，

（22）《第 97 届广交会招展展区参展申请表》复印件 1 页，

（23）《97 届广交会通知（2005 春交会 》复印件 1 页，

（24）供需协议复印件 1 页，

（25）《浙江省宁波市服务业统一发票发票联》复印件 1 页，

（26）《慈溪汽车配件》复印件 3 页，

（27）内容同（9），

（28）内容同（10），

（29）内容同（11），

（30）《58 届汽配会现场广告项目》复印件 1 页，

（31）宁波埃索火花塞有限公司及浙江普尔曼汽车部件有限公司的产品宣传页复印件 1 页，

（32）产品质量抽验单复印件 2 页，

（33）慈溪市飞驰电器有限公司与华迪敏签订的关于第 1526923 号注册商标的《注册商标转让合同》复印件 2 页，

（34）内容同（8）的第 1 页，

（35）“卢卡斯 LUCAS”产品包装复印件 1 页；

证据 4：北京市长安公证处作出的“（2008）京长安内经证字第 2112 号”《公证书》复印件，内附 1996 年第 16 期《汽车与配件周刊》复印件 88 页及其封面照片复印件 1 页，公证内容为所附文件系对国家图书馆馆藏刊物原件查阅、复制、拍照所得，与原件相符；

证据 5：北京市长安公证处作出的（2008）京长安内经证字第 2113 号《公证书》复印件，内附 1999 年第 41 期《汽车与配件周刊》复印件 75 页及其部分内页照片复印件 2 页，公证内容为所附文件系对国家图书馆馆藏刊物原件查阅、复制、拍照所得，与原件相符；

证据6：北京市长安公证处作出的（2008）京长安内经证字第2114号《公证书》复印件，内附2001年第10期《汽车与配件周刊》复印件56页及其封二照片复印件2页，公证内容为所附文件系对国家图书馆馆藏刊物原件查阅、复制、拍照所得，与原件相符；

证据7："cnesso. en. alibaba. com"网页打印件2页；

证据8：《送货单》及产品照片复印件共3页；

证据9：经中国委托公证人、香港律师曾文兴公证的声明书及其附件复印件共21页；

证据10："LUCAS"产品包装照片彩印件1页；

证据11：北京市长安公证处作出的（2008）京长安内经证字第2198号公证书复印件，内附网页打印件208页，公证内容为所附文件为公证现场操作实时打印所得。

第三人针对原提交的证据1和证据2坚持原有观点，并说明证据3系原告在国家工商行政管理总局商标评审委员会审理的"关于第1526923号注册商标三年不使用"的撤销注册复审案件中提交的答辩材料，其中的证据3（25）及证据3（26）、证据3（27）及证据3（28）、证据3（29）及证据3（30）、证据3（35）等证据或者证据组合均能够证明在本专利申请日以前已有与其相同的外观设计在国内公开使用过和在网站及其他出版物上公开发表过；且证据8、证据9、证据10等证据均能够证明在本专利申请日以前已有与其相同或者相近似的外观设计在国内公开使用过；证据4、证据5、证据6、证据7、证据11等证据均能够证明在本专利申请日以前已有与其相同或者相近似的外观设计在网站和其他出版物上公开发表过，因此本专利不符合《专利法》第二十三条的规定，应予宣告全部无效。

经形式审查合格，被告受理了该无效宣告请求。原告于2008年5月23日提交了意见陈述书，认为本专利与证据1和证据2所示外观设计均不相同且不相近似，并进行了详细的对比分析；同时原告声明，在本专利申请日以前没有任何人公开使用过本专利产品，也没有任何网站和出版物公开发表过本专利产品，第三人提出的证据均不能支持其主张，应维持本专利有效。

被告于2008年9月25日进行了口头审理。在口头审理中，第三人坚持原有主张，当庭提交了证据4、证据5、证据6、证据8中《送货单》、证据9和证据11的原件，其说明已自行通过律师事务所在国家工商行政管理总局商标评审委员会处就证据3所示证据材料进行了公证，并当庭提交了北京市长安公证处作出的（2008）京长安内经证字第9850号公证书原件（内附照片40张，公证内容为所附照片系在国家工商行政管理总局商标局办公处调阅第1526923号注册商标的《商标档案》拍照所得，与实际情况相符，下称证据12）。另外，第三人补充认为本专利侵犯了其在先合法取得的商标权，并当庭提交了《公证书》、《证明》、《商标的详细信息》、《商标注册证明》、《核准续展注册证明》、《注册商标变更证明》、《商标注册证》和《民事判决书》等证据材料。

被告当庭将证据12所示公证书的副本转送原告，并告知第三人，其当庭补充提出的"与在先权利相冲突"的理由及相关证据超出了举证期限，本案不予考虑。

原告首先认为第三人于2008年3月28日提交意见陈述的日期应为专利复审委员会收文章显示的"2008年3月31日"，因而超出了举证期限，其当庭核实寄出的邮戳日（2008年3月28日）后，认为需要庭后进一步核实。

针对证据本身，原告认可证据1和证据2的真实性，质疑证据3、证据4、证据5、证据6、证据7、证据8和证据9中证明内容的真实性，质疑证据4、证据5和证据6的合法性，质疑证据7的证明力和证据8的案件关联性，质疑证据10所示产品包装和证据11中网页图片的在先公开性；并认为证据12所示证据材料照片的公证件不是证据3中相应材料复印件的原件，其属于超期提交的新证据，应不予考虑；另外，原告认为不能证明证据3（26）所示宣传册和证据3（28）所示光盘手册的公开时间，不能证明相关产品的公开使用时间，不能证明证据3（27）所示网络服务合同的履行时间，也不能唯一地证明证据3（27）所示网络服务合同履行的就是本专利图片，且证据3（29）所示广告展板照片的拍摄日期和证据3（30）所示展会的展出日期均在本专利申请日以后，因此均不能支持第三人提出的相关产品在先公开的主张。对于证据3所示相关材料是否源于原告向国家工商行政管理总局商标评审委员会提交的案件材料，原告表示不清楚。

在相同和相近似的判断方面，第三人坚持原有观点；原告认为第三人在证据中指定的外观设计或与本专利不相同且不相近似，或因超期应不予考虑，或因图片不清晰而无法对比。

口头审理结束后，原告于2008年10月7日提交了意见陈述书，针对第三人2008年3月28日意见陈述的提交日期，原告认为，经过查询，第三人是以京城邮政特快专递（EMS）的方式提交的，该次意见陈述于2008年3月28日由中国速递服务公司通过北京市北京站邮政局收寄，而后于2008年3月29日由中国速递服务公司牡丹园营运部投寄，国家知识产权局于2008年3月31日收到，由于该次意见陈述并不是通过邮局邮寄的，而中国速递服务公司又属于速递公司，根据专利法第二十八条、《中华人民共和国专利法实施细则》（以下简称《专利法实施细则》）第五条第一款和审查指南第五部分第三章2.3.1节的规定，应以收到日期2008年3月31日作为提交日期。原告同时提交了25个反证附件，用以说明中国速递服务公司的性质、业务、资费等信息和上述意见陈述的邮件查询情况及关于邮政、快递等业务的相关规范。

被告经审查，作出无效决定，宣告本专利全部无效。原告不服，向本院提起行政诉讼。

原告在本院庭审中明确，其对无效决定案由部分记载的事实、无效决定的法律依据以及无效决定理由中的1、3、4、5、8、10部分没有异议。

本院认为，本案的焦点问题为：（1）第三人提出补充理由和证据的时间有无超过法定提交期限；（2）被告认定对比文件在申请日前已被公开是否合法；（3）本专利与广告资料中的火花塞包装盒是否属于相近似的外观设计。

一、提交补充理由和证据是否超过法定期限

《专利法实施细则》第六十六条规定：“在专利复审委员会受理无效宣告请求后，请求人可以在提出无效宣告请求之日起1个月内增加理由或者补充证据。逾期增加理由或者补充证据的，专利复审委员会可以不予考虑。”《专利法实施细则》第五条第一款规定：“向国务院专利行政部门邮寄的各种文件，以寄出的邮戳日为递交日；邮戳日不清晰的，除当事人能够提出证明外，以国务院专利行政部门收到日为递交日。”《审查指南》第五部分第三章第2.3.1节规定“通过邮局邮寄递交到专利局受理处或者专利代办处的专利申请，以信封上的寄出邮戳日为申请日；寄出的邮戳日不清晰无法辨认的，以专利局受理处或者各专利代办处收到日为申请日，并将信封存档。通过速递公司递交到专利局受理处或者各专利代办处的专利申请，以收到日为申请日。”

本案中，第三人于2008年2月28日针对本专利提出无效宣告请求，其于2008年3月28日在北京市北京站邮政局通过以京城邮政特快专递（EMS）方式寄交补充理由及证据，由中国速递服务公司收寄，并于2008年3月29日由中国速递服务公司牡丹园营运部投寄，国家知识产权局于2008年3月31日收到。

本院认为，虽然中国速递服务公司是中国邮政集团公司的直属全资公司，是一个法律上独立的主体；但中国速递服务公司在邮局内办理业务，对于普通公众而言，难以区分邮局和中国速递服务公司在期限计算上的区别及产生的相应后果，其有理由认为是通过邮局渠道提交了补充理由和证据。另外，京城邮政特快专递（EMS）信封上，有清楚正规的邮戳，可以证明第三人的交邮日为2008年3月28日，因此被告认定第三人在法定期限内提交了补充理由和证据正确，本院应予支持。

二、对比文件在申请日前是否已被公开

本案的对比文件系在证据3（28）光盘手册上刊登的一款“PSB7E6”型火花塞包装盒。证据3（27）为浙江普尔曼汽车部件有限公司（甲方）与阿里巴巴（中国）网络技术有限公司（乙方，以下简称阿里巴巴公司）于2005年8月3日签订的《阿里巴巴服务合同》，原告作为甲方授权代表在该合同上签字。上述合同附注部分记载“甲方有权免费获得汽摩配行业第二期《行业光盘手册》‘1/2版插页广告’推广服务一次，甲方须按本合同规定付清全额合同金额，并在2005年8月25日前列齐全部合格制作资料，否则视为甲方自动放弃该服务。”证据3（28）《行业光盘手册》上刊登了宁波埃索火花塞有限公司生产的火花塞及包装盒广告。

通过证据3（5）、证据3（6）可知，原告系宁波埃索火花塞有限公司及浙江普尔曼汽车部件有限公司的法定代表人。原告在提交给国家工商总局商标评审委员会的《撤销注册复审答辩书》中自认虽然以浙江普尔曼汽车部件有限公司名义与阿里巴巴公司签订相关服务合同，但该书面广告实际印刷时，以宁波埃索火花塞有限公司名义出现。

因此，结合证据3（27）《阿里巴巴服务合同》附注部分的内容，以及证据3（28）行业光盘手册上刊出的广告，在无其他反证的情况下，可以认定浙江普尔曼汽车部件有限公司履行了合同中约定的义务，在2005年8月25日前将行业光盘手册上刊登的对比文件资料交付阿里巴巴公司。但是，阿里巴巴公司作为一家电子商务企业，其通过特定的商业关系获得客户推广资料，并不意味着公众已经能够知晓上述资料的内容；因此，浙江普尔曼汽车部件有限公司在2005年8月25日前将资料交付给阿里巴巴公司的行为，并不构成专利法意义上的公开。被告仅凭证据3（27）及证据3（28）即认定对比文件在本专利申请日之前已经公开，依据不足。

鉴于被告认定对比文件在本专利申请日之前已公开的依据不足，本院对于本专利与对比文件是否属于相同和相近似的外观设计不再评述。

综上，被告作出的无效决定认定事实不清，主要证据不足，本院不予支持。原告关于撤销无效决定的诉讼请求具有事实和法律依据，本院予以支持。据此，本院依照《中华人民共和国行政诉讼法》第五十四条第（二）项第一目的规定，判决如下：

撤销被告中华人民共和国国家知识产权局专利复审委员会于二○○九年一月二十日作出的12859号无效宣告请求审查决定。

案件受理费人民币100元，由被告中华人民共和国国家知识产权局专利复审委员会负担（于本判决生效之日起七日内交纳）。

如不服本判决，原告华迪敏、被告中华人民共和国国家知识产权局专利复审委员会可在本判决书送达之日起15日内，第三人卢卡斯工业有限公司可在本判决书送达之日起30日内向本院递交上诉状，并按对方当事人的人数提交副本，预交上诉案件受理费人民币100元，上诉于中华人民共和国北京市高级人民法院。

审 判 长　齐　莹
代理审判员　赵　锋
人民陪审员　张燕宾
二○○九年十二月十一日
书 记 员　曹　炜

089

异型铝框条 8602

无效宣告请求审查决定（第 12860 号）

决 定 号 第 12860 号
决 定 日 2008 年 9 月 23 日
发明创造名称 异型铝框条 8602
外观设计分类 25-01
无效请求人 成都阳光铝制品有限公司
专 利 权 人 苏州罗普斯金铝业股份有限公司
申 请 号 99325690. X
申 请 日 1998 年 9 月 28 日
授权公告日 1999 年 6 月 2 日
合议组组长 张跃平
主 审 员 吴大章
参 审 员 张 凌
附 图 1 页

法 律 依 据 专利法第 23 条
决 定 要 点

型材的横断面对视觉效果具有显著的影响。本专利与在先设计存在的区别之处主要体现在横断面的不同，其区别足以使一般消费者在视觉上产生显著的影响，本专利与在先设计不相同也不相近似。

一、案由

本案涉及专利局于 1999 年 6 月 2 日公告授权的、名称为“异型铝框条 8602”、申请号为 98325690. X 的外观设计专利（下称本专利），其申请日为 1998 年 9 月 28 日，专利权人是苏州罗普斯金铝业有限公司，后变更为罗普斯金铝业股份有限公司。

针对上述专利权，成都阳光铝制品有限公司于 2008 年 3 月 18 日提出无效宣告请求。其理由是本专利不符合专利法第 23 条规定和专利法实施细则第 13 条第 1 款的规定。请求人主张的事实：（1）国家建筑标准设计《铝合金门窗》合订本于 1994 年出版，第 109 页记载的外观设计 A 和本专利相近似，本专利和申请日之前公开发表的外观设计相近似；（2）本专利和 98325661 号中国外观设计相近似，该专利和本专利的申请日相同，专利权人相同。

请求人提交了以下证据：

附件 1：本专利的著录项目和附图的下载网页复印件 1 页；

附件2：国家建筑标准设计《铝合金门窗》合订本的封面、总目录和第109页的复印件共3页，所述封面上有“中国建筑标准设计研究所出版”“1994”的字样；

附件3：98325661.6号中国外观设计著录项目和附图的下载网页复印件1页。

经形式审查，专利复审委员会受理了上述请求，并将请求书及其所附证据的副本转送专利权人，要求其在制定的期限内答复。

专利复审委员会于2008年4月11日收到专利权人的意见陈述书。专利权人将本专利和附件2记载的外观设计进行了对比，认为本专利和附件2记载的外观设计在台阶的数量和角度、毛条夹持槽、螺丝安装孔和滑道位置等都存在着极大的差别，一般消费者能够轻易地将二者予以区别。专利权人称：附件3记载的是专利权人自己的另一件专利，已经决定放弃该专利权。本专利应该予以维持。

专利复审委员会依法组成合议组对本案进行审查，于2008年5月4日向双方当事人发出口头审理通知书，定于2008年6月5日对本案进行口头审理，随口头审理通知书向请求人转送了上述专利权人的意见陈述书。

口头审理如期举行，双方委托的代理人参加了审理。请求人当庭提交了附件2的原件，专利权人对原件的真实性无异议。关于该证据和本专利的相同相近似的比较，双方均坚持其原有观点。专利权人再次声明放弃自己的另一项专利权（如附件3所示）。

至此，在上述审理的基础上，合议组作出本决定。

二、决定的理由

（1）基于请求人提出无效宣告请求所依据的事实和理由，合议组对本专利是否符合专利法第23条和专利法实施细则第13条第1款的规定进行审查。

专利法第23条规定：“授予专利权的外观设计，应当同申请日以前在国内外出版物上公开发表过或者国内公开使用过的外观设计不相同和不相近似，并不得与他人在先取得的合法权利相冲突。”

专利法实施细则第13条第1款规定：“同样的发明创造只能被授予一项专利。”

（2）请求人意图以附件2证明和本专利相近似的外观设计在本专利申请日以前公开发表。请求人提交了附件2的原件，合议组认可该证据的真实性。

附件2是国家建筑标准设计《铝合金门窗》合订本，由中国建筑标准设计研究所出版。其封面上有“1994”的字样。根据审查指南的规定，其公开日应该被认定为1994年12月31日，在本专利的申请日之前。在附件2的第109页记载了一种代号为L070505的型材的截面图（下称在先设计），由于该图所表示的是型材的截面，和本专利的类别相同，与本专利具有可比性。

在先设计的总体形状呈台阶形，共有4个台阶，第一个台阶的左侧上部为一个竖边，该竖边向下延伸，与第一台阶的下方的倒“L”形相接，第3和第4个台阶的上部左侧各有一个滑轨，在第3个和第4个台阶的下方各有一个“C”形螺丝安装孔，第4个台阶的最右侧为一竖条，竖条的上下两端为“L”形折边。

本专利为一种型材，主视图是本专利的横截面。如主视图所示，本专利横截面的上部呈台阶状，共有5各台阶，第3台阶和第4台阶上部左侧各有一个滑轨，第二个台阶和第5个台阶的下边各有一“C”形螺钉孔，第3割台结合第5个台阶的右侧是“L”形卡角相对布置形成固定槽，第5个台阶的右侧边向下延伸与底板相接形成空腔，底板上有一“C”形螺钉孔。在底板的左右两边是“L”形卡角，卡角相对布置形成固定插槽。

在先设计与本专利的相同点主要在于：两者的上部都呈台阶状。在先设计与本专利的主要区别之处：（1）本专利为5级台阶布置，而在先设计是4级台阶布置；（2）本专利的具有由台阶状的上部，下底板和右侧边形成的空腔，在先设计没有空腔的设计；（3）本专利的“C”形螺钉孔的位置和在先设计的“C”形螺钉孔的位置不同；(4) 本专利底部横板下部左右两边是“L”形卡角，而在先设计仅右侧具有“L”形卡角。

型材的横断面对视觉效果具有显著的影响。本专利与在先设计存在的区别之处主要体现在横断面的不同，其区别足以使一般消费者在视觉上产生显著的影响，本专利与在先设计不相同或不相近似。请求人的关于本专利不符合专利法第 23 条的理由不能成立。

(3) 请求人提交的附件 3 是记载了 98325661.6 号中国外观设计专利的著录项目和附图的网页下载页

该外观设计专利的专利权人和申请日与本专利的专利权人和申请日相同，请求人认为该专利与本专利形状相近似，本专利不符合专利法实施细则第 13 条的规定。专利权人在书面的答复意见中，以及在口头审理当庭声明放弃这项外观设计专利，并在口头审理之后向国家知识产权局提交了自该专利的申请日放弃该专利权声明，国家知识产权局经审查认为，其符合专利法及专利法实施细则的有关规定，准予放弃，此声明在 24 卷 37 号专利公告上予以公告。合议组认为本专利现在已不存在不符合专利法实施细则第 13 条的缺陷。

基于上述，合议组认定，请求人未能证明本专利不符合专利法第 23 条规定。本专利也不存在不符合专利法实施细则第 13 条的缺陷，请求人的主张均不能成立。

三、决定

维持 99325690.X 号外观设计专利权有效。

当事人对本决定不服的，可以根据专利法第 46 条第 2 款的规定，自收到本决定之日起三个月内向北京市第一中级人民法院起诉。根据该款的规定，一方当事人起诉后，另一方当事人应当作为第三人参加诉讼。

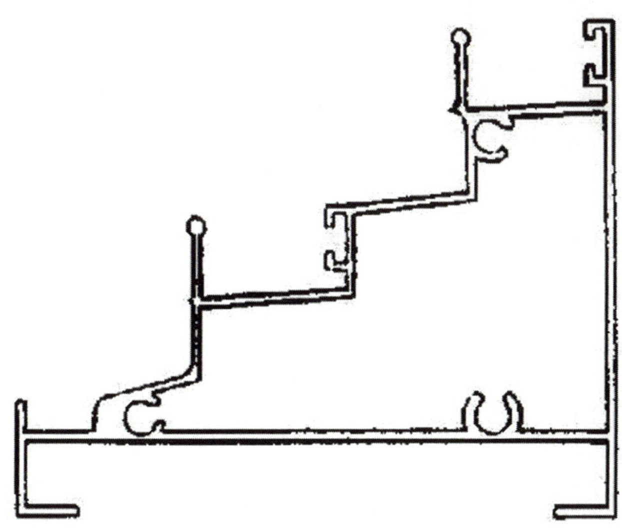

主视图

本专利附图（节略）

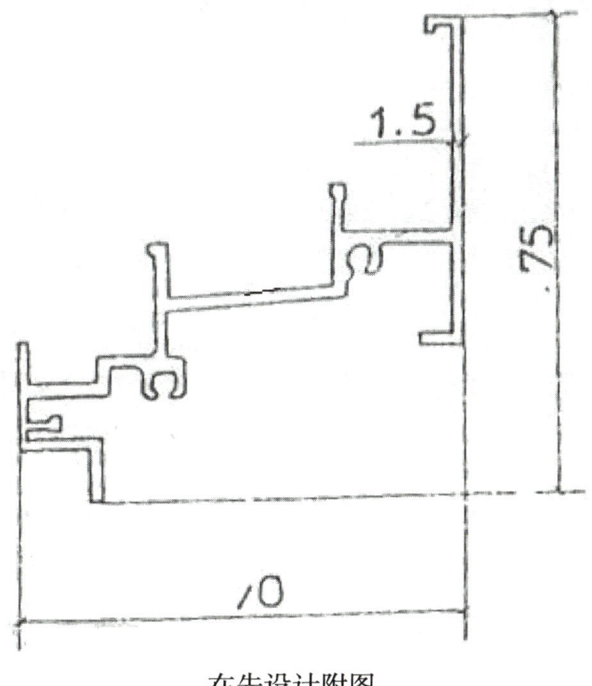

在先设计附图

北京市第一中级人民法院
行政判决书

（2009）一中行初字第1377号

原告成都阳光铝制品有限公司，住所地四川省成都市龙泉驿区同安镇工业小区。

法定代表人廖健，总经理。

委托代理人徐国文，北京安博达知识产权代理有限公司专利代理人。

委托代理人陈蕾，女，1982年1月8日出生，汉族，成都阳光铝制品有限公司专利顾问，住辽宁省辽阳市白塔区劳动街21组29-1号。

被告国家知识产权局专利复审委员会，住所地北京市海淀区北四环西路9号银谷大厦。

法定代表人张茂于，副主任。

委托代理人吴大章，男，国家知识产权局专利复审委员会审查员。

委托代理人齐宏涛，男，国家知识产权局专利复审委员会审查员。

第三人苏州罗普斯金铝业股份有限公司，住所地江苏省苏州市相城区阳澄湖中路31号。

法定代表人吴明福，董事长。

委托代理人吴秋星，江苏兴吴律师事务所律师。

委托代理人周建飞，江苏兴吴律师事务所律师。

原告成都阳光铝制品有限公司不服被告国家知识产权局专利复审委员会作出的第12860号无效宣告请求审查决定（以下简称被诉决定），于2009年5月19日向本院提起行政诉讼。本院受理后，依法组成合议庭，向被告送达了起诉状副本及应诉通知书，并依据《中华人民共和国行政诉讼法》第二十七条的规定，通知苏州罗普斯金铝业股份有限公司作为本案第三人参加诉讼。2009年11月25日，本院公开开庭审理了本案。原告的委托代理人徐国文，被告的委托代理人吴大章、齐宏涛，第三人的委托代理人吴秋星到庭参加了诉讼。本案现已审理终结。

被告于2008年9月23日针对原告提出的无效宣告请求作出被诉决定，维持98325690.X号外观设计专利权（以下简称本专利）有效。

在法定期限内，被告向本院提交了下列证据的复印件：（1）本专利公告文本；（2）国家建筑标准设计《铝合金门窗》合订本，中国建筑标准设计研究所出版（1994），第109页记载的L070505的型材横截面图（即在先设计）。上述证据用以证明被诉决定认定事实清楚、适用法律正确、审查程序合法。

原告诉称：（1）本专利与在先设计属于相同的外观设计，首先，两者的横截面均呈现从左向右逐阶提升的台阶形状，且两者的台阶数均为四级。其次，两者的左右侧板下端均具有一内向的横向折板，且左侧板的上端均高于第一台阶。最后，两者的第四级台阶下均设有一安装孔，上面均设有一头部突起的竖板。（2）被诉决定认定事实错误：一是将本专利第一级和第二级台阶之间的凹槽错误的认定为一级台阶，二是错误地将本专利下部空腔的设计认定为外观设计的显著部分，三是被诉决定对于“L”形卡角的描述错误，不符合一般常识概念。（3）被诉决定中记载的专利号与本专利不符，被诉决定错列了审查对象，因此被诉决定不是针对本专利作出的，依法应予撤销。综上，被诉决定认定事实错误，请求法院予以撤销。

原告在指定期限内向本院提交的证据与被告提交的证据一致，用以证明本专利与在先设计属于相近似的外观设计，被诉决定认定事实错误。

被告辩称，本专利与在先设计有以下主要区别：（1）本专利为5级台阶布置，而在先设计是4级台阶布置；（2）本专利具有由台阶状的上部，下底板和右侧边形成的空腔，在先设计没有空腔的设计；（3）本专利的“C”形螺钉孔的位置和在先设计的“C”形螺钉孔的位置不同；（4）本专利底部横板下部左右两边是“L”形卡角，而在先设计仅右侧具有“L”形卡角。考虑到型材的横断面对视觉效果具有显著的影响，本专利与在先设计应为不相同或不相近似的外观设计。另，被诉决定中记载的“99325690. X”的专利号属于笔误，正确的应为本专利的专利号“98325690. X”，这一点可以根据被诉决定中关于本专利的描述以及附图的记载来确定。对于上述工作失误，被告庭后会及时向原告和第三人发出补正通知加以纠正。综上，被诉决定认定事实清楚、审理程序合法、适用法律正确、审查结论正确，原告的诉讼理由不能成立，故请求法院驳回原告诉讼请求，维持被诉决定。

第三人明确表示同意被告的答辩意见，认为本专利与在先设计不相同或不相近似，被诉决定认定事实清楚、审理程序合法，适用法律正确、审查结论正确，原告的诉讼理由不能成立，请求法院驳回原告诉讼请求，维持被诉决定。

第三人在指定期限内未向本院提交证据。

经庭审质证，原告对被告证据的关联性、合法性、真实性均无异议，但不同意其证明作用。第三人对于被告证据的关联性、合法性、真实性及证明作用均无异议。被告和第三人对于原告证据的关联性、合法性、真实性均无异议，但不同意其证明作用。

本院经审查认为，被告和原告提交的所有证据均与本案被诉决定的合法性审查有关，且符合形式上的合法性、真实性要求，本院予以采纳。

根据上述有效证据及各方当事人无争议的陈述，本院认定事实如下：

本专利是一种名称为“异型铝框条8602”、申请号为98325690. X的外观设计专利，其申请日为1998年9月28日，授权公告日为1999年6月2日，专利权人是苏州罗普斯金铝业有限公司，后变更为本案第三人。

针对上述专利权，原告于2008年3月18日提出无效宣告请求。其理由是本专利不符合2000年修正的《中华人民共和国专利法》（以下简称《专利法》）第二十三条和《中华人民共和国专利法实施细则》（以下简称专利法实施细则）第十三条第一款的规定。同时，原告主张以下事实：（1）国家建筑标准设计《铝合金门窗》合订本于1994年出版，第109页记载的外观设计A和本专利相近似，本专利和申请日之前公开发表的外观设计相近似；（2）本专利和98325661号中国外观设计相近似，该专利和本专利的申请日相同，第三人相同。

原告提交了以下证据：

附件1：本专利的著录项目和附图的下载网页复印件1页；

附件2：国家建筑标准设计《铝合金门窗》合订本的封面、总目录和第109页的复印件共3页，所述封面上有“中国建筑标准设计研究所出版”“1994”的字样；

附件3：98325661. 6号中国外观设计著录项目和附图的下载网页复印件1页。

经形式审查，被告受理了上述请求，并将请求书及其所附证据的副本转送第三人，要求其在指定的期限内答复。

被告于2008年4月11日收到第三人的意见陈述书。第三人将本专利和附件2记载的外观设计进行了对比，认为本专利和附件2记载的外观设计在台阶的数量和角度、毛条夹持槽、螺丝安装孔和滑道位置等都存在着极大的差别，一般消费者能够轻易地将二者予以区别。第三人称：附件3记载的是第三人自己的另一件专利，已经决定放弃该专利权。本专利应该予以维持。

被告于2008年5月4日向双方当事人发出口头审理通知书，定于2008年6月5日对本案进行口头审理，随口头审理通知书向原告转送了第三人的上述意见陈述书。

口头审理如期举行，双方委托的代理人参加了审理。原告当庭提交了附件2的原件，第三人对原件的真实性无异议。关于该证据和本专利的相同相近似的比较，双方均坚持其原有观点。第三人再次声明放弃自己的另一项专利权（如附件3所示）。

至此，在上述审理的基础上，被告认为：

（1）基于原告提出无效宣告请求所依据的事实和理由，被告对本专利是否符合《专利法》第二十三条和专利法实施细则第十三条第一款的规定进行审查。

《专利法》第二十三条规定："授予专利权的外观设计，应当不属于现有设计；也没有任何单位或者个人就同样的外观设计在申请日以前向国务院专利行政部门提出过申请，并记载在申请日以后公告的专利文件中。授予专利权的外观设计与现有设计或者现有设计特征的组合相比，应当具有明显区别。授予专利权的外观设计不得与他人在申请日以前已经取得的合法权利相冲突。本法所称现有设计，是指申请日以前在国内外为公众所知的设计。"

《专利法实施细则》第十三条第一款规定："同样的发明创造只能被授予一项专利。"

（2）原告意图以附件2证明和本专利相近似的外观设计在本专利申请日以前已经公开发表。原告提交了附件2的原件，被告认可该证据的真实性。

附件2是国家建筑标准设计《铝合金门窗》合订本，由中国建筑标准设计研究所出版。其封面上有"1994"的字样。根据审查指南的规定，其公开日应该被认定为1994年12月31日，在本专利的申请日之前。在附件2的第109页记载了在先设计的截面图，由于该图所表示的是型材的截面，和本专利的类别相同，与本专利具有可比性。

在先设计的总体形状呈台阶形，共有4个台阶，第一个台阶的左侧上部为一个竖边，该竖边向下延伸，与第一台阶的下方的倒"L"形相接，第3和第4个台阶的上部左侧各有一个滑轨，在第3个和第4个台阶的下方各有一个"C"形螺丝安装孔，第4个台阶的最右侧为一竖条，竖条的上下两端为"L"形折边。

本专利为一种型材，主视图是本专利的横截面。如主视图所示，本专利横截面的上部呈台阶状，共有5个台阶，第3台阶和第4台阶上部左侧各有一个滑轨，第二个台阶和第5个台阶的下边各有一"C"形螺钉孔，第3个台阶结合第5个台阶的右侧是"L"形卡角相对布置形成固定槽，第5个台阶的右侧边向下延伸与底板相接形成空腔，底板上有一"C"形螺钉孔。在底板的左右两边是"L"形卡角，卡角相对布置形成固定插槽。

在先设计与本专利的相同点主要在于：两者的上部都呈台阶状。在先设计与本专利的主要区别之处：①本专利为5级台阶布置，而在先设计是4级台阶布置；②本专利的具有由台阶状的上部，下底板和右侧边形成的空腔，在先设计没有空腔的设计；③本专利的"C"形螺钉孔的位置和在先设计的"C"形螺钉孔的位置不同；④本专利底部横板下部左右两边是"L"形卡角，而在先设计仅右侧具有"L"形卡角。

型材的横断面对视觉效果具有显著的影响。本专利与在先设计存在的区别之处主要体现在横断面的不同，其区别足以使一般消费者在视觉上产生显著的影响，本专利与在先设计不相同或不相近似。原告的关于本专利不符合《专利法》第二十三条规定的理由不能成立。

（3）原告提交的附件3是记载了98325661.6号中国外观设计专利的著录项目和附图的网页下载页。该外观设计专利的第三人和申请日与本专利的第三人和申请日相同，原告认为该专利与本专利形状相近似，本专利不符合《专利法实施细则》第十三条第一款的规定。第三人在书面的答复意见中，以及在口头审理当庭声明放弃这项外观设计专利，并在口头审理之后向国家知识产权局提交了自该专利的申请日放弃该专利权声明，国家知识产权局经审查，准予放弃，此声明在24卷37号专利公告上予以公告。由此，本专利现在已不存在不符合《专利法实施细则》第十三条第一款规定的缺陷。基于上述理由，被告作出被诉决定。原告不服该决定，在法定期限内向本院提起行政诉讼。

庭审中，原告和第三人明确表示对于被诉决定的下列内容不持异议：被告的审查程序；被诉决定"案由"部分记载的内容；被诉决定中"决定的理由"第1点和第3点的认定；被诉决定中记载的附图。

本院认为，对于被诉决定中原告和第三人明确表示不持异议的部分，本院经审查，对其合法性予以确认。在此基础上，本案的审查重点在于：本专利与在先设计是否属于相同或相近似的外观设计。

《专利法》第二十三条规定："授予专利权的外观设计，应当不属于现有设计；也没有任何单位或者个人就同样的外观设计在申请日以前向国务院专利行政部门提出过申请，并记载在申请日以后公告的专利文件中。授予专利权的外观设计与现有设计或者现有设计特征的组合相比，应当具有明显区别。授予专利权的外观设计不得与他人在申请日以前已经取得的合法权利相冲突。本法所称现有设计，是指申请日以前在国内外为公众所知的设计。"

本案中，本专利与在先设计虽然均为台阶状设计，但同时存在显著的区别。首先，本专利为5级台阶布置，而在先设计是4级台阶布置，虽然原告主张本专利第一级和第二级台阶之间的凹槽不应认定为一级独立的台阶，但从本专利附图来看，该部位显然构成一级台阶，原告的该主张缺乏事实依据。其次，本专利具有由台阶状的上部，下底板和右侧边形成的空腔，在先设计没有空腔的设计，且该空腔对于本专利的视觉效果存在显著影响。再次，本专利的"C"形螺钉孔的位置和在先设计的"C"形螺钉孔的位置不同。最后，本专利底部横板下部左右两边是"L"形卡角，而在先设计仅右侧具有"L"形卡角。原告主张被告对于"L"的概念理解有误，被诉决定记载的特征与本专利不符。对此，本院认为外观设计的技术特征应以附图的记载为准，而从本专利的附图来看，本专利底部横板下部左右两边均存在卡角，该特征与在先设计显然不同。综上，上述区别特征足以使一般消费者在视觉上产生显著的影响，本专利与在先设计不相同或不相近似，原告的关于本专利不符合《专利法》第二十三条规定的理由不能成立，本院不予支持。

另，根据被诉决定对于审查对象特征的描述和附图的记载，可以确定本专利即为被诉决定的审查对象，因此被诉决定中"99325690. X"的记载应属笔误。而且，被告于2009年11月27日向原告和第三人发出更正处分通知书，将被诉决定中"99325690. X"的记载更正为本专利的专利号"98325690. X"。原告认为本专利并非被诉决定审查对象的主张缺乏事实依据，本院不予支持。

综上，被诉决定认定事实清楚、适用法律正确、程序合法，本院应予维持。原告的诉讼理由缺乏事实和法律依据，其诉讼请求本院不予支持。据此，依照《中华人民共和国行政诉讼法》第五十四条第（一）项之规定，判决如下：

维持被告国家知识产权局专利复审委员会于二〇〇八年九月二十三日作出的第12860号无效宣告请求审查决定。

案件受理费100元，由原告成都阳光铝制品有限公司负担（已交纳）。

如不服本判决，各方当事人可在本判决书送达之日起15日内，向本院递交上诉状，并按对方当事人的人数提交副本，上诉于北京市高级人民法院。上诉人在上诉期满后7日内未预交上诉案件受理费又不提出缓交申请的，按自动撤回上诉处理。

审 判 长 吴 月
代理审判员 赵 峰
代理审判员 龙 非
二〇〇九年十二月十八日
书 记 员 盛 阳

090

卫浴挂件（双层）

无效宣告请求审查决定（第12870号）

决　　定　　号　第12870号
决　　定　　日　2008年11月11日
发明创造名称　卫浴挂件（双层）
外观设计分类号　23-02
无 效 请 求 人　广州市润昕建筑材料有限公司
专　利　权　人　深圳市华亿达实业有限公司
专　　利　　号　01348666.7
申　　请　　日　2001年11月2日
授 权 公 告 日　2002年5月29日
合 议 组 组 长　徐媛媛
主　　审　　员　张　华
参　　审　　员　王　婧
附　　　　　图　2页

法　律　依　据　专利法第9条，专利法实施细则第13条第1款
决　定　要　点

同样的发明创造对外观设计而言，是指外观设计相同或者相近似；外观设计应当采用整体观察、综合判断的方式进行相同或者相近似的判断。

当被比设计与在先设计相比，两者的差别对于外观设计的整体视觉效果具有显著的影响，则两者既不相同，也不相近似。

一、案由

本无效决定依据北京市第一中级人民法院（2007）一中行初字第42号生效判决重新作出的。

本无效宣告请求涉及中华人民共和国国家知识产权局于2002年5月29日授权公告的、专利号为01348666.7，名称为“卫浴挂件（双层）”的外观设计专利（下称本专利），其申请日为2001年11月2日，专利权人为深圳市华亿达实业有限公司。

针对上述专利权，广州市润昕建筑材料有限公司（下称请求人）于2005年9月26日向专利复审委员会提出无效宣告请求，其理由是本专利不符合专利法第9条和专利法实施细则第13条第1款的规定，请求人同时提交了如下附件作为证据：

附件1：申请号为01331702.4的中国外观设计专利公告，其申请日为2001年6月29日，授权公

告日为2002年2月6日。

请求人在无效宣告请求书中认为：本专利与附件1所示的外观设计具有相同的功能和用途，属于同类型产品，二者形状相近似，因此本专利不符合专利法第9条和专利法实施细则第13条第1款的规定。

经形式审查合格，专利复审委员会于2005年9月26日受理了上述无效宣告请求，同日将宣告专利权无效请求书及有关附件副本转送给了专利权人，要求其在指定期限内答复。

针对上述无效宣告请求，专利权人于2005年10月25日向专利复审委提交意见陈述书，认为本专利与附件1相比在外观形状上具有较大区别，二者不相同也不相近似。

专利复审委员会于2006年3月29日向双方当事人发出口头审理通知书，定于2006年5月10日对本案进行口头审理，专利复审委员会随口审通知书将专利权人于2005年10月25日提交的意见陈述书转给请求人。

口头审理如期举行，请求人及专利权人均出席了口头审理，双方对对方出庭人员身份无异议，对合议组成员无回避请求。专利权人对附件1的真实性、合法性和关联性无异议。专利权人主张本专利中两侧的竖杆和横杆为“十”字状连接，附件1中为“丁”字状连接，请求人认可上述差异但认为上述差异不会引起消费者注意。专利权人还认为本专利无须借助底座即可通过螺钉固定安装，附件1中的挂件需要通过底座才可固定安装。

口头审理结束后，专利复审委员会于2006年11月21日发出了第8802号无效宣告请求审查决定书，决定认为本专利与附件1构成相近似的外观设计，本专利的授权不符合专利法第9条的规定，宣告第01348666.7号外观设计专利权无效。

专利权人不服专利复审委员会第8802号无效宣告请求审查决定，于法定期限内向北京市第一中级人民法院提起行政诉讼。北京市第一中级人民法院经过开庭审理，作出了（2007）一中行初字第42号行政判决书，认为复审委员会作出的第8802号决定认定事实不清，结论错误，判决撤销第8802号无效宣告审查决定，由复审委员会重新作出无效宣告请求审查决定。

针对上述行政判决书，专利复审委员会以及第三人（广州市润昕建筑材料有限公司）在指定期限内未向北京市高级人民法院提起上诉。

专利复审委员会重新成立合议组对本案进行审查，并于2008年3月25日向双方当事人发出了合议组成员告知通知书，在指定期限内，双方当事人均未提出回避请求。

至此，合议组认为本案事实已经清楚，可以作出审查决定。

二、决定的理由

1. 法律依据

基于请求人提出的无效宣告请求的理由和证据，合议组依据专利法第9条以及专利法实施细则第13条第1款对本案进行审理。

专利法第9条规定，两个以上的申请人分别就同样的发明创造申请专利的，专利权授予最先申请的人。

专利法实施细则第13条第1款规定，同样的发明创造只能授予一项专利。

2. 证据

请求人提交的附件1是申请号为01331702.4的中国外观设计专利公告，专利权人对其真实性、合法性和关联性均无异议，故合议组对该附件予以采信。附件1的申请日为2001年6月29日，授权公告日为2002年2月6日，附件1相对于本专利是他人在先申请、在后公开的外观设计，可以将附件1作为在先外观设计与本专利进行比较。

3. 专利法第 9 条

本专利所示的卫浴挂件，从主视图看，该卫浴挂件主要由两条纵向垂直的圆柱形竖杆，以及两条水平延伸的圆柱形横杆所构成；两横杆粗细一致，两竖杆亦粗细一致，但竖杆略粗于横杆；顶侧横杆的两端嵌设于两竖杆中部，底侧横杆的两端穿过两竖杆的底侧端部并水平伸出，底侧横杆与两竖杆构成“十”字形连接。

附件 1 所示双层毛巾杆与本专利属于相同产品类别。从仰视图看，其主要由两水平横杆和两纵向垂直竖杆所构成；顶侧横杆与两竖杆粗细一致，但底侧横杆略细一些；底侧横杆水平嵌设于两竖杆的中部，顶侧横杆与两竖杆顶侧端部固定在一起并向两侧水平延伸，构成“丁”字形连接；两竖杆的底侧端部均连接过渡台阶和圆柱形固定座。

将本专利与附件 1 比较，二者主体结构和整体布局相同，均为两横杆和两竖杆构成的矩形框架。二者区别主要在于：(1) 横杆与两竖杆的连接状态有所不同，本专利底侧横杆与竖杆为“十”字状连接，附件 1 中顶侧横杆与竖杆呈“丁”字状连接；(2) 横杆与竖杆的粗细有所不同，本专利中两横杆粗细相同，均较竖杆为细，附件 1 中两竖杆与顶侧横杆粗细基本相同，且均粗于底侧横杆；(3) 附件 1 中两竖杆底侧连接有过渡台阶和圆柱形固定座。

合议组认为，虽然二者的主体结构和整体布局基本相同，但是本专利简洁明快的设计风格与在先设计相比具有较大区别。而且对于该类产品而言，其设计空间有限，本专利与在先设计存在的上述三点区别，足以使二者的外观产生显著差异，对产品的整体视觉效果具有显著影响。因此，本专利与在先设计既不相同，也不相近似，本专利的授权符合专利法第 9 条的规定以及专利法实施细则第 13 条第 1 款的规定。

基于以上事实和理由，本案合议组作出如下审查决定。

三. 决定

维持 01348666.7 号外观设计专利权有效。

当事人对本决定不服的，可以根据专利法第 46 条第 2 款的规定，自收到本决定之日起三个月内向北京市第一中级人民法院起诉。根据该款的规定，一方当事人起诉后，另一方当事人应当作为第三人参加诉讼。

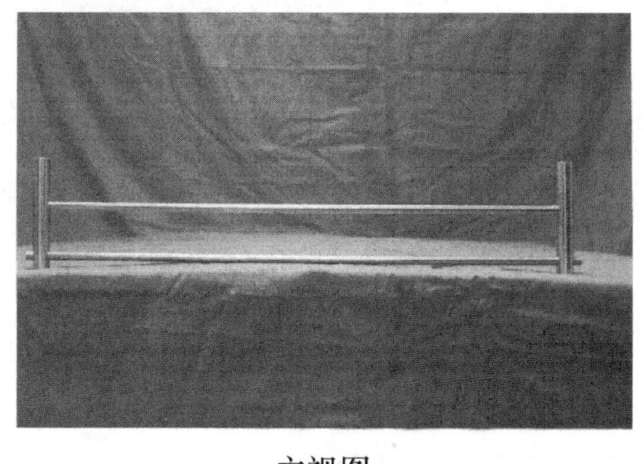
主视图

后视图

仰视图

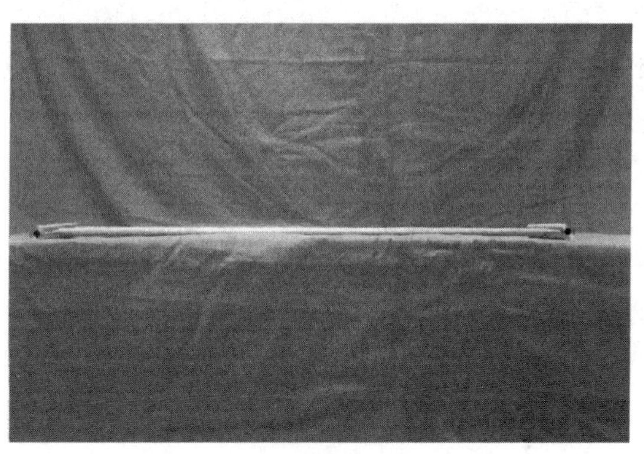
俯视图

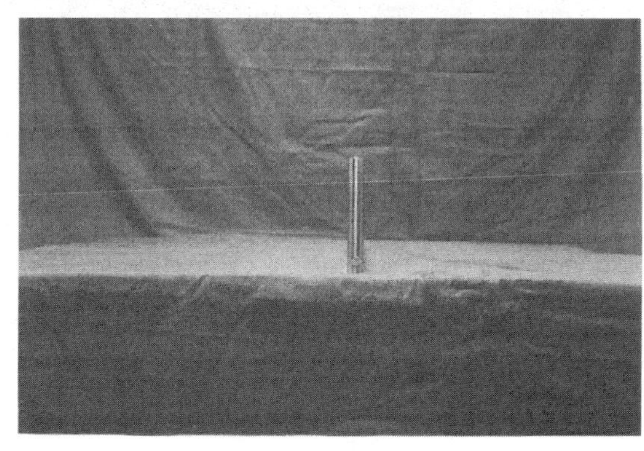
右视图

立体图

本专利附图

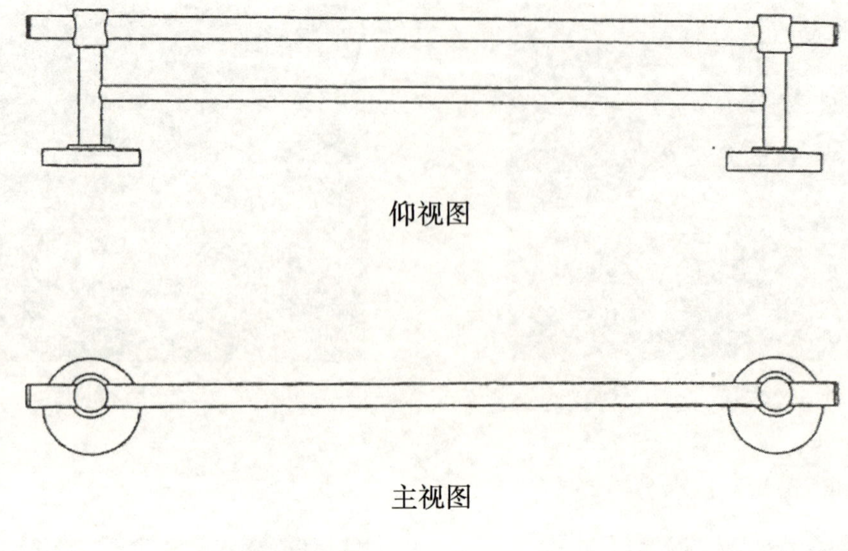

仰视图

主视图

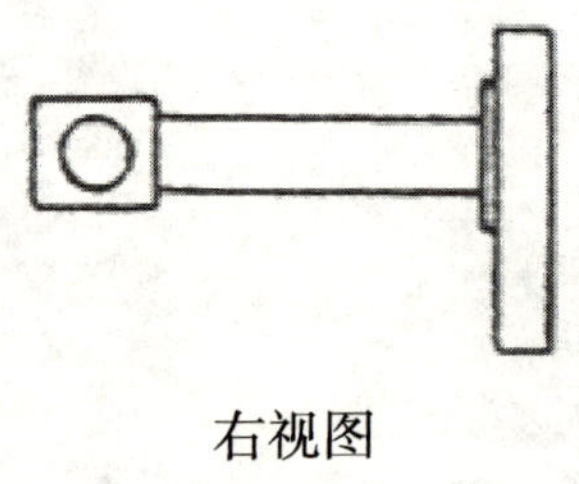

右视图

附件 1 附图

091

淋浴器调节杆

无效宣告请求审查决定（第12873号）

决　　定　　号　第12873号
决　　定　　日　2008年12月18日
发明创造名称　淋浴器调节杆
外观设计分类号　23-02
无 效 请 求 人　宣城市德思电子电器有限公司
专　利　权　人　蔡贤良
专　　利　　号　200530113493.1
申　　请　　日　2005年7月25日
授 权 公 告 日　2006年7月26日
合 议 组 组 长　吴大章
主　　审　　员　雷　婧
参　　审　　员　李改平
附　　　　　图　3页

法　律　依　据　专利法第9条
决　定　要　点

二者立柱及主杆本身的形状、立柱与主杆相接处的设计以及立柱上相关部件的形状均有所不同，已足以对产品外观设计的整体视觉效果产生显著影响。

一、案由

本无效宣告请求涉及的是国家知识产权局于2006年7月26日授权公告的、专利号为200530113493.1的外观设计专利，其产品名称为“淋浴器调节杆”，申请日为2005年7月25日，专利权人为蔡贤良。

针对上述外观设计专利权（下称本专利），宣城市德思电子电器有限公司（下称请求人）于2008年7月18日向专利复审委员会提出无效宣告请求，其理由是：本专利与在其申请日前申请的附件1中公开的外观设计专利相同或相近似，与他人在先取得的合法权利相冲突，不符合专利法第23条的规定。同时，请求人提交了如下附件作为证据：

附件1：专利号为200530054928.X的中国外观设计专利的著录项目及图片复印件，共9页。

请求人认为，本专利与附件1中的外观设计均由立柱和弯杆构成，且从侧面看整体形状大致呈“L”形，立柱与弯杆的形状及其上设置的结构均相同，故本专利与附件1公开的外观设计相同或者相近似。

经形式审查合格，专利复审委员会依法受理了上述无效宣告请求，并于 2008 年 7 月 18 日将无效宣告请求书及相关文件的副本转送专利权人，通知其在指定的期限内答复。

2008 年 8 月 18 日，请求人向专利复审委员会补充提交了如下附件材料（编号续前）：

附件 2：网络下载的 000319728-0004 号欧洲共同体外观设计的著录项目及图片打印件，共 6 页；

附件 3：附件 2 的中文译文，共 2 页；

附件 4：网络下载的 000035241-0019 号欧洲共同体外观设计的著录项目及图片打印件，共 3 页；

附件 5：附件 4 的中文译文，共 2 页。

专利复审委员会依法成立合议组对本案进行审理，并于 2008 年 8 月 22 日向双方当事人发出口头审理通知书，定于 2008 年 11 月 6 日进行口头审理。

2008 年 9 月 9 日，专利复审委员会将请求人补充提交的附件材料转送专利权人，通知其在指定的期限内答复。

对于请求人上述的无效宣告请求理由及证据，专利权人逾期未作答复。

口头审理如期举行，双方当事人均委托代理人出庭参加口头审理，且对对方出庭人员的身份及资格均无异议，对合议组成员也无回避请求。口头审理中，请求人当庭将附件 1 适用的无效宣告请求理由变更为专利法第 9 条；专利权人认为请求人在提交附件 2~5 时并未结合证据具体说明理由，应当不予考虑上述附件。关于相同和相近似的对比，请求人坚持其原有观点，专利权人认为本专利与附件中所示的外观设计不相同也不相近似。

至此，合议组认为本案事实清楚，可以依法作出审查决定。

二、决定的理由

1. 法律依据

基于请求人提出无效宣告请求的理由，合议组依据专利法第九条的规定进行审理。

专利法第 9 条规定：“两个以上的申请人分别就同样的发明创造申请专利的，专利权授予最先申请的人。”

2. 证据的认定

附件 1 是专利号为 200530054928. X 的中国外观设计专利的著录项目及图片复印件，使用外观设计的产品名称为“升降杆（SB1240）”，申请日为 2005 年 3 月 18 日，授权公告日为 2006 年 1 月 11 日。经合议组核实，附件 1 内容与公报一致，其申请日在本专利的申请日（2005 年 7 月 25 日）之前，属于在先申请在后公告的专利文献，可以作为评述本专利是否符合专利法第 9 条规定的证据。

附件 2~5 为请求人在规定期限内补充提交的材料，在提交上述附件时请求人并未结合其内容具体说明相关的无效宣告理由，且在规定期限内也未补充具体说明，根据审查指南第四部分第三章 4. 3. 1 的规定，合议组对上述附件不予考虑。

3. 外观设计相同和相近似的对比

附件 1 中所示的外观设计（在先设计）的使用产品为升降杆，根据其视图显示的内容并参考其分类号得知，其为淋浴器的升降杆，与使用本专利的产品的用途相同，属于相同类别的产品，故可以就本专利与在先设计进行相同和相近似的对比。

本专利中的产品包括横截面形状均近似椭圆形的立柱与主杆，主杆稍显弯曲，从侧面看，产品大致呈“L”形；主杆一端、主杆与立柱的连接处及立柱底端均有一装饰套，立柱上侧有一左右有圆柱孔的部件，立柱背面有三个凸出部件，主杆一端下侧有一喷水接口（详见本专利附图）。

在先设计中的产品立柱与主杆成一体，二者横截面形状均近似中间有凸出的长方形，二者相接处呈弧线弯曲状，从侧面看，产品大致呈“L”形；立柱中上侧有一向外伸出的部件，立柱背面有两个凸出部件，主杆一端下侧有一喷水接口（详见在先设计附图）。

将本专利与在先设计相比较，二者均包括立柱与主杆，且从侧面看，产品大致均呈“L”形，主杆上均有喷水接口。二者的主要不同点在于：本专利的立柱及主杆的横截面均似椭圆形，而在先设计的相应部位均似中间外凸的长方形；本专利的主杆与立柱相接部位呈钝角且有一装饰套，而在先设计的主杆与立柱为一体且其之间相接部位呈弧线弯曲状；本专利立柱上侧的部件未凸出于立柱之外且左右两端有圆孔，而在先设计中上侧的部件向外伸出；本专利立柱背面外凸的部件有三个，而在先设计为两个。合议组认为，从上述比较可知，虽然二者大致均呈“L”形，但由于二者立柱及主杆本身的形状、立柱与主杆相接处的设计以及立柱上相关部件的形状均有所不同，已足以对产品外观设计的整体视觉效果产生显著影响，因此本专利与在先设计属于既不相同也不相近似的外观设计。

4. 结论

请求人提交的证据不能证明本专利不符合专利法第 9 条的规定，不能支持其无效宣告请求的理由，故而其无效宣告请求的主张不成立。

三、决定

维持 200530113493. 1 号外观设计专利权有效。

当事人对本决定不服的，可以根据专利法第 46 条第 2 款的规定，自收到本决定之日起三个月内向北京市第一中级人民法院起诉，根据该款规定，一方当事人起诉后，另一方当事人应当作为第三人参加诉讼。

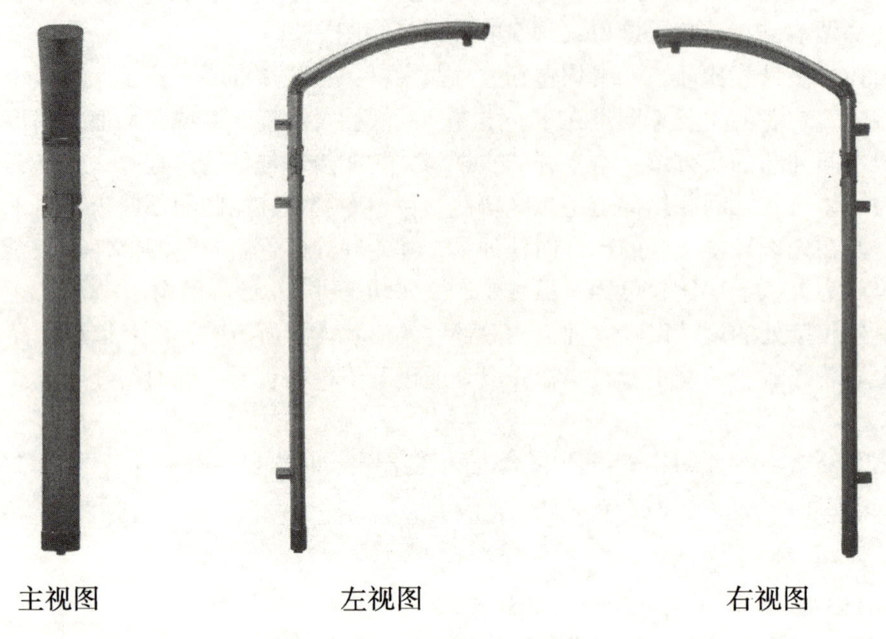

主视图　　左视图　　右视图

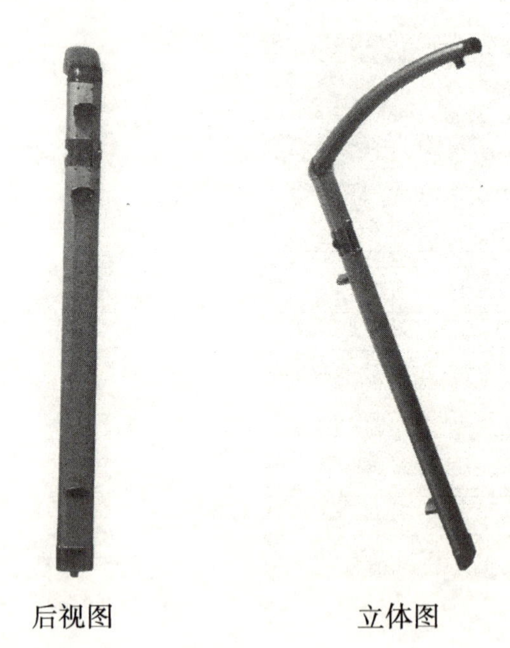

后视图　　立体图

本专利附图

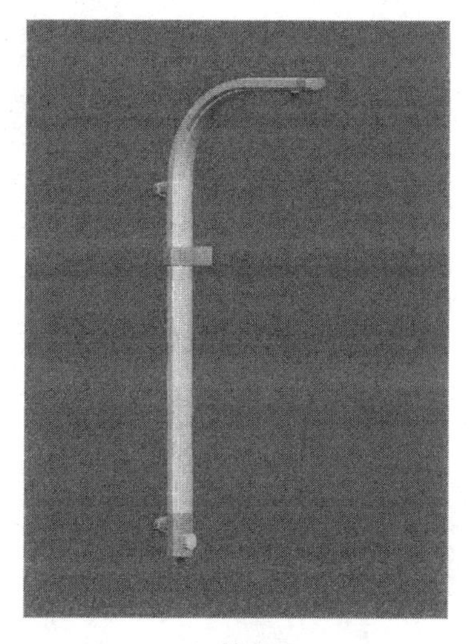

立体图

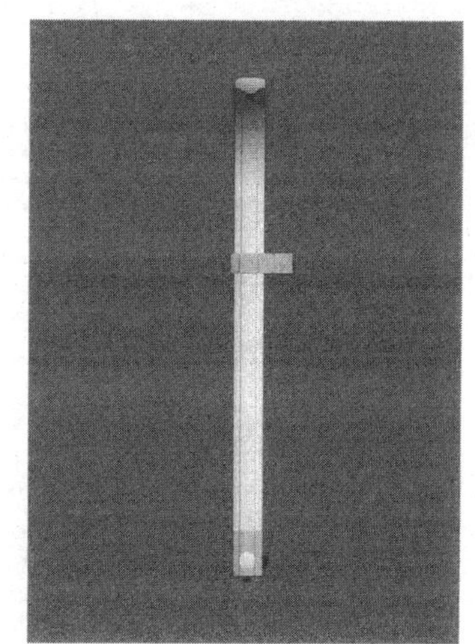

主视图

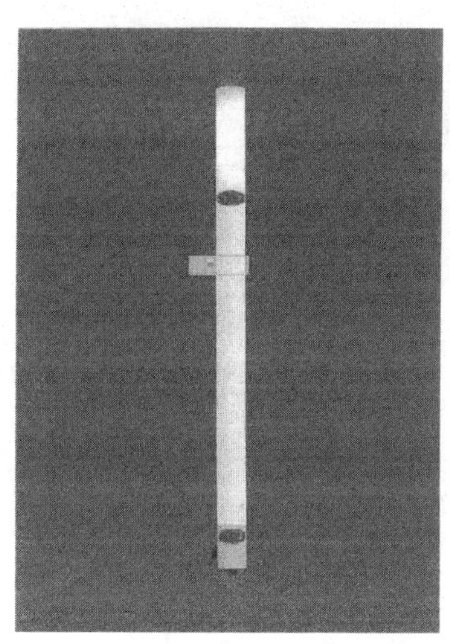

后视图

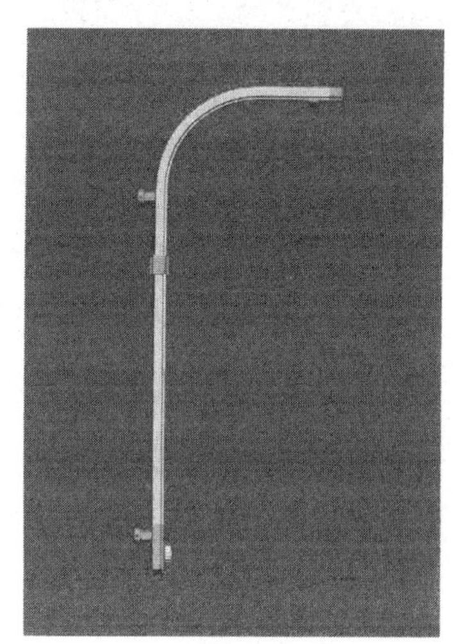

左视图

在先设计附图 1

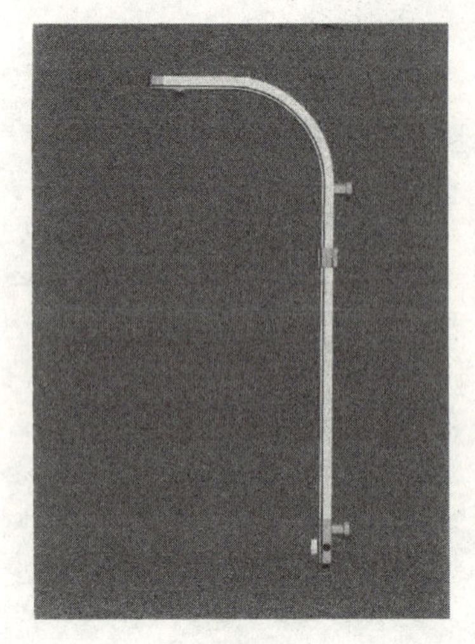

右视图

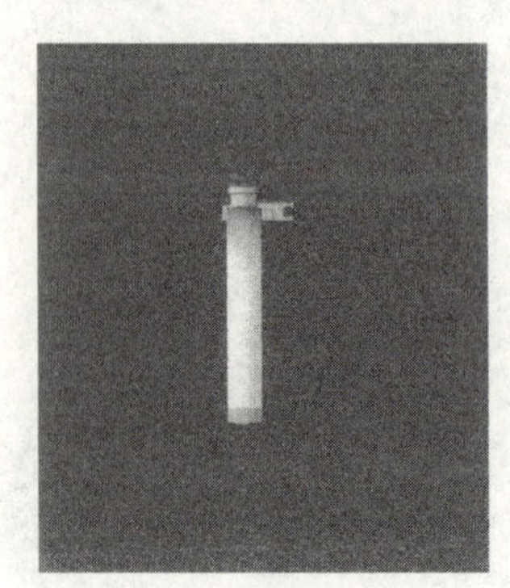

俯视图

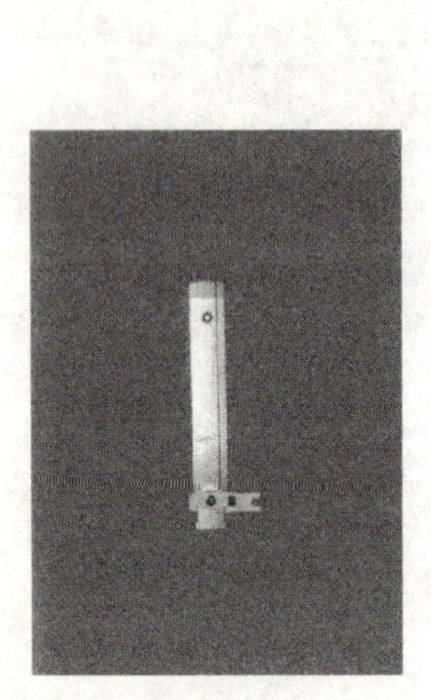

仰视图

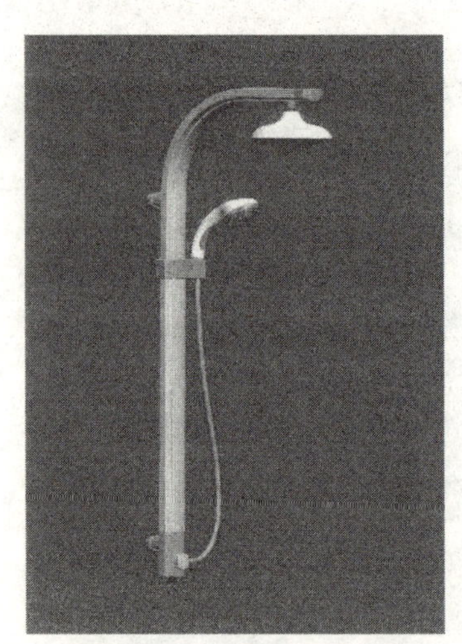

使用状态参考视图

在先设计附图 2

092

淋浴喷头（B）

无效宣告请求审查决定（第12874号）

决　定　号　第12874号
决　定　日　2008年11月21日
发明创造名称　淋浴喷头（B）
外观设计分类号　23-02
无效请求人　宣城市德思电子电器有限公司
专利权人　蔡贤良
专　利　号　200530114978.2
申　请　日　2005年8月22日
授权公告日　2007年4月4日
合议组组长　吴大章
主　审　员　雷　婧
参　审　员　李改平
附　　图　2页

法律依据　专利法第23条
决定要点

本专利与在先设计的相同点为常规的喷头均具有的结构，不易引起一般消费者的关注，而二者之间的差别是一般消费者区别该类产品的视觉瞩目点，足以对产品外观设计的整体视觉效果产生显著影响。因此，本专利与在先设计不相同也不相近似。

一、案由

本无效宣告请求涉及的是国家知识产权局于2007年4月4日授权公告的、专利号为200530114978.2的外观设计专利，其产品名称为“淋浴喷头（B）”，申请日为2005年8月22日，专利权人为蔡贤良。

针对上述外观设计专利权（下称本专利），宣城市德思电子电器有限公司（下称请求人）于2008年7月18日向专利复审委员会提出无效宣告请求，其理由是：本专利与在其申请日前申请的附件1中公开的外观设计专利相近似，不符合专利法第23条的规定。同时，请求人提交了如下附件作为证据：

附件1：专利号为200430079131.0的中国外观设计专利的著录项目及图片复印件，共8页。

请求人认为，本专利与附件1中的淋浴喷头均由头部和握持部组成，头部的喷水板上均有喷水孔且其周边轮廓均呈圆形，握持部均为直杆状，其与供水管连接的一端均设置螺纹头，其另一端均与头部连接，由此可知，本专利与附件1公开的外观设计相近似。

经形式审查合格，专利复审委员会依法受理了上述无效宣告请求，并于2008年7月18日将无效宣告请求书及相关文件的副本转送专利权人，通知其在指定的期限内答复。

专利权人逾期未答复。

专利复审委员会依法成立合议组对本案进行审理，并于2008年8月22日向双方当事人发出口头审理通知书，定于2008年11月6日进行口头审理。

口头审理如期举行，双方当事人均委托代理人出庭参加口头审理，且对对方出庭人员的身份及资格均无异议，对合议组成员也无回避请求。口头审理中，请求人坚持其原有观点，认为经整体判断，本专利与附件1所示的外观设计相近似；专利权人认为二者不相同也不相近似。

至此，合议组认为本案事实清楚，可以依法作出审查决定。

二、决定的理由

1. 法律依据

基于请求人提出无效宣告请求的理由，合议组依据专利法第23条的规定进行审理。

专利法第23条规定："授予专利权的外观设计，应当同申请日以前在国内外出版物上公开发表过或者国内公开使用过的外观设计不相同和不相近似，并不得与他人在先取得的合法权利相冲突。"

2. 证据的认定

附件1是专利号为200430079131.0的中国外观设计专利的著录项目及图片复印件，使用外观设计的产品名称为"手提莲蓬头"，申请日为2004年8月11日，授权公告日为2005年5月4日。经合议组核实，附件1内容与公报一致，其公告日在本专利的申请日（2005年8月22日）之前，可以作为评述本专利是否符合专利法第23条规定的证据。

3. 外观设计相同和相近似的对比

附件1中所示的外观设计（在先设计）的产品名称为手提莲蓬头，即淋浴喷头，与使用本专利的产品的用途相同，属于相同类别的产品，故可以就本专利与在先设计进行相同和相近似的对比。

本专利中的产品由圆盘形喷头和近似半圆柱形的手柄组成，喷头与手柄的连接部延伸至喷头背面，呈较小的外凸圆盘形；喷头正面中心圆圈内外均有多个喷水孔，圆圈外的喷水孔分呈四个的扇形区域；喷头正面下端中心有一棱形部位；手柄正面为圆柱形面，其中间有一纵向长方形，手柄背面呈平面状（详见本专利附图）。

在先设计中的产品由圆盘形喷头和圆柱形手柄组成，喷头正面布满多个喷水孔（详见在先设计附图）。

将本专利与在先设计相比较，二者均由圆盘形喷头和手柄组成，且喷头正面均有多个喷水孔。二者的主要不同点在于：本专利的手柄近似半圆柱形，在其圆柱面上有纵向长方形图案，而在先设计为圆柱形，其上无图案；本专利喷头正面的喷水孔呈区域划分、下端中心有棱形部位，喷头背面有外凸的圆盘面，而在先设计无上述设计。合议组认为，本专利与在先设计均由正面有多个喷水孔的圆盘形喷头和手柄组成，但常规的喷头均具有上述结构，故其为不易引起一般消费者关注的设计内容，而二者在喷头的具体形状、喷水孔的分布以及手柄的形状或图案上的差别是一般消费者区别该类产品的视觉瞩目点，足以对产品外观设计的整体视觉效果产生显著影响。因此，本专利与在先设计不相同也不相近似。

4. 结论

请求人提交的证据不能证明本专利不符合专利法第23条的规定，不能支持其无效宣告请求的理由，故而其无效宣告请求的主张不成立。

三、决定

维持 200530114978.2 号外观设计专利权有效。

当事人对本决定不服的，可以根据专利法第 46 条第 2 款的规定，自收到本决定之日起三个月内向北京市第一中级人民法院起诉，根据该款规定，一方当事人起诉后，另一方当事人应当作为第三人参加诉讼。

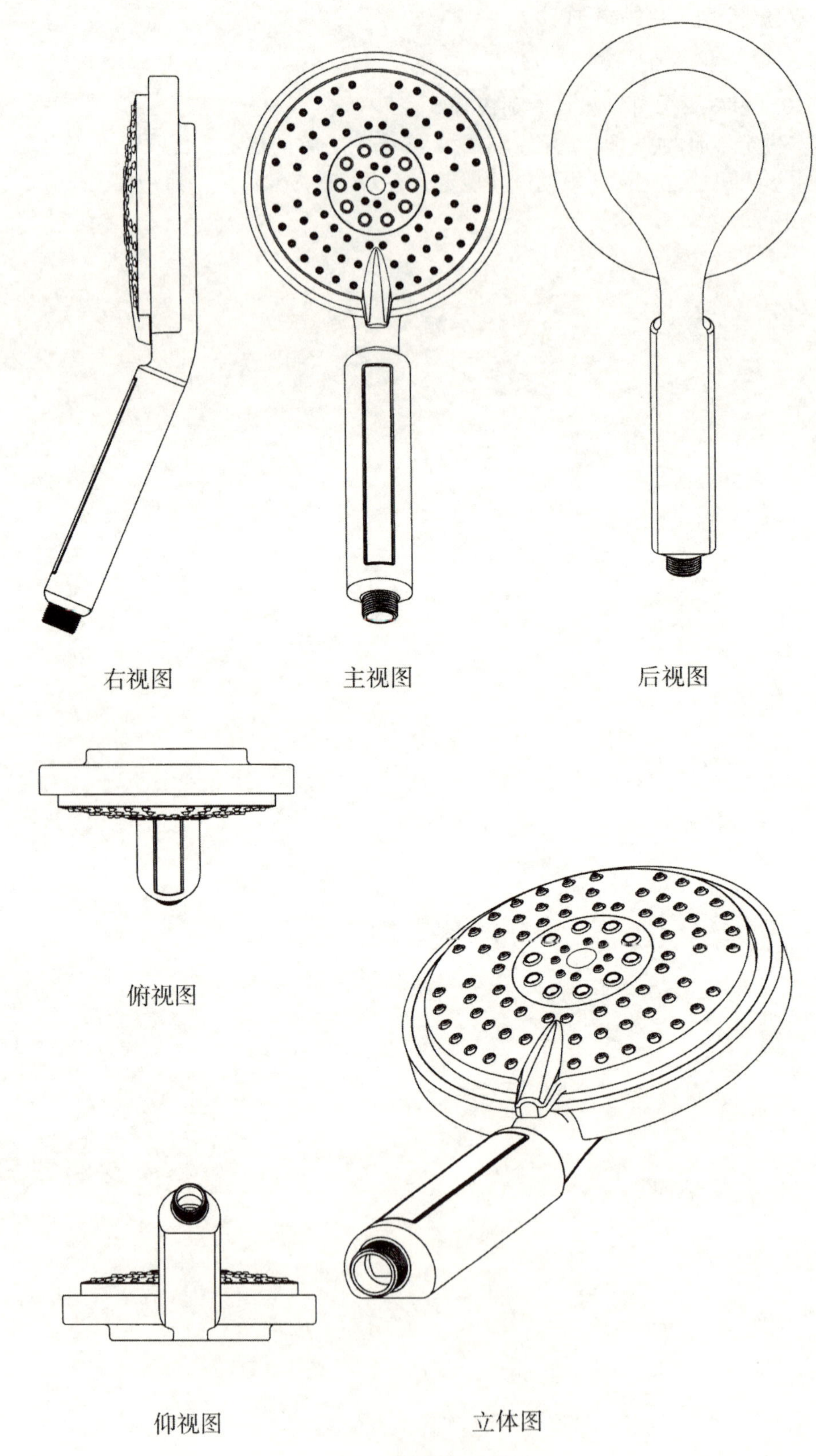

本专利附图

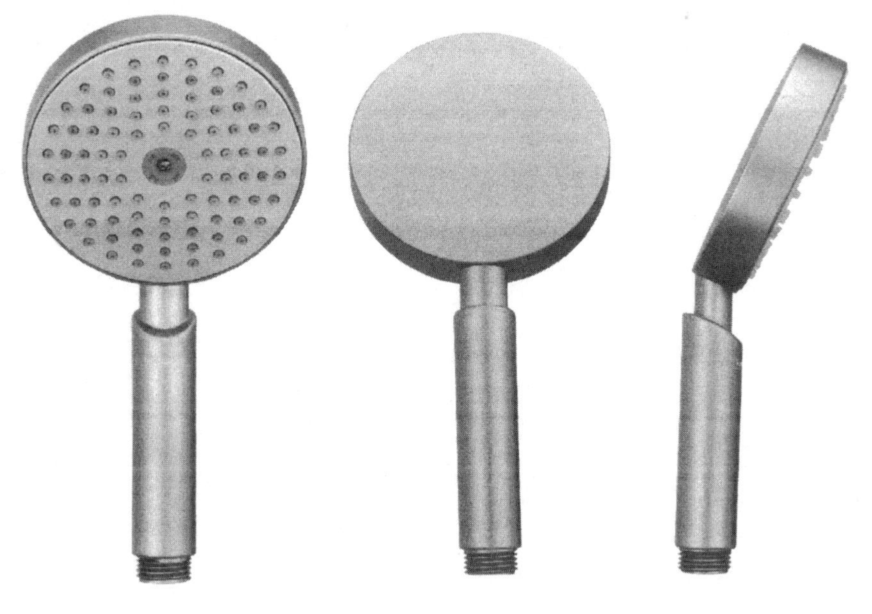

主视图　　后视图　　左视图

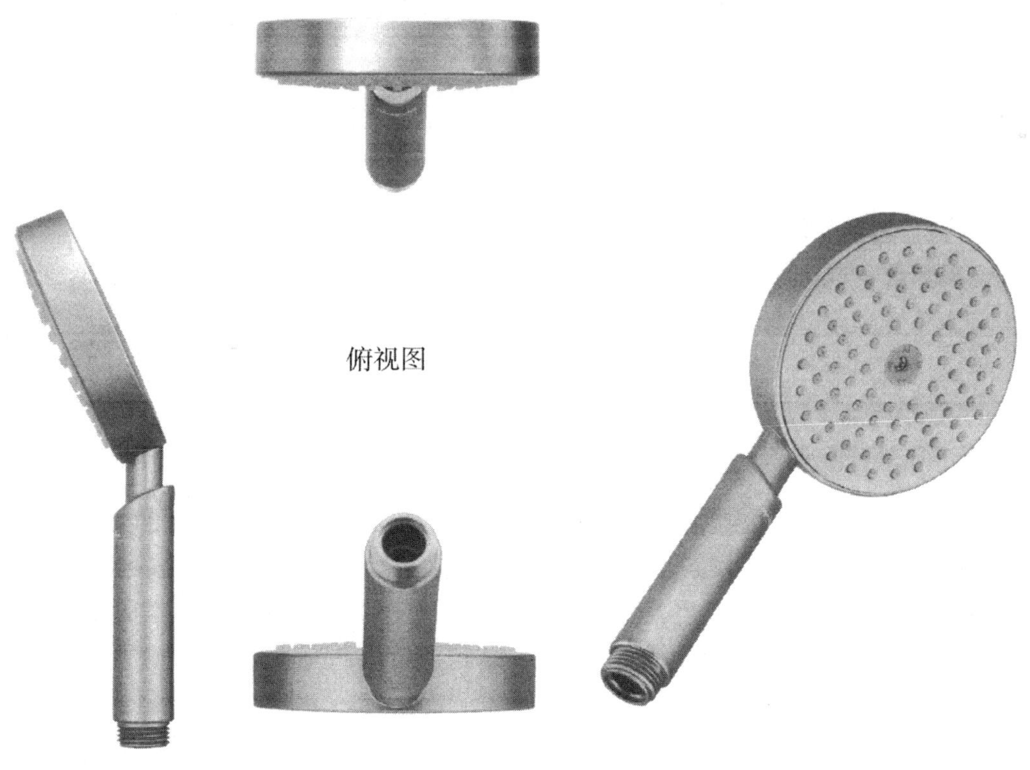

俯视图

右视图　　仰视图　　立体图

在先设计附图

093

淋浴柱（2007-2）

无效宣告请求审查决定（第12875号）

决　定　号　第12875号
决　定　日　2008年12月18日
发明创造名称　淋浴柱（2007-2）
外观设计分类号　23-02
无效请求人　宣城市德思电子电器有限公司
专利权人　蔡贤良
专　利　号　200730073313.0
申　请　日　2007年2月14日
授权公告日　2008年1月30日
合议组组长　吴大章
主　审　员　雷　婧
参　审　员　李改平
附　　　图　2页

法律依据　专利法第23条
决定要点

二者立柱及主杆本身的形状、立柱上相关部件的形状均有不同，其中立柱上安装淋浴喷头的部件及所装喷头的形状、立柱正面下侧的设计尤为不同，这些差别已经对产品外观设计的整体视觉效果产生显著影响。

一、案由

本无效宣告请求涉及的是国家知识产权局于2008年1月30日授权公告的、专利号为200730073313.0的外观设计专利，其产品名称为“淋浴柱（2007-2）”，申请日为2007年2月14日，专利权人为蔡贤良。

针对上述外观设计专利权（下称本专利），宣城市德思电子电器有限公司（下称请求人）于2008年7月18日向专利复审委员会提出无效宣告请求，其理由是：本专利与在其申请日前公开的附件1中公开的外观设计专利相同相近似，不符合专利法第23条的规定。同时，请求人提交了如下附件作为证据：

附件1：专利号为200530052971.2的中国外观设计专利的著录项目及图片复印件，共9页。

请求人认为，本专利与附件1中的外观设计均由立柱和横杆构成，且从侧面看整体形状大致呈

"L"形，立柱与横杆的形状及其上设置的结构均相同，故本专利与附件1公开的外观设计相同相近似。

经形式审查合格，专利复审委员会依法受理了上述无效宣告请求，并于2008年7月18日将无效宣告请求书及相关文件的副本转送专利权人，通知其在指定的期限内答复。

2008年8月18日，请求人向专利复审委员会补充提交了如下附件材料（编号续前）：

附件2：网络下载的000359468-0003号欧洲共同体外观设计的著录项目及图片复印件，共3页；

附件3：附件2的中文译文，共2页。

专利复审委员会依法成立合议组对本案进行审理，并于2008年8月22日向双方当事人发出口头审理通知书，定于2008年11月6日进行口头审理。

2008年9月9日，专利复审委员会将请求人补充提交的附件材料转送专利权人，通知其在指定的期限内答复。

对于请求人上述的无效宣告请求理由及证据，专利权人逾期未作答复。

口头审理如期举行，双方当事人均委托代理人出庭参加口头审理，且对对方出庭人员的身份及资格均无异议，对合议组成员也无回避请求。口头审理中，请求人认为本专利与附件中的外观设计有区别但不影响产品的整体外形，二者整体相近似；专利权人认为二者不相同也不相近似。

至此，合议组认为本案事实清楚，可以依法作出审查决定。

二、决定的理由

1. 法律依据

基于请求人提出无效宣告请求的理由，合议组依据专利法第23条的规定进行审理。

专利法第23条规定："授予专利权的外观设计，应当同申请日以前在国内外出版物上公开发表过或者国内公开使用过的外观设计不相同和不相近似，并不得与他人在先取得的合法权利相冲突。"

2. 证据的认定

附件1是专利号为200530052971.2的中国外观设计专利的著录项目及图片复印件，使用外观设计的产品名称为"升降杆（L型SB1200）"，申请日为2005年3月1日，授权公告日为2005年12月28日。经合议组核实，附件1内容与公报一致，其公告日在本专利的申请日（2007年2月14日）之前，可以作为评述本专利是否符合专利法第23条规定的证据。

附件2与附件3为请求人在规定期限内补充提交的材料，在提交上述附件时请求人并未结合其内容具体说明相关的无效宣告理由，且在规定期限内也未补充具体说明，根据审查指南第四部分第三章第4.3.1节的规定，合议组对附件2和附件3不予考虑。

3. 外观设计相同和相近似的对比

附件1中所示的外观设计（在先设计）的使用产品为升降杆，根据其视图显示的内容并参考其分类号得知，其为淋浴器的升降杆，与使用本专利的产品的用途相同，属于相同类别的产品，故可以就本专利与在先设计进行相同和相近似的对比。

本专利中的产品包括横截面形状均近似椭圆形的立柱与主杆，从侧面看，产品大致呈"L"形；立柱中偏上侧有一横向圆柱状部件，该部件一端装有淋浴喷头，该喷头通过软管连接至立柱底部，立柱正面下侧有四个近似圆柱状的部件纵向排列，立柱背面有两椭圆柱形部件及一长方体形部件向外凸出，主杆一端下侧与淋浴喷头连接（详见本专利附图）。

在先设计中的产品包括立柱与主杆，其横截面均近似中间外凸的长方形。从侧面看，产品大致呈"L"形；立柱中上侧有一向外伸出的部件，立柱背面有两个凸出部件；在其使用状态参考图中，产品立柱中上侧向外伸出的部件上装有淋浴喷头，该喷头通过软管连接至立柱下端，主杆一端下侧与淋浴喷头连接（详见在先设计附图）。

将本专利与在先设计相比较，二者均包括立柱与主杆，且从侧面看，产品大致均呈“L”形，二者立柱上均有一部件装有淋浴喷头，且该喷头均以软管连接至立柱底部或下端，主杆一端下侧均与淋浴喷头连接。二者的主要不同点在于：本专利立柱及主杆的横截面均似椭圆形，而在先设计的相应部位均似中间外凸的长方形；本专利立柱上安装淋浴喷头的部件呈横向圆柱状，所装喷头较大，而在先设计的该部件更似长方体状，所装喷头较小，且二者的位置也略有差异；本专利立柱背面外凸的部件三个，且其中之一所占面积较大呈纵向长方体状，而在先设计仅为两个小外凸件。合议组认为，从上述比较可知，虽然二者大致均呈“L”形，但由于二者立柱及主杆本身的形状、立柱上相关部件的形状均有不同，其中立柱上安装淋浴喷头的部件及所装喷头的形状、立柱正面下侧的设计尤为不同，这些差别已经对产品外观设计的整体视觉效果产生显著影响，因此二者属于既不相同也不相近似的外观设计。

4. 结论

请求人提交的证据不能证明本专利不符合专利法第 23 条的规定，不能支持其无效宣告请求的理由，故而其无效宣告请求的主张不成立。

三、决定

维持 200730073313.0 号外观设计专利权有效。

当事人对本决定不服的，可以根据专利法第 46 条第 2 款的规定，自收到本决定之日起三个月内向北京市第一中级人民法院起诉，根据该款规定，一方当事人起诉后，另一方当事人应当作为第三人参加诉讼。

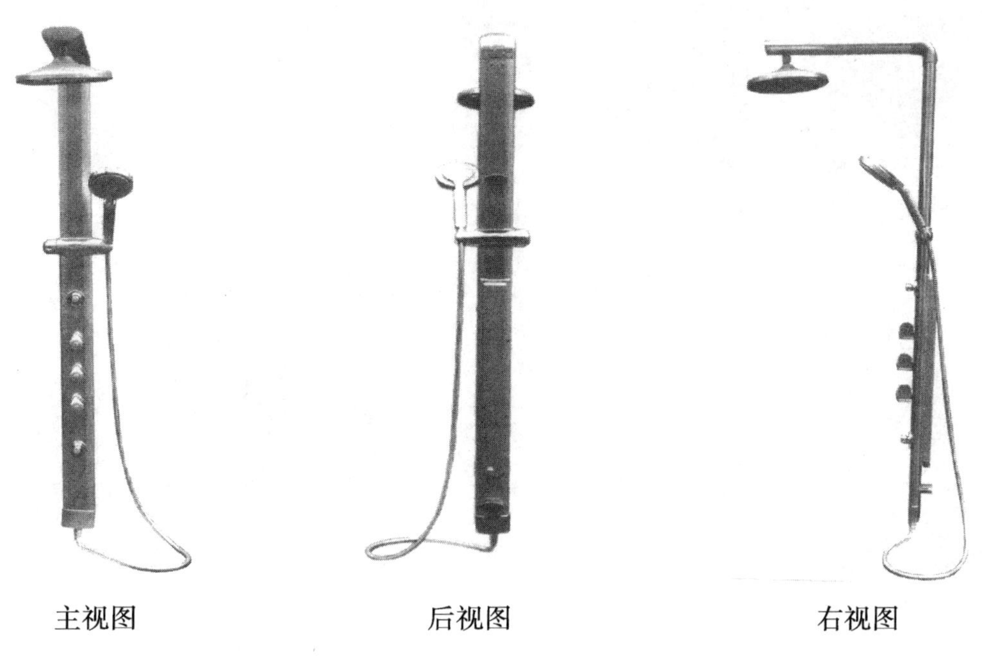
主视图　　后视图　　右视图

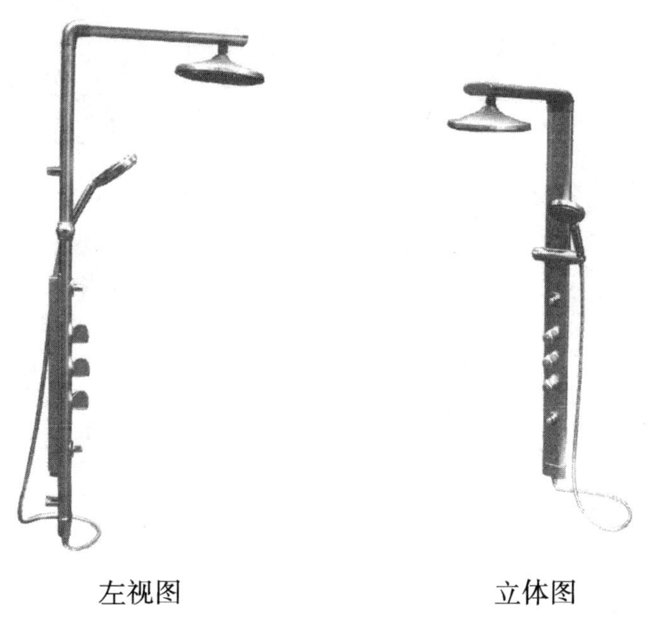
左视图　　立体图

本专利附图

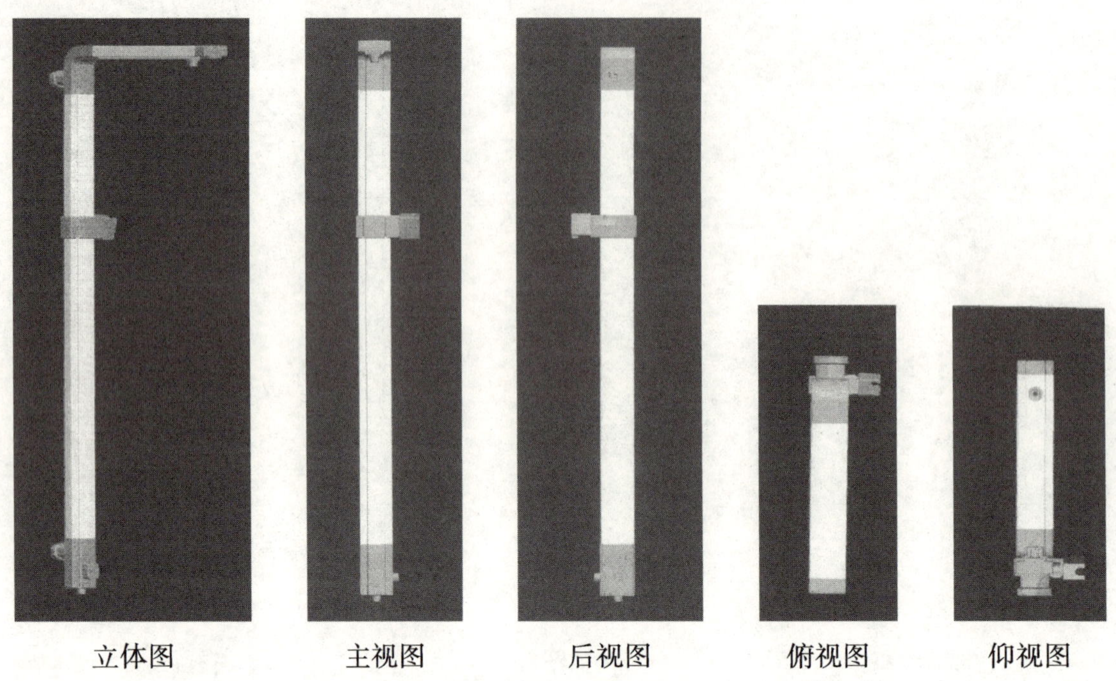

立体图　主视图　后视图　俯视图　仰视图

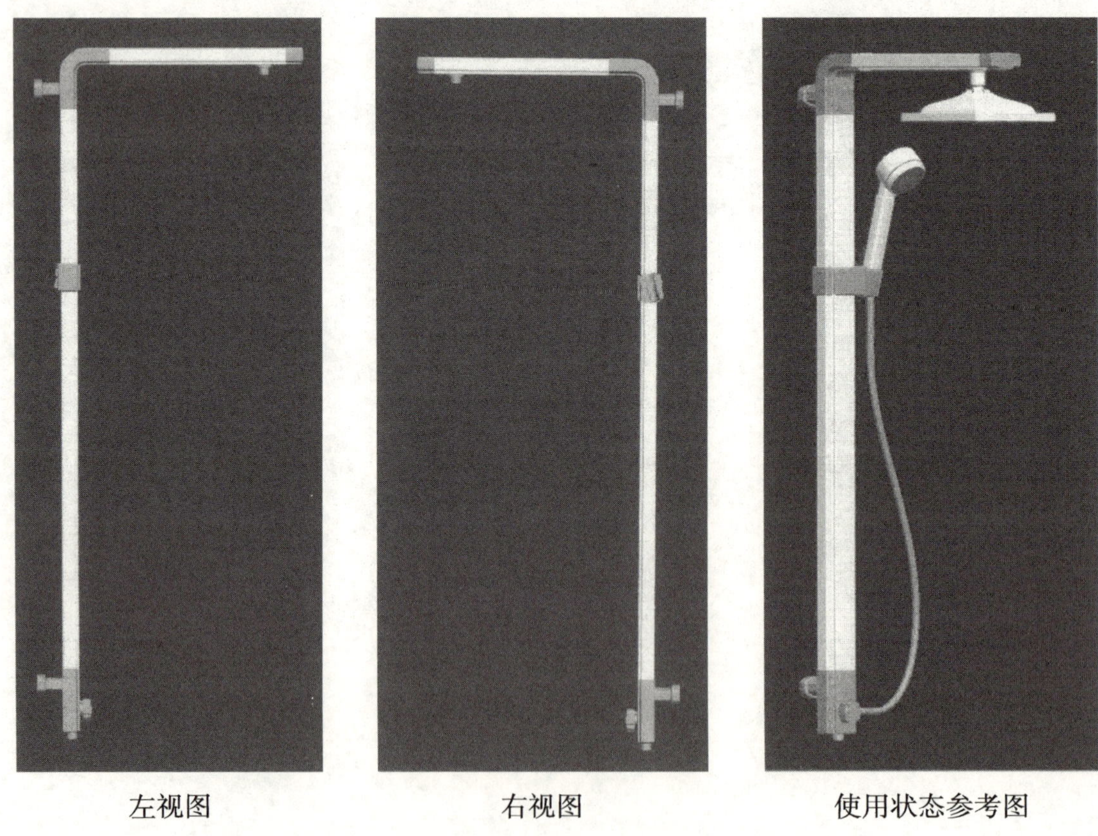

左视图　右视图　使用状态参考图

在先设计附图

094

淋浴喷头

无效宣告请求审查决定（第 12876 号）

决　　定　　号　第 12876 号
决　　定　　日　2008 年 11 月 21 日
发明创造名称　淋浴喷头
外观设计分类号　23-02
无 效 请 求 人　宣城市德思电子电器有限公司
专 利 权 人　蔡贤良
专　　利　　号　200530113492.7
申　　请　　日　2005 年 7 月 25 日
授 权 公 告 日　2006 年 11 月 8 日
合 议 组 组 长　吴大章
主　　审　　员　雷　婧
参　　审　　员　李改平
附　　　　　图　2 页

法　律　依　据　专利法第 23 条
决　定　要　点

本专利与在先设计之间的差别为产品局部的细微变化，不足以对产品外观设计的整体视觉效果产生显著影响，二者属于相近似的外观设计。

一、案由

本无效宣告请求涉及的是国家知识产权局于 2006 年 11 月 8 日授权公告的、专利号为 200530113492.7 的外观设计专利，其产品名称为“淋浴喷头”，申请日为 2005 年 7 月 25 日，专利权人为蔡贤良。

针对上述外观设计专利权（下称本专利），宣城市德思电子电器有限公司（下称请求人）于 2008 年 7 月 18 日向专利复审委员会提出无效宣告请求，其理由是：本专利与在其申请日前申请的附件 1 中公开的外观设计专利相同，不符合专利法第 23 条的规定。同时，请求人提交了如下附件作为证据：

附件 1：网络下载的 40405373.4 号德国外观设计专利著录项目及图片的打印件，共 1 页。

请求人认为，本专利与附件 1 中的淋浴喷头均由头部和握持部组成，头部均呈莲蓬状，其喷水板上均有喷水孔且其周边轮廓均呈圆形，握持部均为直杆状，其与供水管连接的一端均设置螺纹头，其另一端均与头部连接，可见，本专利与附件 1 公开的外观设计相同。

经形式审查合格，专利复审委员会依法受理了上述无效宣告请求，并于 2008 年 7 月 18 日将无效宣告请求书及相关文件的副本转送专利权人，通知其在指定的期限内答复。

2008 年 8 月 18 日，请求人向专利复审委员会提交了附件 1 的部分中文译文。

专利复审委员会依法成立合议组对本案进行审理，并于 2008 年 8 月 22 日向双方当事人发出口头审理通知书，定于 2008 年 11 月 6 日进行口头审理。

2008 年 9 月 9 日，专利复审委员会将请求人提交的附件 1 的中文译文转送专利权人，通知其在指定的期限内答复。

针对请求人的上述无效宣告请求理由及证据，专利权人逾期均未作答复。

口头审理如期举行，双方当事人均委托代理人出庭参加口头审理，且对对方出庭人员的身份及资格均无异议，对合议组成员也无回避请求。口头审理中，请求人坚持其原有观点；专利权人对附件 1 的真实性及其中文译文的准确性均无异议，认为本专利与在先设计喷头洒水点的分布及洒水口的形状均不同，二者不相同也不相近似。

至此，合议组认为本案事实清楚，可以依法作出审查决定。

二、决定的理由

1. 法律依据

基于请求人提出无效宣告请求的理由，合议组依据专利法第 23 条的规定进行审理。

专利法第 23 条规定："授予专利权的外观设计，应当同申请日以前在国内外出版物上公开发表过或者国内公开使用过的外观设计不相同和不相近似，并不得与他人在先取得的合法权利相冲突。"

2. 证据的认定

附件 1 是网络下载的 40405373.4 号德国外观设计专利著录项目及图片的打印件，请求人在规定期限内补充提交了其部分中文译文。附件 1 中外观设计的产品名称为"淋浴喷头"，公开日为 2005 年 3 月 24 日。专利权人对该附件的真实性及其中文译文的准确性均无异议。经合议组核实，附件 1 内容真实，其公开日在本专利的申请日（2005 年 7 月 25 日）之前，可以作为评述本专利是否符合专利法第 23 条规定的证据。

3. 外观设计相同和相近似的对比

附件 1 中所示的外观设计（在先设计）使用的产品为淋浴喷头，与使用本专利的产品用途相同，属于相同类别的产品，故可以就本专利与在先设计进行相同和相近似的对比。

本专利中的产品由莲蓬形喷头和圆柱形手柄组成，手柄与喷头的背面相连并逐渐变粗；喷头正面中心圆圈内外均有多个喷水孔，圆圈内的喷水孔较大，结合其周边的形状呈花瓣状均匀排列，圆圈外的喷水孔较小，以 4 孔为一组结合其周边的形状呈条状均匀分散（详见本专利附图）。

在先设计中的产品由莲蓬形喷头和圆柱形手柄组成，手柄与喷头的背面相连并逐渐变粗；喷头正面中心圆圈内外均有多个喷水孔，圆圈内的喷水孔较大，结合其周边的形状呈花瓣状均匀排列，圆圈外的喷水孔较小，以 4 孔为一组结合其周边的形状呈条状均匀分散；手柄正面至喷头背面下端有一无图案的装饰面（详见在先设计附图）。

将本专利与在先设计相比较，二者均由莲蓬形喷头和圆柱形手柄组成，手柄与喷头的背面相连并逐渐变粗；喷头正面中心圆圈内外均有多个喷水孔，圆圈内的喷水孔较大，结合其周边的形状呈花瓣状均匀排列，圆圈外的喷水孔较小，以 4 孔为一组结合其周边的形状呈条状均匀分散。二者的主要不同点在于：在先设计手柄正面至喷头背面下端有一无图案的装饰面，而本专利无此设计。合议组认为，本专利与在先设计之间仅在产品局部装饰面上有所差别，且该装饰面本身并无图案，通常情况下很难使一般消费者注意到此设计变化，其仅属于产品局部的细微变化，不足以对产品外观设计的整体视觉效果产生显著影响。因此，本专利与在先设计属于相近似的外观设计。

4. 结论

在本专利申请日以前已有与其相近似的外观设计在出版物上公开发表过，本专利不符合专利法第23条的规定。

三、决定

宣告200530113492.7号外观设计专利权全部无效。

当事人对本决定不服的，可以根据专利法第46条第2款的规定，自收到本决定之日起三个月内向北京市第一中级人民法院起诉，根据该款规定，一方当事人起诉后，另一方当事人应当作为第三人参加诉讼。

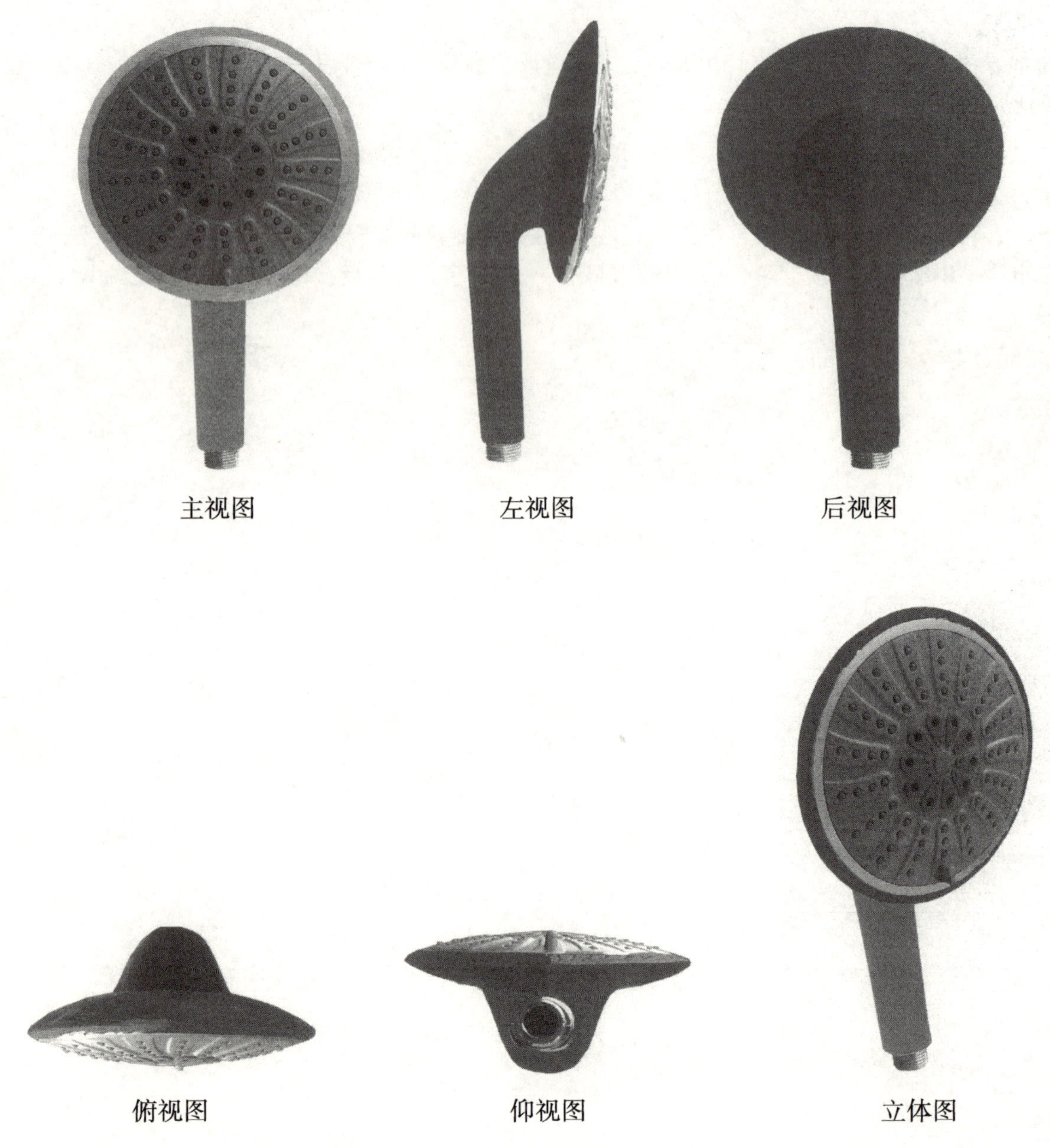
主视图　左视图　后视图

俯视图　仰视图　立体图

本专利附图

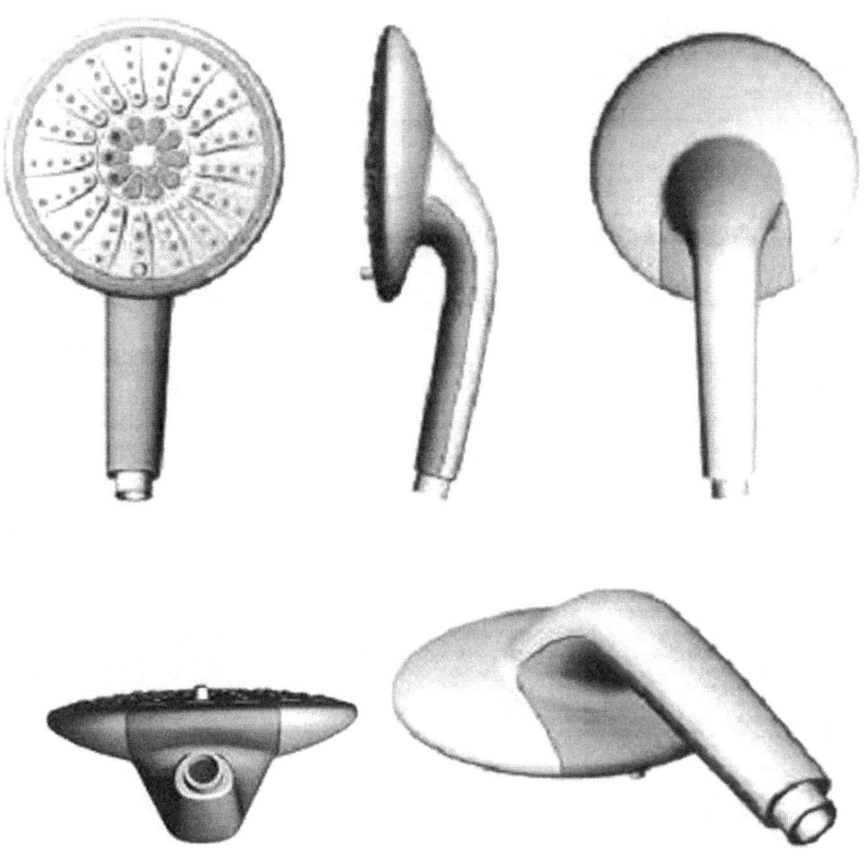

在先设计附图

095

手电筒（MY-8）

无效宣告请求审查决定（第12877号）

决　定　号　第12877号
决　定　日　2009年1月4日
发明创造名称　手电筒（MY-8）
外观设计分类号　26-02
无效请求人　吴建军
专利权人　黄昆明
专　利　号　200730112170.X
申　请　日　2007年3月5日
授权公告日　2008年1月30日
合议组组长　徐清平
主　审　员　雷　婧
参　审　员　张　凌
附　　　图　1页

法律依据　专利法第23条
决定要点

确定是否属于相同或相近类别产品时，应以产品的用途是否相同或相近为准，产品的名称和分类号仅作为参考；根据在先设计所示的产品及一般消费的常识，可认定其所示产品具有照明功能，与本专利属于相近类别的产品；二者属于相近似的外观设计。

一、案由

本无效宣告请求涉及的是国家知识产权局于2008年1月30日授权公告的、专利号为200730112170.X的外观设计专利，其产品名称为“手电筒（MY-8）”，申请日为2007年3月5日，专利权人为黄昆明。

针对上述外观设计专利权（下称本专利），吴建军（下称请求人）于2008年6月29日向专利复审委员会提出无效宣告请求，其理由是：本专利与在其申请日前公开的附件1所示的外观设计专利相同或相近似，不符合专利法第23条的规定。同时，请求人提交了如下附件作为证据：

附件1：专利号为200530086024.5的中国外观设计专利的著录项目及图片复印件，共1页。

请求人认为，通过本专利与附件1中产品的各视图比较可得出，二者视图中的外观设计要素和轮廓相同或相近似，虽然二者的分类号有差异，但二者的用途相同，均包含手电筒和手摇充电器的功能。附件 1 中的产品“手摇充电器（SB-3043 型）”的结构为手电筒形式，内部设有手摇充电器，本专利“手电筒（MY-8）”设有手柄，内部也设有手摇发电装置，故本专利与附件 1 公开的外观设计相同或相近似。

经形式审查合格，专利复审委员会依法受理了上述无效宣告请求，并于 2008 年 8 月 28 日将无效宣告请求书及相关文件的副本转送专利权人，通知其在指定的期限内答复。

专利复审委员会成立合议组对本案进行审理，并于 2008 年 9 月 27 日向双方当事人发出口头审理通知书，定于 2008 年 11 月 10 日进行口头审理。

2008 年 10 月 15 日，专利复审委员会收到专利权人提交的意见陈述书及如下附件材料：

反证 1：《国际外观设计分类表》相关页复印件，共 3 页。

专利权人认为，本专利与附件 1 所要求保护的外观设计产品不同，由反证 1 中《国际外观设计分类表》的相关内容可知，二者的用途、类别不相同也不相近，是不可比对的。

2008 年 10 月 16 日，专利复审委员会将专利权人提交的上述意见陈述书及其所附附件转送请求人，通知其在指定的期限内答复。

口头审理如期举行，仅有请求人一方委托代理人出庭，专利权人未出席口头审理。口头审理中，请求人坚持其原有观点，并认为本专利与附件 1 中的产品从类别上看有一定差异，但二者实为相同用途的产品。

至此，合议组认为本案事实清楚，可以依法作出审查决定。

二、决定的理由

1. 法律依据

基于请求人提出无效宣告请求的理由，合议组依据专利法第 23 条的规定进行审理。

专利法第 23 条规定：“授予专利权的外观设计，应当同申请日以前在国内外出版物上公开发表过或者国内公开使用过的外观设计不相同和不相近似，并不得与他人在先取得的合法权利相冲突。”

2. 证据的认定

附件 1 是专利号为 200530086024.5 的中国外观设计专利的著录项目及图片复印件，使用外观设计的产品名称为“手摇充电器（SB-3043 型）”，申请日为 2005 年 6 月 29 日，授权公告日为 2006 年 3 月 15 日，专利权人为吴建军。经合议组核实，附件 1 内容与公报一致，其公告日在本专利的申请日（2007 年 3 月 5 日）之前，可以作为评述本专利是否符合专利法第 23 条规定的证据。

3. 产品类别的确认

使用本专利的产品名称为“手电筒（MY-8）”，附件 1 所示外观设计专利的产品名称为“手摇充电器（SB-3043 型）”，专利权人认为二者的产品用途、类别不相同也不相近，不可比对。请求人认为，二者虽然在分类号上有一定的差别，但实际上二者的用途相同，附件 1 中所示专利是一种内部设置有手摇充电器的手电筒，本专利也为设有手摇充电器的手电筒，二者用途相同。合议组认为，虽然本专利与附件 1 所示专利的产品名称和分类号不相同，但在确定是否属于相同或相近类别产品时，应以产品的用途是否相同或相近为准，产品的名称和分类号仅作为参考。关于本专利，请求人主张通过转动其上的手柄可以带动内部的手摇发电装置发电，专利权人对此不予认可。关于附件 1 所示专利，请求人主张其使用的产品为可手摇充电的手电筒，而专利权人认为从其视图内容及类别均无法确定其具有照明功能。通过观察本专利与附件 1 所示产品的结构可知，二者均具有如下三个结构特征：（1）产品正面有按钮；（2）产品顶部为弧面部件；（3）产品背面有手柄。针对上述情况，合议组认为，根据该手摇充电器的结构及一般消费者对该类产品的了解可知，该产品可同时具备充电和照明的功能，其中产品上的手柄为用于实现手摇充电功能的构件，而产品上的按钮则为用于开启与关闭照明功能的构件。由此可见，虽然附件 1 中产品的弧面部件并未明确示出其中是否设置照明灯泡，但基于该产品的结构，一般消费者结合产品名称观察附件 1 所示专利的图片时，可以通过其中的按钮及手柄的结构特征推定该产品同时具备照明和充电功能，并根据此类产品常规的结构布置，推定产品顶部的弧面部件即为其照明构件。此外，请求人作为附件 1 所示专利的专利权人，对其自身专利的用途作出了进一步说明，其说明与此类产品的一般消费常识、与图片中显示的外观设计均无矛盾，专利权人虽对此不予认可，却未作出充分合理的说明和解释。关于专利权人提交的反证，其仅证明了二者的国际外观设计分类号不相同，并不能直接证明二者产品的用途。因此，基于以上综合考虑，可认定附件 1 所示的专利为具有照明功能的手摇充电器，其与本专利均具有照明功能，属于相近类别的产品。

3. 外观设计相同和相近似的对比

本专利中产品整体呈上宽下窄状，顶部为圆弧轮廓，正面从上至底部为一近似梯形的形状，其上设有上端中央为椭圆形按钮的近似倒水珠形的形状，背面有手柄设计（详见本专利附图）。

附件 1 所示的外观设计（下称在先设计）中产品整体呈上宽下窄状，顶部为圆弧轮廓，正面由上至底部为一近似梯形的形状，其上设有上端中央为椭圆形按钮的近似倒水珠形的形状，背面有手柄设计，两侧各设有近似倒水珠形状的凸点区域（详见在先设计附图）。

将本专利与在先设计相比较，二者产品整体均呈上宽下窄状，顶部均为圆弧轮廓，正面的上至底部均为一近似梯形的形状，其上均有上端中央为椭圆形按钮的近似倒水珠形的形状，背面均有手柄设计，二者的主要不同点在于：在先设计两侧各有近似倒水珠形状的凸点区域，而本专利无此设计。合议组认为，本专利与在先设计的整体形状及除两侧面外的其他各部位的设计均基本相同，仅所述两侧的局部差异对于产品的整体视觉效果而言不具有显著影响。因此，本专利与在先设计属于相近似的外观设计。

4. 结论

综上所述，在本专利申请日以前已有与其相近似的外观设计在出版物上公开发表过，本专利不符合专利法第 23 条的规定。

三、决定

宣告 200730112170. X 号外观设计专利权全部无效。

当事人对本决定不服的，可以根据专利法第 46 条第 2 款的规定，自收到本决定之日起三个月内向北京市第一中级人民法院起诉，根据该款规定，一方当事人起诉后，另一方当事人应当作为第三人参加诉讼。

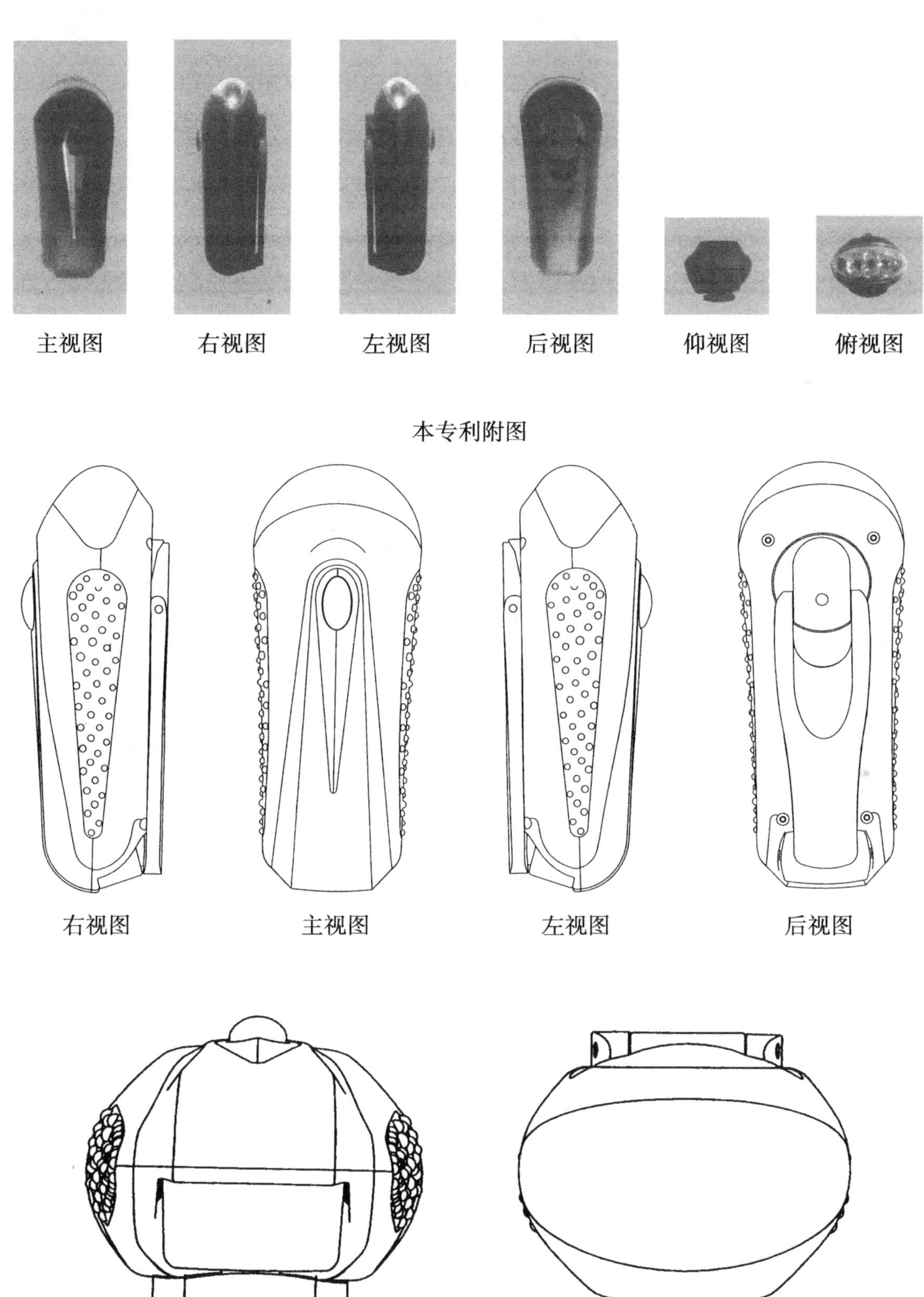

仰视图　　俯视图

在先设计附图

北京市第一中级人民法院
行政判决书

（2009）一中行初字第1310号

原告黄昆明，男，1965年11月2日出生，汉族，浙江省余姚市明英电器灯具厂总经理，住浙江省余姚市马渚镇姚家村西山下39号。

委托代理人张文忠，浙江省宁波市天晟知识产权代理有限公司专利代理人。

被告国家知识产权局专利复审委员会，住所地北京市海淀区北四环西路9号银谷大厦10~12层。

法定代表人廖涛，副主任。

委托代理人雷婧，女，国家知识产权局专利复审委员审查员。

委托代理人隋璐，女，国家知识产权局专利复审委员审查员。

第三人吴建军，男，1975年8月1日出生，汉族，浙江省盛博电子有限公司职员，住浙江省温州市鹿城区五马街道打绳巷116号。

原告黄昆明不服被告国家知识产权局专利复审委员会作出的第12877号无效宣告请求审查决定（下称被诉决定），向本院提起行政诉讼。本院受理后，依法组成合议庭，依照《中华人民共和国专利法》（以下简称《专利法》）第46条第2款、《中华人民共和国行政诉讼法》第27条的规定，通知利害关系人吴建军作为本案第三人参加诉讼，并于2009年10月12日公开开庭审理了本案。原告的委托代理人张文忠，被告的委托代理人雷婧、隋璐到庭参加了诉讼，第三人吴建军经本院合法传唤未到庭。本案现已审理终结。

被告针对原告提出的无效宣告请求，于2009年1月4日作出被诉决定：

本无效宣告请求涉及的是国家知识产权局于2008年1月30日授权公告的、专利号为200730112170.X的外观设计专利，其产品名称为“手电筒（MY-8）”（下称本专利），申请日为2007年3月5日，专利权人为原告。

针对本专利，第三人于2008年6月29日向被告提出无效宣告请求，其理由是：本专利与在其申请日前公开的附件1所示的外观设计专利相同或相近似，不符合《专利法》第23条的规定。同时，第三人提交了：附件1：专利号为200530086024.5的中国外观设计专利的著录项目及图片复印件1页（以下简称附件1）。

经审查，被告受理了该无效请求，2008年8月28日向原告转送了无效宣告请求书及相关文件的副本。2008年9月27日向原告和第三人发出口头审理通知书，定于2008年11月10日进行口头审理。2008年10月15日，被告收到原告提交的意见陈述书，同时原告提交了反证1：《国际外观设计分类表》相关页复印件3页。2008年10月16日，被告将原告提交的上述意见陈述书及其所附附件转送第三人。口头审理如期举行，原告未出席口头审理。口头审理中，第三人坚持其原有观点，并认为本专利与附件1中的产品从类别上看有一定差异，但二者实为相同用途的产品。据此，被告认为本案事实已经调查清楚，作出被诉决定。理由如下：

（1）法律依据。《专利法》第23条规定。

（2）证据的认定。附件1申请日为2005年6月29日，授权公告日为2006年3月15日，专利权人为第三人。被告认为，附件1内容与公报一致，其公告日在本专利的申请日（2007年3月5日）之前，可以作为评述本专利是否符合专利法第23条规定的证据。

（3）产品类别的确认。

本专利产品名称为“手电筒（MY-8）”，附件1所示外观设计专利的产品名称为“手摇充电器（SB-3043型）”，原告认为二者的产品用途、类别不相同也不相近，不可比对。第三人认为，二者虽然在分类号上有一定的差别，但实际上二者的用途相同，附件1中所示专利是一种内部设置有手摇充电器的手电筒，本专利也为设有手摇充电器的手电筒，二者用途相同。被告认为，虽然本专利与附件1所示专利的产品名称和分类号不相同，但在确定是否属于相同或相近类别产品时，应以产品的用途是否相同或相近为准，产品的名称和分类号仅作为参考。关于本专利，第三人主张通过转动其上的手柄可以带动内部的手摇发电装置发电，原告对此不予认可。关于附件1所示专利，第三人主张其使用的产品为可手摇充电的手电筒，原告认为从其视图内容及类别均无法确定其具有照明功能。通过观察本专利与附件1所示产品的结构可知，二者均具有如下三个结构特征：①产品正面有按钮；②产品顶部为弧面部件；③产品背面有手柄。针对上述情况，被告认为，根据该手摇充电器的结构及一般消费者对该类产品的了解可知，该产品可同时具备充电和照明的功能，其中产品上的手柄为用于实现手摇充电功能的构件，而产品上的按钮则为用于开启与关闭照明功能的构件。虽然附件1中产品的弧面部件并未明确示出其中是否设置照明灯泡，但基于该产品的结构，一般消费者结合产品名称观察附件1所示专利的图片时，可以通过其中的按钮及手柄的结构特征推定该产品同时具备照明和充电功能，并根据此类产品常规的结构布置，推定产品顶部的弧面部件即为其照明构件。此外，第三人作为附件1所示专利的专利权人，对其自身专利的用途作出了进一步说明，其说明与此类产品的一般消费常识、与图片中显示的外观设计均无矛盾，原告虽对此不予认可，却未作出充分合理的说明和解释。关于原告提交的反证，其仅证明了二者的国际外观设计分类号不相同，并不能直接证明二者产品的用途。因此，基于以上综合考虑，可认定附件1所示的专利为具有照明功能的手摇充电器，其与本专利均具有照明功能，属于相近类别的产品。④外观设计相同和相近似的对比。本专利产品整体呈上宽下窄状，顶部为圆弧轮廓，正面从上至底部为一近似梯形的形状，其上设有上端中央为椭圆形按钮的近似倒水珠形的形状，背面有手柄设计（详见本专利附图）。

附件1所示的外观设计（以下简称在先设计）中产品整体呈上宽下窄状，顶部为圆弧轮廓，正面由上至底部为一近似梯形的形状，其上设有上端中央为椭圆形按钮的近似倒水珠形的形状，背面有手柄设计，两侧各设有近似倒水珠形状的凸点区域（详见在先设计附图）。

将本专利与在先设计相比较，二者产品整体均呈上宽下窄状，顶部均为圆弧轮廓，正面的上至底部均为一近似梯形的形状，其上均有上端中央为椭圆形按钮的近似倒水珠形的形状，背面均有手柄设计，二者的主要不同点在于：在先设计两侧各有近似倒水珠形状的凸点区域，而本专利无此设计。被告认为，本专利与在先设计的整体形状及除两侧面外的其他各部位的设计均基本相同，仅所述两侧的局部差异对于产品的整体视觉效果而言不具有显著影响。因此，本专利与在先设计属于相近似的外观设计。综上所述，在本专利申请日以前已有与其相近似的外观设计在出版物上公开发表过，本专利不符合《专利法》第23条的规定。据此，被告宣告本专利无效。

被告向本院提交了被诉决定及以下证据：（1）附件1；（2）本专利公报复印件；（3）《无效请求口头审理通知书》以及邮局交寄大宗挂号邮件清单收据；（4）本专利请求书；（5）《无效宣告请求受理通知书》及原告提交的代理意见。上述证据用以证明被诉决定认定事实清楚，适用法律正确，审查程序合法。

原告诉称：（1）被告在收到原告的委托代理手续后，并未向原告委托代理机构发出口头审理通知书，导致原告代理人不能如期参加口头审理，丧失了当庭答辩的权利，属于程序违法。原告收到被告2008年8月28日发出的《无效宣告请求受理通知书》，委托宁波市天晟知识产权代理有限公司

（下称宁波市天晟公司）作为原告的代理人，宁波市天晟公司作为原告的代理人针对第三人的无效请求进行答辩，并将意见陈述书和口头审理代理词寄给被告，而被告未向宁波市天晟公司发出《合议组成员告知通知书》和《口头审理通知书》，导致原告代理人不能如期参加口头审理。而被告仅听取了第三人一面之词，在假定附件1具有照明功能的前提下，随意作出具有部分相同功能的结论，不顾事实武断将两者相比较，导致结论错误。（2）被告对证据事实的认定错误，导致结论错误。被诉决定要点是“确定是否属于相同或相近似类别产品时，应当以产品的用途是否相同或相近为准，产品的名称和外观设计分类号仅作为参考；根据在先设计所示的产品及一般消费的常识，可认定其所示产品具有照明功能，与本专利属于相近似类别的产品；二者属于相近似的外观设计”。事实上，附件1国际分类表中的分类号为13-02，该分类号对应的产品落入了充电器的13大类中的2小类，根据《国际外观设计分类表》（第8版）相关页p.3、p.84、p.130中明确，其用途为电力变压器、整流器、电池和蓄电池，并且该外观设计简要说明中没有任何请求和说明；而本专利国际分类表中的分类号为26-02。根据《专利法》五十六条第二款及专利侵权判定的禁止反悔原则，第三人所要保护的产品应该属于电池和蓄电池类别，其无权主张其他类别的产品。原告提交的产品小类表概述中第1项明确规定“每项大类和小类的标题基本规定了该项产品所述的范围”。根据《审查指南》第四部分第五章第6.2.1节外观设计相近似的判断规定，“只有对于相同或者相近类别的产品，才可能存在外观设计相近似的情况。所谓相近类别的产品是指用途相近的产品”。《外观设计检索报告》进一步证明了新颖性检索是在同大类的外观设计产品中进行的，被告应采用一个标准，而不应该以主观随意认定。电池和蓄电池类别不同于手电、手提灯和灯笼类别；附件1与本专利的用途不相同，也不存在部分用途相同的概念。因此，被诉决定将附件1作为本专利对比文件与本专利进行比对错误。综上，原告请求法院判决撤销被诉决定，判令被告重新作出具体行政行为。

原告向本院提交了以下证据：(1)《国际外观设计分类表》（第8版）相关页p.3、p.84、p.130，用以证明被诉决定主要证据认定不足，适用法规不当；（2）《外观设计检索报告》，用以证明新颖性检索只能在同类别产品的外观设计中进行检索。

被告辩称：关于原告第一点起诉意见，被告认为，其于2008年8月28日、9月27日向原告专利登记簿上留有的指定联系人张立根发出《无效请求受理通知书》以及《无效请求口头审理通知书》且未收到退信，原告亦针对第三人的无效请求作出书面意见陈述并提交相关反证，原告代理人虽未参加口头审理，但被告亦根据原告的书面意见陈述及证据进行审理，故不存在程序违法。关于原告第二点起诉意见，被告坚持被诉决定对附件1认定的事实及理由。综上，原告的诉讼理由不能成立，被告请求法院驳回原告的诉讼请求，维持被诉决定。

经庭审质证，原告对被告提交的证据1~3的关联性、合法性、真实性无异议，对证据4、5的合法性、真实性无异议，但对其关联性有异议，原告不同意上述证据的证明作用。被告对原告提交的证据1、2的合法性、真实性均无异议，但对其关联性有异议。

经庭审质证及合议庭评议，本院认为：被告提交的证据真实、合法，能够证明被告作出被诉决定的基本过程，本院对上述证据予以采信。原告提交的证据1系《国际外观设计分类表》，可以作为外观设计分类参考，但尚不足以证明被诉决定认定事实不清，适用法律错误；证据2与本案无关联性，对该证据本院不予采纳。

根据上述有效证据，本院认定如下事实：原告于2007年3月5日向国家知识产权局提出本专利申请，2008年1月30日授权公告，其公开了主视图、右视图、左视图、后视图、仰视图及俯视图（详见本专利附图）。2008年6月29日，第三人向被告提出无效宣告请求，其理由为：本专利与在其申请日前公开的附件1所示的外观设计专利相同或相近似，不符合专利法第23条的规定，并提交附件1（详见附件1附图）作为无效请求的证据。被告受理后，于2008年8月28日、9月27日向原告专利登记簿上留有的指定联系人张立根发出《无效请求受理通知书》以及无效请求口头审理通知书，定于同年11月10日进行口头审理。原告向被告提交了意见陈述书及相关反证并提交了代理手续。同年11月10日被告进行了口头审理，第三人委托代理人参加了口头审理。口头审理中，第三人坚持其无效请求理由。被告经审查于2009年1月4日作出被诉决定。

本院认为，根据专利法第23条规定，授予专利权的外观设计，应当同申请日以前在国内外出版物上公开发表过或者国内公开使用过的外观设计不相同和不相近似，并不得与他人在先取得的合法权利相冲突。本案争议焦点：（1）被告向原告指定联系人发出口头审理通知书是否属于程序违法的问题；（2）附件1与本专利不在同一国际专利分类上，是否与本专利属相近类别的产品，能否作为本专利的现有技术。

一、关于争议焦点一

本院认为，被告受理了第三人提出的无效宣告请求后，于2008年8月28日、9月27日向原告专利登记簿上留有的指定联系人张立根发出无效请求受理通知书以及无效请求口头审理通知书，并定于同年11月10日进行口头审理。原告收到了上述通知书后，向被告提交了意见陈述书及相关反证并提交了委托代理手续。同年11月10日被告进行了口头审理，第三人委托代理人参加了口头审理，原告及其委托代理人虽未参加口头审理，但被告亦根据第三人提出无效请求的理由、证据及原告的意见陈述及相关证据进行审查，其作出的被诉决定并无不当。原告认为被告在收到原告的委托代理手续后，未向原告的代理人发出口头审理通知书，违反审查指南第四部分第三章第3.6节委托手续中的相关规定，属于程序违法的主张，因缺乏事实及法律依据，对其主张本院不予支持。

二、关于争议焦点二

审查指南第四部分第五章第6.2.1节外观设计相近似的判断规定“只有对于相同或者相近类别的产品，才可能存在外观设计相近似的情况。所谓相近类别的产品是指用途相近的产品。”

参照上述规定，在确定产品的类别时，可以参考产品的名称、国际外观设计分类表以及产品货架分类，但是应当以产品的用途是否相同或者相近为准。本专利产品名称为“手电筒（MY-8）”，附件1所示外观设计专利产品的名称为“手摇充电器（SB-3043型）”。虽然本专利与附件1产品的名称不同，且附件1中产品的弧面部件未明确示出其中是否设置照明灯泡，但基于该产品的结构，一般消费者结合产品名称观察附件1所示专利的图片时，可以通过其中的按钮及手柄的结构特征推定该产品同时具备照明和充电功能，并根据此类产品常规的结构布置，推定产品顶部的弧面部件即为其照明构件。因此，被诉决定认定附件1所示的专利为具有照明功能的手摇充电器，其与本专利均具有照明功能，属于相近类别的产品正确，本院应予支持。

参见本专利与附件1所示产品的附图，二者产品整体均呈上宽下窄状，顶部均为圆弧轮廓，正面的上至底部均为一近似梯形的形状，其上均有上端中央为椭圆形按钮的近似倒水珠形的形状，背面均有手柄设计，二者的主要不同点在于：附件1所示产品的外观设计两侧各有近似倒水珠形状的凸点区域，而本专利无此设计。本专利与附件1所示产品的整体形状及除两侧面外的其他各部位的设计均基本相同，仅所述两侧的局部差异对于产品的整体视觉效果而言不具有显著影响。因此，被诉决定关于本专利与附件1所示产品的外观设计属于相近似外观设计的认定正确，本院应予支持。综上，原告的诉讼理由均不能成立，其请求撤销被诉决定的诉讼请求因缺乏事实及法律依据，本院不予支持。据此，依照《中华人民共和国行政诉讼法》第五十四条第（一）项之规定，判决如下：

维持被告国家知识产权局专利复审委员会于二〇〇九年一月四日作出的第12877号无效宣告请求审查决定。

案件受理费100元，由原告黄昆明负担（已交纳）。

如不服本判决，可在本判决书送达之日起15日内向本院提交上诉状，并按对方当事人人数提出副本，上诉于北京市高级人民法院。上诉人在接到人民法院预交诉讼费用通知后7日内未预交又不提出缓交申请的，按自动撤回上诉处理。

审 判 长 张 杰

代理审判员 何君慧

人民陪审员 张燕宾

二〇〇九年十月十九日

书 记 员 薛 政

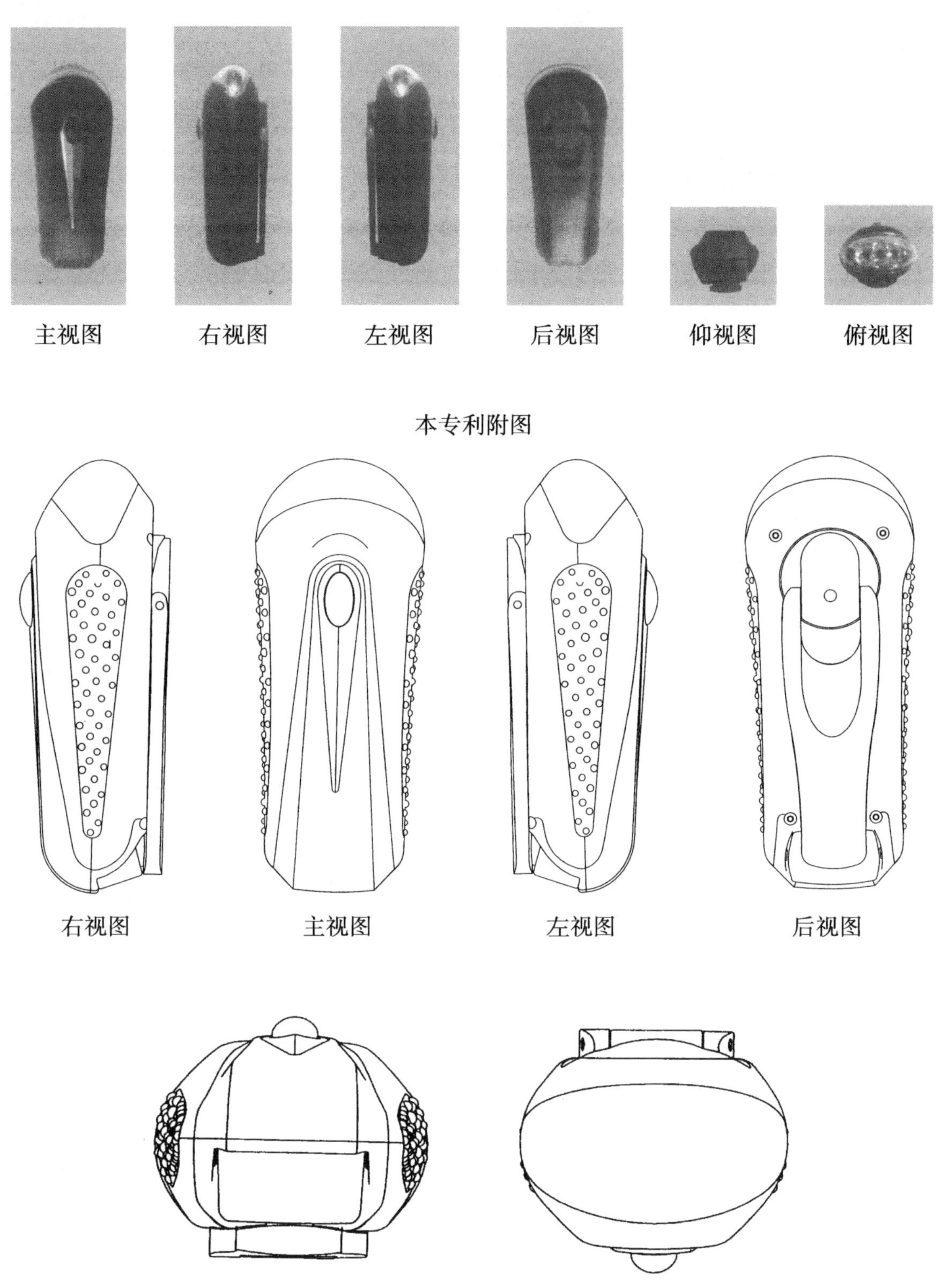

在先设计附图

096

卫生棺（1）

无效宣告请求审查决定（第12880号）

决　　定　　号　第12880号
决　　定　　日　2009年1月15日
发明创造名称　卫生棺（1）
外观设计分类号　99-00
无 效 请 求 人　江苏友信高分子材料有限公司
专 利 权 人　薛惕忠
专　　利　　号　200330111618.8
申　　请　　日　2003年10月29日
授 权 公 告 日　2004年7月21日
合 议 组 组 长　张跃平
主　　审　　员　雷　婧
参　　审　　员　张　凌
附　　　　　图　1页

法 律 依 据　专利法第23条，专利法实施细则第13条第1款
决 定 要 点

对卫生棺类产品的一般消费者而言，本专利与在先设计之间存在明显的差别，对整体视觉效果具有显著的影响，二者属于既不相同也相近似的外观设计。

一、案由

本无效宣告请求涉及的是国家知识产权局于2004年7月21日授权公告的、专利号为200330111618.8的外观设计专利，其产品名称为“卫生棺（1）”，申请日为2003年10月29日，专利权人为薛惕忠。

针对上述外观设计专利权（下称本专利），江苏友信高分子材料有限公司（下称请求人）于2008年5月6日向专利复审委员会提出无效宣告请求，其理由是：附件1、附件2是同一申请人在同一日申请的与本专利相同相近似的外观设计，故本专利不符合专利法实施细则第13条第1款的规定；本专利与附件3~8中所示的外观设计相近似，不符合专利法第23条的规定。同时，请求人提交了如下附件作为证据：

附件1：专利号为200330111619.2的中国外观设计专利的著录项目及图片复印件，共1页；

附件2：专利号为200330111620.5的中国外观设计专利的著录项目及图片复印件，共1页；

附件3：D288256号美国外观设计专利公报复印件，共2页；

附件4：D288257号美国外观设计专利公报复印件，共2页；

附件5：D417057号美国外观设计专利公报复印件，共3页；

附件6：D416659号美国外观设计专利公报复印件，共3页；

附件7：D338314号美国外观设计专利公报复印件，共2页；

附件8：D351270号美国外观设计专利公报复印件，共2页；

附件9：D276283号美国外观设计专利公报复印件，共3页。

请求人认为，本专利与附件1、附件2中的外观设计除颜色差异外，各视图均相近似；附件3~8与本专利虽然在棺盖、棺体及棺体底座的形状上有少许改变，但这些改变均属于棺材设计上通常的技术改变，且仅仅是对棺材外形做了曲线调整，对棺材整体形状的变化没有显著影响。

经形式审查合格，专利复审委员会依法受理了上述无效宣告请求，并于2008年5月21日将无效宣告请求书及相关文件的副本转送专利权人，通知其在指定的期限内答复。

专利权人逾期未答复。

专利复审委员会成立合议组对本案进行审理，并于2008年7月10日向双方当事人发出口头审理通知书，定于2008年8月27日进行口头审理。

口头审理如期举行，双方当事人均委托代理人出庭，双方对对方出庭人员的身份及代理资格均无异议，对合议组成员亦无回避请求。在口头审理中，请求人坚持其原有观点；专利权人认为本专利与附件1、附件2均不相同也不相近似，合议组经合议，认为本专利与附件1中的外观设计相近似，并当庭告知专利权人：由于二者属于同一申请人同一日申请的外观设计专利，根据审查指南第四部分第七章的规定，专利权人可以选择放弃其中一项专利权，专利权人当庭表明放弃附件1中的外观设计专利。另外，对于请求人提出的专利法第23条的无效宣告理由，合议组当庭告知请求人：由于其未在规定期限内提交附件3~9的中文译文，根据审查指南的相关规定，上述附件视为未提交，因而请求人提出的该理由不成立。

2008年9月3日，专利权人向专利复审委员会提交了自申请日起放弃200330111619.2号专利权的声明。该声明于2008年12月17日第24卷第51号的外观设计专利公报中予以公告。

2008年10月20日，专利复审委员会收到请求人提交的附件3~5、附件7和附件8的部分中文译文。

至此，合议组认为本案事实清楚，可以依法作出审查决定。

二、决定的理由

1. 法律依据

基于请求人提出无效宣告请求的理由，合议组依据专利法第23条、专利法实施细则第13条第1款的规定进行审理。

专利法第23条规定："授予专利权的外观设计，应当同申请日以前在国内外出版物上公开发表过或者国内公开使用过的外观设计不相同和不相近似，并不得与他人在先取得的合法权利相冲突。"

专利法实施细则第13条第1款规定："同样的发明创造只能被授予一项专利。"

2. 证据的认定

附件1是专利号为200330111619.2的中国外观设计专利的著录项目及图片复印件，其产品名称为"卫生棺（2）"，专利权人为薛惕忠，申请日为2003年10月29日，授权公告日为2004年6月16日。经合议组核实，附件1的内容与公报一致，其专利权人和申请日均与本专利相同，属于同一申请人同一日申请的外观设计专利。由于专利权人已于2008年9月3日向专利复审委员会书面声明主动放弃该专利权，且该声明于2008年12月17日第24卷第51号的外观设计专利公报中予以公告，故附件1不可作为评述本专利是否符合专利法实施细则第13条第1款的规定的证据。

附件2是专利号为200330111620.5的中国外观设计专利的著录项目及图片复印件，其产品名称为“卫生棺（3）”，专利权人为薛惕忠，申请日为2003年10月29日，授权公告日为2004年6月2日。经合议组核实，附件1的内容与公报一致，其专利权人和申请日均与本专利相同，属于同一申请人同一日申请的外观设计专利，且其专利权处于维持有效的状态，故可以用于评述本专利是否符合专利法实施细则第13条第1款的规定。

附件3至附件9均为美国外观设计专利公报复印件，由于请求人未在举证期限内提交上述附件的中文译文，根据审查指南第四部分第八章2.2.1的规定，上述附件均视为未提交。

对于专利复审委员会2008年10月20日收到的请求人提交的附件3~5、附件7和附件8的部分中文译文，由于已超出举证期限，合议组对其不予考虑。

3. 外观设计相同和相近似的对比

附件2所示的外观设计（下称在先设计）与本专利使用的产品均为卫生棺，二者用途相同，属于相同类别的产品，可以对二者进行相同和相近似的比较。

本专利中产品呈长方体，各边角均为圆角，上盖分割为左右两部分，棺体上端凸出一层台阶，并以向内收缩的内凹弧面与棺体中部连接，棺体底座分呈两层，上层与棺体中部之间呈斜面连接，上下层间以向内收缩的内凹弧面连接（详见本专利附图）。

在先设计中产品呈长方体，各边角均为直角，上盖分割为左右两部分，棺体上端凸出一层台阶，与棺体中部之间无过渡面，棺体底座上端呈斜面台阶状与棺体中部连接（详见在先设计附图）。

将本专利与在先设计相比较，二者均呈长方体且上盖均分割为左右两部分，棺体上端均凸出一层台阶，二者的主要不同点在于：产品各边角的形状不同，本专利呈圆角形，在先设计呈直角形；从上盖至底座之间形状的过渡不同，本专利各过渡面基本呈弧面状，在先设计基本无过渡面；棺体底座的形状不同，本专利分呈两层，上层与棺体中部之间呈斜面连接，上下层间以向内收缩的内凹弧面连接，在先设计仅在上端与棺体中部连接的部位呈斜面台阶状。对于上述二者的相同点与不同点，合议组认为，二者虽然均呈长方体形，但该形状在卫生棺类产品所属领域属于常见的设计，相对而言，此类产品的一般消费者通常更为关注产品的其余设计，因此该产品其余设计的变化通常对整体视觉效果更具有显著影响。从二者的上述比较可知，本专利与在先设计在产品各边角形状、各部位形状间的过渡以及棺体底座的形状均有明显的差别，对该类产品的一般消费者而言，这些差别部位均属于容易看到且为其关注的部位，对整体视觉效果具有显著的影响，故二者属于既不相同也不相近似的外观设计。

4. 结论

请求人提交的证据均不能证明本专利不符合专利法第23条、专利法实施细则第13条第1款的规定，故不能支持其无效宣告请求的理由，其无效宣告请求的主张不成立。

三、决定

维持200330111618.8号外观设计专利权有效。

当事人对本决定不服的，可以根据专利法第46条第2款的规定，自收到本决定之日起三个月内向北京市第一中级人民法院起诉，根据该款规定，一方当事人起诉后，另一方当事人应当作为第三人参加诉讼。

主视图

右视图

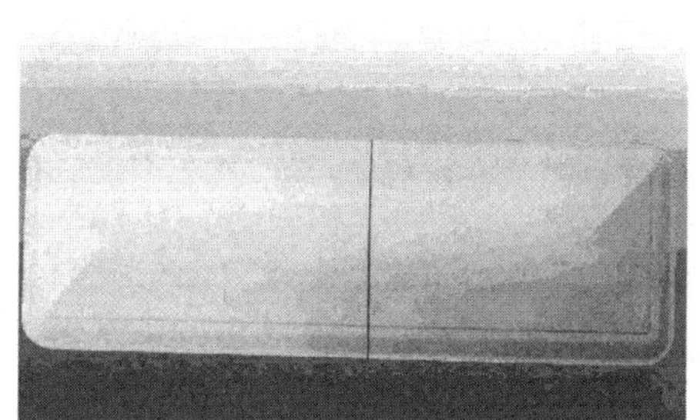

俯视图

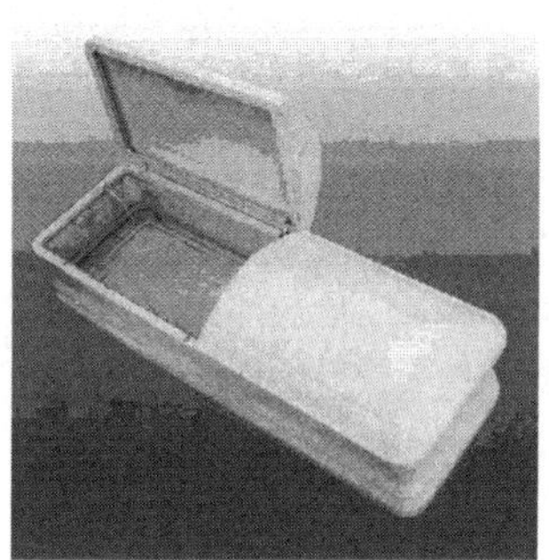

使用状态图

本专利附图

主视图

右视图

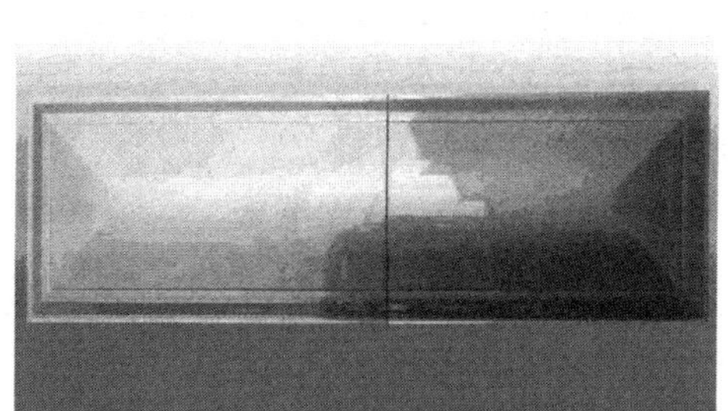

俯视图

使用状态图

在先设计附图

097

包　装　盒

无效宣告请求审查决定（第 12881 号）

决　　定　　号　第 12881 号
决　　定　　日　2009 年 1 月 13 日
发明创造名称　包装盒
外观设计分类号　09-03
无效宣告请求人　上海衡方知识产权代理有限公司
专　利　权　人　马会军
专　　利　　号　200730056040.9
申　　请　　日　2007 年 5 月 23 日
授 权 公 告 日　2008 年 4 月 2 日
合 议 组 组 长　张　凌
主　　审　　员　雷　婧
参　　审　　员　尹春霞
附　　　　　图　2 页

法　律　依　据　专利法第 23 条
决　定　要　点

就本案包装盒而言，其正面的外观设计反映了产品的主要设计特征，是一般消费者最为关注的面。本专利与在先设计的正面视觉效果相同，而二者的差异不足以对其外观设计整体视觉效果产生显著影响，故二者属于相近似的外观设计。

一、案由

本无效宣告请求涉及的是国家知识产权局于 2008 年 4 月 2 日授权公告的、专利号为 200730056040.9 的外观设计专利，其产品名称为“包装盒”，申请日为 2007 年 5 月 23 日，专利权人为马会军。

针对上述外观设计专利权（下称本专利），上海衡方知识产权代理有限公司（下称请求人）于 2008 年 7 月 31 日向专利复审委员会提出无效宣告请求，其理由是：在本专利申请日前，已有与其相近似的外观设计在出版物上公开发表和公开使用过，故本专利不符合专利法第 23 条的规定。同时，请求人提交了如下证据：

证据 1：声称是 URA 水润亮肌乳液（柔润型）包装盒照片的复印件，共 1 页；

证据 2：2006 年第 14 期《时尚》杂志相关页面的复印件，共 6 页；

证据 3：声称是 URA 水润亮肌乳液（柔润型）售出发票及相关清单的复印件，共 4 页。

请求人认为，根据证据 1~3 的内容，可得出早在本专利的申请日之前，请求人就已经生产并销售了 URA 包装盒，并在国内出版物上公开发表过，本专利与上述包装盒的外观设计相近似，故本专利不符合专利法第 23 条的规定。

经形式审查合格，专利复审委员会依法受理了上述无效宣告请求，并于 2008 年 8 月 29 日将无效宣告请求书及相关文件的副本转送专利权人，通知其在指定的期限内答复。

专利权人逾期未答复。

专利复审委员会依法成立合议组对本案进行审理，并于 2008 年 10 月 13 日向双方当事人发出口头审理通知书，定于 2008 年 11 月 24 日进行口头审理。

因故，专利复审委员会将口头审理的时间延迟至 2008 年 12 月 18 日进行，并于 2008 年 11 月 18 日发出口头审理通知书告知双方当事人。

口头审理如期举行，仅有请求人一方委托代理人出庭，专利权人未参加口头审理。口头审理中，请求人当庭提交了与证据 1 中所示产品类似的包装盒实物、证据 2 的原件和证据 3 加盖“资生堂（中国）投资有限公司”公章的复印件。请求人当庭明确其提交的证据 2 单独用于证明在本专利申请日前已有与其相近似的外观设计在出版物上公开发表过，证据 1~3 结合用于证明在本专利申请日前已有与其相近似的外观设计在国内公开使用过。对于公开使用的理由，请求人表示，上述证据中的产品从未更换过包装，证据 1 中所示的产品在本专利申请日前已公开使用，其与本专利除主视图有细微的花边图案差别外，其他部分均一致，故二者属于相近似的外观设计。对于公开发表的理由，请求人进一步确认证据 2 中用于进行相同和相近似对比的图片，并认为其与本专利仅存在细微差别。此外，请求人还认为，证据 1 中的产品与其当庭提交的实物属于同一系列，具有一致的外观设计。

至此，合议组认为本案事实清楚，可以依法作出审查决定。

二、决定的理由

1. 法律依据

基于请求人提出无效宣告请求的理由，合议组依据专利法第 23 条的规定进行审理。

专利法第 23 条规定：“授予专利权的外观设计，应当同申请日以前在国内外出版物上公开发表过或者国内公开使用过的外观设计不相同和不相近似，并不得与他人在先取得的合法权利相冲突。”

2. 证据的认定

证据 2 是 2006 年第 14 期《时尚》杂志相关页面的复印件，请求人在口头审理时提交了该证据的完整原件。经合议组核实，该证据原件封面左上角标明“10 月号邮发代号：46-199”，左下角标明“时尚杂志 2006 年第 14 期总第 237 期 ISSN 1005-1988”，可以确认其真实性，根据审查指南的相关规定，印刷日只写明年月的，以所写月份的最后一日为公开日，故证据 2 的公开出版日应为 2006 年 10 月 31 日，早于本专利的申请日（2007 年 5 月 23 日），可以作为评述本专利是否符合专利法第 23 条规定的证据。

3. 外观设计相同和相近似的对比

请求人在口头审理时明确将证据 2 的第 5 页上侧右数第二个包装盒、第 6 页右上侧右数第一个包装盒作为对比外观设计，且表示上述包装盒为同一产品。根据证据 2 所示的包装盒及其内装产品的排布和此类产品的一般消费常识，合议组可确认请求人所述的两幅视图表达了同一包装盒的外观设计(下称在先设计)。在先设计与本专利均为包装盒的外观设计，二者用途相同，属于相同类别的产品，因此可以对二者进行相同和相近似对比。本专利中产品整体呈长方体形，正面中上部由“urara”字母变形构成的图案，下部有几行字母，正面的右下侧及右侧面的左下侧有浅浮雕式花纹图案，产品左侧面及背面下部均有多行字母和文字（详见本专利附图）。

在先设计中公开的包装盒整体呈长方体形，正面中上部为由“urara”字母构成的图案，下部有几行文字（详见在先设计附图）。

将本专利与在先设计进行比较，二者的整体形状均呈长方体形，正面中上部均有由“urara”字母或其变形构成的图案，下部均有文字排列。二者的主要不同点在于：本专利正面的右下侧及右侧面的左下侧有浅浮雕式花纹图案，而在先设计中未显示；本专利左侧面及背面下部均有多行文字，而在先设计中未显示。对于上述的相同点与不同点，合议组认为，就本案包装盒而言，其正面的外观设计反映了产品的主要设计特征，是一般消费者最为关注的面。本专利与在先设计的整体形状均呈长方体形、正面的图案本身及其与文字的排列构成均基本相同，使得二者的正面具有相同的视觉效果，而二者在浅浮雕式花纹图案及其他面的文字设计上存在的差异属于局部细微的差异，不足以对包装盒类产品的外观设计整体视觉效果产生显著影响。因此，本专利与在先设计属于相近似的外观设计。

4. 结论

在本专利申请日以前已有与其相近似的外观设计在出版物上公开发表过，本专利不符合专利法第23条的规定。

鉴于已得出上述结论，本决定不再对请求人提出的其他无效宣告请求理由及其证据予以评述。

三、决定

宣告200730056040.9号外观设计专利权全部无效。

当事人对本决定不服的，可以根据专利法第46条第2款的规定，自收到本决定之日起三个月内向北京市第一中级人民法院起诉，根据该款规定，一方当事人起诉后，另一方当事人应当作为第三人参加诉讼。

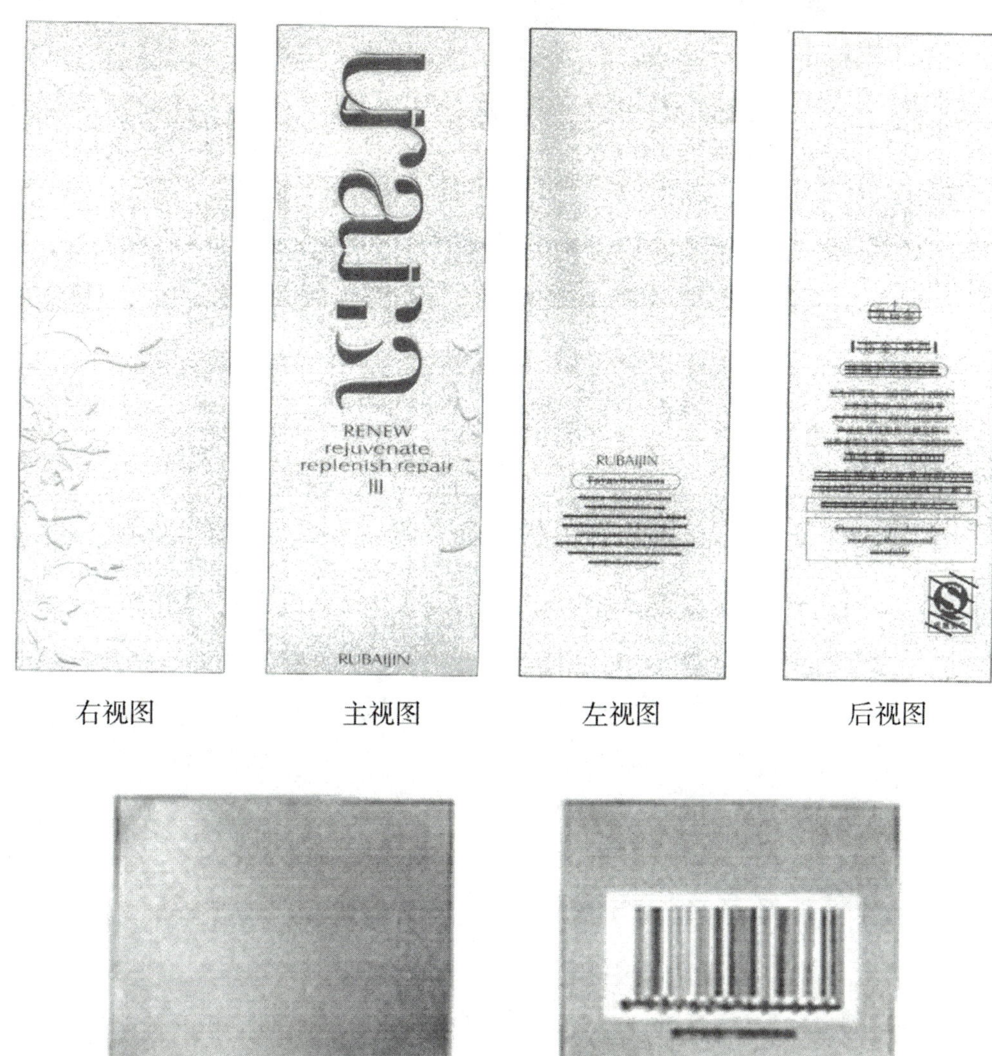

右视图　　主视图　　左视图　　后视图

俯视图　　仰视图

本专利附图

Brightening
Moist
Cleansing Foam
(II)
SHISEIDO
Brightening
Moist
Softener
(II)
SHISEIDO
Brightening
Moist
Emulsion
(II)
SHISEIDO
urara
Brightening
Moist
Emulsion
(IV)
SHISEIDO
Elastic
Repair Cream
urara

urara 悠莱系列产品

在先设计附图

098

包装盒（帝一）

无效宣告请求审查决定（第 12886 号）

决　定　号　第 12886 号
决　定　日　2009 年 2 月 9 日
发明创造名称　包装盒（帝一）
外观设计分类号　09-03
无 效 请 求 人　苏应海
专　利　权　人　佛山市三水区酒厂有限公司
申　请　号　200630177684.9
申　请　日　2006 年 12 月 20 日
授 权 公 告 日　2007 年 12 月 5 日
合 议 组 组 长　田　华
主　审　员　余心蕾
参　审　员　郝兴辉
附　　图　2 页

法　律　依　据　专利法第 23 条
决　定　要　点

本专利与证据 1 的整体形状相同，二者主视图所示图案基本相同，其他对应的视图中所示图案也基本相同，二者的不同之处属于局部细微差别，不会对整体视觉效果产生显著影响，因此，本专利和证据 1 相近似，不符合专利法第 23 条的规定。

一、案由

本无效宣告请求涉及国家知识产权局于 2007 年 12 月 5 日授权公告的 200630177684.9 号外观设计专利（下称本专利），其申请日为 2006 年 12 月 20 日、名称为“包装盒（帝一）”、专利权人为佛山市三水区酒厂有限公司。

针对本专利，苏应海（下称请求人）于 2008 年 4 月 18 日向专利复审委员会提出专利权无效宣告请求，理由如下：（1）本专利相对于证据 1 不符合专利法第 23 条的规定，此外本专利在申请日以前已经使用公开；（2）本专利不符合专利法实施细则第 13 条的规定。请求人同时提交了如下证据：

证据 1：专利号为 200430045785.1 的中国外观设计专利公报复印件，授权公告日为 2005 年 2 月 23 日，共 1 页；

证据 2：专利号为 200630177685.3 的中国外观设计专利公报复印件，申请日为 2006 年 12 月 20

日，授权公告日为2007年12月5日，共1页。

请求人认为：（1）本专利和证据1都是长方体形状，长宽高比例相同，二者主视图基本一致，区别仅在于证据1没有白色竖条，证据1的俯视图和本专利的左、右视图基本相同，证据1的右视图和本专利的俯视图相同，本专利和证据1相近似，不符合专利法第23条的规定；（2）本专利请求保护的包装盒在申请日以前已经公开销售，构成使用公开；（3）申请人在同一日申请了另一项同样的外观设计专利（即证据2），故本专利不符合专利法实施细则第13条的规定。

经形式审查合格，专利复审委员会于2008年6月20日向双方当事人发出无效宣告请求受理通知书，同时将专利权无效宣告请求书及其附件清单中所列附件的副本转送给专利权人，要求专利权人在指定的期限内答复。

专利权人于2008年7月28日提交了意见陈述，具体认为：酒包装盒的形状变化不大，其变化之处主要在于包装盒的图案和色彩。从主视图看，本专利和证据1的色彩构成完全不同，本专利左侧有白色竖条，而证据1没有，本专利和证据1中部的长方形框不同，本专利两边有装饰条，证据1两边只是浅红色背景，二者不同；从右视图看，本专利是深红色，且有明显的明暗变化，证据1只是浅红色，二者的图案也存在较大区别，从左视图和俯视图看，本专利和证据1也完全不相同。综上，本专利和证据1不相同也不相近似。本专利和证据2也存在大量区别，故本专利和证据2属于不同的外观设计。

专利复审委员会依法成立合议组对本无效宣告请求进行审查。合议组于2008年7月28日向双方当事人发出无效宣告请求口头审理通知书，定于2008年9月18日进行口头审理。

合议组于2008年8月4日向请求人发出转文通知书，将专利权人于2008年7月28日提交的意见陈述书转交给请求人。

口头审理如期举行，双方当事人均出席了口头审理，合议组当庭告知双方当事人，请求人未提交合格的授权委托书，必须于庭后一周内补交，否则其代理人在本次口头审理中的发言视为无效，双方当事人表示同意。双方当事人对合议组成员无回避请求。请求人明确其无效宣告请求的理由和证据为：（1）依据证据1认为本专利不符合专利法第23条的规定；（2）依据证据2认为本专利不符合专利法实施细则第13条第1款的规定。请求人明确放弃其他无效宣告请求的理由。专利权人对证据1、2的真实性、合法性、关联性无异议，并认可证据1公开的外观设计含有色彩。双方当事人围绕本专利是否符合专利法第23条、专利法实施细则第13条第1款的规定详细陈述了意见。

请求人于口审后重新提交了授权委托书，经合议组审查符合法律规定。

至此，合议组认为本案事实已经调查清楚，可依法作出无效宣告请求审查决定。

二、决定的理由

1. 关于证据

证据1、2均为中国专利文献，属于专利法意义上的公开出版物，专利权人对上述证据的真实性无异议，经合议组核实可以确认其真实性。证据1的授权公告日为2005年2月23日，早于本专利申请日，构成本专利的在先设计。证据2的申请日为2006年12月20日、专利权人为“广东省佛山市三水区酒厂有限公司”，均与本专利相同，故证据2可以作为评价本专利是否符合专利法实施细则第13条第1款规定的证据使用。

2. 关于专利法第23条

专利法第23条规定：“授予专利权的外观设计，应当同申请日以前在国内外出版物上公开发表过或者国内公开使用过的外观设计不相同和不相近似，并不得与他人在先取得的合法权利相冲突。”

本专利请求保护一种包装盒，包括仰视图、左视图、主视图、右视图、俯视图，其简要说明写明：（1）后视图与主视图相同，省略后视图；（2）请求保护的外观设计包含有色彩。本专利请求保护的外观设计整体为立方体。从主视图看为长方形，其主视图的中间部分为红色，其左右两侧各有一竖向的中间断裂的暗红色色条，视图正中央为带红黄两色交替双边框的米黄色长方形，框内有黑色毛笔字体“帝一”，毛笔字下有一红色水滴状色块，其内有一米黄色的中国印状的“酒”字，水滴色块下有 2 行黑色字体，长方框上有一带米黄色双边框的红色椭圆状商标，其内有 2 个小鸟，椭圆体上方有 3 个汉字。在左侧暗红色条和长方框的中间有一细长米黄色条，其长度贯穿主视图顶底，其内有一竖排黑色字体。右侧暗红色条和长方框的中间有一竖排汉字。左视图从上至下，为一横的暗红色长条，横的红色长条，一暗红色块，该色块大小占整个视图的 2/3，底部为一横的红长条。靠近上方的红长条中间有一乳白色对称图案，图案的中央有一中国印。中部的大暗红色块的中下方有一宽度短于视图宽度的双边框红色竖长方形，其内有横排的米黄色汉字，该长方形下方与视图最下方的红长条相接。右视图和左视图基本相同，区别仅在于右视图的长方框中的文字排列略有不同。从俯视图看，整体为暗红色方形，中间有双米黄色边框，框体内中部有一米黄色底、字体为暗红色的中国印。从仰视图看，整体为暗红色方形，中下部有一条形码。

证据 1 涉及一种酒包装盒，包括主视图、左视图、右视图、俯视图，其简要说明写明：后视图、仰视图分别和主视图、俯视图相同，省略后视图、仰视图。证据 1 不请求保护色彩，但其授权公告文本上包含有色彩。证据 1 整体为立方体，从主视图看为长方形，其左右两侧及底部各有一橘红色长条，视图正中央为一黄色长方形，其内有一带橘红色双边框的长方形，框内底色为黄色，但略深于其外的米黄色。框内有黑色毛笔字体“帝一”，其下有一橘红色水滴状色块，橘红滴色块中有一米黄色的中国印状的“酒”字，水滴色块下有 2 行红色字体，长方框上部有一带橘红色双边框的椭圆商标，其内有 2 个小鸟，椭圆体上方有 3 个汉字。左侧橘红条和中部长方框的中间有一竖排黑色字体。右侧橘红条和中部长方框的中间有一竖排汉字。从俯视图看，其整体为长方形，底部为一橘红色长条，长条上方整体均为浅红色，中部有一双边框长方形，框内有乳黄色汉字。长方框上方的中间有一乳黄色中国印。从右视图看，整体为橘红色方形，中间有双米黄色边框，框体内中部有一米黄底、字体为橘红色的中国印。从左视图看，其底色为橘红色，中下部有一条形码。

本专利与证据 1 所示的外观设计均为包装盒的外观设计，属于同类别产品，可以进行相同和相近似的比较。本专利的主视图、左视图、俯视图、仰视图分别对应于证据 1 的主视图、俯视图，右视图、左视图。将本专利与证据 1 所示外观设计相比较可知，二者相同点在于：二者整体形状相同，均为立方体。从主视图看，整体均呈长方形并且两边颜色较中心部分深，中部上方为椭圆商标图案，商标下方是两色交替双边框长方形，其内有黑色毛笔字“帝一”字样，下方有水滴状红色色块，色块内有中国印的“酒”字，双边框内最下方有两行黑色字体，边框比例、位置基本相同，“帝一”和水滴的形状以及位置相同，下方两行汉字大小、位置基本相同，双边框和左、右长方形色条之间各有一竖行字；从本专利左、右视图（证据 1 俯视图）看，整体均是长方形，中间有双边框，边框内有乳黄色汉字；从本专利俯视图（证据 1 右视图）看，整体均是方形，中间有方形两色交替的双边框，其内有一米黄色的中国印。从本专利仰视图（证据 1 左视图）看，整体均是方形，中下部有一条形码。

本专利与证据 1 的不同之处主要在于：（1）本专利主视图中两侧各有一断裂的长方形，且该两侧下方的长方形均未连接至主视图底部，而证据 1 左、右、下边各为一长方形；（2）本专利有一竖长米黄色条，而证据 1 没有；（3）本专利与证据 1 在色彩方面存在如下区别：本专利主视图中左右两侧的长方形为暗红色，其余绝大部分为红色，而证据 1 主视图的左、右、下边的长方形均为橘红色，其中部为黄色；本专利左、右视图的主体为暗红和红色交替，证据 1 的俯视图为浅红色大长方形和其底部的橘红色长方形；本专利俯视图和仰视图的底色为暗红色，而证据 1 右、左视图的底色为橘红色。

合议组认为，本专利与证据 1 的整体形状相同，二者的主视图所示图案基本相同，其他对应的视图中所示图案也基本相同，在本专利和证据 1 在存在上述相同点的情况下，本专利主视图底部是否为深色长方形、左右两侧的深色长方形是否断裂这一设计上的变化不足以对整体视觉效果产生显著影响；竖长的米黄色条属于局部细微的变化，二者在色彩方面的差异也仅是颜色深浅、明暗的差异，属于细微变化，对一般消费者而言，上述细微变化不足以对整体视觉效果产生显著影响，因此上述差别不会对包装盒产品的整体视觉效果产生显著影响。此外，针对专利权人所持的“本专利和证据 1 在主视图之外的各面视图差异较大”的意见，合议组认为：专利权人所认为的区别是由于其机械地将本专利的俯视图、左右视图分别和证据 1 的俯视图、左右视图分别对应比较造成的。而由于证据 1 和本专利的命名方式不同，应当将本专利的主视图、左视图、俯视图、仰视图分别对应于证据 1 的主视图、俯视图，右视图、左视图，在这种对比方式下，则不存在专利权人所称的大量区别。

综上，本专利与其申请日之前公告的包装盒外观设计专利相近似，因此，本专利不符合专利法第 23 条的规定。

由于上述已得出本专利不符合专利法第 23 条的规定，故对于请求人的其他无效宣告请求的理由和证据不再评述。基于上述理由，合议组作出审查决定如下：

三、决定

宣告 200630177684. 9 号外观设计专利权全部无效。

当事人对本决定不服的，可以根据专利法第 46 条第 2 款的规定，自收到本决定之日起三个月内向北京市第一中级人民法院起诉。根据该款的规定，一方当事人起诉后，另一方当事人应当作为第三人参加诉讼。

俯视图

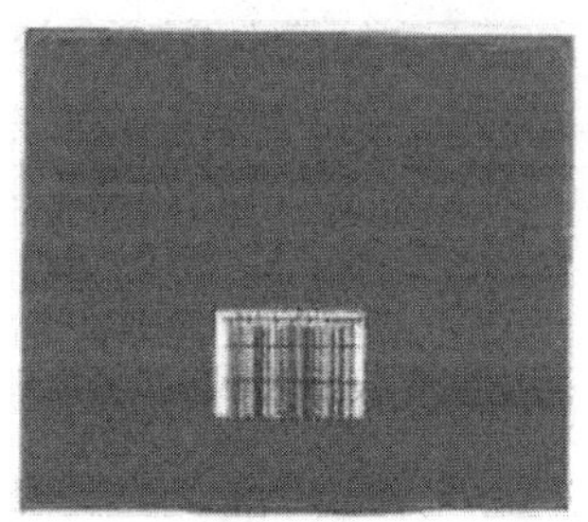

仰视图

右视图

主视图

左视图

本专利附图

俯视图

右视图

主视图

左视图

证据 1（200430045785.1 号中国外观设计专利公报）

北京市第一中级人民法院
行政判决书

（2009）一中行初字第1993号

原告佛山市三水区酒厂有限公司，住所地广东省佛山市三水区西南镇文锋西路33号。

法定代表人何惠友，董事长。

委托代理人赵勇，男，1983年3月5日出生，佛山市三水区酒厂有限公司员工，住重庆市涪陵区兴华中路64号附1号。

委托代理人刘艳玲，女，1982年2月25日出生，佛山市三水区酒厂有限公司员工，住广东省广州市天河区天河路104号中国南方人才市场。

被告国家知识产权局专利复审委员会，住所地北京市海淀区北四环西路9号银谷大厦10~12层。

法定代表人张茂于，副主任。

委托代理人余心蕾，国家知识产权局专利复审委员会审查员。

委托代理人隋璐，国家知识产权局专利复审委员会审查员。

第三人苏应海，男，1963年8月29日出生，汉族，住广东省肇庆市鼎湖区永安镇大社村委会一队。

委托代理人邹可嘉，北京市川泽律师事务所律师。

原告佛山市三水区酒厂有限公司（以下简称三水公司）不服被告国家知识产权局专利复审委员会（以下简称专利复审委员会）作出的第12886号无效宣告请求审查决定（以下简称第12886号决定），于法定期限内向本院提起行政诉讼。本院于2009年8月13日受理后，依法组成合议庭，并通知苏应海作为本案的第三人参加诉讼，于2009年10月10日公开开庭审理了本案。原告三水公司的委托代理人赵勇、刘艳玲，被告专利复审委员会的委托代理人余心蕾、隋璐，第三人苏应海的委托代理人邹可嘉到庭参加了诉讼。本案现已审理终结。

第12886号决定系专利复审委员会就第三人苏应海针对原告三水公司拥有的第200630177684.9号名称为“包装盒（帝一）”的外观设计专利（以下简称本专利）提出的无效宣告请求而作出的。

专利复审委员会在该决定中认定：本专利与证据1所示的外观设计相近似，因此，本专利不符合《中华人民共和国专利法》（以下简称专利法）第二十三条的规定。故宣告本专利全部无效。

原告三水公司诉称：第12886号决定关于本专利不符合《专利法》二十三条的认定错误。本专利说明请求保护色彩，因此本专利属于形状、图案和色彩结合的外观设计，只有在本专利的形状、图案和色彩与在先设计相同或相近似的情况下，才能得出两者相同或相近似。而两者经对比在图案和色彩方面明显不同。本专利主视图中间部分为暗红色，而对比文件主视图中央为亮黄色；本专利主视图左侧有一上下贯穿的米黄色竖条，竖条中间配有一排黑色的字体，该米黄色竖条与主视图的红色底色对比强烈。并且本专利与对比文件其他视图的区别差异显著。由此可见，第12286号决定认定事实错误、违反法律规定，请求人民法院依法撤销该决定。

被告专利复审委员会辩称：本专利与证据1整体形状相同，二者的主视图所示图案基本相同，其他对应的视图中所述图案也基本相同，在本专利和证据1存在上述相同点的情况下，本专利主视图底部是否为深色长方形、左右两侧的深色长方形是否断裂的变化不足以对整体视觉效果产生显著影响；竖长的米黄色条属于局部细微变化，二者在色彩方面的差异也仅是颜色深浅、明暗的差异，属于细微变化。对于普通消费者而言，上述细微变化不足以对整体视觉效果产生显著影响。综上所述，专利复审委员会作出的第12886号决定认定事实清楚、适用法律正确、审理程序合法、审查结论正确、原告的诉讼理由不能成立，请求法院驳回原告的诉讼请求，维持第12886号决定。

第三人苏应海述称：被告作出的第12886号决定对有关事实的认定是正确的，该决定正确合法，请求法院依法予以维持。

本院经审理查明如下事实：

本专利涉及的是国家知识产权局于2007年12月5日授权公告的、名称为“包装盒（帝一）”的第200630177684.9号外观设计专利，该专利的申请日为2006年12月20日，专利权人为三水公司。本专利的授权公报有5幅视图，即主视图、仰视图、俯视图以及左、右视图（见附图）。由视图显示可知，本专利的包装盒主视图为长方形，其主视图的中间部分为红色，其左右两侧各有一竖向的中间断裂的暗红色色条，视图正中央为带红黄两色交替双边框的米黄色长方形，框内有黑色毛笔字体“帝一”，毛笔字下有一红色水滴状色块，其内有一米黄色的中国印状的“酒”字，水滴色块下有二行黑色字体，长方框上有一带米黄色双边框的红色椭圆状商标，其内有2个小鸟，椭圆体上方有三个汉字。在左侧暗红色条和长方框的中间有一细长米黄色条，其长度贯穿主视图顶底，其内有一竖排黑色字体。右侧暗红色条和长方框的中间有一竖排汉字。左视图从上至下，为一横的暗红色长条，横的红色长条，一暗红色块，该色块大小占整个视图的三分之二，底部为一横的红长条。靠近上方的红长条中间有一乳白色对称图案，图案的中央有一中国印。中部的大暗红色块的中下方有一宽度短于视图宽度的双边框红色竖长方形，其内有横排的米黄色汉字，该长方形下方与视图最下方的红长条相接。右视图和左视图基本相同，区别仅在于右视图的长方框中的文字排列略有不同。从俯视图看，整体为暗红色方形，中间有双米黄色边框，框体内中部有一米黄色底、字体为暗红色的中国印。从仰视图看，整体为暗红色方形，中下部有一条形码。

针对本专利，苏应海于2008年4月18日向专利复审委员会以本专利不符合《专利法》第二十三条、《中华人民共和国专利法实施细则》（以下简称《专利法实施细则》）第十三条的规定以及本专利在申请日以前已经使用公开为由提出无效宣告请求。2008年9月18日，专利复审委员会对本案进行了口头审理，苏应海在口头审理过程中将无效理由明确为：本专利不符合《专利法》第二十三条、专利法实施细则第十三条第一款的规定。

苏应海提交的证据包括：

证据1：专利号为200430045785.1的中国外观设计专利公报复印件，授权公告日为2005年2月23日，共1页，其涉及一种酒包装盒，包括主视图、左视图、右视图、俯视图（见附图），其简要说明写明：后视图、仰视图分别和主视图、俯视图相同，省略后视图、仰视图。证据1不请求保护色彩，但其授权公告文本上包含有色彩。证据1整体为立方体，从主视图看为长方形，其左右两侧及底部各有一橘红色长条，视图正中央为一黄色长方形，其内有一带橘红色双边框的长方形，框内底色为黄色，但略深于其外的米黄色。框内有黑色毛笔字体“帝一”，其下有一橘红色水滴状色块，橘红滴色块中有一米黄色的中国印状的“酒”字，水滴色块下有二行红色字体，长方框上部有一带橘红色双边框的椭圆商标，其内有2个小鸟，椭圆体上方有三个汉字。左侧橘红条和中部长方框的中间有一竖排黑色字体。右侧橘红条和中部长方框的中间有一竖排汉字。从俯视图看，其整体为长方形，底部为一橘红色长条，长条上方整体均为浅红色，中部有一双边框长方形，框内有乳黄色汉字。长方框上方的中间有一乳黄色中国印。从右视图看，整体为橘红色方形，中间有双米黄色边框，框体内中部有一米黄底、字体为橘红色的中国印。从左视图看，其底色为橘红色，中下部有一条形码。

据此，专利复审委员会于2009年2月9日作出第12886号决定。

上述事实有本专利授权公告文本、第12886号决定、证据1以及当事人陈述等证据在案佐证。

本院认为：

《专利法》第二十三条规定：授予专利权的外观设计，应当同申请日以前在国内外出版物上公开发表过或者国内公开使用过的外观设计不相同和不相近似，并不得与他人在先取得的合法权利相冲突。根据各方当事人的主张，本案的争议焦点在于本专利与证据1是否相近似。

被告在第12886号决定中认定本专利与证据1的不同之处主要在于：(1) 本专利主视图中两侧各有一断裂的长方形，且该两侧下方的长方形均未连接至主视图底部，而证据1左、右、下边各为一长方形；(2) 本专利有一竖长米黄色条，而证据1没有；(3) 本专利与证据1在色彩方面存在如下区别：本专利主视图中左右两侧的长方形为暗红色，其余绝大部分为红色，而证据1主视图的左、右、下边的长方形均为橘红色，其中部为黄色；本专利左、右视图的主体为暗红和红色交替，证据1的俯视图为浅红色大长方形和其底部的橘红色长方形；本专利俯视图和仰视图的底色为暗红色，而证据1右、左视图的底色为橘红色。原告对被告的上述认定并未提出异议，本院对上述认定予以确认。

本专利与证据1的整体形状相同，二者的主视图所示图案基本相同，其他对应的视图中所示图案也基本相同，在本专利和证据1存在上述相同点的情况下，本专利与证据1存在的上述区别不足以对包装盒产品的整体视觉效果产生显著影响。

综上，专利复审委员会作出的第12886号决定审查程序合法，认定事实清楚，适用法律正确，本院依法予以维持。原告的诉讼请求缺乏事实与法律依据，本院不予支持。根据《中华人民共和国行政诉讼法》第五十四条第（一）项之规定，本院判决如下：

维持被告国家知识产权局专利复审委员会作出的第12886号无效宣告请求审查决定。

案件受理费100元，由佛山市三水区酒厂有限公司负担（已交纳）。

如不服本判决，原告佛山市三水区酒厂有限公司、被告国家知识产权局专利复审委员会、第三人苏应海可在本判决书送达之日起15日内向本院递交上诉状，并按对方当事人的人数提出副本，交纳上诉案件受理费100元，上诉于北京市高级人民法院。上诉人在上诉期满后7日内未预交上诉案件受理费又不提出缓交申请的，按自动撤回上诉处理。

审　判　长　强刚华
代理审判员　姜庶伟
人民陪审员　刘世昌
二〇〇九年十二月十日
书　记　员　袁　伟

俯视图

仰视图

右视图

主视图

左视图

本专利附图

俯视图

右视图

主视图

左视图

对比文件附图

099

包装盒（2）

无效宣告请求审查决定（第12887号）

决　　定　　号　第12887号
决　　定　　日　2009年2月16日
发明创造名称　包装盒（2）
外观设计分类号　09-03
无效宣告请求人　丹麦奇新蓝罐有限公司
专　利　权　人　卢棠明
专　　利　　号　200630076811.6
申　　请　　日　2006年10月27日
授权公告日　2007年10月17日
合议组组长　钟　华
主　审　员　张　凌
参　审　员　雷　婧
附　　　　图　2页

法律依据　专利法第23条
决定要点

本专利与在先设计的整体形状相同、正面和侧面的构图方式相同，图案设计相似，二者已呈现整体相近似的视觉效果，二者存在的差别为局部细微差异，其不足以对二者整体的视觉效果产生显著影响，因此，二者属于相近似的外观设计。

一、案由

本无效宣告请求涉及国家知识产权局于2007年10月17日授权公告的名称为“包装盒（2）”的200630076811.6号外观设计专利，其申请日为2006年10月27日，专利权人为卢棠明。

针对上述外观设计专利（下称本专利），丹麦奇新蓝罐有限公司（下称请求人）于2008年9月12日向专利复审委员会提出无效宣告请求，理由是本专利与在其申请日前已公开发表过的外观设计相近似，因而不符合专利法第23条的规定。请求人同时提交如下附件作为证据：

附件1：（2008）京求是内民证字第0030号公证书及其所附公证书证物袋封面和封底复印件，共9页，其中包含1997年8月27日《国际商报》（丹麦专刊）相关页面及图片复印件2页；

附件2：01355610.X号外观设计专利公报复印件，共1页；

附件3：第5836号无效宣告请求审查决定书复印件，共7页；

附件 4：本专利公报复印件，共 2 页。

请求人认为本专利与附件 1 虽然整体形状不同，但二者在主视面和侧面上的图案都相近似，足以使一般消费者产生混同和误认，因此二者属于相近似的外观设计；本专利与附件 2 中所示的外观设计不仅整体形状相同，图案设计也极其相似，主视面和侧面的构图方式相同，极易使一般消费者产生混同和误认，本专利与该在先设计相近似；因此本专利不符合专利法第 23 条的规定。

经形式审查合格后，专利复审委员会受理了上述无效宣告请求，并于 2008 年 10 月 24 日将无效宣告请求书及相关附件的副本转送给专利权人，要求其在指定的期限内答复。

专利权人逾期未答复。

2008 年 12 月 5 日专利复审委员会向双方当事人发出口头审理通知书，定于 2009 年 1 月 15 日对本案举行口头审理。

口头审理如期举行，请求人的代理人参加了口头审理，专利权人未参加口头审理。请求人明确其无效宣告请求的理由为专利法第 23 条（在先出版物公开），依据的证据为附件 1~2，附件 3 不作为证据使用，仅供合议组参考，当庭提交附件 1 的原件。关于本专利与上述在先设计的相近似对比，请求人坚持其原有意见。

在上述审理的基础上，合议组经合议认为，本案事实清楚，依法作出本审查决定。

二、决定的理由

1. 法律依据

基于请求人提出无效宣告请求所依据的理由和证据，合议组对本专利是否符合专利法第 23 条的规定进行审查。

专利法第 23 条规定，授予专利权的外观设计，应当同申请日以前在国内外出版物上公开发表过或者国内公开使用过的外观设计不相同和不相近似，并不得与他人在先取得的合法权利相冲突。

2. 证据认定

请求人提交的附件 2 是 01355610. X 号外观设计专利公报复印件，本案合议组经核实，该复印件与外观设计专利公报原件内容一致，真实性可以确定，合议组对其予以采信。附件 2 的产品名称为“包装盒（金德泰蓝冠曲奇 2）”、授权公告日为 2002 年 7 月 3 日，早于本专利的申请日（2006 年 10 月 27 日），属于中国专利法第 23 条所规定的公开出版物，适用于本案。

3. 关于专利法第 23 条

本专利与附件 2 所示外观设计（下称在先设计）均为包装盒，二者用途相同，属于相同类别的产品，故将二者作如下相近似性对比。

本专利所示包装盒的整体形状为扁圆柱体，从主视图看，其正面为一个几乎占据整个圆形面的圆形图案，该圆形图案的周边分布有连续的圆点，在圆形图案内的上端有一近似花生壳状的图形，其内为字母形成的图案，圆形图案中间是由字母“SHENGWEI COOKIES”组成的图案，在圆形图案的最下端交错排列着五块饼干；从俯视图和仰视图看，其侧面分别为交错排列着的五块饼干的图案、说明文字及花生壳状图案，并有斜纹设计；从后视图看，其后面上方为花生壳状图案，下部为说明文字，后部表面还形成若干环状的凸棱（详见本专利附图）。

在先设计所示包装盒的整体形状为扁圆柱体，从主视图看，其正面为一个几乎占据整个圆形面的圆形图案，该圆形图案的周边分布有连续的圆点，在圆形图案内的上端有一近似蝴蝶状的图形，其内为字母形成的图案，圆形图案中间是由英文字母“BUTTER COOKIES”组成的图案，在圆形图案的最下端交错排列着五块饼干；从左、右视图和俯、仰视图及立体图看，其侧面分别为交错排列着的五块饼干的图案、说明文字及蝴蝶形图案，并有斜纹设计；从后视图看，其后面无其他设计（详见在先设计附图）。

本专利与在先设计相比，二者主要的相同点在于本专利与在先设计的整体形状均为扁圆柱体，正面和侧面的构图方式相同。二者主要的区别在于本专利具体的图案设计中包含一近似花生壳状的图案和由字母“SHENGWEI COOKIES”组成的文字图案，而在先设计为一近似蝴蝶状的图案和由英文字母“BUTTER COOKIES”组成的文字图案；本专利的后面还有图案和形状的设计，而在先设计的后面则无。对此，合议组认为，本专利与在先设计存在的上述差别为局部细微差异，其不足以对二者整体的视觉效果产生显著影响，在本专利与在先设计的整体形状相同、正面和侧面的构图方式相同，图案设计相近似的情况下，二者已呈现整体相近似的视觉效果。因此，二者属于相近似的外观设计。

综上所述，在本专利的申请日前已经有与之相近似的外观设计在出版物上公开发表过，本专利不符合专利法第 23 条的规定。

鉴于本专利与在先设计相比较已得出本专利不符合专利法规定的授权条件的结论，故在本决定中对请求人提出的其他证据不再作出评述。

三、决定

宣告 200630076811.6 号外观设计专利权全部无效。

当事人对本决定不服的，可以根据专利法第 46 条第 2 款的规定，自收到本决定之日起三个月内向北京市第一中级人民法院起诉。根据该款的规定，一方当事人起诉后，另一方当事人应当作为第三人参加诉讼。

主视图

后视图

左视图

右视图

俯视图

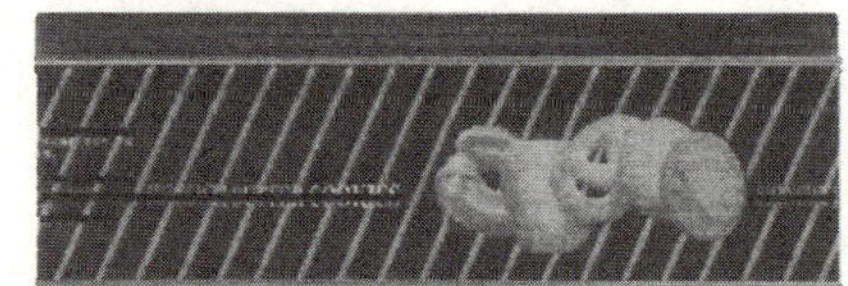

仰视图

立体图

本专利附图

主视图

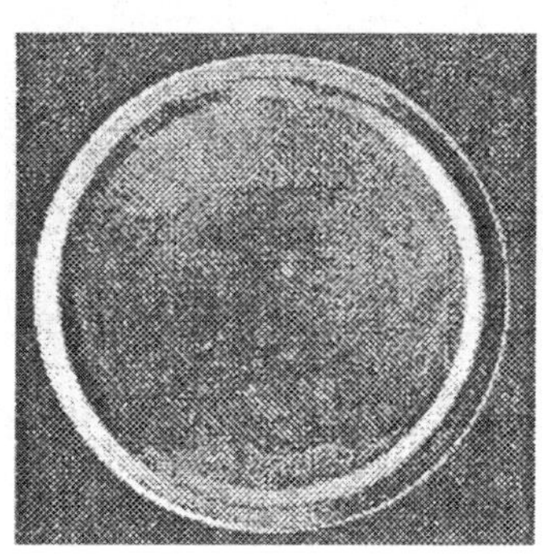
后视图

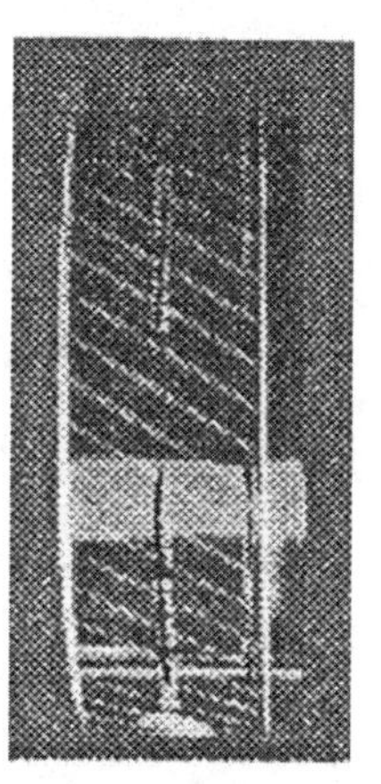
左视图

右视图

俯视图

仰视图

立体图

在先设计附图

100

包 装 罐

无效宣告请求审查决定（第12888号）

决　　定　　号　第12888号
决　　定　　日　2009年2月16日
发明创造名称　包装罐
外观设计分类号　09-03
无效宣告请求人　丹麦奇新蓝罐有限公司
专　利　权　人　梁国彬
专　　利　　号　200730002161.5
申　　请　　日　2007年1月12日
授 权 公 告 日　2007年12月26日
合 议 组 组 长　钟　华
主　　审　　员　张　凌
参　　审　　员　雷　婧
附　　　　　图　2页

法 律 依 据　专利法第23条
决 定 要 点

本专利与在先设计的整体形状相同、正面的构图方式和具体的图案设计基本相同，侧面构图方式相似，二者已呈现整体相近似的视觉效果，二者侧面具体图案上存在的差别为局部细微差异，其不足以对二者整体的视觉效果产生显著影响，因此，二者属于相近似的外观设计。

一、案由

本无效宣告请求涉及国家知识产权局于2007年12月26日授权公告的名称为“包装罐”的200730002161.5号外观设计专利，其申请日为2007年1月12日，专利权人为梁国彬。

针对上述外观设计专利（下称本专利），丹麦奇新蓝罐有限公司（下称请求人）于2008年9月12日向专利复审委员会提出无效宣告请求，理由是本专利与在其申请日前已公开发表过的外观设计相近似，因而不符合专利法第23条的规定。请求人同时提交如下附件作为证据：

附件1：（2008）京求是内民证字第0030号公证书及其所附公证书证物袋封面和封底复印件，共9页，其中包含1997年8月27日《国际商报》（丹麦专刊）相关页面及图片复印件2页；

附件2：01355610.X号外观设计专利公报复印件，共1页；

附件3：第5836号无效宣告请求审查决定书复印件，共7页；

附件4：本专利公报复印件，共2页。

请求人认为本专利与附件1虽然整体形状不同，但二者在主视面和侧面上的图案都相近似，足以使一般消费者产生混同和误认，因此二者属于相近似的外观设计；本专利与附件2中所示的外观设计不仅整体形状相同，图案设计也极其相似，主视面和侧面的构图方式相同，极易使一般消费者产生混同和误认，本专利与该在先设计相近似；因此本专利不符合专利法第23条的规定。

经形式审查合格后，专利复审委员会受理了上述无效宣告请求，并于2008年10月28日将无效宣告请求书及相关附件的副本转送给专利权人，要求其在指定的期限内答复。

专利权人逾期未答复。

2008年12月5日专利复审委员会向双方当事人发出口头审理通知书，定于2009年1月15日对本案举行口头审理。

口头审理如期举行，请求人的代理人参加了口头审理，专利权人未参加口头审理。请求人明确其无效宣告请求的理由为专利法第23条（在先出版物公开），依据的证据为附件1~2，附件3不作为证据使用，仅供合议组参考，当庭提交附件1的原件。关于本专利与上述在先设计的相近似对比，请求人坚持其原有意见。

在上述审理的基础上，合议组经合议认为，本案事实清楚，依法作出本审查决定。

二、决定的理由

1. 法律依据

基于请求人提出无效宣告请求所依据的理由和证据，合议组对本专利是否符合专利法第23条的规定进行审查。

专利法第23条规定，授予专利权的外观设计，应当同申请日以前在国内外出版物上公开发表过或者国内公开使用过的外观设计不相同和不相近似，并不得与他人在先取得的合法权利相冲突。

2. 证据认定

请求人提交的附件2是01355610.X号外观设计专利公报复印件，本案合议组经核实，该复印件与外观设计专利公报原件内容一致，真实性可以确定，合议组对其予以采信。附件2的产品名称为“包装盒（金德泰蓝冠曲奇2）”，授权公告日为2002年7月3日，早于本专利的申请日（2007年1月12日），属于专利法第23条所规定的公开出版物，适用于本案。

3. 关于专利法第23条

本专利与附件2所示外观设计（下称在先设计）均为包装盒，二者用途相同，属于相同类别的产品，故将二者作如下相近似性对比。

本专利所示包装盒的整体形状为扁圆柱体，从主视图看，其正面为一个几乎占据整个圆形面的圆形图案，该圆形图案的周边分布有连续的圆点，在圆形图案内的上端有一近似蝴蝶状的图形，其内为字母形成的图案，圆形图案中间是由字母“BUTTER COOKIES”组成的图案，在圆形图案的最下端交错排列着五块饼干；从左、右视图和俯、仰视图看，其侧面分别为交错排列着的五块饼干的图案、由文字“港昌牛油曲奇”形成的图案、由字母“BUTTER COOKIES”形成的图案、蝴蝶状图案和说明文字等；简要说明中载明：后视图无设计特征，故省略后视图（详见本专利附图）。

在先设计所示包装盒的整体形状为扁圆柱体，从主视图看，其正面为一个几乎占据整个圆形面的圆形图案，该圆形图案的周边分布有连续的圆点，在圆形图案内的上端有一近似蝴蝶状的图形，其内为字母形成的图案，圆形图案中间是由英文字母“BUTTER COOKIES”组成的图案，在圆形图案的最下端交错排列着五块饼干；从左、右视图和俯、仰视图及立体图看，其侧面分别为交错排列着的五块饼干的图案、说明文字及蝴蝶形图案，并有斜纹设计；从后视图看，其后面无其他图案（详见在先设计附图)。

本专利与在先设计相比，二者主要的相同点在于：本专利与在先设计的整体形状均为扁圆柱体，正面构图方式和具体的图案设计基本相同，均为一个几乎占据整个圆形面的圆形图案，该圆形图案的周边分布有连续的圆点，在圆形图案内的上端有一近似蝴蝶状的图形，其内为字母形成的图案，圆形图案中间是由字母“BUTTER COOKIES”组成的图案，在圆形图案的最下端交错排列着五块饼干。二者主要的区别在于：本专利侧面分别为交错排列着的五块饼干的图案、由文字“港昌牛油曲奇”形成的图案、由字母“BUTTER COOKIES”形成的图案、蝴蝶状图案和说明文字等，在先设计的侧面为交错排列着的五块饼干的图案、说明文字及蝴蝶形图案，并有斜纹设计。对此，合议组认为，本专利与在先设计存在的上述差别为局部细微差异，其不足以对二者整体的视觉效果产生显著影响，在本专利与在先设计的整体形状相同、正面的构图方式和具体图案均基本相同、侧面构图方式相近似的情况下，二者已呈现整体相近似的视觉效果。因此，二者属于相近似的外观设计。

综上所述，在本专利的申请日前已经有与之相近似的外观设计在出版物上公开发表过，本专利不符合专利法第 23 条的规定。

鉴于本专利与在先设计相比较已得出本专利不符合专利法规定的授权条件的结论，故在本决定中对请求人提出的其他证据不再作出评述。

三、决定

宣告 200730002161.5 号外观设计专利权全部无效。

当事人对本决定不服的，可以根据专利法第 46 条第 2 款的规定，自收到本决定之日起三个月内向北京市第一中级人民法院起诉。根据该款的规定，一方当事人起诉后，另一方当事人应当作为第三人参加诉讼。

主视图

左视图　　右视图

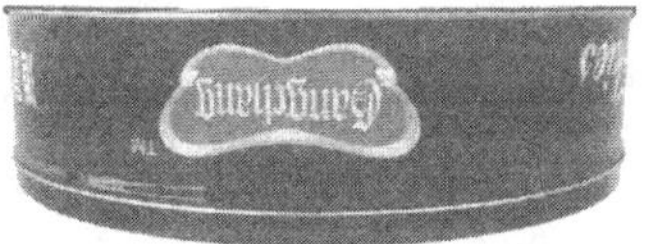

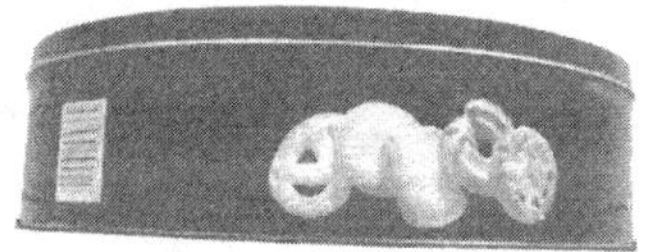

俯视图　　仰视图

立体参考图

本专利附图

主视图

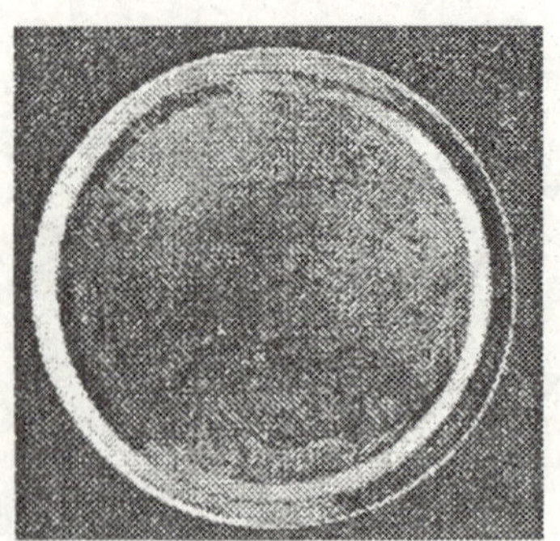

后视图

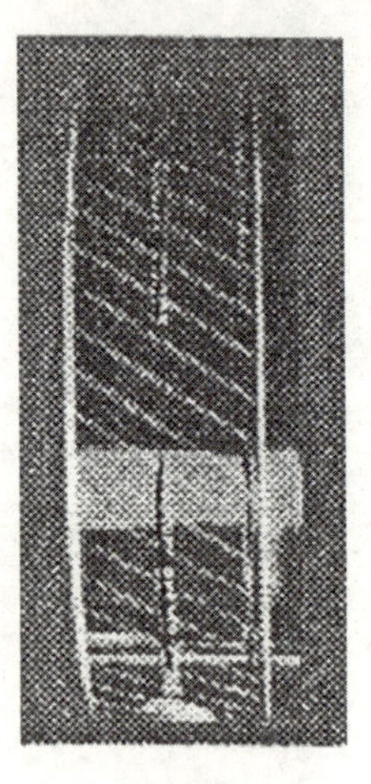

左视图

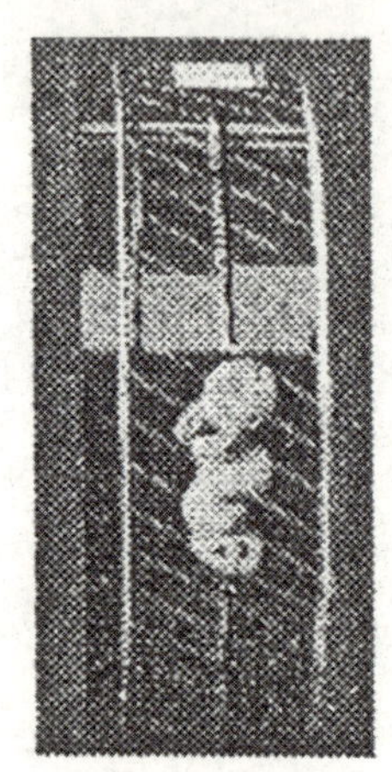

右视图

俯视图

仰视图

立体图

在先设计附图

101

双层茶杯（龙）

无效宣告请求审查决定（第 12890 号）

决　定　号　第 12890 号
决　定　日　2009 年 2 月 16 日
发明创造名称　双层茶杯（龙）
外观设计分类号　07-01
无效宣告请求人　章振顺
专　利　权　人　广州市同联陶瓷有限公司
专　利　号　200530056079.1
申　请　日　2005 年 4 月 11 日
授 权 公 告 日　2006 年 7 月 19 日
合 议 组 组 长　徐清平
主　审　员　李巍巍
参　审　员　雷　婧
附　图　1 页

法 律 依 据　专利法第 23 条
决 定 要 点
本专利与在先设计的形状基本相同，图案上的差异相对于整体设计而言仅属于局部细微的差异，对外观设计的整体视觉效果不具有显著的影响，二者属于相近似的外观专利。

一、案由

本无效宣告请求涉及 2006 年 7 月 19 日国家知识产权局授权公告的 200530056079.1 号外观设计专利，其产品名称是“双层茶杯（龙）”，申请日是 2005 年 4 月 11 日，专利权人是广州市同联陶瓷有限公司。

针对上述外观设计专利权（下称本专利），章振顺（下称请求人）于 2008 年 8 月 22 日向专利复审委员会提出无效宣告请求，其理由是本专利权的授予不符合专利法第 23 条的规定。同时，请求人提交了如下附件作为证据：

附件 1 是《国际名茶专刊》2004 年第 2 期封面、目录页及其相关页彩色复印件共 4 页；

附件 2 是《首届中国枫溪国际陶瓷交易会名录大全》封面及相关页彩色复印件共 3 页；

附件 3 是《广州茶博览交易会会刊》封面及相关页彩色复印件共 3 页。

请求人认为，本专利茶杯的主体（中部）为近球形状，上部杯口外翻，截面为倒梯形状的圆形开口，底部为圆形脚座。茶杯表面主体是运动龙和背景为波浪的图案构成。其与证据 1 的图一、图二和证据 2 的图一完全相同；证据 2 的图二和证据 3 公开的茶杯形状与本专利完全相同，图案近似。综上所述，在本专利申请日之前，其外观设计的形状和图案已被国内公开发行的刊物所公开。应当宣告本专利权全部无效。

经形式审查合格，专利复审委员会受理了该无效宣告请求，并于 2008 年 9 月 19 日将无效宣告请求书和证据的副本转送给专利权人，限其在指定期限内答复。并告知专利权人如逾期不答复，不影响专利复审委员会的审理。

专利权人逾期未答复。

专利复审委员会于 2008 年 11 月 18 日向双方当事人发出口头审理通知书，定于 2009 年 1 月 5 日进行口头审理。同时还向双方当事人发出合议组成员告知通知书。

口头审理如期举行，双方委托的代理人参加了审理，双方对对方参加口头审理人员的身份、资格无异议，对合议组成员无回避请求。在口头审理中请求人提交了附件 1~3 的整本原件，请求人认为附件 1 中标明了“北京、深圳、广州”联络处的电话及地址，可以认定该杂志在国内流通发行，不需要履行公证认证手续；本专利与附件 1 和附件 2 所公开茶杯形状、图案相同，与附件 3 公开的茶杯相近似。专利权人当庭核实原件，认为附件 1 无国内统一刊号，只有国际刊号，为在香港出版发行的刊物，在没有证据可以证明该杂志可以在国内取得的情况下，应当根据有关要求履行公证认证手续；对附件 2、附件 3 的真实性、公开性均没有异议，但认为本专利是形状与图案相结合的外观设计，图案占很大比例，其上龙的设计是主要要素，附件 1 未显示完整龙的设计；附件 2 图一、图二和附件 3 中龙的图案均与本专利龙的图案不相同。

在以上审理的基础上，本案合议组经合议，认为本案事实清楚，依法作出本审查决定。

二、决定的理由

1. 法律依据

基于请求人提出的无效宣告请求的理由和提交的证据，本案合议组依据专利法第 23 条的规定对本案进行审理。

专利法第 23 条规定：“授予专利权的外观设计，应当同申请日以前在国内外出版物上公开发表过或者国内公开使用过的外观设计不相同和不相近似，并不得与他人在先取得的合法权利相冲突。”

2. 证据的认定

请求人提交的附件 2 是《首届中国枫溪国际陶瓷交易会名录大全》封面及相关页彩色复印件，在口头审理时请求人提交了其整本原件。合议组认为：该名录大全记载有展会主办单位、承办单位、协办单位及印刷时间“2001 年 10 月 8 日第一次印刷”、企业中英文简介及产品广告、企业参展摊位平面图、摊位名册等信息，属于专利法规定的本专利申请日前公开的出版物，且专利权人认可其真实性、公开性，本案予以采信，可以作为判断本专利是否符合专利法第 23 条规定的证据。

3. 相同和相近似判断

请求人指出的附件 2 图一中公开了一款茶杯的外观设计（下称在先设计），其与本专利属于相同类别的产品。

本专利公开了 7 幅视图，即主视图、后视图、左视图、右视图、俯视图、仰视图、立体图。未要求保护色彩。从各视图观察，茶杯杯体整体近似球形状，杯口外翻，呈圆形开口，杯底向内缩，杯体表面由波浪图案的背景和动态的龙及火球设计构成（详见本专利附图）。

在先设计为茶杯的立体图，茶杯杯体整体近似球形状，杯口外翻，呈圆形开口，杯底向内缩，杯体表面由波浪图案的背景和动态的龙及火球设计构成（详见在先设计附图）。

本专利未要求保护色彩，其与在先设计均为形状与图案相结合的外观设计。将本专利与在先设计相比较，二者茶杯的整体形状基本相同。二者主要不同点为杯体图案中的龙尾部及后龙爪的设计略有差异，本专利龙尾部略平，两只后龙爪位于龙身下侧，在先设计龙尾部上翘，两只后龙爪位于龙身两侧，其他各部位设计基本相同。合议组认为：从整体视觉观察，二者均采用了传统龙的造型设计，龙尾、后龙爪的不同，相对于茶杯整体外观设计而言，属于局部细微差别，因此，上述图案的不同不足以对整体视觉效果产生显著影响；在二者茶杯的整体形状、图案设计和布局等方面均相近似的情况下，一般消费者容易对二者产生误认、混同，二者应属于相近似的外观设计。

综上所述，在本专利申请日以前已有与其相近似的外观设计在出版物上公开发表过，本专利不符合专利法第 23 条的规定。

鉴于由上述认定已得出本专利不符合专利法所规定的授权条件的结论，本决定对请求人提交的其他证据不再作出评述。

三、决定

宣告 200530056079.1 号外观设计专利权全部无效。

当事人对本决定不服的，可以根据专利法第 46 条第 2 款的规定，自收到本决定之日起三个月内向北京市第一中级人民法院起诉。根据该款的规定，一方当事人起诉后，另一方当事人应当作为第三人参加诉讼。

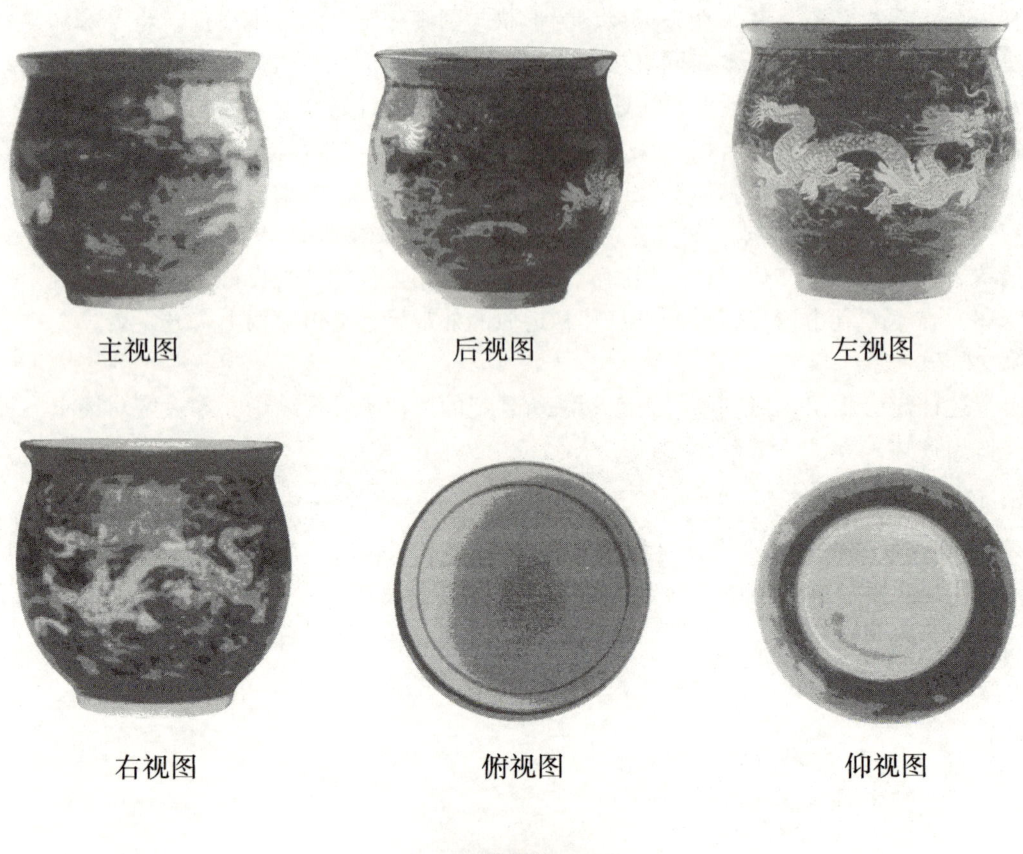

主视图　　后视图　　左视图

右视图　　俯视图　　仰视图

立体图

本专利附图

在先设计附图

102

洗衣机（07-3）

无效宣告请求审查决定（第12891号）

决　定　号　第12891号
决　定　日　2008年12月24日
发明创造名称　洗衣机（07-3）
外观设计分类号　15-05
无效宣告请求人　松下电器产业株式会社
专　利　权　人　广东格兰仕集团有限公司
专　利　号　200730006293.5
申　请　日　2007年3月19日
授权公告日　2008年2月20日
合议组组长　张跃平
主　审　员　李巍巍
参　审　员　李改平
附　　图　2页

法律依据　专利法第9条、第23条，专利法实施细则第13条第1款
决定要点

斜筒式滚筒洗衣机在使用状态下，其后部为不易见的部位，正面及侧面属于使用时容易引起一般消费者关注的部位，其相对于不易见部位对整体视觉效果更具有显著影响。鉴于本专利正面前面板、显示屏、操作按钮的设置及侧面设计与在先设计差别较大，对整体视觉效果具有显著影响，因此，本专利与在先设计属于不相同且不相近似的外观设计，即二者不属于同样的发明创造。

一、案由

本无效宣告请求涉及2008年2月20日国家知识产权局授权公告的200730006293.5号外观设计专利，其产品名称是"洗衣机（07-3）"，申请日是2007年3月19日，专利权人是广东格兰仕集团有限公司。

针对上述外观设计专利权（下称本专利），松下电器产业株式会社（下称请求人）于2008年4月9日向专利复审委员会提出无效宣告请求，其理由是本专利权的授予不符合专利法第9条、第23条和专利法实施细则第13条第1款的规定。其依据的事实和理由是：本专利与在先公开的200530122903.9外观设计专利相近似，同时，请求人提交了如下附件作为证据：

附件1：本专利公告复印件共1页；

附件 2：200530122903.9 号外观设计专利公告复印件共 1 页；

附件 3：本专利各部位标号说明图彩色打印件共 1 页。

请求人认为，二者盖部、开盖按钮、操作显示部、洗涤剂投放部的形状相同，设置的位置、比例关系相同或相近，虽然二者采用的显示部件不同，但二者的操作显示部在整体上的布置是相同的，均采用横置矩形列状，其本身以及与其他部分的构成的关系在外观设计整体上的视觉效果是相同的；在显示部件和其右侧的一个操作按钮的大小虽然存在差异，但在该部分整体布置相同的前提下，其对整体视觉效果产生影响的差异微小，侧表面的凹凸或平面的不同，是常用的技术手段，属于惯常设计，不会对二者外观设计的整体视觉效果带来显著的影响。就洗衣机而言，在销售和使用状态时，其前面板和顶面是一般消费者易于观察到的部位，就整体外观设计而言，上述差异不能对外观设计的整体视觉效果造成显著影响，应宣告本专利全部无效。

经形式审查合格，专利复审委员会受理了该无效宣告请求，并于 2008 年 5 月 13 日将无效宣告请求书和证据的副本转送给专利权人，限其在指定期限内答复。并告知专利权人如逾期不答复，不影响专利复审委员会的审理。

2008 年 6 月 27 日，专利权人向专利复审委员会递交了意见陈述书，专利权人认为，从各视图看，二者洗衣机的前面板，盖部、电机收纳部、操作显示器的设计及分布不同；洗衣机的顶部、操作显示器、洗衣机整体、洗衣机盖部以及后部的设计及分布不同；二者洗衣机的前面板形状完全不同，侧部设计不同，二者不构成相近似外观设计专利，应当维持本专利有效。

2008 年 7 月 7 日，专利复审委员会向双方当事人发出口头审理通知书，定于 2008 年 9 月 16 日进行口头审理。同时向双方当事人发出合议组成员告知通知书，指出如对本案合议组人员有回避请求的，应于收到本通知之日起 7 天内提交书面请求书，逾期未答复，视为无回避请求。同时，还将专利权人提交的意见陈述书转送请求人。

口头审理如期举行，双方当事人均委托代理人参加了口头审理，双方对对方参加口头审理人员的身份和资格没有异议，对合议组成员没有回避请求。口头审理中，请求人明确其无效理由是：专利法第 9 条、第 23 条以及专利法实施细则第 13 条第 1 款。请求人认为正面和操作显示部对洗衣机具有显著影响，从侧面看，本专利与附件 2 相比，从顶部到前面由圆弧过渡，操作显示部设置在曲面上，这样的设置使得二者的操作显示部的朝向是一致的，洗衣机倾斜方向是一样的，操作显示部布局、排列也是一样的，只是本专利将长方形的显示部分换成两个小的显示窗，显示部件选择的区别对一般消费者不会造成太大的影响。侧面微小差别不足以使二者产生显著区别。专利权人对附件 2 的真实性无异议，但认为本专利操作面板中显示屏、按钮的排布、洗衣机前面板与附件 2 不相同也不相近似。

在以上审理的基础上，本案合议组经合议，认为本案事实清楚，依法作出本审查决定。

二、决定的理由

1. 法律依据

根据请求人提出的无效宣告请求的理由和提交的证据，本案合议组依据专利法第 9 条、第 23 条和专利法实施细则第 13 条第 1 款的规定对本案进行审理。

专利法第 9 条规定：“两个以上的申请人分别就同样的发明创造申请专利的，专利权授予最先申请的人。”

专利法第 23 条规定：“授予专利权的外观设计，应当同申请日以前在国内外出版物上公开发表过或者国内公开使用过的外观设计不相同和不相近似，并不得与他人在先取得的合法权利相冲突。”

专利法实施细则第 13 条第 1 款规定：“同样的发明创造只能被授予一项专利。”

2. 证据的认定

请求人提交的附件2是200530122903.9号外观设计专利公报复印件，经合议组核实，该复印件所示内容属实，可确定其的真实性。其专利申请日为2005年9月13日，优先权日是2005年4月27日，授权公告号为CN3560736D，授权公告日为2006年9月13日，早于本专利申请日（2007年3月19日），其显示外观设计产品名称为“洗衣机（07-3）”（下称在先设计）。可作为判定本专利是否符合专利法第9条、第23条和专利法实施细则第13条第1款规定的证据。

本专利与在先设计均为“斜筒式滚筒洗衣机”的外观设计，二者用途相同，属于同一类别的产品，可进行如下相同和相近似性的比较。

3. 相同和相近似比较

本专利包括主视图、左视图、俯视图、立体图，简要说明中记载：仰视图、后视图、右视图无设计要点，省略仰视图、后视图、右视图。从整体观察，本专利斜筒式滚筒洗衣机大致呈立体箱式形状，由洗衣机主体、洗衣筒、筒盖、洗涤剂盒、操作面板等部件组成。其从顶部呈弧形过渡至筒盖上沿处；从筒盖下沿向内收敛略呈折角状延伸至洗衣机主体下端，从左视图观察，洗衣机主体的前侧面为折角过渡，大致呈折角状；筒盖为圆形，其右上角有一圆形按钮；筒盖的上部为操作面板，操作面板左侧是矩形洗涤剂投放盒；操作面板的上部为长方形，其内有两个大小不等的显示屏等，下部为六个操作按钮，其右侧分别为一圆形按钮及上下各两个椭圆形设计；洗衣机主体侧而各有若干条凹凸交替的加强筋，其上有两高低相错的凹形提手设计；洗衣机主体底部的四角与支脚相接（详见本专利附图）。

在先设计包括主视图、后视图、左视图、右视图、俯视图、仰视图、立体图、立体参考图、使用状态参考图、省略内部机构的A-A剖视图，简要说明中记载：立体参考图中阴影线所示为透明区域。从整体观察，在先设计斜筒式滚筒洗衣机大致呈立体箱式形状，由洗衣机主体、洗衣筒、筒盖、洗涤剂盒、操作面板等部件组成。其从顶部呈弧形过渡至筒盖上沿处；从筒盖下沿向内侧收缩略呈曲面延伸至洗衣机主体下端，从左右视图观察，洗衣机主体的前侧面为弧形过渡，呈曲面形状；筒盖为圆形，其右上角有一圆形按钮；筒盖的上部为操作面板，操作面板左侧是矩形洗涤剂投放盒；操作面板的上部有一长形显示屏，下部为八个操作按钮，其右侧纵向排列三个按钮；洗衣机主体右侧下部有一圆形排水孔；洗衣机主体底部四角呈上凹形与支脚相嵌接（详见在先设计附图）。

将本专利与在先设计相比较，二者主要不同点是：洗衣机主体的前面板形状不同，本专利大致呈折角状，在先设计呈曲面状；操作面板显示屏及按钮的布局不同，本专利上部主要是两个大小不等的显示屏和指示灯，按钮分布在其下部和操作面板的右侧，在先设计的显示屏为长方形，紧邻显示屏的下部和右侧是按钮设计；洗衣机主体侧面加强筋和凹形提手不同，本专利有此设计，在先设计无；二者洗衣机后部突出盖板的设计不同，本专利有此设计，在先设计无；洗衣机主体底部与支脚的连接方式不同，本专利为底部与支脚相接，在先设计为底部四角呈上凹形与支脚相嵌接，其他部位的设计及形状基本相同。合议组认为，斜筒式滚筒洗衣机在使用状态时，其后部为不易见的部位，正面和侧面属于使用时容易引起一般消费者关注的部位，其相对于不易见部位对整体视觉效果更具有显著影响。鉴于本专利正面前面板、显示屏、操作按钮的设置及侧面设计与在先设计差别较大，上述不同点对整体视觉效果具有显著影响，因此，本专利与在先设计属于不相同且不相近似的外观设计。

综上所述，本专利与其申请日前在国内出版物上公开发表过的外观设计不相同且不相近似。

同样的发明创造对外观设计而言是指外观设计相同或相近似。

请求人提交的证据不能证明本专利不符合专利法第9条、第23条和专利法实施细则第13条第1款的规定。

请求人针对其提出的无效宣告请求的主张，有责任向专利复审委员会提交充分的证据，如果其提交的证据均不足以支持其无效宣告请求理由，应承担对其不利的法律后果。

三、决定

维持200730006293.5号外观设计专利权有效。

当事人对本决定不服的，可以根据专利法第46条第2款的规定，自收到本决定之日起三个月内向北京市第一中级人民法院起诉。根据该款的规定，一方当事人起诉后，另一方当事人应当作为第三人参加诉讼。

主视图

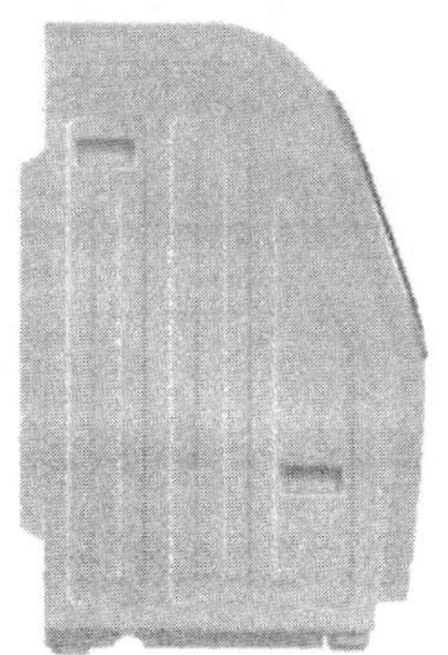

左视图

俯视图

立体图

本专利附图

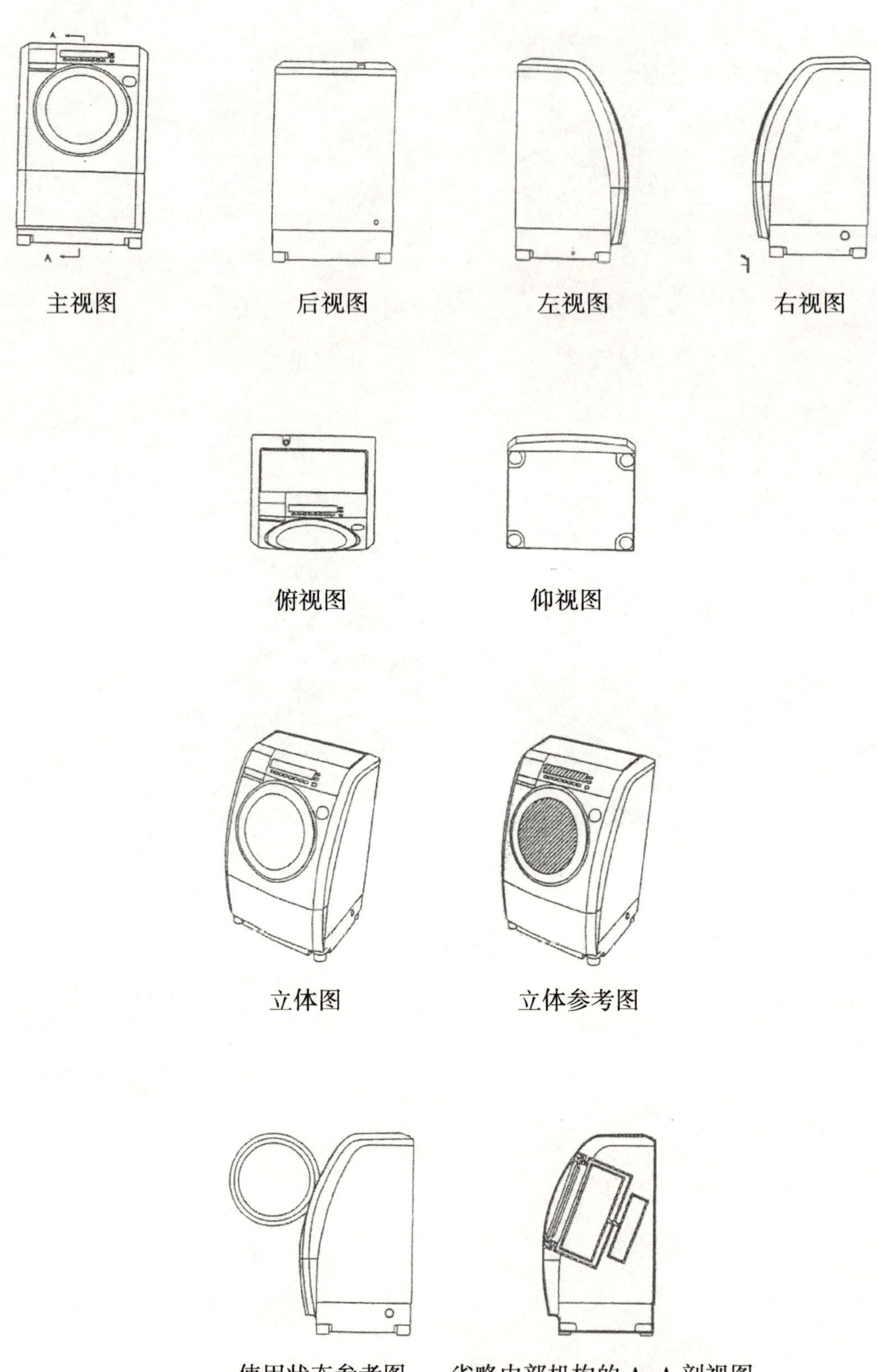

在先设计附图

103

洗　衣　机

无效宣告请求审查决定（第 12892 号）

决　　定　　号　第 12892 号
决　　定　　日　2009 年 2 月 12 日
发明创造名称　洗衣机
外观设计分类号　15-05
无效宣告请求人　广东格兰仕集团有限公司
专　利　权　人　松下电器产业株式会社
专　　利　　号　200530122903.9
优　先　权　日　2005 年 4 月 27 日
申　　请　　日　2005 年 9 月 13 日
授权公告日　2006 年 9 月 13 日
合议组组长　吴赤兵
主　　审　　员　李巍巍
参　　审　　员　李改平
附　　　　　图　4 页

法　律　依　据　专利法第 10 条、第 23 条，专利法实施细则第 13 条第 1 款
决　定　要　点

斜筒式滚筒洗衣机在使用状态下，其后部为不易见的部位，正面及侧面属于使用时容易引起一般消费者关注的部位，其相对于不易见部位对整体视觉效果更具有显著影响。鉴于本专利洗衣机整体形状、主体前面板、控制面板排布方式及洗衣机主体左下方的设计与在先设计均差别较大，对整体视觉效果具有显著影响，因此，本专利与在先设计均属于不相同且不相近似的外观设计，即不属于同样的发明创造。

一、案由

本无效宣告请求涉及 2006 年 9 月 13 日国家知识产权局授权公告的 200530122903.9 号外观设计专利，其产品名称是“洗衣机”，申请日是 2005 年 9 月 13 日，专利权人是松下电器产业株式会社。

针对上述外观设计专利权（下称本专利），广东格兰仕集团有限公司（下称请求人）于 2008 年 8 月 18 日向专利复审委员会提出无效宣告请求，其理由是本专利权的授予不符合专利法第 23 条和专利法实施细则第 13 条第 1 款的规定。同时，请求人提交了如下附件作为证据：

附件 1：200530014410.3 专利外观设计专利公告复印件共 1 页；

附件 2：日本特许厅意匠第 1237526 号公报及中文译文复印件共 5 页；

附件 3：日本特许厅意匠第 1198743 号公报及中文译文复印件共 6 页。

请求人认为，证据 1 与本专利为同一专利权人，二者均为斜滚筒式洗衣机，其洗涤剂盒、控制面板、门开关按钮的排布方式等均完全相同或相近似，因此，不符合专利法实施细则第 13 条的规定；证据 2 与本专利的区别在于控制面板的排布方式，本专利为一个横向显示屏结合其下部和一侧的多个按键，证据 2 虽也为两排，但上排不是一个横向显示屏，而是数个较小的显示屏或灯与按键结合，且上排分为间隔的两部分，本专利门开关按钮的形状为横向设置的椭圆形，证据 2 为半个椭圆且倾斜设置；证据 3 与本专利的不同之处仅仅在于控制面板的排布方式，证据 3 为横向排布多个按键和一个小显示屏，而本专利则为一个横向显示屏，其下部和一侧有多个按键。这些区别属于局部细微变化，对整体视觉效果不足以产生显著影响，因此，不符合专利法第 23 条规定，应宣告本专利全部无效。

经形式审查合格，专利复审委员会受理了该无效宣告请求，并于 2008 年 9 月 8 日将无效宣告请求书和证据的副本转送给专利权人，限其在指定期限内答复。并告知专利权人如逾期不答复，不影响专利复审委员会的审理。

2008 年 10 月 9 日，专利复审委员会向双方当事人发出口头审理通知书，定于 2008 年 11 月 17 日进行口头审理。同时向双方当事人发出合议组成员告知通知书，指出如对本案合议组人员有回避请求的，应于收到本通知之日起 7 天内提交书面请求书，逾期未答复，视为无回避请求。

2008 年 10 月 23 日，专利权人向专利复审委员会递交了意见陈述书，专利权人认为，虽然证据 1 在中国的申请日为 2005 年 5 月 13 日，授权公告日为 2006 年 2 月 22 日，而本专利的优先权日为 2005 年 4 月 27 日，根据专利法实施细则第 10 条的规定，其申请日应为 2005 年 4 月 27 日，因此，证据 1 所记载的外观设计不属于“在先外观设计”，与本专利没有关联性，不应被采信；证据 3 是洗衣机的搅拌翼安装在滚筒内的使用状态的照片，该图未能清晰显示出占洗衣机前面设计绝大部分的盖部、洗涤剂投放部以及操作显示部，导致难与本专利进行比较，因此，不具备证明效力；证据 2 与本专利在前面板各部分构成关系、洗衣机主体边角部、操作显示部、洗涤剂投放口、盖部、开盖按钮以及配置关系上都有很大的差别，对整体视觉效果有显著的影响，因此不构成相近似外观设计专利，应当维持本专利有效。

口头审理如期举行，双方当事人均委托代理人参加了口头审理，双方对对方参加口头审理人员的身份和资格没有异议，对合议组成员没有回避请求。在口头审理时请求人提交了经过国家知识产权局专利检索咨询中心认证的证据 1~3 确认件。请求人认为，根据审查指南第四部分第七章 2 的规定，证据 1 可以适用专利法实施细则第 13 条第 1 款的规定，除其与本专利的控制部不同外，其他部位的设计完全相同；本专利与证据 2 均包括盖部、按钮、洗涤剂盒、机械部件，区别是开盖部与机械部是平滑过渡，而证据 2 在相应部位的设计相对更外突，二者顶部略有不同，控制按钮的排布差别是细微差别，均不足以构成显著影响，二者是相近似的外观设计；从证据 3 使用状态参考图可以看出，洗衣机盖部下机械部的平滑过渡与本专利完全相同，区别在于洗衣机的控制部，本专利是液晶显示屏，证据 3 是几个按钮，该区别是细微的差别，不足以对整体产生显著影响。专利权人对证据 1~3 的真实性无异议，但认为证据 1 的申请日在本专利申请日之后，不构成现有的外观设计，与本专利没有关联性；证据 2 与本专利不构成相近似外观设计专利；证据 3 中可视部分与本专利不相近似，操作显示部及盖的周边不清楚，无法体现盖与机器是如何结合以及结合后的效果，不具有证明效力。

在以上审理的基础上，本案合议组经合议，认为本案事实清楚，依法作出本审查决定。

二、决定的理由

1. 法律依据

基于请求人提出的无效宣告请求的理由和证据，合议组依据专利法第 10 条、第 23 条的规定和专利法实施细则第 13 条第 1 款的规定对本案进行审理。专利法第 10 条规定：“……专利法所称申请日，有专利法优先权的，指优先权日。”

专利法第 23 条规定：“授予专利权的外观设计，应当同申请日以前在国内外出版物上公开发表过或者国内公开使用过的外观设计不相同和不相近似，并不得与他人在先取得的合法权利相冲突。”

专利法实施细则第 13 条第 1 款规定：“同样的发明创造只能被授予一项专利。”

2. 证据认定

请求人提交的附件 1 是 200530014410. 3 号外观设计专利公报，该专利的申请日是 2005 年 5 月 13 日，授权公告日是 2006 年 2 月 22 日，授权公告号是 CN3508722D，外观设计名称为“洗衣机”。根据专利法第 10 条的规定：……专利法所称申请日，有优先权的，指优先权日。经合议组核实，本专利优先权日成立。附件 1 所示内容属实，其申请日在本专利申请日（本案指优先权日 2005 年 4 月 27 日）之后。合议组认为，证据 1 不属于本专利申请日前的在先设计，也不属于本专利申请日前的公开出版物，因此，请求人据此认为本专利不符合专利法第 23 条、专利法实施细则第 13 条第 1 款规定的无效理由不能成立。

请求人提交的附件 2 是日本特许厅意匠第 1237526 号公报及中文译文复印件。在口头审理时请求人提交了盖有“经确认此副本与原件相同国家知识产权局专利检索咨询中心副本认证专用章 2008 年 8 月 15 日”的日本特许厅意匠第 1237526 号公报的确认件，据此可确定其真实性。其登录日为 2005 年 3 月 11 日，出版日为 2005 年 4 月 25 日，早于本专利申请日（2005 年 4 月 27 日），产品名称为“自动洗衣机”（下称在先设计 1），可作为判定本专利是否符合专利法第 23 条规定的证据。

请求人提交的附件 3 是日本特许厅意匠第 1198743 号公报及中文译文复印件，在口头审理时请求人提交了盖有“经确认此副本与原件相同国家知识产权局专利检索咨询中心副本认证专用章 2008 年 8 月 15 日”的日本特许厅意匠第 1198743 号公报的确认件，据此可确定其真实性。其登录日为 2004 年 1 月 16 日，出版日为 2004 年 3 月 2 日，早于本专利申请日（2005 年 4 月 27 日），产品名称为“自动洗衣机用搅拌翼”。该证据在使用状态参考图中公开了一款斜筒式滚筒洗衣机的外观设计（下称在先设计 2），鉴于此种情况，第 1198743 号日本意匠可作为判定本专利是否符合专利法第 23 条规定的证据。

本专利与在先设计 1、在先设计 2 的用途相同，属于同一类别的产品，可进行如下相同和相近似性的比较。

3. 相同和相近似比较

本专利包括主视图、左视图、俯视图、立体图。从整体观察，本专利斜筒式滚筒洗衣机大致呈立体箱式形状，由洗衣机主体、洗衣筒、筒盖、洗涤剂盒、操作面板等部件组成。洗衣机主体的前侧面大致呈弧形，其从顶部呈弧形过渡至筒盖下沿处，从筒盖下沿向内收敛延伸至洗衣机主体下端；筒盖为圆形，中部向内凹进，其右上角有一圆形按钮；筒盖的上部为操作面板，操作面板左侧是矩形洗涤剂投放盒；操作面板内为一个横向显示屏结合其下部和一侧的多个按键；洗衣机主体右侧下方为一排水孔（详见本专利附图）。

在先设计 1 包括主视图、后视图、左视图、右视图、俯视图、仰视图、立体图、立体参考图、使用状态参考图、省略内部机构的 A-A 剖视图，简要说明中记载：立体参考图中阴影线所示为透明区域。从整体观察，在先设计 1 斜筒式滚筒洗衣机大致呈立体箱式形状，由洗衣机主体、洗衣筒、筒盖、洗涤剂盒、操作面板等部件组成。洗衣机主体的前侧面呈折角形，其从顶部大致呈斜线至筒盖下沿处，从筒盖下沿呈折角状斜线延伸至洗衣机主体下端；筒盖为圆形，其右上角连接一“U”形开启按钮；筒盖的上部为操作面板，操作面板左侧是矩形洗涤剂投放盒；操作面板内为两排，是由几个较小的显示屏或灯与按键结合，其右侧横向排列的一大二小设计；洗衣机主体左下角有一矩形设计（详见在先设计 1 附图）。

在先设计 2 为斜筒式滚筒洗衣机的使用状态参考图，从整体观察，在先设计 2 斜筒式滚筒洗衣机大致呈立体箱式形状，由洗衣机主体、洗衣筒、筒盖、洗涤剂盒、操作面板等部件组成。其从顶部略呈弧形过渡至筒盖下部，从筒盖下部略向内收敛延伸至洗衣机主体下端；筒盖为圆形，其右上角有一椭圆形按钮；筒盖的上部为操作面板，操作面板左侧是矩形洗涤剂投放盒；操作面板内为一个小显示屏和横向排布多个按键；洗衣机主体右侧有凹形提手和加强筋设计（详见在先设计 2 附图）。

将本专利与在先设计 1 相比较，二者主要不同点是洗衣机主体前侧面形状不同，本专利呈弧形过渡，在先设计 1 呈折角状；筒盖开启按钮的形状不同，本专利为圆形，与筒盖不相连接，在先设计 1 为“U”形，与筒盖连为一体；控制面板排布方式不同，本专利为一个横向显示屏并结合其下部和一侧的多个按键，在先设计 1 是由几个较小的显示屏或灯与按键结合，和右侧横向排列的一大二小设计；洗衣机主体左下方的设计不同，本专利在此部位无设计内容，在先设计 1 有矩形设计。合议组认为，斜筒式滚筒洗衣机在使用状态时，其后部为不易见的部位，正面和侧面属于使用时容易引起一般消费者关注的部位，其相对于不易见部位对整体视觉效果更具有显著影响。鉴于本专利前面板、控制面板排布方式及洗衣机主体左下方的矩形设计与在先设计 1 差别较大，上述不同点对整体视觉效果具有显著影响，因此，本专利与在先设计 1 属于不相同且不相近似的外观设计。

将本专利与在先设计 2 相比较，二者的主要不同点是：本专利洗衣机主体侧顶边宽度与侧底边宽度之比小于在先设计 2 洗衣机主体侧顶边宽度与侧底边宽度之比，二者存在着明显差别；控制面板排布方式不同，本专利为一个横向显示屏结合其下部和一侧的多个按键，在先设计 2 为一个小显示屏和横向排布多个按键；在先设计 2 主体右侧有无凹形提手和加强筋设计的不同，本专利为平板面设计。合议组认为，斜筒式滚筒洗衣机在使用状态时，其后部为不易见的部位，正面和侧面属于使用时容易引起一般消费者关注的部位，其相对于不易见部位对整体视觉效果更具有显著影响。鉴于本专利洗衣机主体整体形状、控制面板排布方式及侧面设计与在先设计 2 差别较大，上述不同点对整体视觉效果具有显著影响，因此，本专利与在先设计 2 属于不相同且不相近似的外观设计。

综上所述，本专利与其申请日前在国外出版物上公开发表过的外观设计不相同且不相近似。

同样的发明创造对外观设计而言是指外观设计相同或相近似。

请求人提交的证据不能证明本专利不符合专利法第 23 条和专利法实施细则第 13 条第 1 款的规定。

请求人针对其提出的无效宣告请求的主张，有责任向专利复审委员会提交充分的证据，如果其提交的证据均不足以支持其无效宣告请求理由，应承担对其不利的法律后果。

三、决定

维持 200530122903.9 号外观设计专利权有效。

当事人对本决定不服的，可以根据专利法第 46 条第 2 款的规定，自收到本决定之日起三个月内向北京市第一中级人民法院起诉。根据该款的规定，一方当事人起诉后，另一方当事人应当作为第三人参加诉讼。

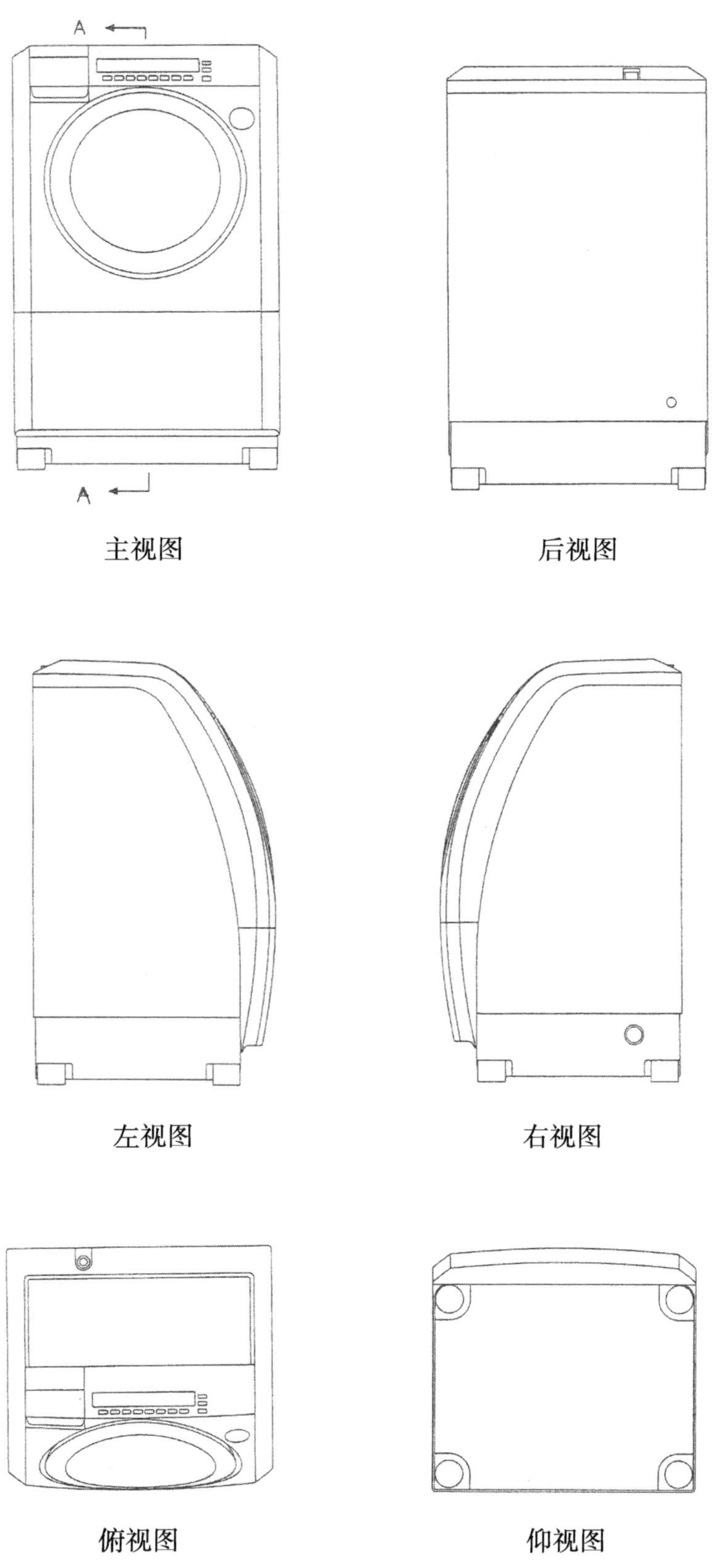

本专利附图

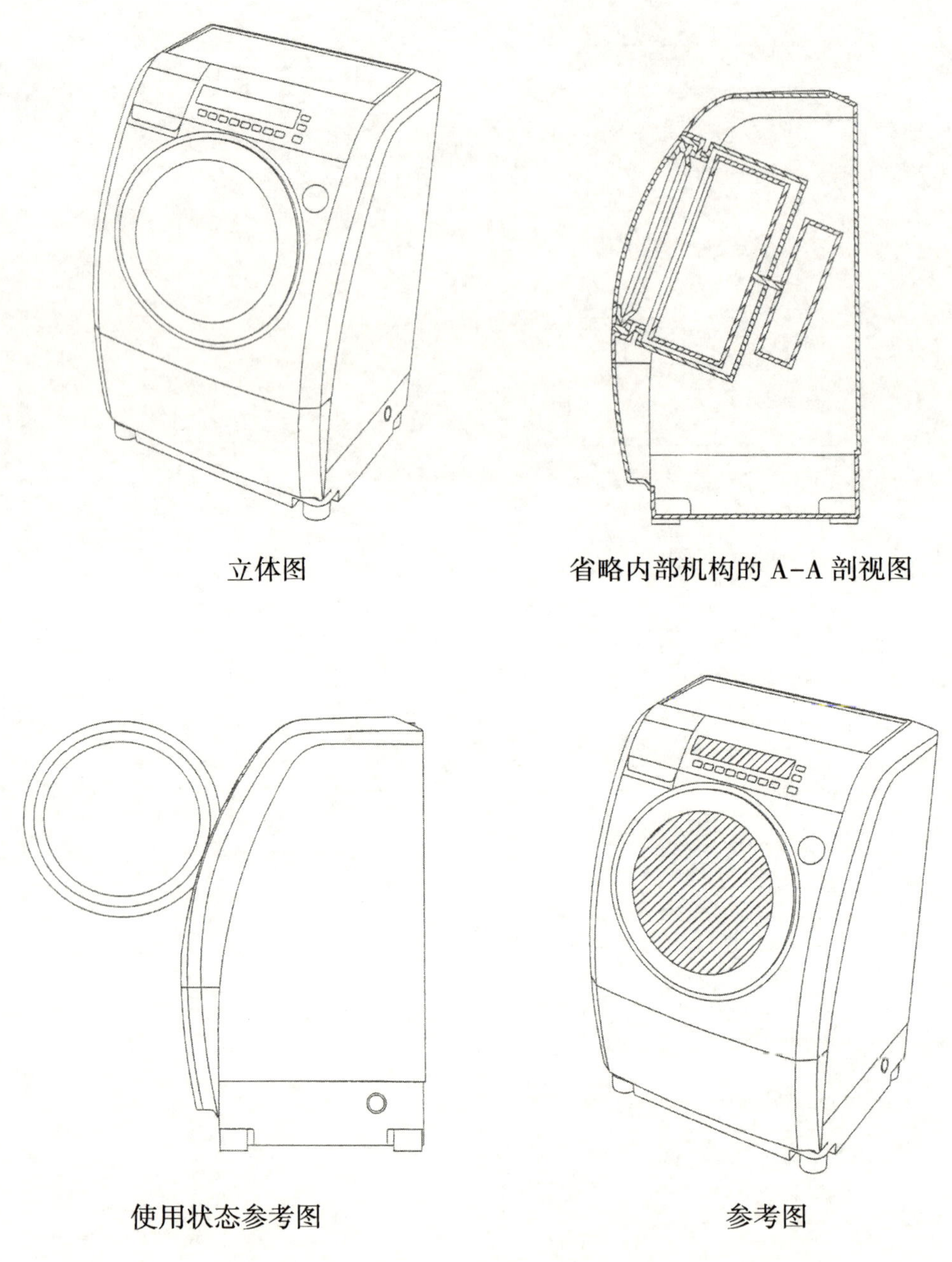

立体图　　省略内部机构的 A-A 剖视图

使用状态参考图　　参考图

本专利附图（续）

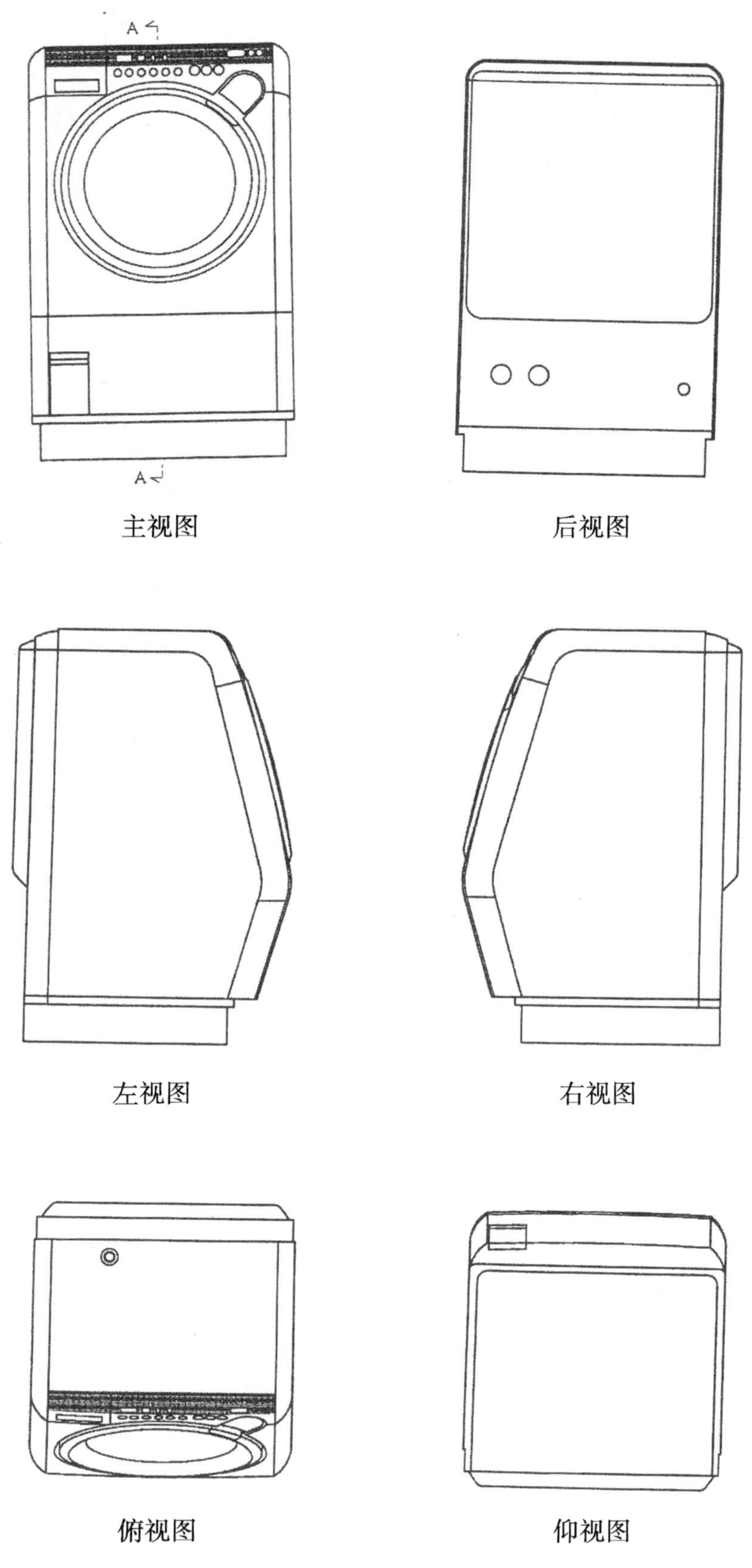

在先设计 1 附图

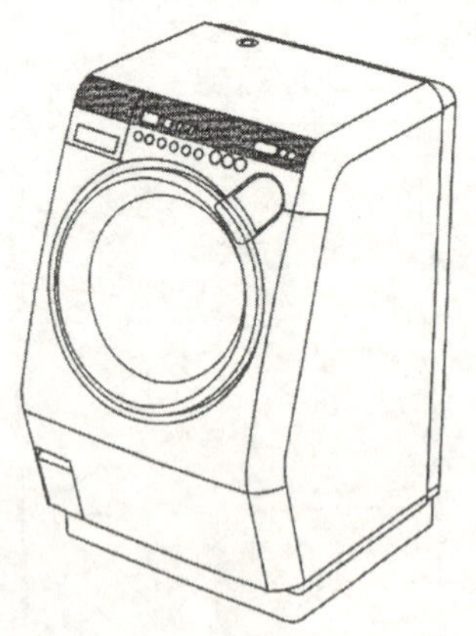

斜视图

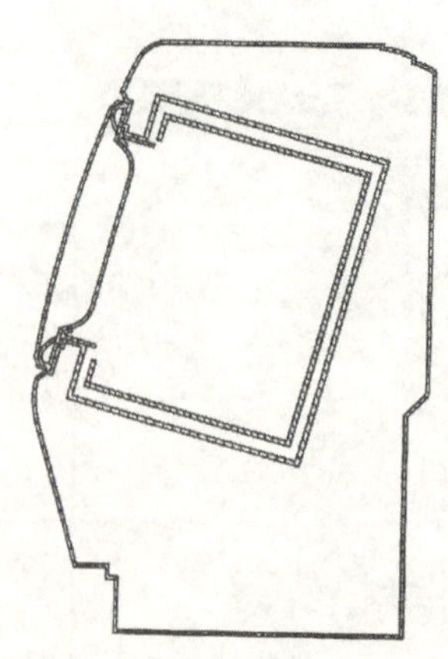

内部结构省略的 A-A 剖视图

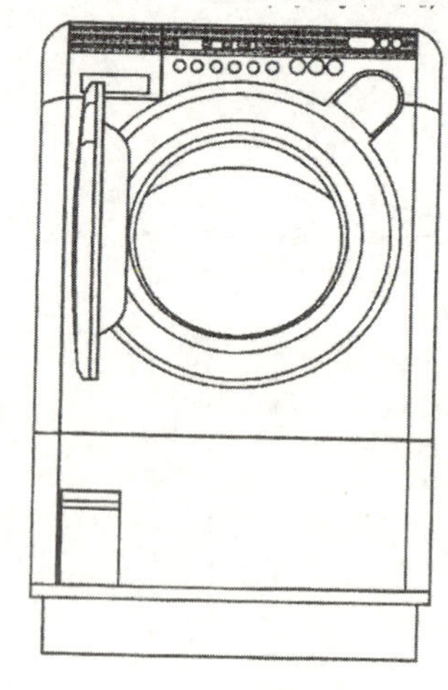

开门状态主视图

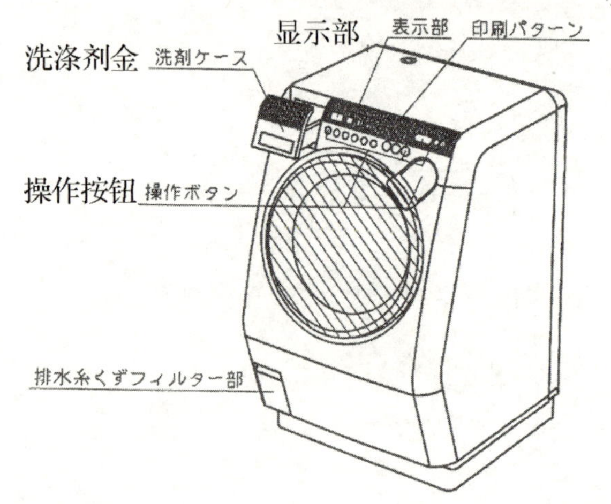

各部分的名称以及洗涤剂盒抽出状态的参考斜视图

在先设计 1 附图（续）

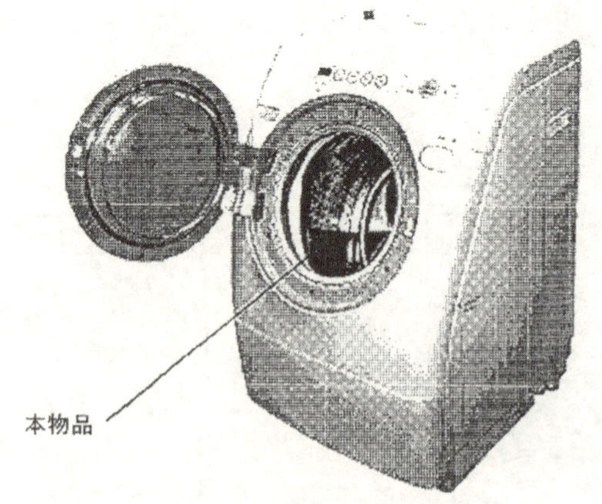

使用状态参考图

在先设计 2 附图

104

酒　吧　椅

无效宣告请求审查决定（第 12895 号）

决　　定　　号　第 12895 号
决　　定　　日　2009 年 2 月 19 日
发明创造名称　酒吧椅
外观设计分类号　06-01
无效宣告请求人　杭州中艺经贸有限公司
专　利　权　人　乔国志
专　　利　　号　200730122733.3
申　　请　　日　2007 年 7 月 17 日
授　权　公　告　日　2008 年 6 月 18 日
合　议　组　组　长　田华
主　　审　　员　杨存吉
参　　审　　员　隋璐
附　　　　图　1 页

法　律　依　据　专利法第 9 条
决　定　要　点
本专利与他人在先申请、在后公开的专利属于相近似的外观设计，不应被授予专利权。

一、案由

本无效宣告请求涉及国家知识产权局于 2008 年 6 月 18 日授权公告的 200730122733.3 号外观设计专利权（下称本专利），其名称为“酒吧椅”、申请日为 2007 年 7 月 17 日、专利权人为乔国志。

针对本专利，杭州中艺经贸有限公司（下称请求人）于 2008 年 10 月 28 日向专利复审委员会提出无效宣告请求，其理由是本专利不符合专利法第 9 条和专利法实施细则第 13 条第 1 款的规定。请求人同时提交了下列附件作为证据：

附件 1：授权公告号为 CN300726341 的中国外观设计专利公告文本，其申请日为 2007 年 1 月 15 日，专利权人为杭州中艺经贸有限公司，公告日为 2008 年 1 月 2 日。

请求人认为本专利与附件 1 都是由椅座、支撑杆和底座构成，椅座均由弧形边形成近似倒三角形的轮廓，支撑杆均为圆柱形杆，底座均为圆盘状，它们之间的差别仅为局部的、细小的差别，二者属于相近似的外观设计，故本专利不符合专利法第 9 条以及专利法实施细则第 13 条第 1 款的规定。

经形式审查合格，专利复审委员会于 2008 年 12 月 4 日向请求人和专利权人发出了无效宣告受理通知书，并同时将宣告专利权无效请求书及其附件清单中所列附件副本转送给了专利权人，要求专利权人在指定的期限内答复。

专利权人在指定期限内未答复。

专利复审委员会于2008年12月19日向双方当事人发出了口头审理通知书，定于2009年2月17日下午在专利复审委员会进行口头审理。

口头审理如期举行。请求人出席了口头审理，专利权人未出席口头审理。请求人对合议组成员不申请回避。请求人明确其无效宣告理由为本专利不符合专利法第9条以及专利法实施细则第13条第1款的规定，使用的证据为附件1。在此基础上，请求人充分陈述了意见。

至此，合议组认为本案事实已经查清，合议组在此基础上作出如下结论。

二、决定的理由

1. 关于证据

附件1为授权公告号为CN300726341的中国外观设计专利公告文本。经审查，其真实有效可以作为本案的证据使用。附件1的申请日为2007年1月15日，专利权人为杭州中艺经贸有限公司，公告日为2008年1月2日。

2. 关于专利法第9条

专利法第9条规定：两个以上的申请人分别就同样的发明创造申请专利的，专利权授予最先申请的人。

本专利涉及一种酒吧椅，自下而上由底座、支撑杆和椅座构成，底座呈中心突起的圆盘状，支撑杆为圆柱形杆，支撑杆连接于圆盘状底座的中心；支撑杆与椅座连接处的水平方向上设有近似椭圆形的踏脚；从主视图或后视图看，椅座由弧形边形成近似倒三角形的轮廓，椅座的一侧设有一控制杆，从左视图或右视图看，椅座大致呈倒“L”形，上部的座面略向上倾斜并在末端下弯，下部的座体逐渐收窄，最下端略粗于底座中央的支撑杆且套接在其上；椅座的座面为略微内凹的曲面，座面和座体之间的转角为流畅的外凸弧形并延伸至座体最下端形成明显突起的棱条（详见本专利各视图）。

附件1涉及一种吧台椅，自下而上其由底座、支撑杆和椅座构成，底座呈中心突起的圆盘状，支撑杆为圆柱形杆，支撑杆连接于圆盘状底座的中心，该连接处有一装饰圆环；支撑杆与椅座连接处的水平方向上设有近似“T”形的踏脚；从主视图或后视图看，椅座由弧形边形成近似倒三角形的轮廓，椅座的两侧设有左右对称、略微突起的控制钮，从左视图或右视图看，椅座大致呈倒“L”形，上部的座面略向上倾斜并在末端下弯，下部的座体逐渐收窄，最下端略粗于底座中央的支撑杆且套接在其上；椅座的座面为略微内凹的曲面，座面和座体之间的转角为流畅的外凸弧形并延伸至座体最下端形成明显突起的棱条（详见附件1各视图）。

由此可见，本专利与附件1在构成部件、各部件位置关系、形状、轮廓等方面基本相同，差别之处主要在于本专利的踏脚为近似椭圆形，而附件1为近似“T”形，本专利的椅座一侧设置有控制杆，而附件1的椅座两侧设置有左右对称、略微突起的控制钮；本专利的支撑杆与底座连接处没有装饰圆环。两者的上述差别仅属于局部、细微的差别，对产品外观设计的整体视觉效果不具有显著的影响，因此两者属于相近似的外观设计，构成同样的发明创造。

附件1为他人在先申请的专利，根据专利法第9条的规定，同样的发明创造申请专利的，专利权应当授予最先申请的人，不应当授予在后申请专利的人，故本专利不应被授予专利权，应当被宣告无效。

在本专利被宣告无效的情况下，合议组对请求人的其他理由不再予以审理。

三、决定

宣告200730122733.3号外观设计专利权无效。

当事人对本决定不服的，可以根据专利法第46条第2款的规定，自收到本决定之日起三个月内向北京市第一中级人民法院起诉。根据该款的规定，一方当事人起诉后，另一方当事人应当作为第三人参加诉讼。

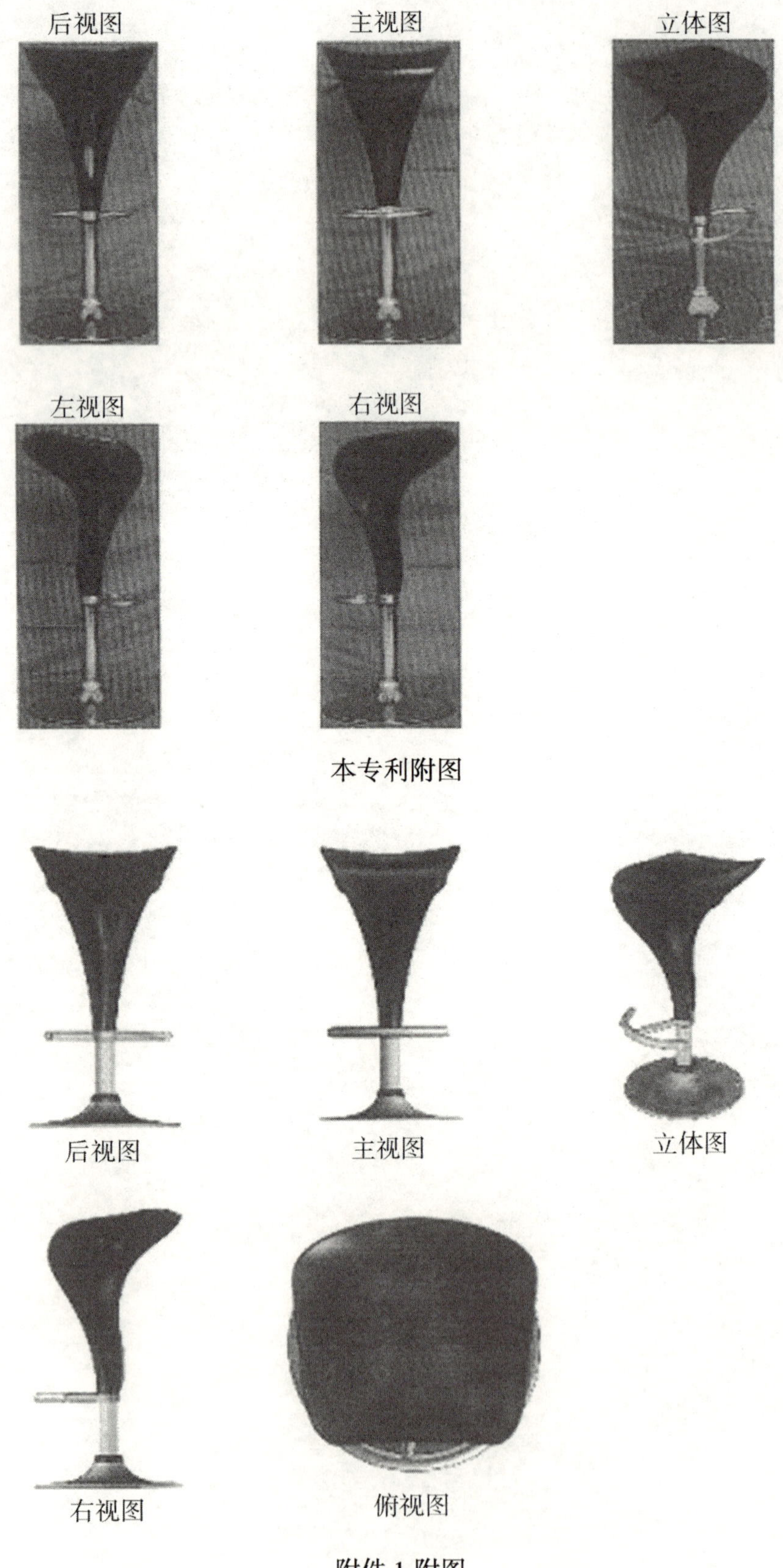

本专利附图

附件 1 附图

105

遥控灯（FLS 0870101-12G3）

无效宣告请求审查决定（第12896号）

决　定　号　第12896号
决　定　日　2009年2月18日
发明创造名称　遥控灯（FLS 0870101-$12G_3$）
外观设计分类号　26-05
无效宣告请求人　中山市伊丽斯照明电器有限公司
专　利　权　人　徐广
专　利　号　200630066890.2
申　请　日　2005年7月22日
授　权　公　告　日　2007年5月30日
合　议　组　组　长　徐清平
主　审　员　王霞军
参　审　员　李巍巍

法　律　依　据　专利法第23条
决　定　要　点
请求人在规定的期限内未提交外文证据的中文译文，该外文证据视为未提交。
以与他人在先合法权利相冲突为无效宣告请求理由的，应提交生效的能够证明权利冲突的处理决定或者判决。请求人未提交相应证明，专利复审委员会不予审理。

一、案由

本无效宣告请求涉及国家知识产权局于2007年5月30日授权公告的200630066890.2号外观设计专利，其名称为“遥控灯（FLS；0870101-$12G_3$）”，申请日为2006年7月22日，专利权人为徐广。

针对上述外观设计专利（下称本专利），中山市伊丽斯照明电器有限公司（下称请求人）于2008年8月19日向专利复审委员会提出无效宣告请求，认为本专利不符合专利法第23条的规定，同时请求人提交了下列附件作为证据：

附件1：韩国《since1998VOL28号》杂志封页和相关页复印件共2页；
附件2：韩国《VOL21号2003、12—2004、3》杂志封页和相关页复印件共2页；
附件3：韩国《VOL24号》杂志封页和相关页复印件3页；
附件4：韩国《since1998VOL27号》杂志封页和相关页复印件共2页；
附件5：韩国《2005-2006 TOTAL LIGHTING COLLECTION》杂志封页和相关页复印件共2页；

附件6：韩国《LIGHTING PLAZA 第4期》杂志封页和相关页复印件共4页；

附件7：韩国《LIGHTING PLAZA 第5期》杂志封页和相关页复印件共2页。

请求人认为：本专利的基本外观结构是正方形套正方形，就是“方碟形灯”，是这类产品的基本形状，市场上已经使用多年。同时本专利在附件1~7中的相关页已经公开发表过了，这些企业并早就享有“著作权”，本专利不符合专利法第23条的规定。

经形式审查合格，专利复审委员会依法受理了上述无效宣告请求，并于2008年9月2日向请求人和专利权人发出无效宣告请求受理通知书，同时将专利权无效宣告请求书及其附件清单中所列附件的副本转送给专利权人，并要求专利权人在指定的期限内陈述意见。专利权人逾期未提交意见陈述。

2008年10月13日请求人补充提交证据：购书发票、书店证明复印件3页、翻译报告以及附件6杂志中相关内容复印件3页。

专利复审委员会依法成立合议组，于2008年11月28日向双方当事人发出无效宣告请求口头审理通知书，定于2009年1月5日举行口头审理。

口头审理如期进行，双方当事人均委托代理人出席口头审理。双方当事人对对方出庭人员的身份、资格无异议，对合议组成员无回避请求。当庭将请求人补充提交的证据转给专利权人。请求人当庭提交了附件1~7外文证据的原件，专利权人对其的真实性有异议，认为附件1~7全部为域外证据，没有履行相关公证认证手续，且中文译文是在无效宣告请求1个月之后提出的，超过了规定期限视未提交。对于相同和相近似判断，请求人坚持认为本专利与分别附件1~7中所公开的外观设计相同或相近似，专利权人则认为不相同且不相近似。

针对请求人补充提出的证据，合议组当庭告知专利权可在一个月内陈述意见。

专利权人逾期未答复。

在上述审理的基础上，合议组认为本案事实已经调查清楚，可以依法作出审查决定。

二、决定的理由

1. 法律依据

基于请求人提出无效宣告请求所依据的事实和理由，合议组对本专利是否符合专利法第23条的规定进行审查。

专利法第23条规定：“授予专利权的外观设计，应当同申请日以前在国内外出版物上公开发表过或者国内公开使用过的外观设计不相同和不相近似，并不得与他人在先取得的合法权利相冲突。”

2. 证据认定

请求人提交的附件1~7均是在韩国出版的韩文杂志，请求人仅在无效宣告请求书中对上述杂志首页中显示的日期进行了抄写，并未对杂志封面及相关页的内容进行翻译。合议组认为，仅凭无效宣告请求书中对上述杂志首页上数字的摘录还不能视为已对该外文证据所使用部分进行翻译。虽然请求人在提出无效宣告请求1个月之后补充提交了上述外文杂志首页和相关页的中文译文，但已超过了提交中文译文的举证期限，故附件1~7的证据均视为未提交，不能作为评述本专利是否符合专利法第23条规定的证据。

另外，请求人还以本专利与他人在先取得的著作权相冲突为理由提出无效宣告请求，根据专利法实施细则第65条第3款的规定，请求人未向专利复审委员会提交生效的能够证明权利冲突的处理决定或者判决，针对该无效宣告请求理由合议组不予审理。

综上所述，请求人提交的所有证据都不能作为评述本专利是否符合专利法第23条规定的证据，请求人的主张不能得到证据的支持，其提出的本专利权的授予不符合专利法第23条规定的理由不成立。

三、决定

维持200630066890.2号外观设计专利权有效。

当事人对本决定不服的，可以根据专利法第46条第2款的规定，自收到本决定之日起三个月内向北京市第一中级人民法院起诉。根据该款的规定，一方当事人起诉后，另一方当事人应当作为第三人参加诉讼。

106

舞台灯架接头（锥型）

无效宣告请求审查决定（第12903号）

决　　定　　号　第12903号
决　　定　　日　2009年2月19日
发明创造名称　舞台灯架接头（锥型）
外观设计分类号　08-08
无效宣告请求人　广州乐迪卡舞台设备有限公司
专　利　权　人　广州专尚音响器材有限公司
专　　利　　号　200530016068.0
申　　请　　日　2005年5月25日
授 权 公 告 日　2007年7月25日
合 议 组 组 长　钟华
主　　审　　员　王霞军
参　　审　　员　李巍巍

法　律　依　据　专利法第23条，专利法实施细则第2款第3款
决　定　要　点

本专利舞台灯架接头，在搭建整个舞台灯架时属于舞台灯架的一个零配件，起着连接作用，本专利产品可以单独存在，并具有独立的使用价值。请求人提出的本专利不符合专利法实施细则第2条第3款规定的主张不成立。

仅凭请求人的口述，在没有其他佐证的情况下，不能确定提交的产品样来源合法及内容真实。请求人没有提交充分的、有证明力的证据支持其无效宣告请求的理由，因此其提出本专利无效宣告请求的理由不成立。

一、案由

本无效宣告请求案涉及的是国家知识产权局于2007年7月25日授权公告的，名称为“舞台灯架接头（锥型）”的外观设计专利（下称本专利），其申请号是200530016068.0，申请日是2005年5月25日，专利权人是广州专尚音响器材有限公司。

针对本专利权，广州乐迪卡舞台设备有限公司（下称请求人）于2008年9月10日向专利复审委员会提出无效宣告请求，其理由是：本专利同其申请日以前在国内外出版物上公开发表过或者国内公开使用过的外观设计相同或相近似。本专利不符合专利法第23条的规定。另外，本专利只是舞台铝架的零配件，不是一个独立的产品，不能独立使用，独立销售；该外观属于常规性设计，系舞台铝架

接头功能性必然要求，不具有独立的外观，仅属于不易见到的部分外观，不具有一般美学意义；该外观和要素不会给消费者留下视觉印象，不能够使消费者获得美感，因此本专利不符合专利法实施细则第 2 条第 3 款规定的授权条件。与此同时，请求人均提交了如下附件作为证据：

附件 1：（2007）穗中法民三初字第 540 号民事判决书复印件 1 份；

附件 2：舞台铝架实物图片复印件 5 张；

附件 3：广州市工商行政管理局番禺分局提供的广州市番禺区莲花山乐迪卡音响包装厂个体工商户歇业基本资料复印件 1 页；

附件 4：2002 年第十二届中国专业音响、灯光、乐器及技术展览会指南复印件 6 页；

附件 5：请求人自称是在展览会上拍摄的照片复印件 27 张；

附件 6：2004 年第二届中国（广州）国际专业音响、灯光展览会会刊复印件 4 页；

附件 7：广州乐迪卡舞台设计有限公司与中国文艺演出物资协会签订的《第十四届中国国际专业音响、灯光、乐器及技术展览会展位租赁协议》复印件 2 页；

附件 8：《THE TRUSS COMPANY PROLYTE PRODUCTS. TECHNICAL EDITION 2001》产品样本复印件 7 页；

附件 9：《PROLYTE PRODUCTS. TECHNICAL EDITION 2003》产品样本复印件 7 页；

附件 10：《PROLYTE PRODUCTS. TECHNICAL EDITION 2005-2006》产品样本复印件 7 页；

附件 11：《ultralite Professionelle Lichttechnik Katalog 2003/2004》产品样本复印件 4 页；

附件 12：《ultralite Professionelle Lichttechnik Katalog 2005/2006》产品样本复印件 3 页；

附件 13：《Product catalogue“1994-2004 10 years of professional show equipment”HIGHLITE INTERNATIONAL BV》产品样本复印件 5 页；

附件 14：《LITEC（03/04）》产品样本复印件 3 页；

附件 15：《EUROTRUSS Experts in trussing Main Catalogue（2004）》产品样本复印件 10 页；

附件 16：《2004/2005 SHOWTECHNIC（25 Jahre STEINIGKE SHOWTECHNIC）》产品样本复印件 13 页；

附件 17：《Produkübersicht Veranstal tungstechnik 2005/2006》产品样本复印件 19 页；

附件 18：《2005 GLOBAL TRUSS》产品样本复印件 7 页；

附件 19：《2005/2006 light&sound equipment》产品样本复印件 3 页；

附件 20：《SONO 2002#23》产品样本复印件 3 页；

附件 21：《SONO 2002#268》产品样本复印件 4 页；

附件 22：《演艺设备与科技》2004 年第五期复杂复印件 4 页；

附件 23：《电声技术》2005 年第 5 期杂志复印件 3 页；

附件 24：《乐迪卡舞台设备有限公司画册》复印件 6 页；

附件 25：《广州市威之发珩有限公司画册》复印件 6 页；

附件 26：广州市威之发珩有限公司企业注册基本资料复印件 1 页。

经形式审查合格，专利复审委员会受理了此案，并于 2008 年 10 月 24 日将无效请求书及相关材料副本转送给专利权人。

专利权人逾期未答复。

请求人于 2008 年 9 月 23 日向专利复审委员会补充提交了附件 8~21 外文产品样本封面的中文译文。

2008 年 12 月 29 日专利复审委员会向双方当事人发出口头审理通知书，定于 2009 年 2 月 16 日进行口头审理。同日，随口头审理通知书将请求人补充提交的中文译文转给专利权人。

口头审理如期举行，请求人委托代理人参加了口头审理，专利权人未到庭，合议组按规定程序进行了审理。请求人对合议组成员无回避请求。口头审理中请求人提交了除附件2之外的其他证据原件，并声明放弃附件17~26的证据。请求人强调附件2证明本专利不能独立销售，不能独立使用，不具有美感，因此不符合专利法实施细则第2条第3款的规定。附件1、附件3~7是佐证附件8~16证据的真实性。证明在本专利申请日前已有与本专利形状相近似的产品在国内举行的展览会上公开展出。

合议组认为本案事实清楚，可以依法作出审查决定。

二、决定的理由

1. 法律依据

基于请求人提出的无效宣告请求的理由，合议组依据专利法实施细则第2条第3款和专利法第23条的规定对本案进行审理。

专利法实施细则第2条第3款规定："专利法所称外观设计，是指对产品的形状、图案或者其结合以及色彩与形状、图案的结合所作出的富有美感并适于工业应用的新设计。"

专利法第23条规定："授予专利权的外观设计，应当同申请日以前在国内外出版物上公开发表过或者国内公开使用过的外观设计不相同和不相近似，并不得与他人在先取得的合法权利相冲突。"

2. 专利法实施细则第2条第3款

请求人认为本专利舞台灯架接头不是一件独立的产品，不能单独销售，在使用状态下不具有独立的外观设计，不富有美感，并以附件2的照片来说明舞台灯架接头必须与舞台灯架共同使用。针对本专利是否是独立的产品的问题，审查指南规定：不能分割，不能单独出售的产品不属于外观设计专利保护的客体，例如：袜跟、帽檐、杯把等产品。本专利是组件产品，在搭建整个舞台灯架时属于舞台灯架中的一个零配件，起着互相连接的作用，可以单独存在，并具有独立的使用价值，在使用状态下虽然有些部件不易见到，但外观设计专利的保护范围以表示在图片或者照片中的该外观设计专利产品为准，使用状态下不易关注的部位并不影响外观设计专利的保护。对于请求人强调本专利不具有美感的问题，合议组认为：专利法实施细则第2条第3款是对可获得专利保护的外观设计的一般性定义，其对外观设计产品应富有美感的标准应理解为外观设计不具有违法国家法律、社会公德的内容，不会引起人们的心理反感即可，且并没有排除外观设计可同时具有功能属性，本专利产品形状也不是由功能唯一限定的特定形状，因此，请求人提出的本专利不符合专利法实施细则第2条第3款规定的主张不成立。

3. 证据认定

请求人提交的附件1是广东省广州市中级人民法院（2007）穗中法民三初字第540号民事判决书，该判决书现尚未生效，请求人称提交该判决是为说明本专利与请求人生产的产品相近似，合议组认为，本专利与请求人生产的被控侵产品是否相近似与本案无关，不能证明本专利不符合专利法第23条的规定。

请求人提交的附件3是个体工商户歇业基本资料，资料内容是广州市番禺区莲花山乐迪卡音响包装厂于2002年3月6日开业，2005年6月7日歇业，经营者是欧阳晓华，所属行业：纸制品制造，经营范围：加工音响器材包装。请求人提交的附件4是2002年第十二届中国专业音响、灯光、乐器及技术展览会指南。附件5是请求人自称在展览会上拍摄的27张照片。请求人称上述三份证据证明，欧阳晓华于2002年5月17日参观了2002年第十二届中国专业音响、灯光、乐器及技术展览会，并在展览会上拍摄了照片。合议组认为，附件3证明欧阳晓华是经营音响器材包装业务的个体户，附件

4证明2002年第十二届中国专业音响、灯光、乐器及技术展览会在北京举办，附件5照片虽然上有时间显示，但照相机上的日期是可以随时调整的，因此，不能确定照片上显示的时间就是拍摄日期。上述三份证据相互之间没有必然的关联性，不能证明欧阳晓华参观过该展览会并在展览会上拍摄了附件5的照片。

请求人提交的附件6是一本《2004年第二届中国（广州）国际专业音响、灯光展览会会刊》，请求人提交该证据证明广州市乐迪卡机箱铝架厂参加了该展览会。合议组认为，该证据可以证明2004年7月22~24日在广州举办了2004年第二届中国（广州）国际专业音响、灯光展览会，但鉴于会刊上未记载相关产品的图片，因此，该证据不能证明与本专利不符合专利法第23条的规定。

请求人提交的附件7是广州乐迪卡舞台设备有限公司与中国文艺演出物资协会签订一份租赁展位的协议，从协议内容可知，该展览会预计在2005年5月31日至6月3日举办。该展览会的开幕时间晚于本专利的申请日，该证据不能证明本专利不符合专利法第23条的规定。

请求人提交的附件8是《THE TRUSS COMPANY PROLYTE PRODUCT. TECHNICAL EDITION 2001》产品样本，附件9是《PROLYTE PRODUCTS. TECHNICAL EDITION 2003》产品样本，附件10是《PROLYTE PRODUCTS. TECHNICAL EDITION 2005-2006》产品样本，附件11是《ultralite Professionelle Lichttechnik Katalog 2003/2004》产品样本，附件12是《ultralite Professionelle Lichttechnik Katalog 2005/2006》产品样本，附件13是《Product catalogue "1994-2004 10 years of professional show equipment" HIGHLITE INTERNATIONAL BV》产品样本，附件14是《LITEC（03/04）》产品样本，附件15是《EUROTRUSS Experts in trussing Main Catalogue（2004）》产品样本，附件16、《2004/2005 SHOWTECHNIC（25 Jahre STEINIGKE SHOWTECHNIC）》产品样本，请求人称这些外国产品样本均由欧阳晓华从2002年第十二届中国专业音响、灯光、乐器及技术展览会或2004年第二届中国（广州）国际专业音响、灯光展览会上获得。合议组认为，没有证据证明印制这些产品样本的外国公司参加了上述两届展览会，并在展览会上公开散发，请求人自称这些国外产品样本是在展览会取得，而没有提交其他证据加以佐证，仅凭请求人的口述不能确定附件8~16的证据来源合法、内容真实，请求人也未在规定的期限内提交证明附件8~16域外证据真实性的公证认证材料。因此，附件8~16证据合议组不予采信。

请求人在口头审理中已声明放弃附件17~26，合议组不再评述。

4. 综上所述，请求人没有提交充分的、有证明力的证据支持其无效宣告请求的理由，因此其提出无效宣告请求的理由不成立。

三、决定

维持200530016068.0号外观设计专利权有效。

当事人对本决定不服的，可以根据专利法第46条第2款的规定，自收到本决定之日起三个月内向北京市第一中级人民法院起诉。根据该款的规定，一方当事人起诉后，另一方当事人应当作为第三人参加诉讼。

107

玩具笔记本电脑（223）

无效宣告请求审查决定（第12905号）

决　　定　　号　第12905号
决　　定　　日　2008年12月23日
发明创造名称　玩具笔记本电脑（223）
国 际 分 类 号　21-01
无 效 请 求 人　陈润国
专　利　权　人　陈树佳
专　　利　　号　200630072228.8
申　　请　　日　2006年8月28日
授 权 公 告 日　2007年6月13日
合 议 组 组 长　温丽萍
主　　审　　员　王　冬
参　　审　　员　宋晓晖
附　　　　　图　1页

法　律　依　据　专利法第23条
决　定　要　点

外观设计的分类号在判断两项外观设计是否属于相同或相近似产品的时候仅起参考作用。如果一项外观设计与在先设计的分类号不同，但其指定的用途与在先设计相近，仍应认为两者属于相近似类别产品的外观设计。

一、案由

本无效宣告请求涉及中华人民共和国国家知识产权局于2007年6月13日授权公告的、名称为“玩具笔记本电脑（223）”的外观设计专利权（下称本专利），其专利号是200630072228.8，申请日是2006年8月28日，专利权人是陈树佳。

针对本专利权，陈润国（下称请求人）于2008年6月24日向专利复审委员会提出无效宣告请求，认为本专利不符合专利法第23条的规定，请求人同时提交了如下附件：

附件1：第01354498.5号外观设计公告，其授权公告日为2002年6月26日，共1页。

经形式审查合格，专利复审委员会依法受理了上述无效宣告请求，并于2008年6月24日向请求人和专利权人发出无效宣告请求受理通知书，同时将专利权无效宣告请求书及其附件清单中所列附件的副本转送给专利权人，并要求专利权人在指定的期限内陈述意见。

针对专利复审委员会发出的无效宣告请求受理通知书，专利权人于2008年7月25日提交了意见陈述书。专利权人认为，附件1与本专利分类号不同，属于不同类别的产品，不能进行相似性对比；从外观上判断，两者具有完全不同的形状、图案或形状与图案的结合，不相同也不相近似。

专利复审委员会依法成立合议组对本案进行审理。

本案合议组于2008年8月22日向双方发出无效宣告请求口头审理通知书，定于2008年10月23日在专利复审委员会举行口头审理。

口头审理如期举行，双方当事人均参加了口头审理。

在口头审理中，请求人明确其无效宣告请求的理由、范围和证据为：本专利与附件1属于相近似的外观设计，本专利不符合专利法第23条的规定。专利权人对附件1的真实性和公开性没有异议，但认为附件1与本专利的分类不同，不能进行相近似对比，而且外观也是不相近似的，没有可比性。

至此，合议组认为本案事实已经清楚，可以作出审查决定。

二、决定的理由

1. 关于证据

附件1为外观设计专利公告，专利权人对附件1的真实性没有异议，经合议组核实对其真实性予以认可；同时由于附件1公告日期在本专利的申请日前，因此可以作为本专利的在先设计用于评价本专利是否符合专利法第23条的规定。

2. 关于专利法第23条

专利法第23条规定："授予专利权的外观设计，应当同申请日以前在国内外出版物上公开发表过或者国内公开使用过的外观设计不相同和不相近似，并不得与他人在先取得的合法权利相冲突。"

本专利外观设计的产品名称为玩具笔记本电脑（223），分类号为21-01（游戏器具和玩具），附件1外观设计的产品名称为儿童早教机，分类号为14-01（声音或图像的记录或复制设备，包括学习机），专利权人认为两者分类号不同，因此不属于同一类别的产品。对此，合议组认为，外观设计的分类号在确定两项外观设计是否属于相同或相近似类别产品时，只是起一定的参考作用。最终判断两项外观设计是否属于相同或者相近似类别的产品，应该看它们的用途是否相同或者相近似。本专利名称为玩具笔记本电脑（223），该类产品具有寓教于乐的功能。附件1的名称为儿童早教机，其属于学习机类产品，而学习机类产品的用途是供儿童学习和娱乐，具有寓教于乐的功能，与本专利的功能相类似。因此，考虑到两项外观设计名称所指定的用途，合议组认为，本案中的玩具笔记本电脑与附件1中的儿童早教机用途相近，应属于相近类别产品的外观设计。在此基础上，可以将两项外观设计的相应要素进行对比以判断两者是否构成相近似。

本专利玩具笔记本电脑使用状态为打开状态。从立体图看：本专利玩具笔记本电脑分为显示器部分和键盘部分，两部分通过销轴连接，其中显示器部分的外轮廓形状总体上呈扁薄长方体，该扁薄长方体两侧从销轴端向上呈弧状对称过渡展开，销轴边为直边，与销轴边相对的外边为平缓的向外展开的弧线边，显示器部分正中部有一个相对显示器部分尺寸较小的长方形显示器；键盘部分的外轮廓形状与显示器部分类似，不同之处仅在于与销轴边相对的外边为平缓的向内展开的弧线边，键盘部分左上角有一个圆形多孔区域，中下部为一个类似电脑标准键盘的键盘区（详见本专利附图）。

附件1儿童早教机使用状态为打开状态，从使用状态参考图看：附件1儿童早教机分为显示器部分和键盘部分，两部分通过销轴连接，其中显示器部分的外轮廓形状总体上呈扁薄长方体，该扁薄长方体两侧从销轴端向上呈弧状对称过渡展开，销轴边以及与销轴边相对的外边均为直边，显示器部分正中部有一个相对显示器部分尺寸较小的长方形显示器；键盘部分的外轮廓形状与显示器部分类似，键盘部分中部偏左有一个相对键盘部分尺寸较大的带图案的长方形平板，平板下方左侧有四个按键

（详见在先设计附图）。

经上述比较，两者的区别点主要是：（1）本专利键盘部分左上角有一个圆形多孔区域，附件 1 则无此区域；（2）本专利键盘部分中下部为一个类似电脑标准键盘的键盘区，而附件 1 在键盘部分左下角仅有四个按键，没有类似电脑标准键盘的键盘区。对此，合议组认为，对一般消费者而言，上述两个区别足以使一般消费者在整体视觉上产生明显的差异，不会使一般消费者在购买时产生误认、混淆。因此，本专利与附件 1 的外观设计不相同也不相近似，符合专利法第 23 条的规定。

根据上述的事实和理由，本案合议组依法作出以下决定。

三、决定

维持 200630072228.8 号外观设计专利权有效。

当事人对本决定不服的，可以根据专利法第 46 条第 2 款的规定，自收到本决定之日起三个月内向北京市第一中级人民法院起诉。根据该款的规定，一方当事人起诉后，另一方当事人应当作为第三人参加诉讼。

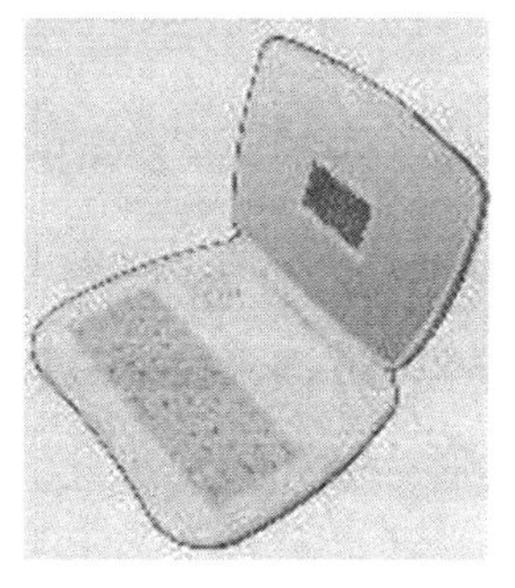
立体图

主视图

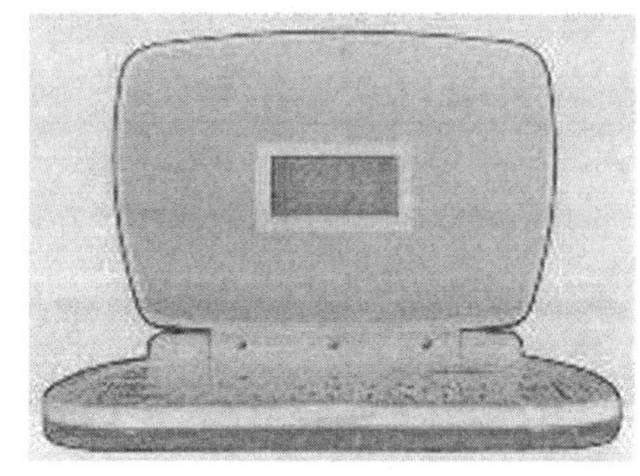
仰视图

本专利附图

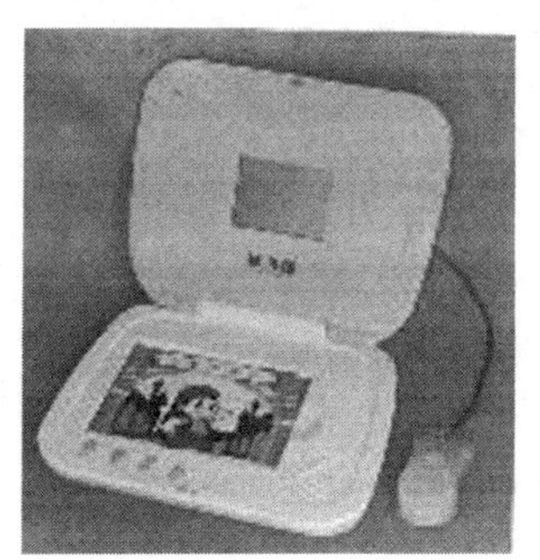
立体图

在先设计附图

108

沙滩车（500CCGO-KART）

无效宣告请求审查决定（第12909号）

决　　定　　号　第12909号
决　　定　　日　2008年12月16日
发明创造名称　沙滩车（500CCGO-KART）
外观设计分类号　12-08
无效宣告请求人　MFB迪弗森有限公司，宁波市镇海海瑞森车业有限公司
专　利　权　人　于金君
专　　利　　号　200730118046.4
申　　请　　日　2007年5月21日
授权公告日　2008年4月23日
合议组组长　张跃平
主　　审　　员　吴　佳
参　　审　　员　张　琳
附　　　　　图　1页

法　律　依　据　专利法第23条
决　定　要　点
如果被比外观设计与在先设计的差别对于产品外观设计的整体视觉不具有显著的影响，则应当认为被比外观设计与在先设计相近似。

一、案由

本无效宣告请求涉及国家知识产权局于2008年4月23日授权公告的名称为“沙滩车（500CCGO-KART）”的外观设计专利（下称本专利），其专利号为200730118046.4，申请日为2007年5月21日，专利权人为于金君。

针对上述外观设计专利权，MFB迪弗森有限公司（下称第一请求人）于2008年5月28日向专利复审委员会提出了无效宣告请求（下称无效宣告请求一），其无效宣告理由是：在本专利申请日之前已有相近似的外观设计在国外出版物上发表，因此不符合专利法第23条的规定。请求人随该无效宣告请求书提交了以下附件作为证据：

附件1：本专利的著录项目及图片网络公开信息打印页共1页；

附件2：《Moto Marché》杂志第128期封面、40、41、70、71页复印件及封面、40、41、70、71页的中文译文共8页，其上载明的日期为2007年3月；

附件3：附件2的公证认证文件复印件及其中文译文共11页，其中附有附件2的全部内容，并且在《Moto Marché》杂志的封页、第40和71页上有公证员的签名；

附件4：《Moto Marché》杂志第128期封面、40、41、70、71页复印件及封面、40、41、70、71页的中文译文共6页，其中40、41页缩小复印在同一页面上，70、70页缩小复印在同一页面上；

附件5：周刊《〈La Gazette〉de la Loire》第339期封面复印件及其中文译文共2页，其上载明的日期为2007年3月16日~2007年3月21日；

附件6：附件5的公证认证文件复印件及其中文译文共5页；

附件7：OXOBIKE草图设计者DURAND Jérémi的声明公证书及其中文译文、草图、草图说明及其中文译文复印件共10页。

第一请求人认为：附件2~4为一系列证据，以附件4的图1~4与本专利比较，附件4的设计与本专利相近似；附件5~6为一系列证据，以附件5的图1与本专利比较，附件5的设计与本专利相近似，因此，本专利不符合专利法第23条的规定。请求书中未说明附件7的使用方式。

经形式审查合格后，专利复审委员会受理了该无效宣告请求，于2008年6月16日向双方当事人发出无效宣告请求受理通知书，并将无效宣告请求书及其附件清单中所列附件的副本转给了专利权人。

专利复审委员会依法成立合议组对本案进行审理。合议组于2008年7月8日向双方当事人发出口头审理通知书，定于2008年9月2日举行口头审理。

专利复审委员会于2008年7月25收到了专利权人提交的意见陈述，专利权人认为附件2~5所示车的外观不清楚，不能观察到车的整体外形和局部形状，车身上的图案几乎无法辨认，根据整体观察、综合判断的方式进行相同或相近似判断，本专利与附件2~5既不相同也不相近似，因而符合专利法第23条的规定。

合议组于2008年7月28日将该意见陈述转送给了请求人。

针对上述外观设计专利权，宁波市镇海海瑞森车业有限公司（下称第二请求人）于2008年7月10日向专利复审委员会提出了无效宣告请求（下称无效宣告请求二），其无效宣告理由是：在本专利申请日之前已有相相近似的外观设计在国外出版物上发表，因此不符合专利法第23条的规定。请求人随该无效宣告请求书提交了以下附件作为证据：

证据1：本专利的著录项目及图片网络公开信息打印页共1页；

证据2：《Moto Marché》杂志第128期封面、40、41、70、71页复印件及封面、40、41、70、71页的中文译文共8页，其上载明的日期为2007年3月；

证据3：证据2的公证认证文件复印件及其中文译文共11页，其中附有附件2的全部内容，并且在《Moto Marché》杂志的封页、第40和71页上有公证员的签名；

证据4：周刊《〈La Gazette〉de la Loire》第339期封面复印件及其中文译文共2页，其上载明的日期为2007年3月16日；

证据5：证据4的公证认证文件复印件及其中文译文共5页；

证据6：OXOBIKE草图设计者DURAND Jérémi的声明公证书及其中文译文及草图、草图说明复印件共10页。

第二请求人认为：证据2~3为一系列证据，以证据2的图1~4与本专利比较，证据2的设计与本专利相近似；证据4~5为一系列证据，以证据4的图1与本专利比较，证据4的设计与本专利相近似，因此，本专利不符合专利法第23条的规定。请求书中未说明证据6的使用方式。

经形式审查合格后，专利复审委员会受理了该无效宣告请求，于2008年7月10日向双方当事人发出无效宣告请求受理通知书，并将无效宣告请求书及其附件清单中所列附件的副本转给了专利权人，同时向浙江省宁波市中级人民法院发出无效宣告案件审查状态通知书（一）。

合议组经合议，根据审查指南规定，将以上两个无效宣告请求合并审理。2008 年 8 月 28 日，合议组针对无效宣告请求一和二向各方当事人发出了口头审理通知书，定于 2008 年 10 月 6 日进行口头审理，并通知第一请求人和专利权人原定于 2008 年 9 月 2 日的口头审理取消。

2008 年 9 月 2 日，第一请求人提交意见陈述，表示准备在口头审理时出示证据的原件，证据原件能够清楚的显示车的外观，并能够清晰的观察到车的整体外形，因此，本专利外观设计无论从整体形状到细部安排都与证据所示车的设计相近似。

口头审理于 2008 年 10 月 6 日如期举行，各方当事人均参加了口头审理。各方当事人对合议组成员无回避请求，对对方出庭人员的身份及资格没有异议。合议组向专利权人出示了第一请求人于 2008 年 9 月 2 日提交的意见陈述，专利权人表示当庭陈述意见。

第一请求人明确附件 2~4 是第一组证据，附件 5、6 是第二组证据，附件 7 是第三组证据，第一请求人认为附件 2~4 证明所示杂志为连续出版的期刊杂志，附件 2 第 71 页中的附图清晰地体现了车架的形状、结构，后视镜的形状、结构，座椅的色彩、形状、结构，车灯的形状、位置，车轮和轮胎的纹路，备胎存放的位置、角度都同本专利非常相似，披露了本专利所有设计要点。附件 5、6 的一组证据是周刊的报纸，是在鲁尔地区连续发表的报纸，周刊的左下角图和本专利相对比，理由与附件 2 的理由相同。本专利相对于附件 2~4 和附件 5~6 不符合专利法第 23 条的规定，附件 7 是设计人出具的声明，不作为证明本专利不符合专利法第 23 条规定的证据。第一请求人提交了附件 2~7 的原件，专利权人核实附件与原件，对两者一致性无异议，专利权人对附件 2、4、5、7 的真实性有异议，对附件 3 公证书中有公证员签字的《Moto Marché》杂志的封页、第 40、71 页真实性没有异议，对附件 3 的其他没有公证员签字的内容都有异议，对附件 6 公证书的真实性没有异议，同时认为附件 3 的黑白照片不能推定就是附件 2 彩色原件的复印件，附件 2 第 71 页的两副图不能说明是同一辆车的不同侧面的图片，而应看做是两个产品的图片。专利权人认为，附件 2 中所示车的外观不能清晰地观察到车的整体外形，也不能清晰地观察到车的局部外形，附件 2 中所示的车是三轮车还是四轮车没有明确示出。

第二请求人的无效理由与其无效宣告请求一致。

至此，本案合议组认为事实已清楚，可以在此基础上依法作出审查决定。

二、决定的理由

1. 法律依据

根据请求人提出的无效宣告请求的范围、理由和证据，本案合议组依据专利法第 23 条对本案进行审理。

专利法第 23 条规定：“授予专利权的外观设计，应当同申请日以前在国内外出版物上公开发表过或者国内公开使用过的外观设计不相同和不相近似，并不得与他人在先取得的合法权利相冲突。”

2. 关于证据

附件 3 是附件 2 的公证书，专利权人对附件 3 中《Moto Marché》杂志的封页、第 40 页和第 71 页的真实性没有异议，而且附件 3 中《Moto Marché》杂志的封页、第 40 页和第 71 页明显就是附件 2 杂志原件的黑白复印件，其附图内容完全相同，能够认定附件 2 的真实性，附件 2 为法国公开的杂志，其公开日早于本专利的申请日，因此附件 2 的第 71 页左下方大图和右侧小图可以作为本专利的在先设计，可与本专利分别进行相同或相近似性的比较。

3. 关于专利法第23条

本专利是一种沙滩车的外观设计，整个车身由金属杆弯曲成一定弧度而成，透过金属杆的镂空可以看到车身内部有两个座椅，每个座椅上部有两个孔，安全带从其中穿过，座椅前方正中间有一方向盘；车前部有两个较大的类似菱形的车灯，两车灯中间由一倒三角的金属支架连接，金属支架上方有一倒三角带弧形的挡板，车前部两侧各有一个后视镜；车下部包括四个车轮，每个车轮上方各有一个车轮挡板，每个车轮侧边各有一个减震；车后部也为金属框架，车体后上方的金属支架上还安放有一备用轮胎（详见本专利附图）。

附件2第71页整页刊登了OXOBIKE卡丁车的图片、技术参数和进口信息等，其中71页刊登的两幅较大图明显为同一车型从两个不同角度拍摄的视图，以下称为在先设计，大图为从卡丁车的右前方看过去的立体视图，小图为卡丁车的侧视图。整个车身由金属杆弯曲成一定弧度而成，该弧度与本专利沙滩车车身金属杆的弧度几乎完全相同。透过金属杆的镂空可以看到车身内部有两个座椅，每个座椅上部有两个孔，安全带从其中穿过，座椅前方正中间有一方向盘；车前部有两个较大的类似菱形的车灯，两车灯中间由一倒三角的金属支架连接，金属支架上覆盖有遮盖物，支架上方有一倒三角带弧形的挡板，车前部两侧各有一个后视镜；从侧视图看，该卡丁车右侧有两个车轮，从大图看该卡丁车前部有两个车轮，根据对称原理，该卡丁车明显为四轮车，每个车轮上方各有一个车轮挡板，每个车轮侧边各有一个减震；车体后上方的金属支架上还安放有一备用轮胎（详见在先设计附图）。

在先设计的两幅视图所公开的卡丁车与本专利的沙滩车属于同类产品的外观设计，可以同本专利进行整体观察、综合判断，将本专利与在先设计相比，可以发现两者相似之处在于：车身金属杆的轮廓、车座椅的位置和形状、安全带的安装位置、车灯的位置和形状、后视镜的位置和形状、车轮的形状、车轮挡板的角度、减震的位置和形状、备用轮胎的安放位置都相同，区别仅在于：（1）在先设计的车灯中间部分的金属支架被覆盖，本专利车灯中间部分的金属支架上没有覆盖材料，（2）本专利公开了后视图，而在先设计没有后视图，（3）顶部框架也有差异，本专利顶部框架呈三角形，而在先设计未显示顶部。对于区别（1），车灯中间是否有覆盖材料属于细微差别，对整体视觉效果无显著影响。对于区别（2），由于本专利的沙滩车的车身和在先设计的卡丁车都是由金属杆弯曲成一定弧度而成，整个车是镂空的结构，从在先设计的侧视图就能通过金属框架的镂空部分观察到车后部的大部分结构，仅车后部被车后轮挡住的一小部分无法被观察到，但是被挡住的这一小部分属于局部细微的差别，对外观设计的整体视觉不具有显著的影响。对于区别（3），根据审查指南第四部分第五章第4节（1），使用时容易看到部位的设计变化相对于不容易看到或者看不到部位的设计变化，通常对整体视觉效果更具有显著的影响，卡丁车的顶部属于不容易看到的部位，因此该区别对外观设计的整体视觉也不具有显著的影响。综上所述，根据整体观、综合判断的原则，本专利与在先设计2相近似，不符合专利法第23条的规定。

由于本专利不符合专利法第23条的规定，其他无效宣告请求的理由和证据不再一一评述。

三、决定

宣告200730118046.4号外观设计专利权无效。

当事人对本决定不服的，可以根据专利法第46条第2款的规定，自收到本决定之日起三个月内向北京市第一中级人民法院起诉。根据该款的规定，一方当事人起诉后，另一方当事人应当作为第三人参加诉讼。

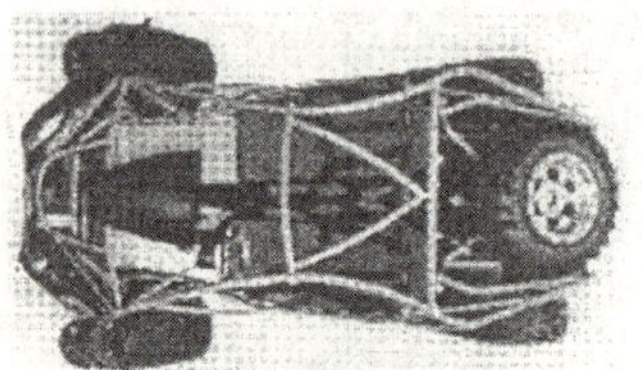

俯视图

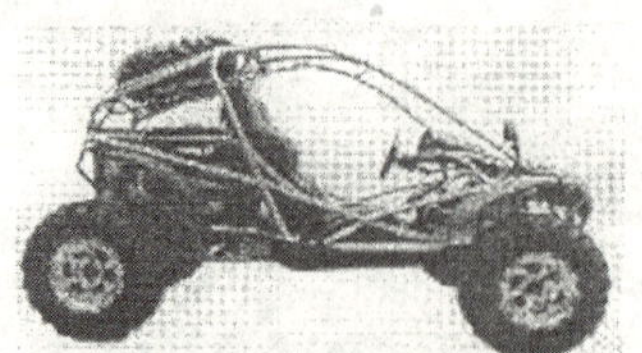

后视图

立体图 1

立体图 2

右试图（缩小）

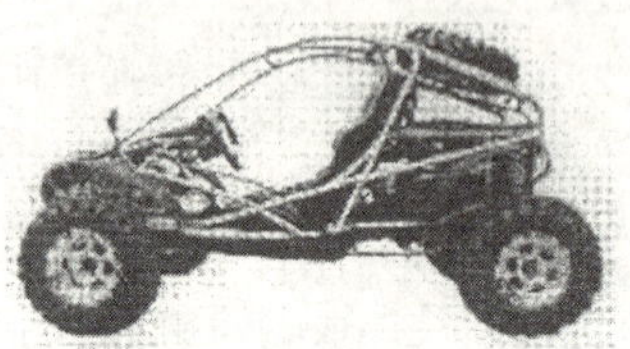

主视图

左视图（缩小）

本专利附图

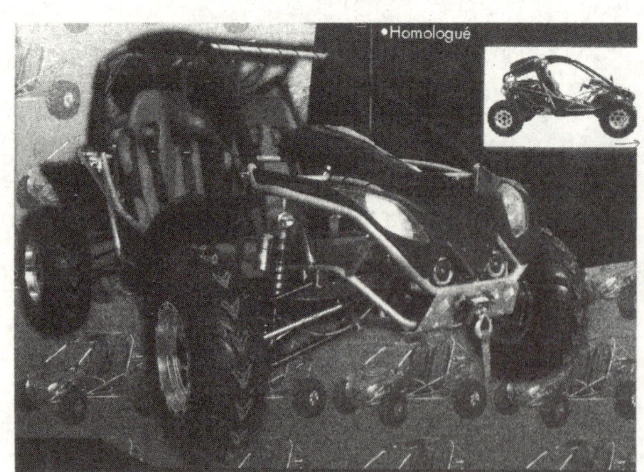

在先设计附图

北京市第一中级人民法院
行政判决书

（2009）一中行初字第 1445 号

原告于金君，男，1969 年 7 月 16 日出生，住中华人民共和国浙江省宁波市鄞州区姜山镇联荣村柯家 1 组 47 号。

委托代理人刘守宪，北京三聚阳光知识产权代理有限公司职员。

委托代理人王道川，北京三聚阳光知识产权代理有限公司职员。

被告中华人民共和国国家知识产权局专利复审委员会，住所地中华人民共和国北京市海淀区北四环西路 9 号银谷大厦 10~12 层。

法定代表人张茂于，副主任。

委托代理人吴佳、中华人民共和国国家知识产权局专利复审委员会审查员。

委托代理人张华，中华人民共和国国家知识产权局专利复审委员会审查员。

第三人 M. F. B 迪弗森有限公司，住所地法兰西共和国维拉尔市拉古特手工业者区手工业者街。

法定代表人加比翁・贝尔纳。

委托代理人朱梅，北京金信立方知识产权代理有限公司职员。

委托代理人黄威，北京金信立方知识产权代理有限公司职员。

第三人宁波市镇海海瑞森车业有限公司，住所地中华人民共和国浙江省宁波市镇海区骆驼街道团桥聚源路 89 号。

法定代表人 BernardGabion，董事长。

委托代理人朱梅，北京金信立方知识产权代理有限公司职员。

委托代理人黄威，北京金信立方知识产权代理有限公司职员。

原告于金君不服被告中华人民共和国国家知识产权局专利复审委员会（以下简称专利复审委员会）于 2008 年 12 月 16 日作出的第 12909 号无效宣告请求审查决定（以下简称第 12909 号决定），于法定期限内向本院提起行政诉讼。本院于 2009 年 6 月 9 日受理后，依法组成合议庭，并通知 M. F. B 迪弗森有限公司、宁波市镇海海瑞森车业有限公司（以下简称海瑞森公司）作为本案第三人参加诉讼，于 2009 年 9 月 2 日公开开庭进行了审理。原告于金君的委托代理人刘守宪，被告专利复审委员会的委托代理人吴佳、张华，第三人 M. F. B 迪弗森有限公司、海瑞森公司的共同委托代理人朱梅到庭参加了诉讼。本案现已审理终结。

第 12909 号决定系专利复审委员会针对 M. F. B 迪弗森有限公司、海瑞森公司就于金君所拥有的 200730118046. 4 号外观设计专利（以下简称本专利）所提出的无效宣告请求而作出的。专利复审委员会在第 12909 号决定中认为：将本专利与附件 2（即在先设计）相比，可以发现两者相似之处在于：车身金属杆的轮廓、车座椅的位置和形状、安全带的安装位置、车灯的位置和形状、后视镜的位置和形状、车轮的形状、车轮挡板的角度、减震的位置和形状、备用轮胎的安放位置都相同，区别仅在于：（1）在先设计的车灯中间部分的金属支架被覆盖，本专利车灯中间部分的金属支架上没有覆盖材料；（2）本专利公开了后视图，而在先设计没有后视图；（3）顶部框架也有差异，本专利顶部框架呈三角形，而在先设计未显示顶部。对于区别（1），车灯中间是否有覆盖材料属于细微差别，对整体视觉效果无显著影响。对于区别（2），由于本专利的沙滩车的车身和在先设计的卡丁车都是由金属杆弯曲成一定弧度而成，整个车是镂空的结构，从在先设计的侧视图就能通过金属框架的镂空部分观察到车后部的大部分结构，仅车后部被车后轮挡住的一小部分无法被观察到，但是被挡住的这一小部分属于局部细微的差别，对外观设计的整体视觉不具有显著的影响。对于区别（3），根据《审查指南》第四部分第五章第4节（1），使用时容易看到部位的设计变化相对于不容易看到或者看不到部位的设计变化，通常对整体视觉效果更具有显著的影响，卡丁车的顶部属于不容易看到的部位，因此该区别对外观设计的整体视觉也不具有显著的影响。综上所述，根据整体观察、综合判断的原则，本专利与在先设计相近似，不符合《中华人民共和国专利法》（以下简称《专利法》）第二十三条的规定。据此，专利复审委员会作出第12909号决定，宣告本专利权无效。

于金君不服第12909号决定，向本院提起行政诉讼，其诉称：第12909号决定对附件2的真实性的认定是错误的，附件2属于域外证据，没有进行公证认证，不能作为证据使用，且第12909号决定引用附件2中的两个不同的外观设计与本专利进行组合对比的方式违反了审查指南的规定。请求法院撤销专利复审委员会作出的第12909号决定。

被告专利复审委员会辩称：坚持在第12909号决定中的意见，于金君起诉的事实和理由不能成立，请求人民法院依法驳回其诉讼请求，维持第12909号决定。

第三人M. F. B迪弗森有限公司、海瑞森公司述称：专利复审委员会作出的第12909号决定认定事实清楚，适用法律正确，应当予以维持，请求人民法院依法驳回于金君的诉讼请求。

本院经审理查明：

本案涉及的是中华人民共和国国家知识产权局于2008年4月23日授权公告，申请日为2007年5月21日的名称为“沙滩车（500CCGO-KART）”的第200730118046.4号外观设计专利（即本专利），专利权人为于金君。在本专利外观设计专利公报上载明的视图有7幅，包括主视图、后视图、左视图、右视图、俯视图、立体图1、立体图2（见附图1）。

2008年5月28日，M. F. B迪弗森有限公司以本专利不符合《专利法》第二十三条的规定为由，向专利复审委员会提出无效宣告请求，并提交了7份附件作为证据。2008年7月10日，海瑞森公司以本专利不符合《专利法》第二十三条的规定为由，向专利复审委员会提出无效宣告请求，并提交了6份附件作为证据。上述两第三人提交的附件2和附件3相同。

其中附件2包括《MotoMarché》杂志第128期封面，第40、41、70、71页复印件及封面，第40、41、70、71页的中文译文共8页，其上载明的日期为2007年3月。其中附件2第71页整页刊登了OXOBIKE卡丁车的图片、技术参数和进口信息等，其中第71页刊登的两幅较大图明显为同一车型从两个不同角度拍摄的视图（即在先设计，见附图2），大图为从卡丁车的右前方看过去的立体视图，小图为卡丁车的侧视图。整个车身由金属杆弯曲成一定弧度而成，该弧度与本专利沙滩车车身金属杆的弧度几乎完全相同。透过金属杆的镂空可以看到车身内部有两个座椅，每个座椅上部有两个孔，安全带从其中穿过，座椅前方正中间有一方向盘；车前部有两个较大的类似菱形的车灯，两车灯中间由一倒三角的金属支架连接，金属支架上覆盖有遮盖物，支架上方有一倒三角带弧形的挡板，车前部两侧各有一个后视镜；从侧视图看，该卡丁车右侧有两个车轮，从大图看该卡丁车前部有两个车轮，根据对称原理，该卡丁车明显为四轮车，每个车轮上方各有一个车轮挡板，每个车轮侧边各有一个减震；车体后上方的金属支架上还安放有一备用轮胎。

附件3包括附件2的公证认证文件复印件及其中文译文共11页，其中附有附件2全部内容，且在《MotoMarché》杂志的封页、第40页和第71页上有公证员的签名。

在本案庭审中，于金君对第12909号决定的案由部分没有异议，对附件3的真实性无异议。

2008年12月16日，专利复审委员会以本专利不符合《专利法》第二十三条的规定为由作出第

12909 号决定，宣告本专利权无效。

以上事实有本专利公报、附件 2、附件 3、第 12909 号决定和当事人陈述等证据在案佐证。

本院认为：

《专利法》第二十三条规定，授予专利权的外观设计，应当同申请日以前在国内外出版物上公开发表过或者国内公开使用过的外观设计不相同和不相近似。

基于查明的事实，附件 3 是附件 2 的公证书，于金君对附件 3 中《MotoMarché》杂志的封页、第 40 页和第 71 页的真实性没有异议，而且附件 3 中《MotoMarché》杂志的封页、第 40 页和第 71 页明显就是附件 2 杂志原件的黑白复印件，其附图内容完全相同，能够认定附件 2 的真实性。附件 2 为法国公开的杂志，其公开日早于本专利的申请日，而附件 2 的第 71 页左下方大图和右侧小图系同一在先设计的不同侧面视图，可以作为本专利的在先设计，可与本专利分别进行相同或相近似性的比较。

将本专利与在先设计相比，可以发现两者相似之处在于：车身金属杆的轮廓、车座椅的位置和形状、安全带的安装位置、车灯的位置和形状、后视镜的位置和形状、车轮的形状、车轮挡板的角度、减震的位置和形状、备用轮胎的安放位置都相同，区别仅在于：（1）在先设计的车灯中间部分的金属支架被覆盖，本专利车灯中间部分的金属支架上没有覆盖材料；（2）本专利公开了后视图，而在先设计没有后视图；（3）顶部框架也有差异，本专利顶部框架呈三角形，而在先设计未显示顶部。对于区别（1），车灯中间是否有覆盖材料属于细微差别，对整体视觉效果无显著影响。对于区别（2），由于本专利的沙滩车的车身和在先设计的卡丁车都是由金属杆弯曲成一定弧度而成，整个车是镂空的结构，从在先设计的侧视图就能通过金属框架的镂空部分观察到车后部的大部分结构，仅车后部被车后轮挡住的一小部分无法被观察到，但是被挡住的这一小部分属于局部细微的差别，对外观设计的整体视觉不具有显著的影响。对于区别（3），根据《审查指南》第四部分第五章第 4 节（1），使用时容易看到部位的设计变化相对于不容易看到或者看不到部位的设计变化，通常对整体视觉效果更具有显著的影响，卡丁车的顶部属于不容易看到的部位，因此该区别对外观设计的整体视觉也不具有显著的影响。综上所述，根据整体观察、综合判断的原则，本专利与在先设计相近似，不符合《专利法》第二十三条的规定。

综上，专利复审委员会在第 12909 号决定中认定本专利不符合《专利法》第二十三条的规定是正确的，其基于此宣告本专利权无效有事实和法律依据，第 12909 号决定认定事实清楚，适用法律正确，程序合法，应予维持。于金君请求撤销该决定的理由不能成立，本院不予支持。依照《中华人民共和国行政诉讼法》第五十四条第（一）项之规定，本院判决如下：

维持被告中华人民共和国国家知识产权局专利复审委员会作出的第 12909 号无效宣告请求审查决定。

案件受理费人民币 100 元，由原告于金君负担（已交纳）。

如不服本判决，原告于金君、被告中华人民共和国国家知识产权局专利复审委员会、第三人宁波市镇海海瑞森车业有限公司可在本判决书送达之日起 15 日内，第三人 M. F. B 迪弗森有限公司可在本判决书送达之日起 30 日内向本院提交上诉状，并交纳上诉案件受理费人民币 100 元，上诉于中华人民共和国北京市高级人民法院。

审　判　长　侯占恒
代理审判员　江建中
人民陪审员　牛艳玲
二〇〇九年十二月八日
书　记　员　严　哲

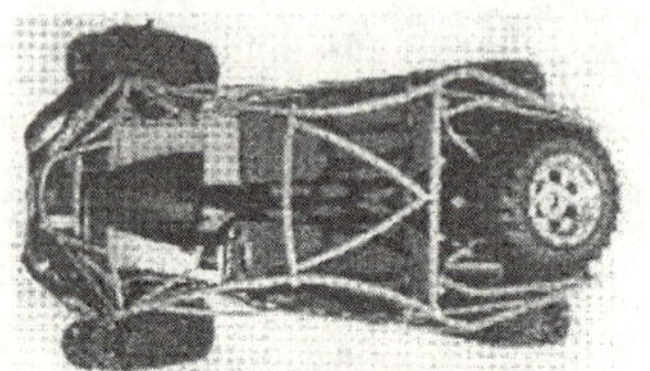

俯视图

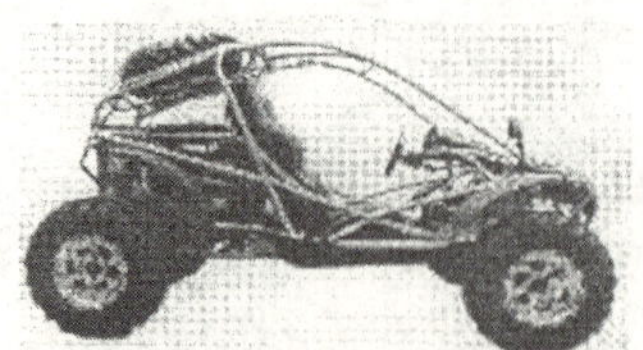

后视图

立体图 1

立体图 2

右试图（缩小）

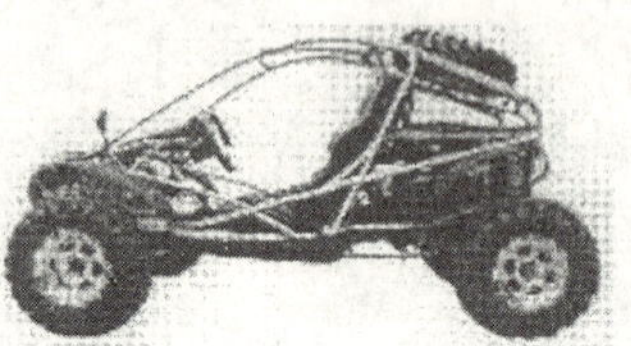

主视图

左视图（缩小）

本专利附图

在先设计附图

109

矿用电缆挂钩

无效宣告请求审查决定（第12910号）

决　　定　　号 第12910号
决　　定　　日 2009年2月13日
发明创造名称 矿用电缆挂钩
外观设计分类号 08-08
无效宣告请求人 山西华龙塑料有限公司
专　利　权　人 叶节东
专　　利　　号 200630111797.9
申　　请　　日 2006年6月16日
授权公告日 2007年3月7日
合议组组长 钱亦俊
主　　审　　员 吴赤兵
参　　审　　员 李巍巍

法　律　依　据 专利法第23条，专利法实施细则第13条第1款
决　定　要　点

请求人提交的实用新型专利公报作为证据，其公开日期在本专利申请日之后，该证据不适用专利法23条的规定。

请求人在提出无效宣告请求之日一个月后，提出本专利不符合专利法实施细则第13条第1款的规定，属于逾期新增加的理由，合议组不予考虑。

一、案由

本无效宣告请求涉及2007年3月7日国家知识产权局授权公告的200630111797.9号外观设计专利，其产品名称是"矿用电缆挂钩"，申请日是2006年6月16日，专利权人是叶节东。

针对上述外观设计专利权（下称本专利），山西华龙塑料有限公司（下称请求人）于2008年4月25日向专利复审委员会提出无效宣告请求，其事实和理由是：在本专利申请日以前已有相同的产品由专利权人申请了实用新型专利，故本专利不符合专利法第23条的规定。请求人认为：早在2006年1月20日，该专利权人申请了"矿用电缆挂钩"的实用新型专利，并于2007年4月18日被授予权利权（附件2），该实用新型专利附图1、2、3的产品形状与本专利主视图、后视图和左视图的形状相同。与此同时，请求人提交了如下附件作为证据：

附件1：本专利公报2页（复印件）；

附件2：专利号为200620100596.3的实用新型专利说明书5页（复印件）。

专利复审委员会根据无效宣告请求审查程序的规定，经形式审查，于2008年4月25日受理了该无效宣告请求，并将无效宣告请求书和证据的副本转送给专利权人，限其在指定的期限内答复。并告知专利权人如逾期不答复，不影响专利复审委员会的审理。

专利复审委员会于2008年5月28日收到专利权人的意见陈述书，专利权人认为，本专利与附件2的附图内容并不相同，请求人以附件2实用新型专利作为依据不知以何种逻辑推导出本专利不符合专利法第23条，无效宣告理由无法成立。因此，应当维持本专利有效。

专利复审委员会于2008年7月10日将上述专利权人的意见陈述书转送请求人。同时，向双方当事人发出《合议组成员告知通知书》，指出如对本案合议组人员有回避请求的，应于收到本通知之日起七天内提交书面请求书，逾期未答复，视为无回避请求。在规定的期限内双方当事人均未对合议组成员提出回避的请求。

请求人于2008年8月19日向专利复审委员会提交了意见陈述书，请求人认为，专利法实施细则第13条第1款规定："同样的发明创造只能被授予一项专利"，专利权人早在2006年1月20日，就向国家知识产权局申请名称为"矿用电缆挂钩"的实用新型专利（见附件2），该实用新型专利和本专利名称相同、外观相同、用途相同，因此，本专利不符合专利法实施细则第13条第1款规定，应宣告专利权无效。

在以上审理的基础上，本案合议组经合议，认为本案事实清楚，依法作出本审查决定。

二、决定的理由

1. 法律依据

根据请求人提出的无效宣告请求的理由和提交的证据，本案合议组依据专利法第23条的规定对本案进行审理。

专利法第23条规定："授予专利权的外观设计，应当同申请日以前在国内外出版物上公开发表过或者国内公开使用过的外观设计不相同和不相近似，并不得与他人在先取得的合法权利相冲突。"

2. 证据认定

经审查，合议组认为：请求人提交的附件2是一份中华人民共和国国家知识产权局授权公告的实用新型专利说明书，其公告日期是2007年4月18日（在本专利申请日之后），故对本案来说，该证据不适用专利法第23条的规定。

3. 其他

请求人于2008年8月19日提交意见陈述书，提出：本专利不符合专利法实施细则第13条1款的规定。合议组认为：请求人提出的该理由是在其提出无效宣告请求之日一个月后新增加的理由，根据专利法实施细则第66条的规定，合议组不予考虑。

请求人对其提出的无效宣告请求的主张，有责任向专利复审委员会提交充分的证据，如果其提交的证据不足以支持其无效宣告请求理由，应承担对其不利的法律后果。

三、决定

维持200630111797.9号外观设计专利权有效。

当事人对本决定不服的，可以根据专利法第46条第2款的规定，自收到本决定之日起三个月内向北京市第一中级人民法院起诉。根据该款的规定，一方当事人起诉后，另一方当事人应当作为第三人参加诉讼。

110

双人沙发（V01-2）

无效宣告请求审查决定（第12911号）

决　　定　　号　第12911号
决　　定　　日　2009年2月17日
发明创造名称　双人沙发（V01-2）
外观设计分类号　06-01
无效宣告请求人　北京永迎家具有限公司
专　利　权　人　陈　新
专　　利　　号　200630189838.6
申　　请　　日　2006年11月30日
授　权　公　告　日　2007年9月26日
合　议　组　组　长　钱亦俊
主　　审　　员　吴赤兵
参　　审　　员　李巍巍
附　　　　图　1页

法　律　依　据　专利法第23条
决　定　要　点

请求人提供的在先设计与本专利比较，二者既不相同也不相近似，不能证明本专利不符合专利法第23条的规定。

一、案由

本无效宣告请求涉及2007年9月26日国家知识产权局授权公告的、200630189838.6号外观设计专利，其产品名称是“双人沙发（V01-2）”，申请日是2006年11月30日，专利权人是陈新。

针对上述外观设计专利权（下称本专利），北京永迎家具有限公司（下称请求人）于2008年6月13日向专利复审委员会提出无效宣告请求，其理由是：本专利权的授予不符合中国专利法第23条的规定。请求人提交了如下附件作为证据：

附件1：国家知识产权局网站下载的200430005177.8号专利著录项目信息及图片复印件1页；

附件2：国家知识产权局网站下载的200530166718.X号专利著录项目信息及图片复印件1页。

请求人认为，本专利与其申请日前国家知识产权局网站上公开的两个外观设计专利图形相近似。其中，相同点为：（1）本专利主视图与附件1主视图左右扶手及后靠背线条及形状相同；（2）本专利俯视图与附件1专利的左右扶手及后靠背线条及形状相同；（3）本专利俯视图与附件2专利的俯视图中间的条纹图案相同。不同点为：本专利后视图、左视图有不规则细纹。

专利复审委员会根据无效宣告请求审查程序的规定，经形式审查，专利复审委员会于 2008 年 6 月 13 日受理了该无效宣告请求，并将无效宣告请求书和证据的副本转送给专利权人，限其在指定的期限内答复。并告知专利权人如逾期不答复，不影响专利复审委员会的审理。

专利复审委员会于 2008 年 7 月 10 日向双方当事人发出《合议组成员告知通知书》，指出如对本案合议组成员有回避请求的，应在收到本通知之日起 7 天内提交书面请求书，逾期未答复，视为无回避请求。在规定期限内双方当事人均未对合议组成员提出回避请求。

专利复审委员会于 2008 年 8 月 29 日收到专利权人的意见陈述书，专利权人认为，附件 1 和附件 2 分别与本专利比较不相同也不相近似。从本专利的主视图、左视图和后视图看，沙发腿的高度为整个沙发的三分之一；沙发中间有突起的扶手；其左视图、后视图的靠背有细横条；附件 1 和附件 2 双人沙发的外观设计没有上述外观特征。综上所述，请求人提交的证据不能证明本专利在申请日以前在国内外出版物上公开发表，本专利与附件 1 和附件 2 的外形及图案不相同和不相近似，本专利符合专利法第 23 条的规定。

专利复审委员会于 2008 年 11 月 4 日将上述专利权人的意见陈述书转送请求人，请求人逾期未作答复。

在以上审理的基础上，本案合议组经合议，认为本案事实清楚，依法作出本审查决定。

二、决定的理由

1. 法律依据

根据请求人提出的无效宣告请求的理由和提交的证据，本案合议组依据专利法第 23 条的规定对本案进行审理。

专利法第 23 条规定："授予专利权的外观设计，应当同申请日以前在国内外出版物上公开发表过或者国内公开使用过的外观设计不相同和不相近似，并不得与他人在先取得的合法权利相冲突。"

2. 证据的认定

请求人提交的附件 2 是国家知识产权局网站下载的专利号 200530166718. X 的外观设计信息及图片，经合议组核实，认为，该附件 2 外观设计的授权公告日是 2007 年 1 月 3 日（在本专利申请日之后），因此，该附件 2 不属于以专利法第 23 条为理由请求宣告本专利权无效的证据，合议组对该证据不予采纳。

请求人提交的附件 1 是国家知识产权局网站下载的专利号 200430005177. 8 外观设计信息及图片。经合议组核实，其内容属实，予以采信。该外观设计名称为"双人沙发（3）"，申请日是 2004 年 3 月 17 日，授权公告日是 2004 年 10 月 6 日（在本专利申请日之前），该外观设计（下称在先设计）可适用专利法第 23 条的规定，作为本案的证据，二者类别相同，可以进行相同和相近似的比较。

3. 相同和相近似的比较

本专利"双人沙发"有 4 幅视图（主视图、后视图、左视图和俯视图）。从其视图看：本专利沙发呈"包厢"式，两侧帮与后靠背高度一样；较薄的沙发坐垫中间有一凸起平台；较高的沙发腿与沙发四边角的支撑柱连接整体呈内弧形；沙发靠背和两侧帮背面有横线条（详见本专利附图）。

在先设计外观设计"双人沙发"有 5 幅视图（主视图、后视图、俯视图、右视图和立体图）。从其视图看：在先设计沙发呈现较厚靠背、扶手和坐垫；沙发腿呈直立状；沙发的扶手呈外翻状，其高度低于靠背高度（详见在先设计附图）。

将本专利与在先设计比较，合议组认为，本专利沙发整体呈现为较轻薄的"包厢"式形状，在先设计沙发呈现较厚重样式，二者的靠背、扶手、沙发腿等设计形状具有明显区别，通过整体观察、综合判断，二者的区别对整体视觉具有显著的影响，因此，本专利与在先设计属于既不相同也不相近似的外观设计。

综上所述，请求人提交的证据不能证明本专利不符合专利法第 23 条的规定，请求人提出的宣告本专利权无效的理由不成立。

三、决定

维持 200630189838. 6 号外观设计专利权有效。

当事人对本决定不服的，可以根据专利法第 46 条第 2 款的规定，自收到本决定之日起三个月内向北京市第一中级人民法院起诉。根据该款的规定，一方当事人起诉后，另一方当事人应当作为第三人参加诉讼。

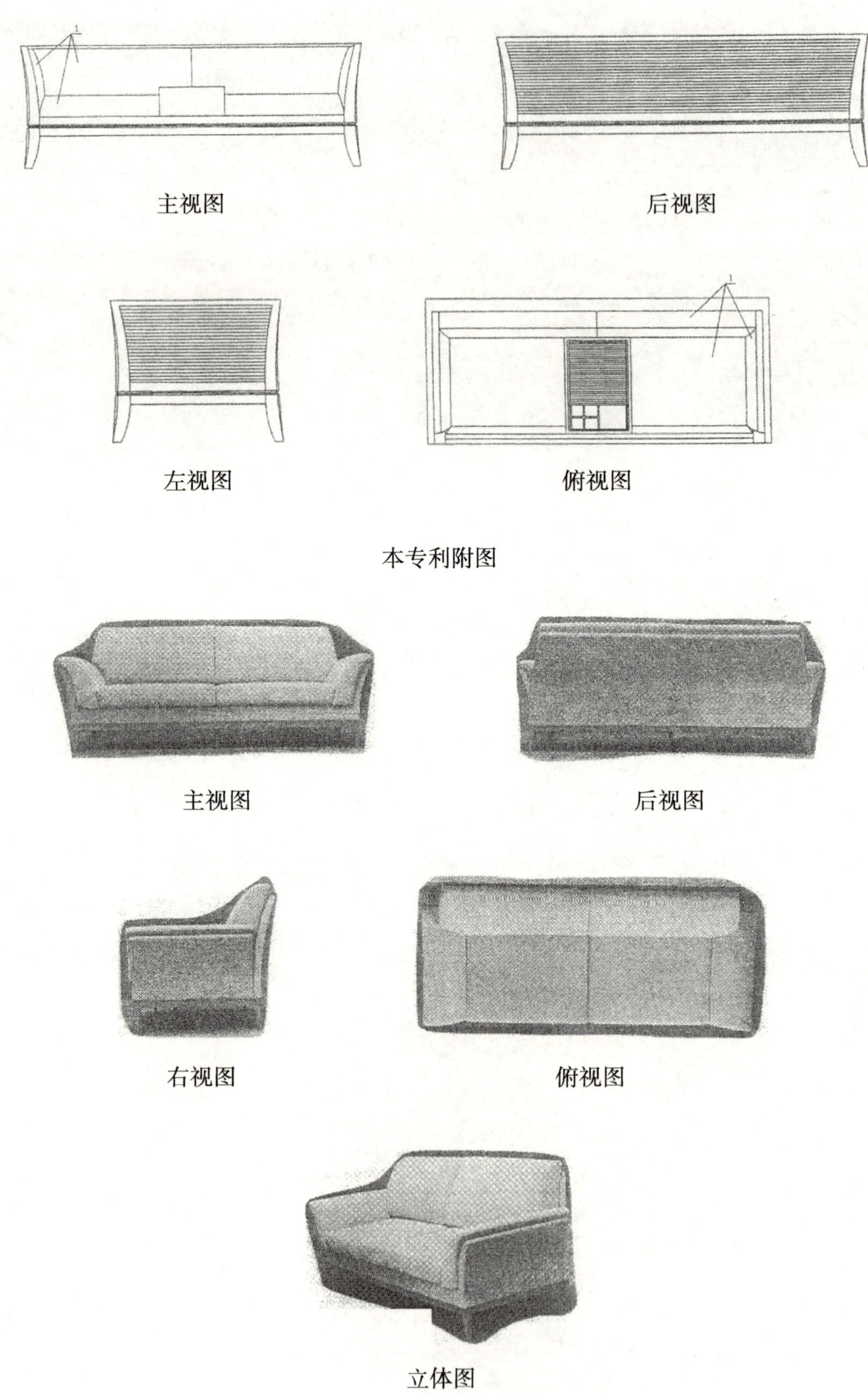

主视图　　后视图

左视图　　俯视图

本专利附图

主视图　　后视图

右视图　　俯视图

立体图

在先设计附图

111

包装袋（墨鱼丸）

无效宣告请求审查决定（第12912号）

决　定　号　第12912号
决　定　日　2009年2月19日
发明创造名称　包装袋（墨鱼丸）
外观设计分类号　09-05
无效宣告请求人　厦门华顺民生食品有限公司
专　利　权　人　泉州富邦食品有限公司
专　利　号　00345311.1
申　请　日　2000年11月8日
授权公告日　2001年7月25日
合议组组长　吴大章
主　审　员　张　凌
参　审　员　王　红

法　律　依　据　专利法第23条
决　定　要　点

请求人提交的证据是企业以宣传为目的、自行发放的产品目录，上述证据没有记载能确切表明其印刷和发行的信息，也不属于定期出版的产品目录，合议组对上述证据的真实性和公开时间无法确认，故对其不予采信。

请求人提交的证据结合起来也不足以证明在本专利的申请日前已有与之相近似的外观设计在国内公开使用过。

一、案由

本无效宣告请求涉及国家知识产权局于2001年7月25日授权公告的名称为“包装袋（墨鱼丸）”的00345311.1号外观设计专利，其申请日为2000年11月8日，专利权人为泉州富邦食品有限公司。

针对上述专利权（下称本专利），厦门华顺民生食品有限公司（下称请求人）于2008年10月21日向专利复审委员会提出无效宣告请求，理由是本专利与在其申请日前已公开使用过的外观设计相近似，不符合专利法第23条规定。请求人同时提交如下附件作为证据：

附件1：（2008）厦鹭证内字第04076号公证书及相关光盘封存页复印件共12页，其内容为厦门市鹭江公证处对请求人计算机中相关墨鱼丸图案进行证据保全过程的记录；

附件2：本专利著录项目信息及其外观图片下载打印件1页；

请求人认为证据1表明请求人的关联企业厦门华顺食品工业有限公司在1999年即设计了一款墨鱼丸的包装袋，并与同年投放市场；该包装袋的图案与本专利相近似，因此在本专利申请日前已有与之近似的外观设计产品在国内公开使用，本专利不符合专利法第23条的规定。

经形式审查合格后，专利复审委员会受理了上述无效宣告请求，并于2008年10月21日将无效宣告请求书及相关附件的副本转给专利权人，要求其在指定的期限内答复。

2008年11月21日专利权人针对上述无效宣告请求提交意见陈述书，认为计算机中保存的文件的创建时间可任意修改，公证书只能证明公证当日请求人计算机中所保存的相关文件的内容，却无法证明在本专利的申请日前请求人的计算机中就保存有相同的内容，也没有证据能证明上述内容的公开时间和公开使用的时间，因此其与本专利不具有可比性。

2008年11月21日请求人针对上述无效宣告请求补充提交了意见陈述，并同时提交如下附件作为证据（编号续前）：

附件3：华顺食品广告宣传册复印件（共11页）；

附件4：厦门华顺食品工业有限公司与厦门市第三印刷厂订立的购销合同复印件（共3页）；

附件5：厦门祥友工贸有限公司出具的证明复印件（共2页）；

附件6：泉州东兴贸易有限公司出具的证明复印件（共4页）。

请求人认为上述证据进一步证明华顺食品工业有限公司在1999年就曾在国内公开生产、销售与本专利具有相似包装图案的墨鱼丸，本专利不符合专利法第23条的规定。

2009年1月19日专利复审委员会向双方当事人发出口头审理通知书，定于2009年2月10日对本案进行口头审理，同时将专利权人的上述意见陈述转送请求人，将请求人的补充意见陈述及其相关附件转送专利权人，并告知双方当事人其可在口头审理时一并陈述意见。

口头审理如期举行，双方当事人的代理人参加了口头审理。请求人明确其无效宣告的理由为本专利不符合专利法第23条的规定，依据附件3证明在本专利的申请日前已有与之相近似的外观设计公开发表，并以该附件第2页记载的“一九九九年元月”作为其公开时间；依据附件1、3~6证明在先公开使用的事实；请求人当庭提交附件1和附件3至附件6的相关原件。专利权人对附件1公证书的真实性无异议，但对其证明事项有异议；对附件3、附件5和附件6的真实性均有异议；对附件4的真实性无异议。关于相同、相近似对比，请求人坚持其原有意见；专利权人认为本专利与在先设计的具体图案不同。

在上述审理的基础上，合议组经合议，认为本案事实清楚，依法作出本审查决定。

二、决定的理由

1. 法律依据

基于请求人提出无效宣告请求所依据的理由和证据，合议组对本专利是否符合专利法第23条的规定进行审查。

专利法第23条规定，授予专利权的外观设计，应当同申请日以前在国内外出版物上公开发表过或者国内公开使用过的外观设计不相同和不相近似，并不得与他人在先取得的合法权利相冲突。

2. 证据和事实认定

请求人提交的附件1是（2008）厦鹭证内字第04076号公证书及相关光盘封存页复印件共12页，口头审理中提交了该附件的原件。专利权人对公证书的真实性无异议，但认为其不能证明在公证日前相关事实的存在。

对此，合议组认为，附件1是厦门市鹭江公证处应请求人的申请于2008年9月28日对请求人计算机中相关墨鱼丸图案进行证据保过程的客观记录，其可以证明在公证当日请求人的计算机中确实保存了相关的文件，但是并未证明在公证日之前特别是本专利的申请日之前请求人的计算机中是否保存了该文件及其当时的属性和内容，鉴于在计算机中对存储记录进行修改的容易性以及该文件系存储于请求人自己的计算机中，在无其他证据的支持下，合议组难以确认在本专利的申请日前请求人的计算机保存了相关的文件及其当时的内容和创建时间。

请求人提交的附件3是华顺食品广告宣传册的复印件，口头审理中请求人提交了上述证据的整本原件，明确其公开时间是1999年，并认为附件4的购销合同可以进一步佐证其公开时间。专利权人当庭核实附件3的原件与复印件一致，但对该附件的真实性和公开时间均有异议，认为其不是公开出版物。

合议组认为，附件3是企业以宣传为目的、自行发放的产品目录，除了在其第二页“公司简介”的最后标有“一九九九年元月”的字样外，没有记载任何关于其印刷和发行的确切信息，例如印刷单位、印刷时间和数量、公开散发的时间、方式和范围等；仅依据附件3也不能确认其属于定期出版的产品目录；请求人认为附件4的购销合同可以佐证附件3的公开时间，但附件4的合同标的是产品包装袋而非附件3中的产品宣传册，附件4本身也未公开相关的产品图样，其与附件3并无直接的联系，也无法佐证附件3的公开时间。鉴于专利权人对该附件的真实性和公开时间均提出了异议，在无其他证据支持的情况下，合议组难以确认该证据的真实性和公开时间，故对其不予采信。

请求人提交的附件4是厦门华顺食品工业有限公司与厦门市第三印刷厂订立的购销合同复印件，口头审理中其提交了该附件的原件，专利权人对该附件的真实性无异议，故合议组对其予以采信。

请求人提交的附件5和附件6分别是厦门祥友工贸有限公司和泉州东兴贸易有限公司出具的证明复印件，口头审理中提交了上述附件的原件。专利权人对上述附件的真实性均有异议。

合议组认为，附件5和附件6上所加盖的公章均与相应证明所署的单位名称不符，出证单位均未派员出庭接受质证，两份证明上均无单位负责人的签名或签章，对于附件5请求人没有提供任何其他的证据用以佐证在先销售的事实，因此仅凭该证明不足以作为认定事实的依据；附件6中虽附有两张销售清单，但是该清单是出证单位记录业务往来的内部凭证，缺乏销售发票等其他证据的佐证，仅凭该清单和证明尚不足以证明相应的墨鱼丸包装袋在先已经公开销售。

综上，请求人提交的附件3的真实性和公开时间难以确认，其不能证明在本专利的申请日前已有与之相近似的外观设计公开发表；请求人提交的附件1和附件3~6中，在附件1、附件3、附件5和附件6均不足以证明相应的待证事实的情况下，附件4本身又未公开任何相关产品的图样，因此附件1和附件3~6即便结合使用也不足以证明在本专利的申请日前已有与之相近似的外观设计在国内公开使用过。

请求人提交的证据均不能证明本专利不符合专利法第23条的规定，请求人无效宣告的理由不成立。

三、决定

维持00345311.1号外观设计专利有效。

当事人对本决定不服的，可以根据专利法第46条第2款的规定，自收到本决定之日起三个月内向北京市第一中级人民法院起诉。根据该款的规定，一方当事人起诉后，另一方当事人应当作为第三人参加诉讼。

112

包装盒（复方胆氨片）

无效宣告请求审查决定（第12916号）

决　　定　　号　第12916号
决　　定　　日　2009年2月19日
发明创造名称　包装盒（复方胆氨片）
外观设计分类号　09-03
无效宣告请求人　武汉生物化学制药有限公司
专　利　权　人　武汉振生生化药品有限公司
专　　利　　号　200530025002.8
申　　请　　日　2005年2月12日
授权公告日　2005年9月14日
合议组组长　钱亦俊
主　审　员　王　红
参　审　员　雷　婧
附　　　　图　1页

法律依据　专利法第23条
决定要点

本专利与在先设计的不同之处仅在于局部图案的细微变化，其相同点已使得二者呈现整体相近似的视觉效果，上述局部差别不足以对整体视觉效果产生显著影响，因此，二者属于相近似的外观设计，本专利不符合专利法第23条的规定。

一、案由

本无效宣告请求涉及的是国家知识产权局于2005年9月14日授权公告的200530025002.8号外观设计专利，使用该外观设计的产品名称为“包装盒（复方胆氨片）”，申请日是2005年2月12日，专利权人是武汉振生生化药品有限公司。

针对上述专利权（下称本专利），武汉生物化学制药有限公司（下称请求人）于2008年8月16日向专利复审委员会提出无效宣告请求，其依据的事实和理由是：本专利在其申请日前，已有与其相同和相近似的外观设计在出版物上公开发表过，在国内公开使用过，因此，本专利不符合专利法第23条的规定。请求人同时提交了如下附件作为证据：

附件1：本专利公告文本复印件1页；

附件2：00325094.6号外观设计专利公告文本复印件1页；

附件 3：声称为国家药品监督管理局国家药品标准［WS-10001-（HD-0843）-2002］复印件 2 页；

附件 4：声称为湖北省药品监督管理局出具的 01-13-003 号药品批准证书复印件 1 页；

附件 5：声称为 0121767 号药品注册证复印件 1 页；

附件 6：声称为武汉市工商行政管理局出具的企业变更通知书复印件 2 页；

2008 年 9 月 12 日请求人补充了如下附件作为证据：

附件 7：声称为劳动合同复印件 3 页；

附件 8：声称为解除劳动合同补偿协议书复印件 2 页；

附件 9：声称为企业登记信息表复印件 1 页。

请求人认为，附件 2 所公开的专利与本专利相比，在构图上是一致的，以波浪形组成的主要图案特征是极其相近似的。结合其他附件可得知，与本专利相近似的产品已于 2002 年 12 月 18 日开始生产和销售。本专利不符合专利法第 23 条的有关规定。

专利复审委员会经形式审查合格后受理了该无效宣告请求，并于 2008 年 9 月 16 日将请求人提出无效宣告请求时提交的文件转送专利权人，要求其在指定期限内答复。

专利权人于 2008 年 10 月 21 日提交了意见陈述书，认为请求人提交的证据所示的外观设计与本专利不相同也不相近似，其他证据与本案无关联，因此本专利符合专利法的有关规定。

专利复审委员会于 2008 年 11 月 20 日向双方当事人发出合议组成员告知通知书，告知其逾期未答复，视为无回避请求，同时将请求人于 2008 年 9 月 12 日补充提交的证据及意见陈述和专利权人提交的意见陈述分别转送对方当事人，要求其在指定期限内答复。

请求人于 2008 年 12 月 29 日提交了意见陈述书，坚持其原有观点。

在上述审理的基础上，合议组经合议，认为本案事实清楚，依法作出本审查决定。

二、决定的理由

1. 法律依据

基于请求人提出的无效宣告请求的理由，合议组依据专利法第 23 条的规定对本案进行审理。

专利法第 23 条规定："授予专利权的外观设计，应当同申请日以前在国内外出版物上公开发表过或者国内公开使用过的外观设计不相同和不相近似，并不得与他人在先取得的合法权利相冲突。"

2. 证据认定

请求人提交的附件 2 是 00325094.6 号外观设计专利的公告文本复印件。合议组经核实，其与外观设计专利公报内容一致，可以确认其真实性。其产品名称为包装盒（喘安），申请日为 2000 年 8 月 16 日，可以确定其真实性。其授权公告日是 2001 年 8 月 8 日，早于本专利的申请日（2005 年 2 月 12 日），属于专利法第 23 条所规定的公开出版物，适用于本案。

3. 相同和相近似判断

附件 2 所示为包装盒的外观设计（下称在先设计），其与本专利均为药品包装盒，用途相同，属于相同类别的产品，可以进行外观设计相同和相近似比较。

本专利的形状呈扁长方体。主视图下半部分为波浪形图案，该图案由上部两条较细的等间距波浪线和一组深浅相间的波浪线构成，主视图上半部分为五个隶书体汉字。俯视图、左视图均为上述隶书体汉字，后视图为几行说明性小字（详见本专利附图）。

在先设计的形状呈扁长方体。主视图下半部分为波浪形图案，该图案由上部两条较细的等间距波浪线和一组深浅相间的波浪线构成，主视图上半部分主要为两行大字，分别是大写的汉语拼音文字和两个隶书体文字。俯视图、左视图均为上述隶书体汉字，仰视图为上述汉语拼音文字。后视图为几行覆盖的文字（详见在先设计附图）。

将本专利与在先设计相比较，两者的主要相同点为产品形状相同，主视图图案的布局、文字排列位置、对称设计的波浪图案基本相同。其主要的不同点为：在主视图中，本专利与在先设计的文字图形及排列略有差别；本专利主视图上半部分为中文，在先设计主视图上半部分为中文和汉语拼音。在其他视图中，文字略有不同。合议组认为，从整体观察，本专利与在先设计的产品形状、图案设计、主要图案组成部分的排列布局已形成了相近似的视觉效果，上述差别均属于局部的细微差别，对整体视觉效果不构成显著影响，因此本专利与在先设计属于相近似的外观设计。

4. 结论

综上所述，在本专利申请日以前已有与其相近似的外观设计在出版物上公开发表过，本专利不符合专利法第 23 条的规定。

鉴于由上述已得出本专利不符合专利法所规定的授权条件的结论，本决定对请求人提出的其他证据不再予以评述。

三、决定

宣告 200530025002. 8 号外观设计专利权全部无效。

当事人对本决定不服的，可以根据专利法第 46 条第 2 款的规定，自收到本决定之日起三个月内向北京市第一中级人民法院起诉。根据该款的规定，一方当事人起诉后，另一方当事人应当作为第三人参加诉讼。

主视图

后视图

左视图

俯视图

本专利附图

主视图

右视图

后视图

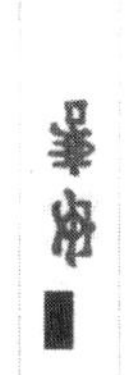

左视图

俯视图

CHUANAN

仰视图

在先设计附图

113

钉子（1）

无效宣告请求审查决定（第12925号）

决　　定　　号　第12925号
决　　定　　日　2009年2月20日
发明创造名称　钉子（1）
外观设计分类号　08-08
无效宣告请求人　龙海市榜山兴和五金制品厂
专　利　权　人　颜永顺
专　　利　　号　200630169529.2
申　　请　　日　2006年10月20日
授权公告日　2007年10月24日
合议组组长　吴大章
主　　审　　员　郝海燕
参　　审　　员　李　佳
附　　　　　图　3页

法　律　依　据　专利法第23条
决　定　要　点
如果一般消费者经过整体对比本外观设计与在先设计，如果存在差别，且该差别对产品外观设计的整体视觉效果具有显著影响，则本外观设计与在先设计既不相同也不相近似，本外观设计符合专利法第23条的规定。

一、案由

本无效宣告请求案涉及国家知识产权局于2007年10月24日授权公告的、专利号为200630169529.2、产品名称为“钉子（1）”的外观设计专利，申请日为2006年10月20日，专利权人为颜永顺。

针对本外观设计专利权（下称本专利），龙海市榜山兴和五金制品厂（下称请求人）于2008年11月17日向国家知识产权局专利复审委员会提出无效宣告请求，理由是本专利不符合专利法第23条的规定，同时请求人提交了以下证据：

证据1：《建筑装饰材料手册》（主编廖红）的扉页、版权页、目录页及正文第606、607、608页复印件，共6页，江西科学技术出版社出版，2004年8月第一版，2004年8月第一次印刷；

证据2：《建筑装饰材料实用手册》（主编饶勃）的扉页、版权页、目录页及正文第808、809、819、820页复印件，共7页，中国建筑工业出版社出版，1995年4月第一版，1995年4月第一次印刷。

请求人在请求书中陈述意见，认为本专利的外观设计和证据 1 中的瓦楞螺钉、瓦楞钉、镀锌瓦楞钉、麻花钉等立体图相同或相近似；本专利的外观设计与证据 2 中的第 808 页瓦楞螺钉图 10-68、819 页瓦楞钉图 10~84 瓦楞螺钉（a）、（b）、809 页镀锌瓦楞钉图 10-69 和第 820 页瓦楞钉图 10-87 相同或相近似。请求人认为该“瓦楞钉”在其申请前已普遍广泛使用，并出现在相关的图书和杂志以及电脑网页中，根本不是其劳动成果，因此应撤销对其授予的此项专利。关于瓦楞钉在证据 2 的第十章、建筑五金第二节紧固材料钉中就已经将钉子分为十几种类，其中就包括“瓦楞钉、麻花钉、瓦楞螺钉”等，它们都是由螺旋杆与锥体连接的基本结构，在证据 1 中也有“瓦楞螺钉、镀锌瓦楞钉以及麻花钉”的图案和论述。瓦楞钉早已在国内外被众多厂家所生产销售，生产瓦楞机器的厂家比比皆是，只要在百度搜索中打入“瓦楞钉”三个字就有不下三十家的工厂在销售，完全相同的图案出现在各厂家的产品介绍中，申请人早在 2001 年就购买了机械生产这种瓦楞钉了。本专利的外观设计的设计“带螺纹的钉身，锥形钉足”在以上提到的证据 1、2 中瓦楞螺钉和麻花钉都是这一特征连接的，“半圆形钉帽”也在这两份证据中“瓦楞钉”的图案中明确表示出来，而“与钉身相连的柱状海绵体”在这两份证据中明确表述为“羊毛毡垫圈”，其专业名词为 EVA 发泡。

请求人于 2008 年 12 月 11 日向国家知识产权局专利复审委员会补充提交了意见陈述和证据 3，证据 3 是请求人声称的六家企业网站的网页打印件，共 10 页。请求人在意见陈述中指出其提供的六家生产瓦楞钉的厂家中，他们的网页都是在 2006 年 10 月之前保持至今没有更改，在网页中与本专利的外观设计相同的瓦楞钉照片存在网页中，可以用于证明与本专利的外观设计相同的外观设计的 产品在申请日前就已经被广泛使用。

经形式审查合格，专利复审委员会受理了本案，并于 2008 年 12 月 12 日向双方当事人发出受理通知书，并将请求人提交的请求书和证据材料副本转给专利权人。

专利复审委员会本案合议组于 2009 年 1 月 4 日向双方当事人发出口头审理通知书，定于 2009 年 2 月 19 日对本案进行口头审理。并将请求人补充提交的意见陈述和证据材料共 12 页转给专利权人。

口头审理如期举行，在口头审理过程中，（1）请求人的代理人林永江作为公民代理（能够进行和解）出席口头审理。（2）专利权人未出席口头审理。（3）当事人对合议组成员无回避请求。（4）请求人当庭明确无效理由为：使用证据 1~3 用于证明本专利的外观设计不符合专利法第 23 条的规定。（5）请求人当庭提交证据 1、2 的盖有“国家图书馆参考咨询部文献提供组”印章的确认件。（6）请求人确定证据 1 第 607 页表 6.1-7 中名称为“镀锌瓦楞钉”图形与本专利的外观设计最为接近，请求人认为本专利的外观设计钉帽上的圆柱体是海绵状的垫圈，在证据 1 第 607 页表 6.1-7“镀锌瓦楞钉”的用途中有说明“用时需加垫羊毛垫圈，以免钉裂、漏雨”，证据 1 第 607 页表 6.1-7 中的图中的“镀锌瓦楞钉”在钉入物体后和本专利的外观设计的外观设计是一样的。（7）请求人明确使用证据 2 第 809 页图 10-69 中名称为“镀锌瓦楞钉”图形与本专利的外观设计最为接近，请求人认为本专利的外观设计钉帽上的圆柱体是海绵状的垫圈，在证据 2 第 809 页图 10-69“镀锌瓦楞钉”的用途中有说明“用时需加垫羊毛垫圈，以免钉裂、漏雨”，证据 2 第 809 页图 10-69 中“镀锌瓦楞钉”在钉入物体后和本专利的外观设计是一样的。（8）请求人认为证据 3 提供的百度快照显示的日期信息以及对应网页上的图象，可以证明在申请日之前与本专利的外观设计相同设计的图片已经在网络上出现，在互联网的百度网站上输入瓦楞钉进行查询就可以搜到近 500 家企业生产与本专利的外观设计相同的瓦楞钉。

至此，合议组认为当事人均已经充分表达了其主张并提出相应的证据，本案事实已经清楚，可以依法作出审查决定。

二、决定的理由

1. 关于法律依据

请求人提出本专利权的授予不符合专利法第 23 条的规定的无效理由。因此，专利复审委员会对本专利权的授予是否符合专利法第 23 条的规定进行审查。

专利法第 23 条规定："授予专利权的外观设计，应当同申请日以前在国内外出版物上公开发表过或者国内公开使用过的外观设计不相同和不相近似，并不得与他人在先取得的合法权利相冲突。"

2. 证据认定

根据请求人在口头审理当庭明确使用的证据，本无效宣告请求案所涉及的证据为无效宣告请求书所附的证据 1~3。

（1）关于证据 1、2。

证据 1、2 是图书类出版物，请求人提供了盖有"国家图书馆参考咨询部文献提供组"印章的与证据 1、2 的复印件一致的确认件，专利权人未在答复期限内对证据 1、2 的真实性提出异议，而且经合议组证实证据 1~2 与请求人提供的确认件一致，因此合议组对证据 1、2 的真实性予以认可，可以作为认定事实的依据。

（2）关于证据 3。

证据 3 是请求人声称的百度快照网页信息及"华龙五金"、"临沂富余金属制品有限公司"等六家企业网站的网页下载打印件。合议组认为，证据 3 是涉及互联网信息的证据，不是信誉度较高的网站，如政府类网站、知名非政府组织网站、大型科研院所网站等，而且没有通过公证，网站信息修改的随意性较大，百度快照网页上的时间信息仅仅能证明该网页与百度建立关联的时间，而与网页上信息的发布时间没有直接关联，而六家企业的网站也没有产品图片发布时间的信息，因此对六家企业网站上产品图片的发布时间无法确认，因此合议组对其真实性不予认可，证据 3 不能作为认定事实的依据。

3. 相同和相近似比较

在本专利的外观设计（下称被比设计）（参见被比设计的附图）中，钉子共分为 2 个部分：钉帽和钉身。从被比设计钉子的左视图和右视图可知，钉帽的截面呈圆形，从立体图和主视图可知，钉帽的顶部为伞状结构，钉帽的底部为圆柱体，伞状结构和圆柱体连接在一起；钉身为圆柱体，锥形钉足，整个钉身上有螺纹，钉身的顶部穿透钉帽略露出钉身头部。

请求人使用证据 1 中公开的第 607 页表 6.1-7 示意图是产品名称为"镀锌瓦楞钉"的外观设计（下称在先设计 1）、第 607 页表 6.1-6 示意图是产品名称为"瓦楞螺钉"的外观设计（下称在先设计 2）、第 608 页表 6.1-8 示意图是产品名称为"瓦楞钉"的外观设计（下称在先设计 3）、第 608 页表 6.1-10 示意图是产品名称为"麻花钉"的外观设计（下称在先设计 4）、证据 2 中公开的第 809 页图 10-69 名称为"镀锌瓦楞钉"的外观设计（下称在先设计 5）、第 808 页图 10-68 名称为"瓦楞螺钉"的外观设计（下称在先设计 6）、第 819 页图 10-84（a）、（b）名称为"瓦楞螺钉"的外观设计（下称在先设计 7、8）、和第 820 页图 10-87 名称为"瓦楞钉"的外观设计（下称在先设计 9）作为在先设计。被比设计是"钉子（1）"的外观设计，与证据 1、2 中的各种钉子的用途相同，属于类别相同的物品，可以将它们进行相同和相近似的比较。

（1）关于本外观设计与证据 1 的相同和相近似的比较。

在口头审理中，请求人确定以在先设计 1 与被比设计最为接近。

将在先设计 1（参见在先设计 1 的附图）与被比设计相比较可知，二者的相同点在于：钉子分为 2 个部分：钉帽和钉身；钉帽的截面呈圆形，钉帽整体为伞状结构，钉身为圆柱体，锥形钉足，钉身的顶部穿透钉帽略露出钉身头部；二者的不同点在于：第一，被比设计的钉帽底部为圆柱体；第二，被比设计的整个钉身上有螺纹。由于上述这些区别性要素对于产品的整体视觉效果有显著影响，使得在先设计 1 与被比设计的整体视觉形状明显不同，两外观设计整体上不属于相同或相近似的外观设计。

请求人在口头审理中认为证据 1 第 607 页表 6. 1-7 对在先设计 1 的用途中有说明“用时需加垫羊毛垫圈，以免钉裂、漏雨”，而被比设计中钉帽底部圆柱体是海绵状的垫圈，而且使用在先设计 1 的钉子在钉入物体后看不见钉身，和被比设计是一样的，因此在使用后在先设计 1 和被比设计一致。对此合议组认为：审查指南第四部分第五章规定，在相同或者相近似的判断中，应当仅以产品的外观作为判断的对象，钉子的整体在一般状态下都可见，因此，对在先设计 1 与被比设计比较，也是在一般状态下的外观设计。

将在先设计 2（参见在先设计 2 的附图）与被比设计相比较可知，二者不同点在于：第一，被比设计的钉帽顶部为伞形、钉帽底部为圆柱体，在先设计 2 的钉帽整体为呈圆柱形；第二，被比设计的整个钉身上有螺纹，在先设计 2 中仅钉身下半部分有螺纹。由于上述这些区别性要素对于产品的整体视觉效果有显著影响，使得在先设计 2 与被比设计的整体视觉形状明显不同，两外观设计整体上不属于相同或相近似的外观设计。

将在先设计 3（参见在先设计 3 的附图）与被比设计相比较可知，二者不同点在于：第一，被比设计的钉帽底部为圆柱体；第二，被比设计的整个钉身上有螺纹。由于上述这些区别性要素对于产品的整体视觉效果有显著影响，使得在先设计 3 与被比设计的整体视觉形状明显不同，两外观设计整体上不属于相同或相近似的外观设计。

将在先设计 4（参见在先设计 4 的附图）与被比设计相比较可知，二者不同点在于：被比设计的钉帽顶部为伞形、钉帽底部为圆柱体，在先设计 4 的钉帽由圆柱体和圆台构成。由于上述区别性要素对于产品的整体视觉效果有显著影响，使得在先设计 4 与被比设计的整体视觉形状明显不同，两外观设计整体上不属于相同或相近似的外观设计。

（2）关于本外观设计与证据 2 的相同和相近似的比较。

在口头审理中，请求人确定在先设计 5 与被比设计最为接近。

在先设计 5（参见在先设计 5 的附图）和在先设计 1 的外观设计相同，因此参见上述对被比设计与在先设计 1 的比较，在先设计 5 与被比设计的整体视觉形状明显不同，两外观设计整体上不属于相同或相近似的外观设计。

在先设计 9（参见在先设计 9 的附图）与在先设计 5 的外观设计相同，因此在先设计 9 与被比设计的整体视觉形状明显不同，两外观设计不属于相同或相近似的外观设计。

将在先设计 6（参见在先设计 6 的附图）与被比设计相比较可知，二者不同点在于：第一，被比设计的钉帽顶部为伞形、钉帽底部为圆柱体，在先设计 6 的钉帽整体为呈顶部有缺口的圆柱形；第二，被比设计的整个钉身上有螺纹，而在先设计 6 中仅钉身下半部分有螺纹。由于上述这些区别性要素对于产品的整体视觉效果有显著影响，使得在先设计 6 与被比设计的整体视觉形状明显不同，两外观设计整体上不属于相同或相近似的外观设计。

在先设计 7、8（参见在先设计 7、8 的附图）与在先设计 6 的外观设计类似，钉帽呈半圆体或不规则形状，钉身的下半部分有螺纹，使得整体设计形状与被比设计相差较多，无法在先设计 7、8 与被比设计相同或相近似。

4. 结论

综合上述情况，本外观设计申请日之前没有相同或相近似外观设计的产品以出版物公开方式为公众所知，请求人所提交证据不足以表明本外观设计不符合专利法第23条的规定。

三、决定

维持200630169529.2号外观设计专利权有效。

当事人对本决定不服的，可以根据专利法第46条第2款的规定，自收到本决定之日起三个月内向北京市第一中级人民法院起诉。根据该条款的规定，一方当事人起诉后，另一方当事人应当作为第三人参加诉讼。

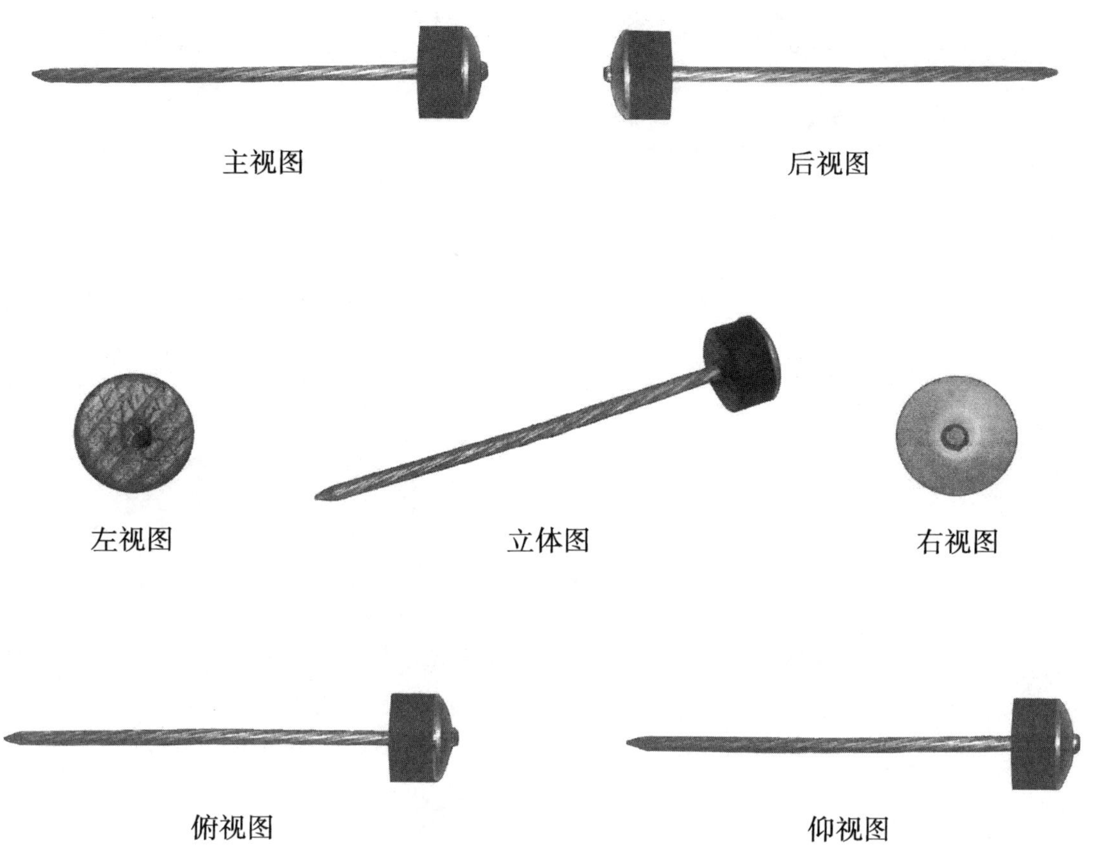

被比专利的附图

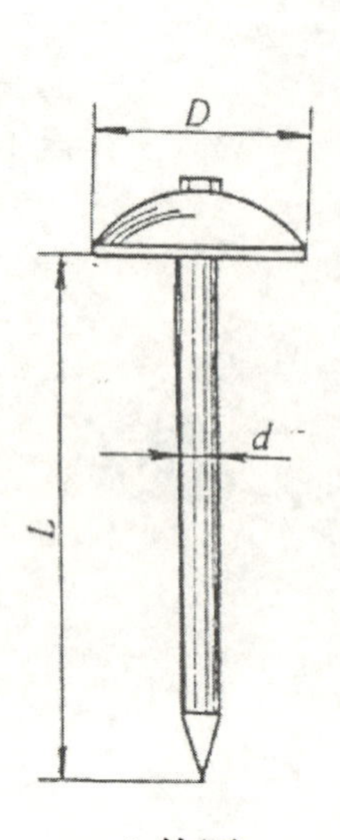

立体图
在先设计 1 的附图

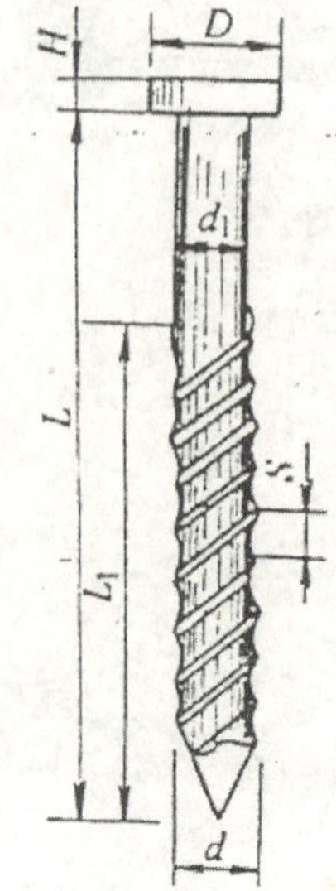

立体图
在先设计 2 的附图

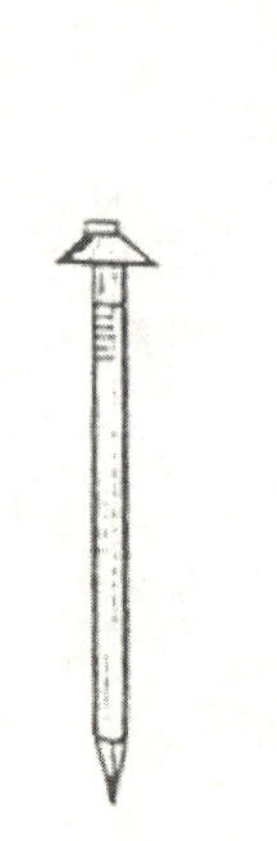

立体图
在先设计 3 的附图

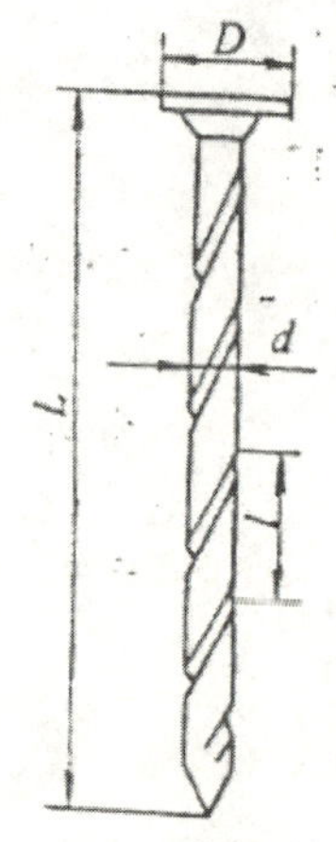

立体图
在先设计 4 的附图

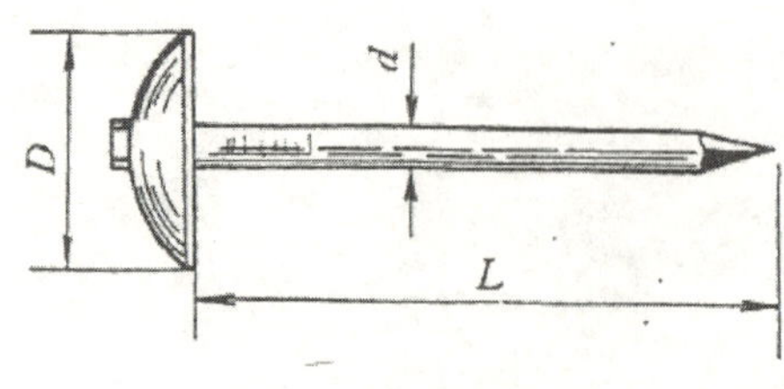

立体图
在先设计 5 的附图

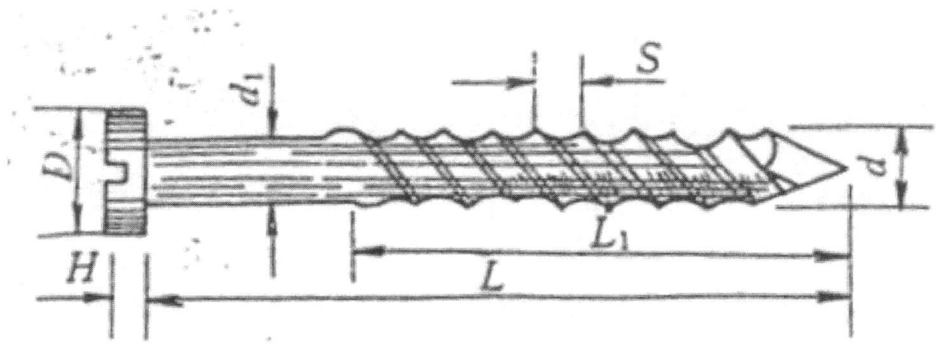

立体图

在先设计 6 的附图

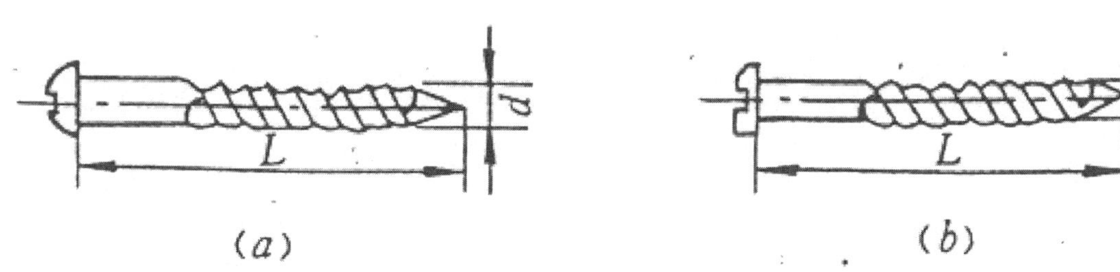

截面图

在先设计 7、8 的附图

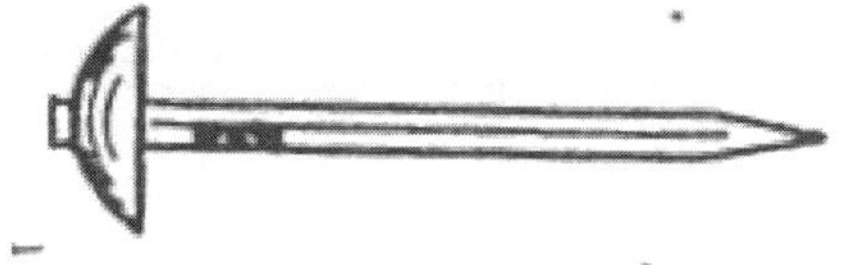

立体图

在先设计 9 的附图

114

瓷砖（仙山4）

无效宣告请求审查决定（第12926号）

决　　定　　号　第12926号
决　　定　　日　2009年2月10日
发明创造名称　瓷砖（仙山4）
外观设计分类号　25-01
无效宣告请求人　陈立闽
专　利　权　人　陈道义
专　　利　　号　200730139345.6
申　　请　　日　2007年5月30日
授 权 公 告 日　2008年5月21日
合 议 组 组 长　毕艳红
主　　审　　员　穆丽娟
参　　审　　员　郭建强
附　　　　　图　3页

法 律 依 据　专利法第23条
决 定 要 点

若将在先设计与本专利的外观设计相比较，二者有明显的区别，且区别之处对整体视觉效果具有显著的影响，则二者既不相同也不相近似。

一、案由

本无效宣告请求涉及国家知识产权局于2008年5月21日授权公告的、专利号为200730139345.6号外观设计专利（下称本专利），其申请日是2007年5月30日、名称为"瓷砖（仙山4）"，专利权人为陈道义。

针对本专利的专利权，陈立闽（下称请求人）于2008年6月20日向国家知识产权局专利复审委员会提出无效宣告请求，其无效理由为本专利不符合专利法第23条及专利法实施细则第13条第1款的规定。请求人提交了如下附件：

附件1：公告号为CN3509107号外观设计专利的网络下载打印件，共1页，申请日为2005年6月8日，公告日为2006年2月22日，专利权人为陈立闽；

附件2：公告号为CN3598595号外观设计专利的网络下载打印件，共1页，申请日为2006年2月25日，公告日为2007年1月10日，专利权人为陈立闽；

附件3：公告号为CN3591628号外观设计专利的网络下载打印件，共1页，申请日为2006年2月25日，公告日为2006年12月20日，专利权人为陈立闽；

附件4：本专利的网络下载打印件，共1页，申请日为2007年5月30日，公告日为2008年5月21日，专利权人为陈道义。

在上述无效宣告请求书中，请求人指出：将本专利与附件1~3分别单独对比，结论是相同的，即所对比的两块瓷砖形状完全相同，均为一长方形，在构图上，二者均由七处排布相同、形状相同的单元体拼合而成一具有强烈立体视觉效果的阶梯图案，二者的区别仅在于单元体中图案的微小差别，并不会使一般消费者产生视觉差。纵观本专利与附件1~3所示瓷砖的外观设计，无论在设计风格还是构图结构及视觉效果上均构成相近似，并且根据审查指南的规定，同样的外观设计指的是两项外观设计相同或相近似，因此本专利与附件1~3单独对比均属于同样的外观设计，根据专利法第23条及专利法实施细则第13条第1款的规定，本专利的专利权应被无效。

经形式审查合格，专利复审委员会受理了上述无效宣告请求，并于2008年7月8日向双方当事人发出了无效宣告请求受理通知书，同时将请求人提交的无效宣告请求书及其证据清单中所列附件的副本转给专利权人，并告知专利权人可在答复期限内提交意见陈述书。

专利权人于2008年8月6日提交了意见陈述书，认为：本专利的外观设计与附件1、2、3的构图中，其左上角与右下角的单体形状均不相同，右上角与左下角的单体形状、图案均不相同，由此形成的构图总体上不相同，因此，本专利的外观设计与附件1或2或3分别相比均既不相同也不相近似，因此本专利符合专利法第23条的规定。同时，专利权人还提交了上述附件1~4授权公告文本的彩色复印件以及附件1~4的使用状态拼合图，用以证明本专利外观设计的拼合图与附件1或2或3完全不相同。

专利复审委员会依法成立合议组对本案进行审理，本案合议组于2008年8月14日向双方当事人发出口头审理通知书，定于2008年10月14日在专利复审委员会对本案进行口头审理。

由于工作原因，本案合议组成员变更，变更后的合议组于2008年9月19日向双方当事人重新发出口头审理通知书，定于2008年10月15日在福建省厦门市长青路191号劳动大厦9楼厦门知识产权局会议室对本案进行口头审理。

口头审理如期举行，请求人委托代理人参加了口头审理，专利权人缺席，在口头审理过程中记录了如下重要事项：请求人对合议组成员变更无异议、对合议组成员无回避请求；请求人明确表示放弃专利法实施细则第13条第1款的无效理由；请求人明确无效理由为：本专利相对于附件1或2或3不符合专利法第23条的规定。

在上述审理的基础上，合议组认为本案事实已经清楚，故依法作出审查决定。

二、决定的理由

1. 法律依据

基于请求原则，合议组对请求人提出的本专利相对于附件1或2或3不符合专利法第23条的规定，对本案进行审理。

2. 证据认定

请求人在提出无效宣告请求时提交了附件1~3作为证据使用，均为中国外观设计专利，专利权人对其真实性未提出异议，经合议组核实，认可附件1~3的真实性。并且，由于附件1~3属于他人在先公开的专利文献，因此可以作为评价本专利是否符合专利法第23条的证据使用（下称附件1~3所示的外观设计为在先设计1~3）。

3. 关于专利法第23条

专利法第23条规定：“授予专利权的外观设计，应当同申请日以前在国内外出版物上公开发表过或者国内公开使用过的外观设计不相同和不相近似，并不得与他人在先取得的合法权利相冲突。”

（1）本专利与在先设计1比较。

本专利与在先设计1均保护瓷砖，属于相同种类的产品，可以进行相同、相近似性比较。

本专利的外观设计包括一幅视图，即主视图，其他视图无设计要点而省略。本专利的瓷砖为长方形，右上角与左下角对称，形状与图案均相同，即形状近似直角三角形，图案均为竖向的直线；中心部位为一个小的近似六边形，该小六边形中心为两个相套的菱形图案；本专利产品的左上角和右下角分别有一个形状、图案均相同的近似正方形，图案由密集排布的小方格构成；位于本专利产品的左上角和右下角紧邻上述两近似正方形部位的两个对应四边形形状近似梯形，梯形中间没有图案；其余两个对应四边形近似平行四边形，图案均由多条平行直线构成，该直线基本水平（参见本专利附图）。

在先设计1包括四幅视图，俯视图、立体图、主视图、左视图，后视图无设计要点而省略后视图，仰视图与俯视图旋转180°后相同而省略仰视图，右视图与左视图旋转180°后相同而省略右视图。从主视图上看，在先设计1的瓷砖为长方形，左上角与右下角对称，形状、图案均相同，即形状均为正方形，其上均密布形状不规则的微小凸出部分；紧邻上述两正方形，位于瓷砖的左上角和右下角分别具有一个无图案的近似三角形结构；瓷砖右上角与左下角对称，形状与图案均相同，即形状均为直角三角形，图案均由多条平行的竖向直线构成；上述六部分所围的中间部分为由右上角至左下角方向分布的三个平行四边形构成，其中上、下两个平行四边形相互平行、中间的平行四边形分别垂直上、下平行四边形所在平面，并与上、下两平行四边形衔接。三个平行四边形上的图案均由多条平行直线构成，上述平行直线均平行于各自平行四边形的短边（参见在先设计1附图）。

将本专利与在先设计1比较，二者的相同点在于：①二者均为长方形瓷砖；②二者均由多个不同形状的四边形或者三角形构成；③二者右上角与左下角均为对称的由竖向平行直线构成的直角三角形，形状、图案均相同；④二者均有两个对应的由平行水平直线图案构成的平行四边形。二者的不同点在于：①本专利的中心部位有两个相套的菱形设计；而在先设计1中心部位无此设计；②本专利的左上角和右下角分别具有一个无图案的近似梯形结构，而在先设计1相应部位为一个近似三角形结构；③本专利左上角和右下角为一近似正方形，且由密集排布的小方格构成，而在先设计1左上角和右下角为一正方形，其上均密布形状不规则的微小凸出部分。

通过上述异同的比较，本专利与在先设计1存在上述差异，而使在先设计1呈现出鲜明的阶梯状，而本专利中央部位的两个相套的菱形图案给一般消费者产生强烈的视觉效果，因此二者的上述差异不属于局部细微差别，对瓷砖的整体视觉效果均具有显著影响。因此，本专利与在先设计1不构成相近似。

（2）本专利与在先设计2比较。

本专利与在先设计2均保护瓷砖，属于相同种类的产品，可以进行相同、相近似性比较。

在先设计2包括四幅视图，俯视图、立体图、主视图、左视图，后视图无设计要点而省略后视图，仰视图与俯视图旋转180°后相同而省略仰视图，右视图与左视图旋转180°后相同而省略右视图。从主视图上看，在先设计2的瓷砖为长方形，左上角与右下角对称，形状、图案均相同，即形状均近似正方形，其上图案为近似竖直的平行直线；紧邻上述两正方形，位于瓷砖的左上角和右下角分别具有一个无图案的近似三角形结构；瓷砖右上角与左下角对称，形状与图案均相同，即形状均为直角三角形，图案均由多条平行的竖向直线构成；上述六部分所围的中间部分由右上角至左下角方向分布的三个平行四边形构成，其中上、下两个平行四边形相互平行、中间的平行四边形分别垂直上、下平行四边形所在平面，并与上、下两平行四边形衔接。上下两个平行四边形上的图案均由多条平行直线构成，上述平行直线均平行于各自平行四边形的短边；中心部位的平行四边形其上密布形状不规则的微小凸出部分（参见在先设计 2 附图）。

将本专利与在先设计 2 比较，二者的相同点在于：①二者均为长方形瓷砖；②二者均由多个不同形状的四边形或者三角形构成；③二者右上角与左下角均为对称的由竖向平行直线构成的直角三角形，形状、图案均相同；④二者均有两个对应的由平行水平直线图案构成的平行四边形。二者的不同点在于：①本专利的中心部位有两个相套的菱形设计；而在先设计 2 中心部位无此设计；②本专利的左上角和右下角分别具有一个无图案的近似梯形结构，而在先设计 2 对应部位为两个近似三角形结构；③本专利左上角和右下角为一近似正方形，且由密集排布的小方格构成，而在先设计 2 左上角和右下角为一正方形，其上图案为近似竖直的平行直线。

通过上述异同的比较，本专利与在先设计 2 存在上述差异，而使在先设计 2 呈现出阶梯状，本专利中央部位的两个相套的菱形图案给一般消费者产生强烈的视觉效果，因此二者的上述差异不属于局部细微差别，对瓷砖的整体视觉效果均具有显著影响。因此，本专利与在先设计 2 不构成相近似。

（3）本专利与在先设计 3 比较。

本专利与在先设计 3 均保护瓷砖，属于相同种类的产品，可以进行相同、相近似性比较。

在先设计 3 包括四幅视图，俯视图、立体图、主视图、左视图，后视图无设计要点而省略后视图，仰视图与俯视图旋转 180°后相同而省略仰视图，右视图与左视图旋转 180°后相同而省略右视图。从主视图上看，在先设计 3 的瓷砖为长方形，左上角与右下角对称，形状、图案均相同，即形状均为正方形，其上均密布形状不规则的微小凸出部分；紧邻上述两正方形，位于瓷砖的左上角和右下角分别具有一个无图案的近似三角形结构；瓷砖右上角与左下角对称，形状与图案均相同，即形状均为直角三角形，图案均由多条平行的竖向直线构成；上述六部分所围的中间部分由右上角至左下角方向分布的三个平行四边形构成，其中上、下两个平行四边形相互平行、中间的平行四边形分别垂直上、下平行四边形所在平面，并与上、下两平行四边形衔接。上下两个平行四边形上的图案均由多条平行直线构成，上述平行直线均平行于各自平行四边形的短边；中心部位的平行四边形上无图案（参见在先设计 3 附图）。

将本专利与在先设计 3 比较，二者的相同点在于：①二者均为长方形瓷砖；②二者均由多个不同形状的四边形或者三角形构成；③二者右上角与左下角均为对称的由竖向平行直线构成的直角三角形，形状、图案均相同；④二者均有两个对应的由平行水平直线图案构成的平行四边形。二者的不同点在于：①本专利的中心部位有两个相套的菱形设计；而在先设计 3 中心部位无此设计；②本专利的左上角和右下角分别具有一个无图案的近似梯形结构，而在先设计 3 对应部位为近似三角形；③本专利左上角和右下角为一近似正方形，且由密集排布的小方格构成，而在先设计 3 左上角和右下角为一正方形，其上均密布形状不规则的微小凸出部分。

通过上述异同的比较，本专利与在先设计 3 存在上述差异，而使在先设计 3 呈现出阶梯状，而本专利中央部位的两个相套的菱形图案给一般消费者产生强烈的视觉效果，因此二者的上述差异不属于局部细微差别，对瓷砖的整体视觉效果均具有显著影响。因此，本专利与在先设计 3 不构成相近似。

综上所述，本专利与在先设计 1~3 均不构成相同或者相近似，因此本专利符合专利法第 23 条的有关规定。

基于此，合议组依法作出以下决定。

三、决定

维持 200730139345.6 号外观设计专利权有效。

当事人对本决定不服的，可以根据专利法第 46 条第 2 款的规定，自收到本决定之日起三个月内向北京市第一中级人民法院起诉。根据该款的规定，一方当事人起诉后，另一方当事人应当作为第三人参加诉讼。

主视图

本专利附图

立体图　　　　左视图

俯视图

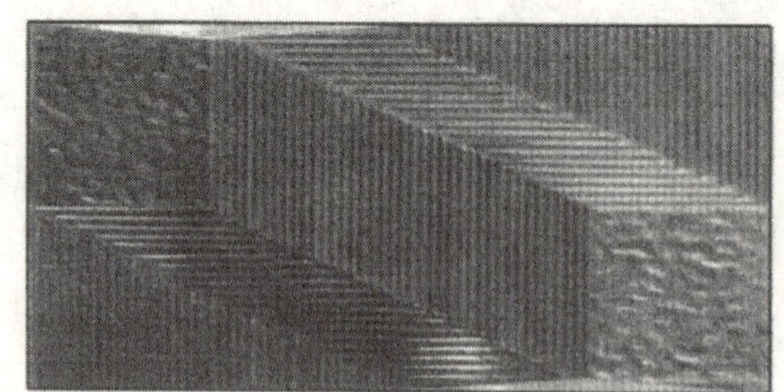

主视图

在先设计 1 附图

俯视图

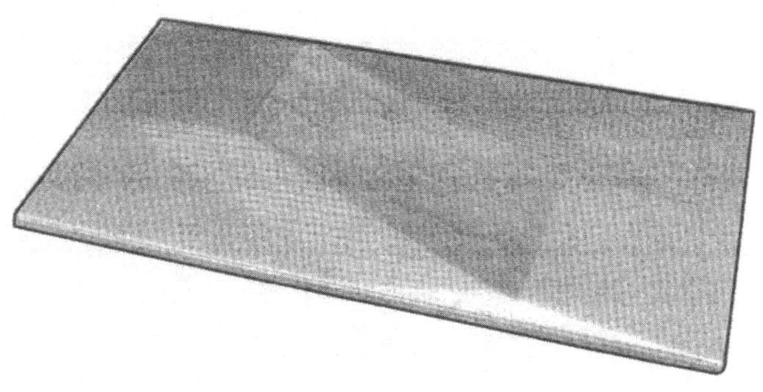

立体图

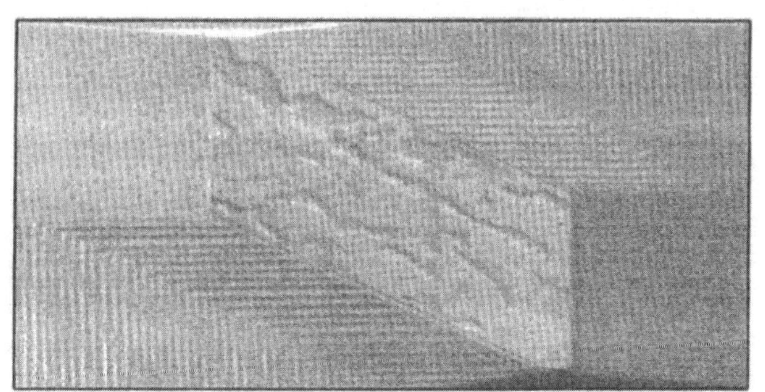

主视图

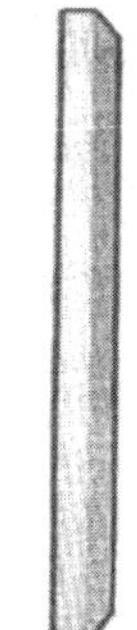

左视图

在先设计 2 附图

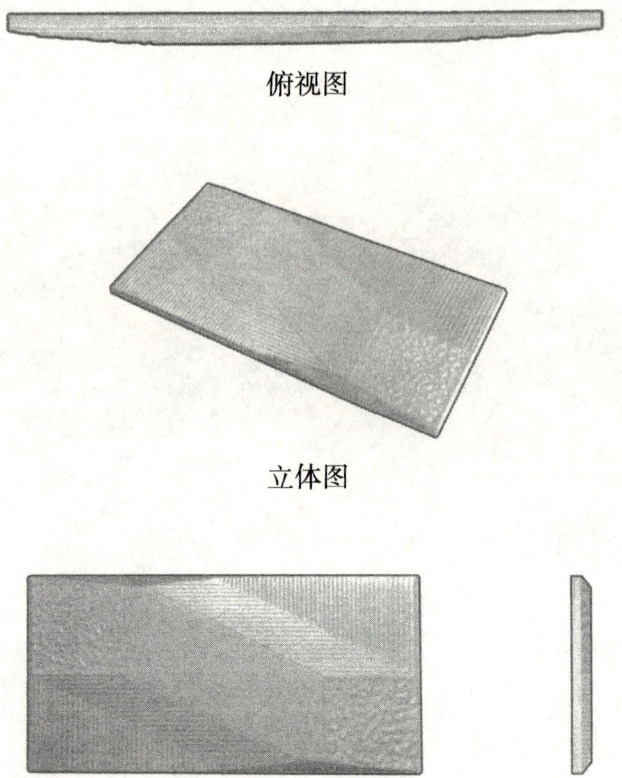

俯视图

立体图

主视图　　左视图

在先设计 3 附图

115

玩具笔记本电脑（221）

无效宣告请求审查决定（第12928号）

决　　定　　号　第12928号
决　　定　　日　2009年2月5日
发明创造名称　玩具笔记本电脑（221）
国 际 分 类 号　21-01
无 效 请 求 人　陈润国
专　利　权　人　陈树佳
申　　请　　号　200630072225.4
申　　请　　日　2006年8月28日
授 权 公 告 日　2007年8月8日
合 议 组 组 长　温丽萍
主　　审　　员　王　冬
参　　审　　员　宋晓晖
附　　　　　图　1页

法　律　依　据　专利法第23条
决　定　要　点

外观设计的分类号在确定两项外观设计是否属于相同或相近似类别产品时，只是起一定的参考作用。最终判断两项外观设计是否属于相同或者相近似类别的产品，应该看它们的用途是否相同或者相近似。

如果一项外观设计专利与在先设计相比，若区别点仅在于局部的细微变化，则其对整体视觉效果不足以产生显著的影响。

一、案由

本无效宣告请求涉及中华人民共和国国家知识产权局于2007年8月8日授权公告的、名称为"玩具笔记本电脑（221）"的外观设计专利权（下称本专利），其专利号是200630072225.4，申请日是2006年8月28日，专利权人是陈树佳。

针对本专利权，陈润国（下称请求人）于2008年6月24日向专利复审委员会提出无效宣告请求，认为本专利不符合专利法第23条的规定，请求人同时提交了如下附件：

附件1：第01324984.3号外观设计公告，其授权公告日为2002年2月6日，共1页。

经形式审查合格，专利复审委员会依法受理了上述无效宣告请求，并于2008年6月24日向请求人和专利权人发出无效宣告请求受理通知书，同时将专利权无效宣告请求书及其附件清单中所列附件的副本转送给专利权人，并要求专利权人在指定的期限内陈述意见。

2008年7月25日，专利权人提交了意见陈述书，认为本专利与在先设计分类、用途及销售柜台均不同，不具有可比性，即使从外观上判断两者也不相同和不相近似，因此，本专利符合专利法第23条的规定。

专利复审委员会依法成立合议组对本案进行审理。

本案合议组于2008年8月22日向双方发出无效宣告请求口头审理通知书，定于2008年10月23日在专利复审委员会举行口头审理。随口头审理通知书将专利权人于2008年7月25日提交的意见陈述书转给请求人。

口头审理如期举行，双方当事人均参加了口头审理。

在口头审理中，请求人明确其无效宣告请求的理由、范围和证据为：本专利与附件1属于相近似的外观设计，本专利不符合专利法第23条的规定。专利权人对附件1的真实性和公开性没有异议，但认为附件1与本专利的分类不同，不能进行相近似对比，而且外观也是不相近似的，没有可比性。

至此，合议组认为本案事实已经清楚，可以作出审查决定。

二、决定的理由

1. 关于证据

附件1为外观设计专利公告，专利权人对附件1的真实性没有异议，经合议组核实对其真实性予以认可；同时由于附件1公告日期在本专利的申请日前，因此可以作为本专利的在先设计用于评价本专利是否符合专利法第23条的规定。

2. 关于专利法第23条

专利法第23条规定："授予专利权的外观设计，应当同申请日以前在国内外出版物上公开发表过或者国内公开使用过的外观设计不相同和不相近似，并不得与他人在先取得的合法权利相冲突。"

本专利外观设计的产品名称为玩具笔记本电脑（221），分类号为21-01（游戏器具和玩具），附件1外观设计的产品名称为电脑学习机，分类号为14-01（声音或图像的记录或复制设备，包括学习机），专利权人认为两者分类号不同，因此不属于同一类别的产品。对此，合议组认为，外观设计的分类号在确定两项外观设计是否属于相同或相近似类别产品时，只是起一定的参考作用。最终判断两项外观设计是否属于相同或者相近似类别的产品，应该看它们的用途是否相同或者相近似。本专利名称为玩具笔记本电脑（221），该类产品具有寓教于乐的功能。附件1的名称为电脑学习机，其属于学习机类产品，而学习机类产品的用途是供儿童学习和娱乐，同样也具有寓教于乐的功能，与本专利的功能相类似。因此，考虑到两项外观设计名称所指定的用途，合议组认为，本案中的玩具笔记本电脑与附件1中的电脑学习机用途相近，并且两者的消费人群和销售货架也相同，应属于相近类别产品的外观设计。在此基础上，可以将两项外观设计的相应要素进行对比以判断两者是否构成相近似。

观察本专利的各视图可见，本专利玩具笔记本电脑闭合状态下呈现贝壳形结构，打开状态下分为显示器部分和键盘部分，两部分通过销轴连接，其中显示器部分的外轮廓形状总体上呈贝壳形，该贝壳形两侧从销轴端向上呈弧状对称过渡展开，销轴边为直边，与销轴边相对的外边为平缓的向外展开的弧线边；显示器部分正中部有一个相对显示器部分尺寸较小的长方形显示器，键盘部分的外轮廓形状与显示器部分类似，中间偏向外侧位置为一个类似电脑标准键盘的键盘区，键盘部分右上角有一个圆形多孔区域，键盘部分左上角有一个由几个按键组成的圆形按键区域（详见本专利附图）。

观察在先设计的各视图可见，附件1闭合状态下呈现贝壳形结构，打开状态下分为显示器部分和键盘部分，两部分通过销轴连接，其中显示器部分的外轮廓形状总体上呈贝壳形，该贝壳形两侧从销轴端向上呈弧状对称过渡展开，销轴边以及与销轴边相对的外边均为直边，显示器部分正中部有一个相对显示器部分尺寸较小的长方形显示器；键盘部分的外轮廓形状与显示器部分类似，中间偏向外侧位置为一个类似电脑标准键盘的键盘区，键盘部分左上角有一个圆形多孔区域，键盘部分右上角有一个圆形按键区域，键盘部分上部中间位置有一个长条形插卡部分（详见在先设计附图）。

经上述比较，两者的相同点为：两者在闭合状态下呈现贝壳形结构，外部轮廓类似，打开状态下均分为显示器部分和键盘部分，两者的显示器部分的外部轮廓和显示器尺寸和位置相近似，两者键盘部分的外轮廓形状近似，键盘的形状及布局都近似。两者的区别点主要是：本专利键盘部分右上角有一个圆形多孔区域，附件 1 在键盘部分左上角有一个圆形多孔区域；本专利键盘部分左上角有一个由几个按键组成的圆形按键区域，附件 1 在键盘部分右上角有一个圆形按键区域；附件 1 在键盘部分上部中间位置有一个长条形插卡部分，本专利无此区域。对此，合议组认为，对一般消费者而言，本专利与在先设计整体形状近似，两者的显示器部分形状、键盘的形状及布局基本相同；虽然本专利与在先设计相比，键盘部分左上角的圆形按键区域与右上角的圆形多孔区域位置颠倒，且按键区域是由若干按键组成，但由于上述按键区域的设计属于惯常设计，且按键区域和圆形多孔区域分别处于键盘区域的一角，在整体设计中所占比例很小，属于局部的细微差别，其变化对产品的整体视觉印象不具有显著的影响；同时，附件 1 在键盘部分上部中间位置有一个长条形插卡部分，由于其是由产品功能唯一限定的特定形状，对整体视觉效果也不具有显著的影响，因此，按照整体观察综合判断的原则，本专利与在先设计整体形状近似，两者属于相近似的外观设计，因此，本专利不符合专利法第 23 条的规定。

三、决定

宣告 200630072225. 4 号外观设计专利权全部无效。

当事人对本决定不服的，可以根据专利法第 46 条第 2 款的规定，自收到本决定之日起三个月内向北京市第一中级人民法院起诉。根据该款的规定，一方当事人起诉后，另一方当事人应当作为第三人参加诉讼。

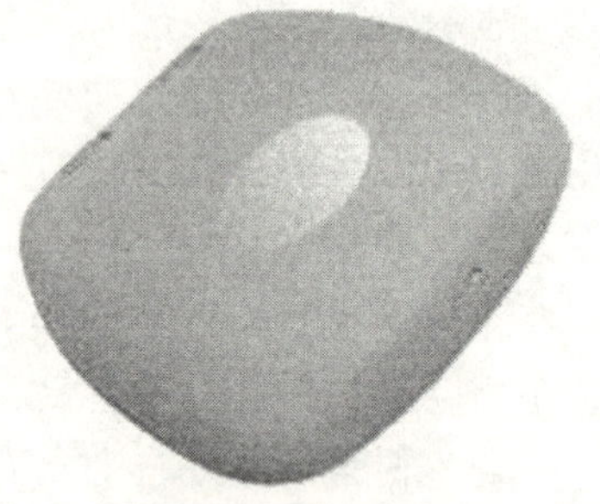
闭合状态参考图

主视图

使用状态参考图

本专利附图

在先设计附图

116

瓶贴（田七草本洗洁精）

无效宣告请求审查决定（第12929号）

决　　定　　号　第12929号
决　　定　　日　2009年1月12日
发明创造名称　瓶贴（田七草本洗洁精）
外观设计分类号　19-08
无 效 请 求 人　广西奥奇丽股份有限公司
专　利　权　人　苏章升
申　　请　　号　200330126572.7
申　　请　　日　2003年12月23日
授 权 公 告 日　2004年10月6日
合 议 组 组 长　张　鹏
主　　审　　员　隋　璐
参　　审　　员　瞿晓峰
附　　　　　图　1页

法　律　依　据　专利法第23条
决　定　要　点

本专利与申请日之前已经公开发表的瓶贴外观设计相比不具有显著差别，二者属于相近似的外观设计，因此，本外观设计专利权的授予不符合专利法第23条的规定。

一、案由

本无效宣告请求审查决定是根据生效的北京市第一中级人民法院（2005）一中行初字第1023号行政判决重新作出的。

本无效宣告请求案涉及的是国家知识产权局于2004年10月6日授权公告的，名称为“瓶贴（田七草本洗洁精）”外观设计专利，其申请号是200330126572.7，申请日是2003年12月23日，专利权人是苏章升。

针对上述专利权（下称本专利），广西奥奇丽股份有限公司（下称请求人）于2005年3月4日以本专利的授予不符合专利法第23条为由，向专利复审委员会提出无效宣告请求。请求人认为，本专利与申请日之前在专利公报上公开的03303891.0外观设计相近似。与此同时，请求人提交了如下附件作为证据：

附件1. 第03303891.0号中国外观设计图片、专利证书及著录项目，复印件，共2页；

附件2. 本专利外观设计图片及著录项目，复印件，共2页。

经形式审查合格，专利复审委员会于2005年4月1日受理了此案，并依据专利权人2003年12月23日的专利代理委托书，将无效请求书及相关材料转送给集佳公司。专利权人在规定的期间内未陈述意见。

专利复审委员会依法成立合议组，合议组于2005年6月24日向双方当事人发出合议组成员告知通知书，双方当事人在规定的期限内均未提出回避申请。专利复审委员会原合议组于2005年7月28日作出第7376号无效宣告请求决定，认为本专利不符合专利法第23条的规定，请求人的无效宣告理由成立，宣告专利权全部无效。

专利权人不服第7376号无效宣告请求审查决定，向人民法院提起行政诉讼。专利权人诉称：专利代理委托书中“苏章升”的签名不是其本人所写，其未接到过被告专利复审委员会转送的专利无效宣告请求书和有关文件的副本或无效宣告请求审查通知书。被告未向其送达无效宣告请求书和有关文件副本，也未向其发出合议组成员告知通知书，非法剥夺了原告的陈述权、申辩权和申请合议组成员回避的权利，故被告作出第7376号决定程序严重违法，侵犯了原告的合法权益，请求法院予以撤销。

在庭审期间，原告即专利权人提出书面申请，要求对专利代理委托书上“苏章升”签字进行笔迹鉴定，北京市第一中级人民法院委托中国人民大学物证技术鉴定中心对专利代理委托书中“苏章升”签字进行笔迹鉴定，鉴定书结论为：送检的专利代理委托书中“苏章升”三字不是原告苏章升本人的亲笔签名。

北京市第一中级人民法院于2007年3月23日作出（2005）一中行初字第1023号判决，判决认为：被告对该委托书的实质内容及其真实性无法定的审查义务，亦无可操作的方式予以认定，故被告负有对上述委托书进行形式审查的义务。被告根据审查指南的规定，认定专利代理委托书所列明的委托人系以全程方式委托专利代理机构办理约定事项，从而在本专利无效审查过程中向该专利代理委托书所列明的集佳公司寄送有关通知及审查决定并不存在违法责任。但是，由于鉴定结论已经否定了上述专利代理委托书的真实性，现又无其他证据证明原告授予集佳公司的代理权限是审查指南规定的全程代理，故被告向集佳公司寄送有关通知及审查决定缺乏事实依据，致使原告在本专利无效审查阶段未能主张自己的权益，其程序权利没有得到充分的保护，应认定被告所作出的第7376号决定程序违法，故撤销第7376号无效请求审查决定。

专利复审委员会依法重新成立合议组对本案进行审理。合议组于2008年11月12日向专利权人苏章升本人发出无效宣告请求受理通知书和合议组成员告知通知书，并向其转送无效请求书及相关材料，向请求人发出合议组成员告知通知书。双方当事人在指定期限内均未答复。

本案合议组经合议，认为本案事实已经清楚，依法作出本审查决定。

二、决定的理由

1. 法律依据

专利法第23条规定：“授予专利权的外观设计，应当同申请日以前在国内外出版物上公开发表过或者国内公开使用过的外观设计不相同和不相近似，并不得与他人在先取得的合法权利相冲突。”

2. 证据的认定

请求人提交的附件1是专利号为03303891.0的外观设计专利文件（复印件），经核实，该复印件与该外观设计专利公报原件一致，其公告日是2003年9月10日，早于本专利的申请日，其外观设计分类号为19-08，所记载的外观设计名称为“瓶贴（奥奇丽田七草本洗洁精）”，与本专利属于相同种类产品，分类相同，二者具有可比性，因此，附件1记载的外观设计可以作为本专利的在先设计

（下称在先设计）。

3. 关于本专利是否符合专利法第 23 条的规定

本专利“瓶贴”文件有 2 幅视图，即主视图和使用状态参考图。其所示“瓶贴”为平面长方形，“瓶贴”图案分左右两部分，其中左上部是“田七”二个手写大字，该字样的左上方为手写体“植秀”字样，其下左侧双片叠放的小叶，右侧有一行“草本洗洁精”小字，其下面有一近似方框图案，其中间有一“+”字，其下部为“盘子”衬托的图案，“盘子”内包含着双片叠放的大叶；右上部与左上部图案相同，仅略小，右上部另有手写体“田七”字样，右部的中间左侧为三个布局均匀的小圆圈，右侧与左中部的图案相同，下部为删除的文字说明和条形码（详见本专利附图）。

在先设计“瓶贴”有 1 幅视图，即主视图。其所示“瓶贴”为平面长方形，“瓶贴”图案分左右两部分，其中在左部，上部是“田七”二个手写大字，字的下左侧一个小叶，右侧有一行“草本洗洁精”小字，其下面有一方框和一个小圆圈图案，其中间有一“+”字，其下部为“盘子”衬托的图案，“盘子”内包含着着双片叠放的大叶；右部与左上部图案相同，仅略小，右上部为工整字体“奥奇丽?”字样，右部中间左侧为三个布局均匀的小圆圈，右侧与左中部的图案相同，下部为删除的文字说明和条形码（详见在先设计附图）。

本专利与在先设计相比较，两者的主要相同点在于：瓶贴的平面形状相同，二者的图案构图相同：其字体的形状、布局均相同。

两者的主要不同点在于：（1）中部的方框下面不同，在先设计方框下面有一个小圆圈，而本专利没有；（2）小叶子数量不同，本专利为双片叠放的，而在先设计为单片；（3）右上方图案不同，本专利右上方为手写体“田七”，在先设计右上部为工整字体“奥奇丽”；（4）左上部图案不同，本专利左上方“田七”的左上侧为手写体“植秀”字样，在先设计同样位置没有图案，但在左上角有工整体“奥奇丽”字样。

本专利未请求保护色彩，是形状和图案相结合的外观设计，因此在进行对比时主要考虑本专利外观设计的形状、图案与对比文件是否相同或者相近似。

合议组将本专利与在先设计进行相比较后认为，二者瓶贴的平面形状相同，二者的图案基本相同；其字体的形状、布局均基本相同，尽管本专利与对比文件的小叶子数量不同，但是位置相同，而且本专利的小叶子是叠放的，该差别在整体视觉效果上不具有显著的影响的。虽然二者带“+”字方框的图案有所区别，但是其占的整体比例非常小，另外，左上部图案和右上部图案上的差异均占较小比例，而占据较大比例的“田七”字体相同。因此上述差别在整体视觉上不具有显著的影响，一般消费者在视觉上易产生误认和混淆。合议组认为，本专利与对比文件属于相近似的外观设计，本专利不符合专利法第 23 条的规定。

三、决定

依据专利法第 23 条的规定，宣告 200330126572.7 号外观设计专利权全部无效。

当事人对本决定不服的，可以根据专利法第 46 条第 2 款的规定，自收到本决定之日起三个月内向北京市第一中级人民法院起诉。根据该款的规定，一方当事人起诉后，另一方当事人应当作为第三人参加诉讼。

主视图

使用状态参考图

本专利附图

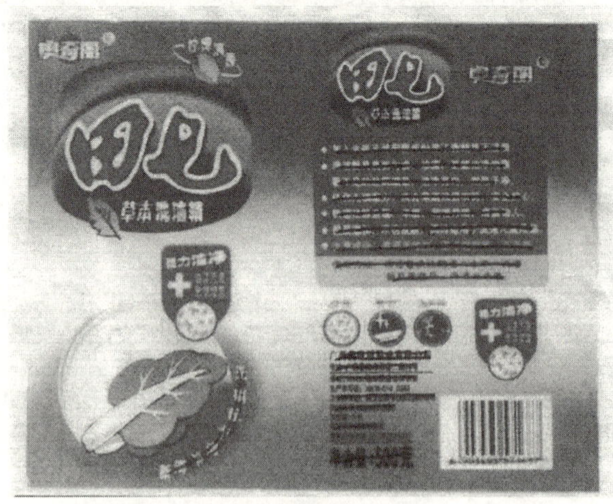

主视图

在先设计附图

117

轮　胎

无效宣告请求审查决定（第 12942 号）

决　　定　　号　第 12942 号
决　　定　　日　2009 年 2 月 26 日
发明创造名称　轮胎
外观设计分类号　12-15
无效宣告请求人　株式会社普利司通
专　利　权　人　广州广橡轮胎企业集团有限公司广州轮胎厂，广州市宝力轮胎有限公司
专　　利　　号　200330117369.3
申　　请　　日　2003 年 11 月 21 日
授权公告日　2004 年 7 月 28 日
合议组组长　吴赤兵
主　　审　　员　钱亦俊
参　　审　　员　张　凌
附　　　　图　1 页

法　律　依　据　专利法第 23 条
决　定　要　点

就本专利和在先设计而言，由于轮胎的形状是受功能唯一限定的设计，故产品视觉瞩目点在于轮胎表面胎纹的设计，二者的视觉印象基本一致，其差别点属于局部细微差别，不足以带来二者视觉效果上的显著差异，二者应属于相近似的外观设计。

一、案由

本无效宣告请求涉及国家知识产权局于 2004 年 7 月 28 日授权公告的名称为“轮胎”的 200330117369.3 号外观设计专利权（下称本专利），其申请日是 2003 年 11 月 21 日，专利权人是广州广橡轮胎企业集团有限公司广州轮胎厂和广州市宝力轮胎有限公司。

针对上述专利权，株式会社普利司通（下称请求人）于 2007 年 10 月 10 日向专利复审委员会提出无效宣告请求，其理由是本外观设计专利不符合专利法第 23 条的规定，并提交了如下附件作为引证证据：

证据 1-1：从美国国会图书馆复印的“1999 TREAD DESIGN GUIDE”（轮胎面设计图案指南）杂志英文版相关页复印件共 7 页；

证据 1-2：上述证据 1-1 的公证认证件复印件共 16 页；

证据 1-3：上述证据 1-1、证据 1-2 的中文译文复印件共 29 页；

证据 2-1："1999 TREAD DESIGN GUIDE"（轮胎设计导向）杂志英文版相关页复印件共 7 页；

证据 2-2：上述证据 2-1 的公证认证件复印件共 8 页；

证据 2-3：上述证据 2-1、证据 2-2 的中文译文复印件共 14 页；

证据 3-1"BRIDGESTONE POTENZA"产品目录英文版相关页复印件共 4 页；

证据 3-2：上述证据 3-1 的公证认证件复印件共 7 页；

证据 3-3：上述证据 3-1、证据 3-2 的中文译文复印件共 13 页。

就上述证据，请求人认为，上述证据均经公证认证，证明其真实合法。其中证据 1 在美国国会图书馆最迟于 1999 年 3 月被收藏，供公众阅览，早于本专利申请日；证据 2 为 1999 年由"TIRE GUDIE INC"出版社出版，"A BENNETT GARFIELD PUBLICATIONG"公司发行，其公开日也早于本专利申请日；证据 3 是 1998 年 12 月制作，并开始在展览会上分发，任何人都可以获得该证据。因此，上述证据均属于专利法意义上的公开出版物。证据 1-1、证据 2-1 和证据 3-1 中显示的外观设计（POTENZA S-02 POLE POSITION）完全相同，本专利的轮胎与证据公开的外观设计也完全相同，因此本专利不符合专利法第 23 条的规定。

经形式审查合格后，专利复审委员会于 2007 年 10 月 30 日受理了上述无效宣告请求，向双方当事人发出了《无效宣告请求受理通知书》，并将无效宣告请求书及附件清单中所列附件副本转送给被请求人，要求其在指定期限内答复。

针对上述无效宣告请求，专利权人逾期未答复。

2008 年 7 月 29 日，合议组向双方当事人发出口头审理通知书，告知双方当事人本案定于 2008 年 9 月 29 日举行口头审理，后因故改为 11 月 18 日举行，并于 2008 年 8 月 5 日再次发出口头审理通知书。

口头审理如期举行，仅请求人有代理人出席了口头审理，专利权人缺席。在口头审理中，请求人明确上述证据证明本专利外观设计不符合专利法第 23 条的规定；请求人当庭提交了所有证据中文译文，即上述证据 1-3、2-3、3-3 的原件；证据 1-2——针对证据 1-1 公证认证件的原件；证据 3-1"BRIDGESTONE POTENZA"产品目录英文版原件；证据 1-1 涉及的整本杂志原件。请求人再次确认，三套证据显示的外观设计都是同一个产品的同一项外观设计，即 POTENZA S-02，并将本专利与其进行了相同和相近似对比。最终，请求人坚持原有观点。

至此，合议组认为本案事实清楚，可以依法作出审查决定。

二、决定的理由

根据请求人提出的无效宣告请求的理由和证据合议组对本案进行了审理。

请求人提出的无效宣告请求的理由是：本专利与在其申请日之前在展览会中散发的小册子上公开的，以及与在先公开的出版物上的外观设计相同。因此，本专利不符合专利法第 23 条规定。

专利法第 23 条规定："授予专利权的外观设计，应当同申请日以前在国内外出版物上公开发表过或者国内公开使用过的外观设计不相同和不相近似，并不得与他人在先取得的合法权利相冲突。"

请求人提交的证据 1-1 是从美国国会图书馆复印的"1999 TREAD DESIGN GUIDE"（轮胎面设计图案指南）杂志英文版相关页复印件共 7 页；证据 1-2 是上述证据 1-1 的公证认证件复印件共 16 页；证据 1-3 是上述证据 1-1、证据 1-1 的中文译文复印件共 29 页。口头审理中请求人出示了上述证据 1-1 涉及的杂志"1999 TREAD DESIGN GUIDE"出版物原件。其真实性在证据 1-2 及 1-3 中由取证律师见证取证过程，并经哥伦比亚特区公证员公证、美国国务院助理、中国大使馆认证确认。因此，合议组对其真实性予以认可。由于该证据是 1999 年公开出版物中的相关页面，其公开时间早于本专利申请日，因此，该证据可适用专利法第 23 条评价本专利的专利性。

证据 1-1 第 14 页公开有一款名称为 POTENZA S-02 POLE POSITION 的轮胎图片（下称在先设计），与本专利属于相同类别产品，可以就二者外观设计进行相同和相近似比较。

本专利轮胎整体呈圆环形，表面胎纹规则排列，从主视图观察清晰可见其花纹，即沿轮胎宽度中线，环圆周分布有左右对称的两条平行且外旋粗螺纹，螺纹外侧胎纹略细，沿螺纹方向排列，图案类似“刀”字形。上述粗螺纹间有更细的与粗螺纹相垂直的条纹（详见本专利附图）。

在先设计轮胎整体呈圆环形，表面胎纹规则排列，从立体图观察清晰可见其花纹，即沿轮胎宽度中线，环圆周分布有左右对称的两条平行且外旋粗螺纹，螺纹外侧胎纹略细，沿螺纹方向排列，图案类似“刀”字形。上述粗螺纹间有更细的与粗螺纹相垂直的条纹（详见在先设计附图）。

将本专利与在先设计进行对比，二者主要相同点在于：二者的外形轮廓及胎纹图案基本一致。例如，螺纹的走向、宽窄比例。仔细观察二者有一些差别，例如本专利轮胎侧面有向外辐射状条纹，而在先设计未见此设计，但其上有小文字；另外，在螺纹之间的细条纹位置二者有细微差异。合议组认为，就本专利和在先设计而言，由于轮胎的形状是受功能唯一限定的设计，故产品视觉瞩目点在于轮胎表面胎纹的设计，二者的视觉印象基本一致，其差别点属于局部细微差别，不足以带来二者视觉效果上的显著差异，二者应属于相近似的外观设计，本专利不符合专利法第 23 条的规定。

鉴于已经得出上述结论，本决定对请求人提出的其他理由和证据不再进行评述。

三、决定

宣告 200330117369.3 号外观设计专利权全部无效。

当事人对本决定不服的，可以根据专利法第 46 条第 2 款的规定，自收到本决定之日起三个月内向北京市第一中级人民法院起诉。根据该款的规定，一方当事人起诉后，另一方当事人应当作为第三人参加诉讼。

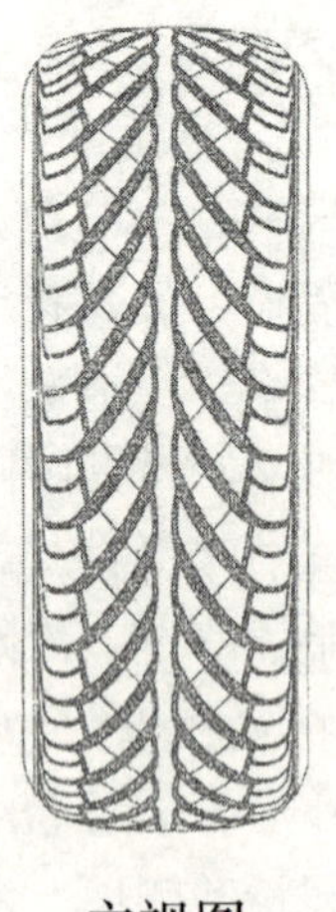

主视图

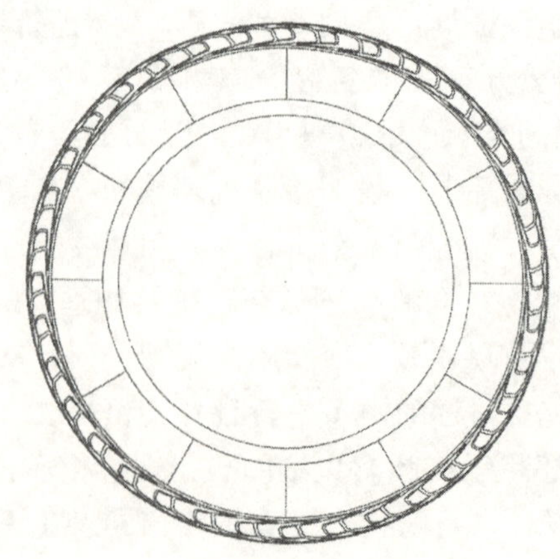

右视图

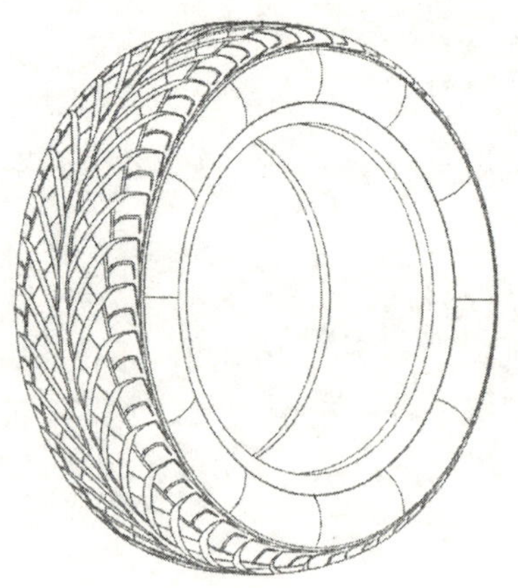

立体图

本专利附图

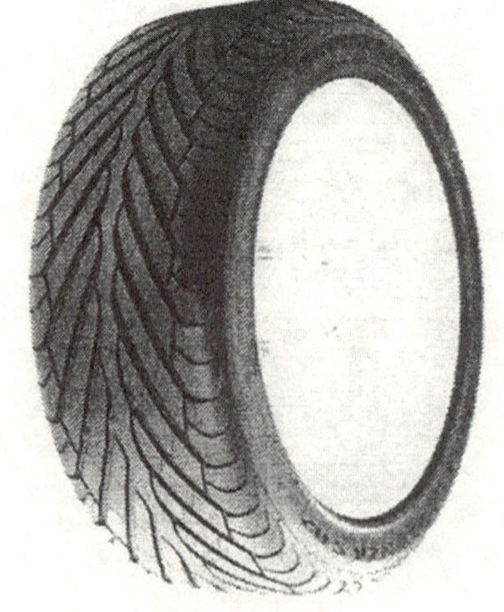

对比文件附图

118

包　装　盒

无效宣告请求审查决定（第 12944 号）

决　定　号　第 12944 号
决　定　日　2009 年 2 月 24 日
发明创造名称　包装盒
外观设计分类号　09-03
无效宣告请求人　紫光古汉集团股份有限公司
专　利　权　人　李　艳
专　利　号　200630145665.8
申　请　日　2006 年 9 月 21 日
授　权　公　告　日　2007 年 7 月 11 日
合　议　组　组　长　钟　华
主　审　员　王霞军
参　审　员　张　凌
附　图　1 页

法　律　依　据　专利法第 23 条
决　定　要　点

根据国家药品监督管理局对药品包装的规定，同一企业，同一药品的相同规格品种，其包装、标签的格式及颜色必须一致，不得使用不同的商标；

在本专利申请日前已有与其外观设计相近似的产品在国内公开销售，本专利不符合专利法第 23 条的规定。

一、案由

本无效宣告请求案涉及的是国家知识产权局于 2007 年 7 月 11 日授权公告的，名称为“包装盒”的外观设计专利（下称本专利），其申请号是 200630145665.8，申请日是 2006 年 9 月 21 日，专利权人是李艳。

针对本专利权，紫光古汉集团股份有限公司（下称请求人）于 2008 年 8 月 15 日向专利复审委员会提出无效宣告请求，其理由是：在本专利申请日前已有与其相近似的产品在国内公开销售，因此，本专利不符合专利法第 23 条的规定。与此同时，请求人提交了如下附件作为证据：

附件 1：衡阳市华圣印刷有限公司出具的证明 1 页；

附件 2：衡阳市华圣印刷有限公司与清华紫光古汉生物制药股份有限公司于 2001 年 3 月 14 日签

订的购销合同复印件 1 页；

附件 3：衡阳市华圣印刷有限公司与清华紫光古汉生物制药股份有限公司于 2006 年 1 月 20 日签订的购销合同复印件 1 页；

附件 4：华圣印刷有限公司的物料采购订货通知书复印件 4 页；

附件 5：发票号为 NO00756496、NO00451450、NO01214170 的湖南增值税专用发票，复印件 3 页；

附件 6：古汉养精简装包装盒图片 1 页；

附件 7：华圣印刷有限公司陈列柜中包装盒的照片 3 页；

附件 8：发票号为 NO00077136、NO00077165、NO00039116、NO00039110、NO00058007、NO00058006 的湖南增值税专用发票，复印件 6 页，衡阳市工业行业裁剪发票记账联复印件 2 页。

请求人称早在 2001 年就开始设计并委托衡阳市华圣印刷有限公司印刷古汉养生精口服液（10ml×30 支/盒）包装盒，并于 2001 年开始通过批发和经营部零售等多种方式进行公开销售。该包装盒与本专利包装盒相比，两者的形状、图案、色彩均相近似，二者产品外观设计相近似，本专利不符合专利法第 23 条的规定。

经形式审查合格，专利复审委员会受理了此案，并于 2008 年 9 月 16 日将无效宣告请求书及相关材料副本转送给专利权人。

2008 年 11 月 11 日专利复审委员会收到专利权人的意见陈述，专利权人针对请求人提交的证据材料提出了质疑指出：从请求人提交的衡阳市华圣印刷有限公司出具的证明中得知，该印刷公司在 2001~2006 年期间给清华紫光古汉生物制药股份有限公司加工印刷古汉养生精外盒，合同中所体现的简装古汉养生精盒，并不一定能够证明就是其所提供的简装包装盒彩样。证据材料只能证明清华紫光古汉生物制药股份有限公司销售过古汉养生精（简装）口服液，但是并不能证明该企业销售的产品包装盒与衡阳市华圣印刷有限公司提供的彩样图一致。清华紫光古汉生物制药股份有限公司的销售票据所显示的简装盒和印刷公司提供的彩样图案并不是唯一对应的，公开销售过何种包装古汉养生精口服液很难确定。存放在印刷公司陈列柜中的照片显示有四种以上的古汉养生包装盒并没有标注哪个是简装的和不简装的，无从区别。另外，本专利包装盒与对比包装盒在形状、图案、色彩上有很大区别，二者的外观设计不相同且不相近似。

专利复审委员会于 2008 年 11 月 28 日向双方当事人发出口头审理通知书，定于 2009 年 1 月 5 日进行口头审理。同时随口头审理通知书将专利权人的意见陈述书转给请求人。

口头审理如期举行，请求人委托代理人出席了口头审理，专利权人未到庭，合议组依据有关规定进行缺席审理，请求人对合议组成员变更无异议，口头审理当庭请求人声明放弃附件 8 中发票号为 NO00077165 的证据，并提交了除附件 2 之外的其他证据原件，以及附件 6 古汉养精简装包装盒的实物。请求人称附件 1~7 为一组证据，证明在本专利申请日前清华紫光古汉生物就委托衡阳市华圣印刷有限公司印刷古汉养生精包装盒，附件 8 证明在本专利申请日前清华紫光古汉生物制药股份有限公司就开始批发、销售古汉养生精产品。请求人当庭说明清华紫光古汉集团股份有限公司生产的古汉养生精产品分两种包装，12 支的为精装，30 支的为简装，请求人指认 30 支简装的包装盒与本专利相近似，并与本专利进行了相近似比较。

口头审理中请求人当庭提交了紫光古汉集团股份有限公司企业注册登记资料，说明该企业名称历次注册变更情况，企业名称最早为“衡阳中药实业股份有限公司”，2000 年 9 月 29 日变更为“清华紫光古汉生物制药股份有限公司”，2007 年 3 月 15 日变更为现在的“紫光古汉集团股份有限公司”。同时为说明同一企业，同一相同规格品种的药品其包装必须一致的问题，向合议组提交了国药监注

［2001］482号《关于印发药品包装、标签规范细则（暂行）》的通知和国家食品药品监督管理局令第24号《药品说明书和标签管理规定》。

专利复审委员会于2009年1月12日将请求人口头审理当庭提交的紫光古汉集团股份有限公司企业名称历次注册变更情况工商证明和《关于印发药品包装、标签规范细则（暂行）》的通知以及国家食品药品监督管理局令第24号《药品说明书和标签管理规定》两份文件转送给专利权人，要求专利权人在收到文件之日起一个月内进行答复。

专利权人逾期未答复。

在上述审理的基础上，合议组认为本案事实清楚，可以依法作出审查决定。

二、决定的理由

1. 法律依据

基于请求人提出的无效宣告请求的理由，合议组依据专利法第23条的规定对本案进行审理。

专利法第23条规定："授予专利权的外观设计，应当同申请日以前在国内外出版物上公开发表过或者国内公开使用过的外观设计不相同和不相近似，并不得与他人在先取得的合法权利相冲突。"

2. 证据认定

请求人提交的附件8是发票号为NO00077136、NO00039116、NO00039110、NO00058007、NO00058006的湖南增值专用发票，复印件5页，口头审理当庭请求人提交了发票原件，5张发票分别封装在四个票据账本内，账本装订完整无缺，经合议组核对未发现账本内的发票存有疑问。5张发票的开票日期均早于本专利申请日（2006年9月11日），其中NO00077136号的发票内容为：开票日期为2004年1月3日，销售单位为清华紫光古汉生物制药股份有限公司，购货单位是衡阳市德泰医药有限公司，货物名称为"古汉养生精口服液（简）"，规格型号：10ml×30支，单位：盒，数量：1800等信息。合议组认为：从该张发票所显示内容可以确定，清华紫光古汉生物制药股份有限公司在本专利申请日前已在国内批发销售了古汉养生精口服液（简）产品。根据国家药品监督管理局对药品包装的有关规定，同一企业，同一药品的相同规格品种（指药品规格和包装规格两种），其包装、标签的格式及颜色必须一致，不得使用不同的商标。依据该规定可以确认，清华紫光古汉生物制药股份有限公司生产销售的古汉养生精口服液（简）30支包装产品，其产品包装盒外观设计应该是唯一的，不存在同一产品、同一规格不同外观形状的可能。清华紫光古汉生物制药股份有限公司生产销售的古汉养生精口服液（简）30支包装盒与附件6图片所显示的包装盒相同，请求人在口头审理中提交了清华紫光古汉生物制药股份有限公司生产销售的古汉养生精口服液（简）30支包装盒的实物。虽然专利权人在意见陈述书中还指出请求人提交的附件7陈列柜中有四种以上不同外观设计的古汉养生精包装盒，但通过请求人提交的紫光古汉集团股份有限公司企业注册登记资料中的信息，结合包装盒上印制的企业名称和产品规格可以区分出不同包装的古汉养生精产品生产销售的时间段。

3. 相同和相近似比较

本专利公开了一种包装盒的外观设计，简要说明中载明：省略仰视图，请求保护色彩。如图所示，本专利包装盒形状为长方体，底色主体为黄色，产品正面的左上方有一行文字，右上方为圆形商标图案，中部为深褐色的长方形色块，色块上标有黄色"古汉养生精"字样和一行拼音，文字的上下方各画有一条双龙图案；色块的左下方标有"10ml ×30支"，右下方块标有"（香港）清华紫光古汉生物工程"字样。产品背面主要是产品说明，厂名为"（香港）清华紫光古汉生物工程有限公司"（详见本专利附图）。

附件6清华紫光古汉生物制药股份有限公司生产销售的古汉养生精口服液（简）30支包装盒实物（下称在先设计），其形状为长方体，底色主体为黄色，产品正面上端由深褐色构成的波浪形图案，左上方为圆形商标图案，中部为深褐色扁长状的六边形色块，色块上标有金色“古汉养生精”字样和一行拼音，文字的上下方各有一条双龙图案；色块的左下方标有“10ml 支 × 30 支”，右下方块标有“清华紫光古汉”字样。产品背面主要是产品说明，厂名为“清华紫光古汉生物制药有限公司”(详见在先设计附图)。

本专利是一种包装盒的外观设计，在先设计是包装盒实物，两者产品用途相同，可以进行相近似比较。

将本专利与在先设计进行比较，二者包装盒的整体形状相同均为长方体，产品的正面上端均有一圆形商标图案，仅是左右位置不同，包装盒的中部均有一深褐色色块，本专利色块为长方形，而在先设计色块为六边形，色块中的文字相同，双龙图案相近似，色彩相近似，二者包装盒均以黄色为主体色，以深褐色为辅助色。二者的主要不同点在于：在先设计中部图案为六边形，本专利相应部位为四边形图案；在先设计包装盒上端有一条深褐色构成的波浪形图案，而本专利在此位置的色彩为一条浅褐色，对于以上相同点和不同点，合议组认为：就包装盒而言，其正面的外观设计反映了该产品的主要设计特征，是一般消费者最为关注的面，本专利与在先设计的整体形状、正面图案的布局及色彩构成均相近似，尤其在正面中部的“古汉养生精”字样及其上下方的双龙或双凤图案，以及黄色和深褐色搭配上的相近似更为明显，对外观设计的整体视觉效果具有显著影响，对于二者正面个别图案的不同均属于局部的细微差别，不足以对外观设计的整体视觉效果产生显著的影响。因此，本专利与在先设计属于相近似的外观设计。

综上所述，在本专利申请日以前已有与其相近似的外观设计产品在国内市场上公开销售，本专利不符合专利法第 23 条的规定。

在已经得出上述审查结论的基础上，本审查决定对请求人提交的其他证据不再进行评述。

三、决定

宣告 200630145665. 8 号外观设计专利权无效。

当事人对本决定不服的，可以根据专利法第 46 条第 2 款的规定，自收到本决定之日起三个月内向北京市第一中级人民法院起诉。根据该款的规定，一方当事人起诉后，另一方当事人应当作为第三人参加诉讼。

主视图

后视图

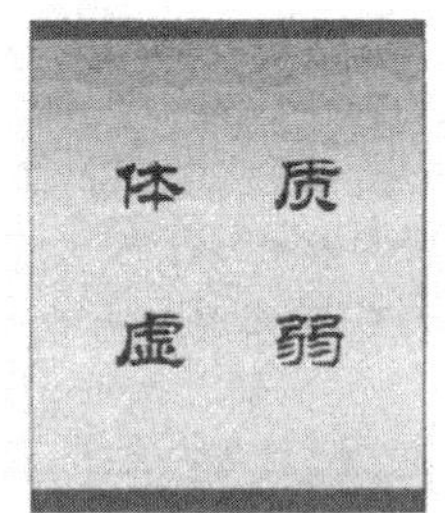

左视图

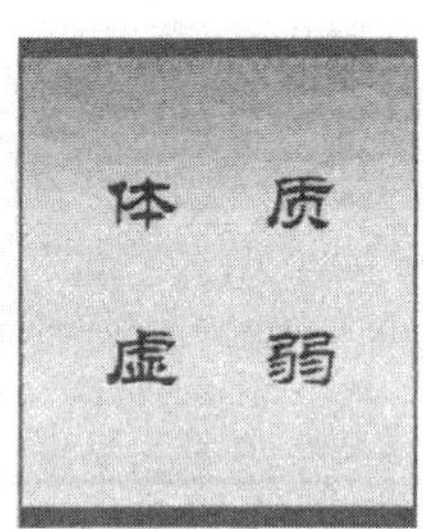

右视图

俯视图

本专利附图

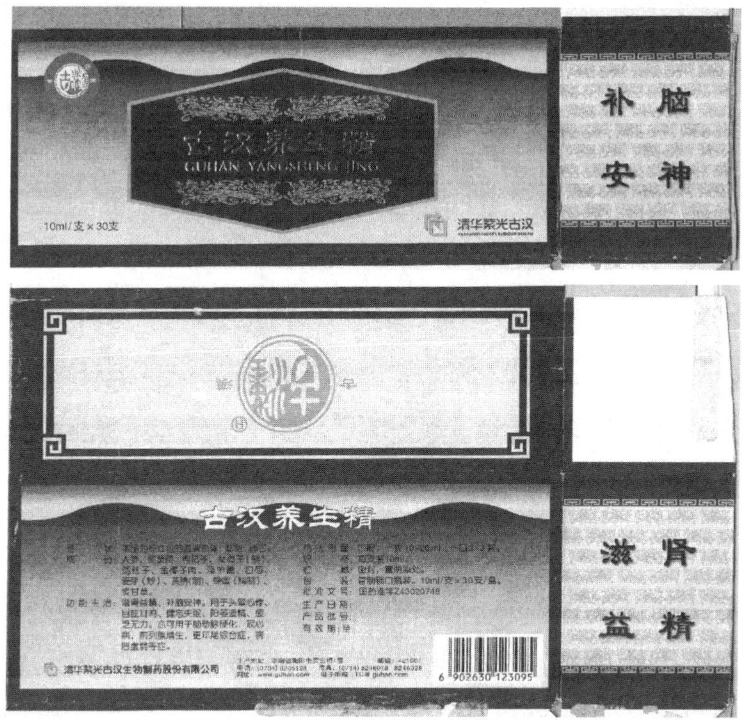

对比文件附图

119

饮水用玻璃杯（2）

无效宣告请求审查决定（第12947号）

决　　定　　号 第12947号
决　　定　　日 2008年12月24日
发明创造名称 饮水用玻璃杯（2）
外观设计分类 07-01
无 效 请 求 人 广州市恒福茶业有限公司
专　利　权　人 Pi-设计股份公司
专　　利　　号 200430076541.X
优　先　权　日 2004年2月18日
申　　请　　日 2004年7月29日
授 权 公 告 日 2005年5月25日
合议组组长 张美菊
主　　审　　员 涂洪文
参　　审　　员 沈　丽
附　　　　　图 3页

法　律　依　据 专利法第23条
决　定　要　点

只有对于相同或者相近类别的产品，才可能存在外观设计相近似的情况，所谓相近类别的产品是指用途相近的产品。

对于单纯形状的外观设计，不管在先设计是否有特定的图案、色彩，只要被比设计的形状与在先设计的形状不相同也不相近似，则两者外观设计不相同。

一、案由

本无效请求涉及申请号为200430076541.X、名称为“饮水用玻璃杯（2）”的外观设计专利（下称本专利），其优先权日为2004年2月18日，申请日为2004年7月29日，授权公告日为2005年5月25日。

针对本专利权，广州市恒福茶业有限公司（下称请求人），于2008年9月2日向专利复审委员会提出无效宣告请求。请求人所提交的附件为：

附件1：专利号为02338200.7的中国外观设计专利的网络黑白打印件1页，公开日为2003年3月12日；

附件 2：专利号为 03309772.0 的中国外观设计专利网络黑白打印件 1 页，公开日为 2004 年 2 月 4 日；

附件 3：专利号为 89302266.7 的中国外观设计专利网络黑白打印件 1 页，公开日为 1990 年 12 月 5 日；

附件 4：为意见陈述共 1 页；

附件 5：为广州市知识产权局处理专利纠纷答辩通知书共 1 页；

附件 6：本专利的网络黑白打印件共 1 页。

请求人认为本专利与附件 1 相比，其中包括了本专利的全部必要外观特征，因此本专利不具备新颖性和创造性；本专利与附件 2 相比，附件 2 也包括了本专利的全部必要外观特征，因此本专利不具备新颖性和创造性；附件 3 公开了本专利的绝大部分特征，因此其和附件 1、2 结合完全覆盖了本专利的全部技术特征，因此本专利不具备创造性；本专利相对于附件 1～3 不符合专利法第 23 条的规定。

经形式审查合格，专利复审委员会受理了上述无效宣告请求，并于 2008 年 9 月 2 日将该无效宣告请求书及其附件清单中所列附件副本转送给专利权人。

本案合议组于 2008 年 10 月 15 日向双方当事人发出了无效宣告请求口头审理通知书，定于 2008 年 12 月 1 日进行口头审理。

专利权人于 2008 年 10 月 17 日提交了意见陈述书，指出本专利与其他证据进行对比时应该遵循以下原则：（1）本外观设计专利属单纯形状的产品形状设计，因此，在外观设计各要素中，被比的只是形状；（2）必须从本产品的一般消费者的知识水平和认知能力出发进行对比；（3）在先设计应与本外观设计有相同或相近的分类号；（4）单独对比。依据上述原则，本专利与附件 1 相比，本专利的外层使用了透明材料，可以观察到透明部分的内层，内层底部是弧形的，外层杯底是平的，而附件 1 的杯子在视图中看不到内层；另外本专利杯子是自杯子向下横截面积略有加大，然后再渐渐变小直至杯底，附件 1 的总体形状是自上而下横截面越来越小，杯口与杯底直径相差的程度不及本专利。因此本专利与附件 1 的外观设计不相同也不相近似。本专利与附件 2 相比，附件 2 的产品是一蜡烛套杯（魔术二），与本专利分类号不同也不相近，即使不考虑分类号的问题，两者外观设计也不同，附件 2 未体现双层特征，而本专利是双层的，因此两者既不相同也不近似。本专利与附件 3 单独对比，其形状与本专利明显不同，附件 3 的形状为细长形，杯底与杯体之间采用粘合或螺纹连接，在玻璃杯的双层之间放置花草或彩色液体等，而本专利外表使用透明材料，外表的形状为弧形，因此两者明显不同，既不相同也不近似。因此本外观设计与附件 1、2 和 3 分别对比之后，既不相同也不近似，符合专利法第 23 条的规定。

2008 年 11 月 10 日，合议组向无效宣告请求人发出转送文件通知书，将专利权人的意见陈述书的副本转送给无效宣告请求人。

口头审理如期举行，双方当事人均出席了口头审理，双方当事人对合议组成员没有回避请求，对合议组成员的变更没有异议。专利权人对附件 1～3 的真实性没有异议。合议组当庭告知请求人对于外观设计专利无效的理由适用于专利法第 23 条，不适用新颖性和创造性，请求人明确其无效请求理由为本专利分别相对于附件 1、2、3 相近似，双方当事人均认可本专利为双层透明玻璃杯；请求人认为附件 1 与本专利都是圆环状的杯口，杯体的两侧均为弧形，底部均为平直的杯底形状；专利权人认为附件 1 名称虽为弧形双层杯，但是图中没有公开双层的特征，而本专利图中体现了其产品是双层的玻璃杯，使用的透明材料，可以观察到内层，内层底部是弧形，本专利和附件 1 杯口和杯底直径相差的程度也不同；对于附件 1 上的海星形图案，请求人认为不应考虑，只需要比较形状，不考虑图案和色彩，在不考虑图案和色彩的情况下，两者的相似性非常大。本专利与附件 2 相比，请求人认为从俯视图看，附件 2 也是一个双层的杯体，虽然不清楚其内壁的情况，但是从整体上看两者是相似的；专利权人认为附件 2 与本专利分类号不同，也不相近，不考虑分类号，也看不到附件 2 的内层，轮廓也不相同，因此两者不相近似。本专利与附件 3 相比，请求人认为附件 3 也是双层的玻璃杯，基本都是相同的，唯一的差别是本专利的杯壁是弧形的，附件 3 是直的，两者相近似；专利权人认为附件 3 的外轮廓与本专利不同，杯底也明显不同，本专利杯底是一体的，因此两者不相近似。

基于上述工作，合议组认为本案事实已经清楚，依法作出本决定。

二、决定的理由

1. 关于附件 1~3

经合议组核实，附件 1~3 均为中国外观设计专利文献，且其公开日均早于本专利的申请日，因此附件 1~3 可以作为本专利的在先外观设计。审查指南第四部分第五章第 6.2.1 节规定：只有对于相同或者相近类别的产品，才可能存在外观设计相近似的情况。所谓相近类别的产品是指用途相近的产品。应当注意的是，当产品具有多种用途时，如果其中部分用途相同，而其他用途不同，则二者应属于相近类别的产品。合议组认为：附件 1、3 与本外观设计专利请求保护的产品都是饮水杯，属相同类型的产品，可以进行相近似性的评判。附件 2 请求保护的产品为蜡烛套杯，其分类号是 26-01，也是一个杯子形状，其主要用途是用于照明和装饰，而本专利涉及的饮水用玻璃杯其分类号是 07-01，虽然二者用途不同，但在现实生活中，也会将本专利公开的这种形状的玻璃杯用作蜡烛杯，所以本专利的水杯具有多种用途，并且其部分用途与附件 2 相同，所以两者属于相近类别的产品，可以进行相近似性对比。

2. 关于专利法第 23 条

专利法第 23 条规定："授予专利权的外观设计，应当同申请日以前在国内外出版物上公开发表过或者国内公开使用过的外观设计不相同和不相近似，并不得与他人在先取得的合法权利相冲突。"

根据审查指南第四部分第五章第 2.2 节（1）的规定，从本专利的附图来看，其产品外观无图案，且未要求保护色彩，因此本专利为单纯形状的外观设计，根据审查指南第四部分第五章第 6.1 节（1）的规定，单纯形状的外观设计，不管在先设计是否有特定的图案、色彩，只要被比设计的形状与在先设计的形状相同，则两者外观设计相同，因此合议组不对本专利和附件 1~3 中的图案和色彩进行评述。

本专利的名称为饮水用玻璃杯，其外观设计共有 7 个视图，分别为主视图、后视图、左视图、右视图、俯视图、仰视图、立体图。其主视图外层杯体的两侧为弧形，顶部与底部平直，通过透明外层可见内层顶部平直并与外层在杯口处相接，内部杯体为半椭圆弧形，至底部时外层与内层间距慢慢变大，杯体直径最大处大于杯口及杯底直径，杯口直径和杯底直径相差很大；后视图、左视图、右视图与主视图相同；俯视图中，外层相套一圆环，内圈为杯口，外圈为杯体最宽处形状；仰视图中，外层为若干圆环，中间为杯子的底部轮廓，离边缘距离较远，边缘处有两个距离接近的圆圈构成一圆环。

附件 1 的名称为弧形双层杯（海星花 03209），其外观设计共有 5 个视图，分别为俯视图、立体图、仰视图、主视图、左视图。从形状上看，俯视图可见其外部为杯口形状，中间为内层圆形杯底形状，仰视图中可见其外部为杯口的圆环，内部为外层杯底的圆环，由此可知其内层杯底为平直形状；主视图和左视图可见其杯体两侧大致呈弧形，杯口部分的顶部和杯体底部都是平直的。

由此可见，本专利与附件 1 的区别主要为：（1）本专利为透明的双层玻璃杯，从外层杯体外部能看到内层杯体及其形状，并且内层的底部为椭圆弧形，而附件 1 中内层杯底是平直的，而且外层不是透明的，从外层杯体中不能看到其内部杯体的形状；（2）本专利杯体两侧的弧形的弧度较附件 1

大，并且杯口直径明显小于杯体最宽处，而附件 1 不能明显看出杯口和杯体的最大处的直径差异。从上述区别可以看出，本专利与附件 1 内外层杯体形状有较大区别，并且本专利能看到杯子的内层杯体形状，与附件 1 有显著区别，这些区别对产品的整体视觉效果产生了显著影响，因此本专利与附件 1 属于不相同也不相近似的外观设计。

附件 2 的名称为蜡烛套杯（魔术二），附件 2 包括俯视图、立体图、使用状态参考图、主视图 4 幅视图，俯视图中可见杯体外层与内层的两个圆环；立体图可见其内层杯体的杯口与外层杯体的杯口不相接触；主视图可见该套杯的杯体呈圆弧形，杯口和杯底都是平直的，并且直径相差不大。本专利与附件 2 的区别主要在于：（1）本专利杯体为透明材料，从外层杯体外可看见其内层杯体及其形状，内壁底部为弧形，而附件 2 外层不透明；（2）本专利内层外层杯体为一体，而附件 2 内层与外层不是一体的，内层杯口高度低于外层杯口；（3）本专利杯体的弧度与附件 2 不同，附件 2 外层的杯口和杯底直径基本相同，而本专利杯口与外层杯底的直径差别较大。从上述区别可以看出，本专利与附件 2 形状有较大区别，并且本专利能看到杯子内层杯体的形状，与附件 2 有显著区别，这些区别对产品的整体视觉效果产生了显著影响，因此本专利与附件 2 属于不相同也不近似的外观设计。

附件 3 名称为双层工艺玻璃杯，包括剖视图、俯视图和主视图 3 幅视图，剖视图可见其玻璃杯也是双层结构，但是其杯体为平直线条，与杯口和杯底内外层构成等腰梯形，整个杯体比较修长，杯底可拆分，外层杯体与内层杯体的间距由杯口到杯底逐步加大；俯视图可见杯口和杯底构成一圆环形状；主视图可见杯体侧壁为锥形，并且主视图中不能看到内层杯体的形状。由此可见，本专利与附件 3 的区别如下：（1）本专利杯体内外侧壁为弧形，内层底部也是弧形，而附件 3 内外层和内层杯体侧壁均为平直形，并且杯体整体比较修长；（2）本专利杯底和杯体是一体的，而附件 3 是分体的；（3）本专利杯体为透明材料，可以从外层杯体外部看见内层杯体及其形状，而附件 3 中不能看到内层杯体及其形状。从上述区别可以看出，本专利与附件 3 形状有显著区别，并且本专利能看到内层杯体及其形状，对产品的整体视觉效果具有显著影响，因此本专利与附件 3 属于不相同也不相近似的外观设计。

综上所述，合议组认为，本专利与请求人提交的在申请日之前公开发表的外观设计既不相同也不近似，所以本专利分别相对于附件 1~3 均符合专利法第 23 条的规定。

基于上述理由，合议组现依法作出如下决定。

三、决定

维持 200430076541. X 号外观设计专利有效。

双方当事人如对本无效宣告决定不服，根据专利法第 46 条第 2 款的规定，在收到本决定之日起三个月内可以向北京市中级人民法院起诉。

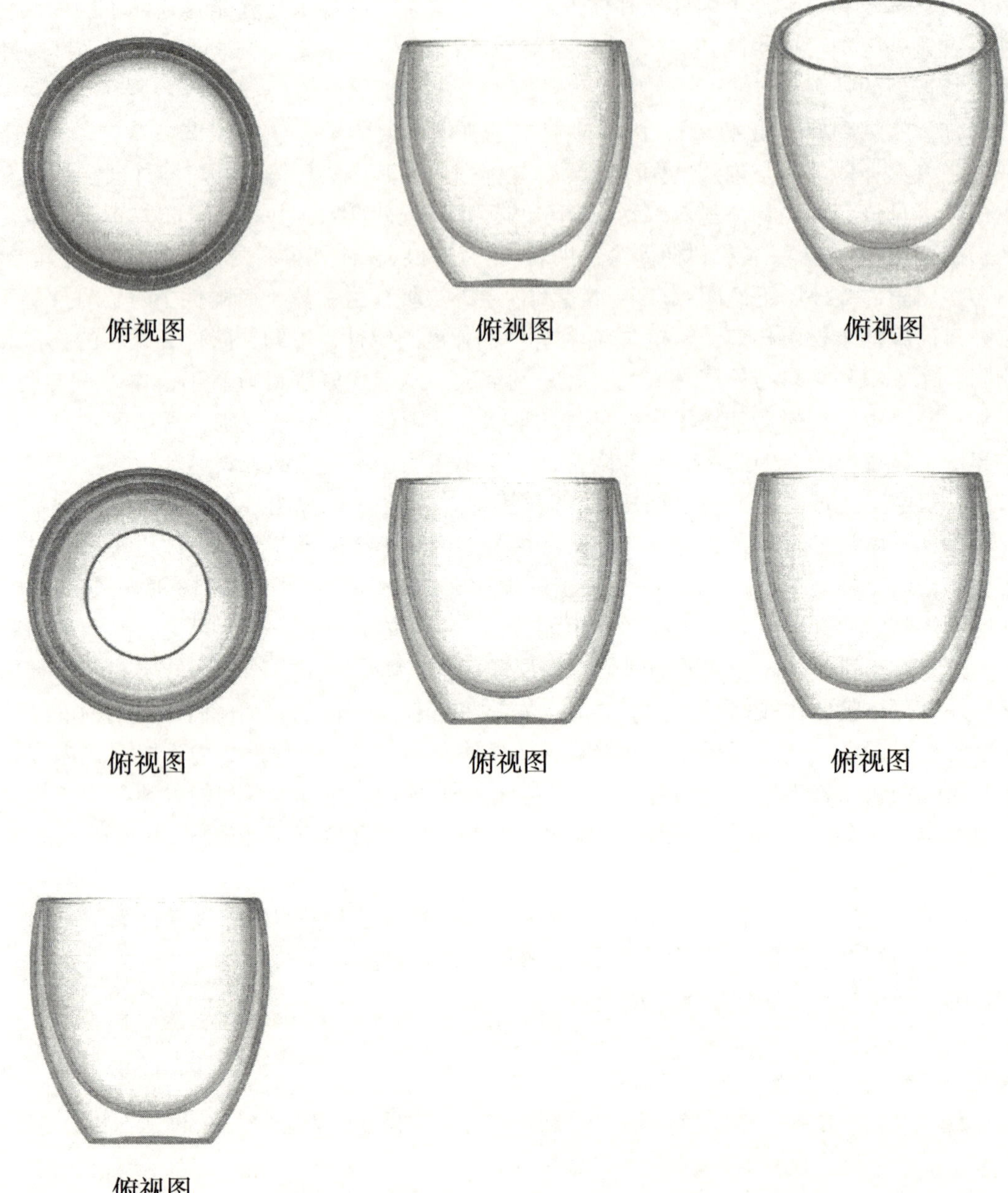

本外观设计附图

俯视图

立体图

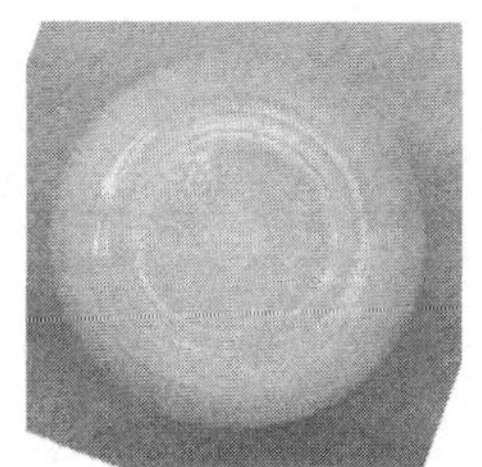

仰视图

主视图

左视图

附件 1 附图

俯视图

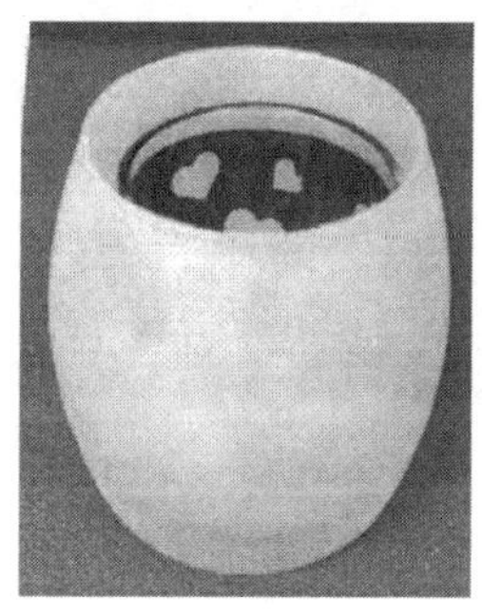

立体图

使用状态参考图

主视图

附件 2 附图

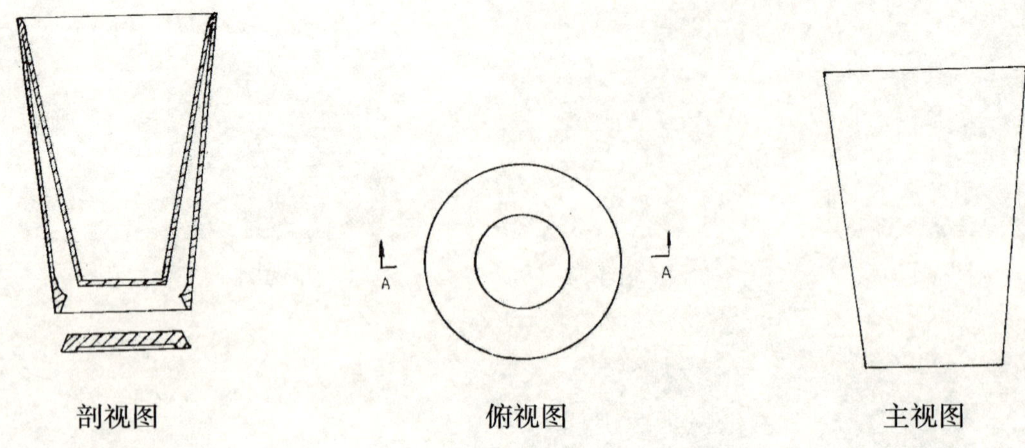

附件 3 附图

120

水龙头（006100）

无效宣告请求审查决定（第12948号）

决 定 号 第12948号
决 定 日 2009年3月2日
发明创造名称 水龙头（006100）
外观设计分类号 23-01
无效宣告请求人 温州市苹果洁具有限公司
专 利 权 人 江门市金凯登装饰材料实业有限公司
专 利 号 200630076510.3
申 请 日 2006年10月20日
授权公告日 2007年9月5日
合议组组长 徐清平
主 审 员 钟 华
参 审 员 李巍巍
附 图 2页

法律依据 专利法第23条
决定要点
在本专利申请日前已经在出版物上公开发表过与本专利相近似的外观设计，故本专利不符合专利法第23条的规定。

一、案由

本无效宣告请求涉及国家知识产权局于2007年9月5日授权公告的名称为“水龙头（006100）”的200630076510.3号外观设计专利（下称本专利），其申请日为2006年10月20日，专利权人为江门市金凯登装饰材料实业有限公司（下称专利权人）。

针对本专利，温州市苹果洁具有限公司（下称请求人）于2008年9月9日向专利复审委员会提出无效宣告请求，其理由是在本专利申请日前已经公开发表过与本专利相近似的外观设计，因此本专利不符合专利法第23条的规定，同时在本专利申请日前申请的外观设计专利与本专利相近似，两者属于相同的发明创造，因此本专利不符合专利法实施细则第13条第1款的规定，请求人同时提交如下附件作为证据：

附件1：200430104392.3号外观设计专利电子公告信息页；

附件2：200630057993.2号外观设计专利电子公告信息页。

经形式审查合格，专利复审委员会依法受理了上述无效宣告请求，并于2008年9月9日将无效宣告请求书及相关文件的副本转给专利权人，要求其在指定的期限内答复。专利权人逾期未答复。

2008年10月8日，请求人提交了意见陈述书，坚持认为在本专利申请日前公开发表过与本专利相近似的外观设计，并补充提交了如下附件作为证据（编号续前）：

附件3：000064142-0003号欧共体外观设计网上查询信息页；

附件4：000526157-0007号欧共体外观设计网上查询信息页。

专利复审委员会于2009年1月8日向双方当事人发出口头审理通知书，定于2009年2月23日举行口头审理，同时将上述请求人提交的意见陈述书及其附件转送给请求人。

口头审理如期举行，双方当事人均有代理人参加本次口头审理。在口头审理中，请求人当庭提交了对附件3、附件4的翻译稿以及国家知识产权局专利检索咨询中心出具的对上述两个附件的认证件，合议组当庭将上述文件转交给专利权人。专利权人认可附件1~4的真实性，对附件3和附件4的中文译文无异议。在此基础上，双方当事人进行了充分的意见陈述和辩论。

至此，合议组认为本案事实已经调查清楚，依法作出如下审查决定。

二、决定的理由

1. 法律依据

专利法第23条规定：“授予专利权的外观设计，应当同申请日以前在国内外出版物上公开发表过或者国内公开使用过的外观设计不相同和不相近似，并不得与他人在先取得的合法权利相冲突。”

2. 证据的认定

附件1和附件2为我国外观设计专利电子公告信息页，附件3和附件4为欧共体外观设计网上查询信息页，请求人在口头审理时提交了经国家知识产权局专利检索咨询中心出具的对附件3和附件4的认证件，专利权人认可附件1~4的真实性，故附件1~4可以作为本案的定案依据。

3. 本专利是否符合专利法第23条的规定

附件3的公告日为2004年3月9日，早于本专利申请日2006年10月20日，是在本专利申请日前的公开出版物，其上记载的产品名称为“水龙头”的000064142-0003号欧共体外观设计属于成在本专利申请日前公开发表过的外观设计（以下简称在先设计）。

本专利为水龙头的外观设计，在先设计也为水龙头的外观设计，两者所属产品的种类相同，因此可以进行外观设计近似性比较。

本专利为水龙头的外观设计，其垂直方向设置有长方形水管，垂直水管顶端连接有手动阀门和把手，垂直水管底端连接有扁平正方形底座。垂直水管的上部沿水平方向向外设置有扁平长方形水管，扁平长方形水管的顶端下方是向外突出的圆形出水口。垂直水管的下部沿水平方向往后设置有一小把手。上述手动阀门的表面与垂直长方形水管表面平齐，从后、侧视图上可以看见手动阀门与垂直长方形水管之间的连接管。手动阀门的顶端连接着扁平长方形把手，该把手厚度、长度均小于其下方的扁平长方形水管，但两者宽度一致，该把手的上表面由居于中央的长方形深色块沿纵长方向将其分为三个区（详见本专利附图）。

在先设计也为水龙头的外观设计，其垂直方向设置有长方形水管，垂直水管顶端连接有手动阀门和把手，垂直水管底端连接有扁平正方形底座。垂直水管的上部沿水平方向向外设置有扁平长方形水管，扁平长方形水管的顶端下方是向外突出的圆形出水口。垂直水管的下部沿水平方向往后设置有一小把手。上述手动阀门的表面与垂直长方形水管表面平齐，从其003.1、003.3、003.5等图可以看见手动阀门与垂直长方形水管之间的连接管。手动阀门的顶端连接着扁平长方形把手，该把手厚度、长度均小于其下方的扁平长方形水管，但两者宽度一致，该把手的上表面沿纵向方向平分为深、浅两个长方形区（详见在先设计附图）。

将本专利与在先设计对比，两者的整体形状、主要构件的形状及相互位置关系均近似，两者的不同之处在于：本专利的底座为正方形，在先设计的底座为长方形，本专利把手的上表面由居于中央的长方形深色块沿纵长方向将其分为三个区，在先设计把手的上表面沿纵向平分为深、浅两个长方形区。对此，合议组认为：上述区别属于局部的细微局别，不足以对产品的整体视觉效果产生显著的影响，因此本专利与在先设计构成相近似的外观设计，本专利不符合专利法第23条的规定。

鉴于上述评述已经得出本专利不符合授权条件的结论，合议组对请求人提出的其他理由和证据不再予以评述。

三、决定

根据专利法第23条的规定，宣告200630076510.3号外观设计专利权全部无效。

根据专利法第46条第2款的规定，当事人对本决定不服的，自收到本决定之日起三个月内向北京市第一中级人民法院起诉，根据该款规定，一方当事人起诉后，另一方当事人应当作为第三人参加诉讼。

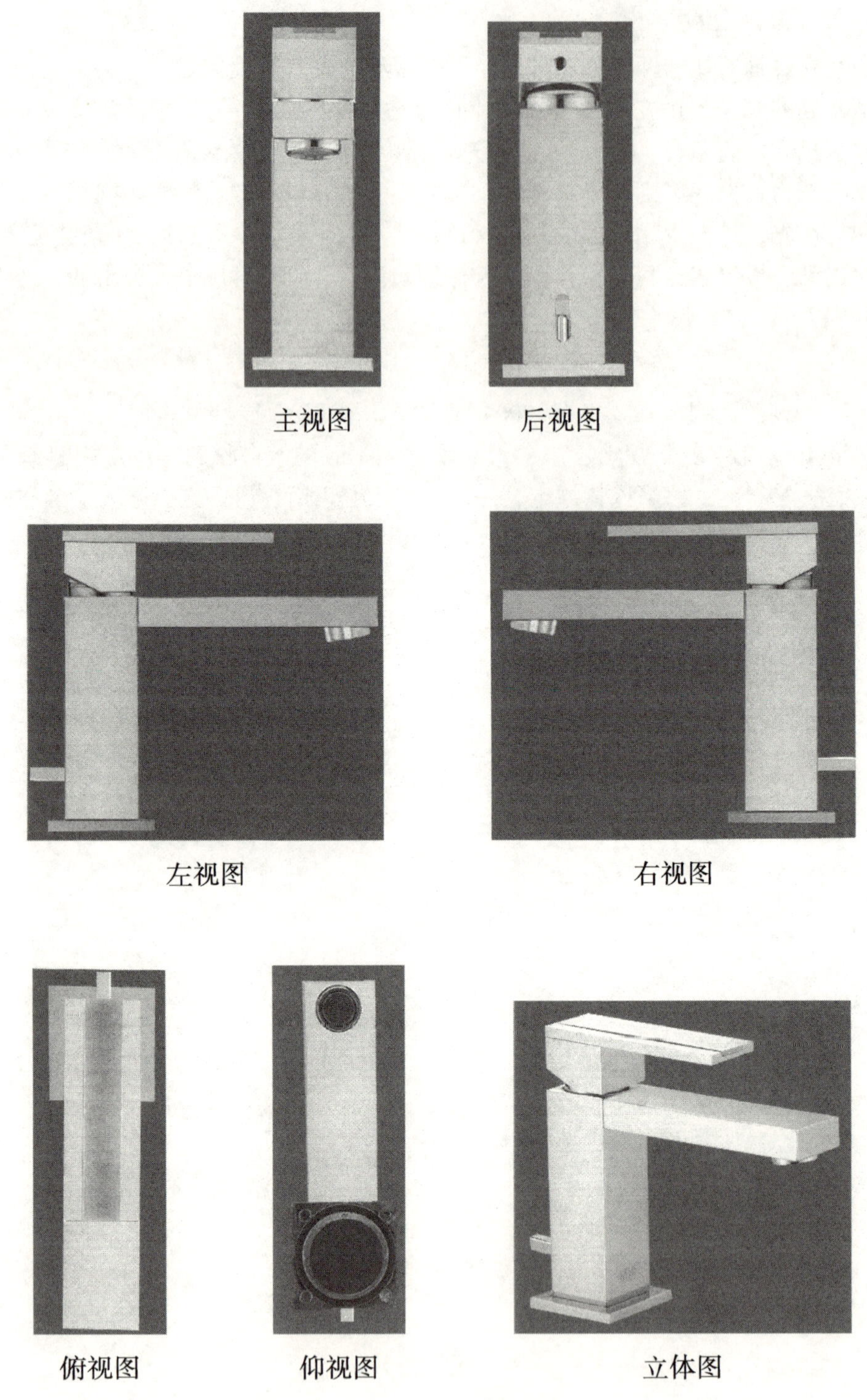

主视图　后视图

左视图　右视图

俯视图　仰视图　立体图

本专利附图

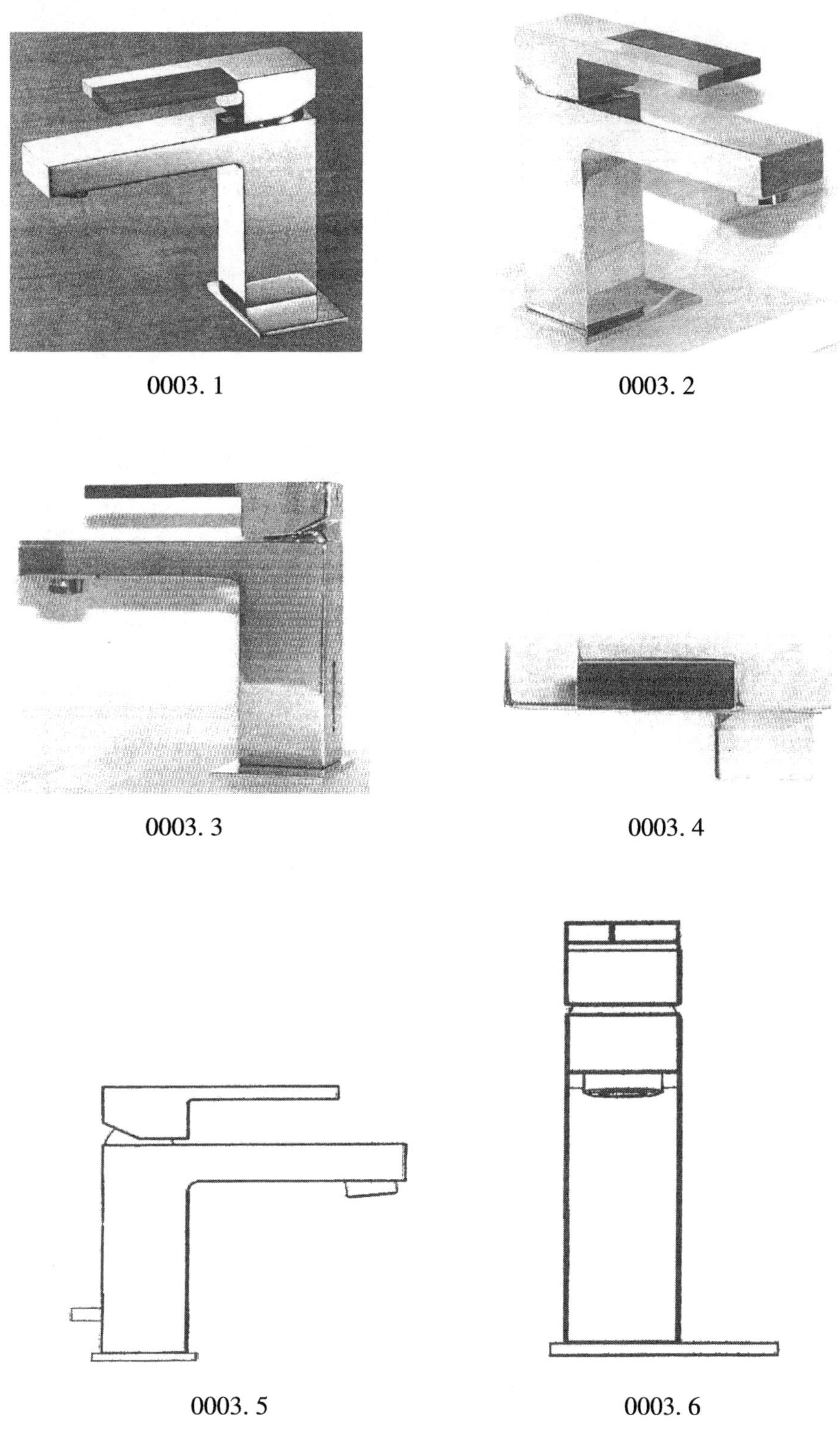

0003.1 0003.2

0003.3 0003.4

0003.5 0003.6

在先设计附图

121

卫生棺装饰板（L2720）

无效宣告请求审查决定（第12949号）

决　　定　　号　第12949号
决　　定　　日　2009年3月3日
发明创造名称　卫生棺装饰板（L2720）
外观设计分类号　99-00
无效宣告请求人　江苏友信高分子材料有限公司
专　利　权　人　薛惕忠
专　　利　　号　200430101544.4
申　　请　　日　2004年10月27日
授权公告日　2005年8月17日
合议组组长　王霞军
主　　审　　员　钟　华
参　　审　　员　尹春霞

法　律　依　据　专利法实施细则第2条第3款
决　定　要　点

卫生棺装饰板是一种贴在卫生棺表面的装饰件，其不是卫生棺不能分割的一部分，也不是卫生棺的不可缺少的构件，其可以独立存在，可以作为一种中间产品销售给卫生棺制造厂商或者销售商，因此具有独立的使用价值。

一、案由

本无效宣告请求涉及国家知识产权局于2005年8月17日授权公告的名称为“卫生棺装饰板（L2720）”的200430101544.4号外观设计专利（下称本专利），其申请日为2004年10月27日，专利权人为薛惕忠（下称专利权人）。

针对本专利，江苏友信高分子材料有限公司（下称请求人）于2008年9月24日向专利复审委员会提出无效宣告请求，其理由是本专利在整体上属于棺材设计的一个不能分割、不能单独出售或者使用的局部或者部分设计，不具备使用价值，只有和棺材配套销售的时候，才具有意义，故本专利属于审查指南第一部分第三章第6.4.3节第（3）、（4）项规定的情形；本专利纯属美术范畴的作品，是仅以其产品所属领域内司空见惯的几何形状和图案构成的外观设计，故本专利属于审查指南第一部分第三章第6.4.3节第（8）、（9）项规定的情形。基于上述理由，请求人认为本专利不属于外观设计专利的保护客体，不符合专利法实施细则第2条第3款的规定。

经形式审查合格，专利复审委员会依法受理了上述无效宣告请求，并于2008年9月26日将无效宣告请求书及相关文件的副本转给专利权人，要求其在指定的期限内答复。专利权人逾期未答复。

专利复审委员会于2009年1月8日向双方当事人发出口头审理通知书，定于2009年2月19日举行口头审理。

口头审理如期举行，双方当事人均有代理人参加本次口头审理。在口头审理中，请求人明确放弃关于本专利属于纯美术范畴的作品、是仅以其产品所属领域内司空见惯的几何形状和图案构成的外观设计因而本专利属于审查指南第一部分第三章第6.4.3节第（8）、（9）项规定的情形的无效宣告理由，坚持认为本专利在整体上属于棺材设计的一个不能分割、不能单独出售或者使用的局部或者部分设计，不具备使用价值，属于审查指南第一部分第三章第6.4.3节第（3）、（4）项规定的情形。在此基础上，双方当事人就本专利是否属于外观设计专利的保护客体，本专利是否不符合专利法实施细则第2条第3款的规定进行了充分的意见陈述和辩论。

至此，合议组认为本案事实已经调查清楚，依法作出如下审查决定。

二、决定的理由

1. 法律依据

专利法实施细则第2条第3款规定："专利法所称外观设计，是指对产品的形状、图案或者其结合以及色彩与形状、图案的结合所作出的富有美感并适于工业应用的新设计。"

2. 本专利是否符合专利法实施细则第2条第3款的规定

审查指南第一部分第三章第6.4.3节规定："以下属于不符合专利法实施细则第二条第三款规定而不给予外观设计保护的客体的具体情况：……（3）产品的不能分割、不能单独出售或者使用的局部或者部分设计，例如袜跟、帽檐、杯把、棋子等。（4）对于多个不同特定形状或图案的构件组成的产品，如果构件本身不能成为具有独立使用价值的产品，则该构件不属于外观设计专利保护的客体。例如，对于一组由不同形状的插接块组成的拼图玩具，只有将所有插接块共同作为一项外观设计申请时，才属于外观设计保护的客体……"本专利是卫生棺装饰板的外观设计，卫生棺装饰板是一种贴在卫生棺表面的装饰件，其不是卫生棺不能分割的一部分，不是卫生棺的不可缺少的构件。卫生棺装饰板可以独立存在，可以作为一种中间产品销售给卫生棺制造厂商或者销售商，具有独立的使用价值。因此，本专利不属于审查指南第一部分第三章第6.4.3节第（3）、（4）项规定的不给予外观设计专利保护的情形，符合专利法实施细则第2条第3款的规定。

三、决定

维持200430101544.4号外观设计专利权有效。

根据专利法第46条第2款的规定，当事人对本决定不服的，自收到本决定之日起三个月内向北京市第一中级人民法院起诉，根据该款规定，一方当事人起诉后，另一方当事人应当作为第三人参加诉讼。

122

电吹风（GHR-807）

无效宣告请求审查决定（第12950号）

决　定　号　第12950号
决　定　日　2009年2月25日
发明创造名称　电吹风（GHR-807）
外观设计分类号　28-03
无效宣告请求人　松下电工株式会社
专　利　权　人　沈国强
专　利　号　200630117596.X
申　请　日　2006年9月19日
授　权　公　告　日　2007年6月20日
合　议　组　组　长　王霞军
主　审　员　徐清平
参　审　员　李巍巍
附　图　1页

法　律　依　据　专利法第23条
决　定　要　点

本专利与在先设计所示电吹风在整体形状、各部分形状及其比例位置关系设计上基本相同，其不同之处对整体视觉效果不具显著影响，二者属于相近似的外观设计，本专利不符合专利法第23条的规定。

一、案由

本无效宣告请求涉及的是国家知识产权局于2007年6月20日授权公告的200630117596.X号外观设计专利，使用该外观设计的产品名称为"电吹风（GHR-807）"，申请日是2006年9月19日，专利权人是沈国强。

针对上述专利权（下称本专利），松下电工株式会社（下称请求人）于2008年7月17日向专利复审委员会提出无效宣告请求，其依据的事实和理由是：本专利与其申请日前已经公开的对比文件1（即附件2）所示电吹风无论整体形状还是各个部分的位置和形状等方面均采用了相同或相近似的设计，使得二者的整体外观产生了混同的视觉印象，其不同点均不足以对二者的整体视觉效果产生显著影响，其属于相近似的外观设计；对比文件2（即附件3）是对比文件1的优先权文本，内容相同，也与本专利相近似。因此，本专利不符合专利法第23条的规定。请求人提交的作为证据的附件如下：

附件 1：本专利的公报复印件 1 页；

附件 2：200530124431.0 号外观设计专利公报复印件 1 页；

附件 3：日本 D1252657 号外观设计公报复印件及其中译文共 6 页。

专利复审委员会经形式审查合格受理了该无效宣告请求，并于 2008 年 8 月 28 日将无效宣告请求书及其附件的副本转送给专利权人，通知其在指定期限内陈述意见。

专利权人逾期未作答复。

2008 年 10 月 6 日专利复审委员会分别向请求人和专利权人发出合议组成员告知通知书，双方均未对合议组成员提出回避请求。

合议组经合议，认为本案事实清楚，依法作出本审查决定。

二、决定的理由

1. 无效宣告请求理由和相关法律规定

基于请求人提出无效宣告请求所依据的事实和理由，合议组对本专利是否符合专利法第 23 条的规定进行审查。

专利法第 23 条规定："授予专利权的外观设计，应当同申请日以前在国内外出版物上公开发表过或者国内公开使用过的外观设计不相同和不相近似，并不得与他人在先取得的合法权利相冲突。"

2. 证据认定

请求人提交作为证据的附件 2 是 200530124431.0 号外观设计专利公报复印件，所示专利授权公告日为 2006 年 6 月 28 日，使用外观设计的产品名称为"头发吹风机"，经合议组核实，该复印件所示内容属实，其公告日在本专利申请日之前，属于本专利申请日之前公开发表的外观设计，可以作为判断本专利是否符合专利法第 23 条规定的证据。

3. 外观设计对比

附件 2 为"头发吹风机"的外观设计（下称在先设计），与本专利使用外观设计的产品"电吹风"属相同种类的产品，现将二者外观设计是否相同或相近似作如下对比认定：

本专利包括六面正投影视图和立体图，所示电吹风由吹风筒和把手组成。吹风筒整体为略带弧度的圆柱状，出风口向下倾斜，端面为平面；进风口为呈格栅状的球冠形向后突出；风筒两侧面有弧形长条设计，风筒顶面有类似椭圆形突出薄块设计。把手与吹风筒呈曲面圆滑过渡连接，为带有弧度的圆柱状，前侧面设有类似长椭圆形按钮，端部有挂环及导线引出套（详见本专利附图）。

在先设计包括六面正投影视图和两幅立体图，所示电吹风由吹风筒和把手组成。吹风筒整体为略带弧度的圆柱状，出风口向下倾斜，端面略内凹；进风口为呈网孔状的球冠形向后突出；风筒两侧面有弧形长条设计并延伸至把手两侧。把手与吹风筒呈曲面圆滑过渡连接，为带有弧度的圆柱状，前侧面设有类似长椭圆形按钮，端部略收缩（详见在先设计附图）。

将本专利与在先设计相比较，二者所示电吹风不同之处主要在于，在先设计吹风筒及把手两侧的弧形长条设计较本专利长，本专利出风口端面为平面而在先设计的出风口端面略作内凹，二者进风口存在格栅和网孔设计差异，在先设计在把手端部略有收缩且无本专利所示挂环及导线引出套设计，在先设计无本专利所示吹风筒顶面的突出薄块设计。除此之外，二者的整体形状、吹风筒和把手的形状及其比例位置关系基本相同。合议组认为，二者均在吹风筒两侧相同位置设有弧度相近的长条设计，仅在长度上是否延伸至把手的差异，其与电吹风整体形成的视觉效果仍属相近似；在先设计出风口端面、把手端部与本专利之差异相对于整体形状仅为局部细微差异；二者在进风口分别采用的格栅和网孔设计，均属该类产品的惯常设计，在该部分进风口外形形状基本相同的情况下，所述不同对整体视觉效果不具显著影响；本专利顶面略微突出的薄块设计对电吹风的形状影响甚微，在先设计无相应设计，对于本专利所示单纯形状的外观设计而言其差异在整体视觉效果上并不显著；在此情况下，二者在整体形状和吹风筒、把手等各部分形状及其比例位置关系上基本相同的设计形成了相近似的整体视觉效果，上述不同之处对整体视觉效果均不具显著影响，因此，本专利与在先设计属于相近似的外观设计。

综上所述，本专利与其申请日前公开发表的电吹风外观设计相近似，因此，本专利不符合专利法第 23 条的规定。

鉴于上述已得出本专利不符合专利法第 23 条规定的结论，本决定对请求人提出的其他理由和证据不再作评述。

三、决定

宣告 200630117596. X 号外观设计专利权全部无效。

当事人对本决定不服的，可以根据专利法第 46 条第 2 款的规定，自收到本决定之日起三个月内向北京市第一中级人民法院起诉。根据该款的规定，一方当事人起诉后，另一方当事人应当作为第三人参加诉讼。

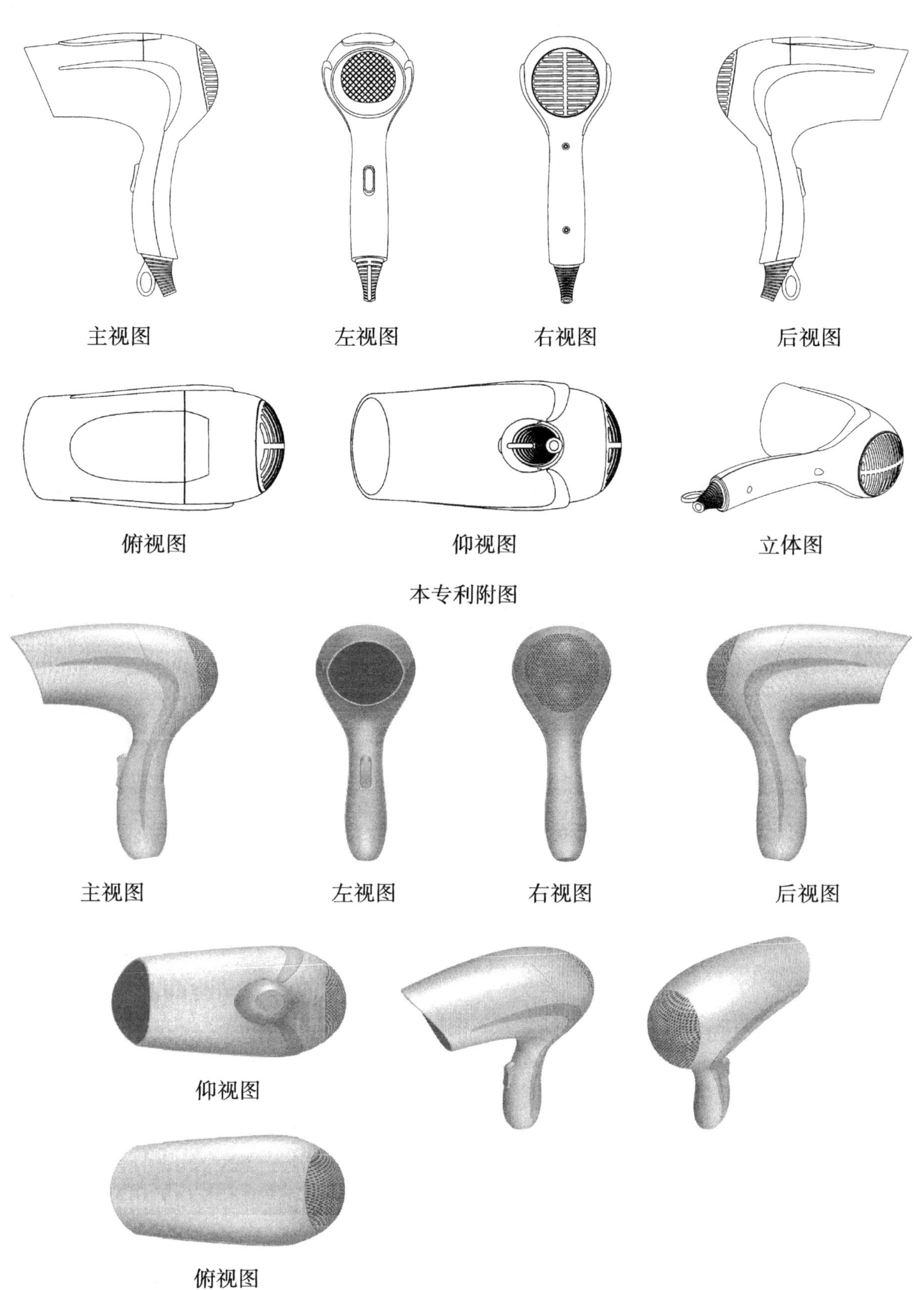

本专利附图

在先设计附图

123

彩色屋面瓦

无效宣告请求审查决定（第 12951 号）

决　定　号 第 12951 号
决　定　日 2009 年 3 月 3 日
发明创造名称 彩色屋面瓦
外观设计分类号 25-01
无效宣告请求人 故城建立水泥制品制造有限公司
专 利 权 人 陈敬福
专　利　号 200430002214. X
申　请　日 2004 年 2 月 13 日
授权公告日 2005 年 2 月 9 日
合议组组长 吴大章
主　审　员 张　凌
参　审　员 王　红
附　　　图 1 页

法 律 依 据 专利法第 23 条
决 定 要 点

本专利与在先设计的区别太过细微，不足以对二者的视觉效果产生显著差别，二者属于相近似的外观设计。

一、案由

本无效宣告请求涉及国家知识产权局于 2005 年 2 月 9 日授权公告的名称为“彩色屋面瓦”的 200430002214. X 号外观设计专利，其申请日为 2004 年 2 月 13 日，专利权人为陈敬福。

针对上述外观设计专利（下称本专利），故城建立水泥制品制造有限公司（下称请求人）于 2008 年 9 月 25 日向专利复审委员会提出无效宣告请求，理由是本专利与在其申请日前已公开使用过的外观设计相近似，因而不符合专利法第 23 条的规定。请求人同时提交如下附件作为证据：

附件 1：沈阳新型中日美建材有限公司产品资料复印件，共 2 页；

附件 2：沈阳新型建材总厂产品资料复印件，共 8 页；

附件 3：沈阳天厦波形板器械有限公司产品资料复印件，共 2 页；

附件 4：《辽沈 Q 2884-86 号辽宁省沈阳市企业标准-石棉水泥半波板》复印件，共 9 页；

附件 5：《JC/T 627-1996 号中华人民共和国建材行业标准-非对称截面石棉水泥半波板》复印

件，共6页；

请求人认为本专利与附件1~5中公开的半波瓦相同和相近似，附件1~5充分证明在本专利的申请日前国内市场上早已公开使用过与之相同和相近似的产品，因此本专利不符合专利法第23条的规定。

经形式审查合格后，专利复审委员会受理了上述无效宣告请求，并于2008年9月25日将无效宣告请求书及相关附件的副本转送给专利权人，要求其在指定的期限内答复。

2008年10月17日，请求人针对上述无效宣告请求再次提交意见陈述，并补充如下附件作为证据（编号续前）：

附件6：沈阳新型建材总厂出具的证明原件，共2页；

附件7：《沈阳新型建材总厂志》相关页复印件，共2页；

附件8：《沈阳新型建材总厂真空成形石棉水泥半波板生产工艺规程》复印件，共5页；

附件9：沈阳中浩新型建材集团有限公司出具的证明原件，共1页；

附件10：沈阳振兴园建材股份有限公司出具的证明原件，共1页。

请求人认为上述附件更充分证明在本专利的申请日前国内市场上早已公开使用过与之相同和相近似的产品，本专利不符合专利法第23条的规定。

2008年11月7日，专利权人针对上述无效宣告请求提交答辩意见，认为：附件1~5均为复印件，对其真实性存在异议，并且上述附件没有六面视图，公开的信息不充分，无法与本专利进行对比；附件1~3均无时间信息，也无其他佐证，不能证明在先公开使用的事实；附件4是企业内部标准，不是专利法意义上的公开出版物，不能作为评价本专利是否符合专利法第23条的规定的在先设计。

2009年1月19日专利复审委员会向双方当事人发出口头审理通知书，定于2009年2月19日对本案举行口头审理，同时将专利权人的答辩意见转送请求人，将请求人的补充意见陈述及其所附附件转送专利权人，并告知双方当事人可在口头审理时一并陈述意见。

口头审理如期举行，双方当事人的代理人参加了口头审理。请求人明确其无效宣告请求的理由为专利法第23条，依据附件4和附件5证明在先公开发表的事实，依据附件1~3和附件6~10，证明在先公开使用的事实，当庭提交附件1~3和附件8的原件以及附件7涉及的《沈阳新型建材总厂志》原件一本，并提交了声称为沈阳新型建材总厂保存的附件4和附件5的复印件各一份。请求人指定以附件4第1页的图1和第4页的图2、附件5第1页的图1和第4页的图2以及其他附件中公开的相应的半波板产品分别与本专利进行相同相近似对比，并认为本专利与上述在先设计一致。关于附件4和附件5，专利权人认为请求人未提交原件，来源不清，对其真实性不予认可，附件4也不属于公开出版物，请求人在提出无效宣告请求时未指明与本专利进行对比的图片，应不予考虑，附件4和附件5中公开的在先设计与本专利也是不相同和不相近似的。关于其他附件，专利权人对其真实性均不予认可，并认为其中公开的在先设计与本专利也是不相同和不相近似的。

在上述审理的基础上，合议组经合议认为，本案事实清楚，依法作出本审查决定。

二、决定的理由

1. 法律依据

基于请求人提出无效宣告请求所依据的理由和证据，合议组对本专利是否符合专利法第23条的规定进行审查。

专利法第23条规定，授予专利权的外观设计，应当同申请日以前在国内外出版物上公开发表过或者国内公开使用过的外观设计不相同和不相近似，并不得与他人在先取得的合法权利相冲突。

2. 证据认定

请求人提交的附件 5 是《JC/T 627-1996 号中华人民共和国建材行业标准-非对称截面石棉水泥半波板》复印件，口头审理中专利权人认为其来源不清，并且没有原件故对其真实性有异议，但是表示如附件 5 是真实的，其属于公开出版物；请求人在提起无效宣告请求时未指出附件 5 中与本专利进行对比的图片，应不予考虑。

对此合议组认为，请求人已在口头审理中说明该附件自沈阳新型建材总厂获得，并且在该附件中也清楚的显示了相应标准的编号、内容、归口单位和起草人等信息，专利权人未提交任何反证，仅以其为复印件即否认该附件的真实性，不构成对该证据的合理质疑，合议组对其主张不予支持，对该附件予以采信；附件 5 中仅公开了两幅半波板产品的横截面视图，并且两者反映的产品形状是一致的，请求人在请求书中也对该产品的规格进行了说明，不存在专利权人所述的无法确定对比对象的情形，故合议组对专利权人的该主张不予支持。根据附件 5 记载，该标准由国家建筑材料工业局 1996 年 3 月 21 日批准，1996 年 8 月 1 日实施，早于本专利的申请日（2004 年 2 月 13 日），属于专利法第 23 条所规定的公开出版物，适用于本案。

3. 关于专利法第 23 条

本专利与附件 5 所示外观设计（下称在先设计）均为石棉水泥半波板，二者用途相同，属于相同类别的产品；附件 5 中公开的两幅半波板产品的横截面视图所显示的产品形状是一致的，故仅以附件 5 第 1 页图 1 作为对比图片与本专利进行如下相近似性对比。

专利权人提出附件 5 没有提供在先设计的六面视图，未公开充分的信息，无法与本专利进行对比。

对此，合议组认为：常规的半波板产品一般呈板状，根据其截面形状即可确定其整体的外观形状，因此根据附件 5 公开的常规半波板截面形状的信息已经可以确定其整体形状；本专利未请求保护色彩，其与在先设计的对比是单纯关于形状的对比，在在先设计的整体形状和截面形状均已被完整公开的情况下，二者可以适用整体观察、综合判断的方式进行相同、相近似的对比，故对专利权人的上述主张不予支持。

本专利所示半波板为截面呈波浪形的板（详见本专利附图）。

在先设计所示半波板为截面呈波浪形的板（详见在先设计附图）。

本专利与在先设计相比，二者的相同点为均是截面呈波浪形的板，二者的区别在与本专利波峰的弧度以及波峰与波底的过渡与在先设计略有差别。合议组认为，本专利与在先设计的区别太过细微，不足以对二者的视觉效果产生显著差别，本专利与在先设计相近似。

4. 综上所述，在本专利的申请日前已经有与之相近似的外观设计在出版物上公开发表过，本专利不符合专利法第 23 条的规定。

鉴于本专利与在先设计相比较已得出本专利不符合专利法规定的授权条件的结论，故在本决定中对请求人提出的其他证据不再作出评述。

三、决定

宣告 200430002214. X 号外观设计专利权全部无效。

当事人对本决定不服的，可以根据专利法第 46 条第 2 款的规定，自收到本决定之日起三个月内向北京市第一中级人民法院起诉。根据该款的规定，一方当事人起诉后，另一方当事人应当作为第三人参加诉讼。

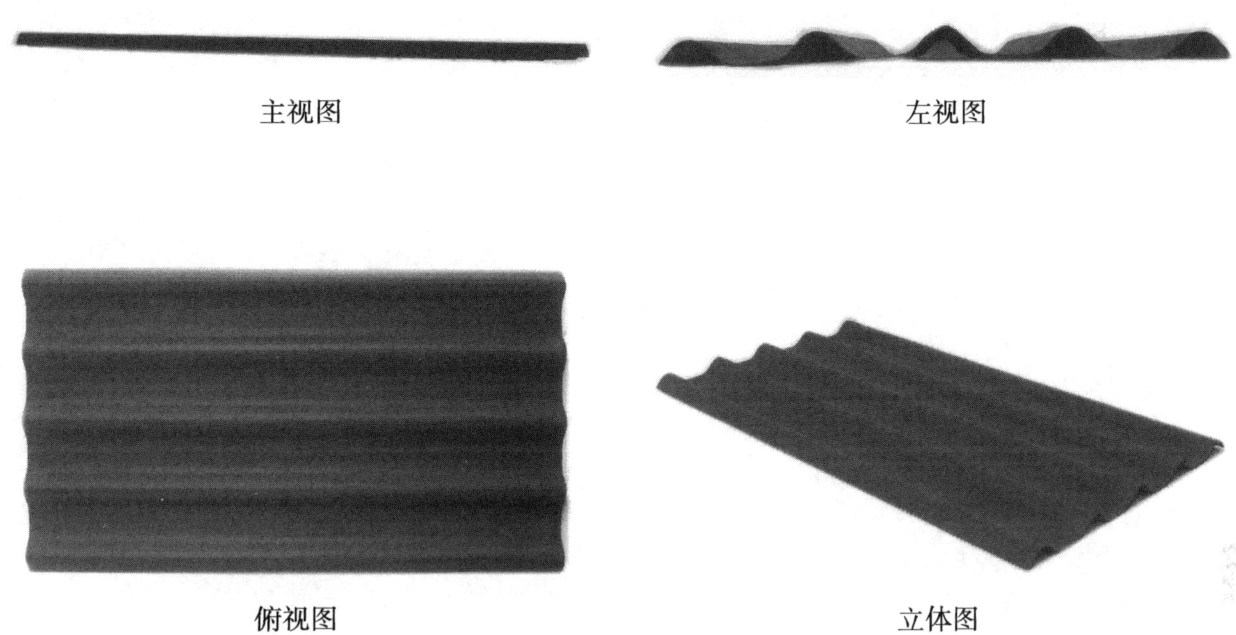

主视图　左视图

俯视图　立体图

本专利附图

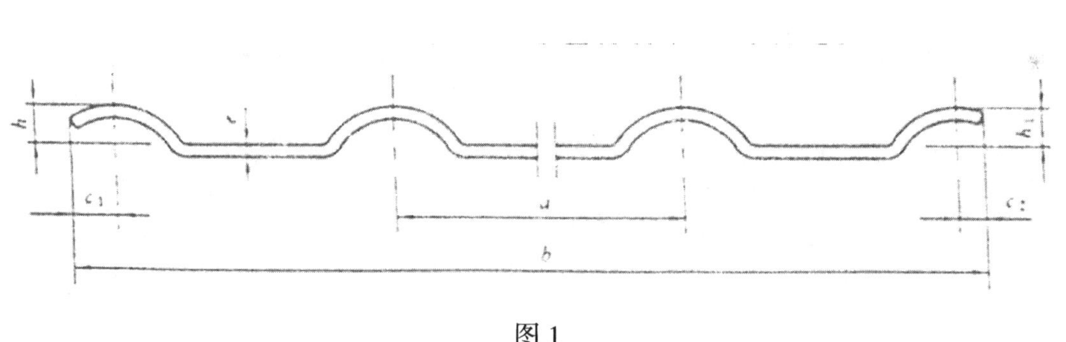

图 1

在先设计附图

124

日光灯（一）

无效宣告请求审查决定（第 12954 号）

决　　定　　号 第 12954 号
决　　定　　日 2009 年 3 月 4 日
发明创造名称 日光灯（一）
国 际 分 类 号 26-05
无 效 请 求 人 陈　琪
专　利　权　人 闻国强
申　　请　　号 03332337.2
申　　请　　日 2003 年 7 月 1 日
授 权 公 告 日 2004 年 1 月 28 日
合 议 组 组 长 王霞军
主　　审　　员 李巍巍
参　　审　　员 张　凌
附　　　　　图 1 页

法　律　依　据 专利法第 23 条
决　定　要　点

日光灯类的产品为对称性产品，既然图片或者照片已公开了产品外观设计的一个对称面，则其余对称面也被视为已经公开。

在本专利申请日前已有与其相近似产品外观在出版物上公开发表了，因此，本专利不符合专利法第 23 条的规定。

一、案由

本无效宣告请求涉及的是国家知识产权局于 2004 年 1 月 28 日授权公告的，名称为“日光灯（一）”的外观设计专利（下称本专利），其申请号 03332337.2，申请日是 2003 年 7 月 1 日，专利权人是闻国强。

针对上述专利权（下称本专利），陈琪（下称请求人）于 2008 年 9 月 3 日向专利复审委员会提出无效宣告请求，其理由是本专利不符合专利法第 23 条的规定，同时提交了下述附件：

附件 1：2003 年 4 月的《Lighting》杂志的公证认证文本及其相关页的中文译文复印件共 14 页；

附件 2：2002 年 10 月的《Lighting》杂志封面、版权页、第 191、262、263、267、271 页及其对应的中文译文复印件共 13 页；

附件3：2002年春季《China Lighting中国灯饰》杂志封面、目录页版权页、“昌龙”广告页复印件共4页；

附件4：北京市高级人民法院（2008）高行终字第25号《行政判决书》复印件共10页；

附件5：宁波市中级人民法院《法庭审理笔录》复印件共10页；

附件6：北京市高级人民法院（2005）高行终字第337号及442号《行政判决书》复印件共19页；

附件7：本专利著录项目信息及图片下载打印件1页。

请求人认为，附件4证明本专利各个视图不对应及其评判标准；附件5证明专利权人及其所在公司承认附件1和附件2的《Lighting》杂志的真实性，以及在该杂志上曾刊登过相关产品广告；附件6证明本专利产品的一般消费者群体；附件1~3证明本专利与其申请日之前已经公开发表过的外观设计相近似，请求宣告本专利权全部无效。

经形式审查合格，专利复审委员会于2008年10月16日受理了此案，并将无效请求书及相关材料的副本转送给被请求人。

2008年11月18日，专利复审委员会向双方当事人发出了无效宣告请求口头审理通知书，定于2009年1月13日进行口头审理。同日还向双方当事人发出合议组成员告知通知书。

2008年12月8日，专利复审委员会收到请求人提交的意见陈述书及补充证据7份。

补充证据1：无效宣告请求书结案通知书及第9259号无效宣告请求审查决定书复印件共13页；

补充证据2：无效宣告请求审查结案通知书复印件1页；

补充证据3：第9216号无效宣告请求审查决定书复印件共10页；

补充证据4：无效宣告请求审查结案通知书复印件1页；

补充证据5：第9217号无效宣告请求审查决定书复印件共10页；

补充证据6：无效宣告请求审查结案通知书复印件1页；

补充证据7：本专利及另外5个相关专利的公告文本复印件3页。

口头审理如期进行。双方当事人均委托代理人参加口头审理。双方对对方当事人出庭资格和身份无异议，对合议组成员及书记员无回避请求。请求人确认本专利不符合专利法第23条（公开发表）的规定，当庭请求人提交了附件1由中国法律服务（香港）有限公司出具的深办第12535号证明书的原件，未提交其内所涉及杂志的原件；提交了附件2、附件3整本原件、附件5“法庭审理笔录（第一次）”复印件上，加盖“浙江省宁波市中级人民法院民事审判第四庭”红章的证明件，请求人仍坚持其无效宣告请求书中的主张。专利权人当庭对请求人提交的证据原件进行了核对，认为附件1证明书原件与复印件一致，但对其真实性有异议，证明书只是对原件原本的节录本进行了公证，没有对杂志原态进行公证，且请求人也未提交该杂志的原件；对附件2真实性有异议，认为虽然原件与复印件一致，但该杂志是域外形成的，未进行公证认证，因此不符合审查指南的有关规定；对附件3的真实性无异议，但认为与本专利不相同且不相近似；认为附件4与本案无关联性，认为附件5是另一已在法院和解案件的庭审笔录，请求人的取得未经当事人许可，属于违法证据，且笔录上签章与实际开庭的部门不一致；附件6与本案无关联性；专利权人指认本专利多用于室内、广场的照明。专利权人仍坚持意见陈述书中的主张。

在口头审理中请求人称2008年12月8日提交的附件，不做证据使用，仅供合议组参考。合议组当庭告知请求人，其补充提交的附件，由于不作为证据使用且超出了补充证据提交的期限，合议组不再将这些文件转给专利权人。

在以上意见陈述及口头审理的基础上，合议组认为本案的事实已经清楚，依法作出审查决定。

二、决定的理由

1. 法律依据

基于请求人提出的无效宣告请求的理由和提交的证据，本案合议组依据专利法第 23 条对本案进行审理。

专利法第 23 条规定：“授予专利权的外观设计，应当同申请日以前在国内外出版物上公开发表过或者国内公开使用过的外观设计不相同和不相近似，并不得与他人在先取得的合法权利相冲突。”

2. 证据认定

请求人提交的附件 3 是 2002 年春季《China Lighting 中国灯饰》杂志封面、目录页版权页、“昌龙”广告页复印件，口头审理时当庭提交了整本原件。经合议组核实，其上记载“国家轻工业联合会主办中央一级刊物 2002 年春季刊广告许可证号：京朝工商广字 0138 号国内统一刊号：CN11－3677/D 国内定价：本期人民币 38 元”，为《中国轻工 · 中国灯饰》专刊。专利权人对其真实性没有异议。该杂志的封面只印有“2000 年”字样，根据审查指南的有关规定，认定该杂志的公开日期为 2002 年 12 月 31 日，属于本专利申请日前（2003 年 7 月 1 日）的公开出版物，可以作为评价本专利是否符合专利法第 23 条规定的证据。

3. 相同和相近似性比较

在附件 3 杂志第 2、3 页夹页公开了两个日光灯产品，本专利也是日光灯产品，二者属于相同类别产品的外观设计。合议组认为：附件 3 图片所显示的两个产品均为日光灯局部的外观，上面的为双管日光灯产品，下面的为单管日光灯产品，外观统一，但考虑到此类产品的对称性，附件 3 基本上反映了产品的整体外观，因此可以对二者进行相近似性的比较。合议组以下面单管日光灯产品（下称在先设计）与本专利作相近似比较。

本专利包括七幅视图，即主视图、后视图、仰视图、左视图、右视图、去除灯罩的状态参考图 1、去除灯罩的状态参考图 2，简要说明中记载：（1）该外观设计中 A 所示为透明。（2）该外观设计俯视图与仰视图对称，故省略俯视图。从各视图观察，本专利为单管日光灯，整体形状为长条形，分为灯罩和灯座两部分，通过灯座两侧的卡扣扣合而成，从仰视图和左右视图观察，灯罩和灯座的侧面为梯形设计，灯罩为透光材料制作，灯罩正面及侧面为沿灯管长度方向的若干横向条纹图案，灯罩两端无条纹设计（详见本专利附图）。

在先设计公开的是单管日光灯部分立体图。该日光灯的整体形状为长条形，分为灯罩和灯座两部分，通过灯座两侧的卡扣扣合而成，从仰视图和左右视图观察，灯罩和灯座的侧面为梯形设计，灯罩为透光材料制作，灯罩正面为沿灯管长度方向的若干横向条纹图案，灯罩斜面及两端为纵向条纹图案（详见在先设计附图）。

将本专利和在先设计相比，二者的相同点为：整体外形相同，均为长条形，灯罩和灯座通过卡扣扣合而成；灯罩和灯座的侧面均为梯形设计；灯罩均为透光材料制作；灯罩正面均为沿灯管长度方向的若干横向条形纹设计。二者不同点主要是：灯罩上的条纹设计不同，本专利为灯罩正面及侧面为横向条纹，在先设计灯罩正面为横向条纹，侧面及两端为纵向条纹设计。

根据审查指南的有关规定：“依据一般消费者的认知能力，根据在先设计图片或者照片已经公开的内容即可推定出产品其他部分或者其他变化状态的外观设计的，则该其他部分或者其他变化状态的外观设计也被视为已经公开。”合议组认为：日光灯产品为对称性产品，鉴于附件 3 中已经公开了该产品的一个对称面，则其余对称面也视为被公开。从整体视觉观察，二者的整体形状及灯罩和灯座的设计均基本相同，且二者灯罩大部分为密布条纹设计的情况下，条纹走向的不同相对于日光灯整体外观设计而言属于局部细微的变化，该细微差别对整体视觉效果不具有显著的影响，二者应属于相近似的外观设计。

综上所述，在本专利申请日前，已经有与其相近似的外观设计在出版物上公开发表，因此，本专利不符合专利法第 23 条的规定。

鉴于上述评述已得出本专利应予无效的结论，合议组对请求人其他证据不再评述。

三、决定

宣告 03332337. 2 号外观设计专利权全部无效。

当事人对本决定不服的，可以根据专利法第 46 条第 2 款的规定，自收到本决定之日起三个月内向北京市第一中级人民法院起诉。根据该款的规定，一方当事人起诉后，另一方当事人应当作为第三人参加诉讼。

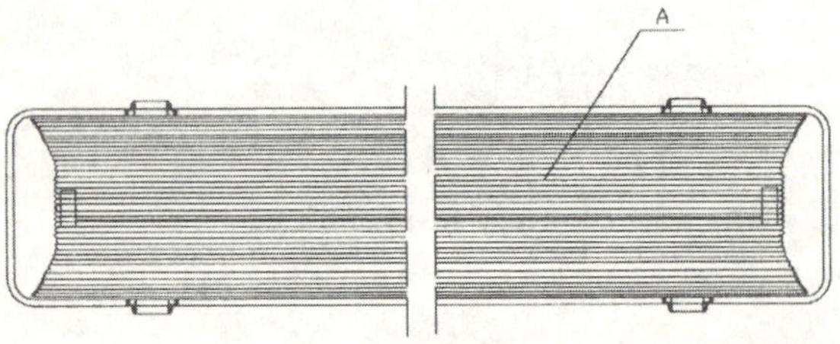

主视图

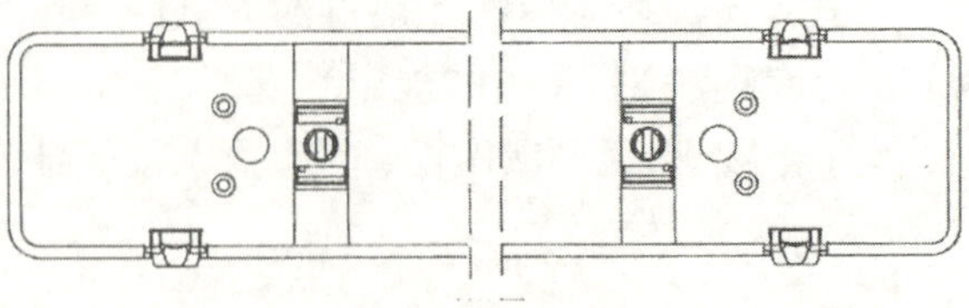

后视图

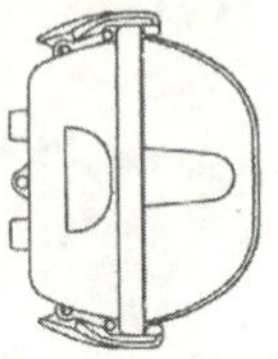

左视图

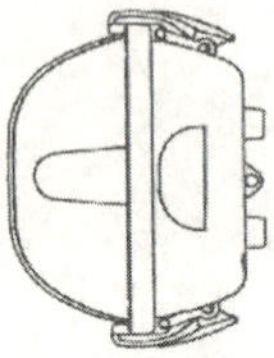

右视图

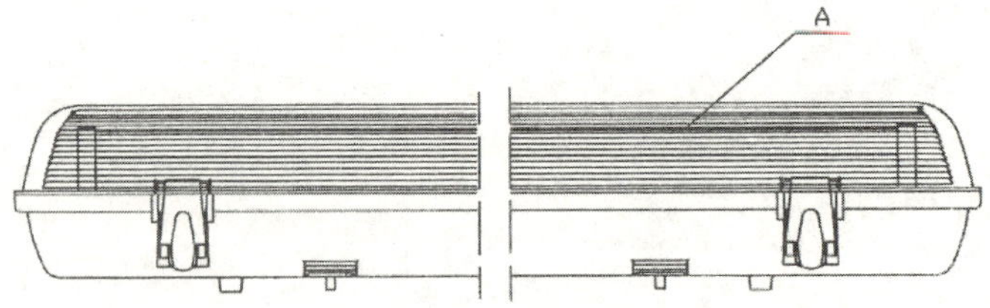

仰视图

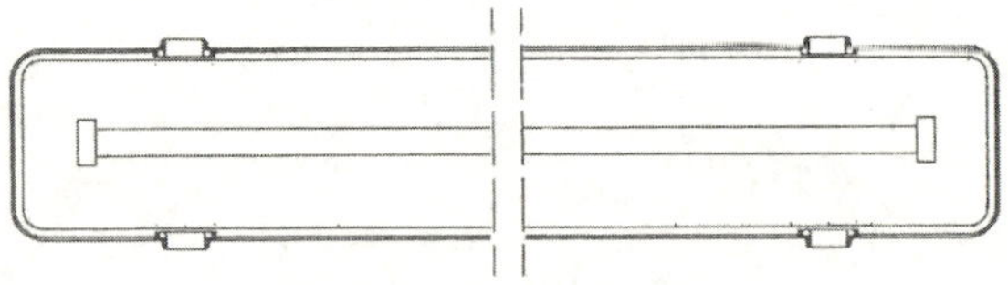

去除灯罩的状态参考图

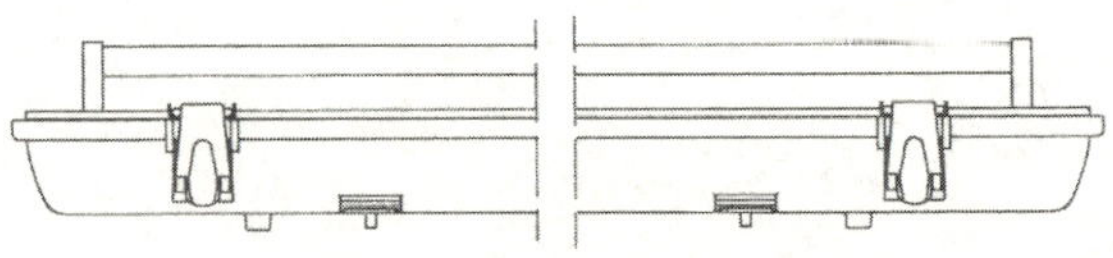

去除灯罩的状态参考图

本专利附图

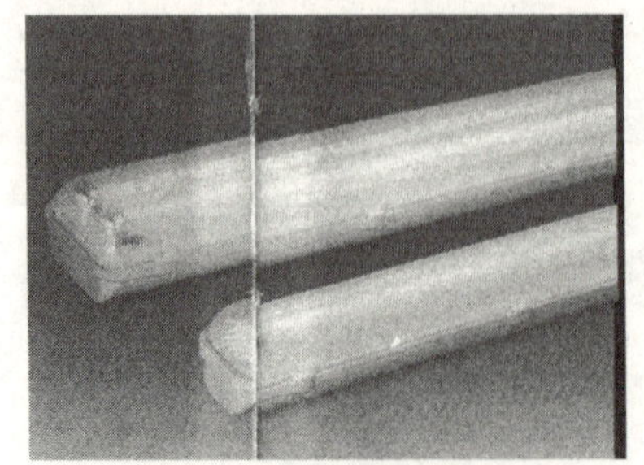

在先设计附图

北京市第一中级人民法院
行政判决书

（2009）一中行初字第1447号

原告闻国强，男，1963年11月29日出生，汉族，慈溪市德普灯饰有限公司总经理，住浙江省宁波慈溪市三北镇筋竹村。

委托代理人刘道臣，北京市汉鼎联合律师事务所律师。

委托代理人谢兆敏，北京市汉鼎联合律师事务所律师。

被告国家知识产权局专利复审委员会，住所地北京市海淀区北四环西路9号银谷大厦10~12层。

法定代表人张茂于，副主任

委托代理人沙柏青，女，国家知识产权局专利复审委员审查员。

委托代理人郭鹏鹏，男，国家知识产权局专利复审委员审查员。

第三人陈琪，女，1985年5月12日出生，汉族，无业，住大连经济技术开发区集体宿舍。

委托代理人梁朝玉，男，北京友联知识产权代理事务所专利代理人。

原告闻国强不服被告国家知识产权局专利复审委员会作出的第12954号无效宣告请求审查决定（下称被诉决定），向本院提起行政诉讼。本院受理后，依法组成合议庭，依照《中华人民共和国专利法》（下称《专利法》）第四十六条第二款、《中华人民共和国行政诉讼法》第二十七条的规定，通知利害关系人陈琪作为本案第三人参加诉讼，并于2009年11月5日公开开庭审理了本案。原告的委托代理人刘道臣、谢兆敏，被告的委托代理人沙柏青、郭鹏鹏，第三人的委托代理人梁朝玉到庭参加了诉讼。本案现已审理终结。

被告针对第三人提出的无效宣告请求，于2009年3月4日作出被诉决定，其宣告国家知识产权局于2004年1月28日授权公告的，名称为“日光灯（一）”的、申请日是2003年7月1日、申请号03332337.2外观设计专利（下称本专利）全部无效。

为证明被诉决定审查程序合法、认定事实清楚、适用法律正确，被告在法定举证期限内向本院提交了以下证据：（1）被诉决定中附件3（下称附件3）；（2）本专利公报复印件；（3）《口头审理记录表》。

原告诉称：（1）附件3证据来源不合法。该附件原是案外人慈溪市佳通电器有限公司（下称慈溪有限公司）作为其向被告提出无效宣告请求时提交的证据，后慈溪有限公司撤回了无效宣告请求，梁朝玉作为慈溪有限公司的代理人取得该证据后，在未经慈溪有限公司同意的情况下，作为第三人无效宣告请求的证据。依照民事诉讼法的相关规定及最高人民法院《关于民事诉讼证据若干问题的规定》第六十五条第（三）项、第六十八条之规定，以侵害他人合法权益或者违反法律禁止性规定的方法取得的证据，不能作为认定案件事实的依据。（2）附件3所示图片不在同一个页面上，是拼接图片，故不能作为本案证据使用。（3）被诉决定未正确认识本专利产品的惯常设计。本专利是一种三防灯灯罩。三防灯（一般特指荧光灯）一般用于潮湿、多尘、雨淋、微震的环境以及一级以下腐蚀气体的场所照明，必须具有防尘、防水、防腐功能，这就决定了三防灯灯罩必然是封闭式结构。为便于安装及更换灯管，该封闭式灯罩均由灯座及灯罩通过卡扣扣合而成，灯罩、灯座一般为船型结构，灯罩用透光材料制成。本专利的灯源是长条管状荧光灯，这就决定了其整体外形必然是长条形。而被诉决定认定的本专利和附件3相比，均为长条形，灯罩和灯座通过卡扣扣合而成，灯罩和灯座的侧面均为梯形，灯罩均为透光材料制作，乃是三防灯灯罩的惯常设计，这种三防灯的惯常外形是由三防灯本身的特点及功能限定的。而国家知识产权局在本专利授权公告日后又授权了多个三防灯灯罩外观设计专利，这些外观设计均具有以上惯常设计（见证据2)。《审查指南》第五章4、判断原则（3）规定：当产品上某些设计被证明是该类产品公认的惯常设计时，则其余设计的变化通常对整体视觉效果更具有显著的影响。而被诉决定却将惯常设计作为判定本专利与在先设计相似的评判基础，显然属于适用法律错误，应予撤销。四、被诉决定对本专利与附件3不同点的认定错误。本专利与在先设计相比，存在着多处明显不同，属于两种截然不同的设计风格。本专利与在先设计在条纹方向；灯罩端面与长度方向的拱形面相接形状；卡扣数量、形状；灯座侧面；挂槽延伸长度等存在7个区别点，这些区别足以导致一般消费者对本专利与在先设计在整体上产生显著的视觉差异，因此本专利与在先设计不相同也不相近似。综上，原告请求法院判决撤销被诉决定。

原告向本院提交了被诉决定及以下证据：（1）03346330.1、200530042586.X、200730340331.0、200730331708.6号等外观设计专利，用以证明被诉决定认定本专利与在先专利的相似之处均为本外观设计专利产品的惯常设计；（2）第9259号无效宣告请求审查决定，用以证明第三人提交的附件3系其代理人通过不合法手段从案外人慈溪有限公司取得。

被告辩称：（1）关于附件3证据来源不合法的问题，原告的诉讼意见并未在无效宣告请求程序中陈述，其该理由与证据的合法性无关系，被诉决定将其作为评价本专利是否符合《专利法》第二十三条规定的证据并无不当。（2）坚持被诉决定关于本专利与附件3相比属于相近似的外观设计的理由。（3）原告提交的6份外观设计及第9259号无效宣告请求审查决定未在行政程序中提交，与本案无关联性。综上，原告的诉讼理由不能成立，被告请求法院驳回原告的诉讼请求，维持被诉决定。

第三人请求法院驳回原告的诉讼请求，维持被诉决定。

第三人当庭提交了其在无效程序中提交的补充证据1~7，用以证明本专利和在先设计的区别不存在惯常设计。

经庭审质证，原告对被告提交证据的关联性、合法性、真实性无异议，但不同意上述证据的证明作用。第三人同意被告的举证。原告认为第三人当庭提交的证据虽是无效程序中提交过的证据，但已超过举证期限，不能作为本案证据使用。被告认为第三人提交的证据均是无效程序中提交的证据，与本案有关联性。被告、第三人认为原告提交的证据系未在行政程序中提交，与本案无关联性。

经庭审质证及合议庭评议，本院认为：被告、第三人提交的证据真实、合法，能够证明被诉决定系针对第三人提出的无效请求、理由、证据及原告的意见陈述作出的，本院对上述证据予以采信。原告提交的证据均未在行政程序中提交，且与本案作出的被诉决定无关，本院不予接纳。

根据本院认定的证据及各方当事人在庭审中无争议的陈述，本院对事实作出如下认定：

2004年1月28日，国家知识产权局授权公告了本专利，其申请日为2003年7月1日，专利权人为原告。

针对本专利，第三人于2008年9月3日向被告提出无效宣告请求，其理由是本专利不符合《专利法》第二十三条的规定，同时提交了下述附件：附件1是2003年4月的《Lighting》杂志的公证认证文本及其相关页的中文译文复印件共14页；附件2是2002年10月的《Lighting》杂志封面、版权页、第191、262、263、267、271页及其对应的中文译文复印件共13页；附件3是2002年春季《ChinaLighting中国灯饰》杂志封面、目录页版权页、“昌龙”广告页复印件共4页（即附件3)；附件4是北京市高级人民法院（2008）高行终字第25号《行政判决书》复印件共10页；附件5是宁波市中级人民法院《法庭审理笔录》复印件共10页；附件6是北京市高级人民法院（2005）高行终字第337号及442号《行政判决书》复印件共19页；附件7是本专利著录项目信息及图片下载打印件1

页。其认为，附件 1~3 证明本专利与其申请日之前已经公开发表过的外观设计相近似，请求宣告本专利权全部无效。

经形式审查合格，被告于 2008 年 10 月 16 日受理了此案，并将无效请求书及相关材料的副本转送给原告。同年 11 月 18 日，被告向双方当事人发出了无效宣告请求口头审理通知书，并定于 2009 年 1 月 13 日进行口头审理。2008 年 12 月 8 日，被告收到第三人提交的意见陈述书及补充证据 7 份。

口头审理如期进行。第三人确认本专利不符合《专利法》第二十三条（公开发表）的规定，并当庭提交了附件 1 由中国法律服务（香港）有限公司出具的深办第 12535 号证明书的原件，未提交其内所涉及杂志的原件；提交了附件 2、附件 3 整本原件、附件 5“法庭审理笔录（第一次）”复印件上，加盖“浙江省宁波市中级人民法院民事审判第四庭”红章的证明件，第三人仍坚持其无效宣告请求书中的主张。原告当庭对第三人提交的证据原件进行了核对，认为附件 1 证明书原件与复印件一致，但对其真实性有异议，证明书只是对原件原本的节录本进行了公证，没有对杂志原态进行公证，且未提交该杂志的原件；对附件 2 真实性有异议，认为虽然原件与复印件一致，但该杂志是域外形成的，未进行公证认证，因此不符合《审查指南》的有关规定；对附件 3 的真实性无异议，但认为与本专利不相同且不相近似；认为附件 4 与本案无关联性，认为附件 5 是另一已在法院和解案件的庭审笔录，第三人的取得未经当事人许可，属于违法证据，且笔录上签章与实际开庭的部门不一致；附件 6 与本案无关联性；原告指认本专利多用于室内、广场的照明，其仍坚持意见陈述书中的主张。

口头审理中，第三人称 2008 年 12 月 8 日提交的附件，不做证据使用，仅供参考。被告当庭告知第三人，其补充提交的附件，由于不作为证据使用且超出了补充证据提交的期限，不再将这些文件转给原告。

在考虑双方当事人的意见陈述后，被告于 2009 年 3 月 4 日作出被诉决定。其理由如下：

（1）法律依据。《专利法》第二十三条对本案进行审理。

（2）证据认定。第三人提交的附件 3 是 2002 年春季《ChinaLighting 中国灯饰》杂志封面、目录页版权页、“昌龙”广告页复印件，口头审理时当庭提交了整本原件。经被告核实，其上记载“国家轻工业联合会主办中央一级刊物 2002 年春季刊广告许可证号：京朝工商广字 0138 号国内统一刊号：CN11-3677/D 国内定价：本期人民币 38 元”，为《中国轻工·中国灯饰》专刊。原告对其真实性没有异议。该杂志的封面只印有“2000 年”字样，根据《审查指南》的有关规定，认定该杂志的公开日期为 2002 年 12 月 31 日，属于本专利申请日前（2003 年 7 月 1 日）的公开出版物，可以作为评价本专利是否符合《专利法》第二十三条规定的证据。

（3）相同和相近似性比较。在附件 3 杂志第 2、3 页夹页公开了两个日光灯产品，本专利也是日光灯产品，二者属于相同类别产品的外观设计。被告认为：附件 3 图片所显示的两个产品均为日光灯局部的外观，上面的为双管日光灯产品，下面的为单管日光灯产品，外观统一，但考虑到此类产品的对称性，附件 3 基本上反映了产品的整体外观，因此可以对二者进行相近似性的比较。被告以下面单管日光灯产品（下称在先设计）与本专利作相近似比较。

本专利包括七幅视图，即主视图、后视图、仰视图、左视图、右视图、去除灯罩的状态参考图 1、去除灯罩的状态参考图 2，简要说明中记载：①该外观设计中 A 所示为透明。②该外观设计俯视图与仰视图对称，故省略俯视图。从各视图观察，本专利为单管日光灯，整体形状为长条形，分为灯罩和灯座两部分，通过灯座两侧的卡扣扣合而成，从仰视图和左右视图观察，灯罩和灯座的侧面为梯形设计，灯罩为透光材料制作，灯罩正面及侧面为沿灯管长度方向的若干横向条纹图案，灯罩两端无条纹设计（详见本专利附图）。

在先设计公开的是单管日光灯部分立体图。该日光灯的整体形状为长条形，分为灯罩和灯座两部分，通过灯座两侧的卡扣扣合而成，从仰视图和左右视图观察，灯罩和灯座的侧面为梯形设计，灯罩为透光材料制作，灯罩正面为沿灯管长度方向的若干横向条纹图案，灯罩斜面及两端为纵向条纹图案（详见在先设计附图）。

将本专利和在先设计相比，二者的相同点为：整体外形相同，均为长条形，灯罩和灯座通过卡扣扣合而成；灯罩和灯座的侧面均为梯形设计；灯罩均为透光材料制作；灯罩正面均为沿灯管长度方向的若干横向条形纹设计。二者不同点主要是：灯罩上的条纹设计不同，本专利为灯罩正面及侧面为横向条纹，在先设计灯罩正面为横向条纹，侧面及两端为纵向条纹设计。

根据《审查指南》的有关规定："依据一般消费者的认知能力，根据在先设计图片或者照片已经公开的内容即可推定出产品其他部分或者其他变化状态的外观设计的，则该其他部分或者其他变化状态的外观设计也被视为已经公开。"被告认为：日光灯产品为对称性产品，鉴于附件3中已经公开了该产品的一个对称面，则其余对称面也视为被公开。从整体视觉观察，二者的整体形状及灯罩和灯座的设计均基本相同，且二者灯罩大部分为密布条纹设计的情况下，条纹走向的不同相对于日光灯整体外观设计而言属于局部细微的变化，该细微差别对整体视觉效果不具有显著的影响，二者应属于相近似的外观设计。

综上所述，在本专利申请日前，已经有与其相近似的外观设计在出版物上公开发表，因此，本专利不符合《专利法》第二十三条的规定。

鉴于上述评述已得出本专利应予无效的结论，被告对第三人其他证据不再评述。综上，被告于2009年3月4日作出被诉决定，宣告本专利全部无效。

在本院庭审中，原告、第三人对被诉决定以下内容无异议：（1）被诉决定的审查程序；（2）被诉决定"案由"部分记载的内容；（3）被诉决定关于本专利与在先设计即附件3相比存在相同点。原告、被告、第三人均认可被诉决定第3页最后一行中关于"该杂志的封面只印有'2000'年字样"应当为"2002"系笔误。

本院认为：各方当事人针对被诉决定明确表示无争议的内容，经审查，本院对其合法性予以确认。

根据《专利法》第二十三条规定，授予专利权的外观设计，应当同申请日以前在国内外出版物上公开发表过或者国内公开使用过的外观设计不相同和不相近似，并不得与他人在先取得的合法权利相冲突。参照《审查指南》第四部分第五章第4节关于外观设计相同和相近似的判断原则规定，如果一般消费者经过对被比设计与在先设计的整体观察，可以看出，二者的差别对于产品外观设计的整体视觉效果不具有显著的影响，则被比设计与在先设计相近似；否则，两者既不相同，也不相近似。本案争议焦点：（1）附件3证据来源是否合法；（2）附件3图片所示是否是拼接图片；（3）本专利与附件3相比是否属于相近似的外观设计。

关于焦点1：

原告主张附件3是第三人以侵害他人合法权益或者违反法律禁止性规定的方法取得的证据，不能作为认定案件事实的依据。本院认为，原告未提交证据证明第三人系以侵害其合法权益或者违反法律禁止性规定的方式获取该证据，亦无证据证明该证据的获取系不择手段，故其主张本院不予支持。

关于焦点2：

附件3是2002年春季《ChinaLighting中国灯饰》杂志封面、目录页版权页、"昌龙"广告页复印件，为《中国轻工·中国灯饰》专刊，该杂志的公开日期为2002年12月31日，属于本专利申请日前（2003年7月1日）的公开出版物，在口头审理，原告对该证据的真实性无异议。

附件3第2、3页夹页图片所显示的两个产品均为日光灯局部的外观，因该所示图片正好是在杂志的折页上，系印刷时装订导致，其从图片中展示的是一个整体结构。原告认为附件3图片所示不在同一个页面上，是拼接图片的诉讼主张，因缺乏事实依据，本院不予支持。

关于焦点3：

附件3图片所显示的两个产品均为日光灯局部的外观，上面的为双管日光灯产品，下面的为单管日光灯产品，外观统一，考虑到此类产品的对称性，附件3基本上反映了产品的整体外观。附件3所示下面的单管日光灯产品（下称在先设计）与本专利属于相近似外观设计，可以作为本专利的在先设计。

本专利公开了七幅视图（详见本专利附图），从各视图观察，本专利为单管日光灯，整体形状为长条形，分为灯罩和灯座两部分，通过灯座两侧的卡扣扣合而成，从仰视图和左右视图观察，灯罩和灯座的侧面为梯形设计，灯罩为透光材料制作，灯罩正面及侧面为沿灯管长度方向的若干横向条纹图案，灯罩两端无条纹设计。

在先设计公开的是单管日光灯部分立体图（详见在先设计附图）。该日光灯的整体形状为长条形，分为灯罩和灯座两部分，通过灯座两侧的卡扣扣合而成，从仰视图和左右视图观察，灯罩和灯座的侧面为梯形设计，灯罩为透光材料制作，灯罩正面为沿灯管长度方向的若干横向条纹图案，灯罩斜面及两端为纵向条纹图案。

将本专利和在先设计相比，二者不同点主要是：灯罩上的条纹设计不同，本专利为灯罩正面及侧面为横向条纹，在先设计灯罩正面为横向条纹，侧面及两端为纵向条纹设计。

根据整体视觉观察，二者的整体形状及灯罩和灯座的设计均基本相近，二者灯罩大部分为密布条纹设计，条纹走向的不同相对于日光灯整体外观设计属于局部细微的变化，该细微差别对整体视觉效果不具有显著的影响。因此，被诉决定认定本专利和在先设计相比属于相近似的外观设计正确，本院应予支持。综上，原告的诉讼理由均不能成立，其请求撤销被诉决定的诉讼请求因缺乏事实及法律依据，本院不予支持。据此，依照《中华人民共和国行政诉讼法》第五十四条第（一）项之规定，判决如下：

维持被告国家知识产权局专利复审委员会于二〇〇九年三月四日作出的第12954号无效宣告请求审查决定。

案件受理费100元，由原告闻国强负担（已交纳）。

如不服本判决，可在本判决书送达之日起15日内向本院提交上诉状，并按对方当事人人数提出副本，上诉于北京市高级人民法院。上诉人在接到人民法院预交诉讼费用通知后7日内未预交又不提出缓交申请的，按自动撤回上诉处理。

审 判 长 张 杰

审 判 员 乔 军

代理审判员 何君慧

二〇〇九年十一月二十七日

书 记 员 张 涵

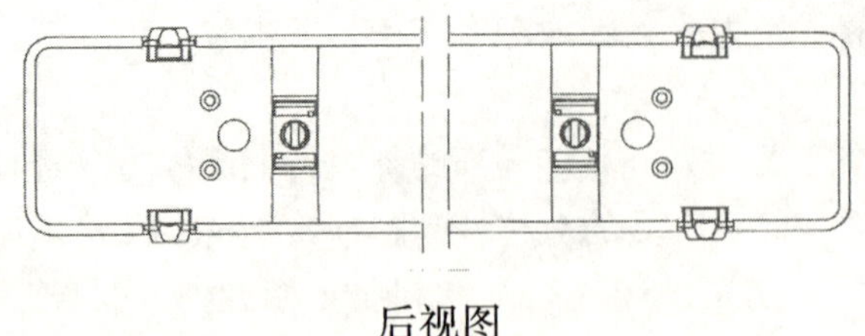

后视图

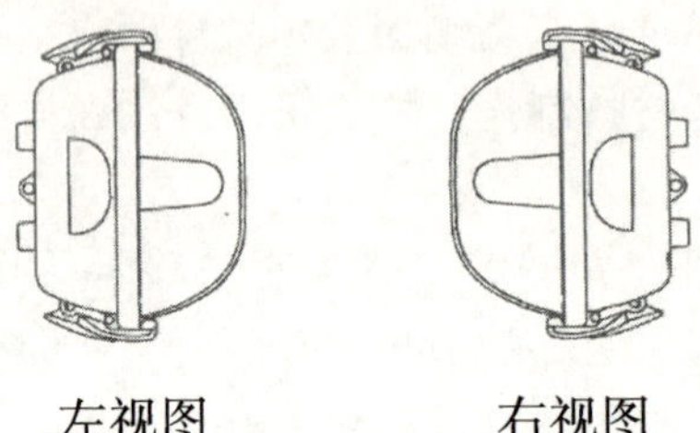

左视图　　　　右视图

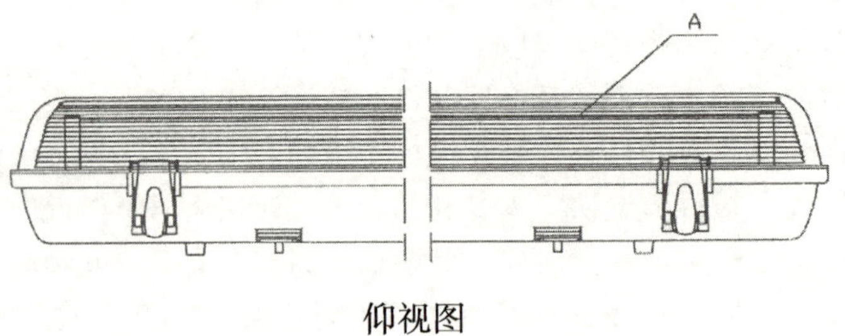

仰视图

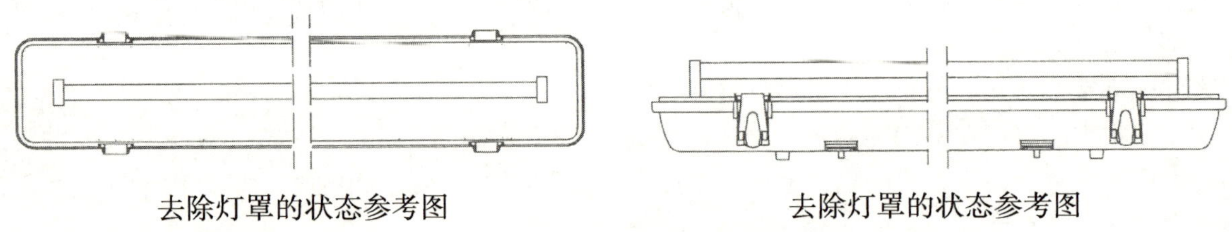

去除灯罩的状态参考图　　　　去除灯罩的状态参考图

本专利附图

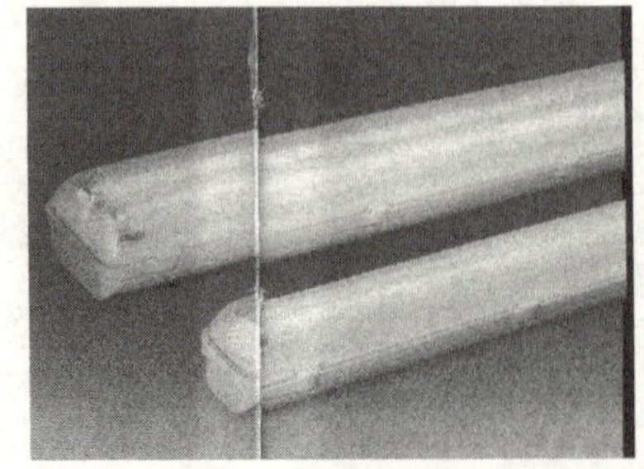

在先设计附图

125

抽水马桶

无效宣告请求审查决定（第12959号）

决　　定　　号　第12959号
决　　定　　日　2009年2月27日
发明创造名称　抽水马桶
外观设计分类号　23-02
无效宣告请求人　上海维娜斯洁具有限公司，上海维娜斯洁具有限公司北京分公司
专　利　权　人　TOTO株式会社
专　　利　　号　02345213.7
申　　请　　日　2002年9月24日
授 权 公 告 日　2003年5月28日
优　先　权　日　2002年3月25日
合 议 组 组 长　张跃平
主　　审　　员　李巍巍
参　　审　　员　雷　婧
附　　　　　图　5页

法　律　依　据　专利法第23条
决　定　要　点

一般消费者在购买或使用马桶时通常是从前方观察，马桶的背面和底面为使用时不易见部位，其相对于马桶的其他部位而言对整体视觉效果不具有显著影响。

请求人提交的在先设计1~4均与本专利在马桶上部、桶身前侧及两侧面存在着明显差别，该差别对整体视觉效果具有显著影响，本专利与在先设计相比应属于不相同且不相近似的外观设计，因此，应维持本专利权有效。

一、案由

本无效宣告请求涉及2003年5月28日国家知识产权局授权公告的02345213.7号外观设计专利，其产品名称是“抽水马桶”，申请日是2002年9月24日，优先权日是2002年3月25日，专利权人原为东陶机器株式会社，后变更为TOTO株式会社。

针对上述外观设计专利权（下称本专利），上海维娜斯洁具有限公司（下称第一请求人）于2008年1月25日向专利复审委员会提出无效宣告请求，其理由是本专利与申请日之前公告的专利号为00337008.9号的外观设计相近似，本专利的授予不符合专利法第23条的规定。同时，第一请求人提

交了如下附件作为证据：

附件 1-1：本专利的著录项目及图片复印件共 1 页；

附件 1-2：00337008.9 号外观设计专利公报复印件共 1 页。

第一请求人认为，本专利与附件 1-2 所示外观设计专利产品为同类别产品，均由上下两部分组成，上部呈前低后高的三角形，其前段的桶盖呈半椭圆形；下部为罐状桶体，该罐状桶体的前部从上而下呈向内倾斜的圆弧面，区别点仅在于水箱盖有无前凸、水箱盖拎手的位置、百叶窗的形状、桶体前部和后部的形状，而这些局部的差异不能在整体形状上构成明显的差异。二者既有相同部位，又有相近似部位，而相同和相近似部位构成外观设计的主要部分，非相近似部位为局部，并且这些局部差异不能构成整体形状上明显的区别，因此，二者是相近似的外观设计，应当宣告本专利权全部无效。

经形式审查合格，专利复审委员会受理了该无效宣告请求，并于 2008 年 3 月 24 日将无效宣告请求书和证据的副本转送给专利权人，限其在指定期限内答复。并告知专利权人如逾期不答复，不影响专利复审委员会的审理。

2008 年 5 月 8 日，专利权人向专利复审委员会提交了意见陈述书，专利权人认为，本专利主要采用曲线、浑圆、平滑、简洁的设计理念，其线条简洁、表面平滑等设计特征区别于附件 1-2 多采用直线的设计特征，本专利产品的定位与附件 1-2 产品有明显差异，特别是附件 1-2 为了遮盖马桶两侧突出的功能部分，在马桶后部设置有单独的长方形壳体，这与本专利中马桶曲线完整的整体感觉差异巨大，综上所述，由于设计理念、设计风格不同，在普通消费者容易看到的部位，二者无论在外部轮廓还是表面线条方面都存在明显差别，因此，二者既不相同也不相近似，应当维持本专利有效。

针对上述外观设计专利权（下称本专利），上海维娜斯洁具有限公司北京分公司（下称第二请求人）于 2008 年 6 月 19 日向专利复审委员会提出无效宣告请求，其理由是本专利的授予不符合专利法第 23 条的规定。同时，第二请求人提交了如下附件作为证据：

附件 2-1：00337008.9 号外观设计著录项目及外观设计图片复印件共 8 页（与第一请求人的附件 1-2 相同）；

附件 2-2：00337014.3 号外观设计著录项目及外观设计图片复印件共 8 页；

附件 2-3：00337018.6 号外观设计著录项目及外观设计图片复印件共 8 页；

附件 2-4：00337003.8 号外观设计著录项目及外观设计图片复印件共 8 页；

附件 2-5：本专利著录项目及外观设计图片复印件共 8 页。

第二请求人认为，将本专利与附件 2-1~2-4 分别对比可知二者基本形状相同，区别点仅在于箱体及盖表面弧线弧度略有不同，依据一般消费者的认知能力，其对整体视觉效果不足以产生显著影响，因此应当宣告本专利权全部无效。

经形式审查合格，专利复审委员会受理了该无效宣告请求，并于 2008 年 6 月 19 日将无效宣告请求书和证据的副本转送给专利权人，限其在指定期限内答复。并告知专利权人如逾期不答复，不影响专利复审委员会的审理。

2008 年 7 月 9 日，专利复审委员会收到第二请求人的意见陈述书，其对无效宣告请求书的疏忽部分进行了更正，对正文部分没有修改。

2008 年 7 月 29 日，专利复审委员会将专利权人于 2008 年 5 月 8 日提交的意见陈述转送给第一请求人，同时将第二请求人于 2008 年 7 月 9 日提交的意见陈述转送给专利权人。同日，还向专利权人、第一请求人和第二请求人发出合议组成员告知通知书，指出如对本案合议组人员有回避请求的，应于收到本通知之日起 7 天内提交书面请求书，逾期未答复，视为无回避请求。专利权人、第一请求人和第二请求人在规定的期限内均未对本案合议组成员提出回避请求。

2008年7月30日，专利复审委员会向专利权人、第一请求人和第二请求人发出口头审理通知书，定于2008年9月29日进行口头审理。因2008年9月29日为“十一”休假日，故专利复审委员会更改了口头审理日期，定于2008年10月15日进行口头审理，并于2008年7月31日再次向专利权人、第一请求人和第二请求人发出口头审理通知书。

2008年8月4日，专利权人向专利复审委员会提交了针对第二请求人的意见陈述书，因其未按规定递交一式两份，专利复审委员会于2008年8月25日电话通知专利权人的代理人进行补正。2008年8月26日专利权人进行了补正。专利复审委员会于2008年9月8日，将专利权人提交的意见陈述转送给第二请求人。

2008年9月3日，第一请求人针对专利权人于2008年5月8日递交的意见陈述进行了答复，第一请求人坚持原有的观点，认为专利权人以设计构思、设计理念、设计风格的差异为由，说明本专利与附件1-2显著不同的观点，不符合专利法及专利法实施细则的相关规定，应通过整体观察、综合判断的方式对二者进行相同或相近似判断。二者便盖与水箱（或后箱体）均构成特定的“前面稍低，后面稍高”的三角形斜面形状，二者盖均呈半椭圆形，抽水马桶的后部一般紧临墙壁，一般消费者在购买或使用时通常是以前方倾斜的角度来观察，不容易注意到后部轮廓线形状的差异。因此，应当宣告本专利权全部无效。

2008年9月8日，专利复审委员会将第一请求人提交的意见陈述转送给专利权人，并告知其在口头审理时一并答复。

因寄送第一请求人的口头审理通知书地址有误，致使第一请求人未收到口头审理通知书，故专利复审委员会于2008年12月24日再次向第一请求人及专利权人发出口头审理通知书，定于2009年2月10进行该案的口头审理。

原定于2008年10月15日审理的口头审理如期举行。专利权人和第二请求人委托的代理人参加了审理，双方对对方参加口头审理人员的身份和资格没有异议，对合议组成员及书记员没有回避请求。第二请求人明确其无效宣告的理由为专利法第23条（在先公开出版），第二请求人认为附件2-1二款马桶均都取消了高突的水箱，与马桶盖水平；二者桶体均是宽大的，且不被消费者关注；马桶盖上部的按钮为局部微小的差异，不会对整体视觉效果产生影响；附件2-2使用状态图所示中马桶的上表面成前低的斜面形状，取消了高突的水箱，比较宽大，马桶为半椭圆形，箱体为矩形，后部的不同之处是不被消费者关注的，二者相近似；附件2-3和附件2-4所示的使用状态图中马桶盖上表面为略向下凹的弧形，马桶的形状对比同附件2-2，相近似。专利权人对附件2-1~2-4的真实性均无异议，但认为其与本专利相比较，均不相同且不相近似。双方当事人均在坚持原有观点的基础上进一步详细阐述了自己的具体主张和理由。

2008年10月23日，专利权人向专利复审委员会提交了针对第一请求人2008年9月3日的意见陈述书进行的意见陈述书，专利权人对二者是否相近似的比较仍坚持原有的观点；认为设计人基于不同的构思、设计理念对形状、图案、色彩进行选择和组合，完成不同的设计，不同的理念和风格是设计人要传达的内容，也是消费者能够感知的内容；还认为第一请求人补充意见中仅比较本专利与对比文件中马桶上部和下部以及马桶盖的基本形状，并依据基本形状就断言两者构成近似的推理违背审查指南规定的整体观察、综合判断原则。

定于2009年2月10日的口头审理如期举行。专利权人和第一请求人委托的代理人参加了审理，双方对对方参加口头审理人员的身份和资格没有异议，对合议组成员及书记员没有回避请求。合议组当庭将专利权人于2008年10月23日提交的意见陈述书转送第一请求人。第一请求人明确其无效宣告的理由为专利法第23条（在先公开出版），第一请求人坚持其在请求书及意见陈述书中的观点，认为二者的不同点如水箱的不同、百叶窗形状的不同、马桶盖连接部位等的不同对整体视觉效果不会产生显著影响。专利权人对附件1-2的真实性无异议，专利权人认为，从各视图看，本专利均采用曲线的平滑设计，而附件1-2多采用直线条设计，二者在水箱、马桶盖连接部分及操作按钮等多处的不同点，对整体视觉效果产生了显著影响。

在以上审理的基础上，本案合议组经合议，认为本案事实清楚，依法作出本审查决定。

二、决定的理由

1. 法律依据

根据第一请求人和第二请求人提出的无效宣告请求的理由和提交的证据，本案合议组依据专利法第23条的规定对本案进行审理。

专利法第23条规定："授予专利权的外观设计，应当同申请日以前在国内外出版物上公开发表过或者国内公开使用过的外观设计不相同和不相近似，并不得与他人在先取得的合法权利相冲突。"

2. 证据的认定

第二请求人提交的附件2-1是00337008.9号外观设计专利著录项目及外观设计图片复印件（该证据与第一请求人的附件1-2相同）。其专利申请日为2000年11月21日，授权公告号为CN3198394，授权公告日为2001年6月2日，早于本专利申请日（2002年9月24日），外观设计产品名称为"马桶"（下称在先设计1），专利权人对其真实性无异议。经合议组核实，其内容真实，确系在本专利申请日以前公开的外观设计，该证据可以用于评价本专利是否符合专利法第23条的规定。

第二请求人提交的附件2-2是00337014.3号外观设计专利著录项目及外观设计图片复印件。其专利申请日为2000年11月21日，授权公告号为CN3198390，授权公告日为2001年8月29日，外观设计产品名称为"带座圈的马桶盖"（下称在先设计2）；第二请求人提交的附件2-3是00337018.6号外观设计专利著录项目及外观设计图片复印件。其专利申请日为2000年11月21日，授权公告号为CN3198391，授权公告日为2001年8月29日，外观设计产品名称为"带座圈的马桶盖"（下称在先设计3）；第二请求人提交的附件2-4是003370003.8号外观设计专利著录项目及外观设计图片复印件。其专利申请日为2000年11月21日，授权公告号为CN3204284，授权公告日为2001年10月10日，外观设计产品名称为"带座圈的马桶盖"（下称在先设计4），专利权人对上述证据的真实性均无异议。经合议组核实，其内容真实，确系在本专利申请日（2002年9月24日）以前公开的外观设计，虽然上述证据是马桶盖的外观设计，但在使用状态参考图中均公开了一款马桶的外观，鉴于此种情况，上述证据均可以用于评价本专利是否符合专利法第23条的规定。

本专利与在先设计1均为"马桶"的外观设计，在先设计2至在先设计4的使用状态参考图公开的外观设计均为马桶，其用途相同，且属于同一类别的产品，可以进行相同或相近似比较。

3. 本专利是否符合专利法第23条的规定

本专利包括7幅视图（主视图、后视图、左视图、右视图、俯视图、仰视图和立体图），由上下两部分组成，上部由控制箱体和便盖两个部件组成，下部为桶身。上部整体形状呈前低后高的楔形，控制箱体右上角为大体呈方形的摇控器接收口，左侧边为操作按钮，右侧为三角形百叶窗设计，后部有一矩形体设计，其左侧连接水管，与便盖的连接处有一柳叶形设计；控制箱体与便盖连接处呈一字形；便盖为半椭圆形，中部略呈凹陷曲面；从左右视图及立体图观察，桶身前部大致呈斜面状，两侧偏后部各有扇形凹面，该扇形凹面的桶身略向内收敛延伸至底部；从左右视图观察，马桶后部上端向外凸；从后视图观察，桶身后部较中部略窄，其上有矩形及水管设计（详见本专利附图）。

在先设计1包括7幅视图（主视图、后视图、左视图、右视图、俯视图、仰视图和使用状态参考图），由上下两部分组成，上部由控制箱体和便盖两个部件组成，下部为桶身。上部整体形状呈前低后高的楔形，控制箱体左侧为矩形摇控器接收口，中部有一较小的月牙形设计，左侧边为凸起的操作按钮，右侧为矩形百叶窗设计，后部为不规则矩形扁平水箱（左侧沿折线与桶身衔接）；控制箱体与便盖连接处呈凸字形；便盖为半椭圆形，呈斜面，便盖覆盖座圈；从左右视图观察，桶身前部从上而下呈略向内倾斜的弧面，两侧偏后部各有一折线设计，该折线内的桶身略向内收敛延伸至后部；从左右视图观察，马桶后部大致呈垂直状；从后视图观察，桶身后部为矩形控制箱体、凸起的按钮及略偏左侧的水箱设计（详见在先设计 1 附图）。

在先设计 2 包括 7 幅视图（主视图、后视图、左视图、右视图、俯视图、仰视图和使用状态参考图），其中使用状态参考图公开的马桶由上下两部分组成，上部由控制箱体、便盖和座圈三个部件组成，下部为桶身。上部整体形状呈楔形，便盖边缘为斜面状；控制箱体左侧为凸起的操作按钮，右侧为矩形百叶窗设计，后部为大体呈倒置三角形水箱与桶身衔接；控制箱体与便盖连接处呈凸字形；便盖为半椭圆形（前低后高），置于座圈之上；桶身前部从上而下略呈向内倾斜的曲面（详见在先设计 2 附图）。

在先设计 3 包括 7 幅视图（主视图、后视图、左视图、右视图、俯视图、仰视图和使用状态参考图），其中使用状态参考图公开的马桶由上下两部分组成，上部由控制箱体、便盖和座圈三个部件组成，下部为桶身。上部整体形状呈楔形，其上部表面呈凹曲面状，控制箱体左侧为凸起的操作按钮，右侧为矩形百叶窗设计，后部为大体呈倒置三角形水箱与桶身衔接；控制箱体与便盖连接处呈凸字形；便盖为半椭圆形（前低后高），置于座圈之上；桶身前部从上而下略呈向内收敛延伸至底部（详见在先设计 3 附图）。

在先设计 4 包括 7 幅视图（主视图、后视图、左视图、右视图、俯视图、仰视图和使用状态参考图），其中使用状态参考图公开的马桶由上下两部分组成，上部由控制箱体、便盖和座圈三个部件组成，下部为桶身。上部整体形状呈楔形，便盖边缘为斜面状；控制箱体左侧为凸起的操作按钮，右侧为矩形百叶窗设计，后部为大体呈倒置的三角形水箱与桶身衔接；控制箱体与便盖连接处呈凸字形；便盖为半椭圆形，前低后高，置于座圈之上；桶身前部从上而下呈向内收敛延伸至底部（详见在先设计 4 附图）。

将本专利与在先设计 1 相比较，二者相同点是：二者均是由上下两部分组成，上部由控制箱体、便盖两个部件组成，下部为桶身。上部整体形状呈前低后高的楔形，便盖前部均为半椭圆形。二者不同点主要是：二者控制箱体各部件的设计不同，本专利摇控器接收口位于右上角，操作按钮位于其左侧边，三角形百叶窗位于其右侧下部，其前侧边有一柳叶形设计，便盖略呈凹陷曲面，在先设计 1 摇控器接收口位于左侧边，凸起的操作按钮位于左侧上端，矩形百叶窗位于右侧，正面中部有一较小的月牙形设计，便盖呈斜面；本专利控制箱体后部与水管连接，在先设计 1 控制箱体后下部与水箱连接；控制箱体与便盖连接处的形状不同，本专利大致呈一字形，在先设计 1 呈凸字形；桶身的形状不同，本专利桶身前部大致呈斜面状，两侧边偏后部各有一扇形面，略向内收敛，在先设计 1 桶身前部呈略向内倾斜的曲面，两侧边偏后部各有一折线设计，桶身左侧沿折线与水箱连接，二者背面和底面形状不同。合议组认为：一般消费者在购买或使用马桶时通常是从前方观察，马桶的底面为使用时不可见部位，背面为使用时不易见部位，其相对于马桶的其他部位而言对整体视觉效果不具有显著影响。通过对二者相同点和不同点的分析对比可知，二者在马桶上部、桶身前侧及两侧面均存在着明显差别，按照整体观察、综合判断的判断方式，该差别对整体视觉效果具有显著影响，因此，本专利与在先设计 1 应属于不相同且不相近似的外观设计。

将本专利与在先设计 2 相比较，二者相同点是：二者均是由上下两部分组成，上部为控制箱体、便盖两个部件组成。二者不同点主要是：二者控制箱体各部件的设计不同，本专利摇控器接收口位于右上角，操作按钮位于其左侧边，三角形百叶窗位于其右侧下部，其前侧边有一柳叶形设计，便盖略呈凹陷曲面，在先设计 2 凸起的操作按钮位于左侧上端，矩形百叶窗位于其右侧上部，便盖为斜面侧边，覆盖于座圈之上；本专利控制箱体后部与水管连接，在先设计 2 控制箱体后下部与水箱连接；控制箱体与便盖连接处的形状不同，本专利大致呈一字形，在先设计 2 呈凸字形；桶身的形状不同，本专利桶身前部大致呈斜面状，两侧边偏后部各有一扇形凹面，且略向内收敛，在先设计 2 桶身前部呈向内倾斜的曲面，后部与水箱连接。合议组认为：一般消费者在购买或使用马桶时通常是从前方观察，马桶的底面为使用时不可见部位，背面为使用时不易见部位，其相对于马桶的其他部位而言对整体视觉效果不具有显著影响。通过对二者相同点和不同点的分析对比可知，二者在马桶上部、桶身前侧及两侧面存在着明显差别，按照整体观察、综合判断的判断方式，该差别对整体视觉效果具有显著影响，因此，本专利与在先设计 2 应属于不相同且不相近似的外观设计。将本专利与在先设计 3 相比较，在先设计 3 控制箱体和便盖表面整体为曲面状，而本专利便盖表面大体呈曲面状，其他比较与上述（本专利与在先设计 2 的比较）基本相同。本专利与在先设计 3 属于不相同且不相近似的外观设计。

将本专利与在先设计 4 相比较，在先设计 4 控制箱体和便盖表面整体为斜面状，而本专利便盖表面大体呈曲面状，其他比较与上述（本专利与在先设计 2 的比较）基本相同。本专利与在先设计 4 属于不相同且不相近似的外观设计。

综上所述，请求人提交的证据均不能证明本专利不符合专利法第 23 条的规定。

请求人针对其提出的无效宣告请求的主张，有责任向专利复审委员会提交充分的证据，如果其提交的证据均不足以支持其无效宣告请求理由，应承担对其不利的法律后果。

三、决定

维持 02345213.7 号外观设计专利权有效。

当事人对本决定不服的，可以根据专利法第 46 条第 2 款的规定，自收到本决定之日起三个月内向北京市第一中级人民法院起诉。根据该款的规定，一方当事人起诉后，另一方当事人应当作为第三人参加诉讼。

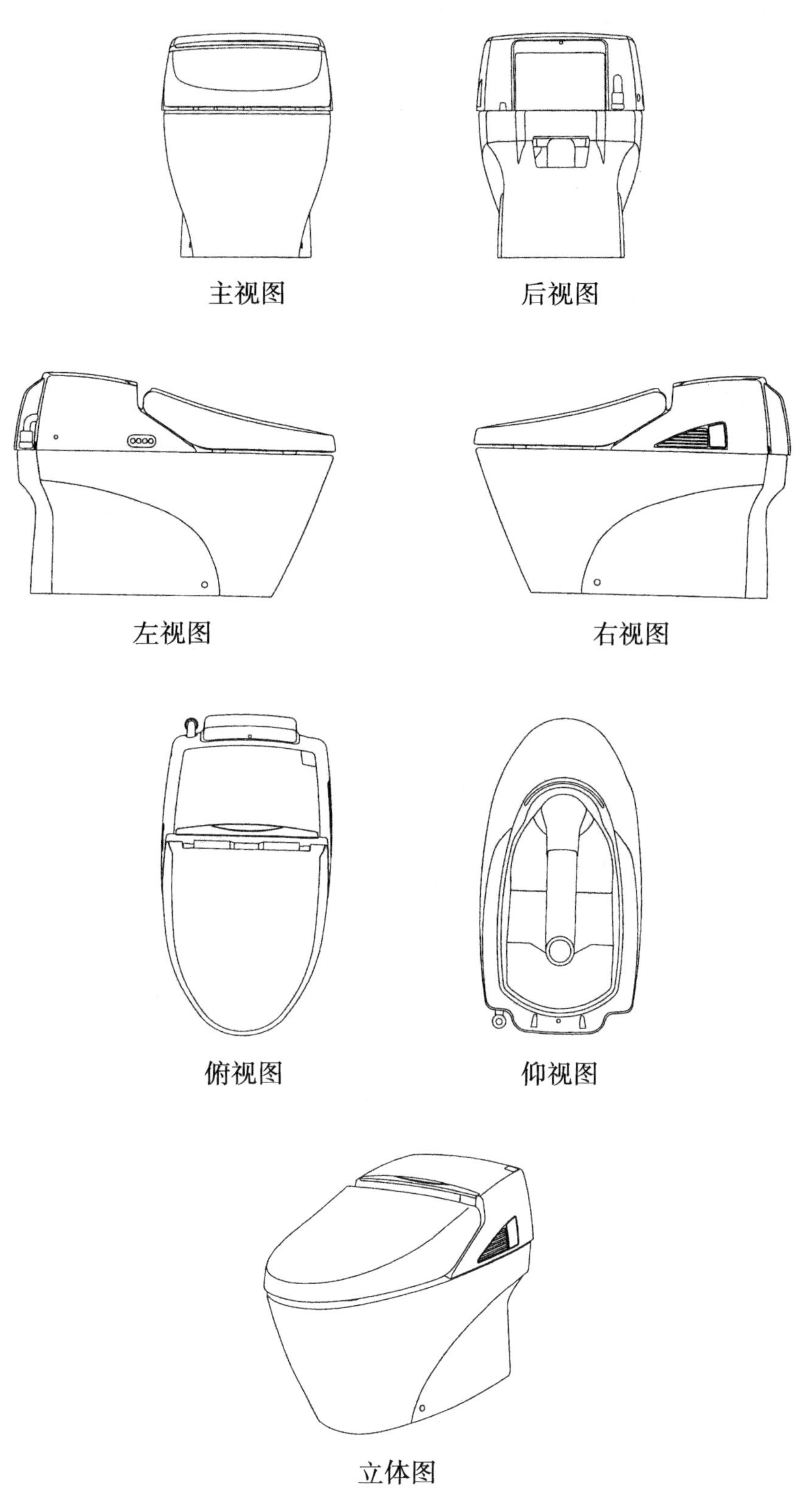

本专利附图

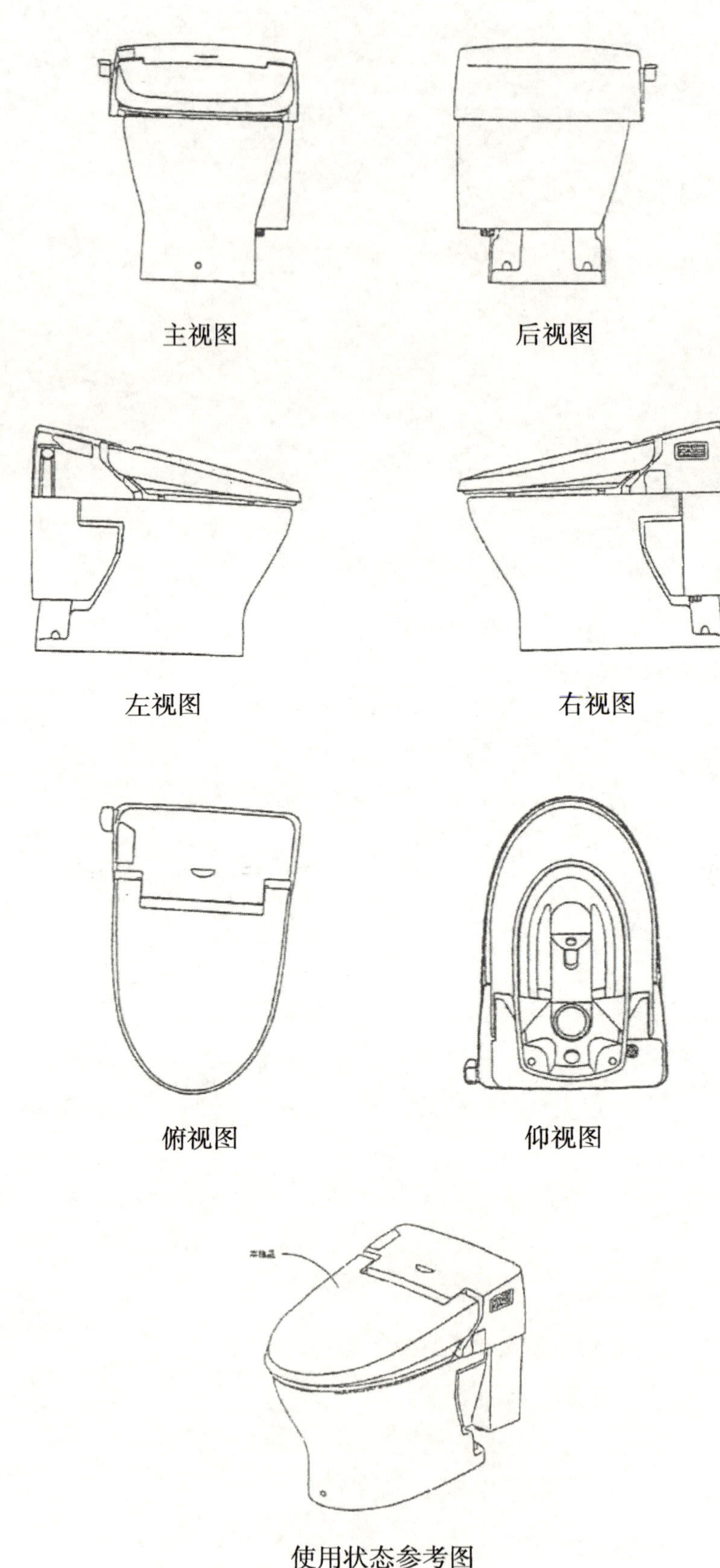

主视图　　后视图

左视图　　右视图

俯视图　　仰视图

使用状态参考图

在先设计 1 附图

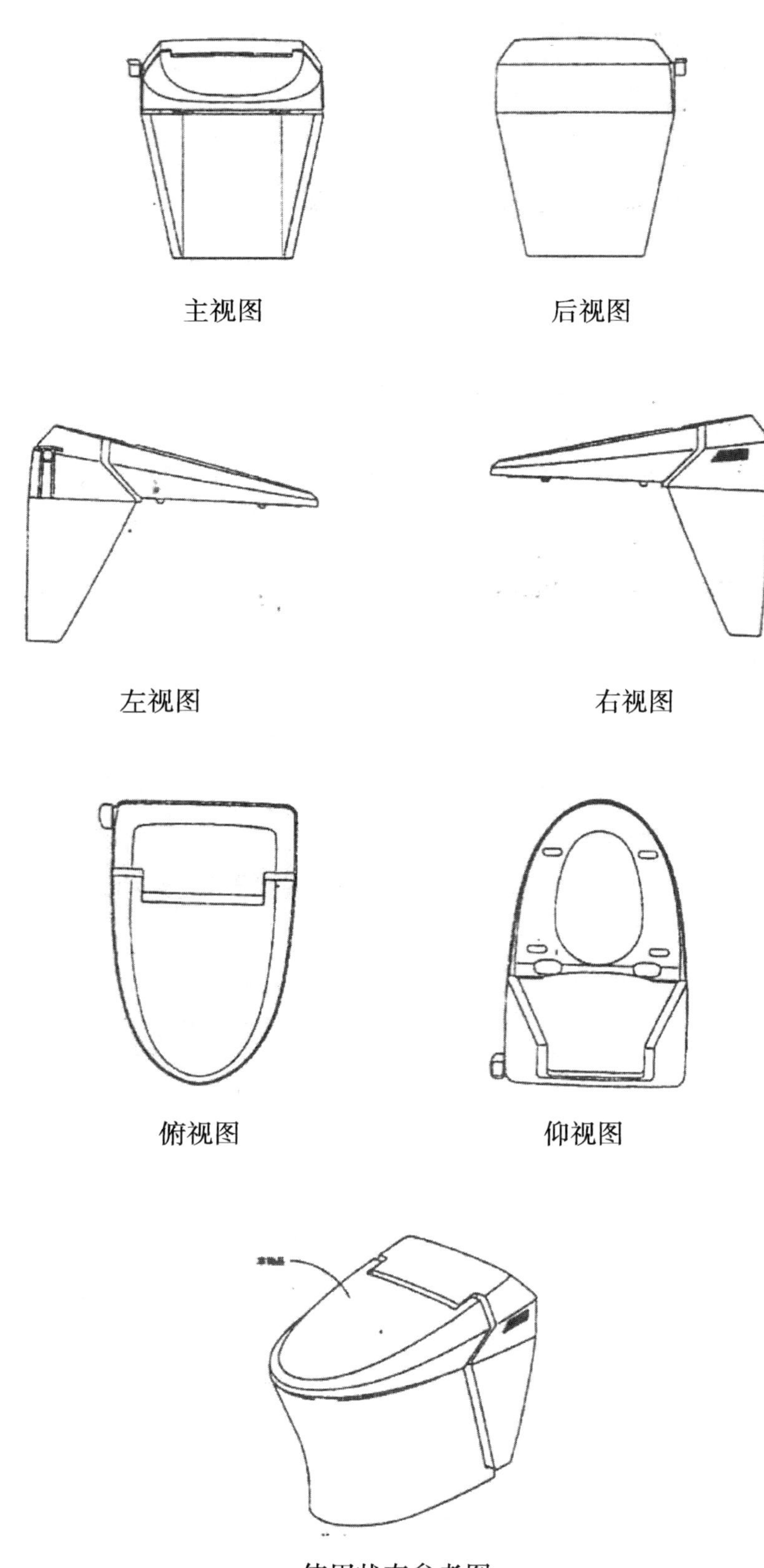

主视图　后视图

左视图　右视图

俯视图　仰视图

使用状态参考图

在先设计 2 附图

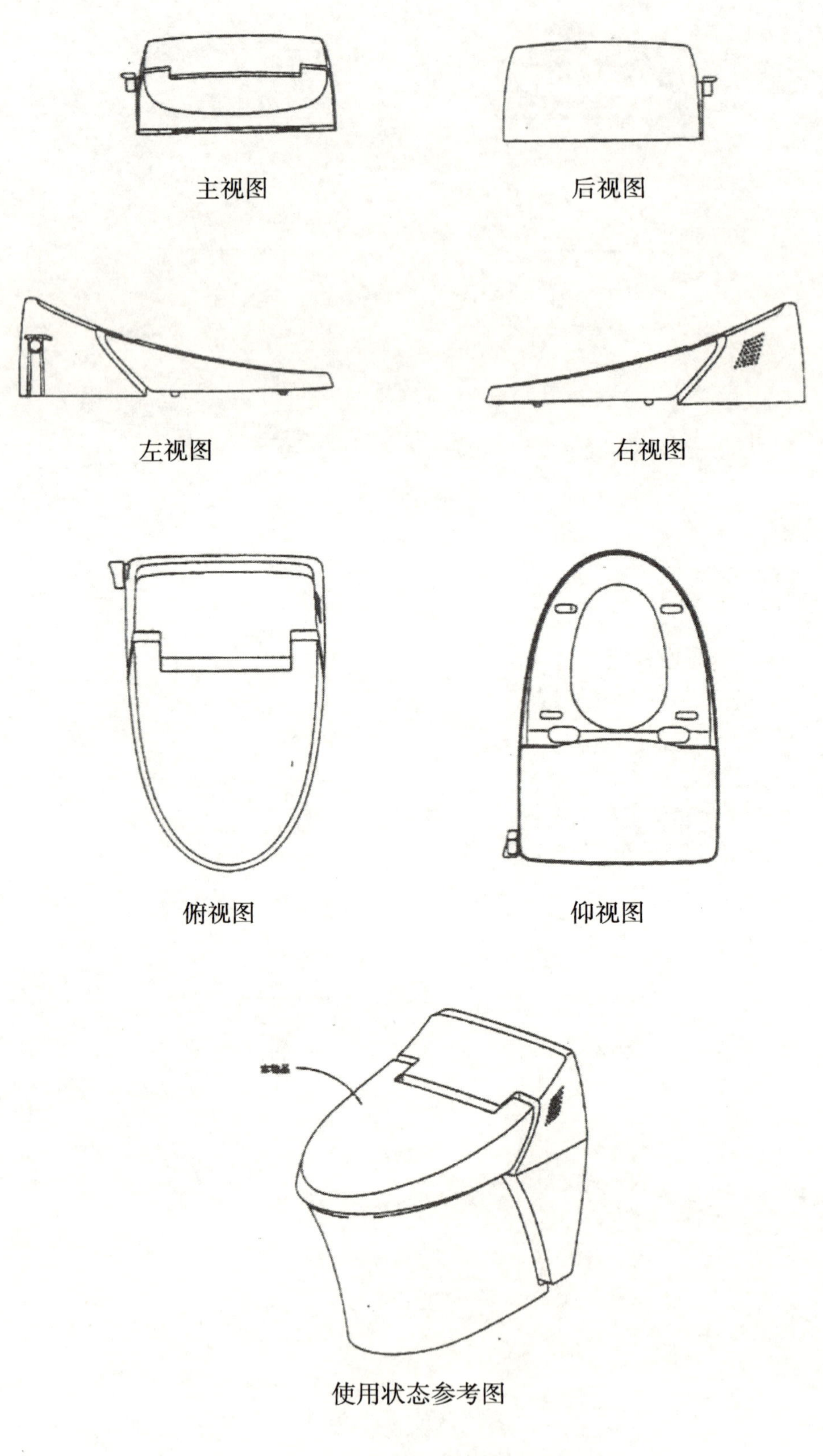

在先设计 3 附图

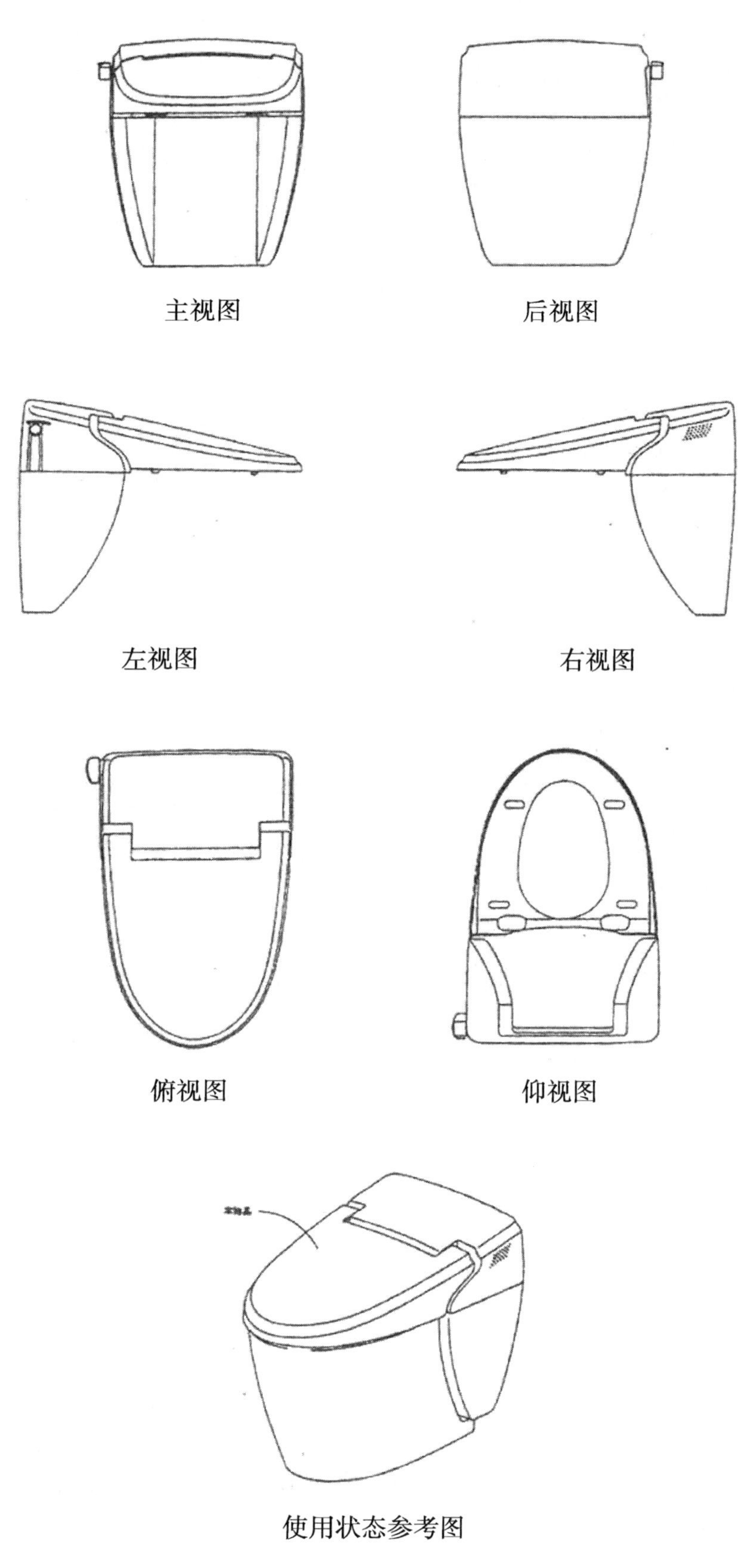

主视图　后视图

左视图　右视图

俯视图　仰视图

使用状态参考图

在先设计 4 附图

126

玻璃马赛克（2）

无效宣告请求审查决定（第12961号）

决　定　号　第12961号
决　定　日　2009年2月19日
发明创造名称　玻璃马赛克（2）
外观设计分类号　25-01
无效宣告请求人　沭阳县新鑫玻璃工艺品有限公司
专　利　权　人　沈荣方
申　请　号　200730115199.3
申　请　日　2007年4月25日
授权公告日　2008年4月16日
合议组组长　钱亦俊
主　审　员　吴大章
参　审　员　周　佳
附　　　图　1页

法律依据　专利法实施细则第2条第3款
决定要点

请求人提交的证据可以证明，玻璃马赛克的长方形形状是该产品所属领域内的一种司空见惯的形状，其表面的皱纹是该产品表面具有的一种司空见惯的纹理。

一、案由

本无效宣告请求涉及的是2008年4月16日国家知识产权局授权公告的200730115199.3号外观设计专利（下称本专利），使用本专利的产品名称是“玻璃马赛克（2）”，申请日是2007年4月25日，专利权人是沈荣方。

针对本专利，2008年7月30日，沭阳县新鑫玻璃工艺品有限公司（下称请求人），向专利复审委员会提出无效宣告请求，其主要理由是，本专利不符合专利法第23条和专利法实施细则第2条第3款的规定。请求人认为，本专利和其申请日之前公开发表的出版物上记载的外观设计相近似，且本专利并非由设计者做出的富有美感并适于工业应用的设计。请求人随无效宣告请求书提交了下列证据：

附件1：《中华人民共和国国家标准GB/T7697—1996玻璃马赛克》封面、封底、第1~6页的复印件共8页；

附件2：《玻璃马赛克生产技术》封面、出版信息页、第6~8页和第23页的复印件共6页，中国建筑玻璃与工业玻璃协会饰面玻璃专业委员会出版，1994 年 12 月第 1 版；

附件 3：钱集镇人民政府网站下载网页及证明材料的复印件共 2 页；

附件 4：产品图片的复印件 1 页。

请求人认为，国家标准描述玻璃马赛克的一般形状是正方形，单块玻璃马赛克背面有沟纹，外观质量存在变形。《玻璃马赛克生产技术》描述了玻璃马赛克的规格、形状和色泽。本专利的形状是玻璃马赛克的普通形状，是与在先设计相同的产品。其表面不规则的明暗相交的效果是外观质量不佳形成的，不构成外观设计的要素。且其为不可复制的随意视觉效果，而并非设计者作出的富有美感并适于工业应用的设计。请求人还指出，附件 3 和附件 4 证明了请求人在本专利申请日之前生产玻璃马赛克的事实。

专利复审委员会于 2008 年 7 月 30 日受理了该无效宣告请求，并将请求人的无效宣告请求文件的副本转送专利权人，要求其在指定的期限内答复。专利复审委员会逾期未收到专利权人的答复意见。

2008 年 8 月 20 日，请求人向专利复审委员会提交了意见陈述书。请求人就自己在本专利申请日之前生产玻璃马赛克的事实补充提交了以下证据（编号续前）：

附件 5：江苏省沭阳县公证处出具的（2008）沭证民内字第 198 号公证书的复印件共 4 页，该公证书的内容是钱集镇人民政府网站下载的网页；

附件 6-1：上海雅陶贸易发展有限公司出具的证明的复印件 1 页；

附件 6-2：沭阳县新星玻璃工艺制品厂和上海雅陶贸易发展有限公司签订的购销合同的复印件 1 页；

附件 6-3：第 19389467 号江苏增值税专用发票和第 2510316 号出库单的复印件 1 页；

附件 7-1：沭阳县新星玻璃工艺制品厂和广州市番禺区钟村郁金香装饰材料厂签订的购销合同的复印件 1 页；

附件 7-2：第 19389469 号江苏增值税专用发票的复印件 1 页；

附件 7-3：广州市番禺区钟村郁金香装饰材料厂出具的证明的复印件 1 页；

附件 8-1：沭阳县新星玻璃工艺制品厂和佛山市麒雄进出口有限公司签订的购销合同的复印件 1 页；

附件 8-2：第 19389473 号江苏增值税专用发票的复印件 1 页；

附件 8-3：沭阳县新星玻璃工艺制品厂和佛山市麒雄进出口有限公司签订的购销合同（第二份合同，合议组注）的复印件 1 页；

附件 8-4：第 19402772 号江苏增值税专用发票的复印件 1 页。

专利复审委员会于 2008 年 9 月 10 日向双方当事人发出口头审理通知书，定于 2008 年 10 月 21 日进行口头审理。随口头审理通知书向专利权人转送了上述 2008 年 8 月 20 日请求人提交的意见陈述书和补充证据的副本。

口头审理如期举行，双方均委托代理人参加了口头审理。双方对合议组成员无回避请求，对对方出庭人员身份资格无异议。在口头审理当中涉及的主要内容如下：

（1）请求人当庭提交所有证据原件。专利权人当庭核实所有证据原件，对原件与复印件的一致性没有提出异议。

（2）双方当事人就专利法实施细则第 2 条第 3 款的无效宣告理由进行了辩论。请求人认为：本专利的长方形是基本的几何形状，其外表的皱纹是马赛克生产过程中的工艺导致的，纹路是由于温差大造成的缺陷，其形状是随机的，附件 1 和附件 2 可以证明这一点，请求人当庭引证了附件 1 第 91 页第 4~6 行和第 92 页第 5~7 行记载的内容，附件 2 第 161 页记载的内容。专利权人就此认为：工业产品是指能够通过工艺方法生产的产品，本专利是能通过工艺方法生产的。本专利的水波纹不是由于缺陷造成的。专利权人当庭提交本专利产品实物。

（3）关于专利法第23条的无效宣告请求理由，双方当事人就请求人提交的证据进行了质证，就请求人主张的有关事实能否成立进行了辩论。

专利权人认为请求人提交的证据不具有真实性，与本案不具有关联性。

请求人认为其提交的证据足以证明其在本专利申请日之前已经制造并销售了附件4中所示的产品。

合议组经合议，认为本案事实清楚，依法作出本审查决定。

二、决定的理由

1. 法律依据

基于请求人提出的无效宣告请求的理由，合议组依据专利法实施细则第2条第3款和专利法第23条对本案进行审理。

专利法实施细则第2条第3款规定，外观设计是指对产品的形状、图案或者其结合以及色彩与形状、图案的结合所作出的富有美感并适合于工业应用的新设计。

专利法第23条规定：授予专利权的外观设计，应当同申请日以前在国内外出版物上公开发表过或者国内公开使用过的外观设计不相同和不相近似，并不得与他人在先取得的合法权利相冲突。

2. 证据认定

请求人提交的附件2是《玻璃马赛克生产技术》封面、出版信息页、第6页至第8页和第23页的复印件。专利权人对其真实性没有提出异议。合议组对附件2予以采纳。经查，该证据由中国建筑玻璃与工业玻璃协会饰面玻璃专业委员会出版，第1版的出版日是1994年12月。附件2的出版日在本专利的申请日之前，属于本专利申请日之前的公开出版物。双方当事人在口头审理中，就附件2第161页记载的有关内容进行了辩论，合议组对此予以考虑。

3. 关于专利法实施细则第2条第3款

（1）关于本专利。

本专利授权公告文本有7幅视图，即主视图，左视图、右视图、俯视图、仰视图、后视图和立体图。从视图可知，本专利为规则的长方形块状，有六个表面，每一个表面都具有近似水波纹的不规则纹理。（详见本专利附图）

（2）关于上述申请日之前公开出版物披露的相关信息。

附件2记载的内容有："目前国内生产最为流行的规格是20×20mm、25×25mm两种，同时又有……25×50mm、50×50mm、50×105mm等品种的存在。形状为正方形、长方形"（见附件2第6页倒数第2~7页第2行），"58. 玻璃马赛克表面产生皱纹的原因是什么？怎么解决？答：产生皱纹的原因有以下几方面（1）成型辊表面加工精度不够，比较粗糙。（2）成型辊使用几天后，被氧化、腐蚀，已凹凸不平、不光洁。（3）玻璃液的温度与成型辊表面的温度相差太大，亦就是玻璃液温度偏高，成型辊表面温度偏低，双方一接触，造成快速收缩，产生皱纹。（4）玻璃液的料性较长，料中的砂状偏少、分布也不够均匀"（见附件2第161页第6~14行）。

合议组认为，上述证据证明了一个工艺中的常见现象，即常识内容：其表面形成皱纹是该产品表面具有的一种司空见惯的纹理，玻璃马赛克的长方形形状是该产品所属领域内的一种司空见惯的形状。

（3）结论。

从上述分析中，不难看出，本专利的长方形形状是该产品所属领域内的一种司空见惯的形状，其表面形成的皱纹是该产品表面具有的一种司空见惯的纹理。合议组认为，本专利不属于新设计，不符合专利法实施细则第 2 条第 3 款的规定。

由于上述已经得出了本专利不符合专利法授权条件的结论，合议组对请求人提出的其他无效宣告请求理由及其提交的其他证据不再予以评述。

三、决定

宣告 200730115199.3 号外观设计专利权全部无效。

当事人对本决定不服的，可以根据专利法第 46 条第 2 款的规定，自收到本决定之日起三个月内向北京市第一中级人民法院起诉。根据该款的规定，一方当事人起诉后，另一方当事人应当作为第三人参加诉讼。

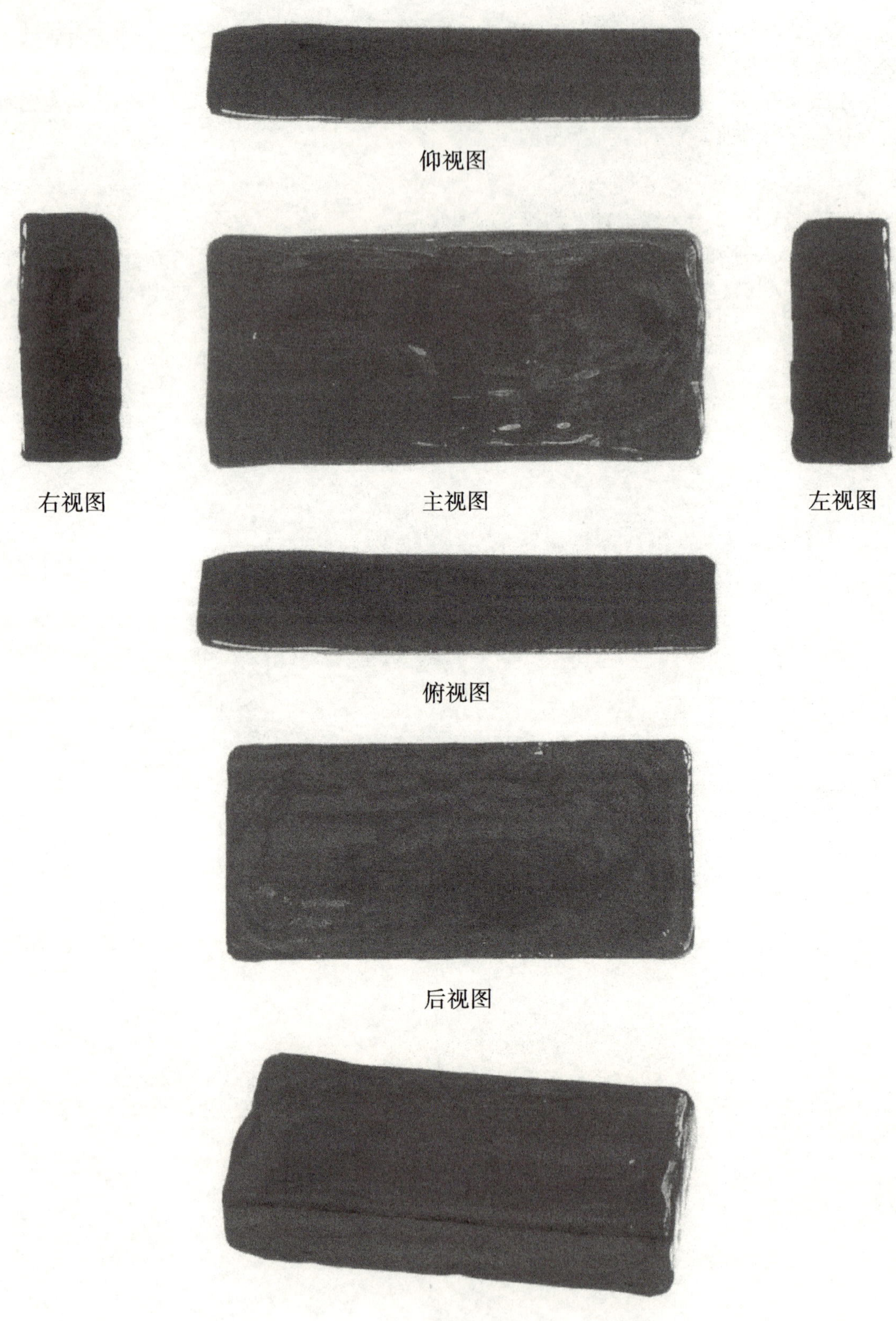
仰视图

右视图 主视图 左视图

俯视图

后视图

立体图

本专利附图

北京市第一中级人民法院
行政判决书

（2009）一中行初字第 1394 号

原告沈荣方，男，1964 年 11 月 8 日出生，汉族，住浙江省湖州市吴兴区织里镇晟舍南路 150 号。

委托代理人吕星华，北京市嘉铭律师事务所律师。

被告国家知识产权局专利复审委员会，住所地北京市海淀区北四环西路 9 号银谷大厦 10~12 层。

法定代表人廖涛，副主任。

委托代理人吴大章，男，国家知识产权局专利复审委员会工作人员。

委托代理人程强，男，国家知识产权局专利复审委员会工作人员。

第三人沭阳县新鑫玻璃工业品有限公司。

原告沈荣方不服被告国家知识产权局专利复审委员会作出的第 12961 号无效宣告请求审查决定（以下简称第 12961 号决定），向本院提起行政诉讼。本院受理后，依法组成合议庭，在法定期限内向被告送达了起诉书副本及应诉通知书。依照《中华人民共和国行政诉讼法》第二十七条的规定，本院通知沭阳县新鑫玻璃工业品有限公司作为第三人参加诉讼，并于 2009 年 7 月 10 日公开开庭审理了本案。原告的委托代理人吕星华，被告的委托代理人吴大章、程强到庭参加了诉讼。经本院合法传唤，沭阳县新鑫玻璃工业品有限公司未到庭参加诉讼。本案现已审理终结。

2009 年 2 月 19 日，被告作出第 12961 号决定。该决定认为，名称为“玻璃马赛克（2）”的第 200730115199.3 号外观设计专利权（以下简称本专利）不符合《中华人民共和国专利法实施细则》（以下简称《专利法实施细则》）第二条第三款的规定。故决定宣告本专利权全部无效。

在法定举证期限内，被告向本院提交了下列证据：（1）本专利授权公告文本；（2）口头审理记录表；（3）《中华人民共和国国家标准 GB/T7697—1996 玻璃马赛克》（即第 12961 号决定中的附件 1，以下简称附件 1）封面、封底、第 1~6 页的复印件共 8 页；（4）中国建筑玻璃与工业玻璃协会饰面玻璃专业委员会出版，1994 年 12 月第 1 版《玻璃马赛克生产技术》（即第 12961 号决定中的附件 2，以下简称附件 2）封面、出版信息页、第 6~8 页和第 23 页的复印件共 6 页。上述证据用以证明第 12961 号决定认定事实清楚、适用法律正确、审理程序合法。

原告诉称：（1）被告认定事实不清，作出的第 12961 号决定完全不符合事实真相。附件 2 编于 1994 年，当时玻璃马赛克的生产技术尚属起步阶段，其使用的生产方法与本专利完全不同。原告经过长时间研究，对传统辊压式成型方法作了重大改革，发明单个灌冲模压式的成型方法生产的本专利产品，附件 2 中的产品与本专利产品不具有可比性。（2）被告作出第 12961 号决定程序违法。在口头审理中，第三人提交附件 2 第 161 页作为证据，证明本专利是由质量问题造成的。这一观点在口头审理前并未提出过，该证据亦超过举证期限。被告对此不应予以考虑。但被告采信该证据并将其作为作出第 12961 号决定的主要依据，严重侵害原告的合法权益，使原告没有时间组织相应的反驳证据，属行政行为违法。综上所述，被告作出的第 12961 号决定认定事实不清、程序违法，请求法院判决撤销该决定。

在法定举证期限内，原告为支持自己的诉讼主张，除向本院提交了与被告证据 2 相同的证据外，还提交了中国建筑玻璃与工业玻璃协会饰面玻璃专业委员会 2009 年 5 月 23 日出具的关于沈荣方玻璃马赛克专利产品的鉴定意见。在本院庭审中，出具上述鉴定意见的专家组成员陆万顺、冯明良作为原告方的证人出庭就本专利与附件 2 的有关技术问题陈述了意见。

被告辩称：(1) 我委仍坚持第 12961 号决定中关于本专利不属于新设计的结论及具体的理由。原告所称的制作改良玻璃马赛克产品的具体工艺并非外观设计专利保护的对象。(2) 第三人提交附件 2 第 161 页虽未在举证期限内提交，但该资料系证明公知常识的证据，且在口头审理中已经充分展开辩论，被告采信该证据符合《审查指南》第四部分第四章第 4.3.1 节的规定，并无不当。综上所述，第 12961 号决定认定事实清楚，适用法律正确，审理程序合法，请求法院判决予以维持。

第三人未向本院陈述意见，亦未向本院提交证据。

在本院审理中，本院依职权向被告调取了第三人的无效宣告请求书、附件 2 的第 161 页，用以查明第三人提出无效宣告请求的具体理由，以及第三人主张公知常识的内容。

经庭审质证，原告、被告均对证据发表了充分的质证意见。本院经审查认为，被告提交的证据与第 12961 号决定有关，且符合证据合法性的要求，能够证明本案的相关事实。本院对上述证据均予以采纳。原告提交的与被告相同的证据，本院不再重复评述。原告提交的鉴定意见以及原告方两名证人出庭所作的证言，针对的是本专利采用的生产工艺与附件 2 中传统生产工艺存在区别的问题，该问题与本专利是否符合《专利法实施细则》第二条第三款规定没有关联性，本院对上述证据不予采纳。

根据上述经确认的有效证据以及当事人当庭无争议的陈述，本院认定事实如下：

2007 年 4 月 25 日，原告向国家知识产权局提出名称是“玻璃马赛克（2）”的外观设计专利申请。2008 年 4 月 16 日，国家知识产权局授权其专利权，即本专利。

2008 年 7 月 30 日，第三人以本专利不符合《专利法》第二十三条和《专利法实施细则》第二条第三款的规定为由，向被告提出无效宣告请求，并提交了包括附件 1、2 在内的 4 份证据。

被告受理了上述无效宣告请求，并进行了转文。在被告指定的期限内，原告未提交答复意见。

2008 年 8 月 20 日，第三人向被告提交了意见陈述书，并就其在本专利申请日之前生产玻璃马赛克的事实补充提交了 4 组证据。

2008 年 10 月 21 日，被告举行了口头审理。双方均委托代理人参加了口头审理。在口头审理中，第三人当庭提交所有证据原件。原告经核实对原件与复印件的一致性没有提出异议。第三人在口头审理中引证了附件 1 第 91 页第 4~6 行、第 92 页第 5~7 行记载的内容以及附件 2 第 161 页记载的内容，用于支持其关于“本专利的长方形是基本的几何形状，其外表的皱纹是马赛克生产过程中的工艺导致的，纹路是由于温差大造成的缺陷，其形状是随机”的主张。原告则认为：工业产品是指能够通过工艺方法生产的产品，本专利是能通过工艺方法生产的。本专利的水波纹不是由于缺陷造成的。同时，原告当庭提交了本专利产品实物。针对第三人提出的《专利法》第二十三条的无效宣告请求理由，双方当事人就第三人提交的证据进行了质证，并就第三人主张的有关事实能否成立进行了辩论。

被告经审查认为，第三人提交的附件 2 是《玻璃马赛克生产技术》封面、出版信息页、第6~8 页和第 23 页的复印件。原告对其真实性没有提出异议。被告对附件 2 予以采纳。经查，该证据由中国建筑玻璃与工业玻璃协会饰面玻璃专业委员会出版，第 1 版的出版日是 1994 年 12 月。附件 2 的出版日在本专利的申请日之前，属于本专利申请日之前的公开出版物。双方当事人在口头审理中，就附件 2 第 161 页记载的有关内容进行了辩论，被告对此予以考虑。

针对第三人提出的《专利法实施细则》第二条第三款的无效理由，被告经审查认为，《专利法实施细则》第二条第三款规定，外观设计是指对产品的形状、图案或者其结合以及色彩与形状、图案的结合所作出的富有美感并适合于工业应用的新设计。

本专利授权公告文本有7幅视图，即主视图，左视图、右视图、俯视图、仰视图、后视图和立体图。从视图可知，本专利为规则的长方形块状，有六个表面，每一个表面都具有近似水波纹的不规则纹理。(详见本专利附图)

附件2记载的内容有："目前国内生产最为流行的规格是20×20mm、25×25mm两种，同时又有……25×50mm、50×50mm、50×105mm等品种的存在。形状为正方形、长方形"（见附件2第6页倒数第2~7页第2行)，"58. 玻璃马赛克表面产生皱纹的原因是什么？怎么解决？答：产生皱纹的原因有以下几方面（1）成型辊表面加工精度不够，比较粗糙。（2）成型辊使用几天后，被氧化、腐蚀，已凹凸不平、不光洁。(3）玻璃液的温度与成型辊表面的温度相差太大，亦就是玻璃液温度偏高，成型辊表面温度偏低，双方一接触，造成快速收缩，产生皱纹。（4）玻璃液的料性较长，料中的砂状偏少、分布也不够均匀"(见附件2第161页第6~14行)。

上述证据证明了一个工艺中的常见现象，即常识内容：其表面形成皱纹是该产品表面具有的一种司空见惯的纹理，玻璃马赛克的长方形形状是该产品所属领域内的一种司空见惯的形状。从上述分析中，不难看出，本专利的长方形形状是该产品所属领域内的一种司空见惯的形状，其表面形成的皱纹是该产品表面具有的一种司空见惯的纹理。本专利不属于新设计，不符合《专利法实施细则》第二条第三款的规定。由于上述已经得出了本专利不符合专利法授权条件的结论，被告对第三人提出的其他无效宣告请求理由及其提交的其他证据未再予以评述。

基于上述的事实和理由，被告于2009年2月19日作出第12961号决定，宣告本专利权全部无效。原告不服该决定，向本院提起行政诉讼。

本院认为：第三人在提出无效宣告请求时，提交了附件2的封面、出版信息页以及第6~8、23页复印件作为证据。其在口头审理中，以该证据第161页的相关内容作为支持其主张的公知常识性证据，属于审查指南第四部分第三章第4.3.1节规定的不受一个月举证期限限制的例外情形，被告采纳该证据符合上述规章的规定。原告关于第三人提交附件2第161页已经超过一个月举证期限，不应采用的诉讼主张，缺乏法律依据，本院不予支持。附件2系由中国建筑玻璃与工业玻璃协会饰面玻璃专业委员会出版，该书出版信息页记载的出版日是1994年12月，在本专利申请日前，属于专利法意义上的公开出版物。原告关于中国建筑玻璃与工业玻璃协会不具有出版发行的资质，不能认定附件2为公开出版物的诉讼主张，缺乏事实和法律依据，本院亦不予支持。

根据《专利法实施细则》第二条第三款的规定，外观设计是指对产品的形状、图案或者其结合以及色彩与形状、图案的结合所作出的富有美感并适合于工业应用的新设计。本专利请求保护的外观设计是玻璃马赛克。本专利授权公告文本中的七幅视图所示的玻璃马赛克的形状为规则的长方形块状，其六个表面都具有近似水波纹的纹理。根据本领域的公知常识，长方形块状是玻璃马赛克采用的一种较为常见的形状，其表面形成的纹理是该类产品制造过程中产生的客观现象，不属于《专利法实施细则》第二条第三款规定的"新设计"。被告据此作出第12961号决定，宣告本专利全部无效正确，本院应予支持。原告关于本专利采用的生产工艺不同于传统工艺，不会产生传统产品的皱纹，符合《专利法实施细则》第二条第三款规定的诉讼意见，依据不足，本院不予采信。综上所述，被告作出的第12961号决定认定事实清楚，适用法律正确，程序合法，本院应予维持。原告的诉讼理由均不能成立，其诉讼请求本院不予支持。据此，依照《中华人民共和国行政诉讼法》第五十四条第（一）项的规定，判决如下：

维持被告国家知识产权局专利复审委员会于二〇〇九年二月十九日作出的第12961号无效宣告请求审查决定。

案件受理费100元，由原告沈荣方负担（已交纳)。

如不服本判决，可在本判决书送达之日起 15 日内，向本院递交上诉状，并按对方当事人人数提出副本，预交上诉案件受理费 100 元，上诉于北京市高级人民法院。上诉人在上诉期限内未预交上诉案件受理费，又不提出缓交申请的，按自动撤回上诉处理。

审 判 长 张 杰

代理审判员 何君慧

代理审判员 殷 悦

二〇〇九年九月十八日

书 记 员 李 智

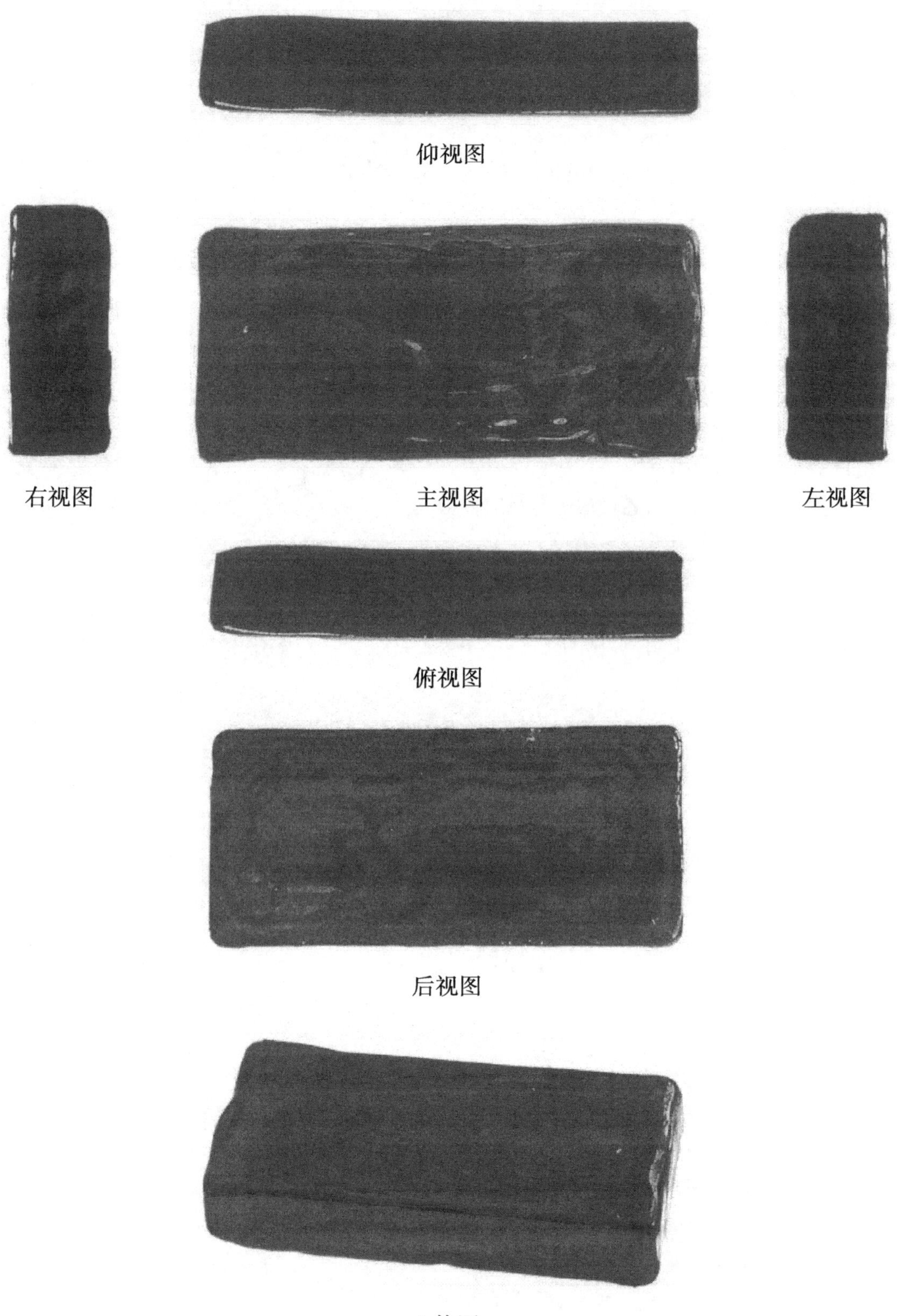

仰视图

右视图 主视图 左视图

俯视图

后视图

立体图

本专利附图

127

玻璃马赛克（6）

无效宣告请求审查决定（第12962号）

决　　定　　号　第12962号
决　　定　　日　2009年1月22日
发明创造名称　玻璃马赛克（6）
外观设计分类号　25-01
无效宣告请求人　沭阳县新鑫玻璃工艺品有限公司
专　利　权　人　沈荣方
申　　请　　号　200730115162.0
申　　请　　日　2007年4月25日
授权公告日　2008年4月16日
合议组组长　钱亦俊
主　　审　　员　吴大章
参　　审　　员　周　佳
附　　　　　图　1页

法　律　依　据　专利法实施细则第2条第3款
决　定　要　点

请求人提交的证据可以证明，玻璃马赛克的正方形形状是该产品所属领域内的一种司空见惯的形状，其表面的皱纹是该产品表面具有的一种司空见惯的纹理。

一、案由

本无效宣告请求涉及的是2008年4月16日国家知识产权局授权公告的200730115162.0号外观设计专利（下称本专利），使用本专利的产品名称是“玻璃马赛克（6）”，申请日是2007年4月25日，专利权人是沈荣方。

针对本专利，2008年7月30日，沭阳县新鑫玻璃工艺品有限公司（下称请求人），向专利复审委员会提出无效宣告请求，其主要理由是，本专利不符合专利法第23条和专利法实施细则第2条第3款的规定。请求人认为，本专利和其申请日之前公开发表的出版物上记载的外观设计相近似，且本专利并非由设计者作出的富有美感并适于工业应用的设计。请求人随无效宣告请求书提交了下列证据：

附件1：《中华人民共和国国家标准GB/T7697—1996玻璃马赛克》封面、封底、第1~6页的复印件共8页；

附件2：《玻璃马赛克生产技术》封面、出版信息页、第6~8页和第23页的复印件共6页，中国建筑玻璃与工业玻璃协会饰面玻璃专业委员会出版，1994 年 12 月第 1 版；

附件 3：钱集镇人民政府网站下载网页及证明材料的复印件共 2 页；

附件 4：产品图片的复印件 1 页。

请求人认为，国家标准描述玻璃马赛克的一般形状是正方形，单块玻璃马赛克背面有沟纹，外观质量存在变形。《玻璃马赛克生产技术》描述了玻璃马赛克的规格、形状和色泽。本专利的形状是玻璃马赛克的普通形状，是与在先设计相同的产品。其表面不规则的明暗相交的效果是外观质量不佳形成的，不构成外观设计的要素。且其为不可复制的随意视觉效果，而并非设计者做出的富有美感并适于工业应用的设计。请求人还指出，附件 3 和附件 4 证明了请求人在本专利申请日之前生产玻璃马赛克的事实。

专利复审委员会于 2008 年 7 月 30 日受理了该无效宣告请求，并将请求人的无效宣告请求文件的副本转送专利权人，要求其在指定的期限内答复。专利复审委员会逾期未收到专利权人的答复意见。

2008 年 8 月 20 日，请求人向专利复审委员会提交了意见陈述书。请求人就自己在本专利申请日之前生产玻璃马赛克的事实补充提交了以下证据（编号续前）：

附件 5：江苏省沭阳县公证处出具的（2008）沭证民内字第 198 号公证书的复印件共 4 页，该公证书的内容是钱集镇人民政府网站下载的网页；

附件 6-1：上海雅陶贸易发展有限公司出具的证明的复印件 1 页；

附件 6-2：沭阳县新星玻璃工艺制品厂和上海雅陶贸易发展有限公司签订的购销合同的复印件 1 页；

附件 6-3：第 19389467 号江苏增值税专用发票和第 2510316 号出库单的复印件 1 页；

附件 7-1：沭阳县新星玻璃工艺制品厂和广州市番禺区钟村郁金香装饰材料厂签订的购销合同的复印件 1 页；

附件 7-2：第 19389469 号江苏增值税专用发票的复印件 1 页；

附件 7-3：广州市番禺区钟村郁金香装饰材料厂出具的证明的复印件 1 页。

附件 8-1：沭阳县新星玻璃工艺制品厂和佛山市麒雄进出口有限公司签订的购销合同的复印件 1 页；

附件 8-2：第 19389473 号江苏增值税专用发票的复印件 1 页；

附件 8-3：沭阳县新星玻璃工艺制品厂和佛山市麒雄进出口有限公司签订的购销合同（第二份合同，合议组注）的复印件 1 页；

附件 8-4：第 19402772 号江苏增值税专用发票的复印件 1 页。

专利复审委员会于 2008 年 9 月 10 日向双方当事人发出口头审理通知书，定于 2008 年 10 月 21 日进行口头审理。随口头审理通知书向专利权人转送了上述 2008 年 8 月 20 日请求人提交的意见陈述书和补充证据的副本。

口头审理如期举行，双方均委托代理人参加了口头审理。双方对合议组成员无回避请求，对对方出庭人员身份资格无异议。在口头审理当中涉及的主要内容如下：

（1）请求人当庭提交所有证据原件。专利权人当庭核实所有证据原件，对原件与复印件的一致性没有提出异议。

（2）双方当事人就专利法实施细则第 2 条第 3 款的无效宣告理由进行了辩论。请求人认为：本专利的正方形是基本的几何形状，其外表的皱纹是马赛克生产过程中的工艺导致的，纹路是由于温差大造成的缺陷，其形状是随机的，附件 1 和附件 2 可以证明这一点，请求人当庭引证了附件 1 第 91 页第 4~6 行和第 92 页第 5~7 行记载的内容，附件 2 第 161 页记载的内容。专利权人就此认为：工业产品是指能够通过工艺方法生产的产品，本专利是能通过工艺方法生产的。本专利的水波纹不是由于缺陷造成的。专利权人当庭提交本专利产品实物。

(3) 关于专利法第 23 条的无效宣告请求理由，双方当事人就请求人提交的证据进行了质证，就请求人主张的有关事实能否成立进行了辩论。

专利权人认为请求人提交的证据不具有真实性，与本案不具有关联性。

请求人认为其提交的证据足以证明其在本专利申请日之前已经制造并销售了附件 4 中所示的产品。

合议组经合议，认为本案事实清楚，依法作出本审查决定。

二、决定的理由

1. 法律依据

基于请求人提出的无效宣告请求的理由，合议组依据专利法实施细则第 2 条第 3 款和专利法第 23 条对本案进行审理。

专利法实施细则第 2 条第 3 款规定，外观设计是指对产品的形状、图案或者其结合以及色彩与形状、图案的结合所作出的富有美感并适合于工业应用的新设计。

专利法第 23 条规定：授予专利权的外观设计，应当同申请日以前在国内外出版物上公开发表过或者国内公开使用过的外观设计不相同和不相近似，并不得与他人在先取得的合法权利相冲突。

2. 证据认定

请求人提交的附件 1 是《中华人民共和国国家标准 GB/T7697—1996 玻璃马赛克》封面、封底、第 1~6 页的复印件，在口头审理时提交了原件。专利权人对其真实性没有提出异议。合议组对附件 1 予以采纳。经查，该证据的封面有“国家技术监督局发布”“1996-03-26 发布”的字样，该证据的出版日期为 1996 年 3 月 26 日，在本专利的申请日之前，属于本专利申请日之前的公开出版物。

请求人提交的附件 2 是《玻璃马赛克生产技术》封面、出版信息页、第 6~8 页和第 23 页的复印件。专利权人对其真实性没有提出异议。合议组对附件 2 予以采纳。经查，该证据由中国建筑玻璃与工业玻璃协会饰面玻璃专业委员会出版，第 1 版的出版日是 1994 年 12 月。附件 2 的出版日在本专利的申请日之前，属于本专利申请日之前的公开出版物。双方当事人在口头审理中，就附件 2 第 161 页记载的有关内容进行了辩论，合议组对此予以考虑。

3. 关于专利法实施细则第 2 条第 3 款

(1) 关于本专利。

本专利授权公告文本有 7 幅视图，即主视图，左视图、右视图、俯视图、仰视图、后视图和立体图。从视图可知，本专利为规则的正方形块状，有六个表面，每一个表面都具有近似水波纹的不规则纹理（详见本专利附图）。

(2) 关于上述申请日之前公开出版物披露的相关信息。

附件 1 第 1 页记载：“3 规格尺寸玻璃马赛克一般为正方形”。附件 2 记载的内容有：“目前国内生产最为流行的规格是 20×20mm、25×25mm 两种……形状为正方形、长方形”（见附件 2 第 6 页倒数第 2~7 页第 2 行），“58. 玻璃马赛克表面产生皱纹的原因是什么？怎么解决？答：产生皱纹的原因有以下几方面（1）成型辊表面加工精度不够，比较粗糙。(2) 成型辊使用几天后，被氧化、腐蚀，已凹凸不平、不光洁。(3) 玻璃液的温度与成型辊表面的温度相差太大，亦就是玻璃液温度偏高，成型辊表面温度偏低，双方一接触，造成快速收缩，产生皱纹。(4) 玻璃液的料性较长，料中的砂状偏少、分布也不够均匀”（见附件 2 第 161 页第 6~14 行）。

合议组认为，上述证据证明了一个工艺中的常见现象，即常识内容：其表面形成皱纹是该产品表面具有的一种司空见惯的纹理，玻璃马赛克的正方形形状是该产品所属领域内的一种司空见惯的形状。

（3）结论。

从上述分析中，不难看出，本专利的正方形形状是该产品所属领域内的一种司空见惯的形状，其表面形成的皱纹是该产品表面具有的一种司空见惯的纹理。合议组认为，本专利不属于新设计，不符合专利法实施细则第 2 条第 3 款的规定。

由于上述已经得出了本专利不符合专利法授权条件的结论，合议组对请求人提出的其他无效宣告请求理由及其提交的其他证据不再予以评述。

三、决定

宣告 200730115162.0 号外观设计专利权全部无效。

当事人对本决定不服的，可以根据专利法第 46 条第 2 款的规定，自收到本决定之日起三个月内向北京市第一中级人民法院起诉。根据该款的规定，一方当事人起诉后，另一方当事人应当作为第三人参加诉讼。

仰视图

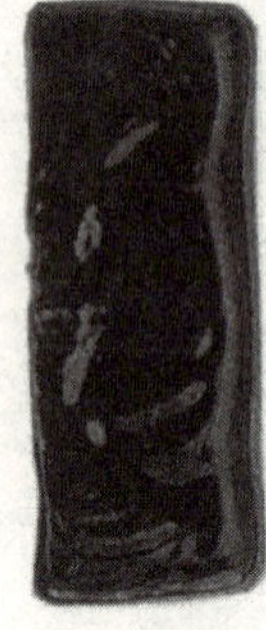

右视图

主视图

左视图

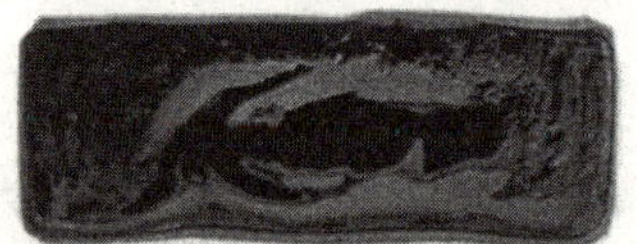

俯视图

后视图

立体图

本专利附图

北京市第一中级人民法院
行政判决书

（2009）一中行初字第 1392 号

原告沈荣方，男，1964 年 11 月 8 日出生，汉族，住浙江省湖州市吴兴区织里镇晟舍南路 150 号。

委托代理人吕星华，北京市嘉铭律师事务所律师。

被告国家知识产权局专利复审委员会，住所地北京市海淀区北四环西路 9 号银谷大厦 10~12 层。

法定代表人廖涛，副主任。

委托代理人吴大章，男，国家知识产权局专利复审委员会工作人员。

委托代理人程强，男，国家知识产权局专利复审委员会工作人员。

第三人沭阳县新鑫玻璃工业品有限公司。

原告沈荣方不服被告国家知识产权局专利复审委员会作出的第 12962 号无效宣告请求审查决定（以下简称第 12962 号决定），向本院提起行政诉讼。本院受理后，依法组成合议庭，在法定期限内向被告送达了起诉书副本及应诉通知书。依照《中华人民共和国行政诉讼法》第二十七条的规定，本院通知沭阳县新鑫玻璃工业品有限公司作为第三人参加诉讼，并于 2009 年 7 月 10 日公开开庭审理了本案。原告的委托代理人吕星华，被告的委托代理人吴大章、程强到庭参加了诉讼。经本院合法传唤，沭阳县新鑫玻璃工业品有限公司未到庭参加诉讼。本案现已审理终结。

2009 年 1 月 22 日，被告作出第 12962 号决定。该决定认为，名称为“玻璃马赛克（6）”的 200730115162. 0 号外观设计专利权（以下简称本专利）不符合《中华人民共和国专利法实施细则》（以下简称《专利法实施细则》）第二条第三款的规定。故决定宣告本专利权全部无效。

在法定举证期限内，被告向本院提交了下列证据：（1）本专利授权公告文本；（2）口头审理记录表；（3）《中华人民共和国国家标准 GB/T7697—1996 玻璃马赛克》（即第 12962 号决定中的附件 1，以下简称附件 1）封面、封底、第 1~6 页的复印件共 8 页；（4）中国建筑玻璃与工业玻璃协会饰面玻璃专业委员会出版，1994 年 12 月第 1 版《玻璃马赛克生产技术》（即第 12962 号决定中的附件 2，以下简称附件 2）封面、出版信息页、第 6~8 页和第 23 页的复印件共 6 页。上述证据用以证明第 12962 号决定认定事实清楚、适用法律正确、审理程序合法。

原告诉称：（1）被告认定事实不清，作出的第 12962 号决定完全不符合事实真相。附件 2 编于 1994 年，当时玻璃马赛克的生产技术尚属起步阶段，其使用的生产方法与本专利完全不同。原告经过长时间研究，对传统辊压式成型方法作了重大改革，发明单个灌冲模压式的成型方法生产的本专利产品，附件 2 中的产品与本专利产品不具有可比性。（2）被告作出第 12962 号决定程序违法。在口头审理中，第三人提交附件 2 第 161 页作为证据，证明本专利是由质量问题造成的。这一观点在口头审理前并未提出过，该证据亦超过举证期限。被告对此不应予以考虑。但被告采信该证据并将其作为作出第 12962 号决定的主要依据，严重侵害原告的合法权益，使原告没有时间组织相应的反驳证据，属行政行为违法。综上所述，被告作出的第 12962 号决定认定事实不清，程序违法，请求法院判决撤销该决定。

在法定举证期限内，原告为支持自己的诉讼主张，除向本院提交了与被告证据 2 相同的证据外，还提交了中国建筑玻璃与工业玻璃协会饰面玻璃专业委员会 2009 年 5 月 23 日出具的关于沈荣方玻璃马赛克专利产品的鉴定意见。在本院庭审中，出具上述鉴定意见的专家组成员陆万顺、冯明良作为原告方的证人出庭就本专利与附件 2 的有关技术问题陈述了意见。

被告辩称：(1) 我委仍坚持第 12962 号决定中关于本专利不属于新设计的结论及具体的理由。原告所称的制作改良玻璃马赛克产品的具体工艺并非外观设计专利保护的对象。(2) 第三人提交附件 2 第 161 页虽未在举证期限内提交，但该资料系证明公知常识的证据，且在口头审理中已经充分展开辩论，被告采信该证据符合《审查指南》第四部分第四章第 4.3.1 节的规定，并无不当。综上所述，第 12962 号决定认定事实清楚，适用法律正确，审理程序合法，请求法院判决予以维持。

第三人未向本院陈述意见，亦未向本院提交证据。

在本院审理中，本院依职权向被告调取了第三人的无效宣告请求书、附件 2 的第 161 页，用以查明第三人提出无效宣告请求的具体理由，以及第三人主张公知常识的内容。

经庭审质证，原告、被告均对证据发表了充分的质证意见。本院经审查认为，被告提交的证据与第 12962 号决定有关，且符合证据合法性的要求，能够证明本案的相关事实。本院对上述证据均予以采纳。原告提交的与被告相同的证据，本院不再重复评述。原告提交的鉴定意见以及原告方两名证人出庭所作的证言，针对的是本专利采用的灌充模压生产工艺与附件 2 采用的辊压式生产工艺存在的区别及其产生的不同技术效果的问题，该问题与本专利是否符合《专利法实施细则》第二条第三款规定没有关联性，本院对上述证据不予采纳。

根据上述经确认的有效证据以及当事人当庭无争议的陈述，本院认定事实如下：

2007 年 4 月 25 日，原告向国家知识产权局提出名称是“玻璃马赛克（6）”的外观设计专利申请。2008 年 4 月 16 日，国家知识产权局授权其专利权，即本专利。

2008 年 7 月 30 日，第三人以本专利不符合《专利法》第二十三条和《专利法实施细则》第二条第三款的规定为由，向被告提出无效宣告请求，并提交了包括附件 1、2 在内的 4 份证据。

被告受理了上述无效宣告请求，并进行了转文。在被告指定的期限内，原告未提交答复意见。

2008 年 8 月 20 日，第三人向被告提交了意见陈述书，并就其在本专利申请日之前生产玻璃马赛克的事实补充提交了 4 组证据。

2008 年 10 月 21 日，被告举行了口头审理。双方均委托代理人参加了口头审理。在口头审理中，第三人当庭提交所有证据原件。原告经核实对原件与复印件的一致性没有提出异议。第三人在口头审理中引证了附件 1 第 91 页第 4~6 行、第 92 页第 5~7 行记载的内容和附件 2 第 161 页记载的内容，用于支持其关于“本专利的正方形是基本的几何形状，其外表的皱纹是马赛克生产过程中的工艺导致的，纹路是由于温差大造成的缺陷，其形状是随机”的主张。原告则认为：工业产品是指能够通过工艺方法生产的产品，本专利是能通过工艺方法生产的。本专利的水波纹不是由于缺陷造成的。同时，原告当庭提交了本专利产品实物。针对第三人提出的《专利法》第二十三条的无效宣告请求理由，双方当事人就第三人提交的证据进行了质证，并就第三人主张的有关事实能否成立进行了辩论。

被告经审查认为，第三人提交的附件 1 是《中华人民共和国国家标准 GB/T7697—1996 玻璃马赛克》封面、封底、第 1~6 页的复印件，在口头审理时提交了原件。原告对其真实性没有提出异议。该证据的封面有“国家技术监督局发布”“1996-03-26 发布”的字样，其出版日期为 1996 年 3 月 26 日，在本专利的申请日之前，属于本专利申请日之前的公开出版物。附件 2 是《玻璃马赛克生产技术》封面、出版信息页、第 6~8 页和第 23 页的复印件。原告对其真实性没有提出异议。被告对附件 2 予以采纳。经查，该证据由中国建筑玻璃与工业玻璃协会饰面玻璃专业委员会出版，第 1 版的出版日是 1994 年 12 月。附件 2 的出版日在本专利的申请日之前，属于本专利申请日之前的公开出版物。双方当事人在口头审理中，就附件 2 第 161 页记载的有关内容进行了辩论，被告对此予以考虑。

针对第三人提出的《专利法实施细则》第二条第三款的无效理由，被告经审查认为，《专利法实施细则》第二条第三款规定，外观设计是指对产品的形状、图案或者其结合以及色彩与形状、图案的结合所作出的富有美感并适合于工业应用的新设计。

本专利授权公告文本有 7 幅视图，即主视图、左视图、右视图、俯视图、仰视图、后视图和立体图。从视图可知，本专利为规则的正方形块状，有六个表面，每一个表面都具有近似水波纹的不规则纹理。(详见本专利附图)

附件 1 第 1 页记载："3 规格尺寸玻璃马赛克一般为正方形"。附件 2 记载的内容有："目前国内生产最为流行的规格是 20×20mm、25×25mm 二种……形状为正方、正方形"（见附件 2 第 6 页倒数第 2~7 页第 2 行)，"58. 玻璃马赛克表面产生皱纹的原因是什么？怎么解决？答：产生皱纹的原因有以下几方面（1）成型辊表面加工精度不够，比较粗糙。(2) 成型辊使用几天后，被氧化、腐蚀，已凹凸不平、不光洁。(3) 玻璃液的温度与成型辊表面的温度相差太大，亦就是玻璃液温度偏高，成型辊表面温度偏低，双方一接触，造成快速收缩，产生皱纹。(4) 玻璃液的料性较长，料中的砂状偏少、分布也不够均匀"(见附件 2 第 161 页第 6~14 行)。

上述证据证明了一个工艺中的常见现象，即常识内容：其表面形成皱纹是该产品表面具有的一种司空见惯的纹理，玻璃马赛克的正方形形状是该产品所属领域内的一种司空见惯的形状。从上述分析中，不难看出，本专利的正方形形状是该产品所属领域内的一种司空见惯的形状，其表面形成的皱纹是该产品表面具有的一种司空见惯的纹理。本专利不属于新设计，不符合《专利法实施细则》第二条第三款的规定。由于上述已经得出了本专利不符合专利法授权条件的结论，被告对第三人提出的其他无效宣告请求理由及其提交的其他证据未再予以评述。

基于上述的事实和理由，被告于 2009 年 1 月 22 日作出第 12962 号决定，宣告本专利权全部无效。原告不服该决定，向本院提起行政诉讼。

本院认为：第三人在提出无效宣告请求时，提交了附件 2 的封面、出版信息页以及第 6~8、23 页复印件作为证据。其在口头审理中，以该证据第 161 页的相关内容作为支持其主张的公知常识性证据，属于《审查指南》第四部分第三章第 4. 3. 1 节规定的不受一个月举证期限限制的例外情形，被告采纳该证据符合上述规章的规定。原告关于第三人提交附件 2 第 161 页已经超过一个月举证期限，不应采用的诉讼主张，缺乏法律依据，本院不予支持。附件 2 系由中国建筑玻璃与工业玻璃协会饰面玻璃专业委员会出版，该书出版信息页记载的出版日是 1994 年 12 月，在本专利申请日前，属于专利法意义上的公开出版物。原告关于中国建筑玻璃与工业玻璃协会不具有出版发行的资质，不能认定附件 2 为公开出版物的诉讼主张，缺乏事实和法律依据，本院亦不予支持。

根据《专利法实施细则》第二条第三款的规定，外观设计是指对产品的形状、图案或者其结合以及色彩与形状、图案的结合所作出的富有美感并适合于工业应用的新设计。本专利请求保护的外观设计是玻璃马赛克。本专利授权公告文本中的七幅视图所示的玻璃马赛克的形状为规则的正方形块状，其六个表面都具有近似水波纹的纹理。根据本领域的公知常识，正方形块状是玻璃马赛克采用的一种较为常见的形状，其表面形成的纹理是该类产品制造过程中产生的客观现象，不属于《专利法实施细则》第二条第三款规定的"新设计"。被告据此作出第 12962 号决定，宣告本专利权全部无效正确，本院应予支持。原告关于本专利采用的生产工艺不同于传统工艺，不会产生传统产品的皱纹，符合《专利法实施细则》第二条第三款规定的诉讼意见，依据不足，本院不予采信。综上所述，被告作出的第 12962 号决定认定事实清楚，适用法律正确，程序合法，本院应予维持。原告的诉讼理由均不能成立，其诉讼请求本院不予支持。据此，依照《中华人民共和国行政诉讼法》第五十四条第（一）项的规定，判决如下：

维持被告国家知识产权局专利复审委员会于二〇〇九年一月二十二日作出的第 12962 号无效宣告

请求审查决定。

案件受理费 100 元，由原告沈荣方负担（已交纳）。

如不服本判决，可在本判决书送达之日起 15 日内，向本院递交上诉状，并按对方当事人人数提出副本，预交上诉案件受理费 100 元，上诉于北京市高级人民法院。上诉人在上诉期限内未预交上诉案件受理费，又不提出缓交申请的，按自动撤回上诉处理。

审 判 长 张 杰
代理审判员 何君慧
代理审判员 殷 悦
二〇〇九年九月十八日
书 记 员 李 智

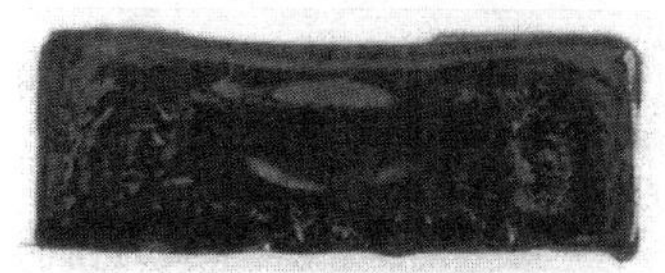

仰视图

右视图

主视图

左视图

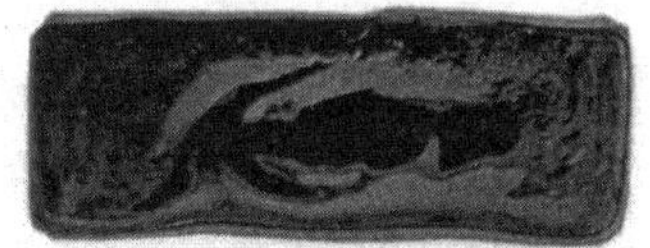

俯视图

后视图

立体图

本专利附图

128

送纬剑壳体酚醛布板

无效宣告请求审查决定（第12968号）

决　　定　　号　第12968号
决　　定　　日　2009年3月2日
发明创造名称　送纬剑壳体酚醛布板
外观设计分类号　15-06
无 效 请 求 人　无锡明盛纺织机械有限公司
专 利 权 人　虞放河
专　　利　　号　200730030030.8
申　　请　　日　2007年4月11日
授 权 公 告 日　2008年4月30日
合 议 组 组 长　张　凌
主　　审　　员　雷　婧
参　　审　　员　沙柏青

法 律 依 据　专利法第23条，专利法实施细则第2条第3款
决 定 要 点
本专利是送纬剑的一个零配件，属于具有独立使用价值的产品；附件1所示包装盒中的文字说明内容仅能确定该生产厂家联合专利研发其产品的时间是自2005年开始，但无法确定多家厂方使用其产品的时间是否在本专利的申请日以前。

一、案由

本无效宣告请求涉及的是国家知识产权局于2008年4月30日授权公告的、专利号为200730030030.8的外观设计专利，其产品名称为“送纬剑壳体酚醛布板”，申请日为2007年4月11日，专利权人为虞放河。

针对上述外观设计专利权（下称本专利），无锡明盛纺织机械有限公司（下称请求人）于2008年11月21日向专利复审委员会提出无效宣告请求，其理由是：本专利不具有独立使用价值，故不属于外观设计专利保护的客体，不符合专利法实施细则第2条第3款的规定；由附件1中所示的包装盒照片可知，本专利在其申请日以前在国内公开使用过，因此不符合专利法第23条的规定。同时，请求人提交了如下附件作为证据：

附件1：无锡市洛社镇中纺纺织机械配件厂所产“四纺”牌GA系列剑杆外包装盒的照片2张，共1页。

请求人认为，本专利“送纬剑壳体酚醛布板”的颜色及图案均为酚醛布板所固有，“酚醛布板”为该构件所用原材料的名称，其与送纬剑壳体组合形成剑杆织机的配件一起销售和使用，其本身并不具有独立使用价值，故不属于外观设计专利保护的客体；附件1所示的包装盒上对“第二代四纺牌GA74剑杆头”的说明中写道：“从2005年联合有权威的纺机专家，研发第二代74型剑杆头经多家厂方使用证明，达到理想效果”，且该说明右下方所示的送纬剑所用布板与本专利的形状完全相同，即证明在2005年就有多家厂家使用了装配有此布板的剑杆头产品，这在国内构成了公开使用，故本专利不符合专利法第23条的规定。

经形式审查合格，专利复审委员会依法受理了上述无效宣告请求，并于2008年12月22日将无效宣告请求书及相关文件的副本转送专利权人，通知其在指定的期限内答复。

专利复审委员会成立合议组对本案进行审理，并于2009年1月16日向双方当事人发出口头审理通知书，定于2009年2月26日进行口头审理。针对请求人提交的无效宣告请求书及相关附件，专利权人逾期未答复。

口头审理如期举行，双方当事人均委托代理人出庭，双方对对方出庭人员的身份及资格均无异议，对合议组成员亦无回避请求。口头审理中，请求人提交了附件1所示的包装盒实物，专利权人对其真实性无异议。关于专利法实施细则第2条第3款，请求人坚持其原有观点，专利权人认为本专利是一种易损的配件，可以单独销售；关于专利法第23条，请求人明确以包装盒上说明所述的日期（2005年）为公开日期，认为其中所述的“多家厂方使用证明”足以证明本专利在先已公开，专利权人认可该包装盒上所示的产品与本专利完全相同，但认为试用不属于公开使用。

在上述审理的基础上，合议组认为本案事实清楚，可以依法作出审查决定。

二、决定的理由

1. 法律依据

基于请求人提出无效宣告请求的理由，合议组依据专利法实施细则第2条第3款、专利法第23条的规定进行审理。

专利法实施细则第2条第3款规定：“专利法所称的外观设计，是指对产品的形状、图案或者其结合以及色彩与形状、图案的结合所作出的富有美感并适于工业应用的新设计。”

专利法第23条规定：“授予专利权的外观设计，应当同申请日以前在国内外出版物上公开发表过或者国内公开使用过的外观设计不相同和不相近似，并不得与他人在先取得的合法权利相冲突。”

2. 关于专利法实施细则第2条第3款

请求人认为本专利是剑杆织机的送纬剑杆的一个构件，其颜色及图案均为该构件所用原材料所固有，其须与送纬剑壳体组合形成剑杆织机的配件才能销售和使用，因此本专利不具有独立使用价值，不属于外观设计专利保护的客体。专利权人对此不予认可，认为本专利是送纬剑杆的一种易损配件，可以单独销售。

合议组认为，关于因不具有独立使用价值而不给予外观设计专利保护的客体，审查指南有如下具体规定：“对于由多个不同特定形状或图案的构件组成的产品，如果构件本身不能成为具有独立使用价值的产品，则该构件不属于外观设计专利保护的客体。”对于本专利“送纬剑壳体酚醛布板”而言，其是装配在剑杆织机上的送纬剑杆的一个零配件，具有独立的使用价值。因此，本专利不属于审查指南规定的上述情况，符合专利法实施细则第2条第3款的规定。

3. 关于专利法第23条

请求人提交附件1以证明本专利不符合专利法第23条的规定，该附件为无锡市洛社镇中纺纺织机械配件厂所产“四纺”牌GA系列剑杆外包装盒的照片。口头审理时请求人提交了该附件所示包装盒的实物，专利权人对其真实性无异议，合议组经核实，附件1所示内容与实物一致，可以确认其真实性。

附件1所示包装盒的正面中部显示有文字“四纺牌剑杆头”及其产品图片，其左下方贴有对“第二代四纺牌GA74剑杆头”的文字说明和示意图，说明中写道：“从2005年联合有权威的纺机专家，研发第二代74型剑杆头经多家厂方使用证明，达到理想效果。”请求人认为，由上述说明可知2005年包装盒上图示的产品已经过多家厂方使用，由此可证明与图示产品相同的本专利在2005年已公开使用；专利权人认可该包装盒上所示的产品与本专利完全相同，但认为本专利经多方厂家的试用并不构成公开使用。

对此，合议组认为，根据附件1所示包装盒中的文字说明内容可得知，该产品的生产厂家从2005年起联合有关专家进行研发，并有多方厂家使用其产品，由此仅能确定该生产厂家联合专家研发其产品的时间是自2005年开始，而经研发成功的产品由多家厂方使用的时间是否在本专利的申请日（2007年4月11日）以前以及这些厂家的使用是否已构成向公众公开均无法确定。因此，请求人提交的附件1不能证明本专利在其申请日以前已公开使用，即不能证明本专利不符合专利法第23条的规定。

本专利符合专利法实施细则第2条第3款的规定，请求人提交的证据也不能证明本专利不符合专利法第23条的规定，因此请求人提出无效宣告请求的主张不成立。

三、决定

维持200730030030.8号外观设计专利权有效。

当事人对本决定不服的，可以根据专利法第46条第2款的规定，自收到本决定之日起三个月内向北京市第一中级人民法院起诉，根据该款规定，一方当事人起诉后，另一方当事人应当作为第三人参加诉讼。

129

LED 手电筒

无效宣告请求审查决定（第 12970 号）

决　　定　　号　第 12970 号
决　　定　　日　2009 年 3 月 5 日
发明创造名称　LED 手电筒
外观设计分类号　26-02
无效宣告请求人　沈渊琪
专　利　权　人　于　闯
专　　利　　号　200630099023.9
申　　请　　日　2006 年 11 月 14 日
授 权 公 告 日　2007 年 12 月 5 日
合 议 组 组 长　王霞军
主　　审　　员　钟　华
参　　审　　员　尹春霞
附　　　　　图　2 页

法　律　依　据　专利法第 9 条
决　定　要　点

在本专利申请日前提出申请并于其后授权的外观设计专利与本专利相近似，两者属于同样的发明创造，则本专利不符合专利法第 9 条的规定。

一、案由

本无效宣告请求涉及国家知识产权局于 2007 年 12 月 5 日授权公告的名称为“LED 手电筒”的 200630099023.9 号外观设计专利（下称本专利），其申请日为 2006 年 11 月 14 日，专利权人为于闯。

针对本专利，沈渊琪（下称请求人）于 2008 年 8 月 29 日向专利复审委员会提出无效宣告请求，其理由是：在本专利申请日前已经公开发表过与本专利相近似的外观设计，因此本专利不符合专利法第 23 条的规定；在本专利申请日前已经申请过与本专利相近似的外观设计，因此本专利不符合专利法第 9 条和专利法实施细则第 13 条第 1 款的规定。请求人同时提交证据：

证据 1：96317246.8 号外观设计专利公报；

证据 2：200530017255.0 号外观设计专利公报；

证据 3：02357775.4 号外观设计专利公报；

证据 4：200630112405.0 号外观设计专利公报。

经形式审查合格，专利复审委员会依法受理了上述无效宣告请求，并于2008年10月6日将无效宣告请求书及相关文件的副本转给专利权人，要求其在指定的期限内答复。

2008年9月28日，请求人提交了意见陈述书，补充提交了如下证据（编号续前）：

证据5：417023号美国外观设计专利公报；

证据6：451224号美国外观设计专利公报；

证据7：481147号美国外观设计专利公报；

证据8：512525号美国外观设计专利公报。

2008年11月4日，专利权人提交了意见陈述书，认为：手电筒的筒体、喇叭状灯头和开关位置在本领域为公知技术。首先，圆柱形的筒体是由于常见的5号、7号电池均为圆柱形，同时也节省外壳的材料。筒体表面设置各种压花，是起防滑作用，其中又以网格压花最易生产而得到广泛使用。其次，与筒体相接的前端灯头，其内部需要对应发光体设置反光碗，故外形通常设计为喇叭状。最后，按钮的位置，考虑到方便操控，均设置于筒体表面接近灯头位置。因此手电筒的设计更多体现于灯头尾盖及整体设计所带来的美感差异。经列图详细比较后专利权人认为证据1~4所记载的外观设计均与本专利不相同且不相近似。

专利复审委员会于2009年1月8日向双方当事人发出口头审理通知书，定于2009年2月19日举行口头审理，同时将上述请求人提交的意见陈述书及所附证据转送给专利权人，将上述专利权人提交的意见陈述书转送给请求人。

口头审理如期举行，请求人委托代理人参加了本次口头审理，专利权人缺席本次口头审理。在口头审理中，请求人明确放弃专利法实施细则第13条第1款的无效宣告理由，就本专利与证据1至证据8所示外观设计与本专利的相近似性进行了充分的意见陈述，并指认证据1和证据4所记载的外观设计与本专利最为接近。

至此，合议组认为本案事实已经调查清楚，可以作出如下审查决定。

二、决定的理由

1. 法律依据

专利法第9条规定：两个以上的申请人分别就同样的发明创造申请专利的，专利权授予最先申请的人。

审查指南第四部分第七章第1节规定：专利法第9条和专利法实施细则第13条第1款所述的“同样的发明创造”，对于外观设计而言，是指外观设计相同或者相近似。

2. 证据的认定

证据4为我国外观设计专利公报，专利权人对其真实性未提出异议，经过合议组核实，证据4的内容真实，可以作为本案的定案依据。

3. 本专利是否符合专利法第9条的规定

证据4所记载了专利号为200630112405.0号外观设计专利，其申请日为2006年6月27日，授权公告日为2007年4月18日，产品名称为“手电筒（HIDSD-10w）”其申请日早于本专利申请日2006年11月14日，故其上记载的外观设计专利属于能用于评价本专利是否符合专利法第9条的在先申请的外观设计（以下简称在先设计）。

本专利为手电筒的外观设计，在先设计也为手电筒的外观设计，两者所属产品的种类相同，因此可以进行外观设计近似性比较。

本专利为手电筒的外观设计，其筒体为圆柱形，表面有网格印花，网格印花上方有一小段均匀设置的直条纹，筒体前端与喇叭状灯头连接，筒体后端连接着表面有竖条纹的尾盖。筒体前端接近喇叭状灯头处设置有圆形突起按钮。喇叭状灯头向前延伸出一短圆柱形，该短圆柱形的表面间隔设置有 3 条直条形凹凸纹，顶端向前突出一圈（详见本专利附图）。

在先设计也为手电筒的外观设计，其筒体为圆柱形，表面有网格印花，筒体前端与喇叭状灯头连接，筒体后端连接着两级台阶式尾盖，尾盖下表面中央有一近似葫芦形图案。筒体前端接近喇叭状灯头处设置有椭圆形按钮。喇叭状灯头向前延伸出一短圆柱形，该短圆柱形的表面均匀设置有直条凹凸纹，顶端向前突出两圈（详见在先设计附图）。

将本专利与在先设计对比，两者的整体形状及各部件之间的比例近似，筒体表面均设置网格花纹近似，按钮设置位置近似，喇叭形灯头形状近似，喇叭形灯头均向前延伸出一短圆柱形，该圆柱形表面均设置有直条凹凸纹，顶端均向前突出。两者的主要不同之处在于：本专利筒体网格印花上方有一小段均匀设置的直条纹，在先设计对应位置无此设计；两者喇叭状灯头向前延伸出的短圆柱形的表面间隔设置有 3 条直条形凹凸纹，顶端向前突出一圈，在先设计喇叭状灯头向前延伸出的短圆柱形的表面均匀设置有直条凹凸纹，顶端向前突出两圈；两者的尾盖不同；两者的按钮不同。对此，合议组认为：上述区别均属于局部的细微差别，不足以对产品的整体视觉效果产生显著的影响，因此本专利与在先设计构成相近似的外观设计，两者属于同样的发明创造，本专利不符合专利法第 9 条的规定。

专利权人在意见陈述书中强调本专利与各证据所示手电筒的筒体、喇叭状灯头和开关位置在本领域为公知技术，手电筒的设计更多体现于灯头尾盖及整体设计所带来的美感差异。对此，合议组认为，圆柱形筒体、喇叭状灯头和靠近灯头的按钮设计确实是手电筒中司空见惯的设计，但手电筒的整体形状、各部件的形状及各部件之间的比例关系的形状、表面花纹可以有诸多变化。在外观设计近似性判断中应遵循整体观察、综合判断的原则，判断两者的差别对整体视觉效果的影响。本专利与在先设计不仅均采用了表面设置网格花纹的圆柱形筒体、喇叭状灯头及接近灯头设置有按钮，而且手电筒的整体形状和各部件之间的比例关系近似，两者给一般消费者以整体相似的视觉效果。

鉴于上述评述已经得出本专利不符合授权条件的结论，合议组对请求人提出的其他理由和证据不再予以评述。

三、决定

宣告 200630099023.9 号外观设计专利权全部无效。

根据专利法第 46 条第 2 款的规定，当事人对本决定不服的，自收到本决定之日起三个月内向北京市第一中级人民法院起诉，根据该款规定，一方当事人起诉后，另一方当事人应当作为第三人参加诉讼。

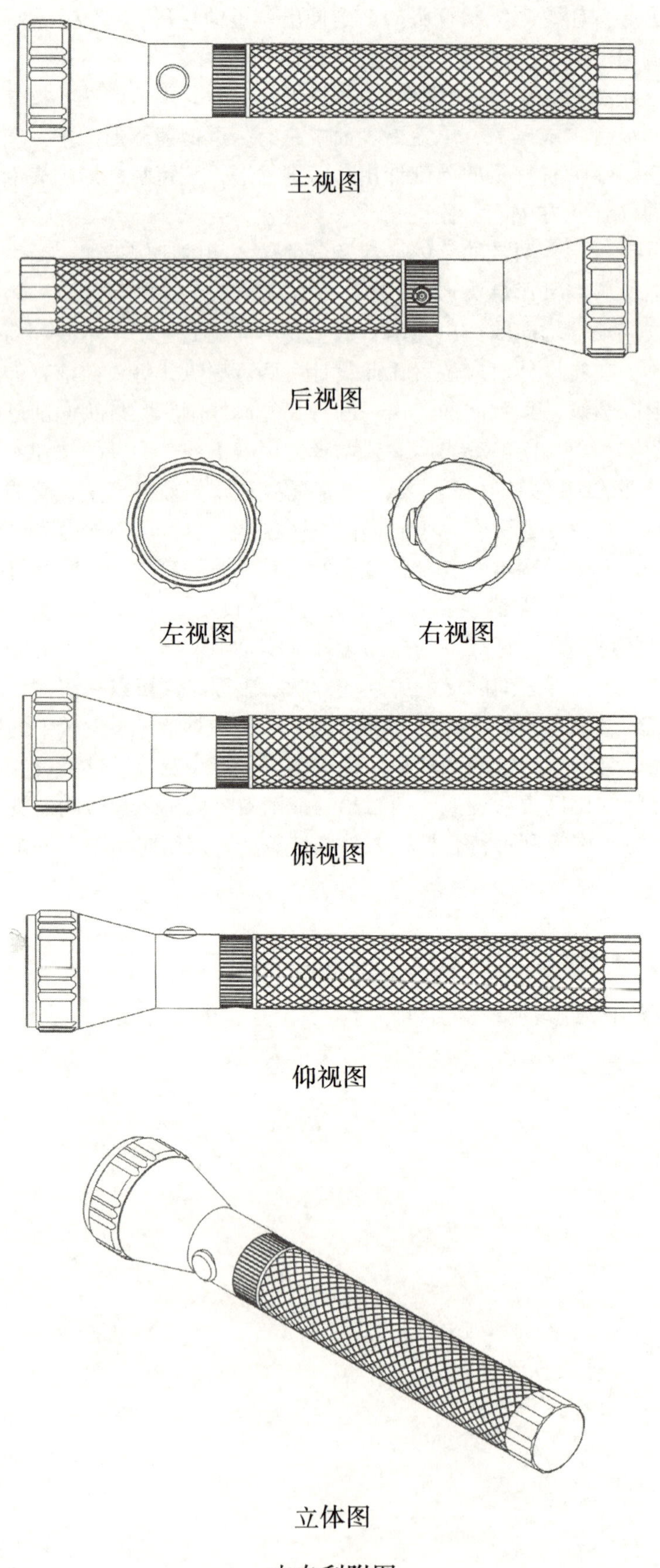

本专利附图

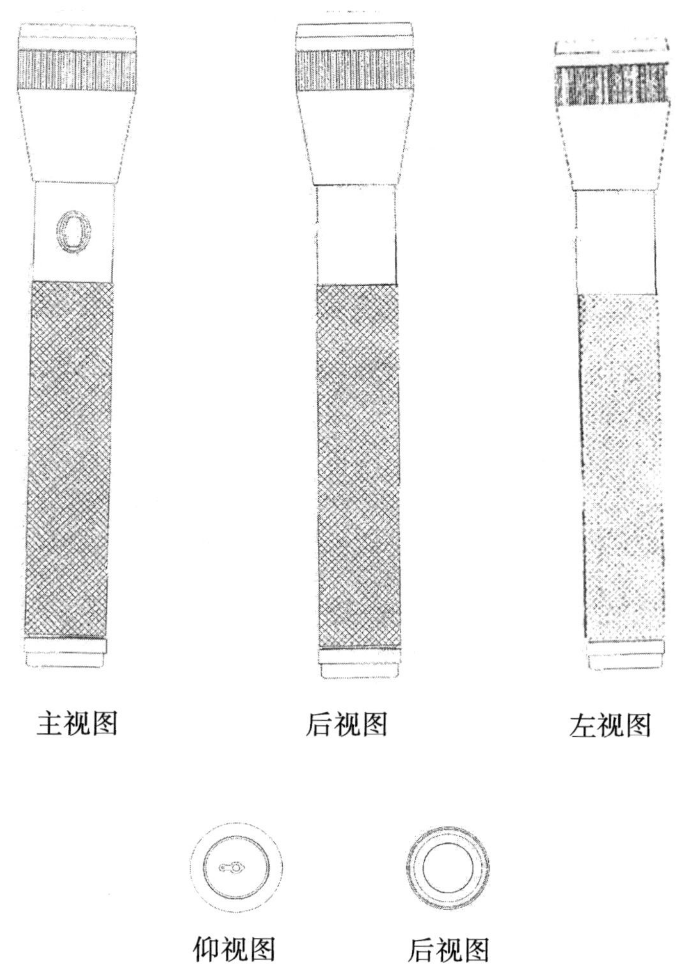

主视图　　后视图　　左视图

仰视图　　后视图

在先设计附图

130

包　装　袋

无效宣告请求审查决定（第 12972 号）

决　　定　　号　第 12972 号
决　　定　　日　2009 年 3 月 5 日
发明创造名称　包装袋
外 观 分 类 号　09-05
无效宣告请求人　广州爱儿健婴童用品有限公司
专　利　权　人　陈光照
专　　利　　号　02329404.3
申　　请　　日　2002 年 5 月 24 日
授 权 公 告 日　2002 年 11 月 20 日
合 议 组 组 长　吴赤兵
主　　审　　员　钱亦俊
参　　审　　员　周　佳

法 律 依 据　专利法第 23 条，专利法实施细则第 2 条第 3 款、第 65 条第 3 款、第 66 条
决 定 要 点

请求人提出的“本专利不是新设计，不符合实施细则第 2 条第 3 款的规定”的无效宣告请求的理由是在口头审理庭审中，即属于无效宣告请求提出一个月后提出的理由，根据专利法实施细则第 66 条规定，对该理由专利复审委员会不予考虑。

根据专利法实施细则第 65 条第 3 款的规定，请求人以与在先权利相冲突为由提起无效宣告请求的，应当提交与在先权利相冲突的生效判决或决定，否则该理由不予受理。

一、案由

本无效宣告请求涉及的是国家知识产权局于 2002 年 11 月 20 日授权公告的，名称为“包装袋”的外观设计专利（下称本专利），其申请号是 02329404.3，申请日是 2002 年 5 月 24 日，专利权人是陈光照。

针对本专利权，广州爱儿健婴童用品有限公司（下称请求人）于 2007 年 12 月 18 日向专利复审委员会提出无效宣告请求，其理由是：本专利与请求人受让的在先获得商标专用权的第 1637428 号商标图案完全一致，本专利与请求人在先取得的注册商标权相冲突，不符合专利法第 23 条的规定，请求宣告本专利无效。与此同时，请求人提交了如下附件作为证据：

附件 1：请求人企业法人营业执照副本复印件一页；

附件 2：第 1637428 号商标注册证复印件两页；

附件 3：注册商标变更证明复印件一页；

附件 4：核准商标转让证明复印件一页；

附件 5：本专利证书复印件及电子公告信息两页。

专利复审委员会经形式审查合格受理了该无效宣告请求。于 2008 年 5 月 14 日将请求书及上述证据材料副本转送给专利权人，要求其在指定期限内答复。

针对上述无效宣告请求，专利权人于 2008 年 6 月 10 日提交意见陈述认为：本专利是关于产品的设计，商标是标志，二者是完全不同的概念；专利权人使用的产品是包装袋，并未使用在请求人商标核准的商品范围内，未造成商标侵权，并附本专利证书和专利权人的第 3047695 号商标注册证。

2008 年 8 月 15 日，专利复审委员会将上述意见陈述转送请求人，要求其在指定期限内答复。同时，向双方当事人发出口头审理通知书，告知当事人本案将于 2008 年 10 月 16 日在专利复审委员会举行口头审理。后因故改为 2008 年 11 月 25 日举行，并于 2008 年 9 月 10 日再次发出口头审理通知书。

口头审理如期举行，双方当事人均由代理人出席口头审理。请求人当庭提交了上述附件 1~4 的原件，请求人当庭再次确认本案无效宣告请求的理由是针对专利法第 23 条的权利冲突，即本专利与在先取得的商标权相冲突，不符合专利法第 23 条的规定。另外，请求人提出本专利不是新设计，不符合专利法实施细则第 2 条第 3 款的规定。合议组当庭告知请求人，关于第 2 条第 3 款的理由属于无效宣告请求日提起一个月以后提出的新理由，根据实施细则及审查指南相关规定不予考虑；另外，根据专利法实施细则第 65 条第 3 款的规定，请求人以与在先权利相冲突为由提起无效宣告请求的，应当提交与在先权利相冲突的处理决定或判决，否则该理由将不予受理。

至此，合议组认为本案事实清楚，可以依法作出审查决定。

二、决定的理由

根据请求人提出的无效宣告请求的理由和证据合议组对本案进行了审理。

请求人提出的无效宣告请求的理由是：本专利与请求人受让的在先获得商标专用权的第 1637428 号商标图案完全一致。因此，本专利与请求人在先取得的注册商标权相冲突，不符合专利法第 23 条的规定；在口头审理中，请求人又提出本专利不是新设计，不符合专利法实施细则第 2 条第 3 款的规定。

1. 关于专利法实施细则第 2 条第 3 款的理由

专利法实施细则第 2 条第 3 款规定："专利法所称外观设计，是指对产品的形状、图案或者其结合以及色彩与形状、图案的结合所作出的富有美感并适于工业应用的新设计。"

专利法实施细则第 66 条规定："在专利复审委员会受理无效宣告请求后，请求人可以在提出无效宣告请求之日起 1 个月内增加理由或者补充证据。逾期增加理由或者补充证据的，专利复审委员会可以不予考虑。"

由于请求人提出的"本专利不是新设计，不符合专利法实施细则第 2 条第 3 款的规定"的无效宣告请求的理由是在口头审理庭审中，即属于无效宣告请求提出一个月后提出的理由，根据专利法实施细则第 66 条规定，对该理由专利复审委员会不予考虑。

2. 关于专利法第 23 条的理由

专利法第 23 条规定："授予专利权的外观设计，应当同申请日以前在国内外出版物上公开发表过或者国内公开使用过的外观设计不相同和不相近似，并不得与他人在先取得的合法权利相冲突。"

专利法实施细则第 65 条第 3 款规定："以授予专利权的外观设计与他人在先取得的合法权利相冲

突为理由请求宣告外观设计专利权无效，但是未提交生效的能够证明权利冲突的处理决定或者判决的，专利复审委员会不予受理。”

请求人主张本专利与请求人在先取得的注册商标权相冲突，但未提交能够证明权利冲突的相关处理决定或判决。根据专利法实施细则第 65 条第 3 款的规定，该理由属于不应受理范围。

综上所述，请求人提交的证据不能证明其无效宣告请求的理由。

三、决定

维持 02329404.3 号外观设计专利权有效。

当事人对本决定不服的，可以根据专利法第 46 条第 2 款的规定，自收到本决定之日起三个月内向北京市第一中级人民法院起诉。根据该款的规定，一方当事人起诉后，另一方当事人应当作为第三人参加诉讼。

131

宠物头部护罩（B）

无效宣告请求审查决定（第 12973 号）

决　　定　　号　第 12973 号
决　　定　　日　2009 年 3 月 6 日
发明创造名称　宠物头部护罩（B）
外观设计分类号　30-01
无效宣告请求人　绍兴波波宠物用品厂
专 利 权 人　蔡　彬
专　　利　　号　200530108044.8
申　　请　　日　2005 年 9 月 6 日
授 权 公 告 日　2006 年 7 月 12 日
合 议 组 组 长　吴赤兵
主　　审　　员　李巍巍
参　　审　　员　尹春霞
附　　　　图　2 页

法 律 依 据　专利法第 23 条
决 定 要 点

从整体视觉观察，二者侧边是否镶有粗边条，重叠处内是否有密布圆点设计相对于整体外观设计而言属于细微差别，虽然在先设计是通过扣合钉使护领两端重叠，而本专利是通过其他方式使护罩重叠，但其重叠后的整体视觉效果是基本相同的，因此，上述差别不足以对整体视觉效果产生显著影响，一般消费者容易产生误认、混同，二者应属于相近似的外观设计。

一、案由

本无效宣告请求涉及 2006 年 7 月 12 日国家知识产权局授权公告的 200530108044.8、名称为“宠物头部护罩（B）”的外观设计专利（下称本专利），申请日是 2005 年 9 月 6 日，专利权人是蔡彬。

针对本专利权，绍兴波波宠物用品厂（下称请求人）于 2008 年 9 月 27 日向专利复审委员会提出无效宣告请求，其理由是本专利权的授予不符合专利法第 23 条和专利法实施细则第 13 条第 1 款的规定。同时，请求人提交了如下附件作为证据：

附件 1：USD506296S 号美国外观设计专利公报及中文译文复印件 7 页；

附件 2：200530108043.3 号外观设计专利著录项目及图片复印件 1 页。

请求人认为：本专利与附件 1 相比较，可知二者整体相同均为呈喇叭口的动物头部护罩（护领），侧面也有重叠部分，且重叠部分也是呈带有细孔的外观，尽管在该部分两者之间存在细微差别，但整体观察仍然可以认定二者为相近似的外观设计，因此本专利不符合专利法第 23 条的规定；附件 2 是与本专利在同日申请的，并且被授予专利权的外观设计专利，根据专利法、专利法实施细则及审查指南的相应规定，禁止对同样的发明创造授予多项专利权，因此本专利不符合专利法实施细则第 13 条第 1 款的规定。

经形式审查合格，专利复审委员会受理了该无效宣告请求，并于 2008 年 11 月 11 日将无效宣告请求书和证据的副本转送给专利权人，限其在指定期限内答复。并告知专利权人如逾期不答复，不影响专利复审委员会的审理。

专利权人逾期未答复。

2008 年 12 月 4 日，专利复审委员会向双方当事人发出合议组成员告知通知书，指出如对本案合议组人员有回避请求的，应于收到本通知之日起 7 天内提交书面请求书，逾期未答复，视为无回避请求。在规定的期限内双方当事人均未对合议组成员提出回避的请求。

在以上审理的基础上，本案合议组经合议，认为本案事实清楚，依法作出本审查决定。

二、决定的理由

1. 法律依据

请求人提出无效宣告请求的理由是本专利权的授予不符合专利法第 23 条和专利法实施细则第 13 条第 1 款的规定。

专利法第 23 条规定："授予专利权的外观设计，应当同申请日以前在国内外出版物上公开发表过或者国内公开使用过的外观设计不相同和不相近似，并不得与他人在先取得的合法权利相冲突。"

专利法实施细则第 13 条第 1 款规定："同样的发明创造只能被授予一项专利。"

基于请求人提出的无效宣告请求的理由和提交的证据，本案合议组首先依据专利法第 23 条的规定对本案进行审理。

2. 证据的认定

请求人提交的附件 1 是 USD506296S 号的美国外观设计专利公报及中文译文复印件，名称为"动物卫生护领"，申请日为 2003 年 5 月 12 日，优先权日为 2002 年 11 月 12 日，公告日为 2005 年 6 月 14 日，早于本专利申请日（2005 年 9 月 6 日），经合议组核实，该复印件所示内容属实，可确定其的真实性，该证据属于本专利申请日前的公开出版物，可作为认定本专利是否符合专利法第 23 条规定的依据。

附件 1 中公开了一种"动物卫生护领"的外观设计（下称在先设计），本专利是"宠物头部护罩"的外观设计，二者用途相同，属于类别相同的物品，可以将二者进行相同和相近似的比较。

3. 相同和相近似的比较

本专利所示外观设计为宠物头部护罩，其整体形状为圆台状，圆台的上圆面边缘、下圆面边缘及一侧边均镶有粗边条，护罩正面一个梯形重叠处密布圆点（详见本专利附图）。

在先设计所示外观设计为动物卫生护领，其整体形状为圆台状，圆台的上圆面边缘以及下圆面边缘均为镶粗边条，护领重叠处为 5 列、4 孔排列的扣合设计，沿护领内边缘有一圈等距排列的长形孔设计（详见在先设计附图）。

将本专利与在先设计相对比，二者整体形状均呈圆台状，圆台的上圆面边缘、下圆面边缘均镶有粗边条。二者主要不同点是：本专利护罩正面梯形重叠处内有密布圆点，一侧边镶有粗边条，在先设计无圆点、一侧侧边无镶边设计；在先设计重叠处内有扣合钉设计，本专利无；在先设计护领内边缘处有一圈等距排列的长形孔设计，本专利无。合议组认为：从整体视觉观察，二者侧边是否镶有粗条，重叠处内是否有图案设计相对于整体外观设计而言属于细微差别，虽然在先设计是通过扣合钉使护领两端重叠，而本专利是通过其他方式使护罩重叠，但其重叠后的整体视觉效果是基本相同的，因此，上述差别不足以对整体视觉效果产生显著影响，一般消费者容易产生误认、混同，二者应属于相近似的外观设计。

综上所述，本专利在申请日前已有与其相近似的外观设计在国外出版物上公开发表过，因此，本专利不符合专利法第 23 条的规定。

鉴于上述认定已得出本专利不符合专利法第 23 条所规定的授权条件的结论，本决定对请求人提出的其他理由和提交的其他证据不再予以评述。

三、决定

宣告 200530108044. 8 号外观设计专利权全部无效。

当事人对本决定不服的，可以根据专利法第 46 条第 2 款的规定，自收到本决定之日起三个月内向北京市第一中级人民法院起诉。根据该款的规定，一方当事人起诉后，另一方当事人应当作为第三人参加诉讼。

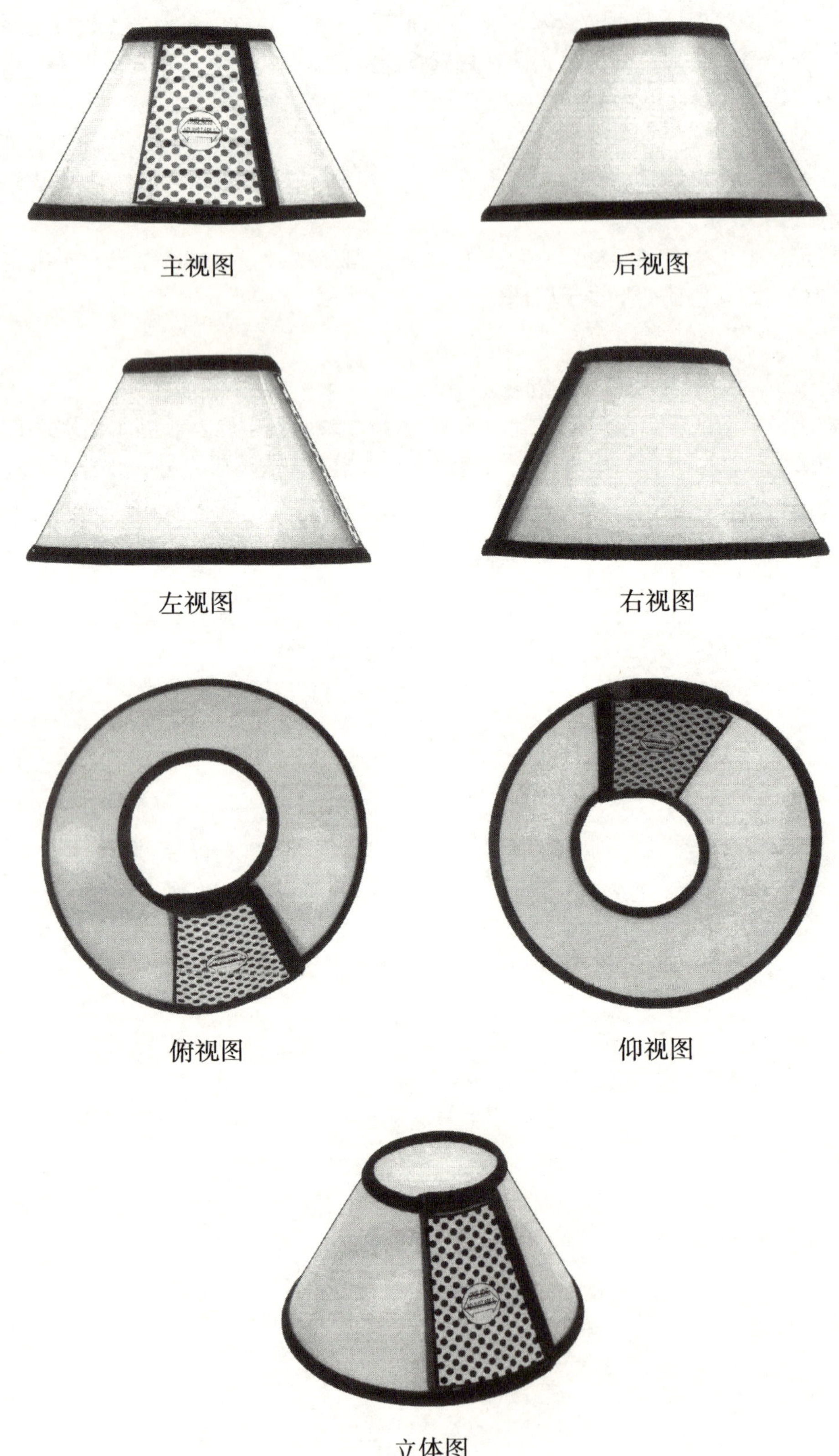

主视图　　后视图

左视图　　右视图

俯视图　　仰视图

立体图

本专利附图

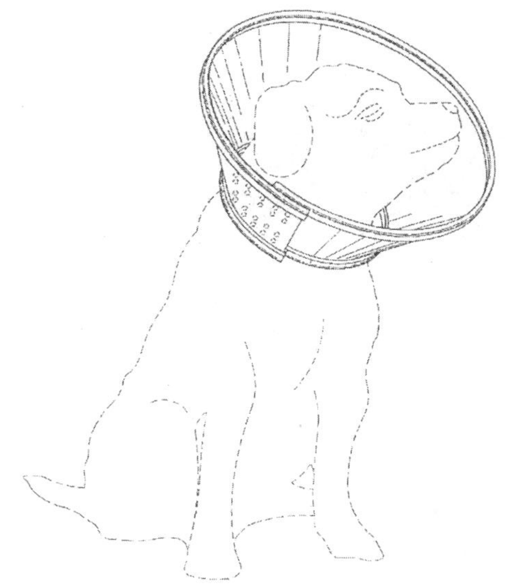

FIG. 1

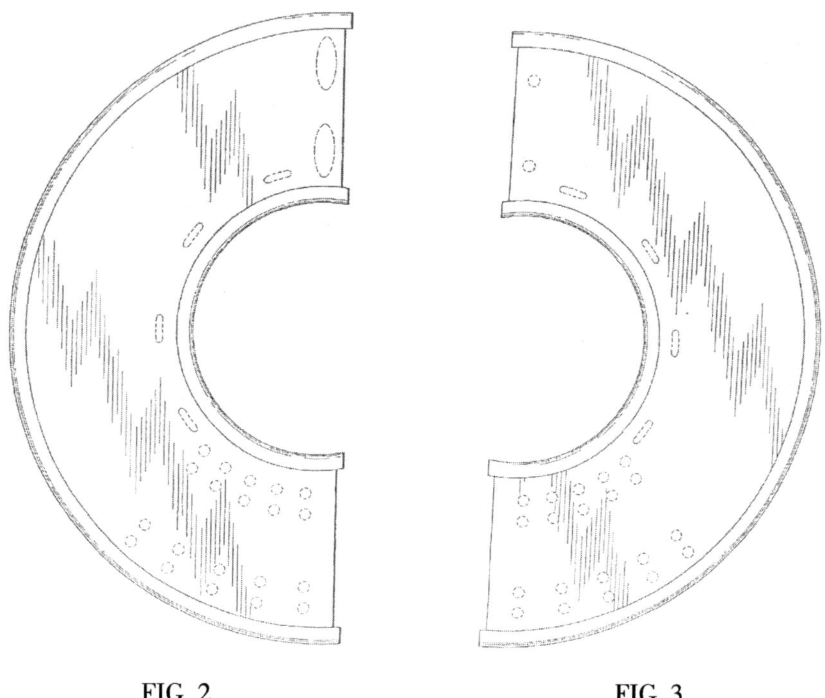

FIG. 2

FIG. 3

在先设计附图

132

宠物头部护罩（A）

无效宣告请求审查决定（第12974号）

决　　定　　号　第12974号
决　　定　　日　2009年3月6日
发明创造名称　宠物头部护罩（A）
外观设计分类号　30-01
无效宣告请求人　绍兴波波宠物用品厂
专　利　权　人　蔡　彬
专　　利　　号　200530108043.3
申　　请　　日　2005年9月6日
授权公告日　2006年8月23日
合议组组长　吴赤兵
主　　审　　员　李巍巍
参　　审　　员　尹春霞
附　　　　图　2页

法律依据　专利法第23条
决定要点

从整体视觉观察，二者护罩侧边是否镶有粗边条，重叠处内的扣合钉数量的多少，及其内是否有密布圆点设计相对于整体外观设计而言属于细微差别，该细微差别不足以对整体视觉效果产生显著影响，一般消费者容易产生误认、混同，因此二者应属于相近似的外观设计。

一、案由

本无效宣告请求涉及2006年8月23日国家知识产权局授权公告的200530108043.3、名称为“宠物头部护罩（A）”的外观设计专利（下称本专利），申请日是2005年9月6日，专利权人是蔡彬。

针对本专利权，绍兴波波宠物用品厂（下称请求人）于2008年8月26日向专利复审委员会提出无效宣告请求，其理由是本专利权的授予不符合专利法第23条和实施细则第13条第1款的规定。同时，请求人提交了如下附件作为证据：

附件1：USD506296S号美国外观设计专利公报及中文译文复印件7页；

附件2：200530108044.8号外观设计专利著录项目及图片复印件1页。

请求人认为：本专利与附件1相比较，可知二者整体相同均为呈喇叭口的动物头部护罩（护领），侧面也有重叠部分，且重叠部分也是呈带有细孔的外观，尽管在该部分两者之间存在细微差别，但整体观察仍然可以认定二者为相近似的外观设计，因此本专利不符合专利法第 23 条的规定；附件 2 是与本专利在同日申请的，并且被授予专利权的外观设计专利，根据专利法、专利法实施细则及审查指南的相应规定，禁止对同样的发明创造授予多项专利权，因此本专利不符合专利法实施细则第 13 条第 1 款的规定。

经形式审查合格，专利复审委员会受理了该无效宣告请求，并于 2008 年 9 月 11 日将无效宣告请求书和证据的副本转送给专利权人，限其在指定期限内答复。并告知专利权人如逾期不答复，不影响专利复审委员会的审理。

2008 年 10 月 16 日，专利权人向专利复审委员会提交了意见陈述书，专利权人认为，本专利宠物头部护罩面上的图案约占护罩表面积的四分之一，其余面显得十分光滑，图案上匀称分布三排每排三颗装饰钉盖，图案边侧的两条镶边粗而突出，护罩的弧边高。附件 1 与本专利区别很大，附件 1 的护领弧边较低；属单纯形状设计，缺少装饰图案；护领重叠处工艺孔为 5 列、4 孔的排列，用作扣合；护领外表面不光滑，面上有大量的细条纹，护领内沿的四个孔洞的作用不明，但足以影响其外观设计，为不相同也不相近似的外观设计。附件 2 是和本专利于同日申请的外观设计，虽然产品名称及用途相同，但两者的外观设计区别很大，附件 2 图案占护罩表面积的六分之一；没有装饰钉盖，两者的区别十分明显，消费者购买时容易区分，二者属于不相同也不相近似的外观设计。因此，应当维持本专利有效。

2008 年 12 月 4 日，专利复审委员会向双方当事人发出合议组成员告知通知书，指出如对本案合议组人员有回避请求的，应于收到本通知之日起 7 天内提交书面请求书，逾期未答复，视为无回避请求。在规定的期限内双方当事人均未对合议组成员提出回避的请求。

在以上审理的基础上，本案合议组经合议，认为本案事实清楚，依法作出本审查决定。

二、决定的理由

1. 法律依据

请求人提出无效宣告请求的理由是本专利权的授予不符合专利法第 23 条和专利法实施细则第 13 条第 1 款的规定。

专利法第 23 条规定：“授予专利权的外观设计，应当同申请日以前在国内外出版物上公开发表过或者国内公开使用过的外观设计不相同和不相近似，并不得与他人在先取得的合法权利相冲突。”

专利法实施细则第 13 条第 1 款规定：“同样的发明创造只能被授予一项专利。”

基于请求人提出的无效宣告请求的理由和提交的证据，本案合议组首先依据专利法第 23 条的规定对本案进行审理。

2. 证据的认定

请求人提交的附件 1 是 USD506296S 号的美国外观设计专利公报及中文译文复印件，名称为“动物卫生护领”，申请日为 2003 年 5 月 12 日，优先权日为 2002 年 11 月 12 日，公告日为 2005 年 6 月 14 日，早于本专利申请日（2005 年 9 月 6 日），经合议组核实，该复印件所示内容属实，可确定其的真实性，该证据属于本专利申请日前的公开出版物，可作为认定本专利是否符合专利法第 23 条规定的依据。

附件 1 中公开了一种“动物卫生护领”的外观设计（下称在先设计），本专利是“宠物头部护罩”的外观设计，二者用途相同，属于类别相同的物品，可以将二者进行相同和相近似的比较。

3. 相同和相近似的比较

本专利所示外观设计为宠物头部护罩。其整体形状为圆台状，圆台的上圆面边缘、下圆面边缘及一侧边镶有粗边条，护罩正面梯形重叠处有密布的圆点，其内为三列，三孔装饰钉盖设计（详见本专利附图)。

在先设计所示外观设计为动物卫生护领，其整体形状为圆台状，圆台的上圆面边缘以及下圆面边缘均为镶边粗条，护领重叠处为5列、4孔排列的扣合设计，沿护领内边缘有一圈等距排列的长形孔设计（详见在先设计附图)。

将本专利与在先设计相对比，二者整体形状均呈圆台状，圆台的上圆面边缘以及下圆面边缘均有镶边粗条，均在重叠处有扣合钉设计，二者重叠处的主要不同点是：本专利护罩正面梯形重叠处内有密布圆点，其一侧边缘有镶粗边条，在先设计无圆点设计，侧边无镶边；二者重叠处内扣合钉的数量不同；在先设计护领内边缘处有一圈等距排列的长形孔设计，本专利无。合议组认为：从整体视觉观察，二者护罩侧边是否镶有粗边条，重叠处内的扣合钉数量的多少，及其内是否有密布圆点设计相对于整体外观设计而言属于细微差别，该细微差别不足以对整体视觉效果产生显著影响，一般消费者容易产生误认、混同，因此，二者应属于相近似的外观设计。

综上所述，本专利在申请日前已有与其相近似的外观设计在国外出版物上公开发表过，因此，本专利不符合专利法第23条的规定。

鉴于上述认定已得出本专利不符合专利法所规定的授权条件的结论，本决定对请求人提出的其他理由和提交的其他证据不再予以评述。

三、决定

宣告200530108043.3号外观设计专利权全部无效。

当事人对本决定不服的，可以根据专利法第46条第2款的规定，自收到本决定之日起三个月内向北京市第一中级人民法院起诉。根据该款的规定，一方当事人起诉后，另一方当事人应当作为第三人参加诉讼。

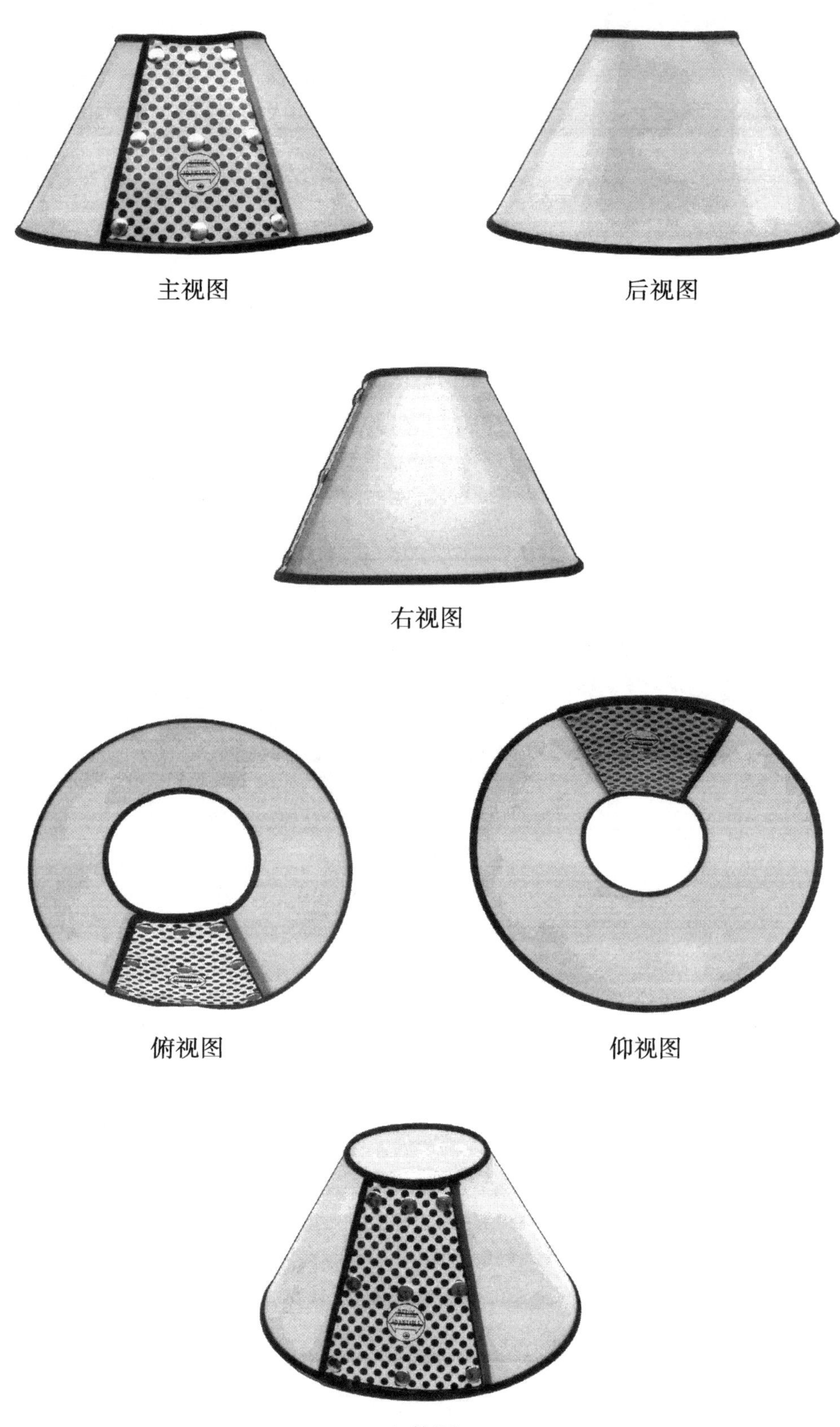

本专利附图

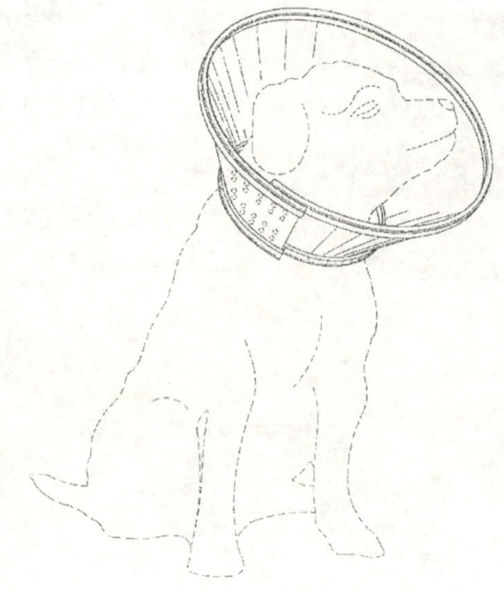

FIG. 1

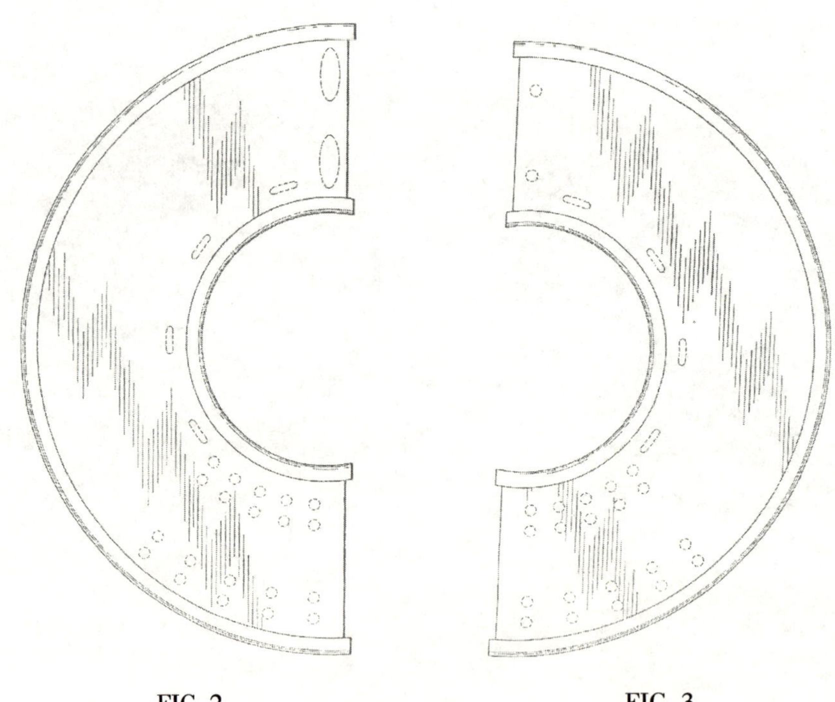

FIG. 2

FIG. 3

在先设计附图

133

管接头（倒顺丝牙）

无效宣告请求审查决定（第12975号）

决　　定　　号 第12975号
决　　定　　日 2009年3月6日
发明创造名称 管接头（倒顺丝牙）
外观设计分类号 23-01
无效宣告请求人 宁波宁兴金海水暖器材有限公司
专　利　权　人 乐秀江
专　　利　　号 200730113574.0
申　　请　　日 2007年4月4日
授权公告日 2008年3月5日
合议组组长 钟　华
主　　审　　员 王霞军
参　　审　　员 李巍巍
附　　　　　图 2页

法　律　依　据 专利法第23条
决　定　要　点

本专利与在先设计用途均为连接管道的产品，二者用途相同，产品种类近似，可以进行外观设计近似性比较。

在本专利申请日以前已有与其相近似的外观设计在出版物上公开发表过，本专利不符合中国专利法第23条的规定。

一、案由

本无效宣告请求涉及的是国家知识产权局于2008年3月5日授权公告的、名称为“管接头（倒顺丝牙）”的外观设计专利（下称本专利），其申请号是200730113574.0，申请日是2007年4月4日，专利权人是乐秀江。

针对本专利权，宁波宁兴金海水暖器材有限公司（下称请求人）于2008年9月12日向专利复审委员会提出无效宣告请求，其主要理由是：本专利与在先申请并已授权的外观设计专利相同或相近似，本专利不符合专利法第23条规定。与此同时，请求人提交了如下附件作为证据：

附件1：200530022462.5号外观设计专利公报复印件1页；

附件2：中华人民共和国城乡建设环境保护部部标准《采暖散热器系列参数螺纹及配件》复印件

4 页。

请求人认为虽然本专利与附件 1 两个产品被分配在不同的类别里，但二者都是水管接头，其功能相同。本专利与附件 1 产品都包括上下螺纹，中间腰部以及中心凹槽设计，二者完全相同。与附件 2 城乡建设环境保护部部标准中公开的一种对丝示意图相比形状也相近似，本专利不符合专利法第 23 条的规定，应宣告本专利全部无效。

经形式审查合格，专利复审委员会受理了此案，并于 2008 年 10 月 24 日将无效请求书及相关材料副本转送给专利权人。

专利复审委员会于 2008 年 12 月 4 日收到专利权人的意见陈述，专利权人认为：本专利产品中间（圆柱体）有一条十分明显加工后宽槽，而附件 1 产品中没有加工的宽槽，只有一条挫丝后的痕迹，且是一条绕圆柱体与两端面不平行的曲线。这条加工槽可以方便放置各种材料垫片而设计的，如果没有这条槽，垫片就不好放置，位置也不好固定。两个产品外观有区别。

专利复审委员会于 2008 年 12 月 29 日向双方当事人发出合议组成员告知通知书，在规定的期限内双方当事人均未提出合议组成员回避请求。

合议组认为本案事实清楚，可以依法作出审查决定。

二、决定的理由

基于请求人提出的无效宣告请求理由，合议组对本专利是否符合中国专利法第 23 条的规定进行审查。

专利法第 23 条规定：“授予专利权的外观设计，应当同申请日以前在国内外出版物上公开发表过或者国内公开使用过的外观设计不相同和不相近似，并不得与他人在先取得的合法权利相冲突。”

请求人提交的附件 1 是国家知识产权局于 2006 年 1 月 4 日授权公告的、申请号是 200530022462. 5、产品名称为“暖气片内钢对丝”的外观设计专利公报复印件，经合议组核实其真实性可以确认。该专利公开文本的公开日期早于本专利的申请日，属于专利法第 23 条规定的出版物，其上公开了一款暖气片内钢对丝的外观设计（下称在先设计）。本专利产品的用途是连接两根管道，而在先设计产品是连接暖气片内管道，故产品种类近似，用途相同，二者可进行相近似比较。

本专利授权公报公开了产品的 6 面视图和立体参考图，如图所示，本专利管接头整体形状为圆柱形，管口上下均为螺纹接头，中间位置留有一圈较宽的凹槽，凹槽前后对应位置分别有一向内近似于方形凸起。（详见本专利附图）。

在先设计公开了产品 3 幅视图和 1 幅立体图，简要说明记载省略后视图、右视图、仰视图。如图所示，在先设计管接头整体形状为圆柱形，管口上下均为螺纹接头，中间位置留有一圈略宽螺纹的凹槽，凹槽前后对应位置分别有一向内近似方形凸起（详见在先设计附图）。

将本专利与在先设计比较，二者整体形状基本相同，不同之处仅在于两者中间凹槽的宽度略有不同，但其差别很小，该差异不足以对整体外观设计产生显著的影响，从一般消费者的角度观察，二者应属于相近似的外观设计。

综上所述，在本专利申请日以前已有与其相近似的外观设计在出版物上公开发表过，本专利不符合专利法第 23 条的规定。

三、决定

宣告 200730113574. 0 号外观设计专利权全部无效。

当事人对本决定不服的，可以根据专利法第 46 条第 2 款的规定，自收到本决定之日起三个月内向北京市第一中级人民法院起诉。根据该款的规定，一方当事人起诉后，另一方当事人应当作为第三人参加诉讼。

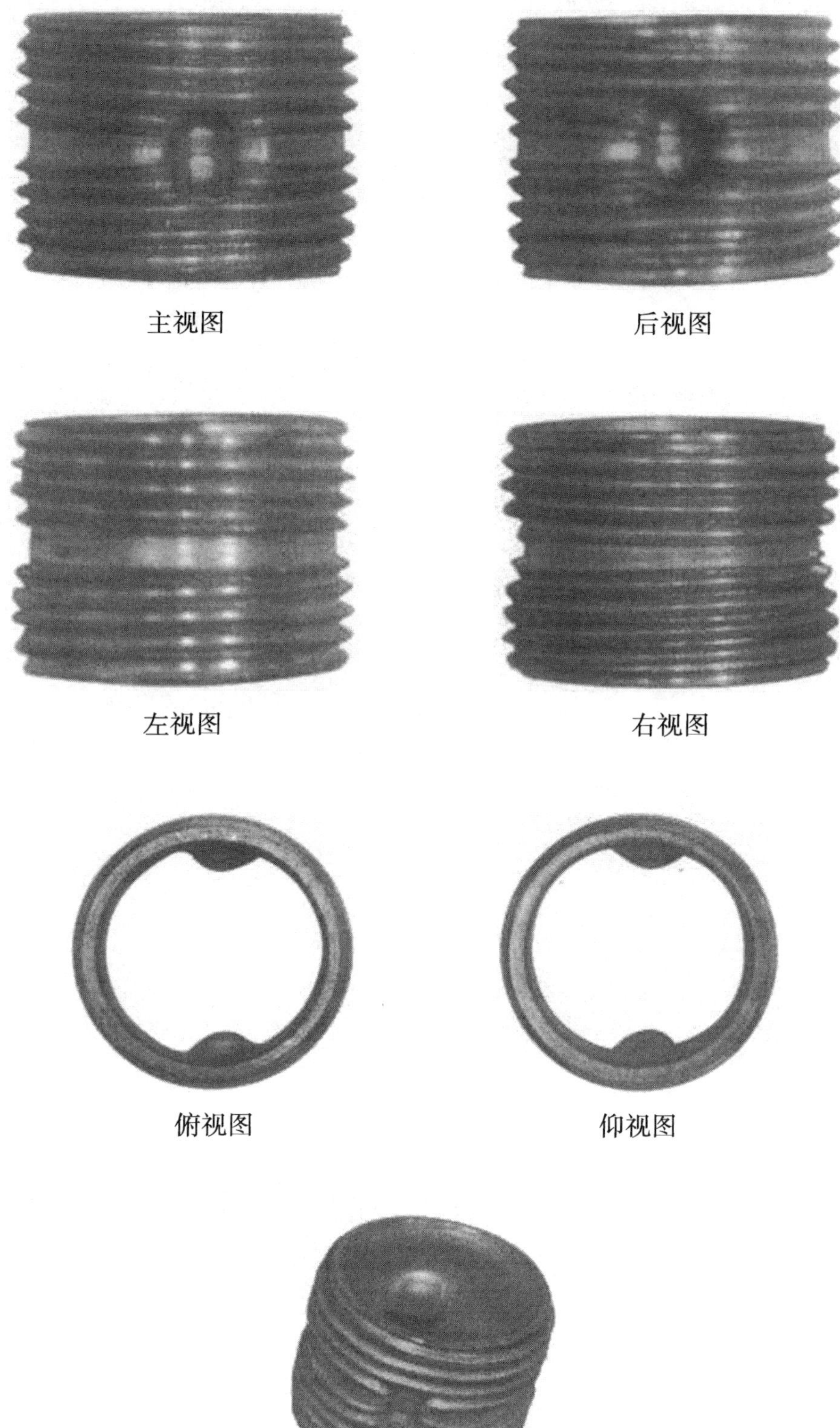

主视图　　后视图

左视图　　右视图

俯视图　　仰视图

立体参考图

本专利附图

主视图

左视图

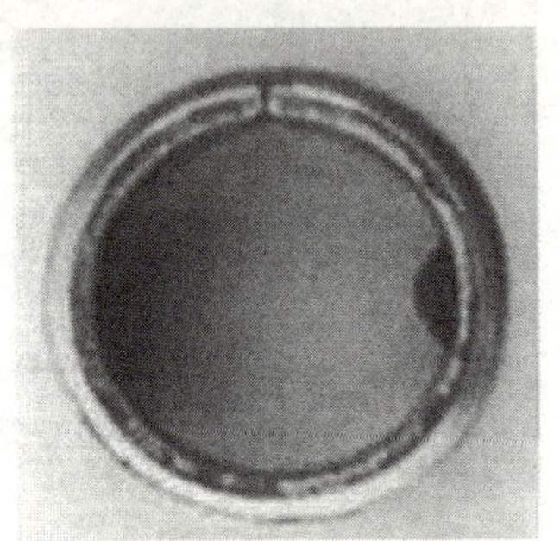

俯视图

立体图

在先设计附图

134

玩具（零式飞翼战士）

无效宣告请求审查决定（第12979号）

决　　定　　号　第12979号
决　　定　　日　2009年3月6日
发明创造名称　玩具（零式飞翼战士）
外观设计分类号　21-01
无效宣告请求人　株式会社万代
专　利　权　人　陈振楷
专　　利　　号　200530079409.9
申　　请　　日　2005年11月25日
授权公告日　2006年11月8日
合议组组长　王霞军
主　　审　　员　吴赤兵
参　　审　　员　李巍巍
附　　　　　图　2页

法　律　依　据　专利法第23条
决　定　要　点

在本专利申请日之前，已有与其相近似的外观设计在出版物上公开发表过，故本专利不符合专利法第23条的规定。

一、案由

本无效宣告请求涉及的是2006年11月8日国家知识产权局授权公告的200530079409.9号外观设计专利，其使用该外观设计的产品名称为“玩具（零式飞翼战士）”，申请日为2005年11月25日，专利权人是陈振楷。

针对上述外观设计专利（下称本专利），2007年10月15日株式会社万代（下称请求人）向专利复审委员会提出无效宣告请求，其理由是本专利不符合专利法第23条的规定。请求人主张的事实是本专利申请日之前已有与其形状相同的外观设计在日本出版物上公开发表过。请求人提交了以下附件作为证据：

附件1：本专利公告著录项目及图片复印件共7页；

附件2：附件3~7的证明书及公证和认证文件的复印件，共3页；

附件3：敢达模型大全集2004复印件（かンプラ大全集2004），共5页；

附件4：业余爱好日本1995年5月号复印件（HOBBYJAPAN 1995年5月号），共4页；

附件5：业余爱好日本1995年11月号复印件（HOBBY JAPAN 1995年11月号），共6页；

附件6：业余爱好日本1995年12月号复印件（HOBBY JAPAN 1995年12月号），共8页；

附件7：业余爱好日本1996年2月号复印件（HOBBY JAPAN 1996年2月号），共10页。

请求人认为，附件3~7中公开的名为“零式飞翼战士（Wing gundam ZERO）”的机器人模型图片，所展示的机器人与本专利产品类别相同，具有可比性，与本专利分别进行对比形状上完全相同。

请求人于2007年11月7日提交了意见陈述书，补交了针对附件2公证书及公证文件的中文译文和附件3~7相关页的中文译文，共6份中文译文。经形式审查合格后，专利复审委员会受理了上述无效宣告请求，于2008年4月14日向双方当事人发出无效宣告请求受理通知书，并将无效宣告请求书及其附件的副本转送给专权人，要求其在指定期限内答复。

专利权人至今未作答复。

2008年9月3日专利复审委员会向双方当事人发出口头审理通知书，定于2008年10月6日对本案进行口头审理。

口头审理如期举行，请求人委托代理人出席了口头审理，专利权人未到庭参加口头审理。请求人对合议组成员没有回避请求。口头审理中，请求人当庭提交了附件2公证、认证文件的原件、附件4和附件6所示杂志的整本原件，指出附件6第25页的对比图片与证据3是一样的，并说明了附件3、5、7的原件分别在无效宣告请求案6W07082、6W07574和6W07577案卷中。请求人认为：附件3~7属于已于本专利申请日前公开发行的出版物，附件3~7中图片显示的机器人模型与本专利是相近似的。

至此，在口头审理的基础上，合议组经合议，认为本案事实清楚，依法作出本审查决定。

二、决定的理由

1. 法律依据

基于请求人提出的无效宣告请求理由，合议组依据专利法第23条对本案进行审理。

专利法第23条规定：“授予专利权的外观设计，应当同申请日以前在国内外出版物上公开发表过或者国内公开使用过的外观设计不相同和不相近似，并不得与他人在先取得的合法权利相冲突。”

2. 证据和事实的认定

请求人提交的附件6是在日本出版的1995年12月号《业余爱好日本》杂志的封面及部分内页的复印件、相关中文译文，并且请求人提交了附件2~6的公证认证文件和中文译文。口头审理中，请求人当庭提交了附件2的原件和附件6所示杂志的整本原件。

合议组认为，请求人在规定期限内提交了上述有关证据，符合审查指南第四部分第八章关于无效宣告程序中有关域外证据的规定，因此对附件2和附件6的真实性予以认可。

附件6所示《业余爱好日本》1995年12月号杂志封底页上注明了其发行日为1995年12月1日，在本专利申请日（2005年11月25日）之前，属于专利法意义上的出版物，故可以作为判断本专利是否符合专利法第23条规定的证据。

3. 相同和相近似性比较

本专利为玩具，附件6第25页刊载了名称为“零式飞翼战士（Wing gundam ZERO）”机器人模型图片（下称在先设计），两者均属于玩具类产品，用途相同，可以进行相同和相近似对比。

本专利有6幅视图（主视图、后视图、左视图、右视图、俯视图和立体图）。从本专利视图看，该外观设计为拟人形玩具，其头部带有面具，其额部为两长、两短的犄角状装饰，两肩为翼状铠甲，两肩背部有“翅膀”，两手臂分别有枪支和盾牌（详见本专利附图）。

在先设计所示外观设计为拟人形玩具。从其视图看，其头部带有面具，其额部为两长、两短的犄角状装饰，两肩为翼状铠甲，两肩背部有“翅膀”，两手臂分别有枪支和盾牌（详见在先设计附图）。

将本专利与在先设计进行比较，两者的相同点为玩具身躯整体造型基本相同，身体各部位的形状、表面纹理结构非常近似，头部、肩部翼状铠甲、手臂枪支和盾牌、肩背部“翅膀”等主要装备均相一致。其不同点在于额部四个犄角的形状略有差别。合议组认为，本专利与在先设计在整体形状上已经形成极相近似的视觉效果，其头上额部装饰的差别属于局部细微差别，对外观设计整体视觉效果不足以产生显著影响，因此，本专利与在先设计属于相近似的外观设计。

4. 结论

请求人提交的附件 6 证据能够证明在本专利申请日之前，已有与本专利相近似的外观设计在国外出版物上公开发表过。因此，本专利权的授予不符合专利法第 23 条的规定。

鉴于上述已经得出本专利权的授予不符合专利法授权条件的结论，故本决定对请求人提交的其他证据不再作评述。

三、决定

宣告 200530079409. 9 号外观设计专利权全部无效。

当事人对本决定不服的，可以根据专利法第 46 条第 2 款的规定，自收到本决定之日起三个月内向北京市第一中级人民法院起诉。根据该款的规定，一方当事人起诉后，另一方当事人应当作为第三人参加诉讼。

主视图

后视图

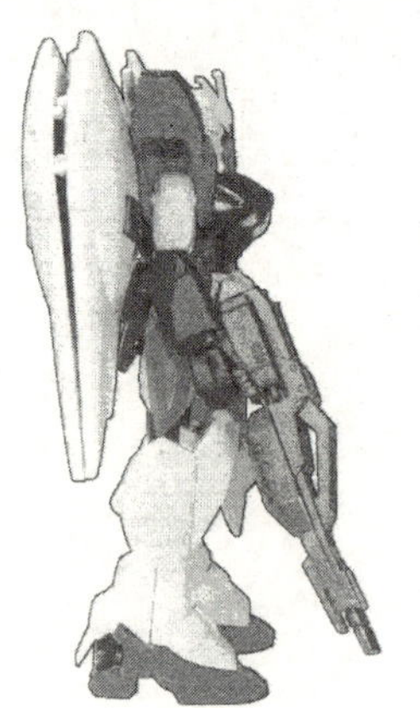

左视图

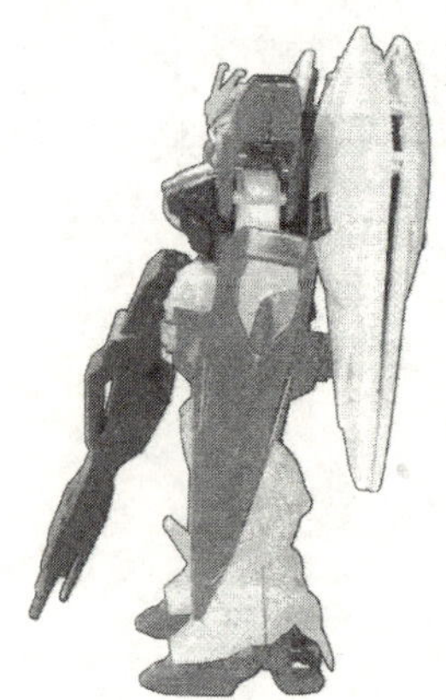

右视图

俯视图

立体图

本专利附图

在先设计附图

135

摩托车轮辋

无效宣告请求审查决定（第12983号）

决　　定　　号　第12983号
决　　定　　日　2009年3月11日
发明创造名称　摩托车轮辋
外观设计分类号　12-11
无效宣告请求人　永康市君健实业有限公司
专　利　权　人　上海友升铝业有限公司
专　　利　　号　200430023771.X
申　　请　　日　2004年4月21日
授权公告日　2004年12月8日
合议组组长　王霞军
主　　审　　员　钟　华
参　　审　　员　尹春霞
附　　　　　图　1页

法　律　依　据　专利法第23条
决　定　要　点

在本专利申请日前已经公开发表过与本专利相近似的外观设计，本专利不符合专利法第23条的规定。

一、案由

本无效宣告请求涉及国家知识产权局于2004年12月8日授权公告的名称为“摩托车轮辋”的200430023771.X号外观设计专利（下称本专利），其申请日为2004年4月21日，专利权人为上海友升铝业有限公司。

针对本专利，永康市君健实业有限公司（下称请求人）于2008年10月8日向专利复审委员会提出无效宣告请求，其理由是在本专利申请日前已经公开发表过与本专利相近似的外观设计，因此本专利不符合专利法第23条的规定，本专利属于仅以其产品所属领域内司空见惯的几何形状和图案构成，不符合专利法实施细则第2条第3款的规定，请求人同时提交如下附件作为证据：

附件1：本专利公报复印件；

附件2：日本公告号为昭37-1905的实用新案公报及其中文译文；

附件3：日本公告号为昭49-138502的实用新案公报及其中文译文；

附件4：美国专利号为2477833的发明专利公告说明书及其中文译文。

经形式审查合格，专利复审委员会依法受理了上述无效宣告请求，并于2008年10月8日将无效宣告请求书及相关文件的副本转给专利权人，要求其在指定的期限内答复。

2008年11月7日，专利权人提交了意见陈述书，认为请求人提交的对比文件不足以证明本专利不符合专利法第23条和专利法实施细则第2条第3款的规定，该无效宣告请求没有事实依据。专利权人同时要求举行口头审理，和请求人当面对质和辩论。

专利复审委员会于2009年1月8日向双方当事人发出口头审理通知书，定于2009年2月18日举行口头审理，同时将上述专利权人提交的意见陈述书转送给请求人。

口头审理如期举行，双方当事人均有代理人参加本次口头审理。双方当事人均不请求合议组人员回避，对对方出席口头审理人员资格均无异议。在口头审理中，请求人明确放弃专利法实施细则第2条第3款的无效宣告理由，明确放弃附件4作为本案的证据，以附件2的第2图、附件3的附图中4中所标记的"轮辋"与本专利进行近似性比较，证明本专利不符合专利法第23条的规定。专利权人认为附件3的附图中4所标记的准确译文应该为"轮框"，请求人认同翻译为"轮框"。专利权人认为请求人指认的外观设计与本专利的产品种类不同，且均不相同和不相近似。双方当事人均确认圆环状为轮辋的惯常设计，轮辋相近似性比较重点在于其截面的形状，专利权人认为本专利的设计要点在于其剖视图。在此基础上，双方当事人进行了充分的意见陈述和辩论。

至此，合议组认为本案事实已经调查清楚，可以作出如下审查决定。

二、决定的理由

1. 法律依据

专利法第23条规定："授予专利权的外观设计，应当同申请日以前在国内外出版物上公开发表过或者国内公开使用过的外观设计不相同和不相近似，并不得与他人在先取得的合法权利相冲突。"

2. 证据的认定

附件3为日本公告号为昭49-138502的实用新案公报，经合议组核实，其内容真实，可以作为本案的定案依据。

3. 本专利是否符合专利法第23条的规定

附件3的公开日为1974年11月28日，早于本专利申请日，故请求人指认附件3附图中4所标记的"轮辋"属于在本专利申请日前公开的外观设计（下称在先设计）。

本专利为轮辋的外观设计，在先设计也为轮辋的外观设计，两者所属产品的种类相同，因此可以进行外观设计近似性比较。

本专利为轮辋的外观设计，其整体形状为圆环状，圆环外表面散布有若干安装用凹槽，其截面剖视图整体近似中括弧状，中央呈圆弧形凹陷，圆弧形凹陷的两端向外水平延伸，水平区域的另一端连接有对称的逗号状侧耳（详见本专利附图）。

在先设计为轮辋的外观设计，其截面剖视图整体近似中括弧状，中央呈圆弧形凹陷，圆弧形凹陷的中间部位设置有安装用凹槽，圆弧形凹陷的两端向外水平延伸，该水平区域内表面间隔设置有若干突条，水平区域的另一端连接有对称的逗号状侧耳（详见在先设计附图）。

将本专利与在先设计对比，两者的整体形状、主要构件的形状及位置关系均近似，两者的不同之处在于：在先设计的圆弧形凹陷的两端向外水平延伸水平区域内表面处间隔设置有若干突条，本专利相应位置无此设计。本专利整体形状为圆环状，圆环外表面散布有若干安装用凹槽，在先设计未公开其轮辋的整体形状，且仅公开有一个安装凹槽。对此，合议组认为：有无突条为局部的细微差别，对轮辋截面的整体视觉效果不具有显著的影响，本专利与在先设计的截面近似。在先设计虽然未公开轮辋的整体形状，且仅公开有一个安装凹槽，但是双方当事人均确认整体形状为圆环是轮辋的惯常设计，轮辋相近似性比较重点在于其截面的形状，专利权人也承认本专利的设计要点在于其截面剖视图。故在本专利与在先设计的截面非常近似的情况下，本专利整体形状为圆环状及安装孔的数量和位置的变化不足以对产品的整体视觉效果产生显著的影响，因此本专利与在先设计构成相近似的外观设计，本专利不符合专利法第 23 条的规定。

鉴于上述评述已经得出本专利不符合授权条件的结论，合议组对请求人提出的其他理由和证据不再予以评述。

三、决定

根据专利法第 23 条和专利法第 46 条第 1 款的规定，宣告 200430023771. X 号外观设计专利权全部无效。

根据专利法第 46 条第 2 款的规定，当事人对本决定不服的，自收到本决定之日起三个月内向北京市第一中级人民法院起诉，根据该款规定，一方当事人起诉后，另一方当事人应当作为第三人参加诉讼。

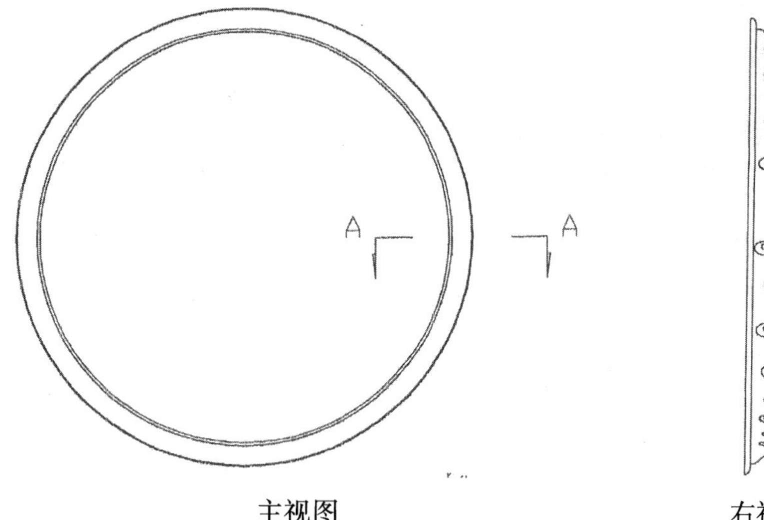

主视图　　　　右视图

A-A 剖视放大图

本专利附图

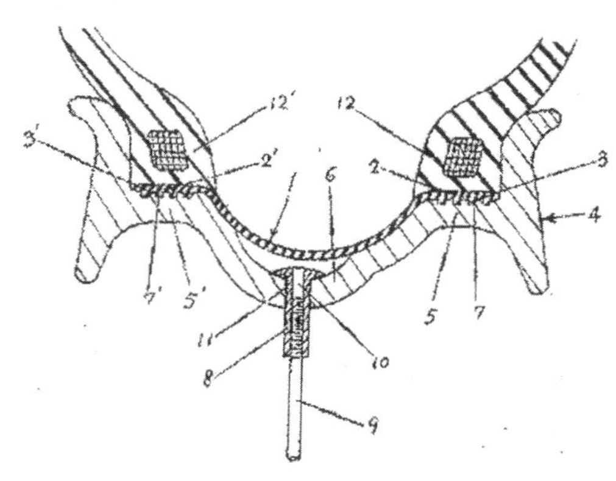

在先设计附图

136

涡卷湿式集尘机（ST009）

无效宣告请求审查决定（第12985号）

决　　定　　号　第12985号
决　　定　　日　2009年3月3日
发明创造名称　涡卷湿式集尘机（ST009）
国 际 分 类 号　15-05
无 效 请 求 人　周柏富
专　利　权　人　江门市信贝利机械有限公司
申　　请　　号　200730050350.X
申　　请　　日　2007年3月26日
授 权 公 告 日　2008年4月30日
合 议 组 组 长　孙克良
主　　审　　员　刘　微
参　　审　　员　傅　玉
附　　　　　图　2页

法　律　依　据　专利法第9条，专利法实施细则第13条第1款
决　定　要　点

如果一般消费者通过对本专利与在先申请的设计整体观察可以看出，二者的差别对于产品外观设计的整体视觉效果不具有显著的影响，则本专利与在先申请设计相近似，则二者属于同样的发明创造，根据专利法第9条的规定，专利权应授予该在先申请，因此本专利不符合专利法第9条的规定。

一、案由

本无效宣告请求涉及中华人民共和国国家知识产权局于2008年4月30日授权公告的名称为“涡卷湿式集尘机（ST009）”的第200730050350.X号外观设计专利（下称本专利），其申请日为2007年3月26日，专利权人为江门市信贝利机械有限公司。

针对本专利权，周柏富（下称请求人）于2008年11月4日向专利复审委员会提出无效宣告请求，理由是外观设计相对于对比文件1不符合专利法第9条、专利法实施细则第13条第1款的规定。其提供的证据是对比文件1：公告号为CN300701391D的中国外观专利授权公告文本，申请日为2006年11月11日、公告日为2007年10月17日，申请人是周柏富。请求人认为本专利与对比文件1是同一类别的产品，且本专利与对比文件1的设计相近似，属于同样的发明创造，由于对比文件1的申请日早于本专利的申请日，因此，本专利不符合专利法第9条以及专利法实施细则第13条第1款的

规定。

经形式审查合格后，专利复审委员会受理了上述无效宣告请求，于2008年12月4日向双方当事人发出无效宣告请求受理通知书，并将上述专利权无效宣告请求书及其证据副本转送给专利权人，要求专利权人在一个月内陈述意见。

针对请求人的无效宣告请求，专利权人在指定的期限内未提交意见陈述书。

2009年2月1日，本案合议组向双方当事人发出口头审理通知书，告知双方当事人定于2009年2月25日进行口头审理。

口头审理如期举行，仅请求人一方当事人到庭参加口头审理，请求人对合议组成员没有回避请求，合议组在此情况下就本无效宣告请求案进行了庭审调查：

请求人当庭明确表示其无效理由为：

本专利相对于对比文件1不符合专利法第9条、专利法实施细则第13条第1款的规定。

对比文件1：公告号为CN300701391D的中国外观专利授权公告文本。

至此，合议组认为，本案事实已经清楚，可以作出审查决定。

二、决定的理由

1. 关于证据认定

对比文件1为中国的专利文件，合议组经过核实确认对比文件1的真实性，对比文件1的申请日在本专利的申请日之前，申请人为周柏富，可用作证据评价本申请是否符合专利法第9条、专利法实施细则第13条第1款。

2. 关于专利法第9条

基于请求人提出的无效宣告请求的理由和证据，合议组依据专利法第9条的规定对本案进行审理。

专利法第9条规定，两个以上的申请人分别就同样的发明创造申请专利的，专利权授予最先申请的人。

如果一般消费者通过对本专利与在先申请的设计整体观察可以看出，二者的差别对于产品外观设计的整体视觉效果不具有显著的影响，则本专利与在先申请设计相近似，则二者属于同样的发明创造，根据专利法第9条的规定，专利权应授予该在先申请，因此本专利不符合专利法第9条的规定。

本专利是一种涡卷湿式集尘机的外观设计，对比文件1公开了一种集尘机的外观设计，二者类别相同，可以进行相同和相近似比较。

本专利的集尘机由鼓风机、箱体和底座组成，从主视图、后试图、左视图、右视图观察，鼓风机设置在最上端，箱体位于中间，底座在最下端；从主视图观察，鼓风机由小圆柱形的电机和扁圆柱结构组成，箱体为长方形，其上设有两个门，每个门边上有两个把手，底座为长方形，其上有四条腿；从左视图观察箱体分左右两个部分，左边有上下两个长方形结构，每个长方形部分都设有一纵向的加强筋，下部长方形结构中设有一个门，门上有两个竖向把手，右边部分带有三个长方形结构，底座有三条腿；从后视图观察，箱体由加强筋分割成的三行三列共九个长方形结构组成，最下端中部的长方形结构中设有一个长方形的门，其上设有两个竖向把手，底座上设有四条腿；从右视图观察箱体分左右两个部分，右边有上下两个长方形结构，每个长方形部分都设有一纵向的加强筋，下部长方形结构中设有一个门，门上有两个竖向把手，左边部分带有三个长方形结构，底座有三条腿；鼓风机上有正方形出风口（参见本专利的附图）。

对比文件1的集尘机由鼓风机、箱体和底座组成，从主视图、后试图、左视图、右视图观察，鼓风机设置在最上端，箱体位于中间，底座在最下端；从主视图观察，鼓风机由小圆柱形的电机和扁圆柱结构组成，鼓风机连接风管，箱体为长方形，其上设有两个门，每个门上有一个竖向把手，底座为长方形，其上有四条腿；从左视图观察箱体分左右两个部分，左边有上下两个长方形结构，下部长方形结构中设有一个门，门上有两个竖向把手，右边部分带有三个长方形结构，底座有两条腿；从后视图观察，箱体由加强筋分割成的三行三列共九个长方形结构组成，最下端中部的长方形结构中设有一个长方形的门，其上设有两个竖向把手，底座上设有四条腿；从右视图观察箱体分左右两个部分，右边有上下两个长方形结构，下部长方形结构中设有一个门，门上有两个竖向把手，左边部分带有三个长方形结构（参见对比文件 1 的附图）。

本专利与对比文件 1 相比较，因此两者的区别在于：（1）主视图观察门把手的数目和形状不同；（2）左视图和右视图观察箱体，对比文件 1 少了两条竖向的加强筋，底座少了一条腿；（3）对比文件 1 中鼓风机上连有风管。

对于区别（1），合议组认为：门把手的区别属于局部的细微变化，对外观设计的整体视觉效果不具有显著的影响。

对于区别（2），合议组认为：加强筋的结构本身就是条形结构，腿的惯常结构也是条形的，为了增加箱体的支撑强度增加条形的加强筋以及在底座上增加一条条形腿对整体的视觉效果不具有显著影响。

对于区别（3），合议组认为：风管是鼓风机不可缺少的部分，本专利图中虽然没有连接风管，但是已经示出了风口，在使用中风管必然与鼓风机相连接，因此，风管对外观设计的整体视觉效果不具有显著的影响。

综上所述，本专利与对比文件 1 相近似，因此，二者属于同样的发明创造，由于对比文件 1 的申请日早于本专利的申请日，故本专利不符合专利法第 9 条的规定。

鉴于本专利不符合专利法第 9 条的规定，因此对请求人提出的本专利不符合专利法实施细则第 13 条第 1 款的无效理由不在进行审查。

在此基础上，本案合议组依法作出如下决定。

三. 决定

宣告 200730050350. X 号外观设计专利权无效。

当事人对本决定不服的，可以根据专利法第 46 条第 2 款的规定，自收到本决定之日起三个月内向北京第一中级人民法院起诉。根据该款的规定，一方当事人起诉后，另一方当事人应当作为第三人参加诉讼。

后视图 P1

立体图 1P2

立体图 2P2

右视图 P1

主视图 P1

左视图 P1

本专利附图

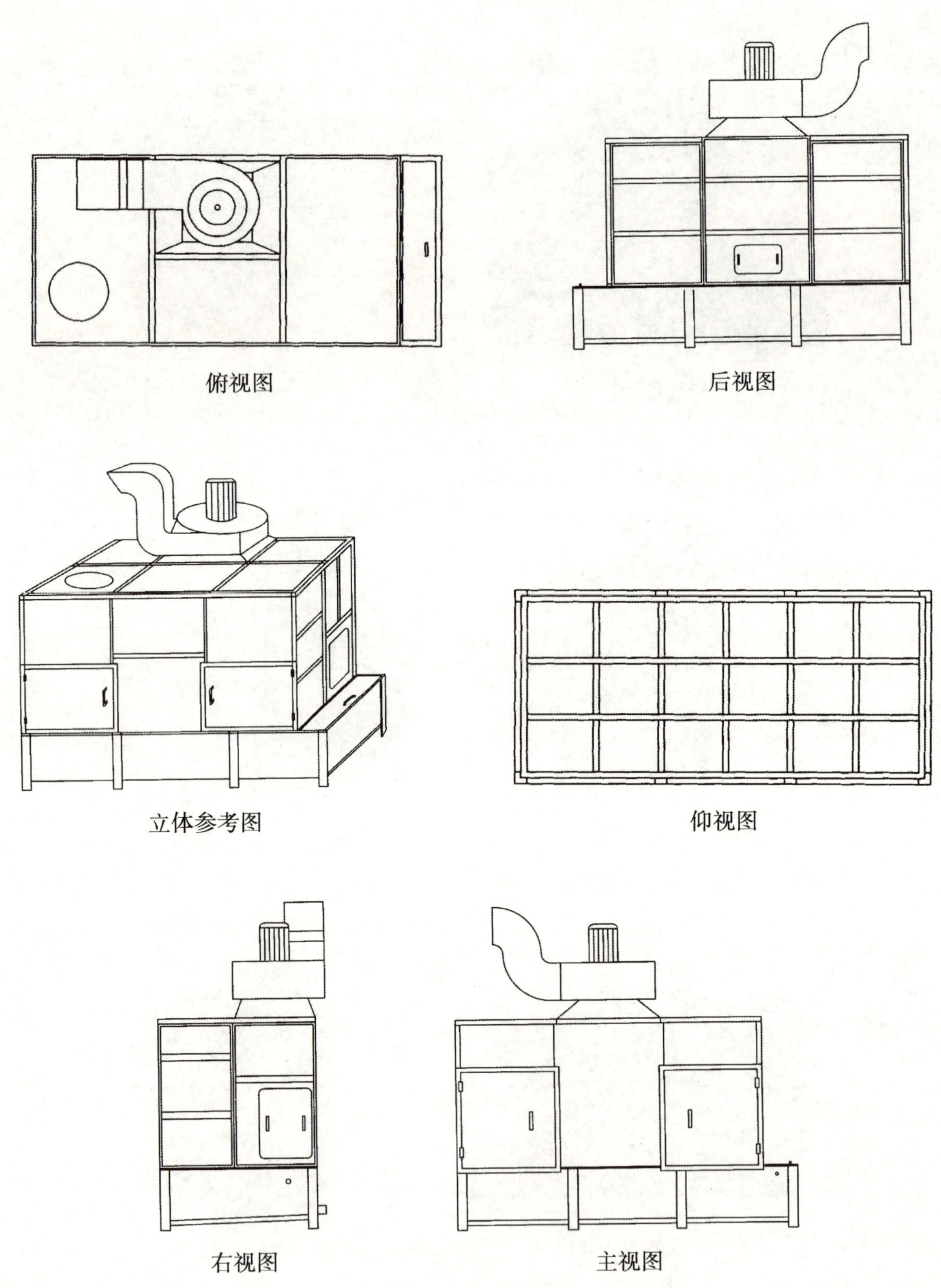

对比文件 1 附图

137

衬衫面料（7）

无效宣告请求审查决定（第12988号）

决　定　号　第12988号
决　定　日　2009年3月9日
发明创造名称　衬衫面料（7）
外观设计分类号　05-05
无效宣告请求人　诸暨市三宝纺织有限公司
专　利　权　人　董灿兴
专　利　号　200830092464.5
申　请　日　2008年3月26日
授权公告日　2008年7月23日
合议组组长　钟　华
主　审　员　张　凌
参　审　员　尹春霞
附　　图　1页

法律依据　专利法第23条
决定要点

请求人提交的证明其产品设计开发、加工和销售三个环节的事实的证据之间形成了完整的证明体系，可以证明在本专利的申请日前其已销售了与本专利相同的产品；本专利不符合专利法第23条的规定。

专利权人对相关证据真实性的异议不构成合理质疑，也没有证据支持，对其主张应不予支持。

一、案由

本无效宣告请求涉及国家知识产权局于2008年7月23日授权公告的名称为“衬衫面料（7）”的200830092464.5号外观设计专利，其申请日为2008年3月26日，专利权人为董灿兴。

针对上述外观设计专利（下称本专利），诸暨市三宝纺织有限公司（下称请求人）于2008年9月26日向专利复审委员会提出无效宣告请求，理由是本专利与在其申请日前已公开使用过的外观设计相近似，因而不符合专利法第23条的规定。请求人同时提交如下附件作为证据：

附件1：请求人与诸暨市立勤纺织有限公司（技术部）签订的《新产品委托开发协议书》复印件，共1页；

附件2：诸暨市立勤纺织有限公司出具的证明复印件，共1页。

请求人认为其在2007年1月就委托其他公司设计面料样式，其中于2008年1月收到设计公司提供的一款面料样式与本专利相近似，证明在本专利的申请日前国内市场上已公开使用过与之相近似的产品，因此本专利不符合专利法第23条的规定。

经形式审查合格后，专利复审委员会受理了上述无效宣告请求，并于2008年10月9日将无效宣告请求书及相关附件的副本转送给专利权人，要求其在指定的期限内答复。

2008年10月26日，请求人针对上述无效宣告请求再次提交意见陈述，并提交如下附件作为证据：

附件1：请求人与诸暨市立勤纺织有限公司（技术部）签订的《新产品委托开发协议书》复印件，共1页；

附件2：诸暨市立勤纺织有限公司营业执照复印件，共1页；

附件3：诸暨市立勤纺织有限公司出具的证明及其所附产品图样复印件，共2页；

附件4：诸暨市立勤纺织有限公司设计员王建的身份证复印件，共1页；

附件5：诸暨市立勤纺织有限公司设计QY021面料样式的相关纸样复印件，共3页；

附件6：诸暨市立勤纺织有限公司设计QY021面料样式的工艺单及手织样复印件，共6页；

附件7：浙江鑫晟实业股份有限公司营业执照复印件，共1页；

附件8：浙江省企业档案管理中心出具的浙江鑫晟实业股份有限公司“变更登记情况”复印件，共1页；

附件9：浙江鑫晟实业股份有限公司出具的证明及其所附产品图样复印件，共2页；

附件10：浙江鑫晟实业股份有限公司业务员楼红锋身份证复印件，共1页；

附件11：义乌市飞天制衣有限公司营业执照复印件，共1页；

附件12：义乌市飞天制衣有限公司采购员宣清武驾驶证复印件，共1页；

附件13：义乌市飞天制衣有限公司出具的购买证明及其所附产品图样复印件，共2页；

附件14：请求人出具的、收货单位为义乌市飞天制衣有限公司的产品出（入）库码单复印件，共1页。

请求人认为：其于2008年1月收到诸暨市立勤纺织有限公司为其设计的QY021面料样式后（参见附件1~6），按照8857的编号组织生产获得半成品并交由浙江星辰实业股份有限公司（现更名为浙江鑫晟实业股份有限公司）进行出水整理（参见附件7~10），获得成品后于2008年3月18日分别销售给义乌市飞天制衣有限公司（参见附件11~14），上述附件证明请求人在2008年1月就在国内公开使用与本专利相似的8857面料样式，早于本专利的申请日，因此本专利不符合专利法第23条的规定。

2008年11月17日，专利权人针对上述无效宣告请求提交答辩意见，对请求人提起无效宣告请求时提交的两份附件的真实性和关联性均不予认可，认为其没有证明力，应维持本专利有效。

2009年1月19日专利复审委员会向双方当事人发出口头审理通知书，定于2009年2月25日对本案举行口头审理，同时将专利权人的答辩意见转送请求人，将请求人的补充意见陈述及其所附附件转送专利权人，并告知双方当事人可在口头审理时一并陈述意见。

口头审理如期举行，双方当事人的代理人参加了口头审理。请求人明确其无效宣告请求的理由为专利法第23条，放弃提起无效宣告请求时递交的附件1和附件2，依据补充意见陈述时提交的附件1~14证明其在本专利的申请日前已在国内公开使用过与之相同的产品的事实，其中附件1~6结合使用证明其委托他人设计并获得QY021面料样式的事实，附件7~10结合使用证明其委托他人对8857面料样式的半成品进行出水整理的事实，附件11~14结合使用证明其将上述面料成品销售给义乌市飞天制衣有限公司的事实。请求人当庭提交附件 1、附件 3、附件 9、附件 13~14 的原件。证人王建、楼红锋、宣清武出庭接受质证，王建出示附件 4~6 的原件，确认附件 3 上其签字的真实性；楼红锋出示附件 10 的原件，并确认附件 9 上其签字的真实性；宣清武出示附件 12 的原件，并确认附件 13 上其签字的真实性。专利权人对附件 1~3、附件 7~9、附件 11、附件 13~14 的真实性均有异议。关于相同相近似对比，请求人认为其在先使用的 8857 面料样式与本专利相同，专利权人对此表示认可。

在上述审理的基础上，合议组经合议认为，本案事实清楚，依法作出本审查决定。

二、决定的理由

1. 法律依据

基于请求人提出无效宣告请求所依据的理由和证据，合议组对本专利是否符合专利法第 23 条的规定进行审查。

专利法第 23 条规定，授予专利权的外观设计，应当同申请日以前在国内外出版物上公开发表过或者国内公开使用过的外观设计不相同和不相近似，并不得与他人在先取得的合法权利相冲突。

2. 证据和事实认定

鉴于请求人在口头审理中已明确表示放弃其在提起无效宣告请求时提交的附件 1 和附件 2，本决定对其不再予以评述。

请求人补充提交的附件 1~6 是其与诸暨市立勤纺织有限公司（技术部）签订的《新产品委托开发协议书》复印件、后者的营业执照复印件、后者出具的证明及所附产品图样的复印件、后者公司设计员王建的身份证复印件和后者设计 QY021 面料样式的相关纸样、工艺单和手织样的复印件，口头审理中请求人出具了除诸暨市立勤纺织有限公司营业执照外的其他原件，证人王建出庭接受质证，并确认了请求人提交的附件 3 上其签字的真实性。专利权人因请求人未提交附件 2 的原件对其真实性和关联性有异议；以请求人与诸暨市立勤纺织有限公司之间存在业务往来构成利害关系为由，对附件 1 和附件 3 的真实性均不予认可，认为附件 1 有可能是事后补的，附件 3 则是在请求人在提起无效宣告请求前刚产生的；对附件 4 的真实性和证人王建的身份没有异议；承认请求人与诸暨市立勤纺织有限公司之间存在委托关系。

合议组认为，请求人提供了附件 1、附件 3 的原件，附件 3 的证明上既有诸暨市立勤纺织有限公司的公章，也有该单位法定代表人杨易和设计员王建的签字，王建就该证明出庭接受质证，并确认了其签字的真实性，同时提供了附件 5 和附件 6 的原件。专利权人虽然对附件 2 的真实性和关联性提出异议，但承认请求人与诸暨市立勤纺织有限公司之间存在委托关系，对附件 4 的真实性没有异议，对证人王建的身份也没有异议。从证据形式上看，请求人提交的上述证据不存在明显的瑕疵，也没有涂改的痕迹。根据王建的陈述，诸暨市立勤纺织有限公司自 2006 年开始为请求人设计开发面料样式，已经连续合作 3 年，每年为请求人提供 100 个新品种的面料样式，其最迟在 2008 年 1 月底将包含 QY021 在内的为请求人设计的 100 个新品种的面料样式一并交付。上述证言与附件 1、附件 3、附件 5 和附件 6 记载的内容一致并相互印证；同时附件 3 上王建的签名与附件 6 一致，附件 5 和附件 6 中形成的设计纸样和手织样与附件 3 中所附的图样一致，即上述附件之间相互印证，可以证明请求人委托诸暨市立勤纺织有限公司设计相关产品样式的事实。专利权人仅以请求人与诸暨市立勤纺织有限公司之间存在业务往来构成利害关系为由，对二者之间委托设计的事实提出质疑，但未提交任何反证。合议组认为请求人与该出证单位之间正常的业务往来不属于法律上所述的利害关系，专利权人未提交证据证明其主张，其质疑不足以否定上述证据及其证明的事实的真实性。

请求人补充提交的附件 7~10 是浙江鑫晟实业股份有限公司营业执照复印件、浙江省企业档案管理中心出具的浙江鑫晟实业股份有限公司“变更登记情况”复印件、浙江鑫晟实业股份有限公司出具的证明及其所附产品图样复印件、该公司业务员楼红锋身份证复印件，口头审理中请求人出示了附件9的原件，证人楼红锋出庭接受质证，并确认附件9上其签字的真实性，当庭出示了其保存的用于与请求人核对交付产品的图册（2008年上半年部分）一本，专利权人当庭核实其中的相关图样与附件9所附产品图样一致。专利权人因请求人未提交附件7和附件8的原件对其真实性及关联性均不予认可；以请求人与浙江鑫晟实业股份有限公司之间存在业务往来构成利害关系为由，对附件9的真实性不予认可；对附件10的真实性和证人楼红锋的身份没有异议。

合议组认为，请求人提交了附件9浙江鑫晟实业股份有限公司出具的证明及其所附产品图样的原件，该公司业务员楼红锋出庭接受质证，并确认了其签字的真实性。从证据形式上看，附件9没有明显的瑕疵和涂改的痕迹。根据楼红锋的陈述，其负责本公司与请求人之间的业务联系，主要是为请求人生产的布料提供清洗和印染服务，布料的清洗一般第二天即可交货，布料印染一般第二或第三天可交货，特殊情况下可能有延迟；浙江鑫晟实业股份有限公司的名称进行过变更，之前叫浙江星辰实业股份有限公司；此外，浙江鑫晟实业股份有限公司也为包括专利权人的公司在内的其他多家公司提供布料的清洗和印染服务。楼红锋还出示了与请求人核对交付产品的图册一本，该图册包含了浙江鑫晟实业股份有限公司2008年上半年为请求人清洗和染整的部分产品图样，其中有附件9中所附的8857产品图样。上述证言与附件7~10记载的内容一致并相互印证，可以证明请求人委托浙江鑫晟实业股份有限公司对相关产品的半成品进行出水整理的事实。专利权人以请求人与浙江鑫晟实业股份有限公司之间存在业务往来构成利害关系为由，对二者之间委托印染清洗布料的事实提出质疑，但未提交任何反证。合议组认为请求人与该出证单位之间正常的业务往来不属于法律上所述的利害关系，并且在证人称其公司同样为专利权人的公司提供服务时，专利权人并未否认，因此专利权人的质疑不足以否定上述证据及其证明的事实的真实性。

请求人补充提交的附件11~14是义乌市飞天制衣有限公司营业执照复印件、该公司采购员宣清武驾驶证复印件、该公司出具的购买证明及其所附产品图样复印件及请求人出具的、对应上述销售行为的产品出（入）库码单复印件。口头审理中，请求人出示了附件13~14的原件，证人宣清武出庭接受质证，确认附件13上其签字的真实性，当庭出示对应其购买行为的入库单一份。专利权人因请求人未提交附件11的原件对其真实性和关联性提出异议；以请求人与上述出证单位之间存在业务往来构成利害关系为由，对附件13的真实性不予认可；以附件14为请求人自己出具的凭证为由，对其真实性不予认可；对附件12的真实性及证人宣清武的身份没有异议；对于该证人出具的入库单，认为已过举证期限，不应予以接受，并且对其真实性也不予认可。

合议组认为，请求人提交了附件13~14的原件，证人宣清武出庭接受质证，确认附件13上其签字的真实性。从证据形式上看，上述附件没有明显的瑕疵和涂改的痕迹。根据宣清武的陈述，其为所在公司的采购员，负责采购衬衣面料，2008年3月曾从请求人处购买相关面料，在请求人到其公司取证时，其根据采购时的入库单确认了上述购买事实及涉及的数量。上述证言与附件11~14记载的内容一致并相互印证，附件13的证明中所述购买的产品型号、数量和运货人员与附件14中显示的一致，即上述附件之间相互印证而无明显矛盾。关于专利权人提出上述销售行为均没有发票的问题，请求人表示在当地布料市场由于交易频繁发生，交易量大但金额很低，一般不会履行繁琐的交易手续，也不会开具正规的销售合同和发票；除非对陌生的或是零星购买的客户，卖方一般也不会要求买方提货时付款，而是一定时间后凭出库单到对方处收款，除非对方要求，一般也不会开发票。经合议组询问，证人宣清武述称上述交易习惯确实存在，并表示其公司一般是按季度或半年付款，年底结清相关款项，也不开发票。合议组认为请求人的上述解释是合理的并且也得到了证人证言的佐证；此外综合附件1~10所反映的事实，请求人在2008年3月上旬既已开发和生产出相关布料的成品，衬衫面料作为一种受到市场流行趋势影响较大、市场寿命相对有限的产品，通常情况下，其生产者会尽快将这些面料投放市场进行销售；综上，合议组认为请求人在附件 14 记载的出库日期 2008 年 3 月 18 日已经公开销售了上述编号为 8857 的面料。专利权人仅以请求人与义乌市飞天制衣有限公司之间存在业务往来构成利害关系为由对上述附件的真实性不予认可，但未提交任何反证。合议组认为，请求人与该出证单位之间正常的业务往来不属于法律上所述的利害关系，专利权人的质疑没有证据支持，不足以否定上述证据及其证明的事实的真实性。

根据附件 1~14，请求人已于 2008 年 3 月 18 日在国内销售了编号为 8857 的面料样式，该面料的公开时间早于本专利的申请日（2008 年 3 月 26 日），属于专利法第 23 条所规定的在本专利申请日前在国内公开使用过的外观设计（下称在先设计）。

3. 关于专利法第 23 条

本专利与在先设计均为衬衫面料，二者用途相同，属于相同类别的产品，故将其与本专利进行如下相同、相近似对比。

本专利所示衬衫面料的图案为连续的圆点形成的浅色竖条纹和主要有直线条构成、其上有“>”形凹口的深色竖条纹（详见本专利附图）。

在先设计所示衬衫面料的图案为连续的圆点形成的浅色竖条纹和主要有直线条构成、其上有“>”形凹口的深色竖条纹（详见在先设计附图）。

本专利与在先设计相比，二者是相同的。

综上所述，在本专利的申请日前已经有与之相近似的外观设计在国内公开使用过，本专利不符合专利法第 23 条的规定。

三、决定

宣告 200830092464.5 号外观设计专利权全部无效。

当事人对本决定不服的，可以根据专利法第 46 条第 2 款的规定，自收到本决定之日起三个月内向北京市第一中级人民法院起诉。根据该款的规定，一方当事人起诉后，另一方当事人应当作为第三人参加诉讼。

主视图

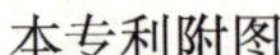

本专利附图

在先设计附图

北京市第一中级人民法院
行政判决书

（2009）一中行初字第 1475 号

原告董灿兴，男，汉族，1966 年 9 月 20 日出生，住浙江省绍兴市越城区东浦镇强头村 3-77 号。

委托代理人常玉明，北京中知法苑知识产权代理事务所专利代理人。

委托代理人陈俊由，北京中知法苑知识产权代理事务所专利代理人。

被告国家知识产权局专利复审委员会，住所地北京市海淀区北四环西路 9 号银谷大厦 10~12 层。

法定代表人张茂于，副主任。

委托代理人张凌，国家知识产权局专利复审委员会审查员。

委托代理人杨存吉，国家知识产权局专利复审委员会审查员。

第三人诸暨市三宝纺织有限公司，住所地浙江省诸暨市枫桥镇梅苑村。

法定代表人杨勤，总经理。

委托代理人顾征，浙江康城律师事务所律师。

原告董灿兴不服被告国家知识产权局专利复审委员会（以下简称专利复审委员会）于 2009 年 3 月 9 日作出的第 12988 号无效宣告请求审查决定（以下简称第 12988 号决定），于法定期限内向本院提起行政诉讼。本院于 2009 年 6 月 11 受理本案后，依法组成合议庭，并依法通知诸暨市三宝纺织有限公司（以下简称三宝公司）作为本案第三人参加诉讼，于 2009 年 8 月 13 日公开开庭进行了审理。原告董灿兴及其委托代理人常玉明、陈俊由，被告专利复审委员会的委托代理人张凌、杨存吉，第三人三宝公司的委托代理人顾征到庭参加了诉讼。本案现已审理终结。

第 12988 号决定系专利复审委员会针对三宝公司就董灿兴拥有的名称为“衬衫面料（7）”的外观设计专利（以下简称本专利）提出的无效宣告请求作出的。专利复审委员会在该决定中认为：（1）三宝公司提交的附件 1~6 是其与诸暨市立勤纺织有限公司（技术部）签订的《新产品委托开发协议书》复印件、后者的营业执照复印件、后者出具的证明及所附产品图样的复印件、后者公司设计员王建的身份证复印件和后者设计 QY021 面料样式的相关纸样、工艺单和手织样的复印件。口头审理中三宝公司出具了除诸暨市立勤纺织有限公司营业执照外的其他原件，证人王建出庭接受质证，并确认了三宝公司提交的附件 3 上其签字的真实性。董灿兴因三宝公司未提交附件 2 的原件对其真实性和关联性有异议；以三宝公司与诸暨市立勤纺织有限公司之间存在业务往来构成利害关系为由，对附件 1 和附件 3 的真实性均不予认可，认为附件 1 有可能是事后补的，附件 3 则是在三宝公司在提起无效宣告请求前刚产生的；对附件 4 的真实性和证人王建的身份没有异议；承认三宝公司与诸暨市立勤纺织有限公司之间存在委托关系。专利复审委员会认为，三宝公司提供了附件 1、附件 3 的原件，附件 3 的证明上既有诸暨市立勤纺织有限公司的公章，也有该单位法定代表人杨易和设计员王建的签字，王建就该证明出庭接受质证，并确认了其签字的真实性，同时提供了附件 5 和附件 6 的原件。董灿兴虽然对附件 2 的真实性和关联性提出异议，但承认三宝公司与诸暨市立勤纺织有限公司之间存在委托关系，对附件 4 的真实性没有异议，对证人王建的身份也没有异议。从证据形式上看，三宝公司提交的上述证据不存在明显的瑕疵，也没有涂改的痕迹。根据王建的陈述，诸暨市立勤纺织有限公司自 2006 年开始为三宝公司设计开发面料样式，已经连续合作 3 年，每年为三宝公司提供 100 个新品种的面料样式，其最迟在 2008 年 1 月底将包含 QY021 在内的为三宝公司设计的 100 个新品种的面料样式一并交付。上述证言与附件 1、附件 3、附件 5 和附件 6 记载的内容一致并相互印证；同时附件 3 上王建的签名与附件 6 一致，附件 5 和附件 6 中形成的设计纸样和手织样与附件 3 中所附的图样一致，即上述附件之间相互印证，可以证明三宝公司委托诸暨市立勤纺织有限公司设计相关产品样式的事实。董灿兴仅以三宝公司与诸暨市立勤纺织有限公司之间存在业务往来构成利害关系为由，对二者之间委托设计的事实提出质疑，但未提交任何反证。专利复审委员会认为三宝公司与该出证单位之间正常的业务往来不属于法律上所述的利害关系，董灿兴未提交证据证明其主张，其质疑不足以否定上述证据及其证明的事实的真实性。三宝公司提交的附件 7~10 是浙江鑫晟实业股份有限公司营业执照复印件、浙江省企业档案管理中心出具的浙江鑫晟实业股份有限公司“变更登记情况”复印件、浙江鑫晟实业股份有限公司出具的证明及其所附产品图样复印件、该公司业务员楼红锋身份证复印件，口头审理中三宝公司出示了附件 9 的原件，证人楼红锋出庭接受质证，并确认附件 9 上其签字的真实性，当庭出示了其保存的用于与三宝公司核对交付产品的图册（2008 年上半年部分）一本，董灿兴当庭核实其中的相关图样与附件 9 所附产品图样一致。董灿兴因三宝公司未提交附件 7 和附件 8 的原件对其真实性及关联性均不予认可；以三宝公司与浙江鑫晟实业股份有限公司之间存在业务往来构成利害关系为由，对附件 9 的真实性不予认可；对附件 10 的真实性和证人楼红锋的身份没有异议。专利复审委员会认为，三宝公司提交了附件 9 浙江鑫晟实业股份有限公司出具的证明及其所附产品图样的原件，该公司业务员楼红锋出庭接受质证，并确认了其签字的真实性。从证据形式上看，附件 9 没有明显的瑕疵和涂改的痕迹。根据楼红锋的陈述，其负责本公司与三宝公司之间的业务联系，主要是为三宝公司生产的布料提供清洗和印染服务，布料的清洗一般第二天即可交货，布料印染一般第二天或第三天可交货，特殊情况下可能有延迟；浙江鑫晟实业股份有限公司的名称进行过变更，之前叫浙江星辰实业股份有限公司；此外，浙江鑫晟实业股份有限公司也为包括董灿兴的公司在内的其他多家公司提供布料的清洗和印染服务。楼红锋还出示了与三宝公司核对交付产品的图册一本，该图册包含了浙江鑫晟实业股份有限公司 2008 年上半年为三宝公司清洗和染整的部分产品图样，其中有附件 9 中所附的 8857 产品图样。上述证言与附件 7~10 记载的内容一致并相互印证，可以证明三宝公司委托浙江鑫晟实业股份有限公司对相关产品的半成品进行出水整理的事实。董灿兴以三宝公司与浙江鑫晟实业股份有限公司之间存在业务往来构成利害关系为由，对二者之间委托印染清洗布料的事实提出质疑，但未提交任何反证。专利复审委员会认为三宝公司与该出证单位之间正常的业务往来不属于法律上所述的利害关系，并且在证人称其公司同样为董灿兴的公司提供服务时，董灿兴并未否认，因此董灿兴的质疑不足以否定上述证据及其证明的事实的真实性。三宝公司提交的附件 11~14 是义乌市飞天制衣有限公司营业执照复印件、该公司采购员宣清武驾驶证复印件、该公司出具的购买证明及其所附产品图样复印件及三宝公司出具的、对应上述销售行为的产品出（入）库码单复印件。口头审理中，三宝公司出示了附件 13~14 的原件，证人宣清武出庭接受质证，确认附件 13 上其签字的真实性，当庭出示对应其购买行为的入库单一份。董灿兴因三宝公司未提交附件 11 的原件对其真实性和关联性提出异议；以三宝公司与上述出证单位之间存在业务往来构成利害关系为由，对附件 13 的真实性不予认可；以附件 14 为三宝公司自己出具的凭证为由，对其真实性不予认可；对附件 12 的真实性及证人宣清武的身份没有异议；对于该证人出具的入库单，认为已过举证期限，不应予以接受，并且对其真实性也不予认可。专利复审委员会认为，三宝公司提交了附件 13~14 的原件，证人宣清武出庭接受质证，确认附件 13 上其签字的真实性。从证据形式上看，上述附件没有明显的瑕疵和涂改的痕迹。根据宣清武的陈述，其为所在公司的采购员，负责采购衬衣面料，2008 年 3 月曾从三宝公司处购买相关面料，在三宝公司到其公司取证时，其根据采购时的入库单确认了上述购买事实及涉及的数量。上述证言与附件 11~14 记载的内容一致并相互印证，附件 13 的证明中所述购买的产品型号、数量和运货人员与附件 14 中显示的一致，即上述附件之间相互印证而无明显矛盾。关于董灿兴提出上述销售行为均没有发票的问题，三宝公司表示在当地布料市场由于交易频繁发生，交易量大但金额很低，一般不会履行繁琐的交易手续，也不会开具正规的销售合同和发票；除非对陌生的或是零星购买的客户，卖方一般也不会要求买方提货时付款，而是一定时间后凭出库单到对方处收款，除非对方要求，一般也不会开发票。经专利复审委员会询问，证人宣清武述称上述交易习惯确实存在，并表示其公司一般是按季度或半年付款，年底结清相关款项，也不开发票。专利复审委员会认为三宝公司的上述解释是合理的并且也得到了证人证言的佐证；此外综合附件 1~10 所反映的事实，三宝公司在 2008 年 3 月上旬即已开发和生产出相关布料的成品，衬衫面料作为一种受到市场流行趋势影响较大、市场寿命相对有限的产品，通常情况下，其生产者会尽快将这些面料投放市场进行销售。综上，专利复审委员会认为三宝公司在附件 14 记载的出库日期 2008 年 3 月 18 日已经公开销售了上述编号为 8857 的面料。董灿兴仅以三宝公司与义乌市飞天制衣有限公司之间存在业务往来构成利害关系为由对上述附件的真实性不予认可，但未提交任何反证。专利复审委员会认为，三宝公司与该出证单位之间正常的业务往来不属于法律上所述的利害关系，董灿兴的质疑没有证据支持，不足以否定上述证据及其证明的事实的真实性。根据附件 1~14，三宝公司已于 2008 年 3 月 18 日在国内销售了编号为 8857 的面料样式，该面料的公开时间早于本专利的申请日（2008 年 3 月 26 日），属于《中华人民共和国专利法》（以下简称《专利法》）第 23 条所规定的在本专利申请日前在国内公开使用过的外观设计（以下称在先设计）。（2）本专利与在先设计均为衬衫面料，二者用途相同，属于相同类别的产品，故将其与本专利进行如下相同、相近似对比。本专利所示衬衫面料的图案为连续的圆点形成的浅色竖条纹和主要有直线条构成、其上有“>”形凹口的深色竖条纹（详见本专利附图）。在先设计所示衬衫面料的图案为连续的圆点形成的浅色竖条纹和主要有直线条构成、其上有“>”形凹口的深色竖条纹（详见在先设计附图）。本专利与在先设计相比，二者是相同的。综上所述，在本专利的申请日前已经有与之相近似的外观设计在国内公开使用过，本专利不符合《专利法》第 23 条的规定。综上，专利复审委员会作出第 12988 号决定，宣告本专利权全部无效。

董灿兴不服第 12988 号决定，在法定期限内向本院提起行政诉讼称：（1）销售是使用公开的一种形式，认定以销售形式公开并不需要与公众不能随意获悉的设计和生产加工环节结合来证明，因此，被告认定设计和生产加工环节的证据对是否构成以“销售”这种使用形式的使用公开事实不符合法律规定。第三人提交的附件 1~10 证明其自行设计开发和委托加工的证据对公开销售行为是否发生没有任何证明作用。（2）附件 13 是采购员宣清武根据采购时的入库单确认附件 13 上的事实及涉及的数量的，但是入库单并没有作为证据出现在本案当中，更没有在口审的质证中得到合议组的确认，附件 13 与附件 14 是两个孤证，二者之间没有连接点。附件 13 中写出了承运人韩德堂的姓名和身份证号，附件 13 是依照附件 14 中韩德堂的名字获取其驾驶证号在没有经过韩德堂的许可的情况下擅自写在附件 13 中的，不能说明韩德堂承认附件 13 的内容。（3）开具税务发票不仅是交易双方付款和收款凭证，而且是国家的法律规定，任何销售不开发票的行为都是一种偷逃税款的违法行为，严重的还要负刑事责任。即使这种行为不违法，一个交易习惯或称交易惯例的认定，也不能随意由某个自然人猜测就能认可，被告对与本案有利害关系的当事人一方和由其找的一个自然人证人声称这是交易习惯就认为是合理的，没有任何事实根据和法律依据。（4）附件 14 为第三人出具，没有其他证据佐证，其上面唯一的签字人承运司机韩德堂没有出庭作证，无法证实其真实性。（5）附件 14 上记载收货单位为“飞天”，没有证据证明“飞天”就是第三人在附件 13 中主张的“义乌市飞天制衣有限公司”。义乌市存在多家字号为“飞天”的使用纺织面料的企业。此外在码单上注明的是“诸暨市三宝纺织厂产品出（入）库码单”与第三人“诸暨市三宝纺织有限公司”的企业名称也不一致。综上所述，第

12988号决定认定事实不清，请求人民法院依法予以撤销。

被告专利复审委员会辩称：（1）关于原告认为我委决定中对证据和相关事实的认定错误的主张，我委认为：第三人提交的证据足以证明其在本专利申请日前已经委托他人设计了相关产品图样并进行加工，最终又将相关产品投入市场，整个证明体系是完整的，其中的证明环节也是相互联系的，原告所述第三人提交的证明其自行设计开发和委托加工的证据对公开销售行为没有任何证明作用的主张完全没有事实和法律依据，不应予以支持；附件13为义乌市飞天制衣有限公司出具的购买证明，该公司委派其经手日常采购的员工宣武清出庭就相关购买事实作证并无不妥，原告没有证据证明第三人与上述出证单位之间存在法律上的利害关系，仅以二者之间存在买卖关系就否定上述出证单位证言真实性，因此原告关于附件13和附件14认定错误的主张缺乏事实依据，不应予以支持。我委坚持认为第三人提交的证据足以证明相关产品在本专利的申请日前已处于使用公开的状态，具体认定参见决定。（2）原告在无效宣告程序中并未出具过的证据不应在行政诉讼中予以考虑。综上所述，我委作出的决定事实清楚、适用法律正确、审理程序合法、审查结论正确，原告的诉讼理由不能成立，请求法院驳回原告请求，维持我委无效宣告请求决定。

第三人三宝公司未提交书面意见陈述，其当庭陈述意见称：第12988号决定认定事实清楚，适用法律正确，审查程序合法，请求人民法院驳回原告的诉讼请求，维持第12988号决定。

本院经审理查明：

名称为衬衫面料（7）的外观设计专利（以下简称本专利）由董灿兴于2008年3月26日向国家知识产权局提出申请，2008年7月23日被授权公告，专利号为200830092464.5，专利权人为董灿兴。

2008年9月26日，三宝公司以本专利不符合《专利法》第23条的规定为由向专利复审委员会提出无效宣告请求。为支持其无效宣告请求提交了如下证据：

附件1：三宝公司与诸暨市立勤纺织有限公司（技术部）签订的《新产品委托开发协议书》复印件；

附件2：诸暨市立勤纺织有限公司营业执照复印件；

附件3：诸暨市立勤纺织有限公司出具的证明及其所附产品图样复印件；

附件4：诸暨市立勤纺织有限公司设计员王建的身份证复印件；

附件5：诸暨市立勤纺织有限公司设计QY021面料样式的相关纸样复印件；

附件6：诸暨市立勤纺织有限公司设计QY021面料样式的工艺单及手织样复印件；

附件7：浙江鑫晟实业股份有限公司营业执照复印件；

附件8：浙江省企业档案管理中心出具的浙江鑫晟实业股份有限公司“变更登记情况”复印件；

附件9：浙江鑫晟实业股份有限公司出具的证明及其所附产品图样复印件；

附件10：浙江鑫晟实业股份有限公司业务员楼红锋身份证复印件；

附件11：义乌市飞天制衣有限公司营业执照复印件；

附件12：义乌市飞天制衣有限公司采购员宣清武驾驶证复印件；

附件13：义乌市飞天制衣有限公司出具的购买证明及其所附产品图样复印件；

附件14：三宝公司出具的、收货单位为义乌市飞天制衣有限公司的产品出（入）库码单复印件。

2009年2月25日，专利复审委员会举行了口头审理，在口头审理过程中，三宝公司明确其无效宣告请求的理由为《专利法》第23条，以附件1~14证明在本专利申请日前已在国内公开使用过与之相同的产品的事实，其中附件1~6结合使用证明其委托他人设计并获得QY021面料样式的事实，附件7~10结合使用证明其委托他人对8857面料样式的半成品进行出水整理的事实，附件11~14结合使用证明其将上述面料成品销售给义乌市飞天制衣有限公司的事实。三宝公司当庭提交附件 1、附件 3、附件 9、附件 13~14 的原件。证人王建、楼红锋、宣清武出庭接受质证，王建出示附件 4~6 的原件，确认附件 3 上其签字的真实性；楼红锋出示附件 10 的原件，并确认附件 9 上其签字的真实性；宣清武出示附件 12 的原件，并确认附件 13 上其签字的真实性。董灿兴对附件 1~3、附件 7~9、附件 11、附件 13~14 的真实性均有异议。关于相同相近似对比，三宝公司认为其在先使用的 8857 面料样式与本专利相同，董灿兴对此表示认可。

2009 年 3 月 9 日，专利复审委员会作出第 12988 号决定。

上述事实，有本专利授权公告文本、附件 1~14、第 12988 号决定、口头审理记录表及当事人陈述等证据在案佐证。

本院认为：根据各方当事人的诉辩主张，本案的焦点问题在于三宝公司在无效程序中提交的相关证据是否足以证明在本专利申请日之前已经有与之相同或相近似的外观设计在国内公开使用。

根据查明的事实可以确认，三宝公司提交的附件 1~6 包括三宝公司与诸暨市立勤纺织有限公司（技术部）签订的《新产品委托开发协议书》，及该公司的营业执照复印件、证明及所附产品图样的复印件、设计员王建的身份证复印件和 QY021 面料样式的相关纸样、工艺单和手织样的复印件。口头审理中三宝公司出具了除诸暨市立勤纺织有限公司营业执照外的其他原件，同时证人王建出庭作证并确认三宝公司提交的附件 3 上其签字的真实性。董灿兴因三宝公司未提交附件 2 的原件对其真实性和关联性有异议；以三宝公司与诸暨市立勤纺织有限公司之间存在业务往来构成利害关系为由，对附件 1 和附件 3 的真实性均不予认可，认为附件 1 有可能是事后补的，附件 3 则是在三宝公司在提起无效宣告请求前刚产生的；对附件 4 的真实性和证人王建的身份没有异议；承认三宝公司与诸暨市立勤纺织有限公司之间存在委托关系。经本院审查认为三宝公司提供了附件 1、附件 3 的原件，附件 3 的证明上既有诸暨市立勤纺织有限公司的公章，也有该单位法定代表人杨易和设计员王建的签字，王建就该证明出庭接受质证，并确认了其签字的真实性，同时提供了附件 5 和附件 6 的原件。董灿兴虽然对附件 2 的真实性和关联性提出异议，但其在无效程序中承认三宝公司与诸暨市立勤纺织有限公司之间存在委托关系，且对附件 4 的真实性及证人王建的身份均没有异议。据此可以确认三宝公司提交的上述证据已经形成证据链条，即王建的证言与附件 1、附件 3、附件 5 和附件 6 记载的内容一致并相互印证，附件 3 上王建的签名与附件 6 一致，附件 5 和附件 6 中形成的设计纸样和手织样与附件 3 中所附的图样一致。由于上述附件之间相互印证，因此足以认定三宝公司委托诸暨市立勤纺织有限公司设计相关产品样式的事实。董灿兴虽以三宝公司与诸暨市立勤纺织有限公司之间存在业务往来构成利害关系为由，对二者之间委托设计的事实提出质疑，但未提交任何相反的证据加以证明，因此本院对董灿兴的主张不予支持。根据对附件 9 审查可以确认，浙江鑫晟实业股份有限公司出具了证明及其所附产品图样的原件，该公司业务员楼红锋在无效程序中出庭接受了质证并确认其签字的真实性。该证据应当作为认定本案事实的证据之一，根据该证据可以确认浙江鑫晟实业股份有限公司也为包括董灿兴的公司在内的其他多家公司提供布料的清洗和印染服务。楼红锋出示了与三宝公司核对交付产品的图册中包含了浙江鑫晟实业股份有限公司 2008 年上半年为三宝公司清洗和染整的部分产品图样，其中有附件 9 中所附的 8857 产品图样。上述证言与附件 7~10 记载的内容一致并相互印证，足以认定三宝公司委托浙江鑫晟实业股份有限公司对相关产品的半成品进行出水整理的事实。董灿兴虽以三宝公司与浙江鑫晟实业股份有限公司之间存在业务往来构成利害关系为由，对二者之间委托印染清洗布料的事实提出质疑，但未提交任何相反的证据加以证明，故本院对董灿兴所提主张不予支持。经对三宝公司提交的附件 11~14 审查后，本院认为，首先，前述证据符合法律规定的形式要件，其次，原告并没有相反的证据对前述证据进行抗辩，在第 12988 号决定中对上述证据进行了详细的评述，对待证事实进行了论述和认证，由于上述论述及认证并未违反法律对于证据采信及认证的禁止性规定，且董灿兴亦无相反的证据足以推翻第 12988 号决定认定的事实，故对董灿兴的抗辩主张不予支持。

此外，关于董灿兴主张本案涉及的销售行为均没有发票一节，本院注意到，在现实生活中小商小贩或小额交易不开具发票的情形普遍存在，即便是在较大的批发市场，此种情形也是屡见不鲜。此问题的存在确需相关部门加强管理，但就本案而言并不足以构成推翻涉案交易及使用公开真实存在的事实。综上，第 12988 号决定对于涉案证据的认证及对于事实的认定均正确，本院予以确认。

由于本专利与在先设计均为衬衫面料，二者用途相同，属于相同类别的产品，经对比本专利所示衬衫面料的图案为连续的圆点形成的浅色竖条纹和主要有直线条构成、其上有“>”形凹口的深色竖条纹。在先设计所示衬衫面料的图案为连续的圆点形成的浅色竖条纹和主要有直线条构成、其上有“>”形凹口的深色竖条纹。本专利与在先设计相比，二者是相同的。

综上所述，原告董灿兴的诉讼请求缺乏事实和法律依据，本院不予支持。被告专利复审委员会所作的第 12988 号决定认定事实清楚，证据充分、程序合法，适用法律正确，应予维持。依照《中华人民共和国行政诉讼法》第五十四条第（一）项之规定，判决如下：

维持国家知识产权局专利复审委员会第 12988 号无效宣告请求审查决定。

案件受理费 100 元，由原告董灿兴负担（已交纳）。

如不服本判决，可在判决书送达之日起 15 日内，向本院递交上诉状，并按对方当事人的人数提交副本，并交纳上诉案件受理费 100 元，上诉于北京市高级人民法院。

审　判　长　刘海旗
代理审判员　周　波
人民陪审员　郝志国
二〇〇九年十一月十五日
书　记　员　穆　颖

138

衬衫面料（5）

无效宣告请求审查决定（第12989号）

决　定　号　第12989号
决　定　日　2009年3月5日
发明创造名称　衬衫面料（5）
外观设计分类号　05-05
无效宣告请求人　诸暨市三宝纺织有限公司
专　利　权　人　董灿兴
专　利　号　200830092474.9
申　请　日　2008年3月26日
授权公告日　2008年7月23日
合议组组长　钟　华
主　审　员　张　凌
参　审　员　尹春霞
附　　　图　1页

法律依据　专利法第23条
决定要点

请求人提交的证明其产品设计开发、加工和销售三个环节的事实的证据之间形成了完整的证明体系，可以证明在本专利的申请日前其已销售了与本专利相同的产品；本专利不符合专利法第23条的规定。

专利权人对相关证据真实性的异议不构成合理质疑，也没有证据支持，对其主张应不予支持。

一、案由

本无效宣告请求涉及国家知识产权局于2008年7月23日授权公告的名称为“衬衫面料（5）”的200830092474.9号外观设计专利，其申请日为2008年3月26日，专利权人为董灿兴。

针对上述外观设计专利（下称本专利），诸暨市三宝纺织有限公司（下称请求人）于2008年9月26日向专利复审委员会提出无效宣告请求，理由是本专利与在其申请日前已公开使用过的外观设计相近似，因而不符合专利法第23条的规定。请求人同时提交如下附件作为证据：

附件1：请求人与诸暨市立勤纺织有限公司（技术部）签订的《新产品委托开发协议书》复印件，共1页；

附件2：诸暨市立勤纺织有限公司出具的证明复印件，共1页。

请求人认为其在2007年1月就委托其他公司设计面料样式，其中于2008年1月收到设计公司提供的一款面料样式与本专利相近似，证明在本专利的申请日前国内市场上已公开使用过与之相近似的产品，因此本专利不符合专利法第23条的规定。

经形式审查合格后，专利复审委员会受理了上述无效宣告请求，并于2008年10月9日将无效宣告请求书及相关附件的副本转送给专利权人，要求其在指定的期限内答复。

2008年10月26日，请求人针对上述无效宣告请求再次提交意见陈述，并提交如下附件作为证据：

附件1：请求人与诸暨市立勤纺织有限公司（技术部）签订的《新产品委托开发协议书》复印件，共1页；

附件2：诸暨市立勤纺织有限公司营业执照复印件，共1页；

附件3：诸暨市立勤纺织有限公司出具的证明及其所附产品图样复印件，共2页；

附件4：诸暨市立勤纺织有限公司设计员王建的身份证复印件，共1页；

附件5：诸暨市立勤纺织有限公司设计QY113面料样式的相关纸样复印件，共3页；

附件6：诸暨市立勤纺织有限公司设计QY113面料样式的工艺单及手织样复印件，共2页；

附件7：浙江鑫晟实业股份有限公司营业执照复印件，共1页；

附件8：浙江省企业档案管理中心出具的浙江鑫晟实业股份有限公司"变更登记情况"复印件，共1页；

附件9：浙江鑫晟实业股份有限公司出具的证明及其所附产品图样复印件，共2页；

附件10：浙江鑫晟实业股份有限公司业务员楼红锋身份证复印件，共1页；

附件11：义乌市飞天制衣有限公司营业执照复印件，共1页；

附件12：义乌市飞天制衣有限公司采购员宣清武驾驶证复印件，共1页；

附件13：义乌市飞天制衣有限公司出具的购买证明及其所附产品图样复印件，共2页；

附件14：请求人出具的、收货单位为义乌市飞天制衣有限公司的产品出（入）库码单复印件，共1页。

请求人认为：其于2008年1月收到诸暨市立勤纺织有限公司为其设计的QY113面料样式后（参见附件1~6），按照8919的编号组织生产获得半成品并交由浙江星辰实业股份有限公司（现更名为浙江鑫晟实业股份有限公司）进行出水整理（参见附件7~10），获得成品后于2008年3月18日销售给义乌市飞天制衣有限公司（参见附件11~14），上述附件证明请求人在2008年1月就在国内公开使用与本专利相似的8919面料样式，早于本专利的申请日，因此本专利不符合专利法第23条的规定。

2008年11月17日，专利权人针对上述无效宣告请求提交答辩意见，对请求人提起无效宣告请求时提交的两份附件的真实性和关联性均不予认可，认为其没有证明力，应维持本专利有效。

2009年1月19日专利复审委员会向双方当事人发出口头审理通知书，定于2009年2月25日对本案举行口头审理，同时将专利权人的答辩意见转送请求人，将请求人的补充意见陈述及其所附附件转送专利权人，并告知双方当事人可在口头审理时一并陈述意见。

口头审理如期举行，双方当事人的代理人参加了口头审理。请求人明确其无效宣告请求的理由为专利法第23条，放弃提起无效宣告请求时递交的附件1和附件2，依据补充意见陈述时提交的附件1~14证明其在本专利的申请日前已在国内公开使用过与之相同的产品的事实，其中附件1~6结合使用证明其委托他人设计并获得QY113面料样式的事实，附件7~10结合使用证明其委托他人对8919面料样式的半成品进行出水整理的事实，附件11~14结合使用证明其将上述面料成品销售给义乌市飞天制衣有限公司的事实。请求人当庭提交附件1、附件3、附件9、附件13~14的原件。证人王建、楼红锋、宣清武出庭接受质证，王建出示附件 4~6 的原件，确认附件 3 上其签字的真实性；楼红锋出示附件 10 的原件，并确认附件 9 上其签字的真实性；宣清武出示附件 12 的原件，并确认附件 13 上其签字的真实性。专利权人对附件 1~3、附件 7~9、附件 11、附件 13~14 的真实性均有异议。关于相同相近似对比，请求人认为其在先使用的 8919 面料样式与本专利相同，专利权人对此表示认可。

在上述审理的基础上，合议组经合议认为，本案事实清楚，依法作出本审查决定。

二、决定的理由

1. 法律依据

基于请求人提出无效宣告请求所依据的理由和证据，合议组对本专利是否符合专利法第 23 条的规定进行审查。

专利法第 23 条规定，授予专利权的外观设计，应当同申请日以前在国内外出版物上公开发表过或者国内公开使用过的外观设计不相同和不相近似，并不得与他人在先取得的合法权利相冲突。

2. 证据和事实认定

鉴于请求人在口头审理中已明确表示放弃其在提起无效宣告请求时提交的附件 1 和附件 2，本决定对其不再予以评述。

请求人补充提交的附件 1~6 是其与诸暨市立勤纺织有限公司（技术部）签订的《新产品委托开发协议书》复印件、后者的营业执照复印件、后者出具的证明及所附产品图样的复印件、后者公司设计员王建的身份证复印件和后者设计 QY113 面料样式的相关纸样、工艺单和手织样的复印件，口头审理中请求人出具了除诸暨市立勤纺织有限公司营业执照外的其他原件，证人王建出庭接受质证，并确认了请求人提交的附件 3 上其签字的真实性。专利权人因请求人未提交附件 2 原件对其真实性和关联性有异议；以请求人与诸暨市立勤纺织有限公司之间存在业务往来构成利害关系为由，对附件 1 和附件 3 的真实性均不予认可，认为附件 1 有可能是事后补的，附件 3 则是在请求人在提起无效宣告请求前刚产生的；对附件 4 的真实性和证人王建的身份没有异议；承认请求人与诸暨市立勤纺织有限公司之间存在委托关系。

合议组认为，请求人提供了附件 1、附件 3 的原件，附件 3 的证明上既有诸暨市立勤纺织有限公司的公章，也有该单位法定代表人杨易和设计员王建的签字，王建就该证明出庭接受质证，并确认了其签字的真实性，同时提供了附件 5 和附件 6 的原件。专利权人虽然对附件 2 的真实性和关联性提出异议，但承认请求人与诸暨市立勤纺织有限公司之间存在委托关系，对附件 4 的真实性没有异议，对证人王建的身份也没有异议。从证据形式上看，请求人提交的上述证据不存在明显的瑕疵，也没有涂改的痕迹。根据王建的陈述，诸暨市立勤纺织有限公司自 2006 年开始为请求人设计开发面料样式，已经连续合作 3 年，每年为请求人提供 100 个新品种的面料样式，其最迟在 2008 年 1 月底将包含 QY113 在内的为请求人设计的 100 个新品种的面料样式一并交付。上述证言与附件 1、附件 3、附件 5 和附件 6 记载的内容一致并相互印证；同时附件 3 上王建的签名与附件 6 一致，附件 5 和附件 6 中形成的设计纸样和手织样与附件 3 中所附的图样一致，即上述附件之间相互印证，可以证明请求人委托诸暨市立勤纺织有限公司设计相关产品样式的事实。专利权人以请求人与该出证单位之间存在业务往来构成利害关系为由，对二者之间委托设计的事实提出质疑，但未提交任何反证。合议组认为请求人与该出证单位之间正常的业务往来不属于法律上所述的利害关系，专利权人未提交证据证明其主张，其质疑不足以否定上述证据及其证明的事实的真实性。

请求人补充提交的附件 7~10 是浙江鑫晟实业股份有限公司营业执照复印件、浙江省企业档案管理中心出具的浙江鑫晟实业股份有限公司“变更登记情况”复印件、浙江鑫晟实业股份有限公司出具的证明及其所附产品图样复印件、该公司业务员楼红锋身份证复印件，口头审理中请求人出示了附件 9 的原件，证人楼红锋出庭接受质证，并确认附件 9 上其签字的真实性，当庭出示了其保存的用于与请求人核对交付产品的图册（2008 年上半年部分）一本，专利权人当庭核实其中的相关图样与附件 9 所附产品图样一致。专利权人因请求人未提交附件 7 和附件 8 的原件对其真实性及关联性均不予认可；以请求人与浙江鑫晟实业股份有限公司之间存在业务往来构成利害关系为由，对附件 9 的真实性不予认可；对附件 10 的真实性和证人楼红锋的身份没有异议。

合议组认为，请求人提交了附件 9 浙江鑫晟实业股份有限公司出具的证明及其所附产品图样的原件，该公司业务员楼红锋出庭接受质证，并确认了其签字的真实性。从证据形式上看，附件 9 没有明显的瑕疵和涂改的痕迹。根据楼红锋的陈述，其负责本公司与请求人之间的业务联系，主要是为请求人生产的布料提供清洗和印染服务，布料的清洗一般第二天即可交货，布料印染一般第二或第三天可交货，特殊情况下可能有延迟；浙江鑫晟实业股份有限公司的名称进行过变更，之前叫浙江星辰实业股份有限公司；此外，浙江鑫晟实业股份有限公司也为包括专利权人的公司在内的其他多家公司提供布料的清洗和印染服务。楼红锋还出示了与请求人核对交付产品的图册一本，该图册包含了浙江鑫晟实业股份有限公司 2008 年上半年为请求人清洗和染整的部分产品图样，其中有附件 9 中所附的 8919 产品图样。上述证言与附件 7~10 记载的内容一致并相互印证，可以证明请求人委托浙江鑫晟实业股份有限公司对相关产品的半成品进行出水整理的事实。专利权人以请求人与该出证单位之间存在业务往来构成利害关系为由，对二者之间委托印染清洗布料的事实提出质疑，但未提交任何反证。合议组认为请求人与该出证单位之间正常的业务往来不属于法律上所述的利害关系，并且在证人称其公司同样为专利权人的公司提供服务时，专利权人并未否认，因此专利权人的质疑不足以否定上述证据及其证明的事实的真实性。

请求人补充提交的附件 11~14 是义乌市飞天制衣有限公司营业执照复印件、该公司采购员宣清武驾驶证复印件、该公司出具的购买证明及其所附产品图样复印件及请求人出具的、对应上述销售行为的产品出（入）库码单复印件。口头审理中，请求人出示了附件 13~14 的原件，证人宣清武出庭接受质证，确认附件 13 上其签字的真实性，当庭出示对应其购买行为的入库单一份。专利权人因请求人未提交附件 11 的原件对其真实性和关联性提出异议；以请求人与上述出证单位之间存在业务往来构成利害关系为由，对附件 13 的真实性不予认可；以附件 14 为请求人自己出具的凭证为由，对其真实性不予认可；对附件 12 的真实性及证人宣清武的身份没有异议；对于该证人出具的入库单，认为已过举证期限，不应予以接受，并且对其真实性也不予认可。

合议组认为，请求人提交了附件 13~14 的原件，证人宣清武出庭接受质证，确认附件 13 上其签字的真实性。从证据形式上看，上述附件没有明显的瑕疵和涂改的痕迹。根据宣清武的陈述，其为所在公司的采购员，负责采购衬衣面料，2008 年 3 月曾从请求人处购买相关面料，在请求人到其公司取证时，其根据采购时的入库单确认了上述购买事实及涉及的数量。上述证言与附件 11~14 记载的内容一致并相互印证，附件 13 的证明中所述购买的产品型号、数量和运货人员与附件 14 中显示的一致，即上述附件之间相互印证而无明显矛盾。关于专利权人提出上述销售行为均没有发票的问题，请求人表示在当地布料市场由于交易频繁发生，交易量大但金额很低，一般不会履行繁琐的交易手续，也不会开具正规的销售合同和发票；除非对陌生的或是零星购买的客户，卖方一般也不会要求买方提货时付款，而是一定时间后凭出库单到对方处收款，除非对方要求，一般也不会开发票。经合议组询问，证人宣清武述称上述交易习惯确实存在，并表示其公司一般是按季度或半年付款，年底结清相关款项，也不开发票。合议组认为请求人的上述解释是合理的并且也得到了证人证言的佐证；此外综合附件 1~10 所反映的事实，请求人在 2008 年 3 月上旬既已开发和生产出相关布料的成品，衬衫面料作为一种受到市场流行趋势影响较大、市场寿命相对有限的产品，通常情况下，其生产者会尽快将这些面料投放市场进行销售；综上，合议组认为请求人在附件14记载的出库日期2008年3月18日已经公开销售了上述编号为8919的面料。专利权人仅以请求人与义乌市飞天制衣有限公司之间存在业务往来构成利害关系为由对上述附件的真实性不予认可，但未提交任何反证。合议组认为，请求人与该出证单位之间正常的业务往来不属于法律上所述的利害关系，专利权人的质疑没有证据支持，不足以否定上述证据及其证明的事实的真实性。

根据附件1~14，请求人已于2008年3月18日在国内销售了附件13所示的编号为8919的面料样式，该面料的公开时间早于本专利的申请日（2008年3月26日），属于专利法第23条所规定的在本专利申请日前在国内公开使用过的外观设计（下称在先设计）。

3. 关于专利法第23条

本专利与在先设计均为衬衫面料，二者用途相同，属于相同类别的产品，故将其与本专利进行如下相同、相近似对比。

本专利所示衬衫面料的图案为连续的圆点形成的浅色竖条纹和连续的四边形形成的深色竖条纹，圆点条纹的旁边有间隔排列的深色旗子形图案（详见本专利附图）。

本专利所示衬衫面料的图案为连续的圆点形成的浅色竖条纹和连续的四边形形成的深色竖条纹，圆点条纹的旁边有间隔排列的深色旗子形图案（详见在先设计附图）。

本专利与在先设计相比，二者是相同的。

综上所述，在本专利的申请日前已经有与之相近似的外观设计在国内公开使用过，本专利不符合专利法第23条的规定。

三、决定

宣告200830092474.9号外观设计专利权全部无效。

当事人对本决定不服的，可以根据专利法第46条第2款的规定，自收到本决定之日起三个月内向北京市第一中级人民法院起诉。根据该款的规定，一方当事人起诉后，另一方当事人应当作为第三人参加诉讼。

主视图

本专利附图

在先设计附图

北京市第一中级人民法院
行政判决书

（2009）一中行初字第1476号

原告董灿兴，男，汉族，1966年9月20日出生，住浙江省绍兴市越城区东浦镇强头村3-77号。

委托代理人常玉明，北京中知法苑知识产权代理事务所专利代理人。

委托代理人陈俊由，北京中知法苑知识产权代理事务所专利代理人。

被告国家知识产权局专利复审委员会，住所地北京市海淀区北四环西路9号银谷大厦10~12层。

法定代表人张茂于，副主任。

委托代理人张凌，国家知识产权局专利复审委员会审查员。

委托代理人杨存吉，国家知识产权局专利复审委员会审查员。

第三人诸暨市三宝纺织有限公司，住所地浙江省诸暨市枫桥镇梅苑村。

法定代表人杨勤，总经理。

委托代理人顾征，浙江康城律师事务所律师。

原告董灿兴不服被告国家知识产权局专利复审委员会（以下简称专利复审委员会）于2009年3月5日作出的第12989号无效宣告请求审查决定（以下简称第12989号决定），于法定期限内向本院提起行政诉讼。本院于2009年6月11日受理本案后，依法组成合议庭，并依法通知诸暨市三宝纺织有限公司（以下简称三宝公司）作为本案第三人参加诉讼，于2009年8月13日公开开庭进行了审理。原告董灿兴及其委托代理人常玉明、陈俊由，被告专利复审委员会的委托代理人张凌、杨存吉，第三人三宝公司的委托代理人顾征到庭参加了诉讼。本案现已审理终结。

第12989号决定系专利复审委员会针对三宝公司就董灿兴拥有的名称为"衬衫面料（5）"的外观设计专利（以下简称本专利）提出的无效宣告请求作出的。专利复审委员会在该决定中认为：（1）三宝公司提交的附件1~6是其与诸暨市立勤纺织有限公司（技术部）签订的《新产品委托开发协议书》复印件、后者的营业执照复印件、后者出具的证明及所附产品图样的复印件、后者公司设计员王建的身份证复印件和后者设计QY113面料样式的相关纸样、工艺单和手织样的复印件，口头审理中三宝公司出具了除诸暨市立勤纺织有限公司营业执照外的其他原件，证人王建出庭接受质证，并确认了三宝公司提交的附件3上其签字的真实性。董灿兴因三宝公司未提交附件2的原件对其真实性和关联性有异议；以三宝公司与诸暨市立勤纺织有限公司之间存在业务往来构成利害关系为由，对附件1和附件3的真实性均不予认可，认为附件1有可能是事后补的，附件3则是在三宝公司在提起无效宣告请求前刚产生的；对附件4的真实性和证人王建的身份没有异议；承认三宝公司与诸暨市立勤纺织有限公司之间存在委托关系。专利复审委员会认为，三宝公司提供了附件1、附件3的原件，附件3的证明上既有诸暨市立勤纺织有限公司的公章，也有该单位法定代表人杨易和设计员王建的签字，王建就该证明出庭接受质证，并确认了其签字的真实性，同时提供了附件5和附件6的原件。董灿兴虽然对附件2的真实性和关联性提出异议，但承认三宝公司与诸暨市立勤纺织有限公司之间存在委托关系，对附件4的真实性没有异议，对证人王建的身份也没有异议。从证据形式上看，三宝公司提交的上述证据不存在明显的瑕疵，也没有涂改的痕迹。根据王建的陈述，诸暨市立勤纺织有限公司自2006年开始为三宝公司设计开发面料样式，已经连续合作3年，每年为三宝公司提供100个新品种的面料样式，其最迟在2008年1月底将包含QY113在内的为三宝公司设计的100个新品种的面料样式一并交付。上述证言与附件1、附件3、附件5和附件6记载的内容一致并相互印证；同时附件3上王建的签名与附件6一致，附件5和附件6中形成的设计纸样和手织样与附件3中所附的图样一致，即上述附件之间相互印证，可以证明三宝公司委托诸暨市立勤纺织有限公司设计相关产品样式的事实。董灿兴仅以三宝公司与诸暨市立勤纺织有限公司之间存在业务往来构成利害关系为由，对二者之间委托设计的事实提出质疑，但未提交任何反证。专利复审委员会认为三宝公司与该出证单位之间正常的业务往来不属于法律上所述的利害关系，董灿兴未提交证据证明其主张，其质疑不足以否定上述证据及其证明的事实的真实性。三宝公司提交的附件7~10是浙江鑫晟实业股份有限公司营业执照复印件、浙江省企业档案管理中心出具的浙江鑫晟实业股份有限公司“变更登记情况”复印件、浙江鑫晟实业股份有限公司出具的证明及其所附产品图样复印件、该公司业务员楼红锋身份证复印件，口头审理中三宝公司出示了附件9的原件，证人楼红锋出庭接受质证，并确认附件9上其签字的真实性，当庭出示了其保存的用于与三宝公司核对交付产品的图册（2008年上半年部分）一本，董灿兴当庭核实其中的相关图样与附件9所附产品图样一致。董灿兴因三宝公司未提交附件7和附件8的原件对其真实性及关联性均不予认可；以三宝公司与浙江鑫晟实业股份有限公司之间存在业务往来构成利害关系为由，对附件9的真实性不予认可；对附件10的真实性和证人楼红锋的身份没有异议。专利复审委员会认为，三宝公司提交了附件9浙江鑫晟实业股份有限公司出具的证明及其所附产品图样的原件，该公司业务员楼红锋出庭接受质证，并确认了其签字的真实性。从证据形式上看，附件9没有明显的瑕疵和涂改的痕迹。根据楼红锋的陈述，其负责本公司与三宝公司之间的业务联系，主要是为三宝公司生产的布料提供清洗和印染服务，布料的清洗一般第二天即可交货，布料印染一般第二天或第三天可交货，特殊情况下可能有延迟；浙江鑫晟实业股份有限公司的名称进行过变更，之前叫浙江星辰实业股份有限公司；此外，浙江鑫晟实业股份有限公司也为包括董灿兴的公司在内的其他多家公司提供布料的清洗和印染服务。楼红锋还出示了与三宝公司核对交付产品的图册一本，该图册包含了浙江鑫晟实业股份有限公司2008年上半年为三宝公司清洗和染整的部分产品图样，其中有附件9中所附的8919产品图样。上述证言与附件7~10记载的内容一致并相互印证，可以证明三宝公司委托浙江鑫晟实业股份有限公司对相关产品的半成品进行出水整理的事实。董灿兴以三宝公司与浙江鑫晟实业股份有限公司之间存在业务往来构成利害关系为由，对二者之间委托印染清洗布料的事实提出质疑，但未提交任何反证。专利复审委员会认为三宝公司与该出证单位之间正常的业务往来不属于法律上所述的利害关系，并且在证人称其公司同样为董灿兴的公司提供服务时，董灿兴并未否认，因此董灿兴的质疑不足以否定上述证据及其证明的事实的真实性。三宝公司提交的附件11~14是义乌市飞天制衣有限公司营业执照复印件、该公司采购员宣清武驾驶证复印件、该公司出具的购买证明及其所附产品图样复印件及三宝公司出具的、对应上述销售行为的产品出（入）库码单复印件。口头审理中，三宝公司出示了附件13~14的原件，证人宣清武出庭接受质证，确认附件13上其签字的真实性，当庭出示对应其购买行为的入库单一份。董灿兴因三宝公司未提交附件11的原件对其真实性和关联性提出异议；以三宝公司与上述出证单位之间存在业务往来构成利害关系为由，对附件13的真实性不予认可；以附件14为三宝公司自己出具的凭证为由，对其真实性不予认可；对附件12的真实性及证人宣清武的身份没有异议；对于该证人出具的入库单，认为已过举证期限，不应予以接受，并且对其真实性也不予认可。专利复审委员会认为，三宝公司提交了附件13~14的原件，证人宣清武出庭接受质证，确认附件13上其签字的真实性。从证据形式上看，上述附件没有明显的瑕疵和涂改的痕迹。根据宣清武的陈述，其为所在公司的采购员，负责采购衬衣面料，2008年3月曾从三宝公司处购买相关面料，在三宝公司到其公司取证时，其根据采购时的入库单确认了上述购买事实及涉及的数量。上述证言与附件11~14记载的内容一致并相互印证，附件13的证明中所述购买的产品型号、数量和运货人员与附件 14 中显示的一致，即上述附件之间相互印证而无明显矛盾。关于董灿兴提出上述销售行为均没有发票的问题，三宝公司表示在当地布料市场由于交易频繁发生，交易量大但金额很低，一般不会履行繁琐的交易手续，也不会开具正规的销售合同和发票，除非对陌生的或是零星购买的客户，卖方一般也不会要求买方提货时付款，而是一定时间后凭出库单到对方处收款，除非对方要求，一般也不会开发票。经专利复审委员会询问，证人宣清武述称上述交易习惯确实存在，并表示其公司一般是按季度或半年付款，年底结清相关款项，也不开发票。专利复审委员会认为三宝公司的上述解释是合理的并且也得到了证人证言的佐证；此外综合附件 1~10 所反映的事实，三宝公司在 2008 年 3 月上旬即已开发和生产出相关布料的成品，衬衫面料作为一种受到市场流行趋势影响较大、市场寿命相对有限的产品，通常情况下，其生产者会尽快将这些面料投放市场进行销售；综上，专利复审委员会认为三宝公司在附件 14 记载的出库日期 2008 年 3 月 18 日已经公开销售了上述编号为 8919 的面料。董灿兴仅以三宝公司与义乌市飞天制衣有限公司之间存在业务往来构成利害关系为由对上述附件的真实性不予认可，但未提交任何反证。专利复审委员会认为，三宝公司与该出证单位之间正常的业务往来不属于法律上所述的利害关系，董灿兴的质疑没有证据支持，不足以否定上述证据及其证明的事实的真实性。根据附件 1~14，三宝公司已于 2008 年 3 月 18 日在国内销售了编号为 8919 的面料样式，该面料的公开时间早于本专利的申请日（2008 年 3 月 26 日），属于《中华人民共和国专利法》（以下简称《专利法》）第 23 条所规定的在本专利申请日前在国内公开使用过的外观设计（以下称在先设计）。（2）本专利与在先设计均为衬衫面料，二者用途相同，属于相同类别的产品，故将其与本专利进行如下相同、相近似对比。本专利所示衬衫面料的图案为连续的圆点形成的浅色竖条纹和主要由直线条构成、其上有“>”形凹口的深色竖条纹（详见本专利附图）。在先设计所示衬衫面料的图案为连续的圆点形成的浅色竖条纹和主要由直线条构成、其上有“>”形凹口的深色竖条纹（详见在先设计附图）。本专利与在先设计相比，二者是相同的。综上所述，在本专利的申请日前已经有与之相近似的外观设计在国内公开使用过，本专利不符合《专利法》第二十三条的规定。综上，专利复审委员会作出第 12989 号决定，宣告本专利权全部无效。

董灿兴不服第 12989 号决定，在法定期限内向本院提起行政诉讼称：（1）销售是使用公开的一种形式，认定以销售形式公开并不需要与公众不能随意获悉的设计和生产加工环节结合来证明，因此，被告认定设计和生产加工环节的证据对是否构成以“销售”这种使用形式的使用公开事实不符合法律规定。第三人提交的附件 1~10 证明其自行设计开发和委托加工的证据对公开销售行为是否发生没有任何证明作用。（2）附件 13 是采购员宣清武根据采购时的入库单确认附件 13 上的事实及涉及的数量的，但是入库单并没有作为证据出现在本案当中，更没有在口头审理的质证中得到合议组的确认，附件 13 与附件 14 是两个孤证，二者之间没有连接点。附件 13 中写出了承运人韩德堂的姓名和身份证号，附件 13 是依照附件 14 中韩德堂的名字获取其驾驶证号在没有经过韩德堂的许可的情况下擅自写在附件 13 中的，不能说明韩德堂承认附件 13 的内容。（3）开具税务发票不仅是交易双方付款和收款凭证，而且是国家的法律规定，任何销售不开发票的行为都是一种偷逃税款的违法行为，严重的还要负刑事责任。即使这种行为不违法，一个交易习惯或称交易惯例的认定，也不能随意由某个自然人猜测就能认可的，被告对与本案有利害关系的当事人一方和由其找的一个自然人证人声称这是交易习惯就认为是合理的，没有任何事实根据和法律依据。（4）附件 14 为第三人出具，没有其他证据佐证，其上面唯一的签字人承运司机韩德堂没有出庭作证，无法证实其真实性。（5）附件 14 上记载收货单位为“飞天”，没有证据证明“飞天”就是第三人在附件 13 中主张的“义乌市飞天制衣有限公司”。义乌市存在多家字号为“飞天”的使用纺织面料的企业。此外在码单上注明的是“诸暨市三宝纺织厂产品出（入）库码单”与第三人“诸暨市三宝纺织有限公司”的企业名称也不一致。综上所述，第 12989 号决定认定事实不清，请求人民法院依法予以撤销。

被告专利复审委员会辩称：第三人提交的证据足以证明其在本专利申请日前已经委托他人设计了相关产品图样并进行加工，最终又将相关产品投入市场，整个证明体系是完整的，其中的证明环节也是相互联系的，原告所述第三人提交的证明其自行设计开发和委托加工的证据对公开销售行为没有任何证明作用的主张完全没有事实和法律依据，不应予以支持；附件 13 为义乌市飞天制衣有限公司出具的购买证明，该公司委派其经手日常采购的员工宣清武出庭就相关购买事实作证并无不妥，原告没有证据证明第三人与上述出证单位之间存在法律上的利害关系，仅以二者之间存在买卖关系就否定上述出证单位证言真实性，认为被告对附件 13 和附件 14 认定错误的主张缺乏事实依据，不应予以支持。我委坚持认为第三人提交的证据足以证明相关产品在本专利的申请日前已处于使用公开的状态，具体认定参见决定。综上述，我委作出的决定事实清楚、适用法律正确、审理程序合法、审查结论正确，原告的诉讼理由不能成立，请求法院驳回原告请求，维持我委无效宣告请求决定。

第三人三宝公司未向本院提交书面陈述意见，其当庭述称：第 12989 号决定认定事实清楚，适用法律正确，审查程序合法，请求人民法院驳回原告的诉讼请求，维持第 12989 号决定。

本院经审理查明：

名称为衬衫面料（5）的外观设计专利由董灿兴于 2008 年 3 月 26 日向国家知识产权局提出申请，2008 年 7 月 23 日被授权公告，专利号为 200830092474. 9，专利权人为董灿兴。

2008 年 9 月 26 日，三宝公司以本专利不符合《专利法》第二十三条的规定为由向专利复审委员会提出无效宣告请求。三宝公司为支持其无效宣告请求提交了如下证据：

附件 1：三宝公司与诸暨市立勤纺织有限公司（技术部）签订的《新产品委托开发协议书》复印件，共 1 页；

附件 2：诸暨市立勤纺织有限公司营业执照复印件；

附件 3：诸暨市立勤纺织有限公司出具的证明及其所附产品图样复印件；

附件 4：诸暨市立勤纺织有限公司设计员王建的身份证复印件；

附件 5：诸暨市立勤纺织有限公司设计 QY113 面料样式的相关纸样复印件；

附件 6：诸暨市立勤纺织有限公司设计 QY113 面料样式的工艺单及手织样复印件；

附件 7：浙江鑫晟实业股份有限公司营业执照复印件；

附件 8：浙江省企业档案管理中心出具的浙江鑫晟实业股份有限公司“变更登记情况”复印件；

附件 9：浙江鑫晟实业股份有限公司出具的证明及其所附产品图样复印件；

附件 10：浙江鑫晟实业股份有限公司业务员楼红锋身份证复印件；

附件 11：义乌市飞天制衣有限公司营业执照复印件；

附件 12：义乌市飞天制衣有限公司采购员宣清武驾驶证复印件；

附件 13：义乌市飞天制衣有限公司出具的购买证明及其所附产品图样复印件；

附件 14：三宝公司出具的、收货单位为义乌市飞天制衣有限公司的产品出（入）库码单复印件。

2009 年 2 月 25 日，专利复审委员会举行了口头审理，在口头审理过程中，三宝公司明确其无效宣告请求的理由为《专利法》第二十三条，以附件 1~14 证明在本专利申请日前已在国内公开使用过与之相同的产品的事实，其中附件 1~6 结合使用证明其委托他人设计并获得 QY113 面料样式的事实，附件 7~10 结合使用证明其委托他人对 8919 面料样式的半成品进行出水整理的事实，附件 11~14 结合使用证明其将上述面料成品销售给义乌市飞天制衣有限公司的事实。三宝公司当庭提交附件 1、附件 3、附件 9、附件 13~14 的原件。证人王建、楼红锋、宣清武出庭接受质证，王建出示附件4~6 的原件，确认附件 3 上其签字的真实性；楼红锋出示附件 10 的原件，并确认附件 9 上其签字的真实性；

宣清武出示附件 12 的原件，并确认附件 13 上其签字的真实性。专利权人对附件 1~3、附件 7~9、附件 11、附件 13~14 的真实性均有异议。关于相同相近似对比，请求人认为其在先使用的 8919 面料样式与本专利相同，专利权人对此表示认可。

2009 年 3 月 9 日，专利复审委员会作出第 12989 号决定。

上述事实，有本专利授权公告文本、附件 1~14、第 12989 号决定、口头审理记录表及当事人陈述等证据在案佐证。

本院认为：根据各方当事人的诉辩主张，本案的焦点问题在于三宝公司在无效程序中提交的相关证据是否足以证明在本专利申请日之前已经有与之相同或相近似的外观设计在国内公开。

根据查明的事实可以确认，三宝公司提交的附件 1~6 包括三宝公司与诸暨市立勤纺织有限公司（技术部）签订的《新产品委托开发协议书》，及该公司的营业执照复印件、证明及所附产品图样的复印件、设计员王建的身份证复印件和 QY113 面料样式的相关纸样、工艺单和手织样的复印件。口头审理中三宝公司出具了除诸暨市立勤纺织有限公司营业执照外的其他原件，同时证人王建出庭作证并确认三宝公司提交的附件 3 上其签字的真实性。董灿兴因三宝公司未提交附件 2 的原件对其真实性和关联性有异议；以三宝公司与诸暨市立勤纺织有限公司之间存在业务往来构成利害关系为由，对附件 1 和附件 3 的真实性均不予认可，认为附件 1 有可能是事后补的，认为附件 3 是在三宝公司在提起无效宣告请求前刚产生的。董灿兴对附件 4 的真实性和证人王建的身份没有异议，且承认三宝公司与诸暨市立勤纺织有限公司之间存在委托关系。经本院审查认为，三宝公司提供了附件 1、附件 3 的原件，附件 3 的证明上既有诸暨市立勤纺织有限公司的公章，也有该单位法定代表人杨易和设计员王建的签字，王建就该证明出庭接受质证，并确认了其签字的真实性，同时提供了附件 5 和附件 6 的原件。董灿兴虽然对附件 2 的真实性和关联性提出异议，但其在无效程序中承认三宝公司与诸暨市立勤纺织有限公司之间存在委托关系，且对附件 4 的真实性及证人王建的身份均没有异议。据此可以确认三宝公司提交的上述证据已经形成证据链，即王建的证言与附件 1、附件 3、附件 5 和附件 6 记载的内容一致并相互印证，附件 3 上王建的签名与附件 6 一致，附件 5 和附件 6 中形成的设计纸样和手织样与附件 3 中所附的图样一致。由于上述附件之间相互印证，因此足以认定三宝公司委托诸暨市立勤纺织有限公司设计相关产品样式的事实。董灿兴虽以三宝公司与诸暨市立勤纺织有限公司之间存在业务往来构成利害关系为由，对二者之间委托设计的事实提出质疑，但未提交任何相反的证据加以证明，因此本院对董灿兴的主张不予支持。根据对附件 9 审查可以确认，浙江鑫晟实业股份有限公司出具了证明及其所附产品图样的原件，该公司业务员楼红锋在无效程序中出庭接受了质证并确认其签字的真实性。该证据应当作为认定本案事实的证据之一，根据该证据可以确认浙江鑫晟实业股份有限公司也为包括董灿兴的公司在内的其他多家公司提供布料的清洗和印染服务。在楼红锋出示了与三宝公司核对交付产品的图册中包含了浙江鑫晟实业股份有限公司 2008 年上半年为三宝公司清洗和染整的部分产品图样，其中有附件 9 中所附的 8919 产品图样。上述证言与附件 7~10 记载的内容一致并相互印证，足以认定三宝公司委托浙江鑫晟实业股份有限公司对相关产品的半成品进行出水整理的事实。董灿兴虽以三宝公司与浙江鑫晟实业股份有限公司之间存在业务往来构成利害关系为由，对二者之间委托印染清洗布料的事实提出质疑，但未提交任何相反的证据加以证明，本院对董灿兴所提主张不予支持。经对三宝公司提交的附件 11~14 审查后，本院认为，首先，前述证据符合法律规定的形式要件，其次，原告并没有相反的证据对前述证据进行抗辩，在第 12989 号决定中对上述证据进行了详细的评述，对待证事实进行了论述和认证，由于上述论述及认证并未违反法律对于证据采信及认证的禁止性规定，且董灿兴亦无相反的证据足以推翻第 12989 号决定认定的事实，故本院对董灿兴的抗辩主张不予支持。

此外，关于董灿兴主张本案涉及的销售行为均没有发票一节，本院注意到，在现实生活中小商小贩或小额交易不开具发票的情形普遍存在，即便是在较大的批发市场，此种情形也是屡见不鲜。此问题的存在确需相关部门加强管理，但就本案而言并不足以构成推翻涉案交易及使用公开真实存在的事实。综上，第12989号决定对于涉案证据的认证及对于事实的认定均正确，本院予以确认。

本专利与在先设计均为衬衫面料，二者用途相同，属于相同类别的产品，故将其与本专利进行如下相同、相近似对比。本专利所示衬衫面料的图案为连续的圆点形成的浅色竖条纹和主要由直线条构成、其上有“>”形凹口的深色竖条纹。在先设计所示衬衫面料的图案为连续的圆点形成的浅色竖条纹和主要由直线条构成、其上有“>”形凹口的深色竖条纹。本专利与在先设计相比，二者是相同的。

综上所述，原告董灿兴的诉讼请求缺乏事实和法律依据，本院不予支持。被告专利复审委员会所作的第12989号决定认定事实清楚，证据充分、程序合法，适用法律正确，应予维持。依照《中华人民共和国行政诉讼法》第五十四条第（一）项之规定，判决如下：

维持国家知识产权局专利复审委员会第12989号无效宣告请求审查决定。

案件受理费100元，由原告董灿兴负担（已交纳）。

如不服本判决，可在判决书送达之日起15日内，向本院递交上诉状，并按对方当事人的人数提交副本，并交纳上诉案件受理费100元，上诉于北京市高级人民法院。

审　判　长　刘海旗
代理审判员　周　波
人民陪审员　郝志国
二〇〇九年十一月二十五日
书　记　员　穆　颖

139

衬衫面料（12）

无效宣告请求审查决定（第12990号）

决　　定　　号　第12990号
决　　定　　日　2009年3月9日
发明创造名称　衬衫面料（12）
外观设计分类号　05-05
无效宣告请求人　诸暨市三宝纺织有限公司
专　利　权　人　董灿兴
专　　利　　号　200830096218.7
申　　请　　日　2008年4月17日
授权公告日　2008年8月20日
合议组组长　钟　华
主　　审　　员　张　凌
参　　审　　员　尹春霞
附　　　　　图　1页

法律依据　专利法第23条
决定要点

请求人提交的证明其产品设计开发、加工和销售三个环节的事实的证据之间形成了完整的证明体系，可以证明在本专利的申请日前其已销售了与本专利相同的产品；本专利不符合专利法第23条的规定。

专利权人对相关证据真实性的异议不构成合理质疑，也没有证据支持，对其主张应不予支持。

一、案由

本无效宣告请求涉及国家知识产权局于2008年8月20日授权公告的名称为"衬衫面料（12）"的200830096218.7号外观设计专利，其申请日为2008年4月17日，专利权人为董灿兴。

针对上述外观设计专利（下称本专利），诸暨市三宝纺织有限公司（下称请求人）于2008年9月26日向专利复审委员会提出无效宣告请求，理由是本专利与在其申请日前已公开使用过的外观设计相近似，因而不符合专利法第23条的规定。请求人同时提交如下附件作为证据：

附件1：请求人与诸暨市立勤纺织有限公司（技术部）签订的《新产品委托开发协议书》复印件，共1页；

附件2：诸暨市立勤纺织有限公司出具的证明复印件，共1页。

请求人认为其在2007年1月就委托其他公司设计面料样式，其中于2008年1月收到设计公司提供的一款面料样式与本专利相近似，证明在本专利的申请日前国内市场上已公开使用过与之相近似的产品，因此本专利不符合专利法第23条的规定。

经形式审查合格后，专利复审委员会受理了上述无效宣告请求，并于2008年10月9日将无效宣告请求书及相关附件的副本转送给专利权人，要求其在指定的期限内答复。

2008年10月26日，请求人针对上述无效宣告请求再次提交意见陈述，并提交如下附件作为证据：

附件1：请求人与诸暨市立勤纺织有限公司（技术部）签订的《新产品委托开发协议书》复印件，共1页；

附件2：诸暨市立勤纺织有限公司营业执照复印件，共1页；

附件3：诸暨市立勤纺织有限公司出具的证明及其所附产品图样复印件，共2页；

附件4：诸暨市立勤纺织有限公司设计员王建的身份证复印件，共1页；

附件5：诸暨市立勤纺织有限公司设计QY005面料样式的相关纸样复印件，共4页；

附件6：诸暨市立勤纺织有限公司设计QY005面料样式的工艺单及手织样复印件，共3页；

附件7：浙江鑫晟实业股份有限公司营业执照复印件，共1页；

附件8：浙江省企业档案管理中心出具的浙江鑫晟实业股份有限公司“变更登记情况”复印件，共1页；

附件9：浙江鑫晟实业股份有限公司出具的证明及其所附产品图样复印件，共2页；

附件10：浙江鑫晟实业股份有限公司业务员楼红锋身份证复印件，共1页；

附件11：义乌市景辉制衣有限公司营业执照复印件，共1页；

附件12：义乌市景辉制衣有限公司采购员王庆荣身份证复印件，共1页；

附件13：义乌市景辉制衣有限公司出具的购买证明及其所附产品图样复印件，共2页；

附件14：请求人出具的、收货单位为义乌市景辉制衣有限公司的产品出（入）库码单复印件，共1页；

附件15：义乌市飞天制衣有限公司营业执照复印件，共1页；

附件16：义乌市飞天制衣有限公司采购员宣清武驾驶证复印件，共1页；

附件17：义乌市飞天制衣有限公司出具的购买证明及其所附产品图样复印件，共2页；

附件18：请求人出具的、收货单位为义乌市飞天制衣有限公司的产品出（入）库码单复印件，共1页。

请求人认为：其于2008年1月收到诸暨市立勤纺织有限公司为其设计的QY005面料样式后（参见附件1~6），按照8618A的编号组织生产获得半成品并交由浙江星辰实业股份有限公司（现更名为浙江鑫晟实业股份有限公司）进行出水整理（参见附件7~10），获得成品后于2008年3月25日和2008年3月18日分别销售给义乌市景辉制衣有限公司和义乌市飞天制衣有限公司（参见附件11~14和附件15~18），上述附件证明请求人在2008年1月就在国内公开使用与本专利相似的8618A面料样式，早于本专利的申请日，因此本专利不符合专利法第23条的规定。

2008年11月17日，专利权人针对上述无效宣告请求提交答辩意见，对请求人提起无效宣告请求时提交的两份附件的真实性和关联性均不予认可，认为其没有证明力，应维持本专利有效。

2009年1月19日专利复审委员会向双方当事人发出口头审理通知书，定于2009年2月25日对本案举行口头审理，同时将专利权人的答辩意见转送请求人，将请求人的补充意见陈述及其所附附件转送专利权人，并告知双方当事人可在口头审理时一并陈述意见。

口头审理如期举行，双方当事人的代理人参加了口头审理。请求人明确其无效宣告请求的理由为专利法第23条，放弃提起无效宣告请求时递交的附件1和附件2，依据补充意见陈述时提交的附件1~14证明其在本专利的申请日前已在国内公开使用过与之相同的产品的事实，其中附件1~6结合使用证明其委托他人设计并获得QY005面料样式的事实，附件7~10结合使用证明其委托他人对8618A面料样式的半成品进行出水整理的事实，附件11~14结合使用证明其将上述面料成品销售给义乌市景辉制衣有限公司的事实，附件15~18结合使用证明其将上述面料成品销售给义乌市飞天制衣有限公司的事实。请求人当庭提交附件1、附件3、附件9、附件13~14和附件17~18的原件。证人王建、楼红锋、王庆荣、宣清武出庭接受质证，王建出示附件4~6的原件，并确认附件3上其签字的真实性；楼红锋出示附件10的原件，并确认附件9上其签字的真实性；王庆荣出示附件12的原件，并确认附件13上其签字的真实性；宣清武出示附件16的原件，并确认附件17上其签字的真实性。专利权人对附件1~3、附件7~9、附件11、附件13~15和附件17~18的真实性均有异议。关于相同相近似对比，请求人认为其在先使用的8618A面料样式与本专利相同，专利权人认为二者相近似。

在上述审理的基础上，合议组经合议认为，本案事实清楚，依法作出本审查决定。

二、决定的理由

1. 法律依据

基于请求人提出无效宣告请求所依据的理由和证据，合议组对本专利是否符合专利法第23条的规定进行审查。

专利法第23条规定，授予专利权的外观设计，应当同申请日以前在国内外出版物上公开发表过或者国内公开使用过的外观设计不相同和不相近似，并不得与他人在先取得的合法权利相冲突。

2. 证据和事实认定

鉴于请求人在口头审理中已明确表示放弃其在提起无效宣告请求时提交的附件1和附件2，本决定对其不再予以评述。

请求人补充提交的附件1~6是其与诸暨市立勤纺织有限公司（技术部）签订的《新产品委托开发协议书》复印件、后者的营业执照复印件、后者出具的证明及所附产品图样的复印件、后者公司设计员王建的身份证复印件和后者设计QY005面料样式的相关纸样、工艺单和手织样的复印件，口头审理中请求人出具了除诸暨市立勤纺织有限公司营业执照外的其他原件，证人王建出庭接受质证，并确认了请求人提交的附件3上其签字的真实性。专利权人因请求人未提交附件2的原件对其真实性和关联性有异议；以请求人与诸暨市立勤纺织有限公司之间存在业务往来构成利害关系为由，对附件1和附件3的真实性均不予认可，认为附件1有可能是事后补的，附件3则是在请求人在提起无效宣告请求前刚产生的；对附件4的真实性和证人王建的身份没有异议；承认请求人与诸暨市立勤纺织有限公司之间存在委托关系。

合议组认为，请求人提供了附件1、附件3的原件，附件3的证明上既有诸暨市立勤纺织有限公司的公章，也有该单位法定代表人杨易和设计员王建的签字，王建就该证明出庭接受质证，并确认了其签字的真实性，同时提供了附件5和附件6的原件。专利权人虽然对附件2的真实性和关联性提出异议，但承认请求人与诸暨市立勤纺织有限公司之间存在委托关系，对附件4的真实性没有异议，对证人王建的身份也没有异议。从证据形式上看，请求人提交的上述证据不存在明显的瑕疵，也没有涂改的痕迹。根据王建的陈述，诸暨市立勤纺织有限公司自2006年开始为请求人设计开发面料样式，已经连续合作3年，每年为请求人提供100个新品种的面料样式，其最迟在2008年1月底将包含QY005在内的为请求人设计的100个新品种的面料样式一并交付。上述证言与附件1、附件3、附件5和附件6记载的内容一致并相互印证；同时附件3上王建的签名与附件6一致，附件5和附件6中形成的设计纸样和手织样与附件3中所附的图样一致，即上述附件之间相互印证，可以证明请求人委托诸暨市立勤纺织有限公司设计相关产品样式的事实。专利权人以请求人与该出证单位之间存在业务往来构成利害关系为由对二者之间委托设计的事实提出质疑，但未提交任何反证。合议组认为请求人与该出证单位之间正常的业务往来不属于法律上所述的利害关系，专利权人未提交证据证明其主张，其质疑不足以否定上述证据及其证明的事实的真实性。

请求人补充提交的附件7~10是浙江鑫晟实业股份有限公司营业执照复印件、浙江省企业档案管理中心出具的浙江鑫晟实业股份有限公司“变更登记情况”复印件、浙江鑫晟实业股份有限公司出具的证明及其所附产品图样复印件、该公司业务员楼红锋身份证复印件，口头审理中请求人出示了附件9的原件，证人楼红锋出庭接受质证，并确认附件9上其签字的真实性，当庭出示了其保存的用于与请求人核对交付产品的图册（2008年上半年部分）一本，专利权人当庭核实其中的相关图样与附件9所附产品图样一致。专利权人因请求人未提交附件7和附件8的原件对其真实性及关联性均不予认可；以请求人与浙江鑫晟实业股份有限公司之间存在业务往来构成利害关系为由，对附件9的真实性不予认可；对附件10的真实性和证人楼红锋的身份没有异议。

合议组认为，请求人提交了附件9浙江鑫晟实业股份有限公司出具的证明及其所附产品图样的原件，该公司业务员楼红锋出庭接受质证，并确认了其签字的真实性。从证据形式上看，附件9没有明显的瑕疵和涂改的痕迹。根据楼红锋的陈述，其负责本公司与请求人之间的业务联系，主要是为请求人生产的布料提供清洗和印染服务，布料的清洗一般第二天即可交货，布料印染一般第二或第三天可交货，特殊情况下可能有延迟；浙江鑫晟实业股份有限公司的名称进行过变更，之前叫浙江星辰实业股份有限公司；此外，浙江鑫晟实业股份有限公司也为包括专利权人的公司在内的其他多家公司提供布料的清洗和印染服务。楼红锋还出示了与请求人核对交付产品的图册一本，该图册包含了浙江鑫晟实业股份有限公司2008年上半年为请求人清洗和染整的部分产品图样，其中有附件9中所附的8618A产品图样。上述证言与附件7~10记载的内容一致并相互印证，可以证明请求人委托浙江鑫晟实业股份有限公司对相关产品的半成品进行出水整理的事实。专利权人以请求人与该出证单位之间存在业务往来构成利害关系为由，对二者之间委托印染清洗布料的事实提出质疑，但未提交任何反证。合议组认为请求人与该出证单位之间正常的业务往来不属于法律上所述的利害关系，并且在证人称其公司同样为专利权人的公司提供服务时，专利权人并未否认，因此专利权人的质疑不足以否定上述证据及其证明的事实的真实性。

请求人补充提交的附件11~14是义乌市景辉制衣有限公司营业执照复印件、该公司采购员王庆荣身份证复印件、该公司出具的购买证明及其所附产品图样复印件及请求人出具的、对应上述销售行为的产品出（入）库码单复印件；附件15~18是义乌市飞天制衣有限公司营业执照复印件、该公司采购员宣清武驾驶证复印件、该公司出具的购买证明及其所附产品图样复印件及请求人出具的、对应上述销售行为的产品出（入）库码单复印件。口头审理中，请求人出示了附件13~14和附件17~18的原件，证人王庆荣、宣清武出庭接受质证，分别确认附件13和附件17上其各自签字的真实性，当庭出示对应其购买行为的入库单各一份。专利权人因请求人未提交附件11和附件15的原件对其真实性和关联性提出异议；以请求人与上述出证单位之间存在业务往来构成利害关系为由，对附件13和附件17的真实性不予认可；以附件14和附件18为请求人自己出具的凭证为由，对其真实性不予认可；对附件12和附件16的真实性及证人王庆荣和宣清武的身份没有异议；对于上述证人出具的入库单，认为已过举证期限，不应予以接受，并且对其真实性也不予认可。

合议组认为，请求人提交了附件13~14和附件17~18的原件，证人王庆荣、宣清武出庭接受质证，分别确认附件13和附件17上其各自签字的真实性。从证据形式上看，上述附件没有明显的瑕疵和涂改的痕迹。根据王庆荣和宣清武的陈述，其为各自所在公司的采购员，负责采购衬衣面料，2008年3月曾从请求人处购买相关面料，在请求人到其公司取证时，其分别根据采购时的入库单确认了上述购买事实及涉及的数量。上述证言与附件11~14和附件15~18记载的内容一致并相互印证，附件13和附件17的证明中所述购买的产品型号、数量和运货人员与附件14和附件18中显示的一致，即上述附件之间相互印证而无明显矛盾。关于专利权人提出上述销售行为均没有发票的问题，请求人表示在当地布料市场由于交易频繁发生，交易量大但金额很低，一般不会履行烦琐的交易手续，也不会开具正规的销售合同和发票；除非对陌生的或是零星购买的客户，卖方一般也不会要求买方提货时付款，而是一定时间后凭出库单到对方处收款，除非对方要求，一般也不会开发票。经合议组分别询问，证人王庆荣和宣清武均述称上述交易习惯确实存在，并表示其公司一般是按季度或半年付款，年底结清相关款项，也不开发票。合议组认为请求人的上述解释是合理的并且也得到了证人证言的佐证；此外综合附件1~10所反映的事实，请求人在2008年3月上旬既已开发和生产出相关布料的成品，衬衫面料作为一种受到市场流行趋势影响较大、市场寿命相对有限的产品，通常情况下，其生产者会尽快将这些面料投放市场进行销售；综上，合议组认为请求人在附件14和附件18记载的出库日期2008年3月25日和2008年3月18日已经公开销售了上述编号为8618A的面料。专利权人以请求人与义乌市景辉制衣有限公司和义乌市飞天制衣有限公司之间存在业务往来构成利害关系为由对上述附件的真实性不予认可，但未提交任何反证。合议组认为，请求人与上述出证单位之间正常的业务往来不属于法律上所述的利害关系，专利权人的质疑没有证据支持，不足以否定上述证据及其证明的事实的真实性。

根据附件1~18，请求人已于2008年3月25日和2008年3月18日在国内销售了编号为8618A的面料样式，该面料的公开时间早于本专利的申请日（2008年4月17日），属于专利法第23条所规定的在本专利申请日前在国内公开使用过的外观设计（下称在先设计）。

3. 关于专利法第23条

本专利与在先设计均为衬衫面料，二者用途相同，属于相同类别的产品，故将其与本专利进行如下相同、相近似对比。

本专利所示衬衫面料的图案为连续的圆点和直线形成的浅色竖条纹，每三束条纹的两边有相对形成的“<>”形图案（详见本专利附图）。

在先设计所示衬衫面料的图案为连续的圆点和直线形成的浅色竖条纹，每三束条纹的两边有相对形成的“<>”形图案（详见在先设计附图）。

本专利与在先设计相比，二者是相同的。

综上所述，在本专利的申请日前已经有与之相近似的外观设计在国内公开使用过，本专利不符合专利法第23条的规定。

三、决定

宣告200830096218.7号外观设计专利权全部无效。

当事人对本决定不服的，可以根据专利法第46条第2款的规定，自收到本决定之日起三个月内向北京市第一中级人民法院起诉。根据该款的规定，一方当事人起诉后，另一方当事人应当作为第三人参加诉讼。

主视图

本专利附图

在先设计附图

北京市第一中级人民法院
行政判决书

（2009）一中行初字第1477号

原告董灿兴，男，汉族，1966年9月20日出生，住浙江省绍兴市越城区东浦镇强头村3-77号。

委托代理人常玉明，北京中知法苑知识产权代理事务所专利代理人。

委托代理人陈俊由，北京中知法苑知识产权代理事务所专利代理人。

被告国家知识产权局专利复审委员会，住所地北京市海淀区北四环西路9号银谷大厦10~12层。

法定代表人张茂于，副主任。

委托代理人张凌，国家知识产权局专利复审委员会审查员。

委托代理人杨存吉，国家知识产权局专利复审委员会审查员。

第三人诸暨市三宝纺织有限公司，住所地浙江省诸暨市枫桥镇梅苑村。

法定代表人杨勤，总经理。

委托代理人顾征，浙江康城律师事务所律师。

原告董灿兴不服被告国家知识产权局专利复审委员会（以下简称专利复审委员会）于2009年3月9日作出的第12990号无效宣告请求审查决定（以下简称第12990号决定），于法定期限内向本院提起行政诉讼。本院于2009年6月11日受理本案后，依法组成合议庭，并依法通知诸暨市三宝纺织有限公司（以下简称三宝公司）作为本案第三人参加诉讼，于2009年8月13日公开开庭进行了审理。原告董灿兴及其委托代理人常玉明、陈俊由，被告专利复审委员会的委托代理人张凌、杨存吉，第三人三宝公司的委托代理人顾征到庭参加了诉讼。本案现已审理终结。

第12990号决定系专利复审委员会针对三宝公司就董灿兴拥有的名称为“衬衫面料（12）”的外观设计专利（以下简称本专利）提出的无效宣告请求作出的。专利复审委员会在该决定中认为：（1）三宝公司提交的附件1~6是其与诸暨市立勤纺织有限公司（技术部）签订的《新产品委托开发协议书》复印件、后者的营业执照复印件、后者出具的证明及所附产品图样的复印件、后者公司设计员王建的身份证复印件和后者设计QY005面料样式的相关纸样、工艺单和手织样的复印件，口头审理中三宝公司出具了除诸暨市立勤纺织有限公司营业执照外的其他原件，证人王建出庭接受质证，并确认了三宝公司提交的附件3上其签字的真实性。董灿兴因三宝公司未提交附件2的原件对其真实性和关联性有异议；以三宝公司与诸暨市立勤纺织有限公司之间存在业务往来构成利害关系为由，对附件1和附件3的真实性均不予认可，认为附件1有可能是事后补的，附件3则是在三宝公司在提起无效宣告请求前刚产生的。董灿兴对附件4的真实性和证人王建的身份没有异议，且承认三宝公司与诸暨市立勤纺织有限公司之间存在委托关系。专利复审委员会认为，三宝公司提供了附件1、附件3的原件，附件3的证明上既有诸暨市立勤纺织有限公司的公章，也有该单位法定代表人杨易和设计员王建的签字，王建就该证明出庭接受质证，并确认了其签字的真实性，同时提供了附件5和附件6的原件。董灿兴虽然对附件2的真实性和关联性提出异议，但承认三宝公司与诸暨市立勤纺织有限公司之间存在委托关系，对附件4的真实性没有异议，对证人王建的身份也没有异议。从证据形式上看，三宝公司提交的上述证据不存在明显的瑕疵，也没有涂改的痕迹。根据王建的陈述，诸暨市立勤纺织有限公司自2006年开始为三宝公司设计开发面料样式，已经连续合作3年，每年为三宝公司提供100个新品种的面料样式，其最迟在2008年1月底将包含QY005在内的为三宝公司设计的100个新品种的面料样式一并交付。上述证言与附件1、附件3、附件5和附件6记载的内容一致并相互印证；同时附件3上王建的签名与附件6一致，附件5和附件6中形成的设计纸样和手织样与附件3中所附的图样一致，即上述附件之间相互印证，可以证明三宝公司委托诸暨市立勤纺织有限公司设计相关产品样式的事实。董灿兴以三宝公司与该出证单位之间存在业务往来构成利害关系为由对二者之间委托设计的事实提出质疑，但未提交任何反证。专利复审委员会认为三宝公司与该出证单位之间正常的业务往来不属于法律上所述的利害关系，董灿兴未提交证据证明其主张，其质疑不足以否定上述证据及其证明的事实的真实性。三宝公司提交的附件7~10是浙江鑫晟实业股份有限公司营业执照复印件、浙江省企业档案管理中心出具的浙江鑫晟实业股份有限公司“变更登记情况”复印件、浙江鑫晟实业股份有限公司出具的证明及其所附产品图样复印件、该公司业务员楼红锋身份证复印件，口头审理中三宝公司出示了附件9的原件，证人楼红锋出庭接受质证，并确认附件9上其签字的真实性，当庭出示了其保存的用于与三宝公司核对交付产品的图册（2008年上半年部分）一本，董灿兴当庭核实其中的相关图样与附件9所附产品图样一致。董灿兴因三宝公司未提交附件7和附件8的原件对其真实性及关联性均不予认可；以三宝公司与浙江鑫晟实业股份有限公司之间存在业务往来构成利害关系为由，对附件9的真实性不予认可；对附件10的真实性和证人楼红锋的身份没有异议。专利复审委员会认为，三宝公司提交了附件9浙江鑫晟实业股份有限公司出具的证明及其所附产品图样的原件，该公司业务员楼红锋出庭接受质证，并确认了其签字的真实性。从证据形式上看，附件9没有明显的瑕疵和涂改的痕迹。根据楼红锋的陈述，其负责本公司与三宝公司之间的业务联系，主要是为三宝公司生产的布料提供清洗和印染服务，布料的清洗一般第二天即可交货，布料印染一般第二天或第三天可交货，特殊情况下可能有延迟；浙江鑫晟实业股份有限公司的名称进行过变更，之前叫浙江星辰实业股份有限公司；此外，浙江鑫晟实业股份有限公司也为包括董灿兴的公司在内的其他多家公司提供布料的清洗和印染服务。楼红锋还出示了与三宝公司核对交付产品的图册一本，该图册包含了浙江鑫晟实业股份有限公司2008年上半年为三宝公司清洗和染整的部分产品图样，其中有附件9中所附的8618A产品图样。上述证言与附件7~10记载的内容一致并相互印证，可以证明三宝公司委托浙江鑫晟实业股份有限公司对相关产品的半成品进行出水整理的事实。董灿兴以三宝公司与该出证单位之间存在业务往来构成利害关系为由，对二者之间委托印染清洗布料的事实提出质疑，但未提交任何反证。专利复审委员会认为三宝公司与该出证单位之间正常的业务往来不属于法律上所述的利害关系，并且在证人称其公司同样为董灿兴的公司提供服务时，董灿兴并未否认，因此董灿兴的质疑不足以否定上述证据及其证明的事实的真实性。三宝公司提交的附件11~14是义乌市景辉制衣有限公司营业执照复印件、该公司采购员王庆荣身份证复印件、该公司出具的购买证明及其所附产品图样复印件及三宝公司出具的、对应上述销售行为的产品出（入）库码单复印件；附件15~18是义乌市飞天制衣有限公司营业执照复印件、该公司采购员宣清武驾驶证复印件、该公司出具的购买证明及其所附产品图样复印件及三宝公司出具的、对应上述销售行为的产品出（入）库码单复印件。口头审理中，三宝公司出示了附件13~14和附件17~18的原件，证人王庆荣、宣清武出庭接受质证，分别确认附件13和附件17上其各自签字的真实性，当庭出示对应其购买行为的入库单各一份。董灿兴因三宝公司未提交附件11和附件15的原件对其真实性和关联性提出异议；以三宝公司与上述出证单位之间存在业务往来构成利害关系为由，对附件13和附件17的真实性不予认可；以附件14和附件18为三宝公司自己出具的凭证为由，对其真实性不予认可；对附件12和附件16的真实性及证人王庆荣和宣清武的身份没有异议；对于上述证人出具的入库单，认为已过举证期限，不应予以接受，并且对其真实性也不予认可。专利复审委员会认为，三宝公司提交了附件13~14和附件17~18的原件，证人王庆荣、宣清武出庭接受质证，分别确认附件13~17上其各自签字的真实性。从证据形式上看，上述附件没有明显的瑕疵和涂改的痕迹。根据王庆荣和宣清武的陈述，其为各自所在公司的采购员，负责采购衬衣面料，2008 年 3 月曾从三宝公司处购买相关面料，在三宝公司到其公司取证时，其分别根据采购时的入库单确认了上述购买事实及涉及的数量。上述证言与附件 11~14 和附件 15~18 记载的内容一致并相互印证，附件 13 和附件 17 的证明中所述购买的产品型号、数量和运货人员与附件 14 和附件 18 中显示的一致，即上述附件之间相互印证而无明显矛盾。关于董灿兴提出上述销售行为均没有发票的问题，三宝公司表示在当地布料市场由于交易频繁发生，交易量大但金额很低，一般不会履行烦琐的交易手续，也不会开具正规的销售合同和发票；除非对陌生的或是零星购买的客户，卖方一般也不会要求买方提货时付款，而是一定时间后凭出库单到对方处收款，除非对方要求，一般也不会开发票。经专利复审委员会分别询问，证人王庆荣和宣清武均述称上述交易习惯确实存在，并表示其公司一般是按季度或半年付款，年底结清相关款项，也不开发票。专利复审委员会认为三宝公司的上述解释是合理的并且也得到了证人证言的佐证；此外综合附件 1~10 所反映的事实，三宝公司在 2008 年 3 月上旬即已开发和生产出相关布料的成品，衬衫面料作为一种受到市场流行趋势影响较大、市场寿命相对有限的产品，通常情况下，其生产者会尽快将这些面料投放市场进行销售。综上，专利复审委员会认为三宝公司在附件 14 和附件 18 记载的出库日期 2008 年 3 月 25 日和 2008 年 3 月 18 日已经公开销售了上述编号为 8618A 的面料。董灿兴以三宝公司与义乌市景辉制衣有限公司和义乌市飞天制衣有限公司之间存在业务往来成利害关系为由对上述附件的真实性不予认可，但未提交任何反证。专利复审委员会认为，三宝公司与上述出证单位之间正常的业务往来不属于法律上所述的利害关系，董灿兴的质疑没有证据支持，不足以否定上述证据及其证明的事实的真实性。根据附件 1~18，三宝公司已于 2008 年 3 月 25 日和 2008 年 3 月 18 日在国内销售了编号为 8618A 的面料样式，该面料的公开时间早于本专利的申请日（2008 年 4 月 17 日），属于《中华人民共和国专利法》（以下简称《专利法》）第二十三条所规定的在本专利申请日前在国内公开使用过的外观设计（以下称在先设计）。（2）关于《专利法》第二十三条。本专利与在先设计均为衬衫面料，二者用途相同，属于相同类别的产品，故将其与本专利进行如下相同、相近似对比。本专利所示衬衫面料的图案为连续的圆点和直线形成的浅色竖条纹，每三束条纹的两边有相对形成的“<>”形图案（详见本专利附图）。在先设计所示衬衫面料的图案为连续的圆点和直线形成的浅色竖条纹，每三束条纹的两边有相对形成的“<>”形图案（详见在先设计附图）。本专利与在先设计相比，二者是相同的。综上所述，在本专利的申请日前已经有与之相同或相近似的外观设计在国内公开使用过，本专利不符合《专利法》第二十三条的规定。

董灿兴不服第 12990 号决定，在法定期限内向本院提起行政诉讼称：（1）销售是使用公开的一种形式，认定以销售形式公开并不需要与公众不能随意获悉的设计和生产加工环节结合来证明，被告认定设计和生产加工环节的证据构成销售公开事实不符合法律规定。第三人提交的附件 1~10 证据对构成销售公开没有任何证明作用，不具有关联性。（2）附件 13 和附件 17 分别是采购员王庆荣、宣清武根据采购时的入库单确认附件 13 和附件 17 证明的事实及数量，但是，入库单并没有作为证据出现在本案当中，也没有在口头审理质证中得到专利复审委员会的确认，所以入库单的真实性不能确定，故附件 13 和附件 17 中王庆荣、宣清武依据入库单确认相关的真实性也不能确定。附件 13 和附件 17 中写出了承运人陈冠清、韩德堂的姓名和身份证号，在附件 14 或附件 17 中分别只有陈冠清、韩德堂的名字出现，但是，陈冠清和韩德堂均没有出庭作证，故被告关于“上述附件之间互相印证而无明显矛盾”显系认定错误。（3）开具税务发票不仅是交易双方付款和收款凭证，而且是国家的法律规定，任何销售不开发票的行为都是一种偷逃税款的违法行为，严重的还要附刑事责任。即使这种行为不违法，也不能随意由某个自然人猜测就能认可。被告对与本案有利害关系的当事人一方和由其找的证人声称这是交易习惯就认为是合理的，没有任何事实根据和法律依据。（4）附件 14 和附件 18 上记载收货单位为“景辉”和“飞天”，不是企业全称，没有证据证明“景辉”就是“义乌市景辉制衣有限公司”；同样没有证据证明“飞天”就是第三人在附件 17 中主张的“义乌市飞天制衣有限公司”。此外码单载明是“诸暨市三宝纺织厂产品出（入）库码单”与第三人“诸暨市三宝纺织有限公司”主体也不一致。（5）第三人没有提交足以否定涉案专利新颖性的足够的证据，现有证据也不具备真实性、关联性和合法性；被告对本案案件事实的认定没有事实根据，因此，该决定的结论也必然是错误的。综上所述，第 12990 号决定认定事实不清，请求人民法院依法予以撤销。

被告专利复审委员会辩称：（1）关于原告认为我委决定中对证据和相关事实的认定错误的主张，我委认为：第三人提交的证据足以证明其在本专利申请日前已经委托他人设计了相关产品图样并进行加工，最终又将相关产品投入市场，整个证明体系是完整的，其中的证明环节也是相互联系的，原告所述第三人提交的证明其自行设计开发和委托加工的证据对公开销售行为没有任何证明作用的主张完全没有事实和法律依据，不应予以支持；附件 13 为义乌市飞天制衣有限公司出具的购买证明，该公司委派其经手日常采购的员工宣武清出庭就相关购买事实作证并无不妥，原告没有证据证明第三人与上述出证单位之间存在法律上的利害关系，仅以二者之间存在买卖关系就否定上述出证单位证言真实性，认为被告关于附件 13 和附件 14 认定错误的主张缺乏事实依据，不应予以支持。我委坚持认为第三人提交的证据足以证明相关产品在本专利的申请日前已处于使用公开的状态，具体认定参见决定。（2）原告提交的在无效宣告程序中并未出具过的证据，不应在行政诉讼中予以考虑。综上述，我委作出的决定事实清楚、适用法律正确、审理程序合法、审查结论正确，原告的诉讼理由不能成立，请求法院驳回原告请求，维持我委无效宣告请求决定。

第三人三宝公司未向本院提交书面陈述意见，其当庭述称：第 12990 号决定认定事实清楚，适用法律正确，审查程序合法，请求人民法院驳回原告的诉讼请求，维持第 12990 号决定。

本院经审理查明：

名称为衬衫面料（12）的外观设计专利（即本专利）由董灿兴于 2008 年 4 月 17 日向国家知识产权局提出申请，2008 年 8 月 20 日被授权公告，专利号为 200830096218.7，专利权人为董灿兴。

2008 年 9 月 26 日，三宝公司以本专利不符合《专利法》第二十三条的规定为由向专利复审委员会提出无效宣告请求。为支持其无效宣告请求提交了如下的证据：

附件 1：三宝公司与诸暨市立勤纺织有限公司（技术部）签订的《新产品委托开发协议书》复印件，共 1 页；

附件 2：诸暨市立勤纺织有限公司营业执照复印件；

附件 3：诸暨市立勤纺织有限公司出具的证明及其所附产品图样复印件；

附件 4：诸暨市立勤纺织有限公司设计员王建的身份证复印件；

附件 5：诸暨市立勤纺织有限公司设计 QY005 面料样式的相关纸样复印件；

附件 6：诸暨市立勤纺织有限公司设计 QY005 面料样式的工艺单及手织样复印件；

附件 7：浙江鑫晟实业股份有限公司营业执照复印件；

附件 8：浙江省企业档案管理中心出具的浙江鑫晟实业股份有限公司“变更登记情况”复印件；

附件 9：浙江鑫晟实业股份有限公司出具的证明及其所附产品图样复印件；

附件 10：浙江鑫晟实业股份有限公司业务员楼红锋身份证复印件；

附件 11：义乌市景辉制衣有限公司营业执照复印件，共 1 页；

附件 12：义乌市景辉制衣有限公司采购员王庆荣身份证复印件；

附件 13：义乌市景辉制衣有限公司出具的购买证明及其所附产品图样复印件；

附件 14：三宝公司出具的、收货单位为义乌市景辉制衣有限公司的产品出（入）库码单复印件；

附件 15：义乌市飞天制衣有限公司营业执照复印件；

附件 16：义乌市飞天制衣有限公司采购员宣清武驾驶证复印件；

附件 17：义乌市飞天制衣有限公司出具的购买证明及其所附产品图样复印件；

附件 18：三宝公司出具的、收货单位为义乌市飞天制衣有限公司的产品出（入）库码单复印件。

2009 年 2 月 25 日，专利复审委员会举行了口头审理，在口头审理过程中，三宝公司将无效理由和证据明确为《专利法》第二十三条，以附件 1~14 证明其在本专利的申请日前已在国内公开使用过与之相同的产品的事实，其中附件 1~6 结合使用证明其委托他人设计并获得 QY005 面料样式的事实，附件 7~10 结合使用证明其委托他人对 8618A 面料样式的半成品进行出水整理的事实，附件11~14 结合使用证明其将上述面料成品销售给义乌市景辉制衣有限公司的事实，附件 15~18 结合使用证明其将上述面料成品销售给义乌市飞天制衣有限公司的事实。三宝公司当庭提交附件 1、附件 3、附件 9、附件 13~14 和附件 17~18 的原件。证人王建、楼红锋、王庆荣、宣清武出庭接受质证，王建出示附件 4~6 的原件，并确认附件 3 上其签字的真实性；楼红锋出示附件 10 的原件，并确认附件 9 上其签字的真实性；王庆荣出示附件 12 的原件，并确认附件 13 上其签字的真实性；宣清武出示附件 16 的原件，并确认附件 17 上其签字的真实性。董灿兴对附件 1~3、附件 7~9、附件 11、附件 13~15 和附件 17~18 的真实性均有异议。关于相同相近似对比，三宝公司认为其在先使用的 8618A 面料样式与本专利相同，董灿兴认为二者相近似。

2009 年 3 月 9 日，专利复审委员会作出第 12990 号决定。

上述事实，有本专利授权公告文本、附件 1~18、第 12990 号决定、口头审理记录表及当事人陈述等证据在案佐证。

本院认为：根据各方当事人的诉辩主张，本案的焦点问题在于三宝公司在无效程序中提交的相关证据是否足以证明在本专利申请日之前已经有与之相同或相近似的外观设计在国内公开。

根据查明的事实可以确认，三宝公司提交的附件 1~6 是其与诸暨市立勤纺织有限公司（技术部）签订的《新产品委托开发协议书》复印件及该公司的营业执照复印件、证明及所附产品图样的复印件、设计员王建的身份证复印件、QY005 面料样式的相关纸样、工艺单和手织样的复印件。口头审理中三宝公司出具了除诸暨市立勤纺织有限公司营业执照外的其他原件，证人王建出庭接受质证，并确认了三宝公司提交的附件 3 上其签字的真实性。董灿兴因三宝公司未提交附件 2 的原件对其真实性和关联性有异议，以三宝公司与诸暨市立勤纺织有限公司之间存在业务往来构成利害关系为由，对附件 1 和附件 3 的真实性均不予认可，认为附件 1 有可能是事后补的，附件 3 则是在三宝公司在提起无效宣告请求前刚产生的；对附件 4 的真实性和证人王建的身份没有异议；承认三宝公司与诸暨市立勤纺织有限公司之间存在委托关系。经本院审查认为，三宝公司提供的上述证据已证明了三宝公司与诸暨市立勤纺织有限公司存在业务往来关系，且董灿兴在无效程序中亦承认三宝公司与诸暨市立勤纺织有限公司之间存在委托关系，因此上述证据不存在瑕疵，本院予以确认。同时根据王建的证言可以确认其与附件 1、3、5、6 记载的内容一致并相互印证，且附件 3 上王建的签名与附件 6 一致，附件 5、6 中形成的设计纸样和手织样与附件 3 中所附的图样一致并相互印证，可以证明三宝公司委托诸暨市立勤纺织有限公司设计相关产品样式的事实。董灿兴仅以二者之间存在业务往来具有利害关系为由提出质疑，但没有提交相反的证据，故本院对董灿兴的抗辩理由不予支持。三宝公司的附件 7~10 是浙江鑫晟实业股份有限公司营业执照复印件、浙江省企业档案管理中心出具的浙江鑫晟实业股份有限公司“变更登记情况”复印件、浙江鑫晟实业股份有限公司出具的证明及其所附产品图样复印件、该公司业务员楼红锋身份证复印件及附件 9 的原件，且证人楼红锋在无效程序中出庭接受质证，其确认了附件 9 上其签字的真实性，并出示了其保存的用于与三宝公司核对交付产品的图册（2008 年上半年部分)，董灿兴确认相关图样与附件9所附产品图样一致。经本院审查认为，三宝公司提交的附件9没有明显的瑕疵和涂改的痕迹，同时证人楼红锋亦可证实与附件7~10中记载的内容一致并相互印证，可以证明三宝公司委托浙江鑫晟实业股份有限公司对相关产品的半成品进行出水整理的事实。董灿兴仅以二者之间存在业务往来存在利害关系为由，对已经形成的委托印染清洗布料的事实提出质疑，但没有提交相反的证据，故本院对董灿兴的抗辩理由不予支持。三宝公司提交的附件11~18（其中包括附件12、16的原件)，在无效程序中证人王庆荣、宣清武出庭接受质证，分别确认附件13和附件17上其各自签字的真实性，并当庭出示对应其购买行为的入库单各一份。根据王庆荣和宣清武的证言证实，其为各自所在公司的采购员，负责采购衬衣面料，2008年3月曾从三宝公司处购买相关面料，在三宝公司到其公司取证时，其分别根据采购时的入库单确认了上述购买事实及涉及的数量。上述证言与附件11~14和附件15~18记载的内容一致并相互印证，附件13和附件17的证明中所述购买的产品型号、数量和运货人员与附件14和附件18中显示的一致，故本院对附件11~18欲证明的事实予以确认。综上，本院认为三宝公司已于2008年3月25日和2008年3月18日在国内销售了编号为8618A的面料样式，该面料的公开时间早于本专利的申请日，属于《专利法》第二十三条所规定的在本专利申请日前在国内公开使用过的外观设计。

本专利与在先设计均为衬衫面料，二者用途相同，属于相同类别的产品，故将其与本专利进行如下相同、相近似对比。本专利所示衬衫面料的图案为连续的圆点和直线形成的浅色竖条纹，每三束条纹的两边有相对形成的“<>”形图案。在先设计所示衬衫面料的图案为连续的圆点和直线形成的浅色竖条纹，每三束条纹的两边有相对形成的“<>”形图案。本专利与在先设计相比，二者是相同的。综上所述，在本专利的申请日前已经有与之相同或相近似的外观设计在国内公开使用过，本专利不符合《专利法》第二十三条的规定。

此外，关于董灿兴主张本案涉及的销售行为均没有发票一节，本院注意到，在现实生活中小商小贩或小额交易不开具发票的情形普遍存在，即便是在大、中型的批发市场，此种情形也是屡见不鲜。此问题的存在确需相关部门加强管理，但就本案而言并不足以构成推翻本专利已被在先公开的事实。

综上所述，原告董灿兴的诉讼请求缺乏事实和法律依据，本院不予支持。被告专利复审委员会所作的第12990号决定认定事实清楚，证据充分、程序合法，适用法律正确，应予维持。依照《中华人民共和国行政诉讼法》第五十四条第（一）项之规定，判决如下：

维持国家知识产权局专利复审委员会第12990号无效宣告请求审查决定。

案件受理费100元，由原告董灿兴负担（已交纳)。

如不服本判决，可在判决书送达之日起15日内，向本院递交上诉状，并按对方当事人的人数提交副本，并交纳上诉案件受理费100元，上诉于北京市高级人民法院。

审 判 长 刘海旗
代理审判员 周 波
人民陪审员 郝志国
二〇〇九年十一月十五日
书 记 员 穆 颖

140

衬衫面料（11）

无效宣告请求审查决定（第12991号）

决　　定　　号　第12991号
决　　定　　日　2009年3月9日
发明创造名称　衬衫面料（11）
外观设计分类号　05-05
无效宣告请求人　诸暨市三宝纺织有限公司
专　利　权　人　董灿兴
专　　利　　号　200830096219.1
申　　请　　日　2008年4月17日
授权公告日　2008年8月20日
合议组组长　钟　华
主　　审　　员　张　凌
参　　审　　员　尹春霞
附　　　　　图　1页

法　律　依　据　专利法第23条
决　定　要　点

请求人提交的证明其产品设计开发、加工和销售三个环节的事实的证据之间形成了完整的证明体系，可以证明在本专利的申请日前其已销售了与本专利相同的产品；本专利不符合专利法第23条的规定。

专利权人对相关证据真实性的异议不构成合理质疑，也没有证据支持，对其主张应不予支持。

一、案由

本无效宣告请求涉及国家知识产权局于2008年8月20日授权公告的名称为“衬衫面料（11）”的200830096219.1号外观设计专利，其申请日为2008年4月17日，专利权人为董灿兴。

针对上述外观设计专利（下称本专利），诸暨市三宝纺织有限公司（下称请求人）于2008年9月26日向专利复审委员会提出无效宣告请求，理由是本专利与在其申请日前已公开使用过的外观设计相近似，因而不符合专利法第23条的规定。请求人同时提交如下附件作为证据：

附件1：请求人与诸暨市立勤纺织有限公司（技术部）签订的《新产品委托开发协议书》复印件，共1页；

附件2：诸暨市立勤纺织有限公司出具的证明复印件，共1页。

请求人认为其在2007年1月就委托其他公司设计面料样式，其中于2008年1月收到设计公司提供的一款面料样式与本专利相近似，证明在本专利的申请日前国内市场上已公开使用过与之相近似的产品，因此本专利不符合专利法第23条的规定。

经形式审查合格后，专利复审委员会受理了上述无效宣告请求，并于2008年10月9日将无效宣告请求书及相关附件的副本转送给专利权人，要求其在指定的期限内答复。

2008年10月26日，请求人针对上述无效宣告请求再次提交意见陈述，并提交如下附件作为证据：

附件1：请求人与诸暨市立勤纺织有限公司（技术部）签订的《新产品委托开发协议书》复印件，共1页；

附件2：诸暨市立勤纺织有限公司营业执照复印件，共1页；

附件3：诸暨市立勤纺织有限公司出具的证明及其所附产品图样复印件，共2页；

附件4：诸暨市立勤纺织有限公司设计员王建的身份证复印件，共1页；

附件5：诸暨市立勤纺织有限公司设计QY082面料样式的相关纸样复印件，共3页；

附件6：诸暨市立勤纺织有限公司设计QY082面料样式的工艺单及手织样复印件，共5页；

附件7：浙江鑫晟实业股份有限公司营业执照复印件，共1页；

附件8：浙江省企业档案管理中心出具的浙江鑫晟实业股份有限公司"变更登记情况"复印件，共1页；

附件9：浙江鑫晟实业股份有限公司出具的证明及其所附产品图样复印件，共2页；

附件10：浙江鑫晟实业股份有限公司业务员楼红锋身份证复印件，共1页；

附件11：义乌市景辉制衣有限公司营业执照复印件，共1页；

附件12：义乌市景辉制衣有限公司采购员王庆荣身份证复印件，共1页；

附件13：义乌市景辉制衣有限公司出具的购买证明及其所附产品图样复印件，共2页；

附件14：请求人出具的、收货单位为义乌市景辉制衣有限公司的产品出（入）库码单复印件，共1页。

请求人认为：其于2008年1月收到诸暨市立勤纺织有限公司为其设计的QY082面料样式后（参见附件1~6），按照8725A的编号组织生产获得半成品并交由浙江星辰实业股份有限公司（现更名为浙江鑫晟实业股份有限公司）进行出水整理（参见附件7~10），获得成品后于2008年3月25日销售给义乌市景辉制衣有限公司（参见附件11~14），上述附件证明请求人在2008年1月就在国内公开使用与本专利相似的8725A面料样式，早于本专利的申请日，因此本专利不符合专利法第23条的规定。

2008年11月17日，专利权人针对上述无效宣告请求提交答辩意见，对请求人提起无效宣告请求时提交的两份附件的真实性和关联性均不予认可，认为其没有证明力，应维持本专利有效。

2009年1月19日专利复审委员会向双方当事人发出口头审理通知书，定于2009年2月25日对本案举行口头审理，同时将专利权人的答辩意见转送请求人，将请求人的补充意见陈述及其所附附件转送专利权人，并告知双方当事人可在口头审理时一并陈述意见。

口头审理如期举行，双方当事人的代理人参加了口头审理。请求人明确其无效宣告请求的理由为专利法第23条，放弃提起无效宣告请求时递交的附件1和附件2，依据补充意见陈述时提交的附件1~14证明其在本专利的申请日前已在国内公开使用过与之相同的产品的事实，其中附件1~6结合使用证明其委托他人设计并获得QY082面料样式的事实，附件7~10结合使用证明其委托他人对8725A面料样式的半成品进行出水整理的事实，附件11~14结合使用证明其将上述面料成品销售给义乌市景辉制衣有限公司的事实。请求人当庭提交附件1、附件3、附件9、附件13~14的原件。证人王建、楼红锋、王庆荣出庭接受质证，王建出示附件 4~6 的原件，确认附件 3 上其签字的真实性；楼红锋出示附件 10 的原件，并确认附件 9 上其签字的真实性；王庆荣出示附件 12 的原件，并确认附件 13 上其签字的真实性。专利权人对附件 1~3、附件 7~9、附件 11、附件 13~14 的真实性均有异议。关于相同相近似对比，请求人认为其在先使用的 8725A 面料样式与本专利相同，专利权人对此表示认可。

在上述审理的基础上，合议组经合议认为，本案事实清楚，依法作出本审查决定。

二、决定的理由

1. 法律依据

基于请求人提出无效宣告请求所依据的理由和证据，合议组对本专利是否符合专利法第 23 条的规定进行审查。

专利法第 23 条规定，授予专利权的外观设计，应当同申请日以前在国内外出版物上公开发表过或者国内公开使用过的外观设计不相同和不相近似，并不得与他人在先取得的合法权利相冲突。

2. 证据和事实认定

鉴于请求人在口头审理中已明确表示放弃其在提起无效宣告请求时提交的附件 1 和附件 2，本决定对其不再予以评述。

请求人补充提交的附件 1~6 是其与诸暨市立勤纺织有限公司（技术部）签订的《新产品委托开发协议书》复印件、后者的营业执照复印件、后者出具的证明及所附产品图样的复印件、后者公司设计员王建的身份证复印件和后者设计 QY082 面料样式的相关纸样、工艺单和手织样的复印件，口头审理中请求人出具了除诸暨市立勤纺织有限公司营业执照外的其他原件，证人王建出庭接受质证，并确认了请求人提交的附件 3 上其签字的真实性。专利权人因请求人未提交附件 2 的原件对其真实性和关联性有异议；以请求人与诸暨市立勤纺织有限公司之间存在业务往来构成利害关系为由，对附件 1 和附件 3 的真实性均不予认可，认为附件 1 有可能是事后补的，附件 3 则是在请求人在提起无效宣告请求前刚产生的；对附件 4 的真实性和证人王建的身份没有异议；承认请求人与诸暨市立勤纺织有限公司之间存在委托关系。

合议组认为，请求人提供了附件 1、附件 3 的原件，附件 3 的证明上既有诸暨市立勤纺织有限公司的公章，也有该单位法定代表人杨易和设计员王建的签字，王建就该证明出庭接受质证，并确认了其签字的真实性，同时提供了附件 5 和附件 6 的原件。专利权人虽然对附件 2 的真实性和关联性提出异议，但承认请求人与诸暨市立勤纺织有限公司之间存在委托关系，对附件 4 的真实性没有异议，对证人王建的身份也没有异议。从证据形式上看，请求人提交的上述证据不存在明显的瑕疵，也没有涂改的痕迹。根据王建的陈述，诸暨市立勤纺织有限公司自 2006 年开始为请求人设计开发面料样式，已经连续合作 3 年，每年为请求人提供 100 个新品种的面料样式，其最迟在 2008 年 1 月底将包含 QY082 在内的为请求人设计的 100 个新品种的面料样式一并交付。上述证言与附件 1、附件 3、附件 5 和附件 6 记载的内容一致并相互印证；同时附件 3 上王建的签名与附件 6 一致，附件 5 和附件 6 中形成的设计纸样和手织样与附件 3 中所附的图样一致，即上述附件之间也可相互印证可以证明请求人委托诸暨市立勤纺织有限公司设计相关产品样式的事实。专利权人仅以请求人与诸暨市立勤纺织有限公司之间存在业务往来构成利害关系为由对二者之间委托设计的事实提出质疑，但未提交任何反证。合议组认为请求人与该出证单位之间正常的业务往来不属于法律上所述的利害关系，专利权人未提交证据证明其主张，其质疑不足以否定上述证据及其证明的事实的真实性。

请求人补充提交的附件 7~10 是浙江鑫晟实业股份有限公司营业执照复印件、浙江省企业档案管理中心出具的浙江鑫晟实业股份有限公司“变更登记情况”复印件、浙江鑫晟实业股份有限公司出具的证明及其所附产品图样复印件、该公司业务员楼红锋身份证复印件，口头审理中请求人出示了附件9的原件，证人楼红锋出庭接受质证，并确认附件9上其签字的真实性，当庭出示了其保存的用于与请求人核对交付产品的图册（2008年上半年部分）一本，专利权人当庭核实其中的相关图样与附件9所附产品图样一致。专利权人因请求人未提交附件7和附件8的原件对其真实性及关联性均不予认可；以请求人与浙江鑫晟实业股份有限公司之间存在业务往来构成利害关系为由，对附件9的真实性不予认可；对附件10的真实性和证人楼红锋的身份没有异议。

合议组认为，请求人提交了附件9浙江鑫晟实业股份有限公司出具的证明及其所附产品图样的原件，该公司业务员楼红锋出庭接受质证，并确认了其签字的真实性。从证据形式上看，附件9没有明显的瑕疵和涂改的痕迹。根据楼红锋的陈述，其负责本公司与请求人之间的业务联系，主要是为请求人生产的布料提供清洗和印染服务，布料的清洗一般第二天即可交货，布料印染一般第二天或第三天可交货，特殊情况下可能有延迟；浙江鑫晟实业股份有限公司的名称进行过变更，之前叫浙江星辰实业股份有限公司；此外，浙江鑫晟实业股份有限公司也为包括专利权人的公司在内的其他多家公司提供布料的清洗和印染服务。楼红锋还出示了与请求人核对交付产品的图册一本，该图册包含了浙江鑫晟实业股份有限公司2008年上半年为请求人清洗和染整的部分产品图样，其中有附件9中所附的8725A产品图样。上述证言与附件7~10记载的内容一致并相互印证，可以证明请求人委托浙江鑫晟实业股份有限公司对相关产品的半成品进行出水整理的事实。专利权人以请求人与浙江鑫晟实业股份有限公司之间存在业务往来构成利害关系为由，对二者之间委托印染清洗布料的事实提出质疑，但未提交任何反证。合议组认为请求人与该出证单位之间正常的业务往来不属于法律上所述的利害关系，并且在证人称其公司同样为专利权人的公司提供服务时，专利权人并未否认，因此专利权人的质疑不足以否定上述证据及其证明的事实的真实性。

请求人补充提交的附件11~14是义乌市景辉制衣有限公司营业执照复印件、该公司采购员王庆荣身份证复印件、该公司出具的购买证明及其所附产品图样复印件及请求人出具的、对应上述销售行为的产品出（入）库码单复印件。口头审理中，请求人出示了附件13~14的原件，证人王庆荣出庭接受质证，确认附件13上其签字的真实性，当庭出示对应其购买行为的入库单一份。专利权人因请求人未提交附件11的原件对其真实性和关联性提出异议；以请求人与该出证单位之间存在业务往来构成利害关系为由，对附件13的真实性不予认可；以附件14为请求人自己出具的凭证为由，对其真实性不予认可；对附件12的真实性及证人王庆荣的身份没有异议；对于该证人出具的入库单，认为已过举证期限，不应予以接受，并且对其真实性也不予认可。

合议组认为，请求人提交了附件13~14的原件，证人王庆荣出庭接受质证，并确认附件13上其签字的真实性。从证据形式上看，上述附件没有明显的瑕疵和涂改的痕迹。根据王庆荣的陈述，其为所在公司的采购员，负责采购衬衣面料，2008年3月曾从请求人处购买相关面料，在请求人到其公司取证时，其根据采购时的入库单确认了上述购买事实及涉及的数量。上述证言与附件11~14记载的内容一致并相互印证，附件13的证明中所述购买的产品型号、数量和运货人员与附件14中显示的一致，即上述附件之间相互印证而无明显矛盾。关于专利权人提出该销售行为没有发票的问题，请求人表示在当地布料市场由于交易频繁发生，交易量大但金额很低，一般不会履行繁琐的交易手续，也不会开具正规的销售合同和发票；除非对陌生的或是零星购买的客户，卖方一般也不会要求买方提货时付款，而是一定时间后凭出库单到对方处收款，除非对方要求，一般也不会开发票。经合议组询问，证人王庆荣述称上述交易习惯确实存在，并表示其公司一般是按季度或半年付款，年底结清相关款项，也不开发票。合议组认为请求人的上述解释是合理的并且也得到了证人证言的佐证；此外综合附件1~10所反映的事实，请求人在2008年3月上旬既已开发和生产出相关布料的成品，衬衫面料作为一种受到市场流行趋势影响较大、市场寿命相对有限的产品，通常情况下，其生产者会尽快将这些面料投放市场进行销售；综上，合议组认为请求人在附件 14 记载的出库日期 2008 年 3 月 25 日已经公开销售了上述编号为 8725A 的面料。专利权人以请求人与义乌市景辉制衣有限公司之间存在业务往来构成利害关系为由对上述附件的真实性不予认可，但未提交任何反证。合议组认为，请求人与该出证单位之间正常的业务往来不属于法律上所述的利害关系，专利权人的质疑没有证据支持，不足以否定上述证据及其证明的事实的真实性。

根据附件 1~14，请求人已于 2008 年 3 月 25 日在国内销售了编号为 8725A 的面料样式，该面料的公开时间早于本专利的申请日（2008 年 4 月 17 日），属于专利法第 23 条所规定的在本专利申请日前在国内公开使用过的外观设计（下称在先设计）。

3. 关于专利法第 23 条

本专利与在先设计均为衬衫面料，二者用途相同，属于相同类别的产品，故将其与本专利进行如下相同、相近似对比。

本专利所示衬衫面料的图案为连续的圆点形成的浅色竖条纹和连续的圆点与竖向间隔排列的“>”和“<”形成的深色竖条纹（详见本专利附图）。

在先设计所示衬衫面料的图案也为连续的圆点形成的浅色竖条纹和连续的圆点与竖向间隔排列的“>”和“<”形成的深色竖条纹（详见在先设计附图）。

本专利与在先设计相比，二者是相同的。

综上所述，在本专利的申请日前已经有与之相近似的外观设计在国内公开使用过，本专利不符合专利法第 23 条的规定。

三、决定

宣告 200830096219.1 号外观设计专利权全部无效。

当事人对本决定不服的，可以根据专利法第 46 条第 2 款的规定，自收到本决定之日起三个月内向北京市第一中级人民法院起诉。根据该款的规定，一方当事人起诉后，另一方当事人应当作为第三人参加诉讼。

主视图

本专利附图

在先设计附图

北京市第一中级人民法院
行政判决书

（2009）一中行初字第1478号

原告董灿兴，男，汉族，1966年9月20日出生，住浙江省绍兴市越城区东浦镇强头村3-77号。

委托代理人常玉明，北京中知法苑知识产权代理事务所专利代理人。

委托代理人陈俊由，北京中知法苑知识产权代理事务所专利代理人。

被告国家知识产权局专利复审委员会，住所地北京市海淀区北四环西路9号银谷大厦10~12层。

法定代表人张茂于，副主任。

委托代理人张凌，国家知识产权局专利复审委员会审查员。

委托代理人杨存吉，国家知识产权局专利复审委员会审查员。

第三人诸暨市三宝纺织有限公司，住所地浙江省诸暨市枫桥镇梅苑村。

法定代表人杨勤，总经理。

委托代理人顾征，浙江康城律师事务所律师。

原告董灿兴不服被告国家知识产权局专利复审委员会（以下简称专利复审委员会）于2009年3月9日作出的第12991号无效宣告请求审查决定（以下简称第12991号决定），于法定期限内向本院提起行政诉讼。本院于2009年6月11日受理本案后，依法组成合议庭，并依法通知诸暨市三宝纺织有限公司（以下简称三宝公司）作为本案第三人参加诉讼，于2009年8月13日公开开庭进行了审理。原告董灿兴及其委托代理人常玉明、陈俊由，被告专利复审委员会的委托代理人张凌、杨存吉，第三人三宝公司的委托代理人顾征到庭参加了诉讼。本案现已审理终结。

第12991号决定系专利复审委员会针对三宝公司就董灿兴拥有的名称为“衬衫面料（11）”的外观设计专利（以下简称本专利）提出的无效宣告请求作出的。专利复审委员会在该决定中认为：（1）三宝公司补充提交的附件1~6是其与诸暨市立勤纺织有限公司（技术部）签订的《新产品委托开发协议书》复印件、后者的营业执照复印件、后者出具的证明及所附产品图样的复印件、后者公司设计员王建的身份证复印件和后者设计QY082面料样式的相关纸样、工艺单和手织样的复印件，口头审理中三宝公司出具了除诸暨市立勤纺织有限公司营业执照外的其他原件，证人王建出庭接受质证，并确认了三宝公司提交的附件3上其签字的真实性。董灿兴因三宝公司未提交附件2的原件对其真实性和关联性有异议；以三宝公司与诸暨市立勤纺织有限公司之间存在业务往来构成利害关系为由，对附件1和附件3的真实性均不予认可，认为附件1有可能是事后补的，附件3则是在三宝公司在提起无效宣告请求前刚产生的。董灿兴对附件4的真实性和证人王建的身份没有异议，且承认三宝公司与诸暨市立勤纺织有限公司之间存在委托关系。专利复审委员会认为，三宝公司提供了附件1、附件3的原件，附件3的证明上既有诸暨市立勤纺织有限公司的公章，也有该单位法定代表人杨易和设计员王建的签字，王建就该证明出庭接受质证，并确认了其签字的真实性，同时提供了附件5和附件6的原件。董灿兴虽然对附件2的真实性和关联性提出异议，但承认三宝公司与诸暨市立勤纺织有限公司之间存在委托关系，对附件4的真实性没有异议，对证人王建的身份也没有异议。从证据形式上看，三宝公司提交的上述证据不存在明显的瑕疵，也没有涂改的痕迹。根据王建的陈述，诸暨市立勤纺织有限公司自2006年开始为三宝公司设计开发面料样式，已经连续合作3年，每年为三宝公司提供100个新品种的面料样式，其最迟在2008年1月底将包含QY082在内的为三宝公司设计的100

个新品种的面料样式一并交付。上述证言与附件 1、附件 3、附件 5 和附件 6 记载的内容一致并相互印证；同时附件 3 上王建的签名与附件 6 一致，附件 5 和附件 6 中形成的设计纸样和手织样与附件 3 中所附的图样一致，即上述附件之间也可相互印证可以证明三宝公司委托诸暨市立勤纺织有限公司设计相关产品样式的事实。董灿兴仅以三宝公司与诸暨市立勤纺织有限公司之间存在业务往来构成利害关系为由对二者之间委托设计的事实提出质疑，但未提交任何反证。专利复审委员会认为三宝公司与该出证单位之间正常的业务往来不属于法律上所述的利害关系，董灿兴未提交证据证明其主张，其质疑不足以否定上述证据及其证明的事实的真实性。三宝公司补充提交的附件 7~10 是浙江鑫晟实业股份有限公司营业执照复印件、浙江省企业档案管理中心出具的浙江鑫晟实业股份有限公司“变更登记情况”复印件、浙江鑫晟实业股份有限公司出具的证明及其所附产品图样复印件、该公司业务员楼红锋身份证复印件，口头审理中三宝公司出示了附件 9 的原件，证人楼红锋出庭接受质证，并确认附件 9 上其签字的真实性，当庭出示了其保存的用于与三宝公司核对交付产品的图册（2008 年上半年部分）一本，董灿兴当庭核实其中的相关图样与附件 9 所附产品图样一致。董灿兴因三宝公司未提交附件 7 和附件 8 的原件对其真实性及关联性均不予认可；以三宝公司与浙江鑫晟实业股份有限公司之间存在业务往来构成利害关系为由，对附件 9 的真实性不予认可；对附件 10 的真实性和证人楼红锋的身份没有异议。专利复审委员会认为，三宝公司提交了附件 9 浙江鑫晟实业股份有限公司出具的证明及其所附产品图样的原件，该公司业务员楼红锋出庭接受质证，并确认了其签字的真实性。从证据形式上看，附件 9 没有明显的瑕疵和涂改的痕迹。根据楼红锋的陈述，其负责本公司与三宝公司之间的业务联系，主要是为三宝公司生产的布料提供清洗和印染服务，布料的清洗一般第二天即可交货，布料印染一般第二或第三天可交货，特殊情况下可能有延迟；浙江鑫晟实业股份有限公司的名称进行过变更，之前叫浙江星辰实业股份有限公司；此外，浙江鑫晟实业股份有限公司也为包括董灿兴的公司在内的其他多家公司提供布料的清洗和印染服务。楼红锋还出示了与三宝公司核对交付产品的图册一本，该图册包含了浙江鑫晟实业股份有限公司 2008 年上半年为三宝公司清洗和染整的部分产品图样，其中有附件 9 中所附的 8725A 产品图样。上述证言与附件 7~10 记载的内容一致并相互印证，可以证明三宝公司委托浙江鑫晟实业股份有限公司对相关产品的半成品进行出水整理的事实。董灿兴以三宝公司与浙江鑫晟实业股份有限公司之间存在业务往来构成利害关系为由，对二者之间委托印染清洗布料的事实提出质疑，但未提交任何反证。专利复审委员会认为三宝公司与该出证单位之间正常的业务往来不属于法律上所述的利害关系，并且在证人称其公司同样为董灿兴的公司提供服务时，董灿兴并未否认，因此董灿兴的质疑不足以否定上述证据及其证明的事实的真实性。三宝公司提交的附件11~14 是义乌市景辉制衣有限公司营业执照复印件、该公司采购员王庆荣身份证复印件、该公司出具的购买证明及其所附产品图样复印件、及三宝公司出具的对应上述销售行为的产品出（入）库码单复印件。口头审理中，三宝公司出示了附件 13~14 的原件，证人王庆荣出庭接受质证，确认附件 13 上其签字的真实性，当庭出示对应其购买行为的入库单一份。董灿兴因三宝公司未提交附件 11 的原件对其真实性和关联性提出异议；以三宝公司与该出证单位之间存在业务往来构成利害关系为由，对附件 13 的真实性不予认可；以附件 14 为三宝公司自己出具的凭证为由，对其真实性不予认可；对附件 12 的真实性及证人王庆荣的身份没有异议；对于该证人出具的入库单，认为已过举证期限，不应予以接受，并且对其真实性也不予认可。专利复审委员会认为，三宝公司提交了附件 13~14 的原件，证人王庆荣出庭接受质证，并确认附件 13 上其签字的真实性。从证据形式上看，上述附件没有明显的瑕疵和涂改的痕迹。根据王庆荣的陈述，其为所在公司的采购员，负责采购衬衣面料，2008 年 3 月曾从三宝公司处购买相关面料，在三宝公司到其公司取证时，其根据采购时的入库单确认了上述购买事实及涉及的数量。上述证言与附件 11~14 记载的内容一致并相互印证，附件 13 的证明中所述购买的产品型号、数量和运货人员与附件 14 中显示的一致，即上述附件之间相互印证而无明显矛盾。关于董灿兴提出该销售行为没有发票的问题，三宝公司表示在当地布料市场由于交易频繁发生，交易量大但金额很低，一般不会履行繁琐的交易手续，也不会开具正规的销售合同和发票；除非对陌生的或是零星购买的客户，卖方一般也不会要求买方提货时付款，而是一定时间后凭出库单到对方处收款，除非对方要求，一般也不会开发票。经专利复审委员会询问，证人王庆荣述称上述交易习惯确实存在，并表示其公司一般是按季度或半年付款，年底结清相关款项，也不开发票。专利复审委员会认为三宝公司的上述解释是合理的并且也得到了证人证言的佐证；此外综合附件 1～10 所反映的事实，三宝公司在 2008 年 3 月上旬即已开发和生产出相关布料的成品，衬衫面料作为一种受到市场流行趋势影响较大、市场寿命相对有限的产品，通常情况下，其生产者会尽快将这些面料投放市场进行销售；综上，专利复审委员会认为三宝公司在附件 14 记载的出库日期 2008 年 3 月 25 日已经公开销售了上述编号为 8725A 的面料。董灿兴以三宝公司与义乌市景辉制衣有限公司之间存在业务往来构成利害关系为由对上述附件的真实性不予认可，但未提交任何反证。专利复审委员会认为，三宝公司与该出证单位之间正常的业务往来不属于法律上所述的利害关系，董灿兴的质疑没有证据支持，不足以否定上述证据及其证明的事实的真实性。根据附件 1～14，三宝公司已于 2008 年 3 月 25 日在国内销售了编号为 8725A 的面料样式，该面料的公开时间早于本专利的申请日（2008 年 4 月 17 日），属于《中华人民共和国专利法》（以下简称《专利法》）第二十三条所规定的在本专利申请日前在国内公开使用过的外观设计。（2）关于《专利法》第二十三条。本专利与在先设计均为衬衫面料，二者用途相同，属于相同类别的产品，故将其与本专利进行如下相同、相近似对比。本专利所示衬衫面料的图案为连续的圆点形成的浅色竖条纹和连续的圆点与竖向间隔排列的“>”和“<”形成的深色竖条纹（详见本专利附图）。在先设计所示衬衫面料的图案也为连续的圆点形成的浅色竖条纹和连续的圆点与竖向间隔排列的“>”和“<”形成的深色竖条纹（详见在先设计附图）。本专利与在先设计相比，二者是相同的。综上所述，在本专利的申请日前已经有与之相同或相近似的外观设计在国内公开使用过，本专利不符合《专利法》第二十三条的规定。综上，专利复审委员会作出第 12991 号决定，维持本专利权全部有效。

董灿兴不服第 12991 号决定，在法定期限内向本院提起行政诉讼称：（1）第三人提交的附件 1～10 证明其自行设计开发和委托加工的证据对公开销售行为没有任何证明作用，不具有法律上的关联性。（2）附件 11～14 记载的内容并不能互相印证。附件 13 是采购员王庆荣根据采购时的入库单确认附件 13 上的事实及涉及的数量的，但是，入库单并没有作为证据出现在本案当中，更没有在口审质证中得到专利复审委员会的确认，所以这个所谓的入库单真实性不能确定，因此不能证明相关的真实性。附件 13 和附件 14 之间没有连接点，被告的“上述附件之间互相印证而无明显矛盾”显系认定错误。（3）开具税务发票不仅是交易双方付款和收款凭证，而且是国家的法律规定，任何销售不开发票的行为都是一种偷逃税款的违法行为，严重的还要负刑事责任。本案中对第三人销售不开发票的违法行为，即使这种行为不违法，也不能随意由某个自然人猜测就能认可，被告对与本案有利害关系的当事人一方和由其找的一个自然人证人声称这是交易习惯就认为是合理的，没有任何事实根据和法律依据。（4）附件 14 为第三人出具，没有其他证据佐证，其上面唯一的签字人承运司机陈冠清没有出庭作证，无法证实其真实性，且附件 14 上记载收货单位为“景辉”，不是企业全称，没有证据证明“景辉”就是“义乌市景辉制衣有限公司”。此外码单注明的是“诸暨市三宝纺织厂产品出（入）库码单”与第三人“诸暨市三宝纺织有限公司”主体也不一致。因此，码单不能证明涉案专利的产品已销售公开。（5）第三人没有提交足以否定涉案专利新颖性的足够的证据，现有证据也不具备真实性、关联性和合法性，被告对本案案件事实的认定没有事实根据，该决定的结论也必然是错误的。综上所述，请求法院撤销第 12991 号决定。

被告专利复审委员会辩：(1) 第三人提交的证据足以证明其在本专利申请日前已经委托他人设计了相关产品图样并进行加工，最终又将相关产品投入市场，整个证明体系是完整的，其中的证明环节也是相互联系的，原告所述第三人提交的证明其自行设计开发和委托加工的证据对公开销售行为没有任何证明作用的主张完全没有事实和法律依据，不应予以支持；附件 13 为义乌市景辉制衣有限公司出具的购买证明，该公司委派其经手日常采购的员工王庆荣出庭就相关购买事实作证并无不妥，原告没有证据证明第三人与上述出证单位之间存在法律上的利害关系，仅以二者之间存在买卖关系就否定上述出证单位证言真实性，因此原告关于附件 13 和附件 14 认定错误的主张缺乏事实依据，不应予以支持。我委坚持认为第三人提交的证据足以证明相关产品在本专利的申请日前已处于使用公开的状态，具体认定参见决定。(2) 原告提交在无效宣告程序中并未出具过的证据不应在行政诉讼中予以考虑。综上所述，我委作出的决定事实清楚、适用法律正确、审理程序合法、审查结论正确，原告的诉讼理由不能成立，请求法院驳回原告请求，维持我委无效宣告请求决定。

第三人三宝公司未向本院提交书面陈述意见，其当庭述称：第 12991 号决定认定事实清楚，适用法律正确，审查程序合法，请求人民法院驳回原告的诉讼请求，维持第 12991 号决定。

本院经审理查明：

名称为衬衫面料（11）的外观设计专利（以下简称本专利）由董灿兴于 2008 年 4 月 17 日向国家知识产权局提出申请，2008 年 8 月 20 日被授权公告，专利号为 200830096219. 1，专利权人为董灿兴。

2008 年 9 月 26 日，三宝公司以本专利不符合《专利法》第二十三条的规定为由向专利复审委员会提出无效宣告请求。为支持其无效宣告请求，三宝公司提交了如下证据：

附件 1：三宝公司与诸暨市立勤纺织有限公司（技术部）签订的《新产品委托开发协议书》复印件，共 1 页；

附件 2：诸暨市立勤纺织有限公司营业执照复印件；

附件 3：诸暨市立勤纺织有限公司出具的证明及其所附产品图样复印件；

附件 4：诸暨市立勤纺织有限公司设计员王建的身份证复印件；

附件 5：诸暨市立勤纺织有限公司设计 QY082 面料样式的相关纸样复印件；

附件 6：诸暨市立勤纺织有限公司设计 QY082 面料样式的工艺单及手织样复印件；

附件 7：浙江鑫晟实业股份有限公司营业执照复印件；

附件 8：浙江省企业档案管理中心出具的浙江鑫晟实业股份有限公司“变更登记情况”复印件；

附件 9：浙江鑫晟实业股份有限公司出具的证明及其所附产品图样复印件；

附件 10：浙江鑫晟实业股份有限公司业务员楼红锋身份证复印件；

附件 11：义乌市景辉制衣有限公司营业执照复印件；

附件 12：义乌市景辉制衣有限公司采购员宣清武驾驶证复印件；

附件 13：义乌市景辉制衣有限公司出具的购买证明及其所附产品图样复印件；

附件 14：三宝公司出具的、收货单位为义乌市景辉制衣有限公司的产品出（入）库码单复印件。

2009 年 2 月 25 日，专利复审委员会举行了口头审理，在口头审理过程中，三宝公司将无效理由和证据明确为《专利法》第二十三条，以其提交的附件 1~14 证明其在本专利的申请日前已在国内公开使用过与之相同的产品的事实，其中附件 1~6 结合使用证明其委托他人设计并获得 QY082 面料样式的事实，附件 7~10 结合使用证明其委托他人对 8725A 面料样式的半成品进行出水整理的事实，附件 11~14 结合使用证明其将上述面料成品销售给义乌市景辉制衣有限公司的事实。三宝公司当庭提交附件 1、附件 3、附件 9、附件 13～14 的原件。证人王建、楼红锋、王庆荣出庭接受质证，王建出示附件 4～6 的原件，确认附件 3 上其签字的真实性；楼红锋出示附件 10 的原件，并确认附件 9 上其签字的真实性；王庆荣出示附件 12 的原件，并确认附件 13 上其签字的真实性。董灿兴对附件 1～3、附件 7～9、附件 11、附件 13～14 的真实性均有异议。关于相同相近似对比，三宝公司认为其在先使用的 8725A 面料样式与本专利相同，董灿兴对此表示认可。

2009 年 3 月 9 日，专利复审委员会作出第 12991 号决定。

上述事实，有本专利授权公告文本、附件 1～14、第 12991 号决定、口头审理记录表及当事人陈述等证据在案佐证。

本院认为：根据各方当事人的诉辩主张，本案的焦点问题在于三宝公司在无效程序中提交的相关证据是否足以证明在本专利申请日之前已经有与之相同或相近似的外观设计在国内公开。

根据查明的事实可以确认，三宝公司提交的附件 1～6 是其与诸暨市立勤纺织有限公司（技术部）签订的《新产品委托开发协议书》复印件及该公司的营业执照复印件、证明及所附产品图样的复印件、设计员王建的身份证复印件、QY082 面料样式的相关纸样、工艺单和手织样的复印件。口头审理中三宝公司出具了除诸暨市立勤纺织有限公司营业执照外的其他原件，证人王建出庭接受质证，并确认了三宝公司提交的附件 3 上其签字的真实性。董灿兴因三宝公司未提交附件 2 的原件对其真实性和关联性有异议，以三宝公司与诸暨市立勤纺织有限公司之间存在业务往来构成利害关系为由，对附件 1 和附件 3 的真实性均不予认可，认为附件 1 有可能是事后补的，附件 3 则是在三宝公司在提起无效宣告请求前刚产生的；对附件 4 的真实性和证人王建的身份没有异议；承认三宝公司与诸暨市立勤纺织有限公司之间存在委托关系。经本院审查认为，三宝公司提供的上述证据已证明了三宝公司与诸暨市立勤纺织有限公司存在业务往来关系，且董灿兴在无效程序中亦承认三宝公司与诸暨市立勤纺织有限公司之间存在委托关系，因此上述证据不存在瑕疵，本院予以确认。同时根据王建的证言可以确认其与附件 1、3、5、6 记载的内容一致并相互印证，且附件 3 上王建的签名与附件 6 一致，附件 5、6 中形成的设计纸样和手织样与附件 3 中所附的图样一致并相互印证，可以证明三宝公司委托诸暨市立勤纺织有限公司设计相关产品样式的事实。董灿兴仅以二者之间存在业务往来具有利害关系为由提出质疑，但没有提交相反的证据，故本院对董灿兴的抗辩理由不予支持。三宝公司的附件 7～10 是浙江鑫晟实业股份有限公司营业执照复印件、浙江省企业档案管理中心出具的浙江鑫晟实业股份有限公司“变更登记情况”复印件、浙江鑫晟实业股份有限公司出具的证明及其所附产品图样复印件、该公司业务员楼红锋身份证复印件及附件 9 的原件，且证人楼红锋在无效程序中出庭接受质证，其确认了附件 9 上其签字的真实性，并出示了其保存的用于与三宝公司核对交付产品的图册（2008 年上半年部分），董灿兴确认相关图样与附件 9 所附产品图样一致。经本院审查认为，三宝公司提交的附件 9 没有明显的瑕疵和涂改的痕迹，同时证人楼红锋亦可证实与附件 7～10 中记载的内容一致并相互印证，可以证明三宝公司委托浙江鑫晟实业股份有限公司对相关产品的半成品进行出水整理的事实。董灿兴仅以二者之间存在业务往来存在利害关系为由，对已经形成的委托印染清洗布料的事实提出质疑，但没有提交相反的证据，故本院对董灿兴的抗辩理由不予支持。三宝公司提交了附件 11～14（其中包括附件 13、14 的原件），在无效程序中证人王庆荣出庭接受质证，确认附件 13 上其签字的真实性，并当庭出示对应其购买行为的入库单一份。根据王庆荣的证言证实，其为所在公司的采购员，负责采购衬衣面料，2008 年 3 月曾从三宝公司处购买相关面料，在三宝公司到其公司取证时，其根据采购时的入库单确认了上述购买事实及涉及的数量。上述证言与附件 11～14 记载的内容一致并相互印证，附件 13 的证明中所述购买的产品型号、数量和运货人员与附件 14 中显示的一致，故本院对附件 11～14 欲证明的事实予以确认。董灿兴对其主张没有提交相反的证据，因此对其抗辩理由本院不予支持。

综上，本院认为三宝公司已于2008年3月25日在国内销售了编号为8625A的面料样式，该面料的公开时间早于本专利的申请日，属于《专利法》第二十三条所规定的在本专利申请日前在国内公开使用过的外观设计。

本专利与在先设计均为衬衫面料，二者用途相同，属于相同类别的产品，故将其与本专利进行如下相同、相近似对比。本专利所示衬衫面料的图案为连续的圆点形成的浅色竖条纹和连续的圆点与竖向间隔排列的“>”和“<”形成的深色竖条纹。在先设计所示衬衫面料的图案也为连续的圆点形成的浅色竖条纹和连续的圆点与竖向间隔排列的“>”和“<”形成的深色竖条纹。本专利与在先设计相比，二者是相同的。

此外，关于董灿兴主张本案涉及的销售行为均没有发票一节，本院注意到，在现实生活中小商小贩或小额交易不开具发票的情形普遍存在，即便是在大、中型的批发市场，此种情形也是屡见不鲜。此问题的存在确需相关部门加强管理，但就本案而言并不足以构成推翻本专利已被在先公开的事实。

综上所述，原告董灿兴的诉讼请求缺乏事实和法律依据，本院不予支持。被告专利复审委员会所作的第12991号决定认定事实清楚，证据充分、程序合法，适用法律正确，应予维持。依照《中华人民共和国行政诉讼法》第五十四条第（一）项之规定，判决如下：

维持国家知识产权局专利复审委员会第12991号无效宣告请求审查决定。

案件受理费100元，由原告董灿兴负担（已交纳）。

如不服本判决，可在判决书送达之日起15日内，向本院递交上诉状，并按对方当事人的人数提交副本，并交纳上诉案件受理费100元，上诉于北京市高级人民法院。

审　判　长　刘海旗
代理审判员　周　波
人民陪审员　郝志国
二〇〇九年十一月十五日
书　记　员　穆　颖

141

机读答题卡

无效宣告请求审查决定（第12992号）

决　定　号　第12992号
决　定　日　2009年3月9日
发明创造名称　机读答题卡
外观设计分类号　19-08
无效宣告请求人　陈　建
专 利 权 人　潘万平
专　利　号　200630028745.5
申　请　日　2006年5月31日
授权公告日　2007年4月18日
合议组组长　徐清平
主　审　员　王霞军
参　审　员　雷　婧
附　　图　1页

法律依据　专利法第23条
决定要点

答题卡的长方形状应属于公认的惯常设计，因此，判断二者是否相同或相近似时答题卡的图案设计对整体视觉效果更具有显著的影响。

本专利与在先设计答题卡的整体布局设计相近似，虽然二者主观分栏位置和题序分隔线的排列方向不同，其差别对产品外观设计的整体视觉效果不具有显著的影响，本专利与在先设计属于相近似的外观设计。

一、案由

本无效宣告请求案涉及的是国家知识产权局于2007年4月18日授权公告的，名称为“机读答题卡”的外观设计专利（下称本专利），其申请号是200630028745.5，申请日是2006年5月31日，专利权人为潘万平。

针对本专利权，陈建（下称请求人）于2008年8月2日向专利复审委员会提出无效宣告请求，其理由是：请求人于2004年12月申请了200430056083.3号外观设计专利并授权，2005年2月27日，请求人委托专利权人工厂加工该机读卡，随后专利权人申请了本专利。因此，本专利不符合专利法第22条、第23条和专利法实施细则第33条第2款的规定。与此同时，请求人提交了如下附件作为证据：

附件1，200430056083.3号外观设计专利证书复印件1页；

附件2，陈建于2005年2月15日发给富顺慧普印刷厂《关于立即停止印刷，销售陈建答题卡（机读）外观设计专利产品的通知》复印件1页；

附件3，慧普印刷厂潘万平开给陈建的收条，内容是“今收到陈建老师85g纸共计贰拾令（20令）”复印件1页；

附件4，富顺县慧普印刷厂送货单复印件2张，答题卡样页1张；

附件5，陈建于2005年11月17日发给富顺慧普印刷厂《关于立即停止印刷，销售陈建答题卡（机读）外观设计专利产品的律师函》及其邮寄申请单复印件2页；

附件6，本专利的的著录项目及图片复印件1页，答题卡样页2张；

附件7，200430056083.3号外观设计专利公报复印件1页，答题卡样页1张。

专利复审委员会于2008年9月2日向请求人发出无效宣告请求补正通知书，告知请求人未按规定提交无效请求文件及证据一式两份。

2008年9月20日，请求人提交无效宣告程序补正书，在补正书中请求人提出在本专利申请日前，请求人曾生产销售本专利机读答题卡，并委托专利权人生产印刷本专利及200430056083.3号外观设计专利产品，同时再次提交了上述附件材料。

经形式审查，专利复审委员会受理了该无效宣告请求，并于2008年10月24日将无效宣告请求书及相关材料副本转送给专利权人。

2008年11月25日，专利复审委员会收到专利权人的意见陈述书，专利权人认为本专利与请求人的外观设计专利既不相同，也不相近似。

2009年1月13日，专利复审委员会向双方当事人发出口头审理通知书，定于2009年2月25日进行口头审理。同时随口头审理通知书将专利权人的意见陈述书转给请求人。

2009年1月23日，请求人提交了口头审理回执，表示不参加口头审理。随回执请求人进行了意见陈述。请求人强调，本专利与请求人专利的三个主观分栏（主观分1、主观分2、主观分3）完全相同。再次提交了上述附件材料，并补充提交了富顺慧普印刷厂2005年4月印制的答题卡1张。

口头审理如期举行，专利权人委托代理人参加了口头审理，请求人未到庭，合议组依据有关规定进行缺席审理。口头审理中专利权人对请求人提交的附件1和附件7的200430056083.3号外观设计专利证书和专利公报复印件的真实性和关联性没有异议，对附件2陈建于2005年2月15日发给富顺慧普印刷厂《关于立即停止印刷，销售陈建答题卡（机读）外观设计专利产品的通知》复印件的真实性和关联性有异议，对附件3慧普印刷厂潘万平开给陈建的收条复印件的真实性和关联性有异议，对附件4富顺会慧普印刷厂送货单和广安市教育科学研究所标准答题卡样页的真实性没有异议，但对证明力有异议，对附件5陈建于2005年11月17日发给富顺慧普印刷厂《关于立即停止印刷，销售陈建答题卡（机读）外观设计专利产品的律师函》复印件和附件6答题卡的真实性和关联性均有异议。专利权人认为，本专利与200430056083.3号外观设计的形状虽然相同，但图案和色彩有很大的不同。本专利与在先设计的构图和布局均不相同，主要区别为：（1）题目序号不同，本专利是纵向排列的，而在先设计是横向排列的；（2）主观分栏位置不同，本专利在左下部，而在先设计中左部；（3）主观分栏明暗色彩条纹布局不同，本专利主观分栏为两栏明两栏暗，在先设计主观分栏为一暗一明的设计；（4）准考证号部分有不同，本专利没有明暗的条纹，在先设计有明暗条纹。专利权人还强调，请求人提交的其他附件，不能证明请求人销售了与本专利相同或相近似的答题卡。

至此，合议组认为本案事实清楚，可以依法作出审查决定。

二、决定的理由

1. 法律依据

请求人提出的无效理由是本专利不符合专利法第 22 条、第 23 条和专利法实施细则第 33 条第 2 款的规定。专利法第 22 条是对发明和实用新型专利授予条件的规定，而本专利是外观设计专利，因此其不属于请求宣告外观设计专利无效的理由。专利法实施细则第 33 条第 2 款是对本国优先权的有关规定，不属于请求宣告专利权无效的理由。专利法第 23 条是对外观设计专利授予条件的规定，针对请求人提出本专利不符合专利法第 23 条的无效宣告请求的理由，合议组依据专利法第 23 条的规定对本案进行审理。

专利法第 23 条规定："授予专利权的外观设计，应当同申请日以前在国内外出版物上公开发表过或者国内公开使用过的外观设计不相同和不相近似，并不得与他人在先取得的合法权利相冲突。"

2. 证据认定

请求人提交的附件 1 和附件 7 是国家知识产权局于 2005 年 10 月 12 日授权公告的、申请号是 200430056083. 3、产品名称为"答题卡（机读）"的外观设计专利证书和专利公报复印件，专利权人对其真实性无异议，经合议组核实内容属实。该专利授权公告日早于本专利的申请日（2006 年 5 月 31 日），属于专利法第 23 条规定的出版物。其上公开了名称为"答题卡（机读）"的外观设计（下称在先设计）。本专利与在先设计均为答题卡，二者用途相同，可进行相近似比较。

3. 相同、相近似比较

本专利公开了 1 幅答题卡的主视图，简要说明载明，设计要点在于明暗条纹，省略其他视图。本专利答题卡为长方形，由一条粗横线将答题卡分为上下两部分，上部为考生信息栏，该部分最左侧为横向长方形考生姓名框及填涂要求，中间的准考证号填涂栏及最右侧的科目填涂栏均呈竖向长方形。答题卡的下半部为答案填涂栏，答案填涂栏题序设计为纵向 4 列，栏内有多个由 5 组题目选项构成的长方形块。答题卡的左下角为长方形的主观分栏，主观分栏共 3 组，每组 2 列。答题卡的最右侧是条形码（详见本专利附图）。

在先设计公开了 1 幅答题卡的主视图，简要说明载明，本外观设计的设计要点在于有明暗条纹；后视图无图案，省略后视图。在先设计答题卡为长方形，由一条粗横线将答题卡分为上下两部分，上部为考生信息栏，该部分最左侧为横向长方形考生姓名栏及填涂要求，中间准考证号填涂栏及最右侧的科目填涂栏均呈竖向长方形。答题卡的下半部为答案填涂栏，答案填涂栏题序分为横向 5 行，栏内有多个由 5 组题目选项构成的长方形块。答题卡的下半部的左上角位置设计为长方形主观分栏，主观分栏共为 3 组，每组 2 列。答题卡的最右侧是条形码（详见在先设计附图）。

将本专利与在先设计进行比较，二者形状均为长方形，答题卡均分为两部分，上部为考生信息栏，下部为答案填涂栏。二者上部考生信息栏的图案布局相近似，均由有长方形外框的考生姓名，准考证号及科目组成，每栏的文字排列也相近似。下部答案填涂栏部分，本专利题序分隔线为纵向排列，而在先设计题序分隔线为横向排列；但二者的每组题的数量排列形状相同。主观栏的位置的不同，本专利主观栏设计在答题栏的左下角位置，而在先设计主观栏设计在答题栏的左上角位置，但二者主观栏的图案布局相同，均分为 3 组，每组 2 列。合议组认为，答题卡呈长方形状应属于公认的惯常设计，因此，判断二者是否相同或相近似时答题卡的图案设计对整体视觉效果更具有显著的影响。经比较，本专利与在先设计答题卡的整体布局设计相近似，虽然主观分栏位置不同，但主观分栏的图案设计相同，差别应属于局部细微变化。本专利与在先设计答案填涂栏题序分隔线的排列方向不同，但每组题的文字排列相同，二者的差别对于产品外观设计的整体视觉效果显不具有显著的影响，本专利与在先设计属于相近似的外观设计。对于专利权人所述的明暗色彩条纹部分的不同，合议组认为，本专利未请求保护色彩，合议组不再对色彩进行对比。

基于上述分析，合议组认为：二者属于相近似的外观设计。即本专利与其申请日之前公开发表在出版物上的答题卡外观设计相近似，本专利不符合专利法第 23 条的规定。

在已经得出上述审查结论的基础上，本审查决定对请求人提交的其他证据不再进行评述。

三、决定

宣告 200630028745. 5 号外观设计专利权无效。

当事人对本决定不服的，可以根据专利法第 46 条第 2 款的规定，自收到本决定之日起三个月内向北京市第一中级人民法院起诉。根据该款的规定，一方当事人起诉后，另一方当事人应当作为第三人参加诉讼。

本专利附图

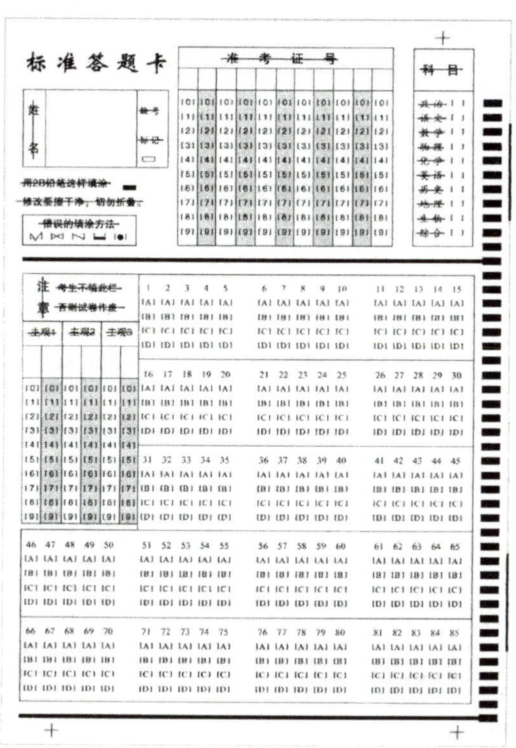

在先设计附图

142

摄像头外壳（Q妹）

无效宣告请求审查决定（第12993号）

决　　定　　号　第12993号
决　　定　　日　2009年3月11日
发明创造名称　摄像头外壳（Q妹）
外观设计分类号　16-03
无效宣告请求人　腾讯科技（深圳）有限公司
专　利　权　人　张思诺
专　　利　　号　200430043776.9
申　　请　　日　2004年6月25日
授权公告日　2005年1月12日
合议组组长　钟　华
主　　审　　员　王霞军
参　　审　　员　尹春霞
附　　　　　图　2页

法　律　依　据　专利法第9条
决　定　要　点

同样的发明创造对于外观设计而言是指两项外观设计相同或者相近似，在本专利申请日前已有他人申请了相近似的外观设计专利，并在后被授予专利权，因此，本专利不符合专利法第9条的规定。

一、案由

本无效宣告请求涉及的是国家知识产权局于2005年1月12日授权公告的、名称为“摄像头外壳（Q妹）”的外观设计专利（下称本专利），其申请号是200430043776.9，申请日是2004年6月25日，专利权人是张思诺。

针对本专利权，腾讯科技（深圳）有限公司（下称请求人）于2008年6月28日向专利复审委员会提出无效宣告请求，其主要理由是：在本专利申请日前已有与本专利形状相近似的产品向国家知识产局申请外观设计专利，因此本专利不符合专利法第9条和专利法实施细则第13条第1款的规定。与此同时，请求人提交了如下附件作为证据：

附件1：200430038649.X号外观设计专利图片和著录项目复印件7页。

请求人认为，本专利与在先申请专利的产品都是摄像头，其功能和用途完全相同，从各视图观察二者QQ企鹅的椭圆形头、较胖的身体、围巾、翅膀、摄像头构成的主体形状相同，差别仅在于支撑座的不同、本专利企鹅的椭圆形头部右上角多了蝴蝶结，但二者的差别对于产品外观设计的整体视觉效果没有影响，请求宣告本专利无效。

经形式审查合格，专利复审委员会受理了该无效宣告请求，并于2008年10月9日将无效请求书及相关材料副本转送给专利权人。

因专利权人地址不详，信件被退回。专利复审委员会于2008年12月12日已公告告知的形式送达给专利权人《无效宣告请求受理通知书》。

专利复审委员会于2008年12月29日向双方当事人发出合议组成员告知通知书，同时以公告告知的形式通知专利权人，在规定的期限内双方当事人均未提出合议组成员回避请求。

至此，合议组经合议，认为本案事实清楚，可以依法作出审查决定。

二、决定的理由

1. 法律依据

基于请求人提出的无效宣告请求理由，合议组对本专利是否符合专利法第9条和专利法实施细则第13条第1款的规定进行审查。

专利法第9条规定："两个以上的申请人分别就同样的发明创造申请专利的，专利权授予最先申请的人。"

专利法实施细则第13条第1款规定："同样的发明创造只能被授予一项专利。"

2. 证据认定

请求人提交的附件1是200430038649.X号外观设计专利著录项目和图片复印件，其申请日是2004年4月16日，授权公告日是2005年1月5日，产品名称为"摄像头（QQ企鹅型）"，专利权人是腾讯科技（深圳）有限公司，经合议组核实，该著录项目内容和图片与该专利公报公开的内容相符，其真实性可以确认，其属于他人在本专利申请日之前申请、之后授权公告的外观设计专利（下称在先设计），因此，可作为评价本专利是否符合专利法第9条的证据使用。

3. 外观设计相同和相近似的对比

本专利公开了产品六面视图和立体图，如图所示，本专利摄像头设计为卡通企鹅造型。整个身体近似长椭圆形状，一条长围巾围成环状将企鹅身体分为头部和腹部，头部包括圆形的眼睛和长椭圆形状的嘴，头顶的右侧有一小蝴蝶结，整个腹部设计成弧形面，腹部中间位置设计为圆形摄像头，翅膀在腹部的两侧，身体的下部有一小支撑座连接企鹅的脚（详见本专利附图）。

在先设计公开了产品四面视图、立体图和闭合状态参考图，简要说明载明省略后视图和仰视图。如图所示，在先设计摄像头设计为卡通企鹅造型，整个身体近似长椭圆形状，一条长围巾围成环状将企鹅身体分为头部和腹部，头部圆形的眼睛一睁一闭，嘴设计为椭圆形，整个腹部设计为弧形面，摄像头安装在腹部中间位置，翅膀在腹部的两侧，企鹅的脚部设计为两个相交在一起的球面支撑着身体（详见在先设计附图）。

将本专利与在先设计进行比较，二者摄像头均为卡通企鹅造型，身体各主要部位形状设计近似，二者主要不同点仅在于：本专利企鹅的两个眼睛为全睁的，而在先设计企鹅的眼睛为一睁一闭；本专利企鹅的身体与脚之间有一支撑座，而在先设计企鹅脚部直接与身体连接；本专利头顶右侧有一蝴蝶结。合议组认为，二者近似的整体形状，已给一般消费者留下了相近似的整体视觉印象，其区别点仅在于企鹅眼睛的睁开或闭合变化，属于面目表情上的差异，对整体视觉效果不具有显著影响，身体与脚支撑座的变化属于局部细微的差别，尚不足以对整体外观设计产生显著的影响。因此，本专利与在先设计属于相近似的外观设计。

4. 结论

审查指南第四部分第七章第 1 节规定，同样的发明创造对于外观设计而言是指外观设计相同或者相近似。综上所述，在本专利申请日前已有他人申请了相近似的外观设计专利并在之后被授予专利权，故本专利与在先设计属于同样的发明创造，本专利不符合专利法第 9 条的规定。

在已经得出上述审查结论的基础上，本审查决定对请求人提交的其他理由不再进行评述。

三、决定

宣告 200430043776. 9 号外观设计专利权全部无效。

当事人对本决定不服的，可以根据专利法第 46 条第 2 款的规定，自收到本决定之日起三个月内向北京市第一中级人民法院起诉。根据该款的规定，一方当事人起诉后，另一方当事人应当作为第三人参加诉讼。

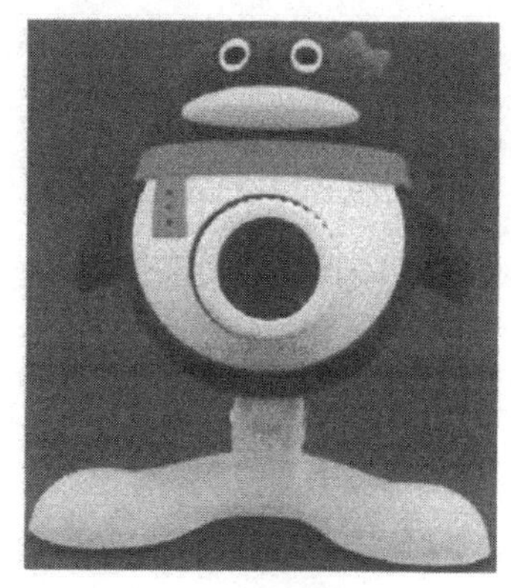

主视图

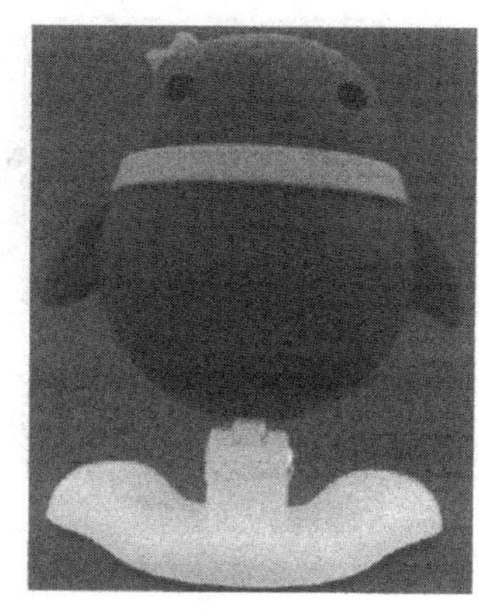

后视图

左视图

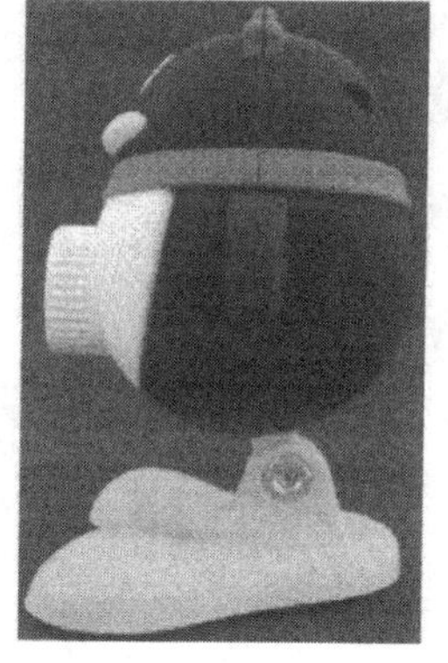

右视图

俯视图

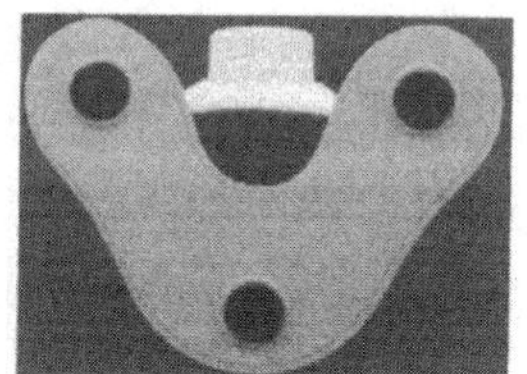

仰视图

立体图

本专利附图

主视图

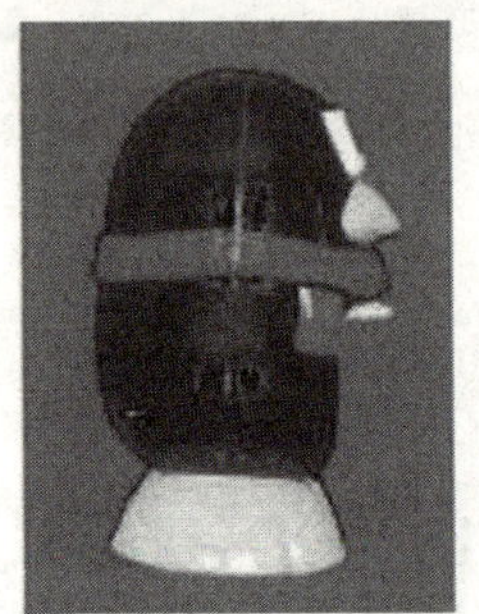

左视图

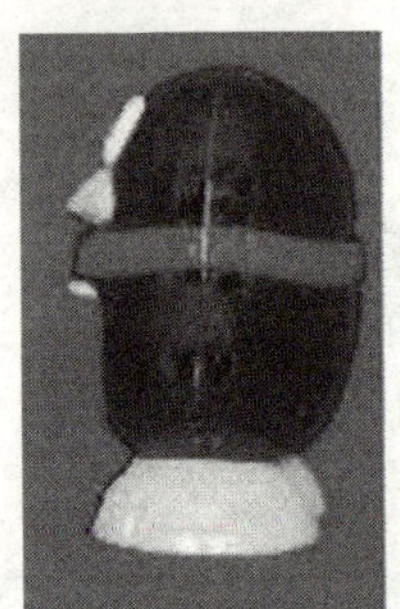

右视图

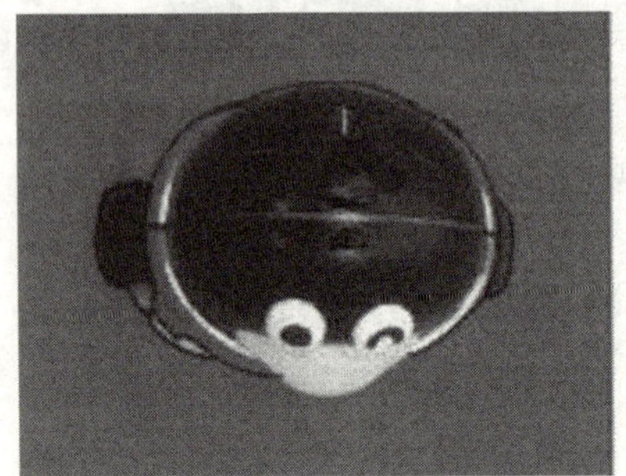

俯视图

立体图

闭合状态参考图

在先设计附图